소방승진 교재의
패러다임을 바꾸다

2024
소방승진 시험대비

소방승진 행정법

박이준 편저

**법률용어의 의미와 제도를
이야기하듯 쉽게 풀어가는 승진 기본서**

| 최신개정사항 완벽 반영
| 중요 판례 & 조문을 체계적으로 제시
| 승진 기출문제와 예제 수록
| 소방위 시험 대비

동영상 강의

epasskorea

머리말

국민의 안전을 위해 늘 애쓰시는 소방공무원 여러분께 깊이 감사드립니다.
소방공무원 승진시험의 행정법을 비롯한 모든 과목에서 두루 좋은 성과를 얻어 최종합격에 이르시기를 염원하며 이 책을 펴냅니다.

행정법의 영역은 헌법·민법·행정소송법·민사소송법·형법 등 다양한 실체법과 소송법이 한데 어우러져 있는 매우 다이내믹한 곳입니다. 그래서인지 수험가에서는 어느 시험을 막론하고 행정법 공부가 무척 어렵다는 인식이 많습니다.

그러나 소방공무원 승진시험을 준비하는 여러분께서는 이미 행정 현장에서 경험한 현실과 이론을 접목시켜 공부할 수 있는 큰 장점을 보유하고 있습니다. 따라서 잘 대비하면 복잡하고 방대한 행정법 과목에서 오히려 고득점을 할 수 있으니 자신감을 가지시기를 바랍니다. 행정법은 여타 과목과 달리 암기가 아니라 법원리를 이해하면 되는 것이므로 최대의 점수를 목표로 하시기 바랍니다.

다만, 행정법은 행정조직법, 행정작용법, 행정의 절차법, 행정구제법이라는 큰 체계로 이루어져 있습니다. 이러한 행정법의 기본구조를 기초로 큰 줄거리를 잡아가는 입체적인 학습이 필요합니다.

이 책의 특징

01. 대개 행정법 교재들은 1,500여 쪽에 달할 정도로 학습 범위가 상당합니다. 저자의 교재 역시 상하권으로 나누어 매우 자세히 기술하고 있었으나, 금번 개정판은 논리적 흐름을 유지하되 중요도가 낮은 부분들을 과감히 생략함으로써 수험생 여러분의 부담을 덜어드리고자 했습니다.

02. 중요한 판례, 조문, 이론을 체계적으로 제시하였습니다. 최근의 법개정 사항을 모두 반영함은 물론, 책에 기재된 법령을 일일이 확인하여 오류가 없도록 하였고, 최신 판례들과 기출 지문들을 반영하였습니다.

03. 소방승진 기출문제를 비롯한 예제들을 본문에 수록함으로써 시험에서 무엇을 물어보는지, 또 그 수준이 어떠한지를 그때그때 확인하는 공부가 될 수 있도록 하였습니다. 더 많은 문제풀이 연습은 졸고 「소방승진 행정법 객관식」을 활용하시면 됩니다.

GUIDE

1. 출제경향 분석

1. 영역별 출제빈도 (최근 5년간 소방위 승진시험)

대단원	소단원	2023	2022	2021	2020	2019	평균
행정법 일반론	행정기본법	2	1	1			0.8
	행정법의 기본원리				1	2	0.6
	행정법의 법원	2	1	1	2		1.2
	행정상 법률관계	2	2		1	1	1.2
행정의 행위형식	행정입법	1	2	1	1	1	1.2
	행정행위	5	4	4	4	2	3.8
	기타 행위		2	2	1		1.0
행정절차 행정정보	행정절차	1	1	2	1	2	1.4
	개인정보보호		1	1	1	1	0.8
	정보공개	1	1				0.4
실효성 확보수단	행정벌	1	1			1	0.6
	행정강제	2	2	3	3	2	2.4
	행정조사	1		1			0.4
	기타 수단						
손해전보	행정상 손해배상	1	2	1		1	1.0
	행정상 손실보상	1		1			0.4
행정쟁송	행정심판	1	1	1	1	3	1.4
	행정소송	2	4	5	4	5	4.0
행정조직	국가행정	1			1		0.4
	자치행정						
	공무원법	1			1	2	0.8
특별행정	경찰행정법						
	급부행정법				1		0.2
	공용부담, 토지			1	2		0.6
	재무, 환경						

〈특징〉
1. 다른 국가시험들과 마찬가지로 전 영역에서 골고루 출제된다. 이는 모든 시험에서의 출제원칙이기도 하다.
2. 그럼에도 불구하고 「행정행위」, 「행정쟁송」(행정심판과 연계), 「행정강제」 영역의 비중이 상대적으로 높다.
3. 각론 부문(행정조직, 특별행정)에서도 2~3문항 정도는 출제될 것으로 보고 준비함이 옳다.

04. 좋은 법학 수험서란 법률용어의 의미나 제도의 배경을 이야기 풀어나가듯 쉽게 설명하는 책입니다. 저자는 그동안의 많은 수험서 집필과 강의 경험을 살려 독자 여러분께서 편안히 읽어 행정법을 잘 이해할 수 있도록 하는 데 힘썼습니다.

공직자 여러분에게 있어 승진은 그간의 노고를 보상받는 것임과 함께, 향후 경력개발과 능력발전의 기회도 되는 무척 기쁜 일일 것입니다. 그래도 일단 치열한 경쟁을 거쳐야 하고 직무수행과 공부를 병행하기란 쉽지 않은 일이겠습니다. 수험기간 동안 건강관리 잘 하면서 힘내시라는 위로와 격려의 말씀을 드립니다. 그리고 이 책이 부디 그 길에 작은 등불이라도 되었으면 하는 간절한 마음을 전합니다.

편저자 박이준

2. 「조문, 판례, 이론」의 출제비율 (승진시험 문제 공개 이후)

	총 지문 수	조문(%)	판례(%)	이론(%)
2023 소방위	100개	40	51	9
2022 소방위	100개	19	72	9

〈특징〉
1. 다른 국가시험들과 마찬가지로 판례 지문의 비중이 압도적이다.
2. 2023년에는 조문의 비중이 40%로 상당히 높아졌다. 문항 수 기준으로는 25개 중 9개나 된다.
3. 따라서 판례 문제를 모두 맞힌다고 전제할 때, 조문의 정확한 기억이 득점의 차이를 가져올 것으로 보인다. 조문은 "할 수 있다." 또는 "하여야 한다."의 구별에 특히 유의한다.

2 행정법의 효율적인 학습방법

첫째, 모두 읽어야 한다.

역설적일 수 있으나 가장 효율적인 공부방법은 교재를 차근차근 정독하는 일이다. 법학의 학습에 있어서는 요약된 문헌만으로 그 유기적이고 논리적인 구조를 파악하기란 불가능에 가깝다. 어느 수험서이든 저자는 독자들에게 그 내용을 온전히 설명하기 위해 각고의 노력을 다하여 하나의 완결된 체제를 만든 것이다. 따라서 교재 안에 불필요한 부분은 없다고 여기고 꼼꼼히 읽어보겠다는 자세가 일차적으로 긴요하다.

둘째, 행정법의 전반적인 체계를 완성해야 고득점 한다.

꼼꼼하게 읽어보는 것이 긴요하다고 위에서 언급했으나, 나무만 보면 숲을 못본다는 말처럼 현재 공부하는 부분이 행정법 전반에서 차지하는 위치를 항상 생각하며 전체의 그림을 그릴 수 있어야 한다. 행정법의 법률관계는 행정작용을 중심으로 전개되는데, 가장 중요한 행정작용의 형식은 행정청이 우월적 지위에서 국민에 대해 명령·강제·금지·인허가거부 등을 하는 "행정처분"이다.

행정처분을 중심으로 생각하면서, ① 그 밖의 행정작용 형식과 행정처분의 차이점, ② 행정처분이 이루어지는 "행정절차"의 내용, ③ 국민이 행정처분 또는 법령에 따른 의무를 불이행하거나 위법행위를 할 때 행정주체가 대응할 수 있는 실효적인 수단들, ④ 행정작용 과정에서 발생하는 국민의 손실이나 손해를 전보하는 방식들, ⑤ 법치주의 테두리를 벗어난 행정작용을 본래의 상태로 회복시켜 국민의 권익을 구제하는 행정쟁송절차를 파악하는 것이다. 이들이 서로 인과관계로 맺어져 있음을 알아가는 공부가 되어야 수험과정이 재미있을 것이다.

셋째, 행정법학은 규범학임을 이해한다.

우리가 사는 세상은 사실의 세계와 규범의 세계로 나누어져 있다. 같은 행정 현상을 대상으로 하는 행정학과 행정법을 놓고 보면, 행정학(사회과학)이 행정현상을 과학적으로 분석하고 설명하고 대책을 강구하는 학문이라면, 행정법(규범학)은 행정에 관한 '규범(헌법, 법률, 법규명령, 조례 등)'을 '해석'해서 '사건'에 명확하게 적용하는 원리를 배우는 학문이다. 따라서 행정법을 공부한다는 것은 불분명하게 규정된 법령의 의미를 판례나 학설을 통해서 인식해나가는 과정이라 할 수 있다.

GUIDE

다시 말하여 행정학이 "행정 현실이 어떻게 존재하고 있는가?"라는 호기심을 기초로 인간과 사회제도에 대한 깊은 애정과 관심이 요구된다고 한다면, 규범학인 행정법은 "행정 현실이 어떻게 존재하여야 하는가?"에 관한 의문을 기초로 특정 법률관계에서 당사자는 어떤 권리와 의무가 있는 것인지, '정의(正義)'로운 해결방법이 무엇인지를 탐구하는 것이다. 행정법의 이러한 특징을 생각하며 적극적으로 공부하셨으면 한다.

넷째, 판례는 그림을 그려가면서 학습한다.

판례 공부가 매우 중요하다. 시험에 등장하는 판례 지문들은 그 사건의 재판과정에서 쟁점이 되었던 부분에서 단어나 어구를 살짝 바꾸어서 출제한다. 판례를 처음부터 무작정 외우는 것이 아니라, ① 해당 사건에서 문제가 된 행정작용을 찾아내서 중심에 그려놓고, ② 그것을 둘러싼 당사자(원고인 국민, 피고인 행정청)와 제3자가 어떠한 권리 주장을 하고 있는지 명확하게 정리하면 된다. 그것을 해내면, 비유하자면 만일 본인이 출제자가 되더라도 훌륭한 문제를 작성할 수 있을 만큼의 실력을 갖출 수 있다. 그리고 교재만으로 상황파악이 어려운 사건은 「대법원 종합법률정보」 사이트의 검색을 통해 도움을 얻을 수 있다.

다섯째, 객관식 문제풀이의 중요성과 방법

100미터 육상선수가 마라톤 연습만 해서는 우승할 수 없고 그 반대도 마찬가지이다. 여러분께서 치러야 할 시험방식은 4지선다형 객관식 문제이므로 문제풀이를 나중으로 미루지 말고 기본 이론서를 보는 과정에서 병행하는 것이 좋고, 또 그렇게 하는 것이 공부 내용의 정확성을 높일 수 있다. 지식의 양이 50:50으로 똑같은 수험생 甲과 乙이 있다고 할 때, 甲이 문제풀이 연습을 열심히 했다면 실제 득점은 90:50으로 격차가 커질 수 있는 것은 불문가지이다.

처음 공부할 때 문제집의 모든 문제를 푼다는 강박관념을 갖지 말고 각자 처한 시간적 상황에 따라, 홀수번호 문제를 먼저 하고 2회독에 가서 짝수번호를 한다는 식으로 적절한 전략을 세우는 것도 바람직하다. 이는 마치 그림을 그릴 때 스케치 ⇨ 초벌 단계 ⇨ 덧칠 단계로 진행하는 것과 같다. 그리고 의문이 있는 것은 꼭 교재에서 확인하고 넘어가야 한다.

끝으로, 시험 당일까지 기억에 남길 자신이 없는 내용을 접하면 별도로 정리했다가 시험 직전에 일독하는 것이 좋다.

좀 더 자세한 내용 및 수험정보 등은 당사 홈페이지(www.kfs119.co.kr) 참조

차례

제1편 행정법 일반론

제1장 행정과 행정법 — 16
- 제1절 행정 — 16
- 제2절 행정법 — 20

제2장 행정법의 기본원리 — 28
- 제1절 헌법과 행정법 — 28
- 제2절 행정법에 대한 헌법상 원리 — 28
- 제3절 법치행정의 원리 — 30

제3장 행정법의 법원 — 34
- 제1절 법원(法源)의 의의 — 34
- 제2절 성문법원 — 34
- 제3절 불문법원 — 37
- 제4절 행정법의 일반원칙 — 41
- 제5절 행정법의 효력 — 60

제4장 행정상 법률관계 — 64
- 제1절 의의와 종류 — 64
- 제2절 행정법관계의 당사자 — 67
- 제3절 행정법관계의 변동 — 70
- 제4절 사인의 공법행위 — 77
- 제5절 행정법관계의 내용 — 86
- 제6절 특별권력관계이론 — 91

제2편 행정의 행위형식

제1장 행정입법 ... 98
- 제1절 서설 ... 98
- 제2절 법규명령 ... 100
- 제3절 행정규칙 ... 114

제2장 행정행위 ... 124
- 제1절 서설 ... 124
- 제2절 행정행위의 종류 ... 126
- 제3절 법률행위적 행정행위와 준법률행위적 행정행위 ... 143
- 제4절 행정행위의 부관 ... 169
- 제5절 행정행위의 적법요건 ... 181
- 제6절 행정행위의 효력 ... 185
- 제7절 행정행위의 하자 ... 197
- 제8절 행정행위의 취소 ... 211
- 제9절 행정행위의 철회 ... 219
- 제10절 행정행위의 실효 ... 225

제3장 기타 행정의 행위형식 ... 227
- 제1절 확약 ... 227
- 제2절 행정계획 ... 230
- 제3절 공법상 계약 ... 240
- 제4절 공법상 사실행위 ... 245
- 제5절 행정지도 ... 248
- 제6절 공법상 합동행위 ... 252
- 제7절 행정의 자동화작용 ... 253

제3편 행정절차·정보

제1장 행정절차 ... 258
- 제1절 행정절차의 의의 ... 258
- 제2절 행정절차의 법적 근거 ... 259
- 제3절 행정절차법의 주요 내용 ... 260
- 제4절 특별행정절차 ... 286
- 제5절 행정절차의 하자 ... 322

제2장 개인정보보호, 정보공개 ... 324
- 제1절 개인정보보호 ... 324
- 제2절 정보공개 ... 367

제4편 행정의 실효성확보수단

제1장 개설 ... 392

제2장 행정벌 ... 394
- 제1절 개설 ... 394
- 제2절 행정형벌 ... 395
- 제3절 행정질서벌 ... 399

제3장 행정강제 ... 411
- 제1절 행정상 강제집행 ... 411
  - 제1관 개설 ... 411
  - 제2관 행정대집행 ... 412
  - 제3관 행정상 강제징수 ... 422
  - 제4관 이행강제금 ... 428
  - 제5관 직접강제 ... 432
- 제2절 행정상 즉시강제 ... 434

제4장	행정조사	439
제5장	기타 실효성확보수단	449
	제1절 금전상 제재	449
	제2절 관허사업의 제한	454
	제3절 공급거부	455
	제4절 위반사실 등 공표	456
	제5절 기타의 수단	459

제5편 행정상 손해전보

제1장	행정상 손해배상	462
	제1절 개설	462
	제2절 공무원의 직무행위로 인한 손해배상책임	463
	제3절 영조물의 설치·관리의 하자로 인한 손해배상책임	481
	제4절 배상책임자 및 구상	489
	제5절 행정상 손해배상의 청구절차	493
제2장	행정상 손실보상	497
	제1절 행정상 손실보상의 의의 및 성질	497
	제2절 행정상 손실보상의 근거	498
	제3절 손실보상청구권의 성립요건	500
	제4절 행정상 손실보상의 기준과 내용	504
	제5절 보상의 종류, 결정, 지급	510
	제6절 재결에 대한 권리구제	512
제3장	행정상 손해전보제도의 보완	519
	제1절 보완 이론	519
	제2절 공법상 결과제거청구권	520

제6편 행정쟁송

제1장 행정심판 … 526
- 제1절 개설 … 526
- 제2절 행정심판기관(행정심판위원회) … 534
- 제3절 행정심판의 당사자 및 관계인 … 535
- 제4절 행정심판의 청구 … 539
- 제5절 고지제도 … 549
- 제6절 행정심판의 심리 … 552
- 제7절 행정심판의 재결 … 555

제2장 행정소송 … 568
- 제1절 행정소송의 의의와 한계 … 568
- 제2절 행정소송의 종류 … 575
- 제3절 항고소송 … 576
    - 제1관 취소소송 … 576
    - 제2관 무효등확인소송 … 704
    - 제3관 부작위위법확인소송 … 711
- 제4절 당사자소송 … 719
- 제5절 객관적 소송 … 729

제7편 행정조직법

제1장 행정조직법 일반론 … 736
- 제1절 행정조직의 의의 … 736
- 제2절 행정기관 … 736
- 제3절 행정관청 … 739

제2장 국가행정조직법 — 751
- 제1절 국가의 중앙행정조직 — 751
- 제2절 국가의 지방행정조직 — 754
- 제3절 간접국가행정조직 — 754

제3장 자치행정조직법 — 756
- 제1절 개설 — 756
- 제2절 지방자치단체의 주민 — 760
- 제3절 지방자치단체의 자치입법권 — 771
- 제4절 지방자치단체의 사무 — 779
- 제5절 지방자치단체 상호간의 관계 — 782
- 제6절 지방자치단체에 대한 국가의 관여 — 784

제4장 공무원법 — 788
- 제1절 개설 — 788
- 제2절 공무원법관계의 변동 — 789
- 제3절 공무원관계의 내용 — 799

제8편 특별행정작용법

제1장 경찰행정법 — 816
- 제1절 개설 — 816
- 제2절 경찰권의 근거 — 817
- 제3절 경찰권의 한계 — 825
- 제4절 경찰책임 — 826

제2장 급부행정법 — 832
- 제1절 개설 — 832
- 제2절 공물법 — 832
- 제3절 영조물법 — 849
- 제4절 사회보장행정법 — 851

제3장	공용부담법	867
	제1절 개설	867
	제2절 인적 공용부담	868
	제3절 공용제한	871
	제4절 공용수용	874
	제5절 공용환지·공용환권	886

제4장	토지행정법	892
	제1절 개설	892
	제2절 토지행정의 개별적 내용	892

제5장	재무행정법	901
	제1절 개설	901
	제2절 재정작용	902
	제3절 조세	904
	제4절 회계	910

제6장	환경행정법	920
	제1절 개설	920
	제2절 환경행정의 수단	922
	제3절 환경분쟁과 권익구제	929

제1편

행정법 일반론

제1장　행정과 행정법
제2장　행정법의 기본원리
제3장　행정법의 법원
제4장　행정상 법률관계

제1장 행정과 행정법

제1절 행정

01 권력분립에 의한 행정관념의 성립

「행정」의 관념은 근대국가의 탄생과 더불어 권력분립의 원칙과 법치주의를 전제로 하여 성립하였다. 시민의 자유와 재산에 대한 기본적 인권의 보장을 최고의 정치적 원리로 한 근대입헌국가는 국가권력의 집중을 방지하고자 권력분립의 원칙을 채택하였는바, 국가권력을 입법·사법·행정으로 나누어 각각 별개의 기관에 의하여 분장케 함으로써 견제와 균형을 통하여 시민의 기본권을 보호하려는 과정에서 근대적 의미의 「행정」 관념이 성립하게 된 것이다.

02 형식적·실질적 의미의 행정

1. 형식적 의미의 행정

   행정의 실질적인 내용이나 기능과 관계없이 제도나 조직상의 권한에 따라 행정을 인식할 때의 개념이다. 이 개념에 의하면 행정이란 성질상 입법작용(예 대통령령의 제정)이거나 사법작용(예 행정심판)에 해당하거나를 가릴 것 없이 행정기관에 의하여 행하여지는 모든 활동을 말한다.

2. 실질적 의미의 행정

   행정의 고유한 성질과 그 기능을 중심으로 파악할 때의 개념이다. 이 경우 행정의 행정의 개념적 징표로 ① 공익의 실현이라는 목적을 위한 활동, ② 능동적이고 미래지향적인 적극적인 사회형성작용, ③ 일방적으로 법적 의무를 구체화할 수 있는 고권적 지위, ④ 법의 집행작용을 들 수 있다.

형식적 의미	실질적 의미	사례
입법	입법	법률제정, 국회사무처규칙 제정
	사법	의원의 징계의결
	행정	국회사무처 직원임명, 국회예산 집행
사법	입법	대법원규칙 제정
	사법	재판작용
	행정	일반법관 임명, 법원직원 임명, 등기사무, 법원예산 집행
행정	입법	대통령령·총리령 제정, 행정규칙 제정, 긴급명령

	사법	행정심판위원회의 재결, 징계위원회의 징계의결, 소청심사위원회의 재결, 국가배상심의회의 배상결정, 통고처분, 검사의 공소제기, 사면
	행정	행정대집행, 인가·허가, 공무원 임명, 징계처분, 조세부과처분, 체납처분, 취소·철회, 예산편성과 집행, 병력취득과 관리, 군당국의 징발

03 행정과 통치행위

1. 통치행위의 의의

종래 통치행위는 '국가행위 중에서 고도의 정치성을 갖기 때문에 사법심사가 제한되는 행위'로 설명되어 왔다. 최근에는 '**고도의 정치성을 띤 국가행위로서 사법심사가 제한될 뿐 아니라 그에 대한 판결이 존재하는 경우에도 그 집행이 곤란한 행위**'라고 하여 법집행상의 문제도 같이 강조되고 있다.

2. 통치행위의 인정여부

(1) 부정설

헌법이 법치주의를 채택하고 있고 사법심사에서 개괄주의를 택하고 있으므로, 고도의 정치적 문제라 하더라도 그에 법률문제가 포함되어 있다면 그 한도 내에서 당연히 사법심사의 대상이 되어야 한다고 보는 견해이다.

(2) 긍정설

재량행위설	통치행위는 국가최고기관의 자유재량행위이므로 사법심사의 대상이 되지 않는다는 견해. 여기에서는 기본적으로 정치적 합목적성만이 문제되므로 법적 판단의 대상이 될 수 없다는 견해
권력분립설 (내재적한계설)	정치적으로 중요한 의미를 가지는 행위의 당부에 관한 결정은 민주정치의 관점에서 보면 정치적 책임이 없는 법원에 의할 것이 아니라, 정부 또는 국회의 권한에 유보하여 국민의 감시와 비판하에 처리하는 것이 바람직하다고 하는 견해
사법자제설	통치행위도 법률문제이므로 원칙적으로는 사법심사가 미치나, 법원이 위법을 감수하여서라도 방지하여야 할 보다 큰 위해의 발생을 예방하기 위하여 재판권의 행사를 자제하는 결과라고 보는 견해
독자성설	통치행위는 국가지도적인 최상위의 행위로서 본래 사법판단에 적합하지 않는 독자적인 정치행위라는 입장

3. 대법원 판례

비상계엄의 선포나 확대가 국헌문란의 목적을 달성하기 위하여 행하여진 경우는 사법심사의 대상
대통령의 비상계엄의 선포나 확대 행위는 고도의 정치적·군사적 성격을 지니고 있는 행위라 할 것이므로, 그것이 누구에게도 일견하여 헌법이나 법률에 위반되는 것으로서 명백하게 인정될 수 있는 등 특별한 사정이 있는 경우라면 몰라도, 그러하지 아니한 이상 그 <u>계엄선포의 요건 구비 여부나 선포의 당·부당을 판단할 권한이 사법부에는 없다</u>고 할 것이나, 비상계엄의 선포나 확대가 국헌문란의 목적을 달성하기 위하여 행하여진 경우에는 법원은 그 자체가 <u>범죄행위에 해당하는지의 여부에 관하여 심사할 수 있다</u>(대판 1997.4.17. 96도3376).

남북정상회담 대북송금행위는 사법심사의 대상

[1] 입헌적 법치주의국가의 기본원칙은 어떠한 국가행위나 국가작용도 헌법과 법률에 근거하여 그 테두리 안에서 합헌적·합법적으로 행하여질 것을 요구하며, 이러한 합헌성과 합법성의 판단은 본질적으로 사법의 권능에 속하는 것이고, 다만 국가행위 중에는 고도의 정치성을 띤 것이 있고, 그러한 고도의 정치행위에 대하여 정치적 책임을 지지 않는 법원이 정치의 합목적성이나 정당성을 도외시한 채 합법성의 심사를 감행함으로써 정책결정이 좌우되는 일은 결코 바람직한 일이 아니며, 법원이 정치문제에 개입되어 그 중립성과 독립성을 침해당할 위험성도 부인할 수 없으므로, 고도의 정치성을 띤 국가행위에 대하여는 이른바 통치행위라 하여 법원 스스로 사법심사권의 행사를 억제하여 그 심사대상에서 제외하는 영역이 있으나, 이와 같이 통치행위의 개념을 인정한다고 하더라도 과도한 사법심사의 자제가 기본권을 보장하고 법치주의 이념을 구현하여야 할 법원의 책무를 태만히 하거나 포기하는 것이 되지 않도록 그 인정을 지극히 신중하게 하여야 하며, 그 판단은 오로지 사법부만에 의하여 이루어져야 한다.(대판 2004.3.26. 2003도7878).

[2] 남북정상회담의 개최는 고도의 정치적 성격을 지니고 있는 행위라 할 것이므로 특별한 사정이 없는 한 그 당부를 심판하는 것은 사법권의 내재적·본질적 한계를 넘어서는 것이 되어 적절하지 못하지만, 남북정상회담의 개최과정에서 (구)재정경제부장관에게 신고하지 아니하거나 통일부장관의 협력사업 승인을 얻지 아니한 채 북한측에 사업권의 대가 명목으로 송금한 행위 자체는 헌법상 법치국가의 원리와 법 앞에 평등원칙 등에 비추어 볼 때 사법심사의 대상이 된다(대판 2004.3.26. 2003도7878).

국회의 자율권과 저촉되는 범위 내에서 법원의 위헌법률심사권이 인정되지 아니함

국회가 적법하게 통과하였다 하여 정부에 이송하고 국방회의가 의결하고 대통령이 승인 공포했으면 실질상 입법의 전과정에 걸쳐 적법히 통과하였다고 인정되므로 삼권분립의 원칙으로 보아 법원이 헌법상 동위인 입법부의 자율권에 개입해서는 안된다. 즉 구 헌법 제102조가 정한 법원의 법령조사권으로써는 입법부 스스로가 국회를 통과하였다고 결정하여 정부에 이송, 국무회의의 의결, 대통령의 공포가 있으면 국회통과의 과정에 흠이 있더라도 법원이 이를 뒤엎을 수 없다(대판 1972.1.18. 71도1845).

서훈취소가 법원이 사법심사를 자제해야 할 고도의 정치성을 띤 행위인지 여부(소극)

서훈취소는 서훈수여의 경우와는 달리 이미 발생된 서훈대상자 등의 권리 등에 영향을 미치는 행위로서 관련 당사자에게 미치는 불이익의 내용과 정도 등을 고려하면 사법심사의 필요성이 크다. 따라서 기본권의 보장 및 법치주의의 이념에 비추어 보면, 비록 서훈취소가 대통령이 국가원수로서 행하는 행위라고 하더라도 법원이 사법심사를 자제하여야 할 고도의 정치성을 띤 행위라고 볼 수는 없다(대판 2015.4.23. 2012두26920).

4. 헌법재판소 판례

국민의 기본권 침해와 직접 관련되는 긴급재정·경제명령은 사법심사의 대상

긴급재정경제명령(註: 금융실명거래에 관한 긴급재정경제명령)은 국가긴급권의 일종으로서 고도의 정치적 결단에 의하여 발동되는 행위이고 그 결단을 존중하여야 할 필요성이 있는 행위라는 의미에서 이른바 통치행위에 속한다고 할 수 있으나, 통치행위를 포함하여 모든 국가작용은 국민의 기본권적 가치를 실현하기 위한 수단이라는 한계를 반드시 지켜야 하는 것이고, 헌법재판소는 헌법의 수호와 국민의 기본권보장을 사명으로 하는 국가기관이므로 비록 고도의 정치적 결단에 의하여 행해지는 국가작용이라고 할지라도 그것이 국민의 기본권 침해와 직접 관련되는 경우에는 당연히 헌법재판소의 심판대상이 된다(헌재 1996.2.29. 93헌마186).

사면행위는 국가원수의 고유한 권한
사면은 형의 선고의 효력 또는 공소권을 상실시키거나 형의 집행을 면제시키는 국가원수의 고유한 권한을 의미하며, 사법부의 판단을 변경하는 제도로서 권력분립의 원리에 대한 예외가 된다. 사면제도는 역사적으로 절대군주인 국왕의 은사권(恩赦權)에서 유래하였으며, 대부분의 근대국가에서도 유지되어 왔고, 대통령제국가에서는 미국을 효시로 대통령에게 사면권이 부여되어 있다(헌재 2000.6.1. 97헌바74).

한미연합 군사훈련은 통치행위가 아님
한미연합 군사훈련은 1978. 한미연합사령부의 창설 및 1979. 2. 15. 한미연합연습 양해각서의 체결 이후 연례적으로 실시되어 왔고, 특히 이 사건 연습은 대표적인 한미연합 군사훈련으로서, 피청구인이 2007. 3.경에 한 이 사건 연습결정이 새삼 국방에 관련되는 고도의 정치적 결단에 해당하여 사법심사를 자제하여야 하는 통치행위에 해당된다고 보기 어렵다(헌재 2009.5.28. 2007헌마369).

파병결정은 통치행위의 성질을 가짐
외국에의 국군의 파견결정은 파견군인의 생명과 신체의 안전뿐만 아니라 국제사회에서의 우리나라의 지위와 역할, 동맹국과의 관계, 국가안보문제 등 궁극적으로 국민 내지 국익에 영향을 미치는 복잡하고도 중요한 문제로서 국내 및 국제정치관계 등 제반상황을 고려하여 미래를 예측하고 목표를 설정하는 등 고도의 정치적 결단이 요구되는 사안이다. 따라서 그와 같은 결정은 그 문제에 대해 정치적 책임을 질 수 있는 국민의 대의기관이 관계분야의 전문가들과 광범위하고 심도 있는 논의를 거쳐 신중히 결정하는 것이 바람직하며 우리 헌법도 그 권한을 국민으로부터 직접 선출되고 국민에게 직접 책임을 지는 대통령에게 부여하고 그 권한행사에 신중을 기하도록 하기 위해 국회로 하여금 파병에 대한 동의여부를 결정할 수 있도록 하고 있는바, 현행 헌법이 채택하고 있는 대의민주제 통치구조 하에서 대의기관인 대통령과 국회의 그와 같은 고도의 정치적 결단은 가급적 존중되어야 한다(헌재 2004.4.29. 2003헌마814).

신행정수도건설이나 수도이전의 문제는 통치행위가 아님
신행정수도건설이나 수도이전의 문제가 정치적 성격을 가지고 있는 것은 인정할 수 있지만, 그 자체로 고도의 정치적 결단을 요하여 사법심사의 대상으로 하기에는 부적절한 문제라고까지는 할 수 없다. 더구나 이 사건 심판의 대상은 이 사건 법률의 위헌여부이고 대통령의 행위의 위헌여부가 아닌바, 법률의 위헌여부가 헌법재판의 대상으로 된 경우 당해법률이 정치적인 문제를 포함한다는 이유만으로 사법심사의 대상에서 제외된다고 할 수는 없다. 다만 이 사건 법률의 위헌여부를 판단하기 위한 선결문제로서 신행정수도건설이나 수도이전의 문제를 국민투표에 붙일지 여부에 관한 대통령의 의사결정이 사법심사의 대상이 될 경우 위 의사결정은 고도의 정치적 결단을 요하는 문제여서 사법심사를 자제함이 바람직하다고는 할 수 있고, 이에 따라 그 의사결정에 관련된 흠을 들어 위헌성이 주장되는 법률에 대한 사법심사 또한 자제함이 바람직하다고는 할 수 있다. 그러나 대통령의 위 의사결정이 국민의 기본권침해와 직접 관련되는 경우에는 헌법재판소의 심판대상이 될 수 있고, 이에 따라 위 의사결정과 관련된 법률도 헌법재판소의 심판대상이 될 수 있다(헌재 2004.10.21. 2004헌마554).

> **예제** 통치행위에 대한 판례의 태도로 옳지 않은 것은?
> ① 대통령의 긴급재정경제명령은 국가긴급권의 일종으로서 고도의 정치적 결단에 의하여 발동되는 행위이고 그 결단을 존중하여야 할 필요성이 있는 행위라는 의미에서 이른바 통치행위에 속한다.
> ② 남북정상회담의 개최과정에서 재정경제부장관에게 신고하지 아니하거나 통일부장관의 협력사업 승인을 얻지 아니한 채 북한 측에 사업권의 대가 명목으로 송금한 행위는 고도의 정치적 성격을 지니고 있는 행위라 할 것이므로 특별한 사정이 없는 한 그 당부를 심판하는 것은 사법권의 내재적·본질적 한계를 넘어서는 것이 되어 적절하지 못하다.
> ③ 통치행위의 개념을 인정한다고 하더라도 과도한 사법심사의 자제가 기본권을 보장하고 법치주의 이념을 구현하여야 할 법원의 책무를 태만히 하거나 포기하는 것이 되지 않도록 그 인정을 지극히 신중하게 하여야 하며, 그 판단은 오로지 사법부만에 의하여 이루어져야 한다.
> ④ 외국에의 국군의 파견결정은 파견군인의 생명과 신체의 안전뿐만 아니라 국제사회에서의 우리나라의 지위와 역할, 동맹국과의 관계, 국가안보문제 등 궁극적으로 국민 내지 국익에 영향을 미치는 복잡하고도 중요한 문제로서 국내 및 국제정치관계 등 제반상황을 고려하여 미래를 예측하고 목표를 설정하는 등 고도의 정치적 결단이 요구되는 사안이다.
>
> **정답** ②
> ② (×) 남북정상회담의 개최는 고도의 정치적 성격을 지니고 있는 행위라 할 것이므로 특별한 사정이 없는 한 그 당부를 심판하는 것은 사법권의 내재적·본질적 한계를 넘어서는 것이 되어 적절하지 못하지만, 남북정상회담의 개최과정에서 재정경제부장관에게 신고하지 아니하거나 통일부장관의 협력사업 승인을 얻지 아니한 채 북한측에 사업권의 대가 명목으로 송금한 행위 자체는 헌법상 법치국가의 원리와 법 앞에 평등원칙 등에 비추어 볼 때 사법심사의 대상이 된다(대판 2004.3.26, 2003도7878).
> ① (○) 헌재 1996.2.29. 93헌마186 ③ (○) 대판 2004.3.26, 2003도7878
> ④ (○) 헌재 2004.4.29. 2003헌마814

제2절 행정법

01 행정법의 의의와 특수성

1. 행정법의 의의

행정법은 '행정에 고유한 공법으로서 행정주체의 조직과 작용 그리고 행정구제에 관한 공법' 또는 '행정(行政)에 관한 국내공법(國內公法)'이라고 정의된다. 후자의 경우 행정법은 ① 「행정」에 관한 법, ② 행정에 관한 「국내법」, ③ 행정에 관한 「공법」이라는 3요소로 구성된다.

2. 행정법의 법적 특수성

성문성	행정작용의 공익성 때문에 국민에게 행정법규의 일방적 규율의 예측가능성과 법적 안정성을 보장
형식의 다양성	단일법전화가 어렵고 입법부가 정하는 무수한 법률들, 행정부의 법규명령, 지방자치단체의 자치법규인 조례와 규칙, 행정조직내부의 행정규칙 등 다양한 형식
획일성·강행성	공공의 입장에서 국가목적실현을 위하여 일정한 사항을 획일적·강행적으로 규율
기술성(技術性)	다양한 이익들의 합리적 조정을 목표로 하는 기술적 수단성 O. Mayer : "헌법은 변하지만 행정법은 존속한다."
행정주체의 우월성	공권력행사에 관한 법률관계를 규율하고 공권력행사에 의한 국가목적달성을 위한 수단이기도 하므로 행정주체의 행위에 우월한 효력을 인정(예 일방적인 명령권, 형성권 및 자력집행권)
공익우선성	개인의 이익보다 공익에 더 큰 가치를 두기 때문에도 일반 私法과 다른 특별한 법적 규율을 하는 경우가 많음(예 우편법 제3조의2는 우편물의 운송명령과 정당한 보상을 규정)
형성중인 법	행정법은 그 법체계가 아직 확립되어 있지 못함

02 공법과 사법

1. 구별의 의의

국가의 법질서는 크게 공법영역과 사법영역으로 나뉘는데 행정법은 헌법과 더불어 공법영역에 속한다. 공법의 규율대상이 되는 행정주체와 사인과의 관계는 일반적으로 행정주체에게 우월적인 지위가 주어지는 관계로서 공익과 사익간의 관계를 규율한다.

2. 공법과 사법의 구별실익

적용법리의 결정	사인간의 법률관계는 사적 자치를 중심으로 하는 사법원리가 적용되고, 행정주체와 사인간의 법관계는 공익실현을 중심으로 한 공법원리가 적용됨
절차법상 구별	행정청의 처분 등의 절차는 행정절차법이 정하는 바에 따르나, 사적 영역은 특별한 절차법규가 적용되지 아니함
쟁송수단	공법규정이 적용되는 법적 분쟁은 행정소송으로 제기하고, 사법규정이 적용되는 사건은 민사소송으로 제기
강제집행절차	행정상 의무불이행에 대해 행정대집행과 같은 강제수단이 마련되어 있으나, 민사상 채무불이행에 대해서는 법원판결에 의해 집행권원을 인정받아야만 민사집행법에 따라 강제집행할 수 있음
손해전보	국가의 위법한 공권력의 행사로 개인에게 손해가 발생하면 국가배상법에 의해 권리구제 받을 수 있고, 적법한 공권력에 의해 손실이 발생하면 공법상 손실보상제도가 적용됨

> **관련판례**

〈공법관계로 본 사례〉

[1] 수도법에 의한 수도료의 부과징수와 그에 따른 수도료 납부관계

수도법에 의하여 지방자치단체인 수도사업자가 그 수돗물의 공급을 받은 자에 대하여 하는 수도료의 부과징수와 이에 따른 수도료의 납부관계는 공법상의 권리의무관계라 할 것이므로 이에 관한 소송은 행정소송절차에 의하여야 하고, 민사소송절차에 의할 수 없다(대판 1977.2.22. 76다2517).

[2] 국유재산법상의 국유재산무단사용 변상금의 부과처분

국유재산법 제51조 제1항에 의한 국유재산의 무단점유자에 대한 변상금부과는 대부나 사용, 수익허가 등을 받은 경우에 납부하여야 할 대부료 또는 사용료 상당액 외에도 그 징벌적 의미에서 국가측이 일방적으로 그 2할 상당액을 추가하여 변상금을 징수토록 하고 있으며 그 체납시에는 국세징수법에 의하여 강제징수토록 하고 있는 점 등에 비추어 보면 그 부과처분은 관리청이 공권력을 가진 우월적 지위에서 행하는 것으로서 행정처분이라고 보아야 하고, 그 부과처분에 의한 변상금징수권은 공법상의 권리로서 사법상의 채권과는 그 성질을 달리하므로 국유재산의 무단점유자에 대하여 국가가 민법상의 부당이득금반환청구를 하는 경우 국유재산법 제51조 제1항이 적용되지 않는다(대판 1992.4.14. 91다42197).

[3] 하천구역 편입 토지 손실보상청구권의 확인을 구하는 소송

하천법 부칙 제2조와 '법률 제3782호 하천법 중 개정법률 부칙 제2조의 규정에 의한 보상청구권의 소멸시효가 만료된 하천구역 편입토지 보상에 관한 특별조치법' 제2조, 제6조의 각 규정들을 종합하면, 위 규정들에 의한 손실보상청구권은 1984. 12. 31. 전에 토지가 하천구역으로 된 경우에는 당연히 발생되는 것이지, 관리청의 보상금지급결정에 의하여 비로소 발생하는 것은 아니므로, 위 규정들에 의한 손실보상금의 지급을 구하거나 손실보상청구권의 확인을 구하는 소송은 행정소송법 제3조 제2호 소정의 당사자소송에 의하여야 한다(대판 2006.5.18. 2004다6207).

[4] 국·공유재산의 사용·수익 허가에 대한 취소

국·공유재산의 관리청이 행정재산의 사용·수익을 허가한 다음 그 사용·수익하는 자에 대하여 하는 사용·수익허가취소는 순전히 사경제주체로서 행하는 사법상의 행위라 할 수 없고, 이는 관리청이 공권력을 가진 우월적 지위에서 행한 것으로서 항고소송의 대상이 되는 행정처분이다(대판 1997.4.11. 96누17325).

[5] 기부채납받은 행정재산에 대한 공유재산 관리청의 사용·수익허가

행정재산을 보호하고 그 유지·보존 및 운용 등의 적정을 기하고자 하는 지방재정법 및 그 시행령 등 관련 규정의 입법 취지와 더불어 잡종재산에 대해서는 대부·매각 등의 처분을 할 수 있게 하면서도 행정재산에 대해서는 그 용도 또는 목적에 장해가 없는 한도 내에서 사용 또는 수익의 허가를 받은 경우가 아니면 이러한 처분을 하지 못하도록 하고 있는 구 지방재정법 제82조 제1항, 제83조 제2항 등 규정의 내용에 비추어 볼 때 그 행정재산이 구 지방재정법 제75조의 규정에 따라 기부채납받은 재산이라 하여 그에 대한 사용·수익허가의 성질이 달라진다고 할 수는 없다(대판 2001.6.15. 99두509).

[6] 행정청의 시공연대보증업체에 대한 입찰참가자격제한처분

행정청이 시공연대보증업체에 대하여 보증시공을 하지 아니하였다는 이유로 행한 입찰참가자격제한처분의 당부를 법원이 판단함에 있어서는 시공연대보증업체가 보증시공의무를 이행하지 아니한 데 정당한 이유가 있는지의 여부를 심리하여 처분의 위법 여부를 판단하고, 나아가 정당한 이유 없이 계약을 이행하지 아니하였다고 인정되는 경우에도 행정청이 제반 사정에 비추어 지나치게 과도한 제한기간을 정함으로써 재량권을 일탈 또는 남용한 위법이 있는지를 가려 보아야 한다(대판 1996.2.27. 95누4360).

[7] 국립의료원 부설 주차장에 관한 위탁관리용역운영계약의 실질은 행정재산에 대한 국유재산법 제24조 제1항의 사용·수익 허가

원고는 피고 산하의 국립의료원 부설주차장에 관한 이 사건 위탁관리용역운영계약에 대하여 관리청이 순전히 사경제주체로서 행한 사법상 계약임을 전제로, 가산금에 관한 별도의 약정이 없는 이상 원고에게 가산금을 지급할 의무가 없다고 주장하여 그 부존재의 확인을 구한다는 것이다. 그러나 기록에 의하면, 위 운영계약의 실질은 행정재산인 위 부설주차장에 대한 국유재산법 제24조 제1항에 의한 사용·수익 허가로서 이루어진 것임을 알 수 있으므로, 이는 위 국립의료원이 원고의 신청에 의하여 공권력을 가진 우월적 지위에서 행한 행정처분으로서 특정인에게 행정재산을 사용할 수 있는 권리를 설정하여 주는 강학상 특허에 해당한다 할 것이고 순전히 사경제주체로서 원고와 대등한 위치에서 행한 사법상의 계약으로 보기 어렵다고 할 것이다(대판 2006.3.9. 2004다31074).

[8] 수신료 징수권한 여부를 다투는 소송의 성격은 공법상 당사자소송

수신료의 법적 성격, 피고 보조참가인의 수신료 강제징수권의 내용등에 비추어 보면 수신료 부과행위는 공권력의 행사에 해당하므로, 피고가 피고 보조참가인으로부터 수신료의 징수업무를 위탁받아 자신의 고유업무와 관련된 고지행위와 결합하여 수신료를 징수할 권한이 있는지 여부를 다투는 이 사건 쟁송은 민사소송이 아니라 공법상의 법률관계를 대상으로 하는 것으로서 행정소송법 제3조 제2호에 규정된 당사자소송에 의하여야 한다고 봄이 상당하다(대판 2008.7.24. 2007다25261).

[9] 국유 일반재산의 대부료 등의 징수

국유 일반재산의 대부료 등의 징수에 관하여는 국세징수법 규정을 준용한 간이하고 경제적인 특별구제절차가 마련되어 있으므로, 특별한 사정이 없는 한 민사소송의 방법으로 대부료 등의 지급을 구하는 것은 허용되지 아니한다(대판 2014.9.4. 2014다203588).

〈사법관계로 본 사례〉

[1] 예산회계법에 의한 입찰보증금의 국고귀속조치

예산회계법에 따라 체결되는 계약은 사법상의 계약이라고 할 것이고 동법 제70조의5의 입찰보증금은 낙찰자의 계약체결의무이행의 확보를 목적으로 하여 그 불이행시에 이를 국고에 귀속시켜 국가의 손해를 전보하는 사법상의 손해배상 예정으로서의 성질을 갖는 것이라고 할 것이므로 입찰보증금의 국고귀속조치는 국가가 사법상의 재산권의 주체로서 행위하는 것이지 공권력을 행사하는 것이거나 공권력작용과 일체성을 가진 것이 아니라 할 것이므로 이에 관한 분쟁은 행정소송이 아닌 민사소송의 대상이 될 수밖에 없다고 할 것이다(대판 1983.12.27. 81누366).

[2] 잡종재산(현 일반재산)인 국유림을 대부하는 행위
구 국유재산법 제31조 제3항, 구 국유재산법시행령 제33조 제2항의 규정에 의하여 국유잡종재산에 관한 관리 처분의 권한을 위임받은 기관이 국유잡종재산을 <u>대부하는 행위는 국가가 사경제 주체로서 상대방과 대등한 위치에서 행하는 사법상의 계약</u>이지 행정청이 공권력의 주체로서 상대방의 의사 여하에 불구하고 일방적으로 행하는 행정처분이라고 볼 수 없고, 국유잡종재산에 관한 <u>사용료의 납입고지 역시 사법상의 이행청구</u>에 해당하는 것으로서 이를 항고소송의 대상이 되는 행정처분이라고 할 수 없다(대판 1993.12.21. 93누13735).

[3] 국가배상법상 손해배상책임
공무원의 직무상 불법행위로 손해를 받은 국민이 국가 또는 공공단체에 배상을 청구하는 경우 국가 또는 공공단체에 대하여 그의 불법행위를 이유로 손해배상을 구함은 국가배상법이 정한바에 따른다 하여도 이 역시 <u>민사상의 손해배상 책임을 특별법인 국가배상법이 정한데 불과하다</u>(대판 1972.10.10, 69다701).

[4] 당연무효인 조세부과처분을 이유로 한 부당이득반환청구
조세부과처분이 당연무효임을 전제로 하여 이미 납부한 세금의 반환을 청구하는 것은 민사상의 부당이득반환청구로서 민사소송절차에 따라야 한다(대판 1995.4.28. 94다55019).

[5] 토지개량조합 연합회 직원의 동 연합회에 대한 퇴직금 청구
조합이 공법인이고 조합과 조합직원간의 복무관계가 공법관계라 할지라도 그 조합의 직원이 조합에 대하여 근로를 제공하고 그 대가를 청구하는 퇴직금을 포함한 모든 급여청구권까지를 모두 공법상의 권리관계라고 할 수 없다(대판 1967.11.14, 67다2271).

[6] 공공사업시행자의 협의매수에 의한 토지 취득행위
공공사업의 시행자가 토지수용법에 의하여 그 사업에 필요한 토지를 취득하는 경우 그것이 협의에 의한 취득이고 토지수용법 제25조의2의 규정에 의한 협의 성립의 확인이 없는 이상, 그 취득행위는 어디까지나 사경제 주체로서 행하는 사법상의 취득으로서 승계취득한 것으로 보아야 할 것이고, 재결에 의한 취득과 같이 원시취득한 것으로 볼 수는 없다(대판 1996.2.13. 95다3510).
☞ 학설은 이를 공법상 계약으로 파악

[7] 환매권의 존부에 관한 확인을 구하는 소송 및 환매금액의 증감을 구하는 소송은 민사소송
구 공익사업을 위한 토지 등의 취득 및 보상에 관한 법률 제91조에 규정된 <u>환매권은 상대방에 대한 의사표시를 요하는 형성권의 일종으로서 재판상이든 재판 외이든 위 규정에 따른 기간 내에 행사하면 매매의 효력이 생기는 바</u>, 이러한 환매권의 존부에 관한 확인을 구하는 소송 및 구 토지보상법 제91조 제4항에 따라 환매금액의 증감을 구하는 소송 역시 민사소송에 해당한다(대판 2013.2.28. 2010두22368).

〈행정상 법률관계에 관한 사례〉

공법 관계	1. 조직·근무 관련 ① 국가나 지방자치단체에서 근무하는 청원경찰의 근무관계(대판 1993.7.13. 92다47564) ② 농지개량조합의 직원에 대한 징계처분(대판 1995.6.9. 94누10870) ③ 도시재개발조합에 대한 조합원의 자격확인(대판 1996.2.15) ④ 구 도시재개발법상 재개발조합의 조합원에 대한 관계 중 특정한 공공사무를 수행하는 관계(대판 1996.2.15. 94다31235) ⑤ 공무원연금관리공단의 급여에 관한 결정(대판 1996.12.6. 96누6417) 2. 국유재산 관련 ① 국유재산의 관리청이 그 무단점유자에 대하여 하는 변상금부과처분(대판 1992.4.14. 91다42197) ② 공유재산 점유자에 대한 변상금부과처분(대판 2000.1.14. 99두9735) ③ 국·공유재산의 사용·수익 허가 및 사용·수익허가취소(대판 2006.3.9. 2004다31074; 1997.4.11. 96누17325) ④ 국립의료원 부설 주차장에 관한 위탁관리용역운영계약(대판 2006.3.9. 2004다31074) ⑤ 귀속재산처리법에 의한 귀속재산 매각(대판 1991.6.25. 90다10435) ⑥ 징발재산정리에관한특별조치법에 의한 징발재산 매수결정(대판 1991.10.22. 91다26690) 3. 계약 및 청구권 관련 ① 지방전문직공무원인 서울대공전술연구소 소장 채용계약(대판 1993.9.14. 92누4611) ② 전문직공무원인 공중보건의사 채용계약(대판 1996.5.31. 95누10617) ③ 서울시립무용단원의 위촉관계(대판 1995.12.22. 95누4636) ④ 광주시립합창단원의 재위촉관계(대판 2001.12.11. 2001두7794) 4. 손해전보 관련 ① 공유수면매립법상 권리를 가진 자의 손실보상청구권(대판 2001.6.29. 99다56468) ② 손실보상에 있어 보상금증감청구소송(대판 1991.11.26. 91누285) ③ 하천구역 편입 토지 손실보상청구권의 확인을 구하는 소송((대판 2006.5.18. 2004다6207) 5. 공적시설 관련 ① 수도료의 부과징수와 이에 따른 수도료의 납부관계(대판 1977.2.22. 76다2517) ② 단수처분(대판 1979.12.28. 79누218)
사법 관계	1. 조직·근무 관련 ① 공무원및사립학교교직원의료보험관리공단 직원의 근무관계(대판 1993.11.23. 93누15212) ② 한국방송공사 직원 임용관계(헌재 2006.11.30. 2005헌마855) ③ 서울지하철공사 사장이 소속 임·직원에 대해 징계행위를 한 경우의 불복절차(대판 1989.9.12. 89누2103) ④ 사립학교 교원과 학교법인의 관계(대판 1993.2.12. 92누13707)

⑤ 창덕궁 안내원의 채용계약(대판 1996.1.23. 95다5809) ☞ 공법상 계약이 아님
　　⑥ 한국조폐공사의 임·직원의 근무관계(대판 1978.4.25. 78다414)
　　⑦ 종합유선방송위원회 직원의 근무관계(대판 2001.12.24. 2001다54038)
　　⑧ 주한미군 한국인 직원의료보험조합직원의 근무관계(대판 1987.12.8. 87누884)

2. 국유재산 관련
　　① 잡종재산인 국유림을 대부하는 행위와 대부료의 납입고지(대판 1993.12.21. 93누13735)
　　② 국유임야의 무상양여(대판 1984.12.11. 83누291).
　　③ 행정재산에 대한 관리청의 대부신청 거부행위(대판 1998.2.27. 97누1105)
　　④ 국유광업권매각(대판 1970.3.24, 69누286)
　　⑤ 기부채납 받은 공유재산을 무상으로 기부자에게 사용허가 하는 행위(대판 1994.1.25. 93누7365)

3. 계약 및 청구권 관련
　　① 예산회계법에 의한 입찰보증금의 국고귀속조치에 관한 분쟁(대판 1983.12.27. 81누366)
　　② 행정상 사법행위에 근거한 대부료의 강제징수(대판 1993.12.7. 91누11612)
　　③ 조세부과처분이 당연무효임을 전제로 한 부당이득반환청구(대판 1995.4.28. 94다55019)
　　④ 개발부담금부과처분의 직권취소를 이유로 한 부당이득반환청구(대판 1995.12.22. 94다51253)
　　⑤ 공익사업을 위하여 공공사업의 시행자가 토지를 협의취득하는 것(대판 1996.2.13. 95다3510)
　　⑥ 시가 체결한 물품구입계약(대판 1992.4.28. 91다46885)
　　⑦ 전화가입계약(대판 1982.12.28. 82누441)
　　⑧ 국가의 도급계약(대판 1996.4.26. 95다11436)

4. 손해전보 관련
　　① 국가배상법상 손해배상책임(대판 1972.10.10, 69다701)
　　② 징발재산환매권(대판 1992.4.24. 92다4673)
　　③ 공공사업의 기업지 밖에서 일어난 간접손실(참게 축양장 시설의 기능상실)에 대한 별도의 불복방법 규정이 없는 경우(대판 1998.1.20. 95다29161).
　　④ 징발물보상청구권(대판 1970.3.24, 69다1561).

예제 공법관계와 사법관계에 대한 설명으로 옳은 것만을 모두 고른 것은? (다툼이 있는 경우 판례에 의함)

> ㄱ. 조달청이 국가종합전자조달시스템인 나라장터 종합쇼핑몰에 거래정지조치를 하는 것은 처분으로서 공법관계에 속한다.
> ㄴ. 「초·중등교육법」상 사립중학교에 대한 중학교 의무교육의 위탁관계는 사법관계에 속한다.
> ㄷ. 공용수용의 목적물이 불필요하게 된 경우 피수용자가 다시 수용된 토지의 소유권을 회복할 수 있도록 하는 환매권은 일종의 공권이다.
> ㄹ. 사립학교교원에 대한 징계는 사법관계이나 그에 대해 교원소청심사가 제기되어 그에 대한 결정이 있으면 그 결정은 공법의 문제가 된다.

① ㄱ, ㄷ   ② ㄱ, ㄹ   ④ ㄴ, ㄹ   ⑤ ㄴ, ㄷ, ㄹ

정답 ②

ㄱ (O) 대판 2018.11.29. 2015두52395
ㄴ (X) 중학교 의무교육의 위탁관계는 초·중등교육법 제12조 제3항, 제4항 등 관련 법령에 의하여 정해지는 공법적 관계로서, 대등한 당사자 사이의 자유로운 의사를 전제로 사익 상호간의 조정을 목적으로 하는 민법 제688조의 수임인의 비용상환청구권에 관한 규정이 그대로 준용된다고 보기도 어렵다(대판 2015.1.29. 2012두7387).
ㄷ (X) 환매권은 일종의 형성권으로서 그 존속기간은 제척기간으로 보아야 할 것이며, 위 환매권은 재판상이든 재판외이든 그 기간 내에 행사하면 이로써 매매의 효력이 생기고, 위 매매는 같은 조 제1항에 적힌 환매권자와 국가 간의 사법상의 매매라 할 것이다(대판 1992.4.24. 92다4673).
ㄹ (O) 사립학교 교원에 대한 징계는 교원과 학교법인 간의 사법관계이다. 다만 교원소청심사를 제기하면 교원소청심사위원회가 행정청으로서 결정을 하므로 공법관계가 된다.

제2장 행정법의 기본원리

제1절 헌법과 행정법

(1) 헌법은 **국가통치권의 조직과 작용의 기본원칙을 정하고 국민의 기본권을 규정한 국가의 기본법**이고, 행정법은 이러한 **헌법을 구체화하는 법**이다. 이는 행정과 행정법은 헌법적 가치의 실현과 헌법구조의 구체화를 지향한다는 것을 의미한다.

(2) 헌법은 행정법의 기본원리를 정하는 것이므로, 행정에 관한 한 헌법의 기본원리는 행정법의 기본원리를 이룬다.

제2절 행정법에 대한 헌법상 원리

01 권력분립원리

(1) 우리 헌법은 입법권을 국회에(제40조), 행정권은 정부에(제66조), 사법권은 법원에(제101조) 각기 속하는 것으로 하여 권력분립원리를 명문화하고 있다. 행정권은 입법권·사법권으로부터 독립됨과 동시에 이들에 의하여 견제를 받게 된다.

(2) 권력분립원리는 행정법에 있어서 통치행위, 행정재량, 행정입법 등에 대한 사법심사의 한계와 관련하여 문제된다.

02 민주행정원리

(1) 헌법은 국민주권과 자유민주적 기본질서를 최고이념으로 하는 민주행정을 지향한다. 헌법 전문이 헌법 제정의 주체가 국민임을 분명히 하고 제1조에서 '대한민국의 주권은 국민에게 있고 모든 권력은 국민으로부터 나온다'고 규정한 것은 행정권 등 국가권력의 행사도 국민의 의사에 의한다는 것을 의미한다.

(2) 민주행정원리는 국회의 정부에 대한 여러 통제수단, 주민참여, 행정활동의 투명성제고, 행정예고제, 지방자치제도의 발전, 공무원제도, 행정구제절차의 민주화 등을 통하여 전개되어 가고 있다.

03 법치국가원리

(1) 근대이전에는 법의 지배가 아닌 '사람의 지배'였으나 프랑스 혁명이후 자유주의적 권력분리원칙이 채택되었고 법치국가원리가 점차 형성 발전하게 되었다. 법치국가원리란 형식적으로는 '모든 국가적 활동과 국가공동체적 생활은 국민의 대표기관인 의회가 제정한 법률에 근거를 두고 법률에 따라 이루어져야 한다는 헌법원리'이다. 한편 실질적 의미로는 정의의 이념에 근거하고 정의의 실현을 추구하는 국가원리의 하나이다. 이러한 법치국가원리를 행정에 반영하면 후술하는 법치행정원리가 된다. 현대국가의 사회국가원리와 연결되어 '사회적 법치국가'라고 표현되기도 한다.

(2) 우리 헌법도 실질적 법치국가를 지향한다. 헌법은 법치국가원리를 명문화하고 있지 않으나 성문헌법주의를 채택한 점, 국민의 기본권과 적법절차보장 규정(제10조 이하), 기본권제한에 관한 일반원칙(제37조), 위임입법의 한계(제75조), 헌법재판소의 위헌법률심판제도(제107조 1항), 대법원의 위헌위법명령규칙심사제도(제2항) 등을 통하여 법치국가원리가 기본원리의 하나임을 분명히 하고 있다.

04 사회국가원리

(1) 사회국가는 국민의 복리의 실현을 위하여, 사회적 보호·사회적 배려·사회개량정책을 적극적으로 행할 것을 임무로 하는 국가이다. 사회국가의 원리는 실질적 법치국가를 실천목표로 하고 사회적 시장경제질서에 의하여 뒷받침된다는 점에서 사회적 법치국가의 원리와 표리의 관계에 있다.

(2) 헌법은 사회적 기본권에 관한 제규정(제34조등), 경제에 관한 제규정(제119조 내지 127조)을 통하여 사회국가원리가 기본원리의 하나임을 분명히 하고 있다. 사회국가에서는 필연적으로 행정의 중요성이 커질 수밖에 없다.

05 국가안전보장원리

헌법은 위의 기본원리들을 실현하기 위한 전제조건으로 대한민국의 존속·안전에 대한 배려도 하고 있다. 국군의 사명(제5조), 긴급명령(제76조), 계엄(제77조), 국가안전보장회의(제91조) 등에 관한 규정이 그것이다.

제3절 법치행정의 원리

01 의의

행정기본법 제8조(법치행정의 원칙) 행정작용은 법률에 위반되어서는 아니 되며, 국민의 권리를 제한하거나 의무를 부과하는 경우와 그 밖에 국민생활에 중요한 영향을 미치는 경우에는 법률에 근거하여야 한다.

법치행정의 원리란 국민의 대표기관인 의회가 제정하는 법률에 행정이 기속되며, 법률에 의한 행정을 보장하기 위하여 행정작용에 대한 사법심사가 이루어짐을 말한다. 여기서의 법률은 당연히 합헌적 법률을 의미한다.

02 내용

1. 법률의 법규창조력

   이는 본래 '국민의 대표기관인 국회만이 국민을 구속하는 규범인 법률을 만들 수 있고, 국민의 대표기관인 국회가 만든 법률만이 국가의 의사로서 국민을 구속한다는 것'을 의미하였다. 헌법은 입법권이 국회에 속한다는 것(제40조)과 법규명령의 발령에 법률의 근거를 요한다는 것(제75조, 제95조)을 규정하고 있다.

2. 법률우위의 원칙

(1) 의의

   법률은 의회가 제정한 것이므로 다른 국가기관의 의사보다 우월하다. 법률우위란 '국가의 행정은 합헌적 절차에 따라 제정된 법률에 위반되어서는 아니된다는 것'을 의미한다. 이는 행정작용의 법률종속성을 나타내는 것으로서 소극적 의미의 법률적합성의 원칙이라고도 한다. 그러나 여기서의 법률에는 헌법, 국회제정의 형식적 법률, 법률의 위임에 따른 법규명령, 행정법의 일반원칙 등 모든 법규범을 포함한다. 또한 집행권은 법률을 개정할 수 없다는 것을 의미한다.

(2) 적용범위

   법률우위의 원칙은 수익적 행위·침익적 행위, 공법적 행위·사법적 행위를 불문하고 모든 행정의 영역에 적용된다. 또한 조직상의 행위인가도 가리지 않으며, 공법형식뿐 아니라 사법형식의 국가작용에도 적용되는 원칙이다.

(3) 위반의 효과

   위법한 법규명령이나 조례는 무효에 해당하고, 위법한 행정행위는 하자의 중대성이나 명백성에 따라 무효 또는 취소할 수 있는 행정행위가 된다. 또한 공법계약은 무효 또는 해제될 수 있다. 그리고 위법한 행정작용으로 개인에 손해가 발생할 경우 국가배상의 책임을 지게 된다. 다만 이 경우 법률개념은 실질적 법치주의 이념에 따라 그 내용에서의 합헌성을 요하므로 위헌법률심사제(헌법 제107조 제1항)가 존재한다.

3. 법률유보의 원칙

(1) 의의

이 원칙은 '**국가의 행정은 법적 근거를 갖고서 이루어져야 한다는 것**'을 말한다. 즉 행정권의 발동에 있어서 작용규범의 근거가 필요하다는 것을 의미한다. 이때 법규범은 국회에서 법률제정 절차에 따라 만들어진 형식적 의미의 법률(법률의 효력을 갖는 조약 포함)을 의미하며 법률에서 구체적으로 범위를 정하여 위임받은 사항을 정하는 법규명령도 포함된다. 법률우위 원칙이 소극적으로 기존법률의 침해를 금지하는 것이라면, 이 원칙은 적극적으로 행정기관이 행위를 할 수 있게 하는 법적 근거를 요구한다는 점에서 적극적 의미의 법률적합성의 원칙이라고 한다.

(2) 적용범위

헌법이 입법사항으로 규율하고 있지 아니한 영역에서 법률유보 원칙을 적용하는 문제에 관하여 여러 견해가 존재하여왔다.

침해유보설	개인의 권익을 침해하거나 의무를 과하는 등 개인에게 불이익을 가져오는 침해행정의 경우에만 법률의 근거를 요하고 수익적 행정이나 개인의 권리나 의무에 직접 관련 없는 행정작용은 반드시 법률의 근거를 요하지 않는다는 견해
전부유보설	민주주의원칙에 의하면 행정의 모든 영역이 법률유보의 대상이 된다는 견해. 이에 따라 유보범위에는 권력행정, 비권력행정, 침해행정, 급부행정을 막론하고 모든 공행정작용이 포함됨.
사회유보설	침해행정 이외에 복리행정·생활배려행정(사회보험·공적부조)도 법률유보에 속하는 행정이라는 견해. 현대사회에서는 개인이 국가의 급부에 절대적으로 의존해야 하는 상황이므로 급부의 거부는 국민의 자유와 재산을 침해하는 침해행정과 다를 바 없다는 것을 이유로 함.
권력행정 유보설	당해 행정작용이 침익적인가 수익적인가를 가리지 않고, 행정권의 일방적 의사에 의거하여 국민의 권리·의무를 결정하게 되는 권력적 행정작용은 법률적 근거를 요한다는 입장

중요사항 유보설 (본질성설)	① 내용 : 법률유보의 원칙을 행정의 전영역에 확대시키는 것은 현실적으로 불가능하므로, 국가와 국민에게 중요하고 본질적인 사항들은 국회가 정한 법률의 수권을 요한다는 견해.
	② 논거
	  ㉠ 공동체나 시민에게 중요한 결정은 입법기관이 행하여야 할 의무와 책임이 있다는 점
	  ㉡ 헌법상의 법치국가원칙·민주주의 원칙 및 기본권규정

기준시가의 산정방법을 대통령령에 위임한 토지초과이득세법 제11조 제2항이 위임입법의 범위와 한계를 정한 헌법규정에 위반

토초세법상의 기준시가는 <u>국민의 납세의무의 성부 및 범위와 직접적인 관계를 가지고 있는 중요한 사항</u>이므로 이를 하위법규에 백지위임하지 아니하고 그 대강이라도 토초세법 자체에서 직접 규정해 두어야만 함에도 불구하고, 토초세법 제11조 제2항이 그 기준시가를 전적으로 대통령령에 맡겨 두고 있는 것은 헌법상의 조세법률주의 혹은 위임입법의 범위를 구체적으로 정하도록 한 헌법 제75조의 취지에 위반된다(헌재 1994.7.29. 92헌바49).

KBS 수신료 금액결정은 국회가 스스로 행하여야 하는 사항

오늘날 법률유보원칙은 단순히 행정작용이 법률에 근거를 두기만 하면 충분한 것이 아니라, <u>국가공동체와 그 구성원에게 기본적이고도 중요한 의미를 갖는 영역, 특히 국민의 기본권실현과 관련된 영역에 있어서는 국민의 대표자인 입법자가 그 본질적 사항에 대해서 스스로 결정하여야 한다</u>는 요구까지 내포하고 있다(의회유보원칙). 그런데 텔레비전방송수신료는 대다수 국민의 재산권 보장의 측면이나 한국방송공사에게 보장된 방송자유의 측면에서 국민의 기본권실현에 관련된 영역에 속하고, 수신료금액의 결정은 납부의무자의 범위 등과 함께 수신료에 관한 본질적인 중요한 사항이므로 국회가 스스로 행하여야 하는 사항에 속하는 것임에도 불구하고 한국방송공사법 제36조 제1항에서 국회의 결정이나 관여를 배제한 채 한국방송공사로 하여금 수신료금액을 결정해서 문화관광부장관의 승인을 얻도록 한 것은 법률유보원칙에 위반된다(헌재결 1999.5.27. 98헌바70).

국가유공자 단체의 대의원의 선출에 관한 사항은 법률유보 영역이 아님

각 국가유공자 단체의 대의원의 선출에 관한 사항은 각 단체의 구성과 운영에 관한 것으로서, <u>국민의 권리와 의무의 형성에 관한 사항이나 국가의 통치조직과 작용에 관한 기본적이고 본질적인 사항이라고 볼 수 없으므로</u>, 법률유보 내지 의회유보의 원칙이 지켜져야 할 영역이라고 할 수 없다. 따라서 각 단체의 대의원의 정수 및 선임방법 등은 정관으로 정하도록 규정하고 있는 국가유공자등단체설립에관한법률 제11조가 법률유보 혹은 의회유보의 원칙에 위배되어 청구인의 기본권을 침해한다고 할 수 없다(헌재 2006.3.30. 2005헌바31).

조합의 사업시행인가 신청시의 토지 등 소유자의 동의요건이 법률유보 영역인지 여부

토지등소유자가 도시환경정비사업을 시행하는 경우 사업시행인가 신청시 필요한 토지등소유자의 동의는, 개발사업의 주체 및 정비구역 내 토지등소유자를 상대로 수용권을 행사하고 각종 행정처분을 발할 수 있는 <u>행정주체로서의 지위를 가지는 사업시행자를 지정하는 문제로서</u>, 그 동의요건을 정하는 것은 국민의 권리와 의무의 형성에 관한 기본적이고 본질적인 사항이므로 국회가 스스로 행하여야 하는 사항에 속하는 것임에도 불구하고, <u>사업시행인가 신청에 필요한 동의정족수를 토지등소유자가 자치적으로 정하여 운영하는 규약에 정하도록 한 것은 법률유보원칙에 위반된다</u>(헌재 2012.4.24. 2010헌바1).

(3) 위반의 효과

법률유보의 원칙에 반하는 행정권 행사는 무권한의 행사로서 위법하다. 다만 그 법적 효과는 행정의 행위형식에 따라 다르다.

예제 법치행정의 원리에 대한 설명으로 옳지 않은 것은? (다툼이 있는 경우 판례에 의함)

① 국회가 형식적 법률로 직접 규율해야 할 필요성은 규율대상이 기본권 및 기본적 의무와 관련된 중요성을 가질수록, 그에 관한 공개적 토론의 필요성 또는 상충하는 이익 사이의 조정 필요성이 클수록 더 증대된다.
② 국가계약의 본질적인 내용은 사인 간의 계약과 다를 바가 없어 법령에 특별한 규정이 있는 경우를 제외하고는 사법의 규정 내지 법원리가 그대로 적용되므로, 국가와 사인 간의 계약은 국가계약법령에 따른 요건과 절차를 거치지 않더라도 유효하다.
③ 지방의회의원에 대하여 유급보좌인력을 두기 위해서는 법률의 근거가 필요하다.
④ 납세의무자에게 조세의 납부의무뿐만 아니라 스스로 과세표준과 세액을 계산하여 신고하여야 하는 의무까지 부과하는 경우에는 신고의무불이행에 따른 불이익의 내용을 법률로 정하여야 한다.

정답 ②

② (×) 국가가 사인과 계약을 체결할 때에는 국가계약법령에 따른 계약서를 따로 작성하는 등 요건과 절차를 이행하여야 할 것이고, 설령 국가와 사인 사이에 계약이 체결되었더라도 이러한 법령상 요건과 절차를 거치지 아니한 계약은 효력이 없다(대판 2015.1.15. 2013다215133). 법령에 특별한 규정이 있는 경우를 제외하고는 사법의 규정 내지 법원리가 그대로 적용된다는 부분은 타당.
① (○) 대판 2015.8.20. 2012두23808   ③ (○) 대판 2013.1.16. 2012추84
④ (○) 신고의무 이행에 필요한 기본적인 사항과 신고의무 불이행 시 납세의무자가 입게 될 불이익 등은 납세의무를 구성하는 기본적, 본질적 내용으로서 법률로 정해야 한다(대판 2015.8.20. 2012두23808).

제3장 행정법의 법원

제1절 법원(法源)의 의의

1. 법원의 개념

법원이란 '**법의 존재형식**' 또는 '**행정권이 준수해야 할 행정법의 인식근거**'로 설명되고 있다. 즉 행정법이 어떠한 형식의 법규범으로 이루어져 있는가, 행정청이 행정작용을 수행함에 있어서 준수해야 하는 규범이 무엇인가의 문제이다. 또한 일반인이 법의 구체적 존재형태를 알 수 있는 단서가 된다.

2. 법원의 특징

(1) 행정법의 성문법주의

행정법이 성문법주의를 취하고 있는 이유는 ① 국민의 안정된 법생활을 위해서는 국민이 국가의 규율을 예측할 수 있어야 한다는 점, ② 행정조직을 법정화하여 권한의 소재를 명확히 해야 하는 점, ③ 행정의 형평성·공정성을 위해 명확한 기준이 요구되는 점, ④ 국민의 권익보장을 위해 명확한 권리구제절차가 필요한 점 등을 들 수 있다.

(2) 법전화의 문제

행정법의 규율대상인 행정은 그 특성이 복잡하고 다양하기 때문에 행정에 관한 단일법전이나 실체법의 총칙을 만드는 것이 곤란하다. 따라서 행정법은 법전과 행정법총칙법률이 존재하지 않고 많은 법령으로 구성된다. 다만 행정절차에 관하여는 일반규정으로 행정절차법이 제정되어 있고, 특정분야에 관한 일반법전으로서의 성격을 갖는 법령들이 있다. 국가배상법, 행정심판법, 행정소송법, 행정대집행법, 국가공무원법, 국유재산법, 경찰관직무집행법, 지방자치법 등이 그것이다.

제2절 성문법원

01 성문법원의 종류

1. 헌법

헌법은 **국가의 기본조직과 작용에 관한 기본법**이다. 헌법은 다른 어떠한 국내법보다 우위에 놓인다. 특히 행정조직에 관한 규정(대통령, 국무총리, 국무회의, 행정각부, 지방자치단체에 관한 규정 등)과 행정작용에 관한 규정(대통령과 정부의 권한과 의무, 경제관계에 관한 규정, 국민의 기본권보장)은 행정법의 법원으로서의 지위를 가진다. 특히 헌법의 일부조항들(제11조의 평등의 원칙, 제37조의 비례의 원칙)은 행정작용에 기준을 제시하는 중요한 법원으로 기능한다.

2. 법률

(1) 여기서의 법률은 형식적 의미의 법률, 즉 **국회가 헌법상의 입법절차에 따라 제정하는 법률**을 의미한다. 이는 행정법의 성문법주의, 법치행정의 원칙에 비추어 가장 중요한 법원이다. 헌법 제37조 제2항은 국민의 자유와 권리를 침해하는 국가작용은 반드시 법률의 근거를 두도록 하고 있다. 그러나 현실적으로 행정법상의 모든 제도가 법률로 정해져 있지는 않다. 여기서 행정의 자유영역의 문제가 발생한다.

(2) 법률은 법규명령이나 조례·규칙에 대하여 상위의 효력을 가진다. 그러나 긴급명령, 긴급재정경제명령 등은 형식적으로는 행정입법이지만 법률과 같은 효력을 가진다.

3. 명령(행정입법)

(1) 행정입법의 증대

행정은 법률에 근거하는 것이 원칙이지만 행정기능이 확대되고 전문성·기술성이 강화됨에 따라 국회는 법률로 대강만을 정하고(골격입법) 세부사항을 행정입법에 위임하는 경향이 증대되고 있다.

(2) 법규명령

법규명령은 **헌법이나 법률의 위임에 근거하여 국가행정권에 의하여 정립된 일반법규**이다. 법규명령은 국민의 권리와 의무에 대하여 규율하므로 실질적 의미의 입법에 해당한다. 법규명령에는 법률종속적인 법규명령 외에도 법률동위적 효력의 긴급명령, 긴급재정경제명령이 인정된다. 그리고 내용상 상위법령의 위임을 필요로 하는 위임명령과 법령을 집행하기 위한 사항을 정하는 집행명령이 있다. 법규명령에는 형식적으로 대통령령, 총리령, 부령이 있다.

(3) 행정규칙

행정규칙은 **상급행정기관이 법령의 수권이 없이 하급행정기관의 조직과 임수수행에 대하여 규율하는 일반적·추상적 규율**이다. 행정규칙은 국가와 국민과의 관계가 아니라 행정조직 내부관계를 규율하는 것이므로 그 법규성·법원성에 대하여 많은 다툼이 있다.

(4) 기타의 명령

행정법의 연구영역은 아니나 광의의 명령 속에는 중앙선거관리위원회규칙, 대법원규칙, 헌법재판소규칙 등이 있다.

4. 조약과 국제법규

조약은 조약·협정·협약 등 그 명칭 여하를 불문하고 **국가와 국가 사이 또는 국가와 국제기구 사이의 법적 구속력 있는 합의**를 말한다. 국제법규는 **우리나라가 당사국이 아닌 국제조약으로서 국제사회에서 일반적으로 그 규범성이 승인된 것과 국제관습법**을 말한다. 우리나라가 당사국인 조약이나 일반적으로 인정된 국제법규는 그 내용이 국내행정에 관한 사항을 포함하는 한 법원으로 기능한다. 헌법 제6조 제1항은 '헌법에 의하여 체결·공포된 조약과 일반적으로 승인된 국제법규는 국내법과 동일한 효력을 갖는다'라고 규정하고 있는데, 이는 국제법규가 별도의 입법절차 없이 일반적으로 국내법으로 수용된다는 것을 의미한다.

1992. 2. 19. 발효된 남북기본합의서는 법률적 효력이 없고, 조약으로서의 성격도 없음
남북 사이의 화해와 불가침 및 교류협력에 관한 합의서는 남북관계가 '나라와 나라 사이의 관계가 아닌 통일을 지향하는 과정에서 잠정적으로 형성되는 특수관계'임을 전제로, 조국의 평화적 통일을 이룩해야 할 공동의 정치적 책무를 지는 남북한 당국이 특수관계인 남북관계에 관하여 채택한 합의문서로서, 남북한 당국이 각기 정치적인 책임을 지고 상호간에 그 성의 있는 이행을 약속한 것이기는 하나 법적 구속력이 있는 것은 아니어서 이를 국가 간의 조약 또는 이에 준하는 것으로 볼 수 없고, 따라서 국내법과 동일한 효력이 인정되는 것도 아니다(대판 1999.7.23. 98두14525).

지방자치단체가 제정한 조례가 '1994년 관세 및 무역에 관한 일반협정'이나 '정부조달에 관한 협정'에 위반되는 경우, 그 조례는 효력이 없음
'1994년 관세 및 무역에 관한 일반협정'(General Agreement on Tariffs and Trade 1994)은 1994. 12. 16. 국회의 동의를 얻어 같은 달 23. 대통령의 비준을 거쳐 같은 달 30. 공포되고 1995. 1. 1. 시행된 조약인 '세계무역기구(WTO) 설립을 위한 마라케쉬협정'(Agreement Establishing the WTO)(조약 126제5호)의 부속 협정(다자간 무역협정)이고, '정부조달에 관한 협정'(Agreement on Government Procurement)은 1994. 12. 16. 국회의 동의를 얻어 1997. 1. 3. 공포시행된 조약(조약 136제3호, 복수국가간 무역협정)으로서 각 헌법 제6조 제1항에 의하여 국내법령과 동일한 효력을 가지므로 지방자치단체가 제정한 조례가 GATT나 AGP에 위반되는 경우에는 그 효력이 없다 - 학교급식을 위해 국내 우수농산물을 사용하는 자에게 식재료나 구입비의 일부를 지원하는 것 등을 내용으로 하는 지방자치단체의 조례안이 '1994년 관세 및 무역에 관한 일반협정'에 위반되어 그 효력이 없다고 한 사례(대판 2005.9.9. 2004추10).

'대한민국과 아메리카합중국간의 상호방위조약 제4조에 의한 시설과 구역 및 대한민국에서의 합중국군대의 지위에 관한 협정'의 성격
이 사건 조약은 그 명칭이 '협정'으로 되어 있어 국회의 관여없이 체결되는 행정협정처럼 보이기도 하나 우리나라의 입장에서 볼 때에는 외국군대의 지위에 관한 것이고, 국가에게 재정적 부담을 지우는 내용과 입법사항을 포함하고 있으므로 국회의 동의를 요하는 조약으로 취급되어야 한다(헌재 1999.4.29. 97헌가14).

5. 자치법규

지방자치단체가 자치입법권에 의하여, 법령의 범위 안에서 제정하는 자치에 관한 법규를 말한다. 이에는 지방의회가 제정하는 조례와 지방자치단체의 집행기관인 장이 제정하는 규칙이 있다. 규칙에도 일반규칙과 교육규칙의 두 종류가 있다. 조례는 자치사무와 단체위임사무에 관하여 제정될 수 있고, 규칙은 기관위임사무에 관하여도 제정될 수 있다. 자치법규는 그 효력에 있어 상위법령에 위반되지 못하는 한계를 가진다(지방자치법 제24조).

02 법원의 상호 관계

1. 상위법우선의 원칙

형식적 효력이 최상위인 헌법을 정점으로 법률-명령(법규명령)-자치법규의 순서로 형식적 효력의 피라미드를 이루고 있다. 자치법규는 광역자치단체의 자치법규(조례-규칙)-기초자치단체의 자치법규(조례-규칙)의 순서로 상위법과 하위법의 효력관계에 있다. 국제법과 국내법 간에는 위에서 본 바와 같이 이원설, 일원설 등의 견해가 있다.

2. 신법우선의 원칙

형식적 효력이 같은 성문법원 간에는 신법이 구법에 우선한다. 신법은 과거의 결정을 현재의 입법자가 바꾼 것이므로 신법이 먼저 적용되는 것이 원칙이다. 상위법우선원칙과 신법우선원칙이 충돌하는 경우 상위법이 우선한다.

3. 특별법우선의 원칙

형식적 효력이 같은 성문법원 간에는 신법우선의 원칙에 대한 예외로서 특별법이 일반법에 우선한다. '특별'하다는 말은 효력이 더 우월하다는 것이 아니라 일반법보다 구체적으로 대상을 규율한다는 의미이다(예 「국토의 계획 및 이용에 관한 법률」에 대한 수도권정비계획법).

제3절 불문법원

01 관습법

1. 의의

국민의 전부 또는 일부 사이에 다년간 계속하여 일정사실이 관행으로 반복되고 아울러 그것이 국민의 법적 확신을 얻어 성립하는 법규범을 관습법이라 한다. 이 점에서 아직 법적 확신에 의하여 법규범으로 승인될 정도에 이르지 않은 '사실인 관습'과 구별된다. 관행이 없어지거나 내용이 관행에 반하는 성문법이 나타나면 관습법은 소멸된다.

2. 성립요건

법적 확신설 (통설, 판례)	객관적 요소로서 장기적이고 일반적인 관행·관습이 있고, 주관적 요소로서 민중의 법적 확신이 있는 경우에 인정. 법의 본질을 국가 등의 법공동체의 보편타당한 법관념과 법적 확신으로 보는 입장.
국가승인설	법적 확신설이 드는 요건 이외에 형식적 요소로서 관습을 법으로 인정하는 국가의 승인도 있어야 한다는 견해

> **관련판례**
>
> 관습법과 사실인 관습의 차이
> 관습법이란 사회의 거듭된 관행으로 생성한 사회생활규범이 사회의 법적 확신과 인식에 의하여 법적 규범으로 승인·강행되기에 이른 것을 말하고, 사실인 관습은 사회의 관행에 의하여 발생한 사회생활규범인 점에서 관습법과 같으나 사회의 법적 확신이나 인식에 의하여 법적 규범으로서 승인된 정도에 이르지 않은 것을 말하는바, 관습법은 바로 법원으로서 법령과 같은 효력을 갖는 관습으로서 법령에 저촉되지 않는 한 법칙으로서의 효력이 있는 것이며, 이에 반하여 사실인 관습은 법령으로서의 효력이 없는 단순한 관행으로서 법률행위의 당사자의 의사를 보충함에 그치는 것이다(대판 1983.6.14. 80다3231).
>
> 관습헌법의 일반적 성립요건 및 서울이 수도라는 점이 불문헌법인지 여부
> [1] 관습헌법이 성립하기 위하여서는 관습법의 성립에서 요구되는 일반적 성립 요건이 충족되어야 한다. 첫째, 기본적 헌법사항에 관하여 어떠한 관행 내지 관례가 존재하고, 둘째, 그 관행은 국민이 그 존재를 인식하고 사라지지 않을 관행이라고 인정할 만큼 충분한 기간 동안 반복 내지 계속되어야 하며(반복·계속성), 셋째, 관행은 지속성을 가져야 하는 것으로서 그 중간에 반대되는 관행이 이루어져서는 아니 되고(항상성), 넷째, 관행은 여러 가지 해석이 가능할 정도로 모호한 것이 아닌 명확한 내용을 가진 것이어야 한다(명료성). 또한 다섯째, 이러한 관행이 헌법관습으로서 국민들의 승인 내지 확신 또는 폭넓은 컨센서스를 얻어 국민이 강제력을 가진다고 믿고 있어야 한다(국민적 합의).
>
> [2] 서울이 우리나라의 수도인 것은 조선시대 이래 600여 년 간 우리나라의 국가생활에 관한 당연한 규범적 사실이 되어 왔으므로 우리나라의 국가생활에 있어서 전통적으로 형성되어있는 계속적 관행이라고 평가할 수 있고(계속성), 이러한 관행은 변함없이 오랜 기간 실효적으로 지속되어 중간에 깨어진 일이 없으며(항상성), 서울이 수도라는 사실은 우리나라의 국민이라면 개인적 견해 차이를 보일 수 없는 명확한 내용을 가진 것이며(명료성), 나아가 이러한 관행은 오랜 세월간 굳어져 와서 국민들의 승인과 폭넓은 컨센서스를 이미 얻어(국민적 합의) 국민이 실효성과 강제력을 가진다고 믿고 있는 국가생활의 기본사항이라고 할 것이다. 따라서 서울이 수도라는 점은 우리의 제정헌법이 있기 전부터 전통적으로 존재하여온 헌법적 관습이며 우리 헌법조항에서 명문으로 밝힌 것은 아니지만 자명하고 헌법에 전제된 규범으로서, 관습헌법으로 성립된 불문헌법에 해당한다(헌재 2004.10.21. 2004헌마554).

3. 법원성의 인정범위

(1) 성문법과의 관계에 있어 ① 성문법에 대한 관계에서 **보충적 효력**만을 인정할 것인가와 ② **개폐적인 효력**까지 인정할 것인가가 대립한다. 관습법은 성문법의 결여시에 성문법을 보충하는 범위에서 효력을 갖는다는 보충적 효력설이 다수설과 대법원의 입장이다. 이에 따르면 성문법의 흠결이 있는 경우에만 관습법이 적용된다.

(2) 법률의 유보의 원리상 그 효과가 침해적인 관습법은 인정하기 곤란하고, 헌법에 반하는 관습법은 인정될 수 없다(**합헌적 관습법**).

4. 종류

(1) 행정선례법

행정선례법은 **행정사무처리상의 관행이 법적 성격을 갖게 되는 경우**를 말한다. 예컨대 상급행정청의 훈령, 고시, 예규 등이 발해지고 그에 기하여 행정기관의 사무처리 관행이 반복되는 경우에 성립되는 것이다. 행정절차법 제4조, 국세기본법 제18조 등은 행정선례법의 존재를 명문으로 인정하고 있다.

> **관련판례**
>
> **일반적으로 납세자에게 받아들여진 국세행정의 관행이 이루어졌다고 본 예**
> 보세운송면허세의 부과근거규정이던 지방세법시행령이 1973.10.1에 제정되어 폐지될 때까지 근 4년간 위 면허세가 단 한건도 부과된 적이 없고, 그 주무관청인 관세청장도 수출확대라는 공익상의 필요 등에서 관계법조문의 삭제를 건의하였었다면 그로써 위 면허세의 비과세의 관행이 이루어졌다고 보아야 하고, 과세근거법규가 폐지된 1년 3개월이나 지난 뒤에 행한 4년간의 위 면허세의 부과처분은 신의성실의 원칙과 위의 관행을 무시한 위법한 처분이다(대판 1982.6.8. 81누38).
>
> **착오로 인한 장기간의 과세누락은 비과세관행을 성립하지 아니함**
> 구 국세기본법 제18조 제2항 소정의 비과세의 관행이 성립되었다고 하려면 장기간에 걸쳐 그 사항에 대하여 과세하지 아니하였다는 객관적 사실이 존재할 뿐 아니라 과세관청 자신이 그 사항에 대하여 과세할 수 있음을 알면서도 어떤 특별한 사정에 의하여 과세하지 않는다는 의사가 있고 이와 같은 의사가 명시적 또는 묵시적으로 표시되어야 할 것이므로 과세할 수 있는 어느 사항에 대하여 비록 장기간에 걸쳐 과세하지 아니한 상태가 계속되었다 하더라도 그것이 착오로 인한 것이라면 그와 같은 비과세는 일반적으로 납세자에게 받아들여진 국세행정의 관행으로 되었다 할 수 없다(대판 1985.3.12. 84누398).

(2) 민중적 관습법

민중들 사이의 다년간의 관행이 법적 성격을 갖게 된 경우를 말한다. 주로 공수(公水), 공물의 이용관계에서 찾을 수 있다. 그 예로 입어권(수산업법 제2조), 하천용수권, 식용용수권, 공유수면인수권, 관개용수이용권, 溜池사용권 등이 있다.

> **관련판례**
>
> **구 수산업법 제40조 소정의 '입어의 관행에 따른 권리'(관행어업권)의 의미**
> 구 수산업법 제40조 소정의 '입어의 관행에 따른 권리'(관행어업권)란, 일정한 공유수면에 대한 공동어업권 설정 이전부터 어업의 면허 없이 그 공유수면에서 오랫동안 계속 수산동식물을 포획 또는 채취하여 옴으로써 그것이 대다수 사람들에게 일반적으로 시인될 정도에 이른 것을 말하고, 이는 공동어업권자에 대하여 주장하고 행사할 수 있을 뿐만 아니라 이를 다투는 제3자에 대하여도 그 배제를 청구하거나 그에 따른 손해배상을 청구할 수 있는 권리이다(대판 2001.3.13. 99다57942).

02 판례법

1. 판례법의 의의

판례법은 **법원의 재판을 통하여 형성되는 법**이다. 동일한 원칙이 영속적으로 판례에서 나타날 때 민중은 법적 확신을 갖게 된다. 영미법계에는 성문법 체계가 결여되어 있으므로 판례법이 전통적으로 중요한 행정법의 법원이 되어 왔으나(**선례구속의 원칙**; 판결이 축적된 경우 동종의 다른 사건에도 적용될 수 있다는 원칙), 오늘날 성문법 체제의 정비로 그 중요성은 감소하는 추세이다. 대륙법계국가의 경우는 성문법 규정의 흠결이나 추상성을 보충하는 작용을 판례법이 수행하고 있으나 그 법원성 인정여부에 논란이 있다.

2. 대법원 판례의 법원성

긍정설	① 대법원판례가 갖는 사실상의 구속력, ② 법적 안정성, ③ 대법원의 판례변경에 관한 법원조직법의 규정(전원합의체에서 하도록 함으로써 판례변경을 어렵게 하는 점), ④ 판례위반을 상고 또는 재항고사유로 하는 점
부정설 (다수설)	권력분립의 원칙과 판례의 판단은 개별사건에만 구속력을 가질 뿐이라는 견해. ① 긍정설이 언급하는 법원조직법의 규정은 상급법원의 판례변경을 신중하게 하려는 정책적 배려라는 점, ② 실정법의 해석상 법적인 구속력이 아닌 사실상 구속력만 인정된다는 점 ☞ 법원은 판례를 변경할 수 있고, 하급법원도 이론상 상급법원의 판결에 구속되지 않음.
절충설	대법원의 유권적 판단은 그대로 법원성이 인정되는 것은 아니나, 행정에 대하여 최종적인 유권해석으로서 행정법관계를 현실적으로 규제하므로 실질적인 법정립기능을 갖는다고 함.

3. 헌법재판소결정의 법원성

위헌으로 결정된 법률 또는 법률조항은 효력을 상실하고, 위헌결정은 법원 기타 국가기관이나 지방자치단체를 기속한다(헌법재판소법 제47조). 따라서 헌법재판소의 위헌결정은 법원으로서의 성격을 갖는다.

03 조리

조리란 **일반사회의 정의감에 비추어 반드시 그러하여야 할 것이라고 인정되는 '사물의 본질적 법칙' 또는 '법의 일반원칙'**을 말한다. 조리는 다른 법원이 없는 경우의 보충적 법원임과 동시에 다른 법해석의 기준이 된다. 즉, 행정법에는 총칙적 규정이 없고 규율대상인 행정의 복잡다양성 때문에 모든 사항을 규율하기 어렵고, 법규 상호간에 모순·결함이 많다는 데에 조리의 중요성이 있다.

아래에 설명하는 '행정법 일반원칙' 역시 법원이 존재하지 않는 경우에 중요한 역할을 하기에 일반적으로 양자의 개념을 뚜렷이 구별하지 않고 사용하고 있다.

예제 행정법의 법원(法源)에 대한 설명으로 옳지 않은 것은? (다툼이 있는 경우 판례에 의함)

① 지방자치단체가 제정한 조례가 헌법에 의하여 체결·공포된 조약에 위반되는 경우 그 조례는 효력이 없다.
② 행정소송에 관하여 「행정소송법」에 특별한 규정이 없는 사항에 대하여는 「법원조직법」과 「민사소송법」 및 「민사집행법」의 규정을 준용한다.
③ 평등원칙은 일체의 차별적 대우를 부정하는 절대적 평등을 의미하는 것이 아니라 입법과 법의 적용에 있어서 합리적인 근거가 없는 차별을 배제하는 상대적 평등을 뜻한다.
④ 개정 법령이 기존의 사실 또는 법률관계를 적용대상으로 하면서 국민의 재산권과 관련하여 종전보다 불리한 법률효과를 규정하고 있는 경우, 그러한 사실 또는 법률관계가 개정 법률이 시행되기 이전에 이미 완성 또는 종결된 것이 아니라면 소급입법금지원칙에 위반된다.

정답 ④

④ (×) 행정처분은 그 근거 법령이 개정된 경우에도 경과 규정에서 달리 정함이 없는 한 처분 당시 시행되는 개정 법령과 그에서 정한 기준에 의하는 것이 원칙이고, 그 개정 법령이 기존의 사실 또는 법률관계를 적용대상으로 하면서 종전보다 불리한 법률효과를 규정하고 있는 경우에도 그러한 사실 또는 법률관계가 개정 법률이 시행되기 이전에 이미 종결된 것이 아니라면 이를 헌법상 금지되는 소급입법이라고 할 수는 없으며, 그러한 개정 법률의 적용과 관련하여서는 개정 전 법령의 존속에 대한 국민의 신뢰가 개정 법령의 적용에 관한 공익상의 요구보다 더 보호가치가 있다고 인정되는 경우에 그러한 국민의 신뢰보호를 보호하기 위하여 그 적용이 제한될 수 있는 여지가 있을 따름이다(대판 2010.3.11. 2008두15169).
① (○) 대판 2005.9.9. 2004추10
② (○) 행정소송법 제8조 제2항
③ (○) 대판 2018.10.25. 2018두44302

제4절 행정법의 일반원칙

01 성실의무 및 권한남용금지의 원칙

행정기본법 제11조(성실의무 및 권한남용금지의 원칙) ① 행정청은 법령등에 따른 의무를 성실히 수행하여야 한다.
② 행정청은 행정권한을 남용하거나 그 권한의 범위를 넘어서는 아니 된다.

1. **성실의무**

성실의무는 성실히 직무를 수행할 의무를 의미하며, 공무원에게 부과된 가장 기본적이고 중요한 의무라는 것이 일반적 견해이다.

> **관련판례**
>
> **지방공무원법 소정의 성실의무의 내용**
> 지방공무원법 소정의 성실의무는 공무원에게 부과된 가장 기본적인 중요한 의무로서 <u>최대한으로 공공의 이익을 도모하고 그 불이익을 방지하기 위하여 전인격과 양심을 바쳐서 성실히 직무를 수행하여야 하는 것을</u> 그 내용으로 한다(대판 1989.5.23. 88누3161).
>
> **국가공무원법상 공무원의 성실의무는 경우에 따라 근무시간 외에 근무지 밖에까지도 미침**
> 전국기관차협의회 회원 6,500여 명이 파업에 돌입함으로써 철도운행이 전국적으로 전면 중단되기에 이른 사실…(중략)…<u>근무시간 외에 사업장 밖에서 집회를 개최하였다고 하더라도 철도의 정상적인 운행을 수행하여야 할 철도기관사로서의 성실의무는 철도의 정상운행에 지장을 초래할 가능성이 높은 집회에 참석하지 아니할 의무에까지도 미친다고 보아야 할 것이므로</u>, 전기협이 주최하는 위 각 집회에 참석하지 못하도록 한 피고의 명령은 정당한 직무상 명령이다(대판 1997. 2.11. 96누2125).

2. 권한남용금지의 원칙

행정법에서 권한남용금지의 원칙이란 행정기관의 권리(예 취소권, 철회권, 재량권)가 법상 정해진 공익 목적에 반하여 행사되어서는 아니된다는 원칙이다. 즉 형식적, 외형적으로는 행정권한의 행사로 보이나 그 실질은 정당한 권한 이외의 행위를 하는 경우를 의미한다.

> **관련판례**
>
> **직권남용권리행사방해죄에서 말하는 '직권의 남용'의 의미 및 남용에 해당하는지 판단하는 기준**
> 형법 제123조의 직권남용권리행사방해죄에서 '직권의 남용'이란 <u>공무원이 일반적 직무권한에 속하는 사항을 불법하게 행사하는 것, 즉 형식적, 외형적으로는 직무집행으로 보이나 그 실질은 정당한 권한 이외의 행위를 하는 경우</u>를 의미하고, 남용에 해당하는가의 판단 기준은 구체적인 공무원의 직무행위가 <u>그 목적, 그것이 행하여진 상황에서 볼 때의 필요성·상당성 여부, 직권행사가 허용되는 법령상의 요건을 충족했는지</u> 등의 제반 요소를 고려하여 결정하여야 한다(대판 2017. 10.31. 2017도12534).

02 평등원칙

1. 의의

행정기본법 제9조(평등의 원칙) 행정청은 합리적 이유 없이 국민을 차별하여서는 아니 된다.

평등의 원칙은 **행정작용을 함에 있어서 특별한 합리적인 사유가 없는 한, 상대방인 국민을 동등하게 대우하여야 한다는 원칙**으로 나타난다. 이는 절대적 평등이 아니라 본질적으로 동일한 것을 자의적으로 불평등하게, 본질적으로 동일하지 않은 것을 자의적으로 평등하게 취급하는 것을 금지하는 실질적 평등(상대적 평등)을 의미한다. 특히 행정규칙에 있어서 자기구속의 법리와 재량권행사의 한계와 관련하여 중요한 의미가 있다.

2. 내용

(1) 합리적 이유없는 차별취급 금지

합리적 이유없는 차별취급은 ① 동일한 사항을 다르게 취급하는 경우(예 같은 정도의 비위를 저지른 자들 사이에서 징계의 종류의 선택과 양정에 있어서 차별적 취급), ② 사정이 달라 차별취급이 허용될 수 있으나 비례원칙에 위반하여 과도하게 차별취급을 하는 경우(예 국가유공자의 가족에게 일률적으로 10% 가산점 부여)가 있다.

(2) 적극적 원칙으로의 확대

오늘날 평등원칙은 소극적 원리뿐 아니라 적극적 원칙으로 확대된다(예 여성할당제와 같은 우대조치). 다만 우대조치가 차별취급에 합리성이 없으면 역차별의 문제를 야기할 수 있다.

> **관련판례**
>
> 〈평등의 원칙에 위반된 경우〉
>
> **[1] 지방의회의 조사·감사를 위해 채택된 증인의 불출석 등에 대한 과태료를 그 사회적 신분에 따라 차등 부과할 것을 규정한 조례는 무효**
>
> 조례안이 지방의회의 감사 또는 조사를 위하여 출석요구를 받은 증인이 5급 이상 공무원인지 여부, 기관(법인)의 대표나 임원인지 여부 등 증인의 사회적 신분에 따라 미리부터 과태료의 액수에 차등을 두고 있는 경우, 그와 같은 차별은 <u>증인의 불출석이나 증언거부에 대하여 과태료를 부과하는 목적에 비추어 볼 때 그 합리성을 인정할 수 없고</u> 지위의 높고 낮음만을 기준으로 한 <u>부당한 차별대우라고 할 것이어서</u> 헌법에 규정된 평등의 원칙에 위배되어 무효이다(대판 1997.2. 25. 96추213).
>
> **[2] 제대군인가산점 사건**
>
> 가산점제도는 제대군인에 비하여, <u>여성 및 제대군인이 아닌 남성</u>을 부당한 방법으로 지나치게 차별하는 것으로서 헌법 제11조에 위배되며, 이로 인하여 청구인들의 평등권이 침해된다(헌재 1999.12.23. 98헌마363).
>
> **[3] 국가유공자가산점 사건**
>
> 국가기관이 채용시험에서 국가유공자의 가족에게 10%의 가산점을 부여하는 규정은 평등권과 공무담임권을 침해한다(헌재 2006.2.23. 2004헌마675).
>
> **[4] 함께 화투놀이를 한 3명은 견책처분임에 비하여 파면처분을 한 것은 재량하자**
>
> 원심은 원고가 원판시와 같이 부산시 영도구청의 당직 근무 대기중 약 25분간 같은 근무조원 3명과 함께 시민 과장실에서 심심풀이로 돈을 걸지않고 점수따기 화투놀이를 한 사실을 확정한 다음 이것이 국가공무원법 제78조 1, 3호 규정의 징계사유에 해당한다 할지라도 당직 근무시간이

아닌 그 대기중에 불과 약25분간 심심풀이로 한 것이고 또 돈을 걸지 아니하고 점수따기를 한데 불과하며 원고와 함께 화투놀이를 한 3명(지방공무원)은 부산시 소청심사위원회에서 견책에 처하기로 의결된 사실이 인정되는 점등 제반 사정을 고려하면 피고가 원고에 대한 징계처분으로 파면을 택한 것은 당직근무 대기자의 실정이나 공평의 원칙상 그 재량의 범위를 벗어난 위법한 것이라고 하였는바, 이를 기록에 대조하여 검토하여 보면 정당하고 징계종류의 선택에 관한 법리를 오해한 위법 있다는 논지는 맞지 아니하여 이유없다(대판 1972.12.26. 72누194).

[5] 청원경찰에 대한 면직처분이 평등원칙에 위배하여 위법하기는 하나 당연무효로 보기는 어렵다고 한 사례

행정자치부의 지방조직 개편지침의 일환으로 청원경찰의 인원감축을 위한 면직처분대상자를 선정함에 있어서 초등학교 졸업 이하 학력소지자 집단과 중학교 중퇴 이상 학력소지자 집단으로 나누어 각 집단별로 같은 감원비율 상당의 인원을 선정한 것은 합리성과 공정성을 결여하고, 평등의 원칙에 위배하여 그 하자가 중대하다 할 것이나, 그렇게 한 이유가 시험문제 출제 수준이 중학교 학력 수준이어서 초등학교 졸업 이하 학력소지자에게 상대적으로 불리할 것이라는 판단 아래 이를 보완하기 위한 것이었으므로 그 하자가 객관적으로 명백하다고 보기는 어렵다(대판 2002.2.8. 2000두4057).

[6] 개발제한구역 훼손부담금의 부과율을 규정함에 있어서 전기공급시설 등과는 달리 집단에너지공급시설에 차등을 두는 것은 평등원칙 위배

집단에너지공급시설에 대한 훼손부담금의 부과율을 전기공급시설 등에 대한 훼손부담금의 부과율인 100분의 20의 다섯 배에 이르는 100분의 100으로 정한 것은, 집단에너지공급시설과 전기공급시설 등의 사이에 그 공급받는 수요자가 다소 다를 수 있음을 감안하더라도, 부과율에 과도한 차등을 둔 것으로서 합리적 근거 없는 차별에 해당하므로 헌법상 평등원칙에 위배되어 무효이다(대판 2007.10.29. 2005두14417).

[7] 학교용지부담금면제 사건

학교용지를 기부채납한 자와 기존 학교건물을 증축하여 기부채납한 자는 특례법상 목적 달성에 기여하였다는 점에서 동일하다 할 것임에도, 특례법 제5조 제4항이 학교용지를 확보하여 기부채납한 자에 대하여만 이중의 부담을 방지할 수 있는 필요적 면제 규정을 두고, 학교건물을 증축하여 기부채납한 자에 대해서는 이를 위한 일체의 규정을 두지 아니한 것은 합리적인 이유가 없는 차별로 학교건물을 증축하여 기부채납한 자의 평등권을 침해한다(헌재 2008.9.25. 2007헌가9).

[8] 국·공립사범대학 등 출신자를 교육공무원인 국·공립학교 교사로 우선하여 채용하도록 규정한 교육공무원법 제11조 제1항은 평등원칙 위반

국·공립사범대학 등 출신자를 교육공무원인 국·공립학교 교사로 우선하여 채용하도록 규정한 교육공무원법 제11조 제1항은 사립사범대학졸업자와 일반대학의 교직과정이수자가 교육공무원으로 채용될 수 있는 기회를 제한 또는 박탈하게 되어 결국 교육공무원이 되고자 하는 자를 그 출신학교의 설립주체나 학과에 따라 차별하는 결과가 되는 바, 이러한 차별은 이를 정당화할 합리적인 근거가 없으므로 헌법상 평등의 원칙에 어긋난다(헌재 1990.10.08. 89헌마89).

〈평등의 원칙에 위반되지 않는 경우〉

[1] 국유 잡종재산을 무단 점유한 사람에게 통상 대부료의 20%를 할증한 변상금을 부과하도록 정한 국유재산법 제51조 제1항은 평등권을 침해하지 아니함
이 사건 법률조항인 법 제51조 제1항이 대부계약 등을 맺지 아니하고 국유 잡종재산을 무단 점유한 자에 대하여 통상의 대부료에 20%를 할증한 변상금을 부과·징수하도록 하고 있는 데에는 <u>국유재산의 효율적인 보존·관리라는 합리적인 이유가 있다</u>고 할 것이므로 헌법 제11조 제1항의 평등원칙에 반한다고 볼 수 없고, 이 사건 법률조항으로 인하여 잃게 되는 무단 점유자의 재산권이라는 사익보다 그로 인하여 얻게 되는 국유재산의 효율적인 관리·보존이라는 공익이 크다고 할 것이므로 헌법 제23조 제1항 및 제37조 제2항에 위반하여 재산권을 과도하게 침해하였다고 볼 수도 없다(대판 2008.5.15. 2005두11463).

[2] 개인택시면허기준변경 사건
매년 그 때의 상황에 따라 적절히 면허 숫자를 조절해야 할 필요성이 있는 개인택시 면허제도의 성격상 그 자격요건이나 우선순위의 요건을 일정한 범위 내에서 강화하고 그 요건을 변경함에 <u>있어 유예기간을 두지 아니하였다 하더라도</u> 그러한 점만으로는 행정청의 면허신청 접수거부처분이 신뢰보호의 원칙이나 형평의 원칙, 재량권의 남용에 해당하지 아니한다(대판 1996.7.30. 95누12897).

[3] 도로점용료부과 사건
통상 도로점용 부분의 용도는 이와 닿아 있는 '도로부지 외의 토지'의 용도와 밀접한 관련이 있는 점, 도로점용 부분과 닿아 있는 '도로부지 외의 토지'의 가치가 도로점용 부분의 가치보다 일반적으로 크더라도 점용료율을 적절히 낮춤으로써 도로점용 부분의 실질 가치에 상응하는 점용료를 산정할 수 있는 점 등을 고려해 보면, 구 도로법 시행령 제42조 제1항 [별표 2]에서 점용료 산정의 기준 토지를 '도로점용 부분과 닿아 있는 토지(도로부지는 제외한다)'로 규정한 것이 법규형성권의 한계를 벗어나 도로점용자의 재산권을 침해한다고 볼 수 없고, 합리적인 이유 없이 도로점용자를 차별하여 평등원칙에 위배된다고도 볼 수 없다(대판 2013.10.11. 2012두10833).
위배된다고 할 수 없다(대판 2008.6.12. 2007추42).

[4] 동점자처리국가유공자우선 사건
국·공립학교 교사채용시험의 합격자를 결정할 때 선발예정인원을 초과하여 동점자가 있는 경우, 동점자처리에서 국가유공자와 그 유족·가족에게 우선권을 주도록 하고 있는 동점자처리조항은 일반 응시자들의 평등권을 침해하지 아니한다(헌재 2006.6.29. 2005헌마44).

[5] 기반시설부담금부과 사건
법률이 건축연면적 $200m^2$를 초과하는 건축물의 건축행위를 하는 자들을 기반시설부담금의 부과대상 집단으로 선정하여 이들에게 다른 집단과 달리 특별한 재정책임인 기반시설부담금 납부의무를 지게 한 것은 <u>원인자부담 및 수익자부담의 원칙을 실현하고, 그 설치를 유발하지 아니한 일반 국민의 설치비용에 대한 부담을 덜어줌으로써</u> 비용부담의 형평성을 제고하며, 나아가 기반시설을 갖추지 않고 이루어지는 난개발을 억제하여 <u>토지시장의 안정화를 도모</u>할 수 있게 하므로 합리적 근거를 가진 차별로서 평등의 원칙에 위반되지 아니한다(대판 2010.4.15. 2009두7066).

[6] 의료법이 정신병원 등의 개설에 관하여는 허가제로 규정한 것과 달리 정신과의원 개설에 관하여는 신고제로 규정하고 있는 것

관련 법령이 정신병원 등의 개설에 관하여는 허가제로, 정신과의원 개설에 관하여는 신고제로 각 규정하고 있는 것은 각 의료기관의 개설 목적 및 규모 등 차이를 반영한 합리적 차별로서 평등의 원칙에 반한다고 볼 수 없다. 또한 신고제 규정으로 사인인 제3자에 의한 개인의 생명이나 신체 훼손의 위험성이 증가한다고 할 수 없어 기본권 보호의무에 위반된다고 볼 수도 없다(대판 2018.10.25. 2018두44302).

[7] 초·중등학교 교원의 정당가입금지

초·중등학교 교원에 대하여는 정당가입을 금지하면서 대학교원에게는 허용하는 것은, 기초적인 지식전달, 연구기능 등 직무의 본질이 서로 다른 점을 고려한 합리적 차별이므로 평등원칙에 반하지 아니한다(헌재 2014.3.27. 2011헌바42).

03 행정의 자기구속원칙

1. 의의

(1) 행정의 자기구속의 원칙이란 동일한 사안에 대하여 제3자에게 한 것과 같은 결정을 상대방에게도 하도록 행정청이 구속받음을 의미한다.

(2) 이 법리는 행정조직 내부규범인 행정규칙을 국가와 국민과의 관계를 규율하는 법리로 전환시키는 「전환법리」 또는 「매개규범」으로서의 기능을 한다. 행정기관이 재량행사에 관련된 행정규칙인 재량준칙에 의거하여 일정한 행정관행을 형성하였다면, 합리적인 사유 없이 종전의 행정관행에 반하는 행정행위를 할 수 없고 스스로 구속을 받게 된다.

(3) 행정의 자기구속 법리는 기속영역에는 인정할 수 없고(이견 있음), 재량영역에서만 인정된다. 특히 행정규칙의 하나인 재량준칙에서 중요한 의의를 갖는다. 그러나 법령해석의 최종적 권한은 법원에 있으므로 법령해석규칙에는 원칙적으로 인정되지 않는다.

> **관련판례**
>
> 사무처리준칙에 따르지 않고 특정한 개인에 대하여만 초과하는 처분을 한 경우에는 재량권의 한계를 일탈
>
> 식품위생법시행규칙 제53조에 따른 별표 15의 행정처분기준은 행정기관 내부의 사무처리준칙을 규정한 것에 불과하기는 하지만 규칙 제53조 단서의 식품 등의 수급정책 및 국민보건에 중대한 영향을 미치는 특별한 사유가 없는 한 행정청은 당해 위반사항에 대하여 위 처분기준에 따라 행정처분을 함이 보통이라 할 것이므로, 행정청이 이러한 처분기준을 따르지 아니하고 특정한 개인에 대하여만 위 처분기준을 과도하게 초과하는 처분을 한 경우에는 재량권의 한계를 일탈하였다고 볼 만한 여지가 충분하다. 영업허가 이전 1개월 이상 무허가 영업을 하였고 영업시간위반이 2시간 이상이라 하더라도 위 행정처분기준에 의하면 1월의 영업정지사유에 해당하는데도 2월 15일의 영업

정지처분을 한 것은 재량권일탈 또는 남용에 해당한다고 한 사례(대판 1993.6.29. 93누5635).

실제의 공원구역과 다르게 경계측량 및 표지를 설치한 십수년 후 착오를 발견하여 지형도를 수정한 조치가 자기구속의 법리에 반하는 것이라 할 수 없음

경주시장이 한 때 실제의 공원구역과 다르게 경계측량 및 표지를 설치함으로 인하여 원고들이 그 잘못된 경계를 믿고 행정청으로부터 초지조성허가를 받아 초지를 조성하고 축사를 신축하여 그러한 상태가 십수년이 경과하였다 하여도, 이 사건 토지가 당초 화랑공원구역 안에 있는 것으로 적법하게 지정, 공고된 이상 여전히 이 사건 토지는 그 공원구역 안에 있는 것이고, 따라서 그 후 위와 같은 착오를 발견한 피고가 이 사건 토지는 그 공원구역 안에 있는 것으로 지형도를 수정한 조치를 가리켜 신뢰보호의 원칙에 위배된다거나 행정의 자기구속의 법리에 반하는 것이라고도 할 수 없다(대판 1992.10.13. 92누2325).

행정의 자기구속의 원칙의 인정근거

행정규칙은 일반적으로 행정조직 내부에서만 효력을 가지는 것이나, 행정규칙이 법령의 규정에 의하여 행정관청에 법령의 구체적 내용을 보충할 권한을 부여한 경우나 재량권행사의 준칙인 규칙이 그 정한 바에 따라 되풀이 시행되어 행정관행이 이룩되게 되면, 평등의 원칙이나 신뢰보호의 원칙에 따라 행정기관은 그 상대방에 대한 관계에서 그 규칙에 따라야 할 자기구속을 당하게 되는 경우에는 대외적인 구속력을 가지게 되는바, 이러한 경우에는 헌법소원의 대상이 될 수도 있다(헌재 2001.5.31. 99헌마413).

2. 행정의 자기구속의 한계

(1) 불법에 있어서의 동일취급금지

행정의 자기구속의 법리는 근거되는 행정관행이 적법한 경우에 적용된다(다수설). 불법행위에 대한 자기구속의 요구는 행정의 법률적합성원칙에 반하기 때문이다.

(2) 새로운 상황의 한계

기존의 관행과 다른 결정을 해야 할 명백한 이유가 있는 경우 자기구속의 법리는 적용되지 않을 수 있다. 즉 자기구속의 법리를 적용하는 경우의 법적 안정성보다, 다른 결정을 할 이익이 크고 형평과 합리성에 적합한 경우에 동원칙은 적용되지 않는다.

> **예제** 행정의 자기구속의 원칙에 대한 설명으로 옳지 않은 것은? (다툼이 있는 경우 판례에 의함)
> ① 헌법재판소는 평등의 원칙이나 신뢰보호의 원칙을 근거로 행정의 자기구속의 원칙을 인정하고 있다.
> ② 반복적으로 행해진 행정처분이 위법하더라도 행정의 자기구속의 원칙에 따라 행정청은 선행처분에 구속된다.
> ③ 행정의 자기구속의 원칙은 법적으로 동일한 사실관계, 즉 동종의 사안에서 적용이 문제되는 것으로 주로 재량의 통제 법리와 관련된다.
> ④ 재량준칙이 공표된 것만으로는 행정의 자기구속의 원칙이 적용될 수 없고, 재량준칙이 되풀이 시행되어 행정관행이 성립한 경우에 행정의 자기구속의 원칙이 적용될 수 있다.
>
> **정답** ②
> ② (×) 평등의 원칙은 본질적으로 같은 것을 자의적으로 다르게 취급함을 금지하는 것이고, 위법한 행정처분이 수차례에 걸쳐 반복적으로 행하여졌다 하더라도 그러한 처분이 위법한 것인 때에는 행정청에 대하여 자기구속력을 갖게 된다고 할 수 없다(대판 2009.6.25. 2008두13132).
> ① (○), ④ (○) 헌재 1990.9.3. 90헌마13
> ③ (○) 행정의 자기구속의 법리는 재량행위 영역에서 행정권의 자의를 방지하고 행정의 재량권행사에 대한 사후적 사법통제를 확대하여 국민의 권익을 보호하는 기능이 있다.

04 비례원칙

1. 의의

행정기본법 제10조(비례의 원칙) 행정작용은 다음 각 호의 원칙에 따라야 한다.
1. 행정목적을 달성하는 데 유효하고 적절할 것
2. 행정목적을 달성하는 데 필요한 최소한도에 그칠 것
3. 행정작용으로 인한 국민의 이익 침해가 그 행정작용이 의도하는 공익보다 크지 아니할 것

비례의 원칙이란 '행정목적의 실현을 위한 구체적인 수단의 선택에 있어서 달성하고자 하는 공익과 이로 인하여 제한되는 개인의 이익 사이에 일정한 비례관계가 있도록 하여야 한다는 원칙'을 말한다. 흔히 '대포로 참새를 쏘아서는 안된다'라고 표현된다.

2. 근거

비례의 원칙은 헌법상의 기본권 보장규정, 헌법 제37조 제2항 및 법치국가원칙으로부터 도출되는 법원칙이다. 비례의 원칙은 단순한 일반조리상의 원칙에 그치는 것이 아니라 헌법의 기본규범이나 이념에서 도출되는 헌법의 원리이다. 행정기본법에 비례원칙을 명시하고 있다.

3. 내용

(1) 적합성의 원칙

실무상 행정기관은 다양한 수단 중에서 선택할 수 있는바, 적합성의 원칙이란 **행정작용이 행정목적에 적합하게 행사되어야 한다는 원칙**이다.

> **관련판례**
>
> 수돗물에 대한 불안감 방지 내지 식수공급행정에 대한 혼란 방지를 위하여 보존음료수의 국내판매를 금지하는 것은 식품위생법의 목적에 부합하지 아니함
> 보존음료수의 국내판매를 금지하는 것이 수돗물에 대한 국민의 불안감을 해소시키기 위한 필요하고도 적절한 방법이라고 할 수 없으므로, 보존음료수의 국내판매를 금지하는 것은, 보존음료수제조업의 허가를 받은 자의 헌법상 보장된 기본권인 직업의 자유를 침해하는 것으로서 헌법에 위반될 뿐 아니라 식품위생법의 목적(제1조)에 비추어 보더라도, 보건사회부장관이 구 식품위생법 제23조의3 제4호나 현행 식품위생법 제24조 제1항 제4호에 따라 보존음료수제조업의 허가를 받는 자의 직업의 자유를 제한하는 고시를 발한 것이, 질서유지나 공공복리를 위하여 꼭 필요하고 합리적인 것이라고 볼 수도 없으므로, 위 고시는 효력이 없다(대판 1994.3.8. 92누1728).
>
> 특정 운전학원을 졸업한 사람들 중 교통사고를 일으킨 비율이 일정기준을 초과하는 때에 학원등록을 취소할 수 있도록 하는 것은 비례원칙에 위배
> 운전교육 및 기능검정의 내실화 및 이를 통한 교통사고 예방은 이 사건 조항이 아니더라도 운전전문학원의 지정 요건과 교육내용, 기능검정 등에 관하여 마련되어 있는 도로교통법과 동법시행령·시행규칙의 구체적이고 자세한 규정들이 제대로 집행된다면 가능하다. 이 사건 조항은 입법목적을 달성하기 위한 수단으로서 부적절하며, 운전전문학원의 영업 내지 직업의 자유를 필요 이상으로 제약하는 것이다(헌재 2005.7.21. 2004헌가30).

(2) 필요성의 원칙(최소침해의 원칙)

행정작용이 행정목적을 실현하기 위하여 필요한 한도 이상으로 행하여져서는 안된다는 원칙이다. 즉, 행정목적을 달성하기 위하여 필요한 최소한의 권력이 행사되어야 한다는 것이다.

> **관련판례**
>
> 예비군 동원훈련 도중 군무이탈한 공무원에 대한 해임처분과 재량권 일탈
> 공무원이 예비군동원훈련도중 2시간 30분간 군무이탈하여 구멍가게에서 술을 마신 사실은 공무원의 신분을 보유케 할 수 없을 정도로 공무원의 품위를 손상케 한 것이라고 단정하기 어렵고 그보다 가벼운 징계처분으로서도 능히 기강확립의 행정목적을 달할 수 있다 할 것이므로 공무원의 신분을 박탈하는 해임처분은 이른바 비례원칙에 어긋난, 재량권의 범위를 벗어난 위법한 처분이다(대판 1983.6.28. 83누94).

출입시킨 미성년자를 외관상 미성년자라고 판단하기 어렵고, 한 번도 허가조건을 위반한 바 없음에도 허가를 취소함은 비례원칙 위반

원고가 경영하는 전문음식점에서는 미성년자에게 주류를 제공할 수 없고 또한 1인 독주이외의 악단을 둘 수 없는데 원고가 미성년자 몇사람에 대하여 술을 제공하고 또한 2인조 내지 5인조의 악단이 연주한 사실이 있다고 하더라도 <u>당시 외관상 미성년자라고 판단하기 어렵고, 업주로서 손님들의 신분증을 확인하기도 곤란하여 성년자인줄 알고 술을 제공하고 또한 악단의 규모도 대단치 아니하고 뿐만 아니라 원고가 많은 시설비를 투입하여 영업을 하면서 한 번도 허가조건을 위반한 바가 없었던 점</u>을 참작해 볼때 위에서 인정한 허가조건 위반사실만으로써 원고에게 영업허가 자체를 취소함은 너무 가혹하여 재량권의 범위를 일탈한 것으로써 영업허가 취소처분은 위법하다(대판 1979.7.10. 79누126).

(3) 상당성의 원칙(협의의 비례의 원칙)

어떤 행정조치가 설정된 행정목적을 위하여 필요한 경우일지라도 그 **행정조치를 취함으로 인한 불이익이 그것에 의해 초래되는 이익보다 큰 경우에는 당해 행정조치를 취해서는 안 된다는 것**을 말한다.

> **관련판례**
>
> 무면허 의료행위를 일률적·전면적으로 금지하고 이에 위반할 경우 처벌하는 규정이 과잉금지의 원칙에 위배되지 아니함
>
> 의료행위는 <u>인간의 존엄과 가치의 근본인 사람의 신체와 생명을 대상으로 하는 것이므로</u> 단순한 의료기술 이상의 '인체 전반에 관한 이론적 뒷받침'과 '인간의 신체 및 생명에 대한 외경심'을 체계적으로 교육받고 이점에 관한 국가의 검증을 거친 의료인에 의하여 행하여져야 하고, 과학적으로 검증되지 아니한 방법 또는 무면허 의료행위자에 의한 약간의 부작용도 존엄과 가치를 지닌 인간에게는 회부할 수 없는 치명적인 위해를 가할 수 있는 것이다. 또 무면허 의료행위를 일률적, 전면적으로 금지하고 이를 위반하는 경우에는 그 치료결과에 관계없이 형사처벌을 받게 하는 이 법의 규제방법은 과잉금지의 원칙에 위반된다고 할 수 없다(헌재 1996.10.31. 94헌가7).
>
> 주유소 영업의 양도인이 등유가 섞인 유사휘발유를 판매한 위법사유를 들어 그 양수인에게 대하여 한 6월의 석유판매업영업정지처분은 재량권 일탈로서 위법
>
> 주유소 영업의 양도인이 등유가 섞인 유사휘발유를 판매한 바를 모르고 이를 양수한 석유판매영업자에게 전 운영자인 양도인의 위법사유를 들어 사업정지기간 중 최장기인 6월의 사업정지에 처한 영업정지처분은 <u>석유사업법에 의하여 실현시키고자 하는 공익목적의 실현보다는 양수인이 입게 될 손실이 훨씬 커서</u> 재량권을 일탈한 것으로서 위법하다(대판 1992.2.25. 91누13106).

05 신뢰보호원칙

1. 의의

행정기본법 제12조(신뢰보호의 원칙) ① 행정청은 공익 또는 제3자의 이익을 현저히 해칠 우려가 있는 경우를 제외하고는 행정에 대한 국민의 정당하고 합리적인 신뢰를 보호하여야 한다.
② 행정청은 권한 행사의 기회가 있음에도 불구하고 장기간 권한을 행사하지 아니하여 국민이 그 권한이 행사되지 아니할 것으로 믿을 만한 정당한 사유가 있는 경우에는 그 권한을 행사해서는 아니 된다. 다만, 공익 또는 제3자의 이익을 현저히 해칠 우려가 있는 경우는 예외로 한다.

신뢰보호원칙이란 **행정청이 국민에 대하여 행한 언동의 정당성 또는 계속성에 대한 개인의 가치있는 신뢰는 보호되어야 한다는 원칙**을 말한다. 이는 독일의 학설·판례로 발전된 원칙으로 영미법상의 금반언의 법리와 유사하다. 또한 이는 민법상의 신의성실의 원칙(제2조)의 행정법상 표현으로 이해되기도 한다. 이 원칙을 적용하는 경우에 있어서는 특히 위법한 행정작용을 신뢰한 경우에 행정의 합법성원칙과 갈등하게 되는 문제점이 있다.

2. 요건

(1) 행정청의 선행조치

① **행정청의 의미** : 판례는 행정조직법상의 의미가 아니라 기능적으로 파악하여 '행정청의 공적 견해표명이 있었는지의 여부를 판단함에 있어서는, 반드시 행정조직상의 형식적인 권한분장에 구애될 것은 아니고, 담당자의 조직상의 지위와 임무, 당해 언동을 하게 된 구체적인 경위 및 그에 대한 상대방의 신뢰가능성에 비추어 실질에 의하여 판단하여야 한다'(대판 2008.10.9. 2008두6127)고 하였다. 따라서 처분청 자신이 아니라 보조기관인 담당공무원의 조치도 신뢰의 대상이 될 수 있다.
② **선행조치의 의미** : 사인의 신뢰의 대상이 될 수 있는 행정기관의 선행조치가 존재하여야 한다. 선행조치에는 국가의 모든 작용(법령, 행정계획, 수익적 행정행위, 확약, 행정지도, 법령해석적 행정규칙, 공법상 계약 등)이 해당되며, 이에는 명시적·묵시적 또는 적극적·소극적이든 모두 포함된다. 그런데 판례는 행정기관의 선행행위를 「명시적 또는 묵시적 공적 견해의 표명」에 국한시켜, 추상적 질의에 대한 일반적 견해표명은 이러한 공적 견해의 표명으로 볼 수 없다고 한다. 또한 행정행위의 경우는 적법한 것인가 위법한 것인가도 가리지 않으나, 무효행위는 신뢰보호의 대상이 되지 아니한다. 공적 견해의 표명이 있었다는 사실은 신뢰보호원칙을 원용하고자 하는 자가 이를 주장·입증해야 한다.

〈공적 견해표명 관련 판례〉

인정 사례	① 보건사회부장관이 '의료취약지 병원설립운영자 신청공고'를 하면서 국세 및 지방세를 비과세하겠다고 발표하였고, 그 후 내무부장관이나 시·도지사가 도 또는 시·군에 대하여 지방세 감면조례제정을 지시하여 그 조례에 대한 승인의 의사를 미리 표명하였다면, 보건사회부장관에 의하여 이루어진 위 비과세의 견해표명은 당해 과세관청의 그것과 마찬가지로 볼 여지가 충분하다고 할 것이고, 또한 납세자로서는 위와 같은 정부의 일정한 절차를 거친 공고에 대하

여서는 보다 고도의 신뢰를 갖는 것이 일반적이다(대판 1996.1.23. 95누13746).
② 종교법인이 도시계획구역 내 생산녹지로 답인 토지에 대하여 <u>종교회관 건립을 이용목적으로 하는 토지거래계약의 허가를 받으면서 담당공무원이 관련 법규상 허용된다 하여 이를 신뢰</u>하고 건축준비를 하였으나 그 후 당해 지방자치단체장이 다른 사유를 들어 <u>토지형질변경허가신청을 불허가</u> 한 것이 신뢰보호원칙에 반한다(대판 1997.9.12. 96누18380).
③ <u>폐기물처리업에 대하여 사전에 관할 관청으로부터 적정통보를 받고</u> 막대한 비용을 들여 허가요건을 갖춘 다음 허가신청을 하였음에도 <u>다수 청소업자의 난립으로 안정적이고 효율적인 청소업무의 수행에 지장이 있다는 이유로 한 불허가처분</u>이 신뢰보호의 원칙 및 비례의 원칙에 반하는 것으로서 재량권을 남용한 위법한 처분이다(대판 1998.5.8. 98두4061).
④ <u>시의 도시계획과장과 도시계획국장이 도시계획사업의 준공과 동시에 사업부지에 편입한 토지에 대한 완충녹지 지정을 해제함과 아울러 당초의 토지소유자들에게 환매하겠다는 약속</u>을 했음에도, 이를 믿고 토지를 협의매각한 토지소유자의 완충녹지지정해제신청을 거부한 것은, 행정상 신뢰보호의 원칙을 위반하거나 재량권을 일탈·남용한 위법한 처분이다(대판 2008.10.9. 2008두6127).

부정 사례	① 개발이익환수에 관한 법률에 정한 개발사업을 시행하기 전에, 행정청이 토지 지상에 예식장 등을 건축하는 것이 관계 법령상 가능한지 여부를 질의하는 민원예비심사에 대하여 <u>관련부서 의견으로 개발이익환수에 관한 법률에 '저촉사항 없음'이라고 기재하였다고 하더라도,</u> 이후의 개발부담금부과처분에 관하여 신뢰보호의 원칙을 적용하기 위한 요건인, 개인에 대하여 신뢰의 대상이 되는 공적인 견해표명을 한 것이라고는 보기 어렵다(대판 2006.6.9. 2004두46). ② 폐기물관리법령에 의한 폐기물처리업 사업계획에 대한 적정통보와 국토이용관리법령에 의한 국토이용계획변경은 각기 그 제도적 취지와 결정단계에서 고려해야 할 사항들이 다르므로, <u>폐기물처리업 사업계획에 대하여 적정통보를 한 것만으로 그 사업부지 토지에 대한 국토이용계획변경신청을 승인하여 주겠다는 취지의 공적인 견해표명을 한 것으로 볼 수 없다</u>(대판 2005.4.28. 2004두8828). ③ 당초 정구장 시설을 설치한다는 도시계획결정을 하였다가 정구장 대신 청소년 수련시설을 설치한다는 도시계획 변경결정 및 지적승인을 한 경우, 당초의 도시계획결정만으로는 도시계획사업의 시행자 지정을 받게 된다는 공적인 견해를 표명하였다고 할 수 없으므로 그 후의 도시계획 변경결정 및 지적승인이 도시계획사업의 시행자로 지정받을 것을 예상하고 정구장 설계 비용 등을 지출한 자의 신뢰이익을 침해한 것으로 볼 수 없다(대판 2000. 11.10. 2000두727). ④ <u>헌법재판소의 위헌결정</u>은 행정청이 개인에 대하여 신뢰의 대상이 되는 공적인 견해를 표명한 것이라고 할 수 없으므로 그 결정에 관련한 개인의 행위에 대하여는 신뢰보호의 원칙이 적용되지 아니한다(대판 2003.6.27. 2002두6965). ⑤ 재정경제부가 보도자료를 통해 '법인세법시행규칙을 개정하여 법제처의 심의를 거쳐 6월 말경 공포·시행할 예정'이라고 밝힌 것만으로 위 시행규칙을 시기적으로 반드시 6월 말경까지 공포·시행하겠다는 내용의 공적 견해를 표명한 것으로 보기 어렵고, 부동산의 양도 이전에 위 시행규칙의 관계 규정이 실제 공포·시행되고 있는지 여부를 확인하지 않은 데 귀책사유가 있다(대판 2002.11.26. 2001두9103).

⑥ 행정청이 지구단위계획을 수립하면서 그 권장용도를 판매·위락·숙박시설로 결정하여 고시한 행위를 당해 지구 내에서는 공익과 무관하게 언제든지 숙박시설에 대한 건축허가가 가능하리라는 공적 견해를 표명한 것이라고 평가할 수는 없다(대판 2005.11.25. 2004두6822).
⑦ 관광숙박시설지원 등에 관한 특별법의 유효기간까지 관광호텔업 사업계획 승인신청을 한 경우에는 그 유효기간이 경과한 이후에도 특별법을 적용할 수 있다는 내용의 문화관광부장관의 지방자치단체장에 대한 회신내용을 담당 공무원이 알려주었다는 사정만으로 위 지방자치단체장의 공적인 견해표명이 있었다고 보기 어렵다(대판 2006.4.28. 2005두9644).
⑧ 병무청 담당부서의 담당공무원에게 공적 견해의 표명을 구하는 정식의 서면질의 등을 하지 아니한 채 총무과 민원팀장에 불과한 공무원이 민원봉사차원에서 상담에 응하여 안내한 것을 신뢰한 경우, 신뢰보호 원칙이 적용되지 아니한다(대판 2003.12.26. 2003두1875).
⑨ 세무서장이 납세의무자의 면세사업자등록증을 검열하고, 이에 따른 사업자등록증을 교부하거나 면세사업자로서 한 부가가치세 예정신고 및 확정신고를 받은 행위만으로는 세무서장이 납세의무자에게 그가 영위하는 사업에 관하여 부가가치세를 과세하지 아니함을 시사하는 언동이나 공적인 견해를 표명한 것이라 할 수 없다(대판 2000.2.11. 98두2119).
⑩ 신뢰보호의 원칙을 인정하기 위한 '견해표명'은 과세관청의 과세요건규정의 해석·적용 및 관세요건사실의 인정에 관한 것을 의미하기 때문에, 조세법령의 규정내용 및 행정규칙 자체는 과세관청의 공적 견해표명에 해당하지 아니한다(헌재 2004.12.26. 2003헌마226).

(2) 보호가치 있는 사인의 신뢰

선행조치의 정당성 또는 존속성에 대한 관계인의 신뢰가 보호가치 있는 것이어야 한다. 예컨대 당사자가 사기·강박·뇌물제공·신청서의 허위기재 등에 의해 행정처분을 받은 경우처럼 당사자의 책임에 기인하는 경우에는 보호받을 가치가 없다.

> **관련판례**
>
> **수익적 행정처분의 하자가 당사자의 사실은폐 기타 사위의 방법에 의한 신청행위에 기인한 경우 당사자의 신뢰이익을 고려할 수 없음**
> 행정청이 개인택시사업면허를 받을 수 없는 자가 제출한 허위의 무사고증명 기재내용을 그대로 믿고 동인의 순위를 오인하여 개인택시사업면허를 발급한 경우 동 면허처분은 결국 면허를 받을 요건을 구비하지 못한 자에 대하여 면허를 발급한 하자있는 행정처분이므로 처분청은 그 하자를 이유로 스스로 이를 취소할 수 있고 이 경우 허위의 무사고 증명을 제출하여 사위의 방법으로 면허를 받은 사람은 그 이익이 위법하게 취득되었음을 알고 있어 그 취소가능성도 예상하고 있었을 것이므로 그 자신이 위 행정행위에 대한 신뢰이익을 원용할 수 없음은 물론 행정청이 이를 고려하지 아니하였다 하더라도 재량권의 남용이 논의될 여지가 없다고 봄이 신의칙과 공평의 원칙에 합당하다(대판 1986.8.19. 85누291).
>
> **'개인의 귀책사유'의 의미**
> …둘째 요건에서 말하는 귀책사유라 함은 행정청의 견해표명의 하자가 상대방 등 관계자의 사실은폐나 기타 사위의 방법에 의한 신청행위 등 부정행위에 기인한 것이거나 그러한 부정행위가

없다고 하더라도 하자가 있음을 알았거나 중대한 과실로 알지 못한 경우 등을 의미한다고 해석함이 상당하다(대판 2002.11.8. 2001두1512).

건축주의 귀책사유를 판단함에 있어 수임인인 건축사의 과실도 기준으로 함
귀책사유의 유무는 상대방과 그로부터 신청행위를 위임받은 수임인 등 관계자 모두를 기준으로 판단하여야 한다. 건축주와 그로부터 건축설계를 위임받은 건축사가 상세계획지침에 의한 건축한계선의 제한이 있다는 사실을 간과한 채 건축설계를 하고 이를 토대로 건축물의 신축 및 증축허가를 받은 경우, 그 신축 및 증축허가가 정당하다고 신뢰한 데에 귀책사유가 있다(대판 2002.11.8. 2001두1512).

'중대한 교통사고'를 이유로 사고로부터 1년 10개월 후 사고택시에 대하여 한 운송사업면허의 취소가 재량권유탈에 해당하지 아니함
택시운송사업자로서는 자동차운수사업법의 내용을 잘 알고 있어 교통사고를 낸 택시에 대하여 운송사업면허가 취소될 가능성을 예상할 수도 있었을 터이니, 자신이 별다른 행정조치가 없을 것으로 믿고 있었다 하여 바로 신뢰의 이익을 주장할 수는 없으므로 그 교통사고가 자동차운수사업법 제31조 제1항 제5호 소정의 '중대한 교통사고로 인하여 많은 사상자를 발생하게 한 때'에 해당한다면 그 운송사업면허의 취소가 행정에 대한 국민의 신뢰를 저버리고 국민의 법생활의 안정을 해치는 것이어서 재량권의 범위를 일탈한 것이라고 보기는 어렵다(대판 1989.6.27. 88누6283).

(3) 신뢰에 기한 사인의 처리

상대방이 선행조치를 믿은 것만으로 부족하고 처분행위(자본투자, 건축개시, 이주, 직원의 고용 등)가 존재하여야 한다.

(4) 신뢰에 기초한 인과관계가 있는 행위

사인의 선행조치에 대한 신뢰와 처리사이에는 인과관계가 존재하여야 한다. 즉, 선행조치에 대한 신뢰와 선행조치에 대한 정당성과 존속성을 믿고서 일정한 조치를 하여야 한다.

(5) 선행조치에 반하는 처분 또는 부작위

행정청이 선행조치에 의하여 약속한 행위에 반하는 행위를 하거나 약속한 행위를 하지 않음으로써 선행조치를 신뢰한 관계인의 권익이 침해된 경우에 인정된다.

3. 적용영역

(1) 실권의 법리
① **의의** : 실권의 법리란 행정청이 위법한 행정행위를 장기간 묵인·방치함으로써 개인이 그 존속을 신뢰하게 된 경우 행정청이 사후에 그 위법성을 주장할 수 없다는 법리이다(입법예: 독일연방행정절차법은 행정청은 위법처분이 행해진 것을 안 때부터 1년 이내에 취소할 수 있도록 규정).
② **근거** : 신뢰보호원칙의 파생원칙이다. 대법원은 실권의 법리를 신의성실의 원칙의 파생원칙으로 본다(대판 1988.4.27. 87누915).
③ **요건** : ㉠ 행정청이 취소권, 철회권 등의 권리행사 가능성을 알았어야 하고, ㉡ 행정권 행사가 가능

함에도 행정청이 장기간 권리행사를 하지 않았어야 하고, ⓒ 상대방인 국민이 행정청이 이제는 권리행사를 하지 않을 것으로 신뢰하고, ⓔ 그 신뢰에 정당한 사유가 있어야 한다.

(2) 행정행위의 취소·철회제한

수익적 행정행위를 취소 또는 철회할 때에는 취소 또는 철회하여야 할 공익상의 필요와 그로 인하여 당사자가 입게 될 기득권과 법률생활의 안정의 침해 등을 이익형량하여 결정한다.

(3) 소급효금지

개정된 법규명령이나 행정규칙은 법적 안정성, 상대방의 신뢰보호 등을 이유로 소급적용이 원칙적으로 금지된다. 수익적 행정행위의 취소가 인정되는 경우에도 신뢰보호의 견지에서 그 소급효가 제한된다.

> **관련판례**
>
> 법령의 개정에서 신뢰보호원칙이 적용되어야 하는 경우
> 한약사 국가시험의 응시자격에 관하여 개정 전의 약사법 시행령 제3조의2에서 '필수 한약관련 과목과 학점을 이수하고 대학을 졸업한 자'로 규정하고 있던 것을 '한약학과를 졸업한 자'로 응시자격을 변경하면서, 그 개정 이전에 이미 한약자원학과에 입학하여 대학에 재학 중인 자에게도 개정 시행령이 적용되게 한 개정 시행령 부칙은 헌법상 신뢰보호의 원칙과 평등의 원칙에 위배되어 허용될 수 없다(대판 2007.10.29. 2005두4649).
>
> 변리사 제1차 시험을 절대평가제에서 상대평가제로 환원하는 내용의 변리사법 시행령 개정조항을 즉시 시행하도록 정한 부칙 부분은 헌법에 위반되어 무효
> 합리적이고 정당한 신뢰에 기하여 절대평가제가 요구하는 합격기준에 맞추어 시험준비를 한 수험생들은 제1차 시험 실시를 불과 2개월밖에 남겨놓지 않은 시점에서 개정 시행령의 즉시 시행으로 합격기준이 변경됨으로 인하여 시험준비에 막대한 차질을 입게 되어 위 신뢰가 크게 손상되었고, 특히 절대평가제에 의한 합격기준인 매 과목 40점 및 전과목 평균 60점 이상을 득점하고도 불합격처분을 받은 수험생들의 신뢰이익은 그 침해된 정도가 극심하며, 그 반면 개정 시행령에 의하여 상대평가제를 도입함으로써 거둘 수 있는 공익적 목적은 개정 시행령을 즉시 시행하여 바로 임박해 있는 2002년의 변리사 제1차 시험에 적용하면서까지 이를 실현하여야 할 합리적인 이유가 있다고 보기 어려우므로, 결국 개정 시행령의 즉시 시행으로 인한 수험생들의 신뢰이익 침해는 개정 시행령의 즉시 시행에 의하여 달성하려는 공익적 목적을 고려하더라도 정당화될 수 없을 정도로 과도하다(대판 2006.11.16. 2003두12899).

(4) 행정계획변경과 신뢰보호원칙

행정기관이 수립·공표한 행정계획의 변경을 신뢰하고 일정한 처분행위를 한 경우 계획보장청구권 또는 손실보상청구권을 갖는가에 대하여는, 행정계획의 장기성·가변성을 이유로 부정적 견해가 일반적이다.

4. 한계

(1) 행정의 법률적합성의 원칙과의 관계

이에 대하여 ① 행정의 합법성의 원칙이 행정의 법적 안정성의 원칙 및 그로부터 도출되는 신뢰보호의 원칙보다 우월하다고 보는 견해(**법적합성우위설**), ② 법적합성의 원칙과 법적 안정성은 다 같이 법치국가원리의 내용을 이루는 것이므로 동일한 효력을 갖는다고 보는 견해(**동위설**, **이익형량설**)가 대립한다. 다수설인 동위설에 따르면 적법상태의 실현이라는 공익과 상대방의 신뢰이익간에 비교형량하여 구체적으로 결정하여야 한다.

(2) 제3자의 보호

제3자의 정당한 이익을 희생시키면서까지 신뢰보호의 원칙이 관철되어야 하는 것은 아니다. 행정절차법은 신뢰보호원칙이 "공익 또는 제3자의 정당한 이익을 현저히 해칠 우려가 있는 경우를 제외하고" 적용된다는 취지로 규정하고 있다(제4조).

(3) 사정변경

공적인 의사표명이 있은 후에 사인의 신뢰형성에 기초가 된 사실관계·법률상태가 변경되고 관계 당사자가 그 변화를 알게 되었다면, 그 후로는 관련 사인도 변화전의 상태를 이유로 신뢰보호를 주장할 수 없다(대판 1996.8.20. 95누10877).

(4) 적용의 제한

판례는 무효인 처분에는 신뢰보호원칙이 적용되지 않는다는 입장이다.

예제 신뢰보호의 원칙에 관한 설명으로 옳지 않은 것은? (다툼이 있으면 판례에 따름) ▶ 22 소방승진

① 행정청은 공익 또는 제3자의 이익을 현저히 해칠 우려가 있는 경우를 제외하고는 행정에 대한 국민의 정당하고 합리적인 신뢰를 보호하여야 한다.
② 행정청은 권한 행사의 기회가 있음에도 불구하고 장기간 권한을 행사하지 아니하여 국민이 그 권한이 행사되지 아니할 것으로 믿을 만한 정당한 사유가 있는 경우에는 공익 또는 제3자의 이익을 현저히 해칠 우려가 있는 경우를 예외로 하고 그 권한을 행사해서는 아니 된다.
③ 동일한 사유에 관하여 보다 무거운 면허취소처분을 하기 위하여 이미 행하여진 가벼운 면허정지처분을 취소하는 것은 신뢰보호 원칙에 반한다.
④ 신뢰보호의 원칙은 「행정기본법」이 제정되어 시행됨에 따라 비로소 인정된 것으로 볼 수 있다.

정답 ④

④ (×) 판례는 행정기본법이 제정되기 전부터 행정법의 일반원칙으로서 신뢰보호원칙을 인정하고 있었다.
① (○), ② (○) 행정기본법 제12조(신뢰보호의 원칙) ① 행정청은 공익 또는 제3자의 이익을 현저히 해칠 우려가 있는 경우를 제외하고는 행정에 대한 국민의 정당하고 합리적인 신뢰를 보호하여야 한다. ② 행정청은 권한 행사의 기회가 있음에도 불구하고 장기간 권한을 행사하지 아니하여 국민이 그 권한이 행사되지 아니할 것으로 믿을 만한 정당한 사유가 있는 경우에는 그 권한을 행사해서는 아니 된다. 다만, 공익 또는 제3자의 이익을 현저히 해칠 우려가 있는 경우는 예외로 한다.
③ (○) 대판 2000.2.25. 99두10520

> **예제** 신뢰보호의 원칙에 관한 설명으로 옳지 않은 것은? (다툼이 있는 경우 판례에 의함) ▶ 23 소방승진
> ① 행정청이 공적인 견해에 반하는 행정처분을 함으로써 달성하려는 공익이 행정청의 공적 견해표명을 신뢰한 개인이 그 행정처분으로 인하여 입게 되는 이익의 침해를 정당화할 수 있을 정도로 강한 경우에는 그 행정처분은 위법하지 않다.
> ② 과세관청이 질의회신 등을 통하여 어떤 견해를 대외적으로 표명하였더라도 그것이 중요한 사실관계와 법적인 쟁점을 제대로 드러내지 아니한 채 추상적으로 질의한데 따른 것이라면, 공적인 견해표명에 의하여 정당한 기대를 가지게 할 만한 신뢰가 부여된 경우로 볼 수 없다.
> ③ 행정청의 공적 견해표명은 보호가치 있는 신뢰의 대상이어야 하므로, 묵시적인 표시만으로는 성립할 수 없고 명시적인 표시가 있었을 것을 요한다.
> ④ 폐기물처리업에 대하여 관할 관청의 사전 적정통보를 받고 막대한 비용을 들여 요건을 갖춘 다음 허가신청을 한 경우, 행정청이 청소업자의 난립으로 효율적인 청소 업무의 수행에 지장이 있다는 이유로 불허가처분을 하였다면 신뢰보호의 원칙에 반하여 위법하다.

정답 ③
③ (×) 과세관청의 공적인 견해표명은 원칙적으로 일정한 책임 있는 지위에 있는 세무공무원에 의하여 명시적 또는 묵시적으로 이루어짐을 요한다(대판 2019.1.17. 2018두42559).
① (○) 대판 1998.11.13. 98두7343
② (○) 대판 2013.12.26. 2011두5940
④ (○) 대판 1998.5.8. 98두4061

06 부당결부금지원칙

1. 의의

행정기본법 제13조(부당결부금지의 원칙) 행정청은 행정작용을 할 때 상대방에게 해당 행정작용과 실질적인 관련이 없는 의무를 부과해서는 아니 된다.

행정작용과 사인이 부담하는 반대급부는 부당한 내적인 관련을 가져서는 안되고 또한 부당하게 상호 결부되어서도 안된다는 원칙을 말한다(예 건축허가를 하면서 다른 토지의 기부채납을 부관으로 부담하게 하는 것, 체납된 공과금의 이행담보를 위하여 여권교부를 거부하는 것). 이 법원칙은 행정목적을 달성하기 위한 수단이 다양해지면서 그 수단의 선택이나 급부에 일정한 한계를 설정하려는 의도에서 구성되었다.

2. 요건

	의의	사례
원인적 관련성	행정작용과 반대급부사이에는 직접적인 인과관계가 있을 때 정당한 내적 관계가 존재함	도로점용허가를 발령하면서 과거에 체납한 자동차세를 납부하라는 조건을 부과한 경우에는 주된 행정행위와 부관의 부과 사이에는 직접적인 인과관계가 부존재
목적적 관련성	사인의 급부가 행정작용과 특정의 목적을 같이할 때 정당한 내적 관계가 존재함	특정영업을 가능하도록 하는 특허행위의 발령과 함께 부과할 수 있는 부담은 영업질서유지를 위한 목적에 제한되는 것이지 범죄예방의 목적을 위해서는 부과할 수 없음

3. 적용영역

부당결부금지원칙은 ① 당해 행정행위의 목적과 무관한 다른 목적의 부관제한(예 건축허가와 토지의 기부채납), ② 공법상 계약의 체결에 있어서 계약상의 급부와 무관한 반대급부의무 부과제한(예 허가요건을 면제하고 금전을 납부토록 하는 경우), ③ 당해 행정작용과 실질적 관련이 없는 행정의 실효성 확보수단의 제한(예 공급거부, 관허사업의 제한), ④ 급부행정을 하면서 당해 급부와 관련 없는 반대급부의무 부과의 제한 등에 있어서 문제가 될 수 있다.

> **관련판례**
>
> **주택사업과는 아무런 관련이 없는 토지를 기부채납하도록 하는 부관을 주택사업계획승인에 붙인 경우 부당결부금지원칙 위반**
> 지방자치단체장이 사업자에게 주택사업계획승인을 하면서 그 주택사업과는 아무런 관련이 없는 토지를 기부채납하도록 하는 부관을 주택사업계획승인에 붙인 경우, 그 부관은 부당결부금지의 원칙에 위반되어 위법하지만, 지방자치단체장이 승인한 사업자의 주택사업계획은 상당히 큰 규모의 사업임에 반하여, 사업자가 기부채납한 토지 가액은 그 100분의 1 상당의 금액에 불과한 데다가, 사업자가 그 동안 그 부관에 대하여 아무런 이의를 제기하지 아니하다가 지방자치단체장이 업무착오로 기부채납한 토지에 대하여 보상협조요청서를 보내자 그 때서야 비로소 부관의 하자를 들고 나온 사정에 비추어 볼 때 부관의 하자가 중대하고 명백하여 당연무효라고는 볼 수 없다(대판 1997.3.11. 96다49650).
>
> **송유관 매설을 허가하면서 송유관 시설 이전비용을 상대방에게 부담하도록 하는 협약을 체결한 것은 위법하지 아니함**
> 고속국도 관리청이 고속도로 부지와 접도구역에 송유관 매설을 허가하면서 상대방과 체결한 협약에 따라 송유관 시설을 이전하게 될 경우 그 비용을 상대방에게 부담하도록 하였고, 그 후 도로법 시행규칙이 개정되어 접도구역에는 관리청의 허가 없이도 송유관을 매설할 수 있게 된 사안에서, 위 협약이 효력을 상실하지 않을 뿐만 아니라 위 협약에 포함된 부관이 부당결부금지의 원칙에도 반하지 않는다고 한 사례(대판 2009.2.12. 2005다65500).

예제 부당결부금지의 원칙에 관한 설명으로 옳지 않은 것은? (다툼이 있는 경우 판례에 의함)

▶ 23 소방승진

① 「행정기본법」은 부당결부금지의 원칙을 명문으로 규정하고 있다.
② 이륜자동차를 음주운전한 사유만 가지고서는 제1종 대형면허나 보통면허의 취소나 정지를 할 수 없다.
③ 제1종 대형면허로 운전할 수 있는 차량을 운전면허 정지기간 중에 운전한 경우에는 이와 관련된 제1종 보통면허까지 취소할 수 있다.
④ 행정청이 수익적 행정처분을 하면서 사전에 상대방과 체결한 협약상의 의무를 부담으로 부가하였는데 부담의 전제가 된 주된 행정처분의 근거법령이 개정되어 부관을 붙일 수 없게 된 경우, 곧바로 위 협약의 효력이 소멸한다.

정답 ④

④ (×) 도로법 시행규칙의 개정으로 도로경계선으로부터 15m를 넘지 않는 접도구역에서 송유관을 설치하는 행위가 관리청의 허가를 얻지 않아도 되는 행위로 변경되어 더 이상 그 행위에 부관을 붙일 수 없게 되었다 하더라도, 종전 시행규칙에 의하여 적법하게 행해진 허가와 접도구역 내 송유시설 이설비용 지급의무에 관한 부담이 개정 시행규칙의 시행으로 그 효력을 상실하게 되는 것은 아니다(대판 2009.2.12. 2008다56262).
① (○) 행정기본법 제13조(부당결부금지의 원칙) 행정청은 행정작용을 할 때 상대방에게 해당 행정작용과 실질적인 관련이 없는 의무를 부과해서는 아니 된다.
② (○) 대판 2018.2.28. 2017두67476
③ (○) 대판 2009.2.12. 2005다65500

예제 행정법의 일반원칙에 관련된 다음의 설명 중 옳은 것은? (다툼이 있는 경우 판례에 의함)

① 국가가 국민의 생명·신체의 안전에 대한 보호의무를 다하지 않았는지 여부를 헌법재판소가 심사할 때에는 국가가 이를 보호하기 위하여 적어도 적절하고 효율적인 최소한의 보호조치를 취하였는가 하는 '과소보호 금지원칙'의 위반 여부를 기준으로 삼는다.
② 행정청이 조합설립추진위원회의 설립승인 심사에서 위법한 행정처분을 한 선례가 있는 경우에는, 행정청에 대해 자기구속력을 갖게 되어 이후에도 그러한 기준에 따라야 한다.
③ 공무원 임용신청 당시 잘못 기재된 호적상 출생연월일을 생년월일로 기재하고, 임용 후 36년 동안 이의를 제기하지 않다가, 정년을 1년 3개월 앞두고 정정된 출생연월일을 기준으로 정년연장을 요구하는 것은 신의성실의 원칙에 반한다.
④ 일반적으로 행정청이 폐기물처리업 사업계획에 대한 적정통보를 한 경우 이는 토지에 대한 형질변경신청을 허가하는 취지의 공적 견해표명까지도 포함한다.

정답 ①

① (○) 헌재 2008.7.31. 2006헌마711
② (×) 평등의 원칙은 본질적으로 같은 것을 자의적으로 다르게 취급함을 금지하는 것이고, 위법한 행정처분이 수차례에 걸쳐 반복적으로 행하여졌다 하더라도 그러한 처분이 위법한 것인 때에는 행정청에 대하여 자기구속력을 갖게 된다고 할 수 없다(대판 2009.6.25. 2008두13132).

③ (×) 원심이 들고 있는 사정만으로 원고가 임용권자에게 임용신청 당시 호적상 출생연월일을 기준으로 정년을 산정하기로 하는 신의를 공여하였다거나, 객관적으로 보아 임용권자가 위와 같은 신의를 가짐이 정당한 상태에 있다거나, 이러한 임용권자의 신의에 반하여 권리를 행사하는 것이 정의관념에 비추어 용인될 수 없는 정도의 상태에 이르렀다고 볼 수 없다(대판 2009.03.26. 2008두21300).

④ (×) 폐기물처리시설의 결정기준 및 설치기준과 토지형질변경의 허가기준은 각기 규정대상 및 입법취지를 달리하고 있으므로, 일반적으로 폐기물처리업 사업계획에 대한 적정통보에 당해 토지에 대한 형질변경허가 신청을 허가하는 취지의 공적 견해표명이 있는 것으로는 볼 수 없다고 할 것이고, 더구나 토지의 지목변경 등을 조건으로 그 토지상의 폐기물처리업 사업계획에 대한 적정통보를 한 경우에는 위 조건부적정통보에 토지에 대한 형질변경허가의 공적 견해표명이 포함되어 있었다고 볼 수 없다(대판 1998.9.25. 98두6494).

제5절 행정법의 효력

01 행정법의 시간적 효력

1. 효력의 발생시기

행정기본법 제7조(법령등 시행일의 기간 계산) 법령등(훈령·예규·고시·지침 등을 포함한다. 이하 이 조에서 같다)의 시행일을 정하거나 계산할 때에는 다음 각 호의 기준에 따른다.
1. 법령등을 공포한 날부터 시행하는 경우에는 공포한 날을 시행일로 한다.
2. 법령등을 공포한 날부터 일정 기간이 경과한 날부터 시행하는 경우 법령등을 공포한 날을 첫날에 산입하지 아니한다.
3. 법령등을 공포한 날부터 일정 기간이 경과한 날부터 시행하는 경우 그 기간의 말일이 토요일 또는 공휴일인 때에는 그 말일로 기간이 만료한다.

(1) 행정법령은 성립 후 공포에 의하여 일정한 기간을 두어 국민에게 법령을 알리고, 일정한 날짜에 시행됨으로써 효력을 발생한다. 법령등의 공포일은 그 법령 등을 게재한 관보 또는 신문이 발행된 날로 한다(법령등 공포에 관한 법률 제12조). 특별한 규정이 없는 한 주지기간은 20일이다(제13조). 그러나 국민의 권리 제한 또는 의무 부과와 직접 관련되는 법률, 대통령령, 총리령 및 부령은 긴급히 시행하여야 할 특별한 사유가 있는 경우를 제외하고는 공포일부터 적어도 30일이 경과한 날부터 시행되도록 하여야 한다(제13조의2).

(2) 공포방법으로는 헌법개정·법령·조약·대통령령·총리령 및 부령은 관보에(동법 제11조 제1항), 국회의 장이 예외적으로 법률을 공포하는 경우에는 서울에서 발간하는 일간신문 2이상에 게재한다(제2항). 관보의 내용 해석 및 적용 시기 등에 대하여 종이관보와 전자관보는 동일한 효력을 가진다(제4항). 조례·규칙은 당해 자치단체의 공보에 게재하되 의장이 공포하는 경우(지방자치법 제26조 제6항)에는 공보나 일간신문에 게재한다(지방자치법시행령 제30조).

2. 불소급의 원칙

> **행정기본법 제14조(법 적용의 기준)** ① 새로운 법령등은 법령등에 특별한 규정이 있는 경우를 제외하고는 그 법령등의 효력 발생 전에 완성되거나 종결된 사실관계 또는 법률관계에 대해서는 적용되지 아니한다.

(1) 소급금지원칙

소급이란 특정법규를 그 법규의 효력발생일 이전의 사항에 대하여 적용하는 것을 말한다. 소급적용은 법적 안정성, 예측가능성 등 실질적 법치주의에 반할 가능성이 있으므로 이를 인정하지 않는 것이 원칙이다(헌법 제13조 제1항·제2항).

(2) 진정소급효

① **진정소급의 의의** : 진정소급이란 **효력발생일 이전에 이미 완성된 사항에 소급**하는 것을 말한다. 행정법령은 특별한 규정이 없는 한 시행일로부터 장래에 향하여 효력을 발생한다. 시행일 이전으로 소급적용하는 진정소급은 법적 안정성을 해하고 법치행정원리에도 반하는 것이므로 원칙적으로 금지된다. 다만 형벌법규가 위헌결정된 경우에는 소급이 인정된다(헌법재판소법 제47조 제2항).

② **허용 여부** : 개인의 지위보호와 무관하거나 유익한 경우에는 소급이 인정된다. 따라서 일반적으로 국민이 소급입법을 예상할 수 있었거나 법적 상태가 불확실하고 혼란스러워 보호할 만한 신뢰이익이 적은 경우와 소급입법에 의한 당사자의 손실이 없거나 아주 경미한 경우, 또는 신뢰보호의 요청에 우선하는 심히 중대한 공익상의 사유가 소급입법을 정당화하는 경우 등에는 예외적으로 진정소급입법이 허용된다(헌재 1998.9.30. 97헌바38).

(3) 부진정소급효

① **부진정소급의 의의** : 부진정소급이란 **효력발생일에까지 진행중인 사항에 대한 소급**을 말한다. 법령의 효력이 시행일 이전에 소급하지 않는다는 것은 시행일 이전에 이미 종결된 사실에 대하여 법령이 적용되지 않는다는 것이지(진정소급효의 금지), 시행일 이전부터 계속되는 사실에 대하여도 법령이 적용(부진정소급효)되지 아니한다는 의미가 아니다. 가령 기존건물에 개정 법률을 적용하는 경우에 있어서와 같이 계속되고 있는 사실에의 신법의 적용은 가능하다(대판 1999.7.13. 97누15067).

② **허용 여부** : 부진정소급은 원칙적으로 인정되나, 예외적으로 공익과 사익을 비교형량하여 사익이 우월한 경우에 부정될 수 있다. 또한 입법시 경과규정을 두어서 소급하지 않고 구법을 일정기간 적용하게 하는 것도 가능하다(예 경기도 도세감면조례 부칙 제4항에서 "이 조례 시행 당시 종전의 규정에 의하여 감면하였거나 감면되어야 할 도세에 대하여는 종전의 규정에 따른다."라고 규정).

> **관련판례**
>
> 신뢰보호의 관점에 의하여 부진정소급입법이 제한됨
> 부진정소급입법은 원칙적으로 허용되지만 소급효를 요구하는 공익상의 사유와 신뢰보호의 요청 사이의 교량과정에서 <u>신뢰보호의 관점이 입법자의 형성권에 제한</u>을 가하게 된다(헌재 1998.11.26. 97헌바58).

헌법재판소의 헌법불합치결정에 따른 개선입법의 소급적용 여부와 소급적용의 범위는 입법자의 재량
어떠한 법률조항에 대하여 헌법재판소가 헌법불합치결정을 하여 그 법률조항을 합헌적으로 개정 또는 폐지하는 임무를 입법자의 형성 재량에 맡긴 이상, 그 개선입법의 소급적용 여부와 소급적용의 범위는 원칙적으로 입법자의 재량에 달린 것이다(대판 2008.1.17. 2007두21563).

성적불량을 이유로 한 학생징계처분에 있어서 수강신청 이후 징계요건을 완화한 학칙개정의 소급효를 허용
대학이 성적불량을 이유로 학생에 대하여 징계처분을 하는 경우에 있어서 수강신청이 있은 후 징계요건을 완화하는 학칙개정이 이루어지고 이어 당해 시험이 실시되어 그 개정학칙에 따라 징계처분을 한 경우라면 이는 이른바 부진정소급효에 관한 것으로서 구 학칙의 존속에 관한 학생의 신뢰보호가 대학당국의 학칙개정의 목적달성보다 더 중요하다고 인정되는 특별한 사정이 없는 한 위법이라고 할 수 없다(대판 1989.7.11. `87누1123).

법령의 개정시 입법자가 구 법령의 존속에 대한 당사자의 신뢰를 침해하여 신뢰보호 원칙을 위배하였는지 여부의 판단 기준
법령의 개정에 있어서 구 법령의 존속에 대한 당사자의 신뢰가 합리적이고도 정당하며, 법령의 개정으로 야기되는 당사자의 손해가 극심하여 새로운 법령으로 달성하고자 하는 공익적 목적이 그러한 신뢰의 파괴를 정당화할 수 없다면, 입법자는 경과규정을 두는 등 당사자의 신뢰를 보호할 적절한 조치를 하여야 하며, 이와 같은 적절한 조치 없이 새 법령을 그대로 시행하거나 적용하는 것은 허용될 수 없는바, 이는 헌법의 기본원리인 법치주의 원리에서 도출되는 신뢰보호의 원칙에 위배되기 때문이다. 이러한 신뢰보호 원칙의 위배 여부를 판단하기 위하여는 한편으로는 침해받은 이익의 보호가치, 침해의 중한 정도, 신뢰가 손상된 정도, 신뢰침해의 방법 등과 다른 한편으로는 새 법령을 통해 실현하고자 하는 공익적 목적을 종합적으로 비교·형량하여야 한다(대판 2006.11.16. 2003두12899).

02 행정법의 지역적 효력

(1) 행정법은 법규의 제정권자의 권한이 미치는 지역적 범위 내에서만 효력을 갖는다. 대통령령·부령은 전국에 미치고, 조례는 당해 지방자치단체의 구역에 미친다. 여기서 지역이란 영토뿐만 아니라 영해와 영공까지 포함하는 개념이다.

(2) 국가의 법령이 영토의 일부지역에만 적용되는 경우가 있다(예 경제자유구역의 지정 및 운영에 관한 특별법, 제주특별자치도 설치 및 국제자유도시 조성을 위한 특별법).

(3) 행정법령이 그 제정기관의 권한이 본래 미치는 지역을 넘어 적용되는 경우가 있다. 특정 지방자치단체 조례가 다른 지방자치단체 구역에서도 효력을 가지는 경우(예 특정 지방자치단체가 다른 지방자치단체 구역 내에 공공시설을 설치)가 있으며, 국가법령이 공해상에 있는 자국의 선박에도 적용된다.

(4) 국제법상 치외법권을 가지는 외교사절 또는 외국군대가 사용하는 시설·구역에는 미치지 않는다.

03 행정법의 대인적 효력

(1) 원칙적으로 속지주의에 의해 영토 또는 구역 내에 있는 모든 사람들에게 적용된다. 내국인·외국인·자연인·법인을 불문하고, 외국거주 한국인에게도 여권법에 의해 속인적으로 적용되는 경우에는 우리의 법의 효력이 미친다.

(2) 국제법상 치외법권이 인정되는 외국원수 및 외교관에 대해서는 적용되지 않는다.

(3) 국내거주하는 미합중국군대 구성원에 대하여는 한미행정협정에 의해 국내법령의 적용이 제한된다.

(4) 일반 외국인에게는 특별한 규율(예 출입국관리법 제7조 내지 제38조)이 가해지기도 하고, 예외적으로 상호주의하에서 적용되는 경우(예 국가배상법 제7조)가 있다.

예제 「행정기본법」상 기간의 계산에 대한 설명으로 가장 옳지 않은 것은?

① 법령 등을 공포한 날부터 일정 기간이 경과한 날부터 시행하는 경우 법령 등을 공포한 날을 첫날에 산입하지 아니한다.

② 법령 등을 공포한 날부터 일정 기간이 경과한 날부터 시행하는 경우 그 기간의 말일이 토요일 또는 공휴일인 때에는 그 말일로 기간이 만료한다.

③ 법령 등 또는 처분에서 국민의 권익을 제한하거나 의무를 부과하는 경우 권익이 제한되거나 의무가 지속되는 기간의 계산에 있어서 기간을 일, 주, 월 또는 연으로 정한 경우에는 원칙적으로 기간의 첫날은 산입하지 아니한다.

④ 행정에 관한 기간의 계산에 관하여는 이 법 또는 다른 법령 등에 특별한 규정이 있는 경우를 제외하고는 「민법」을 준용한다.

정답 ③

③ (×) 행정기본법 제6조(행정에 관한 기간의 계산) ② 법령등 또는 처분에서 국민의 권익을 제한하거나 의무를 부과하는 경우 권익이 제한되거나 의무가 지속되는 기간의 계산은 다음 각 호의 기준에 따른다. 다만, 다음 각 호의 기준에 따르는 것이 국민에게 불리한 경우에는 그러하지 아니하다.
  1. 기간을 일, 주, 월 또는 연으로 정한 경우에는 기간의 첫날을 산입한다.
  2. 기간의 말일이 토요일 또는 공휴일인 경우에도 기간은 그 날로 만료한다.

① (○), ② (○) 동법 제7조 ④ (○) 동법 제6조 제1항

제4장 행정상 법률관계

제1절 의의와 종류

01 행정상 법률관계와 행정법관계

(1) 법률관계란 법에 의하여 규율되는 생활관계를 의미한다. 이 가운데 **행정주체가 일방당사자인 법관계**를 '행정상 법률관계'라 한다. 행정상 법률관계는 행정에 관련된 당사자간의 권리·의무관계로 나타난다. 행정상 법률관계에는 ① 국민간에 맺어지는 법률관계, ② 행정주체와 공무원 사이에 맺어지는 법률관계, ③ 행정주체 상호간에 맺어지는 관계가 있다.

(2) 행정상 법률관계에는 사법이 지배하는 경우(국고관계)와 공법이 지배하는 경우(행정법관계, 공법관계)가 있다. 다른 면에서는 행정조직법적 관계와 행정작용법적 관계로 나눌 수 있다. **행정상 법률관계 중 공법이 적용되는 법률관계**를 특히 '행정법관계'(=공법관계)라고 한다.

02 행정상 법률관계의 종류

1. 행정조직법적 관계

(1) 행정주체 내부관계

이 관계에는 관청간의 대등관계와 불대등관계, 기관위임사무에 관한 국가기관의 장과 지방자치단체의 장과의 관계가 있다. 특히 지방자치단체의 내부기관 사이의 법적분쟁은 기관소송의 대상이 된다(행정소송법 제45조, 지방자치법 제172조). 이 관계는 권리주체간의 권리·의무의 관계가 아니라 직무권한에 관한 관계로 봄이 타당하다.

(2) 행정주체 상호간의 관계

이 관계에는 국가와 지방자치단체간의 관계(예 인·허가등 감독관계)와 지방자치단체 상호간(예 사무위탁, 협의)의 관계가 있다. 이의 법적 분쟁은 권한쟁의심판(헌법 제111조 제1항, 헌법재판소법 제62조 제1항)이나 행정소송(지방자치법 제169조 제2항)의 제기가 가능하다.

2. 행정작용법적 관계

통상적으로 행정상의 법률관계는 국가 및 공공단체 등 행정주체와 상대방인 국민간의 법률관계인 행정작용법적 관계를 의미한다. 행정작용법관계는 다시 공법관계(권력관계 + 비권력관계)와 사법관계(국고관계 + 행정사법관계)로 구분된다. 최근 행정작용의 다양화에 따라 행정이 사법형식에 의하여 수행되는 경우가 많아 사법행정에 대한 연구가 활발하다.

(1) 권력관계
   ① 의의 : 권력관계란 **행정주체가 우월한 지위에서 일방적으로 행정법관계를 형성·변경·소멸시키는 관계**이다. 그 수단은 명령(예 조세부과, 경찰명령), 강제(예 강제징수, 즉시강제), 형성(예 특허등 권리설정)이 있다. 여기에는 공정력·확정력·강제력 등 법률상 특별한 효력이 인정되고 행정쟁송에 의해 그 분쟁을 해결한다.
   ② 종류 : 종래 권력관계를 일반권력관계(행정주체와 국민)와 특별권력관계(행정주체 내부)로 구분하여 특별권력관계에는 법치주의원칙이 배제되는 것으로 보았으나, 후자는 오늘날 많은 비판과 변화를 경험하고 있다(그 내용은 후술).
   ③ 적용법 : 행정주체로서의 관청이 특히 공권력의 주체로서 국민에 대하는 관계에 있어서는 대등한 사사로운 국민상호간의 경제적 이해를 조정함을 목적으로 하는 사법이 전면적으로 그대로 적용될 수는 없고 국가공익의 실현을 우선적으로 하는 특수성을 고려하여 특수한 법규나 법 원칙이 인정되어야 할 것이다(대판 1961.10.5, 4292행상6).

(2) 비권력관계
   ① 의의 : **행정주체가 권력적 수단에 의하지 아니하고 행정작용을 하는 관계**를 말한다. 공법상 계약이나 행정지도 등의 사실행위가 그 예이다. 비권력관계에서 발생되는 분쟁이 공법적인 분쟁이면 행정소송(주로 당사자소송)의 대상이 되고, 개인에게 손해가 발생한 경우에는 국가배상청구권을 행사할 수 있다. 반면 사법에 의하여 규율되는 경우에는 민사소송의 대상이 되며, 그 손해에 대하여는 민법상의 손해배상청구권을 행사할 수 있다.
   ② 관리관계와의 관계
      ㉠ 관리관계의 의의
         관리관계는 행정주체가 공권력의 주체로서가 아니라 **공적 재산 또는 공적 사업의 관리주체로서 개인과 맺는 법률관계**를 말한다(예 도로의 관리, 공기업의 경영). 관리관계에도 사법규정이 적용되지만, 법률관계의 내용이 공공복리의 실현과 밀접한 관련이 있는 경우에는 특수한 공법규정이 적용되고 이에 관하여는 공법관계로서의 특징을 갖는다.
      ㉡ 양자의 관계
         비권력관계와 관리관계에 대하여 ⓐ 양개념을 같은 것으로 이해하는 견해와, ⓑ 관리관계를 실질적 내용에 있어 행정상 사법관계(私法關係)와 유사한 것으로 보는 견해가 있다.

(3) 사법관계(국고관계)
   ① 의의 : 사법관계 또는 국고관계는 **행정주체가 다른 사인과 마찬가지로 사법상의 주체로 활동하는 관계**를 말한다. 이는 다시 좁은 의미의 국고관계와 행정사법관계로 구분된다.
   ② 좁은 의미의 국고관계(國庫關係)
      ㉠ 규율대상
         좁은 의미의 국고관계는 행정주체의 국고지원활동(예 행정활동에 필요한 건물·집기·토지를 마련하기 위한 매매계약, 임대차계약, 건축도급계약)이나 수익경제활동(예 스스로 기업을 운영하거나 기업의 주주가 되어 영리활동)을 규율하는 관계이다.

ⓒ **특수규율의 적용**
국고관계에 있어서 행정주체의 사법적인 활동은 공익성, 공정성, 신속성, 명확성을 담보하기 위하여 특수한 법률들이 적용된다. 예컨대 국유재산법, 국가재정법, 지방재정법 등은 사인의 경제활동과 달리 계약의 상대방·방법·내용에 대하여 일정한 제한을 가한다. 그러나 그 본질은 어디까지나 사법상의 법률행위이므로, 판례는 "행정주체의 사법적인 활동은 행정행위의 관념에 속하지 않는 것으로서 그 거부처분은 행정소송의 대상이 되지 아니하는 것"(대판 1983.9.27. 83누292, 국유임야 대부)으로 보고 있다. 행정주체가 경제적 활동의 주체로서 활동할 때에도 사사로운 국민상호간의 경제적 활동과 조금도 차이가 없는 경우에는 그 성질상 사법이 전면적으로 그대로 적용된다. 행정주체가 물품의 매매계약을 하고 국유재산을 매각하는 것이 그 예이다(대판 1961.10.5, 4292행상6).

ⓒ **기본권 적용**
행정주체의 국고지원활동이나 수익경제활동이 공정한 절차를 무시하고 정파적인 이해나 자의적인 관점에 의해 행해질 염려가 있으므로, 헌법 제10조 제2항이 규정한 '개인이 갖는 기본권을 존중하고 보장할 국가의 의무'는 국고관계에도 적용되어야 한다.

③ **행정사법관계** : 이는 **행정기관이 사법형식으로 공적 임무를 직접 수행하는 관계**를 총칭하는 개념이다. 예컨대 공익사업시행자가 공익사업에 필요한 토지를 토지소유자로부터 협의에 의하여 취득하는 것은 형식상 사업시행자와 토지소유자간의 사법상 계약이지만 그 실질은 공익사업의 효율적인 수행을 위한 복리행정의 일환이다. 오늘날 행정기능의 확대와 더불어 행정주체가 행정목적을 달성하기 위해 사법상 계약 기타 수단을 사용하는 경우가 늘고 있다.

예제 행정법관계에 대한 설명 중 옳은 것은?

① 각종 행정처분으로 인한 권리나 의무의 주체는 처분의 주체와 일치한다.
② 모든 행정처분은 법원의 판결에 매개하지 않고 자력으로 강제할 수 있는 힘을 갖는 것이 판례와 학설의 주된 입장이다.
③ 위법한 영업정지처분으로 입은 영업상 금전적 손해배상의 청구소송은 민사소송에 의한다는 것이 판례의 입장이다.
④ 제기기간을 초과한 행정심판청구의 부적법을 간과한 채 행정청이 실질적으로 재결을 한 경우, 행정소송의 전치요건을 충족한 것으로 보는 것이 판례의 입장이다.

정답 ③

① (×) 처분의 주체는 행정청이고, 행정청의 행위로 인한 법률적 효과(권리나 의무)가 귀속되는 주체가 행정주체이다.
② (×) 자력집행력은 모든 행정처분이 아니라 의무가 부과되는 명령적 행위에서만 문제되는 것이고, 별도의 법적 근거가 있어야 한다.
④ (×) 행정처분의 취소를 구하는 항고소송의 전심절차인 행정심판청구가 기간도과로 인하여 부적법한 경우에는 행정소송 역시 전치의 요건을 충족치 못한 것이 되어 부적법 각하를 면치 못하는 것이고, 이 점은 행정청이 행정심판의 제기기간을 도과한 부적법한 심판에 대하여 그 부적법을 간과한 채 실질적 재결을 하였다 하더라도 달라지는 것이 아니다(대판 1991.6.25, 90누8091).

제2절 행정법관계의 당사자

01 행정주체와 행정객체

1. 행정주체

(1) 의의

자기의 이름과 책임으로 행정을 행할 권리와 의무를 가진 행정법관계의 일방의 당사자를 행정주체라고 한다. 여기에는 국가, 공공단체(지방자치단체·공공조합·영조물법인·공법상재단) 및 일정한 범위의 私人이 있다. 행정주체는 ① 행정권을 담당하는 행정주체를 구성하는 개개의 법적 단위인 '행정기관', ② 행정기관 중에서 행정주체의 의사를 결정하여 외부에 표시할 수 있는 권한이 있는 기관인 '행정청'과 구별된다.

(2) 국가

국가는 **통치권을 시원적으로 갖는 행정주체**이다. 국가의 행정권한은 대통령을 정점으로 하는 국가행정조직을 통해서 행사되는데, 국가는 행정권의 일부를 지방자치단체, 공공단체, 사인에게 위임 또는 위탁하기도 한다. 행정기관의 행위의 법적 효과는 국가에 귀속되는 것이 원칙이나, 때로는 수임·수탁자(예 지방자치단체에 대한 단체위임행정의 경우 지방자치단체에 귀속)에 귀속되기도 한다.

(3) 공공단체

① 의의 : 공공단체는 **행정목적을 수행하기 위하여 직접 헌법이나 법률 또는 이들에 근거하여 설립되고 법인격이 부여된 행정주체**이다.

② 종류

지방자치단체	㉠ 의의 : 국가의 영토의 일부인 일정한 지역과 그 지역 안에 살고 있는 주민을 구성요소로 하여 그 지역 내에서 일정범위의 통치권을 행사하는 공공단체. ㉡ 종류 　ⓐ 보통지방자치단체 　　- 광역지방자치단체(특별시·광역시·도·특별자치시 및 특별자치도) 　　- 기초지방자치단체(시·군·자치구) 　ⓑ 특별지방자치단체(예 쓰레기처리를 위한 지방자치단체조합) ㉢ 이원적 구성 : 지방자치단체의 기관에는 의결기관과 집행기관이 있으며, 이 기관들을 통하여 자치사무와 위임사무를 처리. ※ 지방자치단체가 아닌 것 　• 읍·면·동·리 　• 자치구가 아닌 구(특별시, 광역시 외에 인구 50만 이상의 시에 둘 수 있음) 　• 제주시·서귀포시
	㉠ 의의 : 특정한 행정목적을 수행하기 위해 성립되고 일정한 자격을 가진 사람(조합원)에 의하여 구성된 공공단체 ※ 공공조합이 행하는 권력적 행위는 행정행위로서 항고소송의 대상이 되고, 이러한 경우 공공조합은 처분을 한 행정청으로서 피고적격자임

공공조합 (공법상 사단)	ⓒ 사단법인과의 구별 : 인적 결합체라는 점에서 사법상의 사단법인과 같으나, 그 목적이 국가로부터 부여되면 공행정을 수행한다는 점에서 다름 ⓒ 유형 　ⓐ 이익단체적인 성격의 것(협회) : 대한변호사협회, 한국공인회계사회, 대한교육연합회, 대한상공회의소 등 　ⓑ 공동사업을 하는 것(조합) : 농업협동조합, 산림조합, 건설공제조합, 중소기업협동조합, 토지구획정리조합, 농지개량조합, 주택재개발조합, 주택재건축정비사업조합 등 　ⓒ 상호부조의 성격을 갖는 것(공제회)
영조물법인	㉠ 의의 : 특정한 행정목적을 위하여 설립된 인적·물적 시설의 종합체로서 공법상의 법인격이 부여된 공공단체(예 한국방송공사, 한국도로공사, 과학기술원, 국립공원관리공단, 시설관리공단, 한국은행, 한국산업은행, 서울대학교병원, 한국기술검정공단, 한국토지주택공사, 서울특별시지하철공사, 한국가스공사) ※ 인적·물적 시설만을 의미하는 영조물(예 법인 아닌 국공립대학, 국공립도서관)은 여기에 해당하지 않음 ※ 각종 공사나 특수은행(예 한국은행)은 영조물법인의 개념이 아니라 개별법률에 의하여 국가사무를 수탁·처리하는 공기업(특수법인공기업)으로 보자는 견해도 있음 ※ 영조물의 공익성은 정신·문화·진료의 목적에 있는 반면, 공기업의 공익성은 일반적 사회적 공공의 이익추구목적에 있음 ※ 영조물법인과 그 임직원 간의 법률관계는 사법관계에 속하고 항고소송의 대상이 되지 아니함(대판 1989.9.12. 89누2103) ⓒ 설치배경 : 보통 영조물은 행정주체가 자신의 기관에 의하여 운영하는 것이 보통이나, 그 운영에 사기업과 비슷한 합리적이고 능률적인 경영이 요구되는 경우에는 법인격을 부여하여 독립된 행정주체로서 설치 ⓒ 규율법령 : 공공기관의 운영에 관한 법률 및 지방공기업법과 각 설치법
공법상재단	㉠ 의의 : 국가나 지방자치단체가 출연한 재산을 관리하기 위하여 설립된 재단법인인 공공단체(예 학술진흥재단, 한국과학재단, 한국학중앙연구원, 공무원연금관리공단 등) ⓒ 사법상 재단법인과의 구별 : 재단설립자에 의하여 기부된 재산을 관리하기 위해 설립되었다는 점에서 같으나, 행정목적을 수행하기 위하여 행정주체에 의하여 설립되었다는 점에서 다름 ⓒ 특징 : 공공조합과 같은 구성원이나 영조물법인의 이용자는 존재하지 않고 수혜자(受惠者)만이 있을 뿐임

(4) 공무수탁사인

① **의의** : 사인도 일정한 경우에는 행정권한을 부여받아 행정주체로서의 지위를 갖는 경우가 있다. 공무수탁사인이란 **공행정사무를 위탁받아 자신의 이름과 책임으로 처리하는 권한을 갖고 있는 행정주체인 사인**을 말한다.

② **법적 근거** : 공무수탁사인은 공권력의 행사를 사인에게 이전하는 것이기 때문에 반드시 법적 근거를 요한다. 정부조직법(제6조 제3항)과 지방자치법(제104조 제2항), 행정권한위임규정(제11조)에 의하면, 공무수탁할 수 있는 범위는 "소관사무 중 조사·검사·검정·관리 업무 등 국민의 권리·의무와 직접 관계되지 아니하는 사무"에 국한된다.

③ **공무수탁사인의 예** : 공무수탁사인의 예로는 건축사가 건축공사에 관한 조사·검사를 행하는 경우(건축법 제23조), 배나 항공기에서의 선장·기장이 가족관계등록사무나 경찰사무를 수행하는 경우

(사법경찰관리의 직무를 행할 자와 그 직무범위에 관한 법률 제7조), 별정우체국업무를 수행하는 경우(별정우체국법 제3조), 민영교도소를 운영하는 경우(민영교도소등의 설치 운영에 관한 법률 제3조 제1항), 공공사업의 시행자로서 토지수용권을 행사하는 사인(공익사업을 위한 토지 등의 취득 및 보상에 관한 법률), 공증사무를 수행하는 공증인, 입학·졸업결정과 학위수여를 하는 사립학교(고등교육법 제35조), 자동차검사대행업자(자동차관리법 제44조) 등이 있다.

④ 구별개념
  ㉠ **공의무부담사인** : 공무수탁사인은 행정주체로서 자신의 이름으로 공법상의 권한을 직접 행사하나, 공의무부담사인은 행정임무를 수행하나 사인의 신분을 유지하고 있으며 사법상으로만 활동을 할 수 있다(예 국민건강보험료 원천징수의무자, 석유비축의무자).
  ㉡ **행정보조인** : 행정보조인은 공무수탁사인과 달리 개인과 직접적인 법률관계를 맺지 아니하며 행정청과의 계약에 근거하여 행정청의 지시에 따라 행정임무의 단순하고 기술적인 집행만을 담당한다(예 도로교통법에 의한 차량견인업자, 폐기물관리법의 생활폐기물 처리대행업자, 표준지의 적정가격의 조사 내지 평가 및 개별공시지가의 타당성여부에 대하여 검증하는 감정평가사).
  ㉢ **공무집행에 자진하여 협력하는 사인**(예 사고현장에서 경찰을 돕는 자)

> **관련판례**
>
> **사무의 민간위탁에는 광범위한 입법재량이 인정됨**
> 국가가 자신의 임무를 그 스스로 수행할 것인지 아니면 그 임무의 기능을 민간부문으로 하여금 수행하게 할 것인지 하는 문제, 즉 국가가 어떤 임무수행방법을 선택할 것인가 하는 문제는 입법자가 당해 사무의 성격과 수행방식의 효율성 정도 및 비용, 공무원 수의 증가 또는 정부부문의 비대화 문제, 민간부문의 자본능력과 기술력의 성장 정도, 시장여건의 성숙도, 민영화에 대한 사회적·정치적 합의 등을 종합적으로 고려하여 판단해야 할 사항으로서 그 판단에 관하여는 입법자에게 광범위한 입법재량 내지 형성의 자유가 인정된다(헌재 2007.6.28. 2004헌마262).
>
> **소득세원천징수행위는 행정처분이 아님**
> 원천징수하는 소득세에 있어서는 납세의무자의 신고나 과세관청의 부과결정이 없이 법령이 정하는 바에 따라 그 세액이 자동적으로 확정되고, 원천징수의무자는 소득세법 제142조 및 제143조의 규정에 의하여 이와 같이 자동적으로 확정되는 세액을 수급자로부터 징수하여 과세관청에 납부하여야 할 의무를 부담하고 있으므로, 원천징수의무자가 비록 과세관청과 같은 행정청이더라도 그의 원천징수행위는 법령에서 규정된 징수 및 납부의무를 이행하기 위한 것에 불과한 것이지, 공권력의 행사로서의 행정처분을 한 경우에 해당되지 아니한다(대판 1990.3.23. 89누4789).

2. 행정객체

  행정객체란 **행정주체에 의한 행정권행사의 대상이 되는 자**를 말한다. 국가가 행정주체인 경우는 공공단체와 사인이 행정객체이며, 공공단체와 사인이 행정주체인 경우에는 주로 사인이 행정객체가 된다. 지방자치단체는 행정주체도 되지만 국가 또는 광역자치단체와의 관계에서는 행정객체가 된다.2013두15934).

02 권리능력과 행위능력

(1) 행정법관계는 권리의무관계이므로 그 당사자는 권리능력을 가져야 한다. 그러나 행정법의 분야에서는 민법상 권리능력이 없는 자에게 권리능력을 인정하기도 하고(예 상훈법상 사망자에 대한 훈장수여), 민법상 권리능력이 있는 자에게 권리능력을 인정하지 않기도 한다(예 국가공무원법상 공무원 결격사유).

(2) 법적 효과를 수반하는 행위를 스스로 완전히 행할 수 있는 능력을 행위능력이라 한다. 행정법상 행위능력이 인정되는가에 대하여는 개개의 행정법규에 맡겨져 있다(예「사행행위등 규제 및 처벌특례법」이 행위무능력자에게 허가할 수 없도록 규정).

제3절 행정법관계의 변동

01 법률요건과 법률사실

1. 의의

(1) 행정법규가 직접 개인 등에게 행정상 의무를 과하거나 일정한 공권을 인정하고 있는 경우에는 직접 그 행정법규에 의하여 행정법상의 법률효과가 발생한다(예 일정 장소에의 주·정차금지, 국민건강보험에의 가입, 청소년유해행위금지, 불공정거래행위금지).

(2) 그런데 때로는 행정법규가 행정주체 또는 사인의 일정한 정신작용이나 자연적 사실 등을 요건으로 하여 행정법상의 법률효과를 발생하도록 하는 경우도 있다. 이 경우에 **행정법관계의 성립·변경·소멸의 법률효과를 발생시키는 원인**을 행정법상의 법률요건이라고 한다. 그리고 **원인을 이루는 하나하나의 사실**을 행정법상의 법률사실이라 한다.

2. 법률사실의 종류

사건		사람의 의식이나 행위로부터 독립된 외부적·자연적 법률사실(예 사람의 생사, 실종, 시간의 경과, 일정한 연령에의 도달, 일정한 장소에의 거주, 물건의 생성과 멸실)
용태	외부적 용태(행위)	사람의 정신작용이 작위·부작위 등의 외부적인 행위로 발현된 것으로서 일정한 행정법상의 법률효과를 발생시키는 법률사실(예 행정심판청구, 허가신청, 행정행위, 공법상 계약)
	내부적 용태(의식)	고의·과실·선의·악의 등 내부적인 의식으로서 행정법상의 효과를 발생시키는 법률사실

02 행정법상 사건

1. 기간

(1) 의의

어느 시점으로부터 다른 시점까지 계속되는 시간의 구분을 기간이라 한다. 행정법에 있어서의 기간도 법률요건의 하나로서 가령, 선거권취득·심판청구기산점, 권리취득여부 등의 효과를 발생하는 중요한 의미를 가진다.

(2) 기간 계산방법

> **행정기본법 제6조(행정에 관한 기간의 계산)** ① 행정에 관한 기간의 계산에 관하여는 이 법 또는 다른 법령등에 특별한 규정이 있는 경우를 제외하고는 「민법」을 준용한다.
> ② 법령등 또는 처분에서 국민의 권익을 제한하거나 의무를 부과하는 경우 권익이 제한되거나 의무가 지속되는 기간의 계산은 다음 각 호의 기준에 따른다. 다만, 다음 각 호의 기준에 따르는 것이 국민에게 불리한 경우에는 그러하지 아니하다.
> 1. 기간을 일, 주, 월 또는 연으로 정한 경우에는 기간의 첫날을 산입한다.
> 2. 기간의 말일이 토요일 또는 공휴일인 경우에도 기간은 그 날로 만료한다.
>
> **제7조의2(행정에 관한 나이의 계산 및 표시)** 행정에 관한 나이는 다른 법령등에 특별한 규정이 있는 경우를 제외하고는 출생일을 산입하여 만(滿) 나이로 계산하고, 연수(年數)로 표시한다. 다만, 1세에 이르지 아니한 경우에는 월수(月數)로 표시할 수 있다.

> 〈민법상 기간 계산〉
> - 기산점 : 기간을 일·주·월 또는 년으로 정한 때에는 기간의 초일은 산입하지 않는 것이 원칙이며, 시·분·초로 정한 때에는 즉시부터 기산한다.
> - 종료점 · 기간을 일·주·월 또는 년으로 정한 때에는 그 기간의 말일이 종료됨으로써 종료되나, 그 말일이 일요일 기타 공휴일인 때에는 그 익일에 만료된다.
> - 역산 : 역산의 경우(예 '7일전까지 사전통보해야 한다')에도 초일을 빼고 기산한다.

2. 시효

(1) 의의

시효란 일정한 사실상태가 오랫동안 계속된 경우에 그 사실상태가 진실한 법률관계에 합치되는 것인지를 묻지 아니하고 그 계속되어온 사실관계를 존중하여 법률상의 효과를 부여하는 제도를 말한다. 시효에는 취득시효와 소멸시효가 있다.

(2) 공물의 취득시효

취득시효란 타인의 물건을 일정기간 계속하여 점유하는 자에게 그 소유권을 취득하게 하고 또는 소유권 이외의 재산권을 일정기간 계속하여 사실상 사용하는 자에게 그 권리를 취득하게 하는 제도이다. 민법은 '20년간 소유의 의사로 평온, 공연하게 부동산을 점유하는 자는 등기함으로써 그 소유권을 취득한다. 부동산의 소유자로 등기한 자가 10년간 소유의 의사로 평온, 공연하게 선의이며 과실 없이 그 부동산을 점유한 때에는 소유권을 취득한다'라고 규정하고 있다.

> **관련판례**
>
> **명시적이든 묵시적이든 공용폐지가 있어야 시효취득이 인정됨**
> 행정 목적을 위하여 공용되는 행정재산은 공용폐지가 되지 않는 한 사법상 거래의 대상이 될 수 없으므로 취득시효의 대상도 되지 않는 것이고, 공물의 용도폐지 의사표시는 명시적이든, 묵시적이든 불문하나 적법한 의사표시여야 하고 단지 사실상 공물로서의 용도에 사용되지 아니하고 있다는 사실만으로 용도폐지의 의사표시가 있다고 볼 수는 없다(대판 1995.12.22. 95다19478).
>
> **잡종재산에 대한 시효취득 배제규정은 위헌**
> 국유잡종재산은 사경제적 거래의 대상으로서 사적 자치의 원칙이 지배되고 있으므로 시효제도의 적용에 있어서도 동일하게 보아야 하고, 국유잡종재산에 대한 시효취득을 부인하는 동규정은 합리적 근거없이 국가만을 우대하는 불평등한 규정으로서 헌법상의 평등의 원칙과 사유재산권 보장의 이념 및 과잉금지의 원칙에 반한다(헌재 1991.5.13. 89헌가97).
>
> **문화재보호구역 내의 국유토지는 시효취득의 대상이 되지 아니함**
> 문화재보호구역 내의 국유토지는 '법령의 규정에 의하여 국가가 보존하는 재산', 즉 국유재산법 제4조 제3항 소정의 '보존재산'에 해당하므로 구 국유재산법 제5조 제2항에 의하여 시효취득의 대상이 되지 아니한다(대판 1994.5.10. 93다23442).

(3) 금전채권의 소멸시효

① **의의** : 소멸시효란 **권리의 불행사가 일정기간 계속됨으로써 권리의 소멸을 가져오는 것**을 말한다. 민법상 채권은 10년, 그 이외의 재산권은 20년이 시효기간이고 기타 단기시효규정들(1년, 3년, 5년)을 두고 있다.

② **시효기간** : 금전의 지급을 목적으로 하는 공법상 권리에 대하여 개별법이 시효기간을 규정한 경우가 있다(예 관세법 제22조가 정한 관세징수권과 관세과오납금반환청구권의 5년). 금전의 급부를 목적으로 하는 국가 또는 지방자치단체의 권리로서 시효에 관하여 다른 법률에 규정이 없는 것은 5년 동안 행사하지 아니하면 시효로 인하여 소멸한다(국가재정법 제96조 제1항·지방재정법 제82조). 여기서 다른 법률의 규정이라 함은 5년의 소멸시효기간보다 짧은 기간의 소멸시효의 규정이 있는 경우를 가리킨다.

③ **시효중단 등** : 시효중단·정지 등에 대하여는 특별한 규정이 없으면 민법의 규정을 적용한다(민법 제168조 이하). 국가재정법 제96조 제4항과 지방재정법 제83조는 국가나 지방자치단체가 행하는 납입의 고지에 시효중단의 효력을 인정한다.

> **관련판례**
>
> **변상금 부과처분에 대한 취소소송의 진행중에도 그 부과권의 소멸시효가 진행**
> 소멸시효는 객관적으로 권리가 발생하여 그 권리를 행사할 수 있는 때부터 진행하고 그 권리를 행사할 수 없는 동안만은 진행하지 아니하는데, 여기서 권리를 행사할 수 없는 경우라 함은 그 권리행사에 법률상의 장애사유가 있는 경우를 말하는데, <u>변상금 부과처분에 대한 취소소송이 진행중이라도 그 부과권자로서는 위법한 처분을 스스로 취소하고 그 하자를 보완하여 다시 적법한 부과처분을 할 수도 있는 것이어서 그 권리행사에 법률상의 장애사유가 있는 경우에 해당한다고 할 수 없으므로</u>, 그 처분에 대한 취소소송이 진행되는 동안에도 그 부과권의 소멸시효가 진행된다(대판 2006.2.10. 2003두5686).
>
> **납입고지에 의한 부과처분이 취소되더라도 납입고지에 의한 시효중단의 효력이 상실되지 아니함**
> 예산회계법 제98조에서 법령의 규정에 의한 납입고지를 시효중단 사유로 규정하고 있는바, 이러한 납입고지에 의한 시효중단의 효력은 그 납입고지에 의한 부과처분이 취소되더라도 상실되지 않는다(대판 2000.9.8. 98두19933).
>
> **세무공무원이 체납자의 재산을 압류하기 위해 수색을 하였으나 압류할 목적물이 없어 압류를 실행하지 못한 경우에도 시효중단의 효력이 발생**
> 국세기본법 제28조 제1항은 국세징수권의 소멸시효의 중단사유로서 납세고지, 독촉 또는 납부최고, 교부청구 외에 '압류'를 규정하고 있는바, 여기서의 '압류'란 세무공무원이 국세징수법 제24조 이하의 규정에 따라 납세자의 재산에 대한 <u>압류 절차에 착수하는 것을</u> 가리키는 것이므로, 세무공무원이 국세징수법 제26조에 의하여 체납자의 가옥·선박·창고 기타의 장소를 수색하였으나 압류할 목적물을 찾아내지 못하여 압류를 실행하지 못하고 수색조서를 작성하는 데 그친 경우에도 소멸시효 중단의 효력이 있다(대판 2001.8.21. 2000다12419).

3. 제척기간

제척기간이란 **법률이 예정하고 있는 권리의 존속기간**을 말한다. 행정법도 민법에서와 마찬가지로 제척기간의 예가 있다(예 행정소송의 제기기간, 국세부과의 제척기간). 제척기간은 법률관계의 불안정 상태를 신속히 확정하기 위하여 인정되는 제도이다. 제척기간이 경과한 후에 이루어진 처분은 무효이다(대판 1999.6.22. 99두3140).

4. 주소·거소

행정법에서는 주소나 거소를 기준으로 하여 법률관계를 규정하는 경우가 많은데(예 국적법상 귀화요건, 지방자치법상 주민의 요건), 자연인의 주소와 거소, 법인의 주소에 관한 민법규정(제18조 등)은 개별법률에 특별한 규정이 없는 한 공법관계에도 적용된다.

> **관련판례**
>
> 무허가 건축물을 실제 생활의 근거지로 삼아 10년 이상 거주해 온 사람의 경우, 투기나 이주대책 요구 등을 방지할 목적으로 주민등록전입신고를 거부하는 것은 불허
>
> 전입신고를 받은 시장·군수 또는 구청장의 심사 대상은 <u>전입신고자가 30일 이상 생활의 근거로 거주할 목적으로 거주지를 옮기는지 여부만으로</u> 제한된다고 보아야 한다. 따라서 전입신고자가 거주의 목적 이외에 다른 이해관계에 관한 의도를 가지고 있는지 여부, 무허가 건축물의 관리, 전입신고를 수리함으로써 당해 지방자치단체에 미치는 영향 등과 같은 사유는 주민등록법이 아닌 다른 법률에 의하여 규율되어야 하고, 주민등록전입신고의 수리 여부를 심사하는 단계에서는 고려 대상이 될 수 없다. 무허가 건축물을 실제 생활의 근거지로 삼아 10년 이상 거주해 온 사람의 주민등록 전입신고를 거부한 사안에서, 부동산투기나 이주대책 요구 등을 방지할 목적으로 주민등록전입신고를 거부하는 것은 주민등록법의 입법 목적과 취지 등에 비추어 허용될 수 없다(대판 2009.6.18. 2008두10997).

03 공법상 사무관리

1. 사무관리의 의의

사무관리란 **법률상 의무 없이 타인을 위하여 그 사무를 관리하는 행위**를 말한다(민법 제734조). 사무관리 제도를 둔 이유는 의무 없이 임의로 한 행위일지라도 본인의 이익에 부합하는 경우 본인과 관리자 상호간의 이해를 조절하는 것이 타당하다고 보기 때문이다. 이는 공법분야에서도 인정되고 공법상 채권관계의 한 유형으로 볼 수 있다.

2. 행정법상 사무관리의 사례

(1) 행정주체가 사인을 위하여 행하는 사무

행정주체가 행하는 수난 등 재해구조, 시·군에서 행하는 행려병자·사망인의 관리, 국가의 특별감독하에 있는 사업에 대하여 감독권의 작용으로 강제적으로 관리하는 경우 등을 들 수 있다. 공무수탁사인도 행정주체가 되는 한에서 사무관리의 주체가 될 수 있다. 그러나 행정주체가 하는 행위들은 공법상 의무이기 때문에 사무관리가 아니라는 견해도 있다.

(2) 사인이 행정주체를 위하여 행하는 사무

사인이 비상재해시 긴급을 요하는 행정사무의 일부를 관리하는 것 등에서 사무관리의 관념을 인정할 수 있다. 이에 대해 공법상 사무관리는 공법상 의무에 의거하기 때문에 이를 부정하는 견해(옐리네크)도 있으나, 그 의무는 국가에 대한 것이고 피관리자에 대한 것은 아니라는 점에서 이를 인정해야 한다(김동희).

04 공법상 부당이득

1. 의의

부당이득이란 **법률상의 원인 없이 타인의 재산 또는 노력으로 말미암아 이익을 얻고 타인에게 손실을 입히는 것을 말한다**(민법 제741조). 공법관계에 있어서도 공법상의 원인에 의하여 급부하였는데 그 원인이 무효이거나 취소됨으로써 법률상 원인 없는 급부가 된 경우에 부당이득의 반환이 문제된다.

2. 부당이득반환청구권의 성질

사권설	부당이득제도는 오로지 경제적인 이유에서 인정되는 이해조정제도라는 점, 행정소송법 제10조가 항고소송에 부당이득반환청구 등 관련청구의 병합을 특별히 인정하고 있는 것은 이들 청구가 사권적 청구임을 전제로 하고 있다는 점을 논거로 함. 이에 대한 분쟁은 민사소송에 의함.
공권설	동 청구권의 발생원인이 공법상의 것이라는 점, 행정소송법 제3조 제2호는 행정청의 처분 등을 원인으로 하는 법률관계에 관한 소송 그 밖에 공법상의 법률관계에 관한 소송을 당사자소송으로 규정하고 있다는 점을 논거로 함(통설).

> **관련판례**
>
> **존재와 범위가 확정되어 있는 과오납부세액이나 환급세액을 부당이득의 반환을 구하는 민사소송으로 청구할 수 있음**
> 국세환급금에 관한 국세기본법 제51조 제1항, 부가가치세 환급에 관한 부가가치세법 제24조, 같은법 시행령 제72조의 각 규정은 정부가 이미 부당이득으로서 그 존재와 범위가 확정되어 있는 과오납부액이나 환급세액이 있는 때에는 납세자의 환급 신청을 기다릴 것 없이 이를 즉시 반환하는 것이 정의와 공평에 합당하다는 법리를 선언하고 있는 것이므로, 이미 그 존재와 범위가 확정되어 있는 과오납부액이나 환급세액은 납세자가 부당이득의 반환을 구하는 민사소송으로 그 환급을 청구할 수 있다(대판 1997.10.10. 97다26432).
>
> **부가가치세 환급세액 지급청구는 당사자소송의 절차에 따라야 함**
> 부가가치세법령의 내용, 형식 및 입법 취지 등에 비추어 보면, 납세의무자에 대한 국가의 부가가치세 환급세액 지급의무는 그 납세의무자로부터 어느 과세기간에 과다하게 거래징수된 세액 상당을 국가가 실제로 납부받았는지와 관계없이 부가가치세법령의 규정에 의하여 직접 발생하는 것으로서, 그 법적 성질은 정의와 공평의 관념에서 수익자와 손실자 사이의 재산상태 조정을 위해 인정되는 부당이득 반환의무가 아니라 부가가치세법령에 의하여 그 존부나 범위가 구체적으로 확정되고 조세 정책적 관점에서 특별히 인정되는 공법상 의무라고 봄이 타당하다. 그렇다면 납세의무자에 대한 국가의 부가가치세 환급세액 지급의무에 대응하는 국가에 대한 납세의무자의 부가가치세 환급세액 지급청구는 민사소송이 아니라 행정소송법 제3조 제2호에 규정된 당사자소송의 절차에 따라야 한다(대판 2013.3.21. 2011다95564).

3. 행정주체의 부당이득

〈사례〉
1. 무효인 (구)법인세법시행규칙에 기초해 세금을 징수한 경우(대판 1970.11.24. 70다2167)
2. 세관이 적법한 통고처분 없이 가납금을 벌금 또는 추징금에 충당하여 국고에 귀속시킨 경우(대판 1970.9.22. 70다1605)
3. 사인의 비용부담으로 국가가 이득한 경우(대판 1973.7.24. 72다2331)
4. 중과세처분을 할 수 없는 물품에 대한 중과세나 과세대상이 아닌 물품에 대한 과세의 경우(대판 1981.6.9. 81다400)
5. 조세부과처분이 무효인 경우(대판 1972.1.31. 71다2567)
6. 개발부담금을 과오납한 경우(대판 1995.12.22. 94다51253)
7. 정당한 권원없이 타인의 토지를 도로로 점유·사용하는 경우(대판 1980.7.8. 80다790)
8. 보상 없이 타인의 타인의 토지를 점유·사용하는 농지개량사업 시행자(대판 2016.6.23. 2016다 206369)

4. 사인의 부당이득

행정주체의 경우와 마찬가지로 행정행위에 의한 경우(예 세무서장의 국세환급결정이 취소된 경우, 무자격자의 기초생활보장금 지급 취소)와 그렇지 않은 경우(예 공무원이 봉급을 과다 수령한 경우, 사인이 국유지를 무단 점용한 경우, 보조금의 부당교부)가 있다. 행정행위에 의한 경우는 수익적 행정행위의 취소제한의 법리에 따라 당해 행정행위가 취소될 수 없는 경우에는 청구권이 부인된다.

예제 행정법상 법률요건과 법률사실에 관한 설명으로 옳지 않은 것은? (다툼이 있는 경우 판례에 의함)
▶ 22 소방간부

① 「국유재산법」상 변상금부과처분에 대한 취소소송이 진행되는 동안에는 그 부과권의 소멸시효는 진행하지 아니한다.
② 금전의 급부를 목적으로 하는 국가의 권리의 경우 소멸시효의 중단·정지 그 밖의 사항에 관하여 다른 법률의 규정이 없는 때에는 「민법」의 규정을 적용한다.
③ 조세채권의 소멸시효기간이 완성된 후에 부과된 과세처분은 당연무효이다.
④ 특별시장 등이 거짓이나 부정한 방법으로 화물자동차 유가보조금(부정수급액)을 교부받은 운송사업자 등으로부터 부정수급액을 반환받을 권리에 대해서는 「지방재정법」에서 정한 5년의 소멸시효가 적용된다.
⑤ 제3자가 체납자가 납부해야 할 체납액을 체납자 명의로 완납한 경우, 제3자는 국가에 대하여 부당이득반환을 청구할 수 없다.

정답 ①

① (×) 변상금 부과처분에 대한 취소소송이 진행중이라도 그 부과권자로서는 위법한 처분을 스스로 취소하고 그 하자를 보완하여 다시 적법한 부과처분을 할 수도 있는 것이어서 그 권리행사에 법률상의 장애사유가 있는 경우에 해당한다고 할 수 없으므로, 그 처분에 대한 취소소송이 진행되는 동안에도 그 부과권의 소멸시효가 진행된다(대판 2006.2.10. 2003두5686).
② (○) 국가재정법 제96조 제3항
③ (○) 대판 1985.5.14. 83누655 ④ (○) 대판 2019.10.17. 2019두33897
⑤ (○) 제3자가 체납자가 납부하여야 할 체납액을 체납자의 명의로 납부한 경우에는 원칙적으로 체납자의 조세채무에 대한 유효한 이행이 되고, 이로 인하여 국가의 조세채권은 만족을 얻어 소멸하므로, 국가가 체납액을 납부받은 것에 법률상 원인이 없다고 할 수 없다(대판 2015.11.12. 2013다215263).

제4절 사인의 공법행위

01 의의

(1) 사인의 공법행위란 **공법관계에서 사인이 공법적 효과의 발생을 목적으로 하는 행위**를 말한다. 현재 이에 관한 전반적인 사항을 구율하는 일반법은 없다. 다만 자체완성적 공법행위로서 신고와 관련하여 행정절차법에, 민원사무의 처리와 관련하여 「민원사무처리에 관한 법률」에서 규율하고 있다. 그리고 개별법에도 특별한 규정을 두어, 행위무능력자의 행위를 능력자의 행위로 본다는 규정(우편법 제10조)과 도달주의에 대한 예외로서 발신주의에 관한 규정(국세기본법 제5조의2)을 두고 있다.

(2) 사인의 공법행위에는 행정행위가 갖는 구속력·공정력·구성요건적 효력·존속력·집행력 등과 같은 우월적인 효력이 없다.

02 사인의 공법행위에 대한 적용법규

1. 의사능력·행위능력

   공법상의 일반적 규정은 없으나 의사능력 없는 자의 행위는 절대적 무효이다. 행위능력에 관하여는 공법상 특별한 규정을 두어 민법상의 무능력에 관한 규정의 적용이 배제되는 경우가 있다(우편법 제10조, 우편환법 제17조).

2. 대리

   사인의 공법행위에서는 법규정 또는 행위의 성질상 대리가 허용되지 않는 경우(예 병역, 선거, 시험응시)가 많다. 그렇지 않은 경우는 그 행위가 행위자의 일신전속적인 것이 아니라면 대리에 관한 민법규정이 유추적용될 수 있다고 본다. 대리를 명문으로 허용하는 경우도 있다(예 행정심판법 제18조, 특허법 제5조 내지 제9조).

3. 행위의 형식

사인의 공법행위가 반드시 요식행위이어야 하는 것은 아니다. 그러나 법이 행위의 존재나 내용을 명확히 하기 위하여 일정한 형식을 요구하는 경우에는 그에 따라야 한다. 행정법규에는 일정한 서식에 의하도록 규정하고 있는 경우가 많다(예 행정심판청구서, 허가신청서 등).

4. 효력발생시기

사인의 공법행위는 형식적인 확실성을 존중해야 하므로 특별규정(예 국세기본법 제5조의2의 발신주의)이 없는 한 민법과 같이 도달주의에 의한다.

5. 의사와 표시와의 불일치

이에 관한 일반적인 규정이 없다. 사인의 공법행위에 관하여 특별한 규정이 없고 그 공법행위의 성질에 반하지 않는 한 민법규정(제107조 내지 제110조)을 적용한다. 다만 행정법관계의 특수성에 비추어 민법의 규정을 적용하는 것이 적절하지 않은 경우가 있다. 예컨대 선거의 투표행위와 같은 합성행위는 집단성·형식성이 중시되므로 착오를 이유로 취소할 수 없다.

> **관련판례**
>
> **사인의 공법행위에는 비진의의사표시 법리가 적용되지 아니함**
> 이른바 1980년의 공직자숙정계획의 일환으로 일괄사표의 제출과 선별수리의 형식으로 공무원에 대한 의원면직처분이 이루어진 경우, 사직원 제출행위가 강압에 의하여 의사결정의 자유를 박탈당한 상태에서 이루어진 것이라고 할 수 없고 민법상 비진의 의사표시의 무효에 관한 규정은 사인의 공법행위에 적용되지 않는다는 등의 이유로 그 의원면직처분을 당연무효라고 할 수 없다(대판 2001.8.24. 99두9971).

6. 사인의 공법행위의 철회·보정

사인의 공법행위는 개별법률에 특별한 규정(예 보조금의 예산 및 관리에 관한 법률 제37조)이 있거나 집단적·형식적 성질 등에 의하여 제한받는 경우(예 합성행위인 투표행위, 합동행위)를 제외하고는 일반적으로 그 행위에 의하여 법적 효과가 완성될 때까지는 자유로이 철회할 수 있다(예 사직원의 철회, 행정심판청구의 취하).

> **관련판례**
>
> **공무원의 사직 의사표시의 철회 또는 취소가 허용되는 시한과 신의칙 적용**
> [1] 공무원이 한 사직 의사표시의 철회나 취소는 그에 터잡은 의원면직처분이 있을 때까지 할 수 있는 것이고, 일단 면직처분이 있고 난 이후에는 철회나 취소할 여지가 없다(대판 2001.8.24. 99두9971).
> [2] 공무원이 한 사직의 의사표시는 그에 터잡은 의원면직처분이 있을 때까지는 원칙적으로 이를

철회할 수 있는 것이지만, 다만 의원면직처분이 있기 전이라도 사직의 의사표시를 철회하는 것이 신의칙에 반한다고 인정되는 특별한 사정이 있는 경우에는 그 철회는 허용되지 아니한다(대판 1993.7.27. 92누16942).

7. 부관

사인의 공법행위는 행정법관계의 변동을 가져오므로 명확성과 신속한 확정이 필요하기 때문에 부관을 붙일 수 없는 것이 원칙이다(다수설).

03 사인의 공법행위로서의 신고

1. 신고의 의의

신고라 함은 **사인이 공법적 효과의 발생을 목적으로 행정주체에 대하여 일정한 사실을 알리는 행위**를 말한다. 당사자가 행정청에 일정한 사실관계에 관하여 의사표시를 하면 형식적 요건을 구비하는 한 그 자체로서 법령상 의무가 이행되는 것으로 보므로, 신고 행위는 가장 완화된 규제형태로 이해되고 있다.

2. 신고의 종류

(1) 정보제공적 신고와 금지해제적 신고

① **정보제공적 신고(사실파악형신고)** : 행정청에게 행정의 대상이 되는 사실에 관한 정보를 제공하는 기능을 갖는 신고이다. 이 신고를 게을리 하면 과태료의 처벌을 받지만 신고 없이 한 행위 자체는 위법하지 않다. 항상 자체완성적 신고이다.

② **금지해제적 신고** : 정보제공기능 이외에 영업활동 또는 건축활동 등 사적 활동을 규제하는 기능까지 갖는 신고이다(예 건축법상의 신고). 신고 없이 한 행위는 위법한 행위가 되며 행정벌과 시정조치의 대상이 된다. 자체완성적 신고의 경우도 있고 행정요건적 신고의 경우도 있다.

(2) 자체완성적 신고(= 수리를 요하지 않는 신고)와 행정요건적 신고(= 수리를 요하는 신고)

① **자체완성적 신고** : 이는 **행정청에 대하여 일정한 사항을 통지하고 도달함으로써 의무가 끝나는 신고**로서, 수리를 요하지 않으며 신고 그 자체로서 법적 효과를 발생시킨다(예 체육시설의 설치·이용에 관한 법률 제20조에 의한 체육시설업의 신고, 납세신고, 학원의 수강료변경 통보, 의원·치과의원·한의원·조산소의 개설신고). 신고 그 자체로서 아무런 법적 효과도 수반하지 아니하는 통보와 구별된다. 행정절차법은 신고를 '법령 등에서 행정청에 대하여 일정한 사항을 통지함으로써 의무가 끝나는 신고'로 한정하고 있다(제40조 제1항).

② **행정요건적 신고** : 이는 **행정청에 대하여 일정한 사항을 통지하고 행정청이 이를 수리함으로써 법적 효과가 발생하는 신고**를 말한다(예 수산업법 제47조의 어업신고, 농지법 제37조에 의한 농지전용신고, 집회신고, 관광진흥법에 의한 지위승계신고). 즉 수리되지 않으면 신고가 되지 않은 것이 된다. 이 경우 행정청은 신고의 형식적 요건 외에 적법성 및 합목적성 등의 실질적 사항의 심사를 거쳐 수리의 의사표시를 한다.

행정기본법 제34조(수리 여부에 따른 신고의 효력) 법령등으로 정하는 바에 따라 행정청에 일정한 사항을 통지하여야 하는 신고로서 법률에 신고의 수리가 필요하다고 명시되어 있는 경우(행정기관의 내부 업무 처리 절차로서 수리를 규정한 경우는 제외한다)에는 행정청이 수리하여야 효력이 발생한다. [제34조 시행일: 2023.3.24.]

관련판례

〈자체완성적 신고 관련 사례〉

[1] 체육시설의설치 이용에관한법률에 의한 행정청에 대한 신고(골프장이용료 변경신고)
행정청에 대한 신고는 일정한 법률사실 또는 법률관계에 관하여 관계행정청에 일방적으로 통고를 하는 것을 뜻하는 것으로서 법에 별도의 규정이 있거나 다른 특별한 사정이 없는 한 행정청에 대한 통고로서 그치는 것이고 그에 대한 행정청의 반사적 결정을 기다릴 필요가 없는 것이므로, 체육시설의설치·이용에관한법률 제18조에 의한 변경신고서는 그 신고 자체가 위법하거나 그 신고에 무효사유가 없는 한 이것이 도지사에게 제출하여 접수된 때에 신고가 있었다고 볼 것이고, 도지사의 수리행위가 있어야만 신고가 있었다고 볼 것은 아니다(대판 1993.7.6. 93마635).

[2] 건축법상 신고수리처분을 철회하고서 한 공사중지명령은 위법
건축법상 신고사항에 관하여는 건축을 하고자 하는 자가 적법한 요건을 갖춘 신고만 하면 건축을 할 수 있고 행정청의 수리처분등 별단의 조처를 기다릴 필요가 없다고 할 것이므로 행정청이 신고수리처분을 철회하였다고 하여 신고에 따른 건축행위가 건축법에 위반한 것으로 될 수 없으니 이를 이유로 공사의 중지를 명할 수 없으며, 더구나 높이 2미터미만의 담장 설치공사는 건축법이나 도시계획법 등 관계법규상 어떠한 허가나 신고 없이 가능한 행위인데, 다만 서울특별시가 행정의 편의상 업무지침으로 신고 후에 축조하도록 정하고 있기는 하나 그것이 위와 같은 담장을 설치하려는 원고에게 신고의무를 지울 구속력도 없는 터에 원고가 스스로 위 업무처리지침에 따라 이를 신고하여 행정청인 피고가 수리한 다음 진행하고 있는 이 사건 담장설치공사에 대하여 원고가 자진하여 신고를 철회하지 아니한 이상 피고가 신고수리를 철회하였다 하여 그 공사의 중지를 명할 수는 없다(대판 1990.6.12. 90누2468).

[3] 부가가치세법상의 사업자등록은 단순한 사업사실의 신고
부가가치세법상의 사업자등록은 과세관청으로 하여금 부가가치세의 납세의무자를 파악하고 그 과세자료를 확보하게 하려는 데 제도의 취지가 있는바, 이는 단순한 사업사실의 신고로서 사업자가 관할세무서장에게 소정의 사업자등록신청서를 제출함으로써 성립하는 것이고, 사업자등록증의 교부는 이와 같은 등록사실을 증명하는 증서의 교부행위에 불과한 것이다(대판 2011.1.27. 2008두2200).

[4] 정보통신매체를 이용하여 학습비를 받고 불특정 다수인에게 원격평생교육을 실시하기 위한 신고
정보통신매체를 이용하여 학습비를 받지 아니하고 원격평생교육을 실시하고자 하는 경우에는 누구든지 아무런 신고 없이 자유롭게 이를 할 수 있고,…'학습비' 수수 외에 교육 대상이나 방법

등 다른 요건을 달리 규정하고 있지 않을 뿐 아니라 학습비 금액이나 수령 등에 관하여 아무런 제한을 하고 있지 않은 점에 비추어 볼 때, 행정청으로서는 신고서 기재사항에 흠결이 없고 정해진 서류가 구비된 때에는 이를 수리하여야 한다(대법판 2011.7.28. 2005두11784).

[5] 구 건축법상 가설건축물 축조신고의 수리
2017. 1. 17. 개정 전 구 건축법은 가설건축물이 축조되는 지역과 용도에 따라 허가제와 신고제를 구분하면서, 가설건축물 신고와 관련하여서는 국토의 계획 및 이용에 관한 법률에 따른 개발행위허가 등 인·허가 의제 내지 협의에 관한 규정을 전혀 두고 있지 아니하다. 이러한 신고대상 가설건축물 규제 완화의 취지를 고려하면, 행정청은 특별한 사정이 없는 한 개발행위허가 기준에 부합하지 않는다는 점을 이유로 가설건축물 축조신고의 수리를 거부할 수는 없다(대판 2019.1.10. 2017두75606).

〈행정요건적 신고 관련 사례〉

[1] 영업자 지위승계신고의 성질
구 식품위생법 제25조 제1항, 제3항에 의하여 영업양도에 따른 지위승계신고를 수리하는 허가관청의 행위는, 단순히 양도·양수인 사이에 이미 발생한 사법상의 사업양도의 법률효과에 의하여 양수인이 그 영업을 승계하였다는 사실의 신고를 접수하는 행위에 그치는 것이 아니라, 실질에 있어서 양도자의 사업허가를 취소함과 아울러 양수자에게 적법히 사업을 할 수 있는 권리를 설정하여 주는 행위로서 사업허가자의 변경이라는 법률효과를 발생시키는 행위라고 할것이고…행정청이 구 식품위생법 규정에 의하여 영업자지위승계신고를 수리하는 처분은 종전의 영업자의 권익을 제한하는 처분이라 할 것이고 따라서 종전의 영업자는 그 처분에 대하여 직접 그 상대가 되는 자에 해당한다고 봄이 상당하므로, 행정청으로서는 위 신고를 수리하는 처분을 함에 있어서 행정절차법 규정 소정의 당사자에 해당하는 종전의 영업자에 대하여 위 규정 소정의 행정절차를 실시하고 처분을 하여야 한다(대판 2001.2.9. 2000도2050). ☞ 同旨 공매 등의 절차에 따라 문화체육관광부령으로 정하는 주요한 유원시설업 시설의 전부 또는 체육시설업의 시설 기준에 따른 필수시설을 인수함으로써 유원시설업자 또는 체육시설업자의 지위를 승계한 자가 관계 행정청에 이를 신고하여 행정청이 수리하는 경우(대판 2012.12.13. 2011두29144)

[2] 사회단체등록의 의의와 성질
사회단체등록에관한법률에 의한 등록신청의 법적 성질은 사인의 공법행위로서의 신고이고 등록은 당해 신고를 수리하는 것을 의미하는 준법률행위적 행정행위라 할 것이나 법 제4조 제1항의 형식요건의 불비가 없는데도 불구하고 등록의 거부처분을 당한 신고인은 우선 법 제10조 소정의 행정벌의 제재를 벗어나기 위하여 또한 법의 정당한 적용을 청구하는 의미에서도 위와 같은 거부처분에 대한 취소청구를 할 이익이 있는 것이다(대판 1989.12.26. 87누308).

[3] 인·허가의제 효과를 수반하는 건축신고는 이른바 '수리를 요하는 신고'
인·허가의제사항 관련 법률에 규정된 요건 중 상당수는 공익에 관한 것으로서 행정청의 전문적이고 종합적인 심사가 요구되는데, 만약 건축신고만으로 인·허가의제사항에 관한 일체의 요건 심사가 배제된다고 한다면, 중대한 공익상의 침해나 이해관계인의 피해를 야기하고 관련 법률에서 인·허가 제도를 통하여 사인의 행위를 사전에 감독하고자 하는 규율체계 전반을 무너뜨릴 우려가 있다. 또한 무엇보다도 건축신고를 하려는 자는 인·허가의제사항 관련 법령에서 제출하도록 의무화하고 있는 신청서와 구비서류를 제출하여야 하는데, 이는 건축신고를 수리하는 행정청으로 하여금 인·허가의제사항 관련 법률에 규정된 요건에 관하여도 심사를 하도록 하기 위한 것으로 볼 수밖에 없다. 따라서 인·허가의제 효과를 수반하는 건축신고는 일반적인 건축신고와는 달리, 특별한 사정이 없는 한 행정청이 그 실체적 요건에 관한 심사를 한 후 수리하여야 하는 이른바 '수리를 요하는 신고'로 보는 것이 옳다(대판 2011.1.20. 2010두14954).

[4] 납골당설치 신고는 '수리를 요하는 신고'

① 납골당설치 신고는 이른바 '수리를 요하는 신고'라 할 것이므로, 납골당설치 신고가 구 장사법 관련 규정의 모든 요건에 맞는 신고라 하더라도 신고인은 곧바로 납골당을 설치할 수는 없고, 이에 대한 행정청의 수리처분이 있어야만 신고한 대로 납골당을 설치할 수 있다. 한편 수리란 신고를 유효한 것으로 판단하고 법령에 의하여 처리할 의사로 이를 수령하는 수동적 행위이므로 수리행위에 신고필증 교부 등 행위가 꼭 필요한 것은 아니다.

② 파주시장이 종교단체 납골당설치 신고를 한 갑 교회에, '구 장사 등에 관한 법률(2007. 5. 25. 법률 제8489호로 전부 개정되기 전의 것, 이하 '구 장사법'이라 한다) 등에 따라 필요한 시설을 설치하고 유골을 안전하게 보관할 수 있는 설비를 갖추어야 하며 관계 법령에 따른 허가 및 준수 사항을 이행하여야 한다'는 내용의 납골당설치 신고사항 이행통지를 한 사안에서, 이행통지는 납골당설치 신고에 대하여 파주시장이 납골당설치 요건을 구비하였음을 확인하고 구 장사법령상 납골당설치 기준, 관계 법령상 허가 또는 신고 내용을 고지하면서 신고한 대로 납골당 시설을 설치하도록 한 것이므로, 파주시장이 갑 교회에 이행통지를 함으로써 납골당설치 신고수리를 하였다고 보는 것이 타당하고, 이행통지가 새로이 갑 교회 또는 관계자들의 법률상 지위에 변동을 일으키지는 않으므로 이를 수리처분과 별도로 항고소송 대상이 되는 다른 처분으로 볼 수 없다고 한 사례(대판 2011.9.8. 2009두6766).

[5] 주민등록 신고의 효력 발생시기(= 신고 수리시)

주민등록은 단순히 주민의 거주관계를 파악하고 인구의 동태를 명확히 하는 것 외에도 주민등록에 따라 공법관계상의 여러 가지 법률상 효과가 나타나게 되는 것으로서, 주민등록의 신고는 행정청에 도달하기만 하면 신고로서의 효력이 발생하는 것이 아니라 행정청이 수리한 경우에 비로소 신고의 효력이 발생한다. 따라서 주민등록 신고서를 행정청에 제출하였다가 행정청이 이를 수리하기 전에 신고서의 내용을 수정하여 위와 같이 수정된 전입신고서가 수리되었다면 수정된 사항에 따라서 주민등록 신고가 이루어진 것으로 보는 것이 타당하다(대판 2009.1.30. 2006다17850).

[6] 서울광장 사용신고

서울광장의 사용 및 관리에 관한 조례(이하 '서울광장조례'라 한다) 제2조 제1호는 "사용"이란 서울광장의 일부 또는 전부를 이용함으로써 불특정 다수 시민의 자유로운 광장 이용을 제한하는 행위를 말한다고 규정하고 있으나, 서울광장의 일부를 유형적·고정적으로 점유하는 경우에는 점유 부분에 대한 불특정 다수 시민의 광장 이용이 제한될 것이므로, 서울광장조례에서 정한 바에 따라 광장사용신고 및 서울특별시장의 사용신고 수리를 거치지 않은 채 서울광장을 무단사용한 경우에는 공유재산 및 물품관리법상 변상금 부과대상인 무단점유에 해당한다고 보아야 한다(대판 2019.9.9. 2018두48298).

3. 신고요건

신고의 요건에 대하여는 개별법에서 구체적으로 정하는 바에 의한다. 자체완성적 신고의 경우는 행정절차법 제40조 제2항의 요건(신고서의 기재사항에 흠이 없을 것, 필요한 구비서류가 첨부되어 있을 것, 기타 법령등에 규정된 형식상의 요건에 적합할 것)과 같은 형식적 요건을 갖추어야 한다. 물론 신고인의 편의를 위해 신고의 내용은 사전에 주지되어야 한다. 행정요건적 신고의 경우는 형식적 요건 이외에 일정한 실질적인 요건(예 법령이 정한 시설기준 충족)을 갖출 필요가 있다.

4. 신고의 효과

(1) 적법한 신고의 효과

① **자체완성적 신고의 경우** : 신고서가 접수기관에 도달한 때에 신고의무가 이행된 것으로 본다(행정절차법 제40조 제2항). 따라서 행정청이 신고를 접수하지 않고 반려하여도 신고의무는 이행된 것으로 본다. 그러나 타법상의 요건도 충족하여야 하는 경우, 타법상의 요건을 충족하지 못하면 적법한 신고라 할 수 없다.

② **행정요건적 신고의 경우** : 행정청이 수리해야 신고의 효과가 발생한다. 법령이 정한 요건을 구비한 적법한 신고가 있으면 행정청은 의무적으로 수리하여야 한다.

(2) 부적법한 신고의 효과

① **자체완성적 신고의 경우** : 부적법한 신고가 있었다면 행정청이 수리하여도 신고의 효과가 발생하지 않는다. 따라서 부적법한 신고를 하고 신고영업을 한다면 무신고영업으로서 불법영업이 된다. 이 경우 취소처분이 아니라 영업장 폐쇄조치로 위법상태를 제거할 수 있다.

② **행정요건적 신고의 경우** : 부적법한 신고를 행정청이 수리하면 하자 있는 수리행위가 된다. 그 하자가 중대하고 명백하여 수리행위가 무효인 경우에 이루어지는 영업행위는 무신고영업으로서 불법영업에 해당한다. 그러나 하자가 취소할 수 있는 정도라면 영업행위는 수리가 취소되기까지는 불법영업이 아니다. 후자의 경우는 적법성의 하자를 이유로 수리행위를 취소하면 된다.

5. 신고필증의 의미

자체완성적 신고의 경우, 신고필증은 사인이 일정한 사실을 행정기관에 알렸다는 사실의 단순한 확인행위에 지나지 않는다. 또한 신고를 수리한 것을 말소하는 것도 사실로서의 행위일 뿐 소의 대상이 아니다. 그러나 행정요건적 신고의 경우는 사인의 신고를 수리하였음을 증명하는 것이고, 수리는 신고한 사인들에게 새로운 법적 효과를 발생시키는 직접적인 원인행위가 된다. 따라서 그것은 단순한 사실적인 것이 아니라 법적인 것이다. 그리고 수리행위에 신고필증 교부 등 행위가 필요한 것은 아니다.

6. 수리의 거부

(1) 자체완성적 신고의 경우

형식적 요건을 결한 부적법한 신고의 경우는 수리를 거부하여야 한다. 그러나 적법한 신고를 행정청이 거부하여도 신고행위는 유효한 행위가 되며, 행정소송법상 처분성이 문제되지 않아 취소소송으로 다툴 수 없다.

(2) 행정요건적 신고의 경우

형식적 요건과 실질적 요건을 심사하여 수리를 거부하는 것이 가능하다. 그러나 행정청이 독자적으로 신고수리요건을 추가하는 것은 허용되지 아니하며, 관계 법령이 정하지 않은 다른 사유를 들어 신고수리를 거부할 수 없다. 행정요건적 신고에 대한 수리거부는 행정소송법상 처분개념에 해당하므로 상대방은 항고소송을 제기할 수 있다.

예제 사인의 공법행위로서의 신고에 관한 설명으로 옳지 않은 것은? (다툼이 있으면 판례에 따름)
▶ 22 소방승진

① 인·허가의제 효과를 수반하는 건축신고는 특별한 사정이 없는 한 수리를 요하지 않는 신고이다.
② 현행법상 수리를 요하는 신고는 「행정기본법」에, 수리를 요하지 않는 신고는 「행정절차법」에 이원화되어 규정되어 있다.
③ 수리를 요하지 않는 신고는 적법한 신고가 접수기관에 도달한 때에 신고의 법적 효과가 발생한다.
④ 노동조합의 설립신고가 행정관청에 의하여 형식상 수리되었더라도 법에서 정한 실질적 요건을 갖추지 못한 경우 그 설립은 무효이다.

정답 ①

① (×) 인·허가의제 효과를 수반하는 건축신고는 일반적인 건축신고와는 달리, 특별한 사정이 없는 한 행정청이 그 실체적 요건에 관한 심사를 한 후 수리하여야 하는 이른바 '수리를 요하는 신고'로 보는 것이 옳다(대판 2011.1.20. 2010두14954).
② (○), ③ (○) 행정절차법 제40조(신고) ① 법령등에서 행정청에 일정한 사항을 통지함으로써 의무가 끝나는 신고를 규정하고 있는 경우 신고를 관장하는 행정청은 신고에 필요한 구비서류, 접수기관, 그 밖에 법령등에 따른 신고에 필요한 사항을 게시(인터넷 등을 통한 게시를 포함한다)하거나 이에 대한 편람을 갖추어 두고 누구나 열람할 수 있도록 하여야 한다. ② 제1항에 따른 신고가 다음 각 호의 요건을 갖춘 경우에는 신고서가 접수기관에 도달된 때에 신고 의무가 이행된 것으로 본다.
행정기본법 제34조(수리 여부에 따른 신고의 효력) 법령등으로 정하는 바에 따라 행정청에 일정한 사항을 통지하여야 하는 신고로서 법률에 신고의 수리가 필요하다고 명시되어 있는 경우(행정기관의 내부 업무 처리 절차로서 수리를 규정한 경우는 제외한다)에는 행정청이 수리하여야 효력이 발생한다.
④ (○) 대판 2021.2.25. 2017다51610

예제 사인의 공법행위로서의 신고에 관한 설명으로 옳지 않은 것은? (다툼이 있는 경우 판례에 의함)
▶ 23 소방승진

① 「행정절차법」은 의무적 신고를 규정하고, 행정청의 수리를 요하는 신고는 규정하고 있지 않다.
② 개발행위허가가 의제되는 건축신고는 수리를 요하는 신고이다.
③ 「행정기본법」에는 법률에 신고의 수리가 필요하다고 명시되어 있는 경우, 행정청이 수리하여야 효력이 발생한다는 규정이 있다.
④ 인·허가적 성격 또는 등록적 성격의 신고는 수리를 요하는 신고이나, 영업양도에 따른 지위승계신고는 수리를 요하지 아니한다.

정답 ④

④ (×) 식품위생법 제25조 제3항에 의한 영업양도에 따른 지위승계신고를 수리하는 허가관청의 행위는 단순히 양도·양수인 사이에 이미 발생한 사법상의 사업양도의 법률효과에 의하여 양수인이 그 영업을 승계하였다는 사실의 신고를 접수하는 행위에 그치는 것이 아니라, 영업허가자의 변경이라는 법률효과를 발생시키는 행위라고 할 것이다(대판 1995.2.24. 94누9146). ☞ 영업양도에 따른 지위승계신고는 수리를 요하는 신고

① (○) 행정절차법 제40조(신고) ① 법령등에서 행정청에 일정한 사항을 통지함으로써 의무가 끝나는 신고를 규정하고 있는 경우 신고를 관장하는 행정청은 신고에 필요한 구비서류, 접수기관, 그 밖에 법령등에 따른 신고에 필요한 사항을 게시(인터넷 등을 통한 게시를 포함한다)하거나 이에 대한 편람을 갖추어 두고 누구나 열람할 수 있도록 하여야 한다.
② (○) 대판 2011.1.20. 2010두14954
③ (○) 행정기본법 제34조(수리 여부에 따른 신고의 효력) 법령등으로 정하는 바에 따라 행정청에 일정한 사항을 통지하여야 하는 신고로서 법률에 신고의 수리가 필요하다고 명시되어 있는 경우(행정기관의 내부 업무 처리 절차로서 수리를 규정한 경우는 제외한다)에는 행정청이 수리하여야 효력이 발생한다.

제5절 행정법관계의 내용

01 행정주체의 권리(국가적 공권)

1. 의의

공권이란 공법관계의 한 당사자가 자신의 이익을 실현시키기 위하여 다른 당사자에게 특정한 작위, 부작위, 수인을 요구할 수 있는 공법상의 힘이다. 국가적 공권이란 **행정법관계에서 국가 등 행정주체가 사인에 대해 갖는 권리**를 말한다. 국가가 국가적 공권을 공공단체나 사인에게 부여 또는 위임하는 경우에는 공공단체나 개인도 위임받은 범위에서 국가적 공권의 주체가 될 수 있다.

2. 특수성

국가적 공권은 지배권으로서의 성질을 가지는 경우가 있다. 이 경우는 일방적인 명령·강제·형성을 주된 내용으로 하고 그 행위에는 이른바 공정력 등 효력이 발생한다. 그러나 국가적 공권은 무제한한 것이 아니고, 법치주의에 따른 법령의 수권의 범위 내에서 법령이 정하는 바에 따라 행사되어야 한다. 일설은 이러한 국가적 공권의 성질을 행정주체가 사인에 대하여 가지는 권리가 아니라 권한·권능으로 파악한다.

02 사인의 권리(개인적 공권) 개관

1. 의의

(1) 개념 및 실천적 의미

개인적 공권이란 **개인이 공법상 이익을 추구하기 위해 국가 등 행정주체에 대하여 일정한 행위를 요구할 수 있는 법적인 힘**을 말한다. 개인적 공권의 관념을 인정하게 되면 실질적 법치주의에 있어 개인은 더 이상 행정객체가 아니라 행정주체에 대하여 작위·부작위 등을 청구할 수 있는 권리주체로 격상되었음을 의미한다. 현대의 실질적 법치주의에서는 이 공권이 침해되는 경우에 소송 등을 통해 법적 구제가 가능하다.

(2) 개인적 공권과 반사적 이익

① **반사적 이익의 의의**: 행정법규가 공익목적만을 위하여 행정주체에 대하여 일정한 작위·부작위 등을 명하고 있는 경우에 그 단순한 반사적인 효과로서 사실상 사인이 향유하는 이익을 반사적 이익이라 한다(예 의료법상의 진료거부금지의무에 의하여 일반환자가 받는 이익, 특정지역개발계획의 고시로 인한 지가상승에 의한 토지소유자가 얻는 이익).

② **양자의 구별기준**: 양자의 구별은 법규의 해석, 즉 해당 법문의 보호목적을 기준으로 한다. 행정법규의 목적이 오로지 공익의 보호만을 목적으로 하고 있는 경우(예 공공의 안녕이나 질서유지, 건전한 재정의 유지, 국토의 균형된 발전)에는 반사적 이익이고, 개인이익의 보호에도 목적으로 하고 있는 경우에는 개인적 공권에 해당한다(통설).

③ **반사적 이익의 공권화 경향**: 통설에 의하는 경우에도 행정법규의 목적이 공익의 보호에만 있는가 개인이익의 보호에도 있는가가 확연히 구별되는 예가 많지 않다. 그리고 오늘날 법규의 해석에 있어 공익뿐 아니라 사익도 함께 보호한다고 확대함으로써 종래의 반사적 이익이 점차 공권화 되어 가고 있다. 예를 들어, 도로·공원 등 공물의 설치로 인한 인근주민의 이익이 그것이다.

〈반사적 이익과 공권으로 본 판례사례〉

반사적 이익	1. 서울시가 시영아파트 분양신청자에 대해서만 무주택 요건을 심사함에 따라 무자격자인 철거 대상 건물의 소유자가 그의 지위(아파트 추첨권)를 무주택자에게 양도함으로써 얻는 전매이익(대판 1997.6.24. 97다14453). 2. 서울특별시의 '철거민에 대한 시영아파트특별분양개선지침'에 의한 무허가 건물 소유자의 시영아파트 특별분양신청권(대판 1993.5.11. 93누2247) 3. 면허받은 장의자동차운송사업구역에 위반하였음을 이유로 한 행정청의 과징금부과처분에 의하여 동종업자의 영업이 보호되는 결과(대판 1992.12.8. 91누13700). 4. 숙박업구조변경허가처분을 받은 건물의 인근에서 여관을 경영하는 자들이 받은 불이익(대판1990.8.14. 89누7900) 5. 한약조제시험을 통하여 한약조제권을 인정받은 약사들에 대한 기존 한의사들의 이익(대판 1998.3.10. 97누4289) 6. 양곡가공업허가를 받은 기존업자의 이익(대판 1981.1.27. 79누433) 7. 유기장업허가를 받은 자의 영업상 이익(대판 1986.11.25. 84누147) 8. 무역거래법상 수입제한이나 금지조치로 인한 국내생산업체의 이익(대판 1971.5.29, 69누91) 9. 상수원보호구역에서 급수를 받고 있는 지역주민들이 가지는 상수원의 오염을 막아 양질의 급수를 받을 이익(대판 1995.9.26. 94누14544) 10. 일반소매인으로 지정되어 영업을 하고 있는 기존업자의 신규 구내소매인에 대한 이익(대판 2008.4.10. 2008두402) 11. 환경부장관이 생태·자연도 1등급으로 지정함으로써 인근 주민들이 가지는 이익(대판 2014.2.21. 2011두29052) 12. 건축법상의 건축제한규정에 의한 이웃주민이 받는 이익(대판 1993.11.9. 93누13988) 13. 절대보존지역의 유지로 지역주민회와 주민들이 가지는 주거 및 생활환경상 이익(대판 2012.7.5. 2011두13187) 14. 하천개수에 의한 수해예방, 도로개축에 의한 교통편의제공, 도로·공원 등 공물의 일반사용(대판 1992.9.22. 91누13212) 15. 공중목욕장영업허가 등 규제적 영업허가로 인한 이익(대판 1963.8.31, 63누101) 16. 사적·명승 및 천연기념물의 지정으로 당해 주민이 받는 문화적·경제적 이익(대판 1992. 9.22. 91누13212)
	1. 자동차 운수사업법 6조 제1호에 의한 자동차운송사업의 면허에 대하여 당해 노선에 관한 기존업자는 노선연장인가처분의 취소를 구할 이익(대판 1974.4.9. 73누173) 2. LPG 자동차충전소 설치허가에 대한 인접거주 주민들의 이익(대판 1983.7.12. 83누59) 3. 주거지역에 연탄공장 건축허가 처분을 하는 경우 인근주민의 이익(대판 1975.5.13. 73누96·97)

| 공권 | 4. 주유소영업허가에 있어서 인근주민의 이익(대판 1974.11.26. 74누110)
5. 선박운항사업면허처분에 대한 기존선박운송사업자의 이익(대판 1969.12.30. 69누106)
6. 석탄가공업 신규허가에 대한 기존업자의 이익(대판 1980.7.22. 80누33)
7. 사업장이전허가에 대한 약종상업의 기존업자(대판 1988.6.14. 87누873)
8. 동일사업구역내의 동종 사업용화물자동차면허대수를 늘리는 보충인가처분에 대한 기존 개별화물자동차운송사업면허자의 이익(대판 1992.7.10. 91누9107)
9. 기본사업계획변경인가를 하면 신규면허를 할 수 없게 되는 경우(대판 1999.10.12. 99두6026)
10. 일방에 대한 허가가 타방에 대한 불허가인 경우(대판 1992.5.8. 91누13274)
11. 도로의 용도폐지처분에 관하여 직접적인 이해관계를 가지는 사람의 이익(대판 1992.9.22. 91누13212)
12. 공설화장장 인근주민의 이익(대판 1995.9.26. 94누14544)
13. 원자로부지 인근주민의 이익(대판 1998.9.4. 97누19588)
14. 전용주거지역의 정북향에 거주하는 주민의 일조권(대판 2000.7.6. 98두8292)
15. 직접적이고 중대한 생활환경의 피해를 입으리라고 예상되는 채석허가 인근지역 안의 주민(대판 2003.4.25. 2003두1240)
16. 폐기물소각시설의 부지경계선으로부터 300m 밖에 거주하는 주민의 이익(대판 2005.3.11. 2003두13489) |

2. 개인적 공권의 성립

(1) 의의

개인적 공권이 성립되는 경로는 ① 자연권으로서 헌법에서 직접 인정되는 것, ② 법률의 규정에 의해 성립되는 것, ③ 관습법으로 인정되는 것, ④ 집행행위(예 행정행위,공법상계약)에 의행 성립되는 것이 있다. 이 중에서 가장 중심적인 법률의 규정에 의해 성립되는 경우는 독일의 전통적 견해가 3요소론을 취하고 있었다.

(2) 개인적 공권의 성립요건

독일의 빌러(O. Bühler)가 공권개념의 3요소를 제시한 바 있다.

① 행정청의 의무의 존재

행정주체에게 일정한 의무를 부과하는 행정법규가 존재하여야 한다. 과거에는 그 의무가 기속행위의 경우에만 인정되었으나, 오늘날에는 재량행위의 수권규범으로부터도 일정한 개인적 공권의 성립이 인정되고 있다(예 무하자재량행사청구권, 행정개입청구권).

② 사익보호목적의 존재

당해 행정법규의 목적·취지가 적어도 관계인의 이익도 보호하고자 하는 것인 경우이어야 한다. 여기서 관계인의 이익은 직접적이고 구체적인 것이어야 한다. 단순한 공익목적만을 갖고 사익의 보호를 의도하고 있지 않다면, 그로 인하여 개인이 받는 이익은 반사적 이익에 지나지 않는다.

③ 강제실현력(이익관철의사력)의 존재

사적 이익을 행정주체에 대하여 관찰할 수 있는 재판상 청구가 허용되어야 한다는 것이다. 그러나 오늘날 재판청구권이 헌법상 기본권으로서 보장되고 있고, 행정소송사항이 개괄주의로 인정되고 있다는 점을 들어 이 세 번째 요소는 제외하는 2요소론이 주장된다(Maurer).

03 무하자재량행사청구권

1. 의의

행정청에 재량이 인정된 경우 사인은 행정청에 대하여 원칙적으로 특정한 행위의 발령을 요구할 수 있는 개인적 공권을 갖지 아니한다. 그러나 그 재량권 행사에 있어서 일정한 한계가 있는바 이러한 한계를 벗어난 재량권 행사는 재량권의 일탈·남용·불행사로서 위법한 행위가 된다. 무하자재량행사청구권이란 **재량행위의 상대방이나 이해관계인이 행정청에 대하여 재량행사를 하자 없이 행사해 줄 것을 청구할 수 있는 권리**를 말한다.

2. 법적 성질

(1) 적극적 권리

단순히 위법한 처분을 배제하는 소극적 또는 방어적 권리가 아니라 행정청에 대하여 재량을 행사함에 있어서 하자 없이 재량행위를 행사하여 줄 것을 요구하는 적극적 권리이다.

(2) 형식적 권리

여타의 개인적 공권과 비교할 때, 특정한 행위에 대한 완전한 청구권인 실질적(실체적) 권리가 아니고, 행정청은 여러 개의 적법한 결정이 가능하므로 다만 형식적 권리에 그친다. 이에 대하여 무하자재량행사청구권은 일정한 행정결정을 청구하는 권리이므로 실질적 권리로 보아야 한다는 견해도 있다.

> **관련판례**
>
> 국·공립대학의 조교수는 재임용 여부에 관하여 합리적인 기준에 의한 공정한 심사를 요구할 법규상 또는 조리상 신청권을 가짐
> 기간제로 임용되어 임용기간이 만료된 국·공립대학의 조교수는 교원으로서의 능력과 자질에 관하여 합리적인 기준에 의한 공정한 심사를 받아 위 기준에 부합되면 <u>특별한 사정이 없는 한 재임용되리라는 기대를 가지고 재임용 여부에 관하여 합리적인 기준에 의한 공정한 심사를 요구할 법규상 또는 조리상 신청권을 가진다</u>고 할 것이니, 임용권자가 임용기간이 만료된 조교수에 대하여 재임용을 거부하는 취지로 한 임용기간만료의 통지는 위와 같은 대학교원의 법률관계에 영향을 주는 것으로서 행정소송의 대상이 되는 처분에 해당한다(대판 2004.4.22. 2000두7735).

3. 재량하자

재량행사는 관련 규범의 목적·한계·사실관계 등을 고려해 이루어져야 하고 재량은 의무에 합당한 재량이어야 한다. 재량하자의 유형으로는 ① 재량권의 유월(일탈), ② 재량권의 남용, ③ 재량권의 불행사(해태)가 있다. 이러한 재량하자를 하지 말 것을 내용으로 하는 것이 바로 무하자재량행사청구권이다.

4. 재량권의 영(零)으로의 수축

특정한 예외적인 경우에는 재량행위라 하더라도 행정청이 자유영역을 갖지 못하고 어떤 한 행위만을 하여야 하는 경우가 있다. 그 판단기준은 ① 생명·신체 및 재산에 대한 중대한 침해가 곧 발생될 것이 명백하고(예 배출기준을 초과하는 유해물질의 배출로 인근 지하수를 오염시킴), ② 그러한 침해가 행정권의 발동에 의해 제거될 수 있는 것으로 판단되며(예 조업중지명령), ③ 피해자의 개인적 노력만으로 권익침해의 방지가 충분하게 이루어질 수 없는 경우이다. 영으로 재량수축이 있게 되면 행정청은 특정한 행위만을 하여야 하므로 기속행위와 같은 결과가 된다. 이 경우 무하자재량행사청구권은 형식적 권리가 아니라 실체적인 공권(행정개입청구권)으로 전환된다.

04 행정개입청구권

광의의 행정개입청구권은 **사인이 자기의 이익을 위해 행정청에 대하여 자기 또는 제3자에게 행정권을 발동해줄 것을 청구할 수 있는 권리**를 말한다(예 자기를 사회보장행정의 수급권자로 지정해달라고 청구). 이 가운데 자기에게 행정권을 발동해줄 것을 청구할 수 있는 권리를 '**행정행위발급청구권**'이라고도 한다. 협의로는 **사인이 자기의 이익을 위해 행정청에 대하여 제3자에게 행정권을 발동할 것을 청구하는 권리**를 의미한다(예 공해물질 배출사업장에 대한 규제권발동을 청구). 이하는 협의의 행정개입청구권을 설명한다.

> **관련판례**
>
> 소권을 인정한 사례
> 주거지역안에서는 도시계획법 19조 1항과 개정전 건축법 32조 1항에 의하여 공익상 부득이 하다고 인정될 경우를 제외하고는 거주의 안녕과 건전한 생활환경의 보호를 해치는 모든 건축이 금지되고 있을뿐 아니라 주거지역내에 거주하는 사람이 받는 위와 같은 보호이익은 법률에 의하여 보호되는 이익이라고 할 것이므로 주거지역내에 위 법조 소정 제한면적을 초과한 연탄공장 건축허가처분으로 불이익을 받고 있는 제3거주자는 비록 당해 행정처분의 상대자가 아니라 하더라도 그 행정처분으로 말미암아 위와 같은 법률에 의하여 보호되는 이익을 침해받고 있다면 당해행정 처분의 취소를 소구하여 그 당부의 판단을 받을 법률상의 자격이 있다(대판 1975.5.13. 73누96,97).
>
> 소권을 부정한 사례
> 구 건축법 및 기타 관계 법령에 국민이 행정청에 대하여 제3자에 대한 건축허가의 취소나 준공검사의 취소 또는 제3자 소유의 건축물에 대한 철거 등의 조치를 요구할 수 있다는 취지의 규정이 없고, 같은 법 제69조 제1항 및 제70조 제1항은 각 조항 소정의 사유가 있는 경우에 시장·군수·구청장에게 건축허가 등을 취소하거나 건축물의 철거 등 필요한 조치를 명할 수 있는 권한 내지 권능을 부여한 것에 불과할 뿐, 시장·군수·구청장에게 그러한 의무가 있음을 규정한 것은 아니므로 위 조항들도 그 근거 규정이 될 수 없으며, 그 밖에 조리상 이러한 권리가 인정된다고 볼 수도 없다(대판 1999.12.7. 97누17568).

제6절 특별권력관계이론

01 의의

공법상 특별권력관계란 **특별한 공행정목적을 위해 특별한 원인 또는 동의에 의하여 성립되고**, 구체적인 법률의 근거 없이도 특별권력주체에게 특정신분자에 대한 포괄적 지배권이 부여되고 상대방인 특정신분자는 이에 복종할 지위에 있는 관계를 말한다(예 군인의 군복무관계, 공무원의 근무관계, 교도소 재소관계, 국공립학교의 재학관계).

02 특별권력관계론 인정여부

특별권력관계 긍정설 (제한적긍정설)		일반권력관계와 특별권력관계의 본질적인 차이를 부정하면서도 특별권력관계의 특수성을 인정하여 특별한 행정목적을 달성함에 필요한 한도 내에서 법치주의가 일부 제한되거나 완화되어 적용될 수 있다고 보는 입장
특별권력관계 부정설	전면적 부정설	일반권력관계와 구별되는 특별권력관계의 존재를 부정하고 그 관계를 일반행정법관계로 편입시키는 견해
	개별적 실질적 부정설	종래 특별권력관계로 보아온 법률관계를 개별적으로 검토하여 비권력관계(예 국공립도서관이용관계, 국공립병원 입원관계) 내지 일반적인 권력관계(예 수형자의 재소관계, 군복무관계)로 환원시킴이 타당하다는 견해

03 특별권력관계의 유형과 성립·소멸

1. 유형

공법상 근무관계	① 특정인이 특별한 법률원인에 의해 국가나 지방자치단체에 대하여 포괄적 근무의무를 지는 관계(예 공무원의 근무관계, 군인의 국가에 대한 군복무관계) ② 헌법은 일반직 공무원, 군인, 군무원, 경찰공무원 등 특별신분관계에 있는 자에 대하여 기본권제한에 대한 특례를 인정(제29조 제2항, 제33조 제2항)
공법상 영조물이용관계	① 공공복리를 위하여 관리·경영되는 영조물을 이용하는 자와 관리주체간의 관계(예 국공립대학 재학관계, 국공립병원 입원관계, 국립 및 시립도서관 사용관계) ② 그러나 영조물이용관계 가운데 국공립병원 입원관계, 국유철도이용관계등은 특별권력관계가 아니라 사법상의 법률관계로 봄이 타당
공법상 특별감독관계	공공조합이나 공무수탁사인 등이 국가등과의 특수한 관계로 인해 특별한 감독을 받는 관계(예 공공조합, 특허기업자, 공무수탁사인에 대한 국가의 감독관계)
공법상 사단관계	공공조합과 그 구성원과의 관계(예 도시개발조합이 조합권을 갖고 조합원을 규율하는 관계)

2. 성립·소멸

(1) 성립사유

성립사유로는 ① 직접적인 법률의 규정(예 전염병환자의 국립병원 강제입원, 징집소집대상자의 입영, 수형자의 수감), ② 상대방의 의무적 동의(예 학령아동의 초등학교 취학), ③ 상대방의 임의적 동의(예 국립대학 및 중고등학교 입학, 국공립도서관 이용, 공무원 임명)가 있다.

(2) 소멸사유

소멸사유는 ① 목적의 달성(예 학교의 졸업), ② 자진탈퇴(예 공무원의 의원면직), ③ 권력주체에 의한 일방적 해제(예 국립대학생의 퇴학처분)가 있다.

04 특별권력의 내용과 한계

1. 내용

특별권력관계에서는 특별한 행정목적을 달성하기 위해 행정주체에게 일반권력관계에서와는 다른 특별한 권력 내지 권한이 부여된다. 특별권력의 종류에는 직무상 권력, 영조물 권력, 감독 권력, 사단 권력으로 구분되며, 그 내용으로 포괄적인 명령권과 징계권이 있다.

2. 특별권력의 한계

특별권력은 법령에 위배되지 않고, 당해 특별권력관계를 설정한 목적 내에서 비례의 원칙에 적합하게 필요한 범위에 행사되어야 한다.

05 법률유보·사법심사와의 관계

1. 기본권제한과 법률유보

(1) 일반행정법관계설

특별권력관계도 본질적으로 일반권력관계와 다르지 아니한 법률관계이므로 원칙적으로 법률의 근거가 있어야 한다. 따라서 그 구성원의 권리제한이나 의무를 부과하는 경우 법령에 근거하여야 한다. 우리나라의 경우 국가공무원법 등을 통하여 공무원의 권리의 내용, 징계의 절차와 사유 등을 규정하고 있다.

(2) 특별행정법관계설

법률유보의 원칙은 원칙상 특별권력관계에도 적용되나, 특별한 행정목적을 효율적으로 달성할 수 있도록 하기 위하여 필요한 한도 내에서는 특별한 법적 규율이 행해질 수 있다고 본다.

> **관련판례**
>
> 수형자에 대한 기본권 제한의 한계
> 수형자의 기본권 제한에 대한 구체적인 한계는 헌법 제37조 제2항에 따라 법률에 의하여, 구체적인 자유·권리의 내용과 성질, 그 제한의 태양과 정도 등을 교량하여 설정하게 되며, 수용 시설 내의 안전과 질서를 유지하기 위하여 이들 기본권의 일부 제한이 불가피하다 하더라도 <u>그 본질적인 내용을 침해하거나, 목적의 정당성, 방법의 적정성, 피해의 최소성 및 법익의 균형성 등을 의미하는 과잉금지의 원칙에 위배되어서는 안 된다</u>(헌재 2004.12.16. 2002헌마478).

2. 사법심사

(1) 제한적 사법심사

① **외부관계와 내부관계(Bachof)**
  ㉠ **내부관계** : 공무원이 행정조직의 일원으로서 행정주체와 관계를 맺고 있는 내부관계에서는 이에 관한 고권적 행위는 법적 성격이 부인되는 것이어서 사법심사에서 배제된다. 그러나 내부행위라고 할지라도 구성원의 권리와 의무를 규율하는 경우에는 행정행위의 성격을 갖기 때문에 행정소송의 대상이 된다.
  ㉡ **외부관계** : 고유한 인격성을 가진 주체로서 행정주체와 관계를 맺고 있는 외부관계에서는 권리의무의 귀속주체가 될 수 있어 사법심사의 대상이 된다.

② **기본관계와 경영수행관계(Ule)**
  ㉠ **기본관계** : 특별권력관계의 성립(예 공무원 임명, 국립학교 입학), 변경(예 공무원 승진, 학생의 상급반진학), 종료(예 공무원의 면직과 퇴직, 학생의 제적과 졸업)를 규율하는 행위는 외부적 효력을 갖기 때문에 행정소송의 대상이 된다.
  ㉡ **경영수행관계** : 공무원에 대한 직무명령, 학생에 대한 수업이나 시험실시행위, 수형자에 대한 행형 등 특별권력관계의 설정목표를 실현하는데 필요한 기타의 관계는 단지 내부적 효력만 갖기 때문에 행정소송의 대상이 되지 못한다.

(2) 전면적 사법심사

오늘날 다수설과 판례의 경향은 특별권력관계에서도 일반권력관계와 동일하게 사법심사가 가능하다고 본다. 다만 법령에 의해 특별권력주체에게 폭넓은 재량권이 주어지는 경우에는 재량행위에 대한 사법심사의 문제가 될 뿐이다.

> **관련판례**
>
> 동장은 구청장의 위법 또는 부당한 처분의 취소를 구할 수 있음
> 동장과 구청장과의 관계는 이른바 행정상의 특별권력관계에 해당되며 이러한 <u>특별권력관계에 있어서도 위법 부당한 특별권력의 발동으로 말미암아 권리를 침해당한 자</u>는 행정소송법 제1조의 규정에 따라 그 위법 또는 부당한 처분의 취소를 구할 수 있다(대판 1982.7.27. 80누86).

학생에 대한 징계처분이 교육적 재량행위라는 이유로 사법심사의 대상에서 제외되지 아니함
국립 교육대학 학생에 대한 퇴학처분은, 국가가 설립·경영하는 교육기관인 동 대학의 교무를 통할하고 학생을 지도하는 지위에 있는 학장이 교육목적실현과 학교의 내부질서유지를 위해 학칙 위반자인 재학생에 대한 구체적 법집행으로서 국가공권력의 하나인 징계권을 발동하여 학생으로서의 신분을 일방적으로 박탈하는 국가의 교육행정에 관한 의사를 외부에 표시한 것이므로, 행정처분임이 명백하다. 학생에 대한 징계권의 발동이나 징계의 양정이 징계권자의 교육적 재량에 맡겨져 있다 할지라도 법원이 심리한 결과 그 징계처분에 위법사유가 있다고 판단되는 경우에는 이를 취소할 수 있는 것이고, 징계처분이 교육적 재량행위라는 이유만으로 사법심사의 대상에서 당연히 제외되는 것은 아니다(대판 1991.11.22. 91누2144).

행정법상 내부관계의 행위에 대해 외부적 효력을 인정한 사례
행정규칙에 의한 '불문경고조치'가 비록 법률상의 징계처분은 아니지만 위 처분을 받지 아니하였다면 차후 다른 징계처분이나 경고를 받게 될 경우 징계감경사유로 사용될 수 있었던 표창공적의 사용가능성을 소멸시키는 효과와 1년 동안 인사기록카드에 등재됨으로써 그 동안은 장관표창이나 도지사표창 대상자에서 제외시키는 효과 등이 있다는 이유로 항고소송의 대상이 되는 행정처분에 해당한다(대판 2002.7.26. 2001두3532).

> **예제** 다음 글에 대한 설명으로 옳지 않은 것은? (다툼이 있는 경우 판례에 의함)
>
> 교도소장 X는 복역 중인 甲이 변호사에게 보내기 위하여 발송을 의뢰한 서신을 법령상 검열사유에 해당하지 않음에도 불구하고 발송 전에 이를 검열하였다. 이에 甲은 X의 위와 같은 서신검열행위로 말미암아 통신의 비밀이 침해되었다고 주장하며 다투고자 한다.
>
> ① 교도소장 X의 서신검열행위는 이른바 특별권력관계 내부에서의 행위이지만 그에 대한 사법심사는 가능하다.
> ② 교도소장 X의 서신검열행위는 법률에 근거함이 없이 행해졌다면 위법하다.
> ③ 교도소장 X의 서신검열행위는 강학상 행정행위에 해당한다.
> ④ 甲이 교도소장 X의 서신검열행위에 대해 취소소송을 제기함이 없이 곧바로 국가배상청구소송을 제기한 경우, 수소법원은 그 위법성 여부를 심리·판단할 수 있다.

정답 ③
③ (X) 행정행위가 아니라 사실행위이다.
① (O) 오늘날 다수설과 판례의 경향은 특별권력관계에서도 일반권력관계와 동일하게 사법심사가 가능하다고 본다.
② (O) 침해적 행위이므로 법률에 근거해야 한다.
④ (O) 교도소에 수감중인 기결수가 교도소장의 위법한 서신발송불허행위 등으로 통신권을 침해당하였다고 주장하며 국가를 상대로 제기한 위자료청구소송에서, 상대방이 그 답변서를 통하여 기결수의 추가적인 범죄사실이나 수용생활 중 고소·진정행위 내역 등에 관하여 제출한 주장과 입증이 정당한 변론활동의 범위를 일탈한 것이 아니어서 위법성이 없다고 한 사례(대판 2008.2.15. 2006다26243).

memo.

제2편

행정의 행위형식

제1장   **행정입법**
제2장   **행정행위**
제3장   **기타 행정의 행위형식**

제1장 행정입법

제1절 서설

01 행정입법의 의의

1. 개념

행정입법이란 국가 등 행정주체가 법조의 형식으로 일반적·추상적 규율을 정립하는 작용 또는 그에 따라 정립된 규범을 의미한다. 행정입법은 실정법상의 개념이 아니라 학문상의 관념이다. 여기서 '일반적'이란 불특정 다수인을 대상으로 함을 의미하고, '추상적'이란 불특정다수의 사건에 적용됨을 의미한다. '규율'이란 생활관계를 일방적이고 구속적으로 확인하고 형성하는 고권적 명령을 의미한다.

> **행정기본법 제38조(행정의 입법활동)** ① 국가나 지방자치단체가 법령등을 제정·개정·폐지하고자 하거나 그와 관련된 활동(법률안의 국회 제출과 조례안의 지방의회 제출을 포함하며, 이하 이 장에서 "행정의 입법활동"이라 한다)을 할 때에는 헌법과 상위 법령을 위반해서는 아니 되며, 헌법과 법령등에서 정한 절차를 준수하여야 한다.
> ② 행정의 입법활동은 다음 각 호의 기준에 따라야 한다.
> 1. 일반 국민 및 이해관계자로부터 의견을 수렴하고 관계 기관과 충분한 협의를 거쳐 책임 있게 추진되어야 한다.
> 2. 법령등의 내용과 규정은 다른 법령등과 조화를 이루어야 하고, 법령등 상호 간에 중복되거나 상충되지 아니하여야 한다.
> 3. 법령등은 일반 국민이 그 내용을 쉽고 명확하게 이해할 수 있도록 알기 쉽게 만들어져야 한다.
> ③ 정부는 매년 해당 연도에 추진할 법령안 입법계획(이하 "정부입법계획"이라 한다)을 수립하여야 한다.
> ④ 행정의 입법활동의 절차 및 정부입법계획의 수립에 관하여 필요한 사항은 정부의 법제업무에 관한 사항을 규율하는 대통령령으로 정한다.

2. 종류

행정입법에는 국가행정권에 의한 입법(협의의 행정입법)과 지방자치단체에 의한 입법이 있는데, 전자는 법규성 여부에 따라 다시 법규명령과 행정규칙으로 나누어지고, 후자는 제정주체에 따라 조례와 규칙으로 나누어진다.

3. 법규명령과 행정규칙의 구분

	법규명령	행정규칙
공통점	① 행정주체가 법조의 형식으로 일반적·추상적 규율을 정립하는 작용 또는 그에 따라 정립된 규범 ② 행정기관은 양자를 모두 준수해야 함	
근거	제정에 법적 근거를 요함 ① 위임명령 : 개별적인 법률의 근거를 요함 ② 집행명령 : 헌법에 포괄적 규정 있음(제75조·제95조)	제정에 법적 근거를 요하지 않고, 상급기관의 감독권 또는 행정기관의 재량처분권에 제정권이 포함됨
공표	공표가 효력발생요건	공표는 의무가 아님. 다만 처분기준은 공표해야(행정절차법 제20조 제1항)
대외적 구속력	일반적으로 대외적 구속력을 가지므로 이에 반하는 행정권 행사는 위법함	원칙적으로 행정기관만을 구속하므로 이에 반하는 행위는 위법한 것으로 판단하지 않음. 다만 대외적 구속력 있는 것으로 평가되는 일부 행정규칙 있음.

02 행정입법의 필요성과 현대적 과제

1. 행정입법의 필요성

법치행정원리상 의회제정 법률로 행정의 내용을 규율하는 것이 원칙이나, 행정활동이 점차 대규모·복잡·다양화하고 있는 오늘날에 있어서는 국회가 장래의 모든 변화를 예측하여 각 경우에 적합한 대책을 법률로 상세히 규정하기 어렵다. 일정사항은 오히려 행정기관이 정치적으로 중립적인 입장에서 보다 객관적으로 규율할 수 있으며, 법률의 일반적 규정으로는 분야별, 지역별 특수사정에 대응하는 것이 어려운 경우가 많다는 점에서 행정입법의 필요성이 증가하고 있다.

2. 행정입법의 현대적 과제

행정입법의 불가피성에도 불구하고 행정입법은 의회입법원칙의 예외이므로 상위법령의 위임이 있어야 가능하다. 법률이 정한 범위를 벗어나서 행정입법이 이루어지면 권력분립원리나 법치주의원리를 부인하는 것이다. 따라서 행정입법을 어느 범위까지 인정할 것이며, 그 한계를 어떻게 설정할 것이고, 그 통제를 어떻게 확보할 것인가의 탐구가 오늘날 행정입법의 최대의 과제가 되고 있다.

제2절 법규명령

01 일반론

1. 의의

법규명령이란 **법률상의 수권에 근거하여 정립하는 추상적·일반적 규정으로서 「법규성」을 가진 것**을 말한다. 여기서 「법규」란 일반적·추상적 규정으로서 국민과 행정권을 구속하는 재판규범이 되는 법규범을 의미한다는 것이 오늘날의 통설적 견해이다. 법규명령은 국민생활을 일방적·고권적으로 규율한다는 점에서 행정행위와 상통하는 점이 있다.

2. 위임명령과 집행명령

위임명령	① 법률 또는 상위명령의 개별적 위임에 의하여 일정한 새로운 법규사항, 즉 국민의 권리·의무에 관한 사항을 규정할 수 있는 법규명령 ② 우리의 헌법상 대통령령('법률에서 위임받은 사항에 관하여', 제75조), 총리령 또는 부령('법률이나 대통령령의 위임으로', 제95조)이 여기에 해당 ③ 법률이 위임한 사항에 관한 한 실질적으로 법률의 내용을 보충하는 것이므로 보충명령이라고도 함
집행명령	① 국민의 권리·의무관계의 내용 그 자체를 정하는 것이 아니라 법률 또는 상위 명령으로 정하여진 내용을 실현하기 위한 세칙을 정하는 법규명령 ② 우리의 헌법상 대통령령('법률을 집행하기 위하여', 제75조), 총리령 또는 부령('소관사무에 관하여 직권으로', 제95조)이 여기에 해당 ③ 대체로 위임명령과 집행명령은 하나의 명령에 혼합적으로 규정되는 것이 보통임

02 법규명령의 근거

1. 유형별 근거

(1) 위임명령

위임명령은 헌법이 정한 요건을 충족할 때 발할 수 있다. 위임명령은 구체적으로 범위를 정하여 수권한 개별법률 또는 상위법률의 규정에 근거하여야 한다(헌법 제75조, 95조).

(2) 집행명령

집행명령은 국민의 권리·의무관계의 내용 그 자체를 정하는 것이 아니라 법률 또는 상위명령으로 정하여진 내용을 실현하기 위한 세칙을 정한 것이므로, 법률에 의한 개별적인 수권을 요하지 않는다.

2. 법규적 성질을 갖는 행정규칙

법령보충규칙, 즉 명령에 근거하여 행정규칙의 형식으로 법규적 성질의 규범을 제정하는 것이 가능한가에 관한 논의가 있다(후술). 판례는 많은 경우 이러한 행정입법을 인정하고 있다.

03 법규명령의 한계

1. 위임명령의 한계

(1) 포괄적 위임의 금지

① **일반적 의미**: 헌법 제75조는 법률의 명령에 대한 수권은 '구체적으로 범위를 정하여' 위임하도록 하고 있다. 이는 법률에서 위임명령에 규정될 사항을 위임함에 있어서는 구체적으로 범위를 정하여 위임하여야 하고 포괄적으로 위임해서는 안된다는 것으로 해석된다. 포괄적 위임은 국회입법권의 포기를 위미하기 때문이다. 포괄적 위임금지를 준수하였는지 여부는 '누구라도 당해 법률이나 상위법령으로부터 위임명령에 규정될 내용의 대강을 예측할 수 있는가'를 기준으로 한다.

② **구체적 판단요소**
  ㉠ 위임명령은 모법이 수권하지 않은 입법사항에 대하여 스스로 규정을 만들어 규율할 수 없으며, 또한 그 내용이 모법의 입법취지에 어긋나지 않아야 한다.
  ㉡ 급부행정의 영역보다 부담적인 행정영역에서 위임입법시의 명확성이나 구체성의 요건이 강화된다.
  ㉢ 규율대상이 지극히 다양하거나 수시로 변화하는 성질의 것일 때에 위임의 구체성, 명확성 요건이 완화될 수 있다.
  ㉣ 위임입법 한계위반여부의 판단은 위임규정 자체뿐만 아니라 당해 법률의 전반적인 체계와 관련 규정을 모두 판단기준으로 하여야 하며, 위임조항의 내재적인 위임의 범위와 한계를 객관적으로 분명히 확정할 수 있다면 포괄적인 백지위임이 아니다.

③ **조례의 경우**: 자치조례에 대한 위임 등 자치법적 사항의 위임에 있어서는 포괄적인 위임도 가능하다는 것이 판례의 태도이다.

> **관련판례**
>
> 위임입법의 한계, 위임범위의 판단기준
> 위임명령은 법률이나 상위명령에서 구체적으로 범위를 정한 개별적인 위임이 있을 때에 가능하고, 여기에서 구체적인 위임의 범위는 규제하고자 하는 대상의 종류와 성격에 따라 달라지는 것이어서 일률적 기준을 정할 수는 없지만, 적어도 위임명령에 규정될 내용 및 범위의 기본사항이 구체적으로 규정되어 있어서 누구라도 당해 법률이나 상위명령으로부터 위임명령에 규정될 내용의 대강을 예측할 수 있어야 하나, 이 경우 그 예측가능성의 유무는 당해 위임조항 하나만을 가지고 판단할 것이 아니라 그 위임조항이 속한 법률이나 상위명령의 전반적인 체계와 취지 목적, 당해 위임조항의 규정형식과 내용 및 관련 법규를 유기적 체계적으로 종합 판단하여야 하고, 나아가 각 규제 대상의 성질에 따라 구체적 개별적으로 검토함을 요한다(대판 2006.2.24. 2005두2322).
>
> 법관의 법 보충작용으로서의 해석
> 조세나 부담금의 부과요건과 징수절차를 법률로 규정하였다고 하더라도 규정 내용이 지나치게 추상적이고 불명확하면 부과관청의 자의적인 해석과 집행을 초래할 염려가 있으므로 법률 또는

그 위임에 따른 명령·규칙의 규정은 일의적이고 명확해야 한다. 그러나 법률규정은 일반성, 추상성을 가지는 것이어서 법관의 법 보충작용으로서의 해석을 통하여 의미가 구체화되고 명확해질 수 있으므로, 조세나 부담금에 관한 규정이 관련 법령의 입법 취지와 전체적 체계 및 내용 등에 비추어 그 의미가 분명해질 수 있다면 이러한 경우에도 명확성을 결여하였다고 하여 위헌이라고 할 수는 없다(대판 2017.10.12. 2015두60105).

중학교 의무교육의 단계적 실시의 대통령령에의 위임은 헌법 제75조가 정하는 포괄위임금지원칙에 위반되지 아니함
교육법 제8조의 2는 교육법 제8조에 정한 의무교육으로서 3년의 중등교육의 순차적인 실시에 관하여만 대통령령이 정하도록 하였으므로 우선 제한된 범위에서라도 의무교육을 실시하되 순차로 그 대상을 확대하도록 되어 있음은 교육법의 각 규정상 명백하고, 다만 그 확대실시의 시기 및 방법만을 대통령령에 위임하여 합리적으로 정할 수 있도록 한 것이므로 포괄위임금지를 규정한 헌법 제75조에 위반되지 아니한다(헌재 1991.2.11. 90헌가27).

법률이 공법적 단체 등의 정관에 자치법적 사항을 위임한 경우 포괄위임입법금지 원칙은 적용되지 아니함
법률이 공법적 단체 등의 정관에 자치법적 사항을 위임한 경우에는 헌법 제75조가 정하는 포괄적인 위임입법의 금지는 원칙적으로 적용되지 않는다고 봄이 상당하고, 그렇다 하더라도 그 사항이 국민의 권리·의무에 관련되는 것일 경우에는 적어도 국민의 권리·의무에 관한 기본적이고 본질적인 사항은 국회가 정하여야 한다 – '사업시행자는 사업시행인가를 신청하기 전에 미리 정관 등이 정하는 바에 따라 토지등 소유자의 동의를 얻어야 한다'는 구 '도시 및 주거환경정비법' 규정은 포괄위임금지원칙에 위배되지 아니한다는 사례(대판 2007.10.12. 2006두14476).

조례에 대한 법률의 위임의 정도는 포괄적인 것으로 족함
조례의 제정권자인 지방의회는 선거를 통해서 그 지역적인 민주적 정당성을 지니고 있는 주민의 대표기관이고 헌법이 지방자치단체에 포괄적인 자치권을 보장하고 있는 취지로 볼 때, 조례에 대한 법률의 위임은 법규명령에 대한 법률의 위임과 같이 반드시 구체적으로 범위를 정하여 할 필요가 없으며 포괄적인 것으로 족하다(헌재 1995.4.20. 92헌마264·279).

법률의 시행령 내용이 모법의 해석상 가능한 것을 명시한 것에 지나지 아니하거나 모법 조항의 취지에 근거하여 구체화하기 위한 것인 경우
법률의 시행령은 법률에 의한 위임이 없으면 개인의 권리·의무에 관한 내용을 변경·보충하거나 법률에 규정되지 아니한 새로운 내용을 정할 수는 없지만, 시행령의 내용이 모법의 입법 취지와 관련 조항 전체를 유기적·체계적으로 살펴보아 모법의 해석상 가능한 것을 명시한 것에 지나지 아니하거나 모법 조항의 취지에 근거하여 이를 구체화하기 위한 것인 때에는 모법의 규율 범위를 벗어난 것으로 볼 수 없으므로, 모법에 이에 관하여 직접 위임하는 규정을 두지 않았다고 하더라도 이를 무효라고 볼 수 없다(대판 2016.12.1. 2014두8650).

법률의 시행령이 형사처벌에 관한 사항을 규정하면서 법률의 명시적인 위임 범위를 벗어나 처벌 대상을 확장하는 경우

의료법 제41조가 "환자의 진료 등에 필요한 당직의료인을 두어야 한다."라고 규정하고 있을 뿐인데도 시행령 조항은 당직의료인의 수와 자격 등 배치기준을 규정하고 이를 위반하면 의료법 제90조에 의한 처벌의 대상이 되도록 함으로써 형사처벌의 대상을 신설 또는 확장하였다. 그러므로 시행령 조항은 위임입법의 한계를 벗어난 것으로서 무효이다(대판 2017.2.16. 2015도16014).

(2) 국회전속적 입법사항 위임금지

헌법이 국회의 전속적 입법사항으로 하고 있는 것은 그에 관한 입법권을 행정기관에 위임할 수 없는 것이 원칙이다. 예컨대 국적취득요건(헌법 제2조), 죄형법정주의(제13조 제1항), 통신·방송의 시설기준(제21조 제3항), 재산권의 수용·사용·제한 및 그에 대한 보상(제23조 제3항), 조세의 종목과 세율(제59조), 국군의 조직과 편제(제74조 제2항), 행정기관법정주의(제96조), 법관의 자격(제101조 제3항), 지방자치단체의 종류(제117조) 등이 그것이다. 다만 이러한 입법사항이라도 그 본질적 내용이 법률로 정해지면 족하고 그 세부적 사항에 대하여 구체적으로 범위를 정하여 행정입법에 위임하는 것은 가능하다는 것이 통설이다.

(3) 처벌규정의 위임

처벌규정의 위임은 헌법 제75조에 의한 위임의 일반적 한계와 죄형법정주의('범죄와 형벌은 법률로 정하여야 한다'는 원칙)에 의해 중첩적으로 제한된다. 따라서 처벌규정의 위임은 구체성·명확성의 요구가 일반 법률사항보다 더욱 강화된다.

관련판례

형사처벌에 대한 위임입법이 허용되기 위한 요건
사회현상의 복잡다기화와 국회의 전문적·기술적 능력의 한계 및 시간적 적응능력의 한계로 인하여 형사처벌에 관련된 모든 법규를 예외 없이 형식적 의미의 법률에 의하여 규정한다는 것은 사실상 불가능할 뿐만 아니라 실제에 적합하지도 아니하기 때문에, 특히 긴급한 필요가 있거나 미리 법률로써 자세히 정할 수 없는 부득이한 사정이 있는 경우에 한하여 수권법률(위임법률)이 구성요건의 점에서는 처벌대상인 행위가 어떠한 것인지 이를 예측할 수 있을 정도로 구체적으로 정하고, 형벌의 점에서는 형벌의 종류 및 그 상한과 폭을 명확히 규정하는 것을 전제로 위임입법이 허용된다(헌재 1991.7.8. 91헌가4).

(4) 재위임

법률에 의하여 위임된 입법권을 전면적으로 재위임하는 것은 실질적으로 수권법의 내용을 개정하는 것이기 때문에 불허된다. 다만 전면적 재위임이 아니고 위임받은 사항에 관하여 대체적인 규정을 한 다음 세부적인 사항을 하위명령에 위임하는 것은 가능하다고 본다(통설). 헌법 제95조가 "대통령령의 위임"이라고 한 것은 이와 같은 재위임의 의미로 해석된다.

(5) 조세요건 등 위임

조세의 종목과 세율은 법률로 정한다(헌법 제59조). 조세에 관하여 법률로 정하여야 할 사항은 그 외에도 납세의무자, 납세요건사실, 과세표준, 행정구제, 벌칙 등이 있다.

> **관련판례**
>
> 조세법률주의와 위임입법의 한계
> 조세법률주의의 이념에 비추어 국민의 재산권을 직접적으로 제한하거나 침해하는 내용의 조세법규에 있어서는 일반적인 급부행정법규에서와 달리 위임입법의 요건과 범위가 보다 엄격하고 제한적으로 규정되어야 한다. 그런데 구 법인세법 제32조 제5항은 위임입법의 주제에 관하여 '익금에 산입한 금액의 처분'이라는 점만을 제시하고 있을 뿐 수임자가 따라야 할 기준인 소득의 성격과 내용 및 그 귀속자에 관하여 아무런 규정을 두고 있지 아니하여, 결국 납세의무의 성부 및 범위와 직접 관계있는 소득처분에 관련된 과세 요건을 정함에 있어서 아무런 기준을 제시함이 없이 하위법규인 대통령령에 포괄적으로 위임하였으므로, 조세법률주의와 위임입법의 한계를 위반하였다(헌재 1995.11.30. 93헌바32).

2. 집행명령의 한계

집행명령의 발령을 위해서는 헌법이나 법률의 명시적인 수권규정을 필요로 하지 않는다. 그러나 법률 또는 상위명령을 집행하기 위하여 필요한 사항만을 규정할 수 있고, 사인의 권리·의무에 관한 내용을 변경·보충하거나 법률 등에 규정되지 아니한 새로운 사항을 규정할 수 없다. 그러나 실제로는 그 한계가 불분명한 경우가 많다.

04 법규명령의 성립 및 발효

1. 법규명령의 성립요건

(1) 주체

법규명령은 의회입법의 원칙에 대한 예외이므로 헌법에 인정되는 자가 법규명령 제정권자가 된다. 헌법상 대통령, 총리, 행정각부의 장, 중앙선거관리위원회 등이 법규제정권자이다.

(2) 내용

상위법령의 수권이 있어야 위임명령을 제정할 수 있고 수권범위내에서 제정되어야 한다. 그러나 집행명령은 위임 없이 직권으로 제정될 수 있다. 법규명령의 근거가 되는 상위법령이 위법하면 그에 근거한 명령도 위법하다. 또한 상위법령에 위반되는 명령은 위법하다.

(3) 절차

법규명령은 법률에서 정한 절차에 따라 제정되어야 한다. 정부조직법은 대통령령에 대한 국무회의 심의와 법제처의 심사를, 총리령과 부령에 대한 법제처의 심사를 요건으로 하고 있으며, 행정절차법은 입법예고절차를 규정하고 있다.

(4) 형식 및 공포

법조문의 형식에 의한다. 대통령령에는 국무회의의 심의를 거친 뜻을 기재하고 대통령이 서명·날인하고, 그 번호와 일자를 명기하여 국무총리와 관계국무위원이 부서한 전문을 붙여야 한다(법령 등 공포에 관한 법률 제7조·제10조). 총리령 및 부령은 그 번호와 일자를 명기하고 국무총리 및 각부장관이 서명한 후 직인을 찍는다(제9조). 판례는 행정규칙 형식이어도 법규명령으로 정하여야 할 사항인 경우는 법규명령의 효력을 가지는 것으로 보고 있다.

2. 법규명령의 효력요건

법규명령은 시행일이 정해진 경우는 그 날부터, 시행일이 정해지지 않은 경우는 공포한 날로부터 20일을 경과함으로써 효력을 발생한다(법령 등 공포에 관한 법률 제13조). 국민의 권리제한 또는 의무부과와 직접 관련되는 법규명령은 특별한 사유가 있는 경우를 제외하고는 공포일로부터 적어도 30일이 경과한 날로부터 시행되도록 하여야 한다(제13조의2).

05 법규명령의 소멸

폐지	법규명령은 그 대상인 명령과 동일한 형식의 법규명령 또는 상위의 법령에 의해 폐지된다. 법규명령은 명시적인 방법 또는 당해 법규명령과 저촉되는 상위의 법령이 새로이 제정되는 경우 상위법령과 저촉되는 한도 내에서 폐지된다.
종기의 도래 해제조건의 성취	한시적 명령의 경우 당해 명령에 붙여진 종기의 도래로 소멸된다. 해제조건부 명령은 해제조건의 성취로 소멸된다.
법원에 의한 취소판결	법규명령이 집행행위의 개입 없이 행정법관계를 규율하는 개별적·구체적 행위일 경우 처분성이 인정되어, 법원에 의한 취소판결에 의하여 법규명령은 그 효력을 상실한다.
근거법령의 효력상실	법률 또는 상위명령이 소멸하면 법적 근거가 없어져 소멸된다. 법규명령의 위임근거가 되는 법률에 대하여 위헌결정이 선고되는 경우 그 법규명령은 별도의 폐지행위 없이도 당연히 효력이 소멸된다. 그런데 판례는 집행명령의 경우는 상위법령이 폐지된 경우와 개정됨에 그친 경우를 나누어 파악하고 있다(아래 판례).

> **관련판례**
>
> 법개정으로 위임 근거 유무에 변동이 있는 법규명령의 유효 여부 판단기준
> 일반적으로 법률의 위임에 의하여 효력을 갖는 법규명령의 경우, 구법에 위임의 근거가 없어 무효였더라도 사후에 법개정으로 <u>위임의 근거가 부여되면</u> 그 때부터는 유효한 법규명령이 되나, 반대로 구법의 위임에 의한 유효한 법규명령이 법개정으로 <u>위임의 근거가 없어지게 되면</u> 그 때부터 무효인 법규명령이 되므로, 어떤 법령의 위임 근거 유무에 따른 유효 여부를 심사하려면 법개정의 전·후에 걸쳐 모두 심사하여야만 그 법규명령의 시기에 따른 유효·무효를 판단할 수 있다(대판 1995.6.30. 93추83).

상위법령이 개정됨에 그친 경우 종전 집행명령은 효력을 유지함
집행명령은 근거법령인 상위법령이 폐지되면 특별한 규정이 없는 이상 실효되는 것이나, 상위법령이 개정됨에 그친 경우에는 개정법령과 성질상 모순, 저촉되지 아니하고 개정된 상위법령의 시행에 필요한 사항을 규정하고 있는 이상 그 집행명령은 상위법령의 개정에도 불구하고 당연히 실효되지 아니하고 개정법령의 시행을 위한 집행명령이 제정, 발효될 때까지는 여전히 그 효력을 유지한다(대판 1989.9.12. 88누6962).

06 법규명령의 통제

1. 통제의 필요성

위임입법의 양적 증대와 질적 고도화가 불가피한 현실이라 하더라도 법치국가원리에 비추어 법규가 행정입법에 맡겨져 실질적으로 행정기관에 의해 법규가 창조된다는 것은 문제가 있다. 따라서 법규명령이 그 한계를 지키도록 하는 통제의 중요성이 크다.

2. 통제유형

(1) 의회에 의한 통제
   ① **직접통제** : 법규명령에 대한 동의 또는 승인권을 유보하는 방법이다. 외국의 사례로 ㉠ 동의권유보(법규명령의 성립과 효력발생에 국회의 동의를 요하도록 하는 방법), ㉡ 적극적 결의(이미 효력이 발생된 법규명령의 효력을 유지하는데 국회의 동의를 요하도록 하는 방법), ㉢ 소극적 결의(이미 효력이 발생된 법규명령의 효력을 소멸시키는 국회의 결의를 인정하는 방법), ㉣ 제출절차 등이 있다. 우리의 경우는 의회제출절차가 마련되어 있다(국회법 제98조의2).
   ② **간접통제** : 이는 국회가 법규명령의 성립이나 효력발생에 직접적으로 관여하는 것이 아니라, 국회가 행정부에 대하여 갖는 국정감시권의 행사에 의해 간접적으로 법규명령의 적법·타당성을 확보하는 것을 의미한다(예 예산안심의, 국정감사·조사, 국무총리·국무위원 등에 대한 질문, 국무총리·국무위원해임건의, 탄핵소추).

(2) 행정적 통제
   ① **행정감독권에 의한 통제** : 행정청은 상·하의 계층적 구조를 이루고 있으므로, 상급관청은 훈령권의 행사에 의하여 법규명령 입법의 기준·방향 등을 지시하고 위법한 행정입법을 하지 아니하도록 명할 수 있으며 행정입법권의 관장에 대하여 행정청간에 분쟁이 있는 경우에 주관쟁의결정권의 행사를 통하여 주관행정청을 결정할 수 있다.
   ② **국무회의와 법제처에 의한 통제** : 대통령령안은 국무회의의 심의를 거쳐야 한다(헌법 제89조 제3호). 국무회의에 상정될 법령안·조약안과 총리령안 및 부령안은 법제처의 심사를 받는다(정부조직법 제20조). 법제처의 법령심사는 법안의 문언·법령 상호간의 모순·상위법령에 대한 위반 여부에 미친다.
   ③ **행정절차적 통제** : 행정절차법이 정한 행정상 입법예고절차에 따라 국민의 권리·의무 또는 일상생활과 밀접한 관련이 있는 법령 등을 마련한 행정청은 이를 예고해야 하며, 누구든지 예고된 입법안

에 대해 의견을 제출할 수 있다(행정절차법 제41조 내지 제45조). 입법예고는 법규명령을 제정·개정할 경우뿐 아니라 폐지하는 경우에도 해야 한다(동법 제41조).
④ **행정심판에 의한 통제**: 중앙행정심판위원회는 심판청구를 심리·의결함에 있어서 처분 또는 부작위의 근거가 되는 명령 등(대통령령·총리령·부령·훈령·예규·고시·조례·규칙 등)이 법령에 근거가 없거나 상위법령에 위배되거나 국민에게 과도한 부담을 주는 등 현저하게 불합리하다고 인정되는 경우에는 관계행정기관에 대하여 당해 명령 등의 개정·폐지 등 적절한 시정조치를 요청할 수 있다(행정심판법 제59조 제1항).

(3) **법원에 의한 통제**
① **구체적 규범통제**
㉠ **의의**: 특정 법규명령의 위헌·위법 여부가 구체적 사건에 대한 재판의 전제가 된 경우에 법원이 이를 심리·판단하는 선결문제 심리방식에 의한 간접적 통제이다.
㉡ **주체**: 구체적 규범통제의 주체는 각급법원이며, 대법원은 이를 최종적으로 심사할 권한을 갖는다.
㉢ **대상**: 구체적 규범통제의 대상은 명령·규칙이다. 여기서 명령은 법규명령을 말하며, 규칙이란 국회규칙·대법원규칙·헌법재판소규칙·중앙선거관리위원회규칙과 지방자치단체의 조례와 규칙을 말한다.
㉣ **위헌·위법**: 법규명령이 헌법이나 법률에 위반한 경우나 상위의 법규명령에 위반한 경우 모두 법원에 의한 통제의 대상이 된다. 행정입법의 헌법 위반 여부도 법원이 통제한다.
㉤ **통제의 효력**
ⓐ **개별적 효력**: 추상적 규범통제와 달리 간접적 통제이므로 당해 규정은 당해 사건에서 적용이 배제될 뿐이다(다수설). 그 이유는 위법한 명령이 직접 다투어진 것이 아니고, 명령의 효력이 상실되는 경우 법의 공백상태가 초래되기 때문이다. 그러나 행정소송법은 대법원이 명령·규칙이 위헌 또는 위법인 것으로 확정한 때에는 이를 행정안전부장관에게 통보하도록 하고 행정안전부장관은 이를 지체 없이 관보에 게재하도록 함으로써(동법 제6조 제1항 등), 사실상 향후 모든 사건에 적용되는 효과를 갖게 된다.
ⓑ **행정처분의 효력**: 위법한 법규명령에 근거한 행정처분은 중대명백설에 의할 때 취소할 수 있는 처분으로 본다. 그러나 대법원에 의해 위법으로 판정된 명령을 적용한 행정처분은 당연히 무효인 행정처분이 된다.
② **직접적 재판통제**
법규명령이 별도의 집행행위 없이 직접적으로 국민의 권리의무에 영향을 미치는 것인 때(구체적 사건성)에는 법규명령에 처분성을 인정하여 취소소송 등을 통해 직접 규범통제를 한다.

> **관련판례**
>
> 조례가 그 자체로서 직접 국민의 구체적인 권리의무나 법적 이익에 영향을 미치는 경우 항고소송의 대상이 되는 행정처분에 해당
> 조례가 집행행위의 개입 없이도 그 자체로서 직접 국민의 구체적인 권리의무나 법적 이익에 영향을 미치는 등의 법률상 효과를 발생하는 경우 그 조례는 항고소송의 대상이 되는 행정처분에

해당하고, 이러한 조례에 대한 무효확인소송을 제기함에 있어서 행정소송법 제38조 제1항, 제13조에 의하여 피고적격이 있는 처분 등을 행한 행정청은, 행정주체인 지방자치단체 또는 지방자치단체의 내부적 의결기관으로서 지방자치단체의 의사를 외부에 표시한 권한이 없는 지방의회가 아니라, 구 지방자치법 제19조 제2항, 제92조에 의하여 지방자치단체의 집행기관으로서 조례로서의 효력을 발생시키는 공포권이 있는 지방자치단체의 장이다(대판 1996.9.20. 95누8003).

(4) 헌법재판소에 의한 통제

헌법 제111조 제1항 제5호와 헌법재판소법 제68조 제1항에 의하여 헌법재판소는 법원의 재판을 제외한 공권력의 행사 또는 불행사에 대한 헌법소원심판권을 갖는다. 이 속에 법규명령의 위헌성 여부에 대한 헌법소원심판권도 포함되는가에 관하여 견해가 나뉜다. 헌법재판소는 헌법 제107조 제2항에 기한 명령·규칙의 위헌성 심사는 배타적 성질의 것은 아니라고 하여 적극설의 입장에 있다. 또한 헌법재판소는 법령보충규칙에 대하여 법규명령의 성격을 인정하고, 그에 의하여 기본권이 직접 침해된 경우에는 헌법소원을 인정하고 있다.

> **관련판례**
>
> **법무사시험실시를 법원행정처장의 재량에 맡긴 법무사법시행규칙은 헌법소원의 대상**
> 헌법 제107조 제2항이 규정한 명령·규칙에 대한 대법원의 최종심사권이란 구체적인 소송사건에서 명령·규칙의 위헌여부가 재판의 전제가 되었을 경우 법률의 경우와는 달리 헌법재판소에 제청할 것 없이 대법원이 최종적으로 심사할 수 있다는 의미이며, <u>명령·규칙 그 자체에 의하여 직접 기본권이 침해되었음</u>을 이유로 하여 헌법소원심판을 청구하는 것은 위 헌법규정과는 아무런 상관이 없는 문제이다(중략) 법무사법시행규칙 제3조 제1항은 법원행정처장이 법무사를 보충할 필요가 없다고 인정하면 법무사시험을 실시하지 아니해도 된다는 것으로서 상위법인 법무사법 제4조 제1항에 의하여 모든 국민에게 부여된 법무사 자격취득의 기회를 하위법인 시행규칙으로 박탈한 것이어서 평등권과 직업선택의 자유를 침해한 것이다(헌재 1990.10.15. 89헌마178).
>
> **법령보충규칙에 대한 헌법소원 인정**
> 법령의 직접적인 위임에 따라 위임행정기관이 그 법령을 시행하는데 필요한 구체적 사항을 정한 것이면, 그 제정형식은 비록 법규명령이 아닌 고시, 훈령, 예규 등과 같은 행정규칙이더라도 그것이 상위법령의 위임한계를 벗어나지 아니하는 한, 상위법령과 결합하여 대외적인 구속력을 갖는 법규명령으로서 기능하게 된다고 보아야 할 것인바, 청구인이 법령과 예규의 관계규정으로 말미암아 직접 기본권침해를 받았다면 이에 대하여 바로 헌법소원심판을 청구할 수 있다(헌재 1992.6.26. 91헌마25).

(5) 민중적 통제

법규명령안을 국민에게 행정입법예고하거나 그에 관한 공청회를 개최하여 그에 따라 표명된 이해관계인의 의견을 법규명령의 내용에 반영하는 방법이 행정절차법에 마련되어 있다. 또한 오늘날에는 언론이나 시민단체 활동 등을 통하여 법규명령을 통제하는 것도 가능하다.

(6) 행정입법부작위에 대한 통제
   ① 문제의 소재 : 행정권에게 행정입법(제정·개정·폐지)을 할 법적 의무가 있음에도 불구하고 이를 하지 않는 경우를 행정입법부작위라고 한다. 아직 입법이 없거나(진정입법부작위) 불충분한 입법 밖에 없는 경우(부진정입법부작위) 통제방안이 문제된다.
   ② 행정입법부작위의 요건
      ㉠ 명령제정·개폐의무
         ⓐ 시행명령제정의무 : 미국이나 프랑스와 달리 우리나라의 경우 행정권의 시행명령제정의무를 정하는 명시적인 법률규정은 없다. 그러나 권력분립의 원칙·법치행정의 원칙을 전제로 하고 있는 헌법하에서 행정권의 시행명령제정·개정의무는 법적 의무로 보아야 한다. 다만 시행명령의 개입 없이 법률의 규정만으로 집행될 수 있는 경우에는 행정권에게 시행명령제정의무는 없다.
         ⓑ 위법한 명령의 개폐의무 : 행정은 위법상태를 종식시킴으로써 적법성을 회복시킬 의무가 있으므로 행정기관은 위법한 명령을 개정 또는 폐지할 법적 의무가 있다. 다만 법적 안정성의 원칙, 이해관계인의 이익 및 행정업무의 과중한 부담 등을 고려하면 개폐의무 부과의 범위를 적절히 정하는 일은 남는다.
      ㉡ 상당한 기간의 경과 : 법률을 시행하는 명령을 제정하기 위해서는 행정청에게 상당한 기간이 필요한바, 시행명령제정상의 어려움을 고려하여 각 경우마다 개별적으로 '상당한 기간'을 판단하게 된다.
      ㉢ 명령의 제정 또는 개폐가 없었을 것 : 상당한 기간이 경과하도록 명령의 제정 또는 개폐가 없어야 한다.
   ③ 진정입법부작위에 의한 기본권침해의 경우 : 국민은 ㉠ 국가기관에 **입법청원**을 할 수 있고, ㉡ 입법부작위가 헌법재판소법 제68조 제1항의 공권력의 불행사에 해당하는 경우는 **헌법소원심판청구**를 할 수 있으며, ㉢ 행정입법의 부당한 지체로 인해 손해를 입은 경우 **국가배상을 청구**할 수 있으나, ㉣ 위법한 행정입법부작위를 **행정소송으로 다툴 수는 없다**.
   ④ 부진정입법부작위에 의한 기본권침해의 경우 : 이 경우는 ㉠ 국가기관에 **입법청원**을 할 수 있고, ㉡ 행정입법이 집행행위를 매개하지 않고 직접 기본권을 침해하는 경우에는 **헌법소원심판청구**를 할 수 있고, ㉢ 재판의 전제가 되는 경우 법원이 행정입법의 **위법·위헌심사**를 할 수 있고, ㉣ **국가배상을 청구**할 수 있고(다만 고의·과실 요건을 충족하기에 난점 있음), ㉤ 법규명령이 직접 국민의 법적 지위에 영향을 미치는 것인 때에는 **행정소송**이 인정될 수 있다.

> **관련판례**
>
> 추상적인 법령의 제정 여부 등은 부작위위법확인소송의 대상이 될 수 없음
> 행정소송은 구체적 사건에 대한 법률상 분쟁을 법에 의하여 해결함으로써 법적 안정을 기하자는 것이므로 부작위위법확인소송의 대상이 될 수 있는 것은 구체적 권리의무에 관한 분쟁이어야 하고 추상적인 법령에 관하여 제정의 여부 등은 그 자체로서 국민의 구체적인 권리의무에 직접적 변동을 초래하는 것이 아니어서 그 소송의 대상이 될 수 없다(대판 1992.5.8. 91누11261).

치과전문의제도의 실시에 필요한 행정입법을 하지 않은 것에 대해 헌법소원 인정

삼권분립의 원칙, 법치행정의 원칙을 당연한 전제로 하고 있는 우리 헌법하에서 <u>행정권의 행정입법 등 법집행의무는 헌법적 의무라고 보아야 한다.</u> 왜냐하면 행정입법이나 처분의 개입 없이도 법률이 집행될 수 있거나 법률의 시행여부나 시행시기까지 행정권에 위임된 경우는 별론으로 하고, 이 사건과 같이 치과전문의제도의 실시를 법률 및 대통령령이 규정하고 있고 그 실시를 위하여 시행규칙의 개정 등이 행해져야 함에도 불구하고 행정권이 법률의 시행에 필요한 행정입법을 하지 아니하는 경우에는 <u>행정권에 의하여 입법권이 침해되는 결과</u>가 되기 때문이다. 따라서 보건복지부장관에게는 헌법에서 유래하는 행정입법의 작위의무가 있다.… 청구인들은 전공의수련과정을 사실상 마치고도 치과전문의자격시험의 실시를 위한 제도가 미비한 탓에 치과전문의자격을 획득할 수 없었고 이로 인하여 형벌의 위험을 감수하지 않고는 전문과목을 표시할 수 없게 되었으므로(의료법 제55조 제2항, 제69조 참조) 행복추구권을 침해받고 있고, 이 점에서 전공의수련과정을 거치지 않은 일반 치과의사나 전문의시험이 실시되는 다른 의료분야의 전문의에 비하여 불합리한 차별을 받고 있다(헌재 1998.7.16. 96헌마246).

(7) 법령해석 요청권

행정기본법 제40조(법령해석) ① 누구든지 법령등의 내용에 의문이 있으면 법령을 소관하는 중앙행정기관의 장(이하 "법령소관기관"이라 한다)과 자치법규를 소관하는 지방자치단체의 장에게 법령해석을 요청할 수 있다.
② 법령소관기관과 자치법규를 소관하는 지방자치단체의 장은 각각 소관 법령등을 헌법과 해당 법령등의 취지에 부합되게 해석·집행할 책임을 진다.
③ 법령소관기관이나 법령소관기관의 해석에 이의가 있는 자는 대통령령으로 정하는 바에 따라 법령해석업무를 전문으로 하는 기관에 법령해석을 요청할 수 있다.
④ 법령해석의 절차에 관하여 필요한 사항은 대통령령으로 정한다.

예제 법규명령에 관한 판례의 입장과 다른 것은? ▶ 22 소방승진

① 법률 시행령의 내용이 모법의 입법 취지와 관련 조항 전체를 유기적·체계적으로 살펴보아 모법의 해석상 가능한 것을 명시한 것에 지나지 아니하거나 모법 조항의 취지에 근거하여 이를 구체화하기 위한 것인 때에는 모법의 규율 범위를 벗어난 것으로 볼 수 없으므로, 모법에 이에 관하여 직접 위임하는 규정을 두지 않았다고 하더라도 이를 무효라고 볼 수 없다.

② 법률의 위임에 의하여 효력을 갖는 법규명령의 경우, 구법에 위임의 근거가 없어 무효였더라도 사후에 법개정으로 위임의 근거가 부여되면 그때부터는 유효한 법규명령이 된다.

③ 헌법 제75조에서 말하는 위임의 구체성·명확성의 요구 정도는 각종 법률이 규제하고자 하는 대상의 종류와 성질에 따라 달라지는데, 특히 규율대상이 지극히 다양하거나 수시로 변화하는 성질의 것일 때에는 위임의 구체성·명확성의 요건이 완화된다.

④ 법률이 공법적 단체 등의 정관에 자치법적 사항을 위임한 경우에도 헌법 제75조가 정하는 포괄적인 위임입법의 금지는 원칙적으로 적용된다고 보아야 한다.

정답 ④

④ (×) 법률이 공법적 단체 등의 정관에 자치법적 사항을 위임한 경우에는 헌법 제75조가 정하는 포괄적인 위임입법의 금지는 원칙적으로 적용되지 않는다고 봄이 상당하고, 그렇다 하더라도 그 사항이 국민의 권리·의무에 관련되는 것일 경우에는 적어도 국민의 권리·의무에 관한 기본적이고 본질적인 사항은 국회가 정하여야 한다(대판 2007.10.12. 2006두14476).
① (○) 대판 2014.8.20. 2012두19526 ② (○) 대판 1995.6.30. 93추83
③ (○) 헌재 1997.2.20. 95헌바27

예제 법규명령에 관한 설명으로 옳지 않은 것은? (다툼이 있는 경우 판례에 의함) ▶ 23 소방승진

① 법령의 위임이 없음에도 법령에 규정된 처분요건에 해당하는 사항을 부령에서 변경하여 규정한 경우, 그 부령은 행정조직 내부에서 적용되는 행정명령의 성격을 지닐 뿐이다.

② 집행명령은 근거법령인 상위법령이 폐지 또는 개정될 경우, 특별한 규정이 없는 이상 실효된다.

③ 상위법령에서 세부사항 등을 시행규칙으로 정하도록 위임하였음에도 이를 고시 등 행정규칙으로 정하였다면, 그 역시 대외적 구속력을 가지는 법규명령으로서 효력이 인정될 수 없다.

④ 다른 집행행위의 매개 없이 그 자체로서 직접 국민의 구체적인 권리·의무나 법률관계를 규율하는 성격을 가질 때에는 행정처분에 해당한다.

정답 ②

② (×) 집행명령은 근거법령인 상위법령이 폐지되면 특별한 규정이 없는 이상 실효되는 것이나, 상위법령이 개정됨에 그친 경우에는 개정법령과 성질상 모순, 저촉되지 아니하고 개정된 상위법령의 시행에 필요한 사항을 규정하고 있는 이상 그 집행명령은 상위법령의 개정에도 불구하고 당연히 실효되지 아니하고 개정법령의 시행을 위한 집행명령이 제정, 발효될 때까지는 여전히 그 효력을 유지한다(대판 1989.9.12. 88누6962).
① (○) 대판 2015.6.23. 2012두2986 ③ (○) 대판 2012.7.5. 2010다72076
④ (○) 대결 2003.10.9. 2003무23

예제 위임명령의 한계에 대한 설명으로 옳지 않은 것은? (다툼이 있는 경우 판례에 의함)

① 법률이 공법적 단체 등의 정관에 자치법적 사항을 위임한 경우에는 헌법 제75조가 정하는 포괄적인 위임입법의 금지는 원칙적으로 적용되지 않지만, 그 사항이 국민의 권리·의무에 관련되는 것일 경우에는 적어도 국민의 권리·의무에 관한 기본적이고 본질적인 사항은 국회가 정하여야 한다.
② 헌법에서 채택하고 있는 조세법률주의의 원칙상 과세요건과 징수절차에 관한 사항을 명령·규칙 등 하위법령에 구체적·개별적으로 위임하여 규정할 수 없다.
③ 법률에서 위임받은 사항에 관하여 대강을 정하고 그 중의 특정사항을 범위를 정하여 하위법령에 다시 위임하는 경우에는 재위임이 허용된다. 이러한 법리는 조례가 「지방자치법」에 따라 주민의 권리제한 또는 의무부과에 관한 사항을 법률로부터 위임받은 후, 이를 다시 지방자치단체장이 정하는 '규칙'이나 '고시' 등에 재위임하는 경우에도 마찬가지이다.
④ 법률의 시행령이나 시행규칙의 내용이 모법 조항의 취지에 근거하여 이를 구체화하기 위한 것인 때에는 모법의 규율 범위를 벗어난 것으로 볼 수 없다. 이러한 경우에는 모법에 이에 관하여 직접 위임하는 규정을 두지 않았다고 하여도 이를 무효라고 볼 수 없다.

정답 ②

② (×) 조세법률주의의 원칙은 과세요건과 징수절차 등 조세권행사의 요건과 절차는 국민의 대표기관인 국회가 제정한 법률로써 규정하여야 한다는 것이나, 과세요건과 징수절차에 관한 사항을 명령·규칙 등 하위법령에 위임하여 규정하게 할 수 없는 것은 아니고, 이러한 사항을 하위법령에 위임하여 규정하게 하는 경우 구체적·개별적 위임만이 허용되며 포괄적·백지적 위임은 허용되지 아니하고(과세요건법정주의), 이러한 법률 또는 그 위임에 따른 명령·규칙의 규정은 일의적이고 명확하여야 한다(과세요건명확주의)는 것이다 (대결 1994.9.30. 94부18).
① (○) 대판 2007.10.12. 2006두14476 ③ (○) 대판 2015.1.15. 2013두14238
④ (○) 대판 2009.6.11. 2008두13637

예제 행정입법에 대한 설명으로 옳지 않은 것은? (다툼이 있는 경우 판례에 의함)

① 부령의 형식으로 정해진 제재적 행정처분의 기준은 그 규정의 성질과 내용이 행정청 내부의 사무처리준칙을 정한 것에 불과하므로 대외적으로 국민이나 법원을 구속하는 것은 아니다.
② 항정신병 치료제의 요양급여 인정기준에 관한 보건복지부 고시가 다른 집행행위의 매개 없이 그 자체로서 직접 국민의 구체적인 권리의무와 법률관계를 규율하는 성격을 가질 때에는 항고소송의 대상이 되는 행정처분에 해당한다.
③ 법률의 위임에 의하여 효력을 갖는 법규명령이 법개정으로 위임의 근거가 없어지게 되더라도 효력을 상실하지 않는다.
④ 한국수력원자력 주식회사가 조달하는 기자재, 용역 및 정비공사, 기기수리의 공급자에 대한 관리업무 절차를 규정함을 목적으로 제정·운용하고 있는 '공급자관리지침' 중 등록취소 및 그에 따른 일정 기간의 거래제한조치에 관한 규정들은 상위 법령의 구체적 위임 없이 정한 것이어서 대외적 구속력이 없는 행정규칙이다.

정답 ③

③ (×) 법률의 위임에 의하여 효력을 갖는 법규명령의 경우 법률이 개정되어 위임의 근거가 없어지게 되면 하위 법규명령은 그 효력이 소멸된다(대판 1995.6.30. 93추83).
① (○) 대판 2003.10.9. 2003무23 ② (○) 대결 2003.10.9. 2003무23
④ (○) 대판 2020.5.28. 2017두66541

예제 행정입법의 사법적 통제에 대한 설명으로 옳지 않은 것은? (다툼이 있는 경우 판례에 의함)
① 조례가 집행행위의 개입 없이도 그 자체로서 직접 국민의 권리의무나 법적 이익에 영향을 미치는 등의 법률상 효과를 발생하는 경우 그 조례는 항고소송의 대상이 되는 행정처분에 해당한다.
② 행정청이 행정입법 등 추상적인 법령을 제정하지 아니하는 행위는 법률이 시행되지 못하게 됨으로써 행정입법을 통해 구체화되는 개인의 권리를 침해하는 것으로, 항고소송의 대상이 된다.
③ 어떠한 처분의 근거나 법적인 효과가 행정규칙에 규정되어 있다고 하더라도, 그 처분이 상대방의 권리의무에 직접 영향을 미치는 행위라면 항고소송의 대상이 되는 행정처분에 해당한다.
④ 법령의 규정이 특정 행정기관에게 법령 내용의 구체적 사항을 정하도록 권한을 부여하여 특정 행정기관이 행정규칙을 정하였으나 그 행정규칙이 상위 법령의 위임 범위를 벗어났다면, 그러한 행정규칙은 대외적 구속력을 가지는 법규명령으로서의 효력이 인정되지 않는다.

정답 ②

② (×) 추상적인 법령에 관하여 제정의 여부 등은 그 자체로서 국민의 구체적인 권리·의무에 직접적 변동을 초래하는 것이 아니어서 그 소송의 대상이 될 수 없다(대판 1992.5.8. 91누11261).
① (○) 대판 1996.9.20. 95누8003
③ (○) 대판 2002.7.26. 2001두3532
④ (○) 대판 2006.4.28. 2003마715

제3절 행정규칙

01 의의

1. 개념 및 필요성

(1) 행정규칙이란 **행정기관이 법조의 형식으로 정립하는 일반적·추상적 규범으로서 내부효과만을 가질 뿐 대외적으로 구속력을 가지는 법규로서의 성질을 가지지 아니하는 행정입법**을 말한다(종래의 통설).

(2) 법의 해석·집행에 있어서 행정기관에 많은 재량이 인정되어 행정기관마다 해석·적용이 통일되지 못할 가능성이 있는바, 훈령·예규 등 행정규칙을 통해서 상급행정청이 하급행정청의 권한행사를 지휘하여 행정내용의 통일과 행정의 적정화·능률화를 기할 필요가 있는데, 이러한 기능을 수행하는 것이 행정규칙이다.

2. 행정규칙의 성질

(1) 행정규칙은 각 행정기관이 국민의 권리·의무와 직접 관계가 없는 행위기준 등을 정한 규범으로서 원칙적으로 외부효과를 갖지 않아 원칙적으로 국민에 대하여 직접 구속력을 갖지 못하고 발령기관에 대하여도 구속력이 없다(종래의 통설).

(2) 행정규칙은 수명기관에게는 구속력이 있으나, 수명기관이 행정규칙에 위반하여도 원칙적으로 위법이 되지 아니한다.

02 행정규칙의 종류

1. 내용에 따른 분류

조직규칙	행정주체의 내부조직 및 권한배분에 관하여 정하는 규칙(예 사무분장규정·위임전결규정 등) ※ 다만, 중앙행정기관 및 보조기관의 설치·조직·직무범위는 법률과 대통령령에 의하여 정하고(헌법 제96조, 정부조직법 제2조), 지방자치단체의 행정기구는 조례로 정함(지방자치법 제112조·제113조)
근무규칙	상급기관이 하급기관 및 그의 구성원의 근무에 대하여 규율하는 규칙(예 행정절차운영지침, 사무관리규정, 근무시간조정에관한규정 등)
영조물규칙	영조물의 관리청이 영조물의 조직·관리 및 사용을 규율하기 위해서 제정하는 규칙(예 학칙, 교도소규칙)
규범해석적 행정규칙	다의적으로 해석될 수 있는 불확정법개념이 있는 경우 그 해석기준에 대하여 상급행정청이 정하는 규칙(예 '야간쓰레기'의 범위에 관한 기준)
재량준칙	법규범이 행정청에게 재량권을 부여하는 경우 상급행정기관이 하급행정기관의 재량권 행사방법에 대하여 정하는 규칙(예 국토교통부장관이 지방자치단체장에 대하여 위법건축물의 기준을 정해주는 경우) ☞ 합목적적이고 통일적인 재량권행사를 보장하는 기능을 가짐
규범구체화	과학·기술의 전문분야에서 상위법령의 내용을 구체화하는 행정규칙(예 전문가들의 의견을 반영하여

행정규칙	환경기준을 행정규칙으로 정하는 경우)
간소화규칙	대량으로 발생하는 행정작용 분야에서 그 처리기준을 정하여 주는 행정규칙
법률대위적 행정규칙	법률유보의 원칙이 적용되지 않는 영역에서 법률이 전혀 없거나 또는 불충분한 경우에 관련법률이 정하여지기까지 하급행정기관이 행위통제적 기능을 하는 규칙(예 법률이 보조금을 지급할 수 있다고만 규정하고 있는 경우에 지급기준을 정하는 자금교부규칙). 재량준칙과 구별이 어려움

2. 형식에 따른 분류

(1) 훈령(사무관리규정에 등장하는 형식)

협의의 훈령	상급기관이 하급기관에 대하여 장기간에 걸쳐 그 권한행사를 일반적으로 지시하기 위하여 발하는 명령 ☞ 훈령은 기본적인 사항을 규정하고, 통첩은 세부적인 사항을 규율
지시	상급기관이 직권 또는 하급기관의 문의에 의하여 개별적·구체적으로 발하는 명령 ☞ 일반적·추상적 규율이 아니어서 행정규칙보다 직무명령에 가까운 성질
일일명령	당직·출장·특근·휴가 등 일일업무에 관한 명령 ☞ 내용이 일반성·추상성을 갖지 않는 경우에는 직무명령에 불과
예규	법규문서 이외의 문서로서 반복적 행정사무의 기준을 제시하는 명령

(2) 고시

① **의의** : 행정청이 결정한 사항 및 기타 일정한 사항을 일반인에게 알리는 통지행위로서의 성질을 갖는다. '공고' 또는 '공시' 등으로 표현되는 경우도 있다.

② **법적 성질**
  ㉠ 행정청이 결정한 사항 기타 일정한 사항을 단순히 국민에게 알리는 고시는 일반적으로 행정규칙의 성질을 갖는다.
  ㉡ 고시가 일반적·구체적 규율의 성질을 가지면 일반처분(예 특정도로의 통행금지에 대한 고시)에 해당하며, 고시의 내용이 어떤 물건의 성질 또는 상태를 규율하는 내용을 담고 있을 때에는 물적 행정행위라고 볼 수 있다.
  ㉢ 고시가 법령의 수권에 의해 법령을 보충하는 사항을 정하는 경우(행정규제기본법 제4조 제2항)에는 법령보충적 고시로서 근거법령규정과 결합하여 대외적으로 구속력 있는 법규명령의 효력을 갖는다(대판 1999.11.26. 97누13474).

> **관련판례**
>
> **고시가 행정처분에 해당하는 경우**
> 어떠한 고시가 일반적·추상적 성격을 가질 때에는 법규명령 또는 행정규칙에 해당할 것이지만, 다른 집행행위의 매개 없이 그 자체로서 직접 국민의 구체적인 권리의무나 법률관계를 규율하는 성격을 가질 때에는 항고소송의 대상이 되는 행정처분에 해당한다. 항정신병 치료제의 요양급여 인정기준에 관한 보건복지부 고시는 다른 집행행위의 매개 없이 그 자체로서 제약회사, 요양기관,

환자 및 국민건강보험공단 사이의 법률관계를 직접 규율하므로 항고소송의 대상이 되는 행정처분에 해당한다(대판 2003.10.9. 2003무23결정).

납세병마개 제조업자를 지정한 국세청고시의 법적 성격 및 심판의 대상
고시 또는 공고의 법적 성질은 일률적으로 판단될 것이 아니라 고시에 담겨진 내용에 따라 구체적인 경우마다 달리 결정된다고 보아야 한다. 즉, 고시가 일반·추상적 성격을 가질 때는 법규명령 또는 행정규칙에 해당하지만, 고시가 구체적인 규율의 성격을 갖는다면 행정처분에 해당한다. 이 사건 국세청고시는 특정 사업자를 납세병마개 제조자로 지정하였다는 행정처분의 내용을 모든 병마개 제조자에게 알리는 통지수단에 불과하므로, 청구인의 이 사건 국세청고시에 대한 헌법소원심판청구는 고시 그 자체가 아니라 고시의 실질적 내용을 이루는 국세청장의 위 납세병마개 제조자 지정처분에 대한 것으로 해석함이 타당하다(헌재 1998.4.30. 97헌마141).

03 입법형식과 규율사항의 불일치

1. 법규명령 형식의 행정규칙

(1) 문제의 소재

행정규칙은 일반적으로 고시·훈령·예규의 형식으로 정립되나 때로는 상위법령의 위임 없이 대통령령과 같은 법규명령의 형식으로 제정되는 경우가 있다(예 대통령령인 사무관리규정). 반대로 제재처분의 기준처럼 상위법령의 수권을 받아 법규명령의 형식으로 제정된 경우가 있다(예 택시운전자격의 취소·정지처분기준). 이러한 경우 법규성의 인정여부가 문제된다.

(2) 성질(법규명령인가 행정규칙인가)

형식설 (법규명령설)	① 법규형식은 매우 중요하고 엄숙한 행위이기 때문에 법규형식이 존중되어야 한다는 점, ② 일정한 사안을 법규명령의 형식으로 제정할 것인지 또는 행정규칙의 형식으로 제정할 것인지는 입법정책의 문제라는 점, ③ 법규사항과 법규가 아닌 사항이 본질적으로 구별되는 것은 아니라는 점에서, 법규는 내용과 관계없이 일반국민에 대하여 구속력을 가지므로 설령 그 내용이 국민의 자유와 재산에 관계없는 사항을 포함하더라도 법규의 형식으로 규정된 이상 일반국민을 구속한다는 견해
실질설 (행정규칙설)	① 법규명령으로 보면 행정의 실제상 구체적 타당성과 탄력성의 확보가 어렵다는 점, ② 행정규칙사항을 법규명령 형식으로 정한다고 하여도 그 성질(비법규성)은 변하는 것이 아니라는 점, ③ 형식설을 취하면 법률에서 재량행위로 정한 것을 명령으로 기속행위로 바뀌게 되어 법률의 취지에 반한다는 점에서, 법규명령의 형식을 취하고 있더라도 당해 규범을 행정규칙으로 보아야 한다는 견해
수권여부기준설	법령의 수권에 근거한 경우는 법규명령이고, 법률의 수권이 없이 제정된 경우는 행정규칙이라는 견해
독자적 법형식설	재량준칙은 법규명령도 행정규칙도 아닌 제3의 법형식으로서 독자적인 것이며, 행정청은 항상 처분에 대한 재량권을 보유하고 있어 공익상의 이유가 있으면 준칙을 적용하지 않을 수 있다고 보는 견해

(3) 판례

① **대통령령의 형식으로 제정된 경우**: 대법원은 이러한 행정처분의 기준은 행정조직 내부에 있어서의 행정명령에 지나지 않는 것이 아니라 대외적으로 국민이나 법원을 구속하는 힘이 있는 법규명령이라는 입장이다.

② **부령 또는 지방자치단체규칙의 형식으로 제정된 경우**: 대법원은 법령의 위임을 받아 부령으로 정한 제재적 처분기준은 행정청 내의 사무처리기준을 정한 것에 불과하므로 행정규칙의 성질을 가지며 대외적으로 국민이나 법원을 구속하는 것은 아니라고 본다(실질설). 지방자치단체규칙의 형식으로 제정된 경우에도 동일한 입장이다. 다만 특허의 인가기준을 법령의 위임을 받아 부령으로 정한 경우 법규명령으로 본 예외적 판례도 있다.

③ **최고한도를 정한 것으로 본 판례**: 대법원은 대통령령으로 정한 행정처분의 기준을 법규명령으로 보면서도 그 기준을 단순히 처분의 한도로 본 사례(청소년보호법시행령의 과징금처분기준)로 파악하기도 한다. 이는 행정권 행사에 있어서의 구체적 타당성을 도모하고, 과징금부과처분을 재량행위로 규정하고 있는 상위법률과의 관련성을 고려한 것으로 해석된다.

> **관련판례**
>
> **법규명령으로 본 사례**
>
> [1] 당해 영업정지처분의 기준이 된 주택건설촉진법시행령 제10조의3 제1항 [별표 1]은 주택건설촉진법 제7조 제2항의 위임규정에 터잡은 규정형식상 대통령령이므로 그 성질이 부령인 시행규칙이나 또는 지방자치단체의 규칙과 같이 통상적으로 행정조직 내부에 있어서의 행정명령에 지나지 않는 것이 아니라 대외적으로 국민이나 법원을 구속하는 힘이 있는 법규명령에 해당한다(대판 1997.12.26. 97누15418).
>
> [2] 구 여객자동차 운수사업법 시행규칙 제31조 제2항 제1호, 제2호, 제6호는 구 여객자동차 운수사업법 제11조 제4항의 위임에 따라 시외버스운송사업의 사업계획변경에 관한 절차, 인가기준 등을 구체적으로 규정한 것으로서, 대외적인 구속력이 있는 법규명령이라고 할 것이고, 그것을 행정청 내부의 사무처리준칙을 규정한 행정규칙에 불과하다고 할 수는 없다(대판 2006.6.27. 2003두4355).
>
> **행정규칙으로 본 사례**
>
> [1] 도로교통법시행규칙 제53조 제1항이 정한 별표 16의 운전면허 행정처분 기준은 부령의 형식으로 되어 있으나, 규정의 성질과 내용이 운전면허의 취소처분 등에 관한 사무처리 기준과 처분절차 등 행정청 내부의 사무처리준칙을 규정한 것에 지나지 아니하므로 대외적으로 국민이나 법원을 기속하는 효력이 없다. 지방경찰청장이 운전면허를 받은 사람이 술에 취한 상태에서 자동차 등을 운전을 한 것 등을 이유로 도로교통법 제78조 제8호에 따라서 운전면허를 취소하는 것은 기속행위가 아니다(대판 1993.2.9. 92누15253).
>
> [2] 구 약사법 제69조 제1항 제3호, 제3항에 근거하여 약사의 의약품 개봉판매행위에 대한 행정처분기준을 정한 약사법 시행규칙 제89조 [별표 6]… 제재적 행정처분의 기준이 부령의 형식으로

규정되어 있더라도 그것은 행정청 내부의 사무처리준칙을 규정한 것에 지나지 아니하여 대외적으로 국민이나 법원을 기속하는 효력이 없고, 당해 처분의 적법 여부는 위 처분기준만이 아니라 관계 법령의 규정 내용과 취지에 따라 판단되어야 하므로, 위 처분기준에 적합하다 하여 곧바로 당해 처분이 적법한 것이라고 할 수는 없는 것이지만…(대판 2007.9.20. 2007두6946).

청소년보호법시행령으로 정한 과징금처분기준의 경우
구 청소년보호법 제49조 제1항, 제2항에 따른 같은법시행령 제40조 [별표 6]의 위반행위의종별에 따른과징금처분기준은 법규명령이기는 하나 모법의 위임규정의 내용과 취지 및 헌법상의 과잉금지의 원칙과 평등의 원칙 등에 비추어 같은 유형의 위반행위라 하더라도 그 규모나 기간·사회적 비난 정도·위반행위로 인하여 다른 법률에 의하여 처벌받은 다른 사정·행위자의 개인적 사정 및 위반행위로 얻은 불법이익의 규모 등 여러 요소를 종합적으로 고려하여 사안에 따라 적정한 과징금의 액수를 정하여야 할 것이므로 그 수액은 정액이 아니라 최고한도액이다(대판 2001.3.9. 99두5207). 同旨: 국민건강보험법시행령으로 정한 과징금부과기준 사건(대판 2006.2.9. 2005두11982)

2. 행정규칙 형식의 법규명령(법령보충적 행정규칙)

(1) 문제의 소재
고시·훈령·예규 등의 형식을 갖추고 있으나, 그 내용이 당해 행정입법의 근거가 되는 법령의 규정과 결합하여 법규의 내용을 보충하는 것으로서 실질에 있어서는 법규적 성질을 갖는 경우 그 법규명령으로서의 효력을 인정할 것인가의 문제이다(예 석유판매업허가기준고시, 식품영업허가기준고시, 대외무역법 제19조 제2항에 의한 수출제한 물품의 공고).

(2) 성질

실질설 (법규명령설)	헌법이 인정하고 있는 법규명령의 형식은 예시적이므로 상위법령의 수권이 있고 상위법령을 보충·구체화하는 기능이 있는 행정규칙은 위임의 근거규정과 결합하여 전체로서 대외적 구속력 있는 법규명령의 성질을 가진다는 견해
형식설 (행정규칙설)	① 헌법이 규정하는 법규명령의 형식은 대통령령·총리령·부령 등으로 한정적으로 열거되어 있고, ② 법규명령의 효력을 갖는 행정규칙은 법규명령의 엄격한 절차 및 형식에 따라 제정되어야 하므로, 법령의 위임에 의해 제정된 고시·훈령·규정 등도 그 형식에 따라 행정규칙으로 보아야 한다는 견해
규범구체화행정 규칙설	이 때 인정되는 행정규칙은 통상적인 행정규칙이 아니라 그 자체로서 시민에 대한 법적 구속력이 인정되는 경우이므로 독일의 과학기술법 영역에서 발견되는 규범구체화행정규칙으로 보자는 견해
위헌무효설	① 헌법은 법규명령의 형식으로 대통령령·총리령·부령만을 한정적으로 열거하고 있으며, ② 법령보충적 행정규칙 중에는 법규명령제정권이 없는 자(예 청장)에게 위임되는 경우도 있어 문제점이 있으므로, 행정규칙형식의 법규명령은 허용되지 않아 위헌무효라는 견해

(3) 판례
대법원은 국세청훈령인 재산제세사무처리규정이 법규명령과 같은 효력이 있음을 인정한 이래 법규명령설의 입장에 있다. 즉 행정규칙인 고시가 법령의 수권에 의하여 법령을 보충하는 사항을 정하는 경우에 그 근거 법령규정과 결합하여 대외적 효력을 발생하는 것으로 본다. 헌법재판소도 헌법이 인정하고 있는 위임입법의 형식은 예시적인 것이라는 입장에서 행정규칙에 대한 불가피한 위임입법을 인정하고 있다. 다만 판례는 '법령의 위임한계를 벗어나지 아니하는' 것을 요건으로 하여 행정규칙 형식의 법규명령을 인정하므로 이 경우에도 포괄적 위임금지의 원칙에 구속된다.

(4) 실정법

행정규제기본법 제4조 제2항 단서가 '법령이 전문적·기술적 사항이나 경미한 사항으로서 업무의 성질상 위임이 불가피한 사항에 관하여 구체적으로 범위를 정하여 위임한 경우에는 고시 등으로 정할 수 있다'고 규정하고 있는데, 이는 행정규칙형식의 법규명령을 명문으로 인정한 것으로 평가할 수 있다. 이 밖에도 「독점규제 및 공정거래에 관한 법률」 제23조에 근거한 불공정거래행위의 지정고시, 대외무역법 제19조에 의한 물품수입 등의 고시 등이 있다.

> **관련판례**
>
> 법률이 입법사항을 대통령령이나 부령이 아닌 고시와 같은 행정규칙의 형식으로 위임하는 것이 헌법 제40조, 제75조, 제95조 등과의 관계에서 허용되는지 여부(한정적극)
> 오늘날 의회의 입법독점주의에서 입법중심주의로 전환하여 일정한 범위 내에서 행정입법을 허용하게 된 동기가 사회적 변화에 대응한 입법수요의 급증과 종래의 형식적 권력분립주의로는 현대사회에 대응할 수 없다는 기능적 권력분립론에 있다는 점 등을 감안하여 헌법 제40조와 헌법 제75조, 제95조의 의미를 살펴보면, 국회입법에 의한 수권이 입법기관이 아닌 행정기관에게 법률 등으로 구체적인 범위를 정하여 위임한 사항에 관하여는 당해 행정기관에게 법정립의 권한을 갖게 되고, 입법자가 규율의 형식도 선택할 수도 있다 할 것이므로, <u>헌법이 인정하고 있는 위임입법의 형식은 예시적인 것으로 보아야 할 것이고</u>, 그것은 법률이 행정규칙에 위임하더라도 그 행정규칙은 위임된 사항만을 규율할 수 있으므로, 국회입법의 원칙과 상치되지도 않는다. 다만 형식의 선택에 있어서 규율의 밀도와 규율영역의 특성이 개별적으로 고찰되어야 할 것이고, 그에 따라 <u>입법자에게 상세한 규율이 불가능한 것으로 보이는 영역이라면 행정부에게 필요한 보충을 할 책임이 인정되고 극히 전문적인 식견에 좌우되는 영역에서는 행정기관에 의한 구체화의 우위가 불가피하게 있을 수 있다.</u> 그러한 영역에서 행정규칙에 대한 위임입법이 제한적으로 인정될 수 있다(헌재 2004.10.28. 99헌바91).
>
> 소득세법시행령의 위임에 근거한 재산제세사무처리규정은 법규성을 가짐
> 국세청장으로 하여금 양도소득세의 실지거래가액이 적용될 부동산투기억제를 위하여 필요하다고 인정되는 거래를 지정하게 하면서 그 지정의 절차나 방법에 관하여 아무런 제한을 두고 있지 아니하고 있어 이에 따라 국세청장이 재산제세사무처리규정 제72조 제3항에서 양도소득세의 실지거래가액이 적용될 부동산투기억제를 위하여 필요하다고 인정되는 거래의 유형을 열거하고 있으므로, 이는 비록 위 재산제세사무처리규정이 국세청장의 훈령형식으로 되어 있다 하더라도 이에 의한 거래지정은 <u>소득세법시행령의 위임에 따라 그 규정의 내용을 보충하는 기능을 가지면서 그와 결합하여 대외적 효력을 발생하게 된다</u> 할 것이므로 그 보충규정의 내용이 위 법령의 위임한계를 벗어났다는 등 특별한 사정이 없는 한 양도소득세의 실지거래가액에 의한 과세의 법령상의 근거가 된다(대판 1987.9.29. 86누484).

보건사회부장관의 고시인 식품제조영업허가기준은 법규명령의 성질을 가짐
식품제조영업허가기준이라는 고시는 공익상의 이유로 허가를 할 수 없는 영업의 종류를 지정할 권한을 부여한 구 식품위생법 제23조의3 제4호에 따라 보건사회부장관이 발한 것으로서, 실질적으로 법의 규정내용을 보충하는 기능을 지니면서 그것과 결합하여 대외적으로 구속력이 있는 법규명령의 성질을 가진 것이다 - 보존음료수의 국내판매를 금지한 고시의 사례(대판 1994.3.8. 92누1728).

개별토지가격합동조사지침의 절차에 위배하여 이루어진 지가결정행위는 위법
개별토지가격합동조사지침 제6조는 개별토지가격결정 절차를 규정하고 있으면서 그중 제3호에서 산정된 지가의 공개 열람 및 토지소유자 또는 이해관계인의 의견접수를 절차의 하나로 규정하고 있는바, 위 지침은 지가공시및토지등의평가에관한법률 제10조의 시행을 위한 집행명령으로서 법률보충적인 구실을 하는 법규적 성질을 가지고 있는 것으로 보아야 할 것이므로 위 지침에 규정된 절차에 위배하여 이루어진 지가결정은 위법하다(대판 1994.2.8. 93누111).

법률이 입법사항을 고시 등의 형식으로 위임하는 경우, 위임의 한계
재산권 등과 같은 기본권을 제한하는 작용을 하는 법률이 입법위임을 할 때에는 '대통령령', '총리령', '부령' 등 법규명령에 위임함이 바람직하고, 금융감독위원회의 고시와 같은 형식으로 입법위임을 할 때에는 적어도 행정규제기본법 제4조 제2항 단서에서 정한 바와 같이 법령이 전문적·기술적 사항이나 경미한 사항으로서 업무의 성질상 위임이 불가피한 사항에 한정된다 할 것이고, 그러한 사항이라 하더라도 포괄위임금지의 원칙상 법률의 위임은 반드시 구체적·개별적으로 한정된 사항에 대하여 행하여져야 한다(헌재 2004.10.28. 99헌바91).

상위법령에서 세부사항 등을 시행규칙으로 정하도록 위임하였음에도 이를 고시 등 행정규칙으로 정한 경우, 대외적 구속력을 가지는 법규명령으로서 효력을 인정할 수 없음
행정규칙이나 규정이 상위법령의 위임범위를 벗어난 경우에는 법규명령으로서 대외적 구속력을 인정할 여지는 없다. 이는 행정규칙이나 규정 '내용'이 위임범위를 벗어난 경우뿐 아니라 상위법령의 위임규정에서 특정하여 정한 권한행사의 '절차'나 '방식'에 위배되는 경우도 마찬가지이므로, 상위법령에서 세부사항 등을 시행규칙으로 정하도록 위임하였음에도 이를 고시 등 행정규칙으로 정하였다면 그 역시 대외적 구속력을 가지는 법규명령으로서 효력이 인정될 수 없다(대판 2012.7.5. 2010다72076).

04 행정규칙의 통제

1. 입법적 통제

중앙행정기관의 장은 법률에서 위임한 사항이나 법률을 집행하기 위하여 필요한 사항을 규정한 훈령·예규·고시등이 제정·개정 또는 폐지된 때에는 10일이내에 이를 국회 소관상임위원회에 제출하여야 한다(국회법 제98조의2). 그리고 국회의 국정조사와 국정감사, 국무위원 해임건의, 대정부질문 등의 간접적인 통제수단도 가능하다.

2. 행정적 통제

행정감독권	상급행정청은 감독권의 행사를 통하여 행정규칙의 폐지 내지 개선을 명할 수 있음
법제처	대통령훈령 및 국무총리훈령은 '법제에 관한 사무'의 하나로 보아 법제처의 사전심사를 관례적으로 거침(정부조직법 제20조)
행정심판절차	중앙행정심판위원회는 훈령·예규·고시가 법령에 근거가 없거나 상위 법령에 위배되거나 국민에게 과도한 부담을 주는 등 크게 불합리하면 관계 행정기관에 그 명령 등의 개정·폐지 등 적절한 시정조치를 요청할 수 있음(행정심판법 제59조 제1항)

3. 사법적 통제

(1) 법원의 행정규칙 심사권 인정여부

법원은 명령·규칙이 상위법령에 위반되는지 여부가 재판의 전제가 되는 경우에는 이를 심사할 권한을 갖는다(헌법 제107조 제2항). 일반적으로 여기서의 명령이나 규칙에 내규로서의 성질을 갖는 행정규칙이 포함된다고 보지 않는다. 그러나 행정처분의 취소소송에서 행정규칙의 위법여부가 전제가 되었을 경우에는 그 위법성을 주장하는 방법이 가능하다. 또한 재량준칙 등에 의하여 일정한 행정관행이 성립한 경우에는 행정의 자기구속 법리에 따라 처분의 사법심사를 할 수 있다.

(2) 행정쟁송

현행법상 추상적 규범통제는 인정되지 않으므로 행정규칙 자체에 대한 소송제기는 불가능하다. 판례는 교육부장관의 내신성적산정지침을 행정조직 내부에서의 심사기준을 시달한 것에 불과하다고 보고 처분성을 부정하였다(대판 1994.9.10. 94두33). 그러나 행정규칙이 직접적으로 국민의 권리·의무에 변동을 가져오는 성질의 것인 때에는 이를 처분으로 보아 취소소송 또는 무효등확인소송에 의한 통제가 가능하다.

(3) 헌법소원

행정규칙이 외부적 효력을 갖지 않는 경우는 헌법소원을 인정하기가 어렵다. 그러나 행정규칙이 기본권을 침해하고 아울러 다른 방법으로 이러한 침해를 다툴 수 없는 경우에는 헌법소원의 방식으로 이를 다툴 수 있다고 봄이 학설과 판례의 태도이다.

> **관련판례**
>
> 여권의 사용제한 등에 관한 고시는 헌법소원의 대상이 됨
> 이 사건 고시(註: 아프가니스탄 등 전쟁 또는 테러위험이 있는 해외 위난지역에서 여권사용을 제한하거나 방문 또는 체류를 금지한 외교통상부 고시)는 구체적 집행행위를 기다리지 않고 일정한 경우 국민의 거주·이전의 자유를 직접 제한하는 규정을 둠으로써 법규명령 또는 행정규칙의 성격을 가지게 되었으므로, 그 효력을 직접 다투기 위한 헌법소원이 가능하다(헌재 2008.6.26. 2007헌마1366).

예제 행정규칙에 관한 설명으로 옳지 않은 것은? (다툼이 있으면 판례에 따름) ▶ 22 소방승진

① 고시가 일반적·추상적 성질을 가질 때에는 법규명령에 해당하지만, 고시가 구체적인 규율의 성격을 가진다면 행정규칙에 해당한다.
② 고시 또는 공고의 법적 성질은 일률적으로 판단될 것이 아니라 고시에 담겨 있는 내용에 따라 구체적인 경우마다 달리 결정되는 것이다.
③ 행정기관 내부의 업무처리지침이나 법령의 해석·적용 기준을 정한 행정규칙은 특별한 사정이 없는 한 대외적으로 국민이나 법원을 구속하는 효력이 없다.
④ 행정청이 면허발급 여부를 심사함에 있어서 이미 설정된 면허기준의 해석상 당해 신청이 면허발급의 우선순위에 해당함이 명백함에도 이를 제외시켜 면허거부처분을 하였다면 특별한 사정이 없는 한 그 거부처분은 재량권을 남용한 위법한 처분이 된다.

정답 ①

① (×) 고시가 일반·추상적 성격을 가질 때는 법규명령 또는 행정규칙에 해당하지만, 고시가 구체적인 규율의 성격을 갖는다면 행정처분에 해당한다(헌재 1998.4.30. 97헌마141).
② (○) 헌재 2008.11.27. 2005헌마161,189 ③ (○) 대판 2021.10.14. 21두39362
④ (○) 대판 2002.1.22. 2001두8414

예제 다음 사례에 관한 설명으로 옳지 않은 것은? (다툼이 있는 경우 판례에 의함)

> A도(道) B군(郡)에서 식품접객업을 하는 甲은 청소년에게 술을 팔다가 적발되었다. 「식품위생법」은 위법하게 청소년에게 주류를 제공한 영업자에게 "6개월 이내의 기간을 정하여 그 영업의 전부 또는 일부를 정지할 수 있다."라고 규정하고, 「식품위생법 시행규칙」[별표 23]은 청소년 주류제공(1차 위반)시 행정처분기준을 '영업정지 2개월'로 정하고 있다. B군수는 甲에게 2개월의 영업정지처분을 하였다.

① 甲은 영업정지처분에 불복하여 A도 행정심판위원회에 행정심판을 청구할 수 있다.
② 甲은 행정심판을 청구하지 않고 영업정지처분에 대한 취소소송을 제기할 수 있다.
③ 「식품위생법 시행규칙」의 행정처분기준은 행정규칙의 형식이나, 「식품위생법」의 내용을 보충하면서 「식품위생법」의 규정과 결합하여 위임의 범위 내에서 대외적인 구속력을 가진다.
④ 甲이 취소소송을 제기하는 경우 법원은 재량권의 일탈·남용이 인정되면 영업정지처분을 취소할 수 있다.

정답 ③

③ (×) 식품위생법시행규칙 제53조에서 별표 15로 같은 법 제58조에 따른 행정처분의 기준을 정하였다 하더라도, 이는 형식은 부령으로 되어 있으나 성질은 행정기관 내부의 사무처리준칙을 규정한 것에 불과한 것으로서 보건사회부장관이 관계행정기관 및 직원에 대하여 직무권한행사의 지침을 정하여 주기 위하여 발한 행정명령의 성질을 가지는 것이지 같은 법 제58조 제1항의 규정에 의하여 보장된 재량권을 기속하는 것이라고 할 수 없고, 대외적으로 국민이나 법원을 기속하는 힘이 있는 것은 아니다(대판 1993.6.29. 93누5635).

예제 행정규칙에 관한 설명으로 가장 옳지 않은 것은?

① 행정처분이 법규성이 없는 내부지침 등의 규정에 위배된다고 하더라도 그 이유만으로 처분이 위법하게 되는 것은 아니고, 또 그 내부지침 등에서 정한 요건에 부합한다고 하여 반드시 그 처분이 적법한 것이라고 할 수도 없다.
② 법령의 규정이 특정 행정기관에 그 법령 내용의 구체적 사항을 정할 수 있는 권한을 부여하면서 그 권한 행사의 절차나 방법을 특정하고 있지 아니한 관계로 수임행정기관이 행정규칙의 형식으로 그 법령의 내용이 될 사항을 구체적으로 정하고 있다면 그와 같은 행정규칙은 행정기관에 법령의 구체적 내용을 보충할 권한을 부여한 법령 규정의 효력에 의하여 그 내용을 보충하는 기능을 갖게 된다.
③ 재량권 행사의 준칙인 행정규칙이 있으면 그에 따른 관행이 없더라도 평등의 원칙에 따라 행정기관은 상대방에 대한 관계에서 그 규칙에 따라야 할 자기구속을 받게 된다.
④ 고시가 법령의 규정을 보충하는 기능을 가지면서 그와 결합하여 대외적인 구속력이 있는 법규명령으로서의 효력을 가지는 경우에도 그 자체가 법령은 아니고 행정규칙에 지나지 않으므로 적당한 방법으로 이를 일반인 또는 관계인에게 표시 또는 통보함으로써 그 효력이 발생한다.

정답 ③

③ (×) 행정규칙이 법령의 규정에 의하여 행정관청에 법령의 구체적 내용을 보충할 권한을 부여한 경우나 재량권 행사의 준칙인 규칙이 그 정한 바에 따라 되풀이 시행되어 행정관행이 이룩되게 되면, 평등의 원칙이나 신뢰보호의 원칙에 따라 행정기관은 그 상대방에 대한 관계에서 그 규칙에 따라야 할 자기구속을 당하게 되는 경우에는 대외적인 구속력을 가진다(헌재 2001.5.31. 99헌마413).
① (○) 대판 2009.12.24. 2009두7967
② (○) 대판 2003.9.26. 2003두2274
④ (○) 대판 1993.11.23. 93도662

제2장 행정행위

제1절 서설

01 행정행위의 의의

1. 개념

(1) 행정재판제도를 가진 프랑스에서 처음 성립되고 독일의 오토마이어에 의해 정교한 개념적 구성을 보게 된 '행정행위'는 실정법상의 용어가 아니라 다른 행정작용과 구별되는 일정한 징표를 갖는 행위를 설명하기 위해서 고안된 학문상의 용어이다.

(2) 통설인 최협의설은 행정행위를 '**행정청이 법 아래서 구체적 사실에 대한 법집행으로서 행하는 권력적인 단독행위로서 공법행위**'로 파악한다.

(3) 우리나라에서 강학상의 행정행위에 해당하는 행정기관의 행위는 실정법상으로는 인가·면허·허가·결정·특허·재결 등 여러 명칭으로 불리우고 있다.

2. 행정행위 개념구성의 실익

행정행위는 공법상계약이나 사실행위 등 다른 행정작용과 달리, 행정청이 일방적으로 국민의 권리·의무에 구체적 변동을 가져오거나 이를 확정하려는 권력적 작용이다. 따라서 공정력·강제력·확정력·집행력이라는 우월한 힘이 행정주체에게 인정되기 때문에, 그에 대한 구제제도(행정쟁송·손해전보)에서 특수한 취급이 필요하므로 행정행위의 개념을 별도로 구성할 필요가 있다.

3. 행정쟁송법상 용어로서의 처분개념

행정심판법·행정소송법은 총괄적인 개념으로서 '처분'이라는 용어를 사용하고 있는데, 처분과 행정행위를 동의어로 볼 수는 없다. 행정소송법의 문면상 '그 밖에 이에 준하는 행정작용', '공권력 행사'라는 표현으로 인해, **행정쟁송법상 처분개념**은 강학상 또는 **실체법상 행정행위개념**보다 그 의미가 넓다(다수설). 일부 학설은 양자를 동일한 것으로 본다.

02 행정행위의 개념요소

1. 행정청의 행위

행정행위는 행정청의 행위이다. 행정청이란 일반적으로 행정주체의 의사를 외부적으로 결정·표시할 수 있는 권한을 가진 기관을 말한다. 여기서 행정청은 반드시 조직법상의 의미가 아니라 실질적 기능적 의미를 갖는다. 행정절차법은 행정청을 '행정에 관한 의사를 결정하여 표시하는 국가 또는 지방자치단체의 기관 기타 법령 또는 자치법규에 의하여 행정권한을 가지고 있거나 위임 또는 위탁받은 공공단체나 그 기관 또는 사인'(제2조)으로 정의하고 있다.

2. 공법적 행위

법적 행위로서의 행정행위는 공법상의 행위일 것을 요한다. 따라서 행정청의 법적 행위라도 국고행위나 영리활동 또는 공적 임무를 수행하기 위한 사법상 계약 등은 행정행위가 아니다. 이 경우 행정행위의 효과가 반드시 공법적일 필요는 없다(예 토지거래허가행위는 계약행위의 사법적 효력을 발생).

3. 구체적 사실에 대한 규율행위

행정행위는 행정청의 개별적·구체적, 즉 특정한 사람과 특정한 사안에 대한 규율이다. 이는 ① 처분의 발령시점에 수명자의 범위가 객관적으로 확정되는가(개별적)와 ② 1회적인가(구체적)에 따라 판단된다. 일반적·추상적인 행정입법이나 조례·규칙 등은 불특정다수의 사람과 불특정다수의 사안에 대한 규율로서 행정행위가 아니다. 그러나 구체적 사실을 규율하는 행위인 한, 불특정다수인을 대상으로 하는 일반처분(예 일방통행명령)도 행정행위에 속한다.

4. 법적 행위

(1) 외부적 행위

① 행정행위는 행정조직 내부영역을 능가하여 개인에 대해 직접적인 권리·의무의 발생·변경·소멸 등의 법적 효과를 가져오는 행위를 말한다. 따라서 종국적 행정행위의 발급에 있어서의 그 준비행위나 행정기관 상호간의 행위 또는 조사·보고, 훈령 및 통첩 등의 일반적·추상적 행정규칙, 상관의 부하공무원에 대한 개별적인 직무명령 등은 내부적 효과만 갖고 있기 때문에 행정행위가 아니다.
② 그러나 행정내부영역인 특별신분관계에 있어서 구성원의 법적 지위에 관한 개별적·구체적 규율(예 해임, 파면, 감봉조치, 전직명령, 퇴학, 유급조치)은 외부적 효력을 갖는 행정행위에 해당한다.

(2) 직접적인 법적 효과

행정행위는 당해 행위로써 직접 법적 효과를 가져오는 행위를 말한다. 행정지도나 도로관리처럼 법적 효과 없는 행위는 행정청의 행위일지라도 행정행위가 아니다. 그리고 고도의 국가적 이익이나 정치적 성격으로 인해 재판통제에서 제외되는 통치행위도 행정행위 개념에서 제외된다.

5. 권력적 단독행위

행정행위는 행정청이 법률에 정한 바에 따라 우월한 일방적인 의사의 발동으로서 국민의 권리·의무

기타 법적 지위를 구체적으로 결정하는 행위이다. 따라서 일방적·권력적 성격을 갖지 않는 사법행위(예 국유재산의 대부, 일반재산의 매각)나 공법상의 법률행위(예 공법상계약)는 행정행위가 아니다. 상대방의 동의나 신청을 요건으로 하는 이른바 '협력을 요하는 행정행위' 역시 일방적인 공권력행사에 해당하므로 행정행위에 해당한다.

제2절 행정행위의 종류

01 법적 효과에 따른 종류

1. 수익적 행정행위와 침익적 행정행위

(1) 의의

수익적 행정행위란 상대방에게 권리나 이익을 부여하거나 각종 침익적 행정행위의 철회 등 권리나 이익의 제한을 없애는 행정행위를 말한다(예 특허행위, 급부제공행위, 입학허가). 반면 침익적 행정행위란 상대방의 자유와 권리를 침해하거나 상대방에게 이익부여를 거부함으로써 상대방에게 불이익을 주는 행정행위를 말한다(예 부담금 부과행위, 학생의 제적, 공무원 파면, 허가신청 반려행위, 장학금의 지급거부결정).

(2) 구별의 실익

법률유보	수익적 행정행위의 경우 법률유보원칙이 비교적 완화되어 적용될 수 있으나, 침익적 행정행위의 경우 비교적 엄격하게 적용됨
절차	수익적 행정행위의 경우에는 절차적 규제가 완화되거나 요구되지 않지만, 침익적 행정행위의 경우는 상대방의 권익보호를 위해 엄격한 절차적 규제가 요구됨
신청	수익적 행정행위는 상대방의 신청을 요하는 행정행위이지만, 침익적 행정행위는 신청과 무관하게 직권으로 이루어지는 일방적 행위임
부관	수익적 행정행위는 부관과 비교적 친한 성질을 가지나, 침익적 행정행위는 부관과 비교적 거리가 먼 특징
취소·철회	수익적 행정행위의 취소·철회는 개인의 기득권보호와 신뢰보호의 입장에서 용이하지 않으나, 침익적 행정행위의 경우는 오히려 기득권을 보호하게 되므로 비교적 용이함
무효	수익적 행정행위의 경우는 상대방의 신뢰보호를 위하여 무효의 요건을 엄격히 해석해야 하고, 침익적 행정행위의 경우는 침해된 권익이 중대한 경우에 무효의 요건을 완화해야 함
강제집행	침익적 행정행위의 경우 의무불이행에 대한 강제집행이나 행정벌이 문제되고, 수익적 행정행위의 경우에는 이들과 친하지 않은 성질을 가짐
행정쟁송	수익적 행정행위는 행정청이 상대방의 신청을 거부하거나 부작위한 경우 의무이행심판·거부처분취소소송·부작위법확인소송을 제기할 수 있으나, 침익적 행정행위로 재산상 손해를 받은 경우는 손해배상 청구까지도 가능

2. 복효적 행정행위

(1) 의의

복효적 행정행위는 하나의 행정행위가 동일인에게 수익적 효과와 침익적 효과를 함께 발생하거나(이중효적 행정행위), **한 사람에게는 수익적 효과가 발생하고 다른 사람에게는 침익적 효과가 발생하는 경우**(제3자효적 행정행위)를 말한다.

(2) 제3자효 행정행위의 절차법상 의미

① **제3자에 대한 사전통지** : 행정청은 당사자에게 의무를 과하거나 권익을 제한하는 처분을 하는 경우에는 미리 당사자 등에게 통지하여야 한다(행정절차법 제21조 제1항). 여기서 '당사자 등'이란 행정청의 처분에 대하여 직접 그 상대가 되는 당사자와 행정청이 직권 또는 신청에 의하여 행정절차에 참여하게 한 이해관계인을 말한다(제2조 4호). 따라서 이해관계 있는 제3자에게 사전통지의 절차가 일반적으로 보장되지는 않고, 행정청이 행정절차에 참여하게 한 경우에 한하여 인정된다.

② **제3자의 의견제출 등** : 행정절차법은 제22조 제1항과 제2항에서 청문과 공청회를 규정하고 있으며, 제3항에서는 청문이나 공청회가 필요하지 않은 경우라고 할지라도 당사자 등에게 불이익처분을 하는 경우 최소한 의견제출을 할 수 있도록 규정하고 있다. 따라서 행정처분에 의하여 자신의 권익을 침해받은 제3자는 직권 또는 신청에 의해 의견제출, 청문 또는 공청회 등 의견청취절차에 참여할 수 있다.

③ **제3자의 동의** : 처분상대방에게 수익적이나 제3자에게는 침익적인 처분의 경우 예외적으로 이해관계 있는 제3자의 동의를 처분의 요건으로 규정하는 경우가 있다(예 주택개발조합설립시 일정수 이상의 토지소유자 동의 요구).

(3) 제3자효 행정행위의 쟁송법상의 문제

① **불복수단의 고지** : 행정청이 이해관계인으로부터 당해 처분이 행정심판의 대상이 되는 처분인지 여부와 행정심판의 대상인 되는 경우에 위원회 및 청구기간을 알려줄 것을 요구받은 때에는 지체 없이 이를 알려야 하며 서면으로 알려줄 것을 요구받은 때에는 서면으로 알려야 한다(행정심판법 제58조 제2항).

② **청구인적격과 원고적격** : 제3자효 행정행위의 제3자도 쟁송제기의 법률상 이익이 있는 한 당해 행정행위의 직접 상대방에 관계없이 행정심판법상의 청구인적격 및 행정소송의 원고적격을 가진다. 판례는 제3자의 원고적격을 넓게 인정하고 있다(예 건축법상 건축허가에 대한 이웃주민의 원고적격, 여객자동차운수사업법상의 사업면허에 대한 기존업자의 원고적격).

③ **쟁송제기기간** : 판례는 행정처분의 직접상대방이 아닌 제3자는 행정처분이 있음을 곧 알 수 없는 처지이므로 행정심판법 제18조 제3항 소정의 심판청구의 제척기간 내에 처분이 있음을 알았다는 특별한 사정이 없는 한 그 제척기간의 적용을 배제할 같은 조항 단서 소정의 정당한 사유가 있는 때에 해당한다(대판 1989.5.9. 88누5150)는 입장이다.

④ **행정심판 및 행정소송에의 참가** : 행정심판이나 행정소송의 결과에 대하여 이해관계가 있는 자는 당해 행정심판 또는 행정소송에 참가할 수 있다(행정심판법 제20조, 행정소송법 제16조). 제3자효 행정행위에 대하여 불이익을 받는 제3자가 제기한 취소소송에 있어서 소송참가인은 처분의 상대방임이 보통이다.

⑤ **제3자효 행정행위의 집행정지** : 제3자효 행정행위에 의해 법률상 이익을 침해받은 자가 취소심판이나 취소소송을 제기할 수 있고, 그 행위로 인한 회복하기 어려운 손해를 예방할 긴급한 필요가 있다고 인정될 경우에는 집행정지를 신청할 수 있다(행정심판법 제30조 제2항, 행정소송법 제23조 제2항).
⑥ **판결의 효력** : 처분 등의 취소판결이나 무효 등의 확인 및 부작위위법의 확인판결은 제3자에 대해서도 효력을 미친다(행정소송법 제29조 제1항, 제38조 제1항·제2항).
⑦ **재심청구** : 처분등을 취소하는 판결에 의하여 권리 또는 이익의 침해를 받은 제3자는 자기에게 책임없는 사유로 소송에 참가하지 못함으로써 판결의 결과에 영향을 미칠 공격 또는 방어방법을 제출하지 못한 때에는 이를 이유로 확정된 종국판결에 대하여 재심의 청구를 할 수 있다(행정소송법 제31조 제1항).

02 대인적 행정행위, 대물적 행정행위, 혼합적 행정행위

1. 대인적 행정행위

대인적 행정행위는 순전히 **인간의 학식·기술·경험 등 주관적 사정에 착안하여 행하여지는 경우**를 말한다(예 의사면허, 약사면허, 운전면허). 대인적 행정행위의 효과는 일신전속적이므로 타인에게 이전할 수 없다.

2. 대물적 행정행위

(1) 의의

대물적 행정행위는 오로지 **물건의 구조·성질 등의 객관적 사정에 따라 이루어진 행위**이다(예 자동차검사증 교부, 건축허가, 문화재지정처분, 환지처분).

(2) 권리의무의 승계

대물적 행정행위 중 수익적 행정행위인 경우에는 그 효과가 승계된다는데 의문이 없다. 문제는 침해적 행정행위(예 위법건축물 철거명령)의 효과가 제3자에게 승계되는가이다.

긍정설	처분대상 물건의 객관적 사실(예 위법한 건축물)은 변함이 없으므로, 동일한 행정처분의 반복을 피하려면 승계를 인정해야 한다는 견해
제한적 부정설	선의의 양수인의 보호의 요청을 고려해야 하므로, 승계인이 선의 무과실인 경우에는 명문의 규정이 있어야만 승계된다고 보는 견해

3. 혼합적 행정행위

혼합적 행정행위는 **상대방의 물적·인적 사정을 아울러 고려하여 이루어진 행정행위**이다(예 석유사업허가, 전당포영업허가, 총포·도검·화약류판매업허가). 혼합적 행정행위의 효과는 사전에 행정청의 허가를 받아야 이전이나 상속이 될 수 있음이 원칙이다.

03 일방적 행정행위, 협력을 요하는 행정행위

일방적 행정행위는 **행정청이 직권에 의해 일방적으로 행하는 행정행위**이다(예 조세부과처분, 경찰하명). 협력을 요하는 행정행위는 **상대방의 신청·출원·동의 등에 의해 이루어지는 행정행위**이다(예 건축허가, 공유수면매립면허, 공무원임명). 이는 다시 협력의 내용에 따라 동의를 요하는 행정행위와 신청을 요하는 행정행위로 나뉜다.

04 단계적 행정결정

1. 단계적 행정결정의 의의

단계적 행정결정(또는 다단계행정절차)이란 **행정청의 결정이 여러 단계의 행정결정을 통하여 연계적으로 이루어지는 것**을 말한다. 오늘날 원자력발전소, 고속전철사업, 공항건설 등 대규모시설사업과 같은 복잡하고 장시간이 소요되는 결정과정을 여러 단계로 나누어 작업을 하고, 결정을 단계적으로 구체화시켜 나가는 경우가 많다.

2. 확약

행정기관이 자기구속을 할 의도로 장래에 향하여 일정한 행정행위의 발령 또는 불발령을 약속하는 고권적 의사표시를 확약이라고 한다(예 주민에 대한 개발사업의 약속, 자진신고자에 대한 세율인하 약속). 확약만으로는 확약의 대상이 되는 행정행위의 효력이 발생하지 않는다.

3. 가(假)행정행위

(1) 의의

가행정행위는 **사실관계 또는 법률관계의 계속적인 심사를 유보한 상태에서 당해 행정법관계의 권리와 의무를 잠정적으로만 확정하는 내용의 행정행위**를 말한다(예 징계의결이 요구중인 자에게 잠정적으로 직위를 해제, 세액확정이 어려운 경우 잠정적인 세액에 의하여 과세처분하고 사후의 경정결정으로 세액을 확정, 경찰상 위해혐의가 있는 경우 일정한 처분, 급부행정상 현금이나 물건의 가지급). 가행정행위의 개념은 독일 연방행정법원과 연방사회법원의 판결에서 기원한다.

(2) 법적 성질

가행정행위를 특수한 행정의 형식으로 보는 견해도 있으나, 당사자의 권리나 의무 또는 물건의 상태 등의 법률관계에 대하여 직접적인 변동을 가져오거나 구속력을 가지고 확정하는 효과를 발생시키므로 그 잠정적인 시간의 범위 한도에서는 종국적이고 최종적인 규율을 행하는 행정행위의 성격을 갖는다(다수설).

4. 사전결정(예비결정)

(1) 의의

사전결정이란 **종국적인 행정행위를 하기에 앞서 종국적인 행정행위에 요구되는 여러 요건 중 일부 요건들에 대해 사전적으로 심사하여 내린 결정**을 말한다(예 건축법 제7조에 의한 건축에 관한 입지 및 규모의 사전결정). 사전결정은 종국결정을 유보하고서 이루어지는 행위이므로, 신청자인 사인에게 어떤 행위를 할 수 있음을 허용한 것이 아니라는 점에서 후술하는 부분승인과 다르다.

(2) 법적 성질

사전결정은 허가요건의 일부에 대해 미리 결정하는 것으로서 독립된 행정행위이자 확인적 행정행위이다. 최종처분이 기속행위인 경우 사전결정도 기속행위이다. 최종처분의 재량판단 부분이 사전결정의 대상이 되는 경우 사전결정은 재량행위이다.

> **관련판례**
>
> **폐기물처리업 허가권자의 부적정 통보는 행정처분에 해당**
> 폐기물관리법 관계 법령의 규정에 의하면 폐기물처리업의 허가를 받기 위하여는 먼저 사업계획서를 제출하여 허가권자로부터 사업계획에 대한 적정통보를 받아야 하고, 그 적정통보를 받은 자만이 일정기간 내에 시설, 장비, 기술능력, 자본금을 갖추어 허가신청을 할 수 있으므로, 결국 부적정 통보는 허가신청 자체를 제한하는 등 <u>개인의 권리 내지 법률상의 이익을 개별적이고 구체적으로 규제</u>하고 있어 행정처분에 해당한다(대판 1998.4.28. 97누21086).
>
> **주택건설촉진법 제32조의4 소정의 주택건설사업계획의 사전결정은 재량행위**
> 주택건설촉진법 제33조 제1항이 정하는 <u>주택건설사업계획의 승인은 이른바 수익적 행정처분으로서 행정청의 재량행위</u>에 속하고, 따라서 그 전 단계로서 같은 법 제32조의4 제1항이 정하는 <u>주택건설사업계획의 사전결정 역시 재량행위</u>라고 할 것이므로, 사전결정을 받으려고 하는 주택건설사업계획이 관계 법령이 정하는 제한에 배치되는 경우는 물론이고, 그러한 제한사유가 없는 경우에도 공익상 필요가 있으면 처분권자는 그 사전결정 신청에 대하여 불허가결정을 할 수 있다(대판 1998.4.24. 97누1501).

5. 부분승인(부분허가)

(1) 의의

부분승인은 **다단계적 행위에 있어서 그 일부에 대해서만 결정하는 행정행위**이다(예 하나의 대단위사업을 위한 건축허가·시설허가·영업허가의 신청의 경우에 우선 건축이나 시설의 설치만 허가하는 경우, 주택건설사업의 사업완료 전이라도 완공부분에 대하여 동별로 사용검사를 받을 수 있도록 하는 경우). 이는 보통 장기간의 시간을 요하고 중요한 시설을 건설 하는 경우 등에 나타난다.

(2) 법적 성질

부분승인은 비록 중간단계에서 행해지는 결정이나 문제되는 단계에서는 종국적 행정행위이다. 부분승인을 받은 자는 승인을 받은 범위 안에서 행위를 할 수 있다. 부분승인시 행해지는 판단은 사실관계나 법적 요건에 있어 추후 특별한 변경이 없는 한 최종적 결정에 구속력을 지닌다.

> **관련판례**
>
> 원자력법상의 부지사전승인처분은 독립하여 취소소송의 대상이 되지 아니함
> 원자로 및 관계 시설의 부지사전승인처분은 <u>그 자체로서 건설부지를 확정하고 사전공사를 허용하는 법률효과를 지닌 독립한 행정처분이기는</u> 하지만, 건설허가 전에 신청자의 편의를 위하여 미리 그 건설허가의 일부 요건을 심사하여 행하는 사전적 부분 건설허가처분의 성격을 갖고 있는 것이어서 나중에 건설허가처분이 있게 되면 그 건설허가처분에 흡수되어 독립된 존재가치를 상실함으로써 그 건설허가처분만이 쟁송의 대상이 되는 것이므로, <u>부지사전승인처분의 취소를 구하는 소는 소의 이익을 잃게 되고</u>, 따라서 부지사전승인처분의 위법성은 나중에 내려진 건설허가처분의 취소를 구하는 소송에서 이를 다투면 된다(대판 1998.9.4. 97누19588).

05 재량행위와 기속행위

1. 재량행위의 의의

> **행정기본법 제21조(재량행사의 기준)** 행정청은 재량이 있는 처분을 할 때에는 관련 이익을 정당하게 형량하여야 하며, 그 재량권의 범위를 넘어서는 아니 된다.

(1) 재량권과 재량행위

재량권이란 행정기관이 행정권을 행사함에 있어서 둘 이상의 다른 내용의 결정 또는 행태 중에서 선택할 수 있는 권한을 말한다. 재량행위는 재량권의 행사에 의해 행해지는 행정행위이다.

(2) 재량행위의 필요성

법치행정원리에 따라 행정행위는 행정법규에 의해 행하여져야 한다. 그러나 입법자는 ① 장래의 모든 사태에 대비하여 상세하고 합리적인 규정을 두는 것이 불가능하고, ② 행정의 전문성·기술성의 요청 때문에 행정청에게 법의 집행과정에 관한 정책적·행정적 판단의 여지를 부여하는 것이 불가피하다. 그리고 이러한 탄력성의 보장은 구체적인 경우에 있어서 공정하고 합목적적인 문제해결을 가능케 하는 장점이 있고, 국민의 기본권 보호를 위해서도 필요한 것으로 이해되고 있다. 그러나 재량권의 남용은 법치국가에 적대적인 것이므로 그 통제가 중요한 과제로 등장한다.

2. 재량행위와 기속행위의 구별

(1) 의의

이는 법의 구속정도(규율밀도)를 기준으로 한 구별이다. 즉 **법이 행정행위를 규율하면서 행정청에게 행정적 판단의 여지를 부여하고 있는가의 여부에 따라 이를 부여하는 행정행위를** <u>재량행위</u>, 부여하고 있지 아니한 행정행위를 <u>기속행위</u>라고 한다. 양자를 구별하는 기준으로 종래 요건재량설과 효과재량

설이 검토되어 왔다.

(2) 구별기준

① **법률규정재량설(법규재량설·요건재량설)** : 근거법령의 규정형식에 의해서 기속성과 재량성을 구별하는 입장이다.

기속행위	행정행위에 관한 요건규정과 효과규정이 일의적이고 구체적으로 규정되어 있는 경우
재량행위	㉠ 법령이 처분요건은 규정하지 않고 처분권한만을 부여하고 있거나, 처분요건을 규정하고 있어도 다만 일반적 공익관념으로만 규정하는 경우, ㉡ 처분요건이 보다 한정적으로 규정되어 있더라도 불확정개념·종국목적만으로 규정되어 있는 경우(예 특정인이 대한민국의 이익이나 공공의 안전을 해할 우려가 있는 사람에 해당하는지 여부의 판단), ㉢ 효과규정에서 "행정청은…할 수 있다" 또는 "행정청은…아니할 수 있다"고 규정한 경우

② **법률효과재량설(행정행위효과재량설·효과재량설)** : 행정객체의 입장에서, 수익적 행정행위인 경우에는 재량성을 인정하고 침해적 행정행위인 경우는 기속성을 인정하는 입장이다.

기속행위	개인의 자유·권리를 제한·침해하거나 의무를 부과하는 행위는 법령상 재량을 인정하는 것으로 보이는 경우도 기속행위(예 징계처분)
재량행위	㉠ 개인에게 새로운 권리를 설정하거나 이익을 부여하는 행위(예 영업허가)는 법률이 특히 개인에게 그 권리·이익을 요구할 수 있는 지위를 부여한 경우를 제외하고 재량행위이고, ㉡ 직접 개인의 권리·의무에 영향을 미치지 아니하는 행위는 재량행위

③ **최근의 학설과 판례** : 최근의 학설은 일률적인 기준설정보다 행정법규의 규정방식, 그 취지·목적 및 행정행위의 성질, 그리고 헌법상 기본권과의 관계 등을 함께 고려하여 개별적으로 판별하려는 것이 일반적 경향이다.
  ㉠ **법문언 및 입법취지** : ⓐ 법률에서 효과규정을 '…할 수 있다'라고 규정하면 원칙적으로 재량행위이고, '…하여야 한다'라고 규정하면 원칙적으로 기속행위. ⓑ 법률이 '…한다'고 규정하면 입법취지와 행위의 성질을 고려하여 판단. ⓒ 법문언은 절대적 기준이 아니어서 '…할 수 있다'고 규정한 경우에도 기속행위로 해석될 수 있음(예 경찰허가).
  ㉡ **법률규정이 불명확한 경우** : ⓐ 당해 행정행위의 발령이 당사자의 기본권 실현의 의미를 가지는 경우에는 기속행위, 이를 통해 비로소 당사자에게 새로운 권리가 설정되는 의미를 갖는 경우에는 재량행위. ⓑ 판례는 '개발행위의 허가는 상대방에게 수익적인 것이어서 자유재량행위에 속하는 것'(대판 2004.3.25. 2003두12837)이라고 하여 행정행위의 성질에 주목하기도 함. ⓒ 불법행위에 대한 제재조치는 일반적으로 재량행위이나 일정한 불법행위에 특별히 엄한 제재조치를 가하고자 하는 경우는 기속행위로 해석 가능.

④ **복합민원** : 하나의 민원 목적을 실현하기 위하여 관계 법령 등에 의하여 다수 관계기관의 허가·인가·승인·추천·협의·확인 등의 인·허가를 받아야 하는 복합민원의 경우에는 관련 법령을 모두 고려하여 재량행위여부를 결정하여야 한다(대판 1998.3.27. 96누19772). 따라서 기속재량행위인 채광계획인가로 자유재량행위인 공유수면점용허가가 의제될 경우, 공유수면관리청이 재량적 판단에 의하여 공유수면점용불허결정을 하였다면, 채광계획인가관청은 이를 사유로 하여 채광계획을 인가하지 않을 수 있다(대판 2002.10.11. 2001두151).

> **관련판례**

폐기물처리업 허가와 관련된 사업계획의 적정여부에 관한 기준설정은 재량행위
폐기물처리업 허가와 관련된 법령들의 체제 또는 문언을 살펴보면 이들 규정들은 폐기물처리업 허가를 받기 위한 최소한도의 요건을 규정해 두고는 있으나, 사업계획 적정 여부에 대하여는 일률적으로 확정하여 규정하는 형식을 취하지 아니하여 그 사업의 적정 여부에 대하여 재량의 여지를 남겨 두고 있다 할 것이고, 이러한 경우 사업계획 적정 여부 통보를 위하여 필요한 기준을 정하는 것도 역시 행정청의 재량에 속하는 것이므로, 그 설정된 기준이 객관적으로 합리적이 아니라거나 타당하지 않다고 볼 만한 다른 특별한 사정이 없는 이상 행정청의 의사는 가능한 한 존중되어야 한다(대판 2004.5.28. 2004두961).

재외동포에 대한 사증발급이 행정청의 재량행위에 속하는지 여부
재외동포에 대한 사증발급은 행정청의 재량행위에 속하는 것으로서, 재외동포가 사증발급을 신청한 경우에 출입국관리법 시행령 [별표 1의2]에서 정한 재외동포체류자격의 요건을 갖추었다고 해서 무조건 사증을 발급해야 하는 것은 아니다. 재외동포에게 출입국관리법 제11조 제1항 각호에서 정한 입국금지사유 또는 재외동포법 제5조 제2항에서 정한 재외동포체류자격 부여 제외사유(예컨대 '대한민국 남자가 병역을 기피할 목적으로 외국국적을 취득하고 대한민국 국적을 상실하여 외국인이 된 경우')가 있어 그의 국내 체류를 허용하지 않음으로써 달성하고자 하는 공익이 그로 말미암아 발생하는 불이익보다 큰 경우에는 행정청이 재외동포체류자격의 사증을 발급하지 않을 재량을 가진다(대판 2019.7.11. 2017두38874).

음주측정거부를 이유로 운전면허취소를 함에 있어서 행정청이 그 취소 여부를 선택할 수 있는 재량의 여지가 없음
도로교통법 제78조 제1항 단서 제8호의 규정에 의하면, 술에 취한 상태에 있다고 인정할 만한 상당한 이유가 있음에도 불구하고 경찰공무원의 측정에 응하지 아니한 때에는 필요적으로 운전면허를 취소하도록 되어 있어 처분청이 그 취소 여부를 선택할 수 있는 재량의 여지가 없음이 그 법문상 명백하므로, 위 법조의 요건에 해당하였음을 이유로 한 운전면허취소처분에 있어서 재량권의 일탈 또는 남용의 문제는 생길 수 없다(대판 2004.11.12. 2003두12042). ☞ 일반적인 경우 운전면허의 취소·정지는 재량행위임에 유의

예방접종으로 인한 질병, 장애 또는 사망의 인정 여부 결정이 보건복지가족부장관의 재량에 속하는지 여부
구 전염병예방법 제54조의2 제2항에 의하여 보건복지가족부장관에게 예방접종으로 인한 질병, 장애 또는 사망의 인정 권한을 부여한 것은, 예방접종과 장애 등 사이에 인과관계가 있는지를 판단하는 것은 고도의 전문적 의학 지식이나 기술이 필요한 점과 전국적으로 일관되고 통일적인 해석이 필요한 점을 감안한 것으로 역시 보건복지가족부장관의 재량에 속하는 것이므로, 인정에 관한 보건복지가족부장관의 결정은 가능한 한 존중되어야 한다(대판 2014.5.16. 2014두274).

주택재건축사업시행 인가는 재량행위
주택재건축사업시행의 인가는 상대방에게 권리나 이익을 부여하는 효과를 가진 이른바 수익적 행정처분으로서 법령에 행정처분의 요건에 관하여 일의적으로 규정되어 있지 아니한 이상 행정

청의 재량행위에 속하므로, 처분청으로서는 법령상의 제한에 근거한 것이 아니라 하더라도 공익상 필요 등에 의하여 필요한 범위 내에서 여러 조건(부담)을 부과할 수 있다(대판 2007.7.12. 2007두6663).

경찰공무원 채용시험에서의 부정행위 응시자에 대한 시험 무효규정에 의한 처분은 기속행위
경찰공무원임용령 제46조 제1항('경찰공무원의 채용시험 또는 경찰간부후보생공개경쟁선발시험에서 부정행위를 한 응시자에 대하여는 당해 시험을 정지 또는 무효로 하고, 그로부터 5년간 이 영에 의한 시험에 응시할 수 없다')의 수권형식과 내용에 비추어 이는 행정청 내부의 사무처리기준을 규정한 재량준칙이 아니라 일반 국민이나 법원을 구속하는 법규명령에 해당하고 따라서 위 규정에 의한 처분은 재량행위가 아닌 기속행위이다(대판 2008.5.29. 2007두18321).

공정거래위원회의 독점규제 및 공정거래에 관한 법률 위반행위자에 대한 과징금 부과처분은 재량행위
구 독점규제 및 공정거래에 관한 법률 제6조, 제17조, 제22조, 제24조의2, 제28조, 제31조의2, 제34조의2 등 각 규정을 종합하여 보면, 공정거래위원회는 법 위반행위에 대하여 과징금을 부과할 것인지 여부와 만일 과징금을 부과할 경우 법과 시행령이 정하고 있는 일정한 범위 안에서 과징금의 액수를 구체적으로 얼마로 정할 것인지에 관하여 재량을 가지고 있다고 할 것이므로, 공정거래위원회의 법 위반행위자에 대한 과징금 부과처분은 재량행위라 할 것이고, 다만 이러한 재량을 행사함에 있어 과징금 부과의 기초가 되는 사실을 오인하였거나, 비례·평등의 원칙에 위배하는 등의 사유가 있다면 이는 재량권의 일탈·남용으로서 위법하다(대판 2010.3.11. 2008두15176).

「국적법」에 의한 귀화허가는 재량행위
귀화허가의 근거 규정의 형식과 문언, 귀화허가의 내용과 특성 등을 고려하여 보면, 법무부장관은 귀화신청인이 법률이 정하는 귀화요건을 갖추었다고 하더라도 귀화를 허가할 것인지 여부에 관하여 재량권을 가진다(대판 2010.7.15. 2009두19069).

「지방재정법」상 공유재산의 무단점유에 대한 변상금부과처분은 기속행위
다른 법률에 항고소송 관할에 대한 특별규정이 없는 한 그 제1심 소송관할은 피고의 소재지를 관할하는 행정법원인바(행정소송법 제9조 제1항, 제38조), 지방재정법 제87조 제1항에 의한 변상금부과처분은 법률에 의한 대부 또는 사용·수익허가 등을 받지 아니하고 공유재산을 점유하거나 사용·수익한 자에 대하여는 정상적인 대부료 또는 사용료를 징수할 수 없으므로 그 대신에 대부 등을 받은 경우에 납부하여야 할 대부료 상당액 이외에 2할을 가산한 금원을 변상금으로 부과하는 행정처분으로 이는 무단점유에 대한 징벌적인 의미가 있는 것으로 법규의 규정형식으로 보아 처분청의 재량이 허용되지 않은 기속행위이다(대판 2000.1.14. 99두9735).

육아휴직 중 국가공무원법 제73조 제2항에서 정한 복직 요건인 '휴직사유가 없어진 때'에 해당하는 경우 복직명령은 기속행위
여성 교육공무원이 육아휴직 기간 중 다른 자녀를 출산하거나 또는 출산이 예정되어 있어 구 국가공무원 복무규정 제20조 제2항에 따른 출산휴가 요건을 갖추어 복직신청을 하거나 미리 출산을 이유로 복직신청을 하는 경우, 임용권자는 출산휴가 개시 시점에 복직명령과 동시에 출산휴가를 허가해야 한다(대판 2014.6.12. 2012두4852).

〈재량행위와 기속행위의 사례〉

재량행위	
	1. 허가 ① 관광지조성사업시행 허가처분(대판 2001.7.27. 99두8589) ② 자연공원법이 적용되는 지역 내의 단란주점영업허가(대판 2001.1.30. 99두3577) ③ 산림법에 의한 형질변경·산림훼손허가(대판 1998.9.25. 97누19564; 2003.3.28. 2002두12113) ④ 총포도검화약류단속법상 총포 등 소지허가(대판 1993.5.14. 92도2179) ⑤ 농지전용허가(대판 2000.5.12. 98두15382) ⑥ 입목채굴허가(대판 2001.11.30. 2001두5866) ⑦ 전자유기장업허가(대판 1985.2.8. 84누369) ⑧ 프로판가스충전업허가(대판 1987.11.10. 87누462) ⑨ 폐기물처리업 사업계획의 적정여부에 관한 기준설정(대판 2004.5.28. 2004두961) **2. 특허** ① 개인택시운송사업면허 및 면허기준 설정행위(대판 2007.3.15. 2006두25783) ② 자동차운수사업법에 의한 마을버스운송사업면허(대판 2001.1.19. 99두3812) ③ 자동차운수사업법에 의한 자동차운송사업면허(대판 1999.10.12. 99두6026) ④ 공유수면매립면허(대판 1989.9.12. 88누9206) ⑤ 구 토지수용법상의 사업인정(대판 1992.11.13. 92누596) ⑥ 도로점용허가(대판 2002.10.25. 2002두5795) **3. 인가** ① 주택조합설립인가(대판 1995.12.12. 94누12302) ② 민법상 비영리법인설립허가(대판 1996.9.10. 95누18437) ③ 중소기업 창업사업계획 승인(대판 1994.6.24. 94누1289) ④ 종교법인 임원취임승인(대판 2000.1.28. 98두16996) ⑤ 자연공원사업의 공원시설 기본설계·변경설계 승인(대판 2001.7.27. 99두2970) ⑥ 사회복지법인 정관변경허가(대판 2002.9.24. 2000두5661) ⑦ 주택건설사업계획 승인(대판 2007.5.10. 2005두13315) ⑧ 주택재건축사업시행 인가(대판 2007.7.12. 2007두6663) ⑨ 광업법상 채광계획인가·변경인가(대판 2008.9.11. 2006두7577) ⑩ 재단법인 임원취임에 대한 주무관청의 승인행위(대판 2000.1.28. 98두16996) **4. 판단여지** ① 사법시험문제 출제행위(대판 2001.4.10. 99다33960) ② 감정평가사시험의 합격기준선택(대판 1996.9.20. 96누6882) ③ 교과서검정(대판 1992.4.24. 91누6634) ④ 공무원 면접전형시 능력·적격성 등에 관한 판단(대판 1997.11.28. 97누11911) ⑤ 대학수학능력시험의 '반올림에 의한 소수점 폐지' 정책(대판 2007.12.13. 2005다66770) ⑥ 공무원의 징계행위시 징계의 종류선택(단, 결정재량은 불인정)

재량 행위	**5. 예외적 승인** ① 개발제한구역내 건축물의 용도변경허가(대판 2001.2.9. 98두17593) ② 학교보건법상 학교환경위생정화구역 안에서의 유흥주점허가(대판 1996.10.29. 96누8253), 액화석유가스(LPG) 충전소 운영허가(대판 2010.3.11. 2009두17643) **6. 행정계획** ① 구 도시계획법상 도시계획결정(대판 1996.11.29. 96누8567) ② 구 자연공원법상 자연공원사업시행허가(대판 2001.7.27. 99두5092) **7. 기타** ①「부동산 실권리자명의 등기에 관한 법률」상 과징금을 감경할 것인지 여부(대판 2007.7.12. 2006두4554) ② 도시·군계획시설사업 시행자지정 및 협약체결 등을 위하여 순위를 정하여 그 제안을 받아들이거나 거부하는 행위 또는 특정 제안자를 우선협상자로 지정하는 행위(대판 2019.1.10. 2017두43319)
기속 행위	**1. 허가** ① 식품위생법상 대중음식점 영업허가(대판 1993.5.27. 93누2216) ② 식품위생법상 일반주점영업허가(대판 2000.3.24. 97누12532) ③ 식품위생법상 광천음료수제조업허가(대판 1993.2.12. 92누5959) ④ 건축법상 건축허가(대판 2006.11.9. 2006두1227) ⑤ 구 공중위생법상 위생접객업허가(대판 1995.7.28. 94누13497) ⑥ 투전기업소장소변경허가(대판 1985.8.20. 84누228) ⑦ 총포도검화약류단속법상 판매업 및 저장소설치허가(대판 1996.6.28. 96누3036) ⑧ 약사면허취소(대판 1993.6.8. 92누19026) ⑨ 화약류 판매업 및 저장소 설치허가(대판 1996.6.28. 96누3036) ⑩ 기부금품모집규제법상 기부금품모집허가(대판 1999.7.23. 99두3690) ⑪ 주류판매업 면허(대판 1995.11.10. 95누5714) ⑫ 국가공무원법에서 정한 복직 요건인 '휴직사유가 없어진 때'에 해당하는 경우의 복직명령(대판 2014.6.12. 2012두4852) **2. 특허** ① 부정한 수단사용을 이유로 한 건설업면허취소(대판 1983.11.22. 82누95) ② 자동차운수사업법상 등록(대판 1993.7.27. 92누13998) **3. 인가** ① 관광사업 양도·양수에 의한 지위승계신고(대판 2007.6.29. 2006두4097) ② 사립학교법에 의한 감독청의 이사회소집승인(대판 1988.4.27. 87누1106) **4. 기타** ① 음주측정거부를 이유로 한 운전면허취소(대판 2004.11.12. 2003두12042) ② 국유재산의 무단점유 등에 대한 변상금의 징수(대판 2001.1.28. 97누4098) ③「부동산 실권리자명의 등기에 관한 법률」상 명의신탁자에 대하여 과징금을 부과할 것인지 여부(대판 2007.7.12. 2005두17287)

(3) 구별실익

① **부관의 가능성** : 전통적인 견해는 기속행위에는 부관을 붙일 수 없으나 재량행위에는 부관을 붙일 수 있다고 하였다. 처분을 할 것인지에 대한 재량권이 인정된 경우에는 행정청이 법률효과의 일부를 제한하는 의미에서 부관을 붙일 수 있다는 이유에서다. 그러나 부관의 가능성은 입법의 목적·취지·내용 등을 고려하여 정할 문제이지 행위의 재량성 유무와는 직접 관련 없다는 견해가 최근 유력하다.

② **재판통제의 범위**

㉠ **위법성 통제** : 행정소송법은 소송대상을 위법한 처분으로 규정하고 있다(제1조). 기속행위에 있어 행정권 행사에 잘못이 있는 경우에 위법한 행위가 되므로 기속행위에 대한 재판통제는 제한이 없다. 그런데 재량권의 한계 내에서는 행정청이 일응 판단을 그르쳐도 위법의 문제는 생기지 않고 부당할 따름이므로 재량행위는 원칙적으로 재판통제의 범위 밖이다. 그러나 재량권 행사의 한계를 정한 실정법 내지 불문법원리에 저촉되는 것이면 재량권의 일탈·남용의 문제가 되어 위법한 처분이 됨으로써 행정소송의 대상이 된다. 행정소송법 제27조는 '행정청의 재량에 속하는 처분이라도 재량권의 한계를 넘거나 그 남용이 있는 때에는 법원은 이를 취소할 수 있다'고 규정하여 재량행위에 대한 사법심사를 인정한다.

㉡ **사법심사방식** : 기속행위의 경우 법원은 행정청의 판단이 법원의 판단과 다른 경우 법원의 판단을 행정청의 판단에 대체하는 완전심사방식(판단대체방식)을 취한다. 그러나 재량행위의 경우 공익판단인 경우 행정청의 판단이 심히 부당한 경우가 아니면 법원은 당해 행정청의 결정을 위법하다고 판단할 수 없다(제한심사방식).

> **관련판례**
>
> **기속행위와 재량행위에 대한 사법심사 방식의 차이**
> 행정행위를 기속행위와 재량행위로 구분하는 경우 양자에 대한 사법심사는, <u>기속행위</u>의 경우 그 법규에 대한 원칙적인 기속성으로 인하여 <u>법원이 사실인정과 관련 법규의 해석·적용을 통하여 일정한 결론을 도출한 후 그 결론에 비추어 행정청이 한 판단의 적법 여부를 독자의 입장에서 판정하는 방식에 의하게 되나</u>, <u>재량행위</u>의 경우 행정청의 재량에 기한 공익판단의 여지를 감안하여 <u>법원은 독자의 결론을 도출함이 없이 당해 행위에 재량권의 일탈·남용이 있는지 여부만을 심사하게 되고</u> 이러한 재량권의 일탈·남용 여부에 대한 심사는 사실오인, 비례·평등의 원칙 위배 등을 그 판단 대상으로 한다(대판 2007.5.31. 2005두1329).

3. 위법한 재량행위(재량하자)

(1) 의의

재량권이 주어진 목적과 한계를 벗어나서 행사된 경우는 재량하자가 있는 것이 되고 위법한 것이어서 사법심사의 대상이 된다. 행정소송법 제27조도 '행정청의 재량에 속하는 처분이라도 그 재량권의 한계를 넘거나 그 남용이 있는 때에는 법원은 이를 취소할 수 있다'라고 규정하고 있다.

(2) 재량행위의 위법사유

① **재량권의 일탈**: 법령상 주어진 재량의 한계를 벗어난 재량하자를 말한다(예 법령에서 정한 액수 이상의 과징금을 부과하거나, 법령은 과징금부과만을 예정하고 있으나 영업허가를 취소한 경우, 영업허가정지의 권한을 영업허가의 취소권한으로 하는 경우). 재량의 외부적 한계를 위반한 경우라고 표현된다.

② **재량권의 남용**: 법령상 주어진 재량권의 범위 내에서 재량권을 행사하였으나 잘못된 방향으로 재량행사가 이루어진 경우이다. 이를 재량의 내부적 한계라고도 한다(대판 2002.9.24. 2002두6620).

　㉠ **비례원칙 위반**: 재량행위가 그 대상인 행위의 위법성 또는 공익침해와 형평이 유지되지 못한 경우에는 위법한 재량권 행사가 된다. 예컨대 제재처분의 목적과 제재처분 사이 또는 법 위반의 정도와 제재처분 사이에 현저히 비례관계를 잃은 경우는 위법하다.

　㉡ **평등원칙 위반**: 재량준칙이 정해진 경우 정당한 이유 없이 특정인에게 불리한 처분을 하는 경우나, 특정사안에 대한 재량권 행사가 관행으로 형성되었음에도 정당한 사유 없이 종전과 다른 처분을 하는 경우에 발생한다.

　㉢ **목적위반**: 공무원이 개인감정·편견·정치적 고려 등에 기하여 상대방에 불리한 처분을 한 경우나, 당해 처분이 일반적인 공익목적에는 부합하나 관계법상의 구체적 공익목적에는 배치되는 때에 해당한다(예 소방법에 기한 가택출입검사가 화재예방 목적이 아니라 범죄예방 목적으로 행하여지는 경우).

　㉣ **사실의 오인**: 처분사유가 실제사실과 부합하지 않는 경우이다(예 위반행위기간이 아닌 기간을 포함시켜 매출액을 산정하고 그것을 과징금 부과기준으로 삼은 경우). 사실의 존부에 대한 판단에는 재량권이 인정되지 아니하므로 이러한 처분은 위법하다. 이를 재량권의 일탈로 보는 견해도 있다.

　㉤ **부당결부금지원칙의 위반**: 특정허가신청에 대하여 관계법이 추구하는 목적과는 실질적 관련성이 없는 급부를 조건으로 허가하는 것은 위법하다.

　㉥ **절차위반**: 이해관계인의 의견진술 등 절차가 법률에 명시적으로 규정된 경우 그 절차를 거치지 않거나, 명시적 규정이 없더라도 적법절차의 원칙에 반하는 처분은 위법하다.

③ **재량권의 불행사**: 행정청이 자신에게 부여된 재량권을 고려가능한 모든 관점을 고려하여 행사한 것이 아닌 경우를 말한다. 여기에는 ㉠ 재량권을 충분히 행사하지 않은 경우와, ㉡ 재량권을 전혀 행사하지 않은 경우(예 재량행위를 기속행위로 오인한 경우, 행정규칙에 기속되는 것으로 오인한 경우)가 있다.

> **관련판례**
>
> **사실의 오인에 기인한 재량하자의 사례**
> 원고는 육지로부터 7시간 이상 걸리는 거리에 떨어진 낙도근무자로서 1967.7.21항 학교회의에 참석하기 위하여 임지에서 군산으로 항해도중 풍랑을 만나 현기증, 전신쇠약등 병세와 뇌신경쇠약 등의 병발로 1968.1.23까지 입원 또는 병원치료하였고 이로 인하여 수로여행이 불가능하여 임지에 들어가지 못하고 관할교육청에 대하여 위와 같은 사정을 고하고 육지근무를 청원하였다

한다. 이와 같은 사정이라면 구 교육공무원법 제56조 제2호에 해당하는 징계사유가 있다고 할 수 없다(대판 1969.7.22, 69누38).

과징금 임의적 감경사유가 있음에도 이를 전혀 고려하지 않거나 감경사유에 해당하지 않는다고 오인하여 과징금을 감경하지 않은 경우, 재량권을 일탈·남용한 것임

실권리자명의 등기의무를 위반한 명의신탁자에 대하여 부과하는 과징금의 감경에 관한 '부동산 실권리자명의 등기에 관한 법률 시행령' 제3조의2 단서는 임의적 감경규정임이 명백하므로, 그 감경사유가 존재하더라도 과징금 부과관청이 감경사유까지 고려하고도 과징금을 감경하지 않은 채 과징금 전액을 부과하는 처분을 한 경우에는 이를 위법하다고 단정할 수는 없으나, 위 감경사유가 있음에도 이를 전혀 고려하지 않았거나 감경사유에 해당하지 않는다고 오인한 나머지 과징금을 감경하지 않았다면 그 과징금 부과처분은 재량권을 일탈·남용한 위법한 처분이라고 할 수밖에 없다(대판 2010.7.15. 2010두7031). 同旨: 건설업자에 대한 영업정지 기간의 감경사유 사건 (대판 2016.8.29. 2014두45956)

시험실 입실시간 제한의 재량 일탈 여부

공고에 의한 시험실 입실시간 준수의무 및 위반 시 응시제한은 기본적 주의사항을 준수할 능력 있는 공무원을 선발함과 동시에 시험의 부정행위를 미연에 방지하고, 시험 시작 시각에 정확하게 시험을 시작함으로써 응시자 모두에게 동일한 시험시간을 부여하여 시험을 공정하고 효율적으로 운영하기 위한 것으로, 그 목적의 정당성과 수단의 적절성이 인정된다. 시험의 부정행위나 시험실 내 소란을 방지하기 위하여 응시자들은 미리 시험실에 입실할 필요가 있고, 정확한 시험시작을 위하여 시험시행에 필요한 사전준비를 마칠 최소한의 시간이 필요한 점, 이 사건 공고는 시험 당일 방송을 통하여 충분히 고지되었으며, 주요 국가시험에서도 이 사건 공고와 유사하게 입실시간을 제한하고 있는 점 등을 종합하여 보면, 입실시간 제한 등이 명백히 불합리하다거나 시험실시 기관의 재량을 일탈한 것이라고 보기 어렵다(헌재 2014. 4. 24. 2013헌마341)

개인택시운송사업면허 기준설정의 재량하자 여부

행정청이 개인택시운송사업의 면허를 함에 있어 택시 운전경력이 버스 등 다른 차종의 운전경력보다 개인택시의 운전업무에 더 유용할 수 있다는 점 등을 고려하여 택시의 운전경력을 다소 우대하는 것이 객관적으로 합리적이 아니라거나 타당하지 않다고 볼 수 없고, 또한 해당 지역에서 일정기간 거주하여야 한다는 요건 이외에 해당 지역 운수업체에서 일정기간 근무한 경력이 있는 경우에만 개인택시운송사업면허에서 우선권을 부여한다는 개인택시 면허사무처리지침은 개인택시 면허제도의 성격, 운송사업의 공익성, 지역에서의 장기간 근속을 장려할 필요성, 기준의 명확성 요청 등의 제반 사정에 비추어 합리적인 제한이다(대판 2007.6.1. 2006두17987).

공무원에 대한 징계처분이 재량권의 범위를 벗어난 위법한 처분인지 여부

[1] 공정한 업무처리에 대한 사의로 두고 간 돈 30만원이 든 봉투를 소지함으로써 피동적으로 금품을 수수하였다가 돌려 준 20여년 근속의 경찰공무원에 대한 해임처분이 사회통념상 현저하게 타당성을 잃어 재량권의 남용에 해당한다고 본 사례(대판 1991.7.23. 90누8954).

[2] 경찰공무원이 그 단속의 대상이 되는 신호위반자에게 먼저 적극적으로 돈을 요구하고 다른

사람이 볼 수 없도록 돈을 접어 건네주도록 전달방법을 구체적으로 알려주었으며 동승자에게 신고시 범칙금 처분을 받게 된다는 등 비위신고를 막기 위한 말까지 하고 금품을 수수한 경우, 비록 그 받은 돈이 1만원에 불과하더라도 위 금품수수행위를 징계사유로 하여 당해 경찰공무원을 해임처분한 것은 징계재량권의 일탈·남용이 아니다(대판 2006.12.21. 2006두16274).

학교법인의 교비회계자금을 법인회계로 부당전출한 행위를 이유로 한 임원취임승인취소처분은 재량권을 일탈·남용하지 아니함

학교법인의 임원취임승인취소처분에 대한 취소소송에서, 교비회계자금을 법인회계로 부당전출한 위법성의 정도와 임원들의 이에 대한 가공의 정도가 가볍지 아니하고, 학교법인이 행정청의 시정 요구에 대하여 이를 시정하기 위한 노력을 하였다고는 하나 결과적으로 대부분의 시정 요구 사항이 이행되지 아니하였던 사정 등을 참작하여, 위 취소처분이 재량권을 일탈·남용하였다고 볼 수 없다고 한 사례(대판 2007.7.19. 2006두19297).

사립학교 교원으로서의 성실의무와 품위유지의무 위반을 이유로 한 해임처분이 재량권을 일탈·남용하지 않았다고 본 사례

사립학교 교원이 대학의 신규 교원 채용에 서류심사위원으로 관여하면서 소지하게 된 인사서류를 학교 운영과 관련한 진정서의 자료로 활용하고 위조된 서면에 대한 확인조치 없이 청원서 등에 첨부하여 사용한 것은 교원으로서의 성실의무와 품위유지의무를 위배한 것으로서 징계사유에 해당…원고의 행위는 단순히 보조참가인이 운영하는 이 사건 대학 운영의 정상화와 발전을 도모하는 정도를 넘어서 궁극적으로는 자신과 뜻이 맞지 아니하는 이 사건 대학의 총장과 보조참가인의 이사장을 퇴진시켜 이 사건 대학을 지역대학으로 만들기 위한 개인적 동기에서 비롯된 것으로서 그 구체적 내용과 그로 인한 교원으로서의 본분 위배 및 품위손상의 정도 등에 비추어 볼 때 원고에 대한 이 사건 해임의 징계가 재량권의 일탈·남용에 해당하지 않는다(대판 2000.10.13. 98두8858).

서울특별시립무용단원의 해촉에 징계권을 남용하였다고 본 사례

원고가 급량비가 나올 때마다 바로 지급하지 않고 이를 모아 두었다가 일정액에 달하였을 때에 지급하여 온 것이 관례화 되어 있을 뿐더러 원고가 급량비를 유용한 것은 개인적인 목적을 위한 것이 아니고 시립무용단장의 지시에 따라 시립무용단의 다른 용도에 일시 전용한 것이라는 점, 유용한 금액이 비교적 소액이고 그 후에 모두 단원들에게 지급된 점 등 이 사건 변론에 나타난 여러 사정 등을 종합하여 보면, 원고를 징계하기 위하여 한 이 사건 해촉은 너무 가혹하여 징계권을 남용한 것이어서 무효이다(대판 1995.12.22. 95누4636).

파면처분이 징계재량권을 일탈·남용하여 위법하지 아니하다고 본 사례

원고가 동물복제 연구 등의 분야에서 업적을 남긴 등의 사정이 있다고 하더라도, 국립대학교 교수가 수행하는 직무 및 이 사건 연구의 특성, 허위논문 작성에 대한 엄격한 징계의 필요성, 원고가 논문의 데이터 중 일부를 고의로 조작하여 허위논문을 작성한 점, 원고에게 엄한 징계를 하지 않을 경우 연구기강을 확립하고 과학연구자 전체 및 서울대학교에 대한 국민적 신뢰를 회복하기 어려운 점 등에 비추어 볼 때 이 사건 처분의 징계 내용이 객관적으로 명백히 부당한 것으로서 사회통념상 현저하게 타당성을 잃어 징계권자에게 맡긴 재량권을 일탈하였거나 남용한 것이라고 볼 수 없다(대판 2014.2.27. 2011두29540)

4. 재량축소

일정한 경우에 재량권이 0으로 수축하게 되면 행정청은 재량권을 갖지 못하고 특정한 행위를 하여야 할 의무를 지게 된다. 또한 이익형량의 원칙상 재량이 축소되는 경우가 있는데, 국민의 권익보호를 위해 결정재량은 없어지고 선택재량만 남는 경우가 그 예이다.

예제 행정청의 재량에 관한 설명으로 옳지 않은 것은? (다툼이 있는 경우 판례에 의함) ▶ 23 소방승진

① 행정청이 제재처분 양정을 하면서 공익과 사익의 형량을 전혀 하지 않았거나 이익형량의 고려대상에 마땅히 포함하여야 할 사항을 누락한 경우 또는 이익형량을 하였으나 정당성·객관성이 결여된 경우, 제재처분은 재량권을 일탈·남용한 것이라고 보아야 한다.
② 행정청이 감경사유를 전혀 고려하지 않았거나 감경사유에 해당하지 않는다고 오인하여 개별처분기준에서 정한 상한으로 처분을 한 경우, 마땅히 고려대상에 포함 하여야 할 사항을 누락하였거나 고려대상에 관한 사실을 오인한 경우에 해당하여 재량권을 일탈·남용한 것이라고 보아야 한다.
③ 행정청의 전문적인 정성적 평가 결과는 그 판단의 기초가 된 사실인정에 중대한 오류가 있거나 그 판단이 사회 통념상 현저하게 타당성을 잃어 객관적으로 불합리 하다는 등의 특별한 사정이 없는 한 법원이 그 당부를 심사하기에는 적절하지 않으므로 가급적 존중되어야 한다.
④ 경찰공무원이 담당사건의 고소인으로부터 금품을 수수하고 향응과 양주를 제공받았으며 이를 은폐하기 위하여 고소인을 무고하는 범죄행위를 하였다는 사유로 해임처분을 받았으나 위 징계사유 중 금품수수사실이 인정되지 않는 경우, 나머지 징계사유만으로 당초의 해임처분을 유지할 수는 없다.

정답 ④

④ (×) 경찰공무원이 담당사건의 고소인으로부터 금품을 수수하고 향응과 양주를 제공받았으며 이를 은폐하기 위하여 고소인을 무고하는 범죄행위를 하였다는 사유로 해임처분을 받은 경우, 위 징계사유 중 금품수수사실이 인정되지 않더라도 나머지 징계사유만으로도 해임처분의 타당성이 인정되어 재량권의 범위를 일탈·남용한 것이 아니다(대판 2002.9.24. 2002두6620).
① (○), ② (○) 대판 2020.6.25. 2019두52980
③ (○) 대판 2020.7.9. 2017두39785

예제 기속행위와 재량행위에 대한 판례의 입장으로 옳지 않은 것은?

① 「여객자동차 운수사업법」에 의한 개인택시운송사업면허는 특정인에게 권리나 이익을 부여하는 행정행위로서 법령에 특별한 규정이 없는 한 재량행위이다.
② 공유수면점용허가는 특정인에게 공유수면 이용권이라는 독점적 권리를 설정하여 주는 처분으로서 그 처분의 여부 및 내용의 결정은 원칙적으로 행정청의 재량에 속한다.
③ 「국토의 계획 및 이용에 관한 법률」상 토지의 형질변경허가는 그 금지요건이 불확정개념으로 규정되어 있으므로, 동법상 지정된 도시지역 안에서 토지의 형질변경행위를 수반하는 「건축법」상의 건축허가는 재량행위이다.

④ 귀화허가는 강학상 허가에 해당하므로, 귀화신청인이 귀화 요건을 갖추어서 귀화허가를 신청한 경우에 법무부장관은 귀화허가를 해주어야 한다.

정답 ④

④ (×) 귀화허가는 외국인에게 대한민국 국적을 부여함으로써 국민으로서의 법적 지위를 포괄적으로 설정하는 행위에 해당한다.…법무부장관은 귀화신청인이 법률이 정하는 귀화요건을 갖추었다고 하더라도 귀화를 허가할 것인지 여부에 관하여 재량권을 가진다(대판 2010.7.15. 2009두19069).
① (○) 대판 1997.9.26. 97누8878 ② (○) 대판 2004.5.28. 2002두5016
③ (○) 대판 2005.7.14. 2004두6181

예제 행정행위에 대한 설명으로 옳지 않은 것은? (다툼이 있는 경우 판례에 의함)

① 재량에 의한 행정처분이 그 재량권의 한계를 벗어난 것이어서 위법하다는 점은 그 행정처분의 효력을 다투는 자가 이를 주장·입증하여야 하고, 처분청이 그 재량권의 행사가 정당한 것이었다는 점까지 주장·입증할 필요는 없다.
② 행정청이 제재처분 양정을 하면서 처분 상대방에게 법령에서 정한 임의적 감경사유가 있는 경우, 그 감경사유까지 고려하고도 감경하지 않은 채 개별처분기준에서 정한 상한으로 처분을 한 경우에는 재량권을 일탈·남용하였다고 보아야 한다.
③ 허가신청 후 허가기준이 변경된 경우에는 원칙적으로 처분시의 기준인 변경된 허가기준에 따라서 처분하여야 한다.
④ 학교법인의 임원이 교비회계 자금을 법인회계로 부당 전출하였고, 업무 집행에 있어서 직무를 태만히 하여 학교법인이 이를 시정하기 위한 노력을 하였으나 결과적으로 대부분의 시정 요구 사항이 이행되지 아니하였던 점 등을 고려하면, 교육부장관의 임원승인취소처분은 재량권을 일탈·남용한 것으로 볼 수 없다.

정답 ②

② (×) 처분상대방에게 법령에서 정한 임의적 감경사유가 있는 경우에, 행정청이 감경사유까지 고려하고도 감경하지 않은 채 개별처분기준에서 정한 상한으로 처분을 한 경우에는 재량권을 일탈·남용하였다고 단정할 수는 없으나, 행정청이 감경사유를 전혀 고려하지 않았거나 감경사유에 해당하지 않는다고 오인하여 개별처분기준에서 정한 상한으로 처분을 한 경우에는 마땅히 고려대상에 포함하여야 할 사항을 누락하였거나 고려대상에 관한 사실을 오인한 경우에 해당하여 재량권을 일탈·남용한 것이라고 보아야 한다(대판 2020.6.25. 2019두52980).
① (○) 대판 1987.12.8. 87누861 ③ (○) 대판 1996.8.20. 95누10877
④ (○) 대판 2007.7.19. 2006두19297

제3절 법률행위적 행정행위와 준법률행위적 행정행위

01 법률행위적 행정행위

법률행위적 행정행위는 **의사표시를 구성요소로** 하고 그 **법적효과가 효과의사의 내용에 따라 발생하는 행위**이다. 이 점에서 준법률행위적 행정행위가 **의사표시 이외의 정신작용(인식·판단)의 표현을 요소로 하여 그 법적효과가 행위자의 의사와는 무관하게 법규범에 의해 부여되는 행위**인 것과 다르다.

〈법률행위적 행정행위의 개관〉

1. **명령적 행위**: 상대방에게 일정한 의무를 부과(또는 자유를 제한)하거나 이미 과한 의무(또는 그 제한)를 해제함을 내용으로 하는 행위
2. **형성적 행위**: 특정 상대방에게 새로운 권리·능력 또는 포괄적인 법률관계 기타 법률상의 힘을 발생·변경·소멸시키는 행위

명령적 행위	하명	작위·부작위·급부·수인을 명하는 행정행위
	허가	법령에 의해 개인의 자유가 제한되고 있는 경우에 그 제한을 해제하여 자유를 적법하게 행사할 수 있도록 회복하여 주는 행정행위
	면제	작위·수인·급부의무를 특정한 경우에 해제하여 주는 행정행위
형성적 행위	상대방을 위한 행위	설권행위	특정인에 대하여 새로운 권리·능력 또는 포괄적인 법률관계를 설정하는 행정행위
		변경행위	광의의 특허에 의해 발생된 효력을 일부 변경하는 행위
		탈권행위	광의의 특허에 의해 발생된 효력을 소멸케 하는 행위
	타자를 위한 행위	인가	행정청이 타자의 법률행위를 동의로써 보충하여 그 행위의 효력을 완성시켜주는 행정행위
		대리	공법상 행정주체가 제3자가 할 행위를 대신하여 행한 경우에 그 효과를 직접 제3자에게 귀속하게 하는 제도

1. 하명

(1) 하명의 개념

하명이란 **작위**(예 위법건축물의 철거), **부작위**(예 도로통행금지), **급부**(예 납세고지), **수인**(예 수진명령)**의무를 명하는 행정행위**를 말한다. 하명은 주로 법령에 근거하여 이루어지는 행정행위의 일종으로 나타나지만, 법령 자체에서 직접 하명의 효과가 발생하는 경우(법규하명)도 있다. 법규하명이 명령의 형식을 취하면 항고소송의 대상이 되고, 법률의 형식을 취하면 헌법소원의 대상이 된다(헌재 2007.1. 17. 2005헌마1111).

(2) 하명의 종류

하명은 ① 내용에 따라 작위하명, 부작위하명(금지), 급부하명, 수인하명으로, ② 대상에 따라 대인하

명, 대물하명, 혼합하명으로, ③ 행정분야에 따라 경찰하명, 급부행정상 하명, 재정하명, 군정하명 등으로 구분한다.

(3) 하명의 성질

① 하명은 개인의 자유를 제한하여 의무를 부과시키는 침익적 행위이다. 따라서 반드시 법령의 근거를 필요로 한다(법률유보). 또한 법령이 정한 요건이 갖추어졌을 때 하명을 행할 수 있다.
② 하명이 기속행위인지 재량행위인지의 여부는 근거법령의 규정형식과 취지에 따라 판단하여야 한다. 경찰하명의 경우(예 건축물의 철거명령, 영업정지명령, 집회의 해산명령)에는 대부분 재량행위에 해당한다.

(4) 하명의 대상과 상대방

하명의 대상인 행위는 ① 사실행위(예 도로청소, 교통방해물제거, 불법광고물철거)인 경우도 있고, ② 법률행위(예 물품매매계약, 무기매매, 영업양도)인 경우도 있다. 또한 하명의 상대방은 특정인인 경우가 일반적이나 불특정다수인 경우(예 심야통행금지, 예방접종고시)도 있다.

(5) 하명의 형식과 절차

① 하명은 행정절차법 제24조 제1항에 따라 다른 법령에 특별한 규정이 있는 경우나 신속을 요하거나 사안이 경미한 경우 이외에는 문서로 하여야 한다. 또한 단순·반복적인 처분 또는 경미한 처분으로서 당사자가 그 이유를 명백히 알 수 있는 경우와 긴급을 요하는 경우 이외에는 이유제시를 하여야 한다(행정절차법 제23조).
② 하명을 하는 경우 사전에 처분하고자 하는 원인이 되는 사실과 처분의 내용을 당사자 등에게 통지하여야 하며, 의견청취를 하여야 한다(제21조, 제22조).

(6) 하명의 효과

하명은 그 내용에 따라 작위·부작위·수인·급부 등의 의무를 발생시킨다. 하명의 효과는 원칙적으로 그 수명자에 대한 관계에서 발생하지만, 대물적 하명의 경우는 그 대상인 물건을 승계한 자에게도 효과가 승계된다.

(7) 하명위반의 효과

① 하명에 의거하여 성립된 의무가 불이행되면 행정상 강제집행이 가해지고, 의무위반시 행정상 제재(행정벌)이 가해진다.
② 하명위반이 그 행위의 법률상의 효과에는 직접 영향을 미치지 않는 것이 원칙이므로 민법이나 상법상 당연무효가 되지 않는다(예 방문판매가 금지되는 경우에 방문판매를 한 자는 처벌받지만 판매행위는 유효). 그러나 처벌만으로 목적을 달성할 수 없는 때에는 법률이 무효로 규정할 수도 있다.

(8) 위법하명에 대한 구제

위법한 하명에 의하여 권리·이익을 침해받은 자는 행정쟁송을 제기하여 취소 등을 구하거나, 손해배상소송을 제기하여 손해의 배상을 구할 수 있다.

> **관련판례**
>
> 부당하게 받은 보조금에 대한 환수처분의 범위가 문제 된 사건
> 시·도지사나 시장·군수는 여객자동차 운수사업자가 '거짓이나 부정한 방법으로 지급받은 보조금'에 한하여 이를 반환할 것을 명하여야 하고, '정상적으로 지급받은 보조금'까지 반환할 것을 명할 수 있는 것은 아니지만, 보조금이 가분적 평가에 의하여 산정·결정된 것이 아니어서 <u>보조금 중 '거짓이나 부정한 방법으로 지급받은 부분'과 '정상적으로 지급받은 부분'을 구분할 수 없고, 보조금이 거짓이나 부정한 방법에 의하여 일체로서 지급된 것이라고 판단할 수 있는 경우에는 보조금 전부를 거짓이나 부정한 방법으로 지급받은 것으로 보아야 한다</u>(대판 2019.1.17. 2017두47137).

2. 허가

(1) 의의

① **허가의 개념** : 허가란 **법규에 의한 상대적·일반적 금지(부작위하명)을 특정한 경우에 해제하여 적법하게 사실행위 또는 법률행위를 할 수 있게 하는 행정행위**를 말한다. 이는 위험의 방지를 목적으로 금지하였던 바를 해제하는 행위(예방적 금지의 해제)이다. 실정법에서는 면허·인허·인가·승인·특허·등록 등의 용어를 사용한다.

② **허가와 예외적 승인의 구별** : 예방적 금지로서 허가는 이른바 억제적 금지를 해제하여 주는 예외적 승인과 구별된다. 다만 금지의 해제라는 점에서 양자는 차이가 없다. 일반적으로 허가는 기속행위의 성질을 가지는데 반하여, 예외적 승인은 공익목적이 강하므로 재량행위의 성질을 가진다. 예외적 승인은 법률에 의한 일반적·추상적 규율의 결과 예외적으로 야기될 수 있는 곤란한 사태에 적절하게 대처할 수 있게 하는 데에 유용성이 있다.

	허가	예외적 승인
의의	• 공익침해의 우려가 있어 잠정적으로 금지된 행위를 적법하게 할 수 있게 하여 주는 행위 • 일반적으로 해제가 예정되어 있는 경우의 금지를 해제하는 것	• 행위 그 자체가 사회적으로 유해하기 때문에 법령에 의하여 일반적으로 금지된 행위를 예외적으로 적법하게 행사할 수 있도록 하는 행위 • 일반적으로 금지를 예정하면서 예외적으로 금지를 해제하는 것
사례	상업지역 내 영업허가, 주거지역 내 건축허가, 운전면허, 수렵면허, 입산허가, 약사면허	학교위생정화구역에서의 유흥음식점허가, 치료목적의 아편사용허가, 개발제한구역 내 건축허가, 자연공원법의 용도지구 안에서 일정행위 허가, 국가공무원법에 의한 겸직허가, 입목벌채·굴채허가
실질	본래의 자유의 회복	권리의 범위를 확대해 주는 것
입증책임	거부사유를 행정청이 입증	부작위의무의 해제사유의 존재를 신청자가 입증
부관	법령의 근거가 없는 한 불허	법령의 근거가 없어도 평등성·비례성 등에 적합한 부관 가능

> **관련판례**
>
> **개발제한구역 내에서의 예외적 허가는 재량행위**
> 개발제한구역 내에서는 구역 지정의 목적상 건축물의 건축, 공작물의 설치, 토지의 형질변경 등의 행위는 원칙적으로 금지되고, 다만 구체적인 경우에 위와 같은 구역 지정의 목적에 위배되지 아니할 경우 예외적으로 허가에 의하여 그러한 행위를 할 수 있게 되며, 한편 개발제한구역 내에서의 건축물의 건축 등에 대한 예외적 허가는 그 상대방에게 수익적인 것으로서 재량행위에 속하는 것이라고 할 것이므로 그에 관한 행정청의 판단이 사실오인, 비례·평등의 원칙 위배, 목적위반 등에 해당하지 아니하는 이상 재량권의 일탈·남용에 해당한다고 할 수 없다(대판 2004.7.22. 2003두7606).

③ **허가와 신고의 구별** : 신고는 의무적으로 행정청에 대하여 일정한 사실이나 관념을 통지함으로써 공법상 법률효과가 발생하는 행위를 말한다. 행정청의 수리가 필요한 경우에 있어서 행정청의 신고 수리는 허가와 유사한 효력이 있고(대판 1995.2.24. 94누9146), 이러한 경우의 신고제는 완화된 허가제로서의 성질을 가진다.

④ **허가와 변경허가의 구별** : 당초 허가받은 사항에 변경이 있는 경우에 그 변경내용이 관계 법령 등에 적합한지 여부를 다시 심사하여 본질적인 내용이 변경된 경우에는 다시 허가를 받도록 하는 것을 변경허가라고 한다(예 식품위생법이 영업소의 소재지나 영업의 중요한 부분을 이루는 시설의 변경에 대하여 소정의 서류를 첨부하여 그 변경허가를 받도록 함).

⑤ **허가의 종류**
   ㉠ 기초가 된 행정분야에 따라 경찰허가, 재정허가(예 주류제조면허) 등으로 나누어진다. 심사대상에 따라 대인적허가(예 자동차운전면허), 대물적허가(예 건축허가), 혼합적허가(예 총포등판매업허가) 등으로 나눌 수 있다.
   ㉡ 하명과 달리 법규상 허가를 둘 바에야 처음부터 금지를 하지 않으면 되기 때문에 행정행위로서의 허가만이 존재한다.

> **관련판례**
>
> **건축허가는 대물적 성질**
> 건축허가는 대물적 성질을 갖는 것이어서 행정청으로서는 허가를 할 때에 건축주 또는 토지 소유자가 누구인지 등 인적 요소에 관하여는 형식적 심사만 한다. 건축주가 토지 소유자로부터 토지사용승낙서를 받아 그 토지 위에 건축물을 건축하는 대물적 성질의 건축허가를 받았다가 착공에 앞서 건축주의 귀책사유로 해당 토지를 사용할 권리를 상실한 경우, 건축허가의 존재로 말미암아 토지에 대한 소유권 행사에 지장을 받을 수 있는 토지 소유자로서는 건축허가의 철회를 신청할 수 있다고 보아야 한다. 따라서 토지 소유자의 위와 같은 신청을 거부한 행위는 항고소송의 대상이 된다(대판 2017.3.15. 2014두41190).

(2) 허가의 성질

① 명령적 행위 또는 형성적 행위 여부

종래의 통설	㉠ 명령적 행위의 일종 ㉡ 허가는 상대적 금지를 해제시켜 자연적 자유를 회복시켜주는 행위이므로 형성적 행위인 특허·인가와 구별
최근 유력설 (양면성설)	㉠ 허가가 적법하게 특정 권리·이익을 향유할 수 있는 지위를 설정해 주는 면이 있어 형성적 행위에 접근하고 있고, 따라서 허가와 특허의 상대화를 강조 ㉡ 예컨대 음식점영업허가는 금지의 해제라는 소극적 관점에서는 명령적 성질이나, 음식점영업을 경영할 수 있는 법적 지위가 창설된다는 적극적 관점에서는 형성적 성질도 있음
판례	한의사 면허는 경찰금지를 해제하는 명령적 행위(강학상 허가)에 해당한다(대판 1998.3.10. 97누4289).

② 기속행위 또는 재량행위 여부

다수설	㉠ 제1차적으로 법률규정의 표현을 기준 함 ※ 허가권자는 위락시설이나 숙박시설에 해당하는 건축물의 건축을 허가하는 경우 해당 대지에 건축하려는 건축물의 용도·규모 또는 형태가 주거환경이나 교육환경 등 주변 환경을 고려할 때 부적합하다고 인정하면 이 법이나 다른 법률에도 불구하고 건축위원회의 심의를 거쳐 건축허가를 하지 아니할 수 있다(건축법 제11조 제4항). ☞ 재량행위 ㉡ 불명확할 경우 허가는 상대적 금지를 해제하여 사인의 자유를 회복시켜주는 행위이므로 법령이 특별히 재량행위로 규정하지 않는 한 허가요건에 해당하면 반드시 허가하여야 할 기속을 받으므로 기속행위 또는 기속재량행위 ☞ 따라서 이러한 경우에 허가거부는 헌법상의 자유권을 부당하게 제한하는 행위로 불허됨
판례	㉠ 대체로 기속행위 내지 기속재량행위라고 하고 있으나 재량행위라고 한 것도 적지 않음 ㉡ 판례는 석유판매업허가나 산림훼손허가 등에서 행정청이 법규에서 정한 제한사유 이외에 중대한 공익을 이유로 허가신청에 대하여 거부할 수 있음을 인정하고 있는데, 이러한 판례의 태도에 대하여 법치행정의 원리에 반한다고 비판하면서 사정판결의 방식으로 해결할 것을 제안하는 견해도 있음

> **관련판례**
>
> 관계 법령에서 정하는 제한사유 외의 사유를 들어 거부할 수 있는 사례
>
> [1] 산림훼손은 국토 및 자연의 유지와 수질 등 환경의 보전에 직접적으로 영향을 미치는 행위이므로, 법령이 규정하는 산림훼손 금지 또는 제한 지역에 해당하는 경우는 물론 금지 또는 제한 지역에 해당하지 않더라도 허가관청은 산림훼손허가신청 대상토지의 현상과 위치 및 주위의 상황 등을 고려하여 국토 및 자연의 유지와 환경의 보전 등 중대한 공익상 필요가 있다고 인정될 때에는 허가를 거부할 수 있고, 그 경우 법규에 명문의 근거가 없더라도 거부처분을 할 수 있다(대판 1995.9.15. 95누6113).
>
> [2] 자연공원법 제1조, 제16조, 제17조, 제36조, 제37조, 제49조, 제50조, 같은법시행령 제2조 제2호, 제9조, 제25조, 제30조 등 관련 규정의 취지를 종합하면, 자연공원법이 적용되는 지역 내에서 식품위생법상 식품접객업의 하나인 단란주점영업허가의 신청이 있는 경우에, 식품위생법

관련 규정상 시설요건 등을 갖추었다고 하여 반드시 허가하여야 하는 것이 아니라 자연공원법의 관련 규정에 의하여 자연공원 지정의 목적, 공원 내의 시설현황, 용도지구, 탐방객의 수와 이용 통로, 점포의 위치, 주변의 사정 등을 고려하여 그 단란주점영업이 자연공원법의 목적인 국민의 보건 및 여가와 정서생활의 함양, 건전한 탐방질서의 유지 등에 배치되는 등 공익상 필요가 있을 때는 불허가할 수 있다(대판 2001.1.30. 99두3577).

관계 법령에서 정하는 제한사유 외의 사유를 들어 거부할 수 없는 사례
[1] 식품위생법상 <u>일반음식점영업허가</u>는 성질상 일반적 금지의 해제에 불과하므로 허가권자는 허가신청이 법에서 정한 요건을 구비한 때에는 허가하여야 하고 관계 법령에서 정하는 제한사유 외에 공공복리 등의 사유를 들어 허가신청을 거부할 수는 없고, 이러한 법리는 일반음식점 허가사항의 변경허가에 관하여도 마찬가지이다(대판 2000.3.24. 97누12532).

[2] 주유소 설치허가권자는 <u>주유소 설치허가</u> 신청이 석유사업법, 같은법시행령, 혹은 그 시행령의 위임을 받은 시·도지사의 고시 등 관계 법규에서 정하는 어떠한 제한에 배치되지 않는 이상 당연히 같은 법령 소정의 주유소 설치허가를 하여야 하므로, 법령상의 근거 없이 그 신청이 관계 법규에서 정한 제한에 배치되는지 여부에 대한 심사를 거부할 수 없고, 심사결과 그 신청이 법정요건에 합치하는 경우에는 특별한 사정이 없는 한 이를 허가하여야 하며, 공익상 필요가 없음에도 불구하고 요건을 갖춘 자에 대한 허가를 관계 법령에서 정하는 제한사유 이외의 사유를 들어 거부할 수는 없다(대판 1996.7.12. 96누5292).

[3] 숙박업을 하고자 하는 자가 법령이 정하는 시설과 설비를 갖추고 행정청에 <u>신고</u>를 하면, 행정청은 공중위생관리법령의 위 규정에 따라 원칙적으로 이를 수리하여야 한다. 행정청이 법령이 정한 요건 이외의 사유를 들어 수리를 거부하는 것은 위 법령의 목적에 비추어 이를 거부해야 할 중대한 공익상 필요가 있다는 등 특별한 사정이 있는 경우에 한한다. 이러한 법리는 이미 다른 사람 명의로 숙박업 신고가 되어 있는 시설 등의 전부 또는 일부에서 새로 숙박업을 하고자 하는 자가 신고를 한 경우에도 마찬가지이다(대판 2017.5.30. 2017두34087).

(3) 허가의 신청(출원)과 요건

① 허가는 신청에 의하여 행하여지는 것이 보통이나, 신청 없이 행하여질 때도 있다(예 도로통행금지해제, 보도관제해제). 신청은 원칙적으로 문서(전자문서 포함)로 하여야 한다(행정절차법 제17조 제1항, 제2항). 신청에 의하여 허가가 행하여지는 경우에 신청의 내용과 다른 허가도 유효하게 성립할 수 있다(대판 1985.11.26. 85누382).

② 허가요건으로는 무위험성(예 자동차의 안전성확보를 전제로 한 자동차운행허가), 신뢰성(예 전과가 있는 자에 대한 제한), 전문성(예 식품위생법상 조리사자격 요구)을 내용으로 한다(홍정선).

> **행정기본법 제16조(결격사유)** ① 자격이나 신분 등을 취득 또는 부여할 수 없거나 인가, 허가, 지정, 승인, 영업등록, 신고 수리 등(이하 "인허가"라 한다)을 필요로 하는 영업 또는 사업 등을 할 수 없는 사유(이하 이 조에서 "결격사유"라 한다)는 법률로 정한다.
> ② 결격사유를 규정할 때에는 다음 각 호의 기준에 따른다.

1. 규정의 필요성이 분명할 것
2. 필요한 항목만 최소한으로 규정할 것
3. 대상이 되는 자격, 신분, 영업 또는 사업 등과 실질적인 관련이 있을 것
4. 유사한 다른 제도와 균형을 이룰 것

(4) 허가의 법적 근거

> **행정기본법 제14조(법 적용의 기준)** ② 당사자의 신청에 따른 처분은 법령등에 특별한 규정이 있거나 처분 당시의 법령등을 적용하기 곤란한 특별한 사정이 있는 경우를 제외하고는 처분 당시의 법령등에 따른다.

① **법령의 개정과 근거** : 허가는 신청을 한 때의 법 및 사실상태가 아니라 허가를 할 때의 법 및 사실상태에 맞추어 행하여지는 것이 원칙이다. 그러나 소관행정청이 허가신청을 수리하고도 정당한 이유 없이 처리를 늦추어 그 사이에 허가기준이 변경된 경우에는 예외이다. 그러나 실무적으로 허가신청 후 허가처분과 관련된 하위법령이 구체적으로 마련되어 있지 못한 관계로 당해 하위법령이 공포되어 시행될 때까지 허가처분을 보류하는 것은 정당한 이유 없이 처리를 지체한 것으로 보지 않는다(대판 1992.12.8. 92누13813). 그리고 새로운 법령에서 조례에 위임한 사항을 아직 공포·시행되지 아니한 조례안의 기준에 의하여 허가의 가부를 결정해서는 안된다(대판 1994.9.27. 94누5021).

> **관련판례**
>
> 인·허가신청 후 처분 전에 관계 법령이 개정 시행된 경우
> 행정행위는 처분 당시에 시행중인 법령과 허가기준에 의하여 하는 것이 원칙이고, 인·허가신청 후 처분 전에 관계 법령이 개정 시행된 경우 신법령 부칙에 그 시행 전에 이미 허가신청이 있는 때에는 종전의 규정에 의한다는 취지의 경과규정을 두지 아니한 이상 당연히 허가신청 당시의 법령에 의하여 허가 여부를 판단하여야 하는 것은 아니며, 소관 행정청이 허가신청을 수리하고도 정당한 이유 없이 처리를 늦추어 그 사이에 법령 및 허가기준이 변경된 것이 아닌 한 변경된 법령 및 허가기준에 따라서 한 불허가처분은 위법하다고 할 수 없다(대판 2005.7.29. 2003두3550).

② **허가의 거부**
  ㉠ **독자적 허가요건의 추가금지** : 법률에서 규정되지 않은 허가요건을 추가하는 것은 기본권의 제한이 되므로 헌법 제37조 제2항에 위배된다. 예컨대 건축법상 건축허가를 기속행위로 보아 이의 거부시 명문의 근거를 요한다(대판 1992.6.9. 91누11766).
  ㉡ **중대한 공익상 이유** : 중대한 공익상의 필요가 있는 경우에는 허가거부처분을 할 수 있으며, 이러한 공익상의 필요는 법령상 명문의 규정이 없더라도 가능하다. 예컨대 산림법상 산림훼손허가를 재량행위로 보아 명문의 근거가 없더라도 허가를 거부할 수 있다(대판 2003.3.28. 2002두12113). 다만 그러한 경우에도 허가를 제한하여 달성하려는 이익과 이로 인하여 받게 되는 상대방의 불이익을 교량하여 신중히 행사되어야 한다.

ⓒ **예정된 장래의 공익적 요소**: 제한사유가 단지 예정되어 있다는 이유로 허가를 거부할 수 없다. 예컨대 장차 공업단지로 개발될 예정지에 해당한다는 막연한 사정만으로 주유소 허가를 거부할 수 없다(대판 1994.8.9. 94누2268).

(5) 허가의 형식
① 허가는 행정절차법에 따라 원칙적으로 문서에 의하여야 한다. 허가의 유무 및 내용을 객관적으로 명확하게 하기 위해 면허증·공부에의 등록 등 요식행위를 요구하는 경우도 있다.
② 허가는 특정한 상대방에게 개별적으로 하는 것이 원칙이나 일반처분(예 도로통행금지 해제)과 같이 불특정다수인에게 할 수도 있다.

(6) 허가의 효과
① **지역적 효력범위**: 허가의 효력은 당해 허가행정청의 관할구역 내에서만 미치는 것이 원칙이지만 법령의 규정 또는 허가의 성질상 관할구역 외에까지 그 효과가 미치게 된다.
② **법률상 이익·반사적 이익**
  ㉠ 허가를 받은 자가 법규에 의하여 금지된 특정행위를 할 수 있게 됨으로써 사실상 일정한 이익을 받는 경우, 종래 이 허가의 효과는 새로운 권리를 설정하지 않는다는 점에서 반사적 이익으로 이해되어 왔다. 즉, 허가에 의해 상대방이 누리는 사실상의 독점적 이익은 일반적으로 반사적 이익에 지나지 않으며, 이 점에 있어서 독점적 이익을 부여하는 특허기업의 특허 등(예 도시가스사업)과 구별된다.
  ㉡ 그러나 점차 법이 보호하는 이익으로 평가되는 경우가 늘고 있다. 개인이 허가를 받아 향유하는 이익은 법률상 이익으로서 행정쟁송을 통하여 보호를 받을 수 있다(예 영업허가의 철회에 대한 취소소송). 허가요건규정(예 거리제한규정)이 공익뿐만 아니라 개인의 이익도 보호하고 있다고 해석되는 경우 허가로 인한 이익은 법적 이익이 된다.
③ **타법상의 제한**: 허가는 허가의 근거법상의 금지를 해제하는 효과만 있을 뿐 다른 법령에 의한 법적 제한이나 책임까지 해제하는 효과가 있는 것이 아니다(예 공무원이 음식점영업허가받은 경우 공무원법상의 영리업무금지까지 해제하는 것은 아님). 다만 특정법률에 의하여 허가를 받는 경우에는 다른 법률상의 허가·인가 등을 받은 것으로 의제하는 실정법률이 있다면 그에 따른다(예 택지개발촉진법 제11조 제1호에 의한 집중효).
④ **무허가행위의 사법적(私法的) 효력**: 허가를 요한 행위임에도 무허가로 행위하면, 허가는 행위의 적법요건이므로 행정강제나 행정제재의 대상이 되는 것은 별문제로 하고 행위 자체의 사법상의 효력에는 영향이 없다는 것이 통설이다. 법률의 특별한 규정에 의하여 무허가행위의 처벌 외에도 그 행위의 무효를 규정하고 있는 경우도 있다(예 규제허가의 경우).
⑤ **허가의 갱신**
  ㉠ **갱신의 효과**: 허가의 갱신은 종전의 허가의 효력을 지속시키는 것이지 그것과 무관한 새로운 행위는 아니다. 따라서 갱신에 의하여 갱신 전의 면허는 실효되고 새로운 면허가 부여된 것이 아니기 때문에, 면허갱신에 의하여 갱신 전의 건설업자의 모든 위법사유가 치유되는 것은 아니다(대판 1984.9.11. 83누658)

㉡ **갱신의 신청과 심사** : 허가갱신의 신청은 종전의 허가기간 내에 이루어져야 하고, 허가기간이 경과한 후일을 발령일로 한 허가는 신규허가가 된다. 갱신허가 신청이 있으면 갱신허가 당시의 해당 법령과 관련 법령 규정상의 허가요건에 맞는지 여부와 공익 등을 고려하여 갱신허가 여부를 결정한다. 따라서 당해 허가가 갱신되지 않았다고 하여 당사자가 신뢰보호 등을 주장하여 다툴 수 없다고 본다(대판 2009.2.12. 2008다56262).

관련판례

허가 갱신이 있어도 갱신전의 위법 사유가 치유지 아니함
건설업면허의 갱신이 있으면 기존 면허의 효력은 동일성을 유지하면서 장래에 향하여 지속한다 할 것이고 갱신에 의하여 갱신전의 면허는 실효되고 새로운 면허가 부여된 것이라고 볼 수는 없으므로 면허갱신에 의하여 갱신전의 건설업자의 모든 위법사유가 치유된다거나 일정한 시일의 경과로서 그 위법사유가 치유된다고 볼 수 없다(대판 1984.9.11. 83누658).

종전 허가의 유효기간이 지난 후에 한 기간연장 신청의 성격
종전의 허가가 기한의 도래로 실효한 이상 원고가 종전 허가의 유효기간이 지나서 신청한 이 사건 기간연장신청은 그에 대한 종전의 허가처분을 전제로 하여 단순히 그 유효기간을 연장하여 주는 행정처분을 구하는 것이라기보다는 종전의 허가처분과는 별도의 새로운 허가를 내용으로 하는 행정처분을 구하는 것이라고 보아야 할 것이어서, 이러한 경우 허가권자는 이를 새로운 허가신청으로 보아 법의 관계 규정에 의하여 허가요건의 적합 여부를 새로이 판단하여 그 허가 여부를 결정하여야 할 것이다(대판 1995.11.10. 94누11866).

허가에 붙은 기한이 그 허가된 사업의 성질상 부당하게 짧아 그 기한을 허가조건의 존속기간으로 볼 수 있는 경우에 허가기간이 연장되기 위하여는 그 종기 도래 이전에 연장에 관한 신청이 있어야 함
일반적으로 행정처분에 효력기간이 정하여져 있는 경우에는 그 기간의 경과로 그 행정처분의 효력은 상실되고, 다만 허가에 붙은 기한이 그 허가된 사업의 성질상 부당하게 짧은 경우에는 이를 그 허가 자체의 존속기간이 아니라 그 허가조건의 존속기간으로 보아 그 기한이 도래함으로써 그 조건의 개정을 고려한다는 뜻으로 해석할 수는 있지만, 그와 같은 경우라 하더라도 그 허가기간이 연장되기 위하여는 그 종기가 도래하기 전에 그 허가기간의 연장에 관한 신청이 있어야 하며, 만일 그러한 연장신청이 없는 상태에서 허가기간이 만료하였다면 그 허가의 효력은 상실된다(대판 2007.10.11. 2005두12404).

⑥ **타인의 명의로 허가를 받은 경우** : 건축중인 건물의 소유자와 건축허가 명의자가 일치하지 않는 경우의 건물 소유권관계에 관하여, 판례는 건축허가 명의와 상관없이 실제로 건물을 건축한 자가 건물의 소유권을 취득한다고 하였다.

> **관련판례**
>
> **건축허가의 법적 성격 및 건축중인 건물의 소유자와 건축허가 명의자가 일치하여야 하는 것은 아님**
> 건축허가는 시장·군수 등의 행정관청이 건축행정상 목적을 수행하기 위하여 수허가자에게 일반적으로 행정관청의 허가 없이는 건축행위를 하여서는 안 된다는 상대적 금지를 관계 법규에 적합한 일정한 경우에 해제함으로써 일정한 건축행위를 하도록 회복시켜 주는 행정처분일 뿐, 허가받은 자에게 새로운 권리나 능력을 부여하는 것이 아니다. 그리고 건축허가서는 허가된 건물에 관한 실체적 권리의 득실변경의 공시방법이 아니며 그 추정력도 없으므로 건축허가서에 건축주로 기재된 자가 그 소유권을 취득하는 것은 아니며, 건축중인 건물의 소유자와 건축허가의 건축주가 반드시 일치하여야 하는 것도 아니다(대판 2009.3.12. 2006다28454).

⑦ **허가의 소멸**
  ㉠ 허가는 ⓐ 대인적 허가의 경우 사망, ⓑ 대물적 허가의 경우 대상의 상실, ⓒ 종기의 도래·해제조건의 성취 등으로 인하여 소멸한다. 그리고 가분성 또는 특정성이 있는 처분의 경우 허가의 일부철회도 가능하다.
  ㉡ 공익상의 필요에 의하여 법령이 개정된 경우에는 개정법령이 적용되어 허가가 취소(철회)되는 경우도 있다. 판례는 법령개정에 의한 등록요건의 변경에 따라 기존 주택자재생산업 등록(허가)을 취소한 것은 적법하므로 소급입법에 의하여 재산권을 박탈한 것이 아니라고 하였다(대판 1986.7.22. 85누273). 다만 일반적으로 개정법령의 부칙에 경과규정을 두어 기득의 권익을 보호하는 조치를 취한다.

⑧ **허가효과의 승계, 제재사유의 승계** : 대인적 허가는 일신전속적이므로 양도가 불가능하나, 대물적 허가는 양도가 가능하다. 혼합적 허가는 이론상 양도가 가능하나 인적 요소의 변경에 관하여는 새로운 허가를 요하고 물적 요소의 변경에는 신고를 요하는 등 법령상 제한이 따르는 것이 일반적이다. 그런데 영업의 양도시 양도인의 위법행위로 인한 제재사유가 양수인에게 승계되는지 여부가 문제된다.

다수설	대물적 허가는 양도가 가능하며, 그에 따라 양도인의 법적 지위는 양수인에게 승계되므로 양도인의 법령위반 사실을 이유로 양수인에게 제재처분을 할 수 있다는 견해
반대설	행정제재의 사유가 설비 등 물적 사정에 관련되는 경우에는 그 사유가 양수인에게 승계되나, 양도인의 부정영업이나 자격상실 등 인적인 책임이 문제되는 경우에는 사유가 승계되지 않는다는 견해
판례	대물적인 영업의 양도의 경우 양도 전에 존재하는 영업정지사유를 이유로 양수인에 대하여도 영업정지처분을 할 수 있다는 입장

> **관련판례**
>
> **영업자 법규위반사실효과는 양수인에게 승계됨**
> 영업정지나 영업장폐쇄명령 모두 대물적 처분으로 보아야 할 이치이고,… 양수인이 그 양수 후 행정청에 새로운 영업소개설통보를 하였다 하더라도, 그로 인하여 영업양도·양수로 영업소에 관

한 권리의무가 양수인에게 이전하는 법률효과까지 부정되는 것은 아니라 할 것인바, 만일 어떠한 공중위생영업에 대하여 그 영업을 정지할 위법사유가 있다면, 관할 행정청은 그 영업이 양도·양수 되었다 하더라도 그 업소의 양수인에 대하여 영업정지처분을 할 수 있다고 봄이 상당하다(대판 2001.6.29. 2001두1611).

개인택시 운송사업의 양도·양수에 대한 인가를 한 후, 그 양도·양수 이전에 있었던 양도인에 대한 운송사업면허 취소사유를 들어 양수인의 사업면허를 취소할 수 있음
구 여객자동차 운수사업법 제14조 제4항에 의하면 개인택시운송사업을 양수한 사람은 <u>양도인의 운송사업자로서의 지위를 승계</u>하므로, 관할 관청은 개인택시 운송사업의 양도·양수에 대한 인가를 한 후에도 그 양도·양수 이전에 있었던 양도인에 대한 운송사업면허 취소사유를 들어 양수인의 사업면허를 취소할 수 있다(대판 2010.11.11. 2009두14934).

사실상 영업이 양도·양수되었지만 아직 승계신고 및 수리처분이 있기 이전의 경우, 행정제재처분사유 유무의 판단기준이 되는 대상자 및 위반행위에 대한 행정책임이 귀속되는 자
사실상 영업이 양도·양수되었지만 아직 승계신고 및 그 수리처분이 있기 이전에는 여전히 종전의 영업자인 양도인이 영업허가자이고, 양수인은 영업허가자가 되지 못한다 할 것이어서 행정제재처분의 사유가 있는지 여부 및 그 사유가 있다고 하여 행하는 행정제재처분은 영업허가자인 양도인을 기준으로 판단하여 그 양도인에 대하여 행하여야 할 것이고, 한편 양도인이 그의 의사에 따라 양수인에게 영업을 양도하면서 양수인으로 하여금 영업을 하도록 허락하였다면 그 양수인의 영업 중 발생한 위반행위에 대한 행정적인 책임은 <u>영업허가자인 양도인에게 귀속된다고 보아야 할</u> 것이다(대판 1995.2.24. 94누9146).

'국토의 계획 및 이용에 관한 법률'에 의한 개발행위허가를 받은 자가 사망한 경우, 상속인이 그 지위를 승계함
국토의 계획 및 이용에 관한 법률 제135조 제2항이 국토계획법에 의한 처분, 그 절차 및 그 밖의 행위에 대하여 그 행위와 관련된 토지 또는 건축물의 소유권이나 그 밖의 권리를 가진 자의 승계인에게 그 효력을 미치도록 규정하고 있는 점, <u>국토계획법에 의한 개발행위허가는 대물적 허가의 성질</u>을 가지고 있는 점 등을 종합하여 볼 때, 개발행위허가를 받은 자가 사망한 경우 특별한 사정이 없는 한 상속인이 개발행위허가를 받은 자의 지위를 승계하고, 이러한 지위를 승계한 상속인은 국토계획법 제133조 제1항 제5의2호에서 정한 개발행위허가기간의 만료에 따른 원상회복명령의 수범자가 된다(대판 2014.7.24. 2013도10605).

⑨ **허가에 대한 권리구제**
㉠ 허가의 요건을 충족했음에도 불구하고 허가를 위법하게 발급하지 않은 경우에는 신청자는 의무이행심판, 거부처분취소소송, 부작위위법확인소송으로 다툴 수 있다. 영업허가 등이 위법하게 취소 또는 철회된 경우에는 취소소송을 제기할 수 있으며, 손해에 대하여 국가배상청구권을 행사할 수 있다.
㉡ 이미 허가한 영업시설과 동종의 영업허가를 함으로써 기존업자의 영업이익에 피해가 발생한 경우에도 기존업자는 신규 영업허가의 취소소송을 제기할 수 없다는 것이 종래의 일반적 견해이다.

예제 다음 중 허가의 효과에 관한 설명으로 옳은 것은 모두 몇 개인가?

㉠ 허가의 효과는 일반적 금지를 해제함에 그치고, 배타적이거나 독점적 권리 또는 능력을 설정하는 것은 아니다.
㉡ 허가는 그 근거가 된 법령에 의한 금지를 해제할 뿐이고 타법에 의한 금지까지 해제하는 효과를 가지지 않음이 일반적이다.
㉢ 허가의 효과는 당해 허가행정청의 관할구역 내에서만 미치는 것이 원칙이지만 법령의 규정이 있거나 허가의 성질상 관할구역에 국한시킬 것이 아닌 경우에는 관할구역 외에까지 그 효과가 미치게 된다.
㉣ 허가를 받아 행하여야 할 행위를 허가 없이 한 경우에는 행정상의 강제집행이나 행정벌의 대상은 되지만, 행위 자체의 법률적 효력은 부인되지 않는 것이 일반적인 설명이다.

① 1개 ② 2개 ③ 3개 ④ 4개

정답 ④

모두 옳은 내용이다. ㉠ 특허와의 차이점이다. ㉡ 예컨대, 공무원이 식품위생법상 영업허가를 받는다고 해도 공무원법상의 영리업무금지까지 해제되지 않는다. ㉢ 운전면허가 그 예이다. ㉣ 허가는 적법요건이지 효력요건이 아니기 때문이다. 인가의 경우에는 행위 자체의 법률적 효력이 부인된다.

3. 면제

(1) 면제란 **법규에 의한 작위·급부·수인하명을 특정한 경우에 해제하는 행정행위**를 말한다. 의무해제라는 점에서 면제는 허가와 같으나, 부작위하명의 해제인 허가와 구별된다. 경찰면제, 공용부담면제, 재정면제, 군정면제 등이 있다.

(2) 작위의무나 지급의무의 이행을 연기하거나 유예하는 것에 대하여 ① 면제의 일종으로 보는 견해, ② 그것은 의무 자체를 소멸시키는 것이 아니고 의무의 일부를 변경하는 데 그치는 것이므로 하명의 변경에 해당한다는 견해로 나뉜다.

(3) 면제는 허가와 성질이 유사하므로 허가에 관한 설명이 대체로 면제에도 해당된다.

4. 특허

(1) 특허의 의의

① 특허란 **특정인을 위하여 새로운 권리를 설정하는 행위, 능력을 설정하는 행위, 포괄적인 법률관계를 설정하는 행위**를 말한다(예 공기업의 특허, 공물사용권의 특허, 광업허가, 공유수면매립면허, 공유수면점용·사용허가, 어업면허, 특허기업 설립행위, 자동차·해상·항만·항공 등의 운수사업면허, 보세구역설치경영, 공무원의 임명, 귀화허가, 입학허가).
② 실정법에서는 특허가 아닌 허가·인가·면허 등의 용어를 사용하는 경우가 많다. 그리고 확인행위로서 준법률행위적 행정행위인 특허법상 특허와 구별된다.

③ 위와 같은 설권행위에 의하여 부여된 특정인의 기존의 권리 등 법상의 힘을 변경하는 행정행위를 변경행위(예 점용부분변경처분)라 하고, 그것을 소멸시키는 행정행위를 탈권(박권)행위(예 광업면허의 취소)라고 한다.

> **관련판례**
>
> 특허의 사례
> [1] 구 공유수면관리법에 따른 공유수면의 점·사용허가는 특정인에게 공유수면 이용권이라는 독점적 권리를 설정하여 주는 처분으로서 그 처분의 여부 및 내용의 결정은 원칙적으로 행정청의 재량에 속한다고 할 것이고, 이와 같은 재량처분에 있어서는 그 재량권 행사의 기초가 되는 사실인정에 오류가 있거나 그에 대한 법령적용에 잘못이 없는 한 그 처분이 위법하다고 할 수 없다(대판 2004.5.28. 2002두5016).
>
> [2] 관세법 제78조 소정의 보세구역의 설영특허는 보세구역의 설치, 경영에 관한 권리를 설정하는 이른바 공기업의 특허로서 그 특허의 부여여부는 행정청의 자유재량에 속하며, 특허기간이 만료된 때에 특허는 당연히 실효되는 것이어서 특허기간의 갱신은 실질적으로 권리의 설정과 같으므로 그 갱신여부도 특허관청의 자유재량에 속한다(대판 1989.5.9. 88누4188).
>
> [3] 체류자격 변경허가는 신청인에게 당초의 체류자격과 다른 체류자격에 해당하는 활동을 할 수 있는 권한을 부여하는 일종의 설권적 처분의 성격을 가지므로, 허가권자는 신청인이 관계 법령에서 정한 요건을 충족하였더라도, 신청인의 적격성, 체류 목적, 공익상의 영향 등을 참작하여 허가 여부를 결정할 수 있는 재량을 가진다(대판 2016.7.14. 2015두48846).
>
> [4] 법무부장관에게는 각 지방검찰청 관할 구역의 면적, 인구, 공증업무의 수요, 주민들의 접근가능성 등을 고려하여 공증인의 정원을 정하고 임명공증인을 임명하거나 인가공증인을 인가할 수 있는 광범위한 재량이 주어져 있다고 보아야 한다(대판 2019.12.13. 2018두41907).

(2) 특허의 성질

① 특허는 사람이 자연적으로 갖고 있지 않은 법률상의 힘을 특정인에게 새로이 설정하여 주는 행정행위라는 점에서, 잠정적으로 금지된 개인의 자유를 다시 회복시켜주는 허가와 구별된다. 허가와 특허는 상대적으로 다음과 같은 차이점이 있다.

〈허가와 특허의 상대적 차이점〉

	허가	특허
성질	명령적 행위	형성적 행위
대상	사회 안전과 질서유지를 위해 제한하는 사업 (예 식품접객업, 사행행위영업)	생활필수적인 역무나 재화를 제공하는 사업 (예 물·전기·가스·운수사업)
신청여부	신청 없이도 가능	반드시 신청 필요
대상	불특정 다수인, 특정인	반드시 특정인

재량성	기속행위 또는 기속재량행위	재량행위 또는 자유재량행위
효과	공법적(금지의 해제)	공법적(공권의 설정), 사법적(사권의 설정, 예 광업허가에 의한 광업권)
이익의 성격	반사적 이익 ⇨ 공권(절차법적 공권)	공권(실체법적 공권+절차법적 공권)
감독	소극적	적극적
특전 여부	없음	부여 가능성

② 특허를 재량행위 내지 자유재량행위로 보는 것이 다수설이다. 판례는 보세구역설치경영특허(대판 1989.5.9. 88누4188), 어업면허(대판 1996.6.11. 95누10358), 공유수면매립면허(대판 1989.9.12. 88누9206), 개인택시운송사업면허(대판 1996.10.11. 96누6172) 등의 재량행위성을 인정하고 있다. 그러나 법규의 형식이 기속규정으로 되어 있거나 일반적 경험칙에 비추어 하나의 결정을 내려야 하는 경우에는 기속행위이다.
③ 특허를 받은 자는 특허된 법률상의 힘을 제3자에 대하여 법적으로 주장하고 행사할 수 있으며, 특허에 대한 침해는 당해 권리나 능력에 대한 침해가 된다.

> **관련판례**
>
> 개인택시운송사업면허의 재량행위성
> 자동차운수사업법에 의한 개인택시운송사업면허는 특정인에게 권리나 이익을 부여하는 행정행위로서 법령에 특별한 규정이 없는 한 재량행위이고, 그 면허를 위하여 필요한 기준을 정하는 것도 역시 행정청의 재량에 속하는 것이므로, 그 설정된 기준이 객관적으로 합리적이 아니라거나 타당하지 않다고 볼 만한 다른 특별한 사정이 없는 이상 행정청의 의사는 가능한 한 존중되어야 한다(대판 1996.10.11. 96누6172).
>
> 도로점용허가를 하면서 특별사용의 필요가 없는 부분을 점용장소 및 점용면적에 포함한 경우
> 도로점용허가는 도로의 일부에 대한 특정사용을 허가하는 것으로서 도로의 일반사용을 저해할 가능성이 있으므로 그 범위는 점용목적 달성에 필요한 한도로 제한되어야 한다. 도로관리청이 도로점용허가를 하면서 특별사용의 필요가 없는 부분을 점용장소 및 점용면적에 포함하는 것은 그 재량권 행사의 기초가 되는 사실인정에 잘못이 있는 경우에 해당하므로 그 도로점용허가 중 특별사용의 필요가 없는 부분은 위법하다(대판 2019.1.17. 2016두56721, 56738).
>
> 공유수면관리청이 허가요건을 충족하지 못한 것으로 보아 거부처분을 한 경우
> 공유수면 관리 및 매립에 관한 법률에 따른 공유수면의 점용·사용허가는 특정인에게 공유수면 이용권이라는 독점적 권리를 설정하여 주는 처분으로서 그 처분 여부 및 내용의 결정은 원칙적으로 행정청의 재량에 속하고,…(중략)…일정한 용도로 공유수면을 점용 또는 사용하려는 자는 공유수면관리청으로부터 점용·사용허가를 받아야 하고, 그 허가를 받으려면 사업계획서, 구적도 및 설계도서 등을 첨부한 허가신청서를 제출하도록 되어 있다.…(중략)…공유수면에 대한 점용·사용허가를 신청하는 자가 위 설계도서 등을 첨부하지 아니한 채 허가신청서를 제출하였다면 공유수

면관리청으로서는 특별한 사정이 없는 한 허가요건을 충족하지 못한 것으로 보아 거부처분을 할 수 있다(대판 2017.4.28. 2017두30139).

(3) 특허와 신청(출원)

① 신청의 유무에 관계없이 특허를 할 수 있다고 하면 행정의 불공정을 가져오거나 상대방에게 손실을 가져올 수도 있으므로 특허는 상대방의 신청을 요건으로 한다. 특허의 신청에 관하여는 행정절차법상의 신청에 대한 규정(제17조, 제20조)이 적용된다. 공법인의 설립이 행정행위의 형식으로 행해지는 경우에는 출원원칙에 대한 예외가 되지만, 우리나라는 법률에 의해서만 공법인의 설립을 인정하고 있다(예 한국도로공사법에 의한 한국도로공사의 설립).

② 신청시와 특허시의 법 및 사실상태가 다른 경우에는 특허를 할 때의 법 및 사실상태에 맞추어 특허가 행하여지는 것이 원칙이다.

(4) 특허의 형식

① 특허는 불특정다수인에게 행하여질 수 없으며 언제나 특정인을 대상으로 한다.
② 특허는 반드시 일정한 형식을 요구하지 않으나, 법령은 특허의 유무 및 내용을 객관적으로 명백히 하기 위하여 일정한 형식을 요구하는 경우가 있다.

(5) 특허의 효과

① 특허는 특정인에게 권리 기타 법상의 힘을 설정한다. 설정되는 권리는 공권인 것이 보통이나 사권(예 광업권허가로 사법상 물권인 광업권 설정)인 경우도 있다. 특허를 받은 자는 특허된 법률상 힘을 제3자에 대하여 법적으로 주장할 수 있으며, 특허에 대한 침해는 손해배상이 인정된다. 그런데 특허는 법적 지위를 나타내는 것에 불과하므로 자동차운수사업자의 자동차운수사업면허는 법원이 강제집행의 방법으로 이를 압류하여 환가하기에 적합하지 않다(대결 1996.9.12. 96마1088).

② 인적 특허의 효과는 그것이 일신전속적인 것(예 귀화허가)인 경우 이전성이 인정되지 않으나, 물적 특허의 효과는 자유로이 또는 일정한 제한(예 행정청에의 신고)하에 이전될 수 있다.

③ 특허는 새로운 법적 힘을 발생시키므로, 양립할 수 없는 2중의 특허가 있게 되면 특별한 사유가 없는 한 후행의 특허는 무효가 된다. 예컨대 기존어업권자의 동의가 있는 경우 등이 아니면 중복하여 어업면허를 할 수 없다(대판 1978.4.25. 78누42).

5. 인가

(1) 의의

인가는 제3자의 법률행위를 보충하여 그 법률적 효력을 완성시켜주는 행정행위이다(예 사업양도의 인가, 비영리법인·공공조합설립인가, 재단법인정관변경허가, 사립대학설립인가, 지방채기채승인, 특허기업의 운임·요금의 인가, 학교법인임원 취임승인처분, 사립대학에서 공립대학으로의 설립자변경인가, 토지거래허가, 주택건설사업계획승인, 전통사찰재산처분행위허가, 자동차운수사업양도인가). 법은 계약 기타 일정한 법률행위의 성립을 당사자의 자유에 맡기면서도 때로는 공익적 관점에서 법령상 그 효력발생에 행정청의 동의를 요건으로 규정하기도 한다. 즉 인가는 공익에 반하는 법률행위의 배제를 목적으로 한다. 실정법규에는 인가를 허가·승인·특허 등의 용어로 사용하기도 한다.

> **관련판례**
>
> 인가의 사례
>
> [1] 민법 제45조와 제46조에서 말하는 <u>재단법인의 정관변경 '허가'</u>는 법률상의 표현이 허가로 되어 있기는 하나, 그 성질에 있어 법률행위의 효력을 보충해 주는 것이지 일반적 금지를 해제하는 것이 아니므로, 그 법적 성격은 인가라고 보아야 한다(대판 1996.5.16. 95누48100).
>
> [2] 구 교육법 제85조 제3항, 제1항 소정의 교육부장관의 <u>사립대학에서 공립대학으로의 설립자변경 인가처분</u>은 당사자간의 설립자 변경행위를 보충하여 그 법률효과를 완성시키는 의미에서의 인가처분일 뿐만 아니라, 사실상 사립대학을 폐지하고 새로운 공립대학을 설립하는 내용을 포함하고 있다(대판 1997.10.10. 96누4046).
>
> [3] <u>이사취임승인</u>은 학교법인의 임원선임행위를 보충하여 법률상의 효력을 완성시키는 보충적 행정행위로서 기속행위에 속한다(대판 1992.9.22. 92누5461).
>
> [4] 자동차관리법상 <u>자동차관리사업자로 구성하는 사업자단체인 조합 또는 협회의 설립인가처분</u>은 국토해양부장관 또는 시·도지사가 자동차관리사업자들의 단체결성행위를 보충하여 효력을 완성시키는 처분에 해당한다(대판 2015.5.29. 2013두635).

(2) 인가의 성질
  ① **형성적 행위** : 인가는 형성적 행정행위의 일종인 점에서 명령적 행위인 허가와 다르다. 그리고 인가의 형성적 효과는 선행하는 사인의 법적 행위를 전제로 하여 생기는 점에서, 직접적으로 권리 등을 설정하는 특허와 다르다.
  ② **보충행위성** : 인가는 행정주체가 다른 법률관계의 당사자 간의 법률행위를 보충하는 행위인 점에서, 법적 행위의 효력을 발생(완성)시키기 위한 효력요건이다(대판 1994.3.11. 93다55418). 따라서 무인가행위는 원칙적으로 무효이다. 이 점에서 허가가 적법요건으로서 무허가행위는 처벌의 대상은 되나 사법적 효력은 유지되는 것과 다르다.
  ③ **기속성 여부** : 인가의 기속성 여부는 근거법령에 따라 판단하되, 법령에 특별한 규정이 없으면 인가대상이 공익적 판단을 요하는지 사익의 보호를 위한 것인지 등을 고려한다. 판례는 학교법인임원취임승인을 기속행위라고 판단하였으나(대판 1992.9.22. 92누5461), 재단법인의 임원취임승인은 기속행위가 아니라고 판단하였다((대판 2000.1.28. 98두16996).

(3) 인가의 대상
  ① 인가는 당해 행위의 유효요건이므로 법률행위에 대하여 행하여지고, 사실행위는 인가의 대상이 될 수 없다.
  ② 인가의 대상인 법률행위는 계약일 때(예 토지거래계약)도 있고 합동행위일 때(예 비영리법인설립)도 있다. 또한 공법행위일 때(예 공공조합의 정관변경, 공공조합의 설립)도 있고 사법행위일 때(예 특허기업의 요금, 사업양도, 비영리법인설립)도 있다.

(4) 인가의 신청 및 수정인가의 문제

인가는 보충적 행위이므로 신청에 의하여 행하여진다. 신청의 절차는 행정절차법 제17조 및 제20조의 규정이 적용된다. 인가는 신청인이 법률행위의 내용을 결정하여 신청하며 행정청은 이에 대한 인가여부만을 소극적으로 결정하므로, 특히 법규의 근거가 있지 아니하는 한 적극적으로 신청의 내용과 다른 수정인가를 할 수 없다(다수설). 그러나 지방채발행에 대한 삭감승인처럼 법규의 근거가 없어도 가능하다는 견해도 있다. 수정인가와 달리 부관은 인가에도 붙일 수 있다.

(5) 공익상 이유와 불인가

법령이 인근주민 개개인에 대하여 개별적으로 보호하는 직접적·구체적 이익이 있는 경우 인가를 하지 않을 수 있다. 그러나 판례는 인근주민들의 반대가 법령상 불인가의 기준으로 규정되어 있지 않은 경우 주민들의 반대만을 이유로 인가를 거부할 수 없다고 한다(대판 1997.6.27. 96누9362).

(6) 인가의 효과

① 인가는 제3자의 법률행위의 효과를 완성시킨다. 그리고 인가의 효과는 당해 법률행위에 대한 관계에서 발생하며 타인에게 이전되지 않는 것이 원칙이다.

② 인가를 받아야 할 행위를 인가받지 아니하고 행한 경우, 인가는 유효요건이므로 당해 행위는 무효라는 점에서 허가의 경우와 다르다. 또한 법률의 특별한 규정이 없는 한 처벌이나 강제집행의 대상이 되지 않는다는 점에서 무허가행위가 처벌의 대상이 된다는 점과 다르다.

(7) 인가와 기본행위의 효력관계

① 인가의 대상이 되는 법률행위(기본행위)가 불성립·무효 또는 취소인 경우에는 인가가 있다 하여 그 법률행위가 유효로 되는 것이 아니다(대판 1994.10.14. 93누22753). 예컨대 학교법인의 임원선임행위가 불성립 또는 무효인 경우에는 비록 그에 대한 감독청의 취임승인이 있었다 하여도 이로써 무효인 그 선임행위가 유효한 것으로 될 수는 없다(대판 1987.8.18. 86누152).

② 인가의 대상이 된 행위가 취소대상이 된 경우에는 인가가 있은 후에도 이를 취소할 수 있으며(대판 1967.2.28, 66누8), 인가의 대상이 되는 법률행위가 무효이면 인가도 무효가 된다. 인가당시에는 유효한 기본행위였어도 그 후 기본행위가 효력을 상실하면 인가도 그 존재의 기초를 잃어 효력이 소멸한다.

(8) 인가와 행정구제

① **기본행위는 적법하나 인가에 하자가 있는 경우**: 기본행위가 적법·유효한 것이라도 인가에 흠이 있을 때에는 그 인가의 취소청구 또는 무효를 주장할 수 있다. 인가처분이 무효이거나 취소된 경우에는 기본행위는 무인가행위가 된다. 그러나 인가행위의 하자가 취소사유인 경우에는 인가행위가 취소되기 전까지는 유효한 행위가 된다.

② **인가는 적법하나 기본행위에 하자가 있는 경우**: 인가행위 자체는 적법한 것이나 기본적 법률행위에 하자가 있는 경우에 기본행위의 하자를 이유로 기본행위의 효력을 다툴 수는 있으나, 기본행위의 무효(하자)를 내세워 바로 인가행위의 무효확인 또는 취소를 청구할 수 없다(대판 1994.10.14. 93누22753). 그러나 기본행위가 확정판결에 의하여 취소된 경우에는 인가처분도 마땅히 시정되

어야 할 것이므로 행정청이 그 시정에 응하지 않은 경우 위 인가처분의 무효확인을 구할 수 있다(대판 1979.2.13. 78누428).

관련판례

조합설립인가처분의 법적 성질
구 도시정비법상 주택재개발정비사업조합은 주택재개발사업의 추진위원회가 정비구역 안에 소재한 토지 또는 건축물의 소유자 또는 그 지상권자로부터 조합설립의 동의를 받은 다음, 관계 법령의 요건과 절차에 따라 행정청에 재개발조합 설립 인가신청을 하여 행정청으로부터 조합설립의 인가를 받아 등기함으로써 법인으로 성립한다. 위와 같은 절차를 거쳐 설립된 재개발조합은 재개발사업의 사업시행자로서 조합원에 대한 법률관계에서 특수한 존립목적을 부여받은 행정주체로서의 지위를 갖게 되고, 이러한 행정주체의 지위에서 정비구역 안에 있는 토지 등을 수용하고, 관리처분계획, 경비부과처분 등과 같은 행정처분을 할 수 있는 권한을 부여받게 되므로, 재개발조합설립 인가신청에 대한 행정청의 조합설립인가처분은 단순히 사인들의 조합설립행위에 대한 보충행위로서의 성질을 갖는 것이 아니라 법령상 일정한 요건을 갖출 경우 행정주체(공법인)의 지위를 부여하는 일종의 설권적 처분의 성격을 갖는 것이라고 봄이 상당하다(대결 2009.9.24. 2009마168,169).

조합설립추진위원회 구성승인처분의 하자를 들어 조합설립인가처분을 위법하다고 할 수 있는지 여부
조합설립인가처분은 추진위원회구성승인처분이 적법·유효할 것을 전제로 한다고 볼 것은 아니므로, 구 도시정비법령이 정한 동의요건을 갖추고 창립총회를 거쳐 주택재개발조합이 성립한 이상, 이미 소멸한 추진위원회구성승인처분의 하자를 들어 조합설립인가처분이 위법하다고 볼 수 없다. 다만 추진위원회구성승인처분의 위법으로 그 추진위원회의 조합설립인가 신청행위가 무효라고 평가될 수 있는 특별한 사정이 있는 경우라면, 그 신청행위에 기초한 조합설립인가처분이 위법하다고 볼 수 있다(대판 2013.12.26. 2011두8291).

구 도시 및 주거환경정비법상 재개발조합설립 인가신청에 대하여 조합설립인가처분이 있은 이후에 조합설립결의에 하자가 있음을 이유로 민사소송으로 조합설립결의 무효확인을 구할 확인의 이익이 없음
행정청이 도시 및 주거환경정비법 등 관련 법령에 근거하여 행하는 조합설립인가처분은 단순히 사인들의 조합설립행위에 대한 보충행위로서의 성질을 갖는 것에 그치는 것이 아니라 법령상 요건을 갖출 경우 도시 및 주거환경정비법상 주택재건축사업을 시행할 수 있는 권한을 갖는 행정주체(공법인)로서의 지위를 부여하는 일종의 설권적 처분의 성격을 갖는다고 보아야 한다. 그리고 그와 같이 보는 이상 조합설립결의는 조합설립인가처분이라는 행정처분을 하는 데 필요한 요건 중 하나에 불과한 것이어서, 조합설립결의에 하자가 있다면 그 하자를 이유로 직접 항고소송의 방법으로 조합설립인가처분의 취소 또는 무효확인을 구하여야 하고, 이와는 별도로 조합설립결의 부분만을 따로 떼어내어 그 효력 유무를 다투는 확인의 소를 제기하는 것은 원고의 권리 또는 법률상의 지위에 현존하는 불안·위험을 제거하는 데 가장 유효·적절한 수단이라 할 수 없어 특별한 사정이 없는 한 확인의 이익은 인정되지 아니한다(대판 2009.9.24. 2008다60568).

조합설립인가처분의 기본행위였던 조합설립행위가 무효여서 그에 대한 인가처분이 무효인 경우, 그 후 도시 및 주거환경정비법의 시행 등으로 인가처분이 설권적 처분으로 의제되더라도 무효인지 여부
도시 및 주거환경정비법 부칙 제3조에 의하여 구 주택건설촉진법상 조합설립인가처분의 법적 성격이 설권적 처분으로 의제된다고 하더라도 이는 주촉법상 유효하게 성립한 조합설립인가처분만을 대상으로 하는 것일 뿐 주촉법상 무효였던 조합설립인가처분이 도시정비법의 시행으로 인하여 유효하게 된다고 볼 것은 아니다(대판 2014.2.27. 2011두11570).

도시 및 주거환경정비법상 이전고시가 효력을 발생한 이후에도 조합원 등이 관리처분계획의 취소 또는 무효확인을 구할 법률상 이익이 있는지 여부
이전고시의 효력 발생으로 이미 대다수 조합원 등에 대하여 획일적·일률적으로 처리된 권리귀속관계를 모두 무효화하고 다시 처음부터 관리처분계획을 수립하여 이전고시 절차를 거치도록 하는 것은 정비사업의 공익적·단체법적 성격에 배치되므로, 이전고시가 효력을 발생하게 된 이후에는 조합원 등이 관리처분계획의 취소 또는 무효확인을 구할 법률상 이익이 없다(대판 2012.3.22. 2011두6400).

예제 강학상 인가의 성질을 지닌 것만을 있는 대로 고른 것은? (다툼이 있으면 판례에 따름)
▶ 22 소방승진

ㄱ. 「도시 및 주거환경정비법」상 재건축조합설립인가
ㄴ. 「민법」상 재단법인의 정관변경허가
ㄷ. 「여객자동차 운수사업법」상 개인택시운송사업면허
ㄹ. 「국토의 계획 및 이용에 관한 법률」상 토지거래허가구역 내의 토지거래허가

① ㄱ   ② ㄴ, ㄹ   ③ ㄷ, ㄹ   ④ ㄱ, ㄴ, ㄹ

정답 ②

ㄱ (×) (특허) 재개발조합설립 인가신청에 대한 행정청의 조합설립인가처분은 단순히 사인들의 조합설립행위에 대한 보충행위로서의 성질을 갖는 것이 아니라 법령상 일정한 요건을 갖출 경우 행정주체(공법인)의 지위를 부여하는 일종의 설권적 처분의 성격을 갖는 것이라고 봄이 상당하다(대결 2009.9.24. 2009마168,169).
ㄴ (○) (인가) 대판 1996.5.16. 95누4810
ㄷ (×) (특허) 여객자동차 운수사업법에 의한 개인택시운송사업면허는 특정인에게 권리나 이익을 부여하는 행정행위로서 법령에 특별한 규정이 없는 한 재량행위이고, 그 면허를 위하여 정하여진 순위 내에서의 운전경력 인정방법의 기준설정 역시 행정청의 재량에 속한다(대판 2010.1.28. 2009두19137).
ㄹ (○) (인가) 대판 1991.12.24. 90다12243

강학상 인가에 대한 설명으로 옳지 않은 것은? (다툼이 있는 경우 판례에 의함)
① 인가는 당사자의 법률적 행위를 보충하여 그 법률적 효력을 완성시키는 행정주체의 보충적 의사표시로서의 법률행위적 행정행위이다.
② 재단법인의 정관변경 결의가 적법 유효하고 보충행위인 인가처분 자체에만 하자가 있다면 그 인가처분의 무효나 취소를 주장할 수 있다.
③ 재단법인의 정관변경 결의에 하자가 있더라도, 그에 대한 인가가 있었다면 기본행위인 정관변경 결의는 유효한 것으로 된다.
④ 재단법인의 임원취임이 사법인인 재단법인의 정관에 근거하였다 할지라도 재단법인의 임원취임승인 신청에 대하여 주무관청이 그 신청을 당연히 승인하여야 하는 것은 아니다.

정답 ③
② (O), ③ (X) 인가처분에 하자가 없다면 기본행위에 하자가 있다 하더라도 따로 그 기본행위의 하자를 다투는 것은 별론으로 하고 기본행위의 무효를 내세워 바로 그에 대한 행정청의 인가처분의 취소 또는 무효확인을 소구할 법률상의 이익이 없다(대판 1996.5.16. 95누4810).
① (O) 인가는 기본행위에 대한 법률상의 효력을 완성시키는 보충행위이다.
④ (O) 대판 2000.1.28. 98두16996

6. 공법상 대리

(1) 공법상 대리란 **타인이 행하여야 할 행위를 행정청이 갈음하여 행함으로써 그 타인이 스스로 행한 것과 같은 법적 효과를 발생하는 행정행위**를 말한다. 이는 본인의 의사에 의한 대리행위가 아니라 법률의 규정에 의한 법정대리라고 할 수 있다. 또한 여기서의 대리는 사인에 대한 대리라는 점에서 행정조직 내부에서의 권한의 대리(법정대리, 임의대리)와 다르다.

(2) 공법상 대리에는 ① 감독자로서 행하는 공법상 대리(예 감독청에 의한 공법인의 정관작성, 임원임명), ② 조정자로서 행하는 공법상 대리(예 토지수용재결), ③ 행정목적수행자로서 행하는 공법상 대리(예 조세체납처분으로서의 공매행위, 대집행), ④ 사무관리자로서 행하는 공법상 대리(예 행려병자·사망자의 유류품처분) 등이 있다.

02 준법률행위적 행정행위

1. 개요

준법률행위적 행정행위는 행정청의 효과의사의 표시가 아니라 **행정청의 판단 내지 인식에 대해 법률에서 일정한 법적 효과를 부여하는 결과로 행정행위가 되는 행위**를 말한다. 따라서 법률행위적 행정행위에 관한 모든 일반원리가 준법률행위적 행정행위에 적용될 수 있는 것은 아니다. 이는 확인·공증·통지·수리의 네 가지로 구분된다.

2. 확인

(1) 의의

① 확인이란 **특정한 사실 또는 법률관계의 存否 또는 正否에 대하여 의문이나 다툼이 있는 경우 행정청이 이를 공적으로 확인하는 행위**를 말한다. 발명의 특허, 선거에서의 당선인결정, 국가시험의 합격자결정, 교과서 인·검정, 행정심판의 재결, 소득금액의 결정, 도로구역결정, 소득금액결정, 사용승인처분, 시영아파트입주권확인, 친일반민족행위자 재산의 국가귀속결정 등이 그 예이다.

② 이는 형성적 행위로서의 특허와 같이 새로운 법률관계를 설정하는 것이 아니고 기존의 사실 또는 법률관계를 확정하는 행위이다. 실정법상으로는 재결, 재정, 결정, 특허 등의 용어를 사용한다.

(2) 확인의 성질

① 확인은 특정한 사실 또는 법률관계의 분쟁을 전제로 하는 작용이라는 점에서 법선언적 행위이고 광의의 사법(司法)행위로서의 성질을 가진다.

② 확인은 판단작용이기 때문에 일정한 사실 또는 법률관계가 존재하거나 정당하다고 판단하는 경우에 확인을 하지 않으면 안되는 기속행위이다. 또한 확인은 행정청의 판단에 법률상 일정한 법적 효과가 결부되는 것이라는 점에서 부관을 붙일 수 없다.

> **관련판례**
>
> **친일반민족행위자재산조사위원회의 국가귀속결정의 법적 성질**
> 친일반민족행위자 재산의 국가귀속에 관한 특별법 제3조 제1항 본문, 제9조 규정들의 취지와 내용에 비추어 보면, 같은 법 제2조 제2호에 정한 친일재산은 친일반민족행위자재산조사위원회가 국가귀속결정을 하여야 비로소 국가의 소유로 되는 것이 아니라 특별법의 시행에 따라 그 취득·증여 등 원인행위시에 소급하여 당연히 국가의 소유로 되고, 위 위원회의 국가귀속결정은 <u>당해 재산이 친일재산에 해당한다는 사실을 확인하는 이른바 준법률행위적 행정행위의 성격을 가진다</u>(대판 2008.11.13. 2008두13491).

(3) 확인의 형식

확인은 법령에 의한 일반적 확인은 할 수 없고 구체적인 처분의 형식으로 행하여지며, 행정절차법상 처분에 해당하므로 요식행위인 것이 보통이다(예 행정심판의 재결서, 합격증의 교부).

(4) 확인의 효과

일반적으로는 확인에 의하여 유권적으로 확정한 것을 임의로 변경할 수 없는 불가변력이 발생한다(예 행정심판의 재결행위). 확인효과는 행정청의 의사가 아니라 법률의 규정에 따라 발생하는 것이기 때문에 그 구체적 효과는 각 개별법이 정하는 바에 따른다. 예컨대 준공검사처분(사용승인처분)은 건축허가를 받아 건축한 건물이 건축허가사항대로 건축행정목적에 적합한가의 여부를 확인하고, 준공검사필증을 교부하여 줌으로써 허가받은 자로 하여금 건축한 건물을 사용, 수익할 수 있게 하는 법률효과를 발생시킨다(대판 1992.4.10. 91누5358).

3. 공증

(1) 의의

① 공증은 **특정사실 또는 법률관계의 존부를 공적으로 증명하는 행정행위**이다. 확인은 특정한 사실이나 법률관계에 관한 의문·분쟁을 전제로 하는 것이나 공증은 의문이나 분쟁이 없는 것을 전제로 한다는 점에서, 그리고 확인은 판단표시행위이나 공증은 인식표시행위라는 점에서 차이가 있다.

② 공증의 예로는, 부동산등기부·외국인등록부와 같은 등기부·등록부에의 등기·등록, 각종의 명부·장부·원부 등에의 등재, 여권 등의 발급, 당선증서·합격증서·영수증과 같은 각종의 증명서발급과 교부, 회의록·의사록의 기재, 허가증·면허증·면장 등의 교부, 주민등록증·여권의 발급, 특허청장의 상표사용권설정 등록(대판 1991.8.13. 90누9414) 등이 있다.

(2) 공증의 성질

공증은 성질상 요식행위인 것이 원칙이다. 그리고 공증은 특정한 사실 또는 법률관계가 객관적으로 존재하는 한 공증을 하여야 하는 기속행위이다. 또한 공증은 법적 효과를 가져오는 행위이어야 하며, 공권력 행사에 해당하여도 법적 효과를 발생시키지 않는 사실행위(예 영업허가증 교부)는 공증이 아니다.

(3) 공증의 처분성

① **일반론**: 공증의 처분성을 인정하여 항고소송의 대상으로 인정할 것인가의 문제가 있다. 이는 일반적으로 ㉠ 특정한 사실관계를 반복적이고 기술적으로 증명하는 경우는 사실행위로(예 인감증명행위, 졸업 및 재학증명서 발급), ㉡ 개인의 권리나 법적 지위를 확정하는 행위(예 범죄기록부에 등재, 농지취득자격증발급, 문화재지정등록)는 행정행위로 본다. 그런데 토지대장, 건물관리대장 등 각종 공부에의 등재 또는 그 변경행위에 대하여는 아래의 논의가 있다.

② **각종 공부에의 등재행위의 성질**: 종래 대법원은 토지대장, 건물관리대장 등 각종의 공부에의 등재 또는 그 변경행위에 대하여 공적장부에의 기재행위는 행정사무집행의 편의와 사실증명의 자료로 삼기 위한 목적으로 행해지는 것에 불과하다고 하면서 행정소송법상의 처분성을 부인하여 왔다. 그러나 헌법재판소는 이러한 행위유형들에 대하여 헌법소원의 대상으로 판단하여왔고, 대법원도 마침내 2004.4.22 전원합의체 판결에서 지적공부의 지목변경신청반려행위를 행정처분이라고 판시하였다. 이후 건축물대장의 직권말소행위(대판 2010.5.27. 2008두22655), 토지대장의 직권말소행위(대판 2013.10.24. 2011두13286) 등은 국민의 권리관계에 영향을 미치는 것으로서 항고소송의 대상이 되는 행정처분에 해당한다고 판시하고 있다.

> **관련판례**
>
> **지적공부 소관청의 지목변경신청 반려행위는 항고소송의 대상인 행정처분**
> 구 지적법 제20조, 제38조 제2항의 규정은 토지소유자에게 지목변경신청권과 지목정정신청권을 부여한 것이고, 한편 지목은 토지에 대한 공법상의 규제, 개발부담금의 부과대상, 지방세의 과세대상, 공시지가의 산정, 손실보상가액의 산정 등 토지행정의 기초로서 공법상의 법률관계에 영향을 미치고, 토지소유자는 지목을 토대로 토지의 사용·수익·처분에 일정한 제한을 받게 되는 점 등을 고려하면, 지목은 토지소유권을 제대로 행사하기 위한 전제요건으로서 토지소유자의 실체

적 권리관계에 밀접하게 관련되어 있으므로 지적공부 소관청의 지목변경신청 반려행위는 국민의 권리관계에 영향을 미치는 것으로서 항고소송의 대상이 되는 행정처분에 해당한다(대판 2004.4. 22. 2003두9015).

행정청이 건축물대장의 용도변경신청을 거부한 행위는 행정처분에 해당
구 건축법 제14조 제4항의 규정은 건축물의 소유자에게 건축물대장의 용도변경신청권을 부여한 것이고, 한편 건축물의 용도는 토지의 지목에 대응하는 것으로서 <u>건물의 이용에 대한 공법상의 규제, 건축법상의 시정명령, 지방세 등의 과세대상 등 공법상 법률관계에 영향을 미치고, 건물소유자는 용도를 토대로 건물의 사용·수익·처분에 일정한 영향을 받게 된다.</u> 이러한 점 등을 고려해 보면, 건축물대장의 용도는 건축물의 소유권을 제대로 행사하기 위한 전제요건으로서 건축물 소유자의 실체적 권리관계에 밀접하게 관련되어 있으므로, 건축물대장 소관청의 용도변경신청 거부행위는 국민의 권리관계에 영향을 미치는 것으로서 항고소송의 대상이 되는 행정처분에 해당한다 (대판 2009.1.30. 2007두7277).

(4) 공증의 효과
① 공증의 공통적 효과는 공적 증거력이 발생하는 데 있다. 그러나 공증의 효과는 오직 그 증명된 바에 대한 반증이 있을 때까지 일응 진실한 것으로 추정되는 효력을 가지는 데 그치므로 그에 대한 반증이 있는 때에는 이를 번복시킬 수 있다. 따라서 공증은 원칙적으로 공정력을 갖지 않는다.
② 공적 증거력 외에 개별 법률이 정하는 바에 따라서 ㉠ 권리행사의 요건(예 선거인명부에의 등록), ㉡ 권리의 성립 및 제3자에 대한 대항요건(예 부동산등기부에 등기)이 될 수 있다

4. 통지

(1) 의의
① **개념** : 통지란 **특정인 또는 불특정 다수인에게 특정사실을 알리는 행위**이다. 따라서 통지는 행정청의 의사가 아니라 법령에 의하여 일정한 법적 효과를 발생한다는 점에서 준법률행위적 행정행위이다.
② **구별개념**
  ㉠ **효력발생요건으로서의 통지** : 요식행위의 문서교부 또는 송달이 이에 해당한다. 재임용을 거부하는 취지로 한 임용기간만료의 통지(대판 2004.4.22. 2000두7735) 속에는 처분성이 있는 재임용거부를 상대방에게 알려주는 효력발생요건으로서 통지의 의미도 포함되어 있다.
  ㉡ **사실행위로서의 통지** : 정년퇴직발령통지(대판 1983.2.8. 81누263), 당연퇴직사유에 해당함을 알리는 인사발령통지(대판 1995.11.14. 95누2036), 수도사업자가 급수공사 신청자에게 하는 급수공사비납부통지(대판 1993.10.26. 93누6331) 등은 일정한 사실을 알리는 관념의 통지에 불과하다.

(2) 종류
① 통지에는 특정한 사실에 관한 관념을 알리는 행위(예 특허출원의 공고, 귀화의 고시, 토지수용에 있어 사업인정의 고시, 소득금액변동통지, 부당한 공동행위 자진신고자 등의 시정조치, 감면신청에 대한 감면불인정통지)와 행정청의 의사를 알리는 행위(예 대집행의 계고, 조세체납자에 대한

독촉)가 있다.
② 다만 내용을 기준으로 할 경우 사업인정고시는 형성적 행위이고, 대집행계고는 작위하명, 납세의 독촉은 급부하명의 성질을 갖고 있어 통지를 독자적 행정행위로 보는 것에 의문이 제기도 한다(김연태).

(3) 효과

통지의 효과는 행위자의 의사의 내용에 따라 발생하는 것이 아니고, 통지라는 행정청의 작용에 법률이 결부시킨 일정한 법적 효과에 따라 발생한다. 예컨대 과세관청의 소득금액변동통지는 원천징수의무자인 법인으로 하여금 소득금액변동통지서에 기재된 소득처분의 내용에 따라 원천징수세액을 관할 세무서장 등에게 납부하여야 할 의무를 부담하게 되고(대판 2006.4.20. 200두1878), 토지수용법에 의한 사업인정고시는 토지수용법에 의하여 수용할 목적물의 범위가 확정되도록 한다(대판 1994.11.11. 93누19375).

> **관련판례**
>
> **토지수용법 제14조 소정의 사업인정의 법적 성격과 효력**
> 토지수용법 제14조의 규정에 의한 사업인정은 그후 일정한 절차를 거칠 것을 조건으로 하여 일정한 내용의 수용권을 설정해 주는 행정처분의 성격을 띠는 것으로서 그 사업인정을 받음으로써 수용할 목적물의 범위가 확정되고 수용권으로 하여금 목적물에 관한 현재 및 장래의 권리자에게 대항할 수 있는 일종의 공법상의 권리로서의 효력을 발생시킨다(대판 1994.11.11. 93누19375).
>
> **가산금·중가산금은 국세를 납부기한까지 납부하지 아니하면 국세징수법에 의하여 당연히 발생하고 그 액수도 확정됨**
> 국세징수법 제21조, 제22조가 규정하는 가산금과 중가산금은 국세가 납부기한까지 납부되지 않은 경우 미납분에 관한 지연이자의 의미로 부과되는 부대세의 일종으로서, 과세권자의 확정절차 없이 국세를 납부기한까지 납부하지 아니하면 같은 법 제21조, 제22조의 규정에 의하여 당연히 발생하고 그 액수도 확정되는 것이며, 그에 관한 징수절차를 개시하려면 독촉장에 의하여 그 납부를 독촉함으로써 가능한 것이다(대판 2000.9.22. 2000두2013).
>
> **조교수에 대한 임용기간만료의 통지는 행정소송의 대상이 되는 처분**
> 기간제로 임용되어 임용기간이 만료된 국·공립대학의 조교수는 교원으로서의 능력과 자질에 관하여 합리적인 기준에 의한 공정한 심사를 받아 위 기준에 부합되면 특별한 사정이 없는 한 재임용되리라는 기대를 가지고 재임용 여부에 관하여 합리적인 기준에 의한 공정한 심사를 요구할 법규상 또는 조리상 신청권을 가진다고 할 것이니, 임용권자가 임용기간이 만료된 조교수에 대하여 재임용을 거부하는 취지로 한 임용기간만료의 통지는 위와 같은 대학교원의 법률관계에 영향을 주는 것으로서 행정소송의 대상이 되는 처분에 해당한다(대판 2004.4.22. 2000두7735).

5. 수리

(1) 의의

수리란 **타인의 행정청에 대한 행위(신고·신청)를 유효한 행위로써 받아들이는 행위**를 말한다. 수리는 단순한 사실인 도달 또는 접수와 달리, 행정청이 타인의 행위를 유효한 행위로 판단하여 수령하는 의사행위이다. 사직원의 수리, 입후보등록, 행정심판청구서의 수리 등이 있다.

(2) 성질

① 법적 요건을 갖춘 신고는 수리하여야 하므로 기속행위의 성질을 갖는다.
② 행정객체의 행위인 신고·신청 등을 유효한 행위라는 판단 아래 수령한다는 인식표시행위이다.
③ 형성적 행위성이 인정되기도 한다(예 공무원의 사표수리로 공무원관계의 소멸이라는 법적 효과가 발생).
④ 일정한 신고는 행정청의 수리행위가 필요한 것으로 규정한 경우가 있는데(예 식품위생법상 영업양도신고, 건축주명의변경신고, 액화석유가스충전사업지위승계신고), 이러한 경우 행정청의 수리행위는 법률효과를 발생시키는 허가와 유사한 효력이 있는 것으로 이해된다(대판 1995.2.24. 94누9146). 따라서 이 경우 신고의 거부 또는 부작위는 당사자의 법적 이익에 영향을 미치기 때문에 항고쟁송의 대상이 된다.

> **관련판례**
>
> 사업의 양도행위가 무효라고 주장하는 양도자가 양도·양수행위의 무효를 구함이 없이 지위승계 신고수리처분의 무효확인을 구할 법률상 이익이 있음
> 사업양도·양수에 따른 허가관청의 <u>지위승계신고의 수리는 적법한 사업의 양도·양수가 있었음을 전제로 하는 것이므로 그 수리대상인 사업양도·양수가 존재하지 아니하거나 무효인 때에는 수리를 하였다 하더라도 그 수리는 유효한 대상이 없는 것으로서 당연히 무효라 할 것이고, 사업의 양도행위가 무효라고 주장하는 양도자는</u> 민사쟁송으로 양도·양수행위의 무효를 구함이 없이 막바로 허가관청을 상대로 하여 <u>행정소송으로 위 신고수리처분의 무효확인을 구할 법률상 이익이 있다</u>(대판 2005.12.23. 2005두3554).

(3) 효과

① 개별법이 정하는 바에 따라 ㉠ 사법적 효과를 발생할 때(예 혼인신고의 수리)도 있고, ㉡ 행정청의 처리의무(예 청원, 행정심판의 수리, 사회단체신고에관한법률에 의한 신고의 수리)나 사인의 부작위의무의 해제(예 외국환거래법상 자본거래의 신고)와 같은 공법적 효과를 발생하기도 한다.
② 수리거부행위는 불수리의 의사표시로서 소극적 행정행위가 되어 행정쟁송의 대상이 되나, 수리의 거부가 있더라도 경우에 따라서 신고의 효과가 있는 것도 있다(예 건축신고, 골프장이용료변경신고).

> **관련판례**
>
> **사회단체등록신청에 형식상의 요건불비가 없음에도 등록신청을 반려한 경우**
> 사회단체등록신청에 형식상의 요건불비가 없는데 등록청이 이미 설립목적 및 사업내용을 같이 하는 선등록단체가 있다 하여 그 단체와 제휴하거나 또는 등록없이 자체적으로 설립목적을 달성하는 것이 바람직하다는 이유로 원고의 등록신청을 반려하였다면 그 반려처분은 사회단체등록에 관한법률 제4조에 위반된 것이 명백하고, 국가기관이 공식으로 등록을 하여 준 단체와 등록을 받지 못한 단체 사이에는 유형, 무형의 차이가 있음을 부인할 수 없으며 특히 선등록한 단체와 경쟁관계에 서게 되는 경우 등록을 받지 못한 단체가 열세에 놓이게 되는 것은 피할 수 없으므로 이건 등록신청의 반려는 원고의 자유로운 단체활동을 저해한다는 점에서 헌법이 보장한 결사의 자유에 역행하는 것이며 선등록한 단체의 등록은 수리하고 원고의 등록신청을 반려했다는 점에서는 헌법이 규정한 평등의 원칙에도 위반된다(대판 1989.12.26. 87누308).

예제 공증행위에 대한 설명으로 가장 옳지 않은 것은?

① 의료유사업자 자격증 갱신발급행위는 유사의료업자의 자격을 부여 내지 확인하는 것이 아니라 특정한 사실 또는 법률관계의 존부를 공적으로 증명하는 소위 공증행위에 속하는 행정행위라 할 것이다.
② 건설업면허증 및 건설업면허수첩의 재교부는 그 면허증 등의 분실, 헐어 못쓰게 된 때, 건설업의 면허이전 등 면허증 및 면허수첩 그 자체의 관리상의 문제로 인하여 종전의 면허증 및 면허수첩과 동일한 내용의 면허증 및 면허수첩을 새로이 또는 교체하여 발급하여 주는 것으로서, 이는 건설업의 면허를 받았다고 하는 특정사실에 대하여 형식적으로 그것을 증명하고 공적인 증거력을 부여하는 강학상의 공증행위이다.
③ 상표사용권 설정등록신청서가 제출된 경우 특허청장은 신청서와 그 첨부서류만을 자료로 형식적으로 심사하여 그 등록신청을 수리할 것인지의 여부를 결정하여야 되는 것으로서, 특허청장의 상표사용권 설정등록행위는 사인간의 법률관계의 존부를 공적으로 증명하는 준법률행위적 행정행위이다.
④ 친일반민족행위자 재산의 국가귀속에 관한 특별법 제2조 제2호에 정한 친일재산은 위원회가 국가귀속결정을 하여야 비로소 국가의 소유로 되는 것이 아니라 특별법의 시행에 따라 그 취득·증여 등 원인행위시에 소급하여 당연히 국가의 소유로 되는 것이고, 위원회의 국가귀속결정은 당해 재산이 친일재산에 해당한다는 사실을 공적으로 증명하는 소위 공증행위에 속하는 준법률행위적 행정행위의 성격을 가지는 것이다.

정답 ④

④ (×) 위원회의 국가귀속결정은 당해 재산이 친일재산에 해당한다는 사실을 확인하는 이른바 준법률행위적 행정행위의 성격을 가진다(대판 2008.11.13. 2008두13491).
① (○) 대판 1977.5.24. 76누295
② (○) 대판 1994.10.25. 93누21231
③ (○) 대판 1991.8.13. 90누9414

> **예제** 판례의 입장으로 옳지 않은 것은?
> ① 건축허가관청은 특단의 사정이 없는 한 건축허가내용대로 완공된 건축물의 준공을 거부할 수 없다.
> ② 지적공부 소관청이 토지대장을 직권으로 말소하는 행위는 항고소송의 대상이 되는 행정처분에 해당한다.
> ③ 무허가건물을 무허가건물관리대장에서 삭제하는 행위는 다른 특별한 사정이 없는 한 항고소송의 대상이 되는 행정처분에 해당한다.
> ④ 지목은 토지소유권을 제대로 행사하기 위한 전제요건이므로 지적공부 소관청의 지목변경신청 반려행위는 항고소송의 대상이 되는 행정처분에 해당한다.
>
> **정답** ③
>
> ③ (×) 무허가건물을 무허가건물관리대장에 등재하거나 등재된 내용을 변경 또는 삭제하는 행위로 인하여 당해 무허가 건물에 대한 실체상의 권리관계에 변동을 가져오는 것이 아니므로 무허가건물관리대장에서 삭제하는 행위는 다른 특별한 사정이 없는 한 항고소송의 대상이 되는 행정처분이 아니다(대판 2009.3.12. 2008두11525).
> ① (○) 대판 1992.4.10. 91누5358
> ② (○) 대판 2013.10.24. 2011두13286
> ④ (○) 대판 2004.4.22. 2003두9015

제4절 행정행위의 부관

01 부관의 의의

행정행위의 부관 개념은 민법상 법률행위에 사용되는 개념(조건, 기한 등)을 행정법에 도입한 것으로서, '**행정행위의 효과를 제한 또는 보충하거나 특별한 의무를 부과하기 위하여 행정기관에 의해 주된 행정행위에 부가된 종된(독립된 것이 아닌) 규율**'이다(광의설).

02 부관의 종류

1. 조건

조건이란 **행정행위의 효력의 발생·소멸을 장래에 발생여부가 객관적으로 '불확실'한 사실에 의존시키는 부관**을 말한다. 그러나 행정법관계를 오랫동안 불확정상태에 두는 것은 바람직하지 않으므로 조건부행정행위의 예는 적다.

정지조건	① 행정행위의 효력의 발생을 장래의 불확실한 사실에 의존시키는 부관 ② 일정사실의 발생으로 수익이나 부담을 '발생'시키는 경우(예 주차시설 완비를 조건으로 하는 호텔영업허가, 도로의 완공을 조건으로 한 여객자동차운수사업면허)
해제조건	① 행정행위의 효력의 소멸을 장래의 불확실한 사실에 의존시키는 부관 ② 행정행위의 발령에 의하여 효력이 발생하나 일정사실의 발생으로 수익이나 부담을 '소멸'시키는 경우(예 일정기간 내에 공사에 착수할 것을 조건으로 하는 공유수면매립면허)

2. 기한

기한이란 **행정행위의 효력의 발생·소멸을 장래에 발생 여부가 '확실'한 사실, 즉 장래의 특정시점에 종속시키는 부관**을 말한다.

시기(始期) 종기(終期)	시기는 기한의 도래로 행정행위의 효력이 '발생'하는 경우(예 공무원 임용행위의 효력발생을 특정일자로 정하는 경우)이고, 종기는 기한의 도래로 행정행위의 효력이 '소멸'하는 경우(예 영업허가기간을 5년으로 정하는 경우)
확정기한 불확정기한	사실의 발생시점이 확정된 기한(예 12월 31일까지 하천점용을 허가)과 그렇지 않은 기한(예 종신으로 특정직을 임명하는 경우)

> **관련판례**
>
> **사업의 성질상 부당하게 짧은 기한을 정한 경우는 허가조건의 존속기간**
> 일반적으로 행정처분에 효력기간이 정하여져 있는 경우에는 그 기간의 경과로 그 행정처분의 효력은 상실되지만, 허가에 붙은 기한이 그 허가된 사업의 성질상 부당하게 짧은 경우에는 이를 그 허가 자체의 존속기간이 아니라 그 허가조건의 존속기간으로 보아 그 기한이 도래함으로써 그 조건의 개정을 고려한다는 뜻으로 해석할 수 있다(대판 2005.11.10. 2004다7873).
>
> **기간을 정한 개간허가처분의 기간 경과후의 효력**
> 기간을 정한 개간허가처분은 기간연장 등의 특별한 사정이 없는 한 기간경과 후에는 다시 개간행위를 할 수 없다는 의미에서 장래에 향하여 그 효력이 소멸한다 할 것이므로 행정청이 그 허가기간경과 후에 동 개간지역내의 건물철거등 부담의 이행을 촉구하였다 하여 그것만으로 개간허가연장신청이 묵시적으로 받아들여진 것이라고 단정할 수 없다(대판 1985.2.8. 83누625).

3. 부담

(1) 의의

부담이란 **수익적 행정행위에 부가된 부관으로서 상대방에게 작위·부작위·수인·급부의무를 명하는 것**을 말한다. 예컨대 영업허가를 하면서 일정한 수수료를 과하거나 위생설비를 설치하도록 하는 것이 이에 해당한다. 법령상으로는 조건으로 불리기도 한다. 수익적 행정행위에 부가되는 것이므로 별도의 법률의 근거가 없어도 부관을 붙일 수 있다. 부담은 다른 부관과는 달리 주된 행정행위의 효과를 제한하는 것이 아니라 별도의 행정행위를 이루고, 부담에 한해서만 독립쟁송·강제집행이 가능하다(다수설·판례). 그러나 부담 역시 주된 행정행위에 부가된 부관이므로 부담의 존속여부도 주된 행정행위의 효력에 의존한다(예 허가를 하면서 500만원의 급부의무를 부과하는 경우 허가가 직권취소된다면 급부의무는 소멸).

> **관련판례**
>
> 행정청이 수익적 행정처분을 하면서 부관으로 부담을 붙이는 방법
> 수익적 행정처분에 있어서는 법령에 특별한 근거규정이 없다고 하더라도 그 부관으로서 부담을 붙일 수 있고, 그와 같은 부담은 행정청이 행정처분을 하면서 일방적으로 부가할 수도 있지만 부담을 부가하기 이전에 상대방과 협의하여 부담의 내용을 협약의 형식으로 미리 정한 다음 행정처분을 하면서 이를 부가할 수도 있다(대판 2009.2.12. 2005다65500).

(2) 부담과 조건의 구별

실정법과 행정실무상 부담을 조건이라는 용어로 사용하는 경우가 많으므로 양자의 구별이 곤란하다. 이에 대하여 ① 부관이 행정행위의 요건과 밀접하게 관련되어 있는 경우에는 조건으로 보아야 하고 그렇지 않은 경우에는 부담으로 보아야 한다거나, ② 부관의 준수가 매우 중요하여 행정행위의 효력 자체를 그 조건에 의존시키는 것이 타당한 경우는 당해 부관은 조건으로 보아야 하고 그렇지 않은 경우에는 부담으로 본다는 견해가 있다(강현호). 그 취지가 불분명하면 최소침해의 원칙에 따라 상대방에 유리한 부담으로 해석하는 것이 일반적이다.

(3) 부담과 기한의 구별

기한의 도래에 의해 주된 행정행위의 효력을 발생시키거나 실효시키지만, 부담의 경우는 의무기한의 도래로 의무불이행이 되어 철회사유가 될 뿐이다.

(4) 부담과 그 부담의 이행으로 인한 사법상 법률행위의 관계

판례에 의하면 행정처분의 부담인 부관이 무효화되더라도 부담의 이행으로 사법상 매매 등의 법률행위를 한 경우에는 법률행위 자체를 당연히 무효화하는 것은 아니며, 부담인 부관이 제소기간의 도과로 확정되어 이미 불가쟁력이 생긴 후에도 그 부담의 불가쟁력의 문제와는 별도로 법률행위가 사회질서 위반이나 강행규정에 위반되는지 여부 등을 다툴 수 있다(대판 2009.6.25. 2006다18174).

(5) 부담 불이행의 효과

부담의 불이행은 ① 행정강제의 사유, ② 행정행위 철회의 사유(다만 법령이나 부관에 철회권의 유보가 없는 경우에도 부담상 의무위반 또는 불이행을 이유로 본체인 행정행위를 철회할 수 있을 것인가에 대해서 견해가 대립하고, 통설·판례는 긍정), ③ 후행행위 발령의 거부사유(예 건축허가시 붙인 부담의 불이행을 이유로 그 후의 준공검사를 하지 아니함)가 되기도 한다.

4. 철회권 유보

(1) 의의

일정요건 하에서 행정행위를 철회하여 행정행위의 효력을 소멸케 할 수 있음을 정한 부관을 말한다(예 숙박영업허가를 함에 있어 윤락행위를 알선하면 허가를 취소한다는 부관). '취소권의 유보'라 부르기도 한다. 이는 처분의 신청에 대하여 이를 거부하거나 조건부의 처분을 할 정도는 아니나, 행위 당사자의 계속적인 의무이행을 확보하기 위한 경우에 사용된다.

(2) 철회권 행사의 제한

① 철회권을 유보했다고 해서 특정한 사정이 발생한 경우에 반드시 철회되어야 하는 것은 아니고 그 외에 철회의 일반적 요건이 충족되어야 한다. 즉 ㉠ 상대방의 권익보호와 법적 안정성 및 예측가능성을 위하여 철회사유는 구체적이어야 하고, ㉡ 철회권의 행사를 정당화시키는 합리적인 사유가 있어야 하고, ㉢ 철회권의 행사는 비례성의 원칙 등 행정법의 일반원칙에 위배되지 말아야 한다.

② 다만 철회권이 유보된 경우 상대방은 이후의 철회가능성을 예견하고 있으므로 행정행위의 계속성에 대한 상대방의 신뢰는 유보된 철회사유에 관하여는 인정되지 않는다. 즉 행정행위의 상대방은 당해 행정행위의 철회시 신뢰보호의 원칙을 원용할 수 없다.

③ 수익적 행정행위의 철회시 의견청취절차는 의무적이다(행정절차법 제27조 이하).

5. 법률효과의 일부배제

법률이 예정하고 있는 행정행위의 효과의 일부를 행정청이 배제하는 부관을 말한다(예 격일제 운행의 개인택시운송사업면허, 영업구역을 설정한 영업허가, 관광객운송용에 국한한 조건부 면세수입차). 이는 실질적인 내용에 있어서 법률이 예정하는 법적 효과를 행정행위로써 일부 제한하는 것이므로 반드시 법률에 명시적 근거가 있어야 한다(법률유보).

> **관련판례**
>
> 공유수면매립지 일부의 국가 또는 지방자치단체 귀속의 법적 성질
> 행정행위의 부관은 부담의 경우를 제외하고는 독립하여 행정소송의 대상이 될 수 없는 것이다. 기록에 의하면, 원심은 피고가 1989.6.30. 원고에 대하여 한 공유수면매립준공인가 중 판시 토지를 국가 또는 인천직할시 소유로 귀속하는 처분에 대하여 이를 위법하다는 이유로 위 준공인가처분 중 판시 토지에 대한 귀속처분만의 취소를 구하는 원고의 이 사건 소를 각하하였는바, 피고가 그 토지에 대하여 한 국가 또는 인천직할시 귀속처분은 매립준공인가를 함에 있어서 매립의 면허를 받은 자의 매립지에 대한 소유권취득을 규정한 <u>공유수면매립법 제14조의 효과 일부를 배제하는 부관을 붙인 것</u>으로 볼 것이고, 이러한 행정행위의 부관에 대하여는 위 법리와 같이 <u>독립하여 행정소송의 대상으로 삼을 수 없는 것</u>이다(대판 1993.10.8. 93누2032).

03 부관의 가능성과 한계

1. 부관의 가능성(부관의 대상)

> **행정기본법 제17조(부관)** ① 행정청은 처분에 재량이 있는 경우에는 부관(조건, 기한, 부담, 철회권의 유보 등을 말한다. 이하 이 조에서 같다)을 붙일 수 있다.
> ② 행정청은 처분에 재량이 없는 경우에는 법률에 근거가 있는 경우에 부관을 붙일 수 있다.

(1) 전통적 견해

개별법령에 명문규정이 없는 경우 부관을 붙일 수 있는지에 관하여, 부관은 ① 의사표시를 요소로 하는 **법률행위적 행정행위**에만 붙일 수 있고 준법률행위적 행정행위에는 붙일 수 없으며, ② **재량행위**에만 붙일 수 있고 기속행위는 행정기관이 법률에 의하여 부여되는 법률효과를 제한할 수 없으므로 부관을 붙일 수 없다고 한다. 판례 역시 재량행위에는 법적 근거가 없어도 부관을 붙일 수 있으나, 기속행위와 기속재량행위에는 부관을 붙일 수 없다는 입장이다.

(2) 비판적 견해

① **법률행위적 행정행위와 준법률행위적 행정행위**: 부관의 가능성 문제는 개별 행정행위의 성질에 따라 고찰해야 하므로, 법률행위적 행정행위에도 부관을 붙일 수 없는 경우(예 귀화허가, 공무원의 임명행위와 같은 신분설정행위)가 있고, 준법률행위적 행정행위에도 법률규정에 의해 붙일 수 있는 경우(예 여권발급에 붙인 유효기간, 인감증명발급행위, 자동차 검사증의 유효기간)가 있다.

② **재량행위와 기속행위**: 재량행위에는 법에 근거가 없는 경우에도 부관을 붙일 수 있으나 기속행위에 그 효과를 제한하는 부관을 붙이면 그 부관은 무효이다(대판 1995.6.13. 94다56883). 그러나 학설은 부관을 부가할 수 있다는 법적 근거가 있거나, 부관의 부가를 통하여 행정행위의 발령을 위한 법률요건의 충족을 목적으로 하는 요건충족적부관(예 법정시설완비의 조건하에 영업허가를 내주는 경우)은 기속행위에도 붙일 수 있다고 한다. 독일연방행정절차법 제36조는 부관에 의하여 관계법상의 처분요건이 충족되는 경우에는 부관을 붙일 수 있다고 규정하고 있다.

2. 부관의 의무성

식품위생법 제37조 제2항처럼 거의 대부분이 부관을 붙이는 것을 재량적인 것으로 규정('영업허가를 하는 때에는 필요한 조건을 붙일 수 있다')하고 있으나, 개별법에서 의무적인 것으로 규정하는 것이 금지되지 않는다.

3. 부관의 자유성(부관의 한계)

> **행정기본법 제17조(부관)** ④ 부관은 다음 각 호의 요건에 적합하여야 한다.
> 1. 해당 처분의 목적에 위배되지 아니할 것
> 2. 해당 처분과 실질적인 관련이 있을 것
> 3. 해당 처분의 목적을 달성하기 위하여 필요한 최소한의 범위일 것

> **관련판례**

행정처분과 실제적 관련성이 없어 부관으로 붙일 수 없는 부담을 사법상 계약의 형식으로 행정처분의 상대방에게 부과할 수 없음
공무원이 인·허가 등 수익적 행정처분을 하면서 상대방에게 그 처분과 관련하여 이른바 부관으로서 부담을 붙일 수 있다 하더라도, 그러한 부담은 법치주의와 사유재산 존중, 조세법률주의 등 헌법의 기본원리에 비추어 <u>비례의 원칙이나 부당결부금지의 원칙에 위배되지 않아야만</u> 적법한 것인바, 행정처분과 부관 사이에 실제적 관련성이 있다고 볼 수 없는 경우 공무원이 위와 같은 공법상의 제한을 회피할 목적으로 행정처분의 상대방과 사이에 사법상 계약을 체결하는 형식을 취하였다면 이는 법치행정의 원리에 반하는 것으로서 위법하다고 보지 않을 수 없다(대판 2010. 1. 28. 2007도9331).

도매시장법인 지정의 조건으로 소송이나 보상에 관한 부제소특약의 부관을 붙인 경우 무효
지방자치단체장이 도매시장법인의 대표이사에 대하여 위 지방자치단체장이 개설한 농수산물도매시장의 도매시장법인으로 다시 지정함에 있어서 그 지정조건으로 '지정기간 중이라도 개설자가 농수산물 유통정책의 방침에 따라 도매시장법인 이전 및 지정취소 또는 폐쇄 지시에도 일체 소송이나 손실보상을 청구할 수 없다.'라는 부관을 붙였으나, 그 중 부제소특약에 관한 부분은 <u>당사자가 임의로 처분할 수 없는 공법상의 권리관계를 대상으로 하여 사인의 국가에 대한 공권인 소권을</u> 당사자의 합의로 포기하는 것으로서 허용될 수 없다(대판 1998. 8. 21. 98두8919).

부당결부금지원칙에 위배되지 아니한 부관의 사례
피고 B행정청은 원고 A에게 주택건설사업계획의 승인을 하면서 "<u>경전철 분담금 부과시 이를 사용검사 전까지 납부할 것</u>"이라는 승인조건을 부가하였다. 그런데 B행정청의 경전철 사업은 피고 시내에서 시행되는 주택건설사업 등으로 교통수요가 급증함에 따라 이에 효과적으로 대처하고 장기적으로 쾌적한 도시교통체계를 구축하기 위해 B행정청이 1995.경부터 추진해오던 사업으로서, 피고 시에서 이 사건 주택건설사업을 시행하는 <u>원고로서는 위와 같은 경전철 사업에 대한 원인자에 해당한다</u> 할 것이므로, 이 사건 승인조건이 원고의 주택건설사업과 무관하여 부당결부금지원칙에 위배되는 것이라고 볼 수는 없다(대판 2007. 12. 28. 2005다72300).

공법상의 제한을 회피할 목적의 증여계약
행정처분과 부관 사이에 실제적 관련성이 있다고 볼 수 없는 경우 공무원이 위와 같은 공법상의 제한을 회피할 목적으로 행정처분의 상대방과 사이에 사법상 계약을 체결하는 형식을 취하였다면 이는 법치행정의 원리에 반하는 것으로서 위법하다. <u>지방자치단체가 골프장사업계획승인과 관련하여 사업자로부터 기부금을 지급받기로 한 증여계약은 공무수행과 결부된 금전적 대가로서 그 조건이나 동기가 사회질서에 반하므로 민법 제103조에 의해 무효라고 본 사례</u>(대판 2009. 12. 10. 2007다63966).

4. 부관의 사후부가(事後附加)

> **행정기본법 제17조(부관)** ③ 행정청은 부관을 붙일 수 있는 처분이 다음 각 호의 어느 하나에 해당하는 경우에는 그 처분을 한 후에도 부관을 새로 붙이거나 종전의 부관을 변경할 수 있다.
> 1. 법률에 근거가 있는 경우
> 2. 당사자의 동의가 있는 경우
> 3. 사정이 변경되어 부관을 새로 붙이거나 종전의 부관을 변경하지 아니하면 해당 처분의 목적을 달성할 수 없다고 인정되는 경우

관련판례

부관의 사후변경이 허용되는 범위
행정처분에 이미 부담이 부가되어 있는 상태에서 그 의무의 범위 또는 내용 등을 변경하는 부관의 사후변경은, 법률에 명문의 규정이 있거나 그 변경이 미리 유보되어 있는 경우 또는 상대방의 동의가 있는 경우에 한하여 허용되는 것이 원칙이지만, 사정변경으로 인하여 당초에 부담을 부가한 목적을 달성할 수 없게 된 경우에도 그 목적달성에 필요한 범위 내에서 예외적으로 허용된다 (대판 1997.5.30. 97누2627).

04 하자 있는 부관과 행정행위의 효력

1. 하자 있는 부관

(1) 의의

행정작용의 하나인 부관이 효력을 갖기 위해서는 적법성의 요건을 충족해야 하고, 이러한 요건을 흠결하는 경우에는 하자 있는 부관으로서 법적 효력이 인정되지 못한다. 하자 있는 부관은 당사자의 법적 지위에 중요한 의미를 가지므로 권리구제가 문제된다.

(2) 하자 있는 부관의 효과

① **무효사유인 부관** : 하자 있는 부관의 효력은 부관의 하자가 중대하고 명백한 것인 때(예 발생불가능한 사건을 정지조건으로 한 것, 의무이행의 실현이 불가능한 부담, 표현이 불명확한 부담)에는 그 부관은 무효이다.
② **취소사유인 부관** : 무효사유에 이르지 않은 경우(예 주된 행위와 목적적 관련성이 없는 부담을 부가한 것, 주된 행정행위의 효과를 제한하는 의미를 갖지 못하는 부관)에는 취소할 수 있는 것이 된다.

2. 무효인 부관과 행정행위의 효력

학설로는 ① 부관만이 무효가 될 뿐, 주된 행위에는 아무런 영향이 없다는 **부관무효설**, ② 그 부관이 붙은 행정행위 전체가 무효라는 **행정행위무효설**, ③ 원칙적으로 부관만이 무효이지만, 부관이 행정행위를 행함에 있어서 중요한 요소(본질적 요소)인 경우에는 행정행위 전체가 무효로 된다는 **절충설**(다수설)이 있다. 이때 중요한 요소라 함은 부관이 없으면 나머지 행정행위를 유지하는 것이 적절하지

않다고 인정되는 경우를 의미한다고 본다.

> **관련판례**
>
> **위법한 도로점용기간 부관과 행정행위의 효력**
> 도로점용허가의 점용기간은 행정행위의 본질적인 요소에 해당한다고 볼 것이어서 부관인 점용기간을 정함에 있어서 위법사유가 있다면 이로써 도로점용허가 처분 전부가 위법하게 된다고 할 것인데, 원고가 이 사건 상가등 시설물을 기부채납함에 있어 그 무상사용을 위한 도로점용기간은 원고의 총공사비와 피고시의 징수조례에 의한 점용료가 같아지는 때까지로 정하여 줄 것을 전제조건으로 하였고 원고의 위 조건에 대하여 피고는 아무런 이의없이 이를 수락하고 이 사건 지하상가의 건물을 기부채납받아 그 소유권을 취득한 이상 피고가 원고에 대하여 이 사건 지하상가의 사용을 위한 도로점용허가를 함에 있어서는 그 점용기간을 수락한 조건대로 원고의 총공사비와 피고시의 징수조례에 의한 도로점용료가 같아지는 33.34년까지로 하여야 할 것임에도 불구하고, 합리적인 근거도 없이 그 점용기간을 20년으로 정하여 이 사건 도로점용허가를 한 것은 위법한 처분이다(대판 1985.7.9. 84누604).
>
> **기부채납의 부관이 당연무효이거나 취소되지 아니한 경우 기부채납의 효력**
> 토지소유자가 토지형질변경행위허가에 붙은 기부채납의 부관에 따라 토지를 국가나 지방자치단체에 기부채납(증여)한 경우, 기부채납의 부관이 당연무효이거나 취소되지 아니한 이상 토지소유자는 위 부관으로 인하여 증여계약의 중요부분에 착오가 있음을 이유로 증여계약을 취소할 수 없다(대판 1999.5.25. 98다53134).

3. 취소할 수 있는 부관과 행정행위의 효력

취소할 수 있는 부관은 취소될 때까지 유효하므로 취소되지 않는 한 유효한 부관을 붙인 행정행위로서 효력을 갖는다. 부관만을 취소할 것인지, 부관부행위 전체를 취소할 것인지의 문제는 위에서 본 무효의 경우와 동일하게 다루면 될 것이다.

05 흠 있는 부관에 대한 쟁송

1. 문제의 소재

수익적 행정행위의 위법한 부관에 대한 행정쟁송을 하는 경우 부관부행정행위 전체가 취소된다면 이미 발급받은 수익적 행정행위도 소멸되므로 당사자에게 불리할 수 있다. 따라서 사인이 침익적인 부관만을 취소쟁송으로 다툴 수 있는지(**독립쟁송가능성**), 다툴 수 있다면 그 **쟁송의 형태**, 그리고 법원은 부관만을 독립하여 취소판결할 수 있는지(**독립취소가능성**)에 관하여 다양한 견해가 대립하고 있다.

2. 부관의 독립쟁송가능성

(1) 학설

① **부담과 기타 부관을 구분하는 견해(부관의 종류에 따라 구분)** : 다수설은 부담만이 독립된 행정행위이므로 독립하여 쟁송의 대상이 될 수 있고(진정일부취소소송), 그 이외의 부관은 그 자체가 독립된 행정행위의 성격을 갖지 않고 주된 행정행위의 일부에 해당하기 때문에 부관부행정행위 전체를 소의 대상으로 하여야 하며, 다만 이들이 주된 행정행위의 중요한 요소가 아닌 경우에는 행정소송법 제4조 제1호에 따라 부관만의 취소를 구하는 소송을 제기할 수 있다고 한다(부진정일부취소소송).

② **모든 부관이 독립쟁송가능하다는 견해** : 이 견해는 ⑦ 부관의 부가적인 속성상 분리될 수 없는 부관이란 존재하지 않고, ⓒ 부관의 분리가능성은 독립취소가능성의 문제인 본안의 문제이며 쟁송의 허용성의 문제(소송요건의 문제)는 아니기 때문에, 소의 이익이 있는 한 모든 부관에 대하여 독립하여 행정쟁송이 가능하다고 한다(부진정일부취소소송).

③ **분리가능성을 기준으로 하는 견해** : 이 견해는 ⑦ 독립가능성의 문제는 독립취소가능성의 전제문제라는 점, ⓒ 분리가능하지 않은 부관에 관한 항고소송을 각하하여 소송을 조기에 종결할 수 있다는 점에서, 부관만의 독립취소가 법원에 의하여 인정될 정도의 독자성(주된 행위와의 분리가능성)을 갖는 부관이라면 그 처분성 인정 여부와 무관하게 독자적으로 다툴 수 있다고 한다. 그러나 부관이 주된 행정행위의 본질적인 요소를 이루고 있는 한, 부관부 행정행위 전체를 대상으로 하여 취소소송 내지 무효확인소송을 제기하여야 한다고 한다.

(2) 판례

종전에는 부관에 하자가 있는 경우 부관부 행정행위 전체를 다투어야 한다는 입장이었는데, 1991년 이래 '부담'만은 독립하여 다툴 수 있다는 입장이다. 즉, ① 부담의 경우는 진정일부취소소송을 인정하지만, ② 기타의 부관에 대해서는, 부관부 행정행위 전체의 취소를 구하든지 아니면 먼저 행정청에 부관이 없는 처분으로 변경해 줄 것을 청구한 다음 그것이 거부된 경우에 거부처분취소소송을 제기하는 수밖에 없다고 한다.

> **관련판례**
>
> **부관 중 부담은 독립쟁송 가능함**
> 행정행위의 부관은 행정행위의 일반적인 효력이나 효과를 제한하기 위하여 의사표시의 주된 내용에 부가되는 종된 의사표시이지 그 자체로서 직접 법적 효과를 발생하는 독립된 처분이 아니므로 현행 행정쟁송제도 아래서는 부관 그 자체만을 독립된 쟁송의 대상으로 할 수 없는 것이 원칙이나 행정행위의 부관 중에서도 행정행위에 부수하여 그 행정행위의 상대방에게 일정한 의무를 부과하는 행정청의 의사표시인 부담의 경우에는 다른 부관과는 달리 <u>행정행위의 불가분적인 요소가 아니고</u> 그 존속이 본체인 행정행위의 존재를 전제로 하는 것일 뿐이므로 부담 그 자체로서 행정쟁송의 대상이 될 수 있다(대판 1992.1.21. 91누1264).

기한의 연장신청의 거부는 독립쟁송의 대상
개발제한구역 내의 위 광산에서 광미장의 추가설치를 위하여 토지형질변경을 허가받을 수 있는 면적의 여유가 상당히 남아 있는 점 등에 비추어 보면, 원고의 위 허가기간 연장신청을 허가함으로 인하여 예상되는 공익의 침해보다도 위 신청을 불허함으로 인하여 초래되는 원고의 불이익이 매우 중대하여, 피고가 위 허가기간 연장신청을 반려하는 것이 원고가 입게 되는 불이익을 희생시키더라도 부득이하다고 할 정도의 공익상의 필요가 있다고 할 수 없으므로, 이 사건 처분은 재량권을 남용하였거나 재량권의 범위를 일탈한 위법한 처분이다(대판 1991.8.27. 90누7920).

어업면허처분중 그 면허유효기간만의 취소를 구하는 소는 부적법
어업면허처분을 함에 있어 그 면허의 유효기간을 1년으로 정한 경우, 위 면허의 유효기간은 행정청이 위 어업면허처분의 효력을 제한하기 위한 행정행위의 부관이라 할 것이고 이러한 행정행위의 부관은 독립하여 행정소송의 대상이 될 수 없는 것이므로 위 어업면허처분중 그 면허유효기간만의 취소를 구하는 청구는 허용될 수 없다(대판 1986.8.19. 86누202).

3. 본안에 있어서 부관의 독립취소가능성

(1) 행정심판에서 부관의 독립취소가능성
행정심판위원회는 취소심판의 청구가 이유가 있다고 인정하면 처분을 취소 또는 다른 처분으로 변경하거나 처분을 다른 처분으로 변경할 것을 피청구인에게 명한다(행정심판법 제43조 제3항). 따라서 부관이 위법·부당한 경우에 행정심판위원회는 직접 부관을 취소하거나 새로운 적법한 부관을 붙일 수 있고, 또한 이를 명하는 재결을 할 수 있다.

(2) 행정소송에서 부관의 독립취소가능성
① **재량행위와 기속행위를 구분하는 견해** : 이 견해는 ㉠ 기속행위의 경우 행정청이 임의로 부관을 붙일 수 없으므로 부관만의 취소는 가능하지만, 요건충족적 부관의 경우는 부관만의 취소가 불허되고, ㉡ 재량행위의 경우 부관만을 취소하여 본체인 행정행위를 유지시키는 것은 결국 행정청에게 부관없이는 발하기를 원하지 않는 행정행위를 강요하는 결과가 되기 때문에 독립취소가 허용되지 않는다고 한다.

② **일부취소법리를 유추적용하는 견해** : 행정행위의 일부분으로서 부관의 하자가 있는 경우에는 원칙적으로 부관부분만이 취소될 수 있지만, 예외적으로 부관 없이는 행정청이 주된 행정행위를 발하지 않았을 정도로 중요요소인 경우에는 부관의 위법성이 주된 행정행위의 위법성을 이끌기 때문에 부관만의 취소는 부정된다고 한다.

③ **부관의 위법성을 기준으로 하는 견해** : 취소소송의 소송물은 주된 행정행위의 위법성이 아니라 부관 자체의 위법성이기 때문에, 부관에 위법성이 존재하면 부관의 종류나 주된 행정행위의 재량성 여부, 부관의 중요성 여부 등과 관계없이 부관만을 취소할 수 있다고 한다.

④ **판례** : 판례는 재량행위의 경우 부담을 제외한 부관은 부관부 행정행위 전부를 취소해야 한다고 한다(대판 1985.7.9. 84누604). 또한 법령에 규정이 없음에도 불구하고 기속행위에 부관을 부가하였다면 이는 당연무효이므로, 당해 부관에 대한 무효선언을 해야 한다고 본다(대판 1988.4.27. 87누1106).

예제 행정행위의 부관에 관한 설명으로 옳지 않은 것은? (다툼이 있으면 판례에 따름) ▶ 22 소방승진

① 임시이사를 선임하면서 그 임기를 '후임 정식이사가 선임될 때까지'로 기재한 것은 근거 법률의 해석상 당연히 도출되는 사항을 주의적·확인적으로 기재한 이른바 '법정부관'일 뿐, 행정청의 의사에 따라 붙이는 본래 의미의 행정처분 부관이라고 볼 수 없다.
② 행정행위의 효력 발생 또는 소멸을 장래의 불확실한 사실에 의존시키는 부관을 조건이라고 한다.
③ 행정행위의 효력 발생 또는 소멸을 장래의 확실한 사실에 의존시키는 부관을 기한이라고 한다.
④ 행정청이 종교단체에 대하여 기본재산전환인가를 함에 있어 인가조건을 부가하고 그 불이행 시 인가를 취소할 수 있도록 한 경우, 인가조건의 의미는 조건으로 볼 수 있다.

정답 ④

④ (×) 기본재산전환인가의 인가조건으로 되어 있는 사유들은 모두 위 인가처분의 효력이 발생하여 기본재산 처분행위가 유효하게 이루어진 이후에 비로소 이행할 수 있는 것들이고, 인가처분 당시에 그 처분에 그와 같은 흠이 존재하였던 것은 아니므로, … 위 인가조건의 전체적 의미는 인가처분에 대한 철회권을 유보한 것이라고 봄이 상당하다(대판 2003.5.30. 2003다6422).
① (○) 대판 2020.10.20. 2017다269152
② (○), ③ (○) 조건이란 행정행위의 효력의 발생·소멸을 장래에 발생여부가 객관적으로 '불확실'한 사실에 의존시키는 부관을 말한다. 기한이란 행정행위의 효력의 발생·소멸을 장래에 발생 여부가 '확실'한 사실, 즉 장래의 특정시점에 종속시키는 부관을 말한다.

예제 부관에 관한 설명으로 옳지 않은 것은? (다툼이 있는 경우 판례에 의함) ▶ 23 소방승진

① 「행정기본법」에 따르면, 행정청은 처분에 재량이 있거나 또는 처분에 재량이 없는 경우에는 법률에 근거가 있는 경우에 부관을 붙일 수 있다.
② 건축허가를 하면서 일정 토지를 기부채납하도록 하는 내용의 허가조건은 부관을 붙일 수 없는 기속행위 내지 기속적 재량행위인 건축허가에 붙인 부담이거나 또는 법령상 아무런 근거가 없는 부관이어서 무효이다.
③ 일반적으로 보조금 교부결정에 관해서는 행정청에 광범위한 재량이 부여되어 있고, 행정청은 보조금 교부 결정을 할 때 법령과 예산에서 정하는 보조금의 교부 목적을 달성하는 데에 필요한 조건을 붙일 수 있다.
④ 수익적 행정처분에 있어서는 법령에 특별한 근거규정이 없다고 하더라도 그 부관으로서 부담을 붙일 수 있으나, 그와 같은 부담을 부가하기 이전에 상대방과 협의하여 부담의 내용을 협약의 형식으로 미리 정한 다음 행정 처분을 하면서 이를 부가할 수는 없다.

정답 ④

④ (×) 수익적 행정처분에 있어서는 법령에 특별한 근거규정이 없다고 하더라도 그 부관으로서 부담을 붙일 수 있고, 그와 같은 부담은 행정청이 행정처분을 하면서 일방적으로 부가할 수도 있지만 부담을 부가하기 이전에 상대방과 협의하여 부담의 내용을 협약의 형식으로 미리 정한 다음 행정처분을 하면서 이를 부가할 수도 있다(대판 2009.2.12. 2005다65500).

① (○) 행정기본법 제17조(부관) ① 행정청은 처분에 재량이 있는 경우에는 부관(조건, 기한, 부담, 철회권의 유보 등을 말한다. 이하 이 조에서 같다)을 붙일 수 있다. ② 행정청은 처분에 재량이 없는 경우에는 법률에 근거가 있는 경우에 부관을 붙일 수 있다.
② (○) 대판 1995.6.13. 94다56883 판결
③ (○) 대판 2021.2.4. 2020두48772 판결

> **예제** 행정행위의 부관에 대한 설명으로 옳은 것은? (다툼이 있는 경우 판례에 의함)
> ① 행정처분과 부관 사이에 실제적 관련성이 있다고 볼 수 없는 경우, 공무원이 공법상의 제한을 회피할 목적으로 행정처분의 상대방과 사이에 사법상 계약을 체결하는 형식을 취하였더라도 법치행정의 원리에 반하는 것으로서 위법하다고 볼 수 없다.
> ② 처분 당시 법령을 기준으로 처분에 부가된 부담이 적법하였더라도, 처분 후 부담의 전제가 된 주된 행정처분의 근거 법령이 개정됨으로써 행정청이 더 이상 부관을 붙일 수 없게 되었다면 그때부터 부담의 효력은 소멸한다.
> ③ 부담의 이행으로서 하게 된 사법상 매매 등의 법률행위는 부담을 붙인 행정처분과는 별개의 법률행위이므로, 그 부담의 불가쟁력의 문제와는 별도로 법률행위가 사회질서 위반이나 강행규정에 위반되는지 여부 등을 따져보아 그 법률행위의 유효 여부를 판단하여야 한다.
> ④ 허가에 붙은 기한이 그 허가된 사업의 성질상 부당하게 짧아서 이 기한이 허가 자체의 존속기간이 아니라 허가조건의 존속기간으로 해석되는 경우에는 허가 여부의 재량권을 가진 행정청은 허가조건의 개정만을 고려할 수 있고, 그 후 당초의 기한이 상당 기간 연장되어 그 기한이 부당하게 짧은 경우에 해당하지 않게 된 때라도 더 이상의 기간연장을 불허가할 수는 없다.

정답 ③

① (×) 행정처분과 부관 사이에 실제적 관련성이 있다고 볼 수 없는 경우 공무원이 위와 같은 공법상의 제한을 회피할 목적으로 행정처분의 상대방과 사이에 사법상 계약을 체결하는 형식을 취하였다면 이는 법치행정의 원리에 반하는 것으로서 위법하다(대판 2009.12.10. 2007다63966).
② (×) 부담이 처분 당시 법령을 기준으로 적법하다면 처분 후 부담의 전제가 된 주된 행정처분의 근거 법령이 개정됨으로써 행정청이 더 이상 부관을 붙일 수 없게 되었다 하더라도 곧바로 위법하게 되거나 그 효력이 소멸하게 되는 것은 아니다(대판 2009.2.12. 2005다65500).
③ (○) 대판 2009.6.25. 2006다18174
④ (×) 그러한 경우에는 관계 법령의 규정에 따라 허가 여부의 재량권을 가진 행정청으로서는 그 때에도 허가조건의 개정만을 고려하여야 하는 것은 아니고 재량권의 행사로서 더 이상의 기간연장을 불허가할 수도 있는 것이며, 이로써 허가의 효력은 상실된다(대판 2004.3.25. 2003두12837).

제5절　행정행위의 적법요건

01 행정행위의 성립요건

1. 내부적 성립요건

(1) 주체요건

① **권한** : 행정행위는 권한을 가진 기관(공무원 등)이 권한의 범위 내(사항적·지역적·대인적 권한)에서 정상적인 의사작용(의사능력자, 의사와 표시의 일치)에 기한 것이어야 한다. 합의제기관인 경우에는 적법하게 구성되고 의사·의결정족수를 충족시켜야 한다.

② **행정절차법의 규정** : 행정청이 그 관할에 속하지 아니하는 사안을 접수하였거나 이송받은 경우에는 지체없이 이를 관할행정청에 이송하여야 하고 그 사실을 신청인에게 통지하여야 한다(행정절차법 제6조 제1항). 행정청의 관할이 분명하지 아니하는 경우에는 당해 행정청을 공통으로 감독하는 상급행정청이 그 관할을 결정하며, 공통으로 감독하는 상급행정청이 없는 경우에는 각 상급행정청의 협의로 그 관할을 결정한다(제2항).

(2) 내용요건

① **실현가능성·명확성** : 행정행위는 그 내용에 있어서 사실상·법률상 실현가능한 것이어야 한다(예 기술적으로 실현 불가능한 시설의 설치, 밀수허가는 불허). 또한 행정행위의 상대방과 규율내용을 명확히 알 수 있어야 한다.

② **적법·타당성** : 행정행위는 모든 법률과 법원칙에 합당(적법)해야 한다. 또한 그 내용이 행정목적에 합당한 것이어야 한다.

(3) 형식요건

① **문서주의** : 행정청이 처분을 하는 때에는 다른 법령등에 특별한 규정이 있는 경우를 제외하고는 문서로 하여야 하며, 전자문서로 하는 경우에는 당사자등의 동의가 있어야 한다. 다만 신속을 요하거나 사안이 경미한 경우에는 구술 기타 방법으로 할 수 있으며 이 경우 당사자의 요청이 있는 때에는 지체 없이 처분에 관한 문서를 주어야 한다(행정절차법 제24조 제1항). 처분을 하는 문서에는 그 처분행정청 및 담당자의 소속·성명과 연락처(전화번호·모사전송번호·전자우편주소 등)를 기재하여야 한다(제2항).

② **이유제시** : 문서에 의한 경우 판례는 이유부기를 불문법적 원리로 파악하고 있고, 행정절차법 제23조가 이유부기의무를 규정하고 있다.

(4) 절차요건

행정의 신중·공정을 기하기 위해 행정행위에 일정한 절차가 요구되는 경우에는 그에 관한 절차를 거쳐야 한다. 이러한 절차에는 ① 쌍방적 행정행위에 있어서의 상대방의 협력(예 신청·동의), ② 당사자 및 이해관계인의 이해의 조정 및 권익보호를 목적으로 하는 행정절차(예 사전통지·청문·공청회), ③ 행정청의 의사결정에 있어서 신중·공정을 도모하기 위해 마련된 절차(예 관계기관의 협의·심의·자문·의결, 타행정기관의 동의), ④ 기타 법정 절차가 있다.

2. 외부적 성립요건

행정행위는 행정기관의 내부결정(떼 합의제 기관의 의결)이 있는 것만으로는 성립하지 않고 행정청이 외부에 대하여 의사표시를 하여야 한다. 행정행위는 표시와 동시에 효력을 발생하는 경우도 많기 때문에 이를 행정행위의 효력발생요건으로 보는 견해도 있다. 외부에 표시하여 성립하면 상대방에 도달하지 않은 경우에도 행정청이 특별한 사정이 없는 한 이를 취소·변경할 수 없는 구속을 받는다.

02 행정행위의 효력발생요건

1. 의의

행정행위는 법령에 특별한 규정이 있거나 부관(정지조건, 시기)에 의한 제한이 있는 경우를 제외하고는 성립과 동시에 효력을 발생한다. 그러나 상대방이 있는 행정행위는 송달과 도달로써 효력이 발생한다. 행정행위의 상대방이 특정되어 있는 행정행위의 상대방에 대한 통지는 원칙상 송달의 방법에 의하며(행정절차법 제15조 제1항), 「행정업무의 운영 및 혁신에 관한 규정」은 '문서는 수신자에게 도달됨으로써 효력을 발생한다'(제6조 제2항)라고 규정하여 **도달주의**를 채택하고 있다.

2. 송달

(1) 송달의 방법

① **방법 및 장소**
송달은 우편, 교부 또는 정보통신망 이용 등의 방법으로 하되, 송달받을 자(대표자 또는 대리인을 포함한다)의 주소·거소(居所)·영업소·사무소 또는 전자우편주소로 한다. 다만, 송달받을 자가 동의하는 경우에는 그를 만나는 장소에서 송달할 수 있다(행정절차법 제14조 제1항).

② **우편송달**
우편의 송달을 입증하기 위해서는 등기우편의 방법에 의하여야 한다. 등기우편물은 수취인·동거인(동일 직장에서 근무하는 자를 포함) 또는 제43조 제1호(동일건축물 또는 동일구내의 수취인에게 배달할 우편물로서 그 건축물 또는 구내의 관리사무소, 접수처 또는 관리인) 및 제5호(수취인이 동일 집배구에 거주하는 자를 대리수령인으로 지정하여 배달우편관서에 신고한 경우에는 그 대리수령인)의 규정에 의한 수령인으로부터 그 수령사실의 확인을 받고 배달하여야 한다(우편법 시행령 제42조 제3항).

③ **교부송달**
㉠ 교부에 의한 송달은 수령확인서를 받고 문서를 교부함으로써 하며, 송달하는 장소에서 송달받을 자를 만나지 못한 경우에는 그 사무원·피용자(被用者) 또는 동거인으로서 사리를 분별할 지능이 있는 사람에게 문서를 교부할 수 있다. 다만, 문서를 송달받을 자 또는 그 사무원등이 정당한 사유 없이 송달받기를 거부하는 때에는 그 사실을 수령확인서에 적고, 문서를 송달할 장소에 놓아둘 수 있다(행정절차법 제14조 제2항).
㉡ 교부송달은 상대방이 현실적으로 이를 수령하는 행위가 필요하다. 따라서 세무공무원이 납세의무자와 그 가족들이 부재중임을 알면서도 아파트 문틈으로 납세고지서를 투입하는 방식으로

송달하는 것은 부적법하고(대판 1997.5.23. 96누5094), 다른 법령상의 사유가 없는 한 병역의 무자로부터 근거리에 있는 책상 등에 일시 현역입영통지서를 둔 것만으로는 병역의무자의 현실적인 수령행위가 있었다고 단정할 수 없다(대판 2009.6.25. 2009도3387).

④ **정보통신망을 이용한 송달 등** : 정보통신망을 이용한 송달은 송달받을 자가 동의하는 경우에만 한다. 이 경우 송달받을 자는 송달받을 전자우편주소 등을 지정하여야 한다(제14조 제3항).

⑤ **공시송달** : 송달받을 자의 주소등을 통상의 방법으로 확인할 수 없는 경우나 송달이 불가능한 경우는 관보, 공보, 게시판, 일간신문중 하나 이상에 공고하고 인터넷에도 공고하여야 한다(행정절차법 제14조 제4항).

⑥ **기록보존** : 행정청은 송달하는 문서의 명칭, 송달받는 자의 성명 또는 명칭, 발송방법 및 발송연월일을 확인할 수 있는 기록을 보존하여야 한다(제5항).

(2) 송달의 효력발생

① **효력발생시기** : 송달은 다른 법령등에 특별한 규정이 있는 경우를 제외하고는 해당 문서가 송달받을 자에게 도달됨으로써 그 효력이 발생한다(행정절차법 제15조 제1항).

② **우편송달**
   ㉠ 우편법의 규정에 따라 우편물이 배달되었다고 하여 언제나 상대방이 있는 의사표시의 통지가 상대방에게 도달하였다고 볼 수는 없다(대판 1993.11.26. 93누17478). 우편법 등 관계 규정의 취지에 비추어 볼 때 우편물이 등기취급의 방법으로 발송된 경우 반송되는 등의 특별한 사정이 없는 한 그 무렵 수취인에게 배달되었다고 보아야 한다(대판 1992.3.27. 91누3819).
   ㉡ 행정처분의 효력발생요건으로서의 도달이란 상대방이 그 내용을 현실적으로 양지할 필요까지는 없고 다만 양지할 수 있는 상태에 놓여짐으로써 충분하다(대판 1989.9.26. 89누4963). 그러나 국세징수법에 의한 독촉장과 압류통지서를 일반우편으로 납세자가 거주하지 아니하는 주민등록상 주소지로 발송한 경우에는 적법한 통지라고 할 수 없다(대판 1998.9.22. 98두4375).

③ **전자문서송달**
   ㉠ 정보통신망을 이용하여 전자문서로 송달하는 경우에는 송달받을 자가 지정한 컴퓨터 등에 입력된 때에 도달된 것으로 본다(행정절차법 제15조 제2항). 다만 지정한 정보시스템 등이 없는 경우에는 수신자가 관리하는 정보시스템 등에 입력된 때에 그 수신자에게 도달된 것으로 본다(전자정부법 제28조 제2항).
   ㉡ 특정한 기한까지 도달되어야 할 문서 등을 송신자가 기한 전에 전자적 방법을 이용하여 전자문서로 발송하였으나 수신자의 정보시스템 또는 관련 장치의 장애로 인하여 기한 내에 도달되지 아니한 경우에는 해당 송신자에 대하여만 수신자의 장애가 제거된 날의 다음 날에 기한이 도래한 것으로 본다(제3항).
   ㉢ 행정기관등에 도달된 전자문서가 판독할 수 없는 상태로 수신된 경우에는 해당 행정기관등은 이를 흠이 있는 문서로 보고 보완에 필요한 상당한 기간을 정하여 보완을 요구하여야 하며, 행정기관등이 발송한 전자문서가 판독할 수 없는 상태로 수신자에게 도달된 경우에는 이를 적법하게 도달된 문서로 보지 아니한다(제4항).

④ 공시송달

제14조 제4항의 경우에는 다른 법령등에 특별한 규정이 있는 경우를 제외하고는 공고일부터 <u>14일</u>이 지난 때에 그 효력이 발생한다. 다만, 긴급히 시행하여야 할 특별한 사유가 있어 효력 발생 시기를 달리 정하여 공고한 경우에는 그에 따른다(행정절차법 제15조 제3항).

(3) 통지를 결한 행위의 효과

법률상 통지를 규정하고 있는 경우에 이를 결한 행위는 원칙적으로 무효이다. 판례는 예컨대 학사장교로 임용되어 복무를 마치고 전역하여 예비역에 편입된 사람에게 학력 위조를 이유로 임관무효처분을 한 후 그에 따라 현역병입영처분을 한 사안에서, 임관무효처분이 당사자에게 고지되지 않아 무효인 이상 그 신분이 예비역에 편입된 장교로서 현역병입영대상자가 아니라고 보아 현역병입영처분이 위법하다고 하였다(대판 2009.11.12. 2009두11706).

3. 불특정다수인을 위한 효력발생요건

개별법은 행정절차법 제14조 제4항 공시송달의 요건인 '송달받을 자의 주소등을 통상의 방법으로 확인할 수 없는 경우나 송달이 불가능한 경우'가 아닌 경우에도 일일이 통지하는 것이 부적절한 경우에는 고시 또는 공고를 통지방법으로 규정하기도 한다(예 토지보상법상 사업인정의 고시). 이러한 경우에 적용되는 「행정업무의 운영 및 혁신에 관한 규정」 제6조 제3항은 '공고문서는 그 문서에서 효력발생 시기를 구체적으로 밝히고 있지 않으면 그 고시 또는 공고 등이 있은 날부터 **5일**이 경과한 때에 효력이 발생한다.'고 규정하고 있다. 이러한 경우 처분의 상대방이 공고가 있었다는 사실을 현실적으로 알았는지 여부에 관계없이 공고가 효력을 발생한 날에 행정처분이 있음을 알았다고 보게 된다(대판 2007.6.14. 2004두619).

제6절 행정행위의 효력

01 구속력

행정행위는 적법요건을 갖추면 행위의 내용에 따른 법적 효과를 발생시키고 당사자를 구속하는 힘을 갖는다. 구속력은 **행정행위가 그 내용에 따라 관계행정청 및 상대방과 이해관계인에 대하여 행정행위가 담고 있는 규율을 준수하고 그에 따라 행위하도록 하는 힘**을 말한다. 따라서 발령기관도 스스로 취소나 철회하지 않고서는 구속력에서 벗어날 수 없게 된다.

02 공정력

1. 의의

> **행정기본법 제15조(처분의 효력)** 처분은 권한이 있는 기관이 취소 또는 철회하거나 기간의 경과 등으로 소멸되기 전까지는 유효한 것으로 통용된다. 다만, 무효인 처분은 처음부터 그 효력이 발생하지 아니한다.

(1) 공정력이란 비록 행정행위에 하자가 있더라도 그것이 중대하고 명백하여 당연무효가 아닌 경우에는 권한 있는 기관에 의하여 취소될 때까지 일응 유효한 것으로 추정되어 '상대방'이나 '제3자'가 그 효력을 부인할 수 없는 힘을 말한다. '행정행위의 잠정적 통용력' 또는 '예선적 효력'이라고도 한다.

(2) 이러한 행정행위와 달리 **사법상(私法上)법률행위**는 적법성에 관한 다툼이 있으면, 일단 법률행위의 효력을 중단시키고 법원의 판단을 통해서 판결이 확정될 때까지 다툼이 있는 법률행위의 효력이 정지된다.

> **관련판례**
>
> 행정행위의 공정력의 의의
> 행정처분이 아무리 위법하다고 하여도 그 하자가 중대하고 명백하여 당연무효라고 보아야 할 사유가 있는 경우를 제외하고는 아무도 그 하자를 이유로 무단히 그 효과를 부정하지 못하는 것으로, 이러한 행정행위의 공정력은 판결의 기판력과 같은 효력은 아니지만 그 공정력의 객관적 범위에 속하는 <u>행정행위의 하자가 취소사유에 불과한 때에는 그 처분이 취소되지 않는 한 처분의 효력을 부정하여 그로 인한 이득을 법률상 원인 없는 이득이라고 말할 수 없는 것</u>이다(대판 1994.11.11. 94다28000).
> ☞ 조세의 과오납이 부당이득이 되기 위하여는 납세 또는 조세의 징수가 실체법적으로나 절차법적으로 전혀 법률상의 근거가 없거나 과세처분의 하자가 중대하고 명백하여 당연무효이어야 하고, 과세처분의 하자가 단지 취소할 수 있는 정도에 불과할 때에는 과세관청이 이를 스스로 취소하거나 항고소송절차에 의하여 취소되지 않는 한 그로 인한 조세의 납부가 부당이득이 된다고 할 수 없다고 한 사례

2. 공정력의 근거

(1) 실정법적 근거

행정기본법 제15조 이외에, 위법한 행정처분의 취소에 관해 규정하는 행정심판법(제5조)·행정소송법(제12조, 제35조, 제36조)의 규정, 처분의 집행부정지제도(반대설 있음), 직권취소제도, 흠 있는 행정행위에 대한 제소기간의 제한 등이 공정력을 전제로 하는 것들이다.

(2) 이론적 근거

자기확인설	① 내용 : 행정청이 자기의 일반적인 권한 내에서 행위를 하면 그것은 마치 판결과 같이 그 자체로서 권위를 가지며 적법성이 추정된다는 견해(O. Mayer) ② 비판 : 논리가 관료적이고 권위주의적임
국가권위설	① 내용 : 행정행위는 국가적 권위가 행정행위에 타당성을 부여하기 때문에 그 적법성이 추정된다는 견해(E. Forsthoff) ② 비판 : 행정권에 부당한 우월성을 인정하는 행정제도국가적 전통의 산물 내지 관권편중의 이론이라는 비판을 받음
법적 안정성설	행정법관계의 안정성, 행정의 원활한 운영이라는 정책적 관점에서 절차법상 행정청의 결정에 잠정적 통용력을 인정한 것이 공정력이라는 견해(다수설)
예선적 특권설	① 내용 : 프랑스행정법상 예선적 특권의 개념을 도입한 것으로서, '행정행위에 대하여 법원의 적법·위법의 판정이 있기 전에 미리 행정청에 자신의 행정결정에 대한 정당한 통용력을 인정하는 것' ② 자기확인설과의 비교 : 자기확인설은 행정의 결정과 재판의 판결을 동일선상에서 비교하지만, 예선적 특권설은 재판의 판결을 우위에 두면서 행정행위에 대해 임시적이고 특수한 통용력을 인정
취소소송의 배타적 관할의 반사적 효과설	① 내용 : 행정소송법이 행정행위에 대한 취소소송을 인정하고 있기 때문에 행정행위는 취소되기까지 갖게 되는 효력 ② 비판 : 공정력을 제거하기 위한 방식으로 취소소송이 인정되는 것이므로 논리순서상의 오류가 지적됨
결어	민주헌법국가에서 행정권에 선험적인 우월적인 지위를 인정하는 관권중심의 사고를 인정할 수 없다는 점, 국가공동체의 원활한 운용은 장애를 받아서는 안된다는 점, 국가공동체의 원활한 운용은 국민 개개인의 법생활에 안정을 가져다준다는 점 등을 고려할 경우 법적 안정설이 타당하다(홍정선).

3. 공정력의 한계

(1) 무효 또는 부존재인 행정행위

공정력은 부당한 행위 또는 단순위법의 행정행위의 경우에 인정된다. 하자가 중대하고 명백하여 무효인 경우까지 법적 안정성을 이유로 보호할 필요가 없기 때문에 무효인 행정행위에는 인정되지 아니한다. 그러나 무효가 판결에 의해 확정되기 전까지는 하자가 무효인지 취소사유인지 불분명하므로 무효인 경우에도 인정될 수 있다는 견해도 있다(김도창).

(2) 행정행위 이외의 행정작용

공정력은 처분성이 있는 행정작용에서의 문제이지, 처분성이 없는 행정계약, 사실행위, 사법행위, 비권력행위, 행정입법 등에는 적용되지 아니한다. 국민의 권익구제확대를 위해 비권력적 행정작용 중 형식적 행정행위를 인정하는 입장이 있으나, 그 경우에도 처분성을 이유로 공정력이 인정되지 않는다.

4. 내용

(1) 임시적 효과발생

행정행위가 비록 다툼이 있는 단순위법한 경우라 하더라도 행정행위의 내용대로 일단 효과가 발생한다. 따라서 행정객체가 의무를 부과하는 행정행위를 위법하다고 여기더라도 그 의무를 불이행하거나 위반해서는 안된다. 행정행위로 부과한 의무에 대한 불이행이 있으면 강제집행을 할 수 있고, 의무의 위반이 있으면 행정벌이 가해진다.

(2) 공정력과 입증책임

공정력은 행정행위가 취소되기 전까지는 유효한 것으로 추정되도록 하는 효력이므로 취소를 주장하는 원고가 행정행위의 하자를 입증해야 하는지의 문제이다.

원고책임설	공정력을 적법성의 추정력으로 보아 원고측에 입증책임이 있다고 하는 견해. 자기확인설의 입장에서 주장됨.
피고책임설	행정행위의 적법성은 행정청이 담보하여야 하므로 행정청측에 입증책임이 있다고 하는 견해
입증책임무관계설 (통설·판례)	공정력과 입증책임은 무관하고 민사소송상의 입증책임분배의 원칙이 적용되어야 한다는 견해. 즉 입증책임의 일반원칙인 법률요건분류설에 따라 권리발생요건사실은 원고가, 권리발생장애요건은 피고가 입증하면 된다는 것(예 영업허가취소처분에 대한 취소소송에서 취소사실 요건부분에 대하여는 피고가, 취소장애사실에 대하여는 원고가 각각 입증)

> **관련판례**
>
> 행정처분의 공정력과 입증책임의 문제는 무관
> 행정처분의 위법을 주장하여 그 처분의 취소를 구하는 소위 항고소송에 있어서는 그 처분이 적법하였다고 주장하는 피고에게 그가 주장하는 적법사유에 대한 입증책임이 있다고 하는 것이 당원 판례의 견해이고, 그 견해를 행정처분의 공정력을 부정하는 것이라고는 할 수 없으며,(위 입증책임과 처분의 공정력은 전연 별개의 문제이다) 또 조세법정주의하의 우리나라 세제에 있어서는 과세의 적법여부를 성문의 세법을 떠나 국가재정적인 견지에서나, 세정의 실지에 맞추어 다룰 수는 없을 것(위법한 과세처분이 공공복리에 적합한 처분이 될 수 없다) 이니 만큼 소론 제2점중의 이 점에 관한 주장이나 소론 제3점의 논지도 모두 이유없다(대판 1966.10.18., 66누134).

03 구성요건적 효력

1. 의의

구성요건적 효력이란 유효한 행정행위가 존재하면 모든 '행정기관과 법원(형사법원 및 민사법원)'은 그 행정행위와 관련된 자신들의 결정에 당해 행위의 존재와 효과를 인정해야 하고, 그 내용에 구속되는 효력을 말한다. 이는 행정행위를 스스로 폐지할 수 없는 다른 행정청·법원과 관련되는 문제인바, 행정행위의 존재 사실 그 자체가 다른 국가기관의 결정에 구성요건요소가 된다는 의미이다.

〈공정력과 구성요건적 효력의 구별〉

	공정력	구성요건적 효력
내용	비록 행정행위에 하자가 있더라도 그것이 중대하고 명백하여 당연무효가 아닌 경우에는 권한 있는 기관에 의하여 취소될 때까지 일응 유효한 것으로 추정되어 '상대방'이나 '제3자'가 그 효력을 부인할 수 없는 힘	유효한 행정행위가 존재하면 모든 '행정기관과 법원'은 그 행정행위와 관련된 자신들의 결정에 당해 행위의 존재와 효과를 인정해야 하고, 그 내용에 구속되는 효력
범위	행위의 '상대방'과 '이해관계인'	다른 '행정청'이나 '법원'
이론적 근거	행정의 안정성과 실효성 확보	국가기관간 권한존중의 원칙
실정법적 근거	위법한 행정처분의 취소에 관해 규정하는 행정심판법(제5조)·행정소송법(제12조, 제35조, 제36조)의 규정, 처분의 집행부정지제도(반대설 있음), 직권취소제도, 흠 있는 행정행위에 대한 제소기간의 제한 등	행정권과 사법권의 분립규정이나 행정기관 상호간의 사무분장규정

2. 구성요건적 효력의 범위와 한계

(1) 무효인 행정행위

구성요건적 효력이 법원에 효력을 미치는 이유는 권력분립원칙에 합당하기 때문이다. 다만 법원은 권력통제 기능을 갖는바, 특정 행정행위가 무효인 경우에는 법원에 대하여 구성요건을 갖지 못한다.

(2) 법원의 범위

행정소송법에 행정소송사건의 심리·판단권이 규정되어 있으므로 구성요건적 효력은 행정소송의 수소법원에는 미치지 않는다. 문제는 민사소송이나 형사소송을 담당하는 법원에 미치는지, 미친다면 어느 범위에서 미치는지 하는 것이다.

3. 선결문제

(1) 선결문제의 의의

선결문제란 '특정한 행정행위'의 위법 여부 또는 효력의 유무를 다른 '특정사건'의 재판에 있어서 먼저 해결해야 하는 경우, 그 특정한 행정행위의 위법 여부 또는 효력 유무의 문제를 말한다. 여기서 특정사건이란 민사사건 및 형사사건을 의미한다. 그런데 행정소송법 제11조 제1항은 선결문제의 일부, 즉 '처분등의 효력 유무 또는 존재 여부가 민사법원의 선결문제'인 경우만 규정하고 있어 나머지(즉 단순위법)는 학설과 판례에 맡겨져 있다.

(2) 민사법원인 경우

① **행정행위의 효력유무가 선결문제인 경우**: 예컨대 과세처분의 무효를 이유로 하는 부당이득반환청구소송을 제기한 경우, 관할민사법원은 부당이득반환청구의 인용요건인 '행정행위의 효력유무'를 스스로 심사할 수 있는가 하는 문제이다. 다수설과 판례는 다음과 같이 견해가 일치한다.

> 선결문제가 당연무효이면 민사법원은 선결문제가 무효임을 전제로 본안을 판단할 수 있다. 선결문제가 단순위법인 경우는 민사법원은 당해 행정행위의 구성요건적 효력으로 인해 그 선결문제의 효력을 부인할 수 없고 따라서 본안을 인용할 수 없다.

관련판례

부당이득반환청구소송에서 행정처분의 효력유무가 선결문제인 경우
민사소송에 있어서 어느 행정처분의 당연무효 여부가 선결문제로 되는 때에는 이를 판단하여 당연무효임을 전제로 판결할 수 있고 반드시 행정소송 등의 절차에 의하여 그 취소나 무효확인을 받아야 하는 것은 아니다(대판 1972.10.10. 71다2279).

선결문제가 단순위법인 경우
[1] 조세의 과오납이 부당이득이 되기 위하여는 납세 또는 조세의 징수가 실체법적으로나 절차법적으로 전혀 법률상의 근거가 없거나 과세처분의 하자가 중대하고 명백하여 당연무효이어야 하고, 과세처분의 하자가 단지 취소할 수 있는 정도에 불과할 때에는 과세관청이 이를 스스로 취소하거나 항고소송절차에 의하여 취소되지 않는 한 그로 인한 조세의 납부가 부당이득이 된다고 할 수 없다(대판 1994.11.11. 94다28000).

[2] 수용재결이 있은 후에 수용 대상 토지에 숨은 하자가 발견되는 때에는 불복기간이 경과되지 아니한 경우라면 공평의 견지에서 기업자는 그 하자를 이유로 재결에 대한 이의를 거쳐 손실보상금의 감액을 내세워 행정소송을 제기할 수 있다고 보는 것이 상당하나, 이러한 불복절차를 취하지 않음으로써 그 재결에 대하여 더 이상 다툴 수 없게 된 경우에는 기업자는 그 재결이 당연무효이거나 취소되지 않는 한 재결에서 정한 손실보상금의 산정에 있어서 위 하자가 반영되지 않았다는 이유로 민사소송절차로 토지소유자에게 부당이득의 반환을 구할 수는 없다(대판 2001.1.16. 98다58511).

② **행정행위의 위법여부가 선결문제인 경우**: 예컨대 사인이 공무원의 위법한 처분으로 손해를 입었다고 하면서 국가배상청구소송을 제기한 경우, 민사법원이 선결문제인 '행정행위의 위법성여부'를 판단할 수 있는지의 문제이다. 이 논의는 먼저 국가배상청구소송의 성질을 민사소송으로 보는 견해를 전제로 한다.

소극설	⊙ 행정행위는 공정력이 있으므로 법원을 포함한 모든 국가기관은 그 효력에 구속을 받아야 하고, ⓒ 현행법상 행정사건의 심판권은 행정법원이 배타적으로 관할하는 점, ⓒ 행정소송법 제11조 제1항은 민사법원에 대하여 처분 등의 효력유무 또는 존재여부만을 선결문제심판권으로 규정한다는 점을 논거로 함
적극설	⊙ 구성요건적 효력은 적법성 추정이 아니라 법적 안정성 때문에 인정되는 통용력에 불과하며, ⓒ 선결문제로서 행정행위의 위법성 판단은 행정행위의 효력을 부인하는 것이 아니라 단순한 위법성 심사에 그치는 것이라는 점, ⓒ 행정소송법 제11조는 선결문제심판권에 대한 예시적 규정에 불과하기 때문에 위법성판단을 배제하는 것은 아니라는 점을 논거로 함
판례	위법한 행정처분의 취소판결이 있어야만 그 행정처분의 위법임을 이유로 한 손해배상청구를 할 수 있는 것은 아니라면서 적극설의 입장에 있다.

> **관련판례**
>
> 손해배상청구소송에서 철거처분의 위법여부가 선결문제인 경우
> 위법한 행정대집행이 완료되면 그 처분의 무효확인 또는 취소를 구할 소의 이익은 없다 하더라도, 미리 그 행정처분의 <u>취소판결이 있어야만, 그 행정처분의 위법임을 이유로 한 손해배상 청구를 할 수 있는 것은 아니다</u>(대판 1972.4.28. 72다337).
>
> 손해배상청구소송에서 과실로 인한 과세처분의 위법여부가 선결문제인 경우
> 물품세 과세대상이 아닌 것을 세무공무원이 직무상 과실로 과세대상으로 오인하여 과세처분을 행함으로 인하여 손해가 발생된 경우에는, 동 <u>과세처분이 취소되지 아니하였다 하더라도</u>, 국가는 이로 인한 손해를 배상할 책임이 있다(대판 1979.4.10. 79다262).

(3) 형사법원인 경우
① **행정행위의 효력유무가 선결문제인 경우** : 예컨대 위법사유가 있는 운전면허를 가진 자의 운전행위가 무면허운전으로 기소된 경우, 형사법원은 그 운전면허소지자를 무면허운전자로 처벌하기 위해서 운전면허처분의 효력여부를 심사할 수 있는지 문제된다.

> 1. 다수설·판례 : 선결문제가 당연무효이면 형사법원은 선결문제가 무효임을 전제로 본안을 판단할 수 있다. 그러나 선결문제가 단순위법인 경우는 형사법원은 당해 행정행위의 구성요건적 효력으로 인해 그 선결문제의 효력을 부인할 수 없다.
> 2. 반대설 : 예외적으로, 처분이 취소되어야 범죄가 불성립되는 경우(⑩ 위법한 영업허가취소처분을 당한 자가 영업을 계속하다가 무허가영업으로 기소된 경우), 다수설에 의하면 불복기간이 도과한 경우 처벌을 받게 되는 바, 이는 피고인의 인권보장에 문제가 있으므로 형사법원이 행정행위의 효력을 부인할 수 있어야 한다.

> **관련판례**

행정행위의 효력유무가 쟁점인 경우
[1] 물품을 수입하고자 하는 자가 일단 세관장에게 수입신고를 하여 그 면허를 받고 물품을 통관한 경우에는, 세관장의 수입면허가 중대하고도 명백한 하자가 있는 행정행위이어서 <u>당연무효가 아닌 한 관세법 제181조 소정의 무면허수입죄가 성립될 수 없다</u>(대판 1989.3.28. 89도149).

[2] 소방시설 설치유지 및 안전관리에 관한 법률 제9조에 의한 소방시설 등의 설치 또는 유지·관리에 대한 명령을 정당한 사유 없이 위반한 자는 같은 법 제48조의2 제1호에 의하여 행정형벌에 처해지는데, 위 <u>명령이 행정처분으로서 하자가 있어 무효인 경우에는 명령에 따른 의무위반이 생기지 아니하므로 행정형벌을 부과할 수 없다</u> - 집합건물 중 일부 구분건물의 소유자인 피고인이 관할 소방서장으로부터 소방시설 불량사항에 관한 시정보완명령을 받고도 따르지 아니하였다는 내용으로 기소된 사안에서, 담당 소방공무원이 행정처분인 위 명령을 구술로 고지한 것은 행정절차법 제24조를 위반한 것으로 하자가 중대하고 명백하여 당연 무효(대판 2011.11.10. 2011도11109).

선결문제가 단순위법인 경우
연령미달의 결격자인 피고인이 소외인의 이름으로 운전면허시험에 응시, 합격하여 교부받은 운전면허는 당연무효가 아니고 도로교통법 제65조 제3호의 사유에 해당함에 불과하여 취소되지 않는 한 유효하므로 피고인의 운전행위는 <u>무면허운전에 해당하지 아니한다</u>(대판 1982.6.8. 80도2646).

② **행정행위의 위법여부가 선결문제인 경우** : 예컨대 위법사유 있는 시정명령을 따르지 아니한 이유로 도시계획법위반죄로 기소된 경우, 형사법원이 선결문제인 '행정행위의 위법성여부'를 판단할 수 있는지의 문제이다. 처분의 적법성이 기소된 범죄의 구성요건에 해당하기 때문에 전개되는 논의이다.

소극설	민사소송절차에서와 마찬가지로 행정행위의 구성요건적 효력과 취소소송의 배타적 관할 행정소송법 제11조를 이유로 하자가 중대하고 명백하여 무효인 경우를 제외하고는 그 위법성에 대하여 심사할 수 없다고 함
적극설	행정행위의 구성요건적 효력과 위법성 판단은 상호 관련성이 없으며, 행정소송법 제11조는 예시적 규정이라는 점에서 법원은 행정행위의 효력을 부인하지 않는 한 그 위법성을 심사할 수 있다고 함
판례	행정행위 위반이 범죄구성요건을 이루는 경우 그 행정행위의 위법여부를 심사할 수 있다는 것을 전제로, 그 행정행위가 위법하면 위법한 명령을 따르지 않은 피고인을 무죄로 선고하고, 반면 그 행정행위가 적법하면 유죄를 선고하고 있다.

> **관련판례**

위법한 행정행위를 위반함이 범죄구성요건을 이루는 경우
구 도시계획법 제92조 제4호, 제78조 제1호, 제4조 제1항 제1호의 각 규정을 종합하면 도시계획구역안에서 허가 없이 토지의 형질을 변경한 경우 행정청은 그 토지의 형질을 변경한 자에 대하여서만 같은 법 제78조 제1항에 의하여 처분이나 원상회복 등의 조치명령을 할 수 있다고 해석되고, 토지의 형질을 변경한 자도 아닌 자에 대하여 원상복구의 시정명령이 발하여진 경우 위 원상복구의 시정명령은 위법하다 할 것이다. 같은 법 제78조 제1항에 정한 처분이나 조치명령을 받은 자가 이에 위반한 경우 이로 인하여 같은 법 제92조에 정한 처벌을 하기 위하여는 그 처분이나 조치명령이 적법한 것이라야 하고, 그 <u>처분이 당연무효가 아니라 하더라도 그것이 위법한 처분으로 인정되는 한</u> 같은 법 제92조 위반죄가 성립될 수 없다(대판 1992.8.18. 90도1709).

예제 행정행위의 공정력과 선결문제에 대한 설명으로 옳지 않은 것은? (다툼이 있는 경우 판례에 의함)

① 조세과오납에 따른 부당이득반환청구사안에서 민사법원은 사전통지 및 의견제출절차를 거치지 않은 하자를 이유로 행정행위의 효력을 부인할 수 있다.
② 행정행위에 중대명백한 하자가 있는 경우 선결문제에도 불구하고 민사법원 및 형사법원은 제기된 청구에 대하여 판결을 내릴 수 있다.
③ 연령미달의 결격자가 이를 속이고 운전면허를 교부받아 운전 중 적발되어 기소된 경우 형사법원은 운전면허처분의 효력을 부인하고 무면허운전죄로 판단할 수 없다.
④ 「건축법」상 위법건축물에 내려진 시정명령을 이행하지 않아 명령위반죄로 기소된 경우 형사법원은 이를 판단할 수 있다.

정답 ①

① (×) 사전통지 및 의견제출절차를 거치지 않은 하자는 취소사유에 불과하므로 민사법원은 권한있는 기관에 의해 취소되지 않는 한 행정행위의 효력을 부인할 수 없다는 것이 판례의 태도이다.
② (○) 민사법원 및 형사법원은 행정처분의 당연무효 여부가 선결문제로 되는 때에는 이를 판단하여 당연무효임을 전제로 판결할 수 있다는 것이 판례의 태도이다.
③ (○) 대판 1982.6.8. 80도2646 ④ (○) 대판 2017.9.21. 2017도7321

---

04 확정력(존속력)

1. 의의

확정력이란 확실한 효과를 발생하는 행정행위로서 확정된다는 의미이다. 행정행위가 발령되면 새로운 법률관계가 형성되므로 이를 변경시키지 않고 존속시킬 필요성이 있다(존속력). 존속력에는 행정행위의 효력을 다툴 수 없는 **형식적 존속력(불가쟁력)** 과 행정행위를 변경할 수 없는 **실질적 존속력(불가변력)** 이 있다.

2. 불가쟁력(형식적 존속력)

(1) 의의

① 개념 : 불가쟁력이란 **행정행위에 대해 행정심판이나 행정소송과 같은 불복수단이 인정되는 경우에, 상대방이나 이해관계자는 일정한 사유가 존재하면 그 행정행위의 효력을 쟁송절차에서 다툴 수 없게 되는 효력**을 말한다. 이와 같이 불가쟁력을 인정하는 것은 행정행위의 효력을 신속히 확정하여 행정법관계의 안정성을 확보하기 위한 것이다.

② **발생사유** : 불가쟁력은 쟁송기간의 경과, 법적 구제수단의 포기, 판결을 통한 행정행위의 확정 등에 의하여 발생한다.

(2) 성질과 효과

① 불가쟁력이 생긴 행정행위에 대한 행정심판 또는 행정소송의 제기는 부적법한 것으로 각하된다. 그러나 무효인 행정행위에 대한 무효확인소송을 제기할 수 있는 기간에 제약에 없으므로 무효인 행정행위에는 불가쟁력이 발생하지 않는다.
② 불가쟁력은 사실관계를 적법한 것으로 만드는 효력은 아니다. 그리고 국가배상청구는 처분의 효력을 다투는 것이 아니므로 불가쟁력이 발생한 행정행위로 손해를 입은 국민은 국가배상청구를 할 수 있다.
③ 불가쟁력은 상대방이나 이해관계가 있는 제3자에 대하여만 발생하는 효력이므로 처분청을 구속하지 않는다. 불가쟁력이 발생해도 취소권을 가진 행정청이 직권으로 행정행위를 취소 또는 철회하는 것은 가능하다.
④ 취소할 수 있는 행정행위에 불가쟁력이 발생하면 그 행위의 위법한 하자가 후행행위에 승계되는지 여부가 문제된다(후술하는 '하자의 승계' 참조).
⑤ 불가쟁력이 발생한 행정행위라도 관계법령에서 해석상 그러한 신청권이 인정될 수 있는 경우에는 해당 처분의 변경에 대한 신청권이 인정된다고 볼 수 있다.

> **관련판례**
>
> **행정처분이나 행정심판 재결이 불복기간의 경과로 확정된 경우 확정력의 의미**
> 행정처분이나 행정심판 재결이 불복기간의 경과로 인하여 확정될 경우 확정력은 처분으로 인하여 법률상 이익을 침해받은 자가 처분이나 재결의 효력을 더 이상 다툴 수 없다는 의미일 뿐 판결에 있어서와 같은 기판력이 인정되는 것은 아니어서 처분의 기초가 된 사실관계나 법률적 판단이 확정되고 당사자들이나 법원이 이에 기속되어 모순되는 주장이나 판단을 할 수 없게 되는 것은 아니다(대판 1993.4.13. 92누17181).
>
> **제소기간이 도과하여 불가쟁력이 생긴 행정처분의 경우**
> 제소기간이 이미 도과하여 불가쟁력이 생긴 행정처분에 대하여는 개별 법규에서 그 변경을 요구할 신청권을 규정하고 있거나 관계 법령의 해석상 그러한 신청권이 인정될 수 있는 등 특별한 사정이 없는 한 국민에게 그 행정처분의 변경을 구할 신청권이 있다 할 수 없다(대판 2007.4.26. 2005두11104).

(3) 불가쟁력과 국가배상청구

① **문제점** : 예컨대 과세처분에 단순위법사유가 있어 이를 이유로 국가배상청구소송을 제기하였으나 그 과세처분이 이미 쟁송기간을 도과하여 불가쟁력이 발생한 경우, 수소법원이 과세처분의 위법성을 심사할 수 있는지의 문제이다.

② 학설과 판례

적극설	처분의 효력을 다투는 취소소송과 피해의 배상을 구하는 국가배상은 그 제도의 취지를 달리하므로 취소판결이 없이도 국가배상을 청구할 수 있고 수소법원이 과세처분의 위법성을 심사할 수 있다는 견해
소극설	국가배상을 인정하면 불가쟁력이 발생한 처분에 대한 취소소송을 인정하여 항고소송을 잠탈하는 효과가 나타날 수 있다며 반대하는 견해
절충설	금전적인 효과를 목적으로 하는 항고소송에 대해서만은 국가배상소송으로 가는 것을 제한하여야 한다는 견해
판례	적극설의 입장

> **관련판례**
>
> 위법한 과세처분을 행한 경우 처분을 취소하지 않아도 국가는 손해배상책임 부담
> 물품세 과세대상이 아닌 것을 세무공무원이 직무상 과실로 과세대상으로 오인하여 과세처분을 행함으로 인하여 손해가 발생된 경우에는, 동 과세처분이 취소되지 아니하였다 하더라도, 국가는 이로 인한 손해를 배상할 책임이 있다(대판 1979.4.10. 79다262).

3. 불가변력(실질적 존속력)

(1) 의의

행정행위는 일단 발령된 뒤에도 하자가 존재하는 경우에 취소할 수 있고, 행정현실의 변화에 상응하여 철회할 수 있다. 그러나 일부의 행정행위는 **효력이 발생한 후 처분청 스스로 당해 행위의 내용에 구속되어 자신도 직권으로 자유로이 이를 취소·변경·철회할 수 없는 효력**이 있는데 이를 불가변력이라 한다. 불가변력은 법령에 명문의 규정이 없는 경우에도 일부 행정행위의 성질에 비추어 인정되는 효력이다. 불가변력은 반드시 불가쟁력을 전제로 하고 있지 않다.

(2) 불가변력이 논의되는 영역

① 준사법적 행정행위: 행정심판의 재결이나 토지수용재결과 같이 일정한 사법절차에 준하는 쟁송절차를 거쳐 이루어지는 확인적 행위는 처분청의 사후적인 임의적 변경을 허용하지 않는다. 그러한 행위는 법원의 재판행위에서처럼 법률상 인정된 별도의 불복절차를 통하지 않고는 취소 또는 변경될 수 없다.
② 확인행위: 국가시험합격자결정이나 당선인결정과 같은 확인행위는 다툼이 있는 사실 또는 법률관계에 대하여 공적 권위로써 확인하는 행위이므로 성질상 처분청이 스스로 변경할 수 없는 것이 원칙이다. 다만 중대한 공익상 필요가 있거나 상대방에게 귀책사유가 있는 경우 예외적으로 취소할 수 있는 상대적 불가변력이 발생하는 것으로 본다(다수설).

(3) 위반의 효과

불가변력이 있는 행정행위를 취소하거나 철회하는 것은 위법하다. 대법원은 재심 기타 특별한 규정이 없음에도 불구하고 재결청이 자신의 재결을 취소·변경한 것은 위법하다고 하겠으나 그렇다고 당연무

효라고는 할 수 없다(대판 1965.4.22. 63누200)고 판시한 적이 있다.

(4) 불가쟁력과 불가변력의 관계
   ① 의의
      양자는 ㉠ 불가쟁력은 행정행위의 상대방 및 이해관계인이 대상이지만, 불가변력은 처분청 등 행정기관이 대상이 되고, ㉡ 불가쟁력은 절차법적 효력이지만, 불가변력은 실체법적 효력이라는 점에서 관심방향이 다르다. 따라서 다음의 관계에 놓인다.
   ② 양자의 관계
      ㉠ 제소기간이 경과하여 불가쟁력이 생긴 행위일지라도 불가변력이 없는 한 권한행정청은 그 흠 있는 행위를 취소·변경할 수 있다.
      ㉡ 불가변력이 있는 행위일지라도 쟁송수단이 허용되는 한 불가쟁력이 발생하기 전이라면 상대방 등은 다툴 수 있다. 즉 불가변력이 발생한 행정행위가 당연히 불가쟁력을 갖는 것이 아니다.

> **예제** 행정행위의 불가변력과 불가쟁력에 관한 설명으로 옳은 것은? (다툼이 있으면 판례에 따름)
> ① 불가변력은 행정행위의 상대방이나 이해관계인을 구속하는 효력이고 불가쟁력은 행정청을 구속하는 효력이다.
> ② 행정심판의 재결은 준사법적 행위로서 불가쟁력이 인정되므로 행정심판 청구인은 제소 기간의 경과 여부를 불문하고 그 재결의 효력을 다툴 수 없게 된다.
> ③ 불가변력은 당해 행정행위에 대하여서만 인정되는 것이고, 동종의 행정행위라 하더라도 그 대상을 달리할 때에는 이를 인정할 수 없다.
> ④ 행정처분이 불복기간의 경과로 인하여 확정된 경우 처분의 기초가 된 사실관계나 법률적 판단이 확정되고, 당사자들이나 법원이 이에 기속되어 모순되는 주장이나 판단을 할 수 없게 된다.
>
> **정답** ③
> ① (×) 불가변력은 행정청을 구속하는 효력이고 불가쟁력은 행정행위의 상대방이나 이해관계인을 구속하는 효력이다.
> ② (×) 행정심판의 재결은 준사법적 행위로서 불가변력이 인정된다. 그러나 행정심판 청구인은 제소 기간이 경과되지 않는 한 그 재결의 효력을 다툴 수 있다.
> ③ (○) 국민의 권리와 이익을 옹호하고 법적안정을 도모하기 위하여 특정한 행위에 대하여는 행정청이라 하여도 이것을 자유로이 취소, 변경 및 철회할 수 없다는 행정행위의 불가변력은 당해 행정행위에 대하여서만 인정되는 것이고, 동종의 행정행위라 하더라도 그 대상을 달리할 때에는 이를 인정할 수 없다(대판 1974.12.10. 73누129).
> ④ (×) 행정처분이나 행정심판 재결이 불복기간의 경과로 인하여 확정될 경우 확정력은 처분으로 인하여 법률상 이익을 침해받은 자가 처분이나 재결의 효력을 더 이상 다툴 수 없다는 의미일 뿐 판결에 있어서와 같은 기판력이 인정되는 것은 아니어서 처분의 기초가 된 사실관계나 법률적 판단이 확정되고 당사자들이나 법원이 이에 기속되어 모순되는 주장이나 판단을 할 수 없게 되는 것은 아니다(대판 1993.4.13. 92누17181).

05 강제력

1. 자력집행력
행정행위가 일정한 의무의 부과를 내용으로 하는 경우(예 과세처분) 상대방이 그 의무를 불이행하면 행정청이 법원의 원조를 받음이 없이 스스로의 강제력에 의해 그 의무를 실현시킬 수 있는 힘을 말한다. 사법(私法)관계에서는 채권자가 확정판결에 부여된 집행권원을 통하여 강제집행을 구하지 않으면 안되나, 행정법관계에서 행정청은 자신의 청구권을 법원 또는 국가의 특별한 집행기관의 도움 없이 스스로 그 의무의 이행을 실현시킬 수 있다. 형성적 행위나 확인적 행위처럼 그 자체로서 효과를 완성하고 집행의 문제를 일으키지 않은 것은 강제력의 대상이 되지 않는다.

2. 제재력
제재력은 **행정행위에 의해 부과된 의무를 위반하면 형벌 또는 질서벌을 부과할 수 있는 효력**을 말한다. 여기서 형벌과 질서벌의 구분은 의무위반의 정도에 따른 입법재량의 영역이다. 형벌은 형법상의 과벌을 부과하는 것이고 질서벌은 과태료를 부과한다. 이러한 제재력은 강제력의 한 부분이고 반드시 법률의 근거를 요한다. 대체로 의무부과법령 내에 과벌규정이 마련되어 있다(예 병든 동물·고기 등의 판매금지의무(식품위생법 제5조)와 이 의무위반에 대한 동법상의 벌칙규정(제94조)).

> **예제** 행정행위의 효력에 관한 설명으로 옳지 않은 것은? (다툼이 있으면 판례에 따름) ▶ 22 소방승진
> ① 소방공무원이 소방시설 등의 설치 또는 유지·관리에 대한 명령을 구술로 고지하여 「행정절차법」을 위반한 경우 위 명령을 위반한 자에게 명령 위반을 이유로 행정형벌을 부과할 수 있다.
> ② 민사소송에 있어서 어느 행정처분의 당연무효 여부가 선결문제로 되는 때에는 이를 판단하여 당연무효임을 전제로 판결할 수 있고 반드시 행정소송 등의 절차에 의하여 그 취소나 무효확인을 받아야 하는 것은 아니다.
> ③ 행정처분이 아무리 위법하다고 하여도 그 하자가 중대하고 명백하여 당연무효라고 보아야 할 사유가 있는 경우를 제외하고는 아무도 그 하자를 이유로 무단히 그 효과를 부정하지 못한다.
> ④ 조세의 과오납이 부당이득이 되기 위하여는 납세 또는 조세의 징수가 실체법적으로나 절차법적으로 전혀 법률상의 근거가 없거나 과세처분의 하자가 중대하고 명백하여 당연무효이어야 하고, 과세처분의 하자가 단지 취소할 수 있는 정도에 불과할 때에는 과세관청이 이를 스스로 취소하거나 항고소송절차에 의하여 취소되지 않는 한 그로 인한 조세의 납부가 부당이득이 된다고 할 수 없다.
>
> **정답** ①
> ① (×) 담당 소방공무원이 행정처분인 위 명령을 구술로 고지한 것은 행정절차법 제24조를 위반한 것으로 하자가 중대하고 명백하여 당연 무효이고, 무효인 명령에 따른 의무위반이 생기지 아니하는 이상 피고인에게 명령 위반을 이유로 소방시설 설치유지 및 안전관리에 관한 법률 제48조의2 제1호에 따른 행정형벌을 부과할 수 없다(대판 2011.11.10. 2011도11109).
> ② (○) 대판 2010.4.8. 2009다90092 ③ (○), ④ (○) 대판 2005.1.27. 2004다50143

예제 행정행위의 효력에 관한 설명으로 옳지 않은 것은? (다툼이 있는 경우 판례에 의함)

▶ 23 소방승진

① 행정처분의 당연무효 여부가 민사소송에서 선결문제가 되는 경우 수소법원은 처분이 당연무효임을 전제로 판결할 수 있고 반드시 항고소송에 의하여 그 취소나 무효확인을 받아야 하는 것은 아니다.
② 관할 소방서장으로부터 소방시설 불량사항에 관한 시정보완명령을 받고도 따르지 아니하였다는 내용으로 기소된 사안에서, 담당 소방공무원이 시정보완명령을 구술로 고지하였다면, 이러한 행정처분은 당연무효이고 행정형벌을 부과할 수 없다.
③ 행정청으로부터 시정명령을 받은 사람이 이를 위반한 경우, 그로 인하여 같은 법에서 정한 처벌을 하기 위해서는 그 시정명령이 적법해야 하는 것이 원칙이나, 시정명령의 하자가 당연무효가 아닌 취소사유에 불과 하다면 시정명령 위반죄가 성립될 수 있다.
④ 어떠한 행정처분이 항고소송에서 위법한 것으로 확인되었다 할지라도 그 자체만으로 곧바로 그 행정처분이 공무원의 고의 또는 과실로 인한 불법행위를 구성한다고 단정할 수는 없다.

정답 ③

③ (×) 소하천정비법 제14조 제5항, 제17조 제5호에 의하여 행정청으로부터 시정명령을 받은 사람이 이를 위반한 경우, 그로 인하여 같은 법 제27조 제4호에 정한 처벌을 하기 위해서는 그 시정명령이 적법해야 한다. 따라서 시정명령이 당연무효가 아니더라도 위법하다고 인정되는 한 같은 법 제27조 제4호의 위반죄가 성립될 수 없고, 시정명령이 절차적 하자로 인하여 위법한 경우에도 마찬가지이다(대판 2020.5.14. 2020도2564).
① (○) 대판 2010.4.8. 2009다90092 ② (○) 대판 2011.11.10. 2011도11109
④ (○) 대판 2000.5.12. 99다70600

제7절 행정행위의 하자

01 행정행위의 하자의 의의

(1) 행정행위의 하자란 **행정행위가 적법·유효하게 성립하기 위하여 갖추어야 할 요건을 결여한 경우**를 말한다. 행정행위의 하자는 위법한 행위(법정요건을 결여한 행위)와 부당한 행위(재량을 그르친 행위)를 포함하는 개념이다.

(2) 단순한 오기·오산은 여기서의 하자에 해당하지 않는다. 행정청은 처분에 오기·오산 기타 이에 준하는 명백한 잘못이 있는 때에는 직권 또는 신청에 의하여 지체 없이 정정하고 이를 당사자에게 통지하여야 한다(행정절차법 제25조).

(3) 위법한 행정행위는 행정심판이나 행정청의 직권취소의 대상이 되고 법원에 의해 취소될 수 있다. 그러나 부당한 행정행위는 행정심판이나 행정청의 직권에 의해 취소될 수 있을 뿐 법원에 의해 취소될 수는 없다.

02 행정행위의 부존재

(1) 행정행위의 부존재란 **행정행위가 그 성립요건의 중요한 요소를 결여함으로써 외관상 명백히 행정청의 행위로 볼 수 없는 경우**를 말한다. 행정행위의 불성립이라고도 한다. 따라서 행정행위의 성립을 전제로 하는 행정행위의 하자와 구별된다.

(2) 이러한 부존재에 해당하는 것으로는 ① 명백히 행정기관이 아닌 사인의 행위, ② 행정권발동으로 볼 수 없는 행위(예 행정청의 私法上의 행위, 지도·권유·알선), ③ 행정기관의 내부적 의사결정만 있었을 뿐 외부로 표시되지 않아 행정행위로 성립하지 않은 행위, ④ 행정행위가 해제조건의 성취, 기한의 도래, 취소·철회 등에 의해 실효된 경우 등이다.

03 무효인 행정행위와 취소할 수 있는 행정행위

1. 의의

(1) 무효인 행정행위

행정행위의 무효는 **행정행위로서의 외형은 있으나 법률상 행정행위로서의 효력이 전혀 없는 경우**이다. 그 하자가 중대하고 명백하여 권한 있는 기관의 취소 없이도 누구나 구 효력을 부인할 수 있다. 다만 행정행위의 외형을 갖추고 있다는 점에서 행정행위의 부존재와 구별된다.

(2) 취소할 수 있는 행정행위

취소할 수 있는 행정행위는 **행정행위에 하자가 있으나 권한 있는 기관이 취소하기 전까지는 유효한 행위로서 효력을 가지는 경우**를 말한다. 따라서 그의 취소가 있을 때까지 사인은 물론 다른 국가기관도 그 효력을 부인하지 못한다.

2. 구별실익

(1) 행정행위의 효력과의 관계

행정행위의 공정력과 구성요건적 효력은 취소할 수 있는 행정행위에만 인정된다. 무효인 행정행위는 언제나 그 무효를 취소할 수 있으나, 취소할 수 있는 행정행위에는 기간의 경과 등으로 불가쟁력이 발생한다.

(2) 소송형태

취소할 수 있는 행정행위는 취소소송의 대상이 되고, 무효인 행정행위는 무효확인소송의 대상이 된다. 그런데 판례는 ① 무효인 행위를 '행정처분의 당연무효를 선언하는 의미에서 그 취소를 구하는 형식'으로 제기할 수 있고, ② '무효확인을 구하는 소에는 원고가 그 처분의 취소를 구하지 않는다고 밝히지 않는 이상 그 처분이 당연무효가 아니라면 그 취소를 구하는 취지도 포함된다'라고 하여 무효확인소송에서 취소판결도 할 수 있다고 한다.

(3) 하자의 승계

선행행위가 무효사유인 하자의 경우에는 언제나 선행행위의 무효를 근거로 후행정행위를 다툴 수 있기 때문에 하자의 승계가 문제되지 않는다. 하자의 승계문제는 선행행위에 취소사유인 하자가 있고 불가쟁력이 발생한 경우에 논의된다. 이 경우 취소할 수 있는 행위는 선·후행행위가 하나의 효과를 목적으로 하는 경우에만 하자가 승계된다.

(4) 하자의 치유와 전환

다수설은 취소할 수 있는 행위에는 하자의 치유를 인정하지만, 무효인 행위에는 하자의 치유를 인정하지 않는다. 무효와 취소의 구별의 상대화를 이유로 이를 부정하는 견해도 있다. 반대로 종래 다수설은 취소할 수 있는 행위에는 하자의 전환을 인정하지 않으나 무효인 행위에는 인정한다. 그러나 하자의 정도가 중한 무효인 하자에 대하여 전환이 인정된다고 보면 그보다 경한 취소할 수 있는 하자의 경우에도 전환을 인정하자거나, 전환하는 것이 상대방에게 유익한 경우는 취소할 수 있는 하자에도 인정하자는 견해도 있다.

(5) 선결문제

행정사건을 선결문제로 하는 민사법원이나 형사법원은 '취소할 수 있는 행정행위'의 효력을 부인할 수 없으나, 행정행위의 효력유무를 판단하여 '무효인 행정행위'의 효력을 부인할 수 있다.

(6) 사정재결, 사정판결

다수설과 판례는 사정재결·사정판결을 성질상 취소할 수 있는 행정행위에서만 인정하고, 무효인 행정행위의 경우 사정판결에 의하여 유지시킬 유효한 행위가 처음부터 존재하지 않기 때문에 이를 인정하지 않는다.

(7) 공무집행방해

취소할 수 있는 행정행위에 대항하는 사인의 행위는 공무집행방해죄를 구성하나, 무효인 행정행위의 경우에는 구성하지 아니한다.

3. 구별기준

중대설	행정행위에 중대한 하자만 있으면 무효가 되고 명백성은 무효요건이 아니라고 하는 견해
중대명백설 (통설)	행정행위의 하자가 중대한 법규위반이고 또한 외관상 명백한 것인 때에는 무효이지만 그에 이르지 않은 것인 때에는 취소할 수 있음에 그친다는 견해
명백성 보충요건설	기본적으로 중대성요건만을 요구하지만, 제3자나 공공의 신뢰보호의 필요가 있는 경우에는 보충적으로 명백성을 요구하는 견해 ☞ 직접 상대방에게만 부담을 초래한 행정행위의 경우에는 명백성이 요구되지 아니함
구체적 가치형량설	구체적인 사안마다 권리구제의 요청과 법적 안정성의 요청 및 제3자의 이익을 구체적·개별적으로 이익형량하여 결정해야 한다는 견해
판례	① 대법원 : 중대명백설을 취한다. 반대견해는 명백성보충요건설을 취하고 있다. ② 헌법재판소 : 원칙적으로 중대명백설을 취하나 예외적으로 법적 안정성을 해치지 않는 반면에 권리구제의 필요성이 큰 경우에는 무효를 인정한다.

〈하자의 중대성과 명백성의 의미〉

1. **중대성**
   중대성이란 행정행위가 중요한 법률요건을 위반하여 그 하자가 내용적으로 중요하다는 것이다. 중대성을 판단하기 위해서는 당해 법규의 목적, 의미, 기능 등을 목적론으로 고찰함과 동시에 구체적인 사안 자체의 특수성에 대해서도 합리적인 고찰을 행하여 정하게 된다(대판 1991.10.22. 91다26690).

2. **명백성**
   명백성이란 행정행위 자체에 하자가 존재함이 행정행위 성립당시부터 정상적인 통상인의 판단에 의해서도 인정될 수 있을 정도로 분명하다는 것이다. 사실관계를 정확히 조사하여야 비로소 하자유무가 밝혀질 수 있는 경우는 그 하자는 외관상 명백하다고 할 수 없다(대판 1992.4.28. 91누6863).

관련판례

행정행위 무효·취소의 구별기준

[1] 대법원

① **다수의견(중대명백설)** : 하자 있는 행정처분이 당연무효가 되기 위하여는 그 하자가 법규의 중요한 부분을 위반한 중대한 것으로서 객관적으로 명백한 것이어야 하며 하자가 중대하고 명백한 것인지 여부를 판별함에 있어서는 그 법규의 목적, 의미, 기능 등을 목적론적으로 고찰함과 동시에 구체적 사안 자체의 특수성에 관하여도 합리적으로 고찰함을 요한다.

② **반대의견(명백성보충설)** : 행정행위의 무효사유를 판단하는 기준으로서의 명백성은 행정처분의 법적 안정성 확보를 통하여 행정의 원활한 수행을 도모하는 한편 그 행정처분을 유효한 것으로 믿은 제3자나 공공의 신뢰를 보호하여야 할 필요가 있는 경우에 보충적으로 요구되는 것으로서, 그와 같은 필요가 없거나 하자가 워낙 중대하여 그와 같은 필요에 비하여 처분 상대방의 권익을 구제하고 위법한 결과를 시정할 필요가 훨씬 더 큰 경우라면 그 하자가 명백하지 않더라도 그와 같이 중대한 하자를 가진 행정처분은 당연무효라고 보아야 한다(대판 1995.7.11. 94누4615).

[2] 헌법재판소(법적안정성과 권리구제의 비교형량에 의한 무효·취소 판단)

행정처분의 집행이 이미 종료되었고 그것이 번복될 경우 법적 안정성을 크게 해치게 되는 경우에는 후에 행정처분의 근거가 된 법규가 헌법재판소에서 위헌으로 선고된다고 하더라도 그 행정처분이 당연무효가 되지는 않음이 원칙이라고 할 것이나, 행정처분 자체의 효력이 쟁송기간 경과 후에도 존속 중인 경우, 특히 그 처분이 위헌법률에 근거하여 내려진 것이고 그 행정처분의 목적달성을 위하여서는 후행 행정처분이 필요한데 후행행정처분은 아직 이루어지지 않은 경우와 같이 그 행정처분을 무효로 하더라도 법적 안정성을 크게 해치지 않는 반면에 그 하자가 중대하여 그 구제가 필요한 경우에 대하여서는 그 예외를 인정하여 이를 당연무효사유로 보아서 쟁송기간 경과 후에라도 무효확인을 구할 수 있는 것이라고 봐야 할 것이다.(헌재 1994.6.30. 92헌바23).

4. 위헌법률에 근거한 행정처분

(1) 문제점

행정처분이 행하여진 이후 당해 근거법령이 위헌으로 결정되면 당해 행정처분의 효력은 어떻게 되는지 문제된다. 그리고 판례에 의해 제한적으로 소급효가 인정되는 범위 안에 있게 되는 경우에는 그 하자가 무효사유인지 취소사유인지 문제된다.

(2) 위헌법률에 근거한 행정처분의 효력

대법원은 일반적으로 법률이 헌법에 위반된다는 사정이 위헌결정이 있기 전에는 객관적으로 명백한 것이라고 할 수는 없기 때문에 특별한 사정이 없는 한 취소할 수 있는 행위에 불과하다고 본다(대판 1994.10.28. 92누9463).

> **관련판례**
>
> **확정력이 발생한 행정처분에 위헌결정의 소급효가 미치는지 여부**
> 위헌인 법률에 근거한 행정처분이 당연무효인지의 여부는 위헌결정의 소급효와는 별개의 문제로서, 위헌결정의 소급효가 인정된다고 하여 위헌인 법률에 근거한 행정처분이 당연무효가 된다고는 할 수 없고, 오히려 이미 <u>취소소송의 제기기간을 경과하여 확정력이 발생한 행정처분에는 위헌결정의 소급효가 미치지 않는다</u>고 보아야 한다(대판 1994.10.28. 92누9463).
>
> **행정처분의 근거법률이 위헌이라는 이유로 행정처분무효확인의 소가 제기된 경우, 법원의 조치**
> 어느 행정처분에 대하여 그 행정처분의 근거가 된 법률이 위헌이라는 이유로 무효확인청구의 소가 제기된 경우에는 다른 특별한 사정이 없는 한 법원으로서는 그 <u>법률이 위헌인지 여부에 대하여는 판단할 필요 없이 그 무효확인청구를 기각하여야 한다</u>(대판 1994.10.28. 92누9463).

(3) 위헌법률에 근거한 행정처분의 집행력

행정처분이 있은 후에 그 처분의 근거된 법률이 위헌으로 결정되는 경우 그 처분의 **집행이나 집행력을 유지하기 위한 행위**는 위헌결정의 기속력에 위반되어 허용되지 않는다.

> **관련판례**
>
> **위헌결정 이후에 후속 체납처분절차를 진행할 수 없음**
> 구 택지소유상한에관한법률 제30조는 '부담금의 납부의무자가 독촉장을 받고 지정된 기한까지 부담금 및 가산금 등을 완납하지 아니한 때에는 건설교통부장관은 국세체납처분의 예에 의하여 이를 징수할 수 있다.'고 규정함으로써 국세징수법 제3장의 체납처분규정에 의하여 체납 택지초과소유부담금을 강제징수할 수 있었으나, 1999.4.29. 같은 법 전부에 대한 위헌결정으로 위 제30조 규정 역시 그 날로부터 효력을 상실하게 되었고, 나아가 위헌법률에 기한 행정처분의 집행이나 집행력을 유지하기 위한 행위는 <u>위헌결정의 기속력에 위반되어 허용되지 않는다</u>(대판 2002.8.23. 2001두2959).

04 행정행위의 하자의 승계

1. 의의

(1) 개념

둘 이상의 행정행위가 연속적으로 이루어지는 경우(예 철거명령과 대집행계고), 선행행위에 하자가 있으면 후행행위에는 하자가 없더라도 선행행위의 하자를 이유로 후행행위의 효력을 다툴 수 있는지의 문제이다.

(2) 논의의 전제

이 논의가 문제되는 행위는 ① 선행정행위와 후행정행위가 모두 항고소송의 대상이 되는 행정처분이어야 하고, ② 선행정행위에 하자가 존재하지만 후행정행위에는 하자가 존재하지 않을 것, ③ 선행정행위에 무효가 아닌 취소의 하자가 존재할 것, ④ 선행정행위의 하자를 당사자가 쟁송기간 내에 다투지 않아 선행행위에 불가쟁력이 발생한 경우이다.

2. 승계여부

(1) 종래의 통설적 견해

종래 통설은 행정행위의 하자의 문제를 행정행위마다 독립적으로 판단되어야 한다는 전제하에, 선행정행위와 후행정행위가 서로 결합하여 하나의 법적 효과를 완성하는 것인 경우에는 하자가 승계되나, 선행정행위와 후행정행위가 상호 관련성이 있을지라도 별개의 목적으로 행하여지는 경우에는 선행행위의 단순위법의 취소사유는 후행정행위에 승계되지 않는다고 한다. 이 견해는 선행행위에 발생한 불가쟁력은 당해 행위의 법률효과와 관련하여 논의되는 것이므로 별도의 법률효과를 지향하는 후행행위에 대하여 일정한 영향력을 인정하는 것은 법적 안정성의 요청에 반한다는 점을 들고 있다.

(2) 규준력설(구속력설, 기결력설, 기판력이론)

① **의의**: 규준력설은 하자의 승계문제를 선행행위의 후행행위에 대한 구속력의 문제로 다룬다. 형식적 확정력이 발생된 판결이 실질적 확정력(기판력)을 발생하는 것처럼, 형식적 존속력이 발생된 행정행위는 실질적 존속력을 발생시키고, 이는 특히 다단계행정절차에 있어서 행정행위의 처분청과 상대방에 대한 내용적인 구속력(규준력)을 갖는다는 견해이다. 이 견해는 행정행위가 일련의 절차에 따라 연속하여 행하여지는 경우 행정청은 후행정행위를 함에 있어 불가쟁력이 발생한 선행정행위의 규율내용과 모순되는 결정을 할 수 없고, 상대방도 후행정행위를 다툼에 있어 선행행위의 규율내용과 모순된 주장을 할 수 없다는 것이다.

② **한계**: 이 견해에 따라 구속력이 미치려면 ㉠ 선행정행위와 후행정행위가 동일한 목적을 추구하며 법적 효과가 기본적으로 일치되어야 하고(**객관적 한계**), ㉡ 후행정행위의 수범자가 선행정행위의 수범자와 일치해야 하며(**주관적 한계**), ㉢ 선행정행위의 사실 및 법상태가 유지되는 한도 내에서(**시간적 한계**), ㉣ 수범자가 선행행위의 구속력을 **예견가능**하고 **수인가능**해야 한다. 즉 이러한 한계를 넘어서게 되면 선행행위의 구속력이 차단된다는 의미이다.

(3) 판례

① **연속적인 행정처분이 하나의 효과를 목적으로 하는 경우**: 이 경우에는 하자가 승계되므로 선행처분에 불가쟁력이 발생하였어도 선행처분의 하자를 이유로 후행처분의 효력을 다툴 수 있다고 한다.

> **관련판례**
>
> 대집행계고와 대집행영장발부통보처분 사이에 하자가 승계됨
> 대집행의 계고, 대집행영장에 의한 통지, 대집행의 실행, 대집행에 요한 비용의 납부명령 등은 타인이 대신하여 행할 수 있는 행정의무의 이행을 의무자의 비용부담하에 확보하고자 하는, <u>동일한 행정목적을 달성하기 위하여 단계적인 일련의 절차로 연속하여 행하여지는 것으로서, 서로 결합하여 하나의 법률효과를 발생시키는 것이므로</u>, 선행처분인 계고처분이 하자가 있는 위법한 처분이라면, 비록 그 하자가 중대하고도 명백한 것이 아니어서 당연무효의 처분이라고 볼 수 없고 행정소송으로 효력이 다투어지지도 아니하여 이미 불가쟁력이 생겼으며, 후행처분인 대집행영장발부통보처분 자체에는 아무런 하자가 없다고 하더라도, 후행처분인 대집행영장발부통보처분의 취소를 청구하는 소송에서 청구원인으로 선행처분인 계고처분이 위법한 것이기 때문에 그 계고처분을 전제로 행하여진 대집행영장발부통보처분도 위법한 것이라는 주장을 할 수 있다(대판 1996. 2.9. 95누12507).

② **연속적인 처분이 별개의 효과를 목적으로 하는 경우**
  ㉠ **원칙**: 선행처분에 불가쟁력이 발생한 경우에는 선행처분의 하자가 중대하고 명백하여 당연무효인 경우를 제외하고는 선행처분의 하자를 이유로 후행처분의 효력을 다툴 수 없다고 한다.
  ㉡ **예외**: 이 경우에도 판례는 예측가능성과 수인한도의 법리를 보충적 기준으로 하여 '개별공시지가결정에 위법이 있는 경우에는 과세처분 등 행정처분의 취소를 구하는 행정소송에서도 선행처분인 개별공시지가결정의 위법을 독립된 위법사유로 주장할 수 있다'고 하여 하자의 승계를 인정하기도 한다(대판 1994.1.25. 93누8542). ☞ (판례 비판) 개별공시지가의 결정과 과세처분이 상호 독립하여 별개의 효과를 발생시키는 경우에 해당한다고 본 것은 의문

> **관련판례**
>
> 조세부과처분의 하자와 체납처분과의 관계
> 조세의 부과처분과 압류 등의 체납처분은 별개의 행정처분으로서 독립성을 가지므로 부과처분에 하자가 있더라도 <u>그 부과처분이 취소되지 아니하는 한 그 부과처분에 의한 체납처분은 위법이라고 할 수는 없다</u>(대판 1987.9.22. 87누383).
>
> 선행 직위해제 처분의 위법사유를 들어 후행 면직처분의 효력을 다툴 수 없음
> 구 경찰공무원법 제50조 제1항에 의한 직위해제처분과 같은 제3항에 의한 면직처분은 후자가 전자의 처분을 전제로 한 것이기는 하나 <u>각각 단계적으로 별개의 법률효과를 발생하는 행정처분</u>이어서 선행직위 해제처분의 위법사유가 면직처분에는 승계되지 아니한다 할 것이므로 선행된 직위해제처분의 위법사유를 들어 면직처분의 효력을 다툴 수는 없다(대판 1984.9.11. 84누191). ☞ 그러나

직위해제처분을 받은 공무원은 다시 직위를 부여받기 위해 근신할 수밖에 없어 3개월의 대기기간 동안 직위해제처분을 소송상 다투는 것을 사실상 기대하기 어려운 점을 들어 판례의 입장을 비판하는 평석 있음

사업인정의 하자가 수용재결에 승계되지 아니함
토지수용법 제14조에 따른 사업인정은 그 후 일정한 절차를 거칠 것을 조건으로 하여 일정한 내용의 수용권을 설정해 주는 행정처분의 성격을 띠는 것으로서 그 사업인정을 받음으로써 수용할 목적물의 범위가 확정되고 수용권으로 하여금 목적물에 관한 현재 및 장래의 권리자에게 대항할 수 있는 일종의 공법상의 권리로서의 효력을 발생시킨다고 할 것이므로 위 사업인정단계에서의 하자를 다투지 아니하여 이미 쟁송기간이 도과한 수용재결단계에 있어서는 위 사업인정처분에 중대하고 명백한 하자가 있어 당연무효라고 볼만한 특단의 사정이 없다면 그 처분의 불가쟁력에 의하여 사업인정처분의 위법, 부당함을 이유로 수용재결처분의 취소를 구할 수 없다(대판 1987.9.8. 87누395).

후행행위에서 공시지가결정처분의 위법성을 다툴 수 있는지 여부
[1] 개별토지가격 결정을 다투는 소송에서 그 개별토지가격 산정의 기초가 된 표준지 공시지가의 위법성을 다툴 수 없음
표준지로 선정된 토지의 공시지가에 대하여 불복하기 위하여는 지가공시및토지등의평가에관한법률 제8조 제1항 소정의 이의절차를 거쳐 처분청을 상대로 그 공시지가결정의 취소를 구하는 행정소송을 제기하여야 하는 것이지, 그러한 절차를 밟지 아니한 채 개별토지가격 결정을 다투는 소송에서 그 개별토지가격 산정의 기초가 된 표준지 공시지가의 위법성을 다툴 수는 없다(대판 1996.12.6. 96누1832).

[2] 표준지로 선정된 토지의 공시지가의 위법성을 조세소송에서 다툴 수 없음
표준지로 선정된 토지의 공시지가에 불복하기 위하여는 구 지가공시및토지등의평가에관한법률 제8조 제1항 소정의 이의절차를 거쳐 처분청인 건설부장관을 상대로 그 공시지가 결정의 취소를 구하는 행정소송을 제기하여야 하는 것이지 그러한 절차를 밟지 아니한 채 그 표준지에 대한 조세부과처분의 취소를 구하는 소송에서 그 공시지가의 위법성을 다툴 수는 없다(대판 1997.2.28. 96누10225).

[3] 수용보상금의 증액을 구하는 소송에서 비교표준지공시지가결정처분의 위법성을 주장할 수 있음
위법한 표준지공시지가결정에 대하여 그 정해진 시정절차를 통하여 시정하도록 요구하지 않았다는 이유로 위법한 표준지공시지가를 기초로 한 수용재결 등 후행 행정처분에서 표준지공시지가결정의 위법을 주장할 수 없도록 하는 것은 수인한도를 넘는 불이익을 강요하는 것으로서 국민의 재산권과 재판받을 권리를 보장한 헌법의 이념에도 부합하는 것이 아니다. 따라서 표준지공시지가결정이 위법한 경우에는 그 자체를 행정소송의 대상이 되는 행정처분으로 보아 그 위법 여부를 다툴 수 있음은 물론, 수용보상금의 증액을 구하는 소송에서도 선행처분으로서 그 수용대상 토지가격 산정의 기초가 된 비교표준지공시지가결정의 위법을 독립한 사유로 주장할 수 있다(대판 2008.8.21. 2007두13845).

[4] 개별공시지가결정과 과세처분

① 두 개 이상의 행정처분이 연속적으로 행하여지는 경우 선행처분(개별공시지가결정)과 후행처분(과세처분)이 서로 결합하여 1개의 법률효과를 완성하는 때에는 선행처분에 하자가 있으면 그 하자는 후행처분에 승계되므로 선행처분에 불가쟁력이 생겨 그 효력을 다툴 수 없게 된 경우에도 선행처분의 하자를 이유로 후행처분의 효력을 다툴 수 있는 반면 선행처분과 후행처분이 서로 독립하여 별개의 법률효과를 목적으로 하는 때에는 선행처분에 불가쟁력이 생겨 그 효력을 다툴 수 없게 된 경우에는 선행처분의 하자가 중대하고 명백하여 당연무효인 경우를 제외하고는 선행처분의 하자를 이유로 후행처분의 효력을 다툴 수 없는 것이 원칙이나 <u>선행처분과 후행처분이 서로 독립하여 별개의 효과를 목적으로 하는 경우에도 선행처분의 불가쟁력이나 구속력이 그로 인하여 불이익을 입게 되는 자에게 수인한도를 넘는 가혹함을 가져오며, 그 결과가 당사자에게 예측가능한 것이 아닌 경우</u>에는 국민의 재판받을 권리를 보장하고 있는 헌법의 이념에 비추어 선행처분의 후행처분에 대한 구속력은 인정될 수 없다(대판 1994.1.25. 93누8542).

② 원고가 이 사건 토지를 매도한 이후에 그 양도소득세 산정의 기초가 되는 1993년도 <u>개별공시지가 결정에 대하여 한 재조사청구에 따른 조정결정을 통지받고서도 더 이상 다투지 아니한 경우</u>까지 선행처분인 개별공시지가 결정의 불가쟁력이나 구속력이 수인한도를 넘는 가혹한 것이거나 예측불가능하다고 볼 수 없어, 위 개별공시지가 결정의 위법을 이 사건 과세처분의 위법사유로 주장할 수 없다(대판 1998.3.13. 96누6059).

〈하자승계 관련 사례〉

인정 사례	**1. 토지행정·개발행정 관련** ① 개별공시지가와 과세처분(대판 1994.1.25. 93누8542) ② 수용보상금의 증액을 구하는 소송과 수용대상 토지가격 산정의 기초가 된 비교표준지공시지가결정(대판 2008.8.21. 2007두13845) **2. 의무이행확보 절차 관련** ① 대집행계고와 대집행영장발부통보처분(대판 1996.2.9. 95누12507) ② 암매장분묘개장명령과 계고처분(대판 1961.12.21, 4293행상31) ③ 독촉과 가산금·중가산금징수처분(대판 1986.10.28. 86누147) **3. 기타** ① 한지의사시험자격인정과 한지의사면허처분(대판 1975.12.9. 75누123) ② 안경사시험의 합격취소처분과 안경사면허 취소처분(대판 1993.2.9. 92누4567) ③ 귀속재산의 임대처분과 후행 매각처분(대판 1963.2.7, 62누215)
부정 사례	**1. 토지행정·개발행정 관련. 토지행정·개발행정 관련** ① 표준공시지가결정과 개별공시지가결정(대판 1995.3.28. 94누12920) ② 표준지공시지가결정과 과세처분(대판 1997.2.28. 96누10225) ③ 사업인정과 수용·재결(대판 2000.10.13. 2000두5142) ④ 택지개발예정지구지정과 택지개발계획승인(대판 1996.3.22. 95누10075) ⑤ 택지개발계획의 승인과 수용재결처분(대판 2000.10.13. 99두653) ⑥ 토지등급의 설정 또는 수정처분과 과세처분(대판 1995.3.28. 93누23565)

⑦ 재개발사업시행인가처분과 토지수용재결처분(대판 1992.12.11. 92누5584)
⑧ 도시계획사업의 실시계획인가고시와 수용재결처분(대판 1991.11.26. 90누9971)
⑨ 도시계획결정과 수용재결(대판 1990.1.23. 87누947)
⑩ 사업계획승인처분과 도시계획시설변경 및 지적승인고시처분(대판 2000.9.5. 99두9889)
⑪ 토지구획정리사업 시행 후 시행인가처분의 하자와 환지청산금 부과처분(대판 2004.10.14. 2002두424)

2. 의무이행확보 절차 관련
① 건물철거명령과 대집행계고(대판 1998.9.8. 97누20502)
② 과세처분과 체납처분(대판 1987.9.22. 87누383)

3. 근무관계
① 공무원의 직위해제처분과 직권면직처분(대판 1984.9.1. 84누191)
② 보충역편입처분과 공익근무요원소집처분(대판 2002.12.10. 2001두5422)
③ 경찰관직위해제처분과 면직처분(대판 1984.9.1. 84누191)

4. 기타
① 액화석유가스판매사업허가처분과 사업개시신고반려처분(대판 1991.4.23. 90누8756)
② 수강거부처분과 수료처분(대판 1994.12.23. 94누477)
③ 변상판정과 변상명령(대판 1963.7.25. 63누65)
④ 업무정지처분과 중개사무소의 개설등록취소처분(대판 2019.1.31. 2017두40372)

 행정행위의 하자승계에 대한 설명으로 가장 옳지 않은 것은?

① 위법한 개별공시지가결정에 대하여 그 정해진 시정절차를 통하여 시정하도록 요구하지 아니하였다는 이유로 위법한 개별공시지가를 기초로 한 과세처분 등 후행 행정처분에서 개별공시지가결정의 위법을 주장할 수 없도록 하는 것은 수인한도를 넘는 불이익을 강요하는 것이다.
② 사업시행계획과 관리처분계획은 서로 독립하여 별개의 법적 효과를 발생시키는 것으로서 사업시행계획의 수립에 관한 취소사유인 하자가 관리처분계획에 승계되지 아니한다.
③ 대집행의 계고, 대집행영장에 의한 통지, 대집행의 실행, 대집행비용의 납부명령은 동일한 행정목적을 달성하기 위하여 일련의 절차로 연속하여 행하여지는 것으로서, 서로 결합하여 하나의 법률효과를 발생시키는 것이다.
④ 선행처분과 후행처분이 서로 독립하여 별개의 법률효과를 목적으로 하는 경우에 선행처분이 당연무효의 하자가 있다는 이유로 후행처분의 효력을 다툴 수 없다.

정답 ④

④ (×) 적법한 건축물에 대한 철거명령은 그 하자가 중대하고 명백하여 당연무효라고 할 것이고, 그 후행행위인 건축물철거 대집행계고처분 역시 당연무효라고 할 것이다(대판 1999.4.27. 97누6780). 선행처분과 후행처분이 서로 독립하여 별개의 법률효과를 목적으로 하는 때에는 선행처분의 하자가 중대하고 명백하여 당연무효인 경우를 제외하고는 선행처분의 하자를 이유로 후행처분의 효력을 다툴 수 없다(대판 1996. 3. 22. 95누10075).
① (○) 대판 1994.1.25. 93누8542 ② (○) 대판 2012.8.23. 2010두13463
③ (○) 대판 1993.11.9. 93누14271

05 하자 치유과 무효행위의 전환

1. 하자 있는 행정행위의 치유

(1) 의의 및 허용여부

행정행위가 발령 당시에 적법요건을 완전히 구비한 것이 아니어서 위법한 것이라고 하여도 사후에 흠결을 보완하게 되면, 발령 당시의 하자에도 불구하고 그 행위의 효과를 다툴 수 없도록 유지하는 것을 말한다.

(2) 하자치유의 사유

판례는 흠결된 요건의 사후보완 중 형식·절차에 관한 하자의 경우에만 치유를 인정하고, 내용상 하자에 대해서는 치유를 인정하지 않는 입장이다.

> **관련판례**
>
> **당연무효인 징계처분의 하자가 피징계자의 인용으로 치유되지 아니함**
> 징계처분이 중대하고 명백한 흠 때문에 당연무효의 것이라면 징계처분을 받은 자가 이를 용인하였다 하여 그 흠이 치료되는 것은 아니다(대판 1989.12.12. 88누8869).
>
> **부담금예정통지서에 필요적 기재사항이 기재되어 있는 경우, 납부고지서에 기재사항의 일부가 누락되었더라도 그 하자가 치유됨**
> 택지초과소유부담금의 납부고지서에 납부금액 및 산출근거, 납부기한과 납부장소 등의 필요적 기재사항의 일부가 누락되었다면 그 부과처분은 위법하다고 할 것이나, 부과관청이 부과처분에 앞서 택지소유상한에관한법률시행령 제31조 제1항에 따라 납부의무자에게 교부한 부담금예정통지서에 납부고지서의 필요적 기재사항이 제대로 기재되어 있었다면 <u>납부의무자로서는 부과처분에 대한 불복 여부의 결정 및 불복신청에 전혀 지장을 받지 않았음이 명백하므로</u>, 이로써 납부고지서의 흠결이 보완되거나 하자가 치유될 수 있는 것이다(대판 1997.12.26. 97누9390).
>
> **과세예고통지서에 필요적 기재사항이 기재되어 있는 경우, 납세고지서에 기재사항의 일부가 누락되었더라도 그 하자가 치유됨**
> 납세고지서에 그 기재사항의 일부가 누락되었다고 하더라도 지방세부과처분에 앞서 보낸 과세예고통지서(또는 납세안내서)에 납세고지서의 필요적 기재사항이 제대로 기재되어 있었다면, <u>납세의무자로서는 과세처분에 대한 불복 여부의 결정 및 불복신청에 전혀 지장을 받지 않을 것이어서</u> 이로써 납세고지서의 흠결이 보완되거나 하자가 치유될 수 있다(대판 1996.10.15. 96누7878).

(3) 하자의 치유의 한계

① **실체적 한계** : 치유를 인정하는 경우에도 국민의 권리와 이익을 침해하지 않는 범위에서 구체적 사안에 따라 합목적적으로 가려야 한다. 가령 경원자관계의 경우 위법한 수익적 행정행위에 대해 치유를 인정한다면 타방 당사자의 이익을 침해할 수 있으므로 하자치유를 허용할 수 없다.

> **관련판례**
>
> 제한적으로 치유를 인정한 사례
> 행정청이 식품위생법상의 청문절차를 이행함에 있어 소정의 청문서 도달기간을 지키지 아니하였다면 이는 청문의 절차적 요건을 준수하지 아니한 것이므로 이를 바탕으로 한 행정처분은 일단 위법하다고 보아야 할 것이지만 이러한 청문제도의 취지는 처분으로 말미암아 받게 될 영업자에게 미리 변명과 유리한 자료를 제출할 기회를 부여함으로써 부당한 권리침해를 예방하려는 데에 있는 것임을 고려하여 볼 때, 가령 행정청이 청문서 도달기간을 다소 어겼다하더라도 영업자가 이에 대하여 이의하지 아니한 채 스스로 청문일에 출석하여 그 의견을 진술하고 변명하는 등 방어의 기회를 충분히 가졌다면 청문서 도달기간을 준수하지 아니한 하자는 치유되었다고 봄이 상당하다(대판 1992.10.23. 92누2844).

② **시간적 한계** : 치유를 허용하더라도 하자의 치유가 어느 시점까지 가능한지가 문제된다. 여기에는 행정쟁송제기 이전시설, 행정소송제기 이전시설, 쟁송종결시설, 절충설 등이 대립하는데, 판례는 '불복 여부의 결정 및 불복신청에 편의를 줄 수 있는 상당한 기간 내에 하여야 할 것'이라고 하여 행정쟁송제기 이전시설의 입장으로 해석된다. 다만 징계처분 절차상의 하자의 경우에는, 징계처분과 재심절차가 하나의 징계절차를 이루고 있는 것이므로 재심절차에서도 그 치유가 가능하다고 본다.

(4) 하자치유의 효과

하자치유의 효과는 소급적이다. 따라서 치유된 행정행위는 처음부터 적법하게 성립한 것이 된다.

2. 하자있는 행정행위의 전환

(1) 의의

하자있는 행정행위의 전환이란 **하자있는 행정행위를 적법한 다른 행정행위로 유지시키고, 이 새로운 행위가 원래의 행정행위로서의 효력으로 소급적으로 적용되는 것**을 말한다(예 위법의 징계면직처분을 적법의 직권면적처분으로, 사자(死者)에 대한 광업허가를 상속인에 대한 허가로 인정).

(2) 적용요건

학설상 전환의 요건으로는 ① 하자 있는 행정행위와 전환하려고 하는 다른 행정행위와의 사이에 요건·목적·효과에 있어서 실질적 공통성이 있을 것, ② 양 행위의 절차와 형식이 동일할 것(예 종전행위가 기속행위인 경우에 재량행위의 발령으로 이를 대체할 수 없음), ③ 전환 후의 행위의 적법요건이 존재할 것, ④ 하자 있는 행정행위를 한 행정청의 의도에 반한 것이 아닐 것, ⑤ 당사자가 그 전환을 의욕하는 것으로 인정될 것, ⑥ 제3자의 이익을 침해하지 않을 것 등이다.

(3) 전환의 제한(독일행정절차법의 예)

① 전환이 처분청의 의도에 명확히 반하는 경우, ② 관계인에게 원래의 행정행위보다 불이익이 되는 경우, ③ 하자 있는 행정행위의 취소가 허용되지 않는 경우, ④ 기속행위의 재량행위로의 전환은 금지된다고 본다.

관련판례

무효인 행정행위의 전환을 인정한 사례
귀속재산을 불하받은 자가 사망한 후에 그 수불하자에 대하여 한 그 불하처분은 사망자에 대한 행정처분이므로 무효이지만 그 취소처분을 수불하자의 상속인에게 송달한 때에는 그 송달시에 그 상속인에 대하여 다시 그 불하처분을 취소한다는 새로운 행정처분을 한 것이라고 할 것이다(대판 1969.1.21., 68누190).

예제 흠 있는 행정행위의 치유에 대한 설명으로 옳은 것은? (다툼이 있는 경우 판례에 의함)
① 흠의 치유는 행정행위의 무용한 반복을 피함으로써 행정경제를 도모하기 위해서 허용될 수 있으며 다른 국민의 권리나 이익을 침해하지 않는 범위 내에서 인정된다.
② 행정행위의 흠이 치유되면 당해 행정행위는 치유시부터 흠이 없는 적법한 행정행위로서 효력이 발생한다.
③ 행정청이 청문서 도달기간과 같은 청문절차의 이행을 다소 위반한 경우 상대방이 이의를 제기하지 않고 청문일에 출석하여 의견을 진술하고 변명하는 등 방어의 기회를 충분히 가진다하더라도 그 흠은 치유되지 않는다.
④ 무효인 행정행위도 치유가 인정된다.

정답 ①

① (○) 제한적 긍정설
② (×) 흠의 치유의 효과는 소급한다.
③ (×) 행정청이 식품위생법상의 청문절차를 이행함에 있어 소정의 청문서 도달기간을 지키지 아니하였다면 이는 청문의 절차적 요건을 준수하지 아니한 것이므로 이를 바탕으로 한 행정처분은 일단 위법하다고 보아야 할 것이지만 이러한 청문제도의 취지는 처분으로 말미암아 받게 될 영업자에게 미리 변명과 유리한 자료를 제출할 기회를 부여함으로써 부당한 권리침해를 예방하려는 데에 있는 것임을 고려하여 볼 때, 가령 행정청이 청문서 도달기간을 다소 어겼다하더라도 영업자가 이에 대하여 이의하지 아니한 채 스스로 청문일에 출석하여 그 의견을 진술하고 변명하는 등 방어의 기회를 충분히 가졌다면 청문서 도달기간을 준수하지 아니한 하자는 치유되었다고 봄이 상당하다(대판 1992.10.23. 92누2844).
④ (×) 흠의 치유는 취소할 수 있는 행정행위의 경우에만 인정된다(다수설·판례).

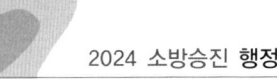

예제 행정행위의 하자 중 무효사유에 해당하지 않는 것은? (다툼이 있는 경우 판례에 의함)
① 납세자가 아닌 제3자의 재산을 대상으로 한 압류처분
② 환경영향평가의 실시대상사업에 대하여 환경영향평가를 거치지 않고 행한 승인 등 처분
③ 적법한 건축물에 대한 철거명령의 후행행위인 건축물철거 대집행계고처분
④ 적법한 권한 위임 없이 세관출장소장에 의하여 행하여진 관세부과처분

정답 ④

④ (×) 현재까지 13개 세관출장소장 명의로 관세부과처분 및 증액경정처분이 이루어져 왔는데, 그동안 세관출장소장에게 관세부과처분에 관한 권한이 있는지 여부에 관하여 아무런 이의제기가 없었던 점 등에 비추어 보면, 세관출장소장에게 관세부과처분을 할 권한이 있다고 객관적으로 오인할 여지가 다분하다고 인정되므로 결국 적법한 권한 위임 없이 행해진 이 사건 처분은 그 하자가 중대하기는 하지만 객관적으로 명백하다고 할 수는 없어 당연무효는 아니라고 보아야 할 것이다(대판 2004.11.26. 2003두2403).

예제 행정행위의 하자에 관한 설명으로 옳지 않은 것은? (다툼이 있는 경우 판례에 의함)

▶ 23 소방승진

① 하자 있는 행정처분이 당연무효가 되기 위해서는 그 하자가 중대하거나 또는 명백하여야 하고, 이를 판별함에 있어서는 법규의 목적·의미 등을 목적론적으로 고찰함과 동시에 구체적인 사안 자체의 특수성에 관하여도 합리적으로 고찰하여야 한다.
② 하자의 치유는 늦어도 처분에 대한 불복 여부의 결정 및 불복신청에 편의를 줄 수 있는 상당한 기간 내에 하여야 한다.
③ 당연무효인 처분은 불가쟁력이 발생할 여지가 없다.
④ 선행처분과 후행처분이 서로 독립하여 별개의 법률 효과를 목적으로 하는 때에도 선행처분이 당연무효이면 선행처분의 하자를 이유로 후행처분의 효력을 다툴 수 있다.

정답 ①

① (×) 행정처분이 당연무효라고 하기 위하여는 처분에 위법사유가 있는 것만으로는 부족하고 그와 같은 하자가 법규의 중요한 부분을 위반한 중대한 것으로서 객관적으로 명백한 것이어야 하며, 하자의 중대·명백 여부를 판별함에 있어서는 관련 법규의 목적, 의미, 기능 등을 목적론적으로 고찰함은 물론 구체적인 사안 자체의 특수성에 관하여도 이를 합리적으로 고려하여야 할 필요가 있는바, 과세처분상의 하자가 대상이 되는 사실관계나 법률관계를 오인함에서 비롯되고, 처분과정에 사실관계 등을 오인할 만한 객관적인 사정이 있는 경우라면 비록 그 하자가 중대하다고 하더라도 외형상 명백하다고 할 수는 없다(대판 1997.3.14. 96다42550). ☞ "중대하거나 또는 명백"이 아니라 "중대하고 명백"
② (○) 대판 2018.12.13. 2018두128
③ (○) 무효인 행정행위에 대한 무효확인소송을 제기할 수 있는 기간에 제약에 없으므로 무효인 행정행위에는 불가쟁력이 발생하지 않는다.
④ (○) 대판 2017.7.11. 2016두35120

제8절 행정행위의 취소

01 행정행위의 취소의 의의

행정행위의 취소는 ① 협의로는 일단 유효하게 성립한 행정행위에 대하여 취소원인인 흠을 이유로 권한 있는 기관이 그 효력의 전부 또는 일부를 상실시키기 위하여 직권으로 행하는 **직권취소**를 의미하고, ② 광의로는 직권취소 이외에 행정쟁송절차를 거쳐 행하는 **쟁송취소**를 포함하는 의미를 갖는다.

02 행정행위의 취소의 종류

1. 직권취소와 쟁송취소

행정청이 행하는 취소를 직권취소라 하고, 상대방이나 이해관계인의 쟁송에 의하여 법원이나 행정청이 행하는 취소를 쟁송취소라 한다.

	직권취소	쟁송취소
목적	행정의 적법상태를 회복 + 적극적인 행정목적 실현 (당사자의 사익보호는 부차적)	행정의 위법상태 시정 + 침해된 국민의 권리·이익을 구제(공익보호는 부차적)
본질	독립적 행정행위	사법적(司法的) 성질의 행위
취소권자	처분행정청, 상급행정청(법적 근거 필요)	행정심판기관, 법원
대상	모든 행정행위(불가변력 발생한 행위는 제외)	부담적 행위, 제3자효 행정행위
취소사유	위법, 부당	• 행정심판 : 부당, 위법 • 행정소송 : 위법
취소제한	수익적 행위의 경우 공익과 사익의 이익형량 필요	이익형량 원칙적 불요(예외적 사정판결·사정재결시 공익과의 이익형량)
취소절차	개별법 또는 행정절차법상 절차(특히 수익적 행정행위의 경우 사전통지, 청문 및 이유제시의 절차를 준수해야 함)	행정심판법·행정소송법·기타 개별법상 절차
기간	기간 제한 없음(단, 수익적 행정행위의 경우 실권법리 적용 가능)	쟁송기간 제한
취소형식	행정행위	재결 또는 판결
취소범위	처분의 적극적 변경 가능	• 행정심판 : 적극적 변경 가능 • 행정소송 : 소극적 변경(일부취소)
취소효과	• 부담적 행정행위 : 소급효 • 수익적 행정행위 : 원칙적 소급효 부정 (단, 당사자의 귀책사유시 소급효)	소급효

2. 전부취소와 일부취소

행정행위 전체에 대한 취소인가 또는 일부에 대한 취소인가에 따른 구분이다. 일부취소는 행정행위가 가분적(可分的)인 경우에 가능하다(예 건물 전체에 대한 철거명령 중 건물일부에 대한 부분만에 대한 취소는 건물 일부의 철거가 가능한 경우에 한함).

03 취소권자

1. 직권취소의 경우

(1) 처분청

취소권자는 원칙적으로 하자 있는 행정행위를 취소할 수 있는 정당한 권한을 가진 기관이다. 처분청은 법적 근거가 없어도 당해 행정행위를 취소할 수 있는 권한을 가진다.

(2) 감독청

명문이 있으면 당연히 취소할 수 있으나(예 정부조직법 제11조 제2항, 제16조 제2항, 지방자치법 제169조 제1항), 명문규정이 없는 경우 인정 여부에 대하여 견해가 대립한다.

2. 쟁송취소의 경우

행정심판의 경우에는 행정심판기관인 행정청(처분청의 직근상급행정기관, 처분청 또는 제3기관)에 의해, 행정소송의 경우에는 법원에 의해 행해진다.

04 취소권의 법적 근거

1. 직권취소권의 법적 근거

법적 근거불요설 (통설, 판례)	① 취소권의 근거는 문제된 원행정행위의 근거법에 포함되어 있고, ② 법적합성의 원칙에 비추어 볼 때 위법한 행정행위를 한 처분청에게 위법한 행위를 시정하여 적법성을 회복할 권한을 주어야 하므로 직권취소는 특별한 법적 근거를 필요로 하지 않는다고 보는 견해
제한적 법적 근거필요설	수익적 행정행위의 직권취소의 경우에는 개인의 기득권의 침해를 가져오므로 별도의 법적 근거가 필요하다는 견해 ☞ 하자 있는 수익적 행정행위로 얻은 권익은 적법하게 주어진 권익이 아니므로, 법률유보의 문제가 아니라 이익형량에 따른 취소권제한의 문제로 보아야 한다는 반대견해 있음

> **관련판례**
>
> **법령에 취소사유를 규정하고 있지 아니하여도 직권취소 가능**
> 행정처분에 하자가 있는 경우에는 법령에 특별히 취소사유를 규정하고 있지 아니하여도 행정청은 그가 행한 위법한 행정처분을 취소할 수 있다(대판 1982.7.27. 81누271).
>
> **행정청이 행정처분을 한 후 자의로 그 행정처분을 취소할 수 있는지 여부(한정 소극)**
> 행정청이 일단 행정처분을 한 경우에는 행정처분을 한 행정청이라도 법령에 규정이 있는 때, 행정처분에 하자가 있는 때, 행정처분의 존속이 공익에 위반되는 때, 또는 상대방의 동의가 있는 때 등의 특별한 사유가 있는 경우를 제외하고는 행정처분을 자의로 취소(철회의 의미를 포함한다)할 수 없다 - 운전면허 취소사유에 해당하는 음주운전을 적발한 경찰관의 소속 경찰서장이 사무착오로 위반자에게 운전면허정지처분을 한 상태에서 위반자의 주소지 관할 지방경찰청장이 위반자에게 운전면허취소처분을 한 것은 선행처분에 대한 당사자의 신뢰 및 법적 안정성을 저해하는 것으로서 허용될 수 없다고 한 사례(대판 2000.2.25. 99두10520).

2. 쟁송취소권의 법적 근거

행정심판법 제43조 제3항과 행정소송법 제27조 등에 근거하여 취소한다.

05 취소사유

1. 무효원인 이외의 하자

취소사유는 법정되어 있는 경우(예 폐기물관리법 제28조·도로교통법 제79조)도 있고 법정되어 있지 않은 경우도 있다. 명문규정이 없는 경우에는 행정행위의 하자 중에서 무효원인인 것을 제외한 하자는 취소사유가 된다. 즉, 단순위법(예 경미한 법규위반, 조리법위반) 또는 부당한 경우가 취소사유라 할 수 있다.

2. 중대명백설

이때의 무효·취소의 구별기준은 중대명백설에 따르는 것이 통설이다. 따라서 중대하나 명백하지 아니한 하자, 명백하나 중대하지 아니한 하자, 명백하지도 중대하지도 아니한 하자는 위법한 행정행위이든 부당한 행정행위이든 원칙적으로 취소원인이 된다.

06 취소권의 제한

1. 직권취소권의 제한

(1) 침익적 행정행위의 직권취소

이 경우 취소권의 행사는 상대방에게 이익을 주기 때문에 원칙적으로 자유롭다(다수설). 처분청은 행정행위의 불가쟁력이 발생된 경우라도 취소할 수 있으며, 취소의 효과는 소급적일 수도 있고 장래적일 수도 있다.

(2) 수익적 행정행위의 직권취소

> **행정기본법 제18조(위법 또는 부당한 처분의 취소)** ② 행정청은 제1항에 따라 당사자에게 권리나 이익을 부여하는 처분을 취소하려는 경우에는 취소로 인하여 당사자가 입게 될 불이익을 취소로 달성되는 공익과 비교·형량(衡量)하여야 한다. 다만, 다음 각 호의 어느 하나에 해당하는 경우에는 그러하지 아니하다.
> 1. 거짓이나 그 밖의 부정한 방법으로 처분을 받은 경우
> 2. 당사자가 처분의 위법성을 알고 있었거나 중대한 과실로 알지 못한 경우

이 경우의 직권취소는 이미 형성된 법질서를 파괴하게 되며 행정행위의 성립과 존속을 신뢰한 자의 생활안정을 해치게 되므로, 관련된 여러 이익을 비교형량하여 취소여부를 결정해야 한다.

2. 쟁송취소권의 제한

쟁송취소는 주로 침익적 행정행위가 대상이 되므로 원칙적으로 취소사유가 있으면 취소해야 한다. 그러나 행정심판법 제44조(사정재결), 행정소송법제28조(사정판결) 등과 같이 취소권제한을 규정하고 있는 경우 및 위법한 행정행위의 치유 등의 경우에는 취소권이 제한된다.

07 취소권의 행사

1. 취소의무

직권취소 여부는 원칙상 행정청의 재량에 속한다. 그러나 위법한 행정행위의 존속으로 국민의 중대한 기본권이 침해된다면 행정청은 당해 행정행위를 취소하여야 한다.

2. 직권취소의 절차

직권취소를 규정하는 개별 행정법규는 동시에 취소절차를 규정하고 있으므로 그에 따른다. 특별한 규정이 없는 경우는 행정절차법(제3조 제1항)이 정한 절차에 의한다. 직권취소는 주로 침익적 처분이므로 처분의 사전통지, 의견청취(특히 청문)를 거치고, 처분의 이유제시를 해야 한다.

3. 쟁송취소의 절차

행정심판법과 행정소송법 등이 정한 절차에 따라 행하여진다. 쟁송에 의한 취소는 재결 또는 판결의 방식에 의한다.

08 취소의 효과

1. 효과결정의 개별화

(1) 직권취소

> **행정기본법 제18조(위법 또는 부당한 처분의 취소)** ① 행정청은 위법 또는 부당한 처분의 전부나 일부를 소급하여 취소할 수 있다. 다만, 당사자의 신뢰를 보호할 가치가 있는 등 정당한 사유가 있는 경우에는 장래를 향하여 취소할 수 있다.

특별한 규정이 없는 한 취소의 범위나 효력발생시기는 행정청의 재량에 놓인다. 대체적으로 침익적 행위의 취소의 효과는 소급적으로, 수익적 행위의 취소의 효과는 행정행위의 상대방에게 귀책사유가 없는 한 장래에 미친다. 법률관계의 명료화를 위해 취소의 효과의 발생시점을 취소처분에서 명시하는 것이 바람직하다는 견해가 있다. 또한 수익적 행위가 대상인 경우에 당사자의 귀책사유가 없는 때에는 취소권행사로 발생한 당사자의 신뢰이익을 보상하거나 원상회복 등의 조치를 하여야 한다.

(2) 쟁송취소

첫째, 쟁송취소의 성질상 기왕에 소급하는 것이 원칙이다. 그러나 하자가 당사자에게 책임 있는 경우(예 사기·강박 등) 이외에는 당사자에게 불이익되게 소급되지 않는다. 둘째, 행정심판에 의한 취소는 준사법적 절차를 거친 행정행위이므로 불가변력이 발생한다. 셋째, 행정소송에 의한 취소판결은 제3자에 대하여 형성력이 발생한다(행정소송법 제29조 제1항).

(3) 제3자효 행정행위의 취소

행정행위의 상대방 및 제3자의 이익상황 및 귀책사유에 따라 취소의 소급효 여부 및 정도가 결정된다.

> **관련판례**
>
> 국세 감액결정 처분의 소급적 효력
> <u>국세 감액결정 처분은 이미 부과된 과세처분에 하자가 있음을 이유로 사후에 이를 일부취소하는 처분이므로, 취소의 효력은 그 취소된 국세 부과처분이 있었을 당시에 소급하여 발생하는 것이</u>고, 이는 판결 등에 의한 취소이거나 과세관청의 직권에 의한 취소이거나에 따라 차이가 있는 것이 아니다(대판 1995.9.15. 94다16045)
>
> 운전면허취소처분을 받은 후 자동차를 운전하였으나 위 취소처분이 행정쟁송절차에 의하여 취소된 경우, 무면허운전이 성립되지 아니함
> 피고인이 행정청으로부터 자동차 운전면허취소처분을 받았으나 나중에 그 행정처분 자체가 행정쟁송절차에 의하여 취소되었다면, 위 <u>운전면허취소처분은 그 처분시에 소급하여 효력을 잃게 되고</u>, 피고인은 위 운전면허취소처분에 복종할 의무가 원래부터 없었음이 후에 확정되었다고 봄이 타당할 것이고, 행정행위에 공정력의 효력이 인정된다고 하여 행정소송에 의하여 적법하게 취소된 운전면허취소처분이 단지 장래에 향하여서만 효력을 잃게 된다고 볼 수는 없다(대판 1999.2.5. 98도4239).

2. 반환청구권, 손실보상 여부

처분청은 그 행위와 관련하여 지급한 금전·문서 기타 물건의 반환을 청구할 수 있다. 경우에 따라서는 상대방도 반환청구권을 갖게 된다. 한편, 수익적 행위의 직권취소인 경우 당사자의 귀책사유가 없는 때에는 취소권 행사에 따른 상대방의 재산상의 손실을 보상하거나 원상회복 등의 조치를 하여야 한다.

09 취소의 하자 (취소의 취소 문제)

1. 직권취소의 하자

(1) 취소행위가 무효인 경우

취소행위에 중대하고 명백한 하자가 있어 무효인 경우에는 취소행위는 없었던 것이 되어, 원행정행위는 아무런 영향을 받지 않게 된다. 이 경우 쟁송에 의하여 무효확인 또는 직권에 의한 무효선언이 가능하다.

(2) 취소행위가 취소대상인 경우

이 경우에 재차 직권취소할 수 있는지에 대하여 견해가 대립한다. 판례는 ① '침익적 행정행위의 취소의 취소'는 당해 침익적 행정행위가 확정적으로 효력을 상실하므로 불가능하다고 하며, ② '수익적 행정행위의 취소의 취소'는 원칙상 인정한다. 다만 수익적 행정행위의 취소 후 새롭게 형성된 제3자의 권익이 침해되는 경우는 제한적으로 본다.

> **관련판례**
>
> 취소의 취소로써 원행정처분의 효력이 다시 되살아난다고 볼 수 없다고 본 사례
> [1] 적법한 영업허가의 취소처분이 있었고, 제소기간의 경과로 확정된 이상 <u>영업허가처분은 그 효력이 확정적으로 상실되었다</u> 할 것이므로 그 영업허가취소처분을 다시 취소하여 이미 상실한 영업허가의 효력을 다시 소생시킬 수 없으며 이를 소생시키기 위하여는 원 행정행위와 동일한 내용의 새로운 행정행위를 할 수밖에 없다(대판 1980.4.8. 80누27).
>
> [2] 국세기본법 제26조 제1호는 부과의 취소를 국세납부의무 소멸사유의 하나로 들고 있으나, 그 부과의 취소에 하자가 있는 경우의 부과의 취소의 취소에 대하여는 법률이 명문으로 그 취소요건이나 그에 대한 불복절차에 대하여 따로 규정을 둔 바도 없으므로, 설사 부과의 취소에 위법사유가 있다고 하더라도 당연무효가 아닌 한 일단 유효하게 성립하여 <u>부과처분을 확정적으로 상실시키는</u> 것이므로, 과세관청은 부과의 취소를 다시 취소함으로써 원부과처분을 소생시킬 수는 없고 납세의무자에게 종전의 과세대상에 대한 납부의무를 지우려면 다시 법률에서 정한 부과절차에 좇아 <u>동일한 내용의 새로운 처분을 하는 수밖에 없다</u>(대판1995.3.10. 94누7027).
>
> 수익적 행정행위의 취소의 취소를 인정하지 아니한 사례
> 일단 광업권취소처분을 한 후에 새로운 이해관계인이 생기기 전에 취소처분을 취소하여 그 광업권의 회복을 시켰다면 모르되 구 광업법 제36조 제1호에 의한 <u>광업권설정의 선출원이 있는 경우</u>

에 다시 그 취소처분(광업권취소처분)을 취소함은 위법이다(대판 1967.10.23. 67누126)

수익적 행정행위의 취소의 직권취소를 인정한 사례
행정처분이 취소되면 그 소급효에 의하여 처음부터 그 처분이 없었던 것과 같은 효과를 발생하게 되는바, 행정청이 의료법인의 이사에 대한 이사취임승인취소처분(제1처분)을 직권으로 취소(제2처분)한 경우에는 그로 인하여 이사가 소급하여 이사로서의 지위를 회복하게 되고, 그 결과 위 제1처분과 제2처분 사이에 법원에 의하여 선임결정된 임시이사들의 지위는 법원의 해임결정이 없더라도 당연히 소멸된다(대판 1997.1.21. 96누3401).

2. 쟁송취소의 하자

취소판결에는 기판력이, 취소재결에는 불가변력이 발생하여 법원이나 행정심판위원회로서도 임의로 취소·변경할 수 없기 때문에 논의의 실익은 거의 없다. 다만 취소재결에 대해 상대방은 취소소송을 제기할 수 있고, 취소판결에 대해 재심을 청구할 수 있다.

예제 행정행위의 직권취소에 대한 설명으로 옳은 것은? (다툼이 있는 경우 판례에 의함)
① 법률에서 직권취소에 대한 근거를 두고 있는 경우에는 이해관계인이 처분청에 대하여 위법을 이유로 행정행위의 취소를 요구할 신청권을 갖는다고 보아야 한다.
② 행정행위를 한 행정청은 그 행정행위에 하자가 있는 경우에는 원칙적으로 별도의 법적 근거가 없더라도 스스로 그 행정행위를 직권으로 취소할 수 있다.
③ 직권취소는 행정행위의 성립상의 하자를 이유로 하는 것이므로, 개별법에 특별한 규정이 없는 한 「행정절차법」에 따른 절차규정이 적용되지 않는다.
④ 행정행위의 위법 여부에 대하여 취소소송이 이미 진행 중인 경우 처분청은 위법을 이유로 그 행정행위를 직권취소할 수 없다.

정답 ②
① (×) 그와 같이 직권취소를 할 수 있다는 사정만으로 이해관계인에게 처분청에 대하여 그 취소를 요구할 신청권이 부여된 것으로 볼 수는 없다(대판 2006.6.30. 2004두701).
② (○) 대판 2014.11.27. 2013두16111
③ (×) 직권취소는 일단 유효하게 성립한 행정행위를 그 행위에 위법 또는 부당한 하자가 있음을 이유로 소급하여 그 효력을 소멸시키는 별도의 행정처분이므로 「행정절차법」상 처분절차가 적용된다.
④ (×) 행정처분에 대한 취소소송이 진행 중이라도 그 처분청으로서는 위법한 처분을 스스로 취소하고 그 하자를 보완하여 다시 적법한 부과처분을 할 수도 있다(대판 2006.2.10. 2003두5686).

예제 처분의 취소 또는 변경에 관한 설명으로 옳은 것은? (다툼이 있으면 판례에 따름)
① 처분의 위법은 직권취소의 사유가 되지만, 처분의 부당은 직권취소의 사유가 되지 않는다.
② 수익적 처분의 직권취소 필요성에 관한 증명책임은 처분의 상대방에 있다.
③ 수익적 처분에 대한 직권취소의 경우에는 행정절차법상 사전통지가 필요하지 않다.
④ 산업재해보상보험법상 연금지급결정을 취소하는 처분이 적법하다고 하여 그에 터 잡은 징수처분이 반드시 적법한 것은 아니다.

정답 ④
① (×) 직권취소사유의 명문규정이 없는 경우에는 행정행위의 하자 중에서 무효원인인 것을 제외한 하자는 취소사유가 된다. 즉, 단순위법(예 경미한 법규위반, 조리법위반) 또는 부당한 경우가 취소사유라 할 수 있다.
② (×) 하자나 취소해야 할 필요성에 관한 증명책임은 기존 이익과 권리를 침해하는 처분을 한 행정청에 있다(대판 2014.11.27. 2014두9226).
③ (×) 의무를 부과하거나 권익을 제한하는 처분을 하는 경우에는 사전통지를 해야 한다(행정절차법 제21조 제1항 참고).
④ (○) 연금 지급결정을 취소하는 처분과 그 처분에 기초하여 잘못 지급된 급여액에 해당하는 금액을 환수하는 처분이 적법한지를 판단하는 경우 비교·교량할 각 사정이 동일하다고는 할 수 없으므로, 연금 지급결정을 취소하는 처분이 적법하다고 하여 환수처분도 반드시 적법하다고 판단하여야 하는 것은 아니다(대판 2017.3.30. 2015두43971).

예제 행정행위의 하자에 관한 판례의 태도로 옳지 않은 것은? ▶ 22 소방승진
① 예비타당성조사를 실시하지 아니한 하자는 그로써 곧바로 당해 처분인 하천공사시행계획의 하자가 인정된다고 할 것이다.
② 과징금을 부과함에 있어 여러 개의 처분사유에 기하여 하나의 과징금 부과처분을 하였으나 그 처분사유들 중 일부에 위법이 있다고 하더라도 위법한 부분이 그 과징금 부과처분에 영향을 미치지 아니하였다면 그 부과처분을 위법하다고 볼 것은 아니다.
③ 양도인이 최초 영업허가를 받을 당시에 '영업장 면적'이 허가(신고) 대상이 아니었더라도 영업자 지위승계신고 수리 시점을 기준으로 당시의 식품위생법령에 따른 인적·물적 요건을 갖추어야 하므로 양수인에게 '영업장 면적' 변경신고의무가 있다.
④ 운전면허에 대한 정지처분권한은 경찰청장으로부터 경찰서장에게 권한위임된 것이므로 단속 경찰관이 자신의 명의로 운전면허행정처분통지서를 작성·교부하여 행한 운전면허정지처분은 권한 없는 자에 의하여 행하여진 점에서 무효의 처분에 해당한다.

정답 ①
① (×) 예비타당성조사는 각 처분과 형식상 전혀 별개의 행정계획인 예산의 편성을 위한 절차일 뿐 각 처분에 앞서 거쳐야 하거나 근거 법규 자체에서 규정한 절차가 아니므로, 예비타당성조사를 실시하지 아니한 하자는 원칙적으로 예산 자체의 하자일 뿐, 그로써 곧바로 각 처분의 하자가 된다고 할 수 없어, 예산이 각 처분 등으로써 이루어지는 '4대강 살리기 사업' 중 한강 부분을 위한 재정 지출을 내용으로 하고 있고 예산의 편성에 절차상 하자가 있다는 사정만으로 각 처분에 취소사유에 이를 정도의 하자가 존재한다고 보기 어렵다(대판 2015.12.10. 2011두32515).
② (○) 대판 2010.12.9. 2010두15674 ③ (○) 대판 2020.3.26. 2019두38830
④ (○) 대판 1997.5.16. 97누2313

제9절 행정행위의 철회

01 개설

1. 의의

   행정행위의 철회란 하자 없이 성립된 행정행위를 사후에 그 효력을 존속시킬 수 없는 새로운 사정의 **발생을 이유로 장래에 향하여 그 효력을 소멸시키는 독립된 행정행위**이다(예 음주운전으로 인한 자동차운전면허취소처분, 변태영업을 한 음식점에 대한 허가의 취소처분). 실정법에서는 취소라는 용어로 사용됨이 보통이다.

2. 철회와 직권취소의 비교

(1) 양자의 유사점

   ① 일단 유효하게 성립한 행정행위의 효력을 상실시키는 별개의 행위이다.
   ② 철회사유나 취소사유가 있더라도 항상 철회, 취소할 수 있는 것이 아니라 일정한 제한이 있다.
   ③ 특히 직권취소와 철회는 행정목적 실현을 위한 하나의 수단인 점에서 유사하다.

(2) 양자의 차이점

	직권취소	철회
사유	원시적 하자	새로운 사정의 발생
취지	• 위법성 시정(법치행정의 원칙) • 행정목적 실현 ☞ 실무상 많음	• 공익성 유지 • 위법성 시정 ☞ 특히 위법행위에 대한 제재로서의 허가의 철회
주체	처분청, 감독청(견해대립)	처분청
법적 근거	• 원칙상 법적 근거 불요 • 수익적 행정행위의 취소는 법적 근거 필요하다는 견해 있음	• 철회권은 처분권에 당연히 포함(다수설, 판례) • 공익상 이유에 의한 철회에는 법률근거를 요한다는 견해 있음
소급효	• 원칙적 소급효 긍정 • 상대방에 귀책사유 없는 수익적 행정행위의 취소는 장래효	원칙적 소급효 부정
손실보상	• 원칙적 보상 불요 • 상대방에게 귀책사유 없는 신뢰가 있었던 경우 (○)	• 상대방의 책임 있는 사유가 아닌 사정변경을 이유로 하는 철회(○) • 위법행위에 대한 제재로서 행해지는 철회(×)

3. 철회와 쟁송취소의 비교

   양자는 일단 유효한 행정행위의 효력을 상실시키는 수단인 점에서 공통적이다. 그러나 쟁송취소는 사법작용(司法作用)이나 철회는 행정행위라는 점에서 양자 사이에는 취소(철회)권자, 취소(철회)사유, 주체, 소급효 여부 등에서 많은 차이가 있다.

4. 철회권자

철회권자는 철회의 대상인 행정행위를 행한 처분청이다. 감독청은 법률에 근거가 있는 경우에만 철회할 수 있다. 왜냐하면 ① 철회는 원래의 행정행위와 다른 새로운 행정행위를 하는 것이며, ② 감독청은 법률에 특별한 규정이 없는 한 피감독청의 권한에 속하는 사항에 대한 대집행의 권한이 없기 때문이다.

02 철회권의 법적 근거

부담적 행정행위의 철회는 상대방에게 수익적 효과를 주기 때문에 법적 근거가 불요하다는 것이 일반적 견해이나, 수익적 행정행위의 철회에 있어서 법적 근거가 필요한지 여부에 대하여는 견해가 대립한다. 판례는 근거불요설의 입장에서, 별도의 법적 근거가 없더라도 사정변경 또는 중대한 공익상의 필요에 의해 행정행위를 철회할 수 있다는 입장이다.

관련판례

수익적 행정처분에 대한 취소권 등의 행사의 요건
행정행위를 한 처분청은 비록 그 처분 당시에 별다른 하자가 없었고, 또 그 처분 후에 이를 철회할 별도의 법적 근거가 없다 하더라도 원래의 처분을 존속시킬 필요가 없게 된 사정변경이 생겼거나 또는 중대한 공익상의 필요가 발생한 경우에는 그 효력을 상실케 하는 별개의 행정행위로 이를 철회할 수 있다(대판 2004.11.26. 2003두10251,10268).

03 철회사유

행정기본법 제19조(적법한 처분의 철회) ① 행정청은 적법한 처분이 다음 각 호의 어느 하나에 해당하는 경우에는 그 처분의 전부 또는 일부를 장래를 향하여 철회할 수 있다.
1. 법률에서 정한 철회 사유에 해당하게 된 경우
2. 법령등의 변경이나 사정변경으로 처분을 더 이상 존속시킬 필요가 없게 된 경우
3. 중대한 공익을 위하여 필요한 경우

1. 철회권의 유보

행정행위를 하는데 일정한 사유가 존재하는 경우에는 당해 행위를 철회하겠다는 뜻의 부관을 붙이거나, 철회할 수 있는 사유가 법규에 직접 규정되는 경우에 가능하다. 다만 철회권이 유보된 경우에도 철회사유는 원행정행위의 목적과 연관이 있어야 하는 등 부관의 한계 내이어야 하고, 재량권을 일탈·남용해서는 아니되며, 익익형량 등 철회권 제한의 법리에 구속된다. 판례는 철회권이 유보되었어도 공익상 기타 정당한 사유가 없을 때에는 그 철회가 적법한 것이라고 볼 수 없다고 한다(대판 1964.6.9. 63누407).

2. 상대방의 유책행위

수익처분을 받은 자가 수권법령 또는 관계법령을 위반한 경우, 행정행위에 수반되는 법정의무를 불이행한 경우, 부관에 의한 부담을 이행하지 않는 경우에 가능하다. 특히, 부담의 불이행으로 인한 철회는 상대방에 대한 제재적인 의미를 갖기 때문에 철회의 수단은 비례성원칙상 최후의 수단으로만 허용된다.

3. 사정변경

(1) 사실관계의 변화

수익적 행정행위의 발급의 근거가 되는 사실관계가 사후에 변경되고 행정행위를 철회하지 않으면 공익이 침해될 경우이다. 예컨대 건축허가후 주변상황에 적합하지 않은 사유가 발생했다거나, 도로의 폐지에 따른 도로점용허가를 철회하는 경우가 이에 해당한다.

(2) 법적 상황의 변화

행정행위의 발령후에 법적 상황이 변화되어 더 이상 원래의 행정행위를 존속시킬 수 없게 된 경우이다. 법령변경은 원래 소급효가 없는 것이므로, 이 경우 손실보상 등을 통해 당사자의 신뢰이익을 보호해 줄 필요가 있다.

4. 중대한 공익상의 필요

공공복리에 대한 중대한 손해를 방지하거나 제거하기 위한 경우이다. 여기서 중대한 손해의 의미는 헌법 제37조 제2항의 의미를 고려하여 판단해야 한다. 따라서 앞에서 언급한 사유가 존재하지 않는 경우에 보충적인 철회사유로서 엄격하게 제한 적용되어야 한다.

04 철회권의 제한

1. 침익적 행위

침익적 행위의 철회는 상대방에게 수익적이기 때문에 원칙적으로 자유롭다(예 영업허가 정지처분의 철회). 그러나 ① 철회가 제3자의 이익을 침해하는 경우, ② 행정행위를 존속시켜야 할 중대한 공익이 존재하는 경우, ③ 기속행위에 있어서 그 발급요건이 충족된 경우처럼 철회를 한다고 하더라도 동일한 행정행위를 다시 할 수밖에 없는 경우, ④ 철회하는 경우에 개인의 기본권이 침해되는 경우처럼 재량이 영으로 축소되는 경우 등에는 철회권의 행사가 허용되지 않을 수 있다.

2. 수익적 행위

> **행정기본법 제19조(적법한 처분의 철회)** ② 행정청은 제1항에 따라 처분을 철회하려는 경우에는 철회로 인하여 당사자가 입게 될 불이익을 철회로 달성되는 공익과 비교·형량하여야 한다.

수익적 행위의 철회는 상대방에게 침익적이기 때문에 자유롭지 않다. 이때의 철회는 철회를 요하는 공익상의 필요와 상대방의 권익보호, 법적 안정성 등의 여러 이익을 비교형량하여 철회 여부를 결정하여야 한다. 그리고 수익적 행위의 철회사유가 있음을 알면서도 장기간 철회권을 행사하지 않은 경우 실권의 법리에 의하여 철회권 행사가 제한된다.

05 철회권의 행사

1. 철회의무 및 변경청구권

(1) 철회는 원칙상 재량행위이다. 그러나 원행정행위의 존속으로 인하여 국민의 중대한 기본권이 침해되는 경우에는 처분청은 원행정행위의 철회를 하여야 할 의무를 진다.

(2) 행정행위가 발급된 이후 새로운 사정이 발생한 경우 상대방에게 행정행위의 철회 내지 변경청구권이 주어지는지 문제가 되나, 판례는 법령의 명시적인 근거가 없으면 이러한 청구권을 부정한다(대판 1997.9.12. 96누6219).

2. 철회권행사의 보충성

철회권을 행사하는 경우라도 ① 철회에 의한 경우보다 경미한 침해를 가져오는 다른 수단(예 행정지도, 시정명령, 개선명령)이 의미를 갖는다면 철회는 자제되어야 하고, ② 일부철회가 가능하다면 전부철회의 방법을 지양해야 하며, ③ 공익과 사익의 형량은 의무에 합당한 재량에 따라야 한다.

3. 철회의 절차와 형식

근래의 행정법규는 수익적 행정행위가 철회의 대상인 경우 관계당사자에게 의견진술의 기회를 부여하고 이유를 제시해야 하는 경우가 많다. 철회절차에 관한 명문의 규정이 없다면 원행정행위의 발령절차와 동일한 절차에 따르면 되는데, 행정절차법의 일반규정의 적용을 받아 당사자에게 그 근거와 이유를 제시하여야 한다(동법 제23조). 철회의 근거와 위반사실의 적시를 빠트린 하자는 피처분자가 처분 당시 그 취지를 알고 있었다거나 그 후 알게 되었다 하여도 치유될 수 없다(대판 1990.9.11. 90누1786).

4. 철회의 범위와 한계

(1) 일부철회

외형상 하나의 행정처분이라 하더라도 가분성이 있거나 그 처분대상의 일부가 특정될 수 있다면 그 일부만의 철회도 가능하고 그 일부의 철회는 당해 철회부분에 관하여 효력이 생긴다(대판 1995.11.16. 95누88500.

(2) 복수 행정행위의 철회

철회사유과 관련이 없는 행정행위는 철회할 수 없으나, 철회사유가 관련이 있는 복수의 행정행위는 철회가 가능하다. 예컨대 운전면허의 철회사유가 다른 면허와 공통된 것이거나 운전면허를 받은 사람에 관한 것일 경우에는 여러 면허를 전부 철회할 수 있다는 것이 판례의 태도이다.

> **관련판례**
>
> **일부철회를 긍정한 판례**
> 외형상 하나의 행정처분이라 하더라도 가분성이 있거나 그 처분대상의 일부가 특정될 수 있다면 그 일부만의 취소도 가능하고 그 일부의 취소는 당해 취소부분에 관하여 효력이 생긴다고 할 것인바, 이는 한 사람이 여러 종류의 자동차 운전면허를 취득한 경우 그 각 운전면허를 취소하거나 그 운전면허의 효력을 정지함에 있어서도 마찬가지이다. 제1종 보통, 대형 및 특수 면허를 가지고 있는 자가 레이카크레인을 음주운전한 행위는 제1종 특수면허의 취소사유에 해당될 뿐 제1종 보통 및 대형 면허의 취소사유는 아니다(대판 1995.11.16. 95누8850).
>
> **복수 행정행위의 철회를 긍정한 판례**
> [1] 제1종 보통 운전면허와 제1종 대형 운전면허의 소지자가 제1종 보통 운전면허로 운전할 수 있는 승합차를 음주운전하다가 적발되어 두 종류의 운전면허를 모두 취소당한 사안에서, 그 취소처분으로 생업에 막대한 지장을 초래하게 되어 가족의 생계조차도 어려워질 수 있다는 당사자의 불이익보다는 교통법규의 준수 또는 주취운전으로 인한 사고의 예방이라는 공익목적 실현의 필요성이 더욱 크고, 당해 처분 중 제1종 대형 운전면허의 취소가 재량권을 일탈한 것으로 본다면 상대방은 그 운전면허로 다시 승용 및 승합자동차를 운전할 수 있게 되어 주취운전에도 불구하고 아무런 불이익을 받지 않게 되어 현저히 형평을 잃은 결과가 초래된다는 이유로, 이와 달리 제1종 대형 운전면허 부분에 대한 운전면허취소처분이 재량권의 한계를 넘는 위법한 처분이라고 본 원심판결을 파기한다(대판 1997.3.11. 96누15176).
>
> [2] 한 사람이 여러 종류의 자동차운전면허를 취득하는 경우뿐 아니라 이를 취소 또는 정지함에 있어서도 서로 별개의 것으로 취급하는 것이 원칙이기는 하지만, 자동차운전면허는 그 성질이 대인적 면허일 뿐만 아니라 도로교통법시행규칙 제26조 [별표 14]에 의하면, 제1종 보통면허 소지자는 승용자동차만이 아니라 원동기장치자전거까지 운전할 수 있도록 규정하고 있어 제1종 보통면허의 취소에는 원동기장치자전거의 운전까지 금지하는 취지가 포함된 것이어서 이들 차량의 운전면허는 서로 관련된 것이라고 할 것이므로, 제1종 보통면허로 운전할 수 있는 차량을 운전면허정지기간 중에 운전한 경우에는 이와 관련된 원동기장치자전거면허까지 취소할 수 있다(대판 1997.5.16. 97누2313).

06 철회의 효과와 하자

1. 철회의 효과

(1) 장래효 원칙

행정행위의 취소의 효과가 원칙적으로 행위시에 소급하여 발생하는 것과 달리, 행정행위의 철회의 효과는 원칙적으로 장래적이다(처음부터 적법한 행위였기 때문). 그러나 소급효를 인정하지 않으면 철회의 의의가 없게 되는 경우는 예외적으로 소급효가 인정된다(예 보조금의 지급결정이 상대방의 부담의무 위반으로 인하여 취소되는 경우).

(2) 부수적 효과

행정행위가 철회되면 상대방이나 처분청은 원행정행위와 관련하여 지급한 물건이나 문서의 반환을 요구할 수 있다. 그리고 상대방에게 귀책사유가 없는 한, 수익적 행정행위의 철회로 인하여 발생된 손실은 보상되어야 함이 원칙이다(예 도로법 제92조).

(3) 효력의 범위

철회의 효력은 당해 행정행위에 한정하여 발생하는 것이 원칙이나, 지역적 범위를 넘어 발생할 수 있다. 그리고 다른 행정기관도 이를 존중해야 한다.

2. 철회의 하자 (철회의 취소)

(1) 철회처분의 중대하고 명백한 하자

이 경우에는 그 철회처분은 당연히 무효가 된다. 상대방은 무효선언으로서의 취소나 무효확인을 구할 수 있다.

(2) 철회처분의 단순위법의 하자

① 그 철회처분의 직권취소가 가능한가의 문제가 있는데, 앞에서 살펴본 '취소의 취소'에 준하여 판단한다. 즉 ⊙ 긍정설, ⓒ 부정설, ⓒ 절충설(행정행위가 철회되면 당해 행정행위는 확정적으로 효력을 상실하므로 철회의 취소는 원칙상 불가능하나, 수익적 행정행위의 철회의 경우에는 위법한 취소처분을 취소하여 원상을 회복시킬 필요가 있으므로 긍정)이 대립한다. 판례는 침익적 행정행위의 철회의 취소는 부정하나, 수익적 행정행위의 철회의 취소는 긍정한다.
② 철회처분의 직권취소가 가능한 경우에도, 침익적 행정행위 및 제3자효적 행정행위의 철회의 직권취소의 경우에는 취소권 제한의 법리인 이익형량의 원칙이 적용된다.

예제 「행정기본법」상 철회에 관한 규정의 내용으로 옳지 않은 것은? ▶ 23 소방승진

① 행정청은 처분을 철회하려는 경우에는 철회로 인하여 당사자가 입게 될 불이익을 철회로 달성되는 공익과 비교·형량할 수 있다.
② 행정청은 적법한 처분이 법령등의 변경이나 사정변경으로 처분을 더 이상 존속시킬 필요가 없게 된 경우에는 그 처분의 전부 또는 일부를 장래를 향하여 철회할 수 있다.
③ 행정청은 적법한 처분이 중대한 공익을 위하여 필요한 경우에는 그 처분의 전부 또는 일부를 장래를 향하여 철회할 수 있다.
④ 행정청은 적법한 처분이 법률에서 정한 철회 사유에 해당하게 된 경우에는 그 처분의 전부 또는 일부를 장래를 향하여 철회할 수 있다.

정답 ①
행정기본법 제19조(적법한 처분의 철회) ① 행정청은 적법한 처분이 다음 각 호의 어느 하나에 해당하는 경우에는 그 처분의 전부 또는 일부를 장래를 향하여 철회할 수 있다.
1. 법률에서 정한 철회 사유에 해당하게 된 경우
2. 법령등의 변경이나 사정변경으로 처분을 더 이상 존속시킬 필요가 없게 된 경우

3. 중대한 공익을 위하여 필요한 경우
② 행정청은 제1항에 따라 처분을 철회하려는 경우에는 철회로 인하여 당사자가 입게 될 불이익을 철회로 달성되는 공익과 비교·형량하여야 한다.

제10절 행정행위의 실효

01 의의

행정행위의 실효란 **적법한 행정행위의 효력이 행정청의 의사와 관계없이 일정한 사실의 발생에 의하여 장래를 향하여 소멸하는 것**을 의미한다.

02 실효사유

1. 행정행위 대상의 소멸

행정행위는 행위의 대상인 사람의 사망, 목적물의 소멸 등으로 당연히 효력이 소멸된다. 예컨대 의사면허를 받은 자의 사망으로 인한 의사면허의 실효가 이에 해당된다. 판례는 영업허가에서 물적 시설의 철거를 실효의 사유로 보았고, 허가를 받아 운영하던 영업(결혼예식장업)을 자진 폐업한 경우 허가가 실효된다고 보았다(대판 1985.7.9. 83누412).

2. 부관의 성취

해제조건부 행정행위에 있어서 조건의 성취나 종기부 행정행위에 있어서 종기의 도래는 별도의 의사표시를 기다릴 것 없이 행정행위의 효력의 소멸을 가져온다.

3. 목적의 달성

행정행위는 목적달성으로써 효력이 소멸된다(예 작위하명의 경우 작위의무를 이행).

4. 새로운 법규의 제정·개정

특정 행정행위와 양립될 수 없는 내용을 가진 법령이 제정·개정되면서 그 특정 행정행위의 효력을 부인하는 규정을 두는 경우도 실효원인이 된다.

03 실효의 효과

(1) 행정행위에 실효사유가 발생하면 행정청의 별도의 의사표시 없이 그때부터 장래에 향하여 효력이 소멸한다. 일단 실효된 행위는 다시 되살아나지 않는다.

(2) 해제조건의 성취나 당해 행정행위의 목적달성 여부 등에 대하여 행정청과 사인 사이에 다툼이 있을

수 있다. 이 경우 실효 여부에 대한 분쟁은 실효확인심판이나 실효확인소송의 제기로 해결할 수 있다. 또한 민사소송 또는 공법상 당사자소송에서 행정행위의 실효 여부가 전제문제로서 다투어질 수 있다.

> **관련판례**
>
> **영업을 폐업하면 허가처분이 당연 실효되고 허가취소처분의 취소를 구할 수 없음**
> 청량음료 제조업허가는 신청에 의한 처분이고, 이와 같이 신청에 의한 허가처분을 받은 원고가 그 영업을 폐업한 경우에는 그 영업허가는 당연 실효되고, 이런 경우 허가행정청의 허가취소처분은 <u>허가의 실효됨을 확인하는 것에 불과하므로</u> 원고는 그 허가취소처분의 취소를 구할 소의 이익이 없다(대판 1981.7.14. 80누593).

제3장 기타 행정의 행위형식

제1절 확약

01 확약의 의의

행정기관이 자기구속을 할 의도로 장래에 향하여 일정한 행정행위의 발령 또는 불발령을 약속하는 고권적 의사표시를 확약이라고 한다. 예컨대 주민에 대한 개발사업의 약속, 공무원임명의 내정, 자신신고자에 대한 세율인하의 약속 등을 말한다. 실무상으로는 내인가, 내허가 등으로 불려진다. 확약은 행정청의 자기구속의 의사를 요소로 한다는 점이 특징이다.

> **행정절차법 제40조의2(확약)** ① 법령등에서 당사자가 신청할 수 있는 처분을 규정하고 있는 경우 행정청은 당사자의 신청에 따라 장래에 어떤 처분을 하거나 하지 아니할 것을 내용으로 하는 의사표시(이하 "확약"이라 한다)를 할 수 있다.
> ② 확약은 문서로 하여야 한다.
> ③ 행정청은 다른 행정청과의 협의 등의 절차를 거쳐야 하는 처분에 대하여 확약을 하려는 경우에는 확약을 하기 전에 그 절차를 거쳐야 한다.
> ④ 행정청은 다음 각 호의 어느 하나에 해당하는 경우에는 확약에 기속되지 아니한다.
> 1. 확약을 한 후에 확약의 내용을 이행할 수 없을 정도로 법령등이나 사정이 변경된 경우
> 2. 확약이 위법한 경우
> ⑤ 행정청은 확약이 제4항 각 호의 어느 하나에 해당하여 확약을 이행할 수 없는 경우에는 지체 없이 당사자에게 그 사실을 통지하여야 한다.

02 확약의 성질

1. **행정행위성**

   대법원은 어업권 우선순위결정을 확약으로 보면서 이는 행정처분이 아니므로 공정력, 불가쟁력 등과 같은 효력이 인정되지 않는다고 판시한 바 있다. 이에 대하여, 확약은 행정청의 자기구속적 의사표시로서 일정한 의무를 부담하고, 그 구속적인 의사표시 자체는 행정행위의 개념을 충족한다고 보아서 행정행위의 성질을 인정하는 견해가 있다.

어업권면허에 선행하는 우선순위결정은 행정처분이 아님
어업권면허에 선행하는 우선순위결정은 행정청이 우선권자로 결정된 자의 신청이 있으면 어업권면허처분을 하겠다는 것을 약속하는 행위로서 강학상 확약에 불과하고 행정처분은 아니므로, 우선순위결정에 공정력이나 불가쟁력과 같은 효력은 인정되지 아니하며, 따라서 우선순위결정이 잘못되었다는 이유로 종전의 어업권면허처분이 취소되면 행정청은 종전의 우선순위결정을 무시하고 다시 우선순위를 결정한 다음 새로운 우선순위결정에 기하여 새로운 어업권면허를 할 수 있다(대판 1995.1.20. 94누6529).

2. 재량행위성

행정청이 확약을 할 것인가의 여부는 행정청의 재량에 따른다. 그러나 확약의 대상에는 재량행정뿐 아니라 기속행정도 포함된다.

03 확약의 허용성 및 한계

1. 허용근거

행정절차법 제40조의2에 확약에 대한 규정이 신설되기 전, 확약이 허용되는지에 대하여 학설상으로 다음과 같은 견해가 대립했었다.

부정설		확약의 권한과 본행정행위의 발령권한은 별개라는 논거에 근거함(과거의 독일판례)
긍정설	신뢰보호설	신의칙 내지 신뢰보호를 근거로 하는 견해 * 비판 : 신뢰보호의 원칙은 확약의 대상인 본처분의 발급, 불발급의 이행의무에 대한 근거가 되는 것
	본처분권한내재설	법령이 행정청에 대하여 부여한 본처분의 권한에는 반대규정이 없는 한 당해 행정행위에 대한 확약의 권한도 함께 준 것이라는 견해(통설)
	기타	확약에 의하여 본행정행위에 대해 국민이 갖는 예견가능성은 헌법상 보호되는 것이라는 학설 있음

2. 허용의 한계

(1) 기속행위와 확약

기속행위에도 당사자가 확약에 근거하여 본처분을 대비하는 예지이익과 대처이익이 있기 때문에 법치행정의 원칙이 침해되지 않는 한 가능하다고 본다(다수설).

(2) 요건사실완성 후의 확약

본처분의 요건사실이 완성된 후에도 확약의 취지가 개인의 이익, 즉 준비이익이나 기대이익의 보호에 있으므로 가능하다고 본다(다수설).

04 확약의 효과

1. 일반적 효과(구속효)

적법한 확약이 성립하면 행정청은 상대방에 대하여 확약의 내용에 따른 본행정행위를 해야 할 자기구속의 의무를 지게 되며, 상대방은 당해 행정청에 대해 그 이행을 청구할 수 있다. 다만 확약의 대상이 위법한 경우 확약의 구속효를 인정할 수 없다.

2. 확약의 실효, 취소, 철회

(1) 실효(구속력의 배제)

확약 후 불가항력 기타 사유로 확약의 내용을 이행할 수 없을 정도로 사실상태 또는 법률상태가 변경되면, 행정기관이 이러한 사정을 미리 알았더라면 그와 같은 확약을 하지 않았을 것이라고 인정되는 경우에 한하여 확약 내용의 구속력으로부터 배제된다고 보아야 한다(예 갑에 대하여 건축허가를 확약했으나, 확약 후 해당지역이 군사시설 보호구역으로 지정됨으로써 건축이 제한된 경우).

> **관련판례**
>
> **확약이 그 자체에서 정한 유효기간을 경과한 이후에는 당연 실효됨**
> 행정청이 상대방에게 장차 어떤 처분을 하겠다고 확약 또는 공적인 의사표명을 하였다고 하더라도, 그 자체에서 상대방으로 하여금 언제까지 처분의 발령을 <u>신청을 하도록 유효기간을 두었는데도 그 기간 내에 상대방의 신청이 없었다거나</u> 확약 또는 공적인 의사표명이 있은 후에 <u>사실적·법률적 상태가 변경되었다면</u>, 그와 같은 확약 또는 공적인 의사표명은 행정청의 별다른 의사표시를 기다리지 않고 실효된다(대판 1996.8.20. 95누10877).

(2) 취소, 철회

행정청은 행정행위를 취소하거나 철회할 수 있는 것과 동일하게 확약을 취소 또는 철회함으로써 확약의 구속에서 벗어날 수 있다. 그러나 확약이 수익적 행정행위를 대상으로 하는 때에는 신뢰보호의 관점에서 행정행위의 취소제한이나 철회제한 법리에 따른 제약을 받는다.

> **예제** 행정청의 확약에 대한 설명으로 옳은 것은? (다툼이 있는 경우 판례에 의함)
> ① 행정청의 확약은 위법하더라도 중대명백한 하자가 있어 당연무효가 아닌 한 취소되기 전까지는 유효한 것으로 통용된다.
> ② 재량행위에 대해 상대방에게 확약을 하려면 확약에 대한 법적 근거가 있어야 한다.
> ③ 행정청이 상대방에게 확약을 한 후에 사실적·법률적 상태가 변경되었다면 확약은 행정청의 별다른 의사표시가 없더라도 실효된다.
> ④ 행정청의 확약에 대해 법률상 이익이 있는 제3자는 확약에 대해 취소소송으로 다툴 수 있다.

정답 ③

① (×) 확약은 행정기관이 자기구속의 목적으로 일정한 행위를 약속하는 것이므로 행정행위가 아니다. 따라서 공정력이 인정되지 않는다.
② (×) 본행정처분을 할 수 있는 권한을 가진 행정청은 명문의 규정 없이도 확약을 할 수 있다(본처분권한내재설).
③ (○) 대판 1996.8.20. 95누10877
④ (×) 확약은 처분성이 부정되므로 취소소송의 대상이 되지 않는다. 따라서, 행정청의 확약에 대해 이해관계가 있는 제3자라도 취소소송으로 다툴 수 없다.

제2절 행정계획

01 행정계획의 의의

행정계획은 '행정에 관한 전문적·기술적 판단을 기초로 하여 <u>특정한 행정목표를 달성하기 위하여</u> 서로 관련되는 행정수단을 종합·조정함으로써 장래의 일정한 시점에 있어서 일정한 질서를 형성하기 위하여 <u>설정된 활동기준</u>'이다(대판 2007.4.12. 2005두1893).

02 행정계획의 법적 성격

1. 학설

입법행위설	행정계획은 국민의 권리·자유에 관계되는 일반·추상적인 규율을 정립하는 행위로서 법규명령의 성질을 갖는다는 견해
행정행위설	행정계획 중에는 법률규정과 결합하여 개인의 권리 내지 법률상의 이익을 구체적으로 규율하는 효과를 가져오기도 한다는 점에서 행정행위로 보는 견해
혼합성설	행정계획이 규범의 요소와 개별행위의 요소의 양면을 갖는 행위형식이라는 견해
개별검토설	계획마다 개별적으로 그 법적 성질을 검토하여 항고소송대상의 여부를 판단하는 견해 ☞ 법률이나 법규명령형식의 행정계획은 구체적 규범통제의 대상이 되는 반면, 행정행위형식의 행정계획은 항고소송의 대상이 됨. 도시관리계획의 경우 법적 성질을 달리하는 여러가지 계획(용도지역 지정, 기반시설 설치, 시가화조정구역 변경 등)이 있으므로 각 계획마다 분리하여 판단해야 함.
독자성설	행정계획은 법규범도 아니고 행정행위도 아닌, 그 자체로서 독자적 성질의 이물(異物)로 보는 견해

2. 판례

(1) 대법원은 구 도시계획법상 도시기본계획(현 도시·군기본계획)은 일반지침에 불과하다고 하였고(대판 2002.10.11. 2000두8226), 토지구획정리사업법상 환지계획도 처분성이 없다고 하였다(대판 1999.8.20. 97누6889). 즉 행정계획이 행정활동의 지침으로서만의 성격에 그치거나 행정조직 내부에서의 효력만을 가질 때는 항고소송의 대상으로서의 처분성을 갖지 않는다.

(2) 그러나 구 도시계획법상 도시계획결정(현 도시·군관리계획)은 법률규정과 결합하여 각종 권리제한효과를 가져옴으로써 특정 개인의 권리 내지 법률상 이익을 개별적이고 구체적으로 규제하는 효과를 가져 오게 하는 행정청의 처분이라고 보았다(대판 1982.3.9. 80누105). 또한 판례는 구속적인 행정계획을 재량행위로 이해하고 있다(대판 1997.9.26. 96누10096).

> **관련판례**
>
> **도시기본계획은 직접적 구속력이 없음**
> 도시기본계획은 도시의 기본적인 공간구조와 장기발전방향을 제시하는 종합계획으로서 그 계획에는 토지이용계획, 환경계획, 공원녹지계획 등 장래의 도시개발의 일반적인 방향이 제시되지만, 그 계획은 <u>도시계획입안의 지침이 되는 것에 불과하여 일반 국민에 대한 직접적인 구속력은 없는 것이므로</u>, 도시기본계획을 입안함에 있어 토지이용계획에는 세부적인 내용을 기재하지 아니하고 다소 포괄적으로 기재하였다 하더라도 기본구상도상에 분명하게 그 내용을 표시한 이상 도시기본계획으로서 입안된 것이라고 봄이 상당하고, 또 공청회 등 절차에서 다른 자료에 의하여 그 내용이 제시된 다음 관계 법령이 정하는 절차에 따라 건설교통부장관의 승인을 받아 공람공고까지 되었다면 도시기본계획으로서 적법한 효력이 있는 것이다(대판 2002.10.11. 2000두8226).
>
> **고시된 도시계획결정은 행정소송의 대상인 처분**
> 도시계획법 제12조 소정의 도시계획결정이 고시되면 도시계획구역안의 토지나 건물 소유자의 토지형질변경, 건축물의 신축, 개축 또는 증축 등 권리행사가 일정한 제한을 받게 되는바 이런 점에서 볼 때 고시된 도시계획결정은 <u>특정 개인의 권리 내지 법률상의 이익을 개별적이고 구체적으로 규제하는</u> 효과를 가져오게 하는 행정청의 처분이라 할 것이고, 이는 행정소송의 대상이 되는 것이라 할 것이다(대판 1982.3.9. 80누105).
>
> **행정기관 내부에서 사업의 기본방향을 제시하는 계획인 '4대강 살리기 마스터플랜' 등은 처분이 아님**
> 국토해양부, 환경부, 문화체육관광부, 농림수산부, 식품부가 합동으로 2009. 6. 8. 발표한 '4대강 살리기 마스터플랜' 등은 4대강 정비사업과 주변 지역의 관련 사업을 체계적으로 추진하기 위하여 수립한 종합계획이자 '4대강 살리기 사업'의 기본방향을 제시하는 계획으로서, 행정기관 내부에서 사업의 기본방향을 제시하는 것일 뿐, 국민의 권리·의무에 직접 영향을 미치는 것이 아니어서 행정처분에 해당하지 않는다(대결 2011.4.21. 2010무111).
>
> **도시설계는 법적 구속력을 갖는 구속적 행정계획**
> 도시설계(註: 고양시 일산지구내 다가구주택의 가구수를 3가구 이하로 제한한 도시설계시행지침)에 의한 건축물규제의 성격과 도시설계와 관련한 건축법규정에 비추어 보면, 도시설계는 도시계획구역의 일부분을 그 대상으로 하여 토지의 이용을 합리화하고, 도시의 기능 및 미관을 증진시키며 양호한 도시환경을 확보하기 위하여 수립하는 도시계획의 한 종류로서 <u>도시설계지구 내의 모든 건축물에 대하여 구속력을 가지는</u> 구속적 행정계획의 법적 성격을 갖는다고 할 것이다(헌재 2003.6.26. 2002헌마402).

> **택지개발 예정지구 지정처분은 행정계획으로서 재량행위**
> 택지개발 예정지구 지정처분은 건설교통부장관이 법령의 범위 내에서 도시지역의 시급한 주택난 해소를 위한 택지를 개발·공급할 목적으로 주택정책상의 전문적·기술적 판단에 기초하여 행하는 일종의 행정계획으로서 재량행위라고 할 것이므로 그 <u>재량권의 일탈·남용이 없는 이상 그 처분을 위법하다고 할 수 없다</u>(대판 1997.9.26. 96누10096).

03 행정계획의 법적 근거

1. 일반법

「국토의 계획 및 이용에 관한 법률」등 행정계획절차에 관한 사항을 규정하는 개별법은 많이 있으나, 행정계획의 절차상 통제에 관한 일반법은 없다. 다만 행정절차법 40조의4는 '행정청은 행정청이 수립하는 계획 중 국민의 권리·의무에 직접 영향을 미치는 계획을 수립하거나 변경·폐지할 때에는 관련된 여러 이익을 정당하게 형량하여야 한다.'라고 규정하였다.

2. 법률유보

(1) 조직법적 근거

행정기관의 조직규범에 의해 부여된 권한의 범위 내에서만 적법하게 작용할 수 있다. 따라서 행정계획을 수립하기 위해서는 조직법적 근거를 요한다.

(2) 작용법적 근거

① **구속적 계획**: 개인의 법적 지위 및 권리상태에 변동을 가하거나 일정한 의무 또는 제한을 가하는 등 침해적일 수 있기 때문에 작용법적 근거를 요한다는데 이설이 없다(예 관리처분계획에 관한 도시 및 주거환경정비법).
② **비구속적 계획**: 침해유보설이나 권력행정유보설에 의하면 작용법적 근거가 필요하지 않고 조직법적 근거만 있으면 가능하다. 그러나 중요사항유보설에 따라 공동체 및 국민의 이익에 중요한 영향을 미치는 것이면 작용법적 근거가 있어야 하는 것으로 보아야 한다.

04 계획재량

1. 계획재량의 의의

(1) 개념

계획재량이란 **행정주체에 허용되어 있는 행정계획 내용이나 개별적 수단에 대한 광범위한 형성의 자유**를 말한다. 이는 실정법의 규정유무를 불문하고 계획결정에 있어서 본질적인 것으로 인정된다(대판 1998.4.24. 97누1501).

(2) 계획재량의 법적 성질

재량권의 범위	계획재량	계획규범이 정한 계획목적의 범위 내에서 광범위한 형성의 자유를 가지므로 재량권이 광범위하게 인정됨
	일반재량	구체적 사실과 결부시켜 판단하고 결정하는 것이므로 재량권의 폭이 좁음
규범구조	계획재량	수단을 통하여 달성하게 될 목표에 관하여 규율하는 형식(목적-수단의 형식)을 취하는 목적적 규범(프로그램)구조
	일반재량	요건규정과 효과규정(가언명령적 형식)을 취하는 조건적 규범(프로그램)구조
적용상의 특색	계획재량	법규에서 백지위임한 요건·효과의 구체적인 설정에서 문제됨
	일반재량	요건·효과규정의 구체적 사실에 대한 적용에서 문제됨
통제방법	계획재량	절차적 통제가 중심
	일반재량	절차적 통제 이외에 실체적 통제도 중요

2. 사법심사 : 형량명령

(1) 계획재량의 제한

형량명령(衡量命令)이란 **행정계획을 수립함에 있어서 관련된 이익을 정당하게 형량하여야 한다는 원칙**을 말한다. 형량명령은 계획재량의 통제를 위해 형성된 이론이다. 계획재량은 ① 계획재량의 목표는 법질서에 부합하여야 하고, ② 수단은 목표실현에 적합하고, 필요하고, 비례적이어야 하고, ③ 법에 정한 절차를 준수하여야 하고, ④ 전체로서 계획관련자 모두의 이익을 정당히 고려하여야(**형량명령의 준수**) 한다는 제한하에 형성의 자유가 인정된다. 즉 비례성 원칙이 행정계획에 구현된 것이 형량명령이다.

(2) 형량하자

① **형량하자의 유형** : 행정계획이 형량명령을 준수하지 않은 경우에 형량하자(衡量瑕疵)가 있게 된다. 형량하자의 유형으로 ㉠ 형량이 전혀 없는 경우(**형량의 해태**), ㉡ 형량에서 반드시 고려해야 할 특정이익을 고려하지 않은 경우(**형량의 흠결**), ㉢ 관련된 공익 또는 사익의 가치를 잘못 평가하거나, 공익·사익의 조정이 비례원칙을 위반한 경우(**오형량** 내지 **형량불비례**) 등이 있다.

② **형량하자의 효과** : 계획재량은 사법심사의 대상이 된다. 이러한 형량의 하자가 발생한 경우에는 행정계획은 위법하게 된다. 종래 판례는 행정계획의 결정에 있어서 광범위한 형성의 자유를 인정하고 그에 대한 한계로서 형량명령의 법리를 인정하면서도 '형량하자'라는 용어를 사용하지 않고 '재량권의 남용·일탈'이라고 판시하여 왔으나(대판 2000.3.23. 98두2768), 최근 '형량하자'라는 용어를 명시적으로 사용하면서 형량하자가 있는 행정계획은 위법하다고 판시하고 있다.

05 행정계획 효과로서의 집중효

1. 의의

(1) 계획이 확정되면 일반법규에 규정되어 있는 승인·허가·인가 등을 받은 것으로 의제하는 효과를 집중효라고 한다. 이는 계획결정확정으로 인하여 인·허가를 대체한다는 점에서 대체효라고도 한다. 주택법 제17조에 따라 주택건설사업계획을 승인받으면 도로법·하천법·건축법 등 많은 법률에 의한 결정·인가·허가 등을 받은 것으로 보는 것이 그 예이다. 집중효제도는 일반적으로 대규모사업의 사업계획 과정에서의 의제방법이다. 집중효는 절차간소화와 사업의 신속한 진행, 그리고 법령에 의한 행정관청의 권한의 통합에 의미가 있다.

(2) 집중효제도는 행정기관의 권한에 변경을 초래하므로 개별법률에서 명시적인 법적 근거가 있어야 하며 집중효가 미치는 범위도 법률에 명시되어야 한다.

> **행정기본법 제24조(인허가의제의 기준)** ① 이 절에서 "인허가의제"란 하나의 인허가(이하 "주된 인허가"라 한다)를 받으면 법률로 정하는 바에 따라 그와 관련된 여러 인허가(이하 "관련 인허가"라 한다)를 받은 것으로 보는 것을 말한다. [제24조 시행일: 2023.3.24.]
>
> **제25조(인허가의제의 효과)** ① 제24조제3항·제4항에 따라 협의가 된 사항에 대해서는 주된 인허가를 받았을 때 관련 인허가를 받은 것으로 본다.
> ② 인허가의제의 효과는 주된 인허가의 해당 법률에 규정된 관련 인허가에 한정된다. [제25조 시행일: 2023.3.24.]

> **관련판례**
>
> **의제되는 인허가의 범위**
> 주된 인허가에 관한 사항을 규정하고 있는 어떤 법률에서 주된 인허가가 있으면 다른 법률에 의한 인허가를 받은 것으로 의제한다는 규정을 둔 경우, <u>주된 인허가가 있으면 다른 법률에 의한 인허가가 있는 것으로 보는 데 그치는 것이고, 거기에서 더 나아가 다른 법률에 의하여 인허가를 받았음을 전제로 하는 그 다른 법률의 모든 규정들까지 적용되는 것은 아니다</u>(대판 2016.11.24. 2014두47686).
>
> **건축불허가처분에 관한 쟁송에서 형질변경불허가 사유나 농지전용불허가 사유에 관하여도 다툴 수 있는지 여부**
> 건축불허가처분을 하면서 그 처분사유로 건축불허가 사유뿐만 아니라 형질변경불허가 사유나 농지전용불허가 사유를 들고 있다고 하여 그 건축불허가처분 외에 별개로 형질변경불허가처분이나 농지전용불허가처분이 존재하는 것이 아니다. 따라서 그 건축불허가처분을 받은 사람은 그 건축불허가처분에 관한 쟁송에서 건축법상의 건축불허가 사유뿐만 아니라 도시계획법상의 형질변경불허가 사유나 농지법상의 농지전용불허가 사유에 관하여도 다툴 수 있는 것이지, 그 건축불허가처분에 관한 쟁송과는 별개로 형질변경불허가처분이나 농지전용불허가처분에 관한 쟁송을 제기하여 이를 다투어야 하는 것은 아니며, 그러한 쟁송을 제기하지 아니하였어도 형질변경불허가 사유나 농지전

용불허가 사유에 관하여 불가쟁력이 생기지 아니한다(대판 2001.1.16. 99두10988).

주택건설사업계획 승인처분에 따라 의제된 인허가에 하자가 있어 이해관계인이 위법함을 다투고자 하는 경우, 취소를 구할 대상(=의제된 인허가)

주택건설사업계획 승인권자가 관계 행정청의 장과 미리 협의한 사항에 한하여 승인처분을 할 때에 인허가 등이 의제될 뿐이고, 각호에 열거된 모든 인허가 등에 관하여 일괄하여 사전협의를 거칠 것을 주택건설사업계획 승인처분의 요건으로 규정하고 있지 않다. 따라서 인허가 의제 대상이 되는 처분에 어떤 하자가 있더라도, 그로써 해당 인허가 의제의 효과가 발생하지 않을 여지가 있게 될 뿐이고, 그러한 사정이 주택건설사업계획 승인처분 자체의 위법사유가 될 수는 없다. 또한 의제된 인허가는 통상적인 인허가와 동일한 효력을 가지므로, 적어도 '부분 인허가 의제'가 허용되는 경우에는 그 효력을 제거하기 위한 법적 수단으로 의제된 인허가의 취소나 철회가 허용될 수 있고, 이러한 직권 취소·철회가 가능한 이상 그 의제된 인허가에 대한 쟁송취소 역시 허용된다. 따라서 주택건설사업계획 승인처분에 따라 의제된 인허가가 위법함을 다투고자 하는 이해관계인은, 주택건설사업계획 승인처분의 취소를 구할 것이 아니라 의제된 인허가의 취소를 구하여야 하며, 의제된 인허가는 주택건설사업계획 승인처분과 별도로 항고소송의 대상이 되는 처분에 해당한다(대판 2018.11.29. 2016두38792).

2. 인·허가의제의 절차

(1) 대체행정청(관련인허가기관)과의 협의

인·허가의제제도하에서 대체행정청의 인허가를 받지 않는 대신 대체행정청과의 협의를 거치도록 하는 것이 보통이다(예 택지개발촉진법 제11조 제2항). 이는 행정계획을 결정하는 행정청이 의제되는 인허가의 요건을 심사할 수 있도록 하기 위함이다.

(2) 이해관계 있는 제3자의 절차적 보호

인·허가의제제도의 취지 및 이해관계인의 권익보호라는 관점에서 적법절차의 원칙에 합치되어야 하나, 판례는 의제되는 법률에 규정된 이해관계인의 의견청취절차를 생략할 수 있다는 입장이다(대판 1992.11.10. 92누1162).

> **행정기본법 제24조(인허가의제의 기준)** ② 인허가의제를 받으려면 주된 인허가를 신청할 때 관련 인허가에 필요한 서류를 함께 제출하여야 한다. 다만, 불가피한 사유로 함께 제출할 수 없는 경우에는 주된 인허가 행정청이 별도로 정하는 기한까지 제출할 수 있다.
> ③ 주된 인허가 행정청은 주된 인허가를 하기 전에 관련 인허가에 관하여 미리 관련 인허가 행정청과 협의하여야 한다.
> ④ 관련 인허가 행정청은 제3항에 따른 협의를 요청받으면 그 요청을 받은 날부터 20일 이내(제5항 단서에 따른 절차에 걸리는 기간은 제외한다)에 의견을 제출하여야 한다. 이 경우 전단에서 정한 기간(민원 처리 관련 법령에 따라 의견을 제출하여야 하는 기간을 연장한 경우에는 그 연장된 기간을 말한다) 내에 협의 여부에 관하여 의견을 제출하지 아니하면 협의가 된 것으로 본다.
> ⑤ 제3항에 따라 협의를 요청받은 관련 인허가 행정청은 해당 법령을 위반하여 협의에 응해서는 아니 된다. 다만, 관련 인허가에 필요한 심의, 의견 청취 등 절차에 관하여는 법률에 인허가의제 시에도

해당 절차를 거친다는 명시적인 규정이 있는 경우에만 이를 거친다. [제24조 시행일: 2023.3.24.]

제26조(인허가의제의 사후관리 등) ① 인허가의제의 경우 관련 인허가 행정청은 관련 인허가를 직접 한 것으로 보아 관계 법령에 따른 관리·감독 등 필요한 조치를 하여야 한다.
② 주된 인허가가 있은 후 이를 변경하는 경우에는 제24조·제25조 및 이 조 제1항을 준용한다.
③ 이 절에서 규정한 사항 외에 인허가의제의 방법, 그 밖에 필요한 세부 사항은 대통령령으로 정한다.
[제26조 시행일: 2023.3.24.]

06 계획의 보장

1. 계획보장청구권(손실보상)

계획보장청구권이란 **시행중인 구체적 계획을 폐지하거나 변경한 경우 개인이 계획주체에 대해 그 손실의 보상을 청구할 수 있는 권리**를 말한다(**협의**). 행정계획은 그 본질상 변경가능성과 신뢰보호의 긴장관계에 있다. 현재 일반적인 계획보장청구권은 인정되지 않는다고 보는 것이 일반적 견해이다.

2. 특정행위의 청구

(1) 계획청구권

사인이 행정주체에 대하여 일정영역에서 계획과정으로 나아갈 것을 요구할 수 있는 권리이다. 그러나 계획과정은 특정인의 이익이 아닌 공익을 위한 것이므로 계획청구권이 일반적으로 인정되기 어렵다.

(2) 계획존속청구권

행정계획의 변경이나 폐지에 대하여 계획의 존속을 청구할 수 있는 권리이다. 계획존속청구권은 계획의 속성인 가변성, 유연성 내지 공공복리의 관점에서 일반적으로 인정되기 어렵다. 그러나 관계법령에서 특정사인의 이익보호를 위한 규정을 두고 있는 경우는 가능하고, 행정행위의 형식으로 계획이 정립된 경우 행정행위의 철회·취소 제한의 법리가 적용될 수 있다.

(3) 계획변경·폐지청구권

기존의 행정계획이 확정된 후 사정변경 및 관계인의 권익침해 등을 이유로 하여 그 계획의 변경 및 폐지를 신청할 수 있는 권리이다. 일반적으로 인정되지 아니하나, 위법한 계획에 의해 법률상 이익이 침해되는 자는 적법한 계획을 마련해 줄 것을 청구하는 권리를 가질 수 있다.

> **관련판례**
>
> 구 국토이용관리법상의 국토이용계획변경신청에 대한 거부행위가 항고소송의 대상이 되는 행정처분에 해당하기 위한 요건
> 구 국토이용관리법상 주민이 국토이용계획의 변경에 대하여 신청을 할 수 있다는 규정이 없을 뿐만 아니라, 국토건설종합계획의 효율적인 추진과 국토이용질서를 확립하기 위한 국토이용계획은 장기성, 종합성이 요구되는 행정계획이어서 원칙적으로는 그 계획이 일단 확정된 후에 어떤

사정의 변동이 있다고 하여 그러한 사유만으로는 지역주민이나 일반 이해관계인에게 일일이 그 계획의 변경을 신청할 권리를 인정하여 줄 수는 없을 것이지만, 장래 일정한 기간 내에 관계 법령이 규정하는 시설 등을 갖추어 일정한 행정처분을 구하는 신청을 할 수 있는 법률상 지위에 있는 자의 국토이용계획변경신청을 거부하는 것이 실질적으로 당해 행정처분 자체를 거부하는 결과가 되는 경우에는 예외적으로 그 신청인에게 국토이용계획변경을 신청할 권리가 인정된다고 봄이 상당하므로, 이러한 신청에 대한 거부행위는 항고소송의 대상이 되는 행정처분에 해당한다(대판 2003.9.23. 2001두10936).

문화재보호구역 내 토지 소유자의 문화재보호구역 지정해제 신청에 대한 행정청의 거부행위가 항고소송의 대상이 되는 행정처분에 해당함
문화재보호구역 내에 있는 토지소유자 등으로서는 위 보호구역의 지정해제를 요구할 수 있는 법규상 또는 조리상의 신청권이 있다고 할 것이고, 이러한 신청에 대한 거부행위는 항고소송의 대상이 되는 행정처분에 해당한다(대판 2004.4.27. 2003두8821).

07 행정계획과 권리구제

1. 행정쟁송

(1) 소송요건 문제

행정쟁송은 구체적인 처분을 대상으로 하는데 행정계획은 청사진에 불과하므로 사법심사의 대상이 되지 않는다는 견해도 있다. 따라서 사전적인 계획확정절차에 대한 통제가 더 중요한 의미를 갖게 된다. 그러나 다수설과 판례는 행정계획을 개별적으로 검토하여 처분성을 인정하기도 한다. 특히 구속적인 계획(예 도시관리계획)은 처분성이 인정되어 취소쟁송의 대상이 될 수 있다.

> **관련판례**
>
> 개발제한구역의 지정·고시는 행정소송의 대상이 됨
> 건설부장관의 개발제한구역의 지정·고시가 공권력의 행위로서 헌법소원심판의 대상이 됨은 물론이나 헌법소원심판은 다른 법률에 구제절차가 있는 경우에는 그 절차를 모두 거친 후가 아니면 청구할 수 없으므로 건설부장관의 개발제한구역의 지정·고시에 대한 헌법소원심판청구는 행정쟁송절차를 모두 거친 후가 아니면 부적법하다(헌재 1991.7.22. 89헌마174).

(2) 본안판단

앞에서 설명한 형량명령의 위반여부, 절차준수 여부 등의 관점에서 위법성을 심사한다.

2. 행정상 손해배상

위법한 행정계획의 수립 등에 관여한 공무원의 직무상 불법행위가 있는 경우 국가배상을 청구할 수 있다. 그러나 행정계획의 위법성과 그로 인한 손해발생 등 배상책임의 요건을 충족하기가 쉽지 않다.

3. 행정상 손실보상

행정계획으로 인해 국민의 재산권 행사가 제한되는 경우 그것이 특별한 희생에 해당하면 손실보상이 인정될 수 있다. 그런데 손실보상에 관한 근거법규가 없는 경우의 보상에 관하여는 ① 헌법 제23조 제3항을 근거로 직접 손실보상을 청구할 수 있다는 직접효력설, ② 수용유사적 침해법리에 의한 보상설, ③ 보상규정을 두지 않는 근거법률이 위헌이라는 위헌무효설 등이 대립한다. 대법원은 구 도시계획법상 개발제한구역지정으로 인한 재산권제한행위에 대해 손실보상을 부정한 바 있고(대판 1996.6.28. 94다54511), 헌법재판소는 개발제한구역 자체는 합헌이나 예외적으로 사회적 제약을 넘는 경우에도 보상규정을 두지 않으면 위헌이라고 하였다(헌재 1998.12.24. 89헌마214).

도시계획시설결정의 집행지연으로 인한 보상의 필요성
도시계획시설의 지정으로 말미암아 당해 토지의 이용가능성이 배제되거나 또는 토지소유자가 토지를 종래 허용된 용도대로도 사용할 수 없기 때문에 이로 말미암아 현저한 재산적 손실이 발생하는 경우에는, 원칙적으로 사회적 제약의 범위를 넘는 수용적 효과를 인정하여 국가나 지방자치단체는 이에 대한 보상을 해야 한다. 도시계획시설로 지정된 토지가 나대지인 경우, 토지소유자는 더 이상 그 토지를 종래 허용된 용도(건축)대로 사용할 수 없게 됨으로써 토지의 매도가 사실상 거의 불가능하고 경제적으로 의미있는 이용가능성이 배제된다. 이러한 경우, 사업시행자에 의한 토지매수가 장기간 지체되어 토지소유자에게 토지를 계속 보유하도록 하는 것이 경제적인 관점에서 보아 더 이상 요구될 수 없다면, 입법자는 매수청구권이나 수용신청권의 부여, 지정의 해제, 금전적 보상 등 다양한 보상가능성을 통하여 재산권에 대한 가혹한 침해를 적절하게 보상하여야 한다(헌재 1999.10.21. 97헌바26).

4. 헌법소원

행정계획의 처분성 인정 여부와는 별도로, 행정계획에 의해 직접·현재 기본권을 침해당한 자는 헌법재판소법 제68조 제1항에 의한 헌법소원을 청구할 수 있다.

비구속적 행정계획안이 헌법소원의 대상이 될 수 있는 요건
비구속적 행정계획안이나 행정지침이라도 국민의 기본권에 직접적으로 영향을 끼치고, 앞으로 법령의 뒷받침에 의하여 그대로 실시될 것이 틀림없을 것으로 예상될 수 있을 때에는, 공권력행위로서 예외적으로 헌법소원의 대상이 될 수 있다 - 註: 그러나 1999. 7. 22. 발표한 개발제한구역제도개선방안은 건설교통부장관이 개발제한구역의 해제 내지 조정을 위한 일반적인 기준을 제시하고, 개발제한구역의 운용에 대한 국가의 기본방침을 천명하는 정책계획안으로서 비구속적 행정계획안에 불과하므로 공권력행위가 될 수 없다고 함(헌재 2000.6.1. 99헌마538).

예제 행정계획에 관한 설명으로 옳지 않은 것은? (다툼이 있으면 판례에 따름) ▶ 22 소방승진

① 행정계획은 특정한 행정목표를 달성하기 위하여 행정에 관한 전문적·기술적 판단을 기초로 관련되는 행정수단을 종합·조정함으로써 장래의 일정한 시점에 일정한 질서를 실현하기 위하여 설정한 활동기준이나 그 설정행위를 말한다.

② 산업단지에서 제조업을 하려는 자가 입주계약 체결에 따라 공장설립 승인을 받은 것으로 의제되는 경우에는 공장건물을 건축하려면 「건축법」상 건축허가와 「국토의 계획 및 이용에 관한 법률」상 개발행위허가를 받은 것으로 본다.

③ '환경오염 발생 우려'와 같이 장래에 발생할 불확실한 상황과 파급효과에 대한 예측이 필요한 요건에 관한 행정청의 재량적 판단은 그 내용이 현저히 합리성을 결여하였다거나 상반되는 이익이나 가치를 대비해 볼 때 형평이나 비례의 원칙에 뚜렷하게 배치되는 등의 사정이 없는 한 폭넓게 존중하여야 한다.

④ 「국토의 계획 및 이용에 관한 법률」상 개발행위허가는 허가기준 및 금지요건이 불확정 개념으로 규정된 부분이 많아 그 요건에 해당하는지 여부는 행정청의 재량판단의 영역에 속한다.

정답 ②

② (×) 산업집적법에 따르면, 산업단지에서 제조업을 하려는 자가 관리기관과 입주계약을 체결한 때에는 시장·군수 또는 구청장의 공장설립 승인을 받은 것으로 의제된다. 그러나 공장설립 승인이 의제된다고 하여 건축법상 건축허가 또는 국토계획법상 개발행위허가를 받은 것으로 의제하는 규정은 없다. 또한 산업집적법상 입주계약은 건축법상 건축허가나 국토계획법상 개발행위허가와는 목적과 취지, 요건과 효과를 달리하는 별개의 제도이다. 따라서 입주계약 체결에 따라 공장설립 승인을 받은 것으로 의제되는 경우에도 그 공장건물을 건축하려면 건축법상 건축허가와 국토계획법상 개발행위허가를 받아야 한다(대판 2021.6.24. 2021두33883).

① (○) 대판 2011.2.24. 2010두21464
③ (○) 대판 2021.7.29. 21두33593
④ (○) 대판 2017.10.12. 2017두48956

제3절 공법상 계약

01 개설

1. 개념

    공법상 계약은 **공법의 영역에서 법관계를 형성·변경·소멸시키는 대등한 복수당사자간의 반대방향의 의사의 합치**를 의미한다.

    > **행정기본법 제27조(공법상 계약의 체결)** ① 행정청은 법령등을 위반하지 아니하는 범위에서 행정목적을 달성하기 위하여 필요한 경우에는 공법상 법률관계에 관한 계약(이하 "공법상 계약"이라 한다)을 체결할 수 있다. 이 경우 계약의 목적 및 내용을 명확하게 적은 계약서를 작성하여야 한다.
    > ② 행정청은 공법상 계약의 상대방을 선정하고 계약 내용을 정할 때 공법상 계약의 공공성과 제3자의 이해관계를 고려하여야 한다.

2. 공법상 계약의 유용성 및 문제점

(1) 유용성

   ① 행정을 개별적·구체적 사정에 따라 탄력적으로 처리할 수 있다.
   ② 상대방의 반대급부가 확보된 경우 행정목적을 신속히 달성할 수 있다.
   ③ 불명확한 사실관계·법률관계에 대한 용이한 해결을 통해 행정경제에 기여한다.
   ④ 쟁송을 최소화할 수 있다.
   ⑤ 법률지식이 없는 자에게도 교섭을 통해 계약의 내용을 이해시킬 수 있다.
   ⑥ 법의 근거 없이도 자유로이 체결할 수 있다(다수설에 의함).
   ⑦ 법의 흠결시 이를 보충하여 준다.
   ⑧ 개인이 행정의 단순한 객체가 아니라 독립된 법주체로서 행정작용의 수행에 참여하는 민주적 법치국가시대에 적합한 행위형식이다.

(2) 문제점

   공법상 계약에 대한 법적 규율 및 사법통제의 어려움으로 법치행정 원칙이 훼손될 염려가 있다.

02 공법상 계약의 인정범위

1. 성립가능성

    전통적 견해는 국가와 사인간의 관계는 의사의 대등이 존재하지 않는다는 것을 근거로 공법분야에 계약의 관념이 인정될 수 없고, 행정주체는 자신이 사법상의 주체로 활동하는 국고행정영역에서만 사법상 계약에 의하여 활동할 수 있다고 하였다(예 공공토목공사도급계약, 물건납품계약). 그러나 오늘날 국가의 본질적 우월성이 부정되고 국가와 사인간의 관계에 대한 이해의 변화와 더불어 공법상 계약의 가능성을 인정한다. 다만 공법상 계약도 법률우위의 원칙에 의하여 제한된다.

2. 자유성

자유성이란 명시적 법률의 근거가 없는 경우에도 행정주체는 계약형식에 의하여 행정목적을 수행할 수 있는가의 문제이다. 일반적 견해는 공법상 계약이 당사자 사이의 의사의 합치에 의해 성립되므로 법률상 근거가 필요없다고 한다. 다만 현행법상 법적 근거가 마련되어 있는 것이 보통이다.

> **관련판례**
>
> 광주광역시문화예술회관장의 단원 위촉은 공법상 계약
> 광주광역시문화예술회관장의 단원 위촉은 광주광역시문화예술회관장이 행정청으로서 공권력을 행사하여 행하는 행정처분이 아니라 공법상의 근무관계의 설정을 목적으로 하여 광주광역시와 단원이 되고자 하는 자 사이에 대등한 지위에서 의사가 합치되어 성립하는 공법상 근로계약에 해당한다고 보아야 할 것이므로, 광주광역시립합창단원으로서 위촉기간이 만료되는 자들의 재위촉 신청에 대하여 광주광역시문화예술회관장이 실기와 근무성적에 대한 평정을 실시하여 재위촉을 하지 아니한 것을 항고소송의 대상이 되는 불합격처분이라고 할 수는 없다(대판 2001.12.11. 2001두7794).
>
> 이른바 '공공계약'이 사경제의 주체로서 상대방과 대등한 위치에서 체결하는 사법상 계약에 해당하는 경우, 사법의 원리 적용 여부
> 지방자치단체가 일방 당사자가 되는 이른바 '공공계약'이 사경제의 주체로서 상대방과 대등한 위치에서 체결하는 사법상 계약에 해당하는 경우 그에 관한 법령에 특별한 정함이 있는 경우를 제외하고는 사적 자치와 계약자유의 원칙 등 사법의 원리가 그대로 적용된다(대판 2018.2.13. 2014두11328).
>
> 지방자치단체가 계약특수조건 등을 부가하는 것이 금지되거나 제한되는지 여부
> 지방자치단체가 계약의 적정한 이행을 위하여 계약상대방과의 계약에 근거하여 계약당사자 사이에 효력이 있는 계약특수조건 등을 부가하는 것이 금지되거나 제한된다고 할 이유는 없고, 사적 자치와 계약자유의 원칙상 관련 법령에 이를 금지하거나 제한하는 내용이 없는데도 그러한 계약 내용이나 조치의 효력을 함부로 부인할 것은 아니다(대판 2018.2.13. 2014두11328).

03 공법상 계약의 종류

행정주체간의 계약	국가와 공공단체 또는 공공단체 상호간에 특정의 행정사무의 처리를 합의하는 경우. 이러한 유형을 특히 공법상의 '협정'이라고 부름 예 공공단체 상호간의 사무위탁, 지방자치단체 상호간의 도로·하천의 관리 및 경비부담에 관한 협의
행정주체와 사인간의 계약	공법상 계약의 대부분을 차지함 예 임의적 공용부담(공공용도로의 기부채납), 보조금지원계약, 행정사무위탁(별정우체국지정), 공물이용관계를 위한 계약, 환경보전협정(지방자치단체와 사기업간의 환경보전을 위한 계약), 보상계약(지방자치단체와 특허기업자간의 계약)
사인 상호간의 계약	국가로부터 공권을 위탁받은 사인과 타사인간의 계약 예 토지수용에 있어서의 사업시행자와 토지소유자 및 관계인과의 협의(*판례는 사법상 계약설 입장 - 대판 2010.11.11. 2010두14367)

04 공법상 계약의 성립요건과 적법요건

1. 성립요건

공법상 계약은 양 당사자의 반대방향의 의사의 합치에 의해 성립된다. 계약당사자의 일방은 행정주체이어야 하며, 행정주체에는 공무수탁사인도 포함된다.

2. 적법요건

(1) 주체상 요건

공법상 계약을 체결하고자 하는 행정주체는 규율대상에 대해 정당한 관할권을 가져야 한다. 그리고 실제 공법상 계약을 체결하는 행정청이 당해 공법상 계약을 체결할 수 있는 권한을 갖고 있어야 한다.

(2) 형식상·절차상 요건

① 계약의 목적 및 내용을 명확하게 적은 계약서를 작성하여야 한다(행정기본법 제27조). 그리고 공법상 계약이 발령에 다른 행정청의 동의가 요구되는 행정행위를 대체하는 것이라면 공법상 계약의 체결에도 그 다른 행정청의 동의가 요구된다.
② 공법상 계약은 행정절차법의 규율대상이 아니다. 특별한 규정이 없는 한 의사표시와 계약에 관한 일반원칙을 따른다. 공법상 계약의 성립에 감독청의 승인을 받게 할 수도 있으며, 다른 행정청의 승인·협의를 요하는 것으로 규정하고 있으면 그에 따라야 한다.

(3) 내용상 요건

공법상 계약에도 법률우위의 원칙이 적용되므로 공법상 계약의 내용이 법을 위반하지 않아야 한다. 기속행정 영역에서 체결하는 공법상 계약은 이미 법률적으로 확정된 것을 내용으로 하여야 하고, 재량행정 영역에서는 재량의 한계를 지켜야 한다.

05 공법상 계약의 특수성

1. 부합계약성·계약강제성

공법상 계약은 공익의 실현수단이라는 점에서 ① 계약상의 내용이 영조물규칙·공급규정 등의 형식으로 행정주체가 일방적으로 정형화된 내용을 사전에 마련하거나, ② 독점적 사업의 경우처럼 계약이 강제되는 경우가 많다.

2. 공법상 계약의 하자의 효과

공법상계약에 일정한 하자가 있는 경우 그 효력을 어떻게 구성할 것인가의 문제이다. 이는 법률에 의한 행정의 원리와 '합의는 구속한다'라는 법리 중 무엇을 강조하는가의 문제로 귀착한다. 이에는 ① 행정행위와 달리 공정력이 인정되지 않으므로 무효로 보는 견해(다수설)와, ② 무효 또는 취소할 수 있다는 견해가 있다.

3. 권리구제

(1) 공법상 당사자소송

공법상 계약의 무효확인소송, 공법상 계약에 의한 의무의 확인에 관한 소송, 의무불이행시의 의무이행을 구하는 소송 등은 행정소송법 제3조 제2호의 공법상 당사자소송에 의한다. 그러나 행정주체 상호간에 체결되는 계약의 경우는 당사자소송이나 의무불이행에 대한 사법적(司法的) 강제가 곤란한 측면이 있다.

(2) 손해배상청구소송

공법상 계약의 체결·집행상의 불법행위로 인한 손해배상책임은 공법상 당사자소송에 의하는 것이 이론상 타당하다. 그러나 실무상 민사소송으로 본다.

> **관련판례**
>
> **공중보건의사 채용계약 해지에 대한 쟁송은 공법상 당사자소송**
> 현행 실정법이 전문직공무원인 공중보건의사의 채용계약 해지의 의사표시는 일반공무원에 대한 징계처분과는 달라서 항고소송의 대상이 되는 처분 등의 성격을 가진 것으로 인정되지 아니하고, 일정한 사유가 있을 때에 관할 <u>도지사가 채용계약 관계의 한쪽 당사자로서 대등한 지위에서 행하는 의사표시</u>로 취급하고 있는 것으로 이해되므로, 공중보건의사 채용계약 해지의 의사표시에 대하여는 대등한 당사자간의 소송형식인 공법상의 당사자소송으로 그 의사표시의 무효확인을 청구할 수 있는 것이지, 이를 항고소송의 대상이 되는 행정처분이라는 전제하에서 그 취소를 구하는 항고소송을 제기할 수는 없다(대판 1996.5.31. 95누10617).
>
> **서울특별시립무용단원의 해촉에 대하여 공법상 당사자소송으로 무효확인을 청구할 수 있음**
> 지방자치법 제9조 제2항 제5호 (라)목 및 (마)목 등의 규정에 의하면, 서울특별시립무용단원의 공연 등 활동은 지방문화 및 예술을 진흥시키고자 하는 서울특별시의 공공적 업무수행의 일환으

로 이루어진다고 해석될 뿐 아니라, 단원으로 위촉되기 위하여는 일정한 능력요건과 자격요건을 요하고, 계속적인 재위촉이 사실상 보장되며, 공무원연금법에 따른 연금을 지급받고, 단원의 복무규율이 정해져 있으며, 정년제가 인정되고, 일정한 해촉사유가 있는 경우에만 해촉되는 등 서울특별시립무용단원이 가지는 지위가 공무원과 유사한 것이라면, 서울특별시립무용단 단원의 위촉은 공법상의 계약이라고 할 것이고, 따라서 그 단원의 해촉에 대하여는 공법상의 당사자소송으로 그 무효확인을 청구할 수 있다(대판 1995.12.22. 95누4636).

산업단지관리공단의 입주변경계약 취소의 처분성
산업단지관리공단의 지위, 입주계약 및 변경계약의 효과, 입주계약 및 변경계약 체결 의무와 그 의무를 불이행한 경우의 형사적 내지 행정적 제재, 입주계약해지의 절차, 해지통보에 수반되는 법적 의무 및 그 의무를 불이행한 경우의 형사적 내지 행정적 제재 등을 종합적으로 고려하면, 입주변경계약 취소는 행정청인 관리권자로부터 관리업무를 위탁받은 산업단지관리공단이 우월적 지위에서 입주기업체들에게 일정한 법률상 효과를 발생하게 하는 것으로서 항고소송의 대상이 되는 행정처분에 해당한다(대판 2017.6.15. 2014두46843).

예제 공법상 계약에 관한 설명으로 옳지 않은 것은? (다툼이 있으면 판례에 따름) ▶ 22 소방승진

① 국가를 당사자로 하는 계약이나 「공공기관의 운영에 관한 법률」의 적용 대상인 공기업이 일방 당사자가 되는 계약은 사법상 계약으로서, 사적자치와 계약자유의 원칙을 비롯한 사법의 원리가 원칙적으로 적용된다.
② 지방자치단체의 관할구역 내에 있는 각급 학교에서 학교회계직원으로 근무하는 것을 내용으로 하는 근로계약은 공법상 계약이다.
③ 음식물류 폐기물의 수집·운반, 가로 청소, 재활용품의 수집·운반 업무를 대행할 것을 위탁하고 그에 대한 대행료를 지급하는 것을 내용으로 하는 용역도급계약은 사법상 계약이다.
④ 법률우위의 원칙은 공법상 계약에도 적용되므로 공법상 계약의 내용은 법률에 위반하지 않아야 한다.

정답 ②

② (×) 대판 2018.5.11. 2015다237748. 사안에서 지방자치단체는 원고들과 2004~2007년도 학교회계예산편성기본지침에 따라 1년 단위 계약직으로 근로계약을 체결하였다. 이는 사법상 근로계약관계이다.
① (○) 대판 2017.12.21. 2012다74076
③ (○) 대판 2018.2.13. 2014두11328
④ (○) 행정기본법 제27조(공법상 계약의 체결) ① 행정청은 법령등을 위반하지 아니하는 범위에서 행정목적을 달성하기 위하여 필요한 경우에는 공법상 법률관계에 관한 계약(이하 "공법상 계약"이라 한다)을 체결할 수 있다. 이 경우 계약의 목적 및 내용을 명확하게 적은 계약서를 작성하여야 한다.

제4절 공법상 사실행위

01 사실행위의 의의

공법상 사실행위란 ① 행정주체의 행위가 일정한 법률효과를 지향하는 것이 아니라 직접 어떠한 사실상의 효과·결과의 실현을 목적으로 하는 행정작용, 또는 ② 법률적 효과의 발생을 직접적으로 목적하지 않는 행위로서 주로 공법영역에서 행정기관의 활동에 관련되고 그로 인하여 시민의 법적 영역과 관련되는 행위로 설명된다. 교량의 건설, 도로의 청소, 범인체포 등이 그 예이다.

02 공법상 사실행위의 법적 근거와 한계

1. 법적 근거

공법상 사실행위도 다른 행정작용과 마찬가지로 법률의 우위의 원칙과 법률의 유보의 원칙하에 놓인다. 따라서 조직규범의 범위 내에서 이루어져야 함은 당연하다. 그 외에 작용법적 근거를 필요로 하는가의 문제가 있는데, 개인의 신체·자유·재산에 직접 침해를 야기할 수 있는 사실행위는 작용법적 근거가 필요하다고 볼 것이다(침해유보설). 그 밖에도 현실적으로 당사자에게 불이익을 발생하게 하는 사실행위(예 행정지도나 비공식적 행정작용으로서 불이익 발생)는 작용법적 근거를 요한다.

2. 한계

행정행위의 경우와 다르지 않다. 공법상 사실행위는 ① 법령의 실체적·절차적 내용에 위반되어서는 아니되며, ② 행정목적을 위해 필요한 범위 내에서, ③ 공익원칙·신뢰보호원칙·평등원칙·등의 준수하에 이루어져야 한다.

03 공법상 사실행위와 권리구제

1. 행정쟁송

(1) 법정(法定) 항고쟁송

① 권력적 사실행위

㉠ 처분성의 인정여부

긍정설	행정쟁송법상 '구체적 사실에 관한 법집행으로서의 공권력의 행사 또는 거부' 또는 '그 밖에 이에 준하는 행정작용'에 해당하므로 그에 대한 행정쟁송이 가능하다는 견해
수인하명설	권력적 사실행위는 사실행위로서의 측면과 수인하명의 요소가 결합된 합성적 행위로 인식함. 그 취소쟁송의 대상은 수인하명이 중심.
부정설	사실행위는 법적 효과의 제거의 대상이 될 수 없고, 수인의무가 발생하려면 상대방이 인식하여야 하는데 대부분의 권력적 사실행위는 인식이 결여되어 있음을 논거로 함.
판례	구청장의 단수조치(대판 1985.12.24. 84누598), 미결수용자의 교도소이송조치(대결 1992. 8.7. 92두30, 동장의 주민등록직권말소행위(대판 1994.8.26. 94누3223) 등의 처분성을 인정

ⓒ **권리보호의 필요** : 물건의 영치, 전염병환자의 격리, 외국인의 강제송환을 위한 수용 등 계속적 성격을 갖는 권력적 사실행위는 행정쟁송으로 위법성을 제거할 필요가 있다. 그러나 대부분 비교적 단시간에 집행이 완료되므로 그 이후에는 권리보호의 필요가 없는 것이 되어 부적법각하될 가능성이 많다. 따라서 집행정지신청을 활용해야 할 것이다.

② **비권력적 사실행위** : 통설과 판례는 행정지도와 같은 비권력적 사실행위의 경우에 법적 행위의 요소를 찾기 어려우므로 그 처분성을 부인하고 있다. 이 경우는 공법상의 당사자소송에 의하여 구제를 받을 수 있다. 그러나 사실상 강제력을 미치는 비권력 사실행위는 행정소송법상 '그 밖에 이에 준하는 행정작용'에 해당하여 처분성을 인정한다.

(2) 예방적 금지소송

권력적 사실행위 등 침해적 행정행위에 대해 취소소송과 집행정지신청으로 구제가 불가능하거나 심히 어려운 경우에 예방적 금지소송을 예외적으로 인정하자는 입법론이 있다. 행정소송법 개정안에 포함되어 있다.

2. 헌법소원

헌법재판소는 권력적 사실행위를 헌법소원의 대상으로 보고 있다. 독일과 달리 사실행위에 대하여 일반적 이행소송이 인정되지 않은 현실에서 헌법소원이 실효성 있는 권리구제수단이 될 수 있다.

> **관련판례**
>
> **사실행위에 대한 헌법소원을 인정한 사례**
> [1] 이 사건 부여군수의 감사는 행정처분의 준비단계로서 행하여지거나 처분과 결합된 바 없다. 그렇다면, 이 사건 감사는 피청구인이 우월적 지위에서 일방적으로 강제하는 권력적 사실행위라 할 것이고 이는 헌법소원의 대상이 되는 헌법재판소법 제68조 제1항의 '공권력의 행사'에 해당된다(헌재 2003.12.18. 2001헌마754).
>
> [2] 수형자의 서신을 교도소장이 검열하는 행위는 이른바 권력적 사실행위로서 행정심판이나 행정소송의 대상이 되는 행정처분으로 볼 수 있으나, 위 검열행위가 이미 완료되어 행정심판이나 행정소송을 제기하더라도 소의 이익이 부정될 수 밖에 없으므로 헌법소원심판을 청구하는 외에 다른 효과적인 구제방법이 있다고 보기 어렵기 때문에 보충성의 원칙에 대한 예외에 해당한다(헌재 1998.8.27. 96헌마398).
>
> [3] 구속된 피의자가 검사조사실에서 수갑 및 포승을 사용한 상태로 피의자신문을 받도록 한 이 사건 수갑 및 포승 사용행위는 이미 종료된 권력적 사실행위로서 행정심판이나 행정소송의 대상으로 인정되기 어려워 헌법소원심판을 청구하는 외에 달리 효과적인 구제방법이 없으므로 보충성의 원칙에 대한 예외에 해당한다(헌재 2005.5.26. 2001헌마728).
>
> **비권력적 사실행위로 보아 헌법소원을 불인정한 사례**
> 청구인은 학교당국이 미납공납금을 완납하지 아니할 경우에 졸업증의 교부와 증명서를 발급하지 않겠다고 통고한 것이 헌법에 위반된다고 주장하나, 학교당국의 이러한 통고는 일종의 비권력적

사실행위로서 법 제68조 제1항에서 헌법소원심판의 청구대상으로서의 '공권력'에는 해당된다고 볼 수 없으므로 부적법하다(헌재 2001.10.25. 2001헌마113).

3. 행정상 손해배상

위법한 공법상 사실행위로 인해 사인이 손해를 입게 되면, 국가배상법 제2조와 제5조의 '공무원의 직무행위'와 '영조물의 설치나 관리행위'에 해당하여 국가 또는 지방자치단체에 대하여 손해배상을 청구할 수 있다.

4. 행정상 손실보상

행정작용의 초기에는 적법한 사실행위가 사후에 전혀 의도하지 않았던 재산상의 손실을 타인에게 야기한 경우에 손실보상의 문제가 제기될 수 있다.

5. 결과제거청구권

위법한 사실행위로 위법한 사실상태가 발생한 경우(에 경찰이 위법하게 물건을 압수)에는 행정청은 그 위법한 상태를 제거하고 적법한 상태를 회복할 의무를 부담하고, 침해받은 사인은 적법한 상태로의 원상회복을 위한 결과제거청구권을 갖는다.

예제 행정상 사실행위에 관한 설명으로 옳지 않은 것은? (다툼이 있는 경우 판례에 의함)

▶ 23 소방승진

① 훈장 수여 등 서훈수여 처분의 경우, 유족 등 제3자는 처분의 상대방이 될 수 없고, 망인을 대신하여 단지 사실행위로서 훈장 등을 교부받거나 보관할 수 있는 지위에 있을 뿐이다.
② 교도소장의 미결수용자 이송처분은 권력적 사실행위로서 「행정심판법」과 「행정소송법」이 규정하는 처분개념인 '공권력행사'로서 처분성이 인정된다.
③ 교도소장이 수형자를 '접견내용 녹음·녹화 및 접견 시 교도관 참여대상자'로 지정한 사안에서, 이와 같은 지정 행위는 행정청의 공법상 행위로서 항고소송의 대상이 되는 '처분'에 해당한다.
④ 부실기업의 정리와 관련하여 주거래은행의 의사를 지원·독려하는 정부의 행위는 「행정심판법」과 「행정소송법」이 규정하고 있는 처분개념인 '공권력행사'에 해당된다.

정답 ④

④ (×) 부실기업의 정리에 관한 재무부의 행정지도(매각권유의 지시)가 비록 위헌적이라 하더라도, 그 지시가 매매 당사자인 부실기업의 대표이사에 대하여 행하여진 것이 아니라 채권자인 주거래은행에 대하여 행하여졌고 그 후 주거래은행이 그 지시를 받아들여 부실기업의 대표이사와의 사이에 상당히 오랜 시간 동안 여러 차례에 걸쳐 그 매각 조건에 관한 협상을 하고 그 과정에서 그 대표이사는 고문변호사의 조언까지 받아 그 매각 조건에 관한 타협이 이루어져 주식 매매계약이 성사된 경우, 재무부측의 행정지도가 그 대표이사에 대한 강박이 될 수 없고 재무부당국자가 그 대표이사에 대한 강박의 주체가 될 수도 없다고 한 사례(대판 1996.4.26. 94다34432). ☞ 공권력 행사가 아니라 행정지도
① (○) 대판 2014.9.26. 2013두2518 ② (○) 대결 1992.8.7. 92두30
③ (○) 대판 2014.2.13. 2013두20899

제5절 행정지도

01 의의

1. 개념

행정지도는 '**행정기관이 그 소관사무의 범위 안에서 일정한 행정목적을 실현하기 위하여 특정인에게 일정한 행위를 하거나 하지 아니하도록 지도·권고·조언 등을 하는 행정작용**'(행정절차법 제2조 제3호) 또는 '**행정주체가 일정한 행정목적의 실현을 위하여 상대방의 임의적인 협력을 기대하며 행하는 비권력적 사실행위**'로 정의된다(예 특정산업의 불황을 타개하기 위하여 관계기업에 조업단축을 권고).

2. 성질

(1) 비권력행위

행정지도는 국민의 임의적인 협력을 전제로 하는 행위이다. 따라서 행정기관은 행정지도의 상대방의 의사에 반하여 부당하게 강요하여서는 아니되고(행정절차법 제48조 제1항), 상대방이 행정지도에 따르지 아니하였다는 것을 이유로 불이익한 조치를 하여서는 아니된다(제2항).

(2) 사실행위

행정지도는 그 자체로서 아무런 법적 효과도 발생하지 않는 사실행위이다. 이러한 점에서 행정행위, 공법상 계약 등의 법적 행위와 구별된다.

02 행정지도의 법적 근거와 한계

1. 법적 근거

행정지도에 법적 근거가 요구되는가에 관한 일반법 규정은 없다. 행정절차법은 행정지도에 적용되는 일반원칙과 행정지도의 방법을 규정하고 있을 뿐이다. 행정지도는 상대방의 임의적·자발적 협력을 전제로 하며, 그 자체로 아무런 직접적인 법적 효과를 발생하지 않는 사실행위라는 점에서 법적 근거는 필요하지 않다(통설·판례).

2. 한계

(1) 법령상 한계

행정지도는 조직법상 주어진 권한 내에서만 할 수 있으며, 조직법상 권한내에서의 지도일지라도 개별 법령에서 정하는 행정지도에 관한 작용법상 규정(예 행정절차법 제48조 이하)을 준수하여야 하고, 원래의 목적과 다른 목적의 행정지도는 불가능하며, 다른 법령에 위반해서도 안된다.

(2) 행정법의 일반원칙에 따른 한계

행정지도도 행정작용의 하나이므로 비례의 원칙, 평등의 원칙, 신뢰보호의 원칙 등 법일반원칙을 준수하여야 한다. 행정지도가 통상의 방법에 의하지 아니하고 사실상 지시하는 방법으로 행하여진 경우, 그 행정지도는 위헌이다(대판 1999.7.23. 96다21706).

03 행정지도의 원칙과 방식

1. 행정지도의 원칙

(1) 비례원칙 및 임의성의 원칙

행정지도는 그 목적 달성에 필요한 최소한도에 그쳐야 하며 아울러 상대방의 의사에 반하여 부당하게 강요하여서는 아니된다(행정절차법 제48조 제1항). 이러한 원칙에 위배되면 행정지도는 당연히 위법하게 된다.

(2) 불이익조치금지의 원칙

행정기관은 행정지도의 상대방이 행정지도에 따르지 아니하였다는 것을 이유로 불이익한 조치를 하여서는 아니된다(제2항). 이는 비례의 원칙에 반하는 것이어서가 아니라 그 자체가 금지되는 것이다. 불이익 조치가 항상 위법하게 되는 것은 아니며 상대방이 행정지도에 따르지 않았다는 것이 당해 불이익조치의 주된 이유가 되어야 한다.

2. 행정지도의 방식

(1) 명확성의 원칙 및 행정지도실명제

행정지도를 하는 자는 그 상대방에게 그 행정지도의 취지 및 내용과 신분을 밝혀야 한다(제49조 제1항). 행정지도는 말로도 가능하다. 그런데 행정지도가 말로 이루어지는 경우에 상대방이 제1항의 사항을 적은 서면의 교부를 요구하면 그 행정지도를 하는 자는 직무 수행에 특별한 지장이 없으면 이를 교부하여야 한다(제2항).

(2) 의견제출

행정지도의 상대방은 해당 행정지도의 방식·내용 등에 관하여 행정기관에 의견제출을 할 수 있다(제50조). 상대방은 당해 행정지도가 위법하거나 부당하게 행하여지는 경우에는 그 시정을 촉구할 수 있는 것으로 해석된다.

(3) 다수인에 대한 행정지도의 공통사항의 공표

행정기관이 같은 행정목적을 실현하기 위하여 많은 상대방에게 행정지도를 하려는 경우에는 특별한 사정이 없으면 행정지도에 공통적인 내용이 되는 사항을 공표하여야 한다(제51조). 다수인에 대한 행정지도의 명확성과 공평성을 확보하기 위함이다.

04 행정지도와 행정구제

1. 행정쟁송

행정지도는 국민의 임의적 협력에 의하여 행정목적을 달성하려는 비권력적·비구속적 사실행위라는 점에서, 그것은 '처분'에 해당하지 않으므로 취소소송의 제기는 원칙적으로 인정되지 않는다(다수설, 판례). 그러나 규제적 행정지도의 경우 강제성과 계속성을 띠고 있는 행정작용으로서 취소·변경할 실익이 있으므로 행정쟁송의 대상이 된다는 견해가 있다.

> **관련판례**
>
> **남녀차별금지및구제에관한법률상 국가인권위원회의 성희롱결정 및 시정조치권고가 행정소송의 대상이 되는 행정처분에 해당**
> 남녀차별금지및구제에관한법률 제28조에 의하면, 국가인권위원회의 성희롱결정과 이에 따른 시정조치의 권고는 불가분의 일체로 행하여지는 것인데 국가인권위원회의 이러한 결정과 시정조치의 권고는 성희롱 행위자로 결정된 자의 인격권에 영향을 미침과 동시에 공공기관의 장 또는 사용자에게 일정한 법률상의 의무를 부담시키는 것이므로 국가인권위원회의 성희롱결정 및 시정조치권고는 행정소송의 대상이 되는 행정처분에 해당한다고 보지 않을 수 없다(대판 2005.7.8. 2005두487).
>
> **구청장이 사회복지법인에 특별감사 결과 지적사항에 대한 시정지시와 그 결과를 관계서류와 함께 보고하도록 지시한 행위는 행정처분에 해당**
> 원고로서는 위 보고명령 및 관련서류 제출명령을 이행하기 위하여 위 시정지시에 따른 시정조치의 이행이 사실상 강제되어 있다고 할 것이고, 만일 피고의 위 명령을 이행하지 않는 경우 시정명령을 받거나 법인설립허가가 취소될 수 있고, 자신이 운영하는 사회복지시설에 대한 개선 또는 사업정지 명령을 받거나 그 시설의 장의 교체 또는 시설의 폐쇄와 같은 불이익을 받을 위험이 있으며,…(중략)… 위 시정지시는 단순한 권고적 효력만을 가지는 비권력적 사실행위에 불과하다고 볼 수는 없고, 원고에 대하여 의무의 부담을 명하거나 기타 법률상 효과를 발생하게 하는 것으로서 항고소송의 대상이 되는 행정처분에 해당한다고 해석함이 상당하다고 할 것이다(대판 2008.4.24. 2008두3500).

2. 헌법소원

행정지도가 단순한 행정지도로서의 한계를 넘어 규제적·구속적 성격을 상당히 강하게 갖는 것이라면 헌법소원의 대상이 되는 공권력의 행사로 볼 수 있다.

> **관련판례**
>
> 교육인적자원부장관의 국·공립대학총장들에 대한 학칙시정요구
> 교육인적자원부장관의 대학총장들에 대한 이 사건 학칙(註: "법령에 근거가 없음에도 교수회를 학칙 제·개정에 관한 의결기구로 규정하는 것")시정요구는 고등교육법 제6조 제2항, 동법시행령 제4조 제3항에 따른 것으로서 그 법적 성격은 대학총장의 임의적인 협력을 통하여 사실상의 효과를 발생시키는 행정지도의 일종이지만, 그에 따르지 않을 경우 일정한 불이익조치를 예정하고 있어 사실상 상대방에게 그에 따를 의무를 부과하는 것과 다를 바 없으므로 단순한 행정지도로서의 한계를 넘어 규제적·구속적 성격을 상당히 강하게 갖는 것으로서 헌법소원의 대상이 되는 공권력의 행사라고 볼 수 있다(헌재 2003.6.26. 2002헌마337).

3. 행정상 손해배상

(1) 행정지도는 행정목적을 달성하기 위한 비권력적 사실행위로서 국가배상법상 직무의 범위에 속한다.

(2) 행정법의 일반원칙을 위반하는 행정지도는 위법하다. 오류가 있는 정보를 제공하는 것도 위법하다. 재량권이 영으로 수축하는 경우에 행정지도의 부작위(예 인체유해제품의 출현을 알고도 행정지도를 하지 않은 것)는 위법하고 과실이 인정될 수 있다.

(3) 위법한 행정지도에 따른 사인의 행위의 위법 여부가 문제되나, 법령에 명시적으로 정함이 없는 한 위법성이 조각된다고 할 수 없다는 것이 판례의 입장이다.

> **관련판례**
>
> 한계를 일탈하지 않은 행정지도로 인하여 상대방에게 손해가 발생한 경우
> 행정지도가 강제성을 띠지 않은 비권력적 작용으로서 행정지도의 한계를 일탈하지 아니하였다면, 그로 인하여 상대방에게 어떤 손해가 발생하였다 하더라도 행정기관은 그에 대한 손해배상책임이 없다(대판 2008.9.25. 2006다18228).
>
> 무효인 조례 규정에 터잡은 행정지도에 따라 스스로 납세의무자로 믿고 자진신고 납부한 경우 부당이득반환청구권을 불인정한 사례
> 신고행위가 없어 부과처분에 의해 조세채무가 확정된 경우에 취득세를 납부한 자와의 균형을 고려하건대 만일 원고들이 자진신고하지 아니하여 부과처분에 의해 조세채무가 확정되었다 하더라도 원고들이 그러한 부과처분에 불복하였으리라고 볼 사정은 엿보이지 않고, 또 위 부과처분의 근거가 된 위 조례규정이 무효라 하여 그에 터잡은 부과처분이 당연무효가 되는 것은 아니므로, 부과처분에 따라 납부한 취득세에 대한 부당이득 청구는 허용되지 아니한다. 원심이 인정한 사정만으로는 원고들의 신고행위의 하자가 중대하고 명백한 것이라고 단정할 수 없다(대판 1995.11.28. 95다18185).

4. 행정상 손실보상

손실보상은 적법한 권력적 행위로 인하여 발생하는 특별한 희생에 대하여 주어지는 것이어서, 비권력적 행위에 불과한 행정지도의 경우에도 손실보상이 인정되는지 문제된다(예 배추수요의 증가를 예측하여 배추작농을 권한 경우에 수요감소로 인한 배추값 폭락으로 큰 피해를 본 경우). 행정지도로 인하여 불측의 손실을 입은 경우에는 국가 스스로 적정한 보상하는 것이 국민의 신뢰를 보호하는 길이라는 견해가 있다.

예제 행정지도에 대한 설명으로 옳지 않은 것은? (다툼이 있는 경우 판례에 의함)
① 위법한 행정지도에 따라 행한 사인의 행위는 법령에 명시적으로 정함이 없는 한 위법성이 조각된다고 할 수 없다.
② 행정지도의 상대방은 행정지도의 내용에 동의하지 않는 경우 이를 따르지 않을 수 있으므로, 행정지도의 내용이나 방식에 대해 의견제출권을 갖지 않는다.
③ 행정지도가 말로 이루어지는 경우에 상대방이 행정지도의 취지 및 내용, 행정지도를 하는 자의 신분에 관한 사항을 적은 서면의 교부를 요구하면 그 행정지도를 하는 자는 직무 수행에 특별한 지장이 없으면 이를 교부하여야 한다.
④ 국가배상법이 정한 배상청구의 요건인 '공무원의 직무'에는 권력적 작용만이 아니라 행정지도와 같은 비권력적 작용도 포함된다.

정답 ②
② (×) 행정지도의 상대방은 해당 행정지도의 방식·내용 등에 관하여 행정기관에 의견제출을 할 수 있다(행정절차법 제50조).
① (○) 대판 1994.6.14. 93도3247
③ (○) 행정절차법 제49조 제2항
④ (○) 대판 1998.7.10. 96다38971

제6절 공법상 합동행위

1. 의의

공법적 효과의 발생을 목적으로 하는 복수 당사자간의 동일방향의 의사표시의 합치로 성립되는 공법행위를 공법상 합동행위라고 한다. 공법상 합동행위는 각 당사자의 의사표시의 방향이 같고 그 효과도 각 당사자에 대하여 동일한 의미를 가지는 점에서 공법상 계약과 차이가 있다.

2. 사례

여기에는 지방자치단체의 협의로 지방자치단체조합을 설립하는 행위(지방자치법 제159조), 지역조합·전문조합의 합의로 산림조합중앙회를 설립하는 행위(산림조합법 제3장), 정관작성행위 등이 있다.

제7절 행정의 자동화작용

1. 의의

(1) 개념

행정의 자동화란 '행정과정에서 인공지능기술을 적용한 시스템을 비롯하여 완전히 자동화된 시스템으로 내리는 처분' 또는 '컴퓨터 등 전자데이터장비를 투입하여 행정업무를 자동화하여 수행하는 것'을 의미한다.

> **행정기본법 제20조(자동적 처분)** 행정청은 법률로 정하는 바에 따라 완전히 자동화된 시스템(인공지능 기술을 적용한 시스템을 포함한다)으로 처분을 할 수 있다. 다만, 처분에 재량이 있는 경우는 그러하지 아니하다.

행정기본법에 따르면 자동적 처분은 ① 법률에 근거가 있을 것, ② 처분에 재량 있는 경우가 아닐 것, ③ 일부만 자동화된 시스템이 아닐 것을 요건으로 한다.

(2) 활용분야 및 문제점

① 이러한 자동화작용은 ㉠ 행정계획의 사전준비작업, ㉡ 행정정보와 기록의 보존(예 주민등록, 통계 분야), ㉢ 교통신호나 교통관리시스템의 구축(예 자동기기에 의한 교통신호), ㉣ 대량행정에 있어서 행정결정의 산출(예 조세부과결정, 연금결정, 객관식 시험의 채점과 합격자결정, 주차요금등 공공시설사용결정, 컴퓨터에 의한 중·고등학생의 학교배정, 교부금지급결정, 병역소집결정) 등에 활용된다.

② 그러나 자동화 현상이 점차 보편화되어 가고 있으므로 그 법적 문제, 즉 ㉠ 자동기계결정의 법적 성질 및 법형식, ㉡ 정보의 수집 및 처리에 대한 법률유보원칙의 문제, ㉢ 정보처리시설에의 접근을 위한 문제, ㉣ 행정절차상의 문제, ㉤ 개인보호문제 등의 검토를 요한다.

2. 법적 성질

(1) 전산프로그램의 성질

공무원이 작성한 프로그램에 입각하여 구체적 조치로서 행정자동결정이 이루어지는 것이므로, 자동결정의 기준이 되는 전산프로그램은 행정규칙의 성질을 갖는다는 견해가 있다.

(2) 자동결정의 성질

자동결정이 자동데이터처리과정을 거쳤다고 할지라도, 공무원은 개별적 행정작용에 관한 프로그램과 구체적인 자료를 통해서 조종하고 결정하는 역할을 하고 결정된 내용을 행정처분으로 통지함으로써 구속력을 발생시키기 때문에, 자동결정은 자동시설의 도움을 빌어 발하여지는 행정행위로서의 성질을 갖는다(통설).

3. 권리구제

(1) 행정자동결정의 하자
기계의 이상 또는 프로그램을 작성하는 관계공무원의 과실에 의해서 하자가 발생하는 경우, 하자의 정도나 명백성 여부에 따라 취소 또는 무효의 원인이 될 수 있다.

(2) 권리구제
① **행정쟁송** : 행정자동결정에 하자가 있는 경우 자동결정의 처분성이 인정되므로 행정쟁송을 통하여 다툴 수 있음은 물론이다.
② **손해배상책임** : 행정자동결정의 프로그램을 작성하는 관계공무원의 고의·과실의 위법행위에 기인한 경우에는 국가배상법 제2조에 의해서, 자동장치의 설치·관리의 하자로 인해 타인에게 손해를 입힌 경우에는 동법 제5조에 의해서 배상책임이 발생한다.

예제 「행정기본법」의 내용과 다른 것은? ▶ 22 소방승진

① 법령등을 공포한 날부터 일정 기간이 경과한 날부터 시행하는 경우 법령등을 공포한 날을 첫날에 산입하지 아니한다.
② 행정청은 재량행위라 하더라도 법률로 정하는 바에 따라 완전히 자동화된 시스템으로 처분을 할 수 있다.
③ 제재처분의 근거가 되는 법률에는 제재처분의 주체, 사유, 유형 및 상한을 명확하게 규정하여야 한다.
④ 행정청은 처분에 재량이 없는 경우 법률에 근거가 있으면 부관을 붙일 수 있다.

정답 ②

② (×) 행정기본법 제20조(자동적 처분) 행정청은 법률로 정하는 바에 따라 완전히 자동화된 시스템(인공지능 기술을 적용한 시스템을 포함한다)으로 처분을 할 수 있다. 다만, 처분에 재량이 있는 경우는 그러하지 아니하다.
① (○) 동법 제7조(법령등 시행일의 기간 계산) 법령등(훈령·예규·고시·지침 등을 포함한다)의 시행일을 정하거나 계산할 때에는 다음 각 호의 기준에 따른다.
2. 법령등을 공포한 날부터 일정 기간이 경과한 날부터 시행하는 경우 법령등을 공포한 날을 첫날에 산입하지 아니한다.
③ (○) 동법 제22조(제재처분의 기준) ① 제재처분의 근거가 되는 법률에는 제재처분의 주체, 사유, 유형 및 상한을 명확하게 규정하여야 한다. 이 경우 제재처분의 유형 및 상한을 정할 때에는 해당 위반행위의 특수성 및 유사한 위반행위와의 형평성 등을 종합적으로 고려하여야 한다.
④ (○) 동법 제17조(부관) ② 행정청은 처분에 재량이 없는 경우에는 법률에 근거가 있는 경우에 부관을 붙일 수 있다.

memo.

제3편

행정절차·정보

제1장 　행정절차
제2장 　개인정보보호, 정보공개

제1장 행정절차

제1절 행정절차의 의의

1. 개념

광의	입법절차·사법절차에 대응하는 개념으로서, 행정과정상 행정기관이 거쳐야 하는 일체의 절차를 의미. 사전절차와 사후절차를 포함. ① 사전절차 : 행정입법절차, 행정처분절차, 행정계획확정절차, 공법상계약 체결절차, 행정지도절차 등 ② 사후절차 : 행정상 실효성확보절차, 행정심판절차
협의 (통설)	행정의사결정에 관한 제1차적 결정을 함에 있어서 밟아야 할 일련의 외부와의 교섭과정을 의미(≠ 행정조직 내부에서만 이루어지는 행정결정의 준비절차). 광의의 행정절차 중 사전절차.
행정절차법 규정	처분, 신고, 행정상 입법예고, 행정예고 및 행정지도의 절차를 동법의 적용을 받는 행정절차로 규정

2. 행정절차의 필요성

행정작용의 민주화	행정과정에 이해관계인이 참여할 수 있는 기회를 보장함으로써 민주주의를 실현하고 국민으로부터 행정결정의 정당성을 확보하는 제도적 수단
행정작용의 적정화	행정작용을 할 때에 관계인으로부터 의견제출을 받음으로써 행정청의 편견을 배제하고, 사실인정 및 법령해석을 적정화하고, 행정행위의 적법성과 공정성을 확보
행정작용의 능률화	행정작용의 절차적 정형화가 행정작용을 절차적으로 간이·신속화하고, 행정결정과정에서 관계인의 협력을 얻음으로써 저항을 완화시켜 궁극적으로는 행정의 능률화에 이바지
예방적·사전적 행정구제	적법·타당한 행정작용의 성립을 도모함으로써 위법·부당한 행정작용에 대한 예방적·사전적 행정구제의 기능

제2절 행정절차의 법적 근거

1. 헌법

(1) 헌법 제12조 1항의 적법절차조항에서 찾는 견해

헌법 제12조 1항의 규정("모든 국민은…법률과 적법한 절차에 의하지 아니하고는 처벌·보안처분 또는 강제노역을 받지 않는다")은 미국 헌법상의 적법절차조항과 유사한 규정으로 그 취지는 형사사법작용은 물론이고 행정절차에도 적용된다는 견해이다.

(2) 다원적인 헌법상 원리에서 찾는 견해

헌법 제12조에 근거를 두는 경우에는 행정절차의 범위가 좁아질 염려가 있으므로, 행정절차의 헌법상 근거를 개별조항에서 구하는 것이 아니라 민주국가원리나 법치국가원리와 같은 헌법원리 또는 인간의 존엄과 가치에 관한 헌법 제10조 등에서 찾는 견해이다.

> **관련판례**
>
> 헌법 제12조 제3항 본문과 동조 제1항은 적법절차원리의 일반조항에 해당
> 헌법 제12조 제3항 본문은 동조 제1항과 함께 적법절차원리의 일반조항에 해당하는 것으로서, 형사절차상의 영역에 한정되지 않고 입법, 행정 등 국가의 모든 공권력의 작용에는 절차상의 적법성 뿐만 아니라 법률의 구체적 내용도 합리성과 정당성을 갖춘 실체적인 적법성이 있어야 한다는 적법절차의 원칙을 헌법의 기본원리로 명시하고 있는 것이다(헌재 1992.12.24. 92헌가8).

2. 법률

(1) 일반법

우리나라의 행정절차에 관한 일반법으로 행정절차법(1998년 시행)이 있다. 종래 개별적이고 구체적인 법률의 근거가 없어도 헌법적 근거에서 직접 절차적 권리를 도출할 수 있는지 논의가 있었으나, 행정절차법의 제정으로 더 이상 논의의 실익은 없게 되었다. 민원사무와 관련된 일반법으로「민원처리에 관한 법률」이 있다. 그리고 최근에 제정된「행정기본법」이 실체적 내용과 절차적 내용을 함께 담고 있는바 절차적 부분 역시 행정절차에 관한 일반법적 지위를 갖는다.

(2) 개별법

개별법에서 행정절차에 관한 개별규정들을 두고 있는 경우가 적지 않은데, 그 예로서 국가공무원법 제13조(진술기회부여), 식품위생법 제64조(청문), 행정대집행법 제3조(계고), 경찰관직무집행법 제5조(경고) 등이 있다.

(3) 법률의 적용순서

법률들 간에는 ① 민원사무라면 개별법률 → 민원 처리에 관한 법률 → 행정절차법의 순으로 적용되고, ② 민원사무가 아니라면 개별법률 → 행정절차법의 순으로 적용된다.

제3절 행정절차법의 주요 내용

01 구성과 특색

1. 행정절차법의 규율·성격

(1) 구조

행정절차법이 규율하는 것은 처분, 신고, 확약, 위반사실 등의 공표, 행정계획, 행정상 입법예고, 행정예고, 행정지도의 절차인데, 그 중에서도 처분절차가 중심에 있다.

(2) 성격
① 행정절차법은 행정절차에 관한 일반법으로서, 행정절차를 규정하는 다른 개별법률에 규정이 없는 사항은 행정절차법이 적용된다.
② 행정절차법은 절차적 규정이 대부분이지만 실체적 규정(예 신의성실의 원칙, 신뢰보호의 원칙)도 일부 포함되어 있다.
③ 국민의 권익보호와 행정능률을 적절히 조화시키려 노력하였다. 처분의 이유제시를 원칙으로 하면서도 예외를 두거나(행정절차법 제23조), 문서의 열람·복사권을 인정하되 의견제출과 청문절차로 한정한 것(제37조) 등이 그 예이다.

2. 행정절차법의 적용범위

(1) 적용영역
① **대상·절차** : 처분, 신고, 확약, 위반사실 등의 공표, 행정계획, 행정상 입법예고, 행정예고 및 행정지도의 절차에 관하여 다른 법률에 특별한 규정이 있는 경우를 제외하고는 행정절차법에서 정하는 바에 따른다(제3조 제1항). 행정절차법은 국가의 행정작용뿐만 아니라 지방자치단체의 행정작용에도 적용된다.
② **행정청의 의미** : 행정절차법이 적용되는 '행정청'이란 **행정에 관한 의사를 결정하여 표시하는 국가 또는 지방자치단체의 기관 기타 법령 또는 자치법규에 의하여 행정권한을 가지고 있거나 위임 또는 위탁받은 공공단체나 그 기관 또는 사인**을 말한다(제2조 제1호).

(2) 적용배제영역

행정절차법 제3조 제2항(1호~9호)은 국회 또는 지방의회의 의결을 거치거나 동의 또는 승인을 받아 행하는 사항 등 적용배제 사항들을 규정하였다.

02 행정절차법의 내용 [시행 2023.3.24.] [법률 제18748호, 2022.1.11]

1. 총칙

(1) 목적, 정의 및 적용 범위 등

제1조(목적) 이 법은 행정절차에 관한 공통적인 사항을 규정하여 국민의 행정 참여를 도모함으로써 행정의 공정성·투명성 및 신뢰성을 확보하고 국민의 권익을 보호함을 목적으로 한다.

제2조(정의) 이 법에서 사용하는 용어의 뜻은 다음과 같다.
1. "행정청"이란 다음 각 목의 자를 말한다.
   가. 행정에 관한 의사를 결정하여 표시하는 국가 또는 지방자치단체의 기관
   나. 그 밖에 법령 또는 자치법규(이하 "법령등"이라 한다)에 따라 행정권한을 가지고 있거나 위임 또는 위탁받은 공공단체 또는 그 기관이나 사인(私人)
2. "처분"이란 행정청이 행하는 구체적 사실에 관한 법 집행으로서의 공권력의 행사 또는 그 거부와 그 밖에 이에 준하는 행정작용(行政作用)을 말한다.
3. "행정지도"란 행정기관이 그 소관 사무의 범위에서 일정한 행정목적을 실현하기 위하여 특정인에게 일정한 행위를 하거나 하지 아니하도록 지도, 권고, 조언 등을 하는 행정작용을 말한다.
4. "당사자등"이란 다음 각 목의 자를 말한다.
   가. 행정청의 처분에 대하여 직접 그 상대가 되는 당사자
   나. 행정청이 직권으로 또는 신청에 따라 행정절차에 참여하게 한 이해관계인
5. "청문"이란 행정청이 어떠한 처분을 하기 전에 당사자등의 의견을 직접 듣고 증거를 조사하는 절차를 말한다.
6. "공청회"란 행정청이 공개적인 토론을 통하여 어떠한 행정작용에 대하여 당사자등, 전문지식과 경험을 가진 사람, 그 밖의 일반인으로부터 의견을 널리 수렴하는 절차를 말한다.
7. "의견제출"이란 행정청이 어떠한 행정작용을 하기 전에 당사자등이 의견을 제시하는 절차로서 청문이나 공청회에 해당하지 아니하는 절차를 말한다.
8. "전자문서"란 컴퓨터 등 정보처리능력을 가진 장치에 의하여 전자적인 형태로 작성되어 송신·수신 또는 저장된 정보를 말한다.
9. "정보통신망"이란 전기통신설비를 활용하거나 전기통신설비와 컴퓨터 및 컴퓨터 이용기술을 활용하여 정보를 수집·가공·저장·검색·송신 또는 수신하는 정보통신체제를 말한다.

제3조(적용 범위) ① 처분, 신고, 확약, 위반사실 등의 공표, 행정계획, 행정상 입법예고, 행정예고 및 행정지도의 절차(이하 "행정절차"라 한다)에 관하여 다른 법률에 특별한 규정이 있는 경우를 제외하고는 이 법에서 정하는 바에 따른다.
② 이 법은 다음 각 호의 어느 하나에 해당하는 사항에 대하여는 적용하지 아니한다.
1. 국회 또는 지방의회의 의결을 거치거나 동의 또는 승인을 받아 행하는 사항
2. 법원 또는 군사법원의 재판에 의하거나 그 집행으로 행하는 사항
3. 헌법재판소의 심판을 거쳐 행하는 사항
4. 각급 선거관리위원회의 의결을 거쳐 행하는 사항
5. 감사원이 감사위원회의의 결정을 거쳐 행하는 사항

6. 형사(刑事), 행형(行刑) 및 보안처분 관계 법령에 따라 행하는 사항
7. 국가안전보장·국방·외교 또는 통일에 관한 사항 중 행정절차를 거칠 경우 국가의 중대한 이익을 현저히 해칠 우려가 있는 사항
8. 심사청구, 해양안전심판, 조세심판, 특허심판, 행정심판, 그 밖의 불복절차에 따른 사항
9. 「병역법」에 따른 징집·소집, 외국인의 출입국·난민인정·귀화, 공무원 인사 관계 법령에 따른 징계와 그 밖의 처분, 이해 조정을 목적으로 하는 법령에 따른 알선·조정·중재(仲裁)·재정(裁定) 또는 그 밖의 처분 등 해당 행정작용의 성질상 행정절차를 거치기 곤란하거나 거칠 필요가 없다고 인정되는 사항과 행정절차에 준하는 절차를 거친 사항으로서 대통령령으로 정하는 사항

> **시행령 제2조(적용제외)** 법 제3조 제2항 제9호에서 "대통령령으로 정하는 사항"이라 함은 다음 각 호의 어느 하나에 해당하는 사항을 말한다.
> 1. 「병역법」, 「예비군법」, 「민방위기본법」, 「비상대비자원 관리법」, 「대체역의 편입 및 복무 등에 관한 법률」에 따른 징집·소집·동원·훈련에 관한 사항
> 2. 외국인의 출입국·난민인정·귀화·국적회복에 관한 사항
> 3. 공무원 인사관계법령에 의한 징계 기타 처분에 관한 사항
> 4. 이해조정을 목적으로 법령에 의한 알선·조정·중재·재정 기타 처분에 관한 사항
> 5. 조세관계법령에 의한 조세의 부과·징수에 관한 사항
> 6. 「독점규제 및 공정거래에 관한 법률」, 「하도급거래 공정화에 관한 법률」, 「약관의 규제에 관한 법률」에 따라 공정거래위원회의 의결·결정을 거쳐 행하는 사항
> 7. 「국가배상법」, 「공익사업을 위한 토지 등의 취득 및 보상에 관한 법률」에 따른 재결·결정에 관한 사항
> 8. 학교·연수원등에서 교육·훈련의 목적을 달성하기 위하여 학생·연수생등을 대상으로 행하는 사항
> 9. 사람의 학식·기능에 관한 시험·검정의 결과에 따라 행하는 사항
> 10. 「배타적 경제수역에서의 외국인어업 등에 대한 주권적 권리의 행사에 관한 법률」에 따라 행하는 사항
> 11. 「특허법」, 「실용신안법」, 「디자인보호법」, 「상표법」에 따른 사정·결정·심결, 그 밖의 처분에 관한 사항

제4조(신의성실 및 신뢰보호) ① 행정청은 직무를 수행할 때 신의(信義)에 따라 성실히 하여야 한다.
② 행정청은 법령등의 해석 또는 행정청의 관행이 일반적으로 국민들에게 받아들여졌을 때에는 공익 또는 제3자의 정당한 이익을 현저히 해칠 우려가 있는 경우를 제외하고는 새로운 해석 또는 관행에 따라 소급하여 불리하게 처리하여서는 아니 된다.

제5조(투명성) ① 행정청이 행하는 행정작용은 그 내용이 구체적이고 명확하여야 한다.
② 행정작용의 근거가 되는 법령등의 내용이 명확하지 아니한 경우 상대방은 해당 행정청에 그 해석을 요청할 수 있으며, 해당 행정청은 특별한 사유가 없으면 그 요청에 따라야 한다.
③ 행정청은 상대방에게 행정작용과 관련된 정보를 충분히 제공하여야 한다.

제5조의2(행정업무 혁신) ① 행정청은 모든 국민이 균등하고 질 높은 행정서비스를 누릴 수 있도록 노력하여야 한다.
② 행정청은 정보통신기술을 활용하여 행정절차를 적극적으로 혁신하도록 노력하여야 한다. 이 경우 행정청은 국민이 경제적·사회적·지역적 여건 등으로 인하여 불이익을 받지 아니하도록 하여야 한다.

③ 행정청은 행정청이 생성하거나 취득하여 관리하고 있는 데이터(정보처리능력을 갖춘 장치를 통하여 생성 또는 처리되어 기계에 의한 판독이 가능한 형태로 존재하는 정형 또는 비정형의 정보를 말한다)를 행정과정에 활용하도록 노력하여야 한다.
④ 행정청은 행정업무 혁신 추진에 필요한 행정적·재정적·기술적 지원방안을 마련하여야 한다.

제6조(관할) ① 행정청이 그 관할에 속하지 아니하는 사안을 접수하였거나 이송받은 경우에는 지체 없이 이를 관할 행정청에 이송하여야 하고 그 사실을 신청인에게 통지하여야 한다. 행정청이 접수하거나 이송받은 후 관할이 변경된 경우에도 또한 같다.
② 행정청의 관할이 분명하지 아니한 경우에는 해당 행정청을 공통으로 감독하는 상급 행정청이 그 관할을 결정하며, 공통으로 감독하는 상급 행정청이 없는 경우에는 각 상급 행정청이 협의하여 그 관할을 결정한다.

(2) 행정청의 관할 및 협조

제7조(행정청 간의 협조 등) ① 행정청은 행정의 원활한 수행을 위하여 서로 협조하여야 한다.
② 행정청은 업무의 효율성을 높이고 행정서비스에 대한 국민의 만족도를 높이기 위하여 필요한 경우 행정협업(다른 행정청과 공동의 목표를 설정하고 행정청 상호 간의 기능을 연계하거나 시설·장비 및 정보 등을 공동으로 활용하는 것을 말한다. 이하 같다)의 방식으로 적극적으로 협조하여야 한다.
③ 행정청은 행정협업을 활성화하기 위한 시책을 마련하고 그 추진에 필요한 행정적·재정적 지원방안을 마련하여야 한다.
④ 행정협업의 촉진 등에 필요한 사항은 대통령령으로 정한다.

제8조(행정응원) ① 행정청은 다음 각 호의 어느 하나에 해당하는 경우에는 다른 행정청에 행정응원(行政應援)을 요청할 수 있다.
1. 법령등의 이유로 독자적인 직무 수행이 어려운 경우
2. 인원·장비의 부족 등 사실상의 이유로 독자적인 직무 수행이 어려운 경우
3. 다른 행정청에 소속되어 있는 전문기관의 협조가 필요한 경우
4. 다른 행정청이 관리하고 있는 문서(전자문서를 포함한다. 이하 같다)·통계 등 행정자료가 직무 수행을 위하여 필요한 경우
5. 다른 행정청의 응원을 받아 처리하는 것이 보다 능률적이고 경제적인 경우
② 제1항에 따라 행정응원을 요청받은 행정청은 다음 각 호의 어느 하나에 해당하는 경우에는 응원을 거부할 수 있다.
1. 다른 행정청이 보다 능률적이거나 경제적으로 응원할 수 있는 명백한 이유가 있는 경우
2. 행정응원으로 인하여 고유의 직무 수행이 현저히 지장받을 것으로 인정되는 명백한 이유가 있는 경우
③ 행정응원은 해당 직무를 직접 응원할 수 있는 행정청에 요청하여야 한다.
④ 행정응원을 요청받은 행정청은 응원을 거부하는 경우 그 사유를 응원을 요청한 행정청에 통지하여야 한다.
⑤ 행정응원을 위하여 파견된 직원은 응원을 요청한 행정청의 지휘·감독을 받는다. 다만, 해당 직원의 복무에 관하여 다른 법령등에 특별한 규정이 있는 경우에는 그에 따른다.
⑥ 행정응원에 드는 비용은 응원을 요청한 행정청이 부담하며, 그 부담금액 및 부담방법은 응원을 요청한 행정청과 응원을 하는 행정청이 협의하여 결정한다.

(3) 당사자등

제9조(당사자등의 자격) 다음 각 호의 어느 하나에 해당하는 자는 행정절차에서 당사자등이 될 수 있다.
1. 자연인
2. 법인, 법인이 아닌 사단 또는 재단(이하 "법인등"이라 한다)
3. 그 밖에 다른 법령등에 따라 권리·의무의 주체가 될 수 있는 자

제10조(지위의 승계) ① 당사자등이 사망하였을 때의 상속인과 다른 법령등에 따라 당사자등의 권리 또는 이익을 승계한 자는 당사자등의 지위를 승계한다.
② 당사자등인 법인등이 합병하였을 때에는 합병 후 존속하는 법인등이나 합병 후 새로 설립된 법인등이 당사자등의 지위를 승계한다.
③ 제1항 및 제2항에 따라 당사자등의 지위를 승계한 자는 행정청에 그 사실을 통지하여야 한다.
④ 처분에 관한 권리 또는 이익을 사실상 양수한 자는 행정청의 승인을 받아 당사자등의 지위를 승계할 수 있다.
⑤ 제3항에 따른 통지가 있을 때까지 사망자 또는 합병 전의 법인등에 대하여 행정청이 한 통지는 제1항 또는 제2항에 따라 당사자등의 지위를 승계한 자에게도 효력이 있다.

제11조(대표자) ① 다수의 당사자등이 공동으로 행정절차에 관한 행위를 할 때에는 대표자를 선정할 수 있다.
② 행정청은 제1항에 따라 당사자등이 대표자를 선정하지 아니하거나 대표자가 지나치게 많아 행정절차가 지연될 우려가 있는 경우에는 그 이유를 들어 상당한 기간 내에 3인 이내의 대표자를 선정할 것을 요청할 수 있다. 이 경우 당사자등이 그 요청에 따르지 아니하였을 때에는 행정청이 직접 대표자를 선정할 수 있다.
③ 당사자등은 대표자를 변경하거나 해임할 수 있다.
④ 대표자는 각자 그를 대표자로 선정한 당사자등을 위하여 행정절차에 관한 모든 행위를 할 수 있다. 다만, 행정절차를 끝맺는 행위에 대하여는 당사자등의 동의를 받아야 한다.
⑤ 대표자가 있는 경우에는 당사자등은 그 대표자를 통하여서만 행정절차에 관한 행위를 할 수 있다.
⑥ 다수의 대표자가 있는 경우 그중 1인에 대한 행정청의 행위는 모든 당사자등에게 효력이 있다. 다만, 행정청의 통지는 대표자 모두에게 하여야 그 효력이 있다.

제12조(대리인) ① 당사자등은 다음 각 호의 어느 하나에 해당하는 자를 대리인으로 선임할 수 있다.
1. 당사자등의 배우자, 직계 존속·비속 또는 형제자매
2. 당사자등이 법인등인 경우 그 임원 또는 직원
3. 변호사
4. 행정청 또는 청문 주재자(청문의 경우만 해당한다)의 허가를 받은 자
5. 법령등에 따라 해당 사안에 대하여 대리인이 될 수 있는 자
② 대리인에 관하여는 제11조 제3항·제4항 및 제6항을 준용한다.

제13조(대표자·대리인의 통지) ① 당사자등이 대표자 또는 대리인을 선정하거나 선임하였을 때에는 지체 없이 그 사실을 행정청에 통지하여야 한다. 대표자 또는 대리인을 변경하거나 해임하였을 때에도 또한 같다.
② 제1항에도 불구하고 제12조 제1항 제4호에 따라 청문 주재자가 대리인의 선임을 허가한 경우에는 청문 주재자가 그 사실을 행정청에 통지하여야 한다.

(4) 송달 및 기간·기한의 특례

제14조(송달) ① 송달은 우편, 교부 또는 정보통신망 이용 등의 방법으로 하되, 송달받을 자(대표자 또는 대리인을 포함한다. 이하 같다)의 주소·거소(居所)·영업소·사무소 또는 전자우편주소(이하 "주소등"이라 한다)로 한다. 다만, 송달받을 자가 동의하는 경우에는 그를 만나는 장소에서 송달할 수 있다.
② 교부에 의한 송달은 수령확인서를 받고 문서를 교부함으로써 하며, 송달하는 장소에서 송달받을 자를 만나지 못한 경우에는 그 사무원·피용자(被傭者) 또는 동거인으로서 사리를 분별할 지능이 있는 사람(이하 이 조에서 "사무원등"이라 한다)에게 문서를 교부할 수 있다. 다만, 문서를 송달받을 자 또는 그 사무원등이 정당한 사유 없이 송달받기를 거부하는 때에는 그 사실을 수령확인서에 적고, 문서를 송달할 장소에 놓아둘 수 있다.
③ 정보통신망을 이용한 송달은 송달받을 자가 동의하는 경우에만 한다. 이 경우 송달받을 자는 송달받을 전자우편주소 등을 지정하여야 한다.
④ 다음 각 호의 어느 하나에 해당하는 경우에는 송달받을 자가 알기 쉽도록 관보, 공보, 게시판, 일간신문 중 하나 이상에 공고하고 인터넷에도 공고하여야 한다.
1. 송달받을 자의 주소등을 통상적인 방법으로 확인할 수 없는 경우
2. 송달이 불가능한 경우
⑤ 제4항에 따른 공고를 할 때에는 민감정보 및 고유식별정보 등 송달받을 자의 개인정보를 「개인정보 보호법」에 따라 보호하여야 한다.
⑥ 행정청은 송달하는 문서의 명칭, 송달받는 자의 성명 또는 명칭, 발송방법 및 발송 연월일을 확인할 수 있는 기록을 보존하여야 한다.

제15조(송달의 효력 발생) ① 송달은 다른 법령등에 특별한 규정이 있는 경우를 제외하고는 해당 문서가 송달받을 자에게 도달됨으로써 그 효력이 발생한다.
② 제14조 제3항에 따라 정보통신망을 이용하여 전자문서로 송달하는 경우에는 송달받을 자가 지정한 컴퓨터 등에 입력된 때에 도달된 것으로 본다.
③ 제14조 제4항의 경우에는 다른 법령등에 특별한 규정이 있는 경우를 제외하고는 공고일부터 14일이 지난 때에 그 효력이 발생한다. 다만, 긴급히 시행하여야 할 특별한 사유가 있어 효력 발생 시기를 달리 정하여 공고한 경우에는 그에 따른다.

제16조(기간 및 기한의 특례) ① 천재지변이나 그 밖에 당사자등에게 책임이 없는 사유로 기간 및 기한을 지킬 수 없는 경우에는 그 사유가 끝나는 날까지 기간의 진행이 정지된다.
② 외국에 거주하거나 체류하는 자에 대한 기간 및 기한은 행정청이 그 우편이나 통신에 걸리는 일수(日數)를 고려하여 정하여야 한다.

예제 　행정절차법상 행정청의 관할에 관한 설명 중 옳지 않은 것은?
① 행정청이 그 관할에 속하지 아니한 사안을 접수한 경우에는 지체없이 이를 관할행정청에 이송하여야 한다.
② 행정청이 사안을 접수한 후 관할이 변경된 경우에는 지체없이 이를 새로운 관할행정청에 이송하여야 한다.
③ 행정청의 관할이 불분명한 경우에 당해 행정청을 공통으로 감독하는 상급행정청이 없는 경우에는 당해 행정청이 협의로 그 관할을 정한다.
④ 행정청의 관할이 불분명한 경우에는 원칙적으로 당해 행정청을 공통으로 감독하는 상급행정청이 그 관할을 결정한다.

정답 ③
③ (×), ④ (○) 행정청의 관할이 분명하지 아니하는 경우에는 당해 행정청을 공통으로 감독하는 상급행정청이 그 관할을 결정하며, 공통으로 감독하는 상급행정청이 없는 경우에는 각 상급행정청의 협의로 그 관할을 결정한다(행정절차법 제6조 제2항).
① (○), ② (○) 동법 제6조 제1항

2. 처분

(1) 통칙

제17조(처분의 신청) ① 행정청에 처분을 구하는 신청은 문서로 하여야 한다. 다만, 다른 법령등에 특별한 규정이 있는 경우와 행정청이 미리 다른 방법을 정하여 공시한 경우에는 그러하지 아니하다.
② 제1항에 따라 처분을 신청할 때 전자문서로 하는 경우에는 행정청의 컴퓨터 등에 입력된 때에 신청한 것으로 본다.
③ 행정청은 신청에 필요한 구비서류, 접수기관, 처리기간, 그 밖에 필요한 사항을 게시(인터넷 등을 통한 게시를 포함한다)하거나 이에 대한 편람을 갖추어 두고 누구나 열람할 수 있도록 하여야 한다.
④ 행정청은 신청을 받았을 때에는 다른 법령등에 특별한 규정이 있는 경우를 제외하고는 그 접수를 보류 또는 거부하거나 부당하게 되돌려 보내서는 아니 되며, 신청을 접수한 경우에는 신청인에게 접수증을 주어야 한다. 다만, 대통령령으로 정하는 경우에는 접수증을 주지 아니할 수 있다.
⑤ 행정청은 신청에 구비서류의 미비 등 흠이 있는 경우에는 보완에 필요한 상당한 기간을 정하여 지체 없이 신청인에게 보완을 요구하여야 한다.
⑥ 행정청은 신청인이 제5항에 따른 기간 내에 보완을 하지 아니하였을 때에는 그 이유를 구체적으로 밝혀 접수된 신청을 되돌려 보낼 수 있다.
⑦ 행정청은 신청인의 편의를 위하여 다른 행정청에 신청을 접수하게 할 수 있다. 이 경우 행정청은 다른 행정청에 접수할 수 있는 신청의 종류를 미리 정하여 공시하여야 한다.
⑧ 신청인은 처분이 있기 전에는 그 신청의 내용을 보완·변경하거나 취하(取下)할 수 있다. 다만, 다른 법령등에 특별한 규정이 있거나 그 신청의 성질상 보완·변경하거나 취하할 수 없는 경우에는 그러하지 아니하다.

> **관련판례**
>
> 민원서류에 흠이 있는 경우, 그 보완의 대상이 되는 흠의 정도 및 그 내용
> 위 규정 소정의 보완의 대상이 되는 흠은 보완이 가능한 경우이어야 함은 물론이고, 그 내용 또한 형식적·절차적인 요건이거나, 실질적인 요건에 관한 흠이 있는 경우라도 그것이 민원인의 단순한 착오나 일시적인 사정 등에 기한 경우 등이라야 한다 - 건축불허가처분을 하면서 그 사유의 하나로 소방시설과 관련된 소방서장의 건축부동의 의견을 듣고 있으나 그 보완이 가능한 경우, 보완을 요구하지 아니한 채 곧바로 건축허가신청을 거부한 것은 재량권의 범위를 벗어난 것이라고 한 사례(대판 2004.10.15. 2003두6573)

제18조(다수의 행정청이 관여하는 처분) 행정청은 다수의 행정청이 관여하는 처분을 구하는 신청을 접수한 경우에는 관계 행정청과의 신속한 협조를 통하여 그 처분이 지연되지 아니하도록 하여야 한다.

제19조(처리기간의 설정·공표) ① 행정청은 신청인의 편의를 위하여 처분의 처리기간을 종류별로 미리 정하여 공표하여야 한다.
② 행정청은 부득이한 사유로 제1항에 따른 처리기간 내에 처분을 처리하기 곤란한 경우에는 해당 처분의 처리기간의 범위에서 한 번만 그 기간을 연장할 수 있다.
③ 행정청은 제2항에 따라 처리기간을 연장할 때에는 처리기간의 연장 사유와 처리 예정 기한을 지체 없이 신청인에게 통지하여야 한다.
④ 행정청이 정당한 처리기간 내에 처리하지 아니하였을 때에는 신청인은 해당 행정청 또는 그 감독 행정청에 신속한 처리를 요청할 수 있다.
⑤ 제1항에 따른 처리기간에 산입하지 아니하는 기간에 관하여는 대통령령으로 정한다.

제20조(처분기준의 설정·공표) ① 행정청은 필요한 처분기준을 해당 처분의 성질에 비추어 되도록 구체적으로 정하여 공표하여야 한다. 처분기준을 변경하는 경우에도 또한 같다.
②「행정기본법」제24조에 따른 인허가의제의 경우 관련 인허가 행정청은 관련 인허가의 처분기준을 주된 인허가 행정청에 제출하여야 하고, 주된 인허가 행정청은 제출받은 관련 인허가의 처분기준을 통합하여 공표하여야 한다. 처분기준을 변경하는 경우에도 또한 같다.
③ 제1항에 따른 처분기준을 공표하는 것이 해당 처분의 성질상 현저히 곤란하거나 공공의 안전 또는 복리를 현저히 해치는 것으로 인정될 만한 상당한 이유가 있는 경우에는 처분기준을 공표하지 아니할 수 있다.
④ 당사자등은 공표된 처분기준이 명확하지 아니한 경우 해당 행정청에 그 해석 또는 설명을 요청할 수 있다. 이 경우 해당 행정청은 특별한 사정이 없으면 그 요청에 따라야 한다.

행정절차법은 투명성의 원칙을 구체화하여 행정청에게 처분기준의 설정·공표의무를 지우고 있다. 즉 행정청은 필요한 처분기준을 해당 처분의 성질에 비추어 되도록 구체적으로 정하여 공표하여야 한다. 처분기준을 변경하는 경우에도 또한 같다(제20조 제1항). 해석상 설정·공표의 대상이 되는 처분은 신청에 의한 처분뿐 아니라 직권에 의한 처분도 포함한다. 또한 여기서 말하는 구체성의 정도는 처분의 상황 적응성 내지 탄력성을 해하지 아니하는 범위 내에서 처분의 투명성·예측가능성을 확보할 수 있도록 가능한 최대한 구체적이어야 한다는 의미이다.

처분기준의 공표는 재량행위와 관련하여 의미를 갖는다(재량준칙). 처분기준은 행정입법의 형식으로 가능하고, 조례 등 자치입법의 형식으로도 가능하다.

제20조 제4항에 규정된 행정청의 해석·설명은 일종의 확약으로 작용할 수 있고, 행정청이 행한 답변과 다른 처분을 한 경우 사인은 신뢰보호원칙에 따라 해당 처분의 위법성을 주장할 수 있다. 또한 행정청이 해석·설명요구에 상당한 기간 동안 불응하면 위법한 부작위가 된다.

행정규칙의 성질을 가진 처분기준에 대하여 법규성을 인정하는 경우, 또는 자기구속의 법리에 따라 처분기준은 대외적 구속력을 갖는다. 특히, 제20조 제4항에 따라 당사자의 요청에 의해 주어진 처분기준의 해석 또는 설명에 대한 당사자의 신뢰는 보호되어야 한다.

제21조(처분의 사전 통지) ① 행정청은 당사자에게 의무를 부과하거나 권익을 제한하는 처분을 하는 경우에는 미리 다음 각 호의 사항을 당사자등에게 통지하여야 한다.
1. 처분의 제목
2. 당사자의 성명 또는 명칭과 주소
3. 처분하려는 원인이 되는 사실과 처분의 내용 및 법적 근거
4. 제3호에 대하여 의견을 제출할 수 있다는 뜻과 의견을 제출하지 아니하는 경우의 처리방법
5. 의견제출기관의 명칭과 주소
6. 의견제출기한
7. 그 밖에 필요한 사항

② 행정청은 청문을 하려면 청문이 시작되는 날부터 10일 전까지 제1항 각 호의 사항을 당사자등에게 통지하여야 한다. 이 경우 제1항 제4호부터 제6호까지의 사항은 청문 주재자의 소속·직위 및 성명, 청문의 일시 및 장소, 청문에 응하지 아니하는 경우의 처리방법 등 청문에 필요한 사항으로 갈음한다.
③ 제1항 제6호에 따른 기한은 의견제출에 필요한 기간을 10일 이상으로 고려하여 정하여야 한다.
④ 다음 각 호의 어느 하나에 해당하는 경우에는 제1항에 따른 통지를 하지 아니할 수 있다.
1. 공공의 안전 또는 복리를 위하여 긴급히 처분을 할 필요가 있는 경우
2. 법령등에서 요구된 자격이 없거나 없어지게 되면 반드시 일정한 처분을 하여야 하는 경우에 그 자격이 없거나 없어지게 된 사실이 법원의 재판 등에 의하여 객관적으로 증명된 경우
3. 해당 처분의 성질상 의견청취가 현저히 곤란하거나 명백히 불필요하다고 인정될 만한 상당한 이유가 있는 경우

⑤ 처분의 전제가 되는 사실이 법원의 재판 등에 의하여 객관적으로 증명된 경우 등 제4항에 따른 사전 통지를 하지 아니할 수 있는 구체적인 사항은 대통령령으로 정한다.
⑥ 제4항에 따라 사전 통지를 하지 아니하는 경우 행정청은 처분을 할 때 당사자등에게 통지를 하지 아니한 사유를 알려야 한다. 다만, 신속한 처분이 필요한 경우에는 처분 후 그 사유를 알릴 수 있다.
⑦ 제6항에 따라 당사자등에게 알리는 경우에는 제24조를 준용한다.

처분의 사전통지는 행정청이 조사한 사실 등 정보를 미리 당사자 등에게 알려줌으로써 당사자 등이 충분히 준비할 수 있도록 하고, 의견청취절차에서 의견을 진술하게 하여 권익을 보호할 수 있도록 하기 위한 제도이다. 그 대상은 모든 처분이 아니라 당사자에게 의무를 부과하거나 권익을 제한하는 처분이다(제21조 제1항). 그러나 제3자효 행정행위에서 행정행위로 불이익을 입을 제3자에 대해서는 사전통지의무가 규정되어 있지 않다.

거부처분에도 사전통지절차가 적용되는지 여부에 관하여 판례는 "신청에 따른 처분이 이루어지지 아니한 경우에는 아직 당사자에게 권익이 부과되지 아니하였으므로 특별한 사정이 없는 한 신청에 대한 거부처분이라고 하더라도 직접 당사자의 권익을 제한하는 것은 아니어서 신청에 대한 거부처분을 여기에서 말하는 '당사자의 권익을 제한하는 처분'에 해당한다고 할 수 없는 것이어서 처분의 사전통지대상이 된다고 할 수 없다"(대판 2003.11.28. 2003두674)고 하여 부정한다. 이에 대하여 신청자가 신청시에 예상하지 못하였던 사유에 의한 거부처분인 때에는 의견진술의 기회를 줄 필요가 있다는 점에서 긍정하는 견해가 있다.

사전통지를 받는 것은 절차적 권리로서 인정된다. 따라서 예외적인 경우에 해당하지 않는 한 사전통지는 의무적이며, 이에 위반하여 사전통지를 하지 아니한 처분은 위법하여 취소를 면할 수 없다(대판 2013.5.23. 2011두25555).

법원은 행정청이 불이익 처분을 함에 있어 사전통지 및 의견제출의 기회를 주지 아니하여도 되는 예외적인 사유에 해당하는지 여부를 심리하여 당해 처분의 절차적 적법여부를 판단하게 된다. 그럼에도 불구하고 법원이 이에 대한 심리·판단을 하지 아니한 경우에는 이 부분에 관한 판단을 유탈하여 판결에 영향을 미친 위법이 있다(대판 2004.10.28. 2003두9770).

> **관련판례**
>
> **사전통지의 예외사유에 해당하는 사례**
> [1] 행정절차법 제2조 제4호가 행정절차법의 당사자를 행정청의 처분에 대하여 <u>직접 그 상대가 되는 당사자로 규정</u>하고, 도로법 제25조 제3항이 도로구역을 결정하거나 변경할 경우 이를 고시에 의하도록 하면서, 그 <u>도면을 일반인이 열람할 수 있도록 한</u> 점 등을 종합하여 보면, 도로구역을 변경한 이 사건 처분은 행정절차법 제21조 제1항의 사전통지나 제22조 제3항의 의견청취의 대상이 되는 처분은 아니라고 할 것이다(대판 2008.6.12. 2007두1767).
>
> [2] 국가공무원법상 직위해제처분은 구 행정절차법 제3조 제2항 제9호, 구 행정절차법 시행령 제2조 제3호에 의하여 당해 행정작용의 <u>성질상 행정절차를 거치기 곤란하거나 불필요하다고 인정되는 사항 또는 행정절차에 준하는 절차를 거친 사항</u>에 해당하므로, 처분의 사전통지 및 의견청취 등에 관한 행정절차법의 규정이 별도로 적용되지 않는다(대판 2014.5.16. 2012두26180).
>
> **사전통지의 예외사유에 해당하지 않는 사례**
> [1] 정규공무원으로 임용된 사람에게 시보임용처분 당시 지방공무원법 제31조 제4호에 정한 공무원임용 결격사유가 있어 <u>시보임용처분을 취소하고 그에 따라 정규임용처분을 취소한</u> 사안에서, 정규임용처분을 취소하는 처분은 성질상 행정절차를 거치는 것이 불필요하여 행정절차법의 적용이 배제되는 경우에 해당하지 않으므로, 그 처분을 하면서 사전통지를 하거나 의견제출의 기회를 부여하지 않은 것은 위법하다(대판 2009.1.30. 2008두16155).
>
> [2] 건축법상의 공사중지명령에 대한 사전통지를 하고 의견제출의 기회를 준다면 많은 액수의 <u>손실보상금을 기대하여 공사를 강행할 우려가 있다는</u> 사정이 사전통지 및 의견제출절차의 예외사유에 해당하지 아니한다(대판 2004.5.28. 2004두1254).

[3] 별정직 공무원인 대통령기록관장이 대통령 기록유출 혐의에 관하여 수사를 받으면서 비위행위에 관하여 해명할 기회를 가졌다거나 위 수사에 관하여 국민적 관심이 높았고 유출행위가 적법한지 여부 등에 관한 법리적 공방이 언론 등을 통하여 치열하게 이루어졌던 사정만으로 이 사건 처분이 원고에게 사전통지를 하지 않거나 의견제출의 기회를 주지 아니하여도 되는 예외적인 경우에 해당한다고 할 수 없다(대판 2013.1.16. 2011두30687).

제22조(의견청취) ① 행정청이 처분을 할 때 다음 각 호의 어느 하나에 해당하는 경우에는 청문을 한다.
1. 다른 법령등에서 청문을 하도록 규정하고 있는 경우
2. 행정청이 필요하다고 인정하는 경우
3. 다음 각 목의 처분을 하는 경우
   가. 인허가 등의 취소
   나. 신분·자격의 박탈
   다. 법인이나 조합 등의 설립허가의 취소
② 행정청이 처분을 할 때 다음 각 호의 어느 하나에 해당하는 경우에는 공청회를 개최한다.
1. 다른 법령등에서 공청회를 개최하도록 규정하고 있는 경우
2. 해당 처분의 영향이 광범위하여 널리 의견을 수렴할 필요가 있다고 행정청이 인정하는 경우
3. 국민생활에 큰 영향을 미치는 처분으로서 대통령령으로 정하는 처분에 대하여 대통령령으로 정하는 수 이상의 당사자등이 공청회 개최를 요구하는 경우
③ 행정청이 당사자에게 의무를 부과하거나 권익을 제한하는 처분을 할 때 제1항 또는 제2항의 경우 외에는 당사자등에게 의견제출의 기회를 주어야 한다.
④ 제1항부터 제3항까지의 규정에도 불구하고 제21조 제4항 각 호의 어느 하나에 해당하는 경우와 당사자가 의견진술의 기회를 포기한다는 뜻을 명백히 표시한 경우에는 의견청취를 하지 아니할 수 있다.
⑤ 행정청은 청문·공청회 또는 의견제출을 거쳤을 때에는 신속히 처분하여 해당 처분이 지연되지 아니하도록 하여야 한다.
⑥ 행정청은 처분 후 1년 이내에 당사자등이 요청하는 경우에는 청문·공청회 또는 의견제출을 위하여 제출받은 서류나 그 밖의 물건을 반환하여야 한다.

행정처분을 함에 있어서 이해관계인에게 의견진술의 기회를 주는 것은 행정절차의 핵심적 요소이다. 이는 특히 국민의 권익을 제한하거나 의무를 부과하는 처분에 있어서 상대방에게 방어의 기회를 준다는 데 큰 의미가 있다. 행정절차법은 의견청취의 방법으로 **청문**(제21조 제2항, 제22조 제1항, 제28조~제37조), **공청회**(제22조 제2항, 제38조~제39조의3), **의견제출**(제22조 제3항, 제27조, 제27조의2)을 규정하고 있다.

특히 청문이란 청문이란 행정청이 어떠한 처분을 하기에 앞서 당사자등의 의견을 직접 듣고 증거를 조사하는 절차를 말한다. 이를 정식청문이라고 한다. 청문은 국가기관의 행위에 영향을 받거나 불이익을 받게 될 자가 자신의 의견을 밝힐 수 있는 기회가 된다. 이러한 청문은 전통적으로 영국법의 자연적 정의(natural justice)에 근거를 두고 있다. 청문절차는 국민의 행정참여를 가능하게 함으로써 행정의 공정성, 투명성을 확보하여 행정과정의 민주화와 신중한 행정작용을 유도하는 기능을 한다.

제23조(처분의 이유 제시) ① 행정청은 처분을 할 때에는 다음 각 호의 어느 하나에 해당하는 경우를 제외하고는 당사자에게 그 근거와 이유를 제시하여야 한다.
1. 신청 내용을 모두 그대로 인정하는 처분인 경우
2. 단순·반복적인 처분 또는 경미한 처분으로서 당사자가 그 이유를 명백히 알 수 있는 경우
3. 긴급히 처분을 할 필요가 있는 경우
② 행정청은 제1항 제2호 및 제3호의 경우에 처분 후 당사자가 요청하는 경우에는 그 근거와 이유를 제시하여야 한다.

이유제시란 행정청이 처분을 하면서 당사자에게 처분의 이유를 제시하는 것을 말한다. 이유제시의 요구는 법치국가의 행정절차의 본질적 요청으로서 침익적·수익적·복효적 행위 모두에 적용된다. 판례는 행정절차법 제정 이전에도 인·허가의 취소처분 등에 있어서 행정청의 이유제시의무를 요구하는 입장을 취하여 왔다.

이유제시의 기능으로는 ① 행정청의 자의를 억제시키고 처분의 결정과정을 공개시키며 행정절차를 투명하게 한다는 점, ② 당사자는 법적·사실적 문제의 소재를 명확히 파악하여 불복신청에 도움이 된다는 점, ③ 당사자를 설득하여 처분이 정당한 것으로 수긍될 때에는 무익한 쟁송을 피하게 된다는 점, ④ 법원은 처분이유를 명확히 알게 됨으로써 심리에 편의를 얻는다는 점 등이 있다.

이유제시의 정도에 대해서는 대체로 ① 처분의 원인이 되는 사실, ② 처분의 내용 및 법적 근거, ③ 처분의 결정이유의 명시 등이 요구된다고 본다. 이유제시는 처분사유를 이해할 수 있을 정도로 구체적이어야 한다. 다만 처분의 발급에 있어서 의미가 있는 모든 관점의 제시가 요구되는 것은 아니며, 처분의 발급으로 이끈 본질적인 근거와 이유가 제시되면 충분하다. 재량처분의 경우는 구체적인 재량고려과정을 알 수 있을 정도이어야 한다. 불이익처분의 경우에는 그 침해의 정도가 심각할수록 이유제시는 보다 상세하고 구체적이어야 한다. 한편 처분의 상대방이 의견청취절차에서 자기에게 유리한 새로운 자료를 제시하여 반론한 때에는 처분이유에는 그 점에 관한 처분청의 판단도 제시하여야 한다. 처분의 근거와 위반사실의 적시를 빠뜨린 하자는 피처분자가 처분 당시 그 취지를 알고 있었다거나 그 후 알게 되었다 하여도 치유될 수 없고(대판 1990.9.11. 90누1786), 처분 후에 적시되어도 이에 의하여 치유될 수 없다(대판 1984.7.10. 82누551). 그러나 최근 상대방의 인식가능성을 고려하여 이유제시의 구체성의 정도를 완화한 판례도 등장하였다.

이유제시의 하자가 독자적인 무효 또는 취소사유가 될 것인지에 관하여 논란이 있으나, 무효사유와 취소사유의 구별기준에 따라 무효인 하자나 취소할 수 있는 하자가 된다(통설). 판례는 일반적으로 취소사유로 보고 있다.

> **관련판례**
>
> 이유제시의 구체성의 정도를 완화한 사례
> [1] 행정절차법 제23조 제1항은 '행정청은 처분을 하는 때에는 당사자에게 그 근거와 이유를 제시하여야 한다.'고 규정하고 있는바, 일반적으로 당사자가 근거규정 등을 명시하여 신청하는

인·허가 등을 거부하는 처분을 함에 있어 당사자가 그 근거를 알 수 있을 정도로 상당한 이유를 제시한 경우에는 당해 처분의 근거 및 이유를 구체적 조항 및 내용까지 명시하지 않았더라도 그로 말미암아 그 처분이 위법한 것이 된다고 할 수 없다(대판 2007.5.10. 2005두13315).

[2] 행정청이 토지형질변경허가신청을 불허하는 근거규정으로 '도시계획법시행령 제20조'를 명시하지 아니하고 '도시계획법'이라고만 기재하였으나, 신청인이 자신의 신청이 개발제한구역의 지정목적에 현저히 지장을 초래하는 것이라는 이유로 구 도시계획법시행령 제20조 제1항 제2호에 따라 불허된 것임을 알 수 있었던 경우, 그 불허처분이 위법하지 아니하다(대판 2002.5.17. 2000두8912).

의원면직처분시는 국가공무원법 소정의 사유설명서 교부를 요하지 아니함
구 국가공무원법 제75조, 구 경찰공무원법 제58조 규정에서 징계처분 등을 행할 때 그 상대방에게 사유설명서를 교부토록한 것은 상대방에게 그 처분을 받게 된 경위를 알도록 함으로써 그에 대한 불복의 기회를 보장함과 아울러 임용권자의 자의를 배제하여 처분의 적법성을 보장하기 위한데 있는 것이므로 상대방의 의사에 기한 의원면직처분과 같은 경우에는 위 법에 따른 처분사유설명서가 요구되는 것은 아니다(대판 1986.7.22. 86누43).

계약직공무원에 대한 채용계약해지에 있어서 행정절차법에 따라 근거와 이유를 제시하여야 하는 것은 아님
계약직공무원에 관한 현행 법령의 규정에 비추어 볼 때, 계약직공무원 채용계약해지의 의사표시는 일반공무원에 대한 징계처분과는 달라서 항고소송의 대상이 되는 처분 등의 성격을 가진 것으로 인정되지 아니하고, 일정한 사유가 있을 때에 국가 또는 지방자치단체가 채용계약 관계의 한쪽 당사자로서 대등한 지위에서 행하는 의사표시로 취급되는 것으로 이해되므로, 이를 징계해고 등에서와 같이 그 징계사유에 한하여 효력 유무를 판단하여야 하거나, 행정처분과 같이 행정절차법에 의하여 근거와 이유를 제시하여야 하는 것은 아니다(대판 2002.11.26. 2002두5948).

제24조(처분의 방식) ① 행정청이 처분을 할 때에는 다른 법령등에 특별한 규정이 있는 경우를 제외하고는 문서로 하여야 하며, 다음 각 호의 어느 하나에 해당하는 경우에는 전자문서로 할 수 있다.
1. 당사자등의 동의가 있는 경우
2. 당사자가 전자문서로 처분을 신청한 경우
② 제1항에도 불구하고 공공의 안전 또는 복리를 위하여 긴급히 처분을 할 필요가 있거나 사안이 경미한 경우에는 말, 전화, 휴대전화를 이용한 문자 전송, 팩스 또는 전자우편 등 문서가 아닌 방법으로 처분을 할 수 있다. 이 경우 당사자가 요청하면 지체 없이 처분에 관한 문서를 주어야 한다.
③ 처분을 하는 문서에는 그 처분 행정청과 담당자의 소속·성명 및 연락처(전화번호, 팩스번호, 전자우편주소 등을 말한다)를 적어야 한다.

제25조(처분의 정정) 행정청은 처분에 오기(誤記), 오산(誤算) 또는 그 밖에 이에 준하는 명백한 잘못이 있을 때에는 직권으로 또는 신청에 따라 지체 없이 정정하고 그 사실을 당사자에게 통지하여야 한다.

처분의 문서주의는 행정의 공정성·투명성 및 신뢰성을 확보하고 국민의 권익을 보호하기 위한 것이므로 위 규정을 위반하여 행하여진 행정청의 처분은 하자가 중대하고 명백하여 원칙적으로 무효이다(대판 2011.11.10. 2011도11109).

오기·오산 등이 있는 행정처분은 형식적으로 하자 있는 처분에 해당하나, 실질적 내용에 있어 다툼이 없는 경우에는 상대방의 신청이나 직권에 의해 시정할 수 있도록 하였다.

> **제26조(고지)** 행정청이 처분을 할 때에는 당사자에게 그 처분에 관하여 행정심판 및 행정소송을 제기할 수 있는지 여부, 그 밖에 불복을 할 수 있는지 여부, 청구절차 및 청구기간, 그 밖에 필요한 사항을 알려야 한다.

(2) 의견제출 및 청문

> **제27조(의견제출)** ① 당사자등은 처분 전에 그 처분의 관할 행정청에 서면이나 말로 또는 정보통신망을 이용하여 의견제출을 할 수 있다.
> ② 당사자등은 제1항에 따라 의견제출을 하는 경우 그 주장을 입증하기 위한 증거자료 등을 첨부할 수 있다.
> ③ 행정청은 당사자등이 말로 의견제출을 하였을 때에는 서면으로 그 진술의 요지와 진술자를 기록하여야 한다.
> ④ 당사자등이 정당한 이유 없이 의견제출기한까지 의견제출을 하지 아니한 경우에는 의견이 없는 것으로 본다.

관련판례

법령상 확정된 의무의 부과의 경우, 의견진술의 기회를 생략할 수 있음
공무원연금관리공단의 퇴직연금의 환수결정은 당사자에게 의무를 과하는 처분이기는 하나, 관련 법령에 따라 당연히 환수금액이 정하여지는 것이므로, 퇴직연금의 환수결정에 앞서 당사자에게 의견진술의 기회를 주지 아니하여도 행정절차법 제22조 제3항이나 신의칙에 어긋나지 아니한다(대판 2000.11.28. 99두5443).

군인사법령에 의하여 진급예정자명단에 포함된 자에 대하여 의견제출의 기회를 부여하지 아니한 채 진급선발을 취소하는 처분을 한 것은 위법
행정과정에 대한 국민의 참여와 행정의 공정성, 투명성 및 신뢰성을 확보하고 국민의 권익을 보호함을 목적으로 하는 행정절차법의 입법목적과 행정절차법 제3조 제2항 제9호의 규정 내용 등에 비추어 보면, 공무원 인사관계 법령에 의한 처분에 관한 사항 전부에 대하여 행정절차법의 적용이 배제되는 것이 아니라 성질상 행정절차를 거치기 곤란하거나 불필요하다고 인정되는 처분이나 행정절차에 준하는 절차를 거치도록 하고 있는 처분의 경우에만 행정절차법의 적용이 배제된다. 군인사법령에 의하여 진급예정자명단에 포함된 자에 대하여 의견제출의 기회를 부여하지 아니한 채 진급선발을 취소하는 처분을 한 것이 절차상 하자가 있어 위법하다(대판 2007.9.21. 2006두20631).

'고시'의 방법으로 불특정 다수인을 상대로 하는 처분의 경우
'고시'의 방법으로 불특정 다수인을 상대로 의무를 부과하거나 권익을 제한하는 처분은 성질상 의견제출의 기회를 주어야 하는 상대방을 특정할 수 없으므로, 이와 같은 처분에 있어서까지 구 행정절차법 제22조 제3항에 의하여 그 상대방에게 의견제출의 기회를 주어야 한다고 해석할 것은 아니다 - 고시에 의하여 수정체수술과 관련한 질병군의 상대가치점수를 종전보다 약 10~25% 정도 인하하는 내용의 처분을 한 것은 수정체수술을 하는 의료기관을 개설·운영하는 개별 안과 의사들을 상대로 한 것이 아니라 불특정 다수의 의사 전부를 상대로 하는 것이어서 의견제출의 기회를 주지 않았다고 하여 위법하다고 볼 수 없다고 한 사례(대판 2014.10.27. 2012두7745).

제27조의2(제출 의견의 반영 등) ① 행정청은 처분을 할 때에 당사자등이 제출한 의견이 상당한 이유가 있다고 인정하는 경우에는 이를 반영하여야 한다.
② 행정청은 당사자등이 제출한 의견을 반영하지 아니하고 처분을 한 경우 당사자등이 처분이 있음을 안 날부터 90일 이내에 그 이유의 설명을 요청하면 서면으로 그 이유를 알려야 한다. 다만, 당사자등이 동의하면 말, 정보통신망 또는 그 밖의 방법으로 알릴 수 있다.

제28조(청문 주재자) ① 행정청은 소속 직원 또는 대통령령으로 정하는 자격을 가진 사람 중에서 청문 주재자를 공정하게 선정하여야 한다.
② 행정청은 다음 각 호의 어느 하나에 해당하는 처분을 하려는 경우에는 청문 주재자를 2명 이상으로 선정할 수 있다. 이 경우 선정된 청문 주재자 중 1명이 청문 주재자를 대표한다.
1. 다수 국민의 이해가 상충되는 처분
2. 다수 국민에게 불편이나 부담을 주는 처분
3. 그 밖에 전문적이고 공정한 청문을 위하여 행정청이 청문 주재자를 2명 이상으로 선정할 필요가 있다고 인정하는 처분
③ 행정청은 청문이 시작되는 날부터 7일 전까지 청문 주재자에게 청문과 관련한 필요한 자료를 미리 통지하여야 한다.
④ 청문 주재자는 독립하여 공정하게 직무를 수행하며, 그 직무 수행을 이유로 본인의 의사에 반하여 신분상 어떠한 불이익도 받지 아니한다.
⑤ 제1항 또는 제2항에 따라 선정된 청문 주재자는 「형법」이나 그 밖의 다른 법률에 따른 벌칙을 적용할 때에는 공무원으로 본다.
⑥ 제1항부터 제5항까지에서 규정한 사항 외에 청문 주재자의 선정 등에 필요한 사항은 대통령령으로 정한다.

제29조(청문 주재자의 제척·기피·회피) ① 청문 주재자가 다음 각 호의 어느 하나에 해당하는 경우에는 청문을 주재할 수 없다.
1. 자신이 당사자등이거나 당사자등과 「민법」 제777조 각 호의 어느 하나에 해당하는 친족관계에 있거나 있었던 경우
2. 자신이 해당 처분과 관련하여 증언이나 감정(鑑定)을 한 경우
3. 자신이 해당 처분의 당사자등의 대리인으로 관여하거나 관여하였던 경우
4. 자신이 해당 처분업무를 직접 처리하거나 처리하였던 경우
5. 자신이 해당 처분업무를 처리하는 부서에 근무하는 경우. 이 경우 부서의 구체적인 범위는 대통령

령으로 정한다.
② 청문 주재자에게 공정한 청문 진행을 할 수 없는 사정이 있는 경우 당사자등은 행정청에 기피신청을 할 수 있다. 이 경우 행정청은 청문을 정지하고 그 신청이 이유가 있다고 인정할 때에는 해당 청문 주재자를 지체 없이 교체하여야 한다.
③ 청문 주재자는 제1항 또는 제2항의 사유에 해당하는 경우에는 행정청의 승인을 받아 스스로 청문의 주재를 회피할 수 있다.

제30조(청문의 공개) 청문은 당사자가 공개를 신청하거나 청문 주재자가 필요하다고 인정하는 경우 공개할 수 있다. 다만, 공익 또는 제3자의 정당한 이익을 현저히 해칠 우려가 있는 경우에는 공개하여서는 아니 된다.

제31조(청문의 진행) ① 청문 주재자가 청문을 시작할 때에는 먼저 예정된 처분의 내용, 그 원인이 되는 사실 및 법적 근거 등을 설명하여야 한다.
② 당사자등은 의견을 진술하고 증거를 제출할 수 있으며, 참고인이나 감정인 등에게 질문할 수 있다.
③ 당사자등이 의견서를 제출한 경우에는 그 내용을 출석하여 진술한 것으로 본다.
④ 청문 주재자는 청문의 신속한 진행과 질서유지를 위하여 필요한 조치를 할 수 있다.
⑤ 청문을 계속할 경우에는 행정청은 당사자등에게 다음 청문의 일시 및 장소를 서면으로 통지하여야 하며, 당사자등이 동의하는 경우에는 전자문서로 통지할 수 있다. 다만, 청문에 출석한 당사자등에게는 그 청문일에 청문 주재자가 말로 통지할 수 있다.

제32조(청문의 병합·분리) 행정청은 직권으로 또는 당사자의 신청에 따라 여러 개의 사안을 병합하거나 분리하여 청문을 할 수 있다.

제33조(증거조사) ① 청문 주재자는 직권으로 또는 당사자의 신청에 따라 필요한 조사를 할 수 있으며, 당사자등이 주장하지 아니한 사실에 대하여도 조사할 수 있다.
② 증거조사는 다음 각 호의 어느 하나에 해당하는 방법으로 한다.
1. 문서·장부·물건 등 증거자료의 수집
2. 참고인·감정인 등에 대한 질문
3. 검증 또는 감정·평가
4. 그 밖에 필요한 조사
③ 청문 주재자는 필요하다고 인정할 때에는 관계 행정청에 필요한 문서의 제출 또는 의견의 진술을 요구할 수 있다. 이 경우 관계 행정청은 직무 수행에 특별한 지장이 없으면 그 요구에 따라야 한다.

제34조(청문조서) ① 청문 주재자는 다음 각 호의 사항이 적힌 청문조서(聽聞調書)를 작성하여야 한다.
1. 제목
2. 청문 주재자의 소속, 성명 등 인적사항
3. 당사자등의 주소, 성명 또는 명칭 및 출석 여부
4. 청문의 일시 및 장소
5. 당사자등의 진술의 요지 및 제출된 증거
6. 청문의 공개 여부 및 공개하거나 제30조 단서에 따라 공개하지 아니한 이유
7. 증거조사를 한 경우에는 그 요지 및 첨부된 증거
8. 그 밖에 필요한 사항
② 당사자등은 청문조서의 내용을 열람·확인할 수 있으며, 이의가 있을 때에는 그 정정을 요구할 수 있다.

제34조의2(청문 주재자의 의견서) 청문 주재자는 다음 각 호의 사항이 적힌 청문 주재자의 의견서를 작성하여야 한다.
1. 청문의 제목
2. 처분의 내용, 주요 사실 또는 증거
3. 종합의견
4. 그 밖에 필요한 사항

제35조(청문의 종결) ① 청문 주재자는 해당 사안에 대하여 당사자등의 의견진술, 증거조사가 충분히 이루어졌다고 인정하는 경우에는 청문을 마칠 수 있다.
② 청문 주재자는 당사자등의 전부 또는 일부가 정당한 사유 없이 청문기일에 출석하지 아니하거나 제31조제3항에 따른 의견서를 제출하지 아니한 경우에는 이들에게 다시 의견진술 및 증거제출의 기회를 주지 아니하고 청문을 마칠 수 있다.
③ 청문 주재자는 당사자등의 전부 또는 일부가 정당한 사유로 청문기일에 출석하지 못하거나 제31조제3항에 따른 의견서를 제출하지 못한 경우에는 10일 이상의 기간을 정하여 이들에게 의견진술 및 증거제출을 요구하여야 하며, 해당 기간이 지났을 때에 청문을 마칠 수 있다.
④ 청문 주재자는 청문을 마쳤을 때에는 청문조서, 청문 주재자의 의견서, 그 밖의 관계 서류 등을 행정청에 지체 없이 제출하여야 한다.

제35조의2(청문결과의 반영) 행정청은 처분을 할 때에 제35조 제4항에 따라 받은 청문조서, 청문 주재자의 의견서, 그 밖의 관계 서류 등을 충분히 검토하고 상당한 이유가 있다고 인정하는 경우에는 청문결과를 반영하여야 한다.

제36조(청문의 재개) 행정청은 청문을 마친 후 처분을 할 때까지 새로운 사정이 발견되어 청문을 재개(再開)할 필요가 있다고 인정할 때에는 제35조 제4항에 따라 받은 청문조서 등을 되돌려 보내고 청문의 재개를 명할 수 있다. 이 경우 제31조 제5항을 준용한다.

제37조(문서의 열람 및 비밀유지) ① 당사자등은 의견제출의 경우에는 처분의 사전 통지가 있는 날부터 의견제출기한까지, 청문의 경우에는 청문의 통지가 있는 날부터 청문이 끝날 때까지 행정청에 해당 사안의 조사결과에 관한 문서와 그 밖에 해당 처분과 관련되는 문서의 열람 또는 복사를 요청할 수 있다. 이 경우 행정청은 다른 법령에 따라 공개가 제한되는 경우를 제외하고는 그 요청을 거부할 수 없다.
② 행정청은 제1항의 열람 또는 복사의 요청에 따르는 경우 그 일시 및 장소를 지정할 수 있다.
③ 행정청은 제1항 후단에 따라 열람 또는 복사의 요청을 거부하는 경우에는 그 이유를 소명(疎明)하여야 한다.
④ 제1항에 따라 열람 또는 복사를 요청할 수 있는 문서의 범위는 대통령령으로 정한다.
⑤ 행정청은 제1항에 따른 복사에 드는 비용을 복사를 요청한 자에게 부담시킬 수 있다.
⑥ 누구든지 의견제출 또는 청문을 통하여 알게 된 사생활이나 경영상 또는 거래상의 비밀을 정당한 이유 없이 누설하거나 다른 목적으로 사용하여서는 아니 된다.

> **관련판례**
>
> **청문실시 배제의 협약체결은 효력이 없음**
> 행정청이 당사자와 사이에 도시계획사업의 시행과 관련한 협약을 체결하면서 관계 법령 및 행정절차법에 규정된 청문의 실시 등 의견청취절차를 배제하는 조항을 두었다고 하더라도, 국민의 행정참여를 도모함으로써 행정의 공정성·투명성 및 신뢰성을 확보하고 국민의 권익을 보호한다는 행정절차법의 목적 및 청문제도의 취지 등에 비추어 볼 때, 위와 같은 협약의 체결로 청문의 실시에 관한 규정의 적용을 배제할 수 있다고 볼 만한 법령상의 규정이 없는 한, 이러한 협약이 체결되었다고 하여 청문의 실시에 관한 규정의 적용이 배제된다거나 청문을 실시하지 않아도 되는 예외적인 경우에 해당한다고 할 수 없다(대판 2004.7.8. 2002두8350).
>
> **행정처분의 상대방이 청문일시에 불출석하였다는 이유만으로는 청문실시의 예외사유라 할 수 없음**
> 행정절차법 제21조 제4항 제3호는 침해적 행정처분을 할 경우 청문을 실시하지 않을 수 있는 사유로서 '당해 처분의 성질상 의견청취가 현저히 곤란하거나 명백히 불필요하다고 인정될 만한 상당한 이유가 있는 경우'를 규정하고 있으나, 여기에서 말하는 '의견청취가 현저히 곤란하거나 명백히 불필요하다고 인정될 만한 상당한 이유가 있는지 여부'는 당해 행정처분의 성질에 비추어 판단하여야 하는 것이지, 청문통지서의 반송 여부, 청문통지의 방법 등에 의하여 판단할 것은 아니며, 또한 행정처분의 상대방이 통지된 청문일시에 불출석하였다는 이유만으로 행정청이 관계 법령상 그 실시가 요구되는 청문을 실시하지 아니한 채 침해적 행정처분을 할 수는 없을 것이므로, 행정처분의 상대방에 대한 청문통지서가 반송되었다거나, 행정처분의 상대방이 청문일시에 불출석하였다는 이유로 청문을 실시하지 아니하고 한 침해적 행정처분은 위법하다(대판 2001.4.13. 2000두3337).
>
> **행정처분의 근거 법령 등에서 청문의 실시를 규정하고 있는 경우, 청문절차를 결여한 처분은 위법**
> [1] 행정청이 구 주택건설촉진법 제48조의2 제6호에 따른 청문을 실시하지 않은 채 주택조합의 설립인가를 취소하는 처분을 한 것은 위법하다(대판 2007.11.16. 2005두15700).
>
> [2] 식품위생법 제64조, 같은법시행령 제37조 제1항 소정의 청문절차를 전혀 거치지 아니하거나 거쳤다고 하여도 그 절차적 요건을 제대로 준수하지 아니한 경우에는 가사 영업정지사유 등 위법 제58조 등 소정 사유가 인정된다고 하더라도 그 처분은 위법하여 취소를 면할 수 없다(대판 1991.7.9. 91누971).

(3) 공청회

제38조(공청회 개최의 알림) 행정청은 공청회를 개최하려는 경우에는 공청회 개최 14일 전까지 다음 각 호의 사항을 당사자등에게 통지하고 관보, 공보, 인터넷 홈페이지 또는 일간신문 등에 공고하는 등의 방법으로 널리 알려야 한다. 다만, 공청회 개최를 알린 후 예정대로 개최하지 못하여 새로 일시 및 장소 등을 정한 경우에는 공청회 개최 7일 전까지 알려야 한다.
1. 제목
2. 일시 및 장소

3. 주요 내용
4. 발표자에 관한 사항
5. 발표신청 방법 및 신청기한
6. 정보통신망을 통한 의견제출
7. 그 밖에 공청회 개최에 필요한 사항

제38조의2(온라인공청회) ① 행정청은 제38조에 따른 공청회와 병행하여서만 정보통신망을 이용한 공청회(이하 "온라인공청회"라 한다)를 실시할 수 있다.
② 제1항에도 불구하고 다음 각 호의 어느 하나에 해당하는 경우에는 온라인공청회를 단독으로 개최할 수 있다.
1. 국민의 생명·신체·재산의 보호 등 국민의 안전 또는 권익보호 등의 이유로 제38조에 따른 공청회를 개최하기 어려운 경우
2. 제38조에 따른 공청회가 행정청이 책임질 수 없는 사유로 개최되지 못하거나 개최는 되었으나 정상적으로 진행되지 못하고 무산된 횟수가 3회 이상인 경우
3. 행정청이 널리 의견을 수렴하기 위하여 온라인공청회를 단독으로 개최할 필요가 있다고 인정하는 경우. 다만, 제22조 제2항 제1호 또는 제3호에 따라 공청회를 실시하는 경우는 제외한다.
③ 행정청은 온라인공청회를 실시하는 경우 의견제출 및 토론 참여가 가능하도록 적절한 전자적 처리 능력을 갖춘 정보통신망을 구축·운영하여야 한다.
④ 온라인공청회를 실시하는 경우에는 누구든지 정보통신망을 이용하여 의견을 제출하거나 제출된 의견 등에 대한 토론에 참여할 수 있다.
⑤ 제1항부터 제4항까지에서 규정한 사항 외에 온라인공청회의 실시 방법 및 절차에 관하여 필요한 사항은 대통령령으로 정한다.

제38조의3(공청회의 주재자 및 발표자의 선정) ① 행정청은 해당 공청회의 사안과 관련된 분야에 전문적 지식이 있거나 그 분야에 종사한 경험이 있는 사람으로서 대통령령으로 정하는 자격을 가진 사람 중에서 공청회의 주재자를 선정한다.
② 공청회의 발표자는 발표를 신청한 사람 중에서 행정청이 선정한다. 다만, 발표를 신청한 사람이 없거나 공청회의 공정성을 확보하기 위하여 필요하다고 인정하는 경우에는 다음 각 호의 사람 중에서 지명하거나 위촉할 수 있다.
1. 해당 공청회의 사안과 관련된 당사자등
2. 해당 공청회의 사안과 관련된 분야에 전문적 지식이 있는 사람
3. 해당 공청회의 사안과 관련된 분야에 종사한 경험이 있는 사람
③ 행정청은 공청회의 주재자 및 발표자를 지명 또는 위촉하거나 선정할 때 공정성이 확보될 수 있도록 하여야 한다.
④ 공청회의 주재자, 발표자, 그 밖에 자료를 제출한 전문가 등에게는 예산의 범위에서 수당 및 여비와 그 밖에 필요한 경비를 지급할 수 있다.

제39조(공청회의 진행) ① 공청회의 주재자는 공청회를 공정하게 진행하여야 하며, 공청회의 원활한 진행을 위하여 발표 내용을 제한할 수 있고, 질서유지를 위하여 발언 중지 및 퇴장 명령 등 행정안전부장관이 정하는 필요한 조치를 할 수 있다.
② 발표자는 공청회의 내용과 직접 관련된 사항에 대하여만 발표하여야 한다.

③ 공청회의 주재자는 발표자의 발표가 끝난 후에는 발표자 상호간에 질의 및 답변을 할 수 있도록 하여야 하며, 방청인에게도 의견을 제시할 기회를 주어야 한다.

제39조의2(공청회 및 온라인공청회 결과의 반영) 행정청은 처분을 할 때에 공청회, 온라인공청회 및 정보통신망 등을 통하여 제시된 사실 및 의견이 상당한 이유가 있다고 인정하는 경우에는 이를 반영하여야 한다.

제39조의3(공청회의 재개최) 행정청은 공청회를 마친 후 처분을 할 때까지 새로운 사정이 발견되어 공청회를 다시 개최할 필요가 있다고 인정할 때에는 공청회를 다시 개최할 수 있다.

> **예제** 행정절차에 대한 설명으로 옳은 것은? (다툼이 있는 경우 판례에 의함)
> ① 「국가공무원법」상 직위해제처분은 공무원의 인사상 불이익을 주는 처분이므로 「행정절차법」상 사전통지 및 의견청취절차를 거쳐야 한다.
> ② 처분 당시 당사자가 어떠한 근거와 이유로 처분이 이루어진 것인지를 충분히 알 수 있어서 그에 불복하여 행정구제절차로 나아가는 데에 별다른 지장이 없었던 것으로 인정되는 경우에도 처분서에 처분의 근거와 이유가 구체적으로 명시되어 있지 않았다면 그 처분은 위법하다.
> ③ 세액산출근거가 기재되지 아니한 납세고지서에 의한 부과처분은 그 후 부과된 세금을 자진 납부하였다거나 또는 조세채권의 소멸시효기간이 만료되었다 하여 하자가 치유되는 것이라고는 할 수 없다.
> ④ 당사자등은 청문조서의 내용을 열람·확인할 수 있을 뿐, 그 청문조서에 이의가 있더라도 정정을 요구할 수는 없다.

> **정답** ③
> ① (×) 국가공무원법상 직위해제처분은 구 행정절차법 제3조 제2항 제9호, 구 행정절차법 시행령 제2조 제3호에 의하여 당해 행정작용의 성질상 행정절차를 거치기 곤란하거나 불필요하다고 인정되는 사항 또는 행정절차에 준하는 절차를 거친 사항에 해당하므로, 처분의 사전통지 및 의견청취 등에 관한 행정절차법의 규정이 별도 적용되지 않는다(대판 2014.5.16. 2012두26180).
> ② (×) 이유제시 규정은 행정청의 자의적 결정을 배제하고 당사자로 하여금 행정구제절차에서 적절히 대처할 수 있도록 하는 데 그 취지가 있다. 따라서 처분 당시 당사자가 어떠한 근거와 이유로 처분이 이루어진 것인지를 충분히 알 수 있어서 그에 불복하여 행정구제절차로 나아가는 데에 별다른 지장이 없었던 것으로 인정되는 경우에는 처분서에 처분의 근거와 이유가 구체적으로 명시되어 있지 않았다고 하더라도 그로 말미암아 그 처분이 위법한 것으로 된다고 할 수는 없다(대판 2013.11.14. 2011두18571).
> ③ (○) 대판 1985.4.9. 84누431
> ④ (×) 당사자등은 청문조서의 내용을 열람·확인할 수 있으며, 이의가 있을 때에는 그 정정을 요구할 수 있다(행정절차법 제34조 제2항).

> **예제** 「행정절차법」상 행정절차에 관한 설명으로 가장 옳은 것은?
> ① 처분의 이유제시는 당사자에게 의무를 부과하거나 권익을 제한하는 처분을 하는 경우에 한하여 의무화된다.
> ② 특별한 사정이 없는 한 신청에 대한 거부처분은 당사자의 권익을 제한하는 처분으로서 처분의 사전통지대상이 된다.
> ③ 대형마트 영업시간 제한 등 처분의 대상인 대규모점포 중 개설자의 직영매장 외에 개설자로부터 임차하여 운영하는 임대매장이 병존하는 경우, 전체 매장에 대하여 법령상 대규모점포 등의 유지·관리 책임을 지는 개설자만이 그 처분상대방이 되므로, 임대매장의 임차인들을 상대로 별도의 사전통지 등 절차를 거칠 필요가 없다.
> ④ 행정절차에 관하여는 「행정절차법」이 다른 법률 규정에 우선하여 적용된다.

정답 ③

① (×) 행정청은 처분을 할 때에는 신청 내용을 모두 그대로 인정하는 처분인 경우, 단순·반복적인 처분 또는 경미한 처분으로서 당사자가 그 이유를 명백히 알 수 있는 경우, 긴급히 처분을 할 필요가 있는 경우를 제외하고는 이유제시를 해야 한다(행정절차법 제23조 참고).
② (×) 신청에 따른 처분이 이루어지지 아니한 경우에는 아직 당사자에게 권익이 부과되지 아니하였으므로 특별한 사정이 없는 한 신청에 대한 거부처분이라고 하더라도 직접 당사자의 권익을 제한하는 것은 아니어서 신청에 대한 거부처분을 여기에서 말하는 '당사자의 권익을 제한하는 처분'에 해당한다고 할 수 없는 것이어서 처분의 사전통지대상이 된다고 할 수 없다(대판 2003.11.28. 2003두674).
③ (○) 대판 2015.11.19. 2015두295
④ (×) 처분, 신고, 확약, 위반사실 등의 공표, 행정계획, 행정상 입법예고, 행정예고 및 행정지도의 절차에 관하여 다른 법률에 특별한 규정이 있는 경우를 제외하고는 이 법에서 정하는 바에 따른다(행정절차법 제3조 제1항).

3. 신고, 확약 및 위반사실 등의 공표 등

제40조(신고) ① 법령등에서 행정청에 일정한 사항을 <u>통지함으로써 의무가 끝나는 신고</u>를 규정하고 있는 경우 신고를 관장하는 행정청은 신고에 필요한 구비서류, 접수기관, 그 밖에 법령등에 따른 신고에 필요한 사항을 게시(인터넷 등을 통한 게시를 포함한다)하거나 이에 대한 편람을 갖추어 두고 누구나 열람할 수 있도록 하여야 한다.
② 제1항에 따른 신고가 다음 각 호의 요건을 갖춘 경우에는 <u>신고서가 접수기관에 도달된 때에 신고의무가 이행된 것으로 본다.</u>
1. <u>신고서의 기재사항에 흠이 없을 것</u>
2. <u>필요한 구비서류가 첨부되어 있을 것</u>
3. 그 밖에 <u>법령등에 규정된 형식상의 요건에 적합할 것</u>
③ 행정청은 제2항 각 호의 <u>요건을 갖추지 못한 신고서가 제출된 경우</u>에는 지체 없이 상당한 기간을 정하여 신고인에게 <u>보완을 요구</u>하여야 한다.
④ 행정청은 신고인이 제3항에 따른 <u>기간 내에 보완을 하지 아니하였을 때</u>에는 그 이유를 구체적으로 밝혀 해당 <u>신고서를 되돌려 보내야 한다.</u>

신고란 이른바 사인의 공법행위로서 **행정청에 대하여 일정한 사항을 알리는 행위**를 말한다. 행정절차법은 신고를 '법령등에서 행정청에 일정한 사항을 통지함으로써 의무가 끝나는 신고'로 한정하고 있다(제40조 제1항). 따라서 신고가 형식적 요건을 갖추었으면, 행정청은 이를 접수하여야 한다. 그리고 행정절차법은 도달주의를 채택하고 있으므로 적법한 신고가 있었다면 행정청이 이를 수리하지 않았더라도 신고의 대상이 되는 행위를 하였다 하여 위법행위가 되지 않는다.

행정절차법상 신고는 행정청의 수리여부와 관계없이 신고행위 자체로 법적 효과를 발생하므로, 수리거부행위는 법적인 의무가 없어 그 처분성을 인정하지 않는 것이 판례의 태도이다. 그러나 신고유보부금지의 성격을 갖는 신고(예 건축법 제14조 제1항의 건축신고)의 경우는 처분성을 인정하기도 한다(대판 2011.1.20. 2010두14954).

신고유보부금지사항에 대하여 신고를 하지 않았거나 부적법한 신고를 한 후 행당 행위를 하면, 이는 무신고행위로서 시정 및 제재처분의 대상이 된다.

제40조의2(확약) ① 법령등에서 당사자가 신청할 수 있는 처분을 규정하고 있는 경우 행정청은 당사자의 신청에 따라 장래에 어떤 처분을 하거나 하지 아니할 것을 내용으로 하는 의사표시(이하 "확약"이라 한다)를 할 수 있다.
② 확약은 문서로 하여야 한다.
③ 행정청은 다른 행정청과의 협의 등의 절차를 거쳐야 하는 처분에 대하여 확약을 하려는 경우에는 확약을 하기 전에 그 절차를 거쳐야 한다.
④ 행정청은 다음 각 호의 어느 하나에 해당하는 경우에는 확약에 기속되지 아니한다.
1. 확약을 한 후에 확약의 내용을 이행할 수 없을 정도로 법령등이나 사정이 변경된 경우
2. 확약이 위법한 경우
⑤ 행정청은 확약이 제4항 각 호의 어느 하나에 해당하여 확약을 이행할 수 없는 경우에는 지체 없이 당사자에게 그 사실을 통지하여야 한다.

제40조의3(위반사실 등의 공표) ① 행정청은 법령에 따른 의무를 위반한 자의 성명·법인명, 위반사실, 의무 위반을 이유로 한 처분사실 등(이하 "위반사실등"이라 한다)을 법률로 정하는 바에 따라 일반에게 공표할 수 있다.
② 행정청은 위반사실등의 공표를 하기 전에 사실과 다른 공표로 인하여 당사자의 명예·신용 등이 훼손되지 아니하도록 객관적이고 타당한 증거와 근거가 있는지를 확인하여야 한다.
③ 행정청은 위반사실등의 공표를 할 때에는 미리 당사자에게 그 사실을 통지하고 의견제출의 기회를 주어야 한다. 다만, 다음 각 호의 어느 하나에 해당하는 경우에는 그러하지 아니하다.
1. 공공의 안전 또는 복리를 위하여 긴급히 공표를 할 필요가 있는 경우
2. 해당 공표의 성질상 의견청취가 현저히 곤란하거나 명백히 불필요하다고 인정될 만한 타당한 이유가 있는 경우
3. 당사자가 의견진술의 기회를 포기한다는 뜻을 명백히 밝힌 경우
④ 제3항에 따라 의견제출의 기회를 받은 당사자는 공표 전에 관할 행정청에 서면이나 말 또는 정보통신망을 이용하여 의견을 제출할 수 있다.
⑤ 제4항에 따른 의견제출의 방법과 제출 의견의 반영 등에 관하여는 제27조 및 제27조의2를 준용한다. 이 경우 "처분"은 "위반사실등의 공표"로 본다.

⑥ 위반사실등의 공표는 관보, 공보 또는 인터넷 홈페이지 등을 통하여 한다.
⑦ 행정청은 위반사실등의 공표를 하기 전에 당사자가 공표와 관련된 의무의 이행, 원상회복, 손해배상 등의 조치를 마친 경우에는 위반사실등의 공표를 하지 아니할 수 있다.
⑧ 행정청은 공표된 내용이 사실과 다른 것으로 밝혀지거나 공표에 포함된 처분이 취소된 경우에는 그 내용을 정정하여, 정정한 내용을 지체 없이 해당 공표와 같은 방법으로 공표된 기간 이상 공표하여야 한다. 다만, 당사자가 원하지 아니하면 공표하지 아니할 수 있다.

제40조의4(행정계획) 행정청은 행정청이 수립하는 계획 중 국민의 권리·의무에 직접 영향을 미치는 계획을 수립하거나 변경·폐지할 때에는 관련된 여러 이익을 정당하게 형량하여야 한다.

4. 행정상 입법예고

제41조(행정상 입법예고) ① 법령등을 제정·개정 또는 폐지(이하 "입법"이라 한다)하려는 경우에는 해당 입법안을 마련한 행정청은 이를 예고하여야 한다. 다만, 다음 각 호의 어느 하나에 해당하는 경우에는 예고를 하지 아니할 수 있다.
1. 신속한 국민의 권리 보호 또는 예측 곤란한 특별한 사정의 발생 등으로 입법이 긴급을 요하는 경우
2. 상위 법령등의 단순한 집행을 위한 경우
3. 입법내용이 국민의 권리·의무 또는 일상생활과 관련이 없는 경우
4. 단순한 표현·자구를 변경하는 경우 등 입법내용의 성질상 예고의 필요가 없거나 곤란하다고 판단되는 경우
5. 예고함이 공공의 안전 또는 복리를 현저히 해칠 우려가 있는 경우
② 삭제
③ 법제처장은 입법예고를 하지 아니한 법령안의 심사 요청을 받은 경우에 입법예고를 하는 것이 적당하다고 판단할 때에는 해당 행정청에 입법예고를 권고하거나 직접 예고할 수 있다.
④ 입법안을 마련한 행정청은 입법예고 후 예고내용에 국민생활과 직접 관련된 내용이 추가되는 등 대통령령으로 정하는 중요한 변경이 발생하는 경우에는 해당 부분에 대한 입법예고를 다시 하여야 한다. 다만, 제1항 각 호의 어느 하나에 해당하는 경우에는 예고를 하지 아니할 수 있다.
⑤ 입법예고의 기준·절차 등에 관하여 필요한 사항은 대통령령으로 정한다.

제42조(예고방법) ① 행정청은 입법안의 취지, 주요 내용 또는 전문(全文)을 다음 각 호의 구분에 따른 방법으로 공고하여야 하며, 추가로 인터넷, 신문 또는 방송 등을 통하여 공고할 수 있다.
1. 법령의 입법안을 입법예고하는 경우: 관보 및 법제처장이 구축·제공하는 정보시스템을 통한 공고
2. 자치법규의 입법안을 입법예고하는 경우: 공보를 통한 공고
② 행정청은 대통령령을 입법예고하는 경우 국회 소관 상임위원회에 이를 제출하여야 한다.
③ 행정청은 입법예고를 할 때에 입법안과 관련이 있다고 인정되는 중앙행정기관, 지방자치단체, 그 밖의 단체 등이 예고사항을 알 수 있도록 예고사항을 통지하거나 그 밖의 방법으로 알려야 한다.
④ 행정청은 제1항에 따라 예고된 입법안에 대하여 온라인공청회 등을 통하여 널리 의견을 수렴할 수 있다. 이 경우 제38조의2 제3항부터 제5항까지의 규정을 준용한다.
⑤ 행정청은 예고된 입법안의 전문에 대한 열람 또는 복사를 요청받았을 때에는 특별한 사유가 없으면 그 요청에 따라야 한다.
⑥ 행정청은 제5항에 따른 복사에 드는 비용을 복사를 요청한 자에게 부담시킬 수 있다.

제43조(예고기간) 입법예고기간은 예고할 때 정하되, 특별한 사정이 없으면 <u>40일(자치법규는 20일) 이상</u>으로 한다.

제44조(의견제출 및 처리) ① <u>누구든지</u> 예고된 입법안에 대하여 의견을 제출할 수 있다.
② 행정청은 의견접수기관, 의견제출기간, 그 밖에 필요한 사항을 해당 입법안을 예고할 때 함께 공고하여야 한다.
③ 행정청은 해당 입법안에 대한 의견이 제출된 경우 특별한 사유가 없으면 이를 존중하여 처리하여야 한다.
④ 행정청은 의견을 제출한 자에게 그 <u>제출된 의견의 처리결과를 통지</u>하여야 한다.
⑤ 제출된 의견의 처리방법 및 처리결과의 통지에 관하여는 대통령령으로 정한다.

제45조(공청회) ① 행정청은 입법안에 관하여 <u>공청회를 개최할 수 있다.</u>
② 공청회에 관하여는 제38조, 제38조의2, 제38조의3, 제39조 및 제39조의2를 준용한다.

5. 행정예고

제46조(행정예고) ① 행정청은 정책, 제도 및 계획(이하 "정책등"이라 한다)을 수립·시행하거나 변경하려는 경우에는 이를 예고하여야 한다. 다만, 다음 각 호의 어느 하나에 해당하는 경우에는 <u>예고를 하지 아니할 수 있다.</u>
 1. <u>신속하게 국민의 권리를 보호하여야 하거나 예측이 어려운 특별한 사정이 발생하는 등 긴급한 사유로 예고가 현저히 곤란한 경우</u>
 2. <u>법령등의 단순한 집행을 위한 경우</u>
 3. 정책등의 내용이 <u>국민의 권리·의무 또는 일상생활과 관련이 없는 경우</u>
 4. 정책등의 예고가 <u>공공의 안전 또는 복리를 현저히 해칠 우려가 상당한 경우</u>
② 제1항에도 불구하고 법령등의 입법을 포함하는 행정예고는 <u>입법예고로 갈음할 수 있다.</u>
③ 행정예고기간은 예고 내용의 성격 등을 고려하여 정하되, <u>20일 이상</u>으로 한다.
④ 제3항에도 불구하고 행정목적을 달성하기 위하여 긴급한 필요가 있는 경우에는 행정예고기간을 단축할 수 있다. 이 경우 단축된 행정예고기간은 10일 이상으로 한다.

제46조의2(행정예고 통계 작성 및 공고) 행정청은 매년 자신이 행한 행정예고의 실시 현황과 그 결과에 관한 통계를 작성하고, 이를 관보·공보 또는 인터넷 등의 방법으로 널리 공고하여야 한다.

제47조(예고방법 등) ① 행정청은 정책등안(案)의 취지, 주요 내용 등을 관보·공보나 인터넷·신문·방송 등을 통하여 공고하여야 한다.
② 행정예고의 방법, 의견제출 및 처리, 공청회 및 온라인공청회에 관하여는 제38조, 제38조의2, 제38조의3, 제39조, 제39조의2, 제39조의3, 제42조(제1항·제2항 및 제4항은 제외한다), 제44조제1항부터 제3항까지 및 제45조제1항을 준용한다. 이 경우 "입법안"은 "정책등안"으로, "입법예고"는 "행정예고"로, "처분을 할 때"는 "정책등을 수립·시행하거나 변경할 때"로 본다.

6. 행정지도

제48조(행정지도의 원칙) ① 행정지도는 그 목적 달성에 필요한 최소한도에 그쳐야 하며, 행정지도의 상대방의 의사에 반하여 부당하게 강요하여서는 아니 된다.
② 행정기관은 행정지도의 상대방이 행정지도에 따르지 아니하였다는 것을 이유로 불이익한 조치를 하여서는 아니 된다.

제49조(행정지도의 방식) ① 행정지도를 하는 자는 그 상대방에게 그 행정지도의 취지 및 내용과 신분을 밝혀야 한다.
② 행정지도가 말로 이루어지는 경우에 상대방이 제1항의 사항을 적은 서면의 교부를 요구하면 그 행정지도를 하는 자는 직무 수행에 특별한 지장이 없으면 이를 교부하여야 한다.

제50조(의견제출) 행정지도의 상대방은 해당 행정지도의 방식·내용 등에 관하여 행정기관에 의견제출을 할 수 있다.

제51조(다수인을 대상으로 하는 행정지도) 행정기관이 같은 행정목적을 실현하기 위하여 많은 상대방에게 행정지도를 하려는 경우에는 특별한 사정이 없으면 행정지도에 공통적인 내용이 되는 사항을 공표하여야 한다.

7. 국민참여의 확대

제52조(국민참여 활성화) ① 행정청은 행정과정에서 국민의 의견을 적극적으로 청취하고 이를 반영하도록 노력하여야 한다.
② 행정청은 국민에게 다양한 참여방법과 협력의 기회를 제공하도록 노력하여야 하며, 구체적인 참여방법을 공표하여야 한다.
③ 행정청은 국민참여 수준을 향상시키기 위하여 노력하여야 하며 필요한 경우 국민참여 수준에 대한 자체진단을 실시하고, 그 결과를 행정안전부장관에게 제출하여야 한다.
④ 행정청은 제3항에 따라 자체진단을 실시한 경우 그 결과를 공개할 수 있다.
⑤ 행정청은 국민참여를 활성화하기 위하여 교육·홍보, 예산·인력 확보 등 필요한 조치를 할 수 있다.
⑥ 행정안전부장관은 국민참여 확대를 위하여 행정청에 교육·홍보, 포상, 예산·인력 확보 등을 지원할 수 있다.

제52조의2(국민제안의 처리) ① 행정청(국회사무총장·법원행정처장·헌법재판소사무처장 및 중앙선거관리위원회사무총장은 제외한다)은 정부시책이나 행정제도 및 그 운영의 개선에 관한 국민의 창의적인 의견이나 고안(이하 "국민제안"이라 한다)을 접수·처리하여야 한다.
② 제1항에 따른 국민제안의 운영 및 절차 등에 필요한 사항은 대통령령으로 정한다.

제52조의3(국민참여 창구) 행정청은 주요 정책 등에 관한 국민과 전문가의 의견을 듣거나 국민이 참여할 수 있는 온라인 또는 오프라인 창구를 설치·운영할 수 있다.

제53조(온라인 정책토론) ① 행정청은 국민에게 영향을 미치는 주요 정책 등에 대하여 국민의 다양하고 창의적인 의견을 널리 수렴하기 위하여 정보통신망을 이용한 정책토론(이하 이 조에서 "온라인 정책토론"이라 한다)을 실시할 수 있다.
② 행정청은 효율적인 온라인 정책토론을 위하여 과제별로 한시적인 토론 패널을 구성하여 해당 토론

에 참여시킬 수 있다. 이 경우 패널의 구성에 있어서는 공정성 및 객관성이 확보될 수 있도록 노력하여야 한다.
③ 행정청은 온라인 정책토론이 공정하고 중립적으로 운영되도록 하기 위하여 필요한 조치를 할 수 있다.
④ 토론 패널의 구성, 운영방법, 그 밖에 온라인 정책토론의 운영을 위하여 필요한 사항은 대통령령으로 정한다.

8. 보칙

제54조(비용의 부담) 행정절차에 드는 비용은 행정청이 부담한다. 다만, 당사자등이 자기를 위하여 스스로 지출한 비용은 그러하지 아니하다.

제55조(참고인 등에 대한 비용 지급) ① 행정청은 행정절차의 진행에 필요한 참고인이나 감정인 등에게 예산의 범위에서 여비와 일당을 지급할 수 있다.
② 제1항에 따른 비용의 지급기준 등에 관하여는 대통령령으로 정한다.

제56조(협조 요청 등) 행정안전부장관(제4장의 경우에는 법제처장을 말한다)은 이 법의 효율적인 운영을 위하여 노력하여야 하며, 필요한 경우에는 그 운영 상황과 실태를 확인할 수 있고, 관계 행정청에 관련 자료의 제출 등 협조를 요청할 수 있다.

예제 「행정절차법」에 관한 설명으로 옳은 것은? (다툼이 있으면 판례에 따름) ▶ 22 소방승진

① 「행정절차법」은 행정예고와 공법상 계약에 관한 규정을 두고 있다.
② 확약은 구두가 아닌 문서로 이루어져야 한다.
③ 행정청에 처분을 신청할 때 전자문서로 하는 경우에는 당사자의 컴퓨터에서 신청서를 발송한 때 신청한 것으로 본다.
④ 행정청이 자격의 박탈을 내용으로 하는 처분을 하는 경우에도, 다른 법령 등에서 청문을 하도록 규정하고 있지 않다면 청문을 위해서는 당사자 등이 청문신청을 하여야 한다.

정답 ②

① (×) 행정절차법은 행정예고에 관한 규정을 두고 있으나 공법상 계약에 관한 규정은 없다. 행정기본법에는 공법상 계약에 관한 규정이 있다.
② (○) 행정절차법 제40조의2(확약) ② 확약은 문서로 하여야 한다.
③ (×) 동법 제17조(처분의 신청) ② 제1항에 따라 처분을 신청할 때 전자문서로 하는 경우에는 행정청의 컴퓨터 등에 입력된 때에 신청한 것으로 본다.
④ (×) 행정절차법 제22조에 따르면, 자격을 박탈하는 경우 청문을 위해서 당사자 등의 신청을 요건으로 하고 있지 않다.

제4절 특별행정절차

01 일반민원처리절차(「민원 처리에 관한 법률」)

1. 의의

일반민원처리절차는 **민원인이 행정기관에 대하여 처분 등 특정한 행위를 요구하는 민원사항에 관하여 처리하는 절차**이다. 이에 관하여는 일반법으로서 「민원 처리에 관한 법률」이 있다.

2. 「민원 처리에 관한 법률」의 내용 [시행 2022.7.12.] [법률 제18742호, 2022.1.11.]

(1) 총칙

> **제1조(목적)** 이 법은 민원 처리에 관한 기본적인 사항을 규정하여 민원의 공정하고 적법한 처리와 민원행정제도의 합리적 개선을 도모함으로써 국민의 권익을 보호함을 목적으로 한다.
>
> **제2조(정의)** 이 법에서 사용하는 용어의 뜻은 다음과 같다.
> 1. "민원"이란 민원인이 행정기관에 대하여 처분 등 특정한 행위를 요구하는 것을 말하며, 그 종류는 다음 각 목과 같다.
>   가. 일반민원
>   1) 법정민원 : 법령·훈령·예규·고시·자치법규 등(이하 "관계법령등"이라 한다)에서 정한 일정 요건에 따라 인가·허가·승인·특허·면허 등을 신청하거나 장부·대장 등에 등록·등재를 신청 또는 신고하거나 특정한 사실 또는 법률관계에 관한 확인 또는 증명을 신청하는 민원
>   2) 질의민원 : 법령·제도·절차 등 행정업무에 관하여 행정기관의 설명이나 해석을 요구하는 민원
>   3) 건의민원 : 행정제도 및 운영의 개선을 요구하는 민원
>   4) 기타민원 : 법정민원, 질의민원, 건의민원 및 고충민원 외에 행정기관에 단순한 행정절차 또는 형식요건 등에 대한 상담·설명을 요구하거나 일상생활에서 발생하는 불편사항에 대하여 알리는 등 행정기관에 특정한 행위를 요구하는 민원
>   나. 고충민원 : 「부패방지 및 국민권익위원회의 설치와 운영에 관한 법률」 제2조제5호에 따른 고충민원
> 2. "민원인"이란 행정기관에 민원을 제기하는 개인·법인 또는 단체를 말한다. 다만, 행정기관(사경제의 주체로서 제기하는 경우는 제외한다), 행정기관과 사법(私法)상 계약관계(민원과 직접 관련된 계약관계만 해당한다)에 있는 자, 성명·주소 등이 불명확한 자 등 대통령령으로 정하는 자는 제외한다.
> 3. "행정기관"이란 다음 각 목의 자를 말한다.
>   가. 국회·법원·헌법재판소·중앙선거관리위원회의 행정사무를 처리하는 기관, 중앙행정기관(대통령 소속 기관과 국무총리 소속 기관을 포함한다. 이하 같다)과 그 소속 기관, 지방자치단체와 그 소속 기관
>   나. 공공기관
>   1) 「공공기관의 운영에 관한 법률」 제4조에 따른 법인·단체 또는 기관
>   2) 「지방공기업법」에 따른 지방공사 및 지방공단

3) 특별법에 따라 설립된 특수법인
　　　4) 「초·중등교육법」, 「고등교육법」 및 그 밖의 다른 법률에 따라 설치된 각급 학교
　　　5) 그 밖에 대통령령으로 정하는 법인·단체 또는 기관
　　다. 법령 또는 자치법규에 따라 행정권한이 있거나 행정권한을 위임 또는 위탁받은 법인·단체 또는 그 기관이나 개인
4. "처분"이란 「행정절차법」 제2조제2호의 처분을 말한다.
5. "복합민원"이란 하나의 민원 목적을 실현하기 위하여 관계법령등에 따라 여러 관계 기관(민원과 관련된 단체·협회 등을 포함한다. 이하 같다) 또는 관계 부서의 인가·허가·승인·추천·협의 또는 확인 등을 거쳐 처리되는 법정민원을 말한다.
6. "다수인관련민원"이란 5세대(世帶) 이상의 공동이해와 관련되어 5명 이상이 연명으로 제출하는 민원을 말한다.
7. 삭제
8. "무인민원발급창구"란 행정기관의 장이 행정기관 또는 공공장소 등에 설치하여 민원인이 직접 민원문서를 발급받을 수 있도록 하는 전자장비를 말한다.

제3조(적용 범위) ① 민원에 관하여 다른 법률에 특별한 규정이 있는 경우를 제외하고는 이 법에서 정하는 바에 따른다.
② 제2조 제3호 가목의 국회·법원·헌법재판소·중앙선거관리위원회의 행정사무를 처리하는 기관에 대해서는 제36조 제3항, 제37조, 제38조, 제39조 제2항부터 제6항까지 및 제42조를 적용하지 아니한다.

제4조(민원 처리 담당자의 의무와 보호) ① 민원을 처리하는 담당자는 담당 민원을 신속·공정·친절·적법하게 처리하여야 한다.
② 행정기관의 장은 민원인 등의 폭언·폭행, 목적이 정당하지 아니한 반복 민원 등으로부터 민원 처리 담당자를 보호하기 위하여 민원 처리 담당자의 신체적·정신적 피해의 예방 및 치료 등 대통령령으로 정하는 필요한 조치를 하여야 한다.
③ 민원 처리 담당자는 행정기관의 장에게 제2항에 따른 조치를 요구할 수 있다.
④ 행정기관의 장은 제3항에 따른 민원 처리 담당자의 요구를 이유로 해당 민원 처리 담당자에게 불이익을 주어서는 아니 된다.

제5조(민원인의 권리와 의무) ① 민원인은 행정기관에 민원을 신청하고 신속·공정·친절·적법한 응답을 받을 권리가 있다.
② 민원인은 민원을 처리하는 담당자의 적법한 민원처리를 위한 요청에 협조하여야 하고, 행정기관에 부당한 요구를 하거나 다른 민원인에 대한 민원 처리를 지연시키는 등 공무를 방해하는 행위를 하여서는 아니 된다.

제6조(민원 처리의 원칙) ① 행정기관의 장은 관계법령등에서 정한 처리기간이 남아 있다거나 그 민원과 관련 없는 공과금 등을 미납하였다는 이유로 민원 처리를 지연시켜서는 아니 된다. 다만, 다른 법령에 특별한 규정이 있는 경우에는 그에 따른다.
② 행정기관의 장은 법령의 규정 또는 위임이 있는 경우를 제외하고는 민원 처리의 절차 등을 강화하여서는 아니 된다.

제7조(정보 보호) 행정기관의 장은 민원 처리와 관련하여 알게 된 민원의 내용과 민원인 및 민원의

내용에 포함되어 있는 특정인의 <u>개인정보 등이 누설되지 아니하도록 필요한 조치를 강구</u>하여야 하며, 수집된 정보가 <u>민원 처리의 목적 외의 용도로 사용되지 아니하도록</u> 하여야 한다.

제7조의2(민원의 날) ① 민원에 대한 이해와 인식 및 민원 처리 담당자의 자긍심을 높이기 위하여 <u>매년 11월 24일을 민원의 날로 정한다.</u>
② 국가와 지방자치단체는 민원의 날의 취지에 적합한 기념행사를 할 수 있다.

(2) 민원의 처리

1) 민원의 신청 및 접수 등

제8조(민원의 신청) 민원의 신청은 문서(「전자정부법」 제2조제7호에 따른 <u>전자문서를 포함한다.</u> 이하 같다)로 하여야 한다. 다만, 기타민원은 <u>구술(口述) 또는 전화로 할 수 있다.</u>

제8조의2(증명서류 또는 구비서류의 전자적 제출) ① 민원인은 민원의 처리에 필요한 증명서류나 구비서류를 「전자정부법」 제2조제7호에 따른 <u>전자문서</u>(이하 "전자문서"라 한다)나 같은 조 제8호에 따른 <u>전자화문서</u>(이하 "전자화문서"라 한다)로 제출할 수 있다. 다만, 행정기관이 전자문서나 전자화문서로 증명서류나 구비서류를 받을 수 있는 정보시스템을 구축하지 아니한 경우 등 대통령령으로 정하는 사유가 있는 경우에는 그러하지 아니하다.
② 제1항에 따라 전자문서 또는 전자화문서로 제출된 증명서류나 구비서류의 진본성(眞本性) 확인 등을 위하여 필요한 사항은 국회규칙, 대법원규칙, 헌법재판소규칙, 중앙선거관리위원회규칙 및 대통령령으로 정한다.

제9조(민원의 접수) ① 행정기관의 장은 민원의 신청을 받았을 때에는 <u>다른 법령에 특별한 규정이 있는 경우를 제외하고는 그 접수를 보류하거나 거부할 수 없으며, 접수된 민원문서를 부당하게 되돌려 보내서는 아니 된다.</u>
② 행정기관의 장은 민원을 접수하였을 때에는 해당 민원인에게 <u>접수증을 내주어야 한다.</u> 다만, 기타민원과 민원인이 직접 방문하지 아니하고 신청한 민원 및 처리기간이 '즉시'인 민원 등 대통령령으로 정하는 경우에는 접수증 교부를 생략할 수 있다.
③ 제1항 및 제2항에 따른 민원의 접수 등에 필요한 사항은 대통령령으로 정한다.

제10조(불필요한 서류 요구의 금지) ① 행정기관의 장은 민원을 접수·처리할 때에 민원인에게 <u>관계법령등에서 정한 구비서류 외의 서류를 추가로 요구하여서는 아니 된다.</u>
② 행정기관의 장은 동일한 민원서류 또는 구비서류를 복수로 받는 경우에는 특별한 사유가 없으면 원본과 함께 그 사본의 제출을 허용하여야 한다.
③ 행정기관의 장은 민원을 접수·처리할 때에 다음 각 호의 어느 하나에 해당하는 경우에는 민원인에게 관련 증명서류 또는 구비서류의 제출을 요구할 수 없으며, 그 민원을 처리하는 담당자가 직접 이를 확인·처리하여야 한다.
1. 민원인이 소지한 주민등록증·여권·자동차운전면허증 등 행정기관이 발급한 증명서로 그 민원의 처리에 필요한 내용을 확인할 수 있는 경우
2. 해당 행정기관의 공부(公簿) 또는 행정정보로 그 민원의 처리에 필요한 내용을 확인할 수 있는 경우
3. 「전자정부법」 제36조 제1항에 따른 행정정보의 공동이용을 통하여 그 민원의 처리에 필요한 내용을 확인할 수 있는 경우

4. 행정기관이 증명서류나 구비서류를 다른 행정기관으로부터 전자문서로 직접 발급받아 그 민원의 처리에 필요한 내용을 확인할 수 있는 경우로서 민원인이 행정기관에 미리 해당 증명서류 또는 구비서류에 대하여 관계법령등에서 정한 수수료 등을 납부한 경우

④ 행정기관의 장이 제3항에 따라 증명서류나 구비서류를 확인·처리한 경우에는 관계법령등에서 정한 절차에 따라 증명서류나 구비서류를 확인·처리한 것으로 본다.

⑤ 행정기관의 장은 제3항제3호에 따라 행정정보의 공동이용을 통하여 민원인의 증명서류 또는 구비서류 제출을 갈음하는 경우에는 증명서류나 구비서류의 발급기관의 장과 협의하여 해당 증명서류나 구비서류에 대한 수수료를 감면할 수 있다.

⑥ 행정기관의 장은 제3항제3호에 따라 행정정보의 공동이용을 통하여 그 내용을 확인할 수 있는 민원의 종류·범위와 그 밖에 필요한 사항을 인터넷 홈페이지 등을 통하여 공표하여야 한다.

⑦ 행정기관의 장은 원래의 민원의 내용 변경 또는 갱신 신청을 받았을 때에는 특별한 사유가 없으면 이미 제출되어 있는 관련 증명서류 또는 구비서류를 다시 요구하여서는 아니 된다.

⑧ 제3항부터 제6항까지의 규정에 따른 민원 처리에 필요한 내용의 확인 절차와 그 밖에 필요한 사항은 국회규칙, 대법원규칙, 헌법재판소규칙, 중앙선거관리위원회규칙 및 대통령령으로 정한다.

제10조의2(민원인의 요구에 의한 본인정보 공동이용) ① 민원인은 행정기관이 컴퓨터 등 정보처리능력을 지닌 장치에 의하여 처리가 가능한 형태로 본인에 관한 행정정보를 보유하고 있는 경우 민원을 접수·처리하는 기관을 통하여 행정정보 보유기관의 장에게 본인에 관한 증명서류 또는 구비서류 등의 행정정보(법원의 재판사무·조정사무 및 그 밖에 이와 관련된 사무에 관한 정보는 제외한다)를 본인의 민원 처리에 이용되도록 제공할 것을 요구할 수 있다. 이 경우 민원을 접수·처리하는 기관의 장은 민원인에게 관련 증명서류 또는 구비서류의 제출을 요구할 수 없으며, 행정정보 보유기관의 장으로부터 해당 정보를 제공받아 민원을 처리하여야 한다.

② 제1항에 따른 요구를 받은 행정정보 보유기관의 장은 다음 각 호의 어느 하나에 해당하는 법률의 규정에도 불구하고 해당 정보를 컴퓨터 등 정보처리능력을 지닌 장치에 의하여 처리가 가능한 형태로 본인 또는 본인이 지정한 민원처리기관에 지체 없이 제공하여야 한다. 다만, 「개인정보 보호법」 제35조 제4항에 따른 제한 또는 거절의 사유에 해당하는 경우에는 그러하지 아니하다.

1. 「전자정부법」 제39조
2. 「국세기본법」 제81조의13
3. 「관세법」 제116조
4. 「지방세기본법」 제86조
5. 「가족관계의 등록 등에 관한 법률」 제13조
6. 「부동산등기법」 제109조의2
7. 「주민등록법」 제30조
8. 「공간정보의 구축 및 관리 등에 관한 법률」 제76조
9. 「자동차관리법」 제69조
10. 「건축법」 제32조
11. 「상업등기법」 제21조
12. 그 밖에 제1호부터 제11호까지의 규정과 유사한 규정으로서 대통령령으로 정하는 법률의 관련 규정

③ 행정안전부장관은 제1항 및 제2항에 따라 민원인이 행정정보 보유기관의 장에게 요구할 수 있는

본인에 관한 행정정보의 종류를 보유기관의 장과 협의하여 정하고, 이를 국민에게 공표하여야 한다.
④ 행정안전부장관은 「전자정부법」 제37조에 따른 행정정보 공동이용센터를 통하여 안전하고 신뢰할 수 있는 방법으로 같은 법 제2조제13호에 따른 정보시스템을 연계하는 등 해당 행정정보의 위조·변조·훼손·유출 또는 오용·남용을 방지하여야 한다.
⑤ 행정기관의 장은 제1항부터 제3항까지의 규정에 따라 컴퓨터 등 정보처리능력을 지닌 장치에 의하여 처리가 가능한 형태로 행정정보를 제공하는 경우에는 다른 법률에도 불구하고 수수료를 감면할 수 있다.
⑥ 민원인은 제1항에 따라 본인에 관한 행정정보의 공동이용을 요구하는 경우 다음 각 호의 어느 하나에 해당하는 방법으로 해당 행정정보가 본인에 관한 것임을 증명하여야 한다.
1. 「전자정부법」 제10조에 따른 민원인의 본인 확인 방법
2. 행정기관이 보유하고 있는 지문 등의 생체정보를 이용하는 방법
3. 「주민등록법」 제35조 제2호, 「도로교통법」 제137조 제5항, 「여권법」 제23조의2 제2항에 따라 신분증명서의 진위를 확인하는 방법
⑦ 제1항에 따라 다른 기관으로부터 행정정보를 제공받아 이용하는 행정기관의 장은 해당 행정정보가 위조·변조·훼손·유출 또는 오용·남용되지 아니하도록 적절한 보안대책을 마련하여야 하며, 행정안전부장관은 이에 대한 실태를 점검할 수 있다.
⑧ 제1항부터 제5항까지 및 제7항의 규정에 따른 본인에 관한 행정정보의 요구방법, 해당 행정정보의 제공방법·제공기준, 종류 및 그 세부유형, 수수료, 보안대책 및 실태점검 등에 필요한 사항은 국회규칙, 대법원규칙, 헌법재판소규칙, 중앙선거관리위원회규칙 및 대통령령으로 정한다.

제11조(민원취약계층에 대한 편의제공) ① 행정기관의 장은 민원의 신청 및 접수·처리 과정에서 민원취약계층(장애인, 임산부, 노약자 및 「지능정보화 기본법」 제2조 제13호에 따른 정보격차로 인하여 민원의 신청 등에 제약을 받는 사람을 말한다. 이하 같다)에 대한 편의를 제공하기 위하여 노력하여야 한다.
② 행정기관의 장은 민원취약계층에 대하여 민원 처리에 따른 수수료를 감면할 수 있다.
③ 제1항 및 제2항에서 규정한 사항 외에 민원취약계층에 대한 편의제공 및 수수료 감면 등에 필요한 사항은 국회규칙, 대법원규칙, 헌법재판소규칙, 중앙선거관리위원회규칙, 대통령령 및 조례로 정한다.

제12조(민원실의 설치) 행정기관의 장은 민원을 신속히 처리하고 민원인에 대한 안내와 상담의 편의를 제공하기 위하여 민원실을 설치할 수 있다.

제12조의2(전자민원창구 및 통합전자민원창구의 운영 등) ① 행정기관의 장은 민원인이 해당 기관을 직접 방문하지 아니하고도 민원을 처리할 수 있도록 관계법령등을 개선하고 민원의 전자적 처리를 위한 시설과 정보시스템을 구축하는 등 필요한 조치를 하여야 한다.
② 행정기관의 장은 제1항에 따른 조치로서 인터넷을 통하여 민원을 신청·접수받아 처리할 수 있는 정보시스템(이하 "전자민원창구"라 한다)을 구축·운영할 수 있다. 다만, 전자민원창구를 구축하지 아니한 경우에는 제3항에 따른 통합전자민원창구를 통하여 민원을 신청·접수받아 처리할 수 있다.
③ 행정안전부장관은 전자민원창구의 구축·운영을 지원하고 각 행정기관의 전자민원창구를 연계하기 위하여 통합전자민원창구를 구축·운영할 수 있다.
④ 민원인이 전자민원창구나 통합전자민원창구를 통하여 민원을 신청한 경우에는 관계법령등에 따라 해당 민원을 소관하는 행정기관에 민원을 신청한 것으로 본다.
⑤ 행정기관의 장은 전자민원창구나 통합전자민원창구를 통하여 민원을 처리하는 경우에는 다른 법

률에도 불구하고 수수료를 감면할 수 있다.
⑥ 행정기관의 장은 전자민원창구나 통합전자민원창구를 통하여 민원을 신청한 민원인이 정보통신망을 이용한 <u>전자화폐·전자결제 등의 방법으로 수수료를 납부하는 경우에는 해당 수수료 외에 별도의 업무처리비용을 함께 청구할 수 있다.</u>
⑦ 전자민원창구 및 통합전자민원창구의 구축·운영, 제5항에 따라 수수료를 감면할 수 있는 민원의 범위 및 감면 비율과 제6항에 따른 업무처리비용의 청구 기준 등에 관하여 필요한 사항은 국회규칙, 대법원규칙, 헌법재판소규칙, 중앙선거관리위원회규칙 및 대통령령으로 정한다.

제13조(민원 신청의 편의 제공) 행정기관의 장은 민원실(민원실이 설치되지 아니한 기관의 경우에는 문서의 접수·발송을 주관하는 부서를 말한다)에 민원 관련 법령·편람과 민원의 처리 기준과 절차 등 민원의 신청에 필요한 사항을 게시하고 이를 인터넷 홈페이지를 통하여 제공하는 등 민원인에게 민원 신청의 편의를 제공하여야 한다.

제14조(다른 행정기관 등을 이용한 민원의 접수·교부) ① 행정기관의 장은 민원인의 편의를 위하여 그 행정기관이 접수하고 처리결과를 교부하여야 할 민원을 다른 행정기관이나 특별법에 따라 설립되고 전국적 조직을 가진 법인 중 대통령령으로 정하는 법인으로 하여금 접수·교부하게 할 수 있다.
② 제1항에 따른 접수·교부의 절차 및 접수·처리·교부 기관 간 송부방법 등에 필요한 사항은 대통령령으로 정한다.
③ 제1항에 따라 민원을 접수·교부하는 법인의 임직원은 「형법」이나 그 밖의 법률에 따른 벌칙을 적용할 때에는 공무원으로 본다.

제15조(정보통신망을 이용한 다른 행정기관 소관 민원의 접수·교부) ① 행정기관의 장은 정보통신망을 이용하여 <u>다른 행정기관 소관의 민원을 접수·교부할 수 있는 경우에는 이를 직접 접수·교부할 수 있다.</u>
② 제1항에 따라 접수·교부할 수 있는 민원의 종류는 행정안전부장관이 관계 중앙행정기관의 장과 협의를 거쳐 결정·고시한다.

제16조(민원문서의 이송) ① 행정기관의 장은 접수한 민원이 다른 행정기관의 소관인 경우에는 접수된 민원문서를 지체 없이 소관 기관에 이송하여야 한다.
② 제1항에 따른 민원문서의 이송 절차 및 방법 등에 필요한 사항은 대통령령으로 정한다.

2) 민원의 처리기간·처리방법 등

제17조(법정민원의 처리기간 설정·공표) ① 행정기관의 장은 법정민원을 신속히 처리하기 위하여 행정기관에 법정민원의 신청이 접수된 때부터 처리가 완료될 때까지 소요되는 처리기간을 법정민원의 종류별로 미리 정하여 공표하여야 한다.
② 행정기관의 장은 제1항에 따른 처리기간을 정할 때에는 접수기관·경유기관·협의기관(다른 기관과 사전협의가 필요한 경우만 해당한다) 및 처분기관 등 각 기관별로 처리기간을 구분하여 정하여야 한다.
③ 행정기관의 장은 제1항 및 제2항에 따른 처리기간을 민원편람에 수록하여야 한다.

제18조(질의민원 등의 처리기간 등) 질의민원·건의민원·기타민원 및 고충민원의 처리기간 및 처리절차 등에 관하여는 대통령령으로 정한다.

제19조(처리기간의 계산) ① 민원의 처리기간을 <u>5일 이하로 정한 경우에는 민원의 접수시각부터 "시간" 단위로 계산하되, 공휴일과 토요일은 산입(算入)하지 아니한다.</u> 이 경우 1일은 8시간의 근무시간을 기준으로 한다.
② 민원의 처리기간을 <u>6일 이상으로 정한 경우에는 "일" 단위로 계산하고 첫날을 산입하되, 공휴일과 토요일은 산입하지 아니한다.</u>
③ 민원의 처리기간을 주·월·연으로 정한 경우에는 첫날을 산입하되, 「민법」 제159조부터 제161조까지의 규정을 준용한다.

제20조(관계 기관·부서 간의 협조) ① 민원을 처리하는 주무부서는 민원을 처리할 때 관계 기관·부서의 협조가 필요한 경우에는 민원을 접수한 후 지체 없이 그 민원의 처리기간 내에서 회신기간을 정하여 협조를 요청하여야 하며, 요청받은 기관·부서는 그 회신기간 내에 이를 처리하여야 한다.
② 협조를 요청받은 기관·부서는 제1항에 따른 회신기간 내에 그 민원을 처리할 수 없는 특별한 사정이 있는 경우에는 그 회신기간의 범위에서 한 차례만 기간을 연장할 수 있다.
③ 협조를 요청받은 기관·부서가 제2항에 따라 기간을 연장하려는 경우에는 제1항에 따른 회신기간이 끝나기 전에 그 연장사유·처리진행상황 및 회신예정일 등을 협조를 요청한 민원 처리 주무부서에 통보하여야 한다.

제21조(민원 처리의 예외) 행정기관의 장은 접수된 민원(법정민원을 제외한다. 이하 이 조에서 같다)이 다음 각 호의 어느 하나에 해당하는 경우에는 그 <u>민원을 처리하지 아니할 수 있다.</u> 이 경우 그 사유를 해당 민원인에게 통지하여야 한다.
1. 고도의 정치적 판단을 요하거나 국가기밀 또는 공무상 비밀에 관한 사항
2. 수사, 재판 및 형집행에 관한 사항 또는 감사원의 감사가 착수된 사항
3. 행정심판, 행정소송, 헌법재판소의 심판, 감사원의 심사청구, 그 밖에 다른 법률에 따라 불복구제 절차가 진행 중인 사항
4. 법령에 따라 화해·알선·조정·중재 등 당사자 간의 이해 조정을 목적으로 행하는 절차가 진행 중인 사항
5. 판결·결정·재결·화해·조정·중재 등에 따라 확정된 권리관계에 관한 사항
6. 감사원이 감사위원회의의 결정을 거쳐 행하는 사항
7. 각급 선거관리위원회의 의결을 거쳐 행하는 사항
8. 사인 간의 권리관계 또는 개인의 사생활에 관한 사항
9. 행정기관의 소속 직원에 대한 인사행정상의 행위에 관한 사항

제22조(민원문서의 보완·취하 등) ① 행정기관의 장은 접수한 민원문서에 보완이 필요한 경우에는 상당한 기간을 정하여 지체 없이 민원인에게 보완을 요구하여야 한다.
② 민원인은 해당 <u>민원의 처리가 종결되기 전에는 그 신청의 내용을 보완하거나 변경 또는 취하할 수 있다.</u> 다만, 다른 법률에 특별한 규정이 있거나 그 민원의 성질상 보완·변경 또는 취하할 수 없는 경우에는 그러하지 아니하다.
③ 제1항에 따른 민원문서의 보완 절차 및 방법 등에 필요한 사항은 대통령령으로 정한다.

제23조(반복 및 중복 민원의 처리) ① 행정기관의 장은 민원인이 <u>동일한 내용의 민원</u>(법정민원을 제외한다. 이하 이 조에서 같다)을 정당한 사유 없이 3회 이상 반복하여 제출한 경우에는 <u>2회 이상 그 처리결과를 통지하고, 그 후에 접수되는 민원에 대하여는 종결처리할 수 있다.</u>

② 행정기관의 장은 민원인이 2개 이상의 행정기관에 제출한 동일한 내용의 민원을 다른 행정기관으로부터 이송받은 경우에도 제1항을 준용하여 처리할 수 있다.
③ 행정기관의 장은 제1항 및 제2항에 따른 동일한 내용의 민원인지 여부에 대하여는 해당 민원의 성격, 종전 민원과의 내용적 유사성·관련성 및 종전 민원과 동일한 답변을 할 수 밖에 없는 사정 등을 종합적으로 고려하여 결정하여야 한다.

제24조(다수인관련민원의 처리) ① 다수인관련민원을 신청하는 민원인은 연명부(連名簿)를 원본으로 제출하여야 한다.
② 행정기관의 장은 다수인관련민원이 발생한 경우에는 신속·공정·적법하게 해결될 수 있도록 조치하여야 한다.
③ 다수인관련민원의 효율적인 처리와 관리에 필요한 사항은 대통령령으로 정한다.

제25조(민원심사관의 지정) ① 행정기관의 장은 민원 처리상황의 확인·점검 등을 위하여 <u>소속 직원 중에서 민원심사관을 지정하여야 한다.</u>
② 제1항에 따른 민원심사관의 업무 등에 필요한 사항은 대통령령으로 정한다.

제26조(처리민원의 사후관리) 행정기관의 장은 처리한 민원에 대하여 민원인의 만족 여부 및 개선사항 등을 조사하여 업무에 반영할 수 있다.

3) 민원 처리결과의 통지 등

제27조(처리결과의 통지) ① 행정기관의 장은 접수된 민원에 대한 처리를 완료한 때에는 그 결과를 민원인에게 <u>문서로 통지하여야 한다.</u> 다만, 기타민원의 경우와 통지에 신속을 요하거나 민원인이 요청하는 등 대통령령으로 정하는 경우에는 <u>구술, 전화, 문자메시지, 팩시밀리 또는 전자우편 등으로</u> 통지할 수 있다.
② 행정기관의 장은 다음 각 호의 어느 하나에 해당하는 경우에는 제1항 본문의 규정에 따른 통지를 전자문서로 통지하는 것으로 갈음할 수 있다. 다만, 제2호에 해당하는 경우에는 민원인이 요청하면 지체 없이 민원 처리 결과에 관한 문서를 교부하여야 한다.
1. 민원인의 동의가 있는 경우
2. 민원인이 전자민원창구나 통합전자민원창구를 통하여 전자문서로 민원을 신청하는 경우
③ 행정기관의 장은 제1항 또는 제2항에 따라 민원의 처리결과를 통지할 때에 민원의 내용을 거부하는 경우에는 거부 이유와 구제절차를 함께 통지하여야 한다.
④ 행정기관의 장은 제1항에 따른 민원의 처리결과를 허가서·신고필증·증명서 등의 문서(전자문서 및 전자화문서는 제외한다)로 민원인에게 직접 교부할 필요가 있는 때에는 그 민원인 또는 그 위임을 받은 자임을 확인한 후에 이를 교부하여야 한다.

제28조(무인민원발급창구를 이용한 민원문서의 발급) ① 행정기관의 장은 무인민원발급창구를 통하여 민원문서(다른 행정기관 소관의 민원문서를 포함한다)를 발급할 수 있다.
② 제1항에 따라 민원문서를 발급하는 경우에는 다른 법률에도 불구하고 수수료를 감면할 수 있다.
③ 제1항에 따라 발급할 수 있는 민원문서의 종류는 행정안전부장관이 관계 행정기관의 장과의 협의를 거쳐 결정·고시한다.

제28조의2(전자증명서의 발급) ① 행정기관의 장은 <u>전자민원창구 또는 통합전자민원창구를 통하여 전</u>

자증명서(행정기관의 장이 특정한 사실이나 관계 등을 증명하기 위하여 전자문서 및 전자화문서로 발급하는 민원문서를 말한다. 이하 같다)를 발급할 수 있다.
② 제1항에 따라 전자증명서를 발급하는 경우 관계법령등에 특별한 규정이 있는 경우를 제외하고는 수수료를 감면할 수 있다.
③ 제1항에 따라 발급할 수 있는 전자증명서의 종류는 행정안전부장관이 관계 행정기관의 장과의 협의를 거쳐 결정·고시한다.

제29조(민원수수료 등의 납부방법) 행정기관의 장은 민원인의 편의를 위하여 민원인이 현금·수입인지·수입증지 외에 정보통신망을 이용한 전자화폐·전자결제 등 다양한 방법으로 민원 처리에 따른 수수료 등을 납부할 수 있도록 조치하여야 한다.

4) 법정민원

제30조(사전심사의 청구 등) ① 민원인은 법정민원 중 신청에 경제적으로 많은 비용이 수반되는 민원 등 대통령령으로 정하는 민원에 대하여는 행정기관의 장에게 정식으로 민원을 신청하기 전에 미리 약식의 사전심사를 청구할 수 있다.
② 행정기관의 장은 제1항에 따라 사전심사가 청구된 법정민원이 다른 행정기관의 장과의 협의를 거쳐야 하는 사항인 경우에는 미리 그 행정기관의 장과 협의하여야 한다.
③ 행정기관의 장은 사전심사 결과를 민원인에게 문서로 통지하여야 하며, 가능한 것으로 통지한 민원의 내용에 대하여는 민원인이 나중에 정식으로 민원을 신청한 경우에도 동일하게 결정을 내릴 수 있도록 노력하여야 한다. 다만, 민원인의 귀책사유 또는 불가항력이나 그 밖의 정당한 사유로 이를 이행할 수 없는 경우에는 그러하지 아니하다.
④ 행정기관의 장은 제1항에 따른 사전심사 제도를 효율적으로 운영하기 위하여 필요한 법적·제도적 장치를 마련하여 시행하여야 한다.

제31조(복합민원의 처리) ① 행정기관의 장은 복합민원을 처리할 주무부서를 지정하고 그 부서로 하여금 관계 기관·부서 간의 협조를 통하여 민원을 한꺼번에 처리하게 할 수 있다.
② 제1항에 따른 복합민원의 처리 방법 및 절차 등에 필요한 사항은 대통령령으로 정한다.

제32조(민원 1회방문 처리제의 시행) ① 행정기관의 장은 복합민원을 처리할 때에 그 행정기관의 내부에서 할 수 있는 자료의 확인, 관계 기관·부서와의 협조 등에 따른 모든 절차를 담당 직원이 직접 진행하도록 하는 민원 1회방문 처리제를 확립함으로써 불필요한 사유로 민원인이 행정기관을 다시 방문하지 아니하도록 하여야 한다.
② 행정기관의 장은 제1항에 따른 민원 1회방문 처리에 관한 안내와 상담의 편의를 제공하기 위하여 민원 1회방문 상담창구를 설치하여야 한다.
③ 제1항에 따른 민원 1회방문 처리제는 다음 각 호의 절차에 따라 시행한다.
1. 제2항에 따른 민원 1회방문 상담창구의 설치·운영
2. 제33조에 따른 민원후견인의 지정·운영
3. 복합민원을 심의하기 위한 실무기구의 운영
4. 제3호의 실무기구의 심의결과에 대한 제34조에 따른 민원조정위원회의 재심의(再審議)
5. 행정기관의 장의 최종 결정

제33조(민원후견인의 지정·운영) 행정기관의 장은 민원 1회방문 처리제의 원활한 운영을 위하여 민원처리에 경험이 많은 소속 직원을 민원후견인으로 지정하여 민원인을 안내하거나 민원인과 상담하게 할 수 있다.

제34조(민원조정위원회의 설치·운영) ① 행정기관의 장은 다음 각 호의 사항을 심의하기 위하여 민원조정위원회를 설치·운영하여야 한다.
1. 장기 미해결 민원, 반복 민원 및 다수인관련민원에 대한 해소·방지 대책
2. 거부처분에 대한 이의신청
3. 민원처리 주무부서의 법규적용의 타당성 여부와 제32조제3항제4호에 따른 재심의
4. 그 밖에 대통령령으로 정하는 사항

② 제1항의 민원조정위원회의 구성 및 운영 등에 필요한 사항은 대통령령으로 정한다.

제35조(거부처분에 대한 이의신청) ① 법정민원에 대한 행정기관의 장의 거부처분에 불복하는 민원인은 그 거부처분을 받은 날부터 60일 이내에 그 행정기관의 장에게 문서로 이의신청을 할 수 있다.
② 행정기관의 장은 이의신청을 받은 날부터 10일 이내에 그 이의신청에 대하여 인용 여부를 결정하고 그 결과를 민원인에게 지체 없이 문서로 통지하여야 한다. 다만, 부득이한 사유로 정하여진 기간 이내에 인용 여부를 결정할 수 없을 때에는 그 기간의 만료일 다음 날부터 기산(起算)하여 10일 이내의 범위에서 연장할 수 있으며, 연장 사유를 민원인에게 통지하여야 한다.
③ 민원인은 제1항에 따른 이의신청 여부와 관계없이 「행정심판법」에 따른 행정심판 또는 「행정소송법」에 따른 행정소송을 제기할 수 있다.
④ 제1항에 따른 이의신청의 절차 및 방법 등에 필요한 사항은 대통령령으로 정한다.

(3) 민원제도의 개선 등

제36조(민원처리기준표의 고시 등) ① 행정안전부장관은 민원인의 편의를 위하여 관계법령등에 규정되어 있는 민원의 처리기관, 처리기간, 구비서류, 처리절차, 신청방법 등에 관한 사항을 종합한 민원처리기준표를 작성하여 관보에 고시하고 통합전자민원창구에 게시하여야 한다.
② 행정기관의 장은 관계법령등의 제정·개정 또는 폐지 등으로 제1항에 따라 고시된 민원처리기준표를 변경할 필요가 있으면 즉시 그 내용을 행정안전부장관에게 통보하여야 하며, 행정안전부장관은 그 내용을 관보에 고시하고 통합전자민원창구에 게시한 후 제1항에 따른 민원처리기준표에 반영하여야 한다.
③ 행정안전부장관은 민원의 간소화를 위하여 필요하다고 인정하는 경우에는 관계 행정기관의 장에게 관계법령등에 규정되어 있는 처리기간, 구비서류, 처리절차, 신청방법 등의 개정을 요청할 수 있다.

제37조(민원처리기준표의 조정 등) ① 행정안전부장관은 제36조에 따라 민원처리기준표를 작성·고시할 때에 민원의 간소화를 위하여 필요하다고 인정하는 경우에는 관계 행정기관의 장과 협의를 거쳐 관계법령등이 개정될 때까지 잠정적으로 관계법령등에 규정되어 있는 처리기간과 구비서류를 줄이거나 처리절차·신청방법을 변경할 수 있다.
② 행정기관의 장은 제1항에 따라 민원처리기준표가 조정·고시된 경우에는 이에 따라 민원을 처리하여야 하며, 중앙행정기관의 장은 민원처리기준표의 조정 또는 변경된 내용에 따라 관계법령등을 지체 없이 개정·정비하여야 한다.

제38조(민원행정 및 제도개선 계획 등) ① 행정안전부장관은 매년 민원행정 및 제도개선에 관한 기본지침을 작성하여 행정기관의 장에게 통보하여야 한다.
② 행정기관의 장은 제1항에 따른 기본지침에 따라 그 기관의 특성에 맞는 민원행정 및 제도개선 계획을 수립·시행하여야 한다.

제39조(민원제도의 개선) ① 행정기관의 장은 민원제도에 대한 개선안을 발굴·개선하도록 노력하여야 한다.
② 행정기관의 장은 제1항에 따라 개선한 내용을 대통령령으로 정하는 바에 따라 행정안전부장관에게 통보하여야 한다.
③ 행정기관의 장과 민원을 처리하는 담당자는 민원제도에 대한 개선안을 행정안전부장관 또는 그 민원의 소관 행정기관의 장에게 제출할 수 있다.
④ 행정안전부장관은 제3항에 따라 제출받은 개선안을 검토하여 필요한 경우에는 그 소관 행정기관의 장에게 통보하여 검토하도록 하여야 한다.
⑤ 제3항 및 제4항에 따라 개선안을 제출·통보받은 소관 행정기관의 장은 그 수용 여부를 결정하여야 하며, 행정안전부장관은 행정기관의 장이 수용하지 아니하기로 한 사항 중 개선할 필요성이 있다고 인정되는 사항에 대하여는 소관 행정기관의 장에게 개선을 권고할 수 있다.
⑥ 행정기관의 장이 제5항에 따라 행정안전부장관으로부터 권고 받은 사항을 수용하지 아니하는 경우 행정안전부장관은 제40조에 따른 민원제도개선조정회의에 심의를 요청할 수 있다.

제40조(민원제도개선조정회의) ① 여러 부처와 관련된 민원제도 개선사항을 심의·조정하기 위하여 국무총리 소속으로 민원제도개선조정회의(이하 "조정회의"라 한다)를 둔다.
② 조정회의는 여러 부처와 관련된 민원제도 개선사항, 제39조제6항에 따른 심의요청 사항 등 대통령령으로 정하는 사항을 심의·조정한다.
③ 조정회의의 구성·운영과 그 밖에 필요한 사항은 대통령령으로 정한다.

제41조(민원의 실태조사 및 간소화) ① 중앙행정기관의 장은 매년 그 기관이 관장하는 민원의 처리 및 운영 실태를 조사하여야 한다.
② 중앙행정기관의 장은 제1항에 따른 조사 결과에 따라 소관 민원의 구비서류, 처리절차 등의 간소화 방안을 마련하여야 한다.

제42조(확인·점검·평가 등) ① 행정안전부장관은 효과적인 민원행정 및 제도의 개선을 위하여 필요하다고 인정할 때에는 행정기관에 대하여 민원의 개선 상황과 운영 실태를 확인·점검·평가하고 그 결과를 해당 행정기관의 장에게 통보할 수 있다.
② 행정기관의 장은 제1항에 따른 확인·점검·평가 결과를 통보받은 경우에는 이를 해당 행정기관의 인터넷 홈페이지에 공개하여야 한다.
③ 행정안전부장관은 제1항에 따른 확인·점검·평가 결과 민원의 개선에 소극적이거나 이행 상태가 불량하다고 판단되는 경우 국무총리에게 이를 시정하기 위하여 필요한 조치를 건의할 수 있다.
④ 제1항부터 제3항까지에서 규정한 사항 외에 확인·점검·평가 결과의 공개 등에 필요한 사항은 대통령령으로 정한다.

제43조(행정기관의 협조) 행정기관의 장은 이 법에 따라 행정안전부장관이 실시하는 민원 관련 자료수집과 민원제도 개선사업에 적극 협조하여야 한다.

제44조(민원행정에 관한 여론 수집) ① 행정안전부장관은 행정기관의 민원 처리에 관하여 필요한 경우 국민들의 여론을 수집하여 민원행정제도 및 그 운영의 개선에 반영할 수 있다.
② 제1항에 따른 여론 수집에 필요한 사항은 대통령령으로 정한다.

제45조 삭제

(4) 보칙

제46조(권한의 위탁) 이 법에 따른 행정안전부장관의 권한은 대통령령으로 정하는 바에 따라 그 일부를 국민권익위원회에 위탁할 수 있다.

02 고충민원처리 및 부패방지절차

1. 의의

(1) 고충민원처리제도란 국민들의 고충사안을 국민과 행정기관 사이에서 중립적·독립적인 기관인 위원회로 하여금 간편·신속하게 조사·해결해 주는 제도를 말한다. 2008. 2. 29.「부패방지 및 국민권익위원회의 설치와 운영에 관한 법률」에 근거하여, 종래의 국민고충처리위원회, 국가청렴위원회, 국무총리행정심판위원회(현 중앙행정심판위원회) 등의 기능을 합쳐 국무총리 소속으로 국민권익위원회를 설치하였다. 국민권익위원회는 고충민원의 처리와 이와 관련된 불합리한 행정제도 개선에 관한 업무를 처리하고 있다. 동법은 지방자치단체 및 그 소속 기관에 관한 고충민원의 처리와 행정제도의 개선 등을 위하여 각 지방자치단체에「시민고충처리위원회」를 둘 수 있도록 하였다.

(2) 동법은 그밖에 부패의 발생을 예방하며 부패행위를 규제하기 위한 부패행위 등의 신고 및 신고보자보호에 관한 규정들을 두고 있다.

2.「부패방지 및 국민권익위원회의 설치와 운영에 관한 법률」의 내용

[시행 2022.7.5] [법률 제18715호, 2022.1.4.]

(1) 총칙

제1조(목적) 이 법은 국민권익위원회를 설치하여 <u>고충민원의 처리</u>와 이에 관련된 <u>불합리한 행정제도를 개선</u>하고, <u>부패의 발생을 예방하며 부패행위를 효율적으로 규제</u>함으로써 국민의 기본적 권익을 보호하고 행정의 적정성을 확보하며 청렴한 공직 및 사회풍토의 확립에 이바지함을 그 목적으로 한다.

제2조(정의) 이 법에서 사용하는 용어의 뜻은 다음과 같다.
1. "공공기관"이란 다음 각 목의 어느 하나에 해당하는 기관·단체를 말한다. 다만, 마목의 경우에는 제5장을 적용하는 경우에 한정하여 공공기관으로 본다.
   가.「정부조직법」에 따른 각급 행정기관과「지방자치법」에 따른 지방자치단체의 집행기관 및 지방의회
   나.「지방교육자치에 관한 법률」에 따른 교육행정기관
   다.「국회법」에 따른 국회,「법원조직법」에 따른 각급 법원,「헌법재판소법」에 따른 헌법재판소,「선거관리위원회법」에 따른 각급 선거관리위원회,「감사원법」에 따른 감사원,「고위공직자범

죄수사처 설치 및 운영에 관한 법률」에 따른 고위공직자범죄수사처(이하 "수사처"라 한다)
  라. 「공직자윤리법」 제3조의2에 따른 공직유관단체(이하 "공직유관단체"라 한다)
  마. 「초·중등교육법」, 「고등교육법」, 「유아교육법」, 그 밖의 다른 법령에 따라 설치된 각급 사립학교 및 「사립학교법」에 따른 학교법인으로서 국가나 지방자치단체로부터 출연금 또는 보조금을 받는 기관
2. "행정기관등"이란 중앙행정기관, 지방자치단체, 「공공기관의 운영에 관한 법률」 제4조에 따른 기관 및 법령에 따라 행정기관의 권한을 가지고 있거나 그 권한을 위임·위탁받은 법인·단체 또는 그 기관이나 개인을 말한다.
3. "공직자"란 다음 각 목의 어느 하나에 해당하는 자를 말한다. 다만, 다목의 경우에는 제5장을 적용하는 경우에 한정하여 공직자로 본다.
  가. 「국가공무원법」 및 「지방공무원법」에 따른 공무원과 그 밖의 다른 법률에 따라 그 자격·임용·교육훈련·복무·보수·신분보장 등에 있어서 공무원으로 인정된 자
  나. 공직유관단체의 장 및 그 직원
  다. 제1호마목에 따른 각급 사립학교의 장과 교직원 및 학교법인의 임직원
4. "부패행위"란 다음 각 목의 어느 하나에 해당하는 행위를 말한다.
  가. 공직자가 직무와 관련하여 그 지위 또는 권한을 남용하거나 법령을 위반하여 자기 또는 제3자의 이익을 도모하는 행위
  나. 공공기관의 예산사용, 공공기관 재산의 취득·관리·처분 또는 공공기관을 당사자로 하는 계약의 체결 및 그 이행에 있어서 법령에 위반하여 공공기관에 대하여 재산상 손해를 가하는 행위
  다. 가목과 나목에 따른 행위나 그 은폐를 강요, 권고, 제의, 유인하는 행위
5. "고충민원"이란 행정기관등의 위법·부당하거나 소극적인 처분(사실행위 및 부작위를 포함한다) 및 불합리한 행정제도로 인하여 국민의 권리를 침해하거나 국민에게 불편 또는 부담을 주는 사항에 관한 민원(현역장병 및 군 관련 의무복무자의 고충민원을 포함한다)을 말한다.
6. "신청인"이란 이 법에 따른 국민권익위원회 또는 시민고충처리위원회에 대하여 고충민원을 신청한 개인·법인 또는 단체를 말한다.
7. "불이익조치"란 다음 각 목의 어느 하나에 해당하는 조치를 말한다.
  가. 파면, 해임, 해고, 그 밖에 신분상실에 해당하는 불이익조치
  나. 징계, 정직, 감봉, 강등, 승진 제한, 그 밖에 부당한 인사조치
  다. 전보, 전근, 직무 미부여, 직무 재배치, 그 밖에 본인의 의사에 반하는 인사조치
  라. 성과평가 또는 동료평가 등의 차별과 그에 따른 임금 또는 상여금 등의 차별 지급
  마. 교육 또는 훈련 등 자기계발 기회의 취소, 예산 또는 인력 등 가용자원의 제한 또는 제거, 보안정보 또는 비밀정보 사용의 정지 또는 취급 자격의 취소, 그 밖에 근무조건 등에 부정적 영향을 미치는 차별 또는 조치
  바. 주의 대상자 명단 작성 또는 그 명단의 공개, 집단 따돌림, 폭행 또는 폭언, 그 밖에 정신적·신체적 손상을 가져오는 행위
  사. 직무에 대한 부당한 감사(監査) 또는 조사나 그 결과의 공개
  아. 인가·허가 등의 취소, 그 밖에 행정적 불이익을 주는 행위
  자. 물품계약 또는 용역계약의 해지(解止), 그 밖에 경제적 불이익을 주는 조치
8. "시민사회단체"란 「비영리민간단체 지원법」 제4조에 따라 중앙행정기관의 장, 시·도지사나 특례시의 장에게 등록을 한 비영리민간단체를 말한다.

9. "시민고충처리위원회"란 지방자치단체 및 그 소속 기관(법령에 따라 지방자치단체나 그 소속 기관의 권한을 위임 또는 위탁받은 법인·단체 또는 그 기관이나 개인을 포함한다. 이하 같다)에 대한 고충민원의 처리와 이에 관련된 제도개선을 위하여 제32조에 따라 설치되는 기관을 말한다.

제3조(공공기관의 책무) ① 공공기관은 건전한 사회윤리를 확립하기 위하여 부패방지에 노력할 책무를 진다.
② 공공기관은 부패를 방지하기 위하여 법령상, 제도상 또는 행정상의 모순이 있거나 그 밖에 개선할 사항이 있다고 인정할 때에는 즉시 이를 개선 또는 시정하여야 한다.
③ 공공기관은 교육·홍보 등 적절한 방법으로 소속 직원과 국민의 부패척결에 대한 의식을 고취하기 위하여 적극 노력하여야 한다.
④ 공공기관은 부패방지를 위한 국제적 교류와 협력에 적극 노력하여야 한다.

제4조(정당의 책무) ① 「정당법」에 따라 등록된 정당과 소속 당원은 깨끗하고 투명한 정치문화를 만들기 위하여 노력하여야 한다.
② 정당 및 소속 당원은 올바른 선거문화를 정착하게 하고 정당운영 및 정치자금의 모집과 사용을 투명하게 하여야 한다.

제5조(기업의 의무) 기업은 건전한 거래질서와 기업윤리를 확립하고 일체의 부패를 방지하기 위하여 필요한 조치를 강구하여야 한다.

제6조(국민의 의무) 모든 국민은 공공기관의 부패방지시책에 적극 협력하여야 한다.

제7조(공직자의 청렴의무) 공직자는 법령을 준수하고 친절하고 공정하게 집무하여야 하며 일체의 부패행위와 품위를 손상하는 행위를 하여서는 아니 된다.

제7조의2(공직자의 업무상 비밀이용 금지) 공직자는 업무처리 중 알게 된 비밀을 이용하여 재물 또는 재산상의 이익을 취득하거나 제3자로 하여금 취득하게 하여서는 아니 된다.

제8조(공직자 행동강령) ① 제7조에 따라 공직자가 준수하여야 할 행동강령은 대통령령·국회규칙·대법원규칙·헌법재판소규칙·중앙선거관리위원회규칙 또는 공직유관단체의 내부규정으로 정한다.
② 제1항에 따른 공직자 행동강령은 다음 각 호의 사항을 규정한다.
1. 직무관련자로부터의 향응·금품 등을 받는 행위의 금지·제한에 관한 사항
2. 직위를 이용한 인사관여·이권개입·알선·청탁행위의 금지·제한에 관한 사항
3. 공정한 인사 등 건전한 공직풍토 조성을 위하여 공직자가 지켜야 할 사항
4. 그 밖에 부패의 방지와 공직자의 직무의 청렴성 및 품위유지 등을 위하여 필요한 사항
③ 공직자가 제1항에 따른 공직자 행동강령을 위반한 때에는 징계처분을 할 수 있다.
④ 제3항에 따른 징계의 종류, 절차 및 효력 등은 당해 공직자가 소속된 기관 또는 단체의 징계관련 사항을 규정한 법령 또는 내부규정이 정하는 바에 따른다.

제9조(공직자의 생활보장) 국가 및 지방자치단체는 공직자가 공직에 헌신할 수 있도록 공직자의 생활보장을 위하여 노력하여야 하고 그 보수와 처우의 향상에 필요한 조치를 취하여야 한다.

제10조(권익구제기관 등에의 협조 요청) 국민권익위원회 또는 시민고충처리위원회는 업무의 수행에 필요하다고 인정하는 경우에는 법률에 따라 국민의 권익을 구제하거나 사회정의와 공익증진을 위한 법령·제도의 개선을 목적으로 하는 국가인권위원회 등 행정기관 또는 법인·단체에 협조를 요청할 수 있다.

(2) 국민권익위원회

제11조(국민권익위원회의 설치) ① 고충민원의 처리와 이에 관련된 불합리한 행정제도를 개선하고, 부패의 발생을 예방하며 부패행위를 효율적으로 규제하도록 하기 위하여 국무총리 소속으로 국민권익위원회(이하 "위원회"라 한다)를 둔다.
② 위원회는 「정부조직법」 제2조에 따른 중앙행정기관으로서 그 권한에 속하는 사무를 독립적으로 수행한다.

제12조(기능) 위원회는 다음 각 호의 업무를 수행한다.
1. 국민의 권리보호·권익구제 및 부패방지를 위한 정책의 수립 및 시행
2. 고충민원의 조사와 처리 및 이와 관련된 시정권고 또는 의견표명
3. 고충민원을 유발하는 관련 행정제도 및 그 제도의 운영에 개선이 필요하다고 판단되는 경우 이에 대한 권고 또는 의견표명
4. 위원회가 처리한 고충민원의 결과 및 행정제도의 개선에 관한 실태조사와 평가
5. 공공기관의 부패방지를 위한 시책 및 제도개선 사항의 수립·권고와 이를 위한 공공기관에 대한 실태조사
6. 공공기관의 부패방지시책 추진상황에 대한 실태조사·평가
7. 부패방지 및 권익구제 교육·홍보 계획의 수립·시행
8. 비영리 민간단체의 부패방지활동 지원 등 위원회의 활동과 관련된 개인·법인 또는 단체와의 협력 및 지원
9. 위원회의 활동과 관련된 국제협력
10. 부패행위 신고 안내·상담 및 접수 등
11. 신고자의 보호 및 보상
12. 법령 등에 대한 부패유발요인 검토
13. 부패방지 및 권익구제와 관련된 자료의 수집·관리 및 분석
14. 공직자 행동강령의 시행·운영 및 그 위반행위에 대한 신고의 접수·처리 및 신고자의 보호
15. 민원사항에 관한 안내·상담 및 민원사항 처리실태 확인·지도
16. 온라인 국민참여포털의 통합 운영과 정부민원안내콜센터의 설치·운영
17. 시민고충처리위원회의 활동과 관련한 협력·지원 및 교육
18. 다수인 관련 갈등 사항에 대한 중재·조정 및 기업애로 해소를 위한 기업고충민원의 조사·처리
19. 「행정심판법」에 따른 중앙행정심판위원회의 운영에 관한 사항
20. 다른 법령에 따라 위원회의 소관으로 규정된 사항
21. 그 밖에 국민권익 향상을 위하여 국무총리가 위원회에 부의하는 사항

제13조(위원회의 구성) ① 위원회는 위원장 1명을 포함한 15명의 위원(부위원장 3명과 상임위원 3명을 포함한다)으로 구성한다. 이 경우 부위원장은 각각 고충민원, 부패방지 업무 및 중앙행정심판위원회의 운영업무로 분장하여 위원장을 보좌한다. 다만, 중앙행정심판위원회의 구성에 관한 사항은 「행정심판법」에서 정하는 바에 따른다.
② 위원장, 부위원장과 위원은 고충민원과 부패방지에 관한 업무를 공정하고 독립적으로 수행할 수 있다고 인정되는 자로서 다음 각 호의 어느 하나에 해당하는 자 중에서 임명 또는 위촉한다.
1. 대학이나 공인된 연구기관에서 부교수 이상 또는 이에 상당하는 직에 8년 이상 있거나 있었던 자

2. 판사·검사 또는 변호사의 직에 10년 이상 있거나 있었던 자
3. 3급 이상 공무원 또는 고위공무원단에 속하는 공무원의 직에 있거나 있었던 자
4. 건축사·세무사·공인회계사·기술사·변리사의 자격을 소지하고 해당 직종에서 10년 이상 있거나 있었던 자
5. 제33조제1항에 따라 시민고충처리위원회 위원으로 위촉되어 그 직에 4년 이상 있었던 자
6. 그 밖에 사회적 신망이 높고 행정에 관한 식견과 경험이 있는 자로서 시민사회단체로부터 추천을 받은 자

③ <u>위원장 및 부위원장은 국무총리의 제청으로 대통령이 임명하고, 상임위원은 위원장의 제청으로 대통령이 임명하며, 상임이 아닌 위원은 대통령이 임명 또는 위촉</u>한다. 이 경우 상임이 아닌 위원 중 3명은 국회가, 3명은 대법원장이 각각 추천하는 자를 임명 또는 위촉한다.

④ 위원장과 부위원장은 각각 정무직으로 보하고, 상임위원은 고위공무원단에 속하는 일반직공무원으로서 「국가공무원법」 제26조의5에 따른 <u>임기제공무원</u>으로 보한다.

⑤ 위원이 궐위된 때에는 지체 없이 새로운 위원을 임명 또는 위촉하여야 한다. 이 경우 후임으로 임명 또는 위촉된 위원의 임기는 새로이 개시된다.

제14조(위원장) ① 위원장은 위원회를 대표한다.
② 위원장이 부득이한 사유로 직무를 수행할 수 없는 때에는 위원장이 지명한 부위원장이 그 직무를 대행한다.

제15조(위원의 결격사유) ① 다음 각 호의 어느 하나에 해당하는 자는 위원이 될 수 없다.
1. 대한민국 국민이 아닌 자
2. 「국가공무원법」 제33조 각 호의 어느 하나에 해당하는 자
3. 정당의 당원
4. 「공직선거법」에 따라 실시하는 선거에 후보자로 등록한 자
② 위원이 제1항 각 호의 어느 하나에 해당하게 된 때에는 당연히 퇴직된다.

제16조(직무상 독립과 신분보장) ① 위원회는 그 권한에 속하는 업무를 독립적으로 수행한다.
② 위원장과 위원의 임기는 각각 <u>3년으로 하되 1차에 한하여 연임</u>할 수 있다.
③ 위원은 다음 각 호의 어느 하나에 해당하는 경우를 제외하고는 그 의사에 반하여 면직 또는 해촉되지 아니한다.
1. 제15조제1항 각 호의 어느 하나에 해당하는 때
2. 심신상의 장애로 직무수행이 현저히 곤란하게 된 때
3. 제17조에 따른 겸직금지의무에 위반한 경우
④ 제3항제2호의 경우에는 전체 위원 3분의 2 이상의 찬성에 의한 의결을 거쳐 위원장의 제청으로 대통령 또는 국무총리가 면직 또는 해촉한다.

제17조(위원의 겸직금지 등) 위원은 재직 중 다음 각 호의 직을 겸할 수 없다.
1. <u>국회의원 또는 지방의회의원</u>
2. <u>행정기관등과 대통령령으로 정하는 특별한 이해관계가 있는 개인이나 법인 또는 단체의 임·직원</u>

제18조(위원의 제척·기피·회피) ① 위원은 다음 각 호의 어느 하나에 해당하는 경우에는 위원회, 제20조에 따른 소위원회 및 제21조에 따른 분과위원회의 심의·의결에서 제척된다.

1. 위원 또는 그 배우자나 배우자였던 자가 당해 사안에 관하여 당사자이거나 공동권리자 또는 공동의무자인 경우
2. 위원이 당해 사안의 당사자와 친족 관계에 있거나 있었던 경우
3. 위원이 당해 사안에 관하여 증언, 감정, 법률자문 또는 손해사정을 한 경우
4. 위원이 되기 전에 당해 사안에 대하여 감사, 수사 또는 조사에 관여한 사항
5. 위원이 당해 사안에 관하여 당사자의 대리인으로 관여하거나 관여하였던 경우

② 위원회, 제20조에 따른 소위원회 및 제21조에 따른 분과위원회의 심의·의결의 이해당사자는 위원에게 공정을 기대하기 어려운 특별한 사정이 있는 경우에는 기피신청을 할 수 있다.
③ 위원 본인이 제1항 또는 제2항의 사유에 해당하는 경우에는 스스로 그 사안의 심의·의결을 회피할 수 있다.
④ 위원회, 제20조에 따른 소위원회 및 제21조에 따른 분과위원회의 심의·의결에 관한 사무에 관여하는 위원회의 소속 공무원(제25조에 따른 파견 공무원 및 직원을 포함한다) 및 제22조에 따른 전문위원에 관하여는 제1항부터 제3항까지의 규정을 준용한다.

제19조(위원회의 의결) ① 위원회는 재적위원 과반수의 출석으로 개의하고 출석위원 과반수의 찬성으로 의결한다. 다만, 제20조 제1항 제4호의 사항은 재적위원 과반수의 찬성으로 의결한다.
② 제18조에 따라 심의·의결에 관여하지 못한 위원은 제19조 제1항에 따른 재적위원수의 계산에 있어서 이를 제외한다.
③ 그 밖에 위원회의 업무 및 운영에 관하여 필요한 사항은 대통령령으로 정한다.

제20조(소위원회) ① 위원회는 고충민원의 처리와 관련하여 다음 각 호의 어느 하나에 해당되지 아니하는 사항을 심의·의결하게 하기 위하여 3인의 위원으로 구성하는 위원회(이하 "소위원회"라 한다)를 둘 수 있다.
1. 제46조에 따른 시정을 권고하는 사항 중 다수인의 이해와 관련된 사안 등 대통령령으로 정하는 사항
2. 제47조에 따른 제도개선을 권고하는 사항
3. 제51조 제1항에 따른 감사의뢰의 결정에 관한 사항
4. 위원회의 종전 의결례를 변경할 필요가 있는 사항
5. 소위원회가 위원회에서 직접 처리하도록 의결한 사항
6. 그 밖에 위원회에서 처리하는 것이 필요하다고 위원장이 인정하는 사항

② 소위원회의 회의는 구성위원 전원의 출석과 출석위원 전원의 찬성으로 의결한다.
③ 그 밖에 소위원회의 업무 및 운영에 관하여 필요한 사항은 대통령령으로 정한다.

제21조(분과위원회) 위원회의 업무를 효율적으로 수행하기 위하여 위원회에 분야별로 분과위원회를 둘 수 있다.

제22조(전문위원) ① 위원장은 위원회의 업무를 효율적으로 지원하고 전문적인 조사 및 연구업무를 수행하기 위하여 필요하다고 인정할 때에는 위원회에 학계, 사회단체 그 밖에 관련분야의 전문가를 전문위원으로 둘 수 있다.
② 제1항에 따른 전문위원은 위원장이 임명 또는 위촉한다.

제23조(사무처의 설치) ① 위원회의 사무를 처리하기 위하여 위원회에 사무처를 둔다.
② 사무처에 사무처장 1명을 두되, 사무처장은 위원장이 지명한 부위원장이 겸직하고, 위원장의 지휘를 받아 위원회의 소관 사무를 관장하며 소속 직원을 지휘·감독한다.

③ 이 법에 규정된 사항 외에 사무처의 조직 및 운영에 관하여 필요한 사항은 대통령령으로 정한다.

제24조(자문기구) ① 위원회는 그 업무수행에 필요한 사항의 자문을 위하여 자문기구를 둘 수 있다.
② 제1항에 따른 자문기구의 조직과 운영에 관하여 필요한 사항은 대통령령으로 정한다.

제25조(공무원 등의 파견) ① 위원회는 그 업무수행을 위하여 필요하다고 인정하는 경우에는 국가기관·지방자치단체·「공공기관의 운영에 관한 법률」 제4조에 따른 기관 또는 관련 법인이나 단체에 대하여 그 소속 공무원 또는 직원의 파견을 요청할 수 있다.
② 제1항에 따라 위원회에 공무원이나 직원을 파견한 국가기관·지방자치단체·「공공기관의 운영에 관한 법률」 제4조에 따른 기관 또는 관련 법인이나 단체의 장은 위원회에 파견된 자에 대하여 인사·처우 등에 있어서 우대조치를 강구하여야 한다.

제26조(운영상황의 보고 및 공표 등) ① 위원회는 매년 고충민원과 관련하여 위원회의 운영상황을 대통령과 국회에 보고하고 이를 공표하여야 한다.
② 위원회는 제1항에 따른 보고 외에 필요하다고 인정하는 경우에는 대통령과 국회에 특별보고를 할 수 있다.

제27조(제도개선의 권고) ① 위원회는 필요하다고 인정하는 경우 공공기관의 장에게 부패방지를 위한 제도의 개선을 권고할 수 있다.
② 제1항에 따라 제도개선의 권고를 받은 공공기관의 장은 이를 제도개선에 반영하여 그 조치결과를 위원회에 통보하여야 하며, 위원회는 이에 대한 이행실태를 확인·점검할 수 있다.
③ 제1항에 따라 제도개선의 권고를 받은 공공기관의 장은 위원회의 권고대로 조치하기가 곤란하다고 인정되는 경우에는 위원회에 재심의를 요청하여야 하며, 이 경우 위원회는 이를 재심의 하여야 한다.

제27조의2(공공기관 부패에 관한 조사·평가) ① 위원회는 공공기관의 부패를 계량적으로 측정할 수 있는 공정하고 객관적인 평가지표를 개발하여야 한다.
② 위원회는 제1항에 따른 평가지표를 활용하여 공공기관의 부패에 관하여 조사·평가하고 그 결과를 공표할 수 있다.
③ 위원회는 제2항에 따른 조사·평가결과를 바탕으로 공공기관에 대하여 부패방지를 위한 컨설팅 등 필요한 지원을 할 수 있다.

제27조의3(조사·평가결과의 공개) ① 제27조의2에 따라 위원회의 조사·평가를 받은 공공기관의 장은 그 조사·평가결과를 인터넷 홈페이지에 공개하여야 한다.
② 제1항에 따른 조사·평가결과 공개에 필요한 사항은 대통령령으로 정한다.

제28조(법령 등에 대한 부패유발요인 검토) ① 위원회는 다음 각 호에 따른 법령 등의 부패유발요인을 분석·검토하여 그 법령 등의 소관 기관의 장에게 그 개선을 위하여 필요한 사항을 권고할 수 있다.
1. 법률·대통령령·총리령 및 부령
2. 법령의 위임에 따른 훈령·예규·고시 및 공고 등 행정규칙
3. 지방자치단체의 조례·규칙
4. 「공공기관의 운영에 관한 법률」 제4조에 따라 지정된 공공기관 및 「지방공기업법」 제49조·제76조에 따라 설립된 지방공사·지방공단의 내부규정

② 제1항에 따른 부패유발요인 검토의 절차와 방법에 관하여 필요한 항은 대통령령으로 정한다.

제29조(의견청취 등) ① 위원회는 제12조제5호부터 제14호에 따른 기능을 수행함에 있어서 필요한 경우 다음 각 호의 조치를 할 수 있다.
1. 공공기관에 대한 설명 또는 자료·서류 등의 제출요구 및 실태조사
2. 이해관계인·참고인 또는 관계 공직자의 출석 및 의견진술 요구

② 위원회는 다음 각 호의 어느 하나에 해당하는 사항에 대하여는 <u>제1항에 따른 조치를 하여서는 아니 된다.</u>
1. 국가기밀에 관한 사항
2. 수사·재판 및 형집행(보안처분·보안관찰처분·보호처분·보호관찰처분·보호감호처분·치료감호처분·사회봉사명령을 포함한다)의 당부에 관한 사항 또는 감사원의 감사가 착수된 사항
3. 행정심판·소송, 헌법재판소의 심판, 헌법소원이나 감사원의 심사청구 그 밖의 다른 법률에 따른 불복구제절차가 진행 중인 사항
4. 법령에 따라 화해·알선·조정·중재 등 당사자간의 이해조정을 목적으로 행하는 절차가 진행 중인 사항
5. 판결·결정·재결·화해·조정·중재 등에 따라 확정된 사항 또는 「감사원법」에 따른 감사위원회의에서 의결된 사항

③ 제1항 각 호의 조치는 제12조 각 호에 따른 위원회의 기능을 수행하기 위하여 필요한 범위에 그쳐야 하며 공공기관의 업무수행에 지장이 없도록 유의하여야 한다.
④ 공공기관의 장은 제1항에 따른 자료의 제출이나 실태조사 등에 성실하게 응하고 이에 협조하여야 하며, 이에 불응하는 경우에는 그 이유를 소명하여야 한다.
⑤ 공공기관의 장은 제도의 개선 등과 관련하여 소속 직원 또는 관계 전문가로 하여금 위원회에 출석하여 그 의견을 진술하게 하거나 필요한 자료를 제출할 수 있다.

제30조(비밀누설의 금지) 위원회의 위원, 전문위원 또는 직원이나 그 직에 있었던 자 및 위원회에 파견되거나 위원회의 위촉에 의하여 위원회의 업무를 수행하거나 수행하였던 자는 업무처리 중 알게 된 비밀을 누설하여서는 아니 된다.

(3) 시민고충처리위원회

제32조(시민고충처리위원회의 설치) ① 지방자치단체 및 그 소속 기관에 관한 고충민원의 처리와 행정제도의 개선 등을 위하여 각 <u>지방자치단체에 시민고충처리위원회를 둘 수 있다.</u>
② 시민고충처리위원회는 다음 각 호의 업무를 수행한다.
1. 지방자치단체 및 그 소속 기관에 관한 고충민원의 조사와 처리
2. 고충민원과 관련된 시정권고 또는 의견표명
3. 고충민원의 처리과정에서 관련 행정제도 및 그 제도의 운영에 개선이 필요하다고 판단되는 경우 이에 대한 권고 또는 의견표명
4. 시민고충처리위원회가 처리한 고충민원의 결과 및 행정제도의 개선에 관한 실태조사와 평가
5. 민원사항에 관한 안내, 상담 및 민원처리 지원
6. 시민고충처리위원회의 활동과 관련한 교육 및 홍보
7. 시민고충처리위원회의 활동과 관련된 국제기구 또는 외국의 권익구제기관 등과의 교류 및 협력
8. 시민고충처리위원회의 활동과 관련된 개인·법인 또는 단체와의 협력 및 지원
9. 그 밖에 다른 법령에 따라 시민고충처리위원회에 위탁된 사항

제33조(시민고충처리위원회 위원의 자격요건 등) ① 시민고충처리위원회 위원은 고충민원 처리업무를 공정하고 독립적으로 수행할 수 있다고 인정되는 자로서 다음 각 호의 어느 하나에 해당하는 자 중에서 지방자치단체의 장이 지방의회의 동의를 거쳐 위촉한다.
1. 대학이나 공인된 연구기관에서 부교수 이상 또는 이에 상당하는 직에 있거나 있었던 자
2. 판사·검사 또는 변호사의 직에 있거나 있었던 자
3. 4급 이상 공무원의 직에 있거나 있었던 자
4. 건축사·세무사·공인회계사·기술사·변리사의 자격을 소지하고 해당 직종에서 5년 이상 있거나 있었던 자
5. 사회적 신망이 높고 행정에 관한 식견과 경험이 있는 자로서 시민사회단체로부터 추천을 받은 자
② 시민고충처리위원회 위원의 임기는 4년으로 하되, 연임할 수 없다.
③ 지방자치단체의 장은 시민고충처리위원회 위원의 임기가 만료되거나 임기 중 결원된 경우에는 임기만료 또는 결원된 날부터 30일 이내에 후임자를 위촉하여야 한다.
④ 결원된 시민고충처리위원회 위원의 후임으로 위촉된 시민고충처리위원회 위원의 임기는 새로이 개시된다.

제34조(활동비 지원) 시민고충처리위원회가 설치된 지방자치단체의 장은 시민고충처리위원회가 제32조제2항의 업무를 처리하는데 필요한 경비를 지원하여야 한다.

제35조(위원회에 관한 규정의 준용) 제15조, 제16조제3항, 제17조, 제18조, 제25조 및 제83조의2제1항은 시민고충처리위원회에 관하여 이를 준용한다.

제36조(사무기구) ① 지방자치단체의 장은 시민고충처리위원회의 사무를 지원하기 위하여 사무기구를 둔다.
② 사무기구에는 사무기구의 장과 그 밖의 필요한 직원을 둔다.

제37조(운영상황의 보고 및 공표 등) ① 시민고충처리위원회는 매년 그 시민고충처리위원회의 운영상황을 지방자치단체의 장과 지방의회에 보고하고 이를 공표하여야 한다.
② 시민고충처리위원회는 제1항에 따른 보고 외에 필요하다고 인정하는 경우에는 지방자치단체의 장과 지방의회에 특별보고를 할 수 있다.

제38조(시민고충처리위원회의 조직 및 운영에 관한 사항) 이 법에 규정된 사항 외에 시민고충처리위원회의 조직 및 운영에 관하여 필요한 사항은 해당 지방자치단체의 조례로 정한다.

(4) 고충민원의 처리

제39조(고충민원의 신청 및 접수) ① 누구든지(국내에 거주하는 외국인을 포함한다) 위원회 또는 시민고충처리위원회(이하 이 장에서 "권익위원회"라 한다)에 고충민원을 신청할 수 있다. 이 경우 하나의 권익위원회에 대하여 고충민원을 제기한 신청인은 다른 권익위원회에 대하여도 고충민원을 신청할 수 있다.
② 권익위원회에 고충민원을 신청하고자 하는 자는 다음 각 호의 사항을 기재하여 문서(전자문서를 포함한다. 이하 같다)로 이를 신청하여야 한다. 다만, 문서에 의할 수 없는 특별한 사정이 있는 경우에는 구술로 신청할 수 있다.
1. 신청인의 이름과 주소(법인 또는 단체의 경우에는 그 명칭 및 주된 사무소의 소재지와 대표자의 이름)

2. 신청의 취지·이유와 고충민원신청의 원인이 된 사실내용
3. 그 밖에 관계 행정기관의 명칭 등 대통령령으로 정하는 사항
③ 신청인은 법정대리인 외에 다음 각 호의 어느 하나에 해당하는 자를 대리인으로 선임할 수 있다. 이 경우 대리인의 자격은 서면으로 소명하여야 한다.
1. 신청인의 배우자, 직계 존·비속 또는 형제자매
2. 신청인인 법인의 임원 또는 직원
3. 변호사
4. 다른 법률의 규정에 따라 고충민원신청의 대리를 할 수 있는 자
5. 제1호부터 제4호까지의 규정 외의 자로서 권익위원회의 허가를 받은 자
④ 권익위원회는 고충민원의 신청이 있는 경우에는 다른 법령에 특별한 규정이 있는 경우를 제외하고는 그 접수를 보류하거나 거부할 수 없으며, 접수된 고충민원서류를 부당하게 되돌려 보내서는 아니 된다. 다만, 권익위원회가 고충민원서류를 보류·거부 또는 반려하는 경우에는 지체 없이 그 사유를 신청인에게 통보하여야 한다.

제40조(동일한 고충민원의 상호 통보) 신청인이 제39조제1항 후단에 따라 동일한 고충민원을 둘 이상의 권익위원회에 각각 신청한 경우 각 권익위원회는 지체 없이 그 사실을 상호 통보하여야 한다. 이 경우 각 권익위원회는 상호 협력하여 고충민원을 처리하거나 제43조에 따라 이송하여야 한다.

제41조(고충민원의 조사) ① 권익위원회는 고충민원을 접수한 경우에는 지체 없이 그 내용에 관하여 필요한 조사를 하여야 한다. 다만, 다음 각 호의 어느 하나에 해당하는 경우에는 조사를 하지 아니할 수 있다.
1. 제43조제1항 각 호의 어느 하나에 해당하는 사항
2. 고충민원의 내용이 거짓이거나 정당한 사유가 없다고 인정되는 사항
3. 그 밖에 고충민원에 해당하지 아니하는 경우 등 권익위원회가 조사하는 것이 적절하지 아니하다고 인정하는 사항
② 권익위원회는 조사를 개시한 후에도 제1항 각 호에 해당하는 사유 등 조사를 계속할 필요가 없다고 인정하는 경우에는 이를 중지 또는 중단할 수 있다.
③ 권익위원회는 접수된 민원에 관하여 조사를 하지 아니하거나 조사를 중지 또는 중단한 경우에는 지체 없이 그 사유를 신청인에게 통보하여야 한다.

제42조(조사의 방법) ① 권익위원회는 제41조에 따라 조사를 함에 있어서 필요하다고 인정하는 경우에는 다음 각 호의 조치를 할 수 있다.
1. 관계 행정기관등에 대한 <u>설명요구</u> 또는 관련 자료·서류 등의 <u>제출요구</u>
2. 관계 행정기관등의 직원·신청인·이해관계인이나 참고인의 <u>출석 및 의견진술 등의 요구</u>
3. 조사사항과 관계있다고 인정되는 장소·시설 등에 대한 <u>실지조사</u>
4. <u>감정의 의뢰</u>
② 권익위원회의 직원이 제1항에 따라 실지조사를 하거나 진술을 듣는 경우에는 그 권한을 표시하는 증표를 지니고 이를 관계인에게 내보여야 한다.
③ 관계 행정기관등의 장은 제1항에 따른 권익위원회의 요구나 조사에 성실하게 응하고 이에 협조하여야 한다.

제43조(고충민원의 이송 등) ① 권익위원회는 접수된 고충민원이 다음 각 호의 어느 하나에 해당하는

경우에는 그 고충민원을 관계 행정기관등에 이송할 수 있다. 다만, 관계 행정기관등에 이송하는 것이 적절하지 아니하다고 인정하는 경우에는 그 고충민원을 각하할 수 있다.
1. 고도의 정치적 판단을 요하거나 국가기밀 또는 공무상 비밀에 관한 사항
2. 국회·법원·헌법재판소·선거관리위원회·감사원·지방의회에 관한 사항
3. 수사 및 형집행에 관한 사항으로서 그 관장기관에서 처리하는 것이 적당하다고 판단되는 사항 또는 감사원의 감사가 착수된 사항
4. 행정심판, 행정소송, 헌법재판소의 심판이나 감사원의 심사청구 그 밖에 다른 법률에 따른 불복구제절차가 진행 중인 사항
5. 법령에 따라 화해·알선·조정·중재 등 당사자간의 이해조정을 목적으로 행하는 절차가 진행 중인 사항
6. 판결·결정·재결·화해·조정·중재 등에 따라 확정된 권리관계에 관한 사항 또는 감사원이 처분을 요구한 사항
7. 사인간의 권리관계 또는 개인의 사생활에 관한 사항
8. 행정기관등의 직원에 관한 인사행정상의 행위에 관한 사항
9. 그 밖에 관계 행정기관등에서 직접 처리하는 것이 타당하다고 판단되는 사항

② 권익위원회는 제1항에 따라 고충민원을 이송 또는 각하한 경우에는 지체 없이 그 사유를 명시하여 신청인에게 통보하여야 한다. 이 경우 필요하다고 인정하는 때에는 신청인에게 권리의 구제에 필요한 절차와 조치에 관하여 안내할 수 있다.
③ 행정기관등의 장은 권익위원회의 조사가 착수된 고충민원이 제1항제1호부터 제8호까지의 어느 하나에 해당하는 사항임을 알게 된 경우에는 지체 없이 그 사실을 권익위원회에 통보하여야 한다.
④ 제1항제9호에 해당하는 고충민원을 이송받은 행정기관등의 장은 권익위원회가 요청하는 경우에는 권익위원회에 그 고충민원의 처리 결과를 통보하여야 한다.
⑤ 권익위원회는 관계 행정기관등의 장이 권익위원회에서 처리하는 것이 타당하다고 인정하여 이송한 고충민원을 직접 처리할 수 있다. 이 경우 고충민원이 이송된 때 권익위원회에 접수된 것으로 본다.

제44조(합의의 권고) 권익위원회는 조사 중이거나 조사가 끝난 고충민원에 대한 공정한 해결을 위하여 필요한 조치를 당사자에게 제시하고 합의를 권고할 수 있다.

제45조(조정) ① 권익위원회는 다수인이 관련되거나 사회적 파급효과가 크다고 인정되는 고충민원의 신속하고 공정한 해결을 위하여 필요하다고 인정하는 경우에는 당사자의 신청 또는 직권에 의하여 조정을 할 수 있다.
② 조정은 당사자가 합의한 사항을 조정서에 기재한 후 당사자가 기명날인하거나 서명하고 권익위원회가 이를 확인함으로써 성립한다.
③ 제2항에 따른 조정은 「민법」상의 화해와 같은 효력이 있다.

제46조(시정의 권고 및 의견의 표명) ① 권익위원회는 고충민원에 대한 조사결과 처분 등이 위법·부당하다고 인정할 만한 상당한 이유가 있는 경우에는 관계 행정기관등의 장에게 적절한 시정을 권고할 수 있다.
② 권익위원회는 고충민원에 대한 조사결과 신청인의 주장이 상당한 이유가 있다고 인정되는 사안에 대하여는 관계 행정기관등의 장에게 의견을 표명할 수 있다.

제47조(제도개선의 권고 및 의견의 표명) 권익위원회는 고충민원을 조사·처리하는 과정에서 법령 그

밖의 제도나 정책 등의 개선이 필요하다고 인정되는 경우에는 관계 행정기관등의 장에게 이에 대한 합리적인 개선을 권고하거나 의견을 표명할 수 있다.

제48조(의견제출 기회의 부여) ① 권익위원회는 제46조 또는 제47조에 따라 관계 행정기관등의 장에게 권고 또는 의견표명을 하기 전에 그 행정기관등과 신청인 또는 이해관계인에게 미리 의견을 제출할 기회를 주어야 한다.
② 관계 행정기관등의 직원·신청인 또는 이해관계인은 권익위원회가 개최하는 회의에 출석하여 의견을 진술하거나 필요한 자료를 제출할 수 있다.

제49조(결정의 통지) 권익위원회는 고충민원의 결정내용을 지체 없이 신청인 및 관계 행정기관등의 장에게 통지하여야 한다.

제50조(처리결과의 통보 등) ① 제46조 또는 제47조에 따른 권고 또는 의견을 받은 관계 행정기관등의 장은 이를 존중하여야 하며, 그 권고 또는 의견을 받은 날부터 30일 이내에 그 처리결과를 권익위원회에 통보하여야 한다.
② 제1항에 따른 권고를 받은 관계 행정기관등의 장이 그 권고내용을 이행하지 아니하는 경우에는 그 이유를 권익위원회에 문서로 통보하여야 한다.
③ 권익위원회는 제1항 또는 제2항에 따른 통보를 받은 경우에는 신청인에게 그 내용을 지체 없이 통보하여야 한다.

제51조(감사의 의뢰) ① 고충민원의 조사·처리과정에서 관계 행정기관등의 직원이 고의 또는 중대한 과실로 위법·부당하게 업무를 처리한 사실을 발견한 경우 위원회는 감사원 또는 관계 행정기관등의 감독기관(감독기관이 없는 경우에는 해당 행정기관등을 말한다. 이하 같다)에, 시민고충처리위원회는 해당 지방자치단체에 감사를 의뢰할 수 있다.
② 감사원, 관계 행정기관등의 감독기관 또는 지방자치단체는 제1항에 따라 감사를 의뢰받은 경우 그 처리결과를 감사를 의뢰한 위원회 또는 시민고충처리위원회에 통보하여야 한다.

제52조(권고 등 이행실태의 확인·점검) 권익위원회는 제46조 및 제47조에 따른 권고 또는 의견의 이행실태를 확인·점검할 수 있다.

제53조(공표) 권익위원회는 다음 각 호의 사항을 공표할 수 있다. 다만, 다른 법률의 규정에 따라 공표가 제한되거나 개인의 사생활의 비밀이 침해될 우려가 있는 경우에는 그러하지 아니하다.
1. 제46조 및 제47조에 따른 권고 또는 의견표명의 내용
2. 제50조제1항에 따른 처리결과
3. 제50조제2항에 따른 권고내용의 불이행사유

제54조(권익위원회 상호간의 관계) ① 위원회 또는 각 시민고충처리위원회는 상호 독립하여 업무를 수행하고, 상호 협의 또는 지원을 요청받은 경우 정당한 사유가 없는 한 이에 협조하여야 한다.
② 위원회는 시민고충처리위원회의 활동을 적극 지원하여야 한다.

(5) 부패행위 등의 신고 및 신고자 등 보호

제55조(부패행위의 신고) 누구든지 부패행위를 알게 된 때에는 이를 위원회에 신고할 수 있다.

제56조(공직자의 부패행위 신고의무) 공직자는 그 직무를 행함에 있어 다른 공직자가 부패행위를 한 사실을 알게 되었거나 부패행위를 강요 또는 제의받은 경우에는 지체 없이 이를 수사기관·감사원 또는 위원회에 신고하여야 한다.

제57조(신고자의 성실의무) 제55조 및 제56조에 따른 부패행위 신고(이하 이 장에서 "신고"라 한다)를 한 자(이하 이 장에서 "신고자"라 한다)가 신고의 내용이 허위라는 사실을 알았거나 알 수 있었음에도 불구하고 신고한 경우에는 이 법의 보호를 받지 못한다.

제57조의2(정부 및 지방자치단체의 책무) 중앙행정기관의 장 및 지방자치단체의 장은 신고자 보호 및 불이익 방지를 위하여 노력하여야 한다.

제58조(신고의 방법) 신고를 하려는 자는 본인의 인적사항과 신고취지 및 이유를 기재한 기명의 문서로써 하여야 하며, 신고대상과 부패행위의 증거 등을 함께 제시하여야 한다.

제58조의2(비실명 대리신고) ① 제58조에도 불구하고 신고자는 자신의 인적사항을 밝히지 아니하고 변호사를 선임하여 신고를 대리하게 할 수 있다. 이 경우 제58조에 따른 신고자의 인적사항 및 기명의 문서는 변호사의 인적사항 및 변호사 이름의 문서로 갈음한다.
② 제1항에 따른 신고는 위원회에 하여야 하며, 신고자 또는 신고자를 대리하는 변호사는 그 취지를 밝히고 신고자의 인적사항, 신고자임을 입증할 수 있는 자료 및 위임장을 위원회에 함께 제출하여야 한다.
③ 위원회는 제2항에 따라 제출된 자료를 봉인하여 보관하여야 하며, 신고자 본인의 동의 없이 이를 열람하여서는 아니 된다.

제59조(신고내용의 확인 및 이첩 등) ① 위원회는 접수된 신고사항에 대하여 신고자를 상대로 다음 각 호의 사항을 확인할 수 있다.
1. 신고자의 인적사항, 신고의 경위 및 취지 등 신고내용의 특정에 필요한 사항
2. 신고내용이 제29조제2항 각 호의 어느 하나에 해당하는지의 여부에 관한 사항
② 위원회는 제1항의 사항에 대한 진위여부를 확인하는데 필요한 범위에서 신고자에게 필요한 자료의 제출을 요구할 수 있다.
③ 위원회는 접수된 신고사항에 대하여 감사·수사 또는 조사가 필요한 경우 이를 감사원, 수사기관 또는 해당 공공기관의 감독기관(감독기관이 없는 경우에는 해당 공공기관을 말한다. 이하 "조사기관"이라 한다)에 이첩하여야 한다. 다만, 신고가 다음 각 호의 어느 하나에 해당하는 경우에는 이를 조사기관에 이첩하지 아니하고 종결할 수 있다.
1. 신고의 내용이 명백히 거짓인 경우
2. 신고자의 인적사항을 알 수 없는 경우
3. 신고자가 신고서나 증명자료 등에 대한 보완 요청을 2회 이상 받고도 위원회가 정하는 보완요청기간 내에 보완하지 아니한 경우
4. 신고에 대한 처리 결과를 통지받은 사항에 대하여 정당한 사유 없이 다시 신고한 경우
5. 신고의 내용이 언론매체 등을 통하여 공개된 내용에 해당하고 공개된 내용 외에 새로운 증거가 없는 경우

6. 다른 법령에 따라 해당 부패행위에 대한 감사·수사 또는 조사가 시작되었거나 이미 끝난 경우
7. 그 밖에 부패행위에 대한 감사·수사 또는 조사가 필요하지 아니한 경우로서 대통령령으로 정하는 경우

④ 위원회는 접수된 신고사항이 제3항에 따른 이첩 또는 종결처리의 대상인지 명백하지 아니한 경우로서 조사기관에서 처리하는 것이 타당하다고 인정하는 경우에는 이를 조사기관에 송부할 수 있다.
⑤ 위원회는 신고자를 상대로 제1항에 따라 사실관계를 확인하였음에도 불구하고 제3항에 따른 이첩 여부를 결정할 수 없는 경우에는 그 결정에 필요한 범위에서 피신고자의 의사에 반하지 아니하는 때에 한정하여 피신고자에게 의견 또는 자료 제출 기회를 부여할 수 있다.
⑥ 위원회에 신고가 접수된 당해 부패행위의 혐의대상자가 다음 각 호에 해당하는 고위공직자로서 부패혐의의 내용이 형사처벌을 위한 수사 및 공소제기의 필요성이 있는 경우에는 위원회의 명의로 검찰, 수사처, 경찰 등 관할 수사기관에 고발을 하여야 한다.
1. 차관급 이상의 공직자
2. 특별시장, 광역시장, 특별자치시장, 도지사 및 특별자치도지사
3. 경무관급 이상의 경찰공무원
4. 법관 및 검사
5. 장성급(將星級) 장교
6. 국회의원

⑦ 관할 수사기관은 제6항에 따른 고발에 대한 수사결과를 위원회에 통보하여야 한다. 위원회가 고발한 사건이 이미 수사 중이거나 수사 중인 사건과 관련된 사건인 경우에도 또한 같다.
⑧ 위원회는 접수된 신고사항을 그 접수일부터 60일 이내에 처리하여야 한다. 이 경우 제1항제1호에 따른 사항을 확인하기 위한 보완 등이 필요하다고 인정되는 경우에는 그 기간을 30일 이내에서 연장할 수 있다.
⑨ 위원회는 국가기밀이 포함된 신고사항에 대해서는 대통령령으로 정하는 바에 따라 처리한다.

제60조(조사결과의 처리) ① 조사기관은 신고를 이첩 또는 송부받은 날부터 60일 이내에 감사·수사 또는 조사를 종결하여야 한다. 다만, 정당한 사유가 있는 경우에는 그 기간을 연장할 수 있으며, 위원회에 그 연장사유 및 연장기간을 통보하여야 한다.
② 제59조제3항 또는 제4항에 따라 신고를 이첩 또는 송부받은 조사기관(조사기관이 이첩받은 신고사항에 대하여 다른 조사기관에 이첩·재이첩, 감사요구, 송치, 수사의뢰 또는 고발을 한 경우에는 이를 받은 조사기관을 포함한다. 이하 이 조에서 같다)은 감사·수사 또는 조사결과를 감사·수사 또는 조사 종료 후 10일 이내에 위원회에 통보하여야 한다.
③ 위원회는 제2항에 따라 감사·수사 또는 조사결과를 통보받은 경우 즉시 신고자에게 그 요지를 통지하여야 하고, 필요한 경우 조사기관에 대하여 통보내용에 대한 설명을 요구할 수 있다.
④ 신고자는 제3항에 따른 통지를 받은 경우 위원회에 감사·수사 또는 조사결과에 대한 이의를 신청할 수 있다.
⑤ 위원회는 제59조제3항에 따라 신고를 이첩받은 조사기관의 감사·수사 또는 조사가 충분하지 아니하다고 인정되는 경우에는 감사·수사 또는 조사결과를 통보받은 날부터 30일 이내에 새로운 증거자료의 제출 등 합리적인 이유를 들어 조사기관에 대하여 재조사를 요구할 수 있다.
⑥ 재조사를 요구받은 조사기관은 재조사를 종료한 날부터 7일 이내에 그 결과를 위원회에 통보하여야 한다. 이 경우 위원회는 통보를 받은 즉시 신고자에게 재조사 결과의 요지를 통지하여야 한다.

제61조(재정신청) ① 위원회는 제59조제6항에 따른 혐의대상자의 부패혐의가 「형법」 제129조부터 제133조까지와 제355조부터 제357조까지(다른 법률에 따라 가중처벌되는 경우를 포함한다)에 해당되어 관할 수사기관에 고발한 경우, 그 고발한 사건과 동일한 사건이 이미 수사 중에 있거나 수사 중인 사건과 관련된 경우에 그 사건 또는 그 사건과 관련된 사건에 대하여 검사로부터 공소를 제기하지 아니한다는 통보를 받았을 때에는 그 검사 소속의 고등검찰청에 대응하는 고등법원에 그 당부에 관한 재정을 신청할 수 있다.
② 제1항에 따른 재정신청에 관하여는 「형사소송법」 제260조제2항부터 제4항까지, 제261조, 제262조, 제262조의4, 제264조 및 제264조의2를 적용한다.
③ 제1항을 적용할 때 같은 항에 따른 검사의 통보가 없는 경우에는 다음 각 호에서 정한 날에 그 통보가 있는 것으로 본다.
1. 검사가 해당 범죄의 공소시효 만료일 10일 전까지 공소를 제기하지 아니한 때에는 그 날
2. 위원회가 제59조제6항에 따라 고발한 날부터 3개월이 경과한 날까지 검사가 공소를 제기하지 아니한 때에는 그 3개월이 경과한 날

제61조의2(이의신청) 제59조제6항에 따라 위원회가 관할 수사기관에 고발한 경우, 위원회가 사법경찰관으로부터 해당 사건을 검사에게 송치하지 아니한다는 통지를 받았을 때에는 위원회는 「형사소송법」 제245조의7에 따라 해당 사법경찰관의 소속 관서의 장에게 이의를 신청할 수 있다.

제62조(불이익조치 등의 금지) ① 누구든지 신고자에게 신고나 이와 관련한 진술, 자료 제출 등(이하 "신고등"이라 한다)을 한 이유로 불이익조치를 하여서는 아니 된다.
② 누구든지 신고등을 하지 못하도록 방해하거나 신고자에게 신고등을 취소하도록 강요해서는 아니 된다.

제62조의2(신분보장 등의 조치 신청 등) ① 신고자는 신고등을 이유로 불이익조치를 받았거나 받을 것으로 예상되는 경우에는 대통령령으로 정하는 바에 따라 위원회에 해당 불이익조치에 대한 원상회복이나 그 밖에 필요한 조치(이하 "신분보장등조치"라 한다)를 신청할 수 있다.
② 신분보장등조치는 불이익조치가 있었던 날(불이익조치가 계속된 경우에는 그 종료일)부터 1년 이내에 신청하여야 한다. 다만, 신고자가 천재지변, 전쟁, 사변, 그 밖에 불가항력의 사유로 1년 이내에 신분보장등조치를 신청할 수 없었을 때에는 그 사유가 소멸한 날부터 14일(국외에서의 신분보장등조치 신청은 30일) 이내에 신청할 수 있다.
③ 위원회는 신분보장등조치의 신청이 다음 각 호의 어느 하나에 해당하는 경우에는 결정으로 신청을 각하하고, 신분보장등조치를 신청한 사람(이하 "신분보장신청인"이라 한다)과 그가 소속된 기관·단체·기업 등의 장 또는 관계 기관·단체·기업 등의 장(이하 "소속기관장등"이라 한다)에게 각각 서면으로 통보하여야 한다. 다만, 통보로 인하여 신분보장신청인이 불이익조치 등을 받을 우려가 있는 경우 소속기관장등에게는 통보하지 아니할 수 있다.
1. 제2항에 따른 신청기간이 지나 신청한 경우
2. 신고자 또는 「행정절차법」 제12조제1항에 따른 대리인이 아닌 사람이 신청한 경우
3. 각하결정, 제62조의3제1항에 따른 신분보장등조치를 취하도록 요구하는 결정, 같은 조 제2항에 따른 신분보장등조치의 권고 또는 같은 조 제3항에 따른 신분보장등조치 신청을 기각하는 결정을 받은 동일한 불이익조치에 대하여 다시 신청한 경우
4. 다른 법령에 따른 구제절차에 의하여 이미 구제를 받은 경우

5. 제59조제3항 각 호의 어느 하나에 해당하여 신분보장등조치 신청의 요건을 갖추지 못하는 경우로서 신분보장등조치가 필요하지 아니하다고 인정되는 경우

④ 위원회는 제1항에 따른 신청(제3항에 따라 각하결정된 경우는 제외한다)에 대하여 조사를 하여야 한다. 이 경우 다음 각 호의 어느 하나에 해당하는 자에게 출석을 요구하여 진술을 청취하거나 진술서·자료의 제출, 사실·정보의 조회를 요구할 수 있으며, 위원회로부터 이러한 요구를 받은 자는 성실히 따라야 한다.

1. 신분보장신청인
2. 불이익조치를 한 자
3. 참고인
4. 관계 기관·단체·기업 등

⑤ 위원회는 조사과정에서 소속기관장등에게 충분한 소명(疏明)기회를 주어야 한다.

제62조의3(신분보장 등의 조치 결정 등) ① 위원회는 조사 결과 신분보장신청인이 신고등을 이유로 불이익조치(제2조제7호아목 및 자목에 해당하는 불이익조치는 제외한다)를 받았거나 받을 것으로 예상되는 경우에는 소속기관장등에게 30일 이내의 기간을 정하여 다음 각 호의 신분보장 등 조치를 취하도록 요구하는 결정(이하 "신분보장등조치결정"이라 한다)을 하여야 하며, 소속기관장등은 정당한 사유가 없으면 이에 따라야 한다.

1. 원상회복 조치
2. 차별 지급되거나 체불(滯拂)된 보수 등(이자를 포함한다)의 지급. 이 경우 보수 등의 지급기준 및 산정방법 등은 대통령령으로 정한다.
3. 불이익조치에 대한 취소 또는 금지
4. 전보, 그 밖에 필요한 조치

② 위원회는 조사 결과 신분보장신청인이 신고등을 이유로 제2조제7호아목 또는 자목에 해당하는 불이익조치를 받았거나 받을 것으로 예상되는 경우에는 소속기관장등에게 30일 이내의 기간을 정하여 인가·허가 또는 계약의 효력 유지 등 필요한 신분보장등조치를 할 것을 권고(이하 "신분보장등조치권고"라 한다)할 수 있다.

③ 위원회는 조사 결과 신분보장신청인이 신고등을 이유로 불이익조치를 받지 않았거나 받을 것으로 예상되지 아니하는 경우에는 신분보장등조치 신청을 기각하는 결정(이하 "기각결정"이라 한다)을 하여야 한다.

④ 위원회는 신분보장등조치결정을 하는 경우에는 신고등을 이유로 불이익조치를 한 자의 징계권자에게 그에 대한 징계를 요구할 수 있다.

⑤ 공직자인 신분보장신청인이 위원회에 전직, 전출·전입 및 파견근무 등의 인사에 관한 조치를 요청하는 경우 위원회는 타당하다고 인정하면 인사혁신처장 등 인사조치 요청과 관계된 기관의 장에게 필요한 조치를 요구할 수 있다. 이 경우 인사혁신처장 등 관계 기관의 장은 위원회로부터 받은 요구를 우선적으로 고려하여야 하며, 그 결과를 위원회에 통보하여야 한다.

⑥ 신분보장등조치결정, 신분보장등조치권고 또는 기각결정을 하는 경우에는 신분보장신청인과 소속기관장등에게 각각 서면으로 통보하여야 한다.

제62조의4(행정소송의 제기 등) ① 소속기관장등은 신분보장등조치결정에 대하여 「행정소송법」에 따른 행정소송을 제기하는 경우에는 같은 법 제20조제1항에도 불구하고 신분보장등조치결정을 통보받은 날부터 30일 이내에 제기하여야 한다.

② 소속기관장등은 신분보장등조치결정에 대해서는 「행정심판법」에 따른 행정심판을 청구할 수 없다.

제62조의5(불이익조치 절차의 일시정지) ① 위원장은 다음 각 호의 어느 하나에 해당하는 사유가 있고, 이를 방치할 경우 회복하기 어려운 피해가 발생할 우려가 있으며, 신분보장등조치 신청에 대한 위원회의 결정을 기다릴 시간적인 여유가 없다고 인정되면 신분보장신청인의 신청에 따라 또는 직권으로 45일 이내의 기간을 정하여 소속기관장등에게 불이익조치 절차의 잠정적인 중지 조치를 요구할 수 있다.
1. 신고로 인하여 신분보장신청인에 대한 불이익조치 절차가 예정되어 있거나 이미 진행 중인 경우
2. 신고로 인하여 신분보장신청인에 대한 불이익조치가 행하여졌고 추가적인 불이익조치 절차가 예정되어 있거나 이미 진행 중인 경우
② 제1항에 따른 요구를 받은 소속기관장등은 정당한 사유가 없으면 이에 따라야 한다.

제62조의6(이행강제금) ① 위원회는 신분보장등조치결정을 받은 후 그 정해진 기한까지 신분보장등조치를 하지 아니한 자에게 3천만원 이하의 이행강제금을 부과한다. 다만, 국가 또는 지방자치단체는 제외한다.
② 제1항에 따른 이행강제금의 부과절차 등에 관하여는 「공익신고자 보호법」 제21조의2제2항부터 제6항까지의 규정을 준용한다. 이 경우 "보호조치결정"은 "신분보장등조치결정"으로, "보호조치"는 "신분보장등조치"로, "불이익조치를 한 자"는 "소속기관장등"으로 본다.
③ 제1항에 따른 이행강제금의 부과기준, 징수절차 등에 필요한 사항은 대통령령으로 정한다.

제63조(불이익 추정) 신고자가 신고한 뒤 제62조의2제1항에 따라 위원회에 신분보장등조치를 신청하거나 법원에 원상회복 등에 관한 소를 제기하는 경우 해당 신고와 관련하여 불이익을 당한 것으로 추정한다.

제63조의2(화해의 권고 등) ① 위원회는 신분보장등조치 신청을 받은 경우에는 신분보장등조치결정, 신분보장등조치권고 또는 기각결정을 하기 전까지 직권으로 또는 관계 당사자의 신청에 따라 신분보장등조치 등에 대하여 화해를 권고하거나 화해안을 제시할 수 있다. 이 경우 화해 권고나 화해안에 공무원의 징계에 관한 사항을 포함하거나 이 법의 목적을 위반하는 조건을 붙여서는 아니 된다.
② 제1항에 따른 화해안의 작성, 화해조서의 작성 및 효력 등에 관하여는 「공익신고자 보호법」 제24조제2항부터 제4항까지의 규정을 준용한다.

제64조(신고자의 비밀보장) ① 누구든지 이 법에 따른 신고자라는 사정을 알면서 그의 인적사항이나 그가 신고자임을 미루어 알 수 있는 사실을 다른 사람에게 알려주거나 공개 또는 보도하여서는 아니 된다. 다만, 이 법에 따른 신고자가 동의한 때에는 그러하지 아니하다.
② 위원회는 제1항을 위반하여 신고자의 인적사항이나 신고자임을 미루어 알 수 있는 사실이 공개 또는 보도되었을 때에는 그 경위를 확인할 수 있다.
③ 위원회는 제2항에 따른 경위를 확인하는 데 필요하다고 인정하면 관계 기관에 관련 자료의 제출이나 의견의 진술 등을 요청할 수 있다. 이 경우 자료의 제출이나 의견의 진술을 요청받은 해당 기관은 특별한 사유가 없으면 그 요청에 협조하여야 한다.
④ 위원회는 제1항을 위반하여 신고자의 인적사항이나 신고자임을 미루어 알 수 있는 사실을 다른 사람에게 알려주거나 공개 또는 보도한 사람의 징계권자에게 그 사람에 대한 징계 등 필요한 조치를 요구할 수 있다.

제64조의2(신변보호조치) ① 신고자는 신고를 한 이유로 자신과 친족 또는 동거인의 신변에 불안이

있는 경우에는 위원회에 신변보호조치를 요구할 수 있다. 이 경우 위원회는 필요하다고 인정한 때에는 경찰청장, 관할 시·도경찰청장, 관할 경찰서장에게 신변보호조치를 요구할 수 있다.
② 제1항에 따른 신변보호조치를 요구받은 경찰청장, 관할 시·도경찰청장, 관할 경찰서장은 대통령령으로 정하는 바에 따라 즉시 신변보호조치를 하여야 한다.
③ 신고자가 신고를 이유로 피해를 입거나 입을 우려가 있다고 인정할 만한 상당한 이유가 있는 경우 해당 신고와 관련한 조사 및 형사절차에서「특정범죄신고자 등 보호법」제7조(인적 사항의 기재 생략) 및 제9조(신원관리카드의 열람)부터 제12조(소송진행의 협의 등)까지의 규정을 준용한다.

제65조(협조자 보호) 신고와 관련하여 신고자 외에 진술·증언, 그 밖에 자료제출 등의 방법으로 신고내용의 감사·수사 또는 조사에 조력한 자의 신분보장 및 신변보호 등에 관하여는 제62조, 제62조의2부터 제62조의6까지, 제63조, 제63조의2, 제64조, 제64조의2, 제66조 및 제66조의2를 준용한다.

제66조(책임의 감면 등) ① 신고등과 관련하여 신고자의 범죄행위가 발견된 경우 그 신고자에 대하여 형을 감경하거나 면제할 수 있다.
② 공공기관의 장은 신고등과 관련하여 발견된 위법행위 등을 이유로 관계 법령 등에 따라 신고자에게 징계나 불리한 행정처분을 하는 경우 그 징계나 불리한 행정처분을 감경 또는 면제할 수 있다.
③ 신고등과 관련하여 발견된 위법행위 등을 이유로 신고자에게 징계를 하거나 불리한 행정처분을 하는 경우 위원회는 신고자의 징계권자나 행정처분권자에게 그 징계나 행정처분의 감경 또는 면제를 요구할 수 있다. 이 경우 요구를 받은 자는 정당한 사유가 있는 경우 외에는 그 요구에 따라야 한다.
④ 신고등의 내용에 직무상 비밀이 포함된 경우에도 다른 법령, 단체협약 또는 취업규칙 등의 관련 규정에 불구하고 직무상 비밀준수의무를 위반하지 아니한 것으로 본다.
⑤ 위원회는 제1항에 따른 신고자의 범죄행위에 관한 형사재판 또는 신고등으로 인한 징계나 불리한 행정처분과 관련된 소송에 대하여 법원의 요청이 있거나 필요하다고 인정할 때에는 법원의 담당 재판부에 의견을 제출할 수 있다.

제66조의2(협조의 요청) 위원회는 신고에 대한 조사·처리 또는 신분보장등조치에 필요한 경우 관계 행정기관, 상담소 또는 의료기관, 그 밖의 관련 단체 등에 대하여 협조를 요청할 수 있다. 이 경우 요청을 받은 공공기관은 정당한 사유가 없으면 이에 따라야 하며, 그 밖의 단체 등은 최대한 협조하여야 한다.

제67조(준용규정) 제57조, 제58조, 제58조의2, 제62조, 제62조의2부터 제62조의6까지, 제63조, 제63조의2, 제64조, 제64조의2, 제65조, 제66조 및 제66조의2는 다음 각 호의 경우에 준용한다. 다만, 제58조의2는 제3호의 경우에만 준용하되, 위원회에 신고한 경우에 한정한다.
1. 피신고자가 소속된 공공기관에 부패행위를 신고한 경우
2. 피신고자의 소속기관·단체 또는 기업 등을 지도·감독하는 공공기관에 부패행위를 신고한 경우
3. 공직자 행동강령을 위반하는 행위를 신고한 경우
4. 부패행위 또는 공직자 행동강령 위반행위에 대하여 국회 또는 법원에서 증언하거나 수사기관에 고소·고발한 경우

제68조(포상 및 보상 등) ① 위원회는 위원회 또는 공공기관에 부패행위 신고를 하여 현저히 공공기관에 재산상 이익을 가져오거나 손실을 방지한 경우 또는 공익의 증진을 가져온 경우에는 신고를 한 자에 대하여「상훈법」등의 규정에 따라 포상을 추천할 수 있으며, 대통령령으로 정하는 바에 따라 포상금을 지급할 수 있다. 다만, 공공기관에 부패행위 신고를 한 경우에는 해당 공공기관이 포상 추천 또는 포상금 지급을 요청한 경우만 해당한다.

② 신고자는 신고로 인하여 직접적인 공공기관 수입의 회복이나 증대 또는 비용의 절감을 가져오거나 그에 관한 법률관계가 확정된 때에는 위원회에 보상금의 지급을 신청할 수 있다.

③ 신고자 및 제65조에 따른 협조자, 그 친족 또는 동거인은 신고등과 관련하여 다음 각 호의 어느 하나에 해당하는 피해를 입었거나 비용을 지출한 경우 위원회에 구조금의 지급을 신청할 수 있다.
1. 육체적·정신적 치료 등에 소요된 비용
2. 전직·파견근무 등으로 소요된 이사비용
3. 부패행위 신고 등을 이유로 한 쟁송절차에 소요된 비용
4. 불이익조치 기간의 임금 손실액
5. 그 밖에 중대한 경제적 손해(제2조제7호아목 및 자목에 따른 손해는 제외한다)

④ 위원회는 제2항에 따른 보상금의 지급신청을 받은 때에는 제69조에 따른 보상심의위원회의 심의·의결을 거쳐 대통령령으로 정하는 바에 따라 보상금을 지급하여야 한다. 다만, 공직자가 자기 직무 또는 공직자였던 자가 재직 중 자기 직무와 관련하여 신고한 사항에 대하여는 보상금을 감액하거나 지급하지 아니할 수 있다.

⑤ 위원회는 제3항에 따른 구조금의 지급신청을 받은 때에는 제69조에 따른 보상심의위원회의 심의·의결을 거쳐 대통령령으로 정하는 바에 따라 구조금을 지급하여야 한다. 다만, 위원회 위원장이 긴급하다고 인정하는 경우 위원장은 보상심의위원회의 심의·의결 이전에 대통령령으로 정하는 바에 따라 구조금의 전부 또는 일부를 우선 지급할 수 있다.

⑥ 제2항에 따른 보상금의 지급신청은 공공기관 수입의 회복이나 증대 또는 비용의 절감에 관한 법률관계가 확정되었음을 안 날부터 3년 이내에 하여야 한다. 다만, 그 법률관계가 확정된 날부터 5년이 지나면 보상금 지급신청을 할 수 없다.

⑦ 제3항에 따른 구조금 지급과 관련된 조사 등에 관하여는 「공익신고자 보호법」 제27조제3항부터 제5항까지의 규정을 준용한다. 이 경우 "공익신고자등"은 "신고자 및 협조자"로 본다.

제69조(보상심의위원회) ① 위원회는 제68조에 따른 포상금·보상금·구조금의 지급에 관한 사항을 심의·의결하기 위하여 보상심의위원회를 둔다.

② 보상심의위원회는 다음 각 호의 사항을 심의·의결한다.
1. 포상금·보상금·구조금의 지급요건에 관한 사항
2. 포상금·보상금·구조금의 지급액에 관한 사항
3. 그 밖에 포상금·보상금·구조금의 지급에 관한 사항

③ 보상심의위원회는 위원장 1명을 포함하여 7명의 위원으로 구성한다.

④ 보상심의위원회 위원장은 위원회 위원 중에서 위원회의 의결을 거쳐 위원회 위원장이 임명하며, 그 밖의 보상심의위원회 위원은 다음 각 호의 사람이 된다. 다만, 대한민국 국민이 아니거나 「국가공무원법」 제33조 각 호의 어느 하나에 해당하는 사람은 보상심의위원회 위원이 될 수 없다.
1. 위원회 소속으로 국장급 직위에 있는 공무원 중 위원회 위원장이 지명하는 사람 1명
2. 부패방지 및 보상에 관한 학식 또는 경험이 있는 법률·회계·감정평가, 그 밖의 관련 분야 전문가 및 「비영리민간단체 지원법」 제2조에 따른 비영리민간단체로부터 추천을 받은 사람으로서 위원회의 의결을 거쳐 위원회 위원장이 위촉하는 사람 5명

⑤ 제4항제2호에 따른 위원의 임기는 2년으로 하되, 한 차례만 연임할 수 있다.

⑥ 제1항부터 제5항까지에서 규정한 사항 외에 보상심의위원회의 구성 및 운영에 필요한 사항은 대통령령으로 정한다.

제70조(보상금의 지급결정 등) ① 위원회는 제68조에 따른 보상금의 지급신청이 있는 때에는 특별한 사유가 없는 한 신청일부터 90일 이내에 그 지급여부 및 지급금액을 결정하여야 한다.
② 위원회는 제1항에 따른 보상금 지급결정이 있은 때에는 즉시 이를 신청인에게 통지하여야 한다.

제70조의2(보상금 등의 상환 및 환수) ① 위원회는 제68조제4항에 따라 보상금을 지급한 경우 해당 공공기관(제2조제1호가목 중 「정부조직법」에 따른 각급 행정기관, 같은 호 다목에 따른 기관은 제외한다)에 대하여 <u>3개월 이내의 기한을 정하여</u> 보상금에 상당하는 금액을 위원회에 <u>상환할 것을 요구할 수 있다.</u> 이 경우 상환을 요구받은 공공기관은 해당 금액을 위원회에 상환하여야 한다.
② 위원회는 다음 각 호의 어느 하나에 해당하는 사실이 발견된 경우에는 그 보상금, 포상금 또는 구조금(이하 "보상금등"이라 한다)을 지급받은 사람에게 <u>반환할 금액을 통지</u>하여야 하며, 이를 지급<u>받은 사람은 해당 금액을 납부하여야 한다.</u>
1. 거짓이나 그 밖의 부정한 방법으로 보상금등을 지급받은 경우
2. 제68조제5항 단서에 따라 구조금을 지급받았으나 보상심의위원회가 구조금을 지급하지 아니하기로 심의·의결한 경우
3. 제68조제5항 단서에 따라 지급받은 구조금이 보상심의위원회가 심의·의결한 지급금액을 초과하는 경우
4. 제71조제2항부터 제5항까지의 규정을 위반하여 보상금등이 지급된 경우
5. 그 밖에 보상금등이 잘못 지급된 경우
③ 위원회는 제1항 또는 제2항에 따라 상환 또는 반환하여야 할 자가 정당한 사유 없이 그 납부기한까지 해당 금액을 납부하지 아니하는 경우 국세 체납처분의 예에 따라 징수할 수 있다.

제71조(보상금등의 중복 지급 금지 등) ① 이 법에 따라 보상금등을 지급받을 사람은 다른 법령에 따라 보상금등을 청구하는 것이 금지되지 아니한다.
② 위원회는 제68조제1항 또는 제2항에 따라 포상금 또는 보상금을 지급받을 사람이 동일한 원인으로 이 법에 따른 포상금·보상금을 받았거나 다른 법령에 따른 포상금·보상금 등을 받은 경우 그 포상금·보상금 등의 액수가 이 법에 따라 지급받을 포상금·보상금의 액수와 같거나 이를 초과할 때에는 포상금·보상금을 지급하지 아니하며, 그 포상금·보상금 등의 액수가 이 법에 따라 지급받을 포상금·보상금의 액수보다 적을 때에는 그 금액을 공제하고 포상금·보상금의 액수를 정하여야 한다.
③ 위원회는 제68조제3항에 따라 구조금을 지급받을 사람이 동일한 원인으로 이 법에 따른 구조금을 받았거나 다른 법령에 따른 구조금을 받은 경우 그 구조금의 액수가 이 법에 따라 지급받을 구조금의 액수와 같거나 이를 초과할 때에는 구조금을 지급하지 아니하며, 그 구조금의 액수가 이 법에 따라 지급받을 구조금의 액수보다 적을 때에는 그 금액을 공제하고 구조금의 액수를 정하여야 한다.
④ 다른 법령에 따라 포상금·보상금 등을 지급할 기관은 포상금·보상금 등을 지급받을 사람이 동일한 원인으로 이 법에 따른 포상금·보상금을 받은 경우 그 포상금·보상금의 액수가 다른 법령에 따라 지급받을 포상금·보상금 등의 액수와 같거나 이를 초과할 때에는 다른 법령에 따른 포상금·보상금 등을 지급하지 아니하며, 그 포상금·보상금의 액수가 다른 법령에 따라 지급받을 포상금·보상금 등의 액수보다 적을 때에는 그 금액을 공제하고 포상금·보상금 등의 액수를 정하여야 한다.
⑤ 다른 법령에 따라 구조금을 지급할 기관은 구조금을 지급받을 사람이 동일한 원인으로 이 법에 따른 구조금을 받은 경우 그 구조금의 액수가 다른 법령에 따라 지급받을 구조금의 액수와 같거나 이를 초과할 때에는 다른 법령에 따른 구조금을 지급하지 아니하며, 그 구조금의 액수가 다른 법령에 따라 지급받을 구조금의 액수보다 적을 때에는 그 금액을 공제하고 구조금의 액수를 정하여야 한다.

(6) 국민감사청구

제72조(감사청구권) ① 18세 이상의 국민은 공공기관의 사무처리가 법령위반 또는 부패행위로 인하여 공익을 현저히 해하는 경우 대통령령으로 정하는 일정한 수 이상의 국민의 연서로 감사원에 감사를 청구할 수 있다. 다만, 국회·법원·헌법재판소·선거관리위원회 또는 감사원의 사무에 대하여는 국회의장·대법원장·헌법재판소장·중앙선거관리위원회 위원장 또는 감사원장(이하 "당해 기관의 장"이라 한다)에게 감사를 청구하여야 한다.
② 제1항에도 불구하고 다음 각호의 어느 하나에 해당하는 사항은 감사청구의 대상에서 제외한다.
1. 국가의 기밀 및 안전보장에 관한 사항
2. 수사·재판 및 형집행(보안처분·보안관찰처분·보호처분·보호관찰처분·보호감호처분·치료감호처분·사회봉사명령을 포함한다)에 관한 사항
3. 사적인 권리관계 또는 개인의 사생활에 관한 사항
4. 다른 기관에서 감사하였거나 감사중인 사항. 다만, 다른 기관에서 감사한 사항이라도 새로운 사항이 발견되거나 중요사항이 감사에서 누락된 경우에는 그러하지 아니하다.
5. 그 밖에 감사를 실시하는 것이 적절하지 아니한 정당한 사유가 있는 경우로서 대통령령이 정하는 사항
③ 제1항에도 불구하고 지방자치단체와 그 장의 권한에 속하는 사무의 처리에 대한 감사청구는 「지방자치법」 제21조에 따른다.

제73조(감사청구의 방법) 감사청구를 하고자 하는 자는 대통령령으로 정하는 바에 따라 청구인의 인적사항과 감사청구의 취지 및 이유를 기재한 기명의 문서로 하여야 한다.

제74조(감사실시의 결정) ① 제72조제1항 본문에 따라 감사청구된 사항에 대하여는 감사원규칙으로 정하는 국민감사청구심사위원회에서 감사실시 여부를 결정하여야 한다.
② 제72조제1항 단서에 따라 당해 기관의 장이 감사청구를 접수한 때에는 그 접수한 날부터 30일 이내에 국회규칙·대법원규칙·헌법재판소규칙·중앙선거관리위원회규칙 또는 감사원규칙으로 정하는 바에 따라 감사실시 여부를 결정하여야 한다.
③ 감사원 또는 당해 기관의 장은 감사청구가 이유 없다고 인정하는 때에는 이를 기각하고, 기각을 결정한 날부터 10일 이내에 그 사실을 감사청구인에게 통보하여야 한다.

제75조(감사청구에 의한 감사) ① 감사원 또는 당해 기관의 장은 감사를 실시하기로 결정한 날부터 60일 이내에 감사를 종결하여야 한다. 다만, 정당한 사유가 있는 경우에는 그 기간을 연장할 수 있다.
② 감사원 또는 당해 기관의 장은 감사가 종결된 날부터 10일 이내에 그 결과를 감사청구인에게 통보하여야 한다.

제76조(운영) 이 법에서 정한 사항 외에 국민감사청구에 관하여 필요한 사항은 국회규칙·대법원규칙·헌법재판소규칙·중앙선거관리위원회규칙 또는 감사원규칙으로 정하는 바에 따른다.

(7) 벌칙

제87조(업무상 비밀누설죄) 제30조에 위반하여 부패방지 업무처리 중 알게 된 비밀을 누설한 자는 <u>5년 이하의 징역 또는 5천만원 이하의 벌금</u>에 처한다.

제88조(인적사항 공개 등 금지 위반의 죄) 제64조제1항(제65조 및 제67조에서 준용하는 경우를 포함한다)을 위반한 자는 <u>5년 이하의 징역 또는 5천만원 이하의 벌금</u>에 처한다.

제89조(비위면직자등의 취업제한 위반의 죄) 비위면직자등이 제82조제2항 및 제3항을 위반하여 취업제한기관에 취업한 때에는 2년 이하의 징역 또는 2천만원 이하의 벌금에 처한다.

제90조(불이익조치 및 신분보장등조치결정 불이행의 죄) ① 다음 각 호의 어느 하나에 해당하는 자는 <u>3년 이하의 징역 또는 3천만원 이하의 벌금</u>에 처한다.
 1. 제62조제1항(제65조 및 제67조에서 준용하는 경우를 포함한다)을 위반하여 제2조제7호가목에 해당하는 불이익조치를 한 자
 2. 제62조의3제1항(제65조 및 제67조에서 준용하는 경우를 포함한다)에 따른 신분보장등조치결정을 이행하지 아니한 자
② 다음 각 호의 어느 하나에 해당하는 자는 2년 이하의 징역 또는 2천만원 이하의 벌금에 처한다.
 1. 제62조제1항(제65조 및 제67조에서 준용하는 경우를 포함한다)을 위반하여 제2조제7호나목부터 사목까지의 어느 하나에 해당하는 불이익조치를 한 자
 2. 제62조제2항을 위반하여 신고등을 방해하거나 신고등을 취소하도록 강요한 자
③ 제62조의5(제65조 및 제67조에서 준용하는 경우를 포함한다)에 따른 <u>잠정적인 중지 조치 요구를 정당한 사유 없이 이행하지 아니한 자는 1년 이하의 징역 또는 1천만원 이하의 벌금</u>에 처한다.

제91조(과태료) ① 제62조의2제4항(제65조 및 제67조에서 준용하는 경우를 포함한다)을 위반하여 출석, 진술서·자료의 제출, 사실·정보의 조회 요구에 따르지 아니한 자에게는 3천만원 이하의 과태료를 부과한다.
② 정당한 사유 없이 제83조제1항 및 제2항에 따른 요구를 거부한 취업제한기관의 장에게는 1천만원 이하의 과태료를 부과한다.
③ 다음 각 호의 어느 하나에 해당하는 자에게는 500만원 이하의 과태료를 부과한다.
 1. 정당한 사유 없이 제42조에 따른 업무수행을 방해·거부 또는 기피하거나 고의로 지연시킨 자
 2. 정당한 사유 없이 제82조의2에 따른 자료 제출 요구를 거부한 공공기관의 장
④ 제1항부터 제3항까지의 규정에 따른 과태료는 대통령령으로 정하는 바에 따라 위원회가 부과·징수한다.

03 행정규제심사절차

1. 의의

행정규제에 관한 기본적인 사항을 규정하여 불필요한 행정규제를 폐지하고 비효율적인 행정규제의 신설을 억제함으로써 사회·경제 활동의 자율과 창의를 촉진하여 국민의 삶의 질과 국가경쟁력의 지속적인 향상을 꾀하기 위해 행정규제기본법(1997. 8. 22 제정)이 마련되어 있다. 행정규제기본법은

5장(총칙, 규제의 신설·강화에 대한 원칙과 심사, 기존규제의 정비, 규제개혁위원회, 보칙)으로 나누어진 전문 37조와 부칙으로 구성되어 있다.

2. 용어의 정의(법 제2조)

(1) "행정규제"(이하 "규제"라 한다)란 국가나 지방자치단체가 특정한 행정 목적을 실현하기 위하여 국민(국내법을 적용받는 외국인을 포함한다)의 권리를 제한하거나 의무를 부과하는 것으로서 법령등이나 조례·규칙에 규정되는 사항을 말한다.

(2) "법령등"이란 법률·대통령령·총리령·부령과 그 위임을 받는 고시(告示) 등을 말한다.

(3) "기존규제"란 이 법 시행 당시 다른 법률에 근거하여 규정된 규제와 이 법 시행 후 이 법에서 정한 절차에 따라 규정된 규제를 말한다.

(4) "행정기관"이란 법령등 또는 조례·규칙에 따라 행정 권한을 가지는 기관과 그 권한을 위임받거나 위탁받은 법인·단체 또는 그 기관이나 개인을 말한다.

(5) "규제영향분석"이란 규제로 인하여 국민의 일상생활과 사회·경제·행정 등에 미치는 여러 가지 영향을 객관적이고 과학적인 방법을 사용하여 미리 예측·분석함으로써 규제의 타당성을 판단하는 기준을 제시하는 것을 말한다.

3. 규제 법정주의

(1) 규제는 법률에 근거하여야 하며, 그 내용은 알기 쉬운 용어로 구체적이고 명확하게 규정되어야 한다(제4조 제1항).

(2) 규제는 법률에 직접 규정하되, 규제의 세부적인 내용은 법률 또는 상위법령(上位法令)에서 구체적으로 범위를 정하여 위임한 바에 따라 대통령령·총리령·부령 또는 조례·규칙으로 정할 수 있다. 다만, 법령에서 전문적·기술적 사항이나 경미한 사항으로서 업무의 성질상 위임이 불가피한 사항에 관하여 구체적으로 범위를 정하여 위임한 경우에는 고시 등으로 정할 수 있다(제2항).

(3) 행정기관은 법률에 근거하지 아니한 규제로 국민의 권리를 제한하거나 의무를 부과할 수 없다(제3항).

4. 규제의 원칙

(1) 국가나 지방자치단체는 국민의 자유와 창의를 존중하여야 하며, 규제를 정하는 경우에도 그 본질적 내용을 침해하지 아니하도록 하여야 한다(제5조 제1항).

(2) 국가나 지방자치단체가 규제를 정할 때에는 국민의 생명·인권·보건 및 환경 등의 보호와 식품·의약품의 안전을 위한 실효성이 있는 규제가 되도록 하여야 한다(제2항).

(3) 규제의 대상과 수단은 규제의 목적 실현에 필요한 최소한의 범위에서 가장 효과적인 방법으로 객관성·투명성 및 공정성이 확보되도록 설정되어야 한다(제3항).

5. 규제의 등록 및 공표

(1) 중앙행정기관의 장은 소관 규제의 명칭·내용·근거·처리기관 등을 제23조에 따른 규제개혁위원회에 등록하여야 한다(제6조 제1항).

(2) 위원회는 제1항에 따라 등록된 규제사무 목록을 작성하여 공표하고, 매년 6월 말일까지 국회에 제출하여야 한다(제2항).

(3) 위원회는 직권으로 조사하여 등록되지 아니한 규제가 있는 경우에는 관계 중앙행정기관의 장에게 지체 없이 위원회에 등록하게 하거나 그 규제를 폐지하는 법령등의 정비계획을 제출하도록 요구하여야 하며, 관계 중앙행정기관의 장은 특별한 사유가 없으면 그 요구에 따라야 한다(제3항).

6. 신설규제심사절차

(1) 행정기관의 자체심사절차

① 중앙행정기관의 장은 규제를 신설 또는 강화(규제의 존속기한 연장을 포함)하고자 할 때에는 규제영향분석을 하고 규제영향분석서를 작성하여야 한다(제7조 제1항). 중앙행정기관의 장은 규제영향분석의 결과를 기초로 규제의 대상·범위·방법등을 정하고 그 타당성에 대하여 자체심사를 하여야 한다(제3항).

② 중앙행정기관의 장은 규제를 신설하거나 강화하려는 경우에 존속시켜야 할 명백한 사유가 없는 규제는 존속기한 또는 재검토기한(일정기간마다 그 규제의 시행상황에 관한 점검결과에 따라 폐지 또는 완화 등의 조치를 할 필요성이 인정되는 규제에 한정하여 적용되는 기한)을 설정하여 그 법령등에 규정하여야 한다(제8조 제1항). * 원칙적으로 5년 초과금지

③ 중앙행정기관의 장은 규제를 신설 또는 강화하고자 하는 경우에는 공청회, 행정상 입법예고등의 방법으로 행정기관·민간단체·이해관계인·연구기관·전문가등의 의견을 충분히 수렴하여야 한다(제9조).

④ 중앙행정기관의 장은 규제를 신설 또는 강화하고자 하는 경우에는 규제개혁위원회에 심사를 요청하여야 한다. 이 경우 법령안에 대하여는 법제처에 법령안 심사를 요청하기 전에 하여야 한다(제10조 제1항). * 대통령 소속으로 규제개혁위원회를 둔다.

(2) 규제개혁위원회의 규제심사절차

① 위원회는 심사를 요청받은 날부터 10일 이내에 당해 규제가 국민의 일상생활 및 사회·경제활동에 미치는 파급효과를 고려하여 제12조의 규정에 의한 심사를 받아야 할 규제(중요규제)인지 여부를 결정하여야 한다(제11조 제1항).

② 위원회는 중요규제라고 결정한 규제에 대하여는 심사요청을 받은 날부터 45일이내에 심사를 완료하여야 하고(제12조 제2항), 지체 없이 그 결과를 관계 중앙행정기관의 장에게 통보하여야 한다(제4항).

③ 위원회는 심사결과, 필요하다고 인정하는 경우에는 관계 중앙행정기관의 장에게 당해 규제의 신설 또는 강화를 철회하거나 개선하도록 권고할 수 있다(제14조 제1항).

7. 기존규제정비절차

(1) 기존규제의 심사 및 정비절차

① 규제개혁위원회는 ㉠ 규제정비에 관하여 제출된 의견을 위원회에서 심사할 필요가 있다고 인정한 경우, ㉡ 기타 위원회가 이해관계인·전문가등의 의견을 수렴한 결과 특정한 기존규제의 심사가 필요하다고 인정한 경우에는 기존규제의 정비에 관하여 심사할 수 있다(제18조 제1항).

② 위원회는 심사결과, 필요하다고 인정하는 경우에는 관계 중앙행정기관의 장에게 당해 규제의 신설 또는 강화를 철회하거나 개선하도록 권고할 수 있다(제18조·제14조).

(2) 중앙행정기관의 자체정비절차

① 중앙행정기관의 장은 매년 소관 기존규제에 대하여 이해관계인·전문가등의 의견을 수렴하여 정비가 필요한 규제를 선정하여 정비하여야 한다(제19조).

② 중앙행정기관의 장은 기존규제에 대한 점검결과 존속시켜야 할 명백한 사유가 없는 규제는 존속기한 또는 재검토기한을 설정하여 그 법령등에 규정하여야 한다(제19조의2).

(3) 규제정비종합계획에 의한 정비절차

① 위원회는 매년 중점적으로 추진할 규제분야 또는 특정한 기존규제를 선정하여 기존규제의 정비지침을 작성하여 위원회의 의결을 거쳐 중앙행정기관의 장에게 통보하여야 하고(제20조 제1항), 중앙행정기관의 장은 정비지침에 따라 당해 기관의 규제정비계획을 수립하여 위원회에 제출하여야 한다(제2항).

② 위원회는 제2항의 규정에 의한 중앙행정기관별 규제정비계획을 종합하여 정부의 규제정비종합계획을 수립하고, 국무회의의 심의를 거쳐 대통령에게 보고 후 그 내용을 공표하여야 한다(제3항).

③ 중앙행정기관의 장은 정부의 규제정비종합계획에 의하여 소관 기존규제를 정비하고 그 결과를 대통령령이 정하는 바에 따라 위원회에 제출하여야 한다(제21조).

예제 「행정규제기본법」상 정의 규정 내용으로 옳지 않은 것은? ▶ 23 소방승진

① "행정규제"란 국가나 지방자치단체가 특정한 행정 목적을 실현하기 위하여 국민(국내법을 적용받는 외국인을 포함한다)의 권리를 제한하거나 의무를 부과하는 것으로서 법령등이나 조례·규칙에 규정되는 사항을 말한다.
② "법령등"이란 법률·대통령령·총리령·부령에 한하고 그 위임을 받는 고시(告示)는 제외된다.
③ "행정기관"이란 법령등 또는 조례·규칙에 따라 행정 권한을 가지는 기관과 그 권한을 위임받거나 위탁받은 법인·단체 또는 그 기관이나 개인을 말한다.
④ "규제영향분석"이란 규제로 인하여 국민의 일상생활과 사회·경제·행정 등에 미치는 여러 가지 영향을 객관적이고 과학적인 방법을 사용하여 미리 예측·분석함으로써 규제의 타당성을 판단하는 기준을 제시하는 것을 말한다.

정답 ②

② (×) "법령등"이란 법률·대통령령·총리령·부령과 그 위임을 받는 고시(告示) 등을 말한다(행정절차기본법 제2조 제1항 제2호).

제5절 행정절차의 하자

01 행정절차상 하자의 의의

1. 개념

행정청에 의한 각종의 공법적 작용에 절차요건상 흠이 있을 때, 이를 절차상 하자라 부른다. 광의로는 행정입법·행정지도 등 행정청의 모든 행정작용의 절차적 하자를 포함하나, 일반적으로 행정처분의 절차에 관련된 하자가 주관심의 대상이다.

2. 행정절차상 하자의 사유

절차상 하자의 사유로는 필요적인 처분의 사전통지 결여, 공람·공고절차 누락, 의견제출·청문의 의견청취절차의 결여, 이유제시의 결여, 송달방법의 하자, 법령상 필요적인 상대방·관계 행정청의 협력의 결여 등이 있다.

02 하자의 효과

1. 명문규정이 있는 경우

우리나라의 경우 독일행정절차법처럼 절차상 하자의 효과에 관한 일반적 규정을 두고 있지 아니한다. 개별법률에는 명문의 규정을 두기도 한다(예 국가공무원법 제13조의 '소청사건을 심사할 때 소청인 등에게 진술의 기회를 부여하지 아니하고 한 결정은 무효').

2. 명문규정이 없는 경우

(1) 절차상 하자의 독자적 위법성 여부

① **문제점**: 재량행위에 있어서는 적법한 절차를 거친 후에는 새로운 재량고려를 기초로 기존처분과는 다른 처분을 내릴 수 있으므로 절차상 하자는 독립의 취소사유가 된다(통설). 그러나 기속행위라면 당해 행정행위가 취소되어도 결국은 실체적으로 동일한 처분을 하게 되므로 절차상의 하자가 독립의 취소사유인가의 문제가 발생한다.

② **학설**

소극설	㉠ 절차규정은 실체법적으로 적절한 행정결정을 하기 위한 수단에 불과한 점, ㉡ 절차위반을 이유로 다시 처분하다 해도 전과 동일한 처분을 하는 경우에는 행정경제 및 소송경제에 반한다는 점을 논거로, 행정절차만의 하자만을 이유로 당해 행정행위를 무효 또는 취소할 수 없다는 견해
적극설	㉠ 적정한 절차는 적정한 결정의 전제가 된다는 점, ㉡ 다시 처분한다고 하더라도 반드시 동일한 결론에 도달한다는 보장이 없다는 점, ㉢ 취소소송 등의 기속력이 절차의 위법을 이유로 하는 경우에 준용된다는 점(행정소송법 제30조 제3항)을 논거로 하는 견해

③ **판례**: 기속행위인 과세처분이 이유제시를 결한 경우에도 절차상의 하자를 이유로 행정행위를 취소하는 등 기본적으로 적극설의 입장에 있다(대판 2007.3.15. 2006두15806).

(2) 위법성의 정도

명문의 규정이 없는 경우 절차의 하자는 행정행위 하자의 일부분이므로 행정행위의 하자의 효과이론이 그대로 적용된다. 중대명백설에 따라 하자가 중대하고 동시에 명백하다면 무효사유가 된다. 판례는 일관된 입장을 보이지 않으나, 대체로 행정절차상의 하자에 대하여 취소사유로 보는 경향에 있다.

> **예제** 행정절차의 하자에 대한 설명으로 옳지 않은 것은? (다툼이 있는 경우 판례에 의함)
> ① 환경영향평가를 거쳐야 하는 대상사업에 대하여 환경영향평가를 거치지 아니하였음에도 불구하고 승인 등 처분이 행해진 경우, 그 행정처분은 당연무효이다.
> ② 행정청이 사전환경성검토협의를 거쳐야 할 대상사업에 관하여 법의 해석을 잘못한 나머지 세부용도지역이 지정되지 않은 개발사업 부지에 대하여 사전환경성검토협의를 할지 여부를 결정하는 절차를 생략한 채 승인 등의 처분을 하였다면, 그 행정처분은 당연무효이다.
> ③ 환경영향평가를 거쳐야 할 대상사업에 대해 환경영향평가 절차를 거쳤으나 그 내용이 다소 부실한 경우, 그 부실의 정도가 환경영향평가를 하지 아니한 것과 같은 정도가 아닌 한 당해 승인 등 처분이 위법하게 되는 것은 아니다.
> ④ 환경영향평가 대상지역 밖의 주민이라 할지라도 공유수면매립면허처분 등으로 인하여 그 처분 전과 비교하여 수인한도를 넘는 환경피해를 받거나 받을 우려가 있는 경우에는, 이를 입증함으로써 그 처분 등의 무효확인을 구할 원고적격을 인정받을 수 있다.
>
> **정답** ②
> ② (×) 판례는 그러한 경우 그 하자가 객관적으로 명백하다고 할 수 없다고 하였다(대판 2009.9.24. 2009두2825).
> ① (○) 대판 2006.6.30. 2005두14363
> ③ (○) 대판 2001.6.29. 99두9902
> ④ (○) 대판 2006.3.16. 2006두330

제2장 개인정보보호, 정보공개

제1절 개인정보보호

01 개설

1. 의의

개인정보의 보호란 '개인은 자기의 정보를 관리하고, 통제하며, 외부로 표현함에 있어 스스로 결정할 수 있는 '정보상 자기결정권'을 가지며, 국가는 이를 국민의 기본권으로서 보호하는 것'을 의미한다. 개인정보보호는 종래 개인적 생활영역에 대한 부당한 침해에 대한 보호가 주된 관심사였으나, 현재는 개인정보의 관리·공개결정·정정청구 등 적극적 권한으로 변모하였다. 개인정보보호를 위해서는 개인정보의 수집과 이용의 주체, 목적, 대상 및 범위 등을 법률로 구체적으로 규정함으로써 그 법률적 근거를 명확히 할 것이 요청된다.

> **관련판례**
>
> 개인정보 공개행위의 행위의 위법성에 관한 판단 방법
> 정보주체의 동의 없이 개인정보를 공개함으로써 침해되는 인격적 법익과 정보주체의 동의 없이 자유롭게 개인정보를 공개하는 표현행위로서 보호받을 수 있는 법적 이익이 하나의 법률관계를 둘러싸고 충돌하는 경우에는, 개인이 공적인 존재인지 여부, 개인정보의 공공성 및 공익성, 개인정보 수집의 목적·절차·이용형태의 상당성, 개인정보 이용의 필요성, 개인정보 이용으로 인해 침해되는 이익의 성질 및 내용 등 여러 사정을 종합적으로 고려하여, <u>개인정보에 관한 인격권 보호에 의하여 얻을 수 있는 이익(비공개 이익)과 표현행위에 의하여 얻을 수 있는 이익(공개 이익)을 구체적으로 비교 형량하여, 어느 쪽 이익이 더욱 우월한 것으로 평가할 수 있는지에 따라 그</u> 행위의 최종적인 위법성 여부를 판단하여야 한다(대판 2011.9.2. 2008다42430).

2. 개인정보보호의 법적 근거

(1) 헌법

① 개인정보보호의 헌법적 근거는 '모든 국민은 사생활의 비밀과 자유를 침해받지 않는다'라고 규정한 제17조가 있다. 헌법 제17조에서 인정되는 개인정보의 법적 권리에는 '자신도 모르는 사이에 정보가 남에게 수집되지 아니할 권리'(개인정보자기결정권), '자신에 관한 정보가 자신이 원하지 않는 방식으로 이용되지 않을 권리'(개인정보자기통제권) 등이 포함된다.

② 그 밖에도 인간의 존엄과 가치 및 행복추구권(제10조), 주거의 자유(제16조), 통신의 비밀(제18

조) 등에 관한 규정에 의해 보장된다. 대법원은 정보상 자기결정권의 근거를 헌법 제10조와 헌법 제17조에서 도출하고 있는 반면, 헌법재판소는 '독자적 기본권으로서 헌법에 명시되지 아니한 기본권'이라고 밝힌바 있다(헌재 2005.5.26. 99헌마513).

> **관련판례**
>
> 개인정보자기결정권의 보호대상이 되는 개인정보
> 개인정보자기결정권의 보호대상이 되는 개인정보는 개인의 신체, 신념, 사회적 지위, 신분 등과 같이 개인의 인격주체성을 특징짓는 사항으로서 그 개인의 동일성을 식별할 수 있게 하는 일체의 정보라고 할 수 있고, 반드시 개인의 내밀한 영역이나 사사(私事)의 영역에 속하는 정보에 국한되지 않고 공적 생활에서 형성되었거나 이미 공개된 개인정보까지 포함한다. 또한 그러한 개인정보를 대상으로 한 조사·수집·보관·처리·이용 등의 행위는 모두 원칙적으로 개인정보자기결정권에 대한 제한에 해당한다(헌재 2005.5.26. 99헌마513).
>
> 국회의원 갑 등이 '각급학교 교원의 교원단체 및 교원노조 가입현황 실명자료'를 인터넷을 통하여 공개한 행위가 해당 교원들의 개인정보자기결정권 등을 침해하는 것으로 위법함
> 국회의원인 갑 등이 '각급학교 교원의 교원단체 및 교원노조 가입현황 실명자료'를 인터넷을 통하여 공개한 사안에서, 위 정보는 개인정보자기결정권의 보호대상이 되는 개인정보에 해당하므로 이를 일반 대중에게 공개하는 행위는 해당 교원들의 개인정보자기결정권과 전국교직원노동조합의 존속, 유지, 발전에 관한 권리를 침해하는 것이고, 갑 등이 위 정보를 공개한 표현행위로 인하여 얻을 수 있는 법적 이익이 이를 공개하지 않음으로써 보호받을 수 있는 해당 교원 등의 법적 이익에 비하여 우월하다고 할 수 없으므로, 갑 등의 정보 공개행위가 위법하다(대판 2014.7.24. 2012다49933).

(2) 법률

공공부문과 민간부문을 망라하여 개인정보 처리원칙을 규정하고, 개인정보침해로 인한 국민의 피해구제를 강화하여 국민의 사생활의 비밀을 보호할 목적으로 제정된 일반법으로「개인정보 보호법」(2011년)이 있다. 이 밖에「정보통신망 이용촉진 및 정보보호등에 관한 법률」, 국가공무원법, 형법, 통신비밀보호법, 통계법, 주민등록법, 행정절차법, 신용정보의 이용 및 보호에 관한 법률, 금융실명거래 및 비밀보장에 관한 법률 등에서도 개별적으로 개인의 정보보호에 관한 규정을 두고 있다.

02 「개인정보 보호법」의 내용

1. 총칙

제1조(목적) 이 법은 개인정보의 처리 및 보호에 관한 사항을 정함으로써 개인의 자유와 권리를 보호하고, 나아가 개인의 존엄과 가치를 구현함을 목적으로 한다.

제2조(정의) 이 법에서 사용하는 용어의 뜻은 다음과 같다.
1. "개인정보"란 살아 있는 개인에 관한 정보로서 다음 각 목의 어느 하나에 해당하는 정보를 말한다.
   가. 성명, 주민등록번호 및 영상 등을 통하여 개인을 알아볼 수 있는 정보
   나. 해당 정보만으로는 특정 개인을 알아볼 수 없더라도 다른 정보와 쉽게 결합하여 알아볼 수 있는 정보. 이 경우 쉽게 결합할 수 있는지 여부는 다른 정보의 입수 가능성 등 개인을 알아보는 데 소요되는 시간, 비용, 기술 등을 합리적으로 고려하여야 한다.
   다. 가목 또는 나목을 제1호의2에 따라 가명처리함으로써 원래의 상태로 복원하기 위한 추가 정보의 사용·결합 없이는 특정 개인을 알아볼 수 없는 정보(이하 "가명정보"라 한다)
1의2. "가명처리"란 개인정보의 일부를 삭제하거나 일부 또는 전부를 대체하는 등의 방법으로 추가 정보가 없이는 특정 개인을 알아볼 수 없도록 처리하는 것을 말한다.
2. "처리"란 개인정보의 수집, 생성, 연계, 연동, 기록, 저장, 보유, 가공, 편집, 검색, 출력, 정정(訂正), 복구, 이용, 제공, 공개, 파기(破棄), 그 밖에 이와 유사한 행위를 말한다.
3. "정보주체"란 처리되는 정보에 의하여 알아볼 수 있는 사람으로서 그 정보의 주체가 되는 사람을 말한다.
4. "개인정보파일"이란 개인정보를 쉽게 검색할 수 있도록 일정한 규칙에 따라 체계적으로 배열하거나 구성한 개인정보의 집합물(集合物)을 말한다.
5. "개인정보처리자"란 업무를 목적으로 개인정보파일을 운용하기 위하여 스스로 또는 다른 사람을 통하여 개인정보를 처리하는 공공기관, 법인, 단체 및 개인 등을 말한다.
6. "공공기관"이란 다음 각 목의 기관을 말한다.
   가. 국회, 법원, 헌법재판소, 중앙선거관리위원회의 행정사무를 처리하는 기관, 중앙행정기관(대통령 소속 기관과 국무총리 소속 기관을 포함한다) 및 그 소속 기관, 지방자치단체
   나. 그 밖의 국가기관 및 공공단체 중 대통령령으로 정하는 기관
   ※ "대통령령으로 정하는 기관" : 「국가인권위원회법」 제3조에 따른 국가인권위원회, 「고위공직자범죄수사처 설치 및 운영에 관한 법률」 제3조제1항에 따른 고위공직자범죄수사처, 「공공기관의 운영에 관한 법률」 제4조에 따른 공공기관, 「지방공기업법」에 따른 지방공사와 지방공단, 특별법에 따라 설립된 특수법인, 「초·중등교육법」, 「고등교육법」, 그 밖의 다른 법률에 따라 설치된 각급 학교
7. "고정형 영상정보처리기기"란 일정한 공간에 설치되어 지속적 또는 주기적으로 사람 또는 사물의 영상 등을 촬영하거나 이를 유·무선망을 통하여 전송하는 장치로서 대통령령으로 정하는 장치를 말한다.
   ※ "대통령령으로 정하는 장치"
      1. 폐쇄회로 텔레비전 : 다음 각 목의 어느 하나에 해당하는 장치
         가. 일정한 공간에 설치된 카메라를 통하여 지속적 또는 주기적으로 영상 등을 촬영하거나

촬영한 영상정보를 유무선 폐쇄회로 등의 전송로를 통하여 특정 장소에 전송하는 장치
나. 가목에 따라 촬영되거나 전송된 영상정보를 녹화·기록할 수 있도록 하는 장치
2. 네트워크 카메라 : 일정한 공간에 설치된 기기를 통하여 지속적 또는 주기적으로 촬영한 영상정보를 그 기기를 설치·관리하는 자가 유무선 인터넷을 통하여 어느 곳에서나 수집·저장 등의 처리를 할 수 있도록 하는 장치

7의2. "이동형 영상정보처리기기"란 사람이 신체에 착용 또는 휴대하거나 이동 가능한 물체에 부착 또는 거치(据置)하여 사람 또는 사물의 영상 등을 촬영하거나 이를 유·무선망을 통하여 전송하는 장치로서 대통령령으로 정하는 장치를 말한다.
※ "대통령령으로 정하는 장치"
1. 착용형 장치 : 안경 또는 시계 등 사람의 신체 또는 의복에 착용하여 영상 등을 촬영하거나 촬영한 영상정보를 수집·저장 또는 전송하는 장치
2. 휴대형 장치 : 이동통신단말장치 또는 디지털 카메라 등 사람이 휴대하면서 영상 등을 촬영하거나 촬영한 영상정보를 수집·저장 또는 전송하는 장치
3. 부착·거치형 장치 : 차량이나 드론 등 이동 가능한 물체에 부착 또는 거치(据置)하여 영상 등을 촬영하거나 촬영한 영상정보를 수집·저장 또는 전송하는 장치

8. "과학적 연구"란 기술의 개발과 실증, 기초연구, 응용연구 및 민간 투자 연구 등 과학적 방법을 적용하는 연구를 말한다.

제3조(개인정보 보호 원칙) ① 개인정보처리자는 개인정보의 처리 목적을 명확하게 하여야 하고 그 목적에 필요한 범위에서 최소한의 개인정보만을 적법하고 정당하게 수집하여야 한다.
② 개인정보처리자는 개인정보의 처리 목적에 필요한 범위에서 적합하게 개인정보를 처리하여야 하며, 그 목적 외의 용도로 활용하여서는 아니 된다.
③ 개인정보처리자는 개인정보의 처리 목적에 필요한 범위에서 개인정보의 정확성, 완전성 및 최신성이 보장되도록 하여야 한다.
④ 개인정보처리자는 개인정보의 처리 방법 및 종류 등에 따라 정보주체의 권리가 침해받을 가능성과 그 위험 정도를 고려하여 개인정보를 안전하게 관리하여야 한다.
⑤ 개인정보처리자는 제30조에 따른 개인정보 처리방침 등 개인정보의 처리에 관한 사항을 공개하여야 하며, 열람청구권 등 정보주체의 권리를 보장하여야 한다.
⑥ 개인정보처리자는 정보주체의 사생활 침해를 최소화하는 방법으로 개인정보를 처리하여야 한다.
⑦ 개인정보처리자는 개인정보를 익명 또는 가명으로 처리하여도 개인정보 수집목적을 달성할 수 있는 경우 익명처리가 가능한 경우에는 익명에 의하여, 익명처리로 목적을 달성할 수 없는 경우에는 가명에 의하여 처리될 수 있도록 하여야 한다.
⑧ 개인정보처리자는 이 법 및 관계 법령에서 규정하고 있는 책임과 의무를 준수하고 실천함으로써 정보주체의 신뢰를 얻기 위하여 노력하여야 한다.

제4조(정보주체의 권리) 정보주체는 자신의 개인정보 처리와 관련하여 다음 각 호의 권리를 가진다.
1. 개인정보의 처리에 관한 정보를 제공받을 권리
2. 개인정보의 처리에 관한 동의 여부, 동의 범위 등을 선택하고 결정할 권리
3. 개인정보의 처리 여부를 확인하고 개인정보에 대한 열람(사본의 발급을 포함한다. 이하 같다) 및 전송을 요구할 권리
4. 개인정보의 처리 정지, 정정·삭제 및 파기를 요구할 권리

5. 개인정보의 처리로 인하여 발생한 피해를 신속하고 공정한 절차에 따라 구제받을 권리
6. 완전히 자동화된 개인정보 처리에 따른 결정을 거부하거나 그에 대한 설명 등을 요구할 권리

제5조(국가 등의 책무) ① 국가와 지방자치단체는 개인정보의 목적 외 수집, 오용·남용 및 무분별한 감시·추적 등에 따른 폐해를 방지하여 인간의 존엄과 개인의 사생활 보호를 도모하기 위한 시책을 강구하여야 한다.
② 국가와 지방자치단체는 제4조에 따른 정보주체의 권리를 보호하기 위하여 법령의 개선 등 필요한 시책을 마련하여야 한다.
③ 국가와 지방자치단체는 만 14세 미만 아동이 개인정보 처리가 미치는 영향과 정보주체의 권리 등을 명확하게 알 수 있도록 만 14세 미만 아동의 개인정보 보호에 필요한 시책을 마련하여야 한다.
④ 국가와 지방자치단체는 개인정보의 처리에 관한 불합리한 사회적 관행을 개선하기 위하여 개인정보처리자의 자율적인 개인정보 보호활동을 존중하고 촉진·지원하여야 한다.
⑤ 국가와 지방자치단체는 개인정보의 처리에 관한 법령 또는 조례를 적용할 때에는 정보주체의 권리가 보장될 수 있도록 개인정보 보호 원칙에 맞게 적용하여야 한다.

제6조(다른 법률과의 관계) ① 개인정보의 처리 및 보호에 관하여 다른 법률에 특별한 규정이 있는 경우를 제외하고는 이 법에서 정하는 바에 따른다.
② 개인정보의 처리 및 보호에 관한 다른 법률을 제정하거나 개정하는 경우에는 이 법의 목적과 원칙에 맞도록 하여야 한다.

2. 개인정보 보호정책의 수립 등

제7조(개인정보 보호위원회) ① 개인정보 보호에 관한 사무를 독립적으로 수행하기 위하여 국무총리 소속으로 개인정보 보호위원회(이하 "보호위원회"라 한다)를 둔다.
② 보호위원회는 「정부조직법」 제2조에 따른 중앙행정기관으로 본다. 다만, 다음 각 호의 사항에 대하여는 「정부조직법」 제18조를 적용하지 아니한다.
1. 제7조의8제3호 및 제4호의 사무
2. 제7조의9제1항의 심의·의결 사항 중 제1호에 해당하는 사항

제7조의2(보호위원회의 구성 등) ① 보호위원회는 상임위원 2명(위원장 1명, 부위원장 1명)을 포함한 9명의 위원으로 구성한다.
② 보호위원회의 위원은 개인정보 보호에 관한 경력과 전문지식이 풍부한 다음 각 호의 사람 중에서 위원장과 부위원장은 국무총리의 제청으로, 그 외 위원 중 2명은 위원장의 제청으로, 2명은 대통령이 소속되거나 소속되었던 정당의 교섭단체 추천으로, 3명은 그 외의 교섭단체 추천으로 대통령이 임명 또는 위촉한다.
1. 개인정보 보호 업무를 담당하는 3급 이상 공무원(고위공무원단에 속하는 공무원을 포함한다)의 직에 있거나 있었던 사람
2. 판사·검사·변호사의 직에 10년 이상 있거나 있었던 사람
3. 공공기관 또는 단체(개인정보처리자로 구성된 단체를 포함한다)에 3년 이상 임원으로 재직하였거나 이들 기관 또는 단체로부터 추천받은 사람으로서 개인정보 보호 업무를 3년 이상 담당하였던 사람

4. 개인정보 관련 분야에 전문지식이 있고 「고등교육법」 제2조제1호에 따른 학교에서 부교수 이상으로 5년 이상 재직하고 있거나 재직하였던 사람
③ 위원장과 부위원장은 정무직 공무원으로 임명한다.
④ 위원장, 부위원장, 제7조의13에 따른 사무처의 장은 「정부조직법」 제10조에도 불구하고 정부위원이 된다.

제7조의3(위원장) ① 위원장은 보호위원회를 대표하고, 보호위원회의 회의를 주재하며, 소관 사무를 총괄한다.
② 위원장이 부득이한 사유로 직무를 수행할 수 없을 때에는 부위원장이 그 직무를 대행하고, 위원장·부위원장이 모두 부득이한 사유로 직무를 수행할 수 없을 때에는 위원회가 미리 정하는 위원이 위원장의 직무를 대행한다.
③ 위원장은 국회에 출석하여 보호위원회의 소관 사무에 관하여 의견을 진술할 수 있으며, 국회에서 요구하면 출석하여 보고하거나 답변하여야 한다.
④ 위원장은 국무회의에 출석하여 발언할 수 있으며, 그 소관 사무에 관하여 국무총리에게 의안 제출을 건의할 수 있다.

제7조의4(위원의 임기) ① 위원의 임기는 3년으로 하되, 한 차례만 연임할 수 있다.
② 위원이 궐위된 때에는 지체 없이 새로운 위원을 임명 또는 위촉하여야 한다. 이 경우 후임으로 임명 또는 위촉된 위원의 임기는 새로이 개시된다.

제7조의5(위원의 신분보장) ① 위원은 다음 각 호의 어느 하나에 해당하는 경우를 제외하고는 그 의사에 반하여 면직 또는 해촉되지 아니한다.
1. 장기간 심신장애로 인하여 직무를 수행할 수 없게 된 경우
2. 제7조의7의 결격사유에 해당하는 경우
3. 이 법 또는 그 밖의 다른 법률에 따른 직무상의 의무를 위반한 경우
② 위원은 법률과 양심에 따라 독립적으로 직무를 수행한다.

제7조의6(겸직금지 등) ① 위원은 재직 중 다음 각 호의 직(職)을 겸하거나 직무와 관련된 영리업무에 종사하여서는 아니 된다.
1. 국회의원 또는 지방의회의원
2. 국가공무원 또는 지방공무원
3. 그 밖에 대통령령으로 정하는 직
② 제1항에 따른 영리업무에 관한 사항은 대통령령으로 정한다.
③ 위원은 정치활동에 관여할 수 없다.

제7조의7(결격사유) ① 다음 각 호의 어느 하나에 해당하는 사람은 위원이 될 수 없다.
1. 대한민국 국민이 아닌 사람
2. 「국가공무원법」 제33조 각 호의 어느 하나에 해당하는 사람
3. 「정당법」 제22조에 따른 당원
② 위원이 제1항 각 호의 어느 하나에 해당하게 된 때에는 그 직에서 당연 퇴직한다. 다만, 「국가공무원법」 제33조제2호는 파산선고를 받은 사람으로서 「채무자 회생 및 파산에 관한 법률」에 따라 신청기한 내에 면책신청을 하지 아니하였거나 면책불허가 결정 또는 면책 취소가 확정된 경우만 해당하고,

같은 법 제33조제5호는 「형법」 제129조부터 제132조까지, 「성폭력범죄의 처벌 등에 관한 특례법」 제2조, 「아동·청소년의 성보호에 관한 법률」 제2조제2호 및 직무와 관련하여 「형법」 제355조 또는 제356조에 규정된 죄를 범한 사람으로서 금고 이상의 형의 선고유예를 받은 경우만 해당한다.

제7조의8(보호위원회의 소관 사무) 보호위원회는 다음 각 호의 소관 사무를 수행한다.
1. 개인정보의 보호와 관련된 법령의 개선에 관한 사항
2. 개인정보 보호와 관련된 정책·제도·계획 수립·집행에 관한 사항
3. 정보주체의 권리침해에 대한 조사 및 이에 따른 처분에 관한 사항
4. 개인정보의 처리와 관련한 고충처리·권리구제 및 개인정보에 관한 분쟁의 조정
5. 개인정보 보호를 위한 국제기구 및 외국의 개인정보 보호기구와의 교류·협력
6. 개인정보 보호에 관한 법령·정책·제도·실태 등의 조사·연구, 교육 및 홍보에 관한 사항
7. 개인정보 보호에 관한 기술개발의 지원·보급, 기술의 표준화 및 전문인력의 양성에 관한 사항
8. 이 법 및 다른 법령에 따라 보호위원회의 사무로 규정된 사항

제7조의9(보호위원회의 심의·의결 사항 등) ① 보호위원회는 다음 각 호의 사항을 심의·의결한다.
1. 제8조의2에 따른 개인정보 침해요인 평가에 관한 사항
2. 제9조에 따른 기본계획 및 제10조에 따른 시행계획에 관한 사항
3. 개인정보 보호와 관련된 정책, 제도 및 법령의 개선에 관한 사항
4. 개인정보의 처리에 관한 공공기관 간의 의견조정에 관한 사항
5. 개인정보 보호에 관한 법령의 해석·운용에 관한 사항
6. 제18조 제2항 제5호에 따른 개인정보의 이용·제공에 관한 사항
6의2. 제28조의9에 따른 개인정보의 국외 이전 중지 명령에 관한 사항
7. 제33조 제4항에 따른 영향평가 결과에 관한 사항
8. 제64조의2에 따른 과징금 부과에 관한 사항
9. 제61조에 따른 의견제시 및 개선권고에 관한 사항
9의2. 제63조의2 제2항에 따른 시정권고에 관한 사항
10. 제64조에 따른 시정조치 등에 관한 사항
11. 제65조에 따른 고발 및 징계권고에 관한 사항
12. 제66조에 따른 처리 결과의 공표에 관한 사항
13. 제75조에 따른 과태료 부과에 관한 사항
14. 소관 법령 및 보호위원회 규칙의 제정·개정 및 폐지에 관한 사항
15. 개인정보 보호와 관련하여 보호위원회의 위원장 또는 위원 2명 이상이 회의에 부치는 사항
16. 그 밖에 이 법 또는 다른 법령에 따라 보호위원회가 심의·의결하는 사항
② 보호위원회는 제1항 각 호의 사항을 심의·의결하기 위하여 필요한 경우 다음 각 호의 조치를 할 수 있다.
1. 관계 공무원, 개인정보 보호에 관한 전문 지식이 있는 사람이나 시민사회단체 및 관련 사업자로부터의 의견 청취
2. 관계 기관 등에 대한 자료제출이나 사실조회 요구
③ 제2항제2호에 따른 요구를 받은 관계 기관 등은 특별한 사정이 없으면 이에 따라야 한다.
④ 보호위원회는 제1항제3호의 사항을 심의·의결한 경우에는 관계 기관에 그 개선을 권고할 수 있다.
⑤ 보호위원회는 제4항에 따른 권고 내용의 이행 여부를 점검할 수 있다.

제7조의10(회의) ① 보호위원회의 회의는 위원장이 필요하다고 인정하거나 재적위원 4분의 1 이상의 요구가 있는 경우에 위원장이 소집한다.
② 위원장 또는 2명 이상의 위원은 보호위원회에 의안을 제의할 수 있다.
③ 보호위원회의 회의는 재적위원 과반수의 출석으로 개의하고, 출석위원 과반수의 찬성으로 의결한다.

제7조의11(위원의 제척·기피·회피) ① 위원은 다음 각 호의 어느 하나에 해당하는 경우에는 심의·의결에서 제척된다.
1. 위원 또는 그 배우자나 배우자였던 자가 해당 사안의 당사자가 되거나 그 사건에 관하여 공동의 권리자 또는 의무자의 관계에 있는 경우
2. 위원이 해당 사안의 당사자와 친족이거나 친족이었던 경우
3. 위원이 해당 사안에 관하여 증언, 감정, 법률자문을 한 경우
4. 위원이 해당 사안에 관하여 당사자의 대리인으로서 관여하거나 관여하였던 경우
5. 위원이나 위원이 속한 공공기관·법인 또는 단체 등이 조언 등 지원을 하고 있는 자와 이해관계가 있는 경우
② 위원에게 심의·의결의 공정을 기대하기 어려운 사정이 있는 경우 당사자는 기피 신청을 할 수 있고, 보호위원회는 의결로 이를 결정한다.
③ 위원이 제1항 또는 제2항의 사유가 있는 경우에는 해당 사안에 대하여 회피할 수 있다.

제7조의12(소위원회) ① 보호위원회는 효율적인 업무 수행을 위하여 개인정보 침해 정도가 경미하거나 유사·반복되는 사항 등을 심의·의결할 소위원회를 둘 수 있다.
② 소위원회는 3명의 위원으로 구성한다.
③ 소위원회가 제1항에 따라 심의·의결한 것은 보호위원회가 심의·의결한 것으로 본다.
④ 소위원회의 회의는 구성위원 전원의 출석과 출석위원 전원의 찬성으로 의결한다.

제7조의13(사무처) 보호위원회의 사무를 처리하기 위하여 보호위원회에 사무처를 두며, 이 법에 규정된 것 외에 보호위원회의 조직에 관한 사항은 대통령령으로 정한다.

제7조의14(운영 등) 이 법과 다른 법령에 규정된 것 외에 보호위원회의 운영 등에 필요한 사항은 보호위원회의 규칙으로 정한다.

제8조 삭제

제8조의2(개인정보 침해요인 평가) ① 중앙행정기관의 장은 소관 법령의 제정 또는 개정을 통하여 개인정보 처리를 수반하는 정책이나 제도를 도입·변경하는 경우에는 보호위원회에 개인정보 침해요인 평가를 요청하여야 한다.
② 보호위원회가 제1항에 따른 요청을 받은 때에는 해당 법령의 개인정보 침해요인을 분석·검토하여 그 법령의 소관기관의 장에게 그 개선을 위하여 필요한 사항을 권고할 수 있다.
③ 제1항에 따른 개인정보 침해요인 평가의 절차와 방법에 관하여 필요한 사항은 대통령령으로 정한다.

제9조(기본계획) ① 보호위원회는 개인정보의 보호와 정보주체의 권익 보장을 위하여 3년마다 개인정보 보호 기본계획(이하 "기본계획"이라 한다)을 관계 중앙행정기관의 장과 협의하여 수립한다.
② 기본계획에는 다음 각 호의 사항이 포함되어야 한다.
1. 개인정보 보호의 기본목표와 추진방향
2. 개인정보 보호와 관련된 제도 및 법령의 개선

3. 개인정보 침해 방지를 위한 대책
4. 개인정보 보호 자율규제의 활성화
5. 개인정보 보호 교육·홍보의 활성화
6. 개인정보 보호를 위한 전문인력의 양성
7. 그 밖에 개인정보 보호를 위하여 필요한 사항
③ 국회, 법원, 헌법재판소, 중앙선거관리위원회는 해당 기관(그 소속 기관을 포함한다)의 개인정보 보호를 위한 기본계획을 수립·시행할 수 있다.

제10조(시행계획) ① 중앙행정기관의 장은 기본계획에 따라 매년 개인정보 보호를 위한 시행계획을 작성하여 보호위원회에 제출하고, 보호위원회의 심의·의결을 거쳐 시행하여야 한다.
② 시행계획의 수립·시행에 필요한 사항은 대통령령으로 정한다.

제11조(자료제출 요구 등) ① 보호위원회는 기본계획을 효율적으로 수립하기 위하여 개인정보처리자, 관계 중앙행정기관의 장, 지방자치단체의 장 및 관계 기관·단체 등에 개인정보처리자의 법규 준수 현황과 개인정보 관리 실태 등에 관한 자료의 제출이나 의견의 진술 등을 요구할 수 있다.
② 보호위원회는 개인정보 보호 정책 추진, 성과평가 등을 위하여 필요한 경우 개인정보처리자, 관계 중앙행정기관의 장, 지방자치단체의 장 및 관계 기관·단체 등을 대상으로 개인정보관리 수준 및 실태 파악 등을 위한 조사를 실시할 수 있다.
③ 중앙행정기관의 장은 시행계획을 효율적으로 수립·추진하기 위하여 소관 분야의 개인정보처리자에게 제1항에 따른 자료제출 등을 요구할 수 있다.
④ 제1항부터 제3항까지에 따른 자료제출 등을 요구받은 자는 특별한 사정이 없으면 이에 따라야 한다.
⑤ 제1항부터 제3항까지에 따른 자료제출 등의 범위와 방법 등 필요한 사항은 대통령령으로 정한다.

제11조의2(개인정보 보호수준 평가) ① 보호위원회는 공공기관 중 중앙행정기관 및 그 소속기관, 지방자치단체, 그 밖에 대통령령으로 정하는 기관을 대상으로 매년 개인정보 보호 정책·업무의 수행 및 이 법에 따른 의무의 준수 여부 등을 평가(이하 "개인정보 보호수준 평가"라 한다)하여야 한다.
② 보호위원회는 개인정보 보호수준 평가에 필요한 경우 해당 공공기관의 장에게 관련 자료를 제출하게 할 수 있다.
③ 보호위원회는 개인정보 보호수준 평가의 결과를 인터넷 홈페이지 등을 통하여 공개할 수 있다.
④ 보호위원회는 개인정보 보호수준 평가의 결과에 따라 우수기관 및 그 소속 직원에 대하여 포상할 수 있고, 개인정보 보호를 위하여 필요하다고 인정하면 해당 공공기관의 장에게 개선을 권고할 수 있다. 이 경우 권고를 받은 공공기관의 장은 이를 이행하기 위하여 성실하게 노력하여야 하며, 그 조치 결과를 보호위원회에 알려야 한다.
⑤ 그 밖에 개인정보 보호수준 평가의 기준·방법·절차 및 제2항에 따른 자료 제출의 범위 등에 필요한 사항은 대통령령으로 정한다.

제12조(개인정보 보호지침) ① 보호위원회는 개인정보의 처리에 관한 기준, 개인정보 침해의 유형 및 예방조치 등에 관한 표준 개인정보 보호지침(이하 "표준지침"이라 한다)을 정하여 개인정보처리자에게 그 준수를 권장할 수 있다.
② 중앙행정기관의 장은 표준지침에 따라 소관 분야의 개인정보 처리와 관련한 개인정보 보호지침을 정하여 개인정보처리자에게 그 준수를 권장할 수 있다.
③ 국회, 법원, 헌법재판소 및 중앙선거관리위원회는 해당 기관(그 소속 기관을 포함한다)의 개인정보

보호지침을 정하여 시행할 수 있다.

제13조(자율규제의 촉진 및 지원) 보호위원회는 개인정보처리자의 자율적인 개인정보 보호활동을 촉진하고 지원하기 위하여 다음 각 호의 필요한 시책을 마련하여야 한다.
1. 개인정보 보호에 관한 교육·홍보
2. 개인정보 보호와 관련된 기관·단체의 육성 및 지원
3. 개인정보 보호 인증마크의 도입·시행 지원
4. 개인정보처리자의 자율적인 규약의 제정·시행 지원
5. 그 밖에 개인정보처리자의 자율적 개인정보 보호활동을 지원하기 위하여 필요한 사항

제13조의2(개인정보 보호의 날) ① 개인정보의 보호 및 처리의 중요성을 국민에게 알리기 위하여 매년 9월 30일을 개인정보 보호의 날로 지정한다.
② 국가와 지방자치단체는 개인정보 보호의 날이 포함된 주간에 개인정보 보호 문화 확산을 위한 각종 행사를 실시할 수 있다.

제14조(국제협력) ① 정부는 국제적 환경에서의 개인정보 보호 수준을 향상시키기 위하여 필요한 시책을 마련하여야 한다.
② 정부는 개인정보 국외 이전으로 인하여 정보주체의 권리가 침해되지 아니하도록 관련 시책을 마련하여야 한다.

3. 개인정보의 처리

(1) 개인정보의 수집, 이용, 제공 등

제15조(개인정보의 수집·이용) ① 개인정보처리자는 다음 각 호의 어느 하나에 해당하는 경우에는 개인정보를 수집할 수 있으며 그 수집 목적의 범위에서 이용할 수 있다.
1. 정보주체의 동의를 받은 경우
2. 법률에 특별한 규정이 있거나 법령상 의무를 준수하기 위하여 불가피한 경우
3. 공공기관이 법령 등에서 정하는 소관 업무의 수행을 위하여 불가피한 경우
4. 정보주체와 체결한 계약을 이행하거나 계약을 체결하는 과정에서 정보주체의 요청에 따른 조치를 이행하기 위하여 필요한 경우
5. 명백히 정보주체 또는 제3자의 급박한 생명, 신체, 재산의 이익을 위하여 필요하다고 인정되는 경우
6. 개인정보처리자의 정당한 이익을 달성하기 위하여 필요한 경우로서 명백하게 정보주체의 권리보다 우선하는 경우. 이 경우 개인정보처리자의 정당한 이익과 상당한 관련이 있고 합리적인 범위를 초과하지 아니하는 경우에 한한다.
7. 공중위생 등 공공의 안전과 안녕을 위하여 긴급히 필요한 경우
② 개인정보처리자는 제1항제1호에 따른 동의를 받을 때에는 다음 각 호의 사항을 정보주체에게 알려야 한다. 다음 각 호의 어느 하나의 사항을 변경하는 경우에도 이를 알리고 동의를 받아야 한다.
1. 개인정보의 수집·이용 목적
2. 수집하려는 개인정보의 항목
3. 개인정보의 보유 및 이용 기간

4. 동의를 거부할 권리가 있다는 사실 및 동의 거부에 따른 불이익이 있는 경우에는 그 불이익의 내용
③ 개인정보처리자는 당초 수집 목적과 합리적으로 관련된 범위에서 정보주체에게 불이익이 발생하는지 여부, 암호화 등 안전성 확보에 필요한 조치를 하였는지 여부 등을 고려하여 대통령령으로 정하는 바에 따라 정보주체의 동의 없이 개인정보를 이용할 수 있다.

제16조(개인정보의 수집 제한) ① 개인정보처리자는 제15조제1항 각 호의 어느 하나에 해당하여 개인정보를 수집하는 경우에는 그 목적에 필요한 최소한의 개인정보를 수집하여야 한다. 이 경우 최소한의 개인정보 수집이라는 입증책임은 개인정보처리자가 부담한다.
② 개인정보처리자는 정보주체의 동의를 받아 개인정보를 수집하는 경우 필요한 최소한의 정보 외의 개인정보 수집에는 동의하지 아니할 수 있다는 사실을 구체적으로 알리고 개인정보를 수집하여야 한다.
③ 개인정보처리자는 정보주체가 필요한 최소한의 정보 외의 개인정보 수집에 동의하지 아니한다는 이유로 정보주체에게 재화 또는 서비스의 제공을 거부하여서는 아니 된다.

제17조(개인정보의 제공) ① 개인정보처리자는 다음 각 호의 어느 하나에 해당되는 경우에는 정보주체의 개인정보를 제3자에게 제공(공유를 포함한다. 이하 같다)할 수 있다.
1. 정보주체의 동의를 받은 경우
2. 제15조 제1항 제2호, 제3호 및 제5호부터 제7호까지에 따라 개인정보를 수집한 목적 범위에서 개인정보를 제공하는 경우
② 개인정보처리자는 제1항제1호에 따른 동의를 받을 때에는 다음 각 호의 사항을 정보주체에게 알려야 한다. 다음 각 호의 어느 하나의 사항을 변경하는 경우에도 이를 알리고 동의를 받아야 한다.
1. 개인정보를 제공받는 자
2. 개인정보를 제공받는 자의 개인정보 이용 목적
3. 제공하는 개인정보의 항목
4. 개인정보를 제공받는 자의 개인정보 보유 및 이용 기간
5. 동의를 거부할 권리가 있다는 사실 및 동의 거부에 따른 불이익이 있는 경우에는 그 불이익의 내용
③ 삭제
④ 개인정보처리자는 당초 수집 목적과 합리적으로 관련된 범위에서 정보주체에게 불이익이 발생하는지 여부, 암호화 등 안전성 확보에 필요한 조치를 하였는지 여부 등을 고려하여 대통령령으로 정하는 바에 따라 정보주체의 동의 없이 개인정보를 제공할 수 있다.

제18조(개인정보의 목적 외 이용·제공 제한) ① 개인정보처리자는 개인정보를 제15조 제1항에 따른 범위를 초과하여 이용하거나 제17조 제1항 및 제28조의8 제1항에 따른 범위를 초과하여 제3자에게 제공하여서는 아니 된다.
② 제1항에도 불구하고 개인정보처리자는 다음 각 호의 어느 하나에 해당하는 경우에는 정보주체 또는 제3자의 이익을 부당하게 침해할 우려가 있을 때를 제외하고는 개인정보를 목적 외의 용도로 이용하거나 이를 제3자에게 제공할 수 있다. 다만, 제5호부터 제9호까지에 따른 경우는 공공기관의 경우로 한정한다.
1. 정보주체로부터 별도의 동의를 받은 경우
2. 다른 법률에 특별한 규정이 있는 경우
3. 명백히 정보주체 또는 제3자의 급박한 생명, 신체, 재산의 이익을 위하여 필요하다고 인정되는 경우
4. 삭제

5. 개인정보를 목적 외의 용도로 이용하거나 이를 제3자에게 제공하지 아니하면 다른 법률에서 정하는 소관 업무를 수행할 수 없는 경우로서 보호위원회의 심의·의결을 거친 경우
6. 조약, 그 밖의 국제협정의 이행을 위하여 외국정부 또는 국제기구에 제공하기 위하여 필요한 경우
7. 범죄의 수사와 공소의 제기 및 유지를 위하여 필요한 경우
8. 법원의 재판업무 수행을 위하여 필요한 경우
9. 형(刑) 및 감호, 보호처분의 집행을 위하여 필요한 경우
10. 공중위생 등 공공의 안전과 안녕을 위하여 긴급히 필요한 경우

③ 개인정보처리자는 제2항제1호에 따른 동의를 받을 때에는 다음 각 호의 사항을 정보주체에게 알려야 한다. 다음 각 호의 어느 하나의 사항을 변경하는 경우에도 이를 알리고 동의를 받아야 한다.
1. 개인정보를 제공받는 자
2. 개인정보의 이용 목적(제공 시에는 제공받는 자의 이용 목적을 말한다)
3. 이용 또는 제공하는 개인정보의 항목
4. 개인정보의 보유 및 이용 기간(제공 시에는 제공받는 자의 보유 및 이용 기간을 말한다)
5. 동의를 거부할 권리가 있다는 사실 및 동의 거부에 따른 불이익이 있는 경우에는 그 불이익의 내용

④ 공공기관은 제2항제2호부터 제6호까지, 제8호 및 제10호까지에 따라 개인정보를 목적 외의 용도로 이용하거나 이를 제3자에게 제공하는 경우에는 그 이용 또는 제공의 법적 근거, 목적 및 범위 등에 관하여 필요한 사항을 보호위원회가 고시로 정하는 바에 따라 관보 또는 인터넷 홈페이지 등에 게재하여야 한다.

⑤ 개인정보처리자는 제2항 각 호의 어느 하나의 경우에 해당하여 개인정보를 목적 외의 용도로 제3자에게 제공하는 경우에는 개인정보를 제공받는 자에게 이용 목적, 이용 방법, 그 밖에 필요한 사항에 대하여 제한을 하거나, 개인정보의 안전성 확보를 위하여 필요한 조치를 마련하도록 요청하여야 한다. 이 경우 요청을 받은 자는 개인정보의 안전성 확보를 위하여 필요한 조치를 하여야 한다.

제19조(개인정보를 제공받은 자의 이용·제공 제한) 개인정보처리자로부터 개인정보를 제공받은 자는 다음 각 호의 어느 하나에 해당하는 경우를 제외하고는 개인정보를 제공받은 목적 외의 용도로 이용하거나 이를 제3자에게 제공하여서는 아니 된다.
1. 정보주체로부터 별도의 동의를 받은 경우
2. 다른 법률에 특별한 규정이 있는 경우

제20조(정보주체 이외로부터 수집한 개인정보의 수집 출처 등 통지) ① 개인정보처리자가 정보주체 이외로부터 수집한 개인정보를 처리하는 때에는 정보주체의 요구가 있으면 즉시 다음 각 호의 모든 사항을 정보주체에게 알려야 한다.
1. 개인정보의 수집 출처
2. 개인정보의 처리 목적
3. 제37조에 따른 개인정보 처리의 정지를 요구하거나 동의를 철회할 권리가 있다는 사실

② 제1항에도 불구하고 처리하는 개인정보의 종류·규모, 종업원 수 및 매출액 규모 등을 고려하여 대통령령으로 정하는 기준에 해당하는 개인정보처리자가 제17조제1항제1호에 따라 정보주체 이외로부터 개인정보를 수집하여 처리하는 때에는 제1항 각 호의 모든 사항을 정보주체에게 알려야 한다. 다만, 개인정보처리자가 수집한 정보에 연락처 등 정보주체에게 알릴 수 있는 개인정보가 포함되지 아니한 경우에는 그러하지 아니하다.

③ 제2항 본문에 따라 알리는 경우 정보주체에게 알리는 시기·방법 및 절차 등 필요한 사항은 대통령

령으로 정한다.
④ 제1항과 제2항 본문은 다음 각 호의 어느 하나에 해당하는 경우에는 적용하지 아니한다. 다만, 이 법에 따른 정보주체의 권리보다 명백히 우선하는 경우에 한한다.
1. 통지를 요구하는 대상이 되는 개인정보가 제32조제2항 각 호의 어느 하나에 해당하는 개인정보파일에 포함되어 있는 경우
2. 통지로 인하여 다른 사람의 생명·신체를 해할 우려가 있거나 다른 사람의 재산과 그 밖의 이익을 부당하게 침해할 우려가 있는 경우

제20조의2(개인정보 이용·제공 내역의 통지) ① 대통령령으로 정하는 기준에 해당하는 개인정보처리자는 이 법에 따라 수집한 개인정보의 이용·제공 내역이나 이용·제공 내역을 확인할 수 있는 정보시스템에 접속하는 방법을 주기적으로 정보주체에게 통지하여야 한다. 다만, 연락처 등 정보주체에게 통지할 수 있는 개인정보를 수집·보유하지 아니한 경우에는 통지하지 아니할 수 있다.
② 제1항에 따른 통지의 대상이 되는 정보주체의 범위, 통지 대상 정보, 통지 주기 및 방법 등에 필요한 사항은 대통령령으로 정한다.

제21조(개인정보의 파기) ① 개인정보처리자는 보유기간의 경과, 개인정보의 처리 목적 달성, 가명정보의 처리 기간 경과 등 그 개인정보가 불필요하게 되었을 때에는 지체 없이 그 개인정보를 파기하여야 한다. 다만, 다른 법령에 따라 보존하여야 하는 경우에는 그러하지 아니하다.
② 개인정보처리자가 제1항에 따라 개인정보를 파기할 때에는 복구 또는 재생되지 아니하도록 조치하여야 한다.
③ 개인정보처리자가 제1항 단서에 따라 개인정보를 파기하지 아니하고 보존하여야 하는 경우에는 해당 개인정보 또는 개인정보파일을 다른 개인정보와 분리하여서 저장·관리하여야 한다.
④ 개인정보의 파기방법 및 절차 등에 필요한 사항은 대통령령으로 정한다.

제22조(동의를 받는 방법) ① 개인정보처리자는 이 법에 따른 개인정보의 처리에 대하여 정보주체(제22조의2 제1항에 따른 법정대리인을 포함한다. 이하 이 조에서 같다)의 동의를 받을 때에는 각각의 동의 사항을 구분하여 정보주체가 이를 명확하게 인지할 수 있도록 알리고 동의를 받아야 한다. 이 경우 다음 각 호의 경우에는 동의 사항을 구분하여 각각 동의를 받아야 한다.
1. 제15조 제1항 제1호에 따라 동의를 받는 경우
2. 제17조 제1항 제1호에 따라 동의를 받는 경우
3. 제18조 제2항 제1호에 따라 동의를 받는 경우
4. 제19조 제1호에 따라 동의를 받는 경우
5. 제23조 제1항 제1호에 따라 동의를 받는 경우
6. 제24조 제1항 제1호에 따라 동의를 받는 경우
7. 재화나 서비스를 홍보하거나 판매를 권유하기 위하여 개인정보의 처리에 대한 동의를 받으려는 경우
8. 그 밖에 정보주체를 보호하기 위하여 동의 사항을 구분하여 동의를 받아야 할 필요가 있는 경우로서 대통령령으로 정하는 경우
② 개인정보처리자는 제1항의 동의를 서면(「전자문서 및 전자거래 기본법」 제2조 제1호에 따른 전자문서를 포함한다)으로 받을 때에는 개인정보의 수집·이용 목적, 수집·이용하려는 개인정보의 항목 등 대통령령으로 정하는 중요한 내용을 보호위원회가 고시로 정하는 방법에 따라 명확히 표시하여

알아보기 쉽게 하여야 한다.
③ 개인정보처리자는 정보주체의 동의 없이 처리할 수 있는 개인정보에 대해서는 그 항목과 처리의 법적 근거를 정보주체의 동의를 받아 처리하는 개인정보와 구분하여 제30조 제2항에 따라 공개하거나 전자우편 등 대통령령으로 정하는 방법에 따라 정보주체에게 알려야 한다. 이 경우 동의 없이 처리할 수 있는 개인정보라는 입증책임은 개인정보처리자가 부담한다.
④ 삭제
⑤ 개인정보처리자는 정보주체가 선택적으로 동의할 수 있는 사항을 동의하지 아니하거나 제1항제3호 및 제7호에 따른 동의를 하지 아니한다는 이유로 정보주체에게 재화 또는 서비스의 제공을 거부하여서는 아니 된다.
⑥ 삭제
⑦ 제1항부터 제5항까지에서 규정한 사항 외에 정보주체의 동의를 받는 세부적인 방법에 관하여 필요한 사항은 개인정보의 수집매체 등을 고려하여 대통령령으로 정한다.

제22조의2(아동의 개인정보 보호) ① 개인정보처리자는 만 14세 미만 아동의 개인정보를 처리하기 위하여 이 법에 따른 동의를 받아야 할 때에는 그 법정대리인의 동의를 받아야 하며, 법정대리인이 동의하였는지를 확인하여야 한다.
② 제1항에도 불구하고 법정대리인의 동의를 받기 위하여 필요한 최소한의 정보로서 대통령령으로 정하는 정보는 법정대리인의 동의 없이 해당 아동으로부터 직접 수집할 수 있다.
③ 개인정보처리자는 만 14세 미만의 아동에게 개인정보 처리와 관련한 사항의 고지 등을 할 때에는 이해하기 쉬운 양식과 명확하고 알기 쉬운 언어를 사용하여야 한다.
④ 제1항부터 제3항까지에서 규정한 사항 외에 동의 및 동의 확인 방법 등에 필요한 사항은 대통령령으로 정한다.

(2) 개인정보의 처리 제한

제23조(민감정보의 처리 제한) ① 개인정보처리자는 사상·신념, 노동조합·정당의 가입·탈퇴, 정치적 견해, 건강, 성생활 등에 관한 정보, 그 밖에 정보주체의 사생활을 현저히 침해할 우려가 있는 개인정보로서 대통령령으로 정하는 정보(이하 "민감정보"라 한다)를 처리하여서는 아니 된다. 다만, 다음 각 호의 어느 하나에 해당하는 경우에는 그러하지 아니하다.
1. 정보주체에게 제15조제2항 각 호 또는 제17조제2항 각 호의 사항을 알리고 다른 개인정보의 처리에 대한 동의와 별도로 동의를 받은 경우
2. 법령에서 민감정보의 처리를 요구하거나 허용하는 경우
② 개인정보처리자가 제1항 각 호에 따라 민감정보를 처리하는 경우에는 그 민감정보가 분실·도난·유출·위조·변조 또는 훼손되지 아니하도록 제29조에 따른 안전성 확보에 필요한 조치를 하여야 한다.
③ 개인정보처리자는 재화 또는 서비스를 제공하는 과정에서 공개되는 정보에 정보주체의 민감정보가 포함됨으로써 사생활 침해의 위험성이 있다고 판단하는 때에는 재화 또는 서비스의 제공 전에 민감정보의 공개 가능성 및 비공개를 선택하는 방법을 정보주체가 알아보기 쉽게 알려야 한다.

제24조(고유식별정보의 처리 제한) ① 개인정보처리자는 다음 각 호의 경우를 제외하고는 법령에 따라 개인을 고유하게 구별하기 위하여 부여된 식별정보로서 대통령령으로 정하는 정보(이하 "고유식별정보"라 한다)를 처리할 수 없다.

1. 정보주체에게 제15조제2항 각 호 또는 제17조제2항 각 호의 사항을 알리고 다른 개인정보의 처리에 대한 동의와 별도로 동의를 받은 경우
2. 법령에서 구체적으로 고유식별정보의 처리를 요구하거나 허용하는 경우

② 삭제

③ 개인정보처리자가 제1항 각 호에 따라 고유식별정보를 처리하는 경우에는 그 고유식별정보가 분실·도난·유출·위조·변조 또는 훼손되지 아니하도록 대통령령으로 정하는 바에 따라 <u>암호화 등 안전성 확보에 필요한 조치를 하여야 한다.</u>

④ 보호위원회는 처리하는 개인정보의 종류·규모, 종업원 수 및 매출액 규모 등을 고려하여 대통령령으로 정하는 기준에 해당하는 개인정보처리자가 제3항에 따라 안전성 확보에 필요한 조치를 하였는지에 관하여 대통령령으로 정하는 바에 따라 정기적으로 조사하여야 한다.

⑤ 보호위원회는 대통령령으로 정하는 전문기관으로 하여금 제4항에 따른 조사를 수행하게 할 수 있다.

제24조의2(주민등록번호 처리의 제한) ① 제24조제1항에도 불구하고 개인정보처리자는 <u>다음 각 호의 어느 하나에 해당하는 경우를 제외하고는 주민등록번호를 처리할 수 없다.</u>
1. 법률·대통령령·국회규칙·대법원규칙·헌법재판소규칙·중앙선거관리위원회규칙 및 감사원규칙에서 구체적으로 주민등록번호의 처리를 요구하거나 허용한 경우
2. 정보주체 또는 제3자의 급박한 생명, 신체, 재산의 이익을 위하여 명백히 필요하다고 인정되는 경우
3. 제1호 및 제2호에 준하여 주민등록번호 처리가 불가피한 경우로서 보호위원회가 고시로 정하는 경우

② 개인정보처리자는 제24조제3항에도 불구하고 <u>주민등록번호가 분실·도난·유출·위조·변조 또는 훼손되지 아니하도록 암호화 조치를 통하여 안전하게 보관하여야 한다.</u> 이 경우 암호화 적용 대상 및 대상별 적용 시기 등에 관하여 필요한 사항은 개인정보의 처리 규모와 유출 시 영향 등을 고려하여 대통령령으로 정한다.

③ 개인정보처리자는 제1항 각 호에 따라 주민등록번호를 처리하는 경우에도 정보주체가 <u>인터넷 홈페이지를 통하여 회원으로 가입하는 단계에서는 주민등록번호를 사용하지 아니하고도 회원으로 가입할 수 있는 방법을 제공하여야 한다.</u>

④ 보호위원회는 개인정보처리자가 제3항에 따른 방법을 제공할 수 있도록 관계 법령의 정비, 계획의 수립, 필요한 시설 및 시스템의 구축 등 제반 조치를 마련·지원할 수 있다.

제25조(고정형 영상정보처리기기의 설치·운영 제한) ① <u>누구든지</u> 다음 각 호의 경우를 제외하고는 공개된 장소에 고정형 영상정보처리기기를 설치·운영하여서는 아니 된다.
1. <u>법령에서 구체적으로 허용하고 있는 경우</u>
2. <u>범죄의 예방 및 수사를 위하여 필요한 경우</u>
3. <u>시설의 안전 및 관리, 화재 예방을 위하여 정당한 권한을 가진 자가 설치·운영하는 경우</u>
4. <u>교통단속을 위하여 정당한 권한을 가진 자가 설치·운영하는 경우</u>
5. <u>교통정보의 수집·분석 및 제공을 위하여 정당한 권한을 가진 자가 설치·운영하는 경우</u>
6. <u>촬영된 영상정보를 저장하지 아니하는 경우로서 대통령령으로 정하는 경우</u>

※ "대통령령으로 정하는 경우"
　　1. 출입자 수, 성별, 연령대 등 통계값 또는 통계적 특성값 산출을 위해 촬영된 영상정보를 일시적으로 처리하는 경우

2. 그 밖에 제1호에 준하는 경우로서 보호위원회의 심의·의결을 거친 경우
② 누구든지 불특정 다수가 이용하는 목욕실, 화장실, 발한실(發汗室), 탈의실 등 개인의 사생활을 현저히 침해할 우려가 있는 장소의 내부를 볼 수 있도록 고정형 영상정보처리기기를 설치·운영하여서는 아니 된다. 다만, 교도소, 정신보건 시설 등 법령에 근거하여 사람을 구금하거나 보호하는 시설로서 대통령령으로 정하는 시설에 대하여는 그러하지 아니하다.
※ "대통령령으로 정하는 시설"
　1. 「형의 집행 및 수용자의 처우에 관한 법률」 제2조 제1호에 따른 교정시설
　2. 「정신건강증진 및 정신질환자 복지서비스 지원에 관한 법률」 제3조 제5호부터 제7호까지의 규정에 따른 정신의료기관(수용시설을 갖추고 있는 것만 해당한다), 정신요양시설 및 정신재활시설
③ 제1항 각 호에 따라 고정형 영상정보처리기기를 설치·운영하려는 공공기관의 장과 제2항 단서에 따라 고정형 영상정보처리기기를 설치·운영하려는 자는 공청회·설명회의 개최 등 대통령령으로 정하는 절차를 거쳐 관계 전문가 및 이해관계인의 의견을 수렴하여야 한다.
④ 제1항 각 호에 따라 고정형 영상정보처리기기를 설치·운영하는 자(이하 "고정형영상정보처리기기운영자"라 한다)는 정보주체가 쉽게 인식할 수 있도록 다음 각 호의 사항이 포함된 안내판을 설치하는 등 필요한 조치를 하여야 한다. 다만, 「군사기지 및 군사시설 보호법」 제2조제2호에 따른 군사시설, 「통합방위법」 제2조 제13호에 따른 국가중요시설, 그 밖에 대통령령으로 정하는 시설의 경우에는 그러하지 아니하다.
1. 설치 목적 및 장소
2. 촬영 범위 및 시간
3. 관리책임자의 연락처
4. 그 밖에 대통령령으로 정하는 사항
⑤ 고정형영상정보처리기기운영자는 고정형 영상정보처리기기의 설치 목적과 다른 목적으로 고정형 영상정보처리기기를 임의로 조작하거나 다른 곳을 비춰서는 아니 되며, 녹음기능은 사용할 수 없다.
⑥ 고정형영상정보처리기기운영자는 개인정보가 분실·도난·유출·위조·변조 또는 훼손되지 아니하도록 제29조에 따라 안전성 확보에 필요한 조치를 하여야 한다.
⑦ 고정형영상정보처리기기운영자는 대통령령으로 정하는 바에 따라 고정형 영상정보처리기기 운영·관리 방침을 마련하여야 한다. 다만, 제30조에 따른 개인정보 처리방침을 정할 때 고정형 영상정보처리기기 운영·관리에 관한 사항을 포함시킨 경우에는 고정형 영상정보처리기기 운영·관리 방침을 마련하지 아니할 수 있다.
⑧ 고정형영상정보처리기기운영자는 고정형 영상정보처리기기의 설치·운영에 관한 사무를 위탁할 수 있다. 다만, 공공기관이 고정형 영상정보처리기기 설치·운영에 관한 사무를 위탁하는 경우에는 대통령령으로 정하는 절차 및 요건에 따라야 한다.

제25조의2(이동형 영상정보처리기기의 운영 제한) ① 업무를 목적으로 이동형 영상정보처리기기를 운영하려는 자는 다음 각 호의 경우를 제외하고는 공개된 장소에서 이동형 영상정보처리기기로 사람 또는 그 사람과 관련된 사물의 영상(개인정보에 해당하는 경우로 한정한다. 이하 같다)을 촬영하여서는 아니 된다.
1. 제15조 제1항 각 호의 어느 하나에 해당하는 경우
2. 촬영 사실을 명확히 표시하여 정보주체가 촬영 사실을 알 수 있도록 하였음에도 불구하고 촬영

거부 의사를 밝히지 아니한 경우. 이 경우 정보주체의 권리를 부당하게 침해할 우려가 없고 합리적인 범위를 초과하지 아니하는 경우로 한정한다.
3. 그 밖에 제1호 및 제2호에 준하는 경우로서 대통령령으로 정하는 경우

② 누구든지 불특정 다수가 이용하는 목욕실, 화장실, 발한실, 탈의실 등 개인의 사생활을 현저히 침해할 우려가 있는 장소의 내부를 볼 수 있는 곳에서 이동형 영상정보처리기기로 사람 또는 그 사람과 관련된 사물의 영상을 촬영하여서는 아니 된다. 다만, 인명의 구조·구급 등을 위하여 필요한 경우로서 대통령령으로 정하는 경우에는 그러하지 아니하다.

※ "대통령령으로 정하는 경우": 범죄, 화재, 재난 또는 이에 준하는 상황에서 인명의 구조·구급 등을 위하여 사람 또는 그 사람과 관련된 사물의 영상(개인정보에 해당하는 경우로 한정)의 촬영이 필요한 경우

③ 제1항 각 호에 해당하여 이동형 영상정보처리기기로 사람 또는 그 사람과 관련된 사물의 영상을 촬영하는 경우에는 불빛, 소리, 안내판 등 대통령령으로 정하는 바에 따라 촬영 사실을 표시하고 알려야 한다.

※ "대통령령으로 정하는 바": 불빛, 소리, 안내판, 안내서면, 안내방송 또는 그 밖에 이에 준하는 수단이나 방법으로 정보주체가 촬영 사실을 쉽게 알 수 있도록 표시하고 알려야 한다. 다만, 드론을 이용한 항공촬영 등 촬영 방법의 특성으로 인해 정보주체에게 촬영 사실을 알리기 어려운 경우에는 보호위원회가 구축하는 인터넷 사이트에 공지하는 방법으로 알릴 수 있다.

④ 제1항부터 제3항까지에서 규정한 사항 외에 이동형 영상정보처리기기의 운영에 관하여는 제25조 제6항부터 제8항까지의 규정을 준용한다.

제26조(업무위탁에 따른 개인정보의 처리 제한) ① 개인정보처리자가 제3자에게 개인정보의 처리 업무를 위탁하는 경우에는 다음 각 호의 내용이 포함된 문서에 의하여야 한다.
1. 위탁업무 수행 목적 외 개인정보의 처리 금지에 관한 사항
2. 개인정보의 기술적·관리적 보호조치에 관한 사항
3. 그 밖에 개인정보의 안전한 관리를 위하여 대통령령으로 정한 사항

② 제1항에 따라 개인정보의 처리 업무를 위탁하는 개인정보처리자(이하 "위탁자"라 한다)는 위탁하는 업무의 내용과 개인정보 처리 업무를 위탁받아 처리하는 자(개인정보 처리 업무를 위탁받아 처리하는 자로부터 위탁받은 업무를 다시 위탁받은 제3자를 포함하며, 이하 "수탁자"라 한다)를 정보주체가 언제든지 쉽게 확인할 수 있도록 대통령령으로 정하는 방법에 따라 공개하여야 한다.

③ 위탁자가 재화 또는 서비스를 홍보하거나 판매를 권유하는 업무를 위탁하는 경우에는 대통령령으로 정하는 방법에 따라 위탁하는 업무의 내용과 수탁자를 정보주체에게 알려야 한다. 위탁하는 업무의 내용이나 수탁자가 변경된 경우에도 또한 같다.

④ 위탁자는 업무 위탁으로 인하여 정보주체의 개인정보가 분실·도난·유출·위조·변조 또는 훼손되지 아니하도록 수탁자를 교육하고, 처리 현황 점검 등 대통령령으로 정하는 바에 따라 수탁자가 개인정보를 안전하게 처리하는지를 감독하여야 한다.

⑤ 수탁자는 개인정보처리자로부터 위탁받은 해당 업무 범위를 초과하여 개인정보를 이용하거나 제3자에게 제공하여서는 아니 된다.

⑥ 수탁자는 위탁받은 개인정보의 처리 업무를 제3자에게 다시 위탁하려는 경우에는 위탁자의 동의를 받아야 한다.

⑦ 수탁자가 위탁받은 업무와 관련하여 개인정보를 처리하는 과정에서 이 법을 위반하여 발생한 손해

배상책임에 대하여는 수탁자를 개인정보처리자의 소속 직원으로 본다.
⑧ 수탁자에 관하여는 제15조부터 제18조까지, 제21조, 제22조, 제22조의2, 제23조, 제24조, 제24조의2, 제25조, 제25조의2, 제27조, 제28조, 제28조의2부터 제28조의5까지, 제28조의7부터 제28조의11까지, 제29조, 제30조, 제30조의2, 제31조, 제33조, 제34조, 제34조의2, 제35조, 제35조의2, 제36조, 제37조, 제37조의2, 제38조, 제59조, 제63조, 제63조의2 및 제64조의2를 준용한다. 이 경우 "개인정보처리자"는 "수탁자"로 본다.

제27조(영업양도 등에 따른 개인정보의 이전 제한) ① 개인정보처리자는 영업의 전부 또는 일부의 양도·합병 등으로 개인정보를 다른 사람에게 이전하는 경우에는 미리 다음 각 호의 사항을 대통령령으로 정하는 방법에 따라 해당 정보주체에게 알려야 한다.
1. 개인정보를 이전하려는 사실
2. 개인정보를 이전받는 자(이하 "영업양수자등"이라 한다)의 성명(법인의 경우에는 법인의 명칭을 말한다), 주소, 전화번호 및 그 밖의 연락처
3. 정보주체가 개인정보의 이전을 원하지 아니하는 경우 조치할 수 있는 방법 및 절차

② 영업양수자등은 개인정보를 이전받았을 때에는 지체 없이 그 사실을 대통령령으로 정하는 방법에 따라 정보주체에게 알려야 한다. 다만, 개인정보처리자가 제1항에 따라 그 이전 사실을 이미 알린 경우에는 그러하지 아니하다.
③ 영업양수자등은 영업의 양도·합병 등으로 개인정보를 이전받은 경우에는 이전 당시의 본래 목적으로만 개인정보를 이용하거나 제3자에게 제공할 수 있다. 이 경우 영업양수자등은 개인정보처리자로 본다.

제28조(개인정보취급자에 대한 감독) ① 개인정보처리자는 개인정보를 처리함에 있어서 개인정보가 안전하게 관리될 수 있도록 임직원, 파견근로자, 시간제근로자 등 개인정보처리자의 지휘·감독을 받아 개인정보를 처리하는 자(이하 "개인정보취급자"라 한다)의 범위를 최소한으로 제한하고, 개인정보취급자에 대하여 적절한 관리·감독을 하여야 한다.
② 개인정보처리자는 개인정보의 적정한 취급을 보장하기 위하여 개인정보취급자에게 정기적으로 필요한 교육을 실시하여야 한다.

(3) 가명정보의 처리에 관한 특례

제28조의2(가명정보의 처리 등) ① 개인정보처리자는 통계작성, 과학적 연구, 공익적 기록보존 등을 위하여 정보주체의 동의 없이 가명정보를 처리할 수 있다.
② 개인정보처리자는 제1항에 따라 가명정보를 제3자에게 제공하는 경우에는 특정 개인을 알아보기 위하여 사용될 수 있는 정보를 포함해서는 아니 된다.

제28조의3(가명정보의 결합 제한) ① 제28조의2에도 불구하고 통계작성, 과학적 연구, 공익적 기록보존 등을 위한 서로 다른 개인정보처리자 간의 가명정보의 결합은 보호위원회 또는 관계 중앙행정기관의 장이 지정하는 전문기관이 수행한다.
② 결합을 수행한 기관 외부로 결합된 정보를 반출하려는 개인정보처리자는 가명정보 또는 제58조의2에 해당하는 정보로 처리한 뒤 전문기관의 장의 승인을 받아야 한다.
③ 제1항에 따른 결합 절차와 방법, 전문기관의 지정과 지정 취소 기준·절차, 관리·감독, 제2항에 따른 반출 및 승인 기준·절차 등 필요한 사항은 대통령령으로 정한다.

제28조의4(가명정보에 대한 안전조치의무 등) ① 개인정보처리자는 제28조의2 또는 제28조의3에 따라 가명정보를 처리하는 경우에는 원래의 상태로 복원하기 위한 추가 정보를 별도로 분리하여 보관·관리하는 등 해당 정보가 분실·도난·유출·위조·변조 또는 훼손되지 않도록 대통령령으로 정하는 바에 따라 안전성 확보에 필요한 기술적·관리적 및 물리적 조치를 하여야 한다.
② 개인정보처리자는 제28조의2 또는 제28조의3에 따라 가명정보를 처리하는 경우 처리목적 등을 고려하여 가명정보의 처리 기간을 별도로 정할 수 있다.
③ 개인정보처리자는 제28조의2 또는 제28조의3에 따라 가명정보를 처리하고자 하는 경우에는 가명정보의 처리 목적, 제3자 제공 시 제공받는 자, 가명정보의 처리 기간(제2항에 따라 처리 기간을 별도로 정한 경우에 한한다) 등 가명정보의 처리 내용을 관리하기 위하여 대통령령으로 정하는 사항에 대한 관련 기록을 작성하여 보관하여야 하며, 가명정보를 파기한 경우에는 파기한 날부터 3년 이상 보관하여야 한다.

제28조의5(가명정보 처리 시 금지의무 등) ① 제28조의2 또는 제28조의3에 따라 가명정보를 처리하는 자는 특정 개인을 알아보기 위한 목적으로 가명정보를 처리해서는 아니 된다.
② 개인정보처리자는 제28조의2 또는 제28조의3에 따라 가명정보를 처리하는 과정에서 특정 개인을 알아볼 수 있는 정보가 생성된 경우에는 즉시 해당 정보의 처리를 중지하고, 지체 없이 회수·파기하여야 한다.

제28조의6 삭제

제28조의7(적용범위) 제28조의2 또는 제28조의3에 따라 처리된 가명정보는 제20조, 제20조의2, 제27조, 제34조제1항, 제35조, 제35조의2, 제36조 및 제37조를 적용하지 아니한다.

(4) 개인정보의 국외 이전

제28조의8(개인정보의 국외 이전) ① 개인정보처리자는 개인정보를 국외로 제공(조회되는 경우를 포함한다)·처리위탁·보관(이하 이 절에서 "이전"이라 한다)하여서는 아니 된다. 다만, 다음 각 호의 어느 하나에 해당하는 경우에는 개인정보를 국외로 이전할 수 있다.
1. 정보주체로부터 국외 이전에 관한 별도의 동의를 받은 경우
2. 법률, 대한민국을 당사자로 하는 조약 또는 그 밖의 국제협정에 개인정보의 국외 이전에 관한 특별한 규정이 있는 경우
3. 정보주체와의 계약의 체결 및 이행을 위하여 개인정보의 처리위탁·보관이 필요한 경우로서 다음 각 목의 어느 하나에 해당하는 경우
   가. 제2항 각 호의 사항을 제30조에 따른 개인정보 처리방침에 공개한 경우
   나. 전자우편 등 대통령령으로 정하는 방법에 따라 제2항 각 호의 사항을 정보주체에게 알린 경우
4. 개인정보를 이전받는 자가 제32조의2에 따른 개인정보 보호 인증 등 보호위원회가 정하여 고시하는 인증을 받은 경우로서 다음 각 목의 조치를 모두 한 경우
   가. 개인정보 보호에 필요한 안전조치 및 정보주체 권리보장에 필요한 조치
   나. 인증받은 사항을 개인정보가 이전되는 국가에서 이행하기 위하여 필요한 조치
5. 개인정보가 이전되는 국가 또는 국제기구의 개인정보 보호체계, 정보주체 권리보장 범위, 피해구제 절차 등이 이 법에 따른 개인정보 보호 수준과 실질적으로 동등한 수준을 갖추었다고 보호위원회가

인정하는 경우
② 개인정보처리자는 제1항 제1호에 따른 동의를 받을 때에는 미리 다음 각 호의 사항을 정보주체에게 알려야 한다.
1. 이전되는 개인정보 항목
2. 개인정보가 이전되는 국가, 시기 및 방법
3. 개인정보를 이전받는 자의 성명(법인인 경우에는 그 명칭과 연락처를 말한다)
4. 개인정보를 이전받는 자의 개인정보 이용목적 및 보유·이용 기간
5. 개인정보의 이전을 거부하는 방법, 절차 및 거부의 효과
③ 개인정보처리자는 제2항 각 호의 어느 하나에 해당하는 사항을 변경하는 경우에는 정보주체에게 알리고 동의를 받아야 한다.
④ 개인정보처리자는 제1항 각 호 외의 부분 단서에 따라 개인정보를 국외로 이전하는 경우 국외 이전과 관련한 이 법의 다른 규정, 제17조부터 제19조까지의 규정 및 제5장의 규정을 준수하여야 하고, 대통령령으로 정하는 보호조치를 하여야 한다.
⑤ 개인정보처리자는 이 법을 위반하는 사항을 내용으로 하는 개인정보의 국외 이전에 관한 계약을 체결하여서는 아니 된다.
⑥ 제1항부터 제5항까지에서 규정한 사항 외에 개인정보 국외 이전의 기준 및 절차 등에 필요한 사항은 대통령령으로 정한다.

제28조의9(개인정보의 국외 이전 중지 명령) ① 보호위원회는 개인정보의 국외 이전이 계속되고 있거나 추가적인 국외 이전이 예상되는 경우로서 다음 각 호의 어느 하나에 해당하는 경우에는 개인정보처리자에게 개인정보의 국외 이전을 중지할 것을 명할 수 있다.
1. 제28조의8 제1항, 제4항 또는 제5항을 위반한 경우
2. 개인정보를 이전받는 자나 개인정보가 이전되는 국가 또는 국제기구가 이 법에 따른 개인정보 보호 수준에 비하여 개인정보를 적정하게 보호하지 아니하여 정보주체에게 피해가 발생하거나 발생할 우려가 현저한 경우
② 개인정보처리자는 제1항에 따른 국외 이전 중지 명령을 받은 경우에는 명령을 받은 날부터 7일 이내에 보호위원회에 이의를 제기할 수 있다.
③ 제1항에 따른 개인정보 국외 이전 중지 명령의 기준, 제2항에 따른 불복 절차 등에 필요한 사항은 대통령령으로 정한다.

제28조의10(상호주의) 제28조의8에도 불구하고 개인정보의 국외 이전을 제한하는 국가의 개인정보처리자에 대해서는 해당 국가의 수준에 상응하는 제한을 할 수 있다. 다만, 조약 또는 그 밖의 국제협정의 이행에 필요한 경우에는 그러하지 아니하다.

제28조의11(준용규정) 제28조의8 제1항 각 호 외의 부분 단서에 따라 개인정보를 이전받은 자가 해당 개인정보를 제3국으로 이전하는 경우에 관하여는 제28조의8 및 제28조의9를 준용한다. 이 경우 "개인정보처리자"는 "개인정보를 이전받은 자"로, "개인정보를 이전받는 자"는 "제3국에서 개인정보를 이전받는 자"로 본다.

4. 개인정보의 안전한 관리

제29조(안전조치의무) 개인정보처리자는 개인정보가 분실·도난·유출·위조·변조 또는 훼손되지 아니하도록 내부 관리계획 수립, 접속기록 보관 등 대통령령으로 정하는 바에 따라 안전성 확보에 필요한 기술적·관리적 및 물리적 조치를 하여야 한다.

제30조(개인정보 처리방침의 수립 및 공개) ① 개인정보처리자는 다음 각 호의 사항이 포함된 개인정보의 처리 방침(이하 "개인정보 처리방침"이라 한다)을 정하여야 한다. 이 경우 공공기관은 제32조에 따라 등록대상이 되는 개인정보파일에 대하여 개인정보 처리방침을 정한다.
1. 개인정보의 처리 목적
2. 개인정보의 처리 및 보유 기간
3. 개인정보의 제3자 제공에 관한 사항(해당되는 경우에만 정한다)
3의2. 개인정보의 파기절차 및 파기방법(제21조제1항 단서에 따라 개인정보를 보존하여야 하는 경우에는 그 보존근거와 보존하는 개인정보 항목을 포함한다)
3의3. 제23조 제3항에 따른 민감정보의 공개 가능성 및 비공개를 선택하는 방법(해당되는 경우에만 정한다)
4. 개인정보처리의 위탁에 관한 사항(해당되는 경우에만 정한다)
4의2. 제28조의2 및 제28조의3에 따른 가명정보의 처리 등에 관한 사항(해당되는 경우에만 정한다)
5. 정보주체와 법정대리인의 권리·의무 및 그 행사방법에 관한 사항
6. 제31조에 따른 개인정보 보호책임자의 성명 또는 개인정보 보호업무 및 관련 고충사항을 처리하는 부서의 명칭과 전화번호 등 연락처
7. 인터넷 접속정보파일 등 개인정보를 자동으로 수집하는 장치의 설치·운영 및 그 거부에 관한 사항(해당하는 경우에만 정한다)
8. 그 밖에 개인정보의 처리에 관하여 대통령령으로 정한 사항
② 개인정보처리자가 개인정보 처리방침을 수립하거나 변경하는 경우에는 정보주체가 쉽게 확인할 수 있도록 대통령령으로 정하는 방법에 따라 공개하여야 한다.
③ 개인정보 처리방침의 내용과 개인정보처리자와 정보주체 간에 체결한 계약의 내용이 다른 경우에는 정보주체에게 유리한 것을 적용한다.
④ 보호위원회는 개인정보 처리방침의 작성지침을 정하여 개인정보처리자에게 그 준수를 권장할 수 있다.

제30조의2(개인정보 처리방침의 평가 및 개선권고) ① 보호위원회는 개인정보 처리방침에 관하여 다음 각 호의 사항을 평가하고, 평가 결과 개선이 필요하다고 인정하는 경우에는 개인정보처리자에게 제61조 제2항에 따라 개선을 권고할 수 있다.
1. 이 법에 따라 개인정보 처리방침에 포함하여야 할 사항을 적정하게 정하고 있는지 여부
2. 개인정보 처리방침을 알기 쉽게 작성하였는지 여부
3. 개인정보 처리방침을 정보주체가 쉽게 확인할 수 있는 방법으로 공개하고 있는지 여부
② 개인정보 처리방침의 평가 대상, 기준 및 절차 등에 필요한 사항은 대통령령으로 정한다.

제31조(개인정보 보호책임자의 지정) ① 개인정보처리자는 개인정보의 처리에 관한 업무를 총괄해서 책임질 개인정보 보호책임자를 지정하여야 한다. 다만, 종업원 수, 매출액 등이 대통령령으로 정하는 기준에 해당하는 개인정보처리자의 경우에는 지정하지 아니할 수 있다.
② 제1항 단서에 따라 개인정보 보호책임자를 지정하지 아니하는 경우에는 개인정보처리자의 사업주

또는 대표자가 개인정보 보호책임자가 된다.
③ 개인정보 보호책임자는 다음 각 호의 업무를 수행한다.
1. 개인정보 보호 계획의 수립 및 시행
2. 개인정보 처리 실태 및 관행의 정기적인 조사 및 개선
3. 개인정보 처리와 관련한 불만의 처리 및 피해 구제
4. 개인정보 유출 및 오용·남용 방지를 위한 내부통제시스템의 구축
5. 개인정보 보호 교육 계획의 수립 및 시행
6. 개인정보파일의 보호 및 관리·감독
7. 그 밖에 개인정보의 적절한 처리를 위하여 대통령령으로 정한 업무
④ 개인정보 보호책임자는 제3항 각 호의 업무를 수행함에 있어서 필요한 경우 개인정보의 처리 현황, 처리 체계 등에 대하여 수시로 조사하거나 관계 당사자로부터 보고를 받을 수 있다.
⑤ 개인정보 보호책임자는 개인정보 보호와 관련하여 이 법 및 다른 관계 법령의 위반 사실을 알게 된 경우에는 즉시 개선조치를 하여야 하며, 필요하면 소속 기관 또는 단체의 장에게 개선조치를 보고하여야 한다.
⑥ 개인정보처리자는 개인정보 보호책임자가 제3항 각 호의 업무를 수행함에 있어서 정당한 이유 없이 불이익을 주거나 받게 하여서는 아니 되며, 개인정보 보호책임자가 업무를 독립적으로 수행할 수 있도록 보장하여야 한다.
⑦ 개인정보처리자는 개인정보의 안전한 처리 및 보호, 정보의 교류, 그 밖에 대통령령으로 정하는 공동의 사업을 수행하기 위하여 제1항에 따른 개인정보 보호책임자를 구성원으로 하는 개인정보 보호책임자 협의회를 구성·운영할 수 있다.
⑧ 보호위원회는 제7항에 따른 개인정보 보호책임자 협의회의 활동에 필요한 지원을 할 수 있다.
⑨ 제1항에 따른 개인정보 보호책임자의 자격요건, 제3항에 따른 업무 및 제6항에 따른 독립성 보장 등에 필요한 사항은 매출액, 개인정보의 보유 규모 등을 고려하여 대통령령으로 정한다.

제31조의2(국내대리인의 지정) ① 국내에 주소 또는 영업소가 없는 개인정보처리자로서 매출액, 개인정보의 보유 규모 등을 고려하여 대통령령으로 정하는 자는 다음 각 호의 사항을 대리하는 자(이하 "국내대리인"이라 한다)를 지정하여야 한다. 이 경우 국내대리인의 지정은 문서로 하여야 한다.
1. 제31조 제3항에 따른 개인정보 보호책임자의 업무
2. 제34조 제1항 및 제3항에 따른 개인정보 유출 등의 통지 및 신고
3. 제63조 제1항에 따른 물품·서류 등 자료의 제출
② 국내대리인은 국내에 주소 또는 영업소가 있어야 한다.
③ 개인정보처리자는 제1항에 따라 국내대리인을 지정하는 경우에는 다음 각 호의 사항을 개인정보 처리방침에 포함하여야 한다.
1. 국내대리인의 성명(법인의 경우에는 그 명칭 및 대표자의 성명을 말한다)
2. 국내대리인의 주소(법인의 경우에는 영업소의 소재지를 말한다), 전화번호 및 전자우편 주소
④ 국내대리인이 제1항 각 호와 관련하여 이 법을 위반한 경우에는 개인정보처리자가 그 행위를 한 것으로 본다.

제32조(개인정보파일의 등록 및 공개) ① 공공기관의 장이 개인정보파일을 운용하는 경우에는 다음 각 호의 사항을 보호위원회에 등록하여야 한다. 등록한 사항이 변경된 경우에도 또한 같다.
1. 개인정보파일의 명칭

2. 개인정보파일의 운영 근거 및 목적
3. 개인정보파일에 기록되는 개인정보의 항목
4. 개인정보의 처리방법
5. 개인정보의 보유기간
6. 개인정보를 통상적 또는 반복적으로 제공하는 경우에는 그 제공받는 자
7. 그 밖에 대통령령으로 정하는 사항
② 다음 각 호의 어느 하나에 해당하는 개인정보파일에 대하여는 제1항을 적용하지 아니한다.
1. 국가 안전, 외교상 비밀, 그 밖에 국가의 중대한 이익에 관한 사항을 기록한 개인정보파일
2. 범죄의 수사, 공소의 제기 및 유지, 형 및 감호의 집행, 교정처분, 보호처분, 보안관찰처분과 출입국관리에 관한 사항을 기록한 개인정보파일
3. 「조세범처벌법」에 따른 범칙행위 조사 및 「관세법」에 따른 범칙행위 조사에 관한 사항을 기록한 개인정보파일
4. 일회적으로 운영되는 파일 등 지속적으로 관리할 필요성이 낮다고 인정되어 대통령령으로 정하는 개인정보파일
5. 다른 법령에 따라 비밀로 분류된 개인정보파일
③ <u>보호위원회</u>는 필요하면 제1항에 따른 개인정보파일의 등록여부와 그 내용을 검토하여 <u>해당 공공기관의 장에게 개선을 권고할 수 있다.</u>
④ 보호위원회는 정보주체의 권리 보장 등을 위하여 필요한 경우 제1항에 따른 개인정보파일의 등록현황을 누구든지 쉽게 열람할 수 있도록 공개할 수 있다.
⑤ 제1항에 따른 등록과 제4항에 따른 공개의 방법, 범위 및 절차에 관하여 필요한 사항은 대통령령으로 정한다.
⑥ 국회, 법원, 헌법재판소, 중앙선거관리위원회(그 소속 기관을 포함한다)의 개인정보파일 등록 및 공개에 관하여는 국회규칙, 대법원규칙, 헌법재판소규칙 및 중앙선거관리위원회규칙으로 정한다.

제32조의2(개인정보 보호 인증) ① <u>보호위원회</u>는 개인정보처리자의 개인정보 처리 및 보호와 관련한 일련의 조치가 이 법에 부합하는지 등에 관하여 인증할 수 있다.
② 제1항에 따른 인증의 유효기간은 3년으로 한다.
③ <u>보호위원회</u>는 다음 각 호의 어느 하나에 해당하는 경우에는 대통령령으로 정하는 바에 따라 제1항에 따른 인증을 취소할 수 있다. 다만, 제1호에 해당하는 경우에는 취소하여야 한다.
1. 거짓이나 그 밖의 부정한 방법으로 개인정보 보호 인증을 받은 경우
2. 제4항에 따른 사후관리를 거부 또는 방해한 경우
3. 제8항에 따른 인증기준에 미달하게 된 경우
4. 개인정보 보호 관련 법령을 위반하고 그 위반사유가 중대한 경우
④ 보호위원회는 개인정보 보호 인증의 실효성 유지를 위하여 <u>연 1회 이상 사후관리를 실시하여야</u> 한다.
⑤ 보호위원회는 대통령령으로 정하는 전문기관으로 하여금 제1항에 따른 인증, 제3항에 따른 인증 취소, 제4항에 따른 사후관리 및 제7항에 따른 인증 심사원 관리 업무를 수행하게 할 수 있다.
⑥ 제1항에 따른 인증을 받은 자는 대통령령으로 정하는 바에 따라 인증의 내용을 표시하거나 홍보할 수 있다.
⑦ 제1항에 따른 인증을 위하여 필요한 심사를 수행할 심사원의 자격 및 자격 취소 요건 등에 관하여

는 전문성과 경력 및 그 밖에 필요한 사항을 고려하여 대통령령으로 정한다.
⑧ 그 밖에 개인정보 관리체계, 정보주체 권리보장, 안전성 확보조치가 이 법에 부합하는지 여부 등 제1항에 따른 인증의 기준·방법·절차 등 필요한 사항은 대통령령으로 정한다.

제33조(개인정보 영향평가) ① 공공기관의 장은 대통령령으로 정하는 기준에 해당하는 개인정보파일의 운용으로 인하여 정보주체의 개인정보 침해가 우려되는 경우에는 그 위험요인의 분석과 개선 사항 도출을 위한 평가(이하 "영향평가"라 한다)를 하고 그 결과를 보호위원회에 제출하여야 한다.
② 보호위원회는 대통령령으로 정하는 인력·설비 및 그 밖에 필요한 요건을 갖춘 자를 영향평가를 수행하는 기관(이하 "평가기관"이라 한다)으로 지정할 수 있으며, 공공기관의 장은 영향평가를 평가기관에 의뢰하여야 한다.
③ 영향평가를 하는 경우에는 다음 각 호의 사항을 고려하여야 한다.
1. 처리하는 개인정보의 수
2. 개인정보의 제3자 제공 여부
3. 정보주체의 권리를 해할 가능성 및 그 위험 정도
4. 그 밖에 대통령령으로 정한 사항
④ 보호위원회는 제1항에 따라 제출받은 영향평가 결과에 대하여 의견을 제시할 수 있다.
⑤ 공공기관의 장은 제1항에 따라 영향평가를 한 개인정보파일을 제32조제1항에 따라 등록할 때에는 영향평가 결과를 함께 첨부하여야 한다.
⑥ 보호위원회는 영향평가의 활성화를 위하여 관계 전문가의 육성, 영향평가 기준의 개발·보급 등 필요한 조치를 마련하여야 한다.
⑦ 보호위원회는 제2항에 따라 지정된 평가기관이 다음 각 호의 어느 하나에 해당하는 경우에는 평가기관의 지정을 취소할 수 있다. 다만, 제1호 또는 제2호에 해당하는 경우에는 평가기관의 지정을 취소하여야 한다.
1. 거짓이나 그 밖의 부정한 방법으로 지정을 받은 경우
2. 지정된 평가기관 스스로 지정취소를 원하거나 폐업한 경우
3. 제2항에 따른 지정요건을 충족하지 못하게 된 경우
4. 고의 또는 중대한 과실로 영향평가업무를 부실하게 수행하여 그 업무를 적정하게 수행할 수 없다고 인정되는 경우
5. 그 밖에 대통령령으로 정하는 사유에 해당하는 경우
⑧ 보호위원회는 제7항에 따라 지정을 취소하는 경우에는 「행정절차법」에 따른 청문을 실시하여야 한다.
⑨ 제1항에 따른 영향평가의 기준·방법·절차 등에 관하여 필요한 사항은 대통령령으로 정한다.
⑩ 국회, 법원, 헌법재판소, 중앙선거관리위원회(그 소속 기관을 포함한다)의 영향평가에 관한 사항은 국회규칙, 대법원규칙, 헌법재판소규칙 및 중앙선거관리위원회규칙으로 정하는 바에 따른다.
⑪ 공공기관 외의 개인정보처리자는 개인정보파일 운용으로 인하여 정보주체의 개인정보 침해가 우려되는 경우에는 영향평가를 하기 위하여 적극 노력하여야 한다.

제34조(개인정보 유출 등의 통지·신고) ① 개인정보처리자는 개인정보가 유출되었음을 알게 되었을 때에는 지체 없이 해당 정보주체에게 다음 각 호의 사실을 알려야 한다.
1. 유출된 개인정보의 항목
2. 유출된 시점과 그 경위

3. 유출로 인하여 발생할 수 있는 피해를 최소화하기 위하여 정보주체가 할 수 있는 방법 등에 관한 정보
4. 개인정보처리자의 대응조치 및 피해 구제절차
5. 정보주체에게 피해가 발생한 경우 신고 등을 접수할 수 있는 담당부서 및 연락처

② 개인정보처리자는 개인정보가 유출된 경우 그 피해를 최소화하기 위한 대책을 마련하고 필요한 조치를 하여야 한다.
③ 개인정보처리자는 대통령령으로 정한 규모 이상의 개인정보가 유출된 경우에는 제1항에 따른 통지 및 제2항에 따른 조치 결과를 지체 없이 보호위원회 또는 대통령령으로 정하는 전문기관에 신고하여야 한다. 이 경우 보호위원회 또는 대통령령으로 정하는 전문기관은 피해 확산방지, 피해 복구 등을 위한 기술을 지원할 수 있다.
④ 제1항에 따른 통지의 시기, 방법 및 절차 등에 관하여 필요한 사항은 대통령령으로 정한다.

제34조의2(노출된 개인정보의 삭제·차단) ① 개인정보처리자는 고유식별정보, 계좌정보, 신용카드정보 등 개인정보가 정보통신망을 통하여 공중(公衆)에 노출되지 아니하도록 하여야 한다.
② 개인정보처리자는 공중에 노출된 개인정보에 대하여 보호위원회 또는 대통령령으로 지정한 전문기관의 요청이 있는 경우에는 해당 정보를 삭제하거나 차단하는 등 필요한 조치를 하여야 한다.

5. 정보주체의 권리 보장

제35조(개인정보의 열람) ① 정보주체는 개인정보처리자가 처리하는 자신의 개인정보에 대한 열람을 해당 개인정보처리자에게 요구할 수 있다.
② 제1항에도 불구하고 정보주체가 자신의 개인정보에 대한 열람을 공공기관에 요구하고자 할 때에는 공공기관에 직접 열람을 요구하거나 대통령령으로 정하는 바에 따라 보호위원회를 통하여 열람을 요구할 수 있다.
③ 개인정보처리자는 제1항 및 제2항에 따른 열람을 요구받았을 때에는 대통령령으로 정하는 기간 내에 정보주체가 해당 개인정보를 열람할 수 있도록 하여야 한다. 이 경우 해당 기간 내에 열람할 수 없는 정당한 사유가 있을 때에는 정보주체에게 그 사유를 알리고 열람을 연기할 수 있으며, 그 사유가 소멸하면 지체 없이 열람하게 하여야 한다.
④ 개인정보처리자는 다음 각 호의 어느 하나에 해당하는 경우에는 정보주체에게 그 사유를 알리고 열람을 제한하거나 거절할 수 있다.
1. 법률에 따라 열람이 금지되거나 제한되는 경우
2. 다른 사람의 생명·신체를 해할 우려가 있거나 다른 사람의 재산과 그 밖의 이익을 부당하게 침해할 우려가 있는 경우
3. 공공기관이 다음 각 목의 어느 하나에 해당하는 업무를 수행할 때 중대한 지장을 초래하는 경우
   가. 조세의 부과·징수 또는 환급에 관한 업무
   나. 「초·중등교육법」 및 「고등교육법」에 따른 각급 학교, 「평생교육법」에 따른 평생교육시설, 그 밖의 다른 법률에 따라 설치된 고등교육기관에서의 성적 평가 또는 입학자 선발에 관한 업무
   다. 학력·기능 및 채용에 관한 시험, 자격 심사에 관한 업무
   라. 보상금·급부금 산정 등에 대하여 진행 중인 평가 또는 판단에 관한 업무
   마. 다른 법률에 따라 진행 중인 감사 및 조사에 관한 업무

⑤ 제1항부터 제4항까지의 규정에 따른 열람 요구, 열람 제한, 통지 등의 방법 및 절차에 관하여 필요한 사항은 대통령령으로 정한다.

제35조의2(개인정보의 전송 요구) ① 정보주체는 개인정보 처리 능력 등을 고려하여 대통령령으로 정하는 기준에 해당하는 개인정보처리자에 대하여 다음 각 호의 요건을 모두 충족하는 개인정보를 자신에게로 전송할 것을 요구할 수 있다.
1. 정보주체가 전송을 요구하는 개인정보가 정보주체 본인에 관한 개인정보로서 다음 각 목의 어느 하나에 해당하는 정보일 것
    가. 제15조 제1항 제1호, 제23조 제1항 제1호 또는 제24조 제1항 제1호에 따른 동의를 받아 처리되는 개인정보
    나. 제15조 제1항 제4호에 따라 체결한 계약을 이행하거나 계약을 체결하는 과정에서 정보주체의 요청에 따른 조치를 이행하기 위하여 처리되는 개인정보
    다. 제15조 제1항 제2호·제3호, 제23조 제1항 제2호 또는 제24조 제1항 제2호에 따라 처리되는 개인정보 중 정보주체의 이익이나 공익적 목적을 위하여 관계 중앙행정기관의 장의 요청에 따라 보호위원회가 심의·의결하여 전송 요구의 대상으로 지정한 개인정보
2. 전송을 요구하는 개인정보가 개인정보처리자가 수집한 개인정보를 기초로 분석·가공하여 별도로 생성한 정보가 아닐 것
3. 전송을 요구하는 개인정보가 컴퓨터 등 정보처리장치로 처리되는 개인정보일 것

② 정보주체는 매출액, 개인정보의 보유 규모, 개인정보 처리 능력, 산업별 특성 등을 고려하여 대통령령으로 정하는 기준에 해당하는 개인정보처리자에 대하여 제1항에 따른 전송 요구 대상인 개인정보를 기술적으로 허용되는 합리적인 범위에서 다음 각 호의 자에게 전송할 것을 요구할 수 있다.
1. 제35조의3 제1항에 따른 개인정보관리 전문기관
2. 제29조에 따른 안전조치의무를 이행하고 대통령령으로 정하는 시설 및 기술 기준을 충족하는 자

③ 개인정처리자는 제1항 및 제2항에 따른 전송 요구를 받은 경우에는 시간, 비용, 기술적으로 허용되는 합리적인 범위에서 해당 정보를 컴퓨터 등 정보처리장치로 처리 가능한 형태로 전송하여야 한다.

④ 제1항 및 제2항에 따른 전송 요구를 받은 개인정보처리자는 다음 각 호의 어느 하나에 해당하는 법률의 관련 규정에도 불구하고 정보주체에 관한 개인정보를 전송하여야 한다.
1. 「국세기본법」 제81조의13
2. 「지방세기본법」 제86조
3. 그 밖에 제1호 및 제2호와 유사한 규정으로서 대통령령으로 정하는 법률의 규정

⑤ 정보주체는 제1항 및 제2항에 따른 전송 요구를 철회할 수 있다.

⑥ 개인정보처리자는 정보주체의 본인 여부가 확인되지 아니하는 경우 등 대통령령으로 정하는 경우에는 제1항 및 제2항에 따른 전송 요구를 거절하거나 전송을 중단할 수 있다.

⑦ 정보주체는 제1항 및 제2항에 따른 전송 요구로 인하여 타인의 권리나 정당한 이익을 침해하여서는 아니 된다.

⑧ 제1항부터 제7항까지에서 규정한 사항 외에 전송 요구의 대상이 되는 정보의 범위, 전송 요구의 방법, 전송의 기한 및 방법, 전송 요구 철회의 방법, 전송 요구의 거절 및 전송 중단의 방법 등 필요한 사항은 대통령령으로 정한다.

제35조의3(개인정보관리 전문기관) ① 다음 각 호의 업무를 수행하려는 자는 보호위원회 또는 관계 중앙행정기관의 장으로부터 개인정보관리 전문기관의 지정을 받아야 한다.

1. 제35조의2에 따른 개인정보의 전송 요구권 행사 지원
2. 정보주체의 권리행사를 지원하기 위한 개인정보 전송시스템의 구축 및 표준화
3. 정보주체의 권리행사를 지원하기 위한 개인정보의 관리·분석
4. 그 밖에 정보주체의 권리행사를 효과적으로 지원하기 위하여 대통령령으로 정하는 업무
② 제1항에 따른 개인정보관리 전문기관의 지정요건은 다음 각 호와 같다.
1. 개인정보를 전송·관리·분석할 수 있는 기술수준 및 전문성을 갖추었을 것
2. 개인정보를 안전하게 관리할 수 있는 안전성 확보조치 수준을 갖추었을 것
3. 개인정보관리 전문기관의 안정적인 운영에 필요한 재정능력을 갖추었을 것
③ 개인정보관리 전문기관은 다음 각 호의 어느 하나에 해당하는 행위를 하여서는 아니 된다.
1. 정보주체에게 개인정보의 전송 요구를 강요하거나 부당하게 유도하는 행위
2. 그 밖에 개인정보를 침해하거나 정보주체의 권리를 제한할 우려가 있는 행위로서 대통령령으로 정하는 행위
④ 보호위원회 및 관계 중앙행정기관의 장은 개인정보관리 전문기관이 다음 각 호의 어느 하나에 해당하는 경우에는 개인정보관리 전문기관의 지정을 취소할 수 있다. 다만, 제1호에 해당하는 경우에는 지정을 취소하여야 한다.
1. 거짓이나 부정한 방법으로 지정을 받은 경우
2. 제2항에 따른 지정요건을 갖추지 못하게 된 경우
⑤ 보호위원회 및 관계 중앙행정기관의 장은 제4항에 따라 지정을 취소하는 경우에는 「행정절차법」에 따른 청문을 실시하여야 한다.
⑥ 보호위원회 및 관계 중앙행정기관의 장은 개인정보관리 전문기관에 대하여 업무 수행에 필요한 지원을 할 수 있다.
⑦ 개인정보관리 전문기관은 정보주체의 요구에 따라 제1항 각 호의 업무를 수행하는 경우 정보주체로부터 그 업무 수행에 필요한 비용을 받을 수 있다.
⑧ 제1항에 따른 개인정보관리 전문기관의 지정 절차, 제2항에 따른 지정요건의 세부기준, 제4항에 따른 지정취소의 절차 등에 필요한 사항은 대통령령으로 정한다.

제35조의4(개인정보 전송 관리 및 지원) ① 보호위원회는 제35조의2 제1항 및 제2항에 따른 개인정보 처리자 및 제35조의3 제1항에 따른 개인정보관리 전문기관 현황, 활용내역 및 관리실태 등을 체계적으로 관리·감독하여야 한다.
② 보호위원회는 개인정보가 안전하고 효율적으로 전송될 수 있도록 다음 각 호의 사항을 포함한 개인정보 전송 지원 플랫폼을 구축·운영할 수 있다.
1. 개인정보관리 전문기관 현황 및 전송 가능한 개인정보 항목 목록
2. 정보주체의 개인정보 전송 요구·철회 내역
3. 개인정보의 전송 이력 관리 등 지원 기능
4. 그 밖에 개인정보 전송을 위하여 필요한 사항
③ 보호위원회는 제2항에 따른 개인정보 전송지원 플랫폼의 효율적 운영을 위하여 개인정보관리 전문기관에서 구축·운영하고 있는 전송 시스템을 상호 연계하거나 통합할 수 있다. 이 경우 관계 중앙행정기관의 장 및 해당 개인정보관리 전문기관과 사전에 협의하여야 한다.
④ 제1항부터 제3항까지의 규정에 따른 관리·감독과 개인정보 전송지원 플랫폼의 구축 및 운영에 필요한 사항은 대통령령으로 정한다.

제36조(개인정보의 정정·삭제) ① 제35조에 따라 자신의 개인정보를 열람한 정보주체는 개인정보처리자에게 그 개인정보의 정정 또는 삭제를 요구할 수 있다. 다만, 다른 법령에서 그 개인정보가 수집 대상으로 명시되어 있는 경우에는 그 삭제를 요구할 수 없다.
② 개인정보처리자는 제1항에 따른 정보주체의 요구를 받았을 때에는 개인정보의 정정 또는 삭제에 관하여 다른 법령에 특별한 절차가 규정되어 있는 경우를 제외하고는 지체 없이 그 개인정보를 조사하여 정보주체의 요구에 따라 정정·삭제 등 필요한 조치를 한 후 그 결과를 정보주체에게 알려야 한다.
③ 개인정보처리자가 제2항에 따라 개인정보를 삭제할 때에는 복구 또는 재생되지 아니하도록 조치하여야 한다.
④ 개인정보처리자는 정보주체의 요구가 제1항 단서에 해당될 때에는 지체 없이 그 내용을 정보주체에게 알려야 한다.
⑤ 개인정보처리자는 제2항에 따른 조사를 할 때 필요하면 해당 정보주체에게 정정·삭제 요구사항의 확인에 필요한 증거자료를 제출하게 할 수 있다.
⑥ 제1항·제2항 및 제4항에 따른 정정 또는 삭제 요구, 통지 방법 및 절차 등에 필요한 사항은 대통령령으로 정한다.

제37조(개인정보의 처리정지 등) ① 정보주체는 개인정보처리자에 대하여 자신의 개인정보 처리의 정지를 요구하거나 개인정보 처리에 대한 동의를 철회할 수 있다. 이 경우 공공기관에 대해서는 제32조에 따라 등록 대상이 되는 개인정보파일 중 자신의 개인정보에 대한 처리의 정지를 요구하거나 개인정보 처리에 대한 동의를 철회할 수 있다.
② 개인정보처리자는 제1항에 따른 처리정지 요구를 받았을 때에는 지체 없이 정보주체의 요구에 따라 개인정보 처리의 전부를 정지하거나 일부를 정지하여야 한다. 다만, 다음 각 호의 어느 하나에 해당하는 경우에는 정보주체의 처리정지 요구를 거절할 수 있다.
1. 법률에 특별한 규정이 있거나 법령상 의무를 준수하기 위하여 불가피한 경우
2. 다른 사람의 생명·신체를 해할 우려가 있거나 다른 사람의 재산과 그 밖의 이익을 부당하게 침해할 우려가 있는 경우
3. 공공기관이 개인정보를 처리하지 아니하면 다른 법률에서 정하는 소관 업무를 수행할 수 없는 경우
4. 개인정보를 처리하지 아니하면 정보주체와 약정한 서비스를 제공하지 못하는 등 계약의 이행이 곤란한 경우로서 정보주체가 그 계약의 해지 의사를 명확하게 밝히지 아니한 경우
③ 개인정보처리자는 정보주체가 제1항에 따라 동의를 철회한 때에는 지체 없이 수집된 개인정보를 복구·재생할 수 없도록 파기하는 등 필요한 조치를 하여야 한다. 다만, 제2항 각 호의 어느 하나에 해당하는 경우에는 동의 철회에 따른 조치를 하지 아니할 수 있다.
④ 개인정보처리자는 제2항 단서에 따라 처리정지 요구를 거절하거나 제3항 단서에 따라 동의 철회에 따른 조치를 하지 아니하였을 때에는 정보주체에게 지체 없이 그 사유를 알려야 한다.
⑤ 개인정보처리자는 정보주체의 요구에 따라 처리가 정지된 개인정보에 대하여 지체 없이 해당 개인정보의 파기 등 필요한 조치를 하여야 한다.
⑥ 제1항부터 제5항까지의 규정에 따른 처리정지의 요구, 동의 철회, 처리정지의 거절, 통지 등의 방법 및 절차에 필요한 사항은 대통령령으로 정한다.

제37조의2(자동화된 결정에 대한 정보주체의 권리 등) ① 정보주체는 완전히 자동화된 시스템(인공지능 기술을 적용한 시스템을 포함한다)으로 개인정보를 처리하여 이루어지는 결정(「행정기본법」 제20조에 따른 행정청의 자동적 처분은 제외하며, 이하 이 조에서 "자동화된 결정"이라 한다)이 자신의

권리 또는 의무에 중대한 영향을 미치는 경우에는 해당 개인정보처리자에 대하여 해당 결정을 거부할 수 있는 권리를 가진다. 다만, 자동화된 결정이 제15조 제1항 제1호·제2호 및 제4호에 따라 이루어지는 경우에는 그러하지 아니하다.
② 정보주체는 개인정보처리자가 자동화된 결정을 한 경우에는 그 결정에 대하여 설명 등을 요구할 수 있다.
③ 개인정보처리자는 제1항 또는 제2항에 따라 정보주체가 자동화된 결정을 거부하거나 이에 대한 설명 등을 요구한 경우에는 정당한 사유가 없는 한 자동화된 결정을 적용하지 아니하거나 인적 개입에 의한 재처리·설명 등 필요한 조치를 하여야 한다.
④ 개인정보처리자는 자동화된 결정의 기준과 절차, 개인정보가 처리되는 방식 등을 정보주체가 쉽게 확인할 수 있도록 공개하여야 한다.
⑤ 제1항부터 제4항까지에서 규정한 사항 외에 자동화된 결정의 거부·설명 등을 요구하는 절차 및 방법, 거부·설명 등의 요구에 따른 필요한 조치, 자동화된 결정의 기준·절차 및 개인정보가 처리되는 방식의 공개 등에 필요한 사항은 대통령령으로 정한다.

제38조(권리행사의 방법 및 절차) ① 정보주체는 제35조에 따른 열람, 제35조의2에 따른 전송, 제36조에 따른 정정·삭제, 제37조에 따른 처리정지 및 동의 철회, 제37조의2에 따른 거부·설명 등의 요구(이하 "열람등요구"라 한다)를 문서 등 대통령령으로 정하는 방법·절차에 따라 <u>대리인에게 하게 할 수 있다.</u>
② <u>만 14세 미만 아동의 법정대리인</u>은 개인정보처리자에게 그 아동의 개인정보 열람등요구를 할 수 있다.
③ 개인정보처리자는 열람등요구를 하는 자에게 대통령령으로 정하는 바에 따라 수수료와 우송료(사본의 우송을 청구하는 경우에 한한다)를 청구할 수 있다. 다만, 제35조의2 제2항에 따른 전송 요구의 경우에는 전송을 위해 추가로 필요한 설비 등을 함께 고려하여 수수료를 산정할 수 있다.
④ 개인정보처리자는 정보주체가 열람등요구를 할 수 있는 구체적인 방법과 절차를 마련하고, 이를 정보주체가 알 수 있도록 공개하여야 한다. 이 경우 열람등요구의 방법과 절차는 해당 개인정보의 수집 방법과 절차보다 어렵지 아니하도록 하여야 한다.
⑤ 개인정보처리자는 정보주체가 열람등요구에 대한 거절 등 조치에 대하여 불복이 있는 경우 이의를 제기할 수 있도록 필요한 절차를 마련하고 안내하여야 한다.

제39조(손해배상책임) ① 정보주체는 개인정보처리자가 이 법을 위반한 행위로 손해를 입으면 개인정보처리자에게 손해배상을 청구할 수 있다. 이 경우 그 <u>개인정보처리자는 고의 또는 과실이 없음을 입증하지 아니하면 책임을 면할 수 없다.</u>
② 삭제
③ 개인정보처리자의 고의 또는 중대한 과실로 인하여 개인정보가 분실·도난·유출·위조·변조 또는 훼손된 경우로서 정보주체에게 손해가 발생한 때에는 법원은 그 <u>손해액의 5배를 넘지 아니하는 범위</u>에서 손해배상액을 정할 수 있다. 다만, 개인정보처리자가 고의 또는 중대한 과실이 없음을 증명한 경우에는 그러하지 아니하다.
④ 법원은 제3항의 배상액을 정할 때에는 다음 각 호의 사항을 고려하여야 한다.
1. 고의 또는 손해 발생의 우려를 인식한 정도
2. 위반행위로 인하여 입은 피해 규모
3. 위법행위로 인하여 개인정보처리자가 취득한 경제적 이익

4. 위반행위에 따른 벌금 및 과징금
5. 위반행위의 기간·횟수 등
6. 개인정보처리자의 재산상태
7. 개인정보처리자가 정보주체의 개인정보 분실·도난·유출 후 해당 개인정보를 회수하기 위하여 노력한 정도
8. 개인정보처리자가 정보주체의 피해구제를 위하여 노력한 정도

제39조의2(법정손해배상의 청구) ① 제39조제1항에도 불구하고 정보주체는 개인정보처리자의 고의 또는 과실로 인하여 개인정보가 분실·도난·유출·위조·변조 또는 훼손된 경우에는 300만원 이하의 범위에서 상당한 금액을 손해액으로 하여 배상을 청구할 수 있다. 이 경우 해당 개인정보처리자는 고의 또는 과실이 없음을 입증하지 아니하면 책임을 면할 수 없다.
② 법원은 제1항에 따른 청구가 있는 경우에 변론 전체의 취지와 증거조사의 결과를 고려하여 제1항의 범위에서 상당한 손해액을 인정할 수 있다.
③ 제39조에 따라 손해배상을 청구한 정보주체는 사실심(事實審)의 변론이 종결되기 전까지 그 청구를 제1항에 따른 청구로 변경할 수 있다.

제39조의3(자료의 제출) ① 법원은 이 법을 위반한 행위로 인한 손해배상청구소송에서 당사자의 신청에 따라 상대방 당사자에게 해당 손해의 증명 또는 손해액의 산정에 필요한 자료의 제출을 명할 수 있다. 다만, 제출명령을 받은 자가 그 자료의 제출을 거부할 정당한 이유가 있으면 그러하지 아니하다.
② 법원은 제1항에 따른 제출명령을 받은 자가 그 자료의 제출을 거부할 정당한 이유가 있다고 주장하는 경우에는 그 주장의 당부(當否)를 판단하기 위하여 자료의 제시를 명할 수 있다. 이 경우 법원은 그 자료를 다른 사람이 보게 하여서는 아니 된다.
③ 제1항에 따라 제출되어야 할 자료가 「부정경쟁방지 및 영업비밀보호에 관한 법률」 제2조 제2호에 따른 영업비밀(이하 "영업비밀"이라 한다)에 해당하나 손해의 증명 또는 손해액의 산정에 반드시 필요한 경우에는 제1항 단서에 따른 정당한 이유로 보지 아니한다. 이 경우 법원은 제출명령의 목적 내에서 열람할 수 있는 범위 또는 열람할 수 있는 사람을 지정하여야 한다.
④ 법원은 제1항에 따른 제출명령을 받은 자가 정당한 이유 없이 그 명령에 따르지 아니한 경우에는 자료의 기재에 대한 신청인의 주장을 진실한 것으로 인정할 수 있다.
⑤ 법원은 제4항에 해당하는 경우 신청인이 자료의 기재에 관하여 구체적으로 주장하기에 현저히 곤란한 사정이 있고 자료로 증명할 사실을 다른 증거로 증명하는 것을 기대하기도 어려운 경우에는 신청인이 자료의 기재로 증명하려는 사실에 관한 주장을 진실한 것으로 인정할 수 있다.

제39조의4(비밀유지명령) ① 법원은 이 법을 위반한 행위로 인한 손해배상청구소송에서 당사자의 신청에 따른 결정으로 다음 각 호의 자에게 그 당사자가 보유한 영업비밀을 해당 소송의 계속적인 수행 외의 목적으로 사용하거나 그 영업비밀에 관계된 이 항에 따른 명령을 받은 자 외의 자에게 공개하지 아니할 것을 명할 수 있다. 다만, 그 신청 시점까지 다음 각 호의 자가 준비서면의 열람이나 증거조사 외의 방법으로 그 영업비밀을 이미 취득하고 있는 경우에는 그러하지 아니하다.
1. 다른 당사자(법인인 경우에는 그 대표자를 말한다)
2. 당사자를 위하여 해당 소송을 대리하는 자
3. 그 밖에 해당 소송으로 영업비밀을 알게 된 자
② 제1항에 따른 명령(이하 "비밀유지명령"이라 한다)을 신청하는 자는 다음 각 호의 사유를 모두 소명하여야 한다.

1. 이미 제출하였거나 제출하여야 할 준비서면, 이미 조사하였거나 조사하여야 할 증거 또는 제39조의3 제1항에 따라 제출하였거나 제출하여야 할 자료에 영업비밀이 포함되어 있다는 것
2. 제1호의 영업비밀이 해당 소송 수행 외의 목적으로 사용되거나 공개되면 당사자의 영업에 지장을 줄 우려가 있어 이를 방지하기 위하여 영업비밀의 사용 또는 공개를 제한할 필요가 있다는 것

③ 비밀유지명령의 신청은 다음 각 호의 사항을 적은 서면으로 하여야 한다.
1. 비밀유지명령을 받을 자
2. 비밀유지명령의 대상이 될 영업비밀을 특정하기에 충분한 사실
3. 제2항 각 호의 사유에 해당하는 사실

④ 법원은 비밀유지명령이 결정된 경우에는 그 결정서를 비밀유지명령을 받을 자에게 송달하여야 한다.
⑤ 비밀유지명령은 제4항의 결정서가 비밀유지명령을 받을 자에게 송달된 때부터 효력이 발생한다.
⑥ 비밀유지명령의 신청을 기각하거나 각하한 재판에 대해서는 즉시항고를 할 수 있다.

제39조의5(비밀유지명령의 취소) ① 비밀유지명령을 신청한 자 또는 비밀유지명령을 받은 자는 제39조의4 제2항 각 호의 사유에 부합하지 아니하는 사실이나 사정이 있는 경우 소송기록을 보관하고 있는 법원(소송기록을 보관하고 있는 법원이 없는 경우에는 비밀유지명령을 내린 법원을 말한다)에 비밀유지명령의 취소를 신청할 수 있다.
② 법원은 비밀유지명령의 취소신청에 대한 재판이 있는 경우에는 그 결정서를 그 신청을 한 자 및 상대방에게 송달하여야 한다.
③ 비밀유지명령의 취소신청에 대한 재판에 대해서는 즉시항고를 할 수 있다.
④ 비밀유지명령을 취소하는 재판은 확정되어야 효력이 발생한다.
⑤ 비밀유지명령을 취소하는 재판을 한 법원은 비밀유지명령의 취소신청을 한 자 또는 상대방 외에 해당 영업비밀에 관한 비밀유지명령을 받은 자가 있는 경우에는 그 자에게 즉시 비밀유지명령의 취소 재판을 한 사실을 알려야 한다.

제39조의6(소송기록 열람 등의 청구 통지 등) ① 비밀유지명령이 내려진 소송(모든 비밀유지명령이 취소된 소송은 제외한다)에 관한 소송기록에 대하여 「민사소송법」 제163조 제1항에 따라 열람 등의 신청인을 당사자로 제한하는 결정이 있었던 경우로서 당사자가 같은 항에서 규정하는 비밀 기재부분의 열람 등의 청구를 하였으나 그 청구 절차를 해당 소송에서 비밀유지명령을 받지 아니한 자가 밟은 경우에는 법원서기관, 법원사무관, 법원주사 또는 법원주사보(이하 이 조에서 "법원사무관등"이라 한다)는 같은 항의 신청을 한 당사자(그 열람 등의 청구를 한 자는 제외한다. 이하 제3항에서 같다)에게 그 청구 직후에 그 열람 등의 청구가 있었다는 사실을 알려야 한다.
② 법원사무관등은 제1항의 청구가 있었던 날부터 2주일이 지날 때까지(그 청구 절차를 밟은 자에 대한 비밀유지명령 신청이 그 기간 내에 이루어진 경우에는 그 신청에 대한 재판이 확정되는 시점까지를 말한다) 그 청구 절차를 밟은 자에게 제1항의 비밀 기재부분의 열람 등을 하게 하여서는 아니 된다.
③ 제2항은 제1항의 열람 등의 청구를 한 자에게 제1항의 비밀 기재부분의 열람 등을 하게 하는 것에 대하여 「민사소송법」 제163조 제1항의 신청을 한 당사자 모두가 동의하는 경우에는 적용되지 아니한다.

제39조의7(손해배상의 보장) ① 개인정보처리자로서 매출액, 개인정보의 보유 규모 등을 고려하여 대통령령으로 정하는 기준에 해당하는 자는 제39조 및 제39조의2에 따른 손해배상책임의 이행을 위하

여 보험 또는 공제에 가입하거나 준비금을 적립하는 등 필요한 조치를 하여야 한다.
② 제1항에도 불구하고 다음 각 호의 어느 하나에 해당하는 자는 제1항에 따른 조치를 하지 아니할 수 있다.
1. 대통령령으로 정하는 공공기관, 비영리법인 및 단체
2. 「소상공인기본법」 제2조 제1항에 따른 소상공인으로서 대통령령으로 정하는 자에게 개인정보 처리를 위탁한 자
3. 다른 법률에 따라 제39조 및 제39조의2에 따른 손해배상책임의 이행을 보장하는 보험 또는 공제에 가입하거나 준비금을 적립한 개인정보처리자
③ 제1항 및 제2항에 따른 개인정보처리자의 손해배상책임 이행 기준 등에 필요한 사항은 대통령령으로 정한다.

제39조의8 삭제

제39조의9(손해배상의 보장) ① 정보통신서비스 제공자등은 제39조 및 제39조의2에 따른 손해배상책임의 이행을 위하여 보험 또는 공제에 가입하거나 준비금을 적립하는 등 필요한 조치를 하여야 한다.
② 제1항에 따른 가입 대상 개인정보처리자의 범위, 기준 등에 필요한 사항은 대통령령으로 정한다.

> **예제** 「개인정보 보호법」상 개인정보 보호제도에 대한 설명으로 옳은 것은?
> ① 살아 있는 개인에 관하여 알아볼 수 있는 정보라도 가명처리함으로써 원래의 상태로 복원하기 위한 추가 정보의 사용·결합 없이는 특정 개인을 알아볼 수 없게 된 정보는 이 법에 따른 개인정보에 해당하지 아니한다.
> ② 개인정보 보호위원회는 대통령 직속 기관으로 대통령이 직접 지휘·감독한다.
> ③ 정보주체가 자신의 개인정보에 대한 열람을 공공기관에 요구하고자 할 때에는 공공기관에 직접 열람을 요구하거나 대통령령으로 정하는 바에 따라 개인정보 보호위원회를 통하여 열람을 요구할 수 있다.
> ④ 개인정보처리자는 당초 수집 목적과 합리적으로 관련된 범위에서 정보주체에게 불이익이 발생하는지 여부, 암호화 등 안전성 확보에 필요한 조치를 하였는지 여부 등을 고려하더라도 정보주체의 동의 없이는 개인정보를 제3자에게 제공할 수 없다.

정답 ③
① (×) 가명처리된 정보도 개인정보 보호법에 따른 개인정보로 본다(제2조 제1호 다목).
② (×) 개인정보 보호에 관한 사무를 독립적으로 수행하기 위하여 국무총리 소속으로 개인정보 보호위원회를 둔다(제7조 제1항).
③ (○) 개인정보 보호법 제35조 제2항
④ (×) 개인정보처리자는 당초 수집 목적과 합리적으로 관련된 범위에서 정보주체에게 불이익이 발생하는지 여부, 암호화 등 안전성 확보에 필요한 조치를 하였는지 여부 등을 고려하여 대통령령으로 정하는 바에 따라 정보주체의 동의 없이 개인정보를 제공할 수 있다(제17조 제4항).

예제 개인정보의 보호에 대한 판례의 설명으로 옳은 것만을 모두 고르면?

> ㄱ. 개인정보자기결정권의 보호대상이 되는 개인정보는 반드시 개인의 내밀한 영역에 속하는 정보에 국한되지 않고 공적 생활에서 형성되었거나 이미 공개된 개인정보까지 포함한다.
> ㄴ. 이미 공개된 개인정보를 정보주체의 동의가 있었다고 객관적으로 인정되는 범위 내에서 처리를 할 때는 정보주체의 별도의 동의는 불필요하다고 보아야 하고, 별도의 동의를 받지 아니하였다고 하여 「개인정보 보호법」을 위반한 것으로 볼 수 없다.
> ㄷ. 개인정보 처리위탁에 있어 수탁자는 정보제공자의 관리·감독 아래 위탁받은 범위 내에서만 개인정보를 처리하게 되지만, 위탁자로부터 위탁사무 처리에 따른 대가를 지급받는 이상 개인정보 처리에 관하여 독자적인 이익을 가지므로, 그러한 수탁자는 「개인정보 보호법」 제17조에 의해 개인정보처리자가 정보주체의 개인정보를 제공할 수 있는 '제3자'에 해당한다.
> ㄹ. 인터넷 포털사이트 등의 개인정보 유출사고로 주민등록번호가 불법 유출 되어 그 피해자가 주민등록번호 변경을 신청했으나 구청장이 거부 통지를 한 사안에서, 피해자의 의사와 무관하게 주민등록번호가 유출된 경우에는 조리상 주민등록번호의 변경요구신청권을 인정함이 타당하다.

① ㄱ, ㄷ　　② ㄴ, ㄹ
③ ㄱ, ㄴ, ㄷ　　④ ㄱ, ㄴ, ㄹ

정답 ④

ㄷ (×) 개인정보 처리위탁에 있어 수탁자는 위탁자로부터 위탁사무 처리에 따른 대가를 지급받는 것 외에는 개인정보 처리에 관하여 독자적인 이익을 가지지 않고, 정보제공자의 관리·감독 아래 위탁받은 범위 내에서만 개인정보를 처리하게 되므로, 개인정보 보호법 제17조(개인정보의 제공)와 정보통신망법 제24조의2에 정한 '제3자'에 해당하지 않는다(대판 2017.4.7. 2016도1326).
ㄱ (○) 대판 2016.3.10. 2012다105482　ㄴ (○) 대판 2016.8.17. 2014다235080
ㄹ (○) 대판 2017.6.15. 2013두2945

6. 개인정보 분쟁조정위원회

제40조(설치 및 구성) ① 개인정보에 관한 분쟁의 조정(調停)을 위하여 개인정보 분쟁조정위원회(이하 "분쟁조정위원회"라 한다)를 둔다.
② 분쟁조정위원회는 위원장 1명을 포함한 30명 이내의 위원으로 구성하며, 위원은 당연직위원과 위촉위원으로 구성한다.
③ 위촉위원은 다음 각 호의 어느 하나에 해당하는 사람 중에서 보호위원회 위원장이 위촉하고, 대통령령으로 정하는 국가기관 소속 공무원은 당연직위원이 된다.
1. 개인정보 보호업무를 관장하는 중앙행정기관의 고위공무원단에 속하는 공무원으로 재직하였던 사람 또는 이에 상당하는 공공부문 및 관련 단체의 직에 재직하고 있거나 재직하였던 사람으로서 개인정보 보호업무의 경험이 있는 사람

2. 대학이나 공인된 연구기관에서 부교수 이상 또는 이에 상당하는 직에 재직하고 있거나 재직하였던 사람
3. 판사·검사 또는 변호사로 재직하고 있거나 재직하였던 사람
4. 개인정보 보호와 관련된 시민사회단체 또는 소비자단체로부터 추천을 받은 사람
5. 개인정보처리자로 구성된 사업자단체의 임원으로 재직하고 있거나 재직하였던 사람
④ 위원장은 위원 중에서 공무원이 아닌 사람으로 보호위원회 위원장이 위촉한다.
⑤ 위원장과 위촉위원의 임기는 2년으로 하되, 1차에 한하여 연임할 수 있다.
⑥ 분쟁조정위원회는 분쟁조정 업무를 효율적으로 수행하기 위하여 필요하면 대통령령으로 정하는 바에 따라 조정사건의 분야별로 5명 이내의 위원으로 구성되는 조정부를 둘 수 있다. 이 경우 조정부가 분쟁조정위원회에서 위임받아 의결한 사항은 분쟁조정위원회에서 의결한 것으로 본다.
⑦ 분쟁조정위원회 또는 조정부는 재적위원 과반수의 출석으로 개의하며 출석위원 과반수의 찬성으로 의결한다.
⑧ 보호위원회는 분쟁조정 접수, 사실 확인 등 분쟁조정에 필요한 사무를 처리할 수 있다.
⑨ 이 법에서 정한 사항 외에 분쟁조정위원회 운영에 필요한 사항은 대통령령으로 정한다.

제41조(위원의 신분보장) 위원은 자격정지 이상의 형을 선고받거나 심신상의 장애로 직무를 수행할 수 없는 경우를 제외하고는 그의 의사에 반하여 면직되거나 해촉되지 아니한다.

제42조(위원의 제척·기피·회피) ① 분쟁조정위원회의 위원은 다음 각 호의 어느 하나에 해당하는 경우에는 제43조제1항에 따라 분쟁조정위원회에 신청된 분쟁조정사건(이하 이 조에서 "사건"이라 한다)의 심의·의결에서 제척(除斥)된다.
1. 위원 또는 그 배우자나 배우자였던 자가 그 사건의 당사자가 되거나 그 사건에 관하여 공동의 권리자 또는 의무자의 관계에 있는 경우
2. 위원이 그 사건의 당사자와 친족이거나 친족이었던 경우
3. 위원이 그 사건에 관하여 증언, 감정, 법률자문을 한 경우
4. 위원이 그 사건에 관하여 당사자의 대리인으로서 관여하거나 관여하였던 경우
② 당사자는 위원에게 공정한 심의·의결을 기대하기 어려운 사정이 있으면 위원장에게 기피신청을 할 수 있다. 이 경우 위원장은 기피신청에 대하여 분쟁조정위원회의 의결을 거치지 아니하고 결정한다.
③ 위원이 제1항 또는 제2항의 사유에 해당하는 경우에는 스스로 그 사건의 심의·의결에서 회피할 수 있다.

제43조(조정의 신청 등) ① 개인정보와 관련한 분쟁의 조정을 원하는 자는 분쟁조정위원회에 분쟁조정을 신청할 수 있다.
② 분쟁조정위원회는 당사자 일방으로부터 분쟁조정 신청을 받았을 때에는 그 신청내용을 상대방에게 알려야 한다.
③ 개인정보처리자가 제2항에 따른 분쟁조정의 통지를 받은 경우에는 특별한 사유가 없으면 분쟁조정에 응하여야 한다.

제44조(처리기간) ① 분쟁조정위원회는 제43조제1항에 따른 분쟁조정 신청을 받은 날부터 60일 이내에 이를 심사하여 조정안을 작성하여야 한다. 다만, 부득이한 사정이 있는 경우에는 분쟁조정위원회의 의결로 처리기간을 연장할 수 있다.
② 분쟁조정위원회는 제1항 단서에 따라 처리기간을 연장한 경우에는 기간연장의 사유와 그 밖의 기간연장에 관한 사항을 신청인에게 알려야 한다.

제45조(자료의 요청 및 사실조사 등) ① 분쟁조정위원회는 제43조 제1항에 따라 분쟁조정 신청을 받았을 때에는 해당 분쟁의 조정을 위하여 필요한 자료를 분쟁당사자에게 요청할 수 있다. 이 경우 분쟁당사자는 정당한 사유가 없으면 요청에 따라야 한다.
② 분쟁조정위원회는 분쟁의 조정을 위하여 사실 확인이 필요한 경우에는 분쟁조정위원회의 위원 또는 대통령령으로 정하는 사무기구의 소속 공무원으로 하여금 사건과 관련된 장소에 출입하여 관련 자료를 조사하거나 열람하게 할 수 있다. 이 경우 분쟁당사자는 해당 조사·열람을 거부할 정당한 사유가 있을 때에는 그 사유를 소명하고 조사·열람에 따르지 아니할 수 있다.
③ 제2항에 따른 조사·열람을 하는 위원 또는 공무원은 그 권한을 표시하는 증표를 지니고 이를 관계인에게 내보여야 한다.
④ 분쟁조정위원회는 분쟁의 조정을 위하여 필요하다고 인정하면 관계 기관 등에 자료 또는 의견의 제출 등 필요한 협조를 요청할 수 있다.
⑤ 분쟁조정위원회는 필요하다고 인정하면 분쟁당사자나 참고인을 위원회에 출석하도록 하여 그 의견을 들을 수 있다.

제45조의2(진술의 원용 제한) 조정절차에서의 의견과 진술은 소송(해당 조정에 대한 준재심은 제외한다)에서 원용(援用)하지 못한다.

제46조(조정 전 합의 권고) 분쟁조정위원회는 제43조제1항에 따라 분쟁조정 신청을 받았을 때에는 당사자에게 그 내용을 제시하고 조정 전 합의를 권고할 수 있다.

제47조(분쟁의 조정) ① 분쟁조정위원회는 다음 각 호의 어느 하나의 사항을 포함하여 조정안을 작성할 수 있다.
1. 조사 대상 침해행위의 중지
2. 원상회복, 손해배상, 그 밖에 필요한 구제조치
3. 같거나 비슷한 침해의 재발을 방지하기 위하여 필요한 조치
② 분쟁조정위원회는 제1항에 따라 조정안을 작성하면 지체 없이 각 당사자에게 제시하여야 한다.
③ 제2항에 따라 조정안을 제시받은 당사자가 제시받은 날부터 15일 이내에 수락 여부를 알리지 아니하면 조정을 수락한 것으로 본다.
④ 당사자가 조정내용을 수락한 경우(제3항에 따라 수락한 것으로 보는 경우를 포함한다) 분쟁조정위원회는 조정서를 작성하고, 분쟁조정위원회의 위원장과 각 당사자가 기명날인 또는 서명을 한 후 조정서 정본을 지체 없이 각 당사자 또는 그 대리인에게 송달하여야 한다. 다만, 제3항에 따라 수락한 것으로 보는 경우에는 각 당사자의 기명날인 및 서명을 생략할 수 있다.
⑤ 제4항에 따른 조정의 내용은 재판상 화해와 동일한 효력을 갖는다.

제48조(조정의 거부 및 중지) ① 분쟁조정위원회는 분쟁의 성질상 분쟁조정위원회에서 조정하는 것이 적합하지 아니하다고 인정하거나 부정한 목적으로 조정이 신청되었다고 인정하는 경우에는 그 조정을 거부할 수 있다. 이 경우 조정거부의 사유 등을 신청인에게 알려야 한다.
② 분쟁조정위원회는 신청된 조정사건에 대한 처리절차를 진행하던 중에 한 쪽 당사자가 소를 제기하면 그 조정의 처리를 중지하고 이를 당사자에게 알려야 한다.

제49조(집단분쟁조정) ① 국가 및 지방자치단체, 개인정보 보호단체 및 기관, 정보주체, 개인정보처리자는 정보주체의 피해 또는 권리침해가 다수의 정보주체에게 같거나 비슷한 유형으로 발생하는 경우

로서 대통령령으로 정하는 사건에 대하여는 분쟁조정위원회에 일괄적인 분쟁조정(이하 "집단분쟁조정"이라 한다)을 의뢰 또는 신청할 수 있다.
② 제1항에 따라 집단분쟁조정을 의뢰받거나 신청받은 분쟁조정위원회는 그 의결로써 제3항부터 제7항까지의 규정에 따른 집단분쟁조정의 절차를 개시할 수 있다. 이 경우 분쟁조정위원회는 대통령령으로 정하는 기간 동안 그 절차의 개시를 공고하여야 한다.
③ 분쟁조정위원회는 집단분쟁조정의 당사자가 아닌 정보주체 또는 개인정보처리자로부터 그 분쟁조정의 당사자에 추가로 포함될 수 있도록 하는 신청을 받을 수 있다.
④ 분쟁조정위원회는 그 의결로써 제1항 및 제3항에 따른 집단분쟁조정의 당사자 중에서 공동의 이익을 대표하기에 가장 적합한 1인 또는 수인을 대표당사자로 선임할 수 있다.
⑤ 분쟁조정위원회는 개인정보처리자가 분쟁조정위원회의 집단분쟁조정의 내용을 수락한 경우에는 집단분쟁조정의 당사자가 아닌 자로서 피해를 입은 정보주체에 대한 보상계획서를 작성하여 분쟁조정위원회에 제출하도록 권고할 수 있다.
⑥ 제48조제2항에도 불구하고 분쟁조정위원회는 <u>집단분쟁조정의 당사자인 다수의 정보주체 중 일부의 정보주체가 법원에 소를 제기한 경우에는 그 절차를 중지하지 아니하고, 소를 제기한 일부의 정보주체를 그 절차에서 제외한다.</u>
⑦ 집단분쟁조정의 기간은 제2항에 따른 공고가 종료된 날의 다음 날부터 <u>60일 이내</u>로 한다. 다만, 부득이한 사정이 있는 경우에는 분쟁조정위원회의 의결로 처리기간을 연장할 수 있다.
⑧ 집단분쟁조정의 절차 등에 관하여 필요한 사항은 대통령령으로 정한다.

제50조(조정절차 등) ① 제43조부터 제49조까지의 규정에서 정한 것 외에 분쟁의 조정방법, 조정절차 및 조정업무의 처리 등에 필요한 사항은 대통령령으로 정한다.
② 분쟁조정위원회의 운영 및 분쟁조정 절차에 관하여 이 법에서 규정하지 아니한 사항에 대하여는 「민사조정법」을 준용한다.

제50조의2(개선의견의 통보) 분쟁조정위원회는 소관 업무 수행과 관련하여 개인정보 보호 및 정보주체의 권리 보호를 위한 개선의견을 보호위원회 및 관계 중앙행정기관의 장에게 통보할 수 있다.

7. 개인정보 단체소송

제51조(단체소송의 대상 등) 다음 각 호의 어느 하나에 해당하는 단체는 개인정보처리자가 제49조에 따른 <u>집단분쟁조정을 거부하거나 집단분쟁조정의 결과를 수락하지 아니한 경우</u>에는 법원에 <u>권리침해 행위의 금지·중지를 구하는 소송</u>(이하 "단체소송"이라 한다)을 제기할 수 있다.
1. 「소비자기본법」 제29조에 따라 공정거래위원회에 등록한 소비자단체로서 다음 각 목의 요건을 모두 갖춘 단체
   가. 정관에 따라 상시적으로 정보주체의 권익증진을 주된 목적으로 하는 단체일 것
   나. 단체의 정회원수가 <u>1천명 이상</u>일 것
   다. 「소비자기본법」 제29조에 따른 등록 후 <u>3년이 경과</u>하였을 것
2. 「비영리민간단체 지원법」 제2조에 따른 비영리민간단체로서 다음 각 목의 요건을 모두 갖춘 단체
   가. 법률상 또는 사실상 동일한 침해를 입은 100명 이상의 정보주체로부터 단체소송의 제기를 요청받을 것
   나. 정관에 개인정보 보호를 단체의 목적으로 명시한 후 <u>최근 3년 이상 이를 위한 활동실적</u>이 있을 것

다. 단체의 상시 구성원수가 <u>5천명 이상일 것</u>
라. 중앙행정기관에 등록되어 있을 것

제52조(전속관할) ① 단체소송의 소는 피고의 주된 사무소 또는 영업소가 있는 곳, 주된 사무소나 영업소가 없는 경우에는 주된 업무담당자의 주소가 있는 곳의 <u>지방법원 본원 합의부의 관할</u>에 전속한다.
② 제1항을 외국사업자에 적용하는 경우 대한민국에 있는 이들의 주된 사무소·영업소 또는 업무담당자의 주소에 따라 정한다.

제53조(소송대리인의 선임) 단체소송의 원고는 변호사를 소송대리인으로 선임하여야 한다.

제54조(소송허가신청) ① <u>단체소송을 제기하는 단체</u>는 소장과 함께 다음 각 호의 사항을 기재한 소송허가신청서를 법원에 제출하여야 한다.
1. 원고 및 그 소송대리인
2. 피고
3. 정보주체의 침해된 권리의 내용
② 제1항에 따른 소송허가신청서에는 다음 각 호의 자료를 첨부하여야 한다.
1. 소제기단체가 제51조 각 호의 어느 하나에 해당하는 요건을 갖추고 있음을 소명하는 자료
2. 개인정보처리자가 조정을 거부하였거나 조정결과를 수락하지 아니하였음을 증명하는 서류

제55조(소송허가요건 등) ① <u>법원은 다음 각 호의 요건을 모두 갖춘 경우에 한하여 결정으로</u> 단체소송을 허가한다.
1. 개인정보처리자가 분쟁조정위원회의 조정을 거부하거나 조정결과를 수락하지 아니하였을 것
2. 제54조에 따른 소송허가신청서의 기재사항에 흠결이 없을 것
② 단체소송을 허가하거나 불허가하는 결정에 대하여는 <u>즉시항고할 수 있다.</u>

제56조(확정판결의 효력) 원고의 청구를 기각하는 판결이 확정된 경우 이와 동일한 사안에 관하여는 제51조에 따른 다른 단체는 단체소송을 제기할 수 없다. 다만, 다음 각 호의 어느 하나에 해당하는 경우에는 <u>그러하지 아니하다.</u>
1. 판결이 확정된 후 그 사안과 관련하여 국가·지방자치단체 또는 국가·지방자치단체가 설립한 기관에 의하여 <u>새로운 증거가 나타난 경우</u>
2. <u>기각판결이 원고의 고의로 인한 것임이 밝혀진 경우</u>

제57조(「민사소송법」의 적용 등) ① 단체소송에 관하여 이 법에 특별한 규정이 없는 경우에는 「<u>민사소송법</u>」을 적용한다.
② 제55조에 따른 단체소송의 허가결정이 있는 경우에는 「민사집행법」 제4편에 따른 보전처분을 할 수 있다.
③ 단체소송의 절차에 관하여 필요한 사항은 대법원규칙으로 정한다.

9. 보칙

제58조(적용의 일부 제외) ① 다음 각 호의 어느 하나에 해당하는 개인정보에 관하여는 제3장부터 제8장까지를 적용하지 아니한다.
1. 삭제
2. 국가안전보장과 관련된 정보 분석을 목적으로 수집 또는 제공 요청되는 개인정보
3. 삭제
4. 언론, 종교단체, 정당이 각각 취재·보도, 선교, 선거 입후보자 추천 등 고유 목적을 달성하기 위하여 수집·이용하는 개인정보

② 제25조 제1항 각 호에 따라 공개된 장소에 고정형 영상정보처리기기를 설치·운영하여 처리되는 개인정보에 대해서는 제15조, 제22조, 제22조의2, 제27조 제1항·제2항, 제34조 및 제37조를 적용하지 아니한다.
③ 개인정보처리자가 동창회, 동호회 등 친목 도모를 위한 단체를 운영하기 위하여 개인정보를 처리하는 경우에는 제15조, 제30조 및 제31조를 적용하지 아니한다.
④ 개인정보처리자는 제1항 각 호에 따라 개인정보를 처리하는 경우에도 그 목적을 위하여 필요한 범위에서 최소한의 기간에 최소한의 개인정보만을 처리하여야 하며, 개인정보의 안전한 관리를 위하여 필요한 기술적·관리적 및 물리적 보호조치, 개인정보의 처리에 관한 고충처리, 그 밖에 개인정보의 적절한 처리를 위하여 필요한 조치를 마련하여야 한다.

제58조의2(적용제외) 이 법은 시간·비용·기술 등을 합리적으로 고려할 때 다른 정보를 사용하여도 더 이상 개인을 알아볼 수 없는 정보에는 적용하지 아니한다.

제59조(금지행위) 개인정보를 처리하거나 처리하였던 자는 다음 각 호의 어느 하나에 해당하는 행위를 하여서는 아니 된다.
1. 거짓이나 그 밖의 부정한 수단이나 방법으로 개인정보를 취득하거나 처리에 관한 동의를 받는 행위
2. 업무상 알게 된 개인정보를 누설하거나 권한 없이 다른 사람이 이용하도록 제공하는 행위
3. 정당한 권한 없이 또는 허용된 권한을 초과하여 다른 사람의 개인정보를 이용, 훼손, 멸실, 변경, 위조 또는 유출하는 행위

제60조(비밀유지 등) 다음 각 호의 업무에 종사하거나 종사하였던 자는 직무상 알게 된 비밀을 다른 사람에게 누설하거나 직무상 목적 외의 용도로 이용하여서는 아니 된다. 다만, 다른 법률에 특별한 규정이 있는 경우에는 그러하지 아니하다.
1. 제7조의8 및 제7조의9에 따른 보호위원회의 업무
2. 제28조의3에 따른 전문기관의 지정 업무 및 전문기관의 업무
3. 제32조의2에 따른 개인정보 보호 인증 업무
4. 제33조에 따른 영향평가 업무
5. 제35조의3에 따른 개인정보관리 전문기관의 지정 업무 및 개인정보관리 전문기관의 업무
6. 제40조에 따른 분쟁조정위원회의 분쟁조정 업무

제61조(의견제시 및 개선권고) ① 보호위원회는 개인정보 보호에 영향을 미치는 내용이 포함된 법령이나 조례에 대하여 필요하다고 인정하면 심의·의결을 거쳐 관계 기관에 의견을 제시할 수 있다.
② 보호위원회는 개인정보 보호를 위하여 필요하다고 인정하면 개인정보처리자에게 개인정보 처리실태의 개선을 권고할 수 있다. 이 경우 권고를 받은 개인정보처리자는 이를 이행하기 위하여 성실하

게 노력하여야 하며, 그 조치 결과를 보호위원회에 알려야 한다.
③ 관계 중앙행정기관의 장은 개인정보 보호를 위하여 필요하다고 인정하면 소관 법률에 따라 개인정보처리자에게 개인정보 처리 실태의 개선을 권고할 수 있다. 이 경우 권고를 받은 개인정보처리자는 이를 이행하기 위하여 성실하게 노력하여야 하며, 그 조치 결과를 관계 중앙행정기관의 장에게 알려야 한다.
④ 중앙행정기관, 지방자치단체, 국회, 법원, 헌법재판소, 중앙선거관리위원회는 그 소속 기관 및 소관 공공기관에 대하여 개인정보 보호에 관한 의견을 제시하거나 지도·점검을 할 수 있다.

제62조(침해 사실의 신고 등) ① 개인정보처리자가 개인정보를 처리할 때 개인정보에 관한 권리 또는 이익을 침해받은 사람은 보호위원회에 그 침해 사실을 신고할 수 있다.
② 보호위원회는 제1항에 따른 신고의 접수·처리 등에 관한 업무를 효율적으로 수행하기 위하여 대통령령으로 정하는 바에 따라 전문기관을 지정할 수 있다. 이 경우 전문기관은 개인정보침해 신고센터(이하 "신고센터"라 한다)를 설치·운영하여야 한다.
③ 신고센터는 다음 각 호의 업무를 수행한다.
1. 개인정보 처리와 관련한 신고의 접수·상담
2. 사실의 조사·확인 및 관계자의 의견 청취
3. 제1호 및 제2호에 따른 업무에 딸린 업무
④ 보호위원회는 제3항제2호의 사실 조사·확인 등의 업무를 효율적으로 하기 위하여 필요하면 「국가공무원법」 제32조의4에 따라 소속 공무원을 제2항에 따른 전문기관에 파견할 수 있다.

제63조(자료제출 요구 및 검사) ① 보호위원회는 다음 각 호의 어느 하나에 해당하는 경우에는 개인정보처리자에게 관계 물품·서류 등 자료를 제출하게 할 수 있다.
1. 이 법을 위반하는 사항을 발견하거나 혐의가 있음을 알게 된 경우
2. 이 법 위반에 대한 신고를 받거나 민원이 접수된 경우
3. 그 밖에 정보주체의 개인정보 보호를 위하여 필요한 경우로서 대통령령으로 정하는 경우
② 보호위원회는 개인정보처리자가 제1항에 따른 자료를 제출하지 아니하거나 이 법을 위반한 사실이 있다고 인정되면 소속 공무원으로 하여금 개인정보처리자 및 해당 법 위반사실과 관련한 관계인의 사무소나 사업장에 출입하여 업무 상황, 장부 또는 서류 등을 검사하게 할 수 있다. 이 경우 검사를 하는 공무원은 그 권한을 나타내는 증표를 지니고 이를 관계인에게 내보여야 한다.
③ 보호위원회는 이 법 등 개인정보 보호와 관련된 법규의 위반행위로 인하여 중대한 개인정보 침해사고가 발생한 경우 신속하고 효과적인 대응을 위하여 다음 각 호의 어느 하나에 해당하는 관계 기관의 장에게 협조를 요청할 수 있다.
1. 중앙행정기관
2. 지방자치단체
3. 그 밖에 법령 또는 자치법규에 따라 행정권한을 가지고 있거나 위임 또는 위탁받은 공공기관
④ 제3항에 따라 협조를 요청받은 관계 기관의 장은 특별한 사정이 없으면 이에 따라야 한다.
⑤ 제1항 및 제2항에 따른 자료제출 요구, 검사 절차 및 방법 등에 관하여 필요한 사항은 보호위원회가 정하여 고시할 수 있다.
⑥ 보호위원회는 제1항 및 제2항에 따라 제출받거나 수집한 서류·자료 등을 이 법에 따른 경우를 제외하고는 제3자에게 제공하거나 일반에 공개해서는 아니 된다.
⑦ 보호위원회는 정보통신망을 통하여 자료의 제출 등을 받은 경우나 수집한 자료 등을 전자화한 경우에는 개인정보·영업비밀 등이 유출되지 아니하도록 제도적·기술적 보완조치를 하여야 한다.

제63조의2(사전 실태점검) ① 보호위원회는 제63조 제1항 각 호에 해당하지 아니하는 경우로서 개인정보 침해사고 발생의 위험성이 높고 개인정보 보호의 취약점을 사전에 점검할 필요성이 인정되는 개인정보처리자에 대하여 개인정보 보호실태를 점검할 수 있다.
② 보호위원회는 제1항에 따른 실태점검을 실시하여 이 법을 위반하는 사항을 발견한 경우 해당 개인정보처리자에 대하여 시정방안을 정하여 이에 따를 것을 권고할 수 있다.
③ 제2항에 따른 시정권고를 받은 개인정보처리자는 이를 통보받은 날부터 10일 이내에 해당 권고를 수락하는지 여부에 관하여 보호위원회에 통지하여야 하며, 그 이행 결과를 보호위원회가 고시로 정하는 바에 따라 보호위원회에 알려야 한다.
④ 제2항에 따른 시정권고를 받은 자가 해당 권고를 수락한 때에는 제64조 제1항에 따른 시정조치명령(중앙행정기관, 지방자치단체, 국회, 법원, 헌법재판소, 중앙선거관리위원회의 경우에는 제64조 제3항에 따른 권고를 말한다)을 받은 것으로 본다.
⑤ 보호위원회는 제2항에 따른 시정권고를 받은 자가 해당 권고를 수락하지 아니하거나 이행하지 아니한 경우 제63조 제2항에 따른 검사를 할 수 있다.
⑥ 보호위원회는 관계 중앙행정기관의 장과 합동으로 제1항에 따른 개인정보 보호실태를 점검할 수 있다.

제64조(시정조치 등) ① 보호위원회는 이 법을 위반한 자(중앙행정기관, 지방자치단체, 국회, 법원, 헌법재판소, 중앙선거관리위원회는 제외한다)에 대하여 다음 각 호에 해당하는 조치를 명할 수 있다.
1. 개인정보 침해행위의 중지
2. 개인정보 처리의 일시적인 정지
3. 그 밖에 개인정보의 보호 및 침해 방지를 위하여 필요한 조치
② 지방자치단체, 국회, 법원, 헌법재판소, 중앙선거관리위원회는 그 소속 기관 및 소관 공공기관이 이 법을 위반하였을 때에는 제1항 각 호에 해당하는 조치를 명할 수 있다.
③ 보호위원회는 중앙행정기관, 지방자치단체, 국회, 법원, 헌법재판소, 중앙선거관리위원회가 이 법을 위반하였을 때에는 해당 기관의 장에게 제1항 각 호에 해당하는 조치를 하도록 권고할 수 있다. 이 경우 권고를 받은 기관은 특별한 사유가 없으면 이를 존중하여야 한다.

제64조의2(과징금의 부과) ① 보호위원회는 다음 각 호의 어느 하나에 해당하는 경우에는 해당 개인정보처리자에게 전체 매출액의 100분의 3을 초과하지 아니하는 범위에서 과징금을 부과할 수 있다. 다만, 매출액이 없거나 매출액의 산정이 곤란한 경우로서 대통령령으로 정하는 경우에는 20억원을 초과하지 아니하는 범위에서 과징금을 부과할 수 있다.
1.~9. 생략
② 보호위원회는 제1항에 따른 과징금을 부과하려는 경우 전체 매출액에서 위반행위와 관련이 없는 매출액을 제외한 매출액을 기준으로 과징금을 산정한다.
③ 보호위원회는 제1항에 따른 과징금을 부과하려는 경우 개인정보처리자가 정당한 사유 없이 매출액 산정자료의 제출을 거부하거나 거짓의 자료를 제출한 경우에는 해당 개인정보처리자의 전체 매출액을 기준으로 산정하되 해당 개인정보처리자 및 비슷한 규모의 개인정보처리자의 개인정보 보유 규모, 재무제표 등 회계자료, 상품·용역의 가격 등 영업현황 자료에 근거하여 매출액을 추정할 수 있다.
④ 보호위원회는 제1항에 따른 과징금을 부과하는 경우에는 위반행위에 상응하는 비례성과 침해 예방에 대한 효과성이 확보될 수 있도록 다음 각 호의 사항을 고려하여야 한다.
1. 위반행위의 내용 및 정도

2. 위반행위의 기간 및 횟수
3. 위반행위로 인하여 취득한 이익의 규모
4. 암호화 등 안전성 확보 조치 이행 노력
5. 개인정보가 분실·도난·유출·위조·변조·훼손된 경우 위반행위와의 관련성 및 분실·도난·유출·위조·변조·훼손의 규모
6. 위반행위로 인한 피해의 회복 및 피해 확산 방지 조치의 이행 여부
7. 개인정보처리자의 업무 형태 및 규모
8. 개인정보처리자가 처리하는 개인정보의 유형과 정보주체에게 미치는 영향
9. 위반행위로 인한 정보주체의 피해 규모
10. 개인정보 보호 인증, 자율적인 보호 활동 등 개인정보 보호를 위한 노력
11. 보호위원회와의 협조 등 위반행위를 시정하기 위한 조치 여부

⑤ 보호위원회는 다음 각 호의 어느 하나에 해당하는 사유가 있는 경우에는 과징금을 부과하지 아니할 수 있다.
1. 지급불능·지급정지 또는 자본잠식 등의 사유로 객관적으로 과징금을 낼 능력이 없다고 인정되는 경우
2. 본인의 행위가 위법하지 아니한 것으로 잘못 인식할 만한 정당한 사유가 있는 경우
3. 위반행위의 내용·정도가 경미하거나 산정된 과징금이 소액인 경우
4. 그 밖에 정보주체에게 피해가 발생하지 아니하였거나 경미한 경우로서 대통령령으로 정하는 사유가 있는 경우

⑥ 제1항에 따른 과징금은 제2항부터 제5항까지를 고려하여 산정하되, 구체적인 산정기준과 산정절차는 대통령령으로 정한다.
⑦ 보호위원회는 제1항에 따른 과징금을 내야 할 자가 납부기한까지 이를 내지 아니하면 납부기한의 다음 날부터 내지 아니한 과징금의 연 100분의 6에 해당하는 가산금을 징수한다. 이 경우 가산금을 징수하는 기간은 60개월을 초과하지 못한다.
⑧ 보호위원회는 제1항에 따른 과징금을 내야 할 자가 납부기한까지 내지 아니한 경우에는 기간을 정하여 독촉하고, 독촉으로 지정한 기간 내에 과징금과 제7항에 따른 가산금을 내지 아니하면 국세강제징수의 예에 따라 징수한다.
⑨ 보호위원회는 법원의 판결 등의 사유로 제1항에 따라 부과된 과징금을 환급하는 경우에는 과징금을 낸 날부터 환급하는 날까지의 기간에 대하여 금융회사 등의 예금이자율 등을 고려하여 대통령령으로 정하는 이자율을 적용하여 계산한 환급가산금을 지급하여야 한다.
⑩ 보호위원회는 제9항에도 불구하고 법원의 판결에 따라 과징금 부과처분이 취소되어 그 판결이유에 따라 새로운 과징금을 부과하는 경우에는 당초 납부한 과징금에서 새로 부과하기로 결정한 과징금을 공제한 나머지 금액에 대해서만 환급가산금을 계산하여 지급한다.

제65조(고발 및 징계권고) ① 보호위원회는 개인정보처리자에게 이 법 등 개인정보 보호와 관련된 법규의 위반에 따른 범죄혐의가 있다고 인정될 만한 상당한 이유가 있을 때에는 관할 수사기관에 그 내용을 고발할 수 있다.
② 보호위원회는 이 법 등 개인정보 보호와 관련된 법규의 위반행위가 있다고 인정될 만한 상당한 이유가 있을 때에는 책임이 있는 자(대표자 및 책임있는 임원을 포함한다)를 징계할 것을 해당 개인정보처리자에게 권고할 수 있다. 이 경우 권고를 받은 사람은 이를 존중하여야 하며 그 결과를 보호위원

회에 통보하여야 한다.
③ 관계 중앙행정기관의 장은 소관 법률에 따라 개인정보처리자에 대하여 제1항에 따른 고발을 하거나 소속 기관·단체 등의 장에게 제2항에 따른 징계권고를 할 수 있다. 이 경우 제2항에 따른 권고를 받은 사람은 이를 존중하여야 하며 그 결과를 관계 중앙행정기관의 장에게 통보하여야 한다.

제66조(결과의 공표) ① 보호위원회는 제61조에 따른 개선권고, 제64조에 따른 시정조치 명령, 제64조의2에 따른 과징금의 부과, 제65조에 따른 고발 또는 징계권고 및 제75조에 따른 과태료 부과의 내용 및 결과에 대하여 공표할 수 있다.
② 보호위원회는 제61조에 따른 개선권고, 제64조에 따른 시정조치 명령, 제64조의2에 따른 과징금의 부과, 제65조에 따른 고발 또는 징계권고 및 제75조에 따른 과태료 부과처분 등을 한 경우에는 처분 등을 받은 자에게 해당 처분 등을 받았다는 사실을 공표할 것을 명할 수 있다.
③ 제1항 및 제2항에 따른 개선권고 사실 등의 공표 및 공표명령의 방법, 기준 및 절차 등은 대통령령으로 정한다.

제67조(연차보고) ① 보호위원회는 관계 기관 등으로부터 필요한 자료를 제출받아 매년 개인정보 보호시책의 수립 및 시행에 관한 보고서를 작성하여 정기국회 개회 전까지 국회에 제출(정보통신망에 의한 제출을 포함한다)하여야 한다.
② 제1항에 따른 보고서에는 다음 각 호의 내용이 포함되어야 한다.
1. 정보주체의 권리침해 및 그 구제현황
2. 개인정보 처리에 관한 실태조사 및 개인정보 보호수준 평가 등의 결과
3. 개인정보 보호시책의 추진현황 및 실적
4. 개인정보 관련 해외의 입법 및 정책 동향
5. 주민등록번호 처리와 관련된 법률·대통령령·국회규칙·대법원규칙·헌법재판소규칙·중앙선거관리위원회규칙 및 감사원규칙의 제정·개정 현황
6. 그 밖에 개인정보 보호시책에 관하여 공개 또는 보고하여야 할 사항

제68조(권한의 위임·위탁) ① 이 법에 따른 보호위원회 또는 관계 중앙행정기관의 장의 권한은 그 일부를 대통령령으로 정하는 바에 따라 특별시장, 광역시장, 도지사, 특별자치도지사 또는 대통령령으로 정하는 전문기관에 위임하거나 위탁할 수 있다.
② 제1항에 따라 보호위원회 또는 관계 중앙행정기관의 장의 권한을 위임 또는 위탁받은 기관은 위임 또는 위탁받은 업무의 처리 결과를 보호위원회 또는 관계 중앙행정기관의 장에게 통보하여야 한다.
③ 보호위원회는 제1항에 따른 전문기관에 권한의 일부를 위임하거나 위탁하는 경우 해당 전문기관의 업무 수행을 위하여 필요한 경비를 출연할 수 있다.

제69조(벌칙 적용 시의 공무원 의제) ① 보호위원회의 위원 중 공무원이 아닌 위원 및 공무원이 아닌 직원은 「형법」이나 그 밖의 법률에 따른 벌칙을 적용할 때에는 공무원으로 본다.
② 보호위원회 또는 관계 중앙행정기관의 장의 권한을 위탁한 업무에 종사하는 관계 기관의 임직원은 「형법」 제129조부터 제132조까지의 규정을 적용할 때에는 공무원으로 본다.

예제 「개인정보 보호법」에 관한 설명으로 옳지 않은 것은? (다툼이 있으면 판례에 따름) ▶ 22 소방승진
① 「개인정보 보호법」에는 집단분쟁조정제도에 대한 규정을 두고 있다.
② 정보주체는 개인정보처리자가 「개인정보 보호법」을 위반한 행위로 손해를 입으면 개인정보처리자에게 손해배상을 청구할 수 있으며, 이 경우 그 개인정보처리자는 고의 또는 과실이 없음을 입증할 책임을 부담한다.
③ 교도소에 수용 중이던 재소자가 담당 교도관들을 상대로 가혹행위를 이유로 형사고소 및 민사소송을 제기하면서 그 증명자료 확보를 위해 정보공개를 요청한 '근무보고서'는 비공개대상정보에 해당한다.
④ 영상정보처리기기운영자는 영상정보처리기기의 설치목적과 다른 목적으로 영상정보처리기기를 임의로 조작하거나 다른 곳을 비춰서는 아니 되며, 녹음기능은 사용할 수 없다.

정답 ③

③ (×) 근무보고서는 공공기관의 정보공개에 관한 법률 제9조 제1항 제4호에 정한 비공개대상정보에 해당한다고 볼 수 없고, 징벌위원회 회의록 중 비공개 심사·의결 부분은 위 법 제9조 제1항 제5호의 비공개사유에 해당하지만 재소자의 진술, 위원장 및 위원들과 재소자 사이의 문답 등 징벌절차 진행 부분은 비공개사유에 해당하지 않는다고 보아 분리 공개가 허용된다(대판 2009.12.10. 2009두12785).
① (○) 개인정보 보호법 제49조(집단분쟁조정) ① 국가 및 지방자치단체, 개인정보 보호단체 및 기관, 정보주체, 개인정보처리자는 정보주체의 피해 또는 권리침해가 다수의 정보주체에게 같거나 비슷한 유형으로 발생하는 경우로서 대통령령으로 정하는 사건에 대하여는 분쟁조정위원회에 일괄적인 분쟁조정(이하 "집단분쟁조정"이라 한다)을 의뢰 또는 신청할 수 있다.
② (○) 동법 제39조(손해배상책임) ① 정보주체는 개인정보처리자가 이 법을 위반한 행위로 손해를 입으면 개인정보처리자에게 손해배상을 청구할 수 있다. 이 경우 그 개인정보처리자는 고의 또는 과실이 없음을 입증하지 아니하면 책임을 면할 수 없다.
④ (○) 동법 제25조(고정형 영상정보처리기기의 설치·운영 제한) ⑤ 고정형영상정보처리기기운영자는 고정형 영상정보처리기기의 설치 목적과 다른 목적으로 고정형 영상정보처리기기를 임의로 조작하거나 다른 곳을 비춰서는 아니 되며, 녹음기능은 사용할 수 없다.

제2절 정보공개

01 개설

1. 정보공개의 의의

정보공개제도는 국민이 국가가 보유·관리하고 있는 정보에 접근하여 이용할 수 있게 하기 위해, 국민에게 정부가 보유한 정보에 대한 공개를 청구할 수 있는 권리를 보장하고 국가는 정보공개의 의무를 지게 하는 제도를 말한다. 이는 국민의 '알권리'를 보장함으로써 '열린 정부'(open government)에 의한 행정의 민주화·공정화를 실현하려는데 기본이념이 있다.

2. 정보공개청구권의 법적 근거

(1) 헌법

정보공개청구권의 근거를 헌법상의 알권리에서 찾는 것이 일반적이다. 알권리는 일반적으로 접근할 수 있는 정보원으로부터 방해받지 않고 보고, 듣고, 읽을 수 있는 소극적 측면으로서의 권리와 정보공개를 청구할 수 있는 적극적 측면으로서의 권리를 포함하고 있다. 그런데 알권리의 헌법적 근거에 대하여는 ① 행복추구권(헌법 제10조)이라는 견해, ② 표현의 자유(제21조 제1항)라는 견해, ③ 어느 한 조항만이 아니고 표현의 자유를 비롯하여 국민주권원리·인간의 존엄·행복추구권·인간다운 생활을 할 권리 등에서 찾을 수 있다는 견해가 있다. 헌법재판소는 자유민주주의적 기본질서를 천명하고 있는 헌법전문, 제1조, 제4조 및 표현의 자유를 규정한 제21조 제1항으로부터 알권리를 도출하고 있다(헌재 1989.9.4. 88헌마22).

3. 법률

1996년 정보공개제도의 일반법으로서 27개 조문으로 이루어진 「공공기관의 정보공개에 관한 법률」이 제정되었다. 그리고 개별법에서 개인의 정보공개청구권과 관련된 규정이 많이 있다(예 민원사무편람의 비치, 도시계획안의 공고).

> **관련판례**
>
> '정보공개에 관하여 다른 법률에 특별한 규정이 있는 경우'에 해당하여 위 법률의 적용을 배제하기 위한 요건
> 구 공공기관의 정보공개에 관한 법률 제4조 제1항은 "정보의 공개에 관하여는 다른 법률에 특별한 규정이 있는 경우를 제외하고는 이 법이 정하는 바에 의한다."라고 규정하고 있다. 여기서 '정보공개에 관하여 다른 법률에 특별한 규정이 있는 경우'에 해당한다고 하여 정보공개법의 적용을 배제하기 위해서는, 특별한 규정이 '법률'이어야 하고, 내용이 정보공개의 대상 및 범위, 정보공개의 절차, 비공개대상정보 등에 관하여 정보공개법과 달리 규정하고 있는 것이어야 한다(대판 2014.4.10. 2012두17384).

4. 조례

지방자치단체는 그 소관사무에 관하여 법령의 범위안에서 정보공개에 관한 조례를 정할 수 있다(정보공개법 제4조 제2항).

02 「공공기관의 정보공개에 관한 법률」의 주요내용

1. 목적 및 '공개'의 뜻

(1) 동법은 공공기관이 보유·관리하는 정보에 대한 국민의 공개 청구 및 공공기관의 공개 의무에 관하여 필요한 사항을 정함으로써 국민의 알권리를 보장하고 국정(國政)에 대한 국민의 참여와 국정 운영의 투명성을 확보함을 **목적**으로 한다(제1조).

(2) 동법상 **공개**란 공공기관이 이 법에 따라 정보를 열람하게 하거나 그 사본·복제물을 제공하는 것 또는 「전자정부법」 제2조 제10호에 따른 정보통신망을 통하여 정보를 제공하는 것 등을 말한다(제2조 제2호).

2. 적용범위

(1) 정보의 공개에 관하여는 다른 법률에 특별한 규정이 있는 경우를 제외하고는 이 법에서 정하는 바에 따른다(제4조 제1항)고 하여, 동법이 공공기관이 보유·관리하는 정보공개에 관한 일반법임을 명시하고 있다.

(2) 그러나 국가안전보장에 관련되는 정보 및 보안 업무를 관장하는 기관에서 국가안전보장과 관련된 정보의 분석을 목적으로 수집하거나 작성한 정보에 대해서는 이 법을 적용하지 아니한다. 다만, 제8조 제1항에 따른 정보목록의 작성·비치 및 공개에 대해서는 그러하지 아니하다(제3항).

3. 정보공개의 원칙

공공기관이 보유·관리하는 정보는 국민의 알권리 보장 등을 위하여 이 법에서 정하는 바에 따라 적극적으로 공개하여야 한다(제3조)고 하여 정보공개가 원칙이고 비공개가 예외임을 밝히고 있다. 그

4. 정보공개청구권자

(1) 모든 국민은 정보의 공개를 청구할 권리를 가지며(제5조 제1항), 이해관계인에 국한되지 않는다. 여기서의 국민에는 자연인 이외에 법인, 권리능력 없는 사단·재단도 포함된다. 외국인은 ① 국내에 일정한 주소를 두고 거주하거나 학술·연구를 위하여 일시적으로 체류하는 자, ② 국내에 사무소를 두고 있는 법인 또는 단체의 경우 청구권자이다(동법 제5조 제2항, 동법시행령 제3항). 그런데 지방자치단체는 정보공개법의 정보공개청구권자인 '국민'에 해당되지 아니한다(서울행정 2005.10.12. 2005구합10484).

(2) 최근 판례는 청구인이 공공기관에 대하여 정보공개를 청구하였다가 거부처분을 받은 것 자체가 법률상 이익의 침해에 해당한다고 보아 정보공개청구자의 범위를 광범위하게 넓히고 있다. 나아가 정보공개청구는 이해관계가 없는 공익을 위한 경우(예 시민단체 등의 행정감시목적의 정보공개청구)에도 인정된다(대판 2003.12.12. 2003두8050).

관련판례

공개청구의 대상이 되는 정보가 인터넷 검색이나 도서관에서의 열람 등을 통하여 쉽게 알 수 있다고 하여 비공개결정이 정당화될 수 없음

구법 제8조 제2항은 정보공개청구의 대상이 이미 널리 알려진 사항이라 하더라도 그 공개의 방법만을 제한할 수 있도록 규정하고 있을 뿐 공개 자체를 제한하고 있지는 아니하므로, 공개청구의 대상이 되는 정보가 이미 다른 사람에게 공개하여 널리 알려져 있다거나 인터넷이나 관보 등을 통하여 공개하여 인터넷검색이나 도서관에서의 열람 등을 통하여 쉽게 알 수 있다는 사정만으로는 소의 이익이 없다거나 비공개결정이 정당화될 수는 없다(대판 2008.11.27. 2005두15694).

5. 권리남용

정보공개를 청구하였으나, 실제로는 해당 정보를 취득 또는 활용할 의사가 전혀 없이 정보공개 제도를 이용하여 사회통념상 용인될 수 없는 부당한 이득을 얻으려 하거나, 오로지 공공기관의 담당공무원을 괴롭힐 목적으로 정보공개청구를 하는 경우처럼 권리의 남용에 해당하는 것이 명백한 경우에는 정보공개청구권의 행사를 허용하지 아니한다(대판 2014.12.24. 2014두9349).

6. 공개대상정보와 비공개대상정보

(1) 공개대상정보

정보공개의 대상이 되는 정보는 「공공기관이 보유·관리하는 정보」이다(제3조).

① **공공기관** : '공공기관'이란 다음 각 목의 기관을 말한다(제2조 제3호).

　가. 국가기관
　　1) 국회, 법원, 헌법재판소, 중앙선거관리위원회
　　2) 중앙행정기관(대통령 소속 기관과 국무총리 소속 기관을 포함한다) 및 그 소속 기관
　　3) 「행정기관 소속 위원회의 설치·운영에 관한 법률」에 따른 위원회
　나. 지방자치단체
　다. 「공공기관의 운영에 관한 법률」 제2조에 따른 공공기관
　라. 「지방공기업법」에 따른 지방공사 및 지방공단
　마. 그 밖에 대통령령으로 정하는 기관

공공기관의 정보공개에 관한 법률 제2조 제3호에서 '그 밖에 대통령령이 정하는 기관'이라 함은 다음 각호의 기관을 말한다(동법 시행령 제2조).
1. 초·중등교육법 및 고등교육법 그 밖에 다른 법률에 의하여 설치된 각급학교
2. 지방공기업법에 의한 지방공사 및 지방공단
3. 정부산하기관관리기본법의 적용을 받는 정부산하기관
4. 특별법에 의하여 설립된 특수법인
5. 사회복지사업법 제42조 제1항의 규정에 의하여 국가 또는 지방자치단체로부터 보조금을 받는 사회복지법인과 사회복지사업을 하는 비영리법인

> **관련판례**
>
> **한국방송공사(KBS)는 정보공개의무가 있는 공공기관에 해당**
> 방송법이라는 특별법에 의하여 설립 운영되는 한국방송공사(KBS)는 공공기관의 정보공개에 관한 법률 시행령 제2조 제4호의 '특별법에 의하여 설립된 특수법인'으로서 정보공개의무가 있는 공공기관의 정보공개에 관한 법률 제2조 제3호의 '공공기관'에 해당한다(대판 2010.12.23. 2008두13101).
>
> **'한국증권업협회'는 공공기관의 정보공개에 관한 법률 시행령 제2조 제4호의 '특별법에 의하여 설립된 특수법인'에 해당한다고 보기 어려움**
> '한국증권업협회'는 증권회사 상호간의 업무질서를 유지하고 유가증권의 공정한 매매거래 및 투자자보호를 위하여 일정 규모 이상인 증권회사 등으로 구성된 회원조직으로서, 증권거래법 또는 그 법에 의한 명령에 대하여 특별한 규정이 있는 것을 제외하고는 <u>민법 중 사단법인에 관한 규정을 준용 받는 점</u>, 그 업무가 <u>국가기관 등에 준할 정도로 공동체 전체의 이익에 중요한 역할이나 기능에 해당하는 공공성을 갖는다고 볼 수 없는 점</u> 등에 비추어, 공공기관의 정보공개에 관한 법률 시행령 제2조 제4호의 '특별법에 의하여 설립된 특수법인'에 해당한다고 보기 어렵다(대판 2010.4.29. 2008두5643).

② 보유정보

ⓐ '정보'란 공공기관이 직무상 작성 또는 취득하여 관리하고 있는 문서(전자문서를 포함) 및 전자매체를 비롯한 모든 형태의 매체 등에 기록된 사항을 말한다(제2조 제1호). 정보공개청구의 대상이 되는 정보에 해당하는 문서가 반드시 원본일 필요는 없다(대판 2006.5.25. 2006두3049).

ⓑ 공개청구의 대상이 되는 정보는 공공기관이 '보유하는 정보'에 한정된다. 따라서 공공기관이 그 정보를 보유·관리하고 있지 아니한 경우에는 특별한 사정이 없는 한 정보공개거부처분의 취소를 구할 법률상 이익이 없다.

> **예제** 공공기관의 정보공개에 관한 법률에 관한 설명으로 옳지 않은 것은? (다툼이 있으면 판례에 따름)
> ① 공공기관이 정보공개청구인이 신청한 공개방법 이외의 방법으로 정보를 공개하기로 결정하였다면, 그 결정에 대하여 항고소송으로 다툴 수 있다.
> ② 권리능력 없는 사단은 그 설립목적을 불문하고 이 법에 의한 정보공개청구권을 갖는다.
> ③ 이미 다른 사람에게 공개되어 널리 알려져 있는 정보도 공개청구의 대상이 될 수 있다.
> ④ 정보공개청구의 대상이 되는 문서는 원본이어야 한다.
>
> **정답** ④
> ④ (×) "공개"란 공공기관이 이 법에 따라 정보를 열람하게 하거나 그 사본·복제물을 제공하는 것 또는 「전자정부법」 제2조 제10호에 따른 정보통신망을 통하여 정보를 제공하는 것 등을 말한다(동법 제2조 제2호).
> ① (○) 대판 2016.11.10. 2016두44674
> ② (○) 대판 2003.3.11. 2001두6425
> ③ (○) 대판 2010.12.23. 2008두13101

(2) 비공개대상정보

동법은 제3조에서 공개원칙을 선언하면서도, 제9조 제1항에서 8가지 유형의 광범위한 비공개대상정보를 두고 있다. 이에 해당하는 정보에 대하여는 이를 공개하지 아니할 수 있다. 몇 호의 비공개사유에 해당하는지에 대한 입증책임은 공공기관에 있다. 그러나 비공개정보에 해당한다고 하여 자동적으로 정보공개를 거부할 수 있는 것이 아니고, 정보공개로 달성할 수 있는 이익과 비공개로 하여야 할 이익을 비교형량하여 공개여부를 결정해야 한다.

> **관련판례**
>
> 정보공개를 요구받은 공공기관이 공공기관의정보공개에관한법률 제7조 제1항 몇 호 소정의 비공개사유에 해당하는지를 주장·입증하지 아니한 채 개괄적인 사유만을 들어 그 공개를 거부할 수 없음
> 국민으로부터 보유·관리하는 정보에 대한 공개를 요구받은 공공기관으로서는 같은 법 제7조 제1항 각 호에서 정하고 있는 비공개사유에 해당하지 않는 한 이를 공개하여야 할 것이고, 만일 이를 거부하는 경우라 할지라도 대상이 된 정보의 내용을 구체적으로 확인·검토하여 어느 부분이 어떠한 법익 또는 기본권과 충돌되어 같은 법 제7조 제1항 몇 호에서 정하고 있는 비공개사유에 해당하는지를 주장·입증하여야만 할 것이며, 그에 이르지 아니한 채 개괄적인 사유만을 들어 공개를 거부하는 것은 허용되지 아니한다(대판 2003.12.11. 2001두8827).

(제1호) 다른 법률 또는 법률에서 위임한 명령(국회규칙·대법원규칙·헌법재판소규칙·중앙선거관리위원회규칙·대통령령 및 조례로 한정한다)에 따라 비밀이나 비공개 사항으로 규정된 정보

제1호의 입법취지는 비밀 또는 비공개 사항으로 다른 법률 등에 규정되어 있는 경우에는 이를 존중함으로써 법률 간의 마찰을 피하기 위한 것이다(대판 2010.6.10. 2010두2931). 여기서 '다른 법률 또는 법률이 위임한 명령'에는 군사기밀보호법, 국가정보원법, 보안업무규정 등이 포함된다. 그러나 국가공무원법 제60조의 공무원 비밀엄수의무 규정은 여기에 포함되지 않는다(반대설 있음). 다른 법률에서 비공개대상정보를 규정할 경우에는 구체적이고 한정적으로 명확하게 규정하여야 한다. 그리고 법률상 위임근거가 없이 행정기간 내부의 사무처리준칙으로서 행정규칙에 불과한 경우는 정보공개청구를 거부할 수 없다(대판 2012.6.28. 2011두16735).

> **관련판례**
>
> 정보공개법 제9조 제1항 제1호의 '법률이 위임한 명령'의 의미
> 공공기관의 정보공개에 관한 법률 제9조 제1항 제1호에서 '법률이 위임한 명령'에 의하여 비밀 또는 비공개 사항으로 규성된 정보는 공개하지 아니할 수 있다고 할 때의 '법률이 위임한 명령'은 정보의 공개에 관하여 법률의 구체적인 위임 아래 제정된 법규명령(위임명령)을 의미한다. 교육공무원법 제13조, 제14조의 위임에 따라 제정된 교육공무원승진규정은 정보공개에 관한 사항에 관하여 구체적인 법률의 위임에 따라 제정된 명령이라고 할 수 없고, 따라서 교육공무원승진규정 제26조에서 근무성적평정의 결과를 공개하지 아니한다고 규정하고 있다고 하더라도 위 교육공무원

승진규정은 공공기관의 정보공개에 관한 법률 제9조 제1항 제1호에서 말하는 법률이 위임한 명령에 해당하지 아니하므로 위 규정을 근거로 정보공개청구를 거부하는 것은 잘못이다(대판 2006.10.26. 2006두11910).

검찰보존사무규칙상의 열람·등사의 제한이 공공기관의 정보공개에 관한 법률 제9조 제1항 제1호의 '다른 법률 또는 법률에 의한 명령에 의하여 비공개사항으로 규정된 경우'에 해당하지 아니함
검찰보존사무규칙이 검찰청법 제11조에 기하여 제정된 법무부령이기는 하지만, 그 사실만으로 같은 규칙 내의 모든 규정이 법규적 효력을 가지는 것은 아니다. 기록의 열람·등사의 제한을 정하고 있는 같은 규칙 제22조는 법률상의 위임근거가 없어 행정기관 내부의 사무처리준칙으로서 행정규칙에 불과하므로, 위 규칙상의 열람·등사의 제한을 공공기관의 정보공개에 관한 법률 제9조 제1항 제1호의 '다른 법률 또는 법률에 의한 명령에 의하여 비공개사항으로 규정된 경우'에 해당한다고 볼 수 없다(대판 2006.5.25. 2006두3049).

학교폭력대책자치위원회의 회의록은 비공개대상 정보
학교폭력예방 및 대책에 관한 법률 제21조 제1항, 제2항, 제3항 및 같은 법 시행령 제17조 규정들의 내용, 학교폭력예방 및 대책에 관한 법률의 목적, 입법 취지, 특히 학교폭력예방 및 대책에 관한 법률 제21조 제3항이 학교폭력대책자치위원회의 회의를 공개하지 못하도록 규정하고 있는 점 등에 비추어, 학교폭력대책자치위원회의 회의록은 공공기관의 정보공개에 관한 법률 제9조 제1항 제1호의 '다른 법률 또는 법률이 위임한 명령에 의하여 비밀 또는 비공개 사항으로 규정된 정보'에 해당한다(대판 2010.6.10. 2010두2913).

국가정보원이 직원에게 지급하는 현금급여 및 월초수당에 관한 정보는 비공개대상 정보
국가정보원법 제12조가 국회에 대한 관계에서조차 국가정보원 예산내역의 공개를 제한하고 있는 것은, 정보활동의 비밀보장을 위한 것으로서, 그 밖의 관계에서도 국가정보원의 예산내역을 비공개 사항으로 한다는 것을 전제로 하고 있다고 볼 수 있고, 예산집행내역의 공개는 예산내역의 공개와 다를 바 없어, 비공개 사항으로 되어 있는 '예산내역'에는 예산집행내역도 포함된다고 보아야 하며, 국가정보원이 그 직원에게 지급하는 현금급여 및 월초수당에 관한 정보는 국가정보원 예산집행내역의 일부를 구성하는 것이므로, 위 현금급여 및 월초수당에 관한 정보는 국가정보원법 제12조에 의하여 비공개 사항으로 규정된 정보로서 공공기관의 정보공개에 관한 법률 제9조 제1항 제1호의 비공개대상정보인 '다른 법률에 의하여 비공개 사항으로 규정된 정보'에 해당한다고 보아야 하고, 위 현금급여 및 월초수당이 근로의 대가로서의 성격을 가진다거나 정보공개청구인이 해당 직원의 배우자라고 하여 달리 볼 것은 아니다(대판 2010.12.23. 2010두14800).

국가정보원의 조직·소재지 및 정원에 관한 정보는 비공개대상정보
국가정보원법상 관련 규정의 내용, 형식, 체계 등을 종합적으로 살펴보면, 국가정보원의 조직·소재지 및 정원에 관한 정보는 특별한 사정이 없는 한 국가안전보장을 위하여 비공개가 필요한 경우로서 구 국가정보원법 제6조에서 정한 비공개 사항에 해당하고, 결국 공공기관의 정보공개에 관한 법률 제9조 제1항 제1호에서 말하는 '다른 법률에 의하여 비공개 사항으로 규정된 정보'에도 해당한다(대판 2013.1.24. 2010두18918).

(제2호) 국가안전보장·국방·통일·외교관계 등에 관한 사항으로서 공개될 경우 국가의 중대한 이익을 현저히 해칠 우려가 있다고 인정되는 정보

> **관련판례**
>
> **한·미 FTA 추가협상 과정에서 작성·교환된 문서는 비공개대상정보**
> 한·미 FTA 추가협상 과정에서 작성·교환된 문서는 <u>외교관계에 관한 사항으로서 공개될 경우 국가의 중대한 이익을 현저히 해할 우려가 있다고 인정되므로, 공공기관의 정보공개에 관한 법률 제9조 제1항 제2호에 정한 비공개대상정보에 해당한다</u>(서울행법 2008.4.16. 2007구합31478).

(제3호) 공개될 경우 국민의 생명·신체 및 재산의 보호에 현저한 지장을 초래할 우려가 있다고 인정되는 정보

> **관련판례**
>
> **보안관찰법 소정의 보안관찰 관련 통계자료는 비공개대상정보**
> 보안관찰법 소정의 보안관찰 관련 통계자료는 우리 나라 53개 지방검찰청 및 지청관할지역에서 매월 보고된 보안관찰처분에 관한 각종 자료로서, 보안관찰처분대상자 또는 피보안관찰자들의 매월별 규모, 그 처분시기, 지역별 분포에 대한 전국적 현황과 추이를 한눈에 파악할 수 있는 구체적이고 광범위한 자료에 해당하므로 '통계자료'라고 하여도 그 함의를 통하여 나타내는 의미가 있음이 분명하여 가치중립적일 수는 없고, 그 통계자료의 분석에 의하여 대남공작활동이 유리한 지역으로 보안관찰처분대상자가 많은 지역을 선택하는 등으로 위 정보가 <u>북한정보기관에 의한 간첩의 파견, 포섭, 선전선동을 위한 교두보의 확보 등 북한의 대남전략에 있어 매우 유용한 자료로 악용될 우려가 없다고 할 수 없으므로</u>, 위 정보는 공공기관의정보공개에관한법률 제7조 제1항 제2호 소정의 공개될 경우 국가안전보장·국방·통일·외교관계 등 국가의 중대한 이익을 해할 우려가 있는 정보, 또는 제3호 소정의 공개될 경우 국민의 생명·신체 및 재산의 보호 기타 공공의 안전과 이익을 현저히 해할 우려가 있다고 인정되는 정보에 해당한다(대판 2004.3.18. 2001두8254).

(제4호) 진행 중인 재판에 관련된 정보와 범죄의 예방, 수사, 공소의 제기 및 유지, 형의 집행, 교정(矯正), 보안처분에 관한 사항으로서 공개될 경우 그 직무수행을 현저히 곤란하게 하거나 형사피고인의 공정한 재판을 받을 권리를 침해한다고 인정할 만한 상당한 이유가 있는 정보

제4호의 입법취지는 재판의 독립성과 공정성 등 국가의 사법작용이 훼손되는 것을 막기 위함이다. 따라서 공공기관이 '진행 중인 재판에 관련된 정보'라는 이유로 공개를 거부할 수 있는 정보는 진행 중인 재판의 심리 또는 재판결과에 구체적으로 영향을 미칠 위험이 있는 정보에 한정된다(대판 2010두24913). 이러한 비공개정보는 반드시 진행 중인 재판의 소송기록 그 자체에 포함된 내용의 정보이거나 재판에 관련된 일체의 정보일 필요는 없다(대판 2010두24931).

> **관련판례**
>
> **교도관이 직무 중 발생한 사유에 관하여 작성하는 근무보고서는 정보공개대상에 해당**
> 교도소에 수용 중이던 재소자가 담당 교도관들을 상대로 가혹행위를 이유로 형사고소 및 민사소송을 제기하면서 그 증명자료 확보를 위해 '근무보고서'와 '징벌위원회 회의록' 등의 정보공개를 요청하였으나 교도소장이 이를 거부한 사안에서, 근무보고서는 공공기관의 정보공개에 관한 법률 제9조 제1항 제4호에 정한 비공개대상정보에 해당한다고 볼 수 없고, 징벌위원회 회의록 중 비공개 심사·의결 부분은 위 법 제9조 제1항 제5호의 비공개사유에 해당하지만 재소자의 진술, 위원장 및 위원들과 재소자 사이의 문답 등 징벌절차 진행 부분은 비공개사유에 해당하지 않는다고 보아 분리 공개가 허용된다고 한 사례(대판 2009.12.10. 2009두12785).

(제5호) 감사·감독·검사·시험·규제·입찰계약·기술개발·인사관리에 관한 사항이나 의사결정 과정 또는 내부검토 과정에 있는 사항 등으로서 공개될 경우 업무의 공정한 수행이나 연구·개발에 현저한 지장을 초래한다고 인정할 만한 상당한 이유가 있는 정보. 다만, 의사결정 과정 또는 내부검토 과정을 이유로 비공개할 경우에는 제13조 제5항에 따라 통지를 할 때 의사결정 과정 또는 내부검토 과정의 단계 및 종료 예정일을 함께 안내하여야 하며, 의사결정 과정 및 내부검토 과정이 종료되면 제10조에 따른 청구인에게 이를 통지하여야 한다.

여기서 '공개될 경우 업무의 공정한 수행이나 연구·개발에 현저한 지장을 초래한다고 인정할 만한 상당한 이유가 있는 경우'라 함은 공개될 경우 업무의 공정한 수행이 객관적으로 현저하게 지장받을 것이라는 고도의 개연성이 존재하는 경우로 엄격히 해석함이 타당하다(대판 2003.8.22. 2000두12946).

> **관련판례**
>
> **학교환경위생구역 내 금지행위 해제결정에 관한 학교환경위생정화위원회의 회의록에 기재된 해당 발언자의 인적사항 부분에 관한 정보는 제5호 소정의 비공개대상에 해당**
> 정화위원회의 회의록 중 발언내용 이외에 해당 발언자의 인적 사항까지 공개된다면 정화위원들이나 출석자들은 자신의 발언내용에 관한 공개에 대한 부담으로 인한 심리적 압박 때문에 위 정화위원회의 심의절차에서 솔직하고 자유로운 의사교환을 할 수 없고, 심지어 당사자나 외부의 의사에 영합하는 발언을 하거나 침묵으로 일관할 우려마저 있으므로, 이러한 사태를 막아 정화위원들이 심의에 집중하도록 함으로써 심의의 충실화와 내실화를 도모하기 위하여는 회의록의 발언내용 이외에 해당 발언자의 인적 사항까지 외부에 공개되어서는 아니된다 할 것이다(대판 2003.8.22. 2002두12946).

> **문제은행 출제방식을 채택하고 있는 치과의사 국가시험의 문제지와 정답지는 공공기관의 정보공개에 관한 법률상 비공개대상정보에 해당**
> 치과의사 국가시험에서 채택하고 있는 문제은행 출제방식이 출제의 시간·비용을 줄이면서도 양질의 문항을 확보할 수 있는 등 많은 장점을 가지고 있는 점, 그 시험문제를 공개할 경우 발생하게 될 결과와 시험업무에 초래될 부작용 등을 감안하면, 위 시험의 문제지와 그 정답지를 공개하는 것은 시험업무의 공정한 수행이나 연구·개발에 현저한 지장을 초래한다고 인정할 만한 상당한

이유가 있는 경우에 해당하므로, 공공기관의 정보공개에 관한 법률 제9조 제1항 제5호에 따라 이를 공개하지 않을 수 있다(대판 2007.6.15. 2006두15936).

'2002학년도부터 2005학년도까지의 대학수학능력시험 원데이터'는 연구목적으로 그 정보의 공개를 청구하는 경우 비공개대상정보에 해당하지 아니함

'2002년도 및 2003년도 국가 수준 학업성취도평가 자료'는 표본조사 방식으로 이루어졌을 뿐만 아니라 학교식별정보 등도 포함되어 있어서 그 원자료 전부가 그대로 공개될 경우 학업성취도평가 업무의 공정한 수행이 객관적으로 현저하게 지장을 받을 것이라는 고도의 개연성이 존재한다고 볼 여지가 있어 공공기관의 정보공개에 관한 법률 제9조 제1항 제5호에서 정한 비공개대상정보에 해당하는 부분이 있으나, '2002학년도부터 2005학년도까지의 대학수학능력시험 원데이터'는 연구 목적으로 그 정보의 공개를 청구하는 경우, 공개로 인하여 초래될 부작용이 공개로 얻을 수 있는 이익보다 더 클 것이라고 단정하기 어려우므로 그 공개로 대학수학능력시험 업무의 공정한 수행이 객관적으로 현저하게 지장을 받을 것이라는 고도의 개연성이 존재한다고 볼 수 없어 위 조항의 비공개대상정보에 해당하지 않는다(대판 2010.2.25. 2007두9877).

사법시험 시험문항에 대한 채점위원별 채점 결과는 비공개대상이나, 2차시험 답안지는 비공개대상정보가 아님

[1] 시험문항에 대한 채점위원별 채점 결과를 열람하도록 하면, 다의적일 수밖에 없는 평가기준과 주관적 평가 결과 사이의 정합성을 둘러싸고 시험 결과에 이해관계를 가진 자들로부터 제기될지도 모를 시시비비에 일일이 휘말리는 상황이 초래될 우려가 있고, 그럴 경우 업무수행상의 공정성을 확보할 수 없을 뿐 아니라 그 평가업무의 수행자체에 지장을 초래할 것이 명백함은 물론, 궁극적으로는 논술형시험의 존립이 무너지게 될 염려가 있다. 법의 입법취지와 논술형시험의 속성 및 시험관리와 그 평가사무의 본질, 공개로 인한 파장 등에 비추어 볼 때 답안지와 시험문항에 대한 채점위원별 채점 결과를 열람하도록 할 경우 시험업무의 공정한 수행에 현저한 지장을 초래한다고 인정할 상당한 이유가 있어 비공개정보에 해당된다.

[2] 답안지는 응시자의 시험문제에 대한 답안이 기재되어 있을 뿐 평가자의 평가기준이나 평가결과가 반영되어 있는 것은 아니므로 응시자가 자신의 답안지를 열람한다고 하더라도 시험문항에 대한 채점위원별 채점 결과가 열람되는 경우와 달리 평가자가 시험에 대한 평가업무를 수행함에 있어서 지장을 초래할 가능성이 적은 점, 답안지에 대한 열람이 허용된다고 하더라도 답안지를 상호비교함으로써 생기는 부작용이 생길 가능성이 희박하고, 열람업무의 폭증이 예상된다고 볼만한 자료도 없는 점 등을 종합적으로 고려하면, 답안지의 열람으로 인하여 시험업무의 수행에 현저한 지장을 초래한다고 볼 수 없다(대판 2003.3.14. 2000두6114).

직무유기 혐의 고소사건에 대한 내부 감사과정에서 경찰관들에게서 받은 경위서는 비공개대상정보가 아님

경위서는 고소사건을 조사하는 과정이 아니라 내부 감사과정에서 제출받은 것으로서, 경위서가 공개될 경우 앞으로 동종 업무 수행에 현저한 지장을 가져올 개연성이 상당하다고, 경위서가 공개될 경우 앞으로 내부 감사과정의 피조사자에게 어떤 영향을 미칠 수 있고, 그 때문에 업무수행에 어떤 변화가 초래될 수 있다(대판 2012.10.11. 2010두18758).

(제6호) 해당 정보에 포함되어 있는 성명·주민등록번호 등 「개인정보 보호법」 제2조제1호에 따른 개인정보로서 공개될 경우 사생활의 비밀 또는 자유를 침해할 우려가 있다고 인정되는 정보. 다만, 다음 각 목에 열거한 사항은 제외한다.
   가. 법령에서 정하는 바에 따라 열람할 수 있는 정보
   나. 공공기관이 공표를 목적으로 작성하거나 취득한 정보로서 사생활의 비밀 또는 자유를 부당하게 침해하지 아니하는 정보
   다. 공공기관이 작성하거나 취득한 정보로서 공개하는 것이 공익이나 개인의 권리 구제를 위하여 필요하다고 인정되는 정보
   라. 직무를 수행한 공무원의 성명·직위
   마. 공개하는 것이 공익을 위하여 필요한 경우로서 법령에 따라 국가 또는 지방자치단체가 업무의 일부를 위탁 또는 위촉한 개인의 성명·직업

> **관련판례**
>
> **개인의 사생활의 비밀과 공익의 판단**
> 공공기관의정보공개에관한법률 제9조 제1항 제6호 단서 (다)목 소정의 '공개하는 것이 공익을 위하여 필요하다고 인정되는 정보'에 해당하는지 여부는 비공개에 의하여 보호되는 개인의 사생활 보호 등의 이익과 공개에 의하여 보호되는 국정운영의 투명성확보 등의 공익을 비교·교량하여 구체적 사안에 따라 신중히 판단하여야 한다. 지방자치단체의 업무추진비 세부항목별 집행내역 및 그에 관한 증빙서류에 포함된 개인에 관한 정보는 '공개하는 것이 공익을 위하여 필요하다고 인정되는 정보'에 해당하지 않는다(대판 2003.3.11. 2000두6425).
>
> **사면대상자들의 사면실시건의서와 그와 관련된 국무회의 안건자료에 관한 정보는 비공개대상정보가 아님**
> 사면대상자들의 사면실시건의서와 그와 관련된 국무회의 안건자료에 관한 정보는 그 공개로 얻는 이익이 그로 인하여 침해되는 당사자들의 사생활의 비밀에 관한 이익보다 더욱 크므로 구 공공기관의 정보공개에 관한 법률 제7조 제1항 제6호에서 정한 비공개사유에 해당하지 않는다(대판 2006.12.7. 2005두241).
>
> **공무원이 직무와 관련 없이 개인적인 자격으로 간담회·연찬회 등 행사에 참석하고 금품을 수령한 정보는 비공개대상**
> 공공기관의정보공개에관한법률 제7조 제1항 제6호 단서 (다)목 소정의 '공개하는 것이 공익을 위하여 필요하다고 인정되는 정보'에 해당하는지 여부는 비공개에 의하여 보호되는 개인의 사생활 보호 등의 이익과 공개에 의하여 보호되는 국민의 알권리의 보장과 국정에 대한 국민의 참여 및 국정운영의 투명성 확보 등의 공익을 비교·교량하여 구체적 사안에 따라 개별적으로 판단하여야 한다. 공무원이 직무와 관련 없이 개인적인 자격으로 간담회·연찬회 등 행사에 참석하고 금품을 수령한 정보는 '공개하는 것이 공익을 위하여 필요하다고 인정되는 정보'에 해당하지 않는다(대판 2003.12.12. 2003두8050).

'당해 정보에 포함되어 있는 이름·주민등록번호 등 개인에 관한 사항으로서 공개될 경우 개인의 사생활의 비밀 또는 자유를 침해할 우려가 있다고 인정되는 정보'의 의미와 범위

정보공개법 제9조 제1항 제6호 본문의 규정에 따라 비공개대상이 되는 정보에는 구 공공기관의 정보공개에 관한 법률의 이름·주민등록번호 등 정보 형식이나 유형을 기준으로 비공개대상정보에 해당하는지를 판단하는 '개인식별정보'뿐만 아니라 그 외에 정보의 내용을 구체적으로 살펴 '개인에 관한 사항의 공개로 개인의 내밀한 내용의 비밀 등이 알려지게 되고, 그 결과 인격적·정신적 내면생활에 지장을 초래하거나 자유로운 사생활을 영위할 수 없게 될 위험성이 있는 정보'도 포함된다고 새겨야 한다. 따라서 불기소처분 기록 중 피의자신문조서 등에 기재된 피의자 등의 인적사항 이외의 진술내용 역시 개인의 사생활의 비밀 또는 자유를 침해할 우려가 인정되는 경우 정보공개법 제9조 제1항 제6호 본문 소정의 비공개대상에 해당한다(대판 2012.6.18. 2011두2361).

(제7호) 법인·단체 또는 개인(이하 "법인등"이라 한다)의 경영상·영업상 비밀에 관한 사항으로서 공개될 경우 법인등의 정당한 이익을 현저히 해칠 우려가 있다고 인정되는 정보. 다만, 다음 각 목에 열거한 정보는 제외한다.
　가. 사업활동에 의하여 발생하는 위해(危害)로부터 사람의 생명·신체 또는 건강을 보호하기 위하여 공개할
　　필요가 있는 정보
　나. 위법·부당한 사업활동으로부터 국민의 재산 또는 생활을 보호하기 위하여 공개할 필요가 있는 정보

관련판례

'법인 등의 경영·영업상 비밀'의 의미

공공기관의 정보공개에 관한 법률 제9조 제1항 제7호에서 정한 '법인 등의 경영·영업상 비밀'은 '타인에게 알려지지 아니함이 유리한 사업활동에 관한 일체의 정보' 또는 '사업활동에 관한 일체의 비밀사항'을 의미하는 것이고 공개 여부는 공개를 거부할 만한 정당한 이익이 있는지에 따라 결정되어야 하는데, 그러한 정당한 이익이 있는지는 정보공개법의 입법 취지에 비추어 엄격하게 판단해야 한다(대판 2011.11.24. 2009두19021). ☞ 금융위원회의 론스타에 대한 외환은행 발행 주식의 동일인 주식보유한도 초과보유 승인과 론스타의 외환은행 발행주식 초과보유에 대한 반기별 적격성 심사와 관련된 정보 등은 공개대상정보

대한주택공사의 아파트 분양원가 산출내역에 관한 정보는 비공개대상정보가 아님

대한주택공사의 아파트 분양원가 산출내역에 관한 정보는, 그 공개로 위 공사의 정당한 이익을 현저히 해할 우려가 있다고 볼 수 없어 구 공공기관의 정보공개에 관한 법률 제7조 제1항 제7호에서 정한 비공개대상정보에 해당하지 않는다(대판 2007.6.1. 2006두20587).

한국방송공사의 '수시집행 접대성 경비의 건별 집행서류 일체'는 공공기관의 정보공개에 관한 법률 제9조 제1항 제7호의 비공개대상정보에 해당하지 아니함

이 사건 정보는 피고의 경영·영업상 비밀에 관한 사항에 해당한다고 볼 여지가 있으나, 한편 이 사건 정보가 공개될 경우 피고의 정당한 이익을 현저히 해할 우려가 있다고 인정하기는 어렵다(대판 2008.10.23. 2007두1798).

(제8호) 공개될 경우 부동산 투기, 매점매석 등으로 특정인에게 이익 또는 불이익을 줄 우려가 있다고 인정되는 정보

> **예제** 「공공기관의 정보공개에 관한 법률」상 정보공개에 대한 판례의 입장으로 옳지 않은 것은?
> ① 국가정보원이 그 직원에게 지급하는 현금급여 및 월초수당에 관한 정보는 비공개대상 정보에 해당한다.
> ② 법무부령으로 제정된 「검찰보존사무규칙」상의 기록의 열람·등사의 제한규정은 구 공공기관의 정보공개에 관한 법률 제9조 제1항 제1호의 '다른 법률 또는 법률에 의한 명령에 의하여 비공개사항으로 규정된 경우'에 해당한다.
> ③ '감사·감독·검사·시험·규제·입찰계약·기술개발·인사관리에 관한 사항이나 의사결정 과정 또는 내부검토 과정에 있는 사항 등으로서 공개될 경우 업무의 공정한 수행이나 연구·개발에 현저한 지장을 초래한다고 인정할 만한 상당한 이유가 있는 정보'란 공개될 경우 업무의 공정한 수행이 객관적으로 현저하게 지장을 받을 것이라는 고도의 개연성이 존재하는 경우를 말한다.
> ④ 비공개대상인 '법인 등의 경영·영업상 비밀'은 「부정경쟁방지 및 영업비밀보호에 관한 법률」제2조 제2호에 규정된 '영업비밀'에 한하지 않고, '타인에게 알려지지 아니함이 유리한 사업활동에 관한 일체의 정보' 또는 '사업활동에 관한 일체의 비밀사항'을 말한다.
>
> **정답** ②
> ② (×) 검찰보존사무규칙이 검찰청법 제11조에 기하여 제정된 법무부령이기는 하지만, 그 사실만으로 같은 규칙 내의 모든 규정이 법규적 효력을 가지는 것은 아니다. 기록의 열람·등사의 제한을 정하고 있는 같은 규칙 제22조는 법률상의 위임근거가 없어 행정기관 내부의 사무처리준칙으로서 행정규칙에 불과하므로, 위 규칙상의 열람·등사의 제한을 공공기관의 정보공개에 관한 법률 제9조 제1항 제1호의 '다른 법률 또는 법률에 의한 명령에 의하여 비공개사항으로 규정된 경우'에 해당한다고 볼 수 없다(대판 2006.5.25. 2006두3049).
> ① (○) 대판 2010.12.23. 2010두14800   ③ (○) 대판 2012.10.11. 2010두18758
> ④ (○) 대판 2011.11.24. 2009두19021

7. 정보공개의 절차

(1) 정보공개의 청구

① 정보공개 청구인은 해당 정보를 보유하거나 관리하고 있는 공공기관에 다음 각 호의 사항을 적은 정보공개 청구서를 제출하거나 말로써 정보의 공개를 청구할 수 있다(제10조 제1항).

1. 청구인의 성명·생년월일·주소 및 연락처(전화번호·전자우편주소 등을 말함). 다만, 청구인이 법인 또는 단체인 경우에는 그 명칭, 대표자의 성명, 사업자등록번호 또는 이에 준하는 번호, 주된 사무소의 소재지 및 연락처를 말한다.
2. 청구인의 주민등록번호(본인임을 확인하고 공개 여부를 결정할 필요가 있는 정보를 청구하는 경우로 한정)
3. 공개를 청구하는 정보의 내용 및 공개방법

② 제1항에 따라 청구인이 말로써 정보의 공개를 청구할 때에는 담당 공무원 또는 담당 임직원의 앞에서 진술하여야 하고, 담당공무원등은 정보공개 청구조서를 작성하여 이에 청구인과 함께 기명날인하거나 서명하여야 한다(제2항).

> **관련판례**
>
> 공공기관의 정보공개에 관한 법률에 따라 정보비공개결정의 취소를 구하는 사건에서 정보공개청구서에 청구대상정보를 특정할 수 없는 부분이 포함되어 있는 경우 법원이 취해야 할 조치
>
> 정보비공개결정의 취소를 구하는 사건에 있어서, 만일 공개를 청구한 정보의 내용 중 너무 포괄적이거나 막연하여서 사회일반인의 관점에서 그 내용과 범위를 확정할 수 있을 정도로 특정되었다고 볼 수 없는 부분이 포함되어 있다면, 이를 심리하는 법원으로서는 마땅히 공공기관의 정보공개에 관한 법률 제20조 제2항의 규정에 따라 공공기관에게 그가 보유·관리하고 있는 공개청구정보를 제출하도록 하여 이를 비공개로 열람·심사하는 등의 방법으로 공개청구정보의 내용과 범위를 특정시켜야 하고, 나아가 위와 같은 방법으로도 특정이 불가능한 경우에는 특정되지 않은 부분과 나머지 부분을 분리할 수 있고 나머지 부분에 대한 비공개결정이 위법한 경우라고 하여도 정보공개의 청구 중 특정되지 않은 부분에 대한 비공개결정의 취소를 구하는 부분은 나머지 부분과 분리하여 이를 기각하여야 한다(대판 2007.6.1. 2007두2555).

(2) 정보공개 여부의 결정

① **결정 및 기간의 연장** : 공공기관은 제10조에 따라 정보공개의 청구를 받으면 그 청구를 받은 날부터 10일 이내에 공개 여부를 결정하여야 한다(제11조 제1항). 공공기관은 부득이한 사유로 제1항에 따른 기간 이내에 공개 여부를 결정할 수 없을 때에는 그 기간이 끝나는 날의 다음 날부터 기산(起算)하여 10일의 범위에서 공개 여부 결정기간을 연장할 수 있다. 이 경우 공공기관은 연장된 사실과 연장 사유를 청구인에게 지체 없이 문서로 통지하여야 한다(제2항).

② **제3자에 대한 통지 등** : 공공기관은 공개 청구된 공개 대상 정보의 전부 또는 일부가 제3자와 관련이 있다고 인정할 때에는 그 사실을 제3자에게 지체 없이 통지하여야 하며, 필요한 경우에는 그의 의견을 들을 수 있다(제3항).

③ **이송** : 공공기관은 다른 공공기관이 보유·관리하는 정보의 공개 청구를 받았을 때에는 지체 없이 이를 소관 기관으로 이송하여야 하며, 이송한 후에는 지체 없이 소관 기관 및 이송 사유 등을 분명히 밝혀 청구인에게 문서로 통지하여야 한다(제4항).

④ **민원 처리** : 공공기관은 정보공개 청구가 다음 각 호의 어느 하나에 해당하는 경우로서「민원 처리에 관한 법률」에 따른 민원으로 처리할 수 있는 경우에는 민원으로 처리할 수 있다(제5항).
  1. 공개 청구된 정보가 공공기관이 보유·관리하지 아니하는 정보인 경우
  2. 공개 청구의 내용이 진정·질의 등으로 이 법에 따른 정보공개 청구로 보기 어려운 경우

(3) 반복 청구 등의 처리

① 공공기관은 정보공개 청구가 다음 각 호의 어느 하나에 해당하는 경우에는 정보공개 청구 대상 정보의 성격, 종전 청구와의 내용적 유사성·관련성, 종전 청구와 동일한 답변을 할 수밖에 없는

사정 등을 종합적으로 고려하여 해당 청구를 종결 처리할 수 있다. 이 경우 종결 처리 사실을 청구인에게 알려야 한다(제11조의2 제1항).
  1. 정보공개를 청구하여 정보공개 여부에 대한 결정의 통지를 받은 자가 정당한 사유 없이 해당 정보의 공개를 다시 청구하는 경우
  2. 정보공개 청구가 제11조 제5항에 따라 민원으로 처리되었으나 다시 같은 청구를 하는 경우
② 공공기관은 정보공개 청구가 다음 각 호의 어느 하나에 해당하는 경우에는 다음 각 호의 구분에 따라 안내하고, 해당 청구를 종결 처리할 수 있다.
  1. 제7조 제1항(정보의 사전적 공개)에 따른 정보 등 공개를 목적으로 작성되어 이미 정보통신망 등을 통하여 공개된 정보를 청구하는 경우: 해당 정보의 소재(所在)를 안내
  2. 다른 법령이나 사회통념상 청구인의 여건 등에 비추어 수령할 수 없는 방법으로 정보공개 청구를 하는 경우: 수령이 가능한 방법으로 청구하도록 안내

(4) 정보공개심의회

① 국가기관, 지방자치단체, 「공공기관의 운영에 관한 법률」 제5조에 따른 공기업 및 준정부기관, 「지방공기업법」에 따른 지방공사 및 지방공단(이하 "국가기관등")은 제11조에 따른 정보공개 여부 등을 심의하기 위하여 정보공개심의회를 설치·운영한다. 이 경우 국가기관등의 규모와 업무성격, 지리적 여건, 청구인의 편의 등을 고려하여 소속 상급기관(지방공사·지방공단의 경우에는 해당 지방공사·지방공단을 설립한 지방자치단체)에서 협의를 거쳐 심의회를 통합하여 설치·운영할 수 있다(제12조 제1항).
② 심의회는 위원장 1명을 포함하여 5명 이상 7명 이하의 위원으로 구성한다(제2항). 심의회의 위원은 소속 공무원, 임직원 또는 외부 전문가로 지명하거나 위촉하되, 그 중 3분의 2는 해당 국가기관등의 업무 또는 정보공개의 업무에 관한 지식을 가진 외부 전문가로 위촉하여야 한다. 다만, 제9조 제1항 제2호 및 제4호에 해당하는 업무를 주로 하는 국가기관은 그 국가기관의 장이 외부 전문가의 위촉 비율을 따로 정하되, 최소한 3분의 1 이상은 외부 전문가로 위촉하여야 한다(제3항). 심의회의 위원장은 위원 중에서 국가기관등의 장이 지명하거나 위촉한다(제4항).

(5) 정보공개여부 결정의 통지

① 공공기관은 제11조에 따라 정보의 공개를 결정한 경우에는 공개의 일시 및 장소 등을 분명히 밝혀 청구인에게 통지하여야 한다(제13조 제1항).
② 공공기관은 청구인이 사본 또는 복제물의 교부를 원하는 경우에는 이를 교부하여야 한다(제2항). 공공기관은 공개 대상 정보의 양이 너무 많아 정상적인 업무수행에 현저한 지장을 초래할 우려가 있는 경우에는 해당 정보를 일정 기간별로 나누어 제공하거나 사본·복제물의 교부 또는 열람과 병행하여 제공할 수 있다(제3항).
③ 공공기관은 제1항에 따라 정보를 공개하는 경우에 그 정보의 원본이 더럽혀지거나 파손될 우려가 있거나 그 밖에 상당한 이유가 있다고 인정할 때에는 그 정보의 사본·복제물을 공개할 수 있다(제4항).
④ 공공기관은 제11조에 따라 정보의 비공개 결정을 한 경우에는 그 사실을 청구인에게 지체 없이 문서로 통지하여야 한다. 이 경우 제9조 제1항 각 호 중 어느 규정에 해당하는 비공개 대상 정보인지를 포함한 비공개 이유와 불복(不服)의 방법 및 절차를 구체적으로 밝혀야 한다(제5항).

> **관련판례**
>
> 정보공개를 청구하는 자가 공공기관에 대해 정보의 사본 또는 출력물의 교부의 방법으로 공개방법을 선택하여 정보공개청구를 한 경우, 공개청구를 받은 공공기관이 그 공개방법을 선택할 재량권이 없음
> 정보공개를 청구하는 자가 공공기관에 대해 정보의 사본 또는 출력물의 교부의 방법으로 공개방법을 선택하여 정보공개청구를 한 경우에 공개청구를 받은 공공기관으로서는 같은 법 제8조 제2항에서 규정한 정보의 사본 또는 복제물의 교부를 제한할 수 있는 사유에 해당하지 않는 한 정보공개청구자가 선택한 공개방법에 따라 정보를 공개하여야 하므로 그 공개방법을 선택할 재량권이 없다고 해석함이 상당하다(대판 2003.12.12. 2003두8050).

(6) 부분공개

공개 청구한 정보가 제9조 제1항 각 호의 어느 하나에 해당하는 부분과 공개 가능한 부분이 혼합되어 있는 경우로서 공개 청구의 취지에 어긋나지 아니하는 범위에서 두 부분을 분리할 수 있는 경우에는 제9조 제1항 각 호의 어느 하나에 해당하는 부분을 제외하고 공개하여야 한다(제14조).

> **관련판례**
>
> 비공개대상정보에 해당하는 부분과 공개가 가능한 부분이 구별되고 이를 분리할 수 있는 경우, 법원의 판결주문기재 방법
> 법원이 행정청의 정보공개거부처분의 위법 여부를 심리한 결과 공개를 거부한 정보에 비공개대상정보에 해당하는 부분과 공개가 가능한 부분이 혼합되어 있고 공개청구의 취지에 어긋나지 아니하는 범위 안에서 두 부분을 분리할 수 있음을 인정할 수 있을 때에는, 위 정보 중 공개가 가능한 부분을 특정하고 판결의 주문에 행정청의 위 거부처분 중 공개가 가능한 정보에 관한 부분만을 취소한다고 표시하여야 한다(대판 2003.3.11. 2001두6425).

(7) 정보의 전자적 공개

공공기관은 전자적 형태로 보유·관리하는 정보에 대하여 청구인이 전자적 형태로 공개하여 줄 것을 요청하는 경우에는 그 정보의 성질상 현저히 곤란한 경우를 제외하고는 청구인의 요청에 따라야 한다(제15조 제1항). 공공기관은 전자적 형태로 보유·관리하지 아니하는 정보에 대하여 청구인이 전자적 형태로 공개하여 줄 것을 요청한 경우에는 정상적인 업무수행에 현저한 지장을 초래하거나 그 정보의 성질이 훼손될 우려가 없으면 그 정보를 전자적 형태로 변환하여 공개할 수 있다(제2항).

(8) 즉시처리가 가능한 정보의 공개

다음 각호의 어느 하나에 해당하는 정보로서 즉시 또는 말로 처리가 가능한 정보에 대해서는 제11조의 규정에 의한 절차를 거치지 아니하고 공개하여야 한다. : ① 법령 등에 따라 공개를 목적으로 작성된 정보, ② 일반국민에게 알리기 위하여 작성된 각종 홍보자료, ③ 공개하기로 결정된 정보로서 공개에 오랜 시간이 걸리지 아니하는 정보, ④ 그 밖에 공공기관의 장이 정하는 정보(제16조).

(9) 비용부담

정보의 공개 및 우송 등에 드는 비용은 실비(實費)의 범위에서 청구인이 부담한다(제17조 제1항). 공개를 청구하는 정보의 사용 목적이 공공복리의 유지·증진을 위하여 필요하다고 인정되는 경우에는 제1항에 따른 비용을 감면할 수 있다(제2항).

8. 불복구제절차와 권익구제

(1) 정보공개청구인의 불복절차

① 이의신청
  ㉠ 청구인이 정보공개와 관련한 공공기관의 비공개 결정 또는 부분 공개 결정에 대하여 불복이 있거나 정보공개 청구 후 20일이 경과하도록 정보공개 결정이 없는 때에는 공공기관으로부터 정보공개 여부의 결정 통지를 받은 날 또는 정보공개 청구 후 20일이 경과한 날부터 30일 이내에 해당 공공기관에 문서로 이의신청을 할 수 있다(제18조 제1항).
  ㉡ 국가기관등은 제1항에 따른 이의신청이 있는 경우에는 심의회를 개최하여야 한다. 다만, 다음 각 호의 어느 하나에 해당하는 경우에는 심의회를 개최하지 아니할 수 있으며 개최하지 아니하는 사유를 청구인에게 문서로 통지하여야 한다(제2항).
    1. 심의회의 심의를 이미 거친 사항
    2. 단순·반복적인 청구
    3. 법령에 따라 비밀로 규정된 정보에 대한 청구
  ㉢ 공공기관은 이의신청을 받은 날부터 7일 이내에 그 이의신청에 대하여 결정하고 그 결과를 청구인에게 지체 없이 문서로 통지하여야 한다. 다만, 부득이한 사유로 정하여진 기간 이내에 결정할 수 없을 때에는 그 기간이 끝나는 날의 다음 날부터 기산하여 7일의 범위에서 연장할 수 있으며, 연장 사유를 청구인에게 통지하여야 한다(제3항).
  ㉣ 공공기관은 이의신청을 각하(却下) 또는 기각(棄却)하는 결정을 한 경우에는 청구인에게 행정심판 또는 행정소송을 제기할 수 있다는 사실을 제3항에 따른 결과 통지와 함께 알려야 한다(제4항).

② 행정심판
  ㉠ 청구인이 정보공개와 관련한 공공기관의 결정에 대하여 불복이 있거나 정보공개 청구 후 20일이 경과하도록 정보공개 결정이 없는 때에는 「행정심판법」에서 정하는 바에 따라 행정심판을 청구할 수 있다. 이 경우 국가기관 및 지방자치단체 외의 공공기관의 결정에 대한 감독행정기관은 관계 중앙행정기관의 장 또는 지방자치단체의 장으로 한다(제19조 제1항).
  ㉡ 청구인은 제18조에 따른 이의신청 절차를 거치지 아니하고 행정심판을 청구할 수 있다(제2항). 이 경우 행정심판의 형태는 거부처분에 대한 취소심판이나 의무이행심판이 된다.
  ㉢ 행정심판위원회의 위원 중 정보공개 여부의 결정에 관한 행정심판에 관여하는 위원은 재직 중은 물론 퇴직 후에도 그 직무상 알게 된 비밀을 누설하여서는 아니된다(제3항).

③ 행정소송
  ㉠ 원고적격 : 청구인이 정보공개와 관련한 공공기관의 결정에 대하여 불복이 있거나 정보공개 청구 후 20일이 경과하도록 정보공개 결정이 없는 때에는 「행정소송법」에서 정하는 바에 따라

행정소송을 제기할 수 있다(제20조 제1항). 행정소송을 제기하기 위해 이의신청, 행정심판을 거칠 필요는 없다.
- ⓒ **피고적격** : 공공기관의 장이 피고가 된다. 정보공개심의회를 피고로 하는 것이 아니다.
- ⓒ **대상적격** : 정보공개청구에 대한 공공기관의 정보공개의 거부는 항고소송의 대상이 되는 처분이다.
- ② **소의 이익** : 정보공개거부처분 후 대상 정보의 폐기 등으로 공공기관이 정보를 보유·관리하지 않게 된 경우에는 소의 이익이 없으므로 각하사유에 해당한다.
- ⑩ **비공개 열람·심사** : 재판장은 필요하다고 인정하면 당사자를 참여시키지 아니하고 제출된 공개청구 정보를 비공개로 열람·심사할 수 있다(제20조 제2항). 재판장은 행정소송의 대상이 제9조 제1항 제2호에 따른 정보 중 국가안전보장·국방 또는 외교관계에 관한 정보의 비공개 또는 부분공개 결정처분인 경우에 공공기관이 그 정보에 대한 비밀 지정의 절차, 비밀의 등급·종류 및 성질과 이를 비밀로 취급하게 된 실질적인 이유 및 공개를 하지 아니하는 사유 등을 입증하면 해당 정보를 제출하지 아니하게 할 수 있다(제3항).
- ⑭ **일부취소판결** : 공개정보와 비공개정보를 분리할 수 있는 경우에는 분리되는 공개정보에 대응하여 일부취소판결을 내려야 한다(제14조).
- ⓢ **간접강제** : 간접강제제도를 활용하여 공개지연기간에 따라 일정한 배상을 할 것을 명하거나 즉시 손해배상을 할 것을 명할 수 있다(행정소송법 제34조 제1항).

(2) 제3자의 불복절차
① **제3자의 공개거부요청과 공개결정** : 제11조 제3항에 따라 공개 청구된 사실을 통지받은 제3자는 그 통지를 받은 날부터 3일 이내에 해당 공공기관에 대하여 자신과 관련된 정보를 공개하지 아니할 것을 요청할 수 있다(제21조 제1항). 제1항에 따른 비공개 요청에도 불구하고 공공기관이 공개 결정을 할 때에는 공개 결정 이유와 공개 실시일을 분명히 밝혀 지체 없이 문서로 통지하여야 한다(제2항 전단). 공공기관은 제2항에 따른 공개 결정일과 공개 실시일 사이에 최소한 30일의 간격을 두어야 한다(제3항).
② **제3자의 이의신청·행정심판·행정소송의 제기**
- ⓒ **개괄** : 제21조 제1항의 규정에 의한 비공개요청에도 불구하고 공공기관이 공개결정을 하는 때에는, 제3자는 해당 공공기관에 문서로 이의신청을 하거나 행정심판 또는 행정소송을 제기할 수 있다. 이 경우 이의신청은 통지를 받은 날부터 7일 이내에 하여야 한다(제21조 제2항).
- ⓒ **청구인적격·원고적격** : 제3자의 청구인적격·원고적격은 법 제21조 제2항에 의하여 인정된다.
- ⓒ **대상적격** : 이에 대하여 ⓐ 공공기관의 '공개결정'을 대상으로 한다는 견해와 ⓑ 제3자의 '비공개신청에 대한 거부처분'의 취소를 대상으로 한다는 견해가 있다. 제3자의 비공개요청을 신청이라고 보는 것은 적절하지 않고, 거부처분에 대한 취소소송에서는 집행정지신청이 인정되지 않는 문제가 있으므로 ⓐ견해가 타당하다.
- ② **소송참가** : 공공기관의 공개 또는 비공개결정은 이른바 복효적 행정행위에 해당하므로, 청구인이 제기하는 취소소송에서는 제3자가, 제3자가 제기하는 소송에서는 청구인이 소송참가할 수 있다(행정소송법 제16조 제1항).
- ⑩ **집행정지** : 제3자는 정보공개결정에 대하여 취소심판이나 무효등확인심판을 구할 수 있으나,

이는 정보공개가 있은 뒤 제기하는 것이어서 실질적 구제수단이 되지 못한다. 따라서 제3자의 '집행정지'를 구하는 것이 적합하다.

(3) 손해전보

위법한 정보공개 또는 공개거부로 인하여 손해를 입은 자는 손해배상을 청구할 수 있다. 예컨대 북한이탈주민이 귀순사실 및 신원비공개 요청을 하였음에도 강원지방경찰청이 언론에 인적 사항과 탈북경로 등 관련 자료를 제공하여 보도되도록 한 점에 대하여 국가는 손해배상책임이 있다(대판 2012.4. 26. 2011다53164).

예제 「공공기관의 정보공개에 관한 법률」에 관한 설명으로 옳지 않은 것은? (다툼이 있으면 판례에 따름)

▶ 22 소방승진

① 형사재판확정기록에 관해서는 「형사소송법」 제59조의2에 따른 열람·등사 신청이 허용되고 그 거부나 제한 등에 대한 불복은 준항고에 의하며, 형사재판확정기록이 아닌 불기소처분으로 종결된 기록에 관해서는 정보공개법에 따른 정보공개청구가 허용되고 그 거부나 제한 등에 대한 불복은 항고소송절차에 의한다.

② 국민의 정보공개청구권은 법률상 보호되는 구체적인 권리이므로, 공공기관에 대하여 정보의 공개를 청구하였다가 공개거부처분을 받은 청구인은 행정소송을 통하여 그 공개거부처분의 취소를 구할 법률상의 이익이 있다.

③ 정보공개를 청구하는 자가 공공기관에 대해 정보의 사본 또는 출력물 교부의 방법으로 공개방법을 선택하여 정보공개청구를 한 경우, 공개청구를 받은 공공기관은 그 공개 방법을 선택할 재량권이 존재한다고 해석함이 상당하다.

④ 청구인은 법원행정처장의 정보비공개결정에 대하여 행정법원에 소를 제기하지 않고 바로 헌법소원심판을 청구하였으므로, 법원행정처장의 정보비공개결정에 대한 헌법소원 심판청구는 보충성원칙을 흠결하여 부적법하다.

정답 ③

③ (×) 정보공개를 청구하는 자가 공공기관에 대해 정보의 사본 또는 출력물의 교부의 방법으로 공개방법을 선택하여 정보공개청구를 한 경우에 공개청구를 받은 공공기관으로서는 같은 법 제8조 제2항에서 규정한 정보의 사본 또는 복제물의 교부를 제한할 수 있는 사유에 해당하지 않는 한 정보공개청구자가 선택한 공개방법에 따라 정보를 공개하여야 하므로 그 공개방법을 선택할 재량권이 없다고 해석함이 상당하다(대판 2003.12.12. 2003두8050).
① (○) 대결 2022.2.11. 2021모3175
② (○) 대판 2003.12.12. 2003두8050
④ (○) 헌재 2021.10.28. 2020헌마433

예제 「공공기관의 정보공개에 관한 법률」의 규정 내용으로 옳지 않은 것은? ▶ 23 소방승진

① 국가안전보장·국방·통일·외교관계 등에 관한 사항으로서 공개될 경우 국가의 중대한 이익을 현저히 해칠 우려가 있다고 인정되는 정보는 공개하지 아니할 수 있다.
② 공공기관의 정보공개 담당자는 정보공개 업무를 성실하게 수행하여야 하며, 공개 여부의 자의적인 결정, 고의적인 처리 지연 또는 위법한 공개 거부 및 회피 등 부당한 행위를 하여서는 아니 된다.
③ 지방자치단체는 그 소관 사무에 관하여 법령의 범위에서 정보공개에 관한 조례를 정하여야 한다.
④ 공공기관은 청구인이 사본 또는 복제물의 교부를 원하는 경우에는 이를 교부하여야 한다.

정답 ③

③ (×) 공공기관의 정보공개에 관한 법률 제4조(적용 범위) ② 지방자치단체는 그 소관 사무에 관하여 법령의 범위에서 정보공개에 관한 조례를 정할 수 있다.
① (○) 동법 제9조 제1항 제1호 ② (○) 동법 제6조의2
④ (○) 동법 제13조 제2항

예제 신문사 기자 갑(甲)은 A광역시가 보유·관리하고 있던 시의원 을(乙)과 관련이 있는 정보를 사본 교부의 방법으로 공개하여 줄 것을 청구하였다. 이에 대한 설명으로 옳지 않은 것은? (다툼이 있는 경우 판례에 의함)

① 정보공개청구권자가 선택한 공개방법에 따라 정보를 공개하여야 하므로, 원칙적으로 A광역시는 사본 교부가 아닌 열람의 방법으로는 공개할 수 없다.
② 을(乙)의 비공개 요청이 있는 경우 A광역시는 공개를 하여서는 아니 되고, 만일 공개하였다면 을(乙)에 대하여 손해배상책임을 지게 된다.
③ 을(乙)의 의견을 듣고 A광역시가 공개를 거부하였다면, 갑(甲)과 을(乙) 사이에 아무런 법률상 이해관계가 없다고 할지라도 갑(甲)은 A광역시의 거부에 대하여 항고소송으로 다툴 수 있다.
④ A광역시가 「공공기관의 정보공개에 관한 법률」상 비공개 대상 정보임을 이유로 비공개 결정을 한 경우, A광역시는 당초 처분의 근거로 삼은 사유와 기본적 사실관계가 동일성이 있다고 인정되는 한도 내에서만 항고소송에서 다른 공개거부 사유를 추가하거나 변경할 수 있다.

정답 ②

② (×) 제11조 제3항에 따라 공개청구된 사실을 통지받은 제3자는 그 통지받은 날부터 3일 이내에 당해 공공기관에 대하여 자신과 관련된 정보를 공개하지 아니할 것을 요청할 수 있다(공공기관의 정보공개에 관한 법률 제21조 제1항). 제1항에 따른 비공개 요청에도 불구하고 공공기관이 공개결정을 할 때에는 공개결정 이유와 공개 실시일을 분명히 밝혀 지체 없이 문서로 통지하여야 하며, 제3자는 해당 공공기관에 문서로 이의신청을 하거나 행정심판 또는 행정소송을 제기할 수 있다(제2항).
① (○) 공공기관으로서는 같은 법 제8조 제2항에서 규정한 정보의 사본 또는 복제물의 교부를 제한할 수 있는 사유에 해당하지 않는 한 정보공개청구자가 선택한 공개방법에 따라 정보를 공개하여야 하므로 그 공개방법을 선택할 재량권이 없다고 해석함이 상당하다(대판 2003.12.12. 2003두8050).
④ (○) 대판 2012.4.12. 2010두24913

9. 기타 보완제도

(1) 공공기관 및 정보공개 담당자의 의무

① 공공기관의 의무

공공기관은 정보의 공개를 청구하는 국민의 권리가 존중될 수 있도록 이 법을 운영하고 소관 관련 법령을 정비하며, 정보를 투명하고 적극적으로 공개하는 조직문화 형성에 노력하여야 한다(정보공개법 제6조 제1항). 공공기관은 정보의 적절한 보존 및 신속한 검색과 국민에게 유용한 정보의 분석 및 공개 등이 이루어지도록 정보관리체계를 정비하고, 정보공개 업무를 주관하는 부서 및 담당하는 인력을 적정하게 두어야 하며, 정보통신망을 활용한 정보공개시스템 등을 구축하도록 노력하여야 한다(제2항). 행정안전부장관은 공공기관의 정보공개에 관한 업무를 종합적·체계적·효율적으로 지원하기 위하여 통합정보공개시스템을 구축·운영하여야 한다(제3항). 공공기관(국회·법원·헌법재판소·중앙선거관리위원회는 제외)이 제2항에 따른 정보공개시스템을 구축하지 아니한 경우에는 제3항에 따라 행정안전부장관이 구축·운영하는 통합정보공개시스템을 통하여 정보공개 청구 등을 처리하여야 한다(제4항). 공공기관은 소속 공무원 또는 임직원 전체를 대상으로 국회규칙·대법원규칙·헌법재판소규칙·중앙선거관리위원회규칙 및 대통령령으로 정하는 바에 따라 이 법 및 정보공개 제도 운영에 관한 교육을 실시하여야 한다(제5항).

② 정보공개 담당자의 의무

공공기관의 정보공개 담당자(정보공개 청구 대상 정보와 관련된 업무 담당자를 포함)는 정보공개 업무를 성실하게 수행하여야 하며, 공개 여부의 자의적인 결정, 고의적인 처리 지연 또는 위법한 공개 거부 및 회피 등 부당한 행위를 하여서는 아니 된다(제6조의2).

(2) 정보의 사전적 공개 등

공공기관은 ① 국민생활에 매우 큰 영향을 미치는 정책에 관한 정보, ② 국가의 시책으로 시행하는 공사(工事) 등 대규모 예산이 투입되는 사업에 관한 정보, ③ 예산집행의 내용과 사업평가 결과 등 행정감시를 위하여 필요한 정보 등에 대하여는 공개의 구체적 범위, 주기, 시기 및 방법 등을 미리 정하여 정보통신망 등을 통하여 알리고, 이에 따라 정기적으로 공개하여야 한다. 다만 제9조 제1항 각호의 어느 하나에 해당하는 정보는 그러하지 아니하다(제7조 제1항). 공공기관은 제1항에 규정된 사항 외에도 국민이 알아야 할 필요가 있는 정보를 국민에게 공개하도록 적극적으로 노력하여야 한다(제2항).

(3) 정보목록의 작성·비치

공공기관은 그 기관이 보유·관리하는 정보에 대하여 국민이 쉽게 알 수 있도록 정보목록을 작성하여 갖추어 두고, 그 목록을 정보통신망을 활용한 정보공개시스템 등을 통하여 공개하여야 한다. 다만, 정보목록 중 제9조 제1항에 따라 공개하지 아니할 수 있는 정보가 포함되어 있는 경우에는 해당 부분을 갖추어 두지 아니하거나 공개하지 아니할 수 있다(제8조 제1항). 공공기관은 정보의 공개에 관한 사무를 신속하고 원활하게 수행하기 위하여 정보공개 장소를 확보하고 공개에 필요한 시설을 갖추어야 한다(제2항).

(4) 공개대상 정보의 원문공개

공공기관 중 중앙행정기관 및 대통령령으로 정하는 기관은 전자적 형태로 보유·관리하는 정보 중 공개대상으로 분류된 정보를 국민의 정보공개 청구가 없더라도 정보통신망을 활용한 정보공개시스템 등을 통하여 공개하여야 한다(제8조의2).

(5) 정보공개위원회의 설치

행정안전부장관 소속으로 정보공개위원회를 두어 정보공개에 관한 정책 수립 및 제도 개선에 관한 사항, 정보공개에 관한 기준 수립에 관한 사항, 공공기관의 정보공개 운영실태 평가 및 그 결과 처리에 관한 사항 등을 심의·조정하도록 하고 있다(제22조).

[정보공개위원회의 구성](제23조)
① 위원회는 성별을 고려하여 위원장과 부위원장 각 1명을 포함한 11명의 위원으로 구성
② 위원회의 위원의 자격(위원장을 포함한 7명은 공무원이 아닌 사람으로 위촉)
1. 대통령령으로 정하는 관계 중앙행정기관의 차관급 공무원이나 고위공무원단에 속하는 일반직공무원
2. 정보공개에 관하여 학식과 경험이 풍부한 사람으로서 행정안전부장관이 위촉하는 사람
3. 시민단체(「비영리민간단체 지원법」 제2조에 따른 비영리민간단체를 말함)에서 추천한 사람으로서 행정안전부장관이 위촉하는 사람
③ 위원장·부위원장 및 위원(제2항 제1호의 위원은 제외)의 임기는 2년이며, 연임 가능

(6) 제도의 총괄 등

① 행정안전부장관은 이 법에 따른 정보공개제도의 정책 수립 및 제도 개선 사항 등에 관한 기획·총괄 업무를 관장한다(제24조 제1항).
② 행정안전부장관은 위원회가 정보공개제도의 효율적 운영을 위하여 필요하다고 요청하면 공공기관(국회·법원·헌법재판소 및 중앙선거관리위원회는 제외한다)의 정보공개제도 운영실태를 평가할 수 있다(제2항). 행정안전부장관은 제2항에 따른 평가를 실시한 경우에는 그 결과를 위원회를 거쳐 국무회의에 보고한 후 공개하여야 하며, 위원회가 개선이 필요하다고 권고한 사항에 대해서는 해당 공공기관에 시정 요구 등의 조치를 하여야 한다(제3항).
③ 행정안전부장관은 정보공개에 관하여 필요할 경우에 공공기관(국회·법원·헌법재판소 및 중앙선거관리위원회는 제외한다)의 장에게 정보공개 처리 실태의 개선을 권고할 수 있다. 이 경우 권고를 받은 공공기관은 이를 이행하기 위하여 성실하게 노력하여야 하며, 그 조치 결과를 행정안전부장관에게 알려야 한다(제4항).
④ 국회·법원·헌법재판소·중앙선거관리위원회·중앙행정기관 및 지방자치단체는 그 소속 기관 및 소관 공공기관에 대하여 정보공개에 관한 의견을 제시하거나 지도·점검을 할 수 있다(제5항).

(7) 자료의 제출요구

국회사무총장·법원행정처장·헌법재판소사무처장·중앙선거관리위원회사무총장 및 행정안전부장관은 필요하다고 인정하면 관계 공공기관에 정보공개에 관한 자료 제출 등의 협조를 요청할 수 있다(제25조).

(8) 국회에의 보고

행정안전부장관은 전년도의 정보공개 운영에 관한 보고서를 매년 정기국회 개회 전까지 국회에 제출하여야 한다(제26조 제1항).

memo.

제4편 행정의 실효성확보수단

제1장　개설
제2장　행정벌
제3장　행정강제
제4장　행정조사
제5장　기타 실효성확보수단

제1장 개설

〈행정의 실효성 확보수단 개관〉

행정상 부작위의무 위반에 대한 제재	행정벌	행정형벌
		행정질서벌(과태료)
행정상 작위의무 불이행과 이행강제	행정상 강제집행 [명시적 작위의무]	행정 대집행
		행정상 강제징수
		이행강제금(집행벌)
		직접강제
	행정상 즉시강제[묵시적 작위의무]	
새로운 의무이행확보수단	과징금, 가산금, 가산세, 관허사업제한, 공급거부, 명단공표, 수익적 행정행위의 취소·철회·거부, 세무조사 등	
자료획득 수단	행정조사	

01 행정상 실효성확보(의무이행확보)의 의의

행정은 그 목적을 달성하기 위하여 국민에 대하여 일정한 의무를 부과하거나 일정한 행위를 금지하는 경우가 적지 않다. 그것이 공익목적을 위한 것이라는 점에서 명령·금지 등의 의무위반 내지 의무불이행을 방지하거나 사후에 준수·이행하게 하는 제도가 마련되어야 한다.

02 전통적인 실효성확보의 수단

종래 이러한 행정의 실효성확보수단으로는 ① 직접적 의무이행확보수단으로서의 행정강제와, ② 간접적 수단으로서의 행정벌이 인정되어 왔다. 행정강제는 다시 ① 행정상의 강제집행과 ② 행정상 즉시강제로 나뉘고, 행정벌에는 ① 행정형벌과 ② 행정질서벌이 있다. 행정상의 강제집행에는 대집행, 집행벌(이행강제금), 직접강제, 강제징수 등의 수단이 있다.

03 새로운 실효성확보수단의 등장

1. 전통적 수단의 문제점

오늘날 사회가 변화하고 복잡·다양해짐에 따라 전통적인 수단의 기능이 약화되는 문제가 발생하였다. ① 대집행은 막대한 경제적 손실을 초래하거나 반대로 무력화되어 간다는 점, ② 강제징수는 부족한 행정력으로 강제권 발동이 사실상 어렵거나 반대로 실행시 체납자의 신용에 대한 타격이 너무 크다는 점, ③ 행정벌은 행정법상의 의무실현이 행정청 아닌 제3기관에 맡겨짐으로써 행정적 판단을 관철하기 어렵고 전과자 양산의 우려가 있다는 점에서 비판이 제기되고 있다.

2. 새로운 유형

최근에는 법령상 과징금·가산금이나 관허사업의 제한, 공급거부, 행위의무위반자의 명단공표도 그 의무이행확보수단으로 행하여지는 경우가 적지 않다. 행정행위의 취소·철회나 수익적 행정행위의 거부도 행정상 의무이행확보수단으로서의 의미를 갖게 되었다. 그리고 대집행으로 목적을 달성할 수 없는 경우에는 형법상의 공무집행방해죄나 경찰관직무집행법을 적용할 수 있다.

제2장 행정벌

제1절 개설

1. 개념

행정벌이란 **행정의 상대방이 행정법상 의무를 위반한 경우에 일반통치권에 의거해서 부과하는 벌**을 말한다. 행정벌은 과거의 의무 위반에 대한 제재를 직접적인 목적으로 하지만, 간접적으로 의무자에게 심리적 압박을 가함으로써 행정법규의 실효성을 확보하는 의미도 갖는다.

2. 행정벌의 종류

행정형벌	① 의의 : 행정법상의 의무위반에 대한 제재로 형법에 정해져 있는 형벌(사형·징역·금고·자격상실·자격정지·벌금·구류·과료·몰수)을 과하는 행정벌 ② 처벌대상 : 행정법상의 의무위반에 의하여 직접 행정목적과 사회공익을 침해하는 행위 ③ 과벌절차 : 원칙적으로 형법총칙과 형사소송법이 적용되나, 예외적으로 즉결심판절차 또는 통고처분절차에 의하기도 함
행정질서벌	① 의의 : 행정법상의 의무위반에 대한 제재로 과태료를 과하는 경우의 행정벌. 행정질서벌의 총칙으로 질서위반행위규제법이 있고, 행정질서벌의 구체적인 종류는 개별법률에 규정되어 있음. ② 처벌대상 : 신고·등록서류비치 등의 의무를 태만히 하는 것과 같이, 간접적으로 행정목적의 달성에 장애를 줄 위험성이 있는 정도의 행위 ③ 과벌절차 : 질서위반행위규제법에 따라 행정청에 의한 부과절차와 법원의 비송사건절차에 의한 재판으로 구분 ※ 판례는 행정형벌과 행정질서벌의 구별을 입법재량으로 봄(헌재 1994.4.28. 91헌마14)

3. 행정벌의 근거

(1) 법률적 근거

① 행정벌에 의한 제재는 신체의 자유나 재산권에 대한 제한의 의미를 갖는다. 따라서 죄형법정주의(행정형벌의 경우)와 재산권 보호 취지에서(행정질서벌의 경우) 법률의 근거를 요하므로, 대개 개별법률에서 부작위의무를 명하는 규정과 함께 의무위반에 대한 벌칙조항을 규정하고 있다. 의무규정과 벌칙규정을 별도로 규정하는 방식도 있다. 그리고 형벌법규와 마찬가지로 행정벌법규의 소급입법은 허용되지 않는다.

② 행정벌은 개별 법률의 "벌칙"의 장에서 처벌규정을 두고 있을 뿐, 행정벌 전체에 관한 일반법은 없다. 다만 행정질서벌에 관하여는 일반법인 질서위반행위규제법이 제정되어 2008.6.22부터 시행되고 있다.

(2) 행정입법, 조례

법률은 행정벌규정의 정립을 행정입법에 위임할 수 있는바, 母法이 범죄구성요건의 구체적인 기준과 처벌의 상·하한을 정하여 위임하는 것을 조건으로 허용된다는 것이 통설·판례이다. 조례에 의해서도 행정벌규정이 가능하나 지방자치법은 조례위반에 대하여 행정형벌이 아닌 행정질서벌로써 1천만원 이하의 과태료부과를 정할 수 있도록 하고 있다(제27조).

4. 행정형벌과 행정질서벌 등의 병과 가능성

동일한 행위에 대하여 행정형벌과 행정질서벌(또는 행정처분)을 동시에 부과하는 것이 가능한가에 대하여 견해가 대립한다. 판례는 병과가 가능하다는 입장이다(대판 2000.10.27. 2000도3874).

긍정설	행정형벌과 행정질서벌은 그 목적이나 성질이 다르므로 병과가 가능하고 일사부재원칙에 반하는 것이 아니라는 견해
부정설	행정형벌과 행정질서벌은 모두 행정벌이므로 일사부재리의 원칙 내지 이중처벌금지의 원칙에 따라 동일 법규 위반행위에 대하여 양자를 병과할 수 없다는 견해

제2절 행정형벌

01 의의

1. 개념

행정형벌은 **행정법상 의무위반에 대하여 일반통치권에 근거하여 일반사인에게 사후적인 제재로써 과하는 처벌로서, 형법에 규정되어 있는 형벌**(예 징역·금고·자격정지·벌금·구류·과료·몰수)이 가해지는 **행정벌**을 말한다. 행정벌의 대상이 되는 범죄를 행정범이라고 한다.

2. 형법총칙과 형사소송법의 적용문제

(1) 행정형벌에 관한 일반법이 없으므로 형법총칙의 적용 여부가 문제된다. 형법 제8조는 '본법 총칙은 타법령에 정한 죄에 적용된다. 단, 그 법령에 특별한 규정이 있는 때에는 예외로 한다'고 규정하고 있다. 따라서 다른 법령에 특별한 규정이 없는 한, 행정범에 대해서도 형법총칙이 적용된다. 여기서 특별한 규정이란, 개별법률에서 범의·책임능력·법인범죄능력·공범·경합범·작량감경 등에 관해서 형법총칙과 다른 내용을 정한 것을 말한다.

(2) 행정형벌도 원칙적으로는 형사소송법이 정하는 절차에 따라 과해지는 것이나, 이에는 예외적인 과벌절차로서 통고처분과 즉결심판절차가 있다(후술).

02 행정형벌의 과벌절차

행정형벌의 일반적인 과벌절차는 형벌과 마찬가지로 형사소송법에 의하는 것이 원칙이다. 그 외에 특별과벌절차로서 통고처분 및 즉결심판이 있다.

1. 통고처분

(1) 의의

① **개념** : 통고처분이란 **일반형사소송절차에 앞서 행정청(예 세무서장, 경찰서장)이 일정한 위법행위의 범법자에게 형벌(예 벌금, 과료)을 대신하여 범칙금을 납부토록 하고, 범칙자가 그 범칙금을 납부하면 처벌이 종료되고 '일사부재리의 원칙'에 따라 다시 소추할 수 없는 제도**를 말한다.

② **적용범위** : 통고처분은 교통사범(도로교통법 제163조), 조세범(조세범처벌절차법 제9조), 관세범(관세법 제227조), 출입국사범(출입국관리법 제102조)의 경우에 적용되는 예외적인 과벌절차이다.

③ **제도의 취지** : 통고처분은 대량의 실정법 위반사건을 간이·신속하게 처리하는 의미를 가지며, 일반절차에서 나타나는 범법자의 신용실추나 전과자의 발생의 방지에 기여한다. 또한 검찰 및 법원의 과중한 업무 부담을 덜어준다.

(2) 통고처분에 의한 과벌절차

① 범칙자가 범칙금을 납부하면 과형절차는 종료되고, 일사부재리 원칙에 따라 범칙자는 다시 형사소추되지 아니한다. 통고처분에 의해 부과된 범칙금은 행정제재금이며 벌금이 아니다. 판례는 통고처분을 할 것인지의 여부는 권한행정청의 재량에 속한다는 입장이다(대판 2007.5.11. 2006도1993). 또한 판례는 범칙금의 납부에 확정재판의 효력에 준하는 효력을 인정한다(대판 2002.11.22. 2001도849).

② 그러나 범칙자가 통고처분의 내용을 이행하지 아니하면 권한행정청(예 세무서장, 세관장)은 고발할 수 있고, 일반과형절차인 형사소송절차로 넘어간다. 이 경우 즉결심판(예 도로교통법 제165조) 또는 정식의 형사재판에 의해 형벌이 부과될 수 있다.

(3) 법적 성질

통고처분의 법적 성질에 관하여 ① 과벌절차의 하나로서 독자적인 행위가 아니라고 보는 **과벌절차설**, ② 법정기간 내에 납부하지 않는 것을 해제조건으로 하는 행정행위라고 보는 **행정행위설**이 있다. 판례는 통고처분을 행정소송법상 처분으로 보지 않는다(대판 1995.6.29. 95누4674).

(4) 불복절차

통고처분에 불복하는 경우, 법정기간이 지나면 통고처분 자체는 효력이 소멸되고 즉결심판 청구 또는 고발에 의해 형사소송절차로 이행되므로 통고처분은 행정소송의 대상이 되지 않는다(통설·판례).

> **관련판례**
>
> **관세법상 통고처분 없이 이루어진 고발의 효력 유무(유효)**
> 관세법 제284조 제1항, 제311조, 제312조, 제318조의 규정에 의하면, 관세청장 또는 세관장은 관세범에 대하여 통고처분을 할 수 있고, 범죄의 정상이 징역형에 처하여질 것으로 인정되는 때에는 즉시 고발하여야 하며, 관세범인이 통고를 이행할 수 있는 자금능력이 없다고 인정되거나 주소 및 거소의 불명 기타의 사유로 인하여 통고를 하기 곤란하다고 인정되는 때에도 즉시 고발하여야 하는바, 이들 규정을 종합하여 보면, <U>통고처분을 할 것인지의 여부는 관세청장 또는 세관장의 재량에 맡겨져 있고</U>, 따라서 관세청장 또는 세관장이 관세범에 대하여 통고처분을 하지 아니한 채 고발하였다는 것만으로는 그 고발 및 이에 기한 공소의 제기가 부적법하게 되는 것은 아니다(대판 2007.5.11. 2006도1993).
>
> **지방국세청장 또는 세무서장이 조세범칙행위에 대하여 고발을 한 후에 동일한 조세범칙행위에 대하여 한 통고처분의 효력**
> 지방국세청장 또는 세무서장이 조세범 처벌절차법 제17조 제1항에 따라 <U>통고처분을 거치지 아니하고 즉시 고발하였다면 이로써 조세범칙사건에 대한 조사 및 처분 절차는 종료되고 형사사건 절차로 이행되어 지방국세청장 또는 세무서장으로서는 동일한 조세범칙행위에 대하여 더 이상 통고처분을 할 권한이 없다.</U> 따라서 지방국세청장 또는 세무서장이 조세범칙행위에 대하여 고발을 한 후에 동일한 조세범칙행위에 대하여 통고처분을 하였더라도, 이는 법적 권한 소멸 후에 이루어진 것으로서 특별한 사정이 없는 한 효력이 없고, 조세범칙행위자가 이러한 통고처분을 이행하였더라도 조세범 처벌절차법 제15조 제3항에서 정한 일사부재리의 원칙이 적용될 수 없다(대판 2016.9.28. 2014도10748).
>
> **세무공무원의 고발 없이 조세범칙사건의 공소가 제기된 후에 세무공무원이 고발을 하여도 그 공소절차의 무효가 치유된다고 할 수 없음**
> 세무공무원의 고발없이 조세범칙 사건의 공소가 제기된 후에 세무공무원의 그 고발을 하였다 하여도 그 공소절차의 무효가 치유된다고는 볼 수 없다 할 것이므로 원심이 본건에 있어 <U>세무공무원의 고발이 없는 본건 공소는 공소제기의 절차가 법률의 규정에 위반한 무효한 것</U>이라 하여 그 공소를 기각한 1심판결이 있은 후에 남부산세무서장이 그 고발 조치를 취하였다 하여도 그 공소절차의 무효가 치유되는 것이 아니라고 한 판단은 정당하다(대판 1970.7.28. 70도942).

2. 즉결심판절차

(1) 청구와 결정

즉결심판은 관할경찰서장이 관할법원에 청구한다(「즉결심판에 관한 절차법」 제3조). 지방법원, 지원 또는 시·군법원의 판사는 즉결심판절차에 의하여 피고인에게 20만원 이하의 벌금, 구류 또는 과료에 처할 수 있다(제2조). 그런데 즉결심판은 형사범에도 적용되므로 행정범 특유의 절차로 보기 어렵다.

(2) 정식재판청구

즉결심판에 불복하는 피고인은 즉결심판의 선고·고지를 받은 날부터 7일 이내에 정식재판청구서를 경찰서장에게 제출하여야 하고(제14조 제1항), 정식재판청구서를 받은 경찰서장은 지체없이 판사에게 이를 송부하여야 한다(제2항). 즉결심판절차에 있어서는 동법에 특별한 규정이 없는 한 그 성질에 반하지 아니한 것은 형사소송법의 규정을 준용하므로(제19조), 즉결심판의 형보다 무거운 형을 선고하지 못한다는 불이익변경금지의 원칙이 적용된다(대판 1999.1.15. 98도2550).

예제 통고처분에 관한 설명으로 옳지 않은 것은? (다툼이 있으면 판례에 따름) ▶ 22 소방승진
① 조세범, 출입국사범, 교통사범 등의 경우에 인정된다.
② 통고처분을 받은 자가 통고처분의 내용을 이행하지 않으면 권한행정청은 일정기간 내에 고발할 수 있고, 그에 따라 형사소송절차로 이행되게 된다.
③ 통고처분을 받은 자가 금액을 법정기간 내에 납부하면 과벌절차가 종료되고, 일사부재리의 원칙에 따라 형사소추를 할 수 없다.
④ 통고처분은 「행정소송법」상 처분에 해당하며, 항고소송의 대상이 된다.

정답 ④
④ (×) 도로교통법 제118조에서 규정하는 경찰서장의 통고처분은 행정소송의 대상이 되는 행정처분이 아니므로 그 처분의 취소를 구하는 소송은 부적법하고, 도로교통법상의 통고처분을 받은 자가 그 처분에 대하여 이의가 있는 경우에는 통고처분에 따른 범칙금의 납부를 이행하지 아니함으로써 경찰서장의 즉결심판청구에 의하여 법원의 심판을 받을 수 있게 될 뿐이다(대판 1995.6.29. 95누4674).
① (○) 통고처분은 교통사범(도로교통법 제163조), 조세범(조세범처벌절차법 제9조), 관세범(관세법 제227조), 출입국사범(출입국관리법 제102조)의 경우에 적용되는 예외적인 과벌절차이다.
② (○), ③ (○) 범칙자가 범칙금을 납부하면 과형절차는 종료되고, 일사부재리 원칙에 따라 범칙자는 다시 형사소추되지 아니한다. 그러나 범칙자가 통고처분의 내용을 이행하지 아니하면 권한행정청은 고발할 수 있고, 일반과형절차인 형사소송절차로 넘어간다.

예제 행정벌에 대한 설명으로 옳지 않은 것은? (다툼이 있는 경우 판례에 의함)
① 지방자치단체 소속 공무원이 지방자치단체 고유의 자치사무를 처리하면서 위반행위를 한 경우 지방자치단체도 양벌규정에 따라 처벌대상이 되는 법인에 해당한다.
② 지방국세청장이 조세범칙행위에 대하여 고발을 한 후에 동일한 조세범칙행위에 대하여 통고처분을 하는 경우, 이러한 통고처분은 법적 권한 소멸 후 이루어진 것으로 특별한 사정이 없는 한 효력이 없고 조세범칙행위자가 이를 이행하였더라도 일사부재리의 원칙이 적용될 수 없다.
③ 경찰서장이 범칙행위에 대하여 통고처분을 하더라도 통고처분에서 정한 납부기간까지는 검사가 공소를 제기할 수 있다.
④ 하나의 행위가 둘 이상의 질서위반행위에 해당하는 경우에는 각 질서위반행위에 대하여 정한 과태료 중 가장 중한 과태료를 부과한다.

정답 ③
③ (×) 범칙자가 통고처분을 불이행하면 즉결심판을 청구하거나 고발하여야 하므로, 통고처분권자의 고발이 없으면 검사는 공소제기를 할 수 없다.
① (○) 대판 2005.11.10. 2004도2657 ② (○) 대판 2016.9.28. 2014도10748
④ (○) 질서위반행위규제법 제13조 제1항

제3절 행정질서벌

01 개설

1. 의의

행정질서벌은 **행정법상의 의무위반에 대한 제재로 과태료를 과하는 경우**를 말한다. 행정형벌은 그 행정법규위반이 직접적으로 행정목적과 사회공익을 침해하는 경우에 과해지는 반면, 행정질서벌은 간접적으로 행정상의 질서에 장해를 줄 위험성이 있는 정도의 행위(예 신고·등록서류비치 등 의무를 해태)에 대해 과해진다. 과태료부과처분은 행정청을 피고로 하는 행정소송의 대상이 되는 행정처분이 아니다(대판 2012.10.11. 2011두19369).

2. 법적 근거

(1) 일반법과 개별법

행정질서벌의 총칙으로「질서위반행위규제법」이 있으며, 행정질서벌의 구체적인 종류와 내용을 정하는 각칙은 개별 법률에서 규정되고 있다. 과태료의 부과·징수, 재판 및 집행 등의 절차에 관한 다른 법률의 규정 중 질서위반행위규제법의 규정에 저촉되는 것은 질서위반행위규제법에 따른다(동법 제5조). 질서위반행위규제법은 특히 종래의 비송사건절차방식과 달리 과태료재판에 당사자의 진술청취(제31조)와 행정청의 출석(제32조) 근거를 두어 대심구조를 강화하였고, 증거조사(제33조)는 민사소송법에 따르도록 하는 등 절차를 대폭 정비하였다.

(2) 조례에 의한 과태료

지방자치단체는 조례로써 조례위반행위에 대하여 1천만원 이하의 과태료를 정할 수 있으며(지방자치법 제27조 제1항), 사기나 그 밖의 부정한 방법으로 사용료·수수료 또는 분담금의 징수를 면한 자에 대하여는 그 징수를 면한 금액의 5배 이내의 과태료를, 공공시설을 부정사용한 자에 대하여는 50만원 이하의 과태료를 부과하는 규정을 조례로 정할 수 있다(동법 제139조 제2항). 이러한 과태료의 부과·징수, 재판 및 집행 등의 절차에 관한 사항도 질서위반행위법이 규율하는 바에 따른다(동법 제139조 제3항). 규칙으로는 행정질서벌을 규정할 수 없다.

02 질서위반행위규제법의 내용 [시행 2021.1.1] [법률 제17758호, 2020.12.29.]

1. 총칙

제1조(목적) 이 법은 법률상 의무의 효율적인 이행을 확보하고 국민의 권리와 이익을 보호하기 위하여 질서위반행위의 성립요건과 과태료의 부과·징수 및 재판 등에 관한 사항을 규정하는 것을 목적으로 한다.

제2조(정의) 이 법에서 사용하는 용어의 뜻은 다음과 같다.
1. "질서위반행위"란 법률(지방자치단체의 조례를 포함한다. 이하 같다)상의 의무를 위반하여 과태료를 부과하는 행위를 말한다. 다만, 다음 각 목의 어느 하나에 해당하는 행위를 제외한다.
   가. 대통령령으로 정하는 사법(私法)상·소송법상 의무를 위반하여 과태료를 부과하는 행위
   나. 대통령령으로 정하는 법률에 따른 징계사유에 해당하여 과태료를 부과하는 행위
2. "행정청"이란 행정에 관한 의사를 결정하여 표시하는 국가 또는 지방자치단체의 기관, 그 밖의 법령 또는 자치법규에 따라 행정권한을 가지고 있거나 위임 또는 위탁받은 공공단체나 그 기관 또는 사인(私人)을 말한다.
3. "당사자"란 질서위반행위를 한 자연인 또는 법인(법인이 아닌 사단 또는 재단으로서 대표자 또는 관리인이 있는 것을 포함한다. 이하 같다)을 말한다.

제3조(법 적용의 시간적 범위) ① 질서위반행위의 성립과 과태료 처분은 행위 시의 법률에 따른다.
② 질서위반행위 후 법률이 변경되어 그 행위가 질서위반행위에 해당하지 아니하게 되거나 과태료가 변경되기 전의 법률보다 가볍게 된 때에는 법률에 특별한 규정이 없는 한 변경된 법률을 적용한다.
③ 행정청의 과태료 처분이나 법원의 과태료 재판이 확정된 후 법률이 변경되어 그 행위가 질서위반행위에 해당하지 아니하게 된 때에는 변경된 법률에 특별한 규정이 없는 한 과태료의 징수 또는 집행을 면제한다.

제4조(법 적용의 장소적 범위) ① 이 법은 대한민국 영역 안에서 질서위반행위를 한 자에게 적용한다.
② 이 법은 대한민국 영역 밖에서 질서위반행위를 한 대한민국의 국민에게 적용한다.
③ 이 법은 대한민국 영역 밖에 있는 대한민국의 선박 또는 항공기 안에서 질서위반행위를 한 외국인에게 적용한다.

제5조(다른 법률과의 관계) 과태료의 부과·징수, 재판 및 집행 등의 절차에 관한 다른 법률의 규정 중 이 법의 규정에 저촉되는 것은 이 법으로 정하는 바에 따른다.

2. 질서위반행위의 성립 등

제6조(질서위반행위 법정주의) 법률에 따르지 아니하고는 어떤 행위도 질서위반행위로 과태료를 부과하지 아니한다.

제7조(고의 또는 과실) 고의 또는 과실이 없는 질서위반행위는 과태료를 부과하지 아니한다.

제8조(위법성의 착오) 자신의 행위가 위법하지 아니한 것으로 오인하고 행한 질서위반행위는 그 오인에 정당한 이유가 있는 때에 한하여 과태료를 부과하지 아니한다.

제9조(책임연령) 14세가 되지 아니한 자의 질서위반행위는 과태료를 부과하지 아니한다. 다만, 다른 법률에 특별한 규정이 있는 경우에는 그러하지 아니하다.

제10조(심신장애) ① 심신(心神)장애로 인하여 행위의 옳고 그름을 판단할 능력이 없거나 그 판단에 따른 행위를 할 능력이 없는 자의 질서위반행위는 과태료를 부과하지 아니한다.
② 심신장애로 인하여 제1항에 따른 능력이 미약한 자의 질서위반행위는 과태료를 감경한다.
③ 스스로 심신장애 상태를 일으켜 질서위반행위를 한 자에 대하여는 제1항 및 제2항을 적용하지 아니한다.

제11조(법인의 처리 등) ① 법인의 대표자, 법인 또는 개인의 대리인·사용인 및 그 밖의 종업원이 업무에 관하여 법인 또는 그 개인에게 부과된 법률상의 의무를 위반한 때에는 법인 또는 그 개인에게 과태료를 부과한다.
② 제7조부터 제10조까지의 규정은 「도로교통법」 제56조 제1항에 따른 고용주등을 같은 법 제160조 제3항에 따라 과태료를 부과하는 경우에는 적용하지 아니한다.

제12조(다수인의 질서위반행위 가담) ① 2인 이상이 질서위반행위에 가담한 때에는 각자가 질서위반행위를 한 것으로 본다.
② 신분에 의하여 성립하는 질서위반행위에 신분이 없는 자가 가담한 때에는 신분이 없는 자에 대하여도 질서위반행위가 성립한다.
③ 신분에 의하여 과태료를 감경 또는 가중하거나 과태료를 부과하지 아니하는 때에는 그 신분의 효과는 신분이 없는 자에게는 미치지 아니한다.

제13조(수개의 질서위반행위의 처리) ① 하나의 행위가 2 이상의 질서위반행위에 해당하는 경우에는 각 질서위반행위에 대하여 정한 과태료 중 가장 중한 과태료를 부과한다.
② 제1항의 경우를 제외하고 2 이상의 질서위반행위가 경합하는 경우에는 각 질서위반행위에 대하여 정한 과태료를 각각 부과한다. 다만, 다른 법령(지방자치단체의 조례를 포함한다. 이하 같다)에 특별한 규정이 있는 경우에는 그 법령으로 정하는 바에 따른다.

제14조(과태료의 산정) 행정청 및 법원은 과태료를 정함에 있어서 다음 각 호의 사항을 고려하여야 한다.
1. 질서위반행위의 동기·목적·방법·결과
2. 질서위반행위 이후의 당사자의 태도와 정황
3. 질서위반행위자의 연령·재산상태·환경
4. 그 밖에 과태료의 산정에 필요하다고 인정되는 사유

제15조(과태료의 시효) ① 과태료는 행정청의 과태료 부과처분이나 법원의 과태료 재판이 확정된 후 5년간 징수하지 아니하거나 집행하지 아니하면 시효로 인하여 소멸한다.
② 제1항에 따른 소멸시효의 중단·정지 등에 관하여는 「국세기본법」 제28조를 준용한다.

3. 행정청의 과태료 부과 및 징수

제16조(사전통지 및 의견 제출 등) ① 행정청이 질서위반행위에 대하여 과태료를 부과하고자 하는 때에는 미리 당사자(제11조제2항에 따른 고용주등을 포함한다. 이하 같다)에게 대통령령으로 정하는 사항을 통지하고, 10일 이상의 기간을 정하여 의견을 제출할 기회를 주어야 한다. 이 경우 지정된 기일까지 의견 제출이 없는 경우에는 의견이 없는 것으로 본다.
② 당사자는 의견 제출 기한 이내에 대통령령으로 정하는 방법에 따라 행정청에 의견을 진술하거나 필요한 자료를 제출할 수 있다.
③ 행정청은 제2항에 따라 당사자가 제출한 의견에 상당한 이유가 있는 경우에는 과태료를 부과하지 아니하거나 통지한 내용을 변경할 수 있다.

제17조(과태료의 부과) ① 행정청은 제16조의 의견 제출 절차를 마친 후에 서면(당사자가 동의하는 경우에는 전자문서를 포함한다. 이하 이 조에서 같다)으로 과태료를 부과하여야 한다.
② 제1항에 따른 서면에는 질서위반행위, 과태료 금액, 그 밖에 대통령령으로 정하는 사항을 명시하여야 한다.
③ 삭제

제17조의2(신용카드 등에 의한 과태료의 납부) ① 당사자는 과태료, 제24조에 따른 가산금, 중가산금 및 체납처분비를 대통령령으로 정하는 과태료 납부대행기관을 통하여 신용카드, 직불카드 등(이하 "신용카드등"이라 한다)으로 낼 수 있다.
② 제1항에 따라 신용카드등으로 내는 경우에는 과태료 납부대행기관의 승인일을 납부일로 본다.
③ 과태료 납부대행기관은 납부자로부터 신용카드등에 의한 과태료 납부대행 용역의 대가로 납부대행 수수료를 받을 수 있다.
④ 과태료 납부대행기관의 지정 및 운영, 납부대행 수수료에 관한 사항은 대통령령으로 정한다.

제18조(자진납부자에 대한 과태료 감경) ① 행정청은 당사자가 제16조에 따른 의견 제출 기한 이내에 과태료를 자진하여 납부하고자 하는 경우에는 대통령령으로 정하는 바에 따라 과태료를 감경할 수 있다.
② 당사자가 제1항에 따라 감경된 과태료를 납부한 경우에는 해당 질서위반행위에 대한 과태료 부과 및 징수절차는 종료한다.

> 〈과태료 감경〉
> 1. 의견제출기한 내에 자진납부하는 경우 100분의 20의 범위에서 감경할 수 있다(시행령 제5조)
> 2. 당사자가 「국민기초생활 보장법」 제2조에 따른 수급자, 「한부모가족지원법」 제5조에 따른 보호대상자, 「장애인복지법」 제2조에 따른 장애인 중 정도가 심한 장애인, 「국가유공자 등 예우 및 지원에 관한 법률」 제6조의4에 따른 1급부터 3급까지의 상이등급 판정을 받은 사람, 미성년자인 경우는 100분의 50 범위에서 감경할 수 있다(시행령 제2조의2).

제19조(과태료 부과의 제척기간) ① 행정청은 질서위반행위가 종료된 날(다수인이 질서위반행위에 가담한 경우에는 최종행위가 종료된 날을 말한다)부터 5년이 경과한 경우에는 해당 질서위반행위에 대하여 과태료를 부과할 수 없다.
② 제1항에도 불구하고 행정청은 제36조 또는 제44조에 따른 법원의 결정이 있는 경우에는 그 결정이 확정된 날부터 1년이 경과하기 전까지는 과태료를 정정부과 하는 등 해당 결정에 따라 필요한 처분을 할 수 있다.

제20조(이의제기) ① 행정청의 과태료 부과에 불복하는 당사자는 제17조제1항에 따른 과태료 부과 통지를 받은 날부터 60일 이내에 해당 행정청에 서면으로 이의제기를 할 수 있다.
② 제1항에 따른 이의제기가 있는 경우에는 행정청의 과태료 부과처분은 그 효력을 상실한다.
③ 당사자는 행정청으로부터 제21조제3항에 따른 통지를 받기 전까지는 행정청에 대하여 서면으로 이의제기를 철회할 수 있다.

제21조(법원에의 통보) ① 제20조제1항에 따른 이의제기를 받은 행정청은 이의제기를 받은 날부터 14일 이내에 이에 대한 의견 및 증빙서류를 첨부하여 관할 법원에 통보하여야 한다. 다만, 다음 각 호의 어느 하나에 해당하는 경우에는 그러하지 아니하다.
1. 당사자가 이의제기를 철회한 경우
2. 당사자의 이의제기에 이유가 있어 과태료를 부과할 필요가 없는 것으로 인정되는 경우
② 행정청은 사실상 또는 법률상 같은 원인으로 말미암아 다수인에게 과태료를 부과할 필요가 있는 경우에는 다수인 가운데 1인에 대한 관할권이 있는 법원에 제1항에 따른 이의제기 사실을 통보할 수 있다.
③ 행정청이 제1항 및 제2항에 따라 관할 법원에 통보를 하거나 통보하지 아니하는 경우에는 그 사실을 즉시 당사자에게 통지하여야 한다.

제22조(질서위반행위의 조사) ① 행정청은 질서위반행위가 발생하였다는 합리적 의심이 있어 그에 대한 조사가 필요하다고 인정할 때에는 대통령령으로 정하는 바에 따라 다음 각 호의 조치를 할 수 있다.
1. 당사자 또는 참고인의 출석 요구 및 진술의 청취
2. 당사자에 대한 보고 명령 또는 자료 제출의 명령
② 행정청은 질서위반행위가 발생하였다는 합리적 의심이 있어 그에 대한 조사가 필요하다고 인정할 때에는 그 소속 직원으로 하여금 당사자의 사무소 또는 영업소에 출입하여 장부·서류 또는 그 밖의 물건을 검사하게 할 수 있다.
③ 제2항에 따른 검사를 하고자 하는 행정청 소속 직원은 당사자에게 검사 개시 7일 전까지 검사 대상 및 검사 이유, 그 밖에 대통령령으로 정하는 사항을 통지하여야 한다. 다만, 긴급을 요하거나 사전통지의 경우 증거인멸 등으로 검사목적을 달성할 수 없다고 인정되는 때에는 그러하지 아니하다.
④ 제2항에 따라 검사를 하는 직원은 그 권한을 표시하는 증표를 지니고 이를 관계인에게 내보여야 한다.
⑤ 제1항 및 제2항에 따른 조치 또는 검사는 그 목적 달성에 필요한 최소한에 그쳐야 한다.

제23조(자료제공의 요청) 행정청은 과태료의 부과·징수를 위하여 필요한 때에는 관계 행정기관, 지방자치단체, 그 밖에 대통령령으로 정하는 공공기관(이하 "공공기관등"이라 한다)의 장에게 그 필요성을 소명하여 자료 또는 정보의 제공을 요청할 수 있으며, 그 요청을 받은 공공기관등의 장은 특별한 사정이 없는 한 이에 응하여야 한다.

제24조(가산금 징수 및 체납처분 등) ① 행정청은 당사자가 납부기한까지 과태료를 납부하지 아니한 때에는 납부기한을 경과한 날부터 체납된 과태료에 대하여 100분의 3에 상당하는 가산금을 징수한다.
② 체납된 과태료를 납부하지 아니한 때에는 납부기한이 경과한 날부터 매 1개월이 경과할 때마다 체납된 과태료의 1천분의 12에 상당하는 가산금(이하 이 조에서 "중가산금"이라 한다)을 제1항에 따른 가산금에 가산하여 징수한다. 이 경우 중가산금을 가산하여 징수하는 기간은 60개월을 초과하지 못한다.
③ 행정청은 당사자가 제20조제1항에 따른 기한 이내에 이의를 제기하지 아니하고 제1항에 따른 가산금을 납부하지 아니한 때에는 국세 또는 지방세 체납처분의 예에 따라 징수한다.

제24조의2(상속재산 등에 대한 집행) ① 과태료는 당사자가 과태료 부과처분에 대하여 <u>이의를 제기하지 아니한 채</u> 제20조 제1항에 따른 <u>기한이 종료한 후 사망한 경우에는 그 상속재산에 대하여 집행할 수 있다.</u>

② 법인에 대한 과태료는 법인이 과태료 부과처분에 대하여 이의를 제기하지 아니한 채 제20조제1항에 따른 기한이 종료한 후 합병에 의하여 소멸한 경우에는 합병 후 존속한 법인 또는 합병에 의하여 설립된 법인에 대하여 집행할 수 있다.

제24조의3(과태료의 징수유예 등) ① 행정청은 당사자가 다음 각 호의 어느 하나에 해당하여 과태료(체납된 과태료와 가산금, 중가산금 및 체납처분비를 포함한다. 이하 이 조에서 같다)를 납부하기가 곤란하다고 인정되면 1년의 범위에서 대통령령으로 정하는 바에 따라 <u>과태료의 분할납부나 납부기일의 연기(이하 "징수유예등"이라 한다)를 결정할 수 있다.</u>

1. 「국민기초생활 보장법」에 따른 수급권자
2. 「국민기초생활 보장법」에 따른 차상위계층 중 다음 각 목의 대상자
    가. 「의료급여법」에 따른 수급권자
    나. 「한부모가족지원법」에 따른 지원대상자
    다. 자활사업 참여자
3. 「장애인복지법」 제2조제2항에 따른 장애인
4. 본인 외에는 가족을 부양할 사람이 없는 사람
5. 불의의 재난으로 피해를 당한 사람
6. 납부의무자 또는 그 동거 가족이 질병이나 중상해로 1개월 이상의 장기 치료를 받아야 하는 경우
7. 「채무자 회생 및 파산에 관한 법률」에 따른 개인회생절차개시결정자
8. 「고용보험법」에 따른 실업급여수급자
9. 그 밖에 제1호부터 제8호까지에 준하는 것으로서 대통령령으로 정하는 부득이한 사유가 있는 경우

② 제1항에 따라 징수유예등을 받으려는 당사자는 대통령령으로 정하는 바에 따라 이를 행정청에 신청할 수 있다.

③ 행정청은 제1항에 따라 징수유예등을 하는 경우 그 유예하는 금액에 상당하는 담보의 제공이나 제공된 담보의 변경을 요구할 수 있고, 그 밖에 담보보전에 필요한 명령을 할 수 있다.

④ 행정청은 제1항에 따른 징수유예등의 기간 중에는 그 유예한 과태료 징수금에 대하여 가산금, 중가산금의 징수 또는 체납처분(교부청구는 제외한다)을 할 수 없다.

⑤ 행정청은 다음 각 호의 어느 하나에 해당하는 경우 그 징수유예등을 취소하고, 유예된 과태료 징수금을 한꺼번에 징수할 수 있다. 이 경우 그 사실을 당사자에게 통지하여야 한다.

1. 과태료 징수금을 지정된 기한까지 납부하지 아니하였을 때
2. 담보의 제공이나 변경, 그 밖에 담보보전에 필요한 행정청의 명령에 따르지 아니하였을 때
3. 재산상황이나 그 밖의 사정의 변화로 유예할 필요가 없다고 인정될 때
4. 제1호부터 제3호까지에 준하는 대통령령으로 정하는 사유에 해당되어 유예한 기한까지 과태료 징수금의 전액을 징수할 수 없다고 인정될 때

⑥ 과태료 징수유예등의 방식과 절차, 그 밖에 징수유예등에 관하여 필요한 사항은 대통령령으로 정한다.

제24조의4(결손처분) ① 행정청은 당사자에게 다음 각 호의 어느 하나에 해당하는 사유가 있을 경우에는 결손처분을 할 수 있다.

1. 제15조 제1항에 따라 과태료의 소멸시효가 완성된 경우
2. 체납자의 행방이 분명하지 아니하거나 재산이 없는 등 징수할 수 없다고 인정되는 경우로서 대통령령으로 정하는 경우

② 행정청은 제1항 제2호에 따라 결손처분을 한 후 압류할 수 있는 다른 재산을 발견하였을 때에는 지체 없이 그 처분을 취소하고 체납처분을 하여야 한다.

4. 질서위반행위의 재판 및 집행

제25조(관할 법원) 과태료 사건은 다른 법령에 특별한 규정이 있는 경우를 제외하고는 당사자의 주소지의 지방법원 또는 그 지원의 관할로 한다.

제26조(관할의 표준이 되는 시기) 법원의 관할은 행정청이 제21조제1항 및 제2항에 따라 이의제기 사실을 통보한 때를 표준으로 정한다.

제27조(관할위반에 따른 이송) ① 법원은 과태료 사건의 전부 또는 일부에 대하여 관할권이 없다고 인정하는 경우에는 결정으로 이를 관할 법원으로 이송한다.
② 당사자 또는 검사는 이송결정에 대하여 즉시항고를 할 수 있다.

제28조(준용규정) 「비송사건절차법」제2조부터 제4조까지, 제6조, 제7조, 제10조(인증과 감정을 제외한다) 및 제24조부터 제26조까지의 규정은 이 법에 따른 과태료 재판(이하 "과태료 재판"이라 한다)에 준용한다.

제29조(법원직원의 제척 등) 법원직원의 제척·기피 및 회피에 관한 「민사소송법」의 규정은 과태료 재판에 준용한다.

제30조(행정청 통보사실의 통지) 법원은 제21조제1항 및 제2항에 따른 행정청의 통보가 있는 경우 이를 즉시 검사에게 통지하여야 한다.

제31조(심문 등) ① 법원은 심문기일을 열어 당사자의 진술을 들어야 한다.
② 법원은 검사의 의견을 구하여야 하고, 검사는 심문에 참여하여 의견을 진술하거나 서면으로 의견을 제출하여야 한다.
③ 법원은 당사자 및 검사에게 제1항에 따른 심문기일을 통지하여야 한다.

제32조(행정청에 대한 출석 요구 등) ① 법원은 행정청의 참여가 필요하다고 인정하는 때에는 행정청으로 하여금 심문기일에 출석하여 의견을 진술하게 할 수 있다.
② 행정청은 법원의 허가를 받아 소속 공무원으로 하여금 심문기일에 출석하여 의견을 진술하게 할 수 있다.

제33조(직권에 의한 사실탐지와 증거조사) ① 법원은 직권으로 사실의 탐지와 필요하다고 인정하는 증거의 조사를 하여야 한다.
② 제1항의 증거조사에 관하여는 「민사소송법」에 따른다.

제34조(촉탁할 수 있는 사항) 사실탐지·소환 및 고지에 관한 행위는 촉탁할 수 있다.

제35조(조서의 작성) 법원서기관·법원사무관·법원주사 또는 법원주사보(이하 "법원사무관등"이라 한

다)는 증인 또는 감정인의 심문에 관하여는 조서를 작성하고, 그 밖의 심문에 관하여는 필요하다고 인정하는 경우에 한하여 조서를 작성한다.

제36조(재판) ① 과태료 재판은 <u>이유를 붙인 결정으로써</u> 한다.
② 결정서의 원본에는 판사가 서명날인하여야 한다. 다만, 제20조제1항에 따른 이의제기서 또는 조서에 재판에 관한 사항을 기재하고 판사가 이에 서명날인함으로써 원본에 갈음할 수 있다.
③ 결정서의 정본과 등본에는 법원사무관등이 기명날인하고, 정본에는 법원인을 찍어야 한다.
④ 제2항의 서명날인은 기명날인으로 갈음할 수 있다.

제37조(결정의 고지) ① 결정은 <u>당사자와 검사에게 고지함으로써 효력이 생긴다.</u>
② 결정의 고지는 법원이 적당하다고 인정하는 방법으로 한다. 다만, 공시송달을 하는 경우에는 「민사소송법」에 따라야 한다.
③ 법원사무관등은 고지의 방법·장소와 연월일을 결정서의 원본에 부기하고 이에 날인하여야 한다.

제38조(항고) ① 당사자와 검사는 과태료 재판에 대하여 <u>즉시항고를 할 수 있다.</u> 이 경우 항고는 <u>집행정지의 효력이 있다.</u>
② 검사는 필요한 경우에는 제1항에 따른 즉시항고 여부에 대한 행정청의 의견을 청취할 수 있다.

제39조(항고법원의 재판) 항고법원의 과태료 재판에는 이유를 적어야 한다.

제40조(항고의 절차) 「민사소송법」의 항고에 관한 규정은 특별한 규정이 있는 경우를 제외하고는 이 법에 따른 항고에 준용한다.

제41조(재판비용) ① 과태료 재판절차의 비용은 과태료에 처하는 선고가 있는 경우에는 그 선고를 받은 자의 부담으로 하고, 그 외의 경우에는 국고의 부담으로 한다.
② 항고법원이 당사자의 신청을 인정하는 과태료 재판을 한 때에는 항고절차의 비용과 전심에서 당사자의 부담이 된 비용은 국고의 부담으로 한다.

제42조(과태료 재판의 집행) ① 과태료 재판은 <u>검사의 명령으로써 집행한다.</u> 이 경우 그 명령은 집행력 있는 집행권원과 동일한 효력이 있다.
② 과태료 재판의 집행절차는 「민사집행법」에 따르거나 국세 또는 지방세 체납처분의 예에 따른다. 다만, 「민사집행법」에 따를 경우에는 집행을 하기 전에 과태료 재판의 송달은 하지 아니한다.
③ 과태료 재판의 집행에 대하여는 제24조 및 제24조의2를 준용한다. 이 경우 제24조의2제1항 및 제2항 중 "과태료 부과처분에 대하여 이의를 제기하지 아니한 채 제20조제1항에 따른 기한이 종료한 후"는 "과태료 재판이 확정된 후"로 본다. 〈개정 2011. 4. 5.〉
④ 검사는 제1항부터 제3항까지의 규정에 따른 과태료 재판을 집행한 경우 그 결과를 해당 행정청에 통보하여야 한다.

제43조(과태료 재판 집행의 위탁) ① 검사는 <u>과태료를 최초 부과한 행정청</u>에 대하여 과태료 <u>재판의 집행을 위탁할 수 있고</u>, 위탁을 받은 행정청은 국세 또는 지방세 체납처분의 예에 따라 집행한다.
② 지방자치단체의 장이 제1항에 따라 집행을 위탁받은 경우에는 그 집행한 금원(金員)은 <u>당해 지방자치단체의 수입으로 한다.</u>

제44조(약식재판) 법원은 상당하다고 인정하는 때에는 제31조제1항에 따른 <u>심문 없이</u> 과태료 재판을 할 수 있다.

제45조(이의신청) ① 당사자와 검사는 제44조에 따른 약식재판의 고지를 받은 날부터 7일 이내에 이의신청을 할 수 있다.
② 검사는 필요한 경우에는 제1항에 따른 이의신청 여부에 대하여 행정청의 의견을 청취할 수 있다.
③ 제1항의 기간은 불변기간으로 한다.
④ 당사자와 검사가 책임질 수 없는 사유로 제1항의 기간을 지킬 수 없었던 경우에는 그 사유가 없어진 날부터 14일 이내에 이의신청을 할 수 있다. 다만, 그 사유가 없어질 당시 외국에 있던 당사자에 대하여는 그 기간을 30일로 한다.

제46조(이의신청 방식) ① 이의신청은 대통령령으로 정하는 이의신청서를 제44조에 따른 약식재판을 한 법원에 제출함으로써 한다.
② 법원은 제1항에 따른 이의신청이 있은 때에는 이의신청의 상대방에게 이의신청서 부본을 송달하여야 한다.

제47조(이의신청 취하) ① 이의신청을 한 당사자 또는 검사는 정식재판 절차에 따른 결정을 고지받기 전까지 이의신청을 취하할 수 있다.
② 이의신청의 취하는 대통령령으로 정하는 이의신청취하서를 제46조제1항에 따른 법원에 제출함으로써 한다. 다만, 심문기일에는 말로 할 수 있다.
③ 법원은 제46조제2항에 따라 이의신청서 부본을 송달한 뒤에 제1항에 따른 이의신청의 취하가 있은 때에는 그 상대방에게 이의신청취하서 부본을 송달하여야 한다.

제48조(이의신청 각하) ① 법원은 이의신청이 법령상 방식에 어긋나거나 이의신청권이 소멸된 뒤의 것임이 명백한 경우에는 결정으로 이를 각하하여야 한다. 다만, 그 흠을 보정할 수 있는 경우에는 그러하지 아니하다.
② 제1항의 결정에 대하여는 즉시항고를 할 수 있다.

제49조(약식재판의 확정) 약식재판은 다음 각 호의 어느 하나에 해당하는 때에 확정된다.
1. 제45조에 따른 기간 이내에 이의신청이 없는 때
2. 이의신청에 대한 각하결정이 확정된 때
3. 당사자 또는 검사가 이의신청을 취하한 때

제50조(이의신청에 따른 정식재판절차로의 이행) ① 법원이 이의신청이 적법하다고 인정하는 때에는 약식재판은 그 효력을 잃는다.
② 제1항의 경우 법원은 제31조제1항에 따른 심문을 거쳐 다시 재판하여야 한다.

5. 보칙

제51조(자료제출 요구) 법무부장관은 과태료 징수 관련 통계 작성 등 이 법의 운용과 관련하여 필요한 경우에는 중앙행정기관의 장이나 그 밖의 관계 기관의 장에게 과태료 징수 현황 등에 관한 자료의 제출을 요구할 수 있다.

제52조(관허사업의 제한) ① 행정청은 허가·인가·면허·등록 및 갱신(이하 "허가등"이라 한다)을 요하는 사업을 경영하는 자로서 다음 각 호의 사유에 모두 해당하는 체납자에 대하여는 사업의 정지 또는 허가등의 취소를 할 수 있다.

1. 해당 사업과 관련된 질서위반행위로 부과받은 과태료를 <u>3회 이상 체납</u>하고 있고, 체납발생일부터 각 <u>1년이</u> 경과하였으며, 체납금액의 합계가 <u>500만원 이상인 체납자</u> 중 대통령령으로 정하는 횟수와 금액 이상을 체납한 자
2. <u>천재지변이나 그 밖의 중대한 재난 등</u> 대통령령으로 정하는 특별한 사유 없이 과태료를 체납한 자

② 허가등을 요하는 사업의 주무관청이 따로 있는 경우에는 행정청은 당해 주무관청에 대하여 사업의 정지 또는 허가등의 취소를 요구할 수 있다.
③ 행정청은 제1항 또는 제2항에 따라 사업의 정지 또는 허가등을 취소하거나 주무관청에 대하여 그 요구를 한 후 당해 과태료를 징수한 때에는 지체 없이 사업의 정지 또는 허가등의 취소나 그 요구를 철회하여야 한다.
④ 제2항에 따른 행정청의 요구가 있는 때에는 당해 주무관청은 정당한 사유가 없는 한 이에 응하여야 한다.

제53조(신용정보의 제공 등) ① 행정청은 과태료 징수 또는 공익목적을 위하여 필요한 경우 「국세징수법」 제110조를 준용하여 「신용정보의 이용 및 보호에 관한 법률」 제25조 제2항 제1호에 따른 <u>종합신용정보집중기관의 요청에 따라 체납 또는 결손처분자료를 제공할 수 있다.</u> 이 경우 「국세징수법」 제110조를 준용할 때 "체납자"는 "체납자 또는 결손처분자"로, "체납자료"는 "체납 또는 결손처분 자료"로 본다.
② 행정청은 당사자에게 과태료를 납부하지 아니할 경우에는 체납 또는 결손처분자료를 제1항의 신용정보집중기관에게 제공할 수 있음을 미리 알려야 한다.
③ 행정청은 제1항에 따라 체납 또는 결손처분자료를 제공한 경우에는 대통령령으로 정하는 바에 따라 해당 체납자에게 그 제공사실을 통보하여야 한다.

제54조(고액·상습체납자에 대한 제재) ① 법원은 검사의 청구에 따라 결정으로 <u>30일의 범위 이내에서</u> 과태료의 납부가 있을 때까지 다음 각 호의 사유에 모두 해당하는 경우 체납자(법인인 경우에는 대표자를 말한다. 이하 이 조에서 같다)를 <u>감치(監置)에 처할 수 있다.</u>
1. 과태료를 <u>3회 이상</u> 체납하고 있고, 체납발생일부터 각 <u>1년이</u> 경과하였으며, 체납금액의 합계가 <u>1천만원 이상인 체납자</u> 중 대통령령으로 정하는 횟수와 금액 이상을 체납한 경우
2. 과태료 <u>납부능력이 있음에도 불구하고 정당한 사유 없이 체납한 경우</u>

② 행정청은 과태료 체납자가 제1항 각 호의 사유에 모두 해당하는 경우에는 관할 지방검찰청 또는 지청의 검사에게 체납자의 감치를 신청할 수 있다.
③ 제1항의 결정에 대하여는 즉시항고를 할 수 있다.
④ 제1항에 따라 감치에 처하여진 과태료 체납자는 동일한 체납사실로 인하여 재차 감치되지 아니한다.
⑤ 제1항에 따른 감치에 처하는 재판 절차 및 그 집행, 그 밖에 필요한 사항은 대법원규칙으로 정한다.

제55조(자동차 관련 과태료 체납자에 대한 자동차 등록번호판의 영치) ① 행정청은 「자동차관리법」 제2조 제1호에 따른 <u>자동차의 운행·관리 등에 관한 질서위반행위 중 대통령령으로 정하는 질서위반행위로 부과받은 과태료</u>(이하 "자동차 관련 과태료"라 한다)를 납부하지 아니한 자에 대하여 체납된 자동차 관련 과태료와 관계된 그 소유의 자동차의 등록번호판을 영치할 수 있다.
② 자동차 등록업무를 담당하는 주무관청이 아닌 행정청이 제1항에 따라 등록번호판을 영치한 경우에는 지체 없이 주무관청에 등록번호판을 영치한 사실을 통지하여야 한다.
③ 자동차 관련 과태료를 납부하지 아니한 자가 체납된 자동차 관련 과태료를 납부한 경우 행정청은

영치한 자동차 등록번호판을 즉시 내주어야 한다.
④ 행정청은 제1항에 따라 자동차의 등록번호판이 영치된 당사자가 <u>해당 자동차를 직접적인 생계유지 목적으로 사용하고 있어 자동차 등록번호판을 영치할 경우 생계유지가 곤란하다고 인정되는 경우 자동차 등록번호판을 내주고 영치를 일시 해제할 수 있다.</u> 다만, 그 밖의 다른 과태료를 체납하고 있는 당사자에 대하여는 그러하지 아니하다.
⑤ 제1항부터 제4항까지에서 규정한 사항 외에 자동차 등록번호판 영치의 요건·방법·절차, 영치 해제의 요건·방법·절차 및 영치 일시 해제의 기간·요건·방법·절차에 관하여 필요한 사항은 대통령령으로 정한다.

제56조(자동차 관련 과태료 납부증명서의 제출) 자동차 관련 과태료와 관계된 자동차가 그 자동차 관련 과태료의 체납으로 인하여 압류등록된 경우 그 자동차에 대하여 소유권 이전등록을 하려는 자는 <u>압류등록의 원인이 된 자동차 관련 과태료(제24조에 따른 가산금 및 중가산금을 포함한다)를 납부한 증명서를 제출하여야 한다.</u> 다만, 「전자정부법」 제36조 제1항에 따른 행정정보의 공동이용을 통하여 납부사실을 확인할 수 있는 경우에는 그러하지 아니하다.

제57조(과태료) ① 제22조 제2항에 따른 <u>검사를 거부·방해 또는 기피한 자에게는 500만원 이하의 과태료를 부과한다.</u>
② 제1항에 따른 과태료는 제22조에 따른 행정청이 부과·징수한다.

예제 과태료에 관한 설명으로 옳지 않은 것은? (다툼이 있는 경우 판례에 의함) ▶ 23 소방승진

① 과태료의 부과에도 법률의 근거가 있어야 한다.
② 과태료의 부과 여부 및 그 당부는 최종적으로 「질서위반행위규제법」의 절차에 의하여 판단되어야 한다고 할 것이므로, 그 과태료 부과처분은 행정청을 피고로 하는 항고소송의 대상이 되는 처분이라고 볼 수 없다.
③ 과태료 재판은 이유를 붙인 결정으로써 한다.
④ 「질서위반행위규제법」상 질서위반행위에 대한 과태료는 객관적 법 위반사실에 착안하여 부과되는 것이므로 행위자의 고의 또는 과실이 없다 하더라도 부과할 수 있다.

정답 ④

④ (×) 질서위반행위규제법 제7조(고의 또는 과실) 고의 또는 과실이 없는 질서위반행위는 과태료를 부과하지 아니한다.
① (○) 동법 제6조(질서위반행위 법정주의) 법률에 따르지 아니하고는 어떤 행위도 질서위반행위로 과태료를 부과하지 아니한다.
② (○) 대판 2012.10.11. 2011두19369
③ (○) 동법 제36조(재판) ① 과태료 재판은 이유를 붙인 결정으로써 한다.

예제 「질서위반행위규제법」의 내용에 대한 설명으로 옳지 않은 것은?
① 고의 또는 과실이 없는 질서위반행위는 과태료를 부과하지 아니한다.
② 과태료는 행정청의 과태료 부과처분이나 법원의 과태료 재판이 확정된 후 5년간 징수하지 아니하거나 집행하지 아니하면 시효로 인하여 소멸한다.
③ 신분에 의하여 성립하는 질서위반행위에 신분이 없는 자가 가담한 때에는 신분이 없는 자에 대하여는 질서위반행위가 성립하지 않는다.
④ 행정청이 질서위반행위에 대하여 과태료를 부과하고자 하는 때에는 미리 당사자에게 대통령령으로 정하는 사항을 통지하고, 10일 이상의 기간을 정하여 의견을 제출할 기회를 주어야 한다.

정답 ③

③ (×) 신분에 의하여 성립하는 질서위반행위에 신분이 없는 자가 가담한 때에는 신분이 없는 자에 대하여도 질서위반행위가 성립한다(질서위반행위규제법 제12조 제2항).
① (○) 동법 제7조 ② (○) 동법 제15조 제1항 ④ (○) 동법 제16조 제1항

제3장 행정강제

제1절 행정상 강제집행

제1관 개설

1. 의의

행정상 강제집행이란 '**행정법상 의무불이행이 있는 경우에 행정주체가 의무자의 신체 또는 재산에 직접 실력을 가하여 그 의무를 이행하게 하거나 또는 그 의무가 이행된 것과 같은 상태를 실현하는 행정작용**'을 말한다. 따라서 행정상 강제집행은 개별·구체적인 의무의 불이행을 전제로 하며, 명령적 행위에서 문제된다.

> **관련판례**
>
> 행정대집행절차가 인정되는 공법상 의무의 이행을 민사소송의 방법으로 실현할 수 없음
> [1] 구 토지수용법 제18조의2 제2항에 의하면 사업인정의 고시가 있은 후에는 고시된 토지에 공작물의 신축, 개축, 증축 또는 대수선을 하거나 물건을 부가 또는 증치하고자 하는 자는 미리 도지사의 허가를 받도록 되어 있고, 한편 구 도로법 제74조 제1항 제1호에 의하면 관리청은 같은 법 또는 이에 의한 명령 또는 처분에 위반한 자에 대하여는 공작물의 개축, 물건의 이전 기타 필요한 처분이나 조치를 명할 수 있다고 되어 있으므로 토지에 관한 도로구역 결정이 고시된 후 구 토지수용법 제18조의2 제2항에 위반하여 공작물을 축조하고 물건을 부가한 자에 대하여 관리청은 이러한 위반행위에 의하여 생긴 유형적 결과의 시정을 명하는 행정처분을 하여 이에 따르지 않는 경우에는 행정대집행의 방법으로 그 의무내용을 실현할 수 있는 것이고, 이러한 행정대집행의 절차가 인정되는 경우에는 따로 민사소송의 방법으로 공작물의 철거, 수거 등을 구할 수는 없다(대판 2000.5.12. 99다18909).
>
> [2] 공유재산 및 물품 관리법 제83조 제1항은 "지방자치단체의 장은 정당한 사유 없이 공유재산을 점유하거나 공유재산에 시설물을 설치한 경우에는 원상복구 또는 시설물의 철거 등을 명하거나 이에 필요한 조치를 할 수 있다."라고 규정하고, 제2항은 "제1항에 따른 명령을 받은 자가 그 명령을 이행하지 아니할 때에는 '행정대집행법'에 따라 원상복구 또는 시설물의 철거 등을 하고 그 비용을 징수할 수 있다."라고 규정하고 있다. 위 규정에 따라 지방자치단체장은 행정대집행의 방법으로 공유재산에 설치한 시설물을 철거할 수 있고, 이러한 행정대집행의 절차가 인정되는 경우에는 민사소송의 방법으로 시설물의 철거를 구하는 것은 허용되지 아니한다(대판 2017.4.13. 2013다207941).

2. 행정상 강제집행의 근거

(1) 이론적 근거

종래 대륙법계 국가에서는 국민에게 의무를 명하는 법규에 의무의 내용을 실현할 수 있는 강제집행권이 내재되어 있다고 보았다(처분권내재설). 그러나 오늘날 행정상의 강제집행은 행정청의 의무를 명하는 하명과 별도로 개인의 자유와 권리를 추가적으로 침해할 수 있으므로 강제집행을 위해서는 의무를 명하는 법규와 별도로 의무이행을 강제하는데 필요한 법적 근거를 요한다고 본다.

(2) 실정법적 근거

대집행에 관한 일반법으로서 행정대집행법, 강제징수에 관한 실질적인 일반법으로서 국세징수법이 있다. 그 밖에도 특별법(예 출입국관리법 제62조, 「공익사업을 위한 토지 등의 취득 및 보상에 관한 법률」 제89조)이 있다. 그러나 직접강제에 관한 일반법은 없다.

제2관 행정대집행

01 의의

1. 개념

행정대집행은 '의무자가 행정상 의무(법령등에서 직접 부과하거나 행정청이 법령등에 따라 부과한 의무를 말한다)로서 타인이 대신하여 행할 수 있는 의무를 이행하지 아니하는 경우 법률로 정하는 다른 수단으로는 그 이행을 확보하기 곤란하고 그 불이행을 방치하면 공익을 크게 해칠 것으로 인정될 때에 행정청이 의무자가 하여야 할 행위를 스스로 하거나 제3자에게 하게 하고 그 비용을 의무자로부터 징수하는 것'을 말한다(행정기본법 제30조 제1항 제1호).(예 폐기물을 법령에 위반되게 처리한 경우 행정청이 발령한 조치명령을 위반한 때의 대집행, 위법광고물의 철거행위)

2. 법적 근거

일반적인 근거법으로 행정대집행법이 있고, 특별규정으로 「공익사업을 위한 토지 등의 취득 및 보상에 관한 법률」 제89조, 건축법 제85조, 도로법 제74조, 자연공원법 제31조, 폐기물처리법 제49조, 도로교통법 제31조의2, 옥외광고물등관리법 제10조의2 등이 있다.

02 대집행주체와 대집행행위자

1. 대집행주체

대집행의 주체는 당해 행정청이다. 당해 행정청이란 당초에 의무를 명하는 행정행위를 한 행정청을 말한다(행정대집행법 제2조). 당해 행정청의 위임이 있으면 다른 행정청도 대집행주체가 된다.

2. 대집행행위자

당해 행정청이 대집행을 현실로 수행하는 경우 자력집행이라 하고, 제3자가 대집행을 수행하는 경우 타자집행이라 한다. 자력집행의 경우 당해 행정청과 의무자의 법률관계는 공법관계(공법상 대리)에 있다.

03 대집행의 요건

1. 공법상 의무의 불이행이 있을 것

(1) 사법상 의무의 불이행은 대집행의 대상이 되지 않는다. 의무의 불이행이 요건이므로 대집행절차의 개시 후에 의무이행이 있게 되면 대집행은 중지되어야 한다.

(2) 공법상 의무는 법률(법률의 위임에 의한 명령, 지방자치단체의 조례를 포함)에 의하여 직접 명령되었거나 법률에 의거한 행정청의 명령에 의한 행위를 말한다(행정대집행법 제2조).

(3) 대집행의 요건으로서 작위의무의 부과와 대집행의 계고처분은 원칙적으로 독립하여 이루어져야 하나, 판례는 동시이행을 제한적으로 인정하고 있다(대판 1992.6.12. 91누13564).

> **관련판례**
>
> 건물의 점유자가 철거의무자인 경우 별도로 퇴거를 명하는 집행권원이 필요한지 여부
> 관계 법령상 행정대집행의 절차가 인정되어 행정청이 행정대집행의 방법으로 건물의 철거 등 대체적 작위의무의 이행을 실현할 수 있는 경우에는 따로 민사소송의 방법으로 그 의무의 이행을 구할 수 없다. 한편 <u>건물의 점유자가 철거의무자일 때에는 건물철거의무에 퇴거의무도 포함되어 있는 것이어서 별도로 퇴거를 명하는 집행권원이 필요하지 않다</u>(대판 2017.4.28. 2016다213916).

2. 불이행된 의무는 대체적 작위의무일 것

(1) 대체적 작위의무

① 대체적 작위의무는 타인이 대신하여 행할 수 있는 행위를 말한다(예 건축물의 철거, 입간판·현수막·벽보·전단지 제거, 입목의 벌채, 방재시설의 설치, 공장시설의 개선, 공작물 기타 물건의 제거·이전·개수, 토지형질의 원상회복). 대체적 작위의무가 노무제공의무(예 사람의 구조)인 경우에도 대집행의 대상이 된다.

② 그러나 ㉠ 일신전속적 또는 전문기술적이어서 의무자만이 이행가능한 비대체적 작위의무(예 병역의무, 의사의 진료의무), ㉡ 부작위의무(예 야간소음금지의무), ㉢ 수인의무의 불이행의 경우는 대집행의 대상이 되지 못한다.

(2) 부작위의무의 작위의무로의 전환

① 예컨대 "하천유수인용허가신청이 불허되었음을 이유로 하천유수인용행위를 중단할 것과 이를 불

이행할 경우 행정대집행법에 의하여 대집행하겠다는 내용의 계고처분은 대집행의 대상이 될 수 없는 부작위의무에 대한 것으로서 그 자체로 위법하다(대판 1998.10.2. 96누5445).

② 부작위의무(예 건축금지의무)는 철거명령 등을 통해 작위의무로 전환시킨 후 그 작위의무위반을 이유로 대집행을 할 수 있으나, **작위의무**로 전환시킬 법적 근거(예 건축법 제69조의 철거명령)가 있어야 한다. 그러한 근거법령이 없는 경우에는 법치행정의 원리상 부작위의무로부터 곧바로 작위명령을 할 수 없다.

(3) 토지·물건 등의 인도의무의 대집행 대상성

토지·물건 등의 인도는 타인이 대신하여 행할 수 있는 행위가 아니므로 대집행의 대상이 되지 않는다(다수설·판례). 따라서 토지·물건 등의 인도는 이를 점유하고 있는 사람을 실력으로 배제하여야 하므로 직접강제 또는 집행벌의 대상이 된다. 다만 정당한 사유 없이 국유재산을 점유하거나 이에 시설물을 설치한 경우에는 「행정대집행법」을 준용하여 철거하거나 그 밖에 필요한 조치를 할 수 있다(국유재산법 제74조).

> **관련판례**
>
> **금지규정에서 작위의무 명령권이 당연히 도출되지 아니함**
> 단순한 부작위의무의 위반, 즉 관계 법령에 정하고 있는 절대적 금지나 허가를 유보한 상대적 금지를 위반한 경우에는 당해 법령에서 그 위반자에 대하여 위반에 의하여 생긴 유형적 결과의 시정을 명하는 행정처분의 권한을 인정하는 규정(예컨대 건축법 제69조, 도로법 제74조, 하천법 제67조, 도시공원법 제20조, 옥외광고물등관리법 제10조 등)을 두고 있지 아니한 이상, 법치주의의 원리에 비추어 볼 때 위와 같은 <u>부작위의무로부터 그 의무를 위반함으로써 생긴 결과를 시정하기 위한 작위의무를 당연히 끌어낼 수는 없으며, 또 위 금지규정(특히 허가를 유보한 상대적 금지규정)으로부터 작위의무, 즉 위반결과의 시정을 명하는 권한이 당연히 추론되는 것도 아니다</u>(대판 1996.6.28. 96누4374).
>
> **점유자의 퇴거 및 명도의무는 행정대집행법에 의한 대집행의 대상이 되지 아니함**
> 도시공원시설인 매점의 관리청이 그 공동점유자 중의 1인에 대하여 소정의 기간 내에 위 매점으로부터 퇴거하고 이에 부수하여 그 판매 시설물 및 상품을 반출하지 아니할 때에는 이를 대집행하겠다는 내용의 계고처분은 그 주된 목적이 매점의 원형을 보존하기 위하여 점유자가 설치한 불법 시설물을 철거하고자 하는 것이 아니라, <u>매점에 대한 점유자의 점유를 배제하고 그 점유이전을 받는 데 있다고 할 것인데, 이러한 의무는 그것을 강제적으로 실현함에 있어 직접인 실력행사가 필요한 것이지 대체적 작위의무에 해당하는 것은 아니어서 직접강제의 방법에 의하는 것은 별론으로 하고 행정대집행법에 의한 대집행의 대상이 되는 것은 아니다</u>(대판 1998.10.23. 97누157).
>
> **구 토지수용법상 피수용자 등이 기업자에 대하여 부담하는 수용대상 토지의 인도의무는 행정대집행법에 의한 대집행의 대상이 될 수 없음**
> 피수용자 등이 기업자에 대하여 부담하는 수용대상 토지의 인도의무에 관한 구 토지수용법제63조, 제64조, 제77조 규정에서의 '인도'에는 명도도 포함되는 것으로 보아야 하고, 이러한 명도의

무는 그것을 강제적으로 실현하면서 직접적인 실력행사가 필요한 것이지 대체적 작위의무라고 볼 수 없으므로 특별한 사정이 없는 한 행정대집행법에 의한 대집행의 대상이 될 수 있는 것이 아니다(대판 2005.8.19. 2004다2809).

관계 법령에 위반하여 장례식장 영업을 하고 있는 자의 장례식장 사용 중지 의무는 행정대집행법 제2조의 규정에 의한 대집행의 대상이 아님
이 사건 용도위반 부분을 장례식장으로 사용하는 것이 관계 법령에 위반한 것이라는 이유로 장례식장의 사용을 중지할 것과 이를 불이행할 경우 행정대집행법에 의하여 대집행하겠다는 내용의 이 사건 처분은, 이 사건 처분에 따른 '장례식장 사용중지 의무'가 원고 이외의 '타인이 대신'할 수도 없고, 타인이 대신하여 '행할 수 있는 행위'라고도 할 수 없는 비대체적 부작위 의무에 대한 것이므로, 그 자체로 위법함이 명백하다(대판 2005.9.28. 2005두7464).

3. 다른 수단으로는 그 이행확보가 곤란할 것

대집행에는 대집행으로 인한 당사자의 불이익을 최소화하기 위한 비례원칙(특히 보충성의 원칙)이 적용되어, 불이행된 의무를 다른 수단으로는 이행을 확보하기 곤란하여야 한다. 이러한 보충성요건의 주장·입증책임은 처분행정청에게 있다(대판 1993.9.14. 92누16690).

4. 그 불이행의 방치가 심히 공익을 해하는 것으로 인정될 것

경미한 의무위반에 대하여는 대집행을 하는 것은 위법한 것이 된다. 이 요건의 충족 여부는 사안에 따라 구체적으로 판단해야 하나, 그 판단은 행정기관의 재량에 일임되는 것이 아니라 기속적이라고 보아야 한다.

5. 기타 – 대집행에 있어서의 재량문제

위의 요건들을 갖춘 경우 대집행을 할 것인지의 여부와 관련하여, 행정대집행법은 '대집행을 할 수 있다'고 규정하고 있으므로 재량행위로 봄이 타당하다(다수설). 판례도 재량으로 보고 있다. 다만 재량이 0으로 수축되는 경우에는 대집행을 하여야 할 것이다.

04 대집행의 절차

1. 계고

(1) 의의

계고는 **의무이행을 최고함과 동시에 상당한 이행기한을 정하여 그 기한까지 이행되지 아니할 때에는 대집행을 한다는 뜻을 문서로 통지하는 것**을 말한다. 계고는 대집행이 행하여지는 것을 미리 통지하여 의무이행을 독촉하고, 대집행에 대한 예측가능성을 부여하는 기능을 한다.

(2) 법적 성질

계고처분의 법적성질에 관하여 다수설은 준법률행위적 행정행위의 하나인 통지행위로 보고 있다. 따

라서 계고는 그 자체가 독립하여 항고소송의 대상이 된다. 일부 견해는 작위의무를 부과하는 하명으로 보기도 한다. 1차 계고를 행한 경우에 2차 계고는 대집행기한의 연기통지에 불과하므로 행정처분이 아니다(대판 2000.2.22. 98두4665).

(3) 내용 및 방식

① 계고는 문서로 하여야 하고, 의무자가 이행하여야 할 행위와 그 의무불이행시 대집행할 행위의 내용 및 범위가 구체적으로 특정되어야 한다. 다만 그 행위의 내용과 범위는 대집행계고서 외에 그 처분 후에 송달된 문서나 기타 사정을 종합하여 특정할 수 있으면 족하다(대판 1994.10.28. 94누5144).

② 행정청은 상당한 이행기한을 정함에 있어 의무의 성질·내용 등을 고려하여 사회통념상 해당 의무를 이행하는 데 필요한 기간이 확보되도록 하여야 한다(제3조 제1항). 이러한 이행기간의 결정에 있어서 대집행기관은 어느 정도 재량권을 가지고 있으나, 상당한 이행기간을 정하여 계고하지 않고 행한 대집행은 적법절차에 위반된 위법한 처분이다(대판 1992.12.8. 92누11626).

③ 계고를 할 때에는 이미 대집행의 요건이 충족되어야 한다. 따라서 법률에 특별규정이 없는 한, 계고는 철거의무를 명하는 행정행위와 결합하여 발령될 수 없다.

④ 비상시 또는 위험이 절박한 경우에 있어서 당해 행위의 급속한 실시를 요하여 계고의 수속을 취할 여유가 없을 때에는 그 수속을 거치지 아니하고 대집행을 할 수 있다(행정대집행법 제3조).

> **관련판례**
>
> **대집행계고를 함에 있어 대집행할 행위의 내용 및 범위가 대집행계고서에 의하여서만 특정되어야 하는지 여부**
> 행정청이 행정대집행법 제3조 제1항에 의한 대집행계고를 함에 있어서는 의무자가 스스로 이행하지 아니하는 경우에 대집행할 행위의 내용 및 범위가 구체적으로 특정되어야 하나, 그 행위의 내용 및 범위는 반드시 대집행계고서에 의하여서만 특정되어야 하는 것이 아니고 <u>계고처분 전후에 송달된 문서나 기타 사정을 종합하여 행위의 내용이 특정되면 족하다</u>(대판 1994.10.28. 94누5144).
>
> **계고서라는 명칭의 1장의 문서로서 한 철거명령과 계고처분**
> 계고서라는 명칭의 1장의 문서로서 일정기간 내에 위법건축물의 자진철거를 명함과 동시에 그 소정기한 내에 자진철거를 하지 아니할 때에는 대집행할 뜻을 미리 계고한 경우라도 건축법에 의한 철거명령과 행정대집행법에 의한 계고처분은 독립하여 있는 것으로서 각 그 요건이 충족되었다고 볼 것이다. 이 경우, <u>철거명령에서 주어진 일정기간이 자진철거에 필요한 상당한 기간이라면</u> 그 기간 속에는 계고시에 필요한 '상당한 이행기간'도 포함되어 있다고 보아야 할 것이다(대판 1992.6.12. 91누13564).

2. 대집행영장에 의한 통지

(1) 의의

① 의무자가 계고를 받고 지정기한까지 그 의무를 이행하지 아니할 때에는 당해 행정청은 대집행영장으로써 대집행을 할 시기, 대집행을 시키기 위하여 파견하는 집행책임자의 성명과 대집행에 요하는 비용의 개산에 의한 견적액을 의무자에게 통지하여야 한다(제3조 제2항).

② 비상시 또는 위험이 절박한 경우에 있어서 당해 행위의 급속한 실시를 요하여 대집행영장에 의한 통지의 절차를 취할 여유가 없을 때에는 그 수속을 거치지 아니하고 대집행을 할 수 있다(제3항).

(2) 법적 성질

대집행영장의 발급은 준법률행위적 행정행위인 통지행위로 이해되나, 동시에 대집행시 그 구체적 내용과 그에 대한 실행을 수인할 의무가 확정된다. 따라서 대집행영장에 의한 통지는 처분성이 있으며 항고소송의 대상이 된다.

3. 대집행의 실행

(1) 실행절차

① 의무자가 지정된 기한까지 의무를 이행하지 않은 경우에는 당해 행정청은 ㉠ 스스로 의무자가 할 행위를 하거나, ㉡ 제3자로 하여금 그 행위를 하게 한다.

② 행정청(제2조에 따라 대집행을 실행하는 제3자를 포함)은 해가 뜨기 전이나 해가 진 후에는 대집행을 하여서는 아니 된다. 다만, 다음 각 호의 어느 하나에 해당하는 경우에는 그러하지 아니하다(제4조 제1항).

1. 의무자가 동의한 경우
2. 해가 지기 전에 대집행을 착수한 경우
3. 해가 뜬 후부터 해가 지기 전까지 대집행을 하는 경우에는 대집행의 목적 달성이 불가능한 경우
4. 그 밖에 비상시 또는 위험이 절박한 경우

③ 행정청은 대집행을 할 때 대집행 과정에서의 안전 확보를 위하여 필요하다고 인정하는 경우 현장에 긴급 의료장비나 시설을 갖추는 등 필요한 조치를 하여야 한다(제2항).

④ 대집행을 하기 위하여 현장에 파견되는 집행책임자는 그가 집행책임자라는 것을 표시한 증표를 휴대하여 대집행시에 이해관계인에게 제시하여야 한다(제3항).

> **관련판례**
>
> 건물철거 대집행 과정에서 퇴거 조치 및 경찰의 도움을 받을 수 있는지 여부
> 행정청이 행정대집행의 방법으로 건물철거의무의 이행을 실현할 수 있는 경우에는 건물철거 대집행 과정에서 부수적으로 건물의 점유자들에 대한 퇴거 조치를 할 수 있고, 점유자들이 적법한 행정대집행을 위력을 행사하여 방해하는 경우 형법상 공무집행방해죄가 성립하므로, 필요한 경우에는 '경찰관 직무집행법'에 근거한 위험발생 방지조치 또는 형법상 공무집행방해죄의 범행방지 내지 현행범체포의 차원에서 경찰의 도움을 받을 수도 있다(대판 2017.4.28. 2016다213916).

(2) 성질

대집행실행이 항고소송의 대상이 되는 처분에 해당하는지의 문제가 있다. 대집행실행은 공권력의 행사로서 권력적 사실행위에 해당하는데 ① 쟁송법적 처분설은 권력적 사실행위 그 자체가 행정쟁송법상의 처분에 해당하므로 취소소송으로 다툴 수 있다고 하고, ② 실체법적 처분설은 권력적 사실행위에 내포되어 있는 수인의무가 하명이어서 처분성이 인정된다는 견해를 취한다. 그러나 대집행실행이 이미 완료된 이후에는 소의 이익이 소멸한다.

4. 비용의 징수

대집행의 비용은 원칙상 의무자가 부담하여야 한다. 대집행에 요한 비용의 징수에 있어서는 **실제에 요한 비용액과 그 납기일을 정하여 의무자에게 문서로써 그 납부를 명**하여야 한다(제5조). 비용납부명령은 급부의무를 부과하는 하명으로서 처분성을 갖는다. 대집행에 요한 비용을 납부하지 않을 경우에는 국세징수법의 예에 의하여 징수할 수 있다(제6조 제1항). 대집행에 요한 비용에 대해서는 행정청은 사무비의 소속에 따라 국세에 다음가는 순위의 선취득권을 가진다(제2항). 대집행에 요한 비용을 징수하였을 때에는 그 징수금은 사무비의 소속에 따라 국고 또는 지방자치단체의 수입으로 한다(제3항).

> **관련판례**
>
> 대집행비용을 행정대집행법 절차에 따라 징수할 수 있음에도 민사소송절차에 의하여 그 비용의 상환을 청구할 수 없음
> 대한주택공사가 구 대한주택공사법 및 구 대한주택공사법 시행령에 의하여 대집행권한을 위탁받아 공무인 대집행을 실시하기 위하여 지출한 비용을 행정대집행법 절차에 따라 국세징수법의 예에 의하여 징수할 수 있음에도 민사소송절차에 의하여 그 비용의 상환을 청구한 사안에서, 행정대집행법이 대집행비용의 징수에 관하여 민사소송절차에 의한 소송이 아닌 간이하고 경제적인 특별구제절차를 마련해 놓고 있으므로, 위 청구는 소의 이익이 없어 부적법하다고 본 원심판단을 수긍한 사례(대법원 2011.9.8. 선고 2010다48240).

05 대집행에 대한 구제

1. 행정심판

대집행에 관하여 불복이 있는 자는 행정심판을 제기할 수 있다(행정대집행법 제7조). 대집행에 대한 행정심판은 임의절차이다. 그런데 실행행위가 장기간에 걸쳐 계속되는 경우를 제외하고는 행정대집행이 실행의 단계에 이르면 더 이상 행정심판을 제기할 권리보호의 필요는 없게 된다.

2. 행정소송

(1) 처분성

대집행의 기초가 되는 행정청의 하명과 그에 이은 계고, 대집행영장에 의한 통지, 대집행의 실행, 비용납부의 명령이 각각 처분의 성질을 갖는 것이므로 이를 대상으로 행정소송을 제기할 수 있다.

특히 대집행의 실행은 권력적 사실행위의 성질을 가지는데 행정소송법상의 '처분'에는 권력적 사실행위도 포함되므로 취소소송의 대상이 된다.

(2) 소의 이익

대집행계고처분 취소소송의 변론이 종결되기 전에 대집행의 실행이 완료된 경우에는 그 계고처분의 취소 또는 무효확인을 구할 소의 이익이 없어진다(대판 1971.4.20. 71누22). 그러나 대집행실행의 완료 후에도 대집행의 취소로 인해 회복되는 법률상의 이익이 있는 경우에는 취소소송제기가 인정된다고 볼 수 있다.

(3) 하자의 승계

판례나 다수설은 대집행절차의 개별적 행위 상호간의 하자승계를 인정한다. 따라서 불가쟁력이 발생한 계고 등 선행처분의 하자를 후행정행위의 위법성의 사유로서 주장할 수 있다. 그러나 대체적 작위의무의 부과처분(예 건축법상 철거명령)과 대집행절차 사이에는 동일한 목적·효과가 인정되지 아니하므로 부과처분이 당연무효가 아닌 한 하자의 승계가 인정되지 아니한다(대판 1987.7.27. 81누293).

(4) 기타

① 대집행에 대한 항고소송에서 대집행 요건을 충족하여 적법하다는 점은 처분 행정청에게 주장·입증책임이 있다(대판 1996.10.11. 96누8086). 그러나 불법건축물의 축조를 관할행정청이 묵인 내지 용인하였다는 점에 대한 입증책임은 이를 주장하는 원고에게 있다(대판 1993.9.14. 92누16690).
② 대집행 행위의 금지를 명하는 예방적 금지소송(예방적 부작위청구소송) 등이 무명항고소송의 형태로 논의될 수 있으나 판례는 이를 인정하지 않는다(대판 1987.3.24. 86누182).

3. 행정상 손해전보

(1) 위법한 대집행이나 과잉집행에 의하여 손해를 입은 자는 국가나 지방자치단체를 상대로 손해배상청구를 할 수 있다. 손해배상청구는 대집행이 실행종료된 경우에 보다 의미를 갖는다.
(2) 손해배상청구소송에서의 민사법원이 **선결문제**로서 계고처분 등의 대집행의 실행행위의 위법성을 심사할 수 있는지가 문제된다. 다수설과 판례는 이를 인정한다.
(3) 대집행의 실행으로 인하여 위법한 상태가 계속되는 경우에는 결과제거청구를 할 수 있다.

> **관련판례**
>
> **행정대집행이 실행완료된 경우 대집행계고처분의 취소를 구할 법률상 이익이 없음**
> 대집행계고처분 취소소송의 변론종결 전에 대집행영장에 의한 통지절차를 거쳐 사실행위로서 대집행의 실행이 완료된 경우에는 행위가 위법한 것이라는 이유로 손해배상이나 원상회복 등을 청구하는 것은 별론으로 하고 처분의 취소를 구할 법률상 이익은 없다(대판 1993.6.8. 선고 93누6164).
>
> **위법한 대집행 완료후 손해배상청구에서 행정처분의 취소판결을 요하지 아니함**
> 위법한 행정대집행이 완료되면 그 처분의 무효확인 또는 취소를 구할 소의 이익은 없다 하더라도, 미리 그 행정처분의 취소판결이 있어야만, 그 행정처분의 위법임을 이유로 한 손해배상 청구를 할 수 있는 것은 아니다(대판 1972.4.28. 72다337).

예제 행정대집행에 관한 설명으로 옳지 않은 것은? (다툼이 있으면 판례에 따름) ▶ 22 소방승진

① 대집행계고처분 취소소송의 변론종결 전에 대집행영장에 의한 통지절차를 거쳐 사실행위로서 대집행의 실행이 완료된 경우에는 행위가 위법한 것이라는 이유로 손해배상이나 원상회복 등을 청구하는 것은 별론으로 하고 처분의 취소를 구할 법률상 이익은 없다.
② 한국토지주택공사가 법령에 의하여 대집행권한을 위탁받아 공무인 대집행을 실시하기 위하여 지출한 비용은 「행정대집행법」 절차에 따라 「국세징수법」의 예에 의하여 징수할 수 있다.
③ 현행 「건축법」상 위법건축물에 대한 이행강제수단으로 대집행과 이행강제금이 인정되고 있는데, 행정청은 개별 사건에 있어서 위반 내용, 위반자의 시정의지 등을 감안하여 대집행과 이행강제금을 선택적으로 활용할 수 있다.
④ 하천유수인용 허가신청이 불허되었음을 이유로 하천유수인용행위를 중단할 것과 이를 불이행할 경우 「행정대집행법」에 의하여 대집행하겠다는 내용의 계고처분은 적법하다.

정답 ④

④ (×) 하천유수인용허가신청이 불허되었음을 이유로 하천유수인용행위를 중단할 것과 이를 불이행할 경우 행정대집행법에 의하여 대집행하겠다는 내용의 계고처분은 대집행의 대상이 될 수 없는 부작위의무에 대한 것으로서 그 자체로 위법하다(대판 1998.10.2. 96누5445). 부작위의무는 작위의무로의 전환되기 전에는 대집행의 대상이 될 수 없다.
① (○) 대판 1993.6.8. 93누6164 ② (○) 대판 2011.9.8. 2010다48240
③ (○) 헌재 2004.2.26. 2001헌바80

예제 행정대집행에 관한 설명으로 옳지 않은 것은? (다툼이 있는 경우 판례에 의함) ▶ 23 소방승진

① 관계 법령을 위반하여 장례식장 영업을 하고 있는 자의 장례식장 사용 중지 의무는 대집행의 대상이 아니다.
② 토지나 건물의 인도 의무는 사람이 그 신체로 토지나 건물을 점유하여 인도를 거부하는 때에는 신체에 대한 직접강제를 필요로 하고, 대집행에는 포함되지 않는다.
③ 대집행 계고처분을 함에 있어 대집행할 행위의 내용 및 범위가 대집행계고서에 의해서만 특정되어야 한다.
④ 대집행절차를 이루는 계고·대집행영장에 의한 통지·실행·비용납부명령은 상호 결합하여 대집행이라는 효과를 완성시키기 때문에 선행행위의 하자는 후행행위에 승계된다.

정답 ③

③ (×) 행정청이 행정대집행법 제3조 제1항에 의한 대집행계고를 함에 있어서는 의무자가 스스로 이행하지 아니하는 경우에 대집행할 행위의 내용 및 범위가 구체적으로 특정되어야 하나, 그 행위의 내용 및 범위는 반드시 대집행계고서에 의하여서만 특정되어야 하는 것이 아니고, 계고처분 전후에 송달된 문서나 기타 사정을 종합하여 행위의 내용이 특정되거나 실제건물의 위치, 구조, 평수 등을 계고서의 표시와 대조·검토하여 대집행의무자가 그 이행의무의 범위를 알 수 있을 정도로 하면 족하다(대판 1996.10.11. 96누8086).
① (○) 대판 2005.9.28. 2005두7464 ② (○) 대판 1998.10.23. 97누157
④ (○) 대판 1996.2.9. 95누12507

예제 행정대집행에 대한 설명으로 옳지 않은 것은? (다툼이 있는 경우 판례에 의함)

① 도시공원시설 점유자의 퇴거 및 명도 의무는 「행정대집행법」에 의한 대집행의 대상이 아니다.
② 후행처분인 대집행비용납부명령 취소청구 소송에서 선행처분인 계고처분이 위법하다는 이유로 대집행비용납부명령의 취소를 구할 수 없다.
③ 대집행에 요한 비용을 징수하였을 때에는 그 징수금은 사무비의 소속에 따라 국고 또는 지방자치단체의 수입으로 한다.
④ 대집행에 대하여는 행정심판을 제기할 수 있다.

정답 ②

② (×) 후행처분인 대집행비용납부명령의 취소를 청구하는 소송에서 청구원인으로 선행처분인 계고처분이 위법한 것이기 때문에 그 계고처분을 전제로 행하여진 대집행비용납부명령도 위법한 것이라는 주장을 할 수 있다(대판 1993.11.9. 93누14271).
① (○) 대판 1998.10.23. 97누157
③ (○) 행정대집행법 제6조 제3항
④ (○) 행정대집행법 제7조

제3관 행정상 강제징수

01 의의와 근거

(1) 행정상 강제징수는 '의무자가 행정상 의무 중 금전급부의무를 이행하지 아니하는 경우 행정청이 의무자의 재산에 실력을 행사하여 그 행정상 의무가 실현된 것과 같은 상태를 실현하는 것'을 말한다(행정기본법 제30조 제1항 제4호).

(2) 행정상 강제징수에 관한 실질적인 일반법으로서 국세징수법이 있다. 국세징수법은 원래 국세의 강제징수에 관한 일반법이지만, 여러 법률(지방자치법, 지방세법, 관세법)이 강제징수에 관하여 국세징수법을 준용하고 있으므로 국세징수법은 행정상 강제징수에 관한 일반법적인 지위를 갖는다.

02 절차

1. 독촉

(1) 방식과 성질
   ① 국세를 그 납부기한까지 완납하지 아니한 때에는 세무서장·시장 또는 군수는 납부기한 경과 후 10일내에 독촉장을 발부하여야 하고, 독촉장에 의한 납부기한을 발급일부터 20일 내로 한다(국세징수법 제23조 제1항·제3항).
   ② 독촉은 **의무자에 대하여 의무의 이행을 최고하고, 그 불이행시에 체납처분을 할 것을 예고하는 통지행위**로서 준법률행위적 행정행위의 하나이다.

(2) 효과
   ① 독촉은 국세징수권의 소멸시효의 진행을 중단시키는 효과를 발생한다(국세기본법 제28조).
   ② 독촉절차를 거치지 않은 체납처분은 무효로 봄이 타당하나(학설), 판례는 '독촉절차 없이 압류처분을 하였다고 하더라도 이러한 사유만으로는 압류처분을 무효로 되게 하는 중대하고도 명백한 하자가 되지 아니한다'라고 하였다(대판 1988.6.28. 87누1009). 다만 부과처분에 중대하고도 명백한 하자가 있어 무효인 경우에는 그 부과처분의 집행을 위한 체납처분도 무효이다(同판례).
   ③ 동일한 내용의 독촉이 반복된 경우에는 최초의 독촉만이 항고소송의 대상이 되는 행정처분이고 그 후의 독촉은 민법상 최고에 불과하다(대판 1997.7.13. 97누119). 그리고 독촉장 발부도 한 바 없이 과세처분과 동시에 이에 대한 체납처분으로 부동산을 압류하였다면 그 압류처분은 위법하다(대판 1984.9.25. 84누107).

2. 체납처분

(1) 재산의 압류

의의	의무자의 재산에 대하여 사실상 및 법률상 처분을 금지시키고 의무자의 재산을 확보하는 강제적인 보전행위. 권력적 사실행위로서 처분성을 가짐.
압류요건	① 납세자가 독촉장(납부최고서를 포함)을 받고 지정된 기한까지 국세와 가산금을 완납하지 아니한 때(국세징수법 제24조 제1항) ② 예외적으로 납기전 징수의 경우에 납부고지를 받고 지정된 기한까지 완납하지 않은 경우(제24조 제1항)와 납기전 징수에 해당하는 사유가 있고 국세의 확정후에는 당해국세를 징수할 수 없다고 인정되는 때에는 국세로 확정되리라고 추정되는 금액의 한도안에서 압류 가능(제2항)
압류대상재산	① 의무자의 소유로서 금전적 가치가 있고 양도성이 있는 모든 재산(동산·부동산·무체재산권 등을 불문) ② 그러나 체납자와 그 동거가족의 생활상 없어서는 아니될 의복·침구·가구와 주방구, 체납자와 그 동거가족이 필요한 3월간의 식료와 연료, 체납자와 그 동거가족의 학업에 필요한 서적과 기구 등은 압류금지재산(제31조) ③ 압류허용 재산 중 어느 재산을 압류할 것인지는 세무공무원의 재량임(단, 최소침해원칙 준수). 그러나 압류재산의 시가가 체납금액의 징수를 위하여 필요한 정도를 현저하게 초과하는 경우에는 과잉압류로서 위법(대판 1962.4.18, 4294행상171) ④ 채권을 압류할 때는 해당 채권의 채무자(제3채무자)와 체납자인 채권자에게 통지하여야 함(제41조). 체납액을 초과하는 압류채권의 경우에 필요하다고 인정하면 그 채권의 전액을 압류할 수 있음(제43조)
압류방법	① 유가증권·채권·부동산·무체재산권 등 재산의 종류별로 다름 ② 세무공무원은 압류시 신분을 표시하는 증표를 휴대하고 제시(제25조). 수색권(제26조)과 질문검사권(제27조). ③ 재산을 압류할 때는 압류조서를 작성하여야 함(제25조).
압류의 효력	① 압류된 재산의 사실상·법률상의 처분이 금지됨 ☞ 다만 이는 상대적 효력(즉, 압류부동산을 제3자에게 양도하거나 담보권을 설정하는 등의 행위는 압류한 조세채권자에게는 대항할 수 없지만 당사자간의 법률행위는 유효) ② 압류채권의 효력은 적어도 채권압류에 기한 배당절차가 종료된 때까지 존속(대판 2004.4.16, 2003두709)
압류해제	① 조세납부, 부과취소, 공매중지 등의 사유가 있으면 압류를 해제하여야 함(제53조 제1항) ② 압류후 재산가격의 변동 기타의 사유로 그 가격이 징수할 체납액의 전액을 현저히 초과한 때 등에는 압류재산의 전부 또는 일부에 대해 압류해제할 수 있음(제2항) ③ 압류해제신청에 대한 거부는 행정쟁송의 대상 ④ 압류의 원인이 된 부가가치세가 완납되었음에도 양도소득세 등 징수처분에 따른 양도소득세 등이 체납되었음을 이유로 하여 압류가 해제되지 아니한 채 공매절차가 진행된 경우, 양도소득세 등 징수처분이 무효라면 토지에 대한 공매처분도 당연무효임(대판 2001.6.1. 94다1260)
참가압류	세무서장은 압류하려는 재산이 이미 다른 기관의 체납처분으로 압류된 때에는 그 압류에 참가할 수 있음(제57조)

> **관련판례**
>
> **체납자 아닌 제3자 소유물건에 대한 압류처분은 당연무효**
> 과세관청이 납세자에 대한 체납처분으로서 제3자의 소유물건을 압류하고 공매하더라도 그 처분으로 인하여 제3자가 소유권을 상실하는 것이 아니므로 체납자가 아닌 제3자의 소유물건을 대상으로 한 압류처분은 하자가 객관적으로 명백한 것인지 여부와는 관계없이 처분의 내용이 법률상 실현될 수 없는 것이어서 당연무효라고 하지 않을 수 없다(대판 1993.4.27. 92누12117).
>
> **위헌결정으로 후속 체납처분을 진행할 수 없는 등의 사유로 압류의 근거가 상실되었거나 압류를 지속할 필요성이 없게 된 경우는 압류해제의 사유가 됨**
> 국세징수법 제53조 제1항 제1호는 압류의 필요적 해제사유로 '납부, 충당, 공매의 중지, 부과의 취소 기타의 사유로 압류의 필요가 없게 된 때'를 들고 있는데, 여기에서의 '기타의 사유'라 함은 납세의무가 소멸되거나 혹은 체납처분을 하여도 체납세액에 충당할 잉여가망이 없게 된 경우는 물론 과세처분 및 그 체납처분절차의 근거 법률에 대한 위헌결정으로 후속 체납처분을 진행할 수 없는 등의 사유로 압류의 근거가 상실되었거나 압류를 지속할 필요성이 없게 된 경우도 포함한다(대판 2002.8.27. 2002두2383).

(2) 체납처분의 효력
① **압류된 질물의 인도**: 세무공무원이 질권이 설정된 재산을 압류하고자 할 때에는 그 질권자는 질권의 설정시기 여하에 불구하고 질물을 세무공무원에게 인도하여야 한다(제34조).
② **가압류·가처분재산에 대한 체납처분의 효력**: 체납처분은 재판상의 가압류 또는 가처분으로 인하여 그 집행에 영향을 받지 아니한다(제35조).
③ **과실에 대한 압류의 효력**: 압류의 효력은 압류재산으로부터 생기는 천연과실 또는 법정과실에 미친다. 다만 체납자 또는 제3자가 압류재산의 사용 또는 수익을 하는 경우에는 그 재산으로부터 생기는 천연과실(그 재산의 매각으로 인하여 권리를 이전할 때까지 수취되지 아니한 천연과실을 제외)에 대하여는 미치지 아니한다(제36조).
④ **상속 또는 합병의 경우의 체납처분의 효력**: 체납자의 재산에 대하여 체납처분을 집행한 후 체납자가 사망하였거나 체납자인 법인이 합병에 의하여 소멸된 때에도 그 재산에 대하여 한 체납처분은 이를 속행하여야 한다(제37조 제1항). 체납자가 사망한 후 체납자명의의 재산에 대하여 한 압류는 그 재산을 상속한 상속인에 대하여 한 것으로 본다(제2항).

(3) 매각(공매)
① **의의**: 매각은 압류한 **체납자의 재산(동산, 유가증권, 부동산, 무체재산권 등)을 금전으로 바꾸는** 절차이다.
② **매각방법**: 세무서장은 압류한 동산·유가증권·부동산·무체재산권과, 채권압류시 체납자에게 대위하여 받은 물건(통화를 제외)을 공매에 붙인다. 보충적으로 매각대금이 체납처분비에 충당하고 잔여가 생길 여지가 없는 때, 부패·변질 또는 감량되기 쉬운 재산으로서 속히 매각하지 아니하면 그 재산가액이 감손될 우려가 있는 때 등은 거래상대방을 임의로 선택하는 수의계약에 의하여 매각할 수도 있다(제62조). 세무서장은 압류한 재산의 공매에 전문지식이 필요하거나 기타 특수한 사정이 있어

직접 공매하기에 적당하지 아니하다고 인정되는 때에는 한국자산관리공사로 하여금 이를 대행하게 할 수 있으며 이 경우의 공매는 세무서장이 한 것으로 본다(제61조 제1항). 재산을 공매에 붙여도 매수희망자가 없거나 그 가격이 매각예정가격 미만인 때에는 재공매에 붙인다(제74조).

③ **공매의 법적 성격** : 사법상 계약으로 보는 견해도 있지만, 판례는 행정소송의 대상이 되는 공법상의 행정처분으로 본다(대판 1984.9.25. 84누201). 그리고 공매통지는 국가의 강제력에 의하여 진행되는 공매에서 체납자 등의 권리 내지 재산상의 이익을 보호하기 위하여 법률로 규정한 절차적 요건이다(대판 2001.3.24. 2010두25557). 따라서 공매처분을 하면서 체납자 등에게 공매통지를 하지 않았거나 공매통지를 하였더라도 그것이 적법하지 아니한 경우에는 절차상의 흠이 있어 그 공매처분이 위법하게 된다(대판 2011.3.24. 2010두25557). 다만 그 공매처분이 당연무효로 되는 것은 아니다(대판 2012.7.26. 2010다50625). 그리고 공매통지서에 압류처분의 체납세액뿐만 아니라 결손처분된 양도소득세 부분까지 포함하여 체납세액으로 기재한 잘못이 있다고 하더라도 공매처분이 위법하게 되는 것은 아니다(대판 2008.3.13. 2006두7706). 공매결정에 따라 낙찰자 또는 경락자가 체납자의 재산을 취득하는 법률관계는 사법상 매매계약이다.

④ **재공매** : 재산을 공매하여도 매수 희망자가 없거나 입찰가격이 매각예정가격 미만일 때는 재공매한다(제74조 제1항). 공매재산의 매수인이 매수대금의 납부기한까지 대금을 납부하지 아니하였을 때에는 그 매매를 해약하고 재공매한다(제2항).

> **관련판례**

과세관청의 공매처분은 행정소송의 대상
과세관청이 체납처분으로서 행하는 공매는 우월한 공권력의 행사로서 행정소송의 대상이 되는 공법상의 행정처분이며 공매에 의하여 재산을 매수한 자는 그 공매처분이 취소된 경우에 그 취소처분의 위법을 주장하여 행정소송을 제기할 법률상 이익이 있다(대판 1984.9.25. 84누201).

체납자 등에게 공매통지를 하지 않았거나 적법하지 않은 공매통지를 한 경우 그 공매처분은 위법함
[1] 체납자 등에 대한 공매통지는 국가의 강제력에 의하여 진행되는 공매에서 체납자 등의 권리 내지 재산상의 이익을 보호하기 위하여 법률로 규정한 절차적 요건이라고 보아야 하며, 공매처분을 하면서 체납자 등에게 공매통지를 하지 않았거나 공매통지를 하였더라도 그것이 적법하지 아니한 경우에는 절차상의 흠이 있어 그 공매처분은 위법하다(대판 2008.11.20. 2007두18154).

[2] 공매통지의 목적이나 취지 등에 비추어 보면, 체납자 등은 자신에 대한 공매통지의 하자만을 공매처분의 위법사유로 주장할 수 있을 뿐 다른 권리자에 대한 공매통지의 하자를 들어 공매처분의 위법사유로 주장하는 것은 허용되지 않는다(대판 2008.11.20. 2007두18154).

공매통지 자체가 항고소송의 대상이 되는 행정처분인지 여부(원칙적 소극)
공매처분을 하면서 체납자 등에게 공매통지를 하지 않았거나 공매통지를 하였더라도 그것이 적법하지 아니한 경우에는 절차상의 흠이 있어 그 공매처분이 위법하게 되는 것이지만, 공매통지 자체가 그 상대방인 체납자 등의 법적 지위나 권리·의무에 직접적인 영향을 주는 행정처분에 해당한다고 할 것은 아니므로 다른 특별한 사정이 없는 한 체납자 등은 공매통지의 결여나 위법을 들어 공매처분의 취소 등을 구할 수 있는 것이지 공매통지 자체를 항고소송의 대상으로 삼아 그 취소 등을 구할 수는 없다(대판 2011.3.24. 2010두25527).

(4) 청산
① **의의** : 청산은 **매각대금 등 체납처분절차로 획득한 금전에 대하여 조세 기타 공과금, 담보채권 및 체납자에게 배분하는 행정작용**이다(동법 제80조·제81조 참조).
② **배분금전의 범위** : 청산의 대상이 되는 것은 압류한 금전, 채권·유가증권·무체재산권등의 압류로 인하여 체납자 또는 제3채무자로부터 받은 금전, 압류재산의 매각대금 및 그 매각대금의 예치이자, 교부청구에 의하여 받은 금전이다(제80조 제1항).
③ **방법** : 배분 후 잔여금이 있으면 체납자에게 반환하고, 부족하면 법령에 따른 배분순위와 배분금액에 따라 배분한다(동법 제81조 제3항·제4항). 국세·가산금 또는 체납처분비는 다른 공과금 기타의 채권에 우선하여 징수한다(국세기본법 제35조). 국세관련채권에 관해서는 체납처분비, 국세, 가산금의 순으로 우선 징수한다(국세징수법 제4조).

3. 권리구제

(1) 전심절차
독촉 또는 체납처분이 위법·부당하다고 인정되는 경우에는 행정쟁송절차에 의하여 그 취소 또는 변경을 청구할 수 있다. 국세기본법은 행정심판에 관한 특칙(이의신청, 심사청구, 심판청구)을 두고 있다(국세기본법 제55조 이하). 즉, 독촉, 압류, 압류해제거부 및 공매처분에 대하여는 이의신청을 제기할 수 있고(국제청장이 조사·결정 또는 처리하거나 하였어야 할 것인 경우는 제외), 심사청구 또는 심판청구 중 하나에 대한 결정을 거친 후 행정소송을 제기하여야 한다. 이러한 규정이 적용되는 한 일반법인 행정심판법 적용이 배제된다.

(2) 행정소송
① 강제징수에 대하여 법률상 직접적이고 구체적인 이익을 가진 자에 한하여 불복할 수 있다(대판 1990.10.16. 890누5706).
② 성업공사가 체납압류된 재산을 공매하는 것은 세무서장의 공매권한 위임에 의한 것으로 보아야 할 것이므로, 성업공사가 한 그 공매처분에 대한 취소 등의 항고소송을 제기함에 있어서는 수임청으로서 실제로 공매를 행한 성업공사를 피고로 하여야 하고, 위임청인 세무서장은 피고적격이 없다(대판 1997.2.28. 96누1757).
③ 압류·공매는 그 자체로 사인의 권리·의무에 직접 영향을 미치기 때문에 항고소송의 대상이 될 수 있으나(대판 1984.9.25. 84누201), 공매하기로 한 결정 자체는 내부적인 의사결정에 불과하여 항고소송의 대상이 되는 행정처분이라고 볼 수 없고, 또한 공매통지는 공매의 요건이 아니고 공매사실 그 자체를 체납자에게 알려주는데 불과한 것으로서 행정처분에 해당한다고 할 수 없다(대판 1998.6.26. 96누12030). 다만 체납자 등은 공매통지의 결여나 위법을 들어 공매처분의 취소 등을 구할 수 있다(대판 2011.3.24. 2010두25527).
④ 하자의 승계와 관련하여 판례는 조세부과처분과 독촉 및 체납처분 사이에는 하자의 승계를 부인하고 있으나, 독촉과 체납처분 사이, 그리고 체납처분의 각 행위 사이에는 하자의 승계를 인정하고 있다.

> **관련판례**
>
> 다른 권리자에 대한 공매통지의 하자를 들어 공매처분의 위법사유로 주장할 수 없음
> 공매처분을 하면서 체납자 등에게 공매통지를 하지 않았거나 공매통지를 하였더라도 그것이 적법하지 아니한 경우에는 절차상의 흠이 있어 그 공매처분은 위법하다. 다만 공매통지의 목적이나 취지 등에 비추어 보면, <u>체납자 등은 자신에 대한 공매통지의 하자만을 공매처분의 위법사유로 주장할 수 있을 뿐</u> 다른 권리자에 대한 공매통지의 하자를 들어 공매처분의 위법사유로 주장하는 것은 허용되지 않는다(대판 2008.11.20. 2007두18154).

예제 국세징수법상 강제징수절차에 대한 판례의 입장으로 옳지 않은 것은?

① 세무 공무원이 국세의 징수를 위해 납세자의 재산을 압류하는 경우 그 재산의 가액이 징수할 국세액을 초과한다면 당해 압류처분은 무효이다.
② 국세를 납부기한까지 납부하지 아니하면 과세권자의 가산금 확정절차 없이 국세징수법 제21조에 의하여 가산금이 당연히 발생하고 그 액수도 확정된다.
③ 조세부과처분의 근거규정이 위헌으로 선언된 경우, 그에 기한 조세부과처분이 위헌결정 전에 이루어졌다 하더라도 위헌결정 이후에 조세채권의 집행을 위해 새로이 착수된 체납처분은 당연무효이다.
④ 공매통지가 적법하지 아니하다면 특별한 사정이 없는 한, 공매통지를 직접 항고소송의 대상으로 삼아 다툴 수 없고 통지 후에 이루어진 공매처분에 대하여 다투어야 한다.

정답 ①
① (×) 세무공무원이 국세의 징수를 위해 납세자의 재산을 압류하는 경우 그 재산의 가액이 징수할 국세액을 초과한다 하여 위 압류가 당연무효의 처분이라고는 할 수 없다(대판 1986.11.11. 86누479).
② (○) 대판 2000.9.22. 2000두2013
③ (○) 대판 2012.2.16. 2010두10907
④ (○) 대판 2011.3.24. 2010두25527

예제 행정상 강제징수에 대한 설명으로 옳지 않은 것은?

①「국세징수법」은 행정상 강제징수에 관한 사실상 일반법의 지위를 갖는다.
②「국세징수법」에 의한 강제징수절차는 독촉과 체납처분으로, 체납처분은 다시 재산압류, 압류재산의 매각, 청산의 단계로 이루어진다.
③ 판례에 의하면, 압류는 체납국세의 징수를 실현하기 위하여 체납자의 재산을 보전하는 강제행위로서 항고소송의 대상이 되는 처분이다.
④ 독촉과 체납처분에 대하여 불복이 있는 자는 바로 취소소송을 제기할 수 있다.

정답 ④
④ (×) 국세는 행정심판전치주의가 적용되므로 심판청구나 심사청구를 거친 후에 취소소송을 제기할 수 있다.

제4관 이행강제금

1. 의의

이행강제금은 '의무자가 행정상 의무를 이행하지 아니하는 경우 행정청이 적절한 이행기간을 부여하고, 그 기한까지 행정상 의무를 이행하지 아니하면 금전급부의무를 부과하는 것'이다(행정기본법 제30조 제1항 제2호).(예 배출허용기준을 위반하는 경우의 부과금). 집행벌이라 부르기도 한다.

2. 이행강제금의 대상

전통적으로 행정대집행은 대체적 작위의무에 대한 강제집행수단으로, 이행강제금은 부작위의무나 비대체적 작위의무에 대한 강제집행수단으로 이해되어 왔으나, 판례는 이행강제금이 대체적 작위의무의 위반에 대하여도 부과될 수 있다는 입장이다.

> **관련판례**
>
> 이행강제금은 대체적 작위의무의 위반에 대하여도 부과할 수 있고, 건축법상 대집행을 동시에 규정한 것은 중첩적인 제재가 아님
>
> 전통적으로 행정대집행은 대체적 작위의무에 대한 강제집행수단으로, 이행강제금은 부작위의무나 비대체적 작위의무에 대한 강제집행수단으로 이해되어 왔으나, 이는 이행강제금제도의 본질에서 오는 제약은 아니며, 이행강제금은 대체적 작위의무의 위반에 대하여도 부과될 수 있다. 현행 건축법상 위법건축물에 대한 이행강제수단으로 대집행과 이행강제금(제83조 제1항)이 인정되고 있는데, 양 제도는 각각의 장·단점이 있으므로 행정청은 개별사건에 있어서 위반내용, 위반자의 시정의지 등을 감안하여 대집행과 이행강제금을 선택적으로 활용할 수 있으며, 이처럼 그 합리적인 재량에 의해 선택하여 활용하는 이상 중첩적인 제재에 해당한다고 볼 수 없다(헌재 2004.02.26. 2001헌바80).

3. 법적 근거

이행강제금제도는 의무자에 대한 침익적인 행정작용이므로 법률유보의 원칙상 법적 근거를 요한다. 건축법(제80조), 농지법(제62조), 「부동산 실권리자명의등기에 관한 법률」(제6조), 주차장법(제32조), 옥외광고물 등 관리법(제10조의3), 은행법 제65조의9, 장사등에관한법률 제43조 등에서 나타나고 있다.

4. 이행강제금의 특징

(1) 행정벌과의 병과

이행강제금은 강제집행수단이지 처벌이 아니므로 일종의 처벌이라 할 수 있는 행정벌과 병과될 수도 있다.

(2) 일신전속성

이행강제금의 납부의무는 일신전속적인 성격을 갖기 때문에 상속인 기타의 사람에게 승계될 수 없다.

판례는 이미 사망한 사람에게 이행강제금을 부과하는 내용의 처분이나 결정은 당연무효로 본다((대결 2006.12.8. 2006마470).

(3) 일사부재리원칙의 예외 등

① 이행강제금은 의무자가 이를 이행하지 않는 한 반복해서 부과할 수 있고, 법정최고액의 한도 내에서 그 금액이 증액될 수도 있다(**예** 건축법 제80조 : 허가권자는 최초의 시정명령이 있었던 날을 기준으로 하여 1년에 2회 이내의 범위에서 그 시정명령이 이행될 때까지 반복하여 이행강제금을 부과·징수할 수 있다).

② 공무원이 위법건축물임을 알지 못하여 공사 도중에 시정명령이 내려지지 않아 위법건축물이 완공되었다 하더라도, 위법건축물 완공 후에도 시정명령을 할 수 있고, 그 불이행에 대하여 이행강제금을 부과할 수 있다(대결 2002.8.16. 2002마1022).

(4) 행정행위성

이행강제금의 부과처분은 행정행위의 성질을 갖는다. 따라서 이행강제금 부과행위에는 행정절차법이 적용되고, 직권취소 또는 철회가 가능하다.

5. 이행강제금의 부과절차

행정기본법 제31조(이행강제금의 부과) ① 이행강제금 부과의 근거가 되는 법률에는 이행강제금에 관한 다음 각 호의 사항을 명확하게 규정하여야 한다. 다만, 제4호 또는 제5호를 규정할 경우 입법목적이나 입법취지를 훼손할 우려가 크다고 인정되는 경우로서 대통령령으로 정하는 경우는 제외한다.
1. 부과·징수 주체
2. 부과 요건
3. 부과 금액
4. 부과 금액 산정기준
5. 연간 부과 횟수나 횟수의 상한

② 행정청은 다음 각 호의 사항을 고려하여 이행강제금의 부과 금액을 가중하거나 감경할 수 있다.
1. 의무 불이행의 동기, 목적 및 결과
2. 의무 불이행의 정도 및 상습성
3. 그 밖에 행정목적을 달성하는 데 필요하다고 인정되는 사유

③ 행정청은 이행강제금을 부과하기 전에 미리 의무자에게 적절한 이행기간을 정하여 그 기한까지 행정상 의무를 이행하지 아니하면 이행강제금을 부과한다는 뜻을 문서로 계고(戒告)하여야 한다.

④ 행정청은 의무자가 제3항에 따른 계고에서 정한 기한까지 행정상 의무를 이행하지 아니한 경우 이행강제금의 부과 금액·사유·시기를 문서로 명확하게 적어 의무자에게 통지하여야 한다.

⑤ 행정청은 의무자가 행정상 의무를 이행할 때까지 이행강제금을 반복하여 부과할 수 있다. 다만, 의무자가 의무를 이행하면 새로운 이행강제금의 부과를 즉시 중지하되, 이미 부과한 이행강제금은 징수하여야 한다.

⑥ 행정청은 이행강제금을 부과받은 자가 납부기한까지 이행강제금을 내지 아니하면 국세강제징수의 예 또는 「지방행정제재·부과금의 징수 등에 관한 법률」에 따라 징수한다. [제31조 시행일: 2023.3.24.]

관련판례

사용자가 이행하여야 할 의무의 내용을 초과한 이행강제금 부과
사용자가 이행하여야 할 행정법상 의무의 내용을 초과하는 것을 '불이행 내용'으로 기재한 이행강제금 부과 예고서에 의하여 이행강제금 부과 예고를 한 다음 이를 이행하지 않았다는 이유로 이행강제금을 부과하였다면, 초과한 정도가 근소하다는 등의 특별한 사정이 없는 한 이행강제금 부과 예고는 이행강제금 제도의 취지에 반하는 것으로서 위법하고, 이에 터 잡은 이행강제금 부과처분 역시 위법하다(대판 2015.6.24. 2011두2170).

이행명령에서 정한 기간을 지나서 이행한 경우라도 최초의 이행강제금을 부과할 수 없음
국토의 계획 및 이용에 관한 법률 제124조의2 제5항이 이행명령을 받은 자가 그 명령을 이행하는 경우에 새로운 이행강제금의 부과를 즉시 중지하도록 규정한 것은 이행강제금의 본질상 이행강제금 부과로 이행을 확보하고자 한 목적이 이미 실현된 경우에는 그 이행강제금을 부과할 수 없다는 취지를 규정한 것으로서, 이에 의하여 부과가 중지되는 '새로운 이행강제금'에는 국토계획법 제124조의2 제3항의 규정에 의하여 반복 부과되는 이행강제금뿐만 아니라 이행명령 불이행에 따른 최초의 이행강제금도 포함된다. 따라서 이행명령을 받은 의무자가 그 명령을 이행한 경우에는 이행명령에서 정한 기간을 지나서 이행한 경우라도 최초의 이행강제금을 부과할 수 없다(대판 2014.12.11. 2013두15750).

이행강제금이 부과되기 전에 시정조치를 이행하거나 부작위 의무를 명하는 시정조치 불이행을 중단한 경우 과거의 시정조치 불이행기간에 대하여 이행강제금을 부과할 수 있는지 여부
독점규제 및 공정거래에 관한 법률상 기업결합 제한 위반행위자에 대한 시정조치 및 이행강제금 부과 등에 관한 구 공정거래법 제17조 제3항, 공정거래법 제7조 제1항 제1호, 제16조 제1항 제7호, 제17조의3 제1항 제1호, 제2항, 독점규제 및 공정거래에 관한 법률 시행령 제23조의4 제1항, 제3항을 종합적·체계적으로 살펴보면, 공정거래법 제17조의3은 같은 법 제16조에 따른 시정조치를 그 정한 기간 내에 이행하지 아니하는 자에 대하여 이행강제금을 부과할 수 있는 근거 규정이고, 시정조치가 공정거래법 제16조 제1항 제7호에 따른 부작위 의무를 명하는 내용이더라도 마찬가지로 보아야 한다. 나아가 이러한 이행강제금이 부과되기 전에 시정조치를 이행하거나 부작위 의무를 명하는 시정조치 불이행을 중단한 경우 과거의 시정조치 불이행기간에 대하여 이행강제금을 부과할 수 있다고 봄이 타당하다(대판 2019.12.12. 2018두63563).

6. 권리보호

(1) 비송사건절차법에 의하는 경우(과태료형 이행강제금)

농지법은 '이행강제금 부과처분을 받은 자가 이의를 제기하면 시장·군수 또는 구청장은 지체 없이 관할 법원에 그 사실을 통보하여야 하며, 그 통보를 받은 관할 법원은 「비송사건절차법」에 따른 과태료 재판에 준하여 재판을 한다'(제63조 제7항)고 규정하고 있다. 이 경우 이행강제금 부과처분은 항고소송의 대상이 되는 처분이 아니다.

(2) 일반 행정쟁송에 의하는 경우(과징금형 이행강제금)

개별법에 불복방법에 관한 특별한 규정이 없는 경우에는, 이행강제금 부과처분은 행정행위이므로 행정심판이나 행정소송 등 일반행정쟁송으로 다툴 수 있다. 건축법 제80조의 이행강제금 부과처분이 그 예이다.

> **예제** 이행강제금과 과징금에 관한 설명으로 옳지 않은 것은? (다툼이 있으면 판례에 따름)
> ▶ 22 소방승진
>
> ① 「건축법」상 이행강제금은 시정명령의 불이행이라는 과거의 위반행위에 대한 제재가 아니라, 시정명령을 이행하지 않고 있는 건축주 등에 대하여 다시 상당한 이행기한을 부여하고 기한 안에 시정명령을 이행하지 않으면 이행강제금이 부과된다는 사실을 고지함으로써 의무자에게 심리적 압박을 주어 시정명령에 따른 의무의 이행을 간접적으로 강제하는 행정상의 간접강제 수단에 해당한다.
> ② 이행강제금의 본질상 시정명령을 받은 의무자가 이행강제금이 부과되기 전에 그 의무를 이행한 경우에는 비록 시정명령에서 정한 기간을 지나서 이행한 경우라도 이행강제금을 부과할 수 없다.
> ③ 「국세징수법」제23조의 각 규정에 의하면, 이행강제금 부과처분을 받은 자가 이행강제금을 기한 내에 납부하지 아니한 때에는 그 납부를 독촉할 수 있으며, 납부독촉에도 불구하고 이행강제금을 납부하지 않으면 체납절차에 따라 이행강제금을 징수할 수 있고, 이때 이행강제금 납부의 최초 독촉은 항고소송의 대상이 되는 행정처분이라 할 수 없다.
> ④ 과징금부과처분은 행정법규 위반이라는 객관적 사실에 착안하여 가하는 제재이므로 반드시 현실적인 행위자가 아니라도 법령상 책임자로 규정된 자에게 부과되고 원칙적으로 위반자의 고의·과실을 요하지 아니하나, 위반자의 의무 해태를 탓할 수 없는 정당한 사유가 있는 등의 특별한 사정이 있는 경우에는 이를 부과할 수 없다.

정답 ③

③ (×) 구 건축법 제69조의2 제6항, 지방세법 제28조, 제82조, 국세징수법 제23조의 각 규정에 의하면, 이행강제금 부과처분을 받은 자가 이행강제금을 기한 내에 납부하지 아니한 때에는 그 납부를 독촉할 수 있으며, 납부독촉에도 불구하고 이행강제금을 납부하지 않으면 체납절차에 의하여 이행강제금을 징수할 수 있고, 이때 이행강제금 납부의 최초 독촉은 징수처분으로서 항고소송의 대상이 되는 행정처분이 될 수 있다(대판 2009.12.24. 2009두14507).

① (○), ② (○) 대판 2018.1.25. 2015두35116

④ (○) 대판 2014.10.15. 2013두5005

제5관 직접강제

1. 의의

직접강제는 '의무자가 행정상 의무를 이행하지 아니하는 경우 행정청이 의무자의 신체나 재산에 실력을 행사하여 그 행정상 의무의 이행이 있었던 것과 같은 상태를 실현하는 것'을 말한다(행정기본법 제30조 제1항 제3호). 예컨대 무허가영업소의 강제폐쇄, 실력에 의한 예방접종, 촬영금지지역에서 촬영한 필름의 즉각적 압수, 불법시위자에 대한 물대포에 의한 해산, 불법주차 자동차의 견인, 외국인의 강제퇴거조치 등이 있다.

2. 법적 근거

공중위생관리법 제11조, 도로법 제71조 제2항, 학원의 설립·운영 및 과외교습에 관한 법률 제19조, 식품위생법 제62조, 먹는물관리법 제46조, 출입국관리법 제56조의4, 사행행위등규제 및 처벌특례법 제20조, 대기환경보전법 제38조 등 개별법에서 다수 도입되고 있다.

> **식품위생법 제62조(폐쇄조치등)** ① 식품의약품안전청장, 시·도지사, 시장·군수 또는 구청장은 제22조 제1항 또는 제5항의 규정에 위반하여 허가를 받지 아니하거나 신고를 하지 아니하고 영업을 하는 때 또는 제58조 제1항 또는 제2항의 규정에 의하여 허가가 취소되거나 영업소의 폐쇄명령을 받은 후에 계속하여 영업을 하는 때에는 관계공무원으로 하여금 당해 영업소를 폐쇄하기 위하여 다음의 조치를 하게 할 수 있다.
> 1. 당해 영업소의 간판 기타 영업표지물의 제거·삭제
> 2. 당해 영업소가 적법한 영업소가 아님을 알리는 게시문등의 부착
> 3. 당해 영업소의 시설물 기타 영업에 사용하는 기구등을 사용할 수 없게 하는 봉인

3. 한계

직접강제는 강제집행수단 중에서도 가장 강력한 수단이므로 국민의 기본권을 침해할 가능성이 높기 때문에 **비례원칙**에 따른 엄격한 제한의 원리가 도입되어야 한다. 직접강제의 한계를 규율하는 개별법규들이 있으나, 적법절차의 원칙에 따라 보다 엄격한 절차법적, 실체법적 통제가 가해져야 한다. 특히 주거의 자유 또는 신체의 자유에 대한 제한을 수반하는 직접강제의 경우에는 영장주의의 적용 여부가 검토될 수 있다.

> **행정기본법 제32조(직접강제)** ① 직접강제는 행정대집행이나 이행강제금 부과의 방법으로는 행정상 의무 이행을 확보할 수 없거나 그 실현이 불가능한 경우에 실시하여야 한다.
> ② 직접강제를 실시하기 위하여 현장에 파견되는 집행책임자는 그가 집행책임자임을 표시하는 증표를 보여 주어야 한다.
> ③ 직접강제의 계고 및 통지에 관하여는 제31조 제3항 및 제4항을 준용한다. [제32조 시행일: 2023. 3.24.]
>
> **제31조(이행강제금의 부과)** ③ 행정청은 이행강제금을 부과하기 전에 미리 의무자에게 적절한 이행기간을 정하여 그 기한까지 행정상 의무를 이행하지 아니하면 이행강제금을 부과한다는 뜻을 문서로

계고(戒告)하여야 한다.

④ 행정청은 의무자가 제3항에 따른 계고에서 정한 기한까지 행정상 의무를 이행하지 아니한 경우 이행강제금의 부과 금액·사유·시기를 문서로 명확하게 적어 의무자에게 통지하여야 한다.

4. 권리보호

(1) 행정상 쟁송

직접강제는 권력적 사실행위이므로 행정쟁송의 대상이 된다. 다만 직접강제는 통상 신속하게 종료되므로 행정쟁송을 제기할 권리보호의 이익이 없게 된다. 그러나 침해가 장기간에 걸치는 직접강제의 경우에는 행정심판이나 행정소송을 제기할 수도 있다.

(2) 손해배상 등

위법한 직접강제를 통해 손해를 입은 경우 국가배상법에 따라 국가나 지방자치단체를 상대로 손해배상을 청구할 수 있고, 위법상태가 계속되는 경우에는 결과제거의 청구를 할 수도 있다. 위법한 직접강제를 행한 공무원은 형사책임과 징계책임을 질 수도 있고, 위법한 직접강제에 대항하는 것은 공무집행방해죄를 구성하지 아니한다.

예제 다음의 학원의 설립·운영에 관한 법률 조문에서 살펴볼 수 있는 행정의 실효성 확보수단은?

> **제19조(학원등에 대한 조치)** ① 교육감은 제6조 또는 제14조에 따른 등록이나 신고를 하지 아니하고 학원이나 교습소를 설립·운영하거나 제17조에 따라 학원의 등록말소 또는 교습소 폐지의 처분을 받거나 교습의 정지처분을 받은 학원설립·운영자 또는 교습자가 계속하여 교습하거나 학습장소를 제공하는 경우에는 그 학원이나 교습소를 폐쇄하거나 교습 등을 중지시키기 위한 다음 각 호의 조치를 할 수 있다.

① 집행벌 ② 행정상 즉시강제
③ 직접강제 ④ 대집행

정답 ③

③ (○) 직접강제는 의무자가 의무를 불이행할 때, 행정기관이 직접 의무자의 신체·재산에 실력을 가하여 의무자가 직접 의무를 이행한 것과 같은 상태를 실현하는 작용으로서 위 법률상의 영업소의 강제폐쇄조치가 그 예이다.

제2절 행정상 즉시강제

01 개설

1. **의의**

    행정상 즉시강제는 '현재의 급박한 행정상의 장해를 제거하기 위한 경우로서 ① 행정청이 미리 행정상 의무 이행을 명할 시간적 여유가 없는 경우이거나, ② 그 성질상 행정상 의무의 이행을 명하는 것만으로는 행정목적 달성이 곤란한 경우에 행정청이 곧바로 국민의 신체 또는 재산에 실력을 행사하여 행정목적을 달성하는 것'이다(행정기본법 제30조 제1항 제5호). (예 경찰관직무집행법상의 범죄의 제지, 전염병예방법상의 전염병환자의 강제격리, 소방장애물의 제거, 불법게임물의 수거·폐기, 장마철에 축대가 무너지려는 위험에 처하여 주민대피의 긴급조치)

2. **법적 성질**

    행정상 즉시강제는 권력적 사실행위로서의 실력행사인 동시에 상대방에 대하여 수인의무도 발생시키는 행위이다. 즉 사실행위와 법적 행위가 결합된 **합성행위**이다. 따라서 행정상 즉시강제는 항고소송의 대상이 되는 **처분성**을 갖는다.

3. **법적 근거**

    경찰행정작용 영역에서는 일반법으로 경찰관직무집행법이 있다. 그 밖에도 마약류 관리에 관한 법(제47조), 소방기본법(제25조), 식품위생법(제56조), 전염병예방법(제42조) 등이 있다. 다만 경찰분야에서 개괄조항에 의한 수권을 인정하는 입장에서는 구체적인 법적 근거가 없어도 개괄적 수권규정에 근거하여 즉시강제가 행해질 수 있다.

4. **행정상 즉시강제의 수단**

대인적 강제	의의	사람의 신체에 실력을 가하여 행정상 필요한 상태를 실현시키는 작용
	경찰관직무집행법	보호조치(제4조), 위험발생의 방지(제5조), 범죄의 예방과 제지(제6조), 장구의 사용(제10조), 무기의 사용(제10조의4 제1항)
	개별법	강제격리수용과 치료(전염병예방법 제29조), 강제진찰과 치료(전염병예방법 제42조), 강제퇴거(출입국관리법 제46조)
대물적 강제	의의	물건에 실력을 가하여 행정상 필요한 상태를 실현하는 작용
	경찰관직무집행법	무기 등 물건의 임시영치(제4조 제3항), 위험방지조치(제5조 제1항)
	개별법	물건의 파기등(소방기본법 제25조), 도로의 위법공작물 등에 대한 제거(도로교통법 제71조), 긴박사태하의 응급조치(방조제관리법 제10조), 물건의 제거·사용(자연재해대책법 제11조), 위해식품에 대한 압류(식품위생법 제72조), 승인을 받지 못한 마약류에 대한 폐기(마약류 관리에 관한 법률 제42조)

대가택 강제	의의	소유자나 점유자 혹은 관리인의 의사에 관계없이 타인의 가택, 영업소에 출입하여 행정상 필요한 상태를 실현시키는 작용
	경찰관직무집행법	위험방지를 위한 출입(제7조)
	개별법	수색(조세범처벌절차법 제3조), 출입·검사행위(식품위생법 제17조)

02 행정상 즉시강제의 요건과 한계

1. 행정상 즉시강제의 요건

행정상 즉시강제는 ① 행정상의 장해가 존재할 것, ② 장해가 급박하여 의무를 부과할 시간적 여유가 없거나 성질상 의무를 부과해서는 목적달성이 곤란할 것 등을 일반적 요건으로 한다. 이에 더하여 각 개별법은 구체적 요건을 규정하고 있다.

> **행정기본법 제33조(즉시강제)** ① 즉시강제는 다른 수단으로는 행정목적을 달성할 수 없는 경우에만 허용되며, 이 경우에도 최소한으로만 실시하여야 한다.
> ② 즉시강제를 실시하기 위하여 현장에 파견되는 집행책임자는 그가 집행책임자임을 표시하는 증표를 보여 주어야 하며, 즉시강제의 이유와 내용을 고지하여야 한다. [제33조 시행일: 2023.3.24.]

2. 행정상 즉시강제의 한계

장해의 급박성	기존의 장해를 제거하거나 목전에 급박한 장애를 예방하기 위하여 발동할 수 있는 것이지, 미래에 발생할지 모를 장해를 예견하여 발동될 수 없음 〈행정상 장해의 요건〉 ① 구체적 위험 : 자신 또는 타인의 생명·신체 또는 재산에 위해를 가할 구체적 위험성이 있어야 함 ② 위험의 개연성 : 위험성은 단순한 위험발생의 가능성만으로는 안되고 사회통념에 비추어 위험발생이 확실하여야 함
소극목적성	소극적으로 공공의 안녕과 질서를 유지하기 위하여 필요한 범위 내에서 이루어져야 하고, 적극적으로 어떤 새로운 질서를 창조하기 위해 행사할 수 없음
보충성	다른 수단으로는 당해 행정목적을 달성할 수 없거나 다른 위해방지조치를 취할 시간적 여유가 없는 경우에 발동 가능
비례성	① 적합성 원칙 : 행정목적을 달성하기 위하여 필요한 경우에 한하여 행해져야 함 ② 필요성 원칙(취소침해 원칙) : 상대방의 권익에 대하여 보다 적은 침해를 가져오는 다른 수단에 의해 행정목적을 달성할 수 있는 경우에는 인정되지 아니함(예 행정상 강제집행이 가능한 경우는 불허, 전염병예방을 위해 강제격리로도 목적을 달성할 수 있는 경우에 강제입원을 명하는 것은 불허) ③ 협의의 비례원칙 : 행정상 즉시강제의 목적과 침해되는 상대방의 권익 사이에는 비례관계가 유지되어야 함(예 정신질환자의 치료의 필요성과 자유의 제한간에는 비례관계가 유지되어야) ※ 경찰관직무집행법 제1조 ② 이 법에 규정된 경찰관의 직권은 그 직무수행에 필요한 최소한도 내에서 행사되어야 하며 이를 남용하여서는 아니된다.

> **관련판례**
>
> **급박한 상황에 대처하기 위한 수거와 영장주의 위반 여부(합헌)**
> 이 사건 법률조항은 앞에서 본바와 같이 급박한 상황에 대처하기 위한 것으로서 그 불가피성과 정당성이 충분히 인정되는 경우이므로, 이 사건 법률조항이 영장 없는 수거를 인정한다고 하더라도 이를 두고 헌법상 영장주의에 위배되는 것으로는 볼 수 없고, 위 구 음반·비디오물및게임물에 관한법률 제24조 제4항에서 관계공무원이 당해 게임물 등을 수거한 때에는 그 소유자 또는 점유자에게 수거증을 교부하도록 하고 있고, 동조 제6항에서 수거 등 처분을 하는 관계공무원이나 협회 또는 단체의 임·직원은 그 권한을 표시하는 증표를 지니고 관계인에게 이를 제시하도록 하는 등의 절차적 요건을 규정하고 있으므로, 이 사건 법률조항이 적법절차의 원칙에 위배되는 것으로 보기도 어렵다(헌재 2002.10.31. 2000헌가12).
>
> **구 윤락행위등방지법 소정의 '요보호여자'를 영장 없이 경찰서 보호실에 강제로 유치할 수 없음**
> 경찰관이 구 윤락행위등방지법 소정의 '요보호여자'에 해당하지 않는 여자를 '요보호여자'에 해당한다고 보아 지도소측에서 신병을 인수해 갈 때까지 영장 없이 경찰서 보호실에 강제로 유치한 행위에 대하여, 영장주의의 적용이 배제되는 행정상의 즉시강제에 해당한다는 국가의 주장을 배척하고, 영장주의에 위배되는 위법한 구금에 해당할 뿐 아니라 '요보호여자'에 해당한다고 보아 수용보호를 의뢰한 데에도 과실이 있다고 보아 국가배상책임을 인정한 사례(대판 1998.2.13. 96다28578).

03 행정상 즉시강제와 권리구제

1. 적법한 즉시강제에 대한 구제

행정상 즉시강제 자체는 적법하게 이루어졌으나 그로 인해 개인이 재산상 손실을 입게 되고 또한 그 손실이 특별한 희생에 해당한다면, 그 개인은 행정상 손실보상을 청구할 수 있다(헌법 제23조 제3항). 개별법이 손실보상의 근거규정을 두는 경우도 있다(예 방조제관리법 제11조, 소방기본법 제25조).

2. 위법한 즉시강제에 대한 구제

(1) 항고쟁송

행정상 즉시강제는 권력적 사실행위에 해당하는 것으로 행정소송법상 그 처분성을 인정할 수 있다(통설). 그러나 이미 침해가 가해진 뒤에는 취소나 변경을 구할 법률상 이익이 없는 것이 보통이므로(예 소방장애물의 파괴), 행정상 쟁송은 즉시강제가 장기간에 걸쳐 계속되는 경우에 의미를 갖는다(예 정신질환자의 강제입원). 다만 즉시강제가 이미 종료된 때에도 그 취소로 회복되는 법률상 이익이 있는 경우에는 행정쟁송을 제기할 수 있다(행정심판법 제9조 제1항, 행정소송법 제12조).

(2) 행정상 손해배상

위법한 즉시강제로 인하여 손해를 입은 자는 국가나 지방자치단체를 상대로 국가배상법이 정한 바에 따라 손해배상을 청구할 수 있다. 즉시강제가 이미 종료된 경우에 특히 효과적인 구제수단이 된다.

(3) 자력구제

위법한 즉시강제(예 권한이 없는 공무원에 의한 강제, 권한을 남용하는 즉시강제)에 대하여 자력구제(정당방위)가 인정된다. 따라서 위법한 즉시강제에 대하여 저항하는 것은 공무집행방해죄를 구성하지 않는다(대판 1992.2.11. 91도2797).

예제 행정상 즉시강제에 관한 설명으로 옳지 않은 것은? (다툼이 있는 경우 판례에 의함)

▶ 23 소방승진

① 행정상 즉시강제는 처분성이 인정되지 않으므로 직접 항고소송을 제기할 수는 없고 국가배상청구만 가능하다.
② 「식품위생법」상 영업소 폐쇄명령을 받은 자가 영업을 계속할 경우 강제 폐쇄하는 조치는 행정상 즉시강제에 해당하지 않는다.
③ 행정강제는 행정상 강제집행을 원칙으로 하고, 즉시강제는 예외적으로 인정되는 강제수단이다.
④ 행정상 즉시강제는 엄격한 실정법상의 근거를 필요로 한다.

정답 ①

① (×) 행정상 즉시강제는 권력적 사실행위로서의 실력행사인 동시에 상대방에 대하여 수인의무도 발생시키는 행위이다. 즉 사실행위와 법적 행위가 결합된 합성행위이다. 따라서 행정상 즉시강제는 항고소송의 대상이 되는 처분성을 갖는다.
② (○) 타당. 직접강제에 해당한다.
③ (○) 행정상 즉시강제는 다른 수단으로는 당해 행정목적을 달성할 수 없거나 다른 위해방지조치를 취할 시간적 여유가 없는 경우에 발동 가능하다(보충성).
④ (○) 국민의 기본권에 중대한 침해를 가하는 행정상 즉시강제는 법률에 명시적으로 수권규정이 마련되어야 한다.

예제 다음 중 행정상 즉시강제가 아닌 것은?

① 「출입국관리법」상의 외국인 등록의무를 위반한 사람에 대한 강제퇴거
② 「소방기본법」상의 소방활동에 방해가 되는 물건 등에 대한 강제처분
③ 「식품위생법」상의 위해식품에 대한 압류
④ 「마약류 관리에 관한 법률」상의 승인을 받지 못한 마약류에 대한 폐기

정답 ①

①은 직접강제이고, 나머지는 즉시강제에 해당한다. [직접강제]는 의무자가 의무(작위의무, 부작위의무, 수인의무)를 이행하지 않은 경우에 행정기관이 직접 의무자의 신체·재산에 실력을 가하여 의무의 이행이 있었던 상태를 실현하는 작용을 말한다.

> **예제** 행정상 즉시강제에 대한 설명으로 옳은 것은? (다툼이 있는 경우 판례에 의함)
> ① 「구 음반·비디오물 및 게임물에 관한 법률」상 등급분류를 받지 아니한 게임물을 발견한 경우 관계행정청이 관계공무원으로 하여금 이를 수거·폐기하게 할 수 있도록 한 규정은 헌법상 영장주의와 피해 최소성의 요건을 위배하는 과도한 입법으로 헌법에 위반된다.
> ② 재범의 위험성이 현저한 자를 상대로 긴급히 보호할 필요가 있는 경우에 단기간의 동행보호를 허용한 구 「사회안전법」상 동행보호규정은 사전영장주의를 규정한 헌법규정에 반한다.
> ③ 「식품위생법」상 영업소 폐쇄명령을 받은 후에도 계속하여 영업을 하는 경우 해당 영업소를 폐쇄하는 조치는 행정상 즉시강제의 수단에 해당한다.
> ④ 손실발생의 원인에 대하여 책임이 없는 자가 경찰관의 적법한 보호조치에 자발적으로 협조하여 재산상의 손실을 입은 경우, 국가는 손실을 입은 자에 대하여 정당한 보상을 하여야 한다.

> **정답** ④
>
> ④ (○) 국가는 경찰관의 적법한 직무집행으로 인하여 다음 각 호의 어느 하나에 해당하는 손실을 입은 자에 대하여 정당한 보상을 하여야 한다(경찰관 직무집행법 제11조의2).
> 1. 손실발생의 원인에 대하여 책임이 없는 자가 재산상의 손실을 입은 경우(손실발생의 원인에 대하여 책임이 없는 자가 경찰관의 직무집행에 자발적으로 협조하거나 물건을 제공하여 재산상의 손실을 입은 경우를 포함한다)
> 2. 손실발생의 원인에 대하여 책임이 있는 자가 자신의 책임에 상응하는 정도를 초과하는 재산상의 손실을 입은 경우
> ① (×) 헌법상 영장주의에 위배되는 것으로는 볼 수 없고, 적법절차의 원칙에 위배되는 것으로 보기도 어렵다(헌재 2002.10.31. 2000헌가12).
> ② (×) 전영장주의를 규정한 헌법규정에 반한다고 볼 수는 없다(대판 1997.6.13. 96다56115).
> ③ (×) 직접강제에 해당

제4장 행정조사

01 행정조사의 의의

1. 개념

행정조사란 '행정기관이 정책을 결정하거나 직무를 수행하는 데 필요한 정보나 자료를 수집하기 위하여 현장조사·문서열람·시료채취 등을 하거나 조사대상자에게 보고요구·자료제출요구 및 출석·진술요구를 행하는 활동'을 말한다(행정조사기본법 제2조 제1호). 여기서 행정기관이란 법령 및 조례·규칙에 따라 행정권한이 있는 기관과 그 권한을 위임 또는 위탁받은 법인·단체 또는 그 기관이나 개인을 말한다(제2호).

2. 행정조사의 종류

		내용
성질별	강제조사	상대방이 행정기관의 명령이나 지시에 따르지 않는 경우에 벌칙의 적용을 받게 되는 조사
	임의조사	상대방의 임의적인 협력에 의해 행하거나 행정청 단독으로 행하는 조사
대상별	대인적 조사	조사대상이 사람인 경우(예 불심검문, 질문, 신체수색)
	대물적 조사	조사대상이 물건인 경우(예 장부나 물건의 검사·수거, 시설검사)
	대가택조사	주거나 창고 및 영업소에 대한 출입·검사
목적별	개별조사	법률이 정하는 개별적·구체적 목적을 위한 자료의 수집활동(예 식품위생법상의 영업실태파악 조사, 토지보상법상 물건조서를 작성하기 위한 토지출입 조사)
	일반조사	정책입안의 자료를 수집하기 위한 조사(예 통계법에 의한 통계조사)

02 행정조사의 근거

1. 이론적 근거

강제조사는 비록 행정목적수행을 위해 필요하더라도 개인에게 수인의무를 부과하는 침해적 작용이기 때문에 법적 근거가 필요하다. 그러나 상대방의 협력을 요하는 임의조사는 법률의 수권 없이도 할 수 있다. 다만 임의조사도 조직법적 권한의 범위 안에서 행하여져야 한다.

2. 실정법적 근거

(1) 일반법(행정조사기본법)

① **행정조사기본법의 목적**: 동법은 행정조사에 관한 기본원칙·행정조사의 방법 및 절차 등에 관한 공통적인 사항을 규정함으로써 행정의 공정성·투명성 및 효율성을 높이고, 국민의 권익을 보호함을 목적으로 한다(제1조).

② **행정조사기본법의 적용범위**: 행정조사에 관하여 다른 법률에 특별한 규정이 있는 경우를 제외하고는 행정조사기본법으로 정하는 바에 따른다(제3조 제1항). 다만 제3조 제2항이 정하는 사항에는 이 법을 적용하지 않는다. 그러나 제2항에도 불구하고 제4조(행정조사의 기본원칙), 제5조(행정조사의 근거) 및 제28조(정보통신수단을 통한 행정조사)는 제2항 각 호의 사항에 대하여 적용한다.

> **〈적용 배제사항〉**(제3조 제2항)
> 1. 행정조사를 한다는 사실이나 조사내용이 공개될 경우 국가의 존립을 위태롭게 하거나 국가의 중대한 이익을 현저히 해칠 우려가 있는 국가안전보장·통일 및 외교에 관한 사항
> 2. 국방 및 안전에 관한 사항 중 다음 각 목의 어느 하나에 해당하는 사항
>   가. 군사시설·군사기밀보호 또는 방위사업에 관한 사항
>   나. 「병역법」·「예비군법」·「민방위기본법」·「비상대비에 관한 법률」·「재난관리자원의 관리 등에 관한 법률」에 따른 징집·소집·동원 및 훈련에 관한 사항
> 3. 「공공기관의 정보공개에 관한 법률」 제4조 제3항의 정보에 관한 사항
> 4. 「근로기준법」 제101조에 따른 근로감독관의 직무에 관한 사항
> 5. 조세·형사·행형 및 보안처분에 관한 사항
> 6. 금융감독기관의 감독·검사·조사 및 감리에 관한 사항
> 7. 「독점규제 및 공정거래에 관한 법률」, 「표시·광고의 공정화에 관한 법률」, 「하도급거래 공정화에 관한 법률」, 「가맹사업거래의 공정화에 관한 법률」, 「방문판매 등에 관한 법률」, 「전자상거래 등에서의 소비자보호에 관한 법률」, 「약관의 규제에 관한 법률」 및 「할부거래에 관한 법률」에 따른 공정거래위원회의 법률위반행위 조사에 관한 사항

(2) 개별법

행정기관은 법령 등에서 행정조사를 규정하고 있는 경우에 한하여 행정조사를 할 수 있다. 개별법으로 소득세법(제170조), 국세징수법(제27조), 소방기본법(제29조 이하), 경찰관직무집행법(제3조 제1항), 식품위생법(제17조), 약사법(제69조), 근로기준법(제102조) 등이 있다. 다만 조사대상자의 자발적인 협조를 얻어 실시하는 경우에는 법령등에 규정이 없어도 할 수 있다(행정조사기본법 제5조 단서).

03 행정조사의 한계

1. 실체법상 한계

(1) 행정조사는 조사목적을 달성하는데 필요한 최소한의 범위 안에서 실시하여야 하며, 다른 목적 등을 위하여 조사권을 남용하여서는 아니된다(제4조 제1항). 위법한 목적을 위한 조사는 불허된다.

(2) 행정기관은 유사하거나 동일한 사안에 대하여는 공동조사 등을 실시함으로써 행정조사가 중복되지 아니하도록 하여야 한다(제3항).

(3) 행정조사는 법령등의 위반에 대한 처벌보다는 법령등을 준수하도록 유도하는 데 중점을 두어야 한다(제4항).

2. 절차법상 한계

(1) 강제조사

① **영장주의와의 관계**: 명문의 규정이 없는 경우에도 행정조사에 헌법상의 영장주의(헌법 제12조 제3항·제16조)가 적용되는지 문제된다.

원칙적 긍정설	사전영장주의는 원칙적으로 적용되어야 하나, 긴급을 요한 경우에는 예외를 인정한 헌법 제12조 제3항 단서에 비추어 그 예외를 인정하여야 하고, 다만 이 경우도 침해가 장기적이면 사후영장이 필요하다는 견해
개별적 결정설	행정조사의 성격, 조사의 필요성, 기타의 권리보호제도의 존재 등을 고려하여 개별적으로 결정한다는 견해

> **관련판례**
>
> 밀수품의 수색에 사후영장이 허용되는 경우
> 세관공무원이 밀수품을 싣고 왔다는 정보에 의하여 정박중인 선박에 대하여 수색을 하려면 선박의 소유자 또는 점유자의 승낙을 얻거나 법관의 압수 수색영장을 발부 받거나 또는 관세법 212조 1항 후단에 의하여 <u>긴급을 요하는 경우에 한하여</u> 수색압수를 하고 사후에 영장의 교부를 받아야 할터인데…(대판 1976.11.9. 76도2703).
>
> 우편물 통관검사절차에서 압수·수색영장 없이 진행된 우편물의 개봉, 시료채취, 성분분석 등 검사의 적법 여부(원칙적 적극)
> 관세법상 우편물 통관검사절차에서 이루어지는 우편물의 개봉, 시료채취, 성분분석 등의 검사는 수출입물품에 대한 적정한 통관 등을 목적으로 한 <u>행정조사의 성격을 가지는 것으로서 수사기관의 강제처분이라고 할 수 없으므로</u>, 압수·수색영장 없이 우편물의 개봉, 시료채취, 성분분석 등 검사가 진행되었다 하더라도 특별한 사정이 없는 한 위법하다고 볼 수 없다(대판 2013.9.26. 2013도7718).

② **진술거부권과의 관계**: 헌법상의 진술거부권(제12조 제2항)이 행정조사를 위한 질문에도 적용되는지 문제된다. 헌법상 진술거부권은 형사절차상에서 문제되는 것이므로 행정조사의 상대방은 진술거부권을 갖지 못한다고 봄이 타당하다. 다만 질문이 행정조사와 형사책임추급의 두 가지 목적으로 행사되는 경우에는 인정된다.

③ **증표의 제시**: 현장조사를 하는 조사원은 그 권한을 나타내는 증표를 지니고 이를 조사대상자에게 내보여야 한다(행정조사기본법 제11조 제3항).

④ **시간적 한계**: 현장조사는 해가 뜨기 전이나 해가 진 뒤에는 할 수 없다. 다만 조사대상자가 동의한 경우나 사무실 또는 사업장 등의 업무시간에 행정조사를 실시하는 경우 등에는 예외가 인정된다 (제11조 제2항).

⑤ **정보공개 등의 제한**: 다른 법률에 따르지 아니하고는 행정조사의 대상자 또는 행정조사의 내용을 공표하거나 직무상 알게 된 비밀을 누설하여서는 아니된다. 행정기관은 행정조사를 통하여 알게 된 정보를 다른 법률에 따라 내부에서 이용하거나 다른 기관에 제공하는 경우를 제외하고는 원래의 조사목적 이외의 용도로 이용하거나 타인에게 제공하여서는 아니된다(제4조 제5항·제6항).

⑥ **행정절차법의 적용 여부**: 행정절차법에 행정조사에 관한 규정이 없으므로 행정조사에 행정절차법이 적용되지 않은 것이 원칙이다. 다만 행정조사가 행정행위의 형식을 취하거나 사실행위인 행정조사가 행정절차법 제2조 제2항의 처분에 해당하는 경우에는 처분절차에 관한 규정이 적용된다.

(2) 임의조사

임의조사는 피조사자측의 임의적인 협력을 전제로 하는 것이므로 영장주의에 관한 문제가 발생하지 않는다. 한편, 조사대상자의 자발적인 협조를 얻어 행정조사를 실시하고자 하는 경우 조사대상자는 문서·전화·구두 등의 방법으로 당해 행정조사를 거부할 수 있다(제20조 제1항).

04 행정조사의 대상과 방법

1. 조사계획의 수립 및 조사대상의 선정

(1) 연도별 행정조사운영계획의 수립 및 제출

행정기관의 장은 매년 12월말까지 다음 연도의 행정조사운영계획을 수립하여 국무조정실장에게 제출하여야 한다(제6조 제1항). 국무조정실장은 행정기관의 장이 제출한 행정조사운영계획을 검토한 후 그에 대한 보완을 요청할 수 있다. 이 경우 행정기관의 장은 특별한 사정이 없는 한 이에 응하여야 한다(제4항).

(2) 조사의 주기

행정조사는 법령등 또는 행정조사운영계획으로 정하는 바에 따라 정기적으로 실시함을 원칙으로 한다. 다만 ① 법률에서 수시조사를 규정하고 있는 경우, ② 법령등의 위반에 대하여 혐의가 있는 경우, ③ 다른 행정기관으로부터 법령등의 위반에 관한 혐의를 통보 또는 이첩받은 경우, ④ 법령등의 위반에 대한 신고를 받거나 민원이 접수된 경우, ⑤ 그 밖에 행정조사의 필요성이 인정되는 사항으로서 대통령령으로 정하는 경우에는 수시조사를 할 수 있다(제7조).

(3) 조사대상

① 행정기관은 조사목적에 적합하도록 조사대상자를 선정하여 행정조사를 실시하여야 한다(제4조 제2항). 조사대상자는 조사원에게 공정한 행정조사를 기대하기 어려운 사정이 있다고 판단되는 경우에는 행정기관의 장에게 당해 조사원의 교체를 신청할 수 있다(제22조 제1항).

② 행정기관의 장은 행정조사의 목적, 법령준수의 실적, 자율적인 준수를 위한 노력, 규모와 업종 등을

고려하여 명백하고 객관적인 기준에 따라 행정조사의 대상을 선정하여야 한다(제8조 제1항). 조사대상자는 조사대상 선정기준에 대한 열람을 행정기관의 장에게 신청할 수 있다(제2항).

2. 조사의 방법

(1) 일반적 수단

① **출석·진술요구** : 행정기관의 장이 조사대상자의 출석·진술을 요구하는 때에는 다음 각 호의 사항[일시와 장소, 출석요구의 취지, 출석하여 진술하여야 하는 내용, 제출자료, 출석거부에 대한 제재(근거 법령 및 조항 포함), 그 밖에 당해 행정조사와 관련하여 필요한 사항]이 기재된 출석요구서를 발송하여야 한다(제9조 제1항).

② **보고요구와 자료제출의 요구** : 행정기관의 장은 조사대상자에게 조사사항에 대하여 보고를 요구하는 때에는 다음 각 호의 사항[일시와 장소, 조사의 목적과 범위, 보고하여야 하는 내용, 보고거부에 대한 제재(근거 법령 및 조항 포함), 그 밖에 당해 행정조사와 관련하여 필요한 사항]이 포함된 보고요구서를 발송하여야 한다(제10조 제1항). 행정기관의 장은 조사대상자에게 장부·서류나 그 밖의 자료를 제출하도록 요구하는 때에는 다음 각 호의 사항[제출기간, 제출요청사유, 제출서류, 제출서류의 반환 여부, 제출거부에 대한 제재(근거 법령 및 조항 포함), 그 밖에 당해 행정조사와 관련하여 필요한 사항]이 기재된 자료제출요구서를 발송하여야 한다(제2항).

③ **현장조사** : 조사원이 가택·사무실 또는 사업장 등에 출입하여 현장조사를 실시하는 경우에는 행정기관의 장은 다음 각 호의 사항[조사목적, 조사기간과 장소, 조사원의 성명과 직위, 조사범위와 내용, 제출자료, 조사거부에 대한 제재(근거 법령 및 조항 포함), 그 밖에 당해 행정조사와 관련하여 필요한 사항]이 기재된 현장출입조사서 또는 법령등에서 현장조사시 제시하도록 규정하고 있는 문서를 조사대상자에게 발송하여야 한다(제11조 제1항).

④ **시료채취** : 조사원이 조사목적의 달성을 위하여 시료채취를 하는 경우에는 그 시료의 소유자 및 관리자의 정상적인 경제활동을 방해하지 아니하는 범위 안에서 최소한도로 하여야 한다(제12조 제1항). 행정기관의 장은 제1항에 따른 시료채취로 조사대상자에게 손실을 입힌 때에는 대통령령으로 정하는 절차와 방법에 따라 그 손실을 보상하여야 한다(제2항).

⑤ **자료등의 영치** : 조사원이 현장조사 중에 자료·서류·물건 등을 영치하는 때에는 조사대상자 또는 그 대리인을 입회시켜야 한다(제13조 제1항).

(2) 정보통신수단을 통한 행정조사

행정기관의 장은 인터넷 등 정보통신망을 통하여 조사대상자로 하여금 자료의 제출 등을 하게 할 수 있다(제28조 제1항). 행정기관의 장은 정보통신망을 통하여 자료의 제출 등을 받은 경우에는 조사대상자의 신상이나 사업비밀 등이 유출되지 아니하도록 제도적·기술적 보안조치를 강구하여야 한다(제2항).

(3) 공동조사

행정기관의 장은 ① 당해 행정기관 내의 2 이상의 부서가 동일하거나 유사한 업무분야에 대하여 동일한 조사대상자에게 행정조사를 실시하는 경우, ② 서로 다른 행정기관이 대통령령으로 정하는 분야에 대하여 동일한 조사대상자에게 행정조사를 실시하는 경우에는 공동조사를 하여야 한다(제14조 제1항).

(4) 중복조사의 제한

제7조에 따라 정기조사 또는 수시조사를 실시한 행정기관의 장은 동일한 사안에 대하여 동일한 조사대상자를 재조사 하여서는 아니된다. 다만 당해 행정기관이 이미 조사를 받은 조사대상자에 대하여 위법행위가 의심되는 새로운 증거를 확보한 경우에는 그러하지 아니하다(제15조 제1항).

05 행정조사의 실시

1. 개별조사계획의 수립

행정조사를 실시하고자 하는 행정기관의 장은 제17조에 따른 사전통지를 하기 전에 개별조사계획을 수립하여야 한다(제16조).

2. 사전통지와 의견제출

행정조사를 실시하고자 하는 행정기관의 장은 제9조에 따른 출석요구서, 제10조에 따른 보고요구서·자료제출요구서 및 제11조에 따른 현장출입조사서를 조사개시 7일 전까지 조사대상자에게 서면으로 통지하여야 한다(제17조 제1항). 조사대상자는 제17조에 따른 사전통지의 내용에 대하여 행정기관의 장에게 의견을 제출할 수 있다(제21조 제1항).

3. 조사의 연기신청

출석요구서등을 통지받은 자가 천재지변이나 그 밖에 대통령령으로 정하는 사유로 인하여 행정조사를 받을 수 없는 때에는 당해 행정조사를 연기하여 줄 것을 행정기관의 장에게 요청할 수 있다(제18조 제1항).

4. 제3자에 대한 보충조사

행정기관의 장은 조사대상자에 대한 조사만으로는 당해 행정조사의 목적을 달성할 수 없거나 조사대상이 되는 행위에 대한 사실 여부 등을 입증하는 데 과도한 비용 등이 소요되는 경우로서, 다른 법률에서 제3자에 대한 조사를 허용하고 있는 경우 또는 제3자의 동의가 있는 경우에는 제3자에 대하여 보충조사를 할 수 있다(제19조).

5. 자발적인 협조에 따라 실시하는 행정조사

행정기관의 장이 제5조 단서에 따라 조사대상자의 자발적인 협조를 얻어 행정조사를 실시하고자 하는 경우, 행정조사의 개시와 동시에 출석요구서등을 조사대상자에게 제시하거나 행정조사의 목적 등을 조사대상자에게 구두로 통지할 수 있다(제17조 제1항 단서). 조사대상자가 조사에 응할 것인지에 대한 응답을 하지 아니하는 경우에는 법령등에 특별한 규정이 없는 한 그 조사를 거부한 것으로 본다(제20조 제2항).

6. 추가조사와 전문가참여

조사원은 제9조부터 제11조까지에 따라 사전에 발송된 사항에 한하여 조사대상자를 조사하되, 사전 통지한 사항과 관련된 추가적인 행정조사가 필요할 경우에는 조사대상자에게 추가조사의 필요성과 조사내용 등에 관한 사항을 서면이나 구두로 통보한 후 추가조사를 실시할 수 있다(제23조 제1항). 조사대상자는 법률·회계 등에 대하여 전문지식이 있는 관계 전문가로 하여금 행정조사를 받는 과정에 입회하게 하거나 의견을 진술하게 할 수 있다(제2항).

7. 녹음·녹화

조사대상자와 조사원은 조사과정을 방해하지 아니하는 범위 안에서 행정조사의 과정을 녹음하거나 녹화할 수 있다. 이 경우 녹음·녹화의 범위 등은 상호 협의하여 정하여야 한다(동법 제23조 제3항) 조사대상자와 조사원이 제3항에 따라 녹음이나 녹화를 하는 경우에는 사전에 이를 당해 행정기관의 장에게 통지하여야 한다(제4항).

8. 조사결과의 통지

행정기관의 장은 법령등에 특별한 규정이 있는 경우를 제외하고는 행정조사의 결과를 확정한 날부터 7일 이내에 그 결과를 조사대상자에게 통지하여야 한다(제24조).

06 자율관리체제

1. 자율신고제도

행정기관의 장은 법령등에서 규정하고 있는 조사사항을 조사대상자로 하여금 스스로 신고하도록 하는 제도를 운영할 수 있다. 행정기관의 장은 조사대상자가 제1항에 따라 신고한 내용이 거짓의 신고라고 인정할 만한 근거가 있거나 신고내용을 신뢰할 수 없는 경우를 제외하고는 그 신고내용을 행정조사에 갈음할 수 있다(제25조).

2. 자율관리체제의 구축

행정기관의 장은 조사대상자가 자율적으로 행정조사사항을 신고·관리하고, 스스로 법령준수사항을 통제하도록 하는 체제의 기준을 마련하여 고시할 수 있다(제26조 제1항).

3. 자율관리에 대한 혜택의 부여

행정기관의 장은 제25조에 따라 자율신고를 하는 자와 제26조에 따라 자율관리체제를 구축하고 자율관리체제의 기준을 준수한 자에 대하여는 법령등으로 규정한 바에 따라 행정조사의 감면 또는 행정·세제상의 지원을 하는 등 필요한 혜택을 부여할 수 있다(제27조).

07 행정조사에 대한 권리구제

1. 위법한 행정조사에 대한 구제

(1) 위법한 행정조사와 행정행위의 효력

위법한 행정조사가 있는 경우, **위법한 조사로 수집된 정보에 기초하여 행정결정이 내려진 경우 그 행정결정이 위법한지** 문제된다(정보는 정확함을 전제). 판례는 적극설을 취한다.

> **관련판례**
>
> 위법한 조사에 기초한 과세처분은 위법
> 세무조사가 과세자료의 수집 또는 신고내용의 정확성 검증이라는 본연의 목적이 아니라 부정한 목적을 위하여 행하여진 것이라면 이는 세무조사에 중대한 위법사유가 있는 경우에 해당하고 이러한 세무조사에 의하여 수집된 과세자료를 기초로 한 과세처분 역시 위법하다(대판 2016.12. 15. 2016두47659).
>
> 운전자 본인의 동의를 받지 아니하고 법원의 영장도 없이 한 혈액 채취 조사 결과를 근거로 한 운전면허 정지·취소 처분이 위법한지 여부
> 음주운전 여부에 관한 조사방법 중 혈액 채취는 상대방의 신체에 대한 직접적인 침해를 수반하는 방법으로서, 이에 관하여 도로교통법은 호흡조사와 달리 운전자에게 조사에 응할 의무를 부과하는 규정을 두지 아니할 뿐만 아니라, 측정에 앞서 운전자의 동의를 받도록 규정하고 있으므로(제44조 제3항), 운전자의 동의 없이 임의로 채혈조사를 하는 것은 허용되지 아니한다.…(중략)…따라서 음주운전 여부에 대한 조사 과정에서 운전자 본인의 동의를 받지 아니하고 또한 법원의 영장도 없이 채혈조사를 한 결과를 근거로 한 운전면허 정지·취소 처분은 도로교통법 제44조 제3항을 위반한 것으로서 특별한 사정이 없는 한 위법한 처분으로 볼 수밖에 없다(대판 2016.12. 27. 2014두46850).

(2) 행정상 쟁송

장부제출명령, 출두명령 등 행정행위의 형식을 취하는 행정조사나 사실행위로서의 행정조사도 권력적인 경우에는 처분성이 인정된다. 또한 수인하명을 수반하는 행정조사가 비교적 장기간에 걸쳐 계속된 경우에는 행정쟁송에 의하여 그 취소·변경을 구할 실익이 있다.

(3) 행정상 손해배상

위법한 행정조사로 손해를 입은 자는 국가나 지방자치단체에 대하여 국가배상법이 정하는 바에 따라 손해배상을 청구할 수 있다.

2. 적법한 행정조사에 대한 구제

적법한 행정조사로 인하여 특별한 희생을 당한 자는 손실보상을 청구할 수 있다. 예컨대 토지수용을 위한 출입조사에 대한 보상이 이에 해당한다.

예제 행정조사에 관한 설명으로 옳지 않은 것은? (다툼이 있는 경우 판례에 의함) ▶ 23 소방승진

① 세무조사결정은 납세의무자의 권리·의무에 직접 영향을 미치는 공권력에 행사에 따른 행정작용으로서 항고 소송의 대상이 된다.
② 국제우편물 통관검사절차에서 이루어지는 우편물의 개봉, 시료채취, 성분분석 등의 검사는 압수·수색영장 없이도 가능한 행정조사의 성격을 갖고 있다.
③ 세관공무원이 밀수품을 신고 왔다는 정보에 의하여 정박 중인 선박에 대하여 수색을 하려면 비록 소유자 또는 점유자의 승낙을 얻었을지라도 이와 별개로 법관의 압수수색영장을 발부받아야 한다.
④ 부가가치세액 재경정처분은 이미 피고가 행한 세무조사와 같은 세목, 같은 과세기간에 대하여 실시한 중복세무 조사에 기초하여 이루어진 것이므로 위법하다.

정답 ③

③ (×) 공무집행방해죄에 의한 보고의 대상은 공무원의 적법한 직무의 집행이라야 한다는 것인바 본건의 경우 세관공무원이 밀수품을 싣고 왔다는 정보에 의하여 정박 중인 선박에 대하여 수색을 하려면 선박의 소유자 또는 점유자의 승낙을 얻거나 법관의 압수 수색영장을 발부 받거나 또는 관세법 212조 1항 후단에 의하여 긴급을 요하는 경우에 한하여 수색압수를 하고 사후에 영장의 교부를 받아야 할터인데…(대판 1976.11.9. 76도2703). ☞ 판례는 밀수품의 수색에 사후영장이 허용되는 경우를 인정한다.
① (○) 대판 2011.3.10. 2009두23617
② (○) 대판 2013.9.26. 2013도7718
④ (○) 대판 2006.6.2. 2004두12070

예제 행정조사에 대한 다음 설명 중 옳지 않은 것은?

① 행정조사는 조사를 통해 법령 등의 위반사항을 발견하고 처벌하는 데 중점을 두어야 한다.
② 행정기관은 유사하거나 동일한 사안에 대하여는 공동조사 등을 실시함으로써 행정조사가 중복되지 아니하도록 하여야 한다.
③ 행정조사는 조사목적을 달성하는데 필요한 최소한의 범위 안에서 실시하여야 한다.
④ 행정기관은 조사대상자의 자발적인 협조가 없는 한 법령 등에서 행정조사를 규정하고 있는 경우에 한하여 행정조사를 실시할 수 있다.

정답 ①

① (×) 행정조사는 법령 등의 위반에 대한 처벌보다는 법령 등을 준수하도록 유도하는 것에 중점을 두어야 한다(행정조사기본법 제4조 제4항).
② (○) 동법 제4조 제3항 ③ (○) 동법 제4조 제1항 ④ (○) 동법 제5조

행정조사에 관한 설명으로 옳지 않은 것은? (다툼이 있는 경우 판례에 의함)   ▶ 23 소방간부

① 납세자 등이 대답하거나 수인할 의무가 없고 납세자의 영업의 자유 등을 침해하거나 세무조사권이 남용될 염려가 없는 조사행위는 원칙적으로 「국세기본법」 제7장의2 내의 각 규정이 적용되는 세무조사에 해당한다고 볼 것은 아니다.
② 우편물 통관검사절차에서 이루어지는 우편물의 개봉, 시료채취, 성분분석 등의 검사는 행정조사의 성격을 가지는 것으로서 수사기관의 강제처분이라고 볼 수 있으므로, 압수·수색영장 없이 우편물의 개봉, 시료채취, 성분분석 등 검사가 진행되었다면 특별한 사정이 없는 한 위법하다.
③ 과세자료의 수집 또는 신고내용의 정확성 검증이라는 그 본연의 목적이 아니라 부정한 목적을 위하여 세무조사가 행하여진 것이라면 이러한 세무조사에 의하여 수집된 과세자료를 기초로 한 과세처분 역시 위법하다.
④ 「마약류 불법거래 방지에 관한 특례법」에 따른 조치의 일환으로 특정한 수출입물품을 개봉하여 검사하고 그 내용물의 점유를 취득한 행위는 사전 또는 사후에 영장을 받아야 한다.
⑤ 조사 과정에서 운전자 본인의 동의를 받지 아니하고 또한 법원의 영장도 없이 채혈조사를 한 결과를 근거로 한 운전면허 정지·취소 처분은 특별한 사정이 없는 한 위법한 처분에 해당한다.

정답 ②

② (×) 우편물 통관검사절차에서 이루어지는 우편물의 개봉, 시료채취, 성분분석 등의 검사는 수출입물품에 대한 적정한 통관 등을 목적으로 한 행정조사의 성격을 가지는 것으로서 수사기관의 강제처분이라고 할 수 없으므로, 압수·수색영장 없이 우편물의 개봉, 시료채취, 성분분석 등 검사가 진행되었다 하더라도 특별한 사정이 없는 한 위법하다고 볼 수 없다(대판 2013.9.26. 2013도7718).
① (○) 대판 2017.3.16. 2014두8360
③ (○) 대판 2016.12.15. 2016두47659
④ (○) 대판 2017.7.18. 2014도8719
⑤ (○) 대판 2016.12.27. 2014두46850

제5장 기타 실효성확보수단

제1절 금전상 제재

01 가산세

1. 의의

가산세란 **납세자가 정당한 이유 없이 법에 규정된 신고·납세의무 등을 위반한 경우에 세법에 의하여 산출한 세액에 가산하여 징수하는 금액**을 말한다. 이는 의무 불이행에 대한 제재로서의 성격보다 추가적인 금전적 부담을 통해 성실한 의무이행을 확보하는 의미가 강하다.

2. 특징

(1) 가산세는 조세법상의 의무이행확보를 위한 행정적 조치이므로, 조세범에 대한 벌금과 함께 병과되어도 이중처벌이라 할 수 없다.

(2) 국세기본법 또는 세법에 따라 가산세를 부과하는 경우 그 부과의 원인이 되는 사유가 동법 제6조의 기한연장 사유에 해당하거나 납세자가 의무를 불이행한 것에 대하여 정당한 사유가 있는 때에는 해당 가산세를 부과하지 아니한다(국세기본법 제48조 제1항). 판례는 의무해태에 정당한 사유가 있으면 가산세를 부과할 수 없으나(대판 1998.7.24. 96누18076), 납세자의 고의·과실은 고려되지 않고(대판 2003.9.5. 2001두403), 세무공무원의 잘못된 설명을 믿고 신고납부의무를 불이행한 경우에도 면책되지 않으며(대판 2002.4.12. 200두5944), 법령의 부지·착오 등은 그 의무위반을 탓할 수 없는 정당한 사유에 해당하지 아니한다(대판 2004.6.24. 2002두10780)고 한다.

3. 법적 근거, 부과·징수, 구제

법률유보의 원칙상 가산세부과에 엄격한 법적 근거를 요한다. 부과·징수절차·구제절차는 국세기본법·국세징수법·소득세법이 정한 바에 따른다.

02 가산금

가산금이란 **국세나 지방세를 납부기한까지 납부하지 않은 경우에 국세징수법에 의해 납부기한경과 즉시 고지세액에 가산해서 징수하는 금액(가산금)과 납부기한경과 후 일정기한까지도 납부하지 않은 경우에 시간경과에 비례해서 추가적으로 가산하여 징수하는 금액(중가산금)**을 말한다. 가산금은 조세채무자가 부담하는 일종의 연체금으로서 조세채무의 이행을 간접적으로 강제하기 위한 것이다. 중

가산금은 일종의 이행강제금(집행벌)의 성질을 갖는다. 판례는 국세징수법상 가산금·중가산금은 '납부기한까지 납부되지 않은 경우 미납분에 관한 지연이자의 비율로 부과되는 부대세의 일종'이라고 한다(대판 2006.3.9. 2004다31074). 따라서 그 고지는 항고소송의 대상이 되는 처분이라 할 수 없다.

03 과징금

1. 의의

과징금이란 '행정법상 의무를 불이행하였거나 위반한 자에 대하여 당해 위반행위로 얻은 경제적 이익을 박탈하기 위하여 부과하거나 또는 사업의 취소·정지에 갈음하여 부과하는 금전상의 제재'를 말한다.

> **행정기본법 제28조(과징금의 기준)** ① 행정청은 법령등에 따른 의무를 위반한 자에 대하여 법률로 정하는 바에 따라 그 위반행위에 대한 제재로서 과징금을 부과할 수 있다.
> ② 과징금의 근거가 되는 법률에는 과징금에 관한 다음 각 호의 사항을 명확하게 규정하여야 한다.
> 1. 부과·징수 주체
> 2. 부과 사유
> 3. 상한액
> 4. 가산금을 징수하려는 경우 그 사항
> 5. 과징금 또는 가산금 체납 시 강제징수를 하려는 경우 그 사항

2. 과징금의 유형

본래적 과징금	① 본래 과징금은 법령위반행위에 따른 부당이득을 환수하는 성격을 갖거나, 부당이득환수와 행정제재의 성격을 동시에 갖는 것을 의미 ② 우리나라 최초의 과징금은 「독점규제 및 공정거래에 관한 법률」에 도입(1980.12.13)
변형적 과징금	① 행정법규 위반자에 대하여 인·허가 사업을 정지·취소하여야 할 경우에도 국민 다수의 생활, 국민경제 기타 공익에 현저한 지장을 초래할 것을 우려하여 사업은 계속 하되 사업을 계속함으로써 얻는 이익을 박탈하는 변형된 과징금 제도 출현(예 관광진흥법 제35조, 여객자동차운수사업법 제79조, 대외무역법 제39조, 대기환경보전법 제37조). ② 최근에는 시정명령이나 자격정지에 갈음하는 과징금도 도입되고 있는 실정임(예 국민건강보험법 제85조의2).

3. 법적 성질·근거

과징금부과행위는 행정행위로서 급부하명의 성질을 갖는다. 과징금부과행위는 당사자에 대하여 금전적 부담을 과하는 침익적 행위이므로 법률유보의 원칙상 법률의 근거를 요한다. 과징금은 다수의 개별법규에 규정되어 있다(예 「독점규제 및 공정거래에 관한 법률」 제6조, 「석유 및 석유대체연료 사업법」 제14조, 주차장법 제24조, 해운법 제21조, 여객자동차운수사업법 제88조, 여신전문금융업법 제58조, 석탄산업법 제21조 등).

4. 과징금의 부과·징수와 구제

(1) 재량

과징금을 부과할 것인지 영업정지처분을 내릴 것인지는 통상 행정청의 재량에 속한다. 그러나 재량에 속하는 경우 과징금부과처분을 하지 않고 영업정지처분을 한 것이 심히 공익을 해하고, 사업자에게도 가혹한 불이익을 초래하는 것과 같은 경우에 비례의 원칙, 평등의 원칙 등 법의 일반원칙에 반하면 위법하다. 과징금부과처분을 기속행위로 본 경우도 있다(대판 2007.7.12. 2005두17287).

(2) 부과 및 징수

① 정당한 권한을 가진 행정청의 납입고지에 의해 구제적인 납부의무가 발생한다. 과징금부과처분을 받은 자는 소정의 기한 내에 납부하여야 한다.
② 납부의무불이시의 강제징수에 관해서는 국세징수법의 예에 따르도록 규정하고 있다. 과징금 채무는 대체적 급부가 가능한 의무이므로 과징금을 부과받은 자가 사망한 경우 그 상속인에게 포괄승계된다(대판 1999.5.14. 99두35).

> **행정기본법 제29조(과징금의 납부기한 연기 및 분할 납부)** 과징금은 한꺼번에 납부하는 것을 원칙으로 한다. 다만, 행정청은 과징금을 부과받은 자가 다음 각 호의 어느 하나에 해당하는 사유로 과징금 전액을 한꺼번에 내기 어렵다고 인정될 때에는 그 납부기한을 연기하거나 분할 납부하게 할 수 있으며, 이 경우 필요하다고 인정하면 담보를 제공하게 할 수 있다.
> 1. 재해 등으로 재산에 현저한 손실을 입은 경우
> 2. 사업 여건의 악화로 사업이 중대한 위기에 처한 경우
> 3. 과징금을 한꺼번에 내면 자금 사정에 현저한 어려움이 예상되는 경우
> 4. 그 밖에 제1호부터 제3호까지에 준하는 경우로서 대통령령으로 정하는 사유가 있는 경우
>
> **시행령 제7조(과징금의 납부기한 연기 및 분할 납부)** ② 법 제29조 제4호에서 "대통령령으로 정하는 사유"란 같은 조 제1호부터 제3호까지에 준하는 것으로서 과징금 납부기한의 연기나 과징금의 분할 납부가 필요하다고 행정청이 인정하는 사유를 말한다.

(3) 병과 가능성

① **행정벌의 병과** : 과징금은 불법적인 이익의 박탈, 행정벌은 의무위반에 대한 제재라는 점에서 그 목적과 성격을 달리하는 제도이므로 병과가 가능하다. 판례도 같은 입장이나(대판 2007.7.12. 2006두4545) 실질적으로는 이중처벌의 성격이 있다는 비판이 제기된다. 이러한 비판을 반영하여 실정법에는 "과징금을 부과 받은 자에게는 그 위반행위에 대하여 과태료를 부과할 수 없다."(예 화물자동차운수사업법 제71조)고 규정하는 경우가 있다.
② **영업정지처분의 병과** : 같은 위반행위에 대하여 A법에 의한 영업정지처분과 B법에 의한 과징금부과처분을 하는 것은 서로 목적하는 바가 달라 중복된 처분이 아니다. 다만 과징금의 액수를 정함에 있어서는 위 영업정지처분의 내용을 참작해야 한다(서울고법 1999.3.24. 98누13647).
③ **과징금의 병과** : 위반행위의 종별에 따른 과징금의 기준금액이 정해져 있는 경우, 수회의 위반행위를 한 경우에는 각 위반행위에 대하여 각 그 기준에 따른 과징금을 병과할 수 있다(대판 1995.1.24. 94누6888).

(4) 구제

과징금부과처분은 침익적 행정행위로서 처분성이 인정되므로, 과징금의 부과·징수에 하자가 있는 경우 납부의무자는 행정쟁송절차에 따라 다툴 수 있다. 아울러 과징금이 법률상 원인없이 징수된 경우에는 공법상의 부당이득반환청구권을 행사할 수 있다. 통상 과징금부과처분은 재량행위로 규정되어 있고, 이 경우 비례의 원칙 등 재량권의 일탈·남용이 있으면 당해 과징금부과처분은 위법하다.

> **관련판례**
>
> 과징금 부과처분이 법정 최고한도액을 초과하여 위법한 경우 그 취소범위
>
> [1] 자동차운수사업 면허조건 등에 위반한 사업자에 대하여 행정청이 행정제재수단으로서 사업정지를 명할 것인지, 과징금을 부과할 것인지, 과징금을 부과키로 하였다면 그 금액은 얼마로 할 것인지 등에 관하여 재량권이 부여되어 있다 할 것이고, 과징금 최고한도액 5,000,000원의 부과처분만으로는 적절치 않다고 여길 경우 사업정지쪽을 택할 수도 있다 할 것이므로 과징금 부과처분이 법이 정한 한도액을 초과하여 위법할 경우 법원으로서는 <u>그 전부를 취소할 수밖에 없고, 그 한도액을 초과한 부분이나 법원이 적정하다고 인정되는 부분을 초과한 부분만을 취소할 수는 없다</u>(대판 1993.7.27. 93누1077).
>
> [2] 명의신탁이 조세를 포탈하거나 법령에 의한 제한을 회피할 목적이 아니어서 '부동산 실권리자명의 등기에 관한 법률 시행령' 제3조의2 단서의 과징금 감경사유가 있는 경우 과징금 감경 여부는 과징금 부과 관청의 재량에 속하는 것이므로, 과징금 부과 관청이 이를 판단하면서 재량권을 일탈·남용하여 과징금 부과처분이 위법하다고 인정될 경우, 법원으로서는 <u>과징금 부과처분 전부를 취소할 수밖에 없고</u>, 법원이 적정하다고 인정되는 부분을 초과한 부분만 취소할 수는 없다(대판 2010.7.15. 2010두7031).

예제 과징금 부과처분에 대한 설명으로 옳지 않은 것은? (다툼이 있는 경우 판례에 의함)

① 「독점규제 및 공정거래에 관한 법률」상의 과징금은 법이 규정한 범위 내에서 그 부과처분 당시까지 부과관청이 확인한 사실을 기초로 일의적으로 확정되어야 할 것이지, 추후에 부과금 산정기준이 되는 새로운 자료가 나왔다고 하여 새로운 부과처분을 할 수 있는 것은 아니다.
② 영업정지에 갈음하여 부과되는 이른바 변형된 과징금의 부과 여부는 통상 행정청의 재량행위이다.
③ 과징금은 행정상 제재금이고 범죄에 대한 국가 형벌권의 실행이 아니므로 행정법규 위반에 대해 벌금 이외에 과징금을 부과하는 것은 이중처벌금지의 원칙에 위반되지 않는다.
④ 「부동산 실권리자명의 등기에 관한 법률」상 명의신탁자에 대한 과징금의 부과 여부는 행정청의 재량행위이다.

정답 ④

④ (×) 부동산 실권리자명의 등기에 관한 법률 제3조 제1항, 제5조 제1항, 같은 법 시행령 제3조 제1항의 규정을 종합하면, 명의신탁자에 대하여 과징금을 부과할 것인지 여부는 기속행위에 해당한다(대판 2007.7.12. 2005두17287).
① (○) 대판 2002.5.28. 2000두6121
② (○) 대판 1998.4.10. 98두2270
③ (○) 헌재 2003.7.24. 2001헌가25

예제 다음 사례에 대한 설명으로 옳은 것을 고르시오. (다툼이 있는 경우 판례에 의함)

> A시 시장은 식품접객업주 甲에게 청소년고용금지업소에 청소년을 고용하였다는 사유로 식품위생법령에 근거하여 영업정지 2개월 처분에 갈음하는 과징금부과처분을 하였고, 甲은 부과된 과징금을 납부하였다. 그러나 甲은 이후 과징금부과처분에 하자가 있음을 알게 되었다.

① 甲은 납부한 과징금을 돌려받기 위해 관할 행정법원에 과징금반환을 구하는 당사자소송을 제기할 수 있다.
② A시 시장이 과징금부과처분을 함에 있어 과징금부과통지서의 일부 기재가 누락되어 이를 이유로 甲이 관할 행정법원에 과징금부과처분의 취소를 구하는 소를 제기한 경우, A시 시장은 취소소송 절차가 종결되기 전까지 보정된 과징금부과처분 통지서를 송달하면 일부 기재 누락의 하자는 치유된다.
③ 「식품위생법」이 청소년을 고용한 행위에 대하여 영업허가를 취소하거나 6개월 이내의 기간을 정하여 그 영업의 전부 또는 일부를 정지하거나 영업소 폐쇄를 명할 수 있다고 하면서 행정처분의 세부기준은 총리령으로 위임한다고 정하고 있는 경우에, 총리령에서 정하고 있는 행정처분의 기준은 재판규범이 되지 못한다.
④ 甲이 자신은 청소년을 고용한 적이 없다고 주장하면서 제기한 과징금부과처분의 취소소송 계속 중에 A시 시장은 甲이 유통기한이 경과한 식품을 판매한 사실을 처분사유로 추가·변경할 수 있다.

정답 ③

③ (○) 대통령이 아닌 총리령이나 부령으로 정한 제재적 처분기준은 법규적 효력이 인정되지 않는다는 것이 판례의 입장이다.
① (×) 납부한 과징금을 돌려받기 위해서는 과징금에 대한 행정처분에 대한 취소소송을 제기하여 처분의 효력을 소멸시킨 후 부당이득반환청구를 한다. 만일 과징금부과처분의 하자의 정도가 무효라면 부당이득반환청구소송을 제기하면 민사법원이 선결문제로서 다룰 수 있다.
② (×) 하자의 치유는 쟁송제기 전까지 할 수 있다는 것이 판례의 입장이므로 하자는 치유되지 않는다.
③ (×) 처분사유의 추가·변경은 기본적 사실관계의 동일성이 있어야 하므로 불가하다.

제2절 관허사업의 제한

1. 의의

특정한 행정법상의 의무와 직접 관련이 없는 각종 인가·허가 등을 거부·정지·철회함으로써 위반자에게 불이익을 가하여 행정법상 의무의 이행을 간접적으로 확보하는 경우를 관허사업의 제한이라 한다(협의). 광의의 관허사업의 제한은 인·허가 등을 받은 자가 그 사업을 수행하는 과정에서 행정법상의 의무를 위반한 경우에 이미 발급한 인·허가를 철회 내지 정지하는 것을 포함한다.

2. 실례(實例)

(1) 위법건축물의 이용에 대한 관허사업의 제한

건축법 제79조는, 허가권자는 허가나 승인이 취소된 건축물 또는 시정명령을 받고 이행하지 아니한 건축물에 대하여는 다른 법령에 따른 영업이나 그 밖의 행위를 허가하지 아니하도록 요청할 수 있도록 하고, 이러한 요청을 받은 자는 특별한 이유가 없으면 요청에 따라야 하도록 규정하고 있다. 건축법 제79조의 관허사업의 제한은 의무불이행과 관련이 있는 것이어서 부당결부금지의 원칙에 반하지 않는다고 보는 것이 일반적 견해이다.

(2) 조세체납자에 대한 관허사업제한

국세징수법은 국세를 체납한 자에 대하여 관허사업을 제한할 수 있는 근거규정을 두었다. 조세체납에 대하여는 강제징수라는 전통적인 강제집행수단이 있으나, 절차가 복잡하고 상대방과의 물리적 충돌이 발생할 수 있어 이를 보완하기 위하여 고안된 제도이다. 이 제도는 체납된 조세와 불허가 또는 취소·정지되는 사업과는 실질적인 관련성이 없다는 점에서 **부당결부금지의 원칙**과 관련하여 문제점이 있고, 국민의 생업 자체를 위협한다는 점에서 **비례원칙**과의 관련에서도 문제점이 지적되고 있다.

3. 권리구제

(1) 인허가의 거부에 대해서는 의무이행심판이나 거부처분취소소송을 제기할 수 있고, 인허가의 취소에 대하여는 취소심판 또는 취소소송을 제기할 수 있다.

(2) 관허사업제한 요청행위에 대하여 항고소송을 제기할 수 있는가에 대하여는 ① 요청행위가 비권력적 행위인 권고에 불과하므로 처분성을 부정하는 견해, ② 요청을 받은 자는 특별한 이유가 없는 한 이에 응하도록 규정되어 있으므로 처분성을 긍정하는 견해가 있다.

제3절 공급거부

1. 의의
공급거부는 '**행정법상의 의무를 위반하거나 불이행한 자에 대하여 일정한 행정상의 서비스나 재화의 공급**(예 전기, 수도, 도시가스)**을 거부하는 행정작용**'이다. 공급거부는 행정법상 의무위반자·불이행자에게 사업이나 생활상의 어려움을 주어 간접적으로 의무이행의 확보를 도모하는 수단이 된다.

2. 법적 근거
(1) 공급거부는 부담적 행정작용이므로 법률유보의 원칙상 법률의 근거를 요한다. 일부 견해는 「물환경보전법」이나 대기환경보전법이 이를 인정하고 있다고 하나, 공급거부의 직접적 근거가 되지 못한다는 반론이 있다. 오히려 실정법상으로는 정당한 이유 없이 공급거부를 할 수 없다는 명문의 규정을 둔 예도 있다(수도법 제39조 제1항).

(2) 명시적인 공급거부규정이었던 (구)건축법 제69조 제2항, 구 공업배치 및 공장설립에 관한 법률 제27조 등은 당시 위헌이라는 비판이 있었고, 현재 삭제되었다.

3. 공급거부의 법적 한계
공급거부는 개별법률이 정하는 바의 요건을 충족해야 하고, 행정법의 일반원칙인 **비례원칙**이 적용되어야 한다. 또한 당해 법률이 추구하는 목적이 아닌 다른 목적을 위하여 공급거부를 할 수 없다. 즉 공급거부되는 재화와 행정법상 의무위반이나 불이행 사이에 실질적 관련성이 있어야 한다(**부당결부금지의 원칙**). 물·전기 등은 국민의 일상생활에 불가결한 것이라는 점이 고려되어야 하고, 특히 사람의 생명이 걸린 경우의 단수조치는 어떠한 경우에도 허용되지 않는다는 견해가 있다(장태주).

4. 공급거부에 대한 구제
(1) 공급거부의 법률관계

중단되는 재화나 서비스가 공법적 형식으로 행해지는가 사법적 형식으로 행해지는가에 따라 행정쟁송 또는 민사소송을 제기할 수 있다.

(2) 공급중단조치

공급거부는 권력적 사실행위로서 처분성이 인정된다고 봄이 타당하다. 판례도 (구)건축법 제69조 제2항에 근거하여 단수처분을 항고소송의 대상이 된다고 하였다(대판 1985.12.24. 84누598). 사용료납부의무불이행으로 인한 전화·전기의 공급거부는 사법행위이나, 실효성확보수단으로서의 전화·전기의 공급거부는 처분으로 봄이 타당하다.

(3) 공급거부요청

판례와 다수설은 행정청이 다른 행정청에 대하여 한 단수 등의 공급거부요청은 내부행위로서 공급거부요청권고에 불과하여 직접 개인의 권리·의무에 영향을 미치는 행위가 아니라는 이유로 처분성을 부인한다(대판 1996.3.22. 96누433). 반대견해는 공급거부의 요청을 받은 자는 특별한 이유가 없는 한 이에 응하여야 하기 때문에 처분에 해당한다고 한다.

제4절 위반사실 등 공표

1. 의의

(1) 행정상 공표란 '**행정법상 의무위반 또는 의무불이행이 있는 경우에 그 의무위반자 또는 불이행자의 명단과 그 위반 또는 불이행한 사실을 공중이 알 수 있도록 알리는 것**'을 말한다(예 고액체납자 명단공개, 청소년대상범죄인의 명단공개, 공직자 재산의 허위등록사실의 공개, 환경위반업체 공개).

(2) 공표는 그 위반자의 명예심 내지 수치심을 자극함으로써 간접적으로 의무이행을 강제하는 수단으로 활용되는 기능을 갖는다. 한편, 공표는 국민의 알권리 실현을 위한 정보제공적 기능도 갖는다.

2. 법적 근거

(1) 공표는 상대방의 인격권·프라이버시권의 침해를 가져오므로 헌법 제37조 제2항에 비추어 반드시 법적 근거를 요한다(다수설). 그러나 공표가 일반인에 대한 정보제공이라는 서비스기능(예 신뢰할 수 있는 사업자임을 소비자가 알 수 있도록 공개)만을 갖는 경우에는 반드시 법적 근거를 요한다고 할 수 없다.

(2) 행정절차법이 '위반사실 등의 공표'에 관한 일반적 규정을 두고 있고, 각 개별법에서도 규정하고 있다(예 공직자윤리법 제8조의2, 「독점규제 및 공정거래에 관한 법률」 제21조·제24조, 「하도급거래 공정화에 관한 법률」 제25조, 「청소년의 성보호에 관한 법률」 제20조, 국세기본법 제85조의5, 식품위생법 73조).

> **행정절차법 제40조의3(위반사실 등의 공표)** ① 행정청은 법령에 따른 의무를 위반한 자의 성명·법인명, 위반사실, 의무 위반을 이유로 한 처분사실 등(이하 "위반사실등"이라 한다)을 법률로 정하는 바에 따라 일반에게 공표할 수 있다.
> ② 행정청은 위반사실등의 공표를 하기 전에 사실과 다른 공표로 인하여 당사자의 명예·신용 등이 훼손되지 아니하도록 객관적이고 타당한 증거와 근거가 있는지를 확인하여야 한다.
> ③ 행정청은 위반사실등의 공표를 할 때에는 미리 당사자에게 그 사실을 통지하고 의견제출의 기회를 주어야 한다. 다만, 다음 각 호의 어느 하나에 해당하는 경우에는 그러하지 아니하다.
> 1. 공공의 안전 또는 복리를 위하여 긴급히 공표를 할 필요가 있는 경우
> 2. 해당 공표의 성질상 의견청취가 현저히 곤란하거나 명백히 불필요하다고 인정될 만한 타당한 이유가 있는 경우
> 3. 당사자가 의견진술의 기회를 포기한다는 뜻을 명백히 밝힌 경우
> ④ 제3항에 따라 의견제출의 기회를 받은 당사자는 공표 전에 관할 행정청에 서면이나 말 또는 정보통신망을 이용하여 의견을 제출할 수 있다.
> ⑤ 제4항에 따른 의견제출의 방법과 제출 의견의 반영 등에 관하여는 제27조 및 제27조의2를 준용한다. 이 경우 "처분"은 "위반사실등의 공표"로 본다.
> ⑥ 위반사실등의 공표는 관보, 공보 또는 인터넷 홈페이지 등을 통하여 한다.
> ⑦ 행정청은 위반사실등의 공표를 하기 전에 당사자가 공표와 관련된 의무의 이행, 원상회복, 손해배상 등의 조치를 마친 경우에는 위반사실등의 공표를 하지 아니할 수 있다.

⑧ 행정청은 공표된 내용이 사실과 다른 것으로 밝혀지거나 공표에 포함된 처분이 취소된 경우에는 그 내용을 정정하여, 정정한 내용을 지체 없이 해당 공표와 같은 방법으로 공표된 기간 이상 공표하여야 한다. 다만, 당사자가 원하지 아니하면 공표하지 아니할 수 있다.

3. 한계

(1) 프라이버시권과 알권리의 조화

행정상 공표는 ① 관계자의 프라이버시권, ② 의무위반의 정도에 따른 국민의 알권리 간의 이익형량에 따라 그 허용 여부가 결정되어야 한다. 판례도 행정상 공표로 인한 공익실현과 개인의 인격권을 비교·교량하는 태도를 취한다.

(2) 행정법의 일반원칙 준수 등

공표를 규정하는 법률의 제정이나 공표행위는 비례원칙과 부당결부금지원칙 등 행정법의 일반원칙의 준수 하에 이루어져야 한다. 아울러 무죄추정의 원칙에도 반하지 않아야 한다.

4. 위법한 공표에 대한 구제

(1) 항고쟁송

① 처분성

부정설	공표는 사실행위이지 처분이 아니므로 항고쟁송의 대상이 될 수 없다는 입장 ☞ 공법상 당사자소송으로 명단공표의 폐지를 구하는 이행소송을 제기하거나, 예방적 부작위소송 제도를 도입할 것을 주장
긍정설	① 명단공표를 권력적 사실행위로 보아 행정소송법상 처분에 해당한다는 견해, ② 형식적 행정행위 관념하에 위법한 공표행위에 대하여 다른 적절한 구제수단이 없는 경우에는 공표행위도 공권력의 행사에 준하는 작용으로 볼 수 있다는 견해 등 ☞ 명단공표에 대해 행정심판 또는 항고소송을 제기할 수 있음

② **소의 이익** : 처분성을 인정하더라도 공표 그 자체가 일단 행하여지면 대부분의 경우에 소의 이익이 부인되어 각하판결을 받게 된다. 다만 명단공표가 계속 중인 경우 소의 이익이 있다. 또한 공표행위가 종료된 경우에도 명단공표 취소판결의 기속력에 의해 정정공고 등 행정청에게 원상회복의무가 발생하므로 소의 이익이 있다는 견해가 있다.

③ **가구제** : 처분성을 인정하는 경우 명단공표 취소소송을 제기하면서 집행정지를 신청할 수 있고, 처분성을 부정하는 경우 당사자소송을 제기하면서 가처분을 신청할 수 있다.

(2) 손해배상청구

공표는 국가배상법 제2조의 직무행위에 해당하므로 위법한 공표로 인하여 손해를 입은 자는 그 배상을 청구할 수 있다. 판례는 명예훼손의 위법성조각과 관련하여 언론사에 비해 보다 엄격한 기준을 요구하고 있다.

(3) 정정공고의 청구

상대방은 결과제거청구권의 한 내용으로서 민법 제764조에 근거하여 정정공고와 같은 명예회복에 적당한 처분을 구할 수 있다.

(4) 공무원의 책임

위법·부당한 공표를 행한 관계 공무원은 형사책임으로써 형법상 명예훼손죄(제307조), 피의사실공표죄(제126조), 공무상비밀누설죄(제127조)가 적용될 수 있으며, 징계책임을 지게 된다.

예제 명단 또는 사실의 공표 등 행정상 공표제도에 관한 설명으로 옳지 않은 것은? (다툼이 있는 경우 판례에 의함)

① 행정상 공표는 의무위반자의 명예나 신용의 침해를 위협함으로써 직접적으로 행정법상 의무이행을 확보하는 수단이다.
② 행정상 공표는 사생활의 비밀과 자유, 국민의 알권리 등 다른 기본권과 충돌하는 경우에는 이익형량에 의하여 제한할 수 있다.
③ 헌법재판소는 청소년 성매수자의 신상공개제도가 이중처벌금지원칙, 과잉금지원칙, 평등원칙, 적법절차원칙 등에 위반되지 않는다는 입장이다.
④ 대법원은 국세청장이 부동산투기자의 명단을 언론사에 공표함으로써 명예를 훼손한 사건에서 손해배상책임을 인정하였다.

정답 ①

① (×) 명단공표는 그 위반자의 명예심 내지 수치심을 자극함으로써 간접적으로 의무이행을 강제하는 수단으로 활용되는 기능을 갖는다.
② (○) 민주주의 국가에서는 여론의 자유로운 형성과 전달에 의하여 다수의견을 집약시켜 민주적 정치질서를 생성·유지시켜 나가는 것이므로 표현의 자유, 특히 공익사항에 대한 표현의 자유는 중요한 헌법상의 권리로서 최대한 보장을 받아야 하지만, 그에 못지않게 개인의 명예나 사생활의 자유와 비밀 등 사적 법익도 보호되어야 할 것이므로, 인격권으로서의 개인의 명예의 보호와 표현의 자유의 보장이라는 두 법익이 충돌하였을 때 그 조정을 어떻게 할 것인지는 구체적인 경우에 사회적인 여러 가지 이익을 비교하여 표현의 자유로 얻어지는 이익, 가치와 인격권의 보호에 의하여 달성되는 가치를 형량하여 그 규제의 폭과 방법을 정하여야 한다(대판 1998.7.14. 96다17257).
③ (○) 헌재 2003.6.26. 2002헌가14
④ (○) 대판 1993.11.26. 93다18389

제5절　기타의 수단

그 밖에도 행정법규위반에 사용된 자동차의 사용정지(산림법 제94조), 국외여행의 제한(여권법 제8조), 수익적 행정행위의 취소·정지(도시가스사업법 제9조), 취업제한(병역법 제66조 제1항), 행정지도·홍보, 세무조사 등 다양한 방법이 행정법상의 간접적인 의무이행확보수단으로서 기능한다. 다만 이러한 수단들은 비례성의 원칙과 부당결부금지원칙의 준수하에 활용되어야 하는 한계가 있다.

행정기본법 22조(제재처분의 기준) ① 제재처분의 근거가 되는 법률에는 제재처분의 주체, 사유, 유형 및 상한을 명확하게 규정하여야 한다. 이 경우 제재처분의 유형 및 상한을 정할 때에는 해당 위반행위의 특수성 및 유사한 위반행위와의 형평성 등을 종합적으로 고려하여야 한다.
② 행정청은 재량이 있는 제재처분을 할 때에는 다음 각 호의 사항을 고려하여야 한다.
1. 위반행위의 동기, 목적 및 방법
2. 위반행위의 결과
3. 위반행위의 횟수
4. 그 밖에 제1호부터 제3호까지에 준하는 사항으로서 대통령령으로 정하는 사항

제23조(제재처분의 제척기간) ① 행정청은 법령등의 위반행위가 종료된 날부터 5년이 지나면 해당 위반행위에 대하여 제재처분(인허가의 정지·취소·철회, 등록 말소, 영업소 폐쇄와 정지를 갈음하는 과징금 부과를 말한다. 이하 이 조에서 같다)을 할 수 없다.
② 다음 각 호의 어느 하나에 해당하는 경우에는 제1항을 적용하지 아니한다.
1. 거짓이나 그 밖의 부정한 방법으로 인허가를 받거나 신고를 한 경우
2. 당사자가 인허가나 신고의 위법성을 알고 있었거나 중대한 과실로 알지 못한 경우
3. 정당한 사유 없이 행정청의 조사·출입·검사를 기피·방해·거부하여 제척기간이 지난 경우
4. 제재처분을 하지 아니하면 국민의 안전·생명 또는 환경을 심각하게 해치거나 해칠 우려가 있는 경우
③ 행정청은 제1항에도 불구하고 행정심판의 재결이나 법원의 판결에 따라 제재처분이 취소·철회된 경우에는 재결이나 판결이 확정된 날부터 1년(합의제행정기관은 2년)이 지나기 전까지는 그 취지에 따른 새로운 제재처분을 할 수 있다.
④ 다른 법률에서 제1항 및 제3항의 기간보다 짧거나 긴 기간을 규정하고 있으면 그 법률에서 정하는 바에 따른다. [제23조 시행일: 2023.3.24.]

제5편

행정상 손해전보

제1장　행정상 손해배상
제2장　행정상 손실보상
제3장　행정상 손해전보제도의 보완

제1장 행정상 손해배상

제1절 개설

01 행정상 손해배상의 의의

행정상 손해배상이란 **국가 등 행정주체의 활동으로 발생한 손해에 대하여 행정주체가 피해자에게 손해를 배상해 주는 제도**를 말한다. 국가가 공적 임무를 수행하는 과정에서 개인에게 가한 위법한 침해에 관하여 배상하고 피해자를 구제한다는 것은 재산권 등 기본권보장을 중시하는 오늘날의 법치국가에서 당연한 것이다.

02 행정상 손해배상의 근거

1. 헌법적 근거

우리 헌법은 제헌당시부터 국가배상제도를 계속 규정하여 왔다. 헌법 제29조 제1항은 "**공무원의 직무상 불법행위로 손해를 받은 국민은 법률이 정하는 바에 의하여 국가 또는 공공단체에 배상을 청구할 수 있다. 이 경우 공무원 자신의 책임은 면제되지 않는다**"라고 하여 국가배상책임주의의 원칙을 선언하고 있다.

2. 국가배상법

(1) 국가배상의 법체계

① 국가배상법은 국가배상에 관한 일반법으로서, 제8조는 "**국가나 지방자치단체의 손해배상 책임에 관하여는 이 법에 규정된 사항 외에는 민법에 따른다. 다만 민법 외의 법률에 다른 규정이 있을 때에는 그 규정에 따른다**" 규정하였다. 다른 법률에 특별한 규정이 있는 경우로는, 무과실책임을 인정하는 경우(공무원연금법 제51조, 원자력손해배상법 제3조, 산업재해보상보험법 제4조)와 배상금액을 정형화 또는 경감하는 경우(우편법 제38조, 전기통신사업법 제33조)가 있다. 국가배상에 관하여 특별법이 있는 경우에는 특별법 → 국가배상법 → 민법의 순서로 적용된다.

② 한편, "…자동차손해배상보장법의 규정에 의하여 손해배상의 책임이 있는 때에는 이법에 의하여 **그 손해를 배상하여야 한다**"(국가배상법 제2조 제1항 본문 후단)고 규정하고 있는바, 공무원이 공무수행의 목적으로 관용차운행도중 사고를 일으킨 경우에는 국가가 자동차손해배상보장법에 따라 배상책임을 지나, 그 청구절차나 손해배상액은 국가배상법에 따른다고 해석된다.

(2) 외국인 관련 국가배상청구

국가배상법은 외국인이 피해자인 경우에는 해당 국가와 **상호 보증**이 있을 때에만 적용한다(제7조). 한국 주둔의 미합중국군대의 구성원·고용원 또는 카투사의 공무집행중의 행위로 피해를 받은 경우에도 국가배상법에 따라 **대한민국**을 상대로 배상을 청구할 수 있다(아메리카합중국간의 상호방위조약 제4조에 의한 시설과 구역 및 대한민국에서의 합중국군대의 지위에 관한 협정의 시행에 관한 민사특별법 제2조, SOFA 제23조).

(3) 국가배상법의 내용

국가배상법은 행정상 배상책임의 유형으로 ① 공무원의 직무상 불법행위로 인한 배상책임(제2조), ② 영조물의 설치·관리상의 하자로 인한 배상책임(제5조)의 두 가지를 규정하고 있다. 그 밖에 국가배상법은 배상기준, 배상액, 생명·신체의 침해로 인한 국가배상청구권의 양도·압류의 금지, 배상절차 등 사항을 규정하고 있다.

(4) 국가배상책임과 민법상 불법행위책임

① **사용자 책임** : 민법 제756조 제1항 단서는 사용자에게 피용자의 선임감독에 과실이 없었다는 것을 사용자의 면책사유로 규정하나(다만 실무상 사용자의 면책은 잘 인정되지 않는다) 국가배상책임에는 이러한 규정이 없다.

② **점유자의 책임** : 민법 제758조 제1항 단서는 공작물 등의 점유자에게 과실이 없는 경우 점유자의 책임이 면책되는 것으로 규정하나 국가배상책임에는 이에 상응하는 규정이 없다.

제2절 공무원의 직무행위로 인한 손해배상책임

01 배상책임의 요건

국가배상법 제2조는 "국가나 지방자치단체는 공무원 또는 공무를 위탁받은 사인이 직무를 집행하면서 고의 또는 과실로 법령을 위반하여 타인에게 손해를 입히거나, 자동차손해배상 보장법에 따라 손해배상의 책임이 있을 때에는 이 법에 따라 그 손해를 배상하여야 한다"고 규정하고 있다. 동조에 규정된 배상책임의 요건을 나누어 살펴보기로 한다.

1. 공무원

(1) 최광의의 공무원

① 종래의 판례와 학설은 '공무를 위탁받은 사인'의 위법행위로 인한 손해에 대해 배상책임을 인정하여 왔으나, 개정 국가배상법은 '공무를 위탁받은 사인'의 위법행위로 인한 손해도 국가나 지방자치단체가 배상하여야 한다는 것을 명시적으로 규정하였다. 따라서 공무의 위탁이 일시적이고 한정적이라고 할지라도 공무원이 될 수 있다.

② 행정부 및 지방자치단체소속의 공무원뿐만 아니라 입법부·사법부 소속의 공무원도 포함되고, 행정관청의 지위에 있는 자나 보조기관의 지위에 있는 자 및 의결기관을 구성하는 자 모두 공무원에

③ 공무원은 1인일 수도, 다수인일 수도 있다. 공무원은 자연인인 경우가 일반적이나, 기관 그 자체도 포함된다(예 지방의회, 선거관리위원회).

> **관련판례**
>
> '교통할아버지'로 선정된 노인이 위탁받은 업무 범위를 넘어 교차로 중앙에서 교통정리를 하다가 교통사고를 발생시킨 경우, 지방자치단체의 배상책임 발생
> 원심이 이 사건 사실관계에 터잡아, 피고가 '교통할아버지 봉사활동' 계획을 수립한 다음 관할 동장으로 하여금 '교통할아버지' 봉사원을 선정하게 하여 그들에게 활동시간과 장소까지 지정해 주면서 그 활동시간에 비례한 수당을 지급하고 그 활동에 필요한 모자, 완장 등 물품을 공급함으로써, 피고의 복지행정업무에 해당하는 어린이 보호, 교통안내, 거리질서 확립 등의 공무를 위탁하여 이를 집행하게 하였다고 보아, 소외 김조왕금은 '교통할아버지' 활동을 하는 범위 내에서는 국가배상법 제2조에 규정된 지방자치단체의 '공무원'이라고 봄이 상당하다고 판단한 것은 수긍되고 거기에 법리오해 등 상고이유로 주장된 바와 같은 위법은 없다(대판 2001.1.5. 98다39060).
>
> 통장은 국가배상법 제2조 소정의 공무원에 해당
> 통장은 동장의 추천에 의하여 구청장이 위촉하고 동장의 감독을 받아 주민의 거주·이동상황 파악 등의 임무를 수행하도록 규정되어 있고, 주민등록법 제14조와 같은법 시행령 제7조의2 등에 의하면 주민등록 전입신고를 하여야 할 신고의무자가 전입신고를 할 경우에는 신고서에 관할이장(시에 있어서는 통장)의 확인인을 받아 제출하도록 규정되어 있는 점 등에 비추어 보면 통장이 전입신고서에 확인인을 찍는 행위는 공무를 위탁받아 실질적으로 공무를 수행하는 것이라고 보아야 하므로, 통장은 그 업무범위 내에서는 국가배상법 제2조 소정의 공무원에 해당한다(대판 1991.7.9. 91다5570).

(2) 공무원 인정 사례

인정	• 국회의원(대판 1997.6.13. 96다56115) • 검사(대판 2002.2.22. 2001다23447) • 법관(대판 2001.10.12. 2001다47290), 헌법재판소 재판관(대판 2003.7.11. 99다24218), 집행관(대판 1966.7.26. 66다854) • 소집중인 향토예비군(대판 1970.5.26. 70다471) • 미합중국군대파견 한국증원부대구성원인 카투사(KATUSA)(대판 1969.2.18. 68다2346) • 시청소차운전수(대판 1980.9.24. 80다1051) • 전입신고서에 확인인을 찍은 통장(대판 1991.7.9. 91다5570) • 공무를 위탁받은 교통할아버지(대판 2001.1.5. 98다39060) • 전투경찰(대판 1995.11.10. 95다23897) • 지방자치단체에 근무하는 청원경찰 • 경찰의 위탁에 의한 사인인 차량견인업자

부정	• 의용소방대원(대판 1978.7.11. 78다584) • 시영버스 운전사

2. 직무

(1) 직무행위의 범위

국가배상법이 정한 손해배상청구의 요건인 '공무원의 직무'에는 국가나 지방자치단체의 권력적 작용 뿐만 아니라 비권력적 작용도 포함되지만 단순한 사경제의 주체로서 하는 작용은 포함되지 아니한다(대판 1999.11.26. 98다47245).

(2) 직무행위의 내용

① **권한의 불행사**: 법령상 행정청에 관계권한의 행사에 있어 재량권이 부여되어 있는 경우라 하더라도, 구체적 사안에 있어 재량권이 영으로 수축되어 당해 권한의 행사만이 의무에 합당한 행사로 판단되면 그 불행사는 위법한 것이 되어 국가배상책임이 발생한다.

> **관련판례**
>
> **토지형질변경허가권자는 수허가자에게 토사붕괴나 낙석 등의 피해가 발생하지 않도록 조치를 취할 직무상 의무가 있음**
>
> 시장 등은 토지형질변경허가를 함에 있어 허가지의 인근 지역에 토사붕괴나 낙석 등으로 인한 피해가 발생하지 않도록 허가를 받은 자에게 옹벽이나 방책을 설치하게 하거나 그가 이를 이행하지 아니할 때에는 스스로 필요한 조치를 취하는 직무상 의무를 진다고 해석되고, 이러한 의무의 내용은 단순히 공공 일반의 이익을 위한 것이 아니라 전적으로 또는 부수적으로 사회구성원 개인의 안전과 이익을 보호하기 위하여 설정된 것이라 할 것이므로, 지방자치단체의 공무원이 그와 같은 위험관리의무를 다하지 아니한 경우 그 의무위반이 직무에 충실한 보통 일반의 공무원을 표준으로 할 때 객관적 정당성을 상실하였다고 인정될 정도에 이른 경우에는 국가배상법 제2조에서 말하는 위법의 요건을 충족하였다고 봄이 상당하다(대판 2001.3.9. 99다64278).

② **입법작용**
  ㉠ **위헌인 법률에 의하여 국민에게 손해를 가하는 경우**: 입법작용의 위법성은 국회(국회의원)가 지는 국민에 대한 직무상 의무의 위반에 있다. 판례는 입법내용이 헌법의 문언에 명백히 위배됨에도 불구하고 국회가 굳이 당해 입법을 한 것과 같은 특수한 경우에 한하여 위법 및 과실을 인정한다(대판 1997.6.13. 96다56115).
  ㉡ **입법부작위로 인한 손해의 경우**: 입법부작위에 대한 헌법소원이 허용될 수 있는 경우 또는 행정입법부작위의 경우, 법률제정의무나 행정권의 시행명령제정을 게을리하여 손해가 발생한 경우 국가배상청구가 가능하다. 그러나 사익보호성을 도출시키지 못해 배상책임이 부정된다고 보는 견해도 있다.

> **관련판례**

국회의원의 입법행위가 국가배상법 제2조 제1항의 위법행위에 해당되기 위한 요건
우리 헌법이 채택하고 있는 의회민주주의하에서 국회는 다원적 의견이나 각가지 이익을 반영시킨 토론과정을 거쳐 다수결의 원리에 따라 통일적인 국가의사를 형성하는 역할을 담당하는 국가기관으로서 그 과정에 참여한 국회의원은 입법에 관하여 <u>원칙적으로 국민 전체에 대한 관계에서 정치적 책임을</u> 질 뿐 국민 개개인의 권리에 대응하여 법적 의무를 지는 것은 아니므로, 국회의원의 입법행위는 <u>그 입법 내용이 헌법의 문언에 명백히 위반됨에도 불구하고 국회가 굳이 당해 입법을 한 것과 같은 특수한 경우</u>가 아닌 한 국가배상법 제2조 제1항 소정의 위법행위에 해당된다고 볼 수 없다(대판 1997.6.13. 96다56115).

③ **재판행위**
  ㉠ **국가배상책임 인정** : 재판행위도 공권력행사에 해당하므로 국가배상법상 직무행위에 포함된다. 따라서 위법한 재판행위로 인한 손해에 대하여 국가배상책임이 발생한다. 다만 법관의 직무상 독립성과 판결의 기판력이 보장되어야 하므로 손해배상책임의 범위가 문제된다.
  ㉡ **한계**
    ⓐ **기판력과 국가배상** : 기판력이 발생한 확정판결에 대하여 국가배상법을 적용하는 것을 허용할 것인지에 관하여 견해가 대립한다.
    ⓑ **불복절차와 국가배상** : 판례는 불복절차(심급제도)의 존재를 국가배상책임의 제한근거로 들고 있다. 즉, 재판에 대하여 따로 불복절차가 마련되어 있음에도 불구하고 스스로 그와 같은 시정을 구하지 아니한 결과 권익을 회복하지 못한 사람은 원칙적으로 국가배상에 의한 권리구제를 받을 수 없다고 하여 재판작용에 있어서 국가배상책임의 보충성을 인정하고 있다(대판 2003.7.11. 99다24218).
    ⓒ **위법과 과실** : 판결이 상소 또는 재심에 의하여 번복된 경우에 당연히 위법한 것이라고 할 수는 없고, 사실오인에 있어 경험칙·채증법칙을 현저히 일탈하거나 그 양식이 의심스러운 정도의 잘못을 범한 경우로 한정하는 것이 합리적이다. 판례는 '위법·부당한 목적 또는 명백한 권한남용'과 같은 특별한 사정을 요구하고 있다(대판 2001.10.12. 2001다47290).

> **관련판례**

재판에 대한 불복절차 내지 시정절차가 없으면 부당한 재판으로 인해 손해를 입은 사람에 대한 국가배상책임을 인정
재판에 대하여 불복절차 내지 시정절차 자체가 없는 경우에는 부당한 재판으로 인하여 불이익 내지 손해를 입은 사람은 국가배상 이외의 방법으로는 자신의 권리 내지 이익을 회복할 방법이 없으므로, 이와 같은 경우에는 배상책임의 요건이 충족되는 한 국가배상책임을 인정하지 않을 수 없다 - <u>헌법재판소 재판관이 청구기간 내에 제기된 헌법소원심판청구 사건에서 청구기간을 오인하여 각하결정을 한 경우, 이에 대한 불복절차 내지 시정절차가 없는 때에는 국가배상책임(위법성)을 인정할 수 있다</u>고 한 사례(대판 2003.7.11. 99다24218).

④ **검사의 공소제기·불기소처분 등** : 기소편의주의를 인정하는 형사소송법 구조하에서, 검사가 공소를 제기하였으나 법원에서 무죄판결이 확정된 경우 또는 검사가 불기소처분을 하였으나 후에 헌법재판소가 그에 대한 헌법소원청구를 인용한 경우 검사의 공소권행사에 대한 위법을 인정할지 문제된다. 판례는 이를 제한적으로 해석하여 '구속 및 공소제기에 관한 검사의 판단이 그 당시의 자료에 비추어 경험칙이나 논리칙상 도저히 합리성을 긍정할 수 없는 정도에 이른 경우에만 그 위법성을 인정할 수 있다'고 한다(대판 2002.2.22. 2001다23447).

⑤ **기타** : 준법률행위적 행정행위가 손해발생의 원인행위가 되는 경우도 국가배상책임상의 직무행위가 될 수 있다(예 허위인감증명서의 발급으로 인한 부동산소유권이전등기로 인한 손해). 그 밖의 사실행위(예 권력적 사실행위, 행정지도)도 당연히 직무행위에 해당한다.

3. 직무를 집행하면서

(1) 문제점

국민의 입장에서는 공무원이 행하는 행위가 본래의 직무집행위인지를 구별하는 것이 용이하지 않으므로, '직무를 집행하면서'를 순수한 직무행위를 집행하는 것만으로 한정할 수 없다.

(2) 외형설

'직무를 집행하면서'의 관념 속에는, 당해 행위가 현실적으로 정당한 권한 내의 것인지 또는 행위자인 공무원이 주관적으로 직무집행의 의사를 가지고 있는지의 여부와는 관계없이, 널리 외형상으로 직무집행과 관련 있는 행위를 포함하는 의미로 새기는 것이 통설·판례의 입장이다. 외형설은 직무관련성의 범위를 넓혀 국민의 권리구제의 확대에 기여한다.

(3) 판례의 태도

① **외형설을 취한 경우** : 판례의 대부분은 행위자인 공무원의 주관적 의사와 관계없이 공무원의 불법행위가 외형상 직무행위라고 판단될 수 있는지 여부를 판단기준으로 하고 있다.

② **실질적 직무관련을 기준으로 한 경우** : 직무와 공무원의 불법행위 사이의 내용면에서의 관련 여부와 시간적·장소적·도구적 관련 등을 종합적으로 고려하여 구체적인 경우에 직무가 공무원의 불법행위에 원인을 제공하였는지를 판단기준으로 삼기도 한다(예 수사관이 수사 중 행한 성고문행위는 외형상 직무행위가 아니나 '직무를 집행하면서' 행한 행위임).

> **관련판례**
>
> 국가배상법 제2조 제1항에 정한 '직무를 집행함에 당하여'(현 '집행하면서')의 의미
> 국가배상법 제2조 제1항의 '직무를 집행함에 당하여'라 함은 직접 공무원의 직무집행행위이거나 그와 밀접한 관련이 있는 행위를 포함하고, 이를 판단함에 있어서는 <u>행위 자체의 외관을 객관적으로 관찰하여 공무원의 직무행위로 보여질 때</u>에는 비록 그것이 실질적으로 직무행위가 아니거나 또는 행위자로서는 주관적으로 공무집행의 의사가 없었다고 하더라도 그 행위는 공무원이 '직무를 집행함에 당하여' 한 것으로 보아야 한다. <u>인사업무담당 공무원이 다른 공무원의 공무원증 등을 위조</u>한 행위에 대하여 실질적으로는 직무행위에 속하지 아니한다 할지라도 외관상으로 국가배상법 제2조 제1항의 직무집행관련성이 인정된다(대판2005.1.14. 2004다26805).

4. 고의·과실

(1) 고의·과실의 의미

① 고의란 자신의 행위로 일정한 결과의 발생을 인식하면서 그 결과의 발생을 용인하고 그 행위를 하는 심리상태를 말하고, 과실이란 자신의 행위로 일정한 결과가 발생할 것을 알 수 있었음에도 부주의로 그 결과의 발생을 인식하지 못하고 그 행위를 하는 심리상상태를 말한다.

② 과실에는 중과실은 물론 경과실이 포함된다. 또한 과실은 ㉠ 주의의무의 위반에 있어서 행위자의 주관적 인식능력에 초점을 맞추는 구체적 과실, ㉡ 그 직업에 종사하는 평균인에게 요구되는 주의의무를 게을리 하는 경우에 인정되는 추상적 과실로 구분된다. 추상적 과실에서 요구되는 주의의무의 정도는 구체적 과실의 경우보다 높은데, 판례는 국가배상법상 과실을 추상적 과실의 의미로 파악한다.

③ 고의·과실의 유무는 국가가 아니라 당해 공무원을 기준으로 판단하므로 공무원에게 고의·과실이 없으면 국가는 배상책임이 없다.

> **관련판례**
>
> **추상적 과실**
>
> [1] 공무원의 직무집행상의 과실이라 함은 공무원이 <u>그 직무를 수행함에 있어 당해직무를 담당하는 평균인이 보통(통상) 갖추어야 할 주의의무를 게을리한 것을 말한다</u>(대판 1987.9.22. 87다카1164).
>
> [2] 행정청이 관계 법령의 해석이 확립되기 전에 어느 한 설을 취하여 업무를 처리한 것이 결과적으로 위법하게 되어 그 법령의 부당집행이라는 결과를 빚었다고 하더라도 <u>처분 당시 그와 같은 처리방법 이상의 것을 성실한 평균적 공무원에게 기대하기 어려웠던 경우라면 특별한 사정이 없는 한 이를 두고 공무원의 과실로 인한 것이라고 볼 수는 없다</u>(대판 2004.6.11. 2002다31018).

(2) 구체적 검토

① **행정처분이 항고소송에서 취소된 경우** : 그 자체만으로 당해 행정처분이 곧바로 공무원의 고의 또는 과실로 인한 불법행위를 구성한다고 단정할 수 없다는 것이 판례의 입장이다(대판 2000.5.12. 99다70600).

② **행정규칙에 따른 처분** : 행정규칙에 따른 처분이 후에 재량권을 일탈한 위법한 처분임이 판명된 경우에도 일반적으로 과실을 인정하기 어렵다는 것이 판례의 입장이다(대판 1994.11.8. 94다26141). '위법·무과실'의 경우에 국가배상책임을 부인하는 예이다.

③ **공무원의 법령해석상의 잘못과 과실** : 일반적으로 공무원이 관계법규를 알지 못하거나 필요한 지식을 갖추지 못하고 법규의 해석을 그르쳐 행정처분을 하였다면 과실을 인정한다(대판 2001.2.9. 98다52988). 즉 공무원의 법적 지식의 부족이 무과실을 의미하지 않는 것이 원칙이다. 그러나 판례는 ㉠ 법령에 대한 해석이 복잡·미묘하고, 이에 대한 학설·판례가 귀일되어 있지 않은 특별한 사정이 있거나(대판 1982.8.25. 80다1598), ㉡ 관계법령의 해석의 확립 전에 어느 한 설에 따라

업무처리한 것이 후에 법령의 부당집행이라는 결과를 낳은 경우 등에는 공무원의 과실을 인정할 수 없다고 한다(대판 2004.6.11. 2002다31018). 이 역시 '위법·무과실'의 경우에 국가배상책임을 부인한 예들이다.

5. 법령위반

(1) '법령'의 범위

협의설(일원설)	법률과 명령, 즉 법규를 의미. 여기에는 성문법과 불문법, 행정법의 일반원칙이 포함됨
광의설(이원설)	엄격한 의미의 법령 외에도 인권존중, 권리남용의 금지, 신의성실, 공서양속 등도 포함하여 널리 그 행위가 객관적인 정당성을 결여하고 있는 경우를 의미(대판 2008.6.12. 2007다64365)

> **관련판례**
>
> 국가배상책임에 있어서 '법령 위반'의 의미 및 경찰관이 범죄수사를 하면서 법규상 또는 조리상의 한계를 위반한 것이 '법령 위반'인지 여부(적극)
>
> 국가배상책임에 있어 공무원의 가해행위는 법령을 위반한 것이어야 하고, 법령을 위반하였다 함은 엄격한 의미의 법령 위반뿐 아니라 <u>인권존중, 권력남용금지, 신의성실과 같이 공무원으로서 마땅히 지켜야 할 준칙이나 규범을 지키지 아니하고 위반한 경우를 포함하여 널리 그 행위가 객관적인 정당성을 결여하고 있음</u>을 뜻하는 것이므로, 경찰관이 범죄수사를 함에 있어 경찰관으로서 의당 지켜야 할 법규상 또는 조리상의 한계를 위반하였다면 이는 법령을 위반한 경우에 해당한다. 경찰관은 그 직무를 수행함에 있어 헌법과 법률에 따라 국민의 자유와 권리를 존중하고 범죄피해자의 명예와 사생활의 평온을 보호할 법규상 또는 조리상의 의무가 있고, 특히 이 사건과 같이 <u>성폭력범죄의 피해자가 나이 어린 학생인 경우에는 수사과정에서 또 다른 심리적·신체적 고통으로 인한 가중된 피해를 입지 않도록 더욱 세심하게 배려할 직무상 의무가 있다</u>(대판 2008.6.12. 2007다64365).

(2) 법령에 '위반'

① 위반이란 법령에 위배됨을 의미하는바, 위반의 태양에는 작위에 의한 위반과 부작위에 의한 위반이 있다. 그러나 재량남용이나 재량일탈에 이르지 아니한 부당한 재량행사는 여기서의 위반이 아니다.
② 입법상 불법(대판 1997.6.13. 96다56115)이나 사법상 불법(대판 2001.10.12. 2001다47290)의 경우에 위법성을 인정하기가 용이하지 않다.

(3) 위법성 판단의 기준

국가배상의 본질을 어떻게 볼 것인가에 따라 법령위반의 판단대상 및 판단기준이 다르게 이해될 수 있다.

결과불법설	손해배상소송이 민법과 마찬가지로 손해전보를 목적으로 하는 것이라는 전제하에, 국가배상법상의 위법은 침해행위의 결과인 손해의 불법을 의미한다는 견해. 국민이 받은 손해가 결과적으로 시민법상의 원리로부터 수인되어야 하는가를 기준으로 위법성 여부를 판단.
행위위법설 (다수설)	민법상 불법행위책임과 달리 법률에 의한 행정의 원리 또는 국가배상소송의 행정통제기능을 고려하여, 공무원의 행위가 규범에 합치하는지 여부에 따라 위법성을 판단하는 견해 ① 협의의 행위위법설 : 공권력 행사 자체의 '법'에의 위반으로 이해 ② 광의의 행위위법설 : 법에의 위반뿐 아니라 공무원의 '직무상 손해방지의무(안전관리의무)'의 위반을 포함하는 개념으로 이해
상대적 위법성설	행위 자체의 적법·위법뿐만 아니라 피침해이익의 성격과 침해의 정도 및 가해행위의 태양 등을 고려하여 위법성 여부를 판단하는 견해. 이 견해에 따르면 행위의 위법성이 근거법령과 피해자에 대한 관계에서 서로 다를 수 있음.
결어	상대적 위법성설이 사안에 따른 탄력적인 결론을 이끌어낼 수 있고, 위법성 요건을 완화하여 해석함으로써 피해자에게 유리하다는 점에서 타당

> **관련판례**

행위불법설에 입각한 판례
국가배상책임은 공무원의 직무집행이 법령에 위반한 것임을 요건으로 하는 것으로서, 공무원의 직무집행이 법령이 정한 요건과 절차에 따라 이루어진 것이라면 특별한 사정이 없는 한 이는 법령에 적합한 것이고 그 과정에서 개인의 권리가 침해되는 일이 생긴다고 하여 그 법령 적합성이 곧바로 부정되는 것은 아니라고 할 것인바, 불법시위를 진압하는 경찰관들의 직무집행이 법령에 위반한 것이라고 하기 위하여는 그 시위진압이 불필요하거나 또는 불법시위의 태양 및 시위장소의 상황 등에서 예측되는 피해 발생의 구체적 위험성의 내용에 비추어 시위진압의 계속 수행 내지 그 방법 등이 현저히 합리성을 결하여 이를 위법하다고 평가할 수 있는 경우이어야 한다(경찰관들의 시위진압에 대항하여 시위자들이 던진 화염병에 의하여 발생한 화재로 인하여 손해를 입은 주민의 국가배상청구를 인정한 원심판결을 법리오해를 이유로 파기한 사례, 대판 1997.7.25. 94다2480).

상대적 위법성설에 입각한 판례
어떠한 행정처분이 후에 항고소송에서 취소되었다고 할지라도 그 기판력에 의하여 당해 행정처분이 곧바로 공무원의 고의 또는 과실로 인한 것으로서 불법행위를 구성한다고 단정할 수는 없는 것이고, 그 행정처분의 담당공무원이 보통 일반의 공무원을 표준으로 하여 볼 때 객관적 주의의무를 결하여 그 행정처분이 객관적 정당성을 상실하였다고 인정될 정도에 이른 경우에 국가배상법 제2조 소정의 국가배상책임의 요건을 충족하였다고 봄이 상당할 것이며, 이때에 객관적 정당성을 상실하였는지 여부는 피침해이익의 종류 및 성질, 침해행위가 되는 행정처분의 태양 및 그 원인, 행정처분의 발동에 대한 피해자측의 관여의 유무, 정도 및 손해의 정도 등 제반 사정을 종합하여 손해의 전보책임을 국가 또는 지방자치단체에게 부담시켜야 할 실질적인 이유가 있는지 여부에 의하여 판단하여야 한다(대법원 2003.12.11. 2001다65236).

(4) 부작위의 위법성

① **문제점** : 공무원의 부작위에 의한 개인의 손해발생에 대해 국가배상 책임이 인정되려면 공무원의 부작위가 위법해야 한다. 행정청이 사인에게 행사해야 할 공권력을 적법하게 행사하지 않은 경우 위법성이 인정되어 국가배상책임을 지는가의 문제이다. 부작위(不作爲)는 작위를 전제로 한다. 이와 관련하여 ㉠ 작위의무의 인정여부, ㉡ 사익보호성의 필요 여부가 쟁점이다.

② **재량행위에서의 작위의무** : 기속행위는 물론이고 재량행위도 '재량권이 영으로 수축되는 경우'에는 작위의무가 인정된다.

③ **조리의 의한 작위의무** : ㉠ 법률에 의한 행정의 원칙상 법률의 근거가 없는 작위의무는 인정할 수 없다는 **부정설**, ㉡ 피해자 구제라는 목적을 위해 조리상의 작위의무를 인정하는 **긍정설**, ㉢ 행정 각 분야에서의 객관적 법질서, 법익의 종류, 침해정도 등을 구체적으로 고려해야 한다는 **절충설**이 있다. 판례는 일정한 경우 법령에 근거가 없더라도 위험방지의 작위의무를 인정한다(대판 2004.6.25. 2003다69652).

④ **사익보호성** : 판례는 직무상 작위의무의 내용이 사회구성원 개인의 안전과 이익도 보호하기 위해 설정된 것이어야 국가배상책임이 인정된다는 입장이다. 그러나 전술한 것처럼 직무상 의무위반은 모두 국가배상법상 위법이라고 보아야 한다.

> **관련판례**
>
> 국회의 입법부작위가 국가배상법 제2조 제1항의 위법행위에 해당하는 경우
> 국가가 일정한 사항에 관하여 헌법에 의하여 부과되는 구체적인 입법의무를 부담하고 있음에도 불구하고 그 입법에 필요한 상당한 기간이 경과하도록 고의 또는 과실로 이러한 입법의무를 이행하지 아니하는 등 극히 예외적인 사정이 인정되는 사안에 한정하여 국가배상법 소정의 배상책임이 인정될 수 있으며, 위와 같은 구체적인 입법의무 자체가 인정되지 않는 경우에는 애당초 부작위로 인한 불법행위가 성립할 여지가 없다(대판 2008.5.29. 2004다33469).
>
> 경찰관이 구체적 상황하에서 업무상 판단에 따라 범죄의 진압 및 수사에 관한 직무를 수행한 경우, 그와 다른 조치를 취하지 아니한 부작위를 이유로 국가배상책임을 인정하기 위한 기준
> 범죄의 예방·진압 및 수사는 경찰관의 직무에 해당하며 그 직무행위의 구체적 내용이나 방법 등이 경찰관의 전문적 판단에 기한 합리적인 재량에 위임되어 있으므로, 경찰관이 구체적 상황하에서 그 인적·물적 능력의 범위 내에서의 적절한 조치라는 판단에 따라 범죄의 진압 및 수사에 관한 직무를 수행한 경우, 경찰관에게 그와 같은 권한을 부여한 취지와 목적, 경찰관이 다른 조치를 취하지 아니함으로 인하여 침해된 국민의 법익 또는 국민에게 발생한 손해의 심각성 내지 그 절박한 정도, 경찰관이 그와 같은 결과를 예견하여 그 결과를 회피하기 위한 조치를 취할 수 있는 가능성이 있는지 여부 등을 종합적으로 고려하여 볼 때, 그것이 객관적 정당성을 상실하여 현저하게 불합리하다고 인정되지 않는다면 그와 다른 조치를 취하지 아니한 부작위를 내세워 국가배상 책임의 요건인 법령 위반에 해당한다고 할 수 없다(대판 2008.4.24. 2006다32132).

6. 타인

여기에서 타인이란 가해자인 공무원 및 그의 직무상의 위법행위에 가담한 자 이외의 모든 사람을 말한다. 공무원도 피해자의 입장이 될 수 있다. 다만 피해자가 군인·군무원 등인 경우에는 이중배상금지의 특례규정이 있다(헌법 제29조 제2항).

7. 손해

(1) 손해의 의의

손해는 공무원의 가해행위로 인해 피해자가 입은 모든 불이익으로서, 적극적·소극적 손해인가, 재산상의 손해인가 생명·신체·정신상의 손해(위자료)인가를 불문한다.

(2) 인과관계

가해행위인 직무집행행위와 손해의 발생 사이에는 상당인과관계가 있어야 한다. 일반적인 경험칙에 비추어 볼 때 일정한 선행사실이 있으면 후행사실이 발견되는 경우에 상당인과관계가 인정된다. 인과관계유무의 판단은 관련법령의 내용, 가해행위의 태양, 피해의 상황 등 제반사정을 복합적으로 고려하면서 이루어져야 한다는 것이 판례의 입장이다(대판 1997.9.9. 97다12907).

> **관련판례**
>
> 공무원의 직무상 의무 위반으로 국가 또는 지방자치단체가 배상책임을 지는 경우의 직무상 의무의 내용 및 상당인과관계 유무의 판단 기준
>
> [1] 공무원에게 부과된 직무상 의무의 내용이 단순히 공공 일반의 이익을 위한 것이거나 행정기관 내부의 질서를 규율하기 위한 것이 아니고 전적으로 또는 부수적으로 사회구성원 개인의 안전과 이익을 보호하기 위하여 설정된 것이라면, 공무원이 그와 같은 직무상 의무를 위반함으로 인하여 피해자가 입은 손해에 대하여는 상당인과관계가 인정되는 범위 내에서 국가가 배상책임을 지는 것이고, 이때 상당인과관계의 유무를 판단함에 있어서는 일반적인 결과 발생의 개연성은 물론 직무상 의무를 부과하는 법령 기타 행동규범의 목적이나 가해행위의 태양 및 피해의 정도 등을 종합적으로 고려하여야 하며, 이는 지방자치단체와 그 소속 공무원에 대하여도 마찬가지이다(대판 2008.4.10. 2005다48994). ☞ 이른바 '군산시 윤락가 화재사건'(유흥주점에 감금된 채 윤락을 강요받으며 생활하던 여종업원들이 유흥주점에 화재가 났을 때 미처 피신하지 못하고 유독가스에 질식해 사망한 사안)에서 대법원은 ① 지방자치단체의 담당 공무원이 위 유흥주점의 용도변경, 무허가 영업 및 시설기준에 위배된 개축에 대하여 시정명령 등 식품위생법상 취하여야 할 조치를 게을리 한 직무상 의무위반행위와 위 종업원들의 사망 사이에 상당인과관계가 존재하지 않는다고 한 반면, ② 소방공무원이 위 유흥주점에 대하여 화재 발생 전 실시한 소방점검 등에서 구 소방법상 방염 규정 위반에 대한 시정조치 및 화재 발생시 대피에 장애가 되는 잠금장치의 제거 등 시정조치를 명하지 않은 직무상 의무 위반은 현저히 불합리한 경우에 해당하여 위법하고, 이러한 직무상 의무 위반과 위 사망의 결과 사이에 상당인과관계가 존재한다고 판시하였다.

[2] 주점에서 발생한 화재로 사망한 갑 등의 유족들이 을 광역시를 상대로 손해배상을 구한 사안에서, 소방공무원들이 소방검사에서 비상구 중 1개가 폐쇄되고 그곳으로 대피하도록 유도하는 피난구유도등, 피난안내도 등과 일치하지 아니하게 됨으로써 화재 시 피난에 혼란과 장애를 유발할 수 있는 상태임을 발견하지 못하여 업주들에 대한 시정명령이나 행정지도, 소방안전교육 등 적절한 지도·감독을 하지 아니한 것은 구체적인 소방검사 방법 등이 소방공무원의 재량에 맡겨져 있음을 감안하더라도 현저하게 합리성을 잃어 사회적 타당성이 없는 경우에 해당하고, 다른 비상구 중 1개와 그곳으로 연결된 통로가 사실상 폐쇄된 사실을 발견하지 못한 것도 주점에 설치된 피난통로 등에 대한 전반적인 점검을 소홀히 한 직무상 의무 위반의 연장선에 있어 위법성을 인정할 수 있고, 소방공무원들이 업주들에 대하여 필요한 지도·감독을 제대로 수행하였더라면 화재 당시 손님들에 대한 대피조치가 보다 신속히 이루어지고 피난통로 안내가 적절히 이루어지는 등으로 갑 등이 대피할 수 있었을 것이고, 갑 등이 대피방향을 찾지 못하다가 복도를 따라 급속히 퍼진 유독가스와 연기로 인하여 단시간에 사망하게 되는 결과는 피할 수 있었을 것인 점 등 화재 당시의 구체적 상황과 갑 등의 사망 경위 등에 비추어 소방공무원들의 직무상 의무 위반과 갑 등의 사망 사이에 상당인과관계가 인정된다(대판 2016.8.25. 2014다225083).

8. 형사책임과 국가배상책임

형사책임과 국가배상책임은 각각 지도원리가 다르므로 형사책임을 지지 않는 행위라고 하더라도 국가배상책임을 부담할 수 있다.

02 배상책임의 성질

1. 학설

자기책임설	국가배상책임은 민법상 법인의 불법행위와 마찬가지로 국가의 기관책임으로 구성하여 국가가 직접 자기의 책임으로 부담한다는 견해
대위책임설	위법한 공무원의 행위는 국가의 품위를 떨어뜨리는 행위로서 국가의 행위가 될 수 없으므로 배상책임은 공무원 자신이 부담해야 하지만, 피해자를 두텁게 보호하기 위하여 정책적으로 국가 등이 이를 대신하는 것이라는 견해
중간설	공무원의 위법행위가 고의·중과실에 기한 경우는 국가기관의 행위로 볼 수 없으므로 대위책임이나, 경과실에 의한 경우는 국가기관의 행위로 보아야 하므로 국가책임은 자기책임이라는 견해
절충설	공무원의 고의·중과실에 의한 위법행위는 국가기관의 행위로 볼 수 없음이 원칙이지만 직무행위로서의 외형을 갖추고 있는 한 피해자와의 관계에서 국가도 일종의 자기책임으로서 배상책임을 지고, 경과실의 경우에는 국가기관의 행위로 볼 수 있어 자기책임이라는 견해

2. 판례

대법원은 종래 자기책임설의 입장에 선 경우와 대위책임설의 입장에 선 경우로 혼동을 보여 왔으나, 전원합의체 판결(대판 1996.2.15. 95다38677)로 정리되었고 다수의 학자들은 판례가 절충설을 따르고 있다고 본다.

> **관련판례**
>
> **국가배상법 제2조 제1항 본문 및 제2항의 입법 취지**
> 국가배상법 제2조 제1항 본문 및 제2항의 입법 취지는 공무원의 직무상 위법행위로 타인에게 손해를 끼친 경우에는 변제자력이 충분한 국가 등에게 선임감독상 과실 여부에 불구하고 손해배상책임을 부담시켜 국민의 재산권을 보장하되, 공무원이 직무를 수행함에 있어 경과실로 타인에게 손해를 입힌 경우에는 그 직무수행상 통상 예기할 수 있는 흠이 있는 것에 불과하므로, 이러한 공무원의 행위는 여전히 국가 등의 기관의 행위로 보아 그로 인하여 발생한 손해에 대한 배상책임도 전적으로 국가 등에만 귀속시키고 공무원 개인에게는 그로 인한 책임을 부담시키지 아니하여 공무원의 공무집행의 안정성을 확보하고, 반면에 공무원의 위법행위가 고의·중과실에 기한 경우에는 비록 그 행위가 그의 직무와 관련된 것이라고 하더라도 그와 같은 행위는 그 본질에 있어서 기관행위로서의 품격을 상실하여 국가 등에게 그 책임을 귀속시킬 수 없으므로 공무원 개인에게 불법행위로 인한 손해배상책임을 부담시키되, 다만 이러한 경우에도 그 행위의 외관을 객관적으로 관찰하여 공무원의 직무집행으로 보여질 때에는 피해자인 국민을 두텁게 보호하기 위하여 국가 등이 공무원 개인과 중첩적으로 배상책임을 부담하되 국가 등이 배상책임을 지는 경우에는 공무원 개인에게 구상할 수 있도록 함으로써 궁극적으로 그 책임이 공무원 개인에게 귀속되도록 하려는 것이라고 봄이 합당하다(대판 1996.2.15. 95다38677).

03 배상의 범위

1. 배상기준

(1) 관련규정

① 헌법 제28조 제1항은 '공무원의 직무상 불법행위로 손해를 받은 국민은 법률이 정하는 바에 의하여 정당한 배상을 청구할 수 있다'고 규정하고 있다. 여기서의 '정당한 배상'은 가해행위와 상당한 인과관계에 있는 모든 손해를 정당한 가격으로 환산하여 배상하는 것을 말한다.
② 국가배상법은 생명·신체에 대한 침해와 물건의 멸실·훼손으로 인한 손해에 관해서는 배상금액의 기준을 정해 놓고 있으며(제3조 제1항 내지 제3항), 그 밖의 손해에 대해서는 불법행위와 상당인과관계가 있는 범위 내의 손해를 기준으로 하고 있다(제4항). 다만 취업가능기간과 장해의 등급 및 노동력 상실률은 대통령령에 위임하고 있다(제6항).

(2) 국가배상법 제3조의 배상기준의 성질

한정액설	국가배상법의 기준은 배상범위를 명백히 하여 분쟁의 여지를 제거하는데 목적이 있다면서, 배상기준은 배상액의 상한을 규정한 제한규정으로 보는 견해
기준액설 (다수설)	국가배상법이 기준이라는 용어를 사용하는 점, 한정적으로 새기면 헌법의 정당한 보상규정에 위반될 가능성을 가진다는 점에서, 구체적 사안에 따라서는 배상액을 증감할 수 있다고 보는 견해
판례	제3조의 배상기준은 전심절차에서 배상심의회의 배상금지급기준을 정함에 있어 하나의 기준에 불과하므로, 법원이 손해배상액을 산정함에 있어서 그 기준에 구애되는 것은 아님(대판 1970.1.29. 69다1203)

2. 이익의 공제

피해자가 손해를 입은 동시에 이익을 얻은 경우에는 손해배상액에서 그 이익에 상당하는 금액을 빼야 한다(국가배상법 제3조의2 제1항). 제3조 제1항의 유족배상과 같은 조 제2항의 장해배상 및 장래에 필요한 요양비 등을 한꺼번에 신청하는 경우에는 중간이자를 빼야 한다고 함으로써 단할인방식(Hoffmann식)을 취하고 있다(제2항).

3. 이중배상의 배제(군인 등에 대한 특례)

(1) 의의

헌법 제29조 제2항은 '군인·군무원·경찰공무원 기타 법률이 정하는 자가 전투·훈련 등 직무집행과 관련하여 받은 손해에 대하여는 법률이 정하는 보상외에 국가 또는 공공단체에 공무원의 직무상 불법행위로 인한 배상은 청구할 수 없다'는 이중배상에 관한 배제를 규정하고 있다. 이에 따라 국가배상법 제2조 제1항 단서는 '<u>군인·군무원·경찰공무원 또는 예비군대원이 전투·훈련 등 직무 집행과 관련하여 전사·순직하거나 공상을 입은 경우에 본인이나 그 유족이 다른 법령에 따라 재해보상금·유족연금·상이연금 등의 보상을 지급받을 수 있을 때에는 이 법 및 「민법」에 따른 손해배상을 청구할 수 없다</u>'고 규정한다.

(2) 적용요건

① 이중배상이 배제되는 자는 군인·군무원·경찰공무원 또는 예비군대원이다. 판례는 전투경찰순경(헌재 1996.6.13. 94헌마118)을 여기의 경찰공무원으로 보지만 경비교도대원(대판 1998.2.10. 97다45914)이나 공익근무요원(대판 1997.3.28. 97다4036)은 이중배상 배제의 대상에 포함되지 않는다고 한다.
② 군인·군무원·경찰공무원 등이 전투·훈련 등 직무집행과 관련하여 전사·순직 또는 공상을 입은 경우의 손해만이 배제된다.
③ 본인 또는 유족이 다른 법령의 규정에 의하여 보상(예 재해보상금·유족연금·상이연금)을 지급받을 수 있어야 이중배상이 배제된다. 다른 법령에 의한 보상금이 손해배상과 전혀 성질이 다른 경우에는 이중배상배제 규정이 적용되지 않는다.

> **관련판례**
>
> **공상을 입은 군인·경찰공무원 등이 별도의 국가보상을 받을 수 없는 경우, 국가배상법 제2조 제1항 단서를 적용하지 아니함**
> 군인 또는 경찰공무원으로서 교육훈련 또는 직무 수행중 상이(공무상의 질병 포함)를 입고 전역 또는 퇴직한 자라고 하더라도 국가유공자예우등에관한법률에 의하여 국가보훈처장이 실시하는 신체검사에서 대통령령이 정하는 상이등급에 해당하는 신체의 장애를 입지 않은 것으로 판명되고 또한 <u>군인연금법상의 재해보상 등을 받을 수 있는 장애등급에도 해당하지 않는 것으로 판명된 자는 위 각 법에 의한 적용 대상에서 제외되고, 따라서 그러한 자는 국가배상법 제2조 제1항 단서의 적용을 받지 않아 국가배상을 청구할 수 있다</u>(대판 1997.2.14. 96다28066).

국가배상법에 따라 손해배상을 먼저 받았다는 이유로 보훈급여금의 지급을 거부할 수 없음

전투·훈련 등 직무집행과 관련하여 공상을 입은 군인·군무원·경찰공무원 또는 향토예비군대원이 먼저 국가배상법에 따라 손해배상금을 지급받은 다음 보훈보상대상자 지원에 관한 법률(이하 '보훈보상자법'이라 한다)이 정한 보상금 등 보훈급여금의 지급을 청구하는 경우, 국가배상법 제2조 제1항 단서가 명시적으로 '다른 법령에 따라 보상을 지급받을 수 있을 때에는 국가배상법 등에 따른 손해배상을 청구할 수 없다'고 규정하고 있는 것과 달리 <u>보훈보상자법은 국가배상법에 따른 손해배상금을 지급받은 자를 보상금 등 보훈급여금의 지급대상에서 제외하는 규정을 두고 있지 않은 점</u>, 국가배상법 제2조 제1항 단서의 입법 취지 및 보훈보상자법이 정한 보상과 국가배상법이 정한 손해배상의 목적과 산정방식의 차이 등을 고려하면 국가배상법 제2조 제1항 단서가 보훈보상자법 등에 의한 보상을 받을 수 있는 경우 국가배상법에 따른 손해배상청구를 하지 못한다는 것을 넘어 <u>국가배상법상 손해배상금을 받은 경우 보훈보상자법상 보상금 등 보훈급여금의 지급을 금지하는 것으로 해석하기는 어려운 점</u> 등에 비추어, 국가보훈처장은 국가배상법에 따라 손해배상을 받았다는 사정을 들어 보상금 등 보훈급여금의 지급을 거부할 수 없다(대판 2017.2.3. 2015두60075).

(3) 위헌성 문제

국가배상법에 의한 배상은 '불법에 대한 배상'이며 다른 법령에 의한 보상은 '국가에 바친 헌신에 대한 보상'이어서 양자는 목적을 달리하므로 군인 등과 같은 일정한 공무원에 대하여 국가배상청구권을 제한하는 것은 헌법상 평등의 원칙에 위배될 수 있다는 견해가 있다. 그러나 헌법재판소는 합헌이라는 입장이다(헌재 2001.2.22. 2000헌바38).

(4) 공동불법행위와 구상권

일반국민과 군인의 공동불법행위로 다른 군인에게 피해를 입힌 경우, 그 일반국민이 피해자에게 배상한 경우에 국가에 대한 구상권까지 배제되는지 문제된다.

대법원 (종래)	이중배상의 배제규정을 근거로 국가와 공동불법행위의 책임이 있는 자의 국가에 대한 구상권 행사를 부인(대판 1983.6.28. 83다카500)
헌법재판소	국가배상법 제2조 제1항 단서부분은, 일반국민이 직무집행 중인 군인과의 공동불법행위로 직무집행 중인 다른 군인에게 공상을 입혀 그 피해자에게 공동의 불법행위로 인한 손해를 배상한 다음 공동불법행위자인 군인의 부담부분에 관하여 국가에 대하여 구상권을 행사하는 것을 허용하지 않는다고 해석하는 한, 헌법에 위반된다고 하여 한정위헌결정(헌재 1994.12.29. 93헌바21)
대법원 (변경)	그 후 대법원은 민간인이 공동불법행위자로 부담하는 책임은 공동불법행위의 일반적 경우와 달리 모든 손해에 대한 것이 아니라 귀책비율에 따른 부분으로 한정된다고 하고, 그 이상의 부담에 대해서는 구상을 청구할 수 없다고 판시(대판 2001.2.15. 96다42420)

04 배상청구권의 양도·압류의 금지 등

생명·신체의 침해로 인한 국가배상을 받을 권리는 양도하거나 압류하지 못한다(국가배상법 제4조). 이는 국가배상법이 사회보장적 견지에서 생명·신체의 침해를 받은 자나 그의 유족을 보호하기 위하여 특별히 규정한 것이다.

05 배상청구권의 소멸시효

행정상 손해배상청구권은 피해자나 그 법정대리인이 손해 및 그 가해자를 안 날로부터 3년, 손해발생이 있었던 날로부터 10년이 지나면 시효로 소멸한다(국가배상법 제8조, 민법 제766조). 그런데 피해자나 그 법정대리인이 손해 및 가해자를 알지 못한 경우에는 국가재정법 제96조 제1항에 따라 5년간 이를 행사하지 아니하면 시효로 소멸한다. 국가재정법 제96조 제1항에서 '다른 법률의 규정'이라 함은 다른 법률에 5년보다 짧은 기간의 소멸시효의 규정이 있는 경우를 가리키는 것이어서, 10년이라는 민법 제766조 제2항은 국가재정법이 말하는 '다른 법률'의 규정이 아니다(대판 2001.4.24. 2000다57856).

> **관련판례**
>
> 국가의 소멸시효 완성 주장이 신의칙에 반하여 권리남용에 해당하는지 여부에 관한 판단 기준
> 채무자의 소멸시효에 기한 항변권의 행사도 우리 민법의 대원칙인 신의성실의 원칙과 권리남용금지의 원칙의 지배를 받는 것이어서, 채무자가 시효완성 전에 채권자의 권리행사나 시효중단을 불가능 또는 현저히 곤란하게 하였거나, 그러한 조치가 불필요하다고 믿게 하는 행동을 하였거나, 객관적으로 채권자가 권리를 행사할 수 없는 장애사유가 있었거나, 또는 일단 시효완성 후에 채무자가 시효를 원용하지 아니할 것 같은 태도를 보여 권리자로 하여금 그와 같이 신뢰하게 하였거나, 채권자보호의 필요성이 크고, 같은 조건의 다른 채권자가 채무의 변제를 수령하는 등의 사정이 있어 채무이행의 거절을 인정함이 현저히 부당하거나 불공평하게 되는 등의 특별한 사정이 있는 경우에는 채무자가 소멸시효의 완성을 주장하는 것이 신의성실의 원칙에 반하여 권리남용으로서 허용될 수 없다. 그러나 국가에게 국민을 보호할 의무가 있다는 사유만으로 국가가 소멸시효의 완성을 주장하는 것 자체가 신의성실의 원칙에 반하여 권리남용에 해당한다고 할 수는 없다 - 1951년 공비토벌 등을 이유로 국군병력이 작전수행을 하던 중에 거창군 일대의 지역주민이 희생된 이른바 '거창사건'으로 인한 희생자와 그 유족들이 국가를 상대로 제기한 손해배상청구소송에서, 국가가 소멸시효 완성의 항변을 하는 것이 신의칙에 반하지 않는다고 한 사례(대판 2008.5.29. 2004다33469).

예제 행정상 손해배상에 관한 설명으로 옳지 않은 것은? (다툼이 있으면 판례에 따름)　▶ 22 소방승진

① 대한변호사협회장은 '변호사등록에 관한 사무'를 수행하는 경우라고 할지라도 「국가배상법」 제2조에서 정한 공무원에 해당하지 않는다.
② 「국가배상법」 제2조가 적용되는 직무행위에는 권력작용과 비권력적 공행정작용을 포함하는 모든 공행정작용 및 입법작용과 사법작용을 포함한다.
③ 인사업무담당 공무원이 다른 공무원의 공무원증을 위조한 행위는 외관상으로 「국가배상법」 제2조 제1항의 직무집행과 관련이 있다.
④ 행정청이 그 권한을 행사하지 아니한 것이 현저하게 합리성을 잃어 사회적 타당성이 없는 경우에는 직무상 의무를 위반한 것이 되어 위법하다.

정답 ①

① (×) 대한변호사협회는 변호사와 지방변호사회의 지도·감독에 관한 사무를 처리하기 위하여 변호사법에 의하여 설립된 공법인으로서, 변호사등록은 피고 협회가 변호사법에 의하여 국가로부터 위탁받아 수행하는 공행정사무에 해당한다. 따라서 대한변호사협회장은 국가로부터 위탁받은 공행정사무인 '변호사등록에 관한 사무'를 수행하는 범위 내에서는 피고 협회의 장으로서 국가배상법 제2조에서 정한 공무원에 해당한다(대판 2021.1.28. 2019다260197).
② (○) 대판 2004.4.9. 2002다10691
③ (○) 대판 2005.1.14. 2004다26805
④ (○) 대판 2010.9.9. 2008다77795

예제 국가배상에 관한 설명으로 옳지 않은 것은? (다툼이 있으면 판례에 따름)　▶ 22 소방승진

① 「국가배상법」 제2조의 공무원의 직무행위는 객관적으로 직무행위로서의 외형을 갖추고 있으면 되고 주관적으로 공무집행의 의사는 없어도 된다.
② 공무원이 고의 또는 중과실로 불법행위를 하여 손해를 입힌 경우 피해자는 공무원 개인에 대해 손해배상을 청구할 수 있다.
③ 어떠한 행정처분이 항고소송에서 취소되었다면 그 기판력으로 인해 곧바로 국가배상책임이 인정될 수 있다.
④ 국가나 지방자치단체가 공익사업을 시행하는 과정에서 주민들이 일시적으로 행정절차에 참여할 권리를 침해받았다는 사정만으로 곧바로 국가나 지방자치단체가 주민들에게 정신적 손해에 대한 배상의무를 부담한다고 단정할 수 없다.

정답 ③

③ (×) 어떠한 행정처분이 후에 항고소송에서 취소되었다고 할지라도 그 기판력에 의하여 당해 행정처분이 곧바로 공무원의 고의 또는 과실로 인한 것으로서 불법행위를 구성한다고 단정할 수는 없는 것이고, 그 행정처분의 담당공무원이 보통 일반의 공무원을 표준으로 하여 볼 때 객관적 주의의무를 결하여 그 행정처분이 객관적 정당성을 상실하였다고 인정될 정도에 이른 경우에 국가배상법 제2조 소정의 국가배상책임의 요건을 충족하였다고 봄이 상당할 것이다(대판 2000.5.12. 99다70600).
① (○) 대판 2005.1.14. 2004다26805
② (○) 대판 1997.2.11. 95다5110
④ (○) 대판 2021.7.29. 2015다221668

예제 행정상 손해배상에 대한 설명으로 옳은 것은? (다툼이 있는 경우 판례에 의함)

① 국회의원은 원칙적으로 정치적 책임을 질 뿐이므로 헌법에 따른 구체적 입법의무를 부담하고 있음에도 그 입법에 필요한 상당한 기간이 경과하도록 고의 또는 과실로 그 입법의무를 이행하지 아니하는 경우 그 배상책임이 인정되기 어렵다.

② 주무 부처인 중앙행정기관이 입법 예고를 통해 법령안의 내용을 국민에게 예고한 적이 있다면, 그것이 법령으로 확정되지 아니하였다고 하더라도 국가는 위 법령안에 관련된 사항에 대해 이해관계자들에게 어떠한 신뢰를 부여한 것으로 볼 수 있다.

③ 공무원에게 부과된 직무상 의무의 내용이 전적으로 또는 부수적으로 사회구성원 개인의 안전과 이익을 보호하기 위하여 설정된 것이라면, 공무원이 그와 같은 직무상 의무를 위반함으로써 피해자가 입은 손해에 대해서는 상당인과관계가 인정되는 범위에서 국가가 배상책임을 진다.

④ 「금융위원회의 설치 등에 관한 법률」의 입법 취지에 비추어 볼 때, 금융감독원에 금융기관에 대한 검사·감독의무를 부과한 법령의 목적이 금융상품에 투자한 투자자 개인의 이익을 직접 보호하기 위한 것이라고 할 수 있으므로, 피고 금융감독원 및 그 직원들의 위법한 직무집행과 해당 저축은행의 후순위사채에 투자한 원고들이 입은 손해 사이에 상당인과관계가 인정된다.

정답 ③

① (×) 국가가 일정한 사항에 관하여 헌법에 의하여 부과되는 구체적인 입법의무를 부담하고 있음에도 불구하고 그 입법에 필요한 상당한 기간이 경과하도록 고의 또는 과실로 이러한 입법의무를 이행하지 아니하는 등 극히 예외적인 사정이 인정되는 사안에 한정하여 국가배상법 소정의 배상책임이 인정될 수 있으며, 위와 같은 구체적인 입법의무 자체가 인정되지 않는 경우에는 애당초 부작위로 인한 불법행위가 성립할 여지가 없다(대판 2008.5.29. 2004다33469).

② (×) 입법예고를 통해 법령안의 내용을 국민에게 예고한 적이 있다고 하더라도 그것이 법령으로 확정되지 아니한 이상 국가가 이해관계자들에게 위 법령안에 관련된 사항을 약속하였다고 볼 수 없으며, 이러한 사정만으로 어떠한 신뢰를 부여하였다고 볼 수도 없다(대판 2008.5.29. 2004다33469).

③ (○) 대판 2007.12.27. 2005다62747

④ (×) 금융위원회의 설치 등에 관한 법률의 입법 취지 등에 비추어 볼 때, 피고 금융감독원에 금융기관에 대한 검사·감독의무를 부과한 법령의 목적이 금융상품에 투자한 투자자 개인의 이익을 직접 보호하기 위한 것이라고 할 수 없다(대판 2015.12.23. 2015다210194).

예제 ▶ 행정상 손해배상에 대한 설명으로 옳지 않은 것은? (다툼이 있는 경우 판례에 의함)
① 국가배상청구권의 소멸시효 기간은 지났으나 국가가 소멸시효 완성을 주장하는 것이 신의 성실의 원칙에 반하는 권리남용으로 허용될 수 없어 배상책임을 이행한 경우, 국가는 원칙적으로 해당 공무원에 대해 구상권을 행사할 수 있다.
② 공무원이 관계 법령의 해석이 확립되기 전에 어느 한 설을 취하여 업무를 처리한 것이 결과적으로 위법하더라도 처분 당시 그 이상의 업무처리를 성실한 평균적 공무원에게 기대하기 어려웠던 경우라면 원칙적으로 공무원의 과실을 인정할 수 없다.
③ 공무원이 직무를 수행하면서 그 근거가 되는 법령의 규정에 따라 구체적으로 의무를 부여받았어도 그것이 국민의 이익과 관계없이 순전히 행정기관 내부의 질서를 유지하기 위한 것이라면 그 의무에 위반하여 국민에게 손해를 가하여도 국가 등은 배상책임을 부담하지 않는다.
④ 행정처분이 후에 항고소송에서 취소되었다고 할지라도 그 기판력에 의하여 당해 행정처분이 곧바로 공무원의 고의 또는 과실로 인한 것으로서 불법행위를 구성한다고 단정할 수는 없다.

정답 ①
① (×) 그러한 경우 소멸시효 완성 주장이 권리남용에 해당하게 된 원인행위와 관련하여 공무원이 원인이 되는 행위를 적극적으로 주도하였다는 등의 특별한 사정이 없는 한, 국가가 공무원에게 구상권을 행사하는 것은 신의칙상 허용되지 않는다(대판 2016.6.10. 2015다217843).
② (○) 대판 1997.7.11. 97다7608
③ (○) 대판 2001.10.23. 99다36280
④ (○) 대판 2000.5.12. 99다70600

제3절 영조물의 설치·관리의 하자로 인한 손해배상책임

01 국가배상법 제5조

국가배상법 제5조는 "① 도로·하천, 그 밖의 공공의 영조물의 설치나 관리에 하자가 있기 때문에 타인에게 손해를 발생하게 하였을 때에는 국가나 지방자치단체는 그 손해를 배상하여야 한다. 이 경우 제2조 제1항 단서, 제3조 및 제3조의2를 준용한다. ② 제1항을 적용할 때 손해의 원인에 대하여 책임을 질 자가 따로 있으면 국가나 지방자치단체는 그 자에게 구상할 수 있다"고 규정하여 공공영조물의 설치·관리의 하자로 인한 국가 또는 지방자치단체의 배상책임을 명시하였다.

02 배상책임의 요건

1. 공공의 영조물

(1) 영조물의 의의

국가배상법 제5조 제1항은 도로·하천을 영조물의 일종으로 규정하고 있는데, 도로·하천은 영조물(공적 목적을 위한 인적·물적 종합시설)이 아니라 공물에 해당한다. 따라서 제5조에서의 영조물이란 학문상 '공물', 즉 행정주체에 의하여 직접 행정목적에 제공된 유체물과 무체물 및 물건의 집합체를 의미한다.

(2) 공물의 종류

① 공물의 개념에는 동산·부동산, 인공공물(예 도로)·자연공물(예 하천), 동물(예 경찰견) 등도 포함된다. 이 점에서 '공공의 영조물'은 민법 제758조의 '공작물'보다는 넓은 개념이다.
② 사소유물이라도 공물인 한 여기에 포함된다. 그러나 국가나 지방자치단체의 소유물일지라도 공공의 목적에 사용되지 않는 것(일반재산)은 본조의 영조물에 포함되지 않는다.
③ 국가 등이 소유권·임차권 등 권원에 기하여 관리하는 경우 뿐 아니라 사실상의 관리를 하는 경우도 포함된다.

[국가배상법상 영조물 사례]

인정사례	• 항공기 소음을 발생시키는 김포국제공항(대판 2005.1.27. 2003다49566) • 하천과 제방(대판 1981.9.22. 80다3011; 2007.9.21. 2005다65678) • 제방도로(대판 2000.5.26. 99다53247) • 산비탈 붕괴를 방지하지 못한 도로(대판 1993.6.8. 93다11678) • 도로의 안전표지(대판 2000.1.14. 99다24201) • 보행자 신호기(대판 2007.10.26. 2005다51235) • 철도건널목 자동경보기(대판 1998.5.22. 97다57528) • 철도시설물인 수원역 대합실과 승강장(대판 1999.6.22. 99다7008) • 매향리사격장(대판 2004.3.12. 2002다14242)

	• 사병내무반 막사(대판 1967.2.21, 66다1723) • 차량진입을 막지 못한 여의도광장(대판 1995.2.24. 94다57671) • 공중변소에 딸린 분뇨수거 탱크(대판 1972.11.14. 72다1608) • 홍수조절에 관한 다목적댐(대판 1998.2.13. 95다44658)
부정사례	• 공사 중이며 아직 완성되지 않아 일반 공중의 이용에 제공되지 않는 옹벽(대판 1998.10. 23. 98다17381) • 시 명의의 종합운동장 예정부지나 그 지상의 자동차경주를 위한 안전시설(대판 1995.1. 24. 94다45302) • 사실상 군민의 통행에 제공되고 있던 도로(대판 1981.7.7. 80다2478) • 전철의 노선용량이 부족하다거나 그에 대한 대책수립의 소홀 – 그 자체가 영조물 설치·관리의 하자로 볼 수 없음(대판 1997.12.26. 97다36309) • 천연기념물인 천호 동굴 – 광업법상 영조물에 해당되어 민사소송의 대상(대판 1981.9. 8. 80다2904)

2. 설치 또는 관리의 하자

(1) 하자의 의의

영조물의 설치상의 하자는 당해 영조물의 건조 이전의 하자로서 설계상 또는 축조상의 하자이고, 영조물의 관리상의 하자는 당해 시설이 건조된 후의 후발적인 하자로서 유지·수선에 불완전한 점이 있는 경우의 하자이다. 학설과 판례는 영조물의 설치·관리의 하자를 '영조물이 통상적으로 갖추어야 할 안전성을 결여'한 것으로 이해한다. 문제는 안전성의 결여상태를 판단함에 있어서 공무원의 귀책사유를 함께 고려하느냐에 있다. 이를 둘러싸고 아래와 같은 견해의 대립이 있다.

① 학설

객관설	① 하자의 의미 : 영조물이 통상의 용법에 따라 이용될 때 통상 갖추어야 할 안전성을 결여한 것 ② 영조물책임의 의미 : 행위책임이 아니라 상태책임으로, 과실책임이 아니라 일종의 위험책임인 무과실책임. ③ 논거 : '설치나 관리의 하자'라고 표현되어 있고 '고의 또는 과실'이라고 표현되지 않은 점, 과실책임으로 해석하게 되면 가해자인 국가의 입장만 중시하여 피해자보호에 소홀하게 된다는 점 ④ 비판 : 위험책임이란 행위자의 적법·위법여부와 고의·과실을 요건으로 하지 않는데, 국가배상법 제5조는 관리상의 하자를 요건으로 하고 있어 위험책임과는 거리가 있음
주관설	① 하자의 의미 : 공물주체가 안전확보 내지 사고방지의무를 게을리한 잘못, 이른바 설치·관리상의 귀책사유로 인한 하자 ② 영조물책임의 의미 : 무과실책임이 아니라 관리자의 주관적 귀책사유가 있어야 성립한다고 봄 ③ 논거 : 법문언의 표현이 '영조물의 하자'가 아니라 '설치 또는 관리의 하자'로 되어 있다는 점, 관리자의 관리의무 위반을 책임근거로 보는 것이 책임의 원칙에 적합하다는 점 ④ 비판 : 주관적 귀책사유를 고려하기 때문에 피해자구제의 관점에서 바람직하지 못함
절충설	① 하자의 의미 : 영조물 자체의 하자뿐만 아니라 관리자의 안전관리의무위반이 독립적으로 손해를 야기해도 하자로 이해(예 도로상태에 하자가 없어도 폭설에 대한 사전경고의 의무를 해태한 경우에도 하자로 파악) ② 비판 : 물적 결함과 무관한 관리자의 의무위반으로 인하여 발생한 손해는 제2조에 의해 해결 가능

위법·무과실 책임설	① 위법성 : 안전의무(행정주체가 형체적 요소를 갖춘 일정한 물건을 노출시킨 경우 타인에게 위험이 발생하지 않도록 안전조치를 취해야 할 법적 의무)를 위반한 것 ② 무과실책임 : 안전의무는 공무원개인의 의무가 아니라 국가등 공물의 관리주체가 외부법관계에서 직접 개인에 대하여 부담하는 의무이므로 공무원개인의 고의·과실은 요소가 아님 ③ 논거 : 국가배상법 제5조가 제2조와는 달리 고의 또는 과실을 요건으로 하고 있지 않고, '영조물 자체의 하자'가 아니라 '영조물의 설치 또는 관리상 하자'를 책임요건으로 하며, 민법 제758조와 달리 점유자의 면책을 규정하지 않고 있다는 점

② **판례** : 판례는 전통적으로 객관설을 취한다. 하지만 근래 일부 판례는 관리자의 손해 발생에 대한 객관적 예견가능성 및 회피가능성이라는 주관적 요소를 개입시켜 판단하기도 한다.

> **관련판례**

국가배상법 제5조 소정의 영조물의 설치·관리상의 하자의 의미(객관설에 입각한 판례)
국가배상법 제5조 소정의 영조물의 설치·관리상의 하자라 함은 영조물의 설치 및 관리에 불완전한 점이 있어 이 때문에 영조물 자체가 통상 갖추어야 할 안전성을 갖추지 못한 상태에 있는 것을 말하는 것이다. 지방자치단체가 관리하는 도로 지하에 매설되어 있는 상수도관에 균열이 생겨 그 틈으로 새어 나온 물이 도로 위까지 유출되어 노면이 결빙되었다면 도로로서의 안전성에 결함이 있는 상태로서 설치·관리상의 하자가 있다(대판 1994.11.22. 94다32924).

국가배상법 제5조 제1항에 정한 '영조물의 설치 또는 관리의 하자'의 의미 및 그 판단 기준 (주관적 요소를 개입시킨 판례)
트럭 앞바퀴가 고속도로상에 떨어져 있는 자동차 타이어에 걸려 중앙분리대를 넘어가 사고가 발생한 경우에 있어서 한국도로공사에게 도로의 보존상하자로 인한 손해배상책임을 인정하기 위하여는 도로에 타이어가 떨어져 있어 고속으로 주행하는 차량의 통행에 안전상의 결함이 있다는 것만으로 족하지 않고, 위 공사의 고속도로 안전성에 대한 순찰 등 감시체제, 타이어의 낙하시점, 위 공사가 타이어의 낙하사실을 신고받거나 직접 이를 발견하여 그로 인한 고속도로상의 안전성 결함을 알았음에도 사고방지조치를 취하지 아니하고 방치하였는지 여부, 혹은 이를 발견할 수 있었음에도 발견하지 못하였는지 여부 등 제반 사정을 심리하여 고속도로의 하자 유무를 판단하였어야 함에도 이에 이르지 않은 채 위 공사의 손해배상책임을 인정한 원심판결을 파기한 사례(대판 1992.9.14. 92다3243).

교통신호기의 고장 등으로 인하여 교통사고가 발생한 사례
[1] 보행자 신호와 차량신호에 동시에 녹색등이 표시되는 사고의 위험성이 높은 고장이 발생하였는데도 이를 관리하는 경찰관들이 즉시 그 신호기의 작동을 중지하거나 교통경찰관을 배치하여 수신호를 하는 등의 안전조치를 취하지 않은 채 장시간 고장상태를 방치한 것을 그 공무집행상의 과실로 인정하기에 충분하므로 같은 취지의 원심판결은 타당하고, 위 신호기의 고장이 천재지변인 낙뢰로 인한 것이고 신호기를 찾지 못하여 고장 수리가 지연되었을 뿐 임의로 방치한 것이 아니므로 과실이 없다는 취지의 주장은 받아들일만한 것이 되지 못한다(대판 1999.6.25. 99다11120).

[2] 서울특별시 전역에는 약 13만여 개의 신호등 전구가 설치되어 있고 그 중 약 300여 개가 하루에 소등되고, 신호등 전구의 수명은 전력변동률이 높아 예측하기 곤란한 상황에서…교차로의 진행방향 신호기의 정지신호가 단선으로 소등되어 있는 상태에서 그대로 진행하다가 다른 방향의 진행신호에 따라 교차로에 진입한 차량과 충돌한 경우, 신호기의 적색신호가 소등된 기능상 결함이 있었다는 사정만으로 신호기의 설치 또는 관리상의 하자를 인정할 수 없다(대판 2000.2.25. 99다54004).

(2) 안전성의 정도

안전성은 완전무결한 정도를 요하는 것이 아니라 '통상의 용법'에 따른 이용에 있어서 영조물의 위험성에 비례하여 사회통념상 요구되는 정도의 것을 말한다. 따라서 '비정상적인 이용'을 하다가 발생한 사고에 있어서 통상 갖추어야 될 안전성만 갖추면 배상책임을 지지 않는다.

> **관련판례**
>
> **국가배상법 제5조 제1항 소정의 '영조물 설치·관리상의 하자'의 의미**
> [1] 국가배상법 제5조 제1항에 정하여진 '영조물 설치·관리상의 하자'라 함은 공공의 목적에 공여된 영조물이 그 용도에 따라 통상 갖추어야 할 안전성을 갖추지 못한 상태에 있음을 말하는바, 영조물의 설치 및 관리에 있어서 항상 완전무결한 상태를 유지할 정도의 고도의 안전성을 갖추지 아니하였다고 하여 영조물의 설치 또는 관리에 하자가 있다고 단정할 수 없는 것이고, 영조물의 설치자 또는 관리자에게 부과되는 방호조치의무는 영조물의 위험성에 비례하여 사회통념상 일반적으로 요구되는 정도의 것을 의미하므로 영조물인 도로의 경우도 다른 생활필수시설과의 관계나 그것을 설치하고 관리하는 주체의 재정적, 인적, 물적 제약 등을 고려하여 그것을 이용하는 자의 상식적이고 질서 있는 이용방법을 기대한 상대적인 안전성을 갖추는 것으로 족하다(대판 2002. 8.23. 2002다9158).
>
> [2] 갑이 함께 술을 마신 을과 멱살을 잡고 시비하다가 국가가 설치·관리하는 제방도로에서 아래로 추락하여 지방자치단체가 설치·관리하는 우수토실에 빠져 익사한 사안에서, 제방도로와 우수토실을 설치·관리하는 피고들로서는 이 사건 제방도로에서의 정상적인 이용방법이 아닌 술에 취하여 싸우다가 도로 밑으로 추락하는 이례적인 사고가 있을 것까지 예상하여 방호울타리나 추락방지표지판 등을 설치할 의무는 없다(대판 2013.4.11. 2012다203133).

(3) 구체적 검토

① **물적 하자와 기능상 하자** : 판례에 의하면 '영조물의 설치 또는 관리의 하자'는 당해 영조물을 구성하는 물적 시설 그 자체에 있는 물리적·외형적 흠결이나 불비로 인하여 그 이용자에게 위해를 끼칠 위험성이 있는 경우(물적 하자)뿐만 아니라, 그 영조물이 공공의 목적에 이용됨에 있어 그 이용상태 및 정도가 일정한 한도를 초과하여 제3자에게 사회통념상 참을 수 없는 피해를 입히는 경우(기능상 하자)까지 포함된다(대판 2005.1.27. 2003다49566).

> **관련판례**
>
> 소음 등을 포함한 공해 등의 위험지역으로 이주하여 거주하는 경우, 가해자의 면책 여부 및 손해배상액 감액에 대한 판단 기준
>
> 소음 등을 포함한 공해 등의 위험지역으로 이주하여 들어가서 거주하는 경우와 같이 위험의 존재를 인식하면서 그로 인한 피해를 용인하며 접근한 것으로 볼 수 있는 경우에 그 피해가 직접 생명이나 신체에 관련된 것이 아니라 정신적 고통이나 생활방해의 정도에 그치고, 그 침해행위에 상당한 고도의 공공성이 인정되는 때에는 위험에 접근한 후 실제로 입은 피해 정도가 위험에 접근할 당시에 인식하고 있었던 위험의 정도를 초과하는 것이거나 위험에 접근한 후에 그 위험이 특별히 증대하였다는 등의 특별한 사정이 없는 한 가해자의 면책을 인정하여야 하는 경우도 있을 수 있을 것이나, 일반인이 공해 등의 위험지역으로 이주하여 거주하는 경우라고 하더라도 위험에 접근할 당시에 그러한 위험이 문제가 되고 있지 아니하였고, 그러한 위험이 존재하는 사실을 정확하게 알 수 없었으며, 그 밖에 위험에 접근하게 된 경위와 동기 등의 여러 가지 사정을 종합하여 그와 같은 위험의 존재를 인식하면서 굳이 위험으로 인한 피해를 용인하였다고 볼 수 없는 경우에는 그 책임이 감면되지 아니한다고 봄이 상당하다 - 매향리 사격장에서 발생하는 소음 등으로 지역 주민들이 입은 피해는 사회통념상 참을 수 있는 정도를 넘는 것으로서 사격장의 설치 또는 관리에 하자가 있었다고 본 사례(대판 2004.3.12. 2002다14242).

② **인공공물과 자연공물** : 다수의 견해는 설치·관리상의 하자의 의미와 관련하여 자연공물과 인공공물의 경우를 구분하여 검토한다. 따라서 도로나 공원과 같은 인공공물은 당해 시설의 통상적인 안전성을 결함으로써 손해가 발생한 경우는 책임을 부담하지만, 자연공물은 설치·관리(예 하천 제방의 유지·보수)에 막대한 비용이 소요되므로 영조물의 하자의 인정에 한계가 있다는 것이다.

③ **도로의 설치·관리의 하자**

   ㉠ **일반적 기준** : 도로의 설치 또는 관리·보존상의 하자는 도로의 위치 등 장소적인 조건, 도로의 구조, 교통량, 사고시에 있어서의 교통 사정 등 도로의 이용 상황과 그 본래의 이용 목적 등 제반 사정과 물적 결함의 위치, 형상 등을 종합적으로 고려하여 사회통념에 따라 구체적으로 판단하여야 한다(대판 1998.2.10. 97다32536).

   ㉡ **구체적 사안** : 편도 2차선 도로의 1차선 상에 교통사고의 원인이 될 수 있는 크기의 돌멩이가 방치된 것이 도로 관리상의 하자에 해당할 수 있다(대판 1998.2.10. 97다32536). 반면, 도로 노면의 흠을 발견하여 표지판을 설치하거나 보수를 하는 등 안전조치를 취할 시간적 여유가 없었을 때에는 예측가능성과 결과회피가능성이 고려될 수 있다. 도로의 장해물로 인한 사고에 있어서도 장해물을 발견하고 제거할 수 있는 합리적인 시간이 있었는지를 영조물 하자 여부결정에 고려할 수 있다. 산간지역의 낙석 위험이 있는 도로에는 경고표지판이나 방호책을 설치하여야 하나 예산상의 제약도 고려되어야 한다.

④ **하천의 설치·관리의 하자**

   ㉠ **일반적 기준** : 해당 하천과 관련하여 과거에 발생한 수해의 규모, 발생빈도, 발생원인, 피해의 성질, 강우상황, 유역의 지형 기타 자연적 조건, 토지의 이용상황 기타 사회적 조건, 개수를 요하는 긴급성의 유무 및 그 정도 등 제반 사정을 종합적으로 검토하고, 하천관리에 있어서의

재정적, 기술적 및 사회적 제약하에서 같은 종류 및 규모의 하천관리의 일반수준 및 사회통념에 비추어 시인할 수 있는 안전성을 구비하고 있는지, 그리고 해당 하천관리시설이 설치 당시의 기술수준에 비추어 그 예정한 규모의 홍수에 있어서의 통상의 작용으로부터 예측된 재해를 방지함에 족한 안전성을 갖추고 있는지 여부를 기준으로 한다(대판 2007.10.25. 2005다62235).

ⓒ **파제형(破堤型) 수해** : 제방 등의 방재시설 그 자체의 안전성에 결함이 있어 수해가 발생하는 경우는 국가배상책임이 인정된다.

ⓒ **일제형(溢堤型) 수해** : 홍수시 하천의 제방이 지탱할 수 있을 것으로 계획된 최대유량(계획고수량, 하천홍수위)가 과학적으로 적정하게 책정되었는지, 또한 제방이 계획고수량에 상응된 높이와 안전성을 갖추었는지의 여부에 따라 하자를 판단한다. 즉 계획고수량보다 낮은 강우량에 하천제방이 붕괴한 경우에는 특별한 사정이 없는 한 하천의 설치·관리상 하자가 있는 것으로 추정된다(통설).

(4) 입증책임

영조물의 설치·관리상의 하자에 대한 입증책임은 원칙적으로 원고에게 있으나, 일반시민이 공물의 안전도에 관한 전문적 지식을 갖는다는 것은 통상 기대하기 어려우므로 개연성이론이나 일응 추정의 법리를 적용함이 타당하다. 즉 피해자가 하자의 개연성만 주장하면 하자가 추정되는 것으로 보고, 영조물로 인하여 손해가 발생하였다는 사실을 입증하면 하자의 존재가 추정된다는 것이 다수의 입장이다. 그러나 판례는 일응추정의 법리를 채택하지 않고 하자의 입증책임을 피해자에게 지우고 있으며, 다만 관리가능성과 회피가능성이 없었다는 점은 관리주체가 입증해야 한다고 한다(대판 1998.2.10. 97다32536).

(5) 면책사유

① **불가항력** : 객관적 안전성을 갖춘 이상, 인력으로 막을 수 없는 불가항력에 의한 가해행위는 면책이 된다. 그러나 영조물책임이 무과실책임이라 한다면 불가항력은 가능한 좁게 해석해야 한다. 판례도 집중호우가 예년에 비해 그 정도가 현저한 사정만으로는 불가항력에 기인한 것으로 볼 수 없다는 입장이다. 한편, 불가항력 등 영조물의 감면사유가 있는 경우에도 공무원의 과실로 피해가 확대된 경우에는 그 한도 내에서 국가배상법 제2조의 배상책임은 인정된다.

> **관련판례**
>
> 면책사유에 해당되지 않는다고 본 판례
> [1] 집중호우로 제방도로가 유실되면서 그 곳을 걸어가던 보행자가 강물에 휩쓸려 익사한 경우, 사고 당일의 집중호우가 50년 빈도의 최대강우량에 해당한다는 사실만으로 불가항력에 기인한 것으로 볼 수 없으므로 제방도로의 설치·관리상의 하자를 인정해야 한다(대판 2000. 5.26. 99다53247).
>
> [2] 가변차로에 설치된 신호등의 용도와 오작동시에 발생하는 사고의 위험성과 심각성을 감안할 때, 만일 가변차로에 설치된 두 개의 신호기에서 서로 모순되는 신호가 들어오는 고장을 예방할 방법이 없음에도 그와 같은 신호기를 설치하여 그와 같은 고장을 발생하게 한 것이라면, 그 고장이

자연재해 등 외부요인에 의한 불가항력에 기인한 것이 아닌 한 그 자체로 설치·관리자의 방호조치의무를 다하지 못한 것으로서 신호등이 그 용도에 따라 통상 갖추어야 할 안전성을 갖추지 못한 상태에 있었다고 할 것이고, 따라서 설령 <u>적정전압보다 낮은 저전압이 원인이 되어 위와 같은 오작동이 발생하였고 그 고장은 현재의 기술수준상 부득이한 것이라고 가정하더라도</u> 그와 같은 사정만으로 손해발생의 예견가능성이나 회피가능성이 없어 영조물의 하자를 인정할 수 없는 경우라고 단정할 수 없다(대판 2001.7.27. 2000다56822).

고속도로의 점유관리자가 도로의 관리상 하자로 인한 손해배상책임을 면하기 위한 요건
고속도로의 관리상 하자가 인정되는 이상 고속도로의 점유관리자는 <u>그 하자가 불가항력에 의한 것이거나 손해의 방지에 필요한 주의를 해태하지 아니하였다는 점을 주장·입증하여야 비로소 그 책임을 면할 수가 있다</u>고 할 것인데, 원심이 제1심판결을 인용하여, 이 사건 각 고립구간의 교통정체 및 고립이 전혀 예측할 수 없는 천재지변이거나 피할 수 없는 불가항력에 해당한다고 볼 수 없다고 판단하여 피고의 면책 주장을 배척한 것은 정당하다(대판 2008.3.13. 2007다29287,29294).

② **예산부족** : 예산의 부족은 배상액의 산정에 참작사유는 될지언정 안전성 판단에 결정적 사유는 될 수 없다는 것이 판례의 일반적 태도(대판 1967.2.21., 66다1723)이다.
③ **피해자의 과실** : 학설은 피해자의 과실이 있었던 경우에는 피해자의 과실에 의하여 확대된 손해의 한도 내에서 영조물 관리주체의 책임을 일부 감면할 수 있다고 본다.
④ **영조물의 하자와 감면사유의 경합** : 감면사유와 영조물의 하자가 손해의 발생에 있어서 경합하는 경우에는 영조물의 하자로 인하여 손해가 확대된 한도 내에서 국가배상책임이 성립한다.

3. 타인에게 손해발생

타인의 개념은 제2조의 경우와 같다. 군인 등의 일정한 공무원에 대해서도 제2조와 마찬가지로 이중배상 배제의 특례가 있다(제5조 제1항 후단, 제2조 제1항 단서). 손해 역시 제2조와 마찬가지로 적극적·소극적 손해인가, 재산상의 손해인가 생명·신체·정신상의 손해(위자료)인가를 불문한다.

4. 인과관계

하자와 손해의 발생 사이에 상당인과관계가 있어야 한다. 인과관계가 인정되는 한 자연현상이나 제3자 또는 피해자 자신의 행위가 손해의 원인으로서 가세하여도 그 손해는 영조물의 설치 또는 관리상의 하자에 의하여 발생한 것이라고 보아야 한다(대판 1994.11.22. 94다32924).

예제   국가배상에 대한 설명으로 옳지 않은 것은? (다툼이 있는 경우 판례에 의함)
① 국가나 지방자치단체가 손해를 배상할 책임이 있는 경우에 공무원의 선임·감독 또는 영조물의 설치·관리를 맡은 자와 공무원의 봉급·급여, 그 밖의 비용 또는 영조물의 설치·관리 비용을 부담하는 자가 동일하지 아니하면 그 비용을 부담하는 자도 손해를 배상하여야 한다.
② 국가배상책임에 있어서 국가는 직무상의 의무 위반과 피해자가 입은 손해 사이에 상당인과관계가 인정되는 범위 내에서만 배상책임을 지는 것이고, 이 경우 상당인과관계가 인정되기 위해서는 공무원에게 부과된 직무상 의무의 내용이 전적으로 또는 부수적으로 사회구성원 개인의 안전과 이익을 보호하기 위하여 설정된 것이어야 한다.
③ 「국가배상법」상 '공공의 영조물'은 지방자치단체가 소유권, 임차권 그밖의 권한에 기하여 관리하고 있는 경우는 포함하지만, 사실상의 관리를 하고 있는 경우는 포함하지 않는다.
④ 공무원 개인이 고의 또는 중과실이 있는 경우에는 불법행위로 인한 손해배상책임을 진다고 할 것이지만, 공무원의 위법행위가 경과실에 기한 경우에는 공무원은 손해배상책임을 부담하지 않는다.

정답 ③

③ (×) 국가배상법 제5조 제1항 소정의 '공공의 영조물'이라 함은 국가 또는 지방자치단체에 의하여 특정 공공의 목적에 공여된 유체물 내지 물적 설비를 말하며, 국가 또는 지방자치단체가 소유권, 임차권 그 밖의 권한에 기하여 관리하고 있는 경우뿐만 아니라 사실상의 관리를 하고 있는 경우도 포함된다(대판 1998.10.23. 98다17381).
① (○) 국가배상법 제6조 제1항   ② (○) 대판 2010.9.9. 2008다77795
④ (○) 대판 1996.2.15. 95다38677

03   국가배상법 제2조 책임과 제5조 책임의 관계

1. 영조물 관리행위로 인한 손해의 적용법조

영조물의 관리행위의 하자(관리자의 관리의무 위반)로 인한 손해에 대한 배상책임이 국가배상법 몇 조의 규율대상이 되는가는 제5조 책임의 근거인 '안전성의 결여'를 해석하는 견해에 따라 다르다.

주관설, 절충설	국가배상법 제5조 적용(∵ 제5조의 '하자'에 주관적 귀책사유 포함)
객관설	국가배상법 제2조 적용

2. 제2조 책임과 제5조 책임의 경합

예컨대 교통신호기 고장과 신호기 관리상의 과실이 결합하여 사고가 난 경우처럼 공물의 설치·관리상의 하자와 공무원의 직무상 불법행위가 경합하여 손해가 발생한 경우 원고가 몇 조의 책임을 선택하여 주장할 수 있는지 문제된다. 제2조 책임은 과실책임이고, 제5조 책임은 일종의 무과실책임이므로 통상은 제5조가 원고에게 유리하다.

제4절 배상책임자 및 구상

01 피해자에 대한 배상책임자

1. 국가 또는 지방자치단체

헌법은 국가와 공공단체를 배상책임자로 규정하고 있으나, 국가배상법은 '국가 또는 지방자치단체'로 한정하고 있다. 따라서 엄격히 해석하면 지방자치단체 이외의 공공단체(공공조합, 영조물법인)의 배상책임은 민법규정에 의하여야 한다. 이러한 국가배상법 규정에 대하여 ① 헌법 제29조의 취지에 어긋난다는 **위헌설**과 ② 동규정을 예시적 의미로 해석하여 탄력성 있게 운영하자는 **합헌설**의 대립이 있다.

2. 사무의 귀속주체로서 배상책임자

당해 사무의 귀속주체에 따라서 국가사무의 경우에는 국가가 배상책임을 지고, 자치사무의 경우에는 당해 지방자치단체가 배상책임을 진다. 따라서 지방자치단체가 기관위임사무를 집행하는 경우에는 위임기관이 속한 행정주체가 배상책임을 진다.

> **관련판례**
>
> 지방자치단체장 간의 기관위임의 경우, 사무귀속 주체로서의 손해배상책임 주체는 상위 지방자치단체
> 지방자치단체장 간의 기관위임의 경우에 위임받은 <u>하위 지방자치단체장은 상위 지방자치단체 산하 행정기관의 지위에서 그 사무를 처리하는 것이므로 사무귀속의 주체가 달라진다고 할 수 없고</u>, 따라서 하위 지방자치단체장을 보조하는 하위 지방자치단체 소속 공무원이 위임사무처리에 있어 고의 또는 과실로 타인에게 손해를 가하였더라도 상위 지방자치단체는 여전히 그 사무귀속 주체로서 손해배상책임을 진다(대판 1996.11.8. 96다21331).

3. 비용부담자로서 배상책임자

(1) 국가배상법 제6조 제1항의 내용

동조항은 '제2조·제3조 및 제5조에 따라 국가나 지방자치단체가 손해를 배상할 책임이 있는 경우에 공무원의 선임·감독 또는 영조물의 설치·관리를 맡은 자와 공무원의 봉급·급여, 그 밖의 비용 또는 영조물의 설치·관리 비용을 부담하는 자가 동일하지 아니하면 그 비용을 부담하는 자도 손해를 배상하여야 한다'라고 규정하고 있다.

(2) 공무원의 선임·감독자 등

여기서의「공무원의 선임·감독자」란 국가배상법 제2조의 국가 또는 지방자치단체로,「영조물의 설치·관리를 맡은 자」란 국가배상법 제5조의 국가 또는 지방 또는 영조물의 설치·관리를 맡은 자로 새기자는 견해가 다수이다. 판례 역시 기관위임사무의 경우에「공무원의 선임·감독을 맡은 자」를 국가 또는

위임 지방자치단체로 보는 입장을 취한다.

(3) 공무원의 봉급·급여 등 비용부담자

비용부담자의 의미에 관하여 학설은 ① 실질적·궁극적 비용을 부담하는 자(예 보조금의 지급주체, 궁극적인 비용부담자)라는 **실질적 비용부담자설**, ② 대외적으로 비용을 부담하여야 하는 것으로 되어 있는 자라는 **형식적 비용부담자설**, ③ 피해자보호의 견지에서 양자를 포함한다는 **병합설**이 대립한다. 판례는 병합설을 취하고 있다고 새기는 견해가 다수이다(형식적 비용부담자설을 취한다는 견해도 있음).

> **관련판례**
>
> **지방자치단체의 장이 기관위임된 국가행정사무를 처리하는 경우, 그 지방자치단체는 제6조 제1항 소정의 비용부담자로서 배상책임을 부담함**
> 국가배상법 제6조 제1항 소정의 '공무원의 봉급·급여 기타의 비용'이란 공무원의 인건비만을 가리키는 것이 아니라 당해사무에 필요한 일체의 경비를 의미한다고 할 것이고, 적어도 대외적으로 그러한 경비를 지출하는 자는 경비의 실질적·궁극적 부담자가 아니더라도 그러한 경비를 부담하는 자에 포함된다. 구 지방자치법 제131조(현행 제132조), 구 지방재정법 제16조 제2항(현행 제18조 제2항)의 규정상, 지방자치단체의 장이 기관위임된 국가행정사무를 처리하는 경우 그에 소요되는 경비의 실질적·궁극적 부담자는 국가라고 하더라도 당해 지방자치단체는 국가로부터 내부적으로 교부된 금원으로 그 사무에 필요한 경비를 대외적으로 지출하는 자이므로, 이러한 경우 지방자치단체는 국가배상법 제6조 제1항 소정의 비용부담자로서 공무원의 불법행위로 인한 같은 법에 의한 손해를 배상할 책임이 있다(대판 1994.12.9. 94다38137).
>
> **지방자치단체장이 교통신호기의 설치·관리에 관한 사무를 지방경찰청장에게 위임한 경우, 지방자치단체뿐만 아니라 국가도 손해배상책임을 부담함**
> 지방자치단체장이 교통신호기를 설치하여 그 관리권한이 도로교통법 제71조의2 제1항의 규정에 의하여 관할 지방경찰청장에게 위임되어 지방자치단체 소속 공무원과 지방경찰청 소속 공무원이 합동근무하는 교통종합관제센터에서 그 관리업무를 담당하던 중 위 신호기가 고장난 채 방치되어 교통사고가 발생한 경우, 국가배상법 제2조 또는 제5조에 의한 배상책임을 부담하는 것은 지방경찰청장이 소속된 국가가 아니라, 그 권한을 위임한 지방자치단체장이 소속된 지방자치단체라고 할 것이나, 한편 국가배상법 제6조 제1항은 같은 법 제2조, 제3조 및 제5조의 규정에 의하여 국가 또는 지방자치단체가 손해를 배상할 책임이 있는 경우에 공무원의 선임·감독 또는 영조물의 설치·관리를 맡은 자와 공무원의 봉급·급여 기타의 비용 또는 영조물의 설치·관리의 비용을 부담하는 자가 동일하지 아니한 경우에는 그 비용을 부담하는 자도 손해를 배상하여야 한다고 규정하고 있으므로 교통신호기를 관리하는 지방경찰청장 산하 경찰관들에 대한 봉급을 부담하는 국가도 국가배상법 제6조 제1항에 의한 배상책임을 부담한다(대판 1999.6.25. 99다11120).

(4) 선택적 청구

피해자는 선임·감독자와 비용부담자 중에서 선택적으로 청구권을 행사할 수 있다. 이렇게 입법한 취지는 배상금청구의 상대방을 잘못 지정하는 피해자를 보호하려는 것이다.

02 종국적 배상책임자

국가배상법 제6조 제2항은 "제1항의 경우에 손해를 배상한 자는 내부관계에서 그 손해를 배상할 책임이 있는 자에게 구상할 수 있다"라고 규정하고 있다.

> **관련판례**
>
> 사무귀속자와 비용부담자로서의 지위가 두 행정주체에 모두 중첩된 경우
> 원래 광역시가 점유·관리하던 일반국도 중 일부 구간의 포장공사를 국가가 대행하여 광역시에 도로의 관리를 이관하기 전에 교통사고가 발생한 경우, 광역시는 그 도로의 점유자 및 관리자, 도로법 제56조, 제55조, 도로법시행령 제30조에 의한 도로관리비용 등의 부담자로서의 책임이 있고, 국가는 그 도로의 점유자 및 관리자, 관리사무귀속자, 포장공사비용 부담자로서의 책임이 있다고 할 것이며, 이와 같이 광역시와 국가 모두가 도로의 점유자 및 관리자, 비용부담자로서의 책임을 중첩적으로 지는 경우에는, 광역시와 국가 모두가 국가배상법 제6조 제2항 소정의 궁극적으로 손해를 배상할 책임이 있는 자라고 할 것이고, 결국 광역시와 국가의 내부적인 부담 부분은, 그 도로의 인계·인수 경위, 사고의 발생 경위, 광역시와 국가의 그 도로에 관한 분담비용 등 제반사정을 종합하여 결정함이 상당하다(대판 1998.7.10. 96다42819).

03 공무원 개인의 불법행위책임(선택적 청구의 문제)

피해자는 반드시 국가나 지방자치단체에 손해배상을 청구해야 하는 것인지, 혹은 피해자의 선택에 따라 가해행위를 한 공무원에게 손해배상을 청구할 수 있는지의 문제이다. 헌법 제29조 제1항 단서가 '이 경우 공무원 자신의 책임은 면제되지 아니한다'라고 규정하고 있기 때문에 이의 해석을 두고 견해가 대립한다.

선택적 청구를 긍정하는 견해	① 의의 : 국가 등의 배상책임과 공무원개인의 배상책임은 관계가 없기 때문에 피해자는 그의 선택에 따라 국가·지방자치단체 뿐만 아니라 공무원개인에 대하여도 배상을 청구할 수 있다는 견해 ② 논거 : ㉠ 헌법 제29조 제1항 단서가 공무원 자신의 책임을 규정하고 있다는 점. ㉡ 자기책임설의 입장에서 가해행위는 국가의 행위인 동시에 가해공무원 자신의 행위라는 점. ㉢ 공무원의 책임을 부인하면 그 책임의식을 박약하게 한다는 점
선택적 청구를 부정하는 견해	① 의의: 피해자는 국가 등에 대해서만 배상을 청구할 수 있다는 견해 ② 논거 : ㉠ 헌법 제29조 제1항 단서는 국가 등의 구상에 응하는 책임을 규정한 것이라는 점. ㉡ 가해공무원이 무자력자인 경우에도 피해자는 보호되어야 한다는 점. ㉢ 선택적 청구를 인정하면 공무원의 직무집행의욕이 저하될 수 있다는 점. ㉣ 대위책임설 입장에서 공무원의 피해자에 대한 직접책임을 인정하지 않는 것이 논리적이라는 점

중간설	① 경과실의 경우 : 국가나 지방자치단체에 대해서만 청구를 인정 ② 고의·중과실의 경우 : 선택적 청구를 인정하는 견해와 부인하는 견해로 나뉨
절충설	고의·중과실의 경우에는 당해 행위가 직무행위로서의 외형을 갖추고 있으면 선택적으로 배상을 청구할 수 있다는 견해

> **관련판례**
>
> 경과실에 의한 불법행위의 경우, 공무원 개인은 손해배상책임을 지지 아니함
> 공무원이 직무수행 중 불법행위로 타인에게 손해를 입힌 경우에 국가 등이 국가배상책임을 부담하는 외에 공무원 개인도 고의 또는 중과실이 있는 경우에는 불법행위로 인한 손해배상책임을 진다고 할 것이지만, 공무원에게 경과실뿐인 경우에는 공무원 개인은 손해배상책임을 부담하지 아니한다고 해석하는 것이 헌법 제29조 제1항 본문과 단서 및 국가배상법 제2조의 입법취지에 조화되는 올바른 해석이다(대판 1996.2.15. 95다38677).
>
> 공무원의 직무수행 중 불법행위로 인한 피해에 대하여 경과실이 있는 공무원이 피해자에게 손해를 배상한 다음 국가에 대하여 구상권을 행사할 수 있음
> 경과실이 있는 공무원이 피해자에 대하여 손해배상책임을 부담하지 아니함에도 피해자에게 손해를 배상하였다면 그것은 채무자 아닌 사람이 타인의 채무를 변제한 경우에 해당하고, 이는 민법 제469조의 '제3자의 변제' 또는 민법 제744조의 '도의관념에 적합한 비채변제'에 해당하여 피해자는 공무원에 대하여 이를 반환할 의무가 없고, 그에 따라 <u>피해자의 국가에 대한 손해배상청구권이 소멸하여 국가는 자신의 출연 없이 그 채무를 면하게 되므로</u>, 피해자에게 손해를 직접 배상한 경과실이 있는 공무원은 특별한 사정이 없는 한 국가에 대하여 국가의 피해자에 대한 손해배상책임의 범위 내에서 공무원이 변제한 금액에 관하여 구상권을 취득한다고 봄이 타당하다(대판 2014.8.20. 2012다54478).

04 공무원과 원인책임자에 대한 구상

1. 공무원에 대한 구상

헌법 제29조 제1항 단서는 "이 경우 공무원 자신의 책임은 면제되지 아니한다"라고 하였고, 국가배상법 제2조 제2항은 "**제1항 본문의 경우에 공무원에게 고의 또는 중대한 과실이 있으면 국가나 지방자치단체는 그 공무원에게 구상**(求償)**할 수 있다**"라고 규정한다. 이에 대하여 판례는 "면제되지 아니하는 공무원 개인의 책임에는 민사상·형사상의 책임이나 국가 등의 기관내부에서의 징계책임 등 모든 법률상의 책임이 포함된다"고 한다(대판 1996.2.15. 95다38677). 이 경우 국가 또는 지방자치단체의 구상권의 성질 및 범위는 배상책임의 성질에 따라 다르다.

> **관련판례**
>
> 국가 또는 지방자치단체의 산하 공무원에 대한 구상권 행사의 범위
>
> 국가 또는 지방자치단체의 산하 공무원이 그 직무를 집행함에 당하여 중대한 과실로 인하여 법령에 위반하여 타인에게 손해를 가함으로써 국가 또는 지방자치단체가 손해배상책임을 부담하고, 그 결과로 손해를 입게된 경우에는 국가 등은 <u>당해 공무원의 직무내용, 당해 불법행위의 상황, 손해발생에 대한 당해 공무원의 기여정도, 당해 공무원의 평소 근무태도, 불법행위의 예방이나 손실분산에 관한 국가 또는 지방자치단체의 배려의 정도 등 제반사정</u>을 참작하여 손해의 공평한 분담이라는 견지에서 신의칙상 상당하다고 인정되는 한도 내에서만 당해 공무원에 대하여 구상권을 행사할 수 있다고 봄이 상당하다(대판 1991.5.10. 91다6764).
>
> 국가가 소멸시효 완성을 주장하는 것이 신의성실의 원칙에 반하는 권리남용으로 허용될 수 없어 배상책임을 이행한 경우 구상권 행사 여부
>
> 공무원의 불법행위로 손해를 입은 피해자의 국가배상청구권의 소멸시효 기간이 지났으나 국가가 소멸시효 완성을 주장하는 것이 신의성실의 원칙에 반하는 권리남용으로 허용될 수 없어 배상책임을 이행한 경우에는, 그 <u>소멸시효 완성 주장이 권리남용에 해당하게 된 원인행위와 관련하여 해당 공무원이 그 원인이 되는 행위를 적극적으로 주도하였다는 등의 특별한 사정이 없는 한, 국가가 해당 공무원에게 구상권을 행사하는 것은 신의칙상 허용되지 않는다</u>고 봄이 상당하다(대판 2016.6.9. 2015다200258).

2. 영조물 배상책임의 원인책임자에 대한 구상

국가배상법 제5조 제2항은 영조물 책임과 관련하여 국가나 지방자치단체가 손해를 배상한 경우, "**손해의 원인에 대하여 책임을 질 자가 따로 있을 때에는 국가 또는 지방자치단체는 그 자에 대하여 구상할 수 있다**"고 규정하고 있다. 예컨대 영조물의 시공자 또는 영조물의 관리를 담당한 기업이 여기에 해당된다. 구상책임을 지우려면 그의 고의 또는 과실이 있음을 요한다. 이 경우 구상에 응하는 책임의 성질은 국가 등에 대한 채무불이행, 피해자에 대한 불법행위책임이 된다.

제5절 행정상 손해배상의 청구절차

01 행정절차에 의한 배상청구

1. 임의적 결정전치주의

(1) 국가배상청구소송의 전심절차로서 배상심의회의 결정절차가 있다. 이러한 전심절차를 채택한 이유는 국가 등이 스스로 배상금을 지급함으로써 국민과의 사이에 발생될 수 있는 법적 분쟁을 미리 해결하고, 피해자가 간이 신속한 절차에 따라 배상금을 받을 수 있도록 하기 위한 것이다.

(2) 그런데 국가배상법에 따른 손해배상의 소송은 배상심의회에 배상신청을 하지 아니하고도 제기할 수

있도록 하여 배상심의절차를 임의적인 것으로 규정하고 있다(국가배상법 제9조). 종래 필요적 결정전치주의였으나 2000년 개정되었다.

2. 배상심의회

(1) 배상심의회는 행정상 손해배상에 관하여 심의·의결하고, 결정된 내용을 신청인에게 통지하는 권한을 갖는다.

(2) 배상심의회는 본부심의회(법무부), 특별심의회(국방부)가 있고, 각각 대통령이 정하는 바에 따라 지방검찰청과 군부대에 지구심의회를 둔다(국가배상법 제10조 제1항·제2항, 법시행령 제8조).

(3) 본부심의회와 특별심의회와 지구심의회는 법무부장관의 지휘를 받아야 한다. 각 심의회에는 위원장을 두며, 위원장은 심의회의 업무를 총괄하고 심의회를 대표한다(제3항·제4항).

3. 결정전치주의의 내용

(1) 배상신청

배상금을 지급받으려는 자는 그 주소지·소재지 또는 배상원인 발생지를 관할하는 지구심의회에 배상신청을 하여야 한다(국가배상법 제12조 제1항). 손해배상의 원인을 발생하게 한 공무원의 소속 기관의 장은 피해자나 유족을 위하여 제1항의 신청을 권장하여야 한다(제2항).

(2) 배상심의회의 심의·결정

지구심의회는 배상신청을 받으면 지체 없이 증인신문·감정·검증 등 증거조사를 한 후 그 심의를 거쳐 4주일 이내에 배상금 지급결정, 기각결정 또는 각하결정을 하여야 한다(제13조 제1항). 지구심의회에서 배상신청이 기각(일부기각된 경우를 포함) 또는 각하된 신청인은 결정정본이 송달된 날부터 2주일 이내에 그 심의회를 거쳐 본부심의회나 특별심의회에 재심을 신청할 수 있다(제15조의2 제1항). 본부심의회 또는 특별심의회는 이에 대한 심의를 거쳐 4주일 이내에 다시 배상결정을 하여야 한다(제3항). 이 밖에도 국가배상법은 사전지급제도(제2항·제3항), 배상금결정기준(제13조 제5항), 본부심의회에 송부(제6항), 결정서의 송달(제14조) 등에 관하여 규정하고 있다.

4. 배상결정의 효력

(1) 배상결정을 받은 신청인은 지체 없이 그 결정에 대한 동의서를 첨부하여 국가나 지방자치단체에 배상금 지급을 청구하여야 한다(제15조 제1항). 배상결정을 받은 신청인이 배상금 지급을 청구하지 아니하거나 지방자치단체가 대통령령으로 정하는 기간 내에 배상금을 지급하지 아니하면 그 결정에 동의하지 아니한 것으로 본다(제3항).

(2) 대법원은 배상결정에 대하여 처분성을 인정하지 않는다(대판 1981.2.10. 80누317). 헌법재판소는 구 국가배상법 제16조 '심의회의 배상결정은 신청인이 동의한 때에는 민사소송법의 규정에 의한 재판상의 화해가 성립된 것으로 본다'라는 부분을 위헌결정(헌재 1995.5.25. 91헌가7)하였고 당해 조문은 삭제되었다. 따라서 신청인은 배상결정에 동의하거나 배상금을 수령한 경우에도 법원에 배상청구소송을 제기할 수 있다.

02 사법(司法)절차에 의한 배상청구

1. 일반절차에 의한 경우

일반절차에 의한 소송은 민사소송과 공법상 당사자소송에 의한다는 견해가 대립하는데, 우리 판례는 민사사건으로 다룬다. 국가가 피고인 경우는 법무부장관이, 공공단체가 피고인 경우는 그 대표자가 각각 국가 또는 공공단체를 대표한다. 국가배상청구소송에서도 일반적인 민사소송에서와 마찬가지로 가집행선고를 할 수 있다.

2. 특별절차에 의한 경우

처분의 취소를 구하는 소송을 제기하면서 손해배상의 청구를 병합하여 제기하는 것도 가능하다(행정소송법 제10조). 이는 하자 있는 행정행위에 관련되는 분쟁을 한꺼번에 해결할 수 있다는 데에 의의가 있다.

예제 「국가배상법」의 규정 내용으로 옳지 않은 것은? ▶ 23 소방승진

① 「국가배상법」에 따라 배상금을 지급받으려는 자는 그 주소지·소재지 또는 배상원인 발생지를 관할하는 지구심의회에 배상신청을 하여야 한다.
② 배상결정을 받은 신청인은 지체 없이 그 결정에 대한 동의서를 첨부하여 국가나 지방자치단체에 배상금 지급을 청구하여야 한다.
③ 생명·신체에 대한 침해와 물건의 멸실·훼손으로 인한 손해 외의 손해는 대통령령으로 정하는 기준 내에서 피해자의 사회적 지위, 과실의 정도, 생계 상태, 손해 배상액 등을 고려하여 배상하여야 한다.
④ 국가나 지방자치단체가 손해를 배상할 책임이 있는 경우에 공무원의 선임·감독 또는 영조물의 설치·관리를 맡은 자와 공무원의 봉급·급여, 그 밖의 비용 또는 영조물의 설치·관리 비용을 부담하는 자가 동일하지 아니하면 그 비용을 부담하는 자도 손해를 배상하여야 한다.

정답 ③

③ (×) 국가배상법 제3조(배상기준) ④ 생명·신체에 대한 침해와 물건의 멸실·훼손으로 인한 손해 외의 손해는 불법행위와 상당한 인과관계가 있는 범위에서 배상한다. ⑤ 사망하거나 신체의 해를 입은 피해자의 직계존속·직계비속 및 배우자, 신체의 해나 그 밖의 해를 입은 피해자에게는 대통령령으로 정하는 기준 내에서 피해자의 사회적 지위, 과실(과실)의 정도, 생계 상태, 손해배상액 등을 고려하여 그 정신적 고통에 대한 위자료를 배상하여야 한다.
① (○) 동법 제12조 제1항
② (○) 동법 제15조 제1항
④ (○) 동법 제6조 제1항

예제 국가배상에 관한 설명으로 옳지 않은 것은? (다툼이 있으면 판례에 따름)

① 외국인이 피해자인 경우에는 해당 국가와 상호 보증이 있을 때에만 「국가배상법」이 적용된다.
② 가해행위인 처분에 대해 취소판결이 확정된 경우에는 기판력에 의해 국가배상소송에서도 국가배상책임이 인정된다.
③ 생명·신체의 침해로 인한 국가배상을 받을 권리는 압류하지 못한다.
④ 피해자나 그 법정대리인이 손해 및 가해자를 알지 못한 경우 국가배상청구권의 소멸시효기간은 5년이다.

정답 ②

② (×) 어떠한 행정처분이 후에 항고소송에서 취소되었다고 할지라도 그 기판력에 의하여 당해 행정처분이 곧바로 공무원의 고의 또는 과실로 인한 것으로서 불법행위를 구성한다고 단정할 수는 없는 것이고, 그 행정처분의 담당공무원이 보통 일반의 공무원을 표준으로 하여 볼 때 객관적 주의의무를 결하여 그 행정처분이 객관적 정당성을 상실하였다고 인정될 정도에 이른 경우에 국가배상법 제2조 소정의 국가배상책임의 요건을 충족하였다고 봄이 상당할 것이다(대판 2000.5.12. 99다70600).
① (○) 국가배상법 동법 제7조 ③ (○) 국가배상법 제4조
④ (○) 행정상 손해배상청구권은 피해자나 그 법정대리인이 손해 및 그 가해자를 안 날로부터 3년, 손해발생이 있었던 날로부터 10년이 지나면 시효로 소멸한다(국가배상법 제8조, 민법 제766조). 그런데 피해자나 그 법정대리인이 손해 및 가해자를 알지 못한 경우에는 국가재정법 제96조 제1항에 따라 5년간 이를 행사하지 아니하면 시효로 소멸한다. 국가재정법 제96조 제1항에서 '다른 법률의 규정'이라 함은 다른 법률에 5년보다 짧은 기간의 소멸시효의 규정이 있는 경우를 가리키는 것이어서, 10년이라는 민법 제766조 제2항은 국가재정법이 말하는 '다른 법률'의 규정이 아니다(대판 2001.4.24. 2000다57856).

제2장 행정상 손실보상

제1절 행정상 손실보상의 의의 및 성질

1. 행정상 손실보상의 의의

(1) 개념

행정상 손실보상이란 '적법한 공권력 행사에 의해 국민에게 가해진 특별한 손해를 공적 부담 앞의 평등의 원칙에 근거하여 국가나 지방자치단체 또는 공익사업의 주체가 그 손해를 보상하여 주는 것'을 말한다.

(2) 특색

손실보상은 ① 공권력 행사로 인한 손실의 보상, ② 적법행위로 인한 손실의 보상, ③ 재산상의 손실을 전보하는 제도, ④ 특별한 희생에 대한 조절적 보상이라는 특색이 있고, ⑤ 공권력 행사로 인한 직접손실뿐 아니라 '간접손실'도 보상의 대상이 된다.

2. 손실보상청구권의 성질

(1) 학설

공권설	손실보상의 원인행위가 권력작용이므로 그 효과로서 손실보상 역시 공권으로 보아야 한다는 견해. 이에 따르면 그에 관한 소송은 행정소송인 당사자소송임.
사권설	손실보상의 원인은 공법적이나 그에 대한 손실보상은 당사자의 의사 또는 법률규정에 의거한 사법상의 채권채무관계라는 견해. 이에 따르면 그에 대한 소송은 민사소송의 문제가 됨.

(2) 판례

전통적으로 대법원은 손실보상의 원인이 공법적이라도 손실의 내용이 사권이면 손실보상금의 지급을 구하는 권리는 사법상의 권리라는 입장을 취해왔으나(사권설), 최근에는 당사자소송으로 보는 판례들이 나타나고 있다.[대판 2011.10.13. 2009다43461(농업손실에 대한 손실보상청구); 대판 2014.5.29. 2013두12478(어업손실보상청구)]

> **관련판례**
>
> 하천법 부칙의 규정에 의한 손실보상청구권의 소송의 형태(당사자소송)
> 하천법 부칙(1989. 12. 30.) 제2조와 '법률 제378제2호 하천법 중 개정법률 부칙 제2조의 규정에 의한 보상청구권의 소멸시효가 만료된 하천구역 편입토지 보상에 관한 특별조치법' 제2조, 제6조

의 각 규정들을 종합하면, 위 규정들에 의한 손실보상청구권은 1984. 12. 31. 전에 토지가 하천구역으로 된 경우에는 당연히 발생되는 것이지, 관리청의 보상금지급결정에 의하여 비로소 발생하는 것은 아니므로, 위 규정들에 의한 손실보상금의 지급을 구하거나 손실보상청구권의 확인을 구하는 소송은 행정소송법 제3조 제2호 소정의 당사자소송에 의하여야 한다(대판 2006.5.18. 2004다6207).

구 공유수면매립법 시행 당시 공유수면매립사업으로 인한 관행어업권자의 손실보상청구권 행사방법
공유수면매립사업으로 인하여 관행어업권을 상실하게 된 자는 구 공유수면매립법 제6조 제2호가 정한 입어자로서 같은 법 제16조 제1항의 공유수면에 대하여 권리를 가진 자에 해당하므로 그가 매립사업으로 인하여 취득한 손실보상청구권은 직접 같은 법 조항에 근거하여 발생한 것이라 할 것이어서, 공유수면매립사업법 제16조 제2항, 제3항이 정한 재정과 그에 대한 행정소송의 방법에 의하여 권리를 주장하여야 할 것이고 민사소송의 방법으로는 그 손실보상청구권을 행사할 수 없다(대판 2001.6.29. 99다56468).

제2절 행정상 손실보상의 근거

1. 헌법적 근거

(1) 헌법상의 보상규정

헌법 제23조 제3항은 '공공필요에 의한 재산권의 수용·사용 또는 제한 및 그에 대한 보상은 법률로써 하되, 정당한 보상을 지급하여야 한다.'고 규정하여 보상청구권의 근거뿐만 아니라 보상의 기준과 방법에 관해서도 법률에 유보하고 있다(대판 1993.7.13. 93누2131).

(2) 헌법 제23조 제3항과 불가분조항

① 동조문을 해석하면 수용규율과 보상규율이 하나의 동일한 법률에서 규정될 것이 요구된다. 즉 재산권제한 등의 사항을 규정한 법률에는 보상의 기준·방법 등이 함께 규정되어 있어야 한다. 이와 같이 양자를 함께 규정해야 하는 원칙을 불가분조항(또는 부대조항·동시조항)의 원칙이라 한다. 독일 기본법 제14조 제3항 2문에서 유래한다. 불가분조항원칙은 ㉠ 개인의 권리보호기능, ㉡ 입법자에 대한 경고기능, ㉢ 국가재정 보호기능이 있다.
② 동조문을 불가분조항으로 이해하면 보상규정을 두지 않거나 불충분한 보상규정을 두는 수용법률은 헌법위반이 된다.

(3) 보상규정 흠결시의 권리구제

개별법률에 손실보상에 관한 규정이 없는 경우에 헌법규정만으로 손실보상을 청구할 수 있는가의 문제와 관련하여 헌법 제23조 제3항의 성질이 논의된다.

	내용
방침규정설	헌법상 손실보상에 관한 규정은 입법의 지침을 정한 프로그램규정에 지나지 않으므로 손실보상에 관해 법률에 규정이 없으면 보상을 청구할 수 없다는 견해
직접효력설	손실보상청구권은 헌법규정으로부터 직접 나오고, 헌법규정은 보상의 구체적 내용이나 방법만을 법률에 유보한 것이지 보상여부까지 법률에 유보한 것은 아니므로, 법률에 보상규정이 없는 경우에도 보상을 청구할 수 있다는 견해
위헌무효설	손실보상청구권은 법률에서 근거되는 것이므로, 보상규정 없는 수용법률에 의해 수용이 행해진다면 그 법률은 위헌무효의 법률이고 수용은 위법한 작용이 되는바, 사인은 취소소송의 제기와 손해배상 청구권을 갖는다는 견해
유추적용설 (간접효력설)	재산권침해에 따른 보상규정이 없는 경우에는 헌법 제23조 제1항(재산권보장) 및 제11조(평등원칙)에 근거하고, 헌법 제23조 제3항 및 관계규정을 유추적용하여 보상을 청구할 수 있다는 견해. 독일의 수용유사침해이론을 도입하여 이를 손실보상의 문제로 해결하려는 것.

관련판례

대법원 판례

[1] 유추적용한 사례 : 하천법 제2조 제1항 제2호, 제3조에 의하면 제외지는 하천구역에 속하는 토지로서 법률의 규정에 의하여 당연히 그 소유권이 국가에 귀속된다고 할 것인바 한편 동법에서는 위 법의 시행으로 인하여 국유화가 된 제외지의 소유자에 대하여 그 손실을 보상한다는 직접적인 보상규정을 둔 바가 없으나 하천법 제74조의 손실보상요건에 관한 규정은 보상사유를 제한적으로 열거한 것이라기 보다는 예시적으로 열거하고 있으므로 국유로된 제외지의 소유자에 대하여는 위 법조를 유추적용하여 관리청은 그 손실을 보상하여야 한다(대판 1987.7.21. 84누126).

[2] 법률의 보상규정이 없어도 보상을 인정한 사례 : 토지구획정리사업으로 말미암아 본건 토지에 대한 환지를 교부하지 않고 그 소유권을 상실케 한데 대한 본건과 같은 경우에 손실보상을 하여야 한다는 규정이 본법에 없다 할지라도 이는 법리상 그 손실을 보상하여야 할 것이다(대판 1972.11.28. 72다1597).

[3] 불법행위로 처리한 사례 : 군사상의 긴급한 필요에 의하여 국민의 재산권을 사용 또는 사용하게 되었던 것이라 할지라도 그 수용 또는 사용이 법률의 근거 없이 이루어진 경우에는 재산권자에 대한 관계에 있어서는 불법행위가 된다. 우리나라 제헌헌법이 재산권의 보장을 명시하였는 만큼 제헌후 아직 징발에 관한 법률이 제정되기 전에 6.25 사변이 발발되었고 그로 인한 사실상의 긴급한 필요에 의하여 국민의 재산권을 수용 또는 사용하게 되었던 것이라 할지라도 그 수용 또는 사용이 법률의 근거없이 이루어진 것인 경우에는 그것을 재산권자에 대한 관계에 있어서는 불법행위라고 않을 수 없다(대판 1966.10.18, 66다1715).

헌법재판소 판례

도시계획법 제21조에 규정된 개발제한구역제도 그 자체는 원칙적으로 합헌적인 규정인데, 다만 개발제한구역의 지정으로 말미암아 일부 토지소유자에게 사회적 제약의 범위를 넘는 가혹한 부담이 발생하는 예외적인 경우에 대하여 보상규정을 두지 않은 것에 위헌성이 있는 것이고, 보상의 구체적 기준과 방법은 헌법재판소가 결정할 성질의 것이 아니라 광범위한 입법형성권을 가진 입법자가 입법정책적으로 정할 사항이므로, 입법자가 보상입법을 마련함으로써 위헌적인 상태를 제거할 때까지 위 조항을 형식적으로 존속케 하기 위하여 헌법불합치결정을 하는 것인바, 입법자는 되도록 빠른 시일내에 보상입법을 하여 위헌적 상태를 제거할 의무가 있고, 행정청은 보상입법이 마련되기 전에는 새로 개발제한구역을 지정하여서는 아니되며, 토지소유자는 보상입법을 기다려 그에 따른 권리행사를 할 수 있을 뿐 개발제한구역의 지정이나 그에 따른 토지재산권의 제한 그 자체의 효력을 다투거나 위 조항에 위반하여 행한 자신들의 행위의 정당성을 주장할 수는 없다 (헌재 1998.12.24. 89헌마214. 90헌바16. 97헌바78).

2. 법률적 근거

손실보상에 관한 법률로는 토지 등의 수용분야에 적용되는 「공익사업을 위한 토지 등의 취득 및 보상에 관한 법률」(2003년 제정)이 있다. 그 밖의 단행법률(예 도로법, 하천법, 수산업법, 소방기본법)에도 손실보상에 관한 규정들이 있다.

문제는 전술한 것처럼 개별법률이 공공필요를 위한 재산권침해의 근거를 정하면서도 보상에 관하여는 규정하지 않고 있는 법률이 적지 않다는 것이다. 특히 공용제한의 경우에 그러하다.

제3절 손실보상청구권의 성립요건

1. 공공필요

(1) 공공필요란 공공의 이익을 위한 공익사업을 실현시키거나 국가안전보장·질서유지 등의 공익목적을 달성하기 위해서 재산권의 제한이 불가피한 경우를 말한다. 널리 일반공익을 위한 것이면 공공필요에 해당하는 것으로 보아야 한다.

(2) 순수 국고목적이나 특정한 사익을 도모하기 위한 재산권의 수용은 여기에 해당하지 않는다. 그러나 특정 사기업이 생활배려영역에서 복리적인 기능을 수행한다면 수용이 이루어질 수 있다(예 사기업인 원자력발전소가 전기공급을 위한 경우).

(3) 공공의 필요 여부는 공익과 재산권자의 재산권보유에 따른 이익으로서의 사익간의 이익형량을 통해 결정되어야 하며, 이때에는 비례성의 원칙이 주요한 의미를 갖게 된다.

> **관련판례**
>
> '공공필요'의 개념
> 헌법 제23조 제3항에서 규정하고 있는 '공공필요'는 "국민의 재산권을 그 의사에 반하여 강제적으로라도 취득해야 할 공익적 필요성"으로서, '공공필요'의 개념은 '공익성'과 '필요성'이라는 요소로 구성되어 있는바, '공익성'의 정도를 판단함에 있어서는 공용수용을 허용하고 있는 개별

법의 입법목적, 사업내용, 사업이 입법목적에 이바지 하는 정도는 물론, 특히 그 사업이 대중을 상대로 하는 영업인 경우에는 그 사업 시설에 대한 대중의 이용·접근가능성도 아울러 고려하여야 한다. 그리고 '필요성'이 인정되기 위해서는 공용수용을 통하여 달성하려는 공익과 그로 인하여 재산권을 침해당하는 사인의 이익 사이의 형량에서 사인의 재산권침해를 정당화할 정도의 공익의 우월성이 인정되어야 하며, 사업시행자가 사인인 경우에는 그 사업 시행으로 획득할 수 있는 공익이 현저히 해태되지 않도록 보장하는 제도적 규율도 갖추어져 있어야 한다(헌재 2014.10.30. 2011헌바172등).

공공성에 관한 판단
법이 공용수용 할 수 있는 공익사업을 열거하고 있더라도, 이는 공공성 유무를 판단하는 일응의 기준을 제시한 것에 불과하므로, 사업인정의 단계에서 개별적·구체적으로 공공성에 관한 심사를 하여야 한다. 즉 공공성의 확보는 1차적으로 입법자가 입법을 행할 때 일반적으로 당해 사업이 수용이 가능할 만큼 공공성을 갖는가를 판단하고, 2차적으로는 사업인정권자가 개별적·구체적으로 당해 사업에 대한 사업인정을 행할 때 공공성을 판단하는 것이다(헌재 2014.10.30. 2011헌바172등).

2. 침해의 적법성·의도성

(1) 헌법 제23조 제3항에 따라 보상이 주어지는 침해는 형식적 법률 또는 법률의 수권에 따른 법규명령이나 조례에 의한 적법한 공권력의 행사에 의한 것이어야 한다. 위법한 침해의 경우는 손실보상이 아니라 손해배상 또는 취소소송의 대상이 된다. 토지보상법 제4조는 토지를 수용 또는 사용할 수 있는 사업을 열거하고 있으며, 개별법률에 수용 또는 사용의 근거가 규정되어 있다.

(2) 또한 침해는 공권력의 주체에 의해 직접적으로 의도된 것이어야 한다(다수설). 비의도적인 침해의 보상은 수용적 침해보상의 문제가 된다.

3. 재산권에 대한 침해

(1) 재산권

여기서의 재산권이란 소유권은 물론이고, 그밖에 법에 의해 보호되는 모든 재산적 가치 있는 권리를 말한다. 이러한 재산권에는 물권·채권·유가증권·무체재산권을 포함하며, 공법상 권리·사법상 권리인가를 가리지 않는다(대판 19896.13. 88누5495). 그러나 헌법 제23조 제1항의 재산권이란 구체적으로 개인에게 현존하는 재산적 가치가 있는 권리이므로 영업기회나 이득가능성에 불과한 것은 여기에 포함되지 않으며(헌재 1997.11.27. 97헌바10), 자연적·문화적인 학술적 가치는 원칙적으로 손실보상의 대상이 되지 않는다(대판 1989.9.12. 88누11216).

(2) 공행정작용에 의한 침해

① 보상청구권이 성립하기 위해서는 재산권에 대한 공행정작용에 의한 침해가 있어야 한다. 따라서 행정주체의 사법적 작용은 제외된다. 여기서의 침해란 재산적 가치를 파괴하거나 감소시키는 것과 같은 실질적 침해뿐 아니라 재산권자의 재산의 향유·사용을 박탈·억제하는 것도 포함되는 개념이다.

② 헌법 제23조 제3항은 침해의 유형으로 재산권을 박탈하는 '수용', 일시사용을 의미하는 '사용', 개인의 사용·수익을 한정하는 '제한'을 들고 있으나, 이외에도 재산권이 제약되는 모습은 다양하게 나타날 수 있다(예 도시개발사업으로 행해지는 환지나 도시환경정비사업으로 행해지는 환권에 의해 재산적 가치가 감소).

③ 침해의 방식으로는, 법률 자체의 효력으로써 집행행위 없이 사인의 개별·구체적인 권리를 침해하는 '법률수용', 법률의 수권에 근거하여 사인의 구체적인 재산권을 박탈하는 '행정수용'이 있다. 행정수용이 일반적이다.

> **관련판례**
>
> **손실보상청구권이 인정되기 위해서는 실질적이고 현실적인 피해가 발생해야 함**
> 손실보상은 공공필요에 의한 행정작용에 의하여 사인에게 발생한 특별한 희생에 대한 전보라는 점에서 그 사인에게 특별한 희생이 발생하여야 하는 것은 당연히 요구되는 것이고, 공유수면 매립면허의 고시가 있다고 하여 반드시 그 사업이 시행되고 그로 인하여 손실이 발생한다고 할 수 없으므로, 매립면허 고시 이후 매립공사가 실행되어 관행어업권자에게 실질적이고 현실적인 피해가 발생한 경우에만 공유수면매립법에서 정하는 손실보상청구권이 발생하였다고 할 것이다(대판 2010.12.9. 2007두6571).

4. 특별한 희생일 것

타인의 재산권에 대한 공권적 침해로 인하여 특별한 희생이 발생하여야 한다. 이는 행정상 손실보상이 사인의 재산권에 발생한 특별한 희생을 재산권보장과 사회적 공평부담의 관점에서 조절적으로 행하는 보상을 의미하기 때문이다. 따라서 재산권 행사의 제약정도가 재산권의 사회적 제약에 해당하는 경우에는 손실보상을 요하지 않게 된다. 민법상 재산권에 대한 상린관계에서의 제한은 재산권의 사회적 제약에 해당하는 한 예이다.

> **관련판례**
>
> **개발제한구역제도의 위헌성의 판단기준**
> 도시계획법 제21조에 규정된 개발제한구역제도 그 자체는 원칙적으로 합헌적인 규정인데, 다만 개발제한구역의 지정으로 말미암아 일부 토지소유자에게 사회적 제약의 범위를 넘는 가혹한 부담이 발생하는 예외적인 경우에 대하여 보상규정을 두지 않은 것에 위헌성이 있는 것이다(헌재 1998.12.24. 89헌마214). ☞ 보상을 통한 가치의 보장보다 위헌적 침해의 억제를 강조하는 입장으로 해석
>
> **보상입법의 의미 및 법적 성격**
> 입법자가 도시계획법 제21조를 통하여 국민의 재산권을 비례의 원칙에 부합하게 합헌적으로 제한하기 위해서는, 수인의 한계를 넘어 가혹한 부담이 발생하는 예외적인 경우에는 이를 완화하는 보상규정을 두어야 한다. 이러한 보상규정은 입법자가 헌법 제23조 제1항 및 제2항에 의하여

재산권의 내용을 구체적으로 형성하고 공공의 이익을 위하여 재산권을 제한하는 과정에서 이를 합헌적으로 규율하기 위하여 두어야 하는 규정이다. 재산권의 침해와 공익간의 비례성을 다시 회복하기 위한 방법은 헌법상 반드시 금전보상만을 해야 하는 것은 아니다. 입법자는 지정의 해제 또는 토지매수청구권 제도와 같이 금전보상에 갈음하거나 기타 손실을 완화할 수 있는 제도를 보완하는 등 여러 가지 다른 방법을 사용할 수 있다.(헌재 1998.12.24. 89헌마214).

토지를 종전의 용도대로 사용할 수 있는 경우에 개발제한구역 지정으로 인한 지가의 하락은 토지재산권에 내재하는 사회적 제약의 범주에 속함

개발제한구역의 지정으로 인한 개발가능성의 소멸과 그에 따른 지가의 하락이나 지가상승률의 상대적 감소는 토지소유자가 감수해야 하는 사회적 제약의 범주에 속하는 것으로 보아야 한다. 자신의 토지를 장래에 건축이나 개발목적으로 사용할 수 있으리라는 기대가능성이나 신뢰 및 이에 따른 지가상승의 기회는 원칙적으로 재산권의 보호범위에 속하지 않는다. 구역지정 당시의 상태대로 토지를 사용·수익·처분할 수 있는 이상, 구역지정에 따른 단순한 토지이용의 제한은 원칙적으로 재산권에 내재하는 사회적 제약의 범주를 넘지 않는다(헌재 1998.12.24. 89헌마214).

공공용물에 대한 일반사용이 적법한 개발행위로 제한됨으로 인한 불이익을 손실보상의 대상이 되는 특별한 손실이라 할 수 없음

일반 공중의 이용에 제공되는 공공용물에 대하여 특허 또는 허가를 받지 않고 하는 일반사용은 다른 개인의 자유이용과 국가 또는 지방자치단체 등의 공공목적을 위한 개발 또는 관리·보존행위를 방해하지 않는 범위 내에서만 허용된다 할 것이므로, 공공용물에 관하여 적법한 개발행위 등이 이루어짐으로 말미암아 이에 대한 일정범위의 사람들의 일반사용이 종전에 비하여 제한받게 되었다 하더라도 특별한 사정이 없는 한 그로 인한 불이익은 손실보상의 대상이 되는 특별한 손실에 해당한다고 할 수 없다(대판 2002.2.26. 99다35300).

5. 보상규정이 있을 것

(1) 보상규정이 있는 경우

불가분조항의 논의에 따르면, 행정상 손실보상을 위해서는 재산권을 제한하는 법률에 손실보상의 기준·방법·내용 등에 관한 사항이 함께 규정되고 있어야 한다. 현행법상 이러한 유형의 법률들이 적지 않다(예 토지보상법 제40조, 도로법 제92조, 하천법 제75조).

(2) 보상규정이 없는 경우

재산권의 사회적 기속과 특별희생의 구별에 관한 절대적 기준의 결여로 인하여 보상규정을 두지 않는 경우가 현실적으로 존재한다. 특정법률이 보상규정을 두지 않고 다만 공용침해만을 규정한 경우에도 손실보상을 가능케 하는 여러 이론구성(직접효력설·유추적용설·위헌무효설 등)이 있음은 이미 살펴보았다.

제4절 행정상 손실보상의 기준과 내용

01 손실보상의 기준

1. 헌법적 기준

(1) 정당한 보상의 의의

헌법 제23조 제3항은 재산권의 수용·사용·제한시 '정당한 보상'을 지급해야 한다고 규정하고 있다. 여기서 정당한 보상의 의미에 대한 해석상의 대립이 있다.

① **완전보상설**: 피수용재산이 가지는 재산적 가치를 완전하게 보상해야 한다는 견해이다. 미국헌법 수정 제5조의 '정당한 보상'의 해석을 중심으로 발전한 이론이다.

객관적 가치보장설	피침해재산의 시가·거래가격에 의한 객관적 가치의 보상으로 보는 견해
손실전부보상설	침해에 의하여 직접적·필연적으로 발생한 손실의 전부, 즉 부대적 손실(이전비용·영업상 손실)도 손실보상의 대상이라는 견해

② **상당보상설**: 재산권의 사회적 제약, 재산권의 공공복리 적합의무의 관점에서 공·사익을 형량하여 보상내용이 결정되어야 한다는 견해이다. 독일 기본법 제14조 제3항에서의 '공익과 관계 당사자의 이익의 정당한 형량하에서 보상을 하여야 한다'의 해석을 중심으로 발전한 이론이다.

합리적 보상설	사회통념에 비추어 객관적으로 타당하면 완전보상을 하회할 수 있다는 견해
완전보상원칙설	완전한 보상이 원칙이나 합리적인 이유가 있으면 완전보상을 상회하거나 하회할 수 있다는 견해

(2) 개발이익 및 개발손실 배제의 위헌성

현행법은 공익사업으로 인한 개발이익(손실)을 보상에서 배제하도록 하는 여러 규정들을 두고 있는데, 이에 대하여 ① 공익사업시행지 주변의 토지소유자와 피수용자 사이의 형평성을 고려하여 개발이익 중 일부를 보상액에 포함시켜야 한다는 견해, ② 개발이익은 피수용자의 노력이나 자본에 의해 발생한 것이 아니므로 보상액의 산정에서 배제해야 한다는 견해가 있다. 헌법재판소는 개발이익을 보상액 산정에서 배제하는 것이 헌법상 정당보상의 원칙에 위배되는 것은 아니라고 본다. 그러나 토지수용으로 인한 보상액을 산정함에 있어서 당해 공공사업과 관계없는 다른 사업의 시행으로 인한 개발이익은 이를 배제하지 아니한 가격으로 평가하여야 한다(대판 1999.10.22. 98두7770).

> **관련판례**
>
> 헌법 제23조 제3항이 규정하는 정당한 보상의 의미와 범위
> 헌법 제23조 제3항이 규정하는 정당한 보상이란 원칙적으로 <u>피수용재산의 객관적인 재산가치를 완전하게 보상하는 완전보상</u>을 의미하며, 토지의 경우에는 그 특성상 인근 유사토지의 거래가격을 기준으로 하여 토지의 가격형성에 미치는 제 요소를 종합적으로 고려한 합리적 조정을 거쳐서

객관적인 가치를 평가할 수밖에 없는데 이 때, 소유자가 갖는 주관적인 가치, 투기적 성격을 띠고 우연히 결정된 거래가격 또는 흔히 불리우는 호가, 객관적 가치의 증가에 기여하지 못한 투자비용이나 그 토지 등을 특별한 용도에 사용할 것을 전제로 한 가격 등에 좌우되어서는 안되며, 개발이익은 그 성질상 완전보상의 범위에 포함되지 아니한다(헌재 2001.4.26, 헌바31).

시가보다 낮은 공시지가라 하더라도 정당보상의 원칙에 위배되는 것은 아님
구 토지수용법 제46조 제2항 및 지가공시및토지등의평가에관한법률 제10조 제1항 제1호가 토지수용으로 인한 손실보상액의 산정을 공시지가를 기준으로 하되 개발이익을 배제하고, 공시기준일부터 재결시까지의 시점보정을 인근토지의 가격변동률과 도매물가상승률 등에 의하여 행하도록 규정한 것은 위 각 규정에 의한 기준지가가 대상지역 공고일 당시의 표준지의 객관적 가치를 정당하게 반영하는 것이고, 표준지와 지가산정 대상토지 사이에 가격의 유사성을 인정할 수 있도록 표준지의 선정이 적정하며, 대상지역 공고일 이후 수용시까지의 시가변동을 산출하는 시점보정의 방법이 적정한 것으로 보이므로, 헌법상의 정당보상의 원칙에 위배되는 것이 아니며, 또한 위 헌법조항의 법률유보를 넘어섰다거나 과잉금지의 원칙에 위배되었다고 볼 수 없다(헌재 1995.4.20. 93헌바20).

토지수용 보상액 산정시 당해 공공사업의 시행을 직접 목적으로 하는 계획의 승인·고시로 인한 가격변동을 고려하지 아니함
토지수용 보상액을 산정함에 있어서는 토지수용법 제46조 제1항에 따라 당해 공공사업의 시행을 직접 목적으로 하는 계획의 승인·고시로 인한 가격변동은 이를 고려함이 없이 수용재결 당시의 가격을 기준으로 하여 정하여야 할 것이므로, 당해 사업인 택지개발사업에 대한 실시계획의 승인과 더불어 그 용도지역이 주거지역으로 변경된 토지를 그 사업의 시행을 위하여 후에 수용하였다면 그 재결을 위한 평가를 함에 있어서는 그 용도지역의 변경을 고려함이 없이 평가하여야 할 것이다(대판 1999.3.23. 98두13850).

당해 공공사업과는 관계없는 다른 사업의 시행으로 인한 개발이익은 배제하지 않음
토지수용으로 인한 손실보상액을 산정함에 있어서 당해 공공사업의 시행을 직접 목적으로 하는 계획의 승인·고시 또는 사업 시행으로 인한 가격변동은 이를 고려함이 없이 수용재결 당시의 가격을 기준으로 하여 적정가격을 정하여야 하고, 당해 공공사업과는 관계없는 다른 사업의 시행으로 인한 개발이익은 이를 배제하지 아니한 가격으로 평가하여야 한다(대판 1999.10.22. 98두7770).

2. 토지보상법의 경우

(1) 보상액산정의 기준시

보상액의 산정은 협의에 의한 경우에는 **협의성립 당시**의 가격을, 재결에 의한 경우에는 수용 또는 사용의 **재결 당시**의 가격을 기준으로 한다(토지보상법 제67조 제1항). 보상액을 산정할 경우에 해당 공익사업으로 인하여 토지등의 가격이 변동되었을 때에는 이를 고려하지 아니한다(제2항).

(2) 보상액의 산정방법
　① 시점수정, 사정보정
　　㉠ 협의 또는 재결에 의하여 **취득하는 토지**에 대하여는 부동산가격공시 및 감정평가에 관한 법률에 의한 공시지가를 기준으로 하여 보상하되, 그 공시기준일부터 가격시점까지의 관계 법령에 의한 당해 토지의 이용계획, 당해 공익사업으로 인한 지가의 영향을 받지 아니하는 지역의 대통령령이 정하는 지가변동률, 생산자물가상승률(☞ 시점수정) 그 밖에 당해 토지의 위치·형상·환경·이용상황(☞ 사정보정) 등을 참작하여 평가한 적정가격으로 보상하여야 한다(제70조 제1항).
　　㉡ 협의 또는 재결에 의하여 **사용하는 토지**에 대하여는 그 토지와 인근 유사토지의 지료·임대료·사용방법·사용기간 및 그 토지의 가격 등을 참작하여 평가한 적정가격으로 보상하여야 한다. 사용하는 토지와 그 지하 및 지상의 공간의 사용에 대한 구체적인 보상액 산정 및 평가방법은 투자비용·예상수익 및 거래가격 등을 고려하여 국토교통부령으로 정한다(제71조 제1항, 제2항).
　② **객관적 가치의 보상**: 토지에 대한 보상액은 가격시점에 있어서의 현실적인 이용상황과 일반적인 이용방법에 의한 객관적 상황을 고려하여 산정하되, 일시적인 이용상황과 토지소유자 또는 관계인이 갖는 주관적 가치 및 특별한 용도에 사용할 것을 전제로 한 경우 등은 이를 고려하지 아니한다(제3항).
　③ **개발이익(손실)의 배제**
　　㉠ 토지보상법은 **사업인정고시일 전**의 공시지가를 기준으로 보상액을 결정하도록 한다(제70조 제4항). 이는 당해 공익사업의 시행으로 인한 개발이익을 배제하기 위한 것이다.
　　㉡ 당해 공익사업으로 인한 지가의 영향을 받지 아니하는 지역의 지가변동률을 참작한다(제1항).
　　㉢ 공법상 제한이 당해 공익사업의 시행을 직접 목적으로 하여 가하여진 경우에는 제한이 없는 상태를 상정하여 평가한다(동법시행규칙 제23조 제1항). 당해 공익사업의 시행을 직접 목적으로 하여 용도지역 또는 용도지구 등이 변경된 토지에 대하여는 변경되기 전의 용도지역 또는 용도지구 등을 기준으로 평가한다(제2항).

> **관련판례**
>
> 토지수용 보상액 산정시 당해 공공사업의 시행을 직접 목적으로 하는 계획의 승인·고시로 인한 가격변동의 고려 여부(소극)
> 토지수용 보상액을 산정함에 있어서는 토지수용법 제46조 제1항에 따라 당해 공공사업의 시행을 직접 목적으로 하는 계획의 승인·고시로 인한 가격변동은 이를 고려함이 없이 수용재결 당시의 가격을 기준으로 하여 정하여야 할 것이므로, 당해 사업인 택지개발사업에 대한 실시계획의 승인과 더불어 그 용도지역(註: 자연녹지지역이었음)이 주거지역으로 변경된 토지를 그 사업의 시행을 위하여 후에 수용하였다면 그 재결을 위한 평가를 함에 있어서는 그 용도지역의 변경을 고려함이 없이 평가하여야 할 것이다(대판 1999.3.23. 98두13850).
>
> 공법상 제한을 받는 상태대로 평가하여야 한다고 한 사례
> 공법상의 제한을 받는 토지의 수용보상액을 산정함에 있어서는 그 공법상의 제한이 당해 공공사업의 시행을 직접 목적으로 하여 가하여진 경우에는 그 제한을 받지 아니하는 상태대로 평가하여야 할 것이지만, 공법상 제한이 당해 공공사업의 시행을 직접 목적으로 하여 가하여진 경우가

아니라면 그러한 제한을 받는 상태 그대로 평가하여야 하고, 그와 같은 제한이 당해 공공사업의 시행 이후에 가하여진 경우라고 하여 달리 볼 것은 아니다. 기록에 의하면, 이 사건 문화재보호구역의 확대 지정은 당해 공공사업인 이 사건 택지개발사업의 시행을 직접 목적으로 하여 가하여진 것이 아님이 명백하므로, 이 사건 토지는 그러한 공법상 제한을 받는 상태대로 평가하여야 할 것이다(대판 2005.2.18. 2003두14222).

예제 행정상 손실보상에 관한 설명으로 옳지 않은 것은? (다툼이 있는 경우 판례에 의함)

▶ 23 소방승진

① 어떤 법률이 재산권침해를 규정하면서 보상에 관하여서는 명문의 규정을 두지 아니한 경우, 유사한 재산권침해를 규정하면서 보상에 관하여 규정한 관련규정을 유추적용 할 수 있다.
② 손실보상을 하여야 한다는 규정이 없다 할지라도 법리상 그 손실을 보상하여야 할 것이다.
③ 헌법 제23조 제3항에 따른 정당한 보상이란 원칙적으로 피수용재산의 객관적인 재산가치를 완전하게 보상하여야 한다는 완전보상을 뜻하는 것이다.
④ 대법원은 손실보상청구권을 사권(私權)으로 보고, 그에 관한 소송도 민사소송에 의한다고 하였다.

정답 ④

④ (×) 공유수면매립사업으로 인하여 관행어업권을 상실하게 된 자는 구 공유수면매립법 제6조 제2호가 정한 입어자로서 같은 법 제16조 제1항의 공유수면에 대하여 권리를 가진 자에 해당하므로 그가 매립사업으로 인하여 취득한 손실보상청구권은 직접 같은 법 조항에 근거하여 발생한 것이라 할 것이어서, 공유수면매립사업법 제16조 제2항, 제3항이 정한 재정과 그에 대한 행정소송의 방법에 의하여 권리를 주장하여야 할 것이고 민사소송의 방법으로는 그 손실보상청구권을 행사할 수 없다(대판 2001.6.29. 99다56468). 전통적으로 대법원은 손실보상의 원인이 공법적이라도 손실의 내용이 사권이면 손실보상금의 지급을 구하는 권리는 사법상의 권리라는 입장을 취해왔으나(사권설), 최근에는 당사자소송으로 보는 판례들이 나타나고 있다.
① (○) 대판 1999.10.8. 99다27231 ② (○) 대판 1972.11.28. 72다1597
③ (○) 헌재 2001.4.26. 2000헌바31

02 손실보상의 내용

1. 재산권보상

(1) 토지의 보상

① **토지취득에 대한 보상(공시지가에 의한 평가)** : 앞서 본 바와 같이 토지보상법 제70조는 토지의 수용에 대한 보상액은 재결 당시의 가격을 기준으로 하고, 당해 공공사업의 시행으로 인한 개발이익을 배제하기 위하여 당해 공익사업으로 인한 지가의 영향을 받지 아니하는 지역의 대통령령이 정하는 지가변동률 등을 참작한 적정가격으로 보상한다고 규정한다. 그리고 공공사업시행의 발표로 인하여 지가가 이미 상승하였거나 하락한 경우(예 폐기물처리장 건립)에는, 공시지가에서 그

상승분을 공제하거나 공시지가에 당해 토지가격의 자연적인 상승분을 포함시켜야 한다(대판 1993. 7.27. 92누11084의 취지).

② **토지사용에 대한 보상** : 토지와 인근 유사토지의 지료·임대료·사용방법·사용기간 및 그 토지의 가격 등을 참작하여 평가한 적정가격으로 보상하여야 하나(제71조) ㉠ 토지를 사용하는 기간이 3년 이상인 때, ㉡ 토지의 사용으로 인하여 토지의 형질이 변경되는 때, ㉢ 사용하고자 하는 토지에 그 토지소유자의 건축물이 있는 때에는 당해 토지소유자는 사업시행자에게 그 토지의 매수를 청구하거나 관할 토지수용위원회에 그 수용을 청구할 수 있다(토지보상법 제72조).

(2) 토지 이외의 재산권 보상

① **건축물 등에 대한 보상** : 건축물·입목·공작물 기타 토지에 정착한 물건에 대하여는 이전에 필요한 비용(이전비)으로 보상하여야 한다. 다만 ㉠ 그 이전이 어렵거나 그 이전으로 인하여 건축물 등을 종래의 목적대로 사용할 수 없게 된 경우, ㉡ 건축물등의 이전비가 그 물건의 가격을 넘는 경우, ㉢ 사업시행자가 공익사업에 직접 사용할 목적으로 취득하는 경우에는 당해 물건의 가격으로 보상한다(토지보상법 제75조 제1항). 토지에 속한 흙·돌·모래 또는 자갈(흙·돌·모래 또는 자갈이 당해 토지와 별도로 취득 또는 사용의 대상이 되는 경우에 한함)에 대하여는 거래가격 등을 참작하여 평가한 적정가격으로 보상하여야 한다(제3항). 분묘에 대하여는 이장에 소요되는 비용등을 산정하여 보상하여야 한다(제4항).

② **농업에 대한 보상** : 농업의 손실에 대하여는 농지의 단위면적당 소득 등을 참작하여 실제 경작자에게 보상하여야 하되(동법 제77조 제2항), 농작물에 대한 손실은 그 종류와 성장의 정도 등을 종합적으로 참작하여 보상하여야 한다(동법 제75조 제2항).

③ **권리에 대한 보상** : 광업권·어업권 및 물(용수시설을 포함) 등의 사용에 관한 권리에 대하여는 투자비용·예상수익 및 거래가격 등을 참작하여 평가한 적정가격으로 보상하여야 한다(동법 제76조).

④ **영업손실에 대한 보상** : 영업을 폐지하거나 휴업함에 따른 영업손실에 대하여는 영업이익과 시설의 이전비용 등을 참작하여 보상하여야 한다(동법 제77조 제1항). 휴직 또는 실직하는 근로자의 임금손실에 대하여는 근로기준법에 의한 평균임금등을 참작하여 보상하여야 한다(제3항). 수용재결 이전의 사업인정고시 등 절차의 진행으로 입은 영업손실은 수용으로 인한 영업손실보상의 대상이 될 수 없다(대판 2005.7.29. 2003두2311).

⑤ **실비변제적 보상** : 재산권의 상실·이전 등에 따라 비용이 지출되는 경우 그 비용을 보상하는 것으로서, 지상물건의 이전료보상(동법 제75조 제1항), 과수 등의 이식료(동법시행규칙 제37조), 가축의 운반비(동법시행규칙 제49조) 등이 있다.

> **관련판례**
>
> 영업손실에 관한 보상에 있어서 영업의 폐지와 휴업의 구별 기준 및 그 판단 방법
> 영업손실에 관한 보상의 경우 같은법시행규칙 제24조 제2항 제3호에 의한 영업의 폐지로 볼 것인지 아니면 영업의 휴업으로 볼 것인지를 구별하는 기준은 당해 영업을 그 영업소 소재지나 인접시·군 또는 구 지역 안의 다른 장소로 이전하는 것이 가능한지 여부에 달려 있고, 이러한 이전 가능성 여부는 법령상의 이전 장애사유 유무와 당해 영업의 종류와 특성, 영업시설의 규모, 인접지

역의 현황과 특성, 그 이전을 위하여 당사자가 들인 노력 등과 인근 주민들의 이전 반대 등과 같은 사실상의 이전 장애사유 유무 등을 종합하여 판단하여야 한다(대판 2002.10.8. 2002두5498).

(3) 확장수용보상
① **의의** : 일정한 사유로 인하여 공익사업에 필요한 토지 이외의 토지를 수용하는 것을 확장수용이라고 하고, 그에 따른 보상을 확장수용보상이라고 한다.
② **잔여지 수용** : 동일한 토지소유자에 속하는 일단의 토지의 일부가 협의에 의하여 매수되거나 수용됨으로 인하여 잔여지를 종래의 목적에 사용하는 것이 현저히 곤란한 때에는 당해 토지소유자는 사업시행자에게 잔여지를 매수하여 줄 것을 청구할 수 있으며, 사업인정 이후에는 관할 토지수용위원회에 수용을 청구할 수 있다. 이 경우 수용의 청구는 매수에 관한 협의가 성립되지 아니한 경우에 한하되, 그 사업의 공사완료일까지 하여야 한다(토지보상법 제75조 제1항).
③ **잔여건축물 수용** : 동일한 건축물소유자에 속하는 일단의 건축물의 일부가 협의에 의하여 매수되거나 수용됨으로 인하여 잔여 건축물을 종래의 목적에 사용하는 것이 현저히 곤란한 때에는 그 건축물소유자는 사업시행자에게 잔여 건축물을 매수하여 줄 것을 청구할 수 있으며, 사업인정 이후에는 관할 토지수용위원회에 수용을 청구할 수 있다(제75조의2).
④ **공용사용에 대한 수용청구** : 사업인정고시가 있은 후 다음 각호의 1에 해당하는 때에는 당해 토지소유자는 사업시행자에게 그 토지의 매수를 청구하거나 관할 토지수용위원회에 그 토지의 수용을 청구할 수 있다. 이 경우 관계인은 사업시행자 또는 관할 토지수용위원회에 그 권리의 존속을 청구할 수 있다 : ㉠ 토지를 사용하는 기간이 3년 이상인 때, ㉡ 토지의 사용으로 인하여 토지의 형질이 변경되는 때, ㉢ 사용하고자 하는 토지에 그 토지소유자의 건축물이 있는 때(제72조).

2. 생활보상

(1) 생활보상의 의의와 필요성
재산권침해로 인하여 생활근거를 상실하게 되는 재산권의 피수용자 등에 대하여 생존배려적인 측면에서 생활재건에 필요한 정도의 보상을 해주는 것을 생활보상이라 한다. 즉 재산권 보상만으로는 전보되지 않는 생활기초의 박탈에 대한 보상이다.

(2) 생활보상의 내용
① **협의의 생활보상** : 피보상자에게 직접 지급되는 생활보상을 말한다. 그러나 예컨대 대규모의 농지수용에 있어서 농지면적의 제한이나 농지가격 상승으로 종전의 것에 해당하는 농지나 토지를 구입하는 것은 거의 불가능한 일이 되고 있다.
② **생활재건조치** : 따라서 판례와 다수설은 '보상금이 피수용자의 생활재건에 가장 유효하게 사용될 수 있도록 하기 위한 각종 조치'인 생활재건조치도 광의의 생활보상으로 파악한다. 생활재건조치로서는 이주대책의 수립·시행(토지보상법 제78조), 국민주택자금의 지원(제78조), 세입자에 대한 주거이전비지급(동법시행규칙 제54조), 무허가·무면허 영업자에 대한 영업손실보상(동법시행규칙 제52조), 직업훈련, 고용 또는 고용알선(「산업입지 및 개발에 관한 법률」 제36조), 보상금에 대한 조세감면조치(조세특례제한법 제77조), 각종 상담 등이 있다.

3. 사업손실(간접손실)의 보상

(1) 의의

사업손실이란 **공익사업의 실시 또는 완성 후의 시설이 간접적으로 사업지 밖의 재산권 등에 미치는 손실**을 말한다. 사업지 주변에 미치는 손실은 다음의 두 유형이 있다.

물리적·기술적 손실	공사중의 소음·진동이나 공사에 따르는 교통의 불편으로 인한 손실, 완성된 시설에 의한 일조 또는 전파에 대한 장해, 대기·기온의 변화 등
사회적·경제적 손실	지역사회의 변동으로 인하여 개인에게 미치는 간접적 영향 또는 피해(예 댐건설에 따르는 다수인의 이주로 인한 지역경제에의 영향)

(2) 요건

간접손실보상이 인정되기 위해서는 ① 공익사업의 시행에 수반된 사업지구 밖의 제3자가 입은 손실일 것, ② 공공사업의 시행으로 인하여 그러한 손실이 발생하리라는 것을 쉽게 예견할 수 있을 것, ③ 그 손실의 범위도 구체적으로 이를 특정할 수 있는 경우일 것, ④ 원칙적으로 간접손실보상에 관한 법령상의 규정이 존재하여야 할 것을 요건으로 한다. 다만 보상규정이 없는 경우에도 판례는 관련보상규정을 유추적용하여 손실보상청구를 인정하고 있으므로(대판 1999.12.24. 98다57419) ④의 요건은 크게 문제되지 아니한다.

제5절 보상의 종류, 결정, 지급

1. 손실보상의 종류

(1) 현금보상의 원칙

손실보상은 다른 법률에 특별한 규정이 있는 경우를 제외하고는 현금으로 지급하여야 한다(토지보상법 제63조 제1항).

(2) 대토보상

토지소유자가 원하는 경우로서 사업시행자가 해당 공익사업의 합리적인 토지이용계획과 사업계획 등을 고려하여 토지로 보상이 가능한 경우에는 토지소유자가 받을 보상금 중 일부를 그 공익사업의 시행으로 조성한 토지로 보상할 수 있다(제63조 제1항). 대토보상은 사업시행자의 손실보상금의 부담을 경감하고, 토지소유자가 개발혜택을 일정부분 공유할 수 있도록 하는 기능을 갖는다.

(3) 채권보상

일정한 경우 해당 사업시행자가 발행하는 채권으로 보상액을 지급할 수 있다. 채권보상은 토지의 가격이 상당히 높기 때문에 발생하는 보상재원의 부족문제를 해결하기 위해 인정되고 있다. 최근에는 대규모 보상에 따른 토지투기에 대한 방지책으로 활용되기도 한다. 다만 채권보상이 환가나 수익률에서 현금보상보다 불리함에도 강제하는 것은 헌법상의 재산권보장규정 및 정당보상의 원칙에 반하여 위헌이라는 견해가 있다.

(4) 매수보상

물건의 사용·이용제한에 따라 종래의 이용목적에 제공하는 것이 곤란한 경우에 상대방에게 물건의 매수청구권을 인정하는 보상방법이다(예 토지보상법 또는 항공법에 의한 토지매수청구권).

2. 손실보상액의 결정

(1) 당사자간의 협의에 의하는 경우

① **사업인정전** : 시행자는 토지등에 대한 보상에 관하여 토지소유자 및 관계인과 성실하게 협의하여야 한다(토지보상법 제16조). 협의가 성립되면 사업시행자는 토지소유자 및 관계인과 계약을 체결한다(동법 제17조).

② **사업인정후** : 협의가 성립되어 관할토지수용위원회의 확인을 받으면, 이때의 확인은 재결로 보며, 사업시행자·토지소유자 및 관계인은 그 확인된 협의의 성립이나 내용을 다툴 수 없다(동법 제29조 제4항). 협의불성립의 경우에는 아래에서 보는 재결의 단계로 이행된다.

(2) 행정청의 재결·결정에 의하는 경우

① 협의가 성립되지 아니하거나 협의를 할 수 없는 때에는 사업시행자는 사업인정고시가 있는 날부터 1년 이내에 대통령령이 정하는 바에 따라 관할 토지수용위원회에 재결을 신청할 수 있고(동법 제28조), 토지소유자 및 관계인은 대통령령이 정하는 바에 따라 서면으로 사업시행자에게 재결의 신청을 할 것을 청구할 수 있다(동법 제30조).

② 이때에 행정청의 결정유형은 ㉠ 수용결정과 보상액을 함께 결정하는 경우와 ㉡ 침해행위가 선행한 후 보상액만을 결정하는 경우(예 산림법 제63조, 징발법 제22조)가 있다.

(3) 소송에 의하는 경우

당해 법률이 보상액 결정에 대하여 규정하고 있지 않은 경우에는 당사자는 법원에 보상금지급청구소송을 제기할 수 있다. 판례는 이 경우 민사소송에 의할 것으로 보고 있으나 학설은 공법상 당사자소송으로 본다.

3. 손실보상의 원칙

(1) 사업시행자보상

보상의무자는 수용을 통해 직접 수익한 자이다. 수익자와 침해자가 상이하다면 침해자는 보상의무자가 아니다. 실정법은 사업시행자의 보상책임을 선언하고 있다(토지보상법 제61조).

(2) 사전보상

사업시행자는 해당 공익사업을 위한 공사에 착수하기 이전에 토지소유자와 관계인에게 보상액 전액을 지급하여야 한다. 다만, 제38조에 따른 천재지변 시의 토지 사용과 제39조에 따른 시급한 토지 사용의 경우 또는 토지소유자 및 관계인의 승낙이 있는 경우에는 그러하지 아니하다(토지보상법 제62조).

(3) 일시불

일시불이 원칙이나 국가재정형편상 부득이하여 분할불로 하는 경우도 있다(징발법 제22조의2).

(4) 개인별보상

손실보상은 토지소유자나 관계인에게 개인별로 하여야 한다. 다만, 개인별로 보상액을 산정할 수 없을 때에는 그러하지 아니하다(토지보상법 제64조).

(5) 일괄보상

사업시행자는 동일한 사업지역에 보상시기를 달리하는 동일인 소유의 토지등이 여러 개 있는 경우 토지소유자나 관계인이 요구할 때에는 한꺼번에 보상금을 지급하도록 하여야 한다(제65조).

(6) 사업시행 이익과의 상계금지

사업시행자는 동일한 소유자에게 속하는 일단의 토지의 일부를 취득하거나 사용하는 경우 해당 공익사업의 시행으로 인하여 잔여지의 가격이 증가하거나 그 밖의 이익이 발생한 경우에도 그 이익을 그 취득 또는 사용으로 인한 손실과 상계할 수 없다(제66조).

제6절 재결에 대한 권리구제

01 개설

사업시행자는 토지 등에 대한 보상에 관하여 토지소유자 및 관계인과 성실하게 협의하여야 한다(토지보상법 제16조). 협의가 이루어지 않은 경우 행정청의 재결의 형식으로 보상금결정이 이루어진다. 이 경우 관계인은 이의신청 및 행정소송을 제기하여 이에 불복할 수 있다(제83조·제85조). 종래 이의신청전치주의였으나 현재 임의절차로 바뀌었고, 행정소송은 수용결정을 대상으로 하는 것과 보상액 결정을 대상으로 하는 유형이 있고 양자의 병합제기도 가능하다.

02 재결

(1) 협의가 성립되지 아니하거나 협의를 할 수 없는 때(제26조 제2항 단서의 규정에 의한 협의의 요구가 없는 때를 포함한다)에는 사업시행자는 사업인정고시가 있은 날부터 1년 이내에 대통령령이 정하는 바에 따라 관할 토지수용위원회에 재결을 신청할 수 있다(제28조 제1항). 한편, 사업인정고시가 있은 후 협의가 성립되지 아니한 때에는 토지소유자 및 관계인은 대통령령이 정하는 바에 따라 서면으로 사업시행자에게 재결의 신청을 할 것을 청구할 수 있다(제30조 제1항).

(2) 토지수용위원회의 재결은 서면으로 한다(제34조 제1항). 재결서에는 주문 및 그 이유와 재결의 일자를 기재하고, 위원장 및 회의에 참석한 위원이 이에 기명날인한 후 그 정본을 사업시행자·토지소유자 및 관계인에게 송달하여야 한다(제2항). 재결신청에 따라 내려지는 최초의 재결을 **수용재결**이라 한다.

<중앙토지수용위원회의 설치, 재결사항, 관할>

공익사업을 위한 토지 등의 취득 및 보상에 관한 법률 제49조(설치) 토지등의 수용과 사용에 관한 재결을 하기 위하여 국토교통부에 중앙토지수용위원회를, 특별시·광역시·도·특별자치도에 지방토지수용위원회를 둔다.

제50조(재결사항) ① 토지수용위원회의 재결사항은 다음 각호와 같다.
1. 수용 또는 사용할 토지의 구역 및 사용방법
2. 손실의 보상
3. 수용 또는 사용의 개시일과 기간
4. 그 밖에 이 법 및 다른 법률에서 규정한 사항

② 토지수용위원회는 사업시행자·토지소유자 또는 관계인이 신청한 범위안에서 재결하여야 한다. 다만, 제1항 제2호의 손실의 보상에 있어서는 증액재결을 할 수 있다.

제51조(관할) ① 중앙토지수용위원회는 다음 각호의 사업의 재결에 관한 사항을 관장한다.
1. 국가 또는 시·도가 사업시행자인 사업
2. 수용 또는 사용할 토지가 2 이상의 시·도에 걸쳐 있는 사업

② 지방토지수용위원회는 제1항 각호외의 사업의 재결에 관한 사항을 관장한다.

제52조(중앙토지수용위원회) ① 중앙토지수용위원회는 위원장 1명을 포함한 20명 이내의 위원으로 구성하며, 위원 중 대통령령으로 정하는 수의 위원은 상임(常任)으로 한다.

② 중앙토지수용위원회의 위원장은 국토교통부장관이 되며, 위원장이 부득이한 사유로 직무를 수행할 수 없을 때에는 위원장이 지명하는 위원이 그 직무를 대행한다.

제53조(지방토지수용위원회) ① 지방토지수용위원회는 위원장 1명을 포함한 20명 이내의 위원으로 구성한다.

② 지방토지수용위원회의 위원장은 시·도지사가 되며, 위원장이 부득이한 사유로 직무를 수행할 수 없을 때에는 위원장이 지명하는 위원이 그 직무를 대행한다.

03 이의신청

1. 의의

(1) 중앙토지수용위원회의 재결에 대하여 이의가 있는 자는 중앙토지수용위원회에 이의를 신청할 수 있고(제83조 제1항), 지방토지수용위원회의 재결에 대하여 이의가 있는 자는 당해 지방토지수용위원회를 거쳐 중앙토지수용위원회에 이의를 신청할 수 있다(제2항). 이의신청은 임의적 절차이다.

(2) 이의신청은 행정심판으로서의 성질을 가지며 토지보상법상 이의신청에 관한 규정은 행정심판법에 대한 특별법규정이다.

2. 요건과 효력

신청인	토지수용위원회의 재결에 대하여 불복하고자 하는 토지소유자 또는 관계인, 사업시행자
대상	토지수용위원회의 재결로서 수용결정 또는 보상액결정
신청기간	재결서의 정본을 받은 날부터 30일 이내(토지보상법 제83조 제3항)
집행부정지	재결에 대한 이의신청은 사업의 진행 및 토지의 수용 또는 사용을 정지시키지 아니함(제88조)

3. 중앙토지수용위원회의 재결

(1) 이의재결

중앙토지수용위원회는 이의신청이 있는 경우 재결이 위법 또는 부당하다고 인정하는 때에는 그 재결의 전부 또는 일부를 취소하거나 보상액을 변경할 수 있다(제84조 제1항). 이의신청에 따라 내려지는 재결을 이의재결이라 한다.

(2) 이의재결의 효력

제85조 제1항의 규정에 의한 기간 이내에 소송이 제기되지 아니하거나 그 밖의 사유로 이의신청에 대한 재결이 확정된 때에는「민사소송법」상의 확정판결이 있은 것으로 보며, 재결서 정본은 집행력있는 판결의 정본과 동일한 효력을 가진다(제86조 제1항).

04 행정소송

1. 개설

(1) 사업시행자·토지소유자 또는 관계인은 제34조의 규정에 의한 재결에 대하여 불복이 있는 때에는 재결서를 받은 날부터 90일 이내에, 이의신청을 거친 때에는 이의신청에 대한 재결서를 받은 날부터 60일 이내에 각각 행정소송을 제기할 수 있다(제85조 제1항). 이는 행정심판법 제27조(행정심판 청구기간), 행정소송법 제20조(제소기간)의 예외규정이다. 그리고 헌법재판소는 (구)토지수용법의 1개월의 단기출소기간이 재판청구권에 관한 헌법위반은 아니라고 하였다.

(2) 이때의 행정소송은 ① 수용결정을 대상으로 하는 경우에는 취소소송을 제기하고, ② 보상액결정을 대상으로 하는 경우에는 보상금증감소송을 제기할 수 있다. 양자를 병합제기하는 것도 가능하다.

2. 수용결정에 대한 취소소송

(1) 구 토지수용법과 '재결주의'

구 토지수용법 제75조의2 제1항 본문은 '이의신청의 재결에 대하여 불복이 있을 때에는 재결서가 송달된 날로부터 1월 이내에 행정소송을 제기할 수 있다'고 규정하였고, 판례는 이에 관하여 수용재결이 아니라 이의신청에 대한 중앙토지수용위원회의 재결이 행정소송의 대상이 된다고 보아 재결주의를 취하는 것으로 보았다.

(2) 토지보상법과 '원처분주의'

그러나 현행 토지보상법 제85조 제1항은 원처분(수용재결)에 대해서도 행정소송을 제기할 수 있다고 규정하고 있다. 문제는 제84조의 이의신청에 대한 재결을 거친 후 행정소송을 제기하는 경우인데, 마찬가지로 이의재결이 아닌 관할토지수용위원회의 수용재결에 대해 다투어야 하는 것으로 해석되고 있다(대판 2010.1.28. 2008두1504). 다만 이의재결 자체의 고유한 위법이 있는 경우에는 이의재결에 대하여 취소소송을 제기할 수 있다(행정소송법 제19조).

3. 보상금증감청구소송

(1) 의의

행정소송이 보상금의 증감에 관한 소송인 경우, 당해 소송을 제기하는 자가 토지소유자 또는 관계인인 때에는 사업시행자를, 사업시행자인 때에는 토지소유자 또는 관계인을 각각 피고로 하는데(제85조 제2항), 이를 보상금증감소송(또는 보상액증감청구소송)이라 부른다. 구법과 달리 재결청을 피고에서 제외하였다.

(2) 보상금증감소송의 성질

① **단일소송** : 구 토지수용법하에서는 재결청이 피고로 포함되어 있어서 필요적 공동소송으로 보았다. 그러나 현행법하에서는 1인의 원고와 1인의 피고를 당사자로 하는 단일소송이다.
② **형성소송·확인소송** : 보상금증감소송이 실질적으로 토지수용위원회의 보상금에 대한 결정의 취소·변경을 구하는 형성소송인지, 발생된 보상청구권의 내용·범위의 확인을 구하는 소송인지 견해가 대립한다.
③ **형식적 당사자소송** : 처분청인 토지수용위원회를 피고로 하지 아니하고 대등한 당사자인 토지소유자 또는 관계인과 사업시행자를 당사자로 하고 있는바, 형식적으로는「당사자소송」에 속한다. 그러나 처분청의 처분을 다투는 의미도 있으므로 실질적으로는「항고소송」의 성질도 가진다. 따라서 보상금증감소송은「형식적 당사자소송」이라 불리운다.

> **관련판례**
>
> 피보상자 또는 사업시행자가 여러 보상항목들 중 일부에 대해서만 개별적으로 불복의 사유를 주장하여 행정소송을 제기할 수 있는지 여부
> 하나의 재결에서 피보상자별로 여러 가지의 토지, 물건, 권리 또는 영업(이처럼 손실보상 대상에 해당하는지, 나아가 그 보상금액이 얼마인지를 심리·판단하는 기초 단위를 이하 '보상항목'이라고 한다)의 손실에 관하여 심리·판단이 이루어졌을 때, 피보상자 또는 사업시행자가 <u>반드시 재결 전부에 관하여 불복하여야 하는 것은 아니며, 여러 보상항목들 중 일부에 관해서만 불복하는 경우에는 그 부분에 관해서만 개별적으로 불복의 사유를 주장하여 행정소송을 제기할 수 있다.</u> 이러한 보상금 증감 소송에서 법원의 심판범위는 하나의 재결 내에서 소송당사자가 구체적으로 불복신청을 한 보상항목들로 제한된다. 법원이 구체적인 불복신청이 있는 보상항목들에 관해서 감정을 실시하는 등 심리한 결과, 재결에서 정한 보상금액이 일부 보상항목의 경우 과소하고 다른 보상항목의 경우 과다한 것으로 판명되었다면, <u>법원은 보상항목 상호 간의 유용을 허용하여 항목</u>

별로 과다 부분과 과소 부분을 합산하여 보상금의 합계액을 정당한 보상금으로 결정할 수 있다(대판 2018.5.15. 2017두41221).

토지소유자의 토지수용청구를 받아들이지 않은 토지수용위원회의 재결에 대하여 토지소유자가 불복하여 제기하는 소송의 성질 및 그 상대방
수용청구권은 토지보상법 제74조 제1항이 정한 잔여지 수용청구권과 같이 손실보상의 일환으로 토지소유자에게 부여되는 권리로서 그 청구에 의하여 수용효과가 생기는 형성권의 성질을 지니므로, 토지소유자의 토지수용청구를 받아들이지 아니한 토지수용위원회의 재결에 대하여 토지소유자가 불복하여 제기하는 소송은 토지보상법 제85조 제2항에 규정되어 있는 '보상금의 증감에 관한 소송'에 해당하고, 피고는 토지수용위원회가 아니라 사업시행자로 하여야 한다(대판 2015.4.9. 2014두46669).

손실보상대상에 해당하지 않는다는 잘못된 내용의 재결에 대한 권리구제 방법
어떤 보상항목이 공익사업을 위한 토지 등의 취득 및 보상에 관한 법령상 손실보상 대상에 해당함에도 관할 토지수용위원회가 사실을 오인하거나 법리를 오해함으로써 손실보상대상에 해당하지 않는다고 잘못된 내용의 재결을 한 경우에는, 피보상자는 관할 토지수용위원회를 상대로 그 재결에 대한 취소소송을 제기할 것이 아니라, 사업시행자를 상대로 공익사업을 위한 토지 등의 취득 및 보상에 관한 법률 제85조 제2항에 따른 보상금증감소송을 제기하여야 한다(대판 2019.11.28. 2018두227).

(3) 입증책임

판례는 보상금증감소송에서, 그 이의재결에서 정한 손실보상금액보다 정당한 손실보상금액이 더 많다는 점에 대한 입증책임이 원고에게 있다는 입장이다(대판 1997.11.28. 96누2255).

(4) 취소소송과의 병합

민사소송법 제70조에는 주관적·예비적 병합을 명문으로 인정하고 있다. 따라서 수용재결에 대한 취소소송에 보상금액에 대한 보상금증감소송을 예비적으로 병합하여 제기하는 것도 가능하다.

예제 「공익사업을 위한 토지 등의 취득 및 보상에 관한 법률」상 손실보상의 원칙에 관한 내용으로 옳지 않은 것은?

① 공익사업에 필요한 토지 등의 취득 또는 사용으로 인하여 토지소유자나 관계인이 입은 손실은 사업시행자가 보상하여야 한다.
② 손실보상은 토지소유자나 관계인에게 개인별로 하여야 한다. 다만, 개인별로 보상액을 산정할 수 없을 때에는 그러하지 아니하다.
③ 사업시행자는 동일한 소유자에게 속하는 일단의 토지의 일부를 취득하거나 사용하는 경우, 해당 공익사업의 시행으로 인하여 잔여지의 가격이 증가하거나 그 밖의 이익이 발생한 경우에도 그 이익을 취득 또는 사용으로 인한 손실과 상계할 수 없다.
④ 토지에 대한 보상액은 가격시점에서의 현실적인 이용상황, 일반적인 이용방법에 의한 객관적 상황, 일시적인 이용상황 및 토지소유자나 관계인이 갖는 주관적 가치 및 특별한 용도에 사용할 것을 전제로 한 경우 등을 고려한다.

정답 ④

④ (×) 토지에 대한 보상액은 가격시점에서의 현실적인 이용상황과 일반적인 이용방법에 의한 객관적 상황을 고려하여 산정하되, 일시적인 이용상황과 토지소유자나 관계인이 갖는 주관적 가치 및 특별한 용도에 사용할 것을 전제로 한 경우 등은 고려하지 아니한다(공익사업을 위한 토지 등의 취득 및 보상에 관한 법률 제70조 제2항).
① (○) 동법 제61조 ② (○) 동법 제64조 ③ (○) 동법 제66조

예제 생활보상으로서의 이주대책에 관한 설명으로 옳지 않은 것은? (다툼이 있는 경우 판례에 의함)

① 이주대책은 그 본래의 취지에 있어 이주자들에 대하여 종전의 생활상태를 원상으로 회복시키면서 동시에 인간다운 생활을 보장하여 주기 위한 이른바 생활보상의 일환으로 국가의 적극적이고 정책적인 배려에 의하여 마련된 제도이다.
② 사업시행자는 이주대책을 수립·실시하지 아니하는 경우 또는 이주대책 대상자가 이주정착지가 아닌 다른 지역으로 이주하고자 하는 경우에는 이주대책 대상자에게 이주정착금을 지급하여야 한다.
③ 사업시행자가 이주대책을 수립하고자 하는 때에는 미리 관할 지방자치단체의 장과 협의하여야 한다.
④ 사업시행자는 이주대책을 수립할 의무를 질뿐, 그 내용결정에 있어서 재량권을 갖는 것은 아니다.

정답 ④

④ (×) 구 「공공용지의 취득 및 손실보상에 관한 특례법」 제8조 제1항 및 같은 법 시행령 제5조 제5항에 의하여 실시되는 이주대책은 공공사업의 시행으로 생활근거를 상실하게 되는 이주자에게 이주정착지의 택지를 분양하도록 하는 것이고, 사업시행자는 특별공급주택의 수량, 특별공급대상자의 선정 등에 있어 재량을 가진다(대판 2007.2.22. 2004두7481).
② (○) 공익사업법 시행령 제41조 ③ (○) 공익사업법 제78조 제2항

예제 「공익사업을 위한 토지 등의 취득 및 보상에 관한 법률」상 토지수용에 따른 권리구제에 대한 기술로 옳은 것은? (단, 다툼이 있는 경우 판례에 의함)

① 사업폐지에 대한 손실보상청구권은 사법상 권리로서 민사소송 절차에 의해야 한다.
② 농업손실에 대한 보상청구권은 「행정소송법」상 당사자소송에 의해야 한다.
③ 수용재결에 불복하여 이의신청을 거쳐 취소소송을 제기하는 때에는 이의재결을 한 중앙토지수용위원회를 피고로 해야 한다.
④ 잔여지 수용청구를 받아들이지 않는 토지수용위원회의 재결에 대해서는 취소소송을 제기할 수 있다.

정답 ②

① (×) 사업폐지 등에 대한 보상청구권은 공익사업의 시행 등 적법한 공권력의 행사에 의한 재산상의 특별한 희생에 대하여 전체적인 공평부담의 견지에서 공익사업의 주체가 그 손해를 보상하여 주는 손실보상의 일종으로 공법상의 권리임이 분명하므로 그에 관한 쟁송은 민사소송이 아닌 행정소송절차에 의하여야 할 것이다(대판 2012.10.11. 2010다23210).
② (○) 대판 2011.10.13. 2009다43461
③ (×) 수용재결에 불복하여 취소소송을 제기하는 때에는 이의신청을 거친 경우에도 수용재결을 한 중앙토지수용위원회 또는 지방토지수용위원회를 피고로 하여 수용재결의 취소를 구하여야 한다(대판 2010.1.28. 2008두1504).
④ (×) 토지소유자의 토지수용청구를 받아들이지 아니한 토지수용위원회의 재결에 대하여 토지소유자가 불복하여 제기하는 소송은 토지보상법 제85조 제2항에 규정되어 있는 '보상금의 증감에 관한 소송'에 해당하고, 피고는 토지수용위원회가 아니라 사업시행자로 하여야 한다(대판 2015.4.9. 2014두46669).

예제 공익사업을 위한 토지 등의 취득 및 보상에 관한 법령상 손실보상에 관한 설명으로 옳지 않은 것은? (다툼이 있으면 판례에 따름)

① 토지수용재결시 대상토지의 평가는 재결에서 정한 수용시기가 아닌 수용재결일을 기준으로 한다.
② 재결에서 정한 보상금액이 일부 보상항목은 과소하고 다른 보상항목은 과다할 경우 법원은 보상항목 상호간의 유용을 허용하여 보상금을 결정할 수 있다.
③ 이주대책대상자는 사업시행자가 이주대책에 대한 구체적인 계획을 수립하여 공고한 때에 수분양권을 취득한다.
④ 관할 토지수용위원회에 잔여지수용청구를 하려는 토지소유자는 사업완료일까지 그 수용청구를 하여야 한다.

정답 ③

③ (×) 사업시행자가 이주대책에 관한 구체적인 계획을 수립하여 이를 해당자에게 통지 내지 공고한 후, 이주자가 수분양권을 취득하기를 희망하여 이주대책에 정한 절차에 따라 사업시행자에게 이주대책대상자 선정신청을 하고 사업시행자가 이를 받아들여 이주대책대상자로 확인·결정하여야만 비로소 구체적인 수분양권이 발생하게 된다(대판 1994.5.24. 92다35783).
① (○) 대판 1998.7.10. 98두6067 ② (○) 대판 2018.5.15. 2017두41221
④ (○) 공익사업을 위한 토지 등의 취득 및 보상에 관한 법률 제74조 제1항

제3장 행정상 손해전보제도의 보완

제1절 보완 이론

1. 배경

(1) 오늘날 행정활동은 질적·양적으로 확대되고 그 형태도 다양화·복잡화하여, 종래 손해배상제도의 과실책임주의를 엄격히 적용하는 경우 피해자가 완전히 구제받지 못하는 경우가 자주 발생하게 되므로, 위험책임의 법리에 의하여 피해자구제를 도모할 필요성이 증가하였다.

(2) 이에 따라 손해배상은 주관적·도의적 책임의 문제보다는 손해부담의 배분적 정의를 기준으로 하여, 「과실의 객관화」나 「위험책임의 법리」 등을 통하여 무과실책임에로 접근하는 경향을 보이고 있다. 아래에 소개하는 이론들은 이러한 경향의 반영이다.

2. 내용

(1) 수용유사침해보상

수용유사침해보상이란 '**위법·무책한 재산권에 대한 제약으로 인하여 특별한 희생을 당한 자에 대하여 보상규정 유무를 불문하고 국가가 보상을 해주는 제도**'를 말한다. 즉 적법한 공권력행사로 인한 손실보상의 요건은 갖추었으나 그 근거법령에 보상규정이 없거나 하여 그 공권력행사가 위법한 경우에도 재산권 보장과 공적 부담 앞의 평등이라는 견지에서 조절적인 보상을 해주는 제도이다.

(2) 수용적 침해보상

수용적 침해보상은 **적법한 공행정작용의 비전형적이고 비의도적인 부수적 효과로서 발생한 개인의 재산권에 대한 손해를 전보하는 것**을 말한다. 예컨대 장기간의 지하철공사로 인해 인근상가의 고객이 현저히 감소함에 따라 손해가 발생한 경우를 들 수 있다. 이러한 특별한 희생은 통상적으로 예측될 수 없는 것이므로 관련법에는 보상규정이 없는 것이 보통인데, 독일 연방통상법원은 이러한 경우의 침해행위를 수용적 침해행위로 정의하고 법률상 보상규정의 결여에도 불구하고 개인의 재산권에 부과된 특별한 희생은 보상되어야 한다는 법리를 정립하였다.

(3) 희생보상 청구권

희생보상청구권이란 '**적법한 행정작용에 의하여 사인의 생명·신체·명예 등과 같은 비재산적 가치의 법익이 침해된 경우에 인정되는 보상청구권**'을 말한다(예 예방접종에 의하여 생명이나 신체에 대한 법익의 침해가 발생한 경우). 이는 독일 관습법상의 제도에서 유래한다.

(4) 희생유사침해보상

희생유사침해로 인한 손실보상에 있어 침해가 위법한 경우에까지 확대한 법리가 희생유사침해보상이론이다(예 오염된 주사기를 사용한 예방접종에 의하여 생명이나 신체에 대한 법익의 침해가 발생한 경우). 그 법적 근거, 요건, 보상의 내용 등은 침해의 위법성만 제외하면 희생의 보상과 같다.

제2절 공법상 결과제거청구권

1. 의의

(1) 공법상 결과제거청구권이란 '**위법한 행정작용의 결과로서 남아있는 상태로 인하여 자기의 법률상의 이익을 침해받고 있는 자가 행정권에 대하여 그 위법한 결과를 제거하여 줄 것을 청구하는 권리**'를 말한다(예 공무원의 위법한 명예훼손적 발언의 취소를 구하는 권리, 토지수용재결이 취소되었음에도 행정주체가 사인의 토지를 정당한 권원 없이 사용하는 경우 반환을 구하는 권리, 권한 없이 행한 사인의 토지의 도로에의 편입조치를 취소해 달라는 권리).

(2) 위법한 공행정작용으로 인하여 권리를 침해받고 있는 자는 그로 인한 손해의 금전적 배상뿐만 아니라, 그 침해행위 이전의 상태로의 원상회복이 중요한 경우가 있으므로 국가배상제도를 보완하기 위해 인정되는 제도이다.

2. 성질

(1) 개인적 공권 여부

　판례와 일부 학설은 사권이라고 본다. 그러나 다수설은 ① 민법상 방해배제청구권과는 성격이 다르다는 점, ② 공행정작용으로 인한 침해의 경우에 발생한다는 점에서 공권으로 이해한다.

(2) 물권적 청구권 여부

　결과제거청구권은 물권적 지배권이 침해된 경우에 발생하는 물권적 청구권이라는 견해도 있으나, 다수설은 명예훼손의 결과제거와 같이 물권적 지배권이 아닌 권리의 침해에도 발생할 수 있으므로 물권적 청구권에 한정할 것은 아니라고 본다.

3. 요건

(1) 공법작용으로 인한 침해

　① 여기에서 공행정작용에는 법적 행위·사실행위, 권력작용·비권력작용을 불문한다.
　② 행정주체의 고의·과실이 요구되지 않는다.
　③ 부작위로 인한 결과제거청구권이 성립할 수 있는가에 관하여는 ㉠ 적법했던 행위가 사후에 기간의 경과, 해제조건의 성취등으로 위법한 경우(예 압류승용차에 대하여 압류취소 후에도 반환하지 않은 경우)에도 성립할 수 있다는 긍정설, ㉡ 결과제거청구권은 적극적인 행위로 인한 개인의 자유권이 침해된 경우에 발생한다고 하는 부정설이 대립한다.

(2) 타인의 권익의 침해

　공행정작용으로 인한 위법한 상태로 인하여 타인의 권리 또는 법적 이익이 침해되고 있어야 한다.

여기서의 이익은 재산상 가치 있는 권리에만 한정되지 않고, 그 밖에 명예·호평·직업에 관한 것도 포함된다.

(3) 취소소송의 선행 여부

위법한 행정행위로 인한 침해의 경우에는 취소소송이 선행되어야 한다. 불가쟁력이 발생된 행정행위는 위법한 상태를 정당화 시키기 때문이다.

(4) 위법한 상태의 계속

위법상태가 더 이상 존재하지 않는다면 논리적으로 결과제거청구권이 성립할 수 없다. 이 경우는 수용보상이나 직무책임으로 인한 손해배상 등이 문제된다. 한편, 위법한 상태는 적법한 행정작용의 효력의 상실에 의해 사후적으로 발생할 수도 있다.

(5) 결과제거의 가능성·허용성·기대가능성

결과제거청구의 내용은 ① 원상 또는 유사한 상태의 회복이 가능하여야 하며(예 모욕행위에 대한 사후 회복은 불가능), ② 법적으로 허용된 것이어야 하며(예 도로예정지로서 도로법이 준용된 경우는 수용절차가 없더라도 불법점유를 이유로 한 토지의 인도청구 불허), ③ 기대가능하여야(예 비례원칙에 어긋나고 부당하게 많은 비용이 요구되는 경우는 기대가능성 없음) 한다. 이러한 요건이 구비되지 않으면 손해배상이나 손실보상만이 문제된다.

4. 상대방과 내용

(1) 청구권의 상대방

일반적으로 청구권의 상대방은 결과를 야기한 행정주체가 되나, 행정주체가 행정조직 개편 등으로 사후에 권한을 갖지 못하게 되면 결과제거의 의무주체가 변경된다.

(2) 청구권의 내용

① **원상회복과 결과의 제거** : 발생된 손해의 배상이나 보상이 아니라, 행정작용으로 인해 야기된 위법한 결과적 상태를 제거하여 원래의 상태로 회복시켜 줄 것을 청구하는 것이다. 그러나 청구권의 내용은 원래 상태로의 완전한 회복에 미달할 수도 있다.

② **직접적인 결과의 제거** : 위법한 공행정작용의 직접적인 결과만을 그 대상으로 한다. 따라서 부적법한 행정작용을 통해 발생된 모든 결과에 대하여 청구권이 성립되는 것은 아니다.

> 〈예시〉 행정청이 위법하게 무주택자로 하여금 특정 개인의 주택에 입주하도록 한 경우에 당해 주택의 소유자는 행정청에게 당해 무주택자를 주택으로부터 퇴거시킬 것을 청구할 수 있을 뿐 무주택자가 손상시킨 부분의 원상회복을 청구할 수는 없다.

③ **제3자에 대한 청구** : 경우에 따라서는 제3자에 대하여 행정기관이 결과제거를 명함으로써 이루어질 수도 있다(예 법적 권원 없이 타인의 가옥을 점거하는 자에 대하여 퇴거명령).

5. 쟁송절차

결과제거청구권을 사권으로 보면 민사소송사항이 된다(소송실무의 태도). 그러나 다수설은 공권으로 보아서 행정소송의 일종인 공법상 당사자소송에 의한다는 입장이다. 경우에 따라서는 처분 등의 취소 소송에 관련 청구소송으로서 병합하여 제기할 수 있다. 한편 결과제거청구권과 별도로 손해배상청구가 가능하다.

예제 공법상 결과제거청구권에 관한 설명으로 옳지 않은 것은?

① 공법상 결과제거청구권은 공행정작용으로 인하여 야기된 위법한 상태를 제거하여 그 원상 회복을 목적으로 하는 권리이다.
② 공법상 결과제거청구는 가해행위의 위법 및 가해자의 고의 또는 과실을 요건으로 한다.
③ 공법상 결과제거청구권은 공행정작용의 직접적인 결과만을 그 대상으로 한다.
④ 공법상 결과제거청구에 있어서 위법한 상태는 적법한 행정작용의 효력의 상실에 의해 사후 적으로 발생할 수도 있다.

정답 ②

② (×) 공법상 결과제거청구권은 위법한 공행정작용으로 인하여 권리를 침해받고 있는 자는 그로 인한 손해의 금전적 배상뿐만 아니라, 그 침해행위 이전의 상태로의 원상회복이 중요한 경우가 있으므로 국가배상제도를 보완하기 위해 인정되는 제도이다. 공법작용으로 인한 침해에 행정주체의 고의·과실이 요구되지 않는다.

예제 A시(市)는 복지시설의 운영자인 B에게 무주택 상태에 있는 C가 6개월간 동 시설에 거주할 수 있게 하도록 명령하였다. 그러나 C가 거주한지 6개월이 지났는데도 방을 비워주지 않고 있는 상태이고, A시도 더 이상 아무런 조치를 취하지 않고 있다. 더욱이 C는 본인이 거주하던 방의 일부를 파손하였다. 다음 중 이 사례에 관한 설명으로 옳지 않은 것은?

① B는 A시가 명령한 6개월의 기간이 종료되었으므로 A시에 대하여 C가 퇴거하도록 해줄 것을 요구할 수 있다.
② B가 A시에 대하여 C에 대한 퇴거조치를 요구하는 것은 공법적 관계이므로, 이에 대한 소송 은 당사자소송으로 하여야 한다는 것이 일반적인 견해이다.
③ B는 A시에 대하여 C에 대한 퇴거조치를 요구함에 있어 C가 파손한 부분에 대한 원상회복 도 청구할 수 있다.
④ A시의 명령은 행정소송법상 처분에 해당되므로 B는 취소소송을 통하여 이를 다툴 수 있으 나, 이미 제소기간이 경과되어 부적법 각하될 것이다.

정답 ③

③ (×) B가 A시에 대하여 C에 대한 퇴거조치를 요구하는 것은 공법상 결과제거청구권의 행사에 해당한다. 결과제거청구권은 위법한 공법작용으로 발생한 상태의 직접적 제거만을 목적으로 하고, 간접적 결과(C가 본인이 거주하던 방의 일부를 파손한 것)는 그 내용이 될 수 없다.

memo.

제6편 행정쟁송

제1장 행정심판
제2장 행정소송

제1장 행정심판

제1절 개설

01 행정심판의 의의

(1) 행정심판은 '위법 또는 부당한 처분 기타 공권력의 행사·불행사 등으로 인하여 권리나 이익을 침해당한 자가 행정기관에 대하여 그 시정을 구하는 절차'를 말한다. 행정심판법은 행정심판사항에 대하여 개괄주의를 채택하고 있다.

(2) 행정심판에 관한 일반법으로서 행정심판법이 제정되어 있으며, 다른 법률(예 국세기본법, 국가공무원법)에 특칙이 존재하는 경우에는 그 범위 안에서 행정심판법의 적용이 배제된다.

(3) 행정심판은 분쟁해결의 성질을 갖는 광의의 재판의 일종이다. 헌법 제107조 제3항은 '재판의 전심절차로서 행정심판을 할 수 있다. 행정심판의 절차를 법률로 정하되 사법절차가 준용되어야 한다'고 규정하였다. 다만 행정심판은 사법절차가 아니고 행정절차의 하나이다(행정절차의 광의설).

> **관련판례**
>
> 행정심판에 관한 헌법 제107조 제3항에서 규정하고 있는 '사법절차의 준용'의 의미
> 헌법 제107조 제3항은 '재판의 전심절차로서 행정심판을 할 수 있다. 행정심판의 절차는 법률로 정하되, 사법절차가 준용되어야 한다'고 규정하고 있으므로, 입법자가 행정심판을 전심절차가 아니라 종심절차로 규정함으로써 정식재판의 기회를 배제하거나, 어떤 행정심판을 필요적 전심절차로 규정하면서도 그 절차에 사법절차가 준용되지 않는다면 이는 헌법 제107조 제3항, 나아가 재판청구권을 보장하고 있는 헌법 제27조에도 위반된다. 여기서 말하는 '사법절차'를 특징지우는 요소로는 판단기관의 독립성·공정성, 대심적 심리구조, 당사자의 절차적 권리보장 등을 들 수 있으나, 위 헌법조항은 행정심판에 사법절차가 '준용'될 것만을 요구하고 있으므로 위와 같은 사법절차적 요소를 엄격히 갖추어야 할 필요는 없다고 할지라도, 적어도 사법절차의 본질적 요소를 전혀 구비하지 아니하고 있다면 '준용'의 요구에마저 위반된다(헌재 2000.6.1. 98헌바8).
>
> 민원사무처리에 관한 법률 제18조 제1항에서 정한 '거부처분에 대한 이의신청'을 받아들이지 않는 취지의 기각 결정 또는 그 취지의 통지가 항고소송의 대상이 되는지 여부(소극)
> 민원사무처리에 관한 법률 제18조 제1항에서 정한 거부처분에 대한 이의신청을 받아들이는 경우에는 이의신청 대상인 거부처분을 취소하지 않고 바로 최초의 신청을 받아들이는 새로운 처분을 하여야 하지만, 이의신청을 받아들이지 않는 경우에는 다시 거부처분을 하지 않고 그 결과를 통지함에 그칠 뿐이다. 따라서 이의신청을 받아들이지 않는 취지의 기각 결정 내지는 그 취지의 통지

는, 종전의 거부처분을 유지함을 전제로 한 것에 불과하고 또한 거부처분에 대한 행정심판이나 행정소송의 제기에도 영향을 주지 못하므로, 결국 민원 이의신청인의 권리·의무에 새로운 변동을 가져오는 공권력의 행사나 이에 준하는 행정작용이라고 할 수 없어, 독자적인 항고소송의 대상이 된다고 볼 수 없다고 봄이 타당하다(대판 2012.11.15. 2010두8676).

02 행정소송과의 구별

(1) 행정심판과 행정소송의 비교

	행정심판	행정소송
제도의 본질	행정통제적 성격(1차적) 권리구제적 성격(2차적)	권리구제적 성격(1차적) 행정통제적 성격(2차적)
존재이유	자율적 통제, 전문성 확보	타율적 통제, 독립성 확보
쟁송대상	위법 또는 부당한 처분(위법문제+공익문제)	위법한 처분(위법문제)
판정기관	행정기관(행정심판위원회)	법원
성질	형식적 의미의 행정작용 실질적 의미의 사법작용	형식적·실질적 의미의 사법작용
종류	취소심판, 무효등확인심판, 의무이행심판	취소소송, 무효등확인소송, 부작위법확인소송, 당사자소송
거부처분의 쟁송형태	의무이행심판, 취소심판	취소소송
제기기간	① 취소심판, 거부처분에 대한 의무이행심판 : 처분이 있음을 알게 된 날로부터 90일, 처분이 있었던 날로부터 180일 ② 무효등확인심판, 부작위에 대한 의무이행심판 : 기간제한 없음	① 취소소송 : 처분이 있음을 안 날로부터 90일, 처분이 있은 날로부터 1년 ② 무효등확인소송 : 기간제한 없음 ③ 부작위법확인소송 : 부작위가 계속되는 동안(행정심판 청구시는 예외)
심리원칙	약식절차 : 구술 또는 서면심리, 비공개주의	정식절차 : 구두변론주의, 공개주의
재결·판결	① 적극적 변경 가능 ② 취소심판 : 처분취소재결, 처분변경재결, 처분변경명령재결 ③ 무효등확인심판 ④ 의무이행심판 : 처분재결, 처분명령재결 ⑤ 사정재결 : 취소심판, 부작위에 대한 의무이행심판에 인정	① 소극적 변경으로 일부취소만 가능 ② 취소판결만 가능(취소명령 판결 불가) ③ 무효등확인판결 ④ 부작위법확인판결 ⑤ 사정판결 : 취소소송에만 인정
기속력 확보수단	시정명령, 직접처분권, 간접강제	간접강제
공통점	① 청구인적격·원고적격(법률상 이익 있는 자가 제기), ② 대심구조(행정심판은 청구인 대 행정청, 행정소송은 원고 대 피고), ③ 보충적 직권심리주의, ④ 집행부정지의 원칙, ⑤ 불고불리의 원칙, ⑥ 불이익변경금지의 원칙, ⑦ 개괄주의, ⑧ 청구의 변경 인정, ⑨ 이해관계인의 참가 인정	

(2) 행정심판과 행정소송의 관계

① 행정소송법은 행정심판을 원칙상 임의절차로 하였다(제18조 제1항, 개별법에 필수적 절차규정이 있으면 예외). 따라서 행정심판의 제기가 임의적인 경우 행정소송제기 후 행정심판을 제기할 수도 있고, 행정심판 제기 후 행정소송을 제기할 수도 있고, 행정심판과 행정소송을 동시에 제기할 수도 있다. 행정심판이 임의절차인 경우에도 행정심판은 행정소송의 전심절차로서의 성격을 갖는다.

② 행정심판에서 인용재결이 내려지면 행정소송은 소의 이익이 없게 되어 각하판결을 내려야 한다. 그러나 행정심판에서 각하 또는 기각재결이 내려지면 행정소송에서 인용판결도 가능하다. 행정심판은 행정소송의 전심의 지위를 갖기 때문이다.

◆ 처분에 대한 이의신청과 재심사 제도 [시행일: 2023.3.24.]

> **행정기본법 제36조(처분에 대한 이의신청)** ① 행정청의 처분(「행정심판법」 제3조에 따라 같은 법에 따른 행정심판의 대상이 되는 처분을 말한다. 이하 이 조에서 같다)에 이의가 있는 당사자는 처분을 받은 날부터 30일 이내에 해당 행정청에 이의신청을 할 수 있다.
> ② 행정청은 제1항에 따른 이의신청을 받으면 그 신청을 받은 날부터 14일 이내에 그 이의신청에 대한 결과를 신청인에게 통지하여야 한다. 다만, 부득이한 사유로 14일 이내에 통지할 수 없는 경우에는 그 기간을 만료일 다음 날부터 기산하여 10일의 범위에서 한 차례 연장할 수 있으며, 연장 사유를 신청인에게 통지하여야 한다.
> ③ 제1항에 따라 이의신청을 한 경우에도 그 이의신청과 관계없이 「행정심판법」에 따른 행정심판 또는 「행정소송법」에 따른 행정소송을 제기할 수 있다.
> ④ 이의신청에 대한 결과를 통지받은 후 행정심판 또는 행정소송을 제기하려는 자는 그 결과를 통지받은 날(제2항에 따른 통지기간 내에 결과를 통지받지 못한 경우에는 같은 항에 따른 통지기간이 만료되는 날의 다음 날을 말한다)부터 90일 이내에 행정심판 또는 행정소송을 제기할 수 있다.
> ⑤ 다른 법률에서 이의신청과 이에 준하는 절차에 대하여 정하고 있는 경우에도 그 법률에서 규정하지 아니한 사항에 관하여는 이 조에서 정하는 바에 따른다.
> ⑥ 제1항부터 제5항까지에서 규정한 사항 외에 이의신청의 방법 및 절차 등에 관한 사항은 대통령령으로 정한다.
> ⑦ 다음 각 호의 어느 하나에 해당하는 사항에 관하여는 이 조를 적용하지 아니한다.
> 1. 공무원 인사 관계 법령에 따른 징계 등 처분에 관한 사항
> 2. 「국가인권위원회법」 제30조에 따른 진정에 대한 국가인권위원회의 결정
> 3. 「노동위원회법」 제2조의2에 따라 노동위원회의 의결을 거쳐 행하는 사항
> 4. 형사, 행형 및 보안처분 관계 법령에 따라 행하는 사항
> 5. 외국인의 출입국·난민인정·귀화·국적회복에 관한 사항
> 6. 과태료 부과 및 징수에 관한 사항
>
> **제37조(처분의 재심사)** ① 당사자는 처분(제재처분 및 행정상 강제는 제외한다. 이하 이 조에서 같다)이 행정심판, 행정소송 및 그 밖의 쟁송을 통하여 다툴 수 없게 된 경우(법원의 확정판결이 있는 경우는 제외한다)라도 다음 각 호의 어느 하나에 해당하는 경우에는 해당 처분을 한 행정청에 처분을 취소·철회하거나 변경하여 줄 것을 신청할 수 있다.
> 1. 처분의 근거가 된 사실관계 또는 법률관계가 추후에 당사자에게 유리하게 바뀐 경우
> 2. 당사자에게 유리한 결정을 가져다주었을 새로운 증거가 있는 경우

3. 「민사소송법」 제451조에 따른 재심사유에 준하는 사유가 발생한 경우 등 대통령령으로 정하는 경우

② 제1항에 따른 신청은 해당 처분의 절차, 행정심판, 행정소송 및 그 밖의 쟁송에서 당사자가 중대한 과실 없이 제1항 각 호의 사유를 주장하지 못한 경우에만 할 수 있다.

③ 제1항에 따른 신청은 당사자가 제1항 각 호의 <u>사유를 안 날부터 60일</u> 이내에 하여야 한다. 다만, <u>처분이 있은 날부터 5년</u>이 지나면 신청할 수 없다.

④ 제1항에 따른 신청을 받은 행정청은 특별한 사정이 없으면 신청을 받은 날부터 90일(합의제행정기관은 180일) 이내에 처분의 재심사 결과(재심사 여부와 처분의 유지·취소·철회·변경 등에 대한 결정을 포함한다)를 신청인에게 통지하여야 한다. 다만, 부득이한 사유로 90일(합의제행정기관은 180일) 이내에 통지할 수 없는 경우에는 그 기간을 만료일 다음 날부터 기산하여 90일(합의제행정기관은 180일)의 범위에서 한 차례 연장할 수 있으며, 연장 사유를 신청인에게 통지하여야 한다.

⑤ 제4항에 따른 처분의 재심사 결과 중 <u>처분을 유지하는 결과에 대해서는 행정심판, 행정소송 및 그 밖의 쟁송수단을 통하여 불복할 수 없다.</u>

⑥ 행정청의 제18조에 따른 취소와 제19조에 따른 철회는 처분의 재심사에 의하여 영향을 받지 아니한다.

⑦ 제1항부터 제6항까지에서 규정한 사항 외에 처분의 재심사의 방법 및 절차 등에 관한 사항은 대통령령으로 정한다.

⑧ 다음 각 호의 어느 하나에 해당하는 사항에 관하여는 이 조를 적용하지 아니한다.
1. 공무원 인사 관계 법령에 따른 징계 등 처분에 관한 사항
2. 「노동위원회법」 제2조의2에 따라 노동위원회의 의결을 거쳐 행하는 사항
3. 형사, 행형 및 보안처분 관계 법령에 따라 행하는 사항
4. 외국인의 출입국·난민인정·귀화·국적회복에 관한 사항
5. 과태료 부과 및 징수에 관한 사항
6. 개별 법률에서 그 적용을 배제하고 있는 경우

예제 행정소송과 행정심판의 관계에 대한 설명으로 옳지 않은 것은?(다툼이 있는 경우 판례에 의함)
① 필요적 행정심판전치주의가 적용되는 경우 처분의 집행 또는 절차의 속행으로 생길 중대한 손해를 예방하여야 할 긴급한 필요가 있는 때에는 재결을 거치지 아니하고 취소소송을 제기할 수 있으나, 이 경우에도 행정심판은 제기하여야 한다.
② 「부가가치세법」상 과세처분의 무효선언을 구하는 의미에서 그 취소를 구하는 소송은 전심절차를 거칠 필요가 없다.
③ 필요적 행정심판전치주의가 적용되는 경우 그 요건을 구비하였는지 여부는 법원의 직권조사사항이다.
④ 필요적 행정심판전치주의가 적용되는 경우 행정심판전치 요건은 사실심 변론종결시까지 충족하면 된다.

정답 ②
② (×) 행정처분의 당연무효를 선언하는 의미에서 취소를 구하는 행정소송을 제기한 경우에도 제소기간의 준수 등 취소소송의 제소요건을 갖추어야 한다(대판 1993.3.12. 92누11039).

예제 ▶ 행정심판과 행정소송에 대한 설명으로 옳지 않은 것은? (다툼이 있는 경우 판례에 의함)

① 행정심판을 청구하려는 자는 행정심판위원회뿐만 아니라 피청구인인 행정청에도 행정심판청구서를 제출할 수 있으나 행정소송을 제기하려는 자는 법원에 소장을 제출하여야 한다.
② 행정심판에서는 행정청이 상대방에게 심판청구기간을 법정 심판청구기간보다 긴 기간으로 잘못 알린 경우에 그 잘못 알린 기간 내에 심판청구가 있으면 그 심판청구는 법정 심판청구기간 내에 제기된 것으로 보나 행정소송에서는 그렇지 않다.
③ 행정심판법은 행정소송법과는 달리 집행정지뿐만 아니라 임시처분도 규정하고 있다.
④ 행정심판에서 행정심판위원회는 행정청의 부작위가 위법, 부당하다고 판단되면 직접 처분을 할 수 있으나 행정소송에서 법원은 행정청의 부작위가 위법한 경우에만 직접 처분을 할 수 있다.

정답 ④

④ (×) 행정심판에 있어 행정심판위원회의 직접 처분이 허용되는 것과 달리 행정소송에서 직접 처분은 권력분립의 원칙상 허용되지 않는다.
① (○) 행정심판법 제23조 제1항, 행정소송법 제8조 제2항, 민사소송법 제248조
② (○) 청구기간 오고지의 효과에 관한 「행정심판법」 제27조 제5항 규정은 행정소송에는 적용되지 않는다.
③ (○) 행정심판법 제31조(임시처분)

03 행정심판법상 행정심판의 종류

1. 취소심판

(1) 의의

행정청의 위법 또는 부당한 처분을 취소하거나 변경하는 행정심판을 말한다(행정심판법 제5조 제1호, 제2조). 취소에는 적극적 처분의 취소뿐만 아니라 소극적 처분인 거부처분의 취소를 포함한다. 변경이란 취소소송에서와 달리 적극적 변경(예 영업정지처분을 과징금부과처분으로 변경)을 의미한다. 취소심판은 무효등확인심판과 부작위에 대한 의무이행심판과는 달리 청구기간의 제한이 있다. 행정심판법은 대표적인 유형인 취소심판을 중심으로 절차적 규정을 마련하고 있다.

(2) 성질

① **형성적 쟁송설(통설)** : 취소심판은 법률관계를 성립시킨 처분의 효력을 다투어 그 취소·변경에 의하여 당해 법률관계를 소멸 또는 변경시키는 성질의 심판이라고 한다.
② **확인적 쟁송설** : 취소심판은 처분의 위법성·부당성을 확인하는 성질의 심판이라고 한다. 위법한 처분은 원칙적으로 무효라는 입장에 근거한다.

(3) 재결

위원회는 취소심판의 청구가 이유가 있다고 인정하면 처분을 취소 또는 다른 처분으로 변경하거나 처분을 다른 처분으로 변경할 것을 피청구인에게 명한다(제43조 제3항). 취소심판의 청구가 적법하지 않거나 이유없다고 인정한 때에는 당해 심판청구를 각하 또는 기각하는 재결을 한다(제1항, 제2

항). 다만 심판청구가 이유 있다고 인정하는 경우에도 이를 인용하는 것이 현저히 공공복리에 적합하지 아니하다고 인정하는 때에는 그 심판청구를 기각하는 사정재결을 할 수 있다(제44조 제1항).

2. 무효등확인심판

(1) 의의

행정청의 처분의 효력 유무 또는 존재 여부에 대한 확인을 하는 심판을 말한다(행정심판법 제5조 제2호). 처분이 무효 또는 부존재인 경우에도 실제로 유효 또는 존재하는 것으로 오인되어 행정청에 의해 집행될 우려가 있고, 또한 반대로 유효하게 존재하는 처분을 무효 또는 부존재라 하여 그것을 부인함으로써 상대방의 법률상 이익을 침해할 수 있다는 점이 존재이유이다. 무효등확인심판은 취소심판과는 달리 청구기간에 관한 규정이 적용되지 아니한다(제27조 제7항).

(2) 성질

① **확인적 쟁송설** : 무효등확인심판은 적극적으로 처분의 효력을 소멸시키거나 발생시키는 것이 아니라 당해 처분이 무효등임을 확인하는 데 그치는 것이라고 한다.
② **형성적 쟁송설** : 무효와 취소의 상대성을 전제로 하여, 무효등확인심판도 결국 행정작용의 효력관계를 다투는 것으로서 본질적으로 형성적 쟁송이라고 한다.
③ **준형성적 쟁송설(통설)** : 무효등확인심판은 실질적으로는 확인쟁송이나, 형식적으로는 처분의 효력 유무 등을 직접 소송의 대상으로 한다는 점에서 형성적 쟁송으로서의 성질을 아울러 가진다고 한다.

(3) 재결

위원회는 무효등확인심판의 청구가 이유가 있다고 인정하면 처분의 효력 유무 또는 처분의 존재 여부를 확인한다(제44조 제4항). 여기에는 처분무효확인재결·처분유효확인재결·처분부존재확인재결·처분존재확인재결 또는 처분실효확인재결이 있다. 무효등확인심판에 있어서는 사정재결을 할 수 없다(제44조 제3항).

3. 의무이행심판

(1) 의의

당사자의 신청에 대한 행정청의 위법 또는 부당한 거부처분이나 부작위에 대하여 일정한 처분을 하도록 하는 행정심판이다(제5조 제3호). 행정에 대한 국민생활의 의존도가 매우 높은 오늘날에는 소극적인 행정작용으로 인한 국민의 권익침해에 대한 구제수단도 필요하므로 이에 대응하여 마련된 심판유형이다. 즉 취소심판에서는 취소재결로서 권리구제를 이루지만, 의무이행심판을 통해서는 위법한 처분을 취소하는 것에 그치지 않고 적법한 처분을 하도록 명령할 수 있다. 그러나 행정청의 부작위에 대한 작위의무의 이행이나 확인을 구하는 행정소송이 허용될 수는 없다(대판 1992.11.10. 92누1629).

(2) 성질

① 행정청에게 일정한 처분을 할 것을 명하는 심판이므로 이행쟁송의 성질을 갖는다.
② 거부처분에 대한 의무이행심판은 청구기간의 제한을 받으나, 부작위에 대한 의무이행심판은 청구기간의 제한을 받지 않는다(제27조 제7항).

(3) 재결

위원회는 의무이행심판의 청구가 이유가 있다고 인정하면 지체 없이 신청에 따른 처분을 하거나(형성적 재결) 처분을 할 것을 피청구인에게 명한다(이행적 재결). 이행재결의 경우에는 행정청은 지체 없이 그 재결의 취지에 따라 이전의 신청에 대한 처분을 하여야 한다(제49조 제2항). 신청에 따른 처분을 명하는 재결은 청구인의 신청대로 처분할 것을 명하는 재결(기속행위 또는 재량이 영으로 수축되는 경우)과 신청을 방치하지 말고 어떠한 처분이든 하도록 명하는 재결(처분명령재결)로 구분된다.

04 특별행정심판

1. 의의

행정심판법상의 행정심판에 대하여 많은 개별 법률에서 특례규정을 두고 있다. 행정심판에 관한 개별 법률의 특례규정은 행정심판법에 대한 특별법적 규정이므로 행정심판법에 우선하여 적용된다. 그러나 행정심판법은 특별행정심판의 남설(濫設)을 방지하기 위하여 특별행정심판 신설 등을 위한 협의의무 조항을 두고 있다.

2. 특별행정심판의 사례

국세에 대한 행정심판	국세부과처분에 대해 행정소송을 제기하기 전에 국세청장에 대한 심사청구 또는 조세심판원에 대한 심판청구를 택일하여 청구하여야 한다(국세기본법 제55조 제1항·제2항·제9항, 제56조 제2항).
중앙 노동위원회의 재심	지방노동위원회 또는 특별노동위원회의 노동쟁의에 대한 중재재정(노동조합및노동관계조정법 제69조 제1항), 부당노동행위에 대한 지방노동위원회 또는 특별노동위원회의 구제명령 또는 기각결정(제85조 제1항), 지방노동위원회 또는 특별노동위원회의 처분(노동위원회법 제26조 제1항)에 대한 재심은 행정심판에 해당한다.
보험급여 등에 관한 행정심판	산업재해보상보험재심사위원회의 재심사청구에 대한 결정(산업재해보상보험법 제106조)은 행정심판에 해당한다.
공무원징계에 대한 소청심사	행정기관 소속 공무원의 징계처분, 그 밖에 그 의사에 반하는 불리한 처분이나 부작위에 대한 소청을 심사·결정하게 하기 위하여 안전행정부에 소청심사위원회를 둔다(국가공무원법 제9조 제1항).
교원 소청심사	각급학교 교원의 징계처분 그 밖에 그 의사에 반하는 불리한 처분(교원에 대한 재임용 거부처분을 포함)에 대한 소청심사를 하게 하기 위하여 교육인적자원부에 교원소청심사위원회를 둔다(「교원의 지위 향상 및 교육활동 보호를 위한 특별법」 제7조 제1항).
토지수용과 이의재결	중앙토지수용위원회는 이의신청이 있는 경우 원처분인 수용재결이 위법 또는 부당하다고 인정하는 때에는 그 재결의 전부 또는 일부를 취소하거나 보상액을 변경할 수 있다(토지보상법 제84조 제1항).
해양안전심판	해양사고사건을 심판하기 위하여 해양수산부장관 소속으로 해양안전심판원을 둔다(해양사고의 조사 및 심판에 관한 법률 제3조).
특허심판	특허·실용신안·디자인 및 상표에 관한 심판과 재심 및 이에 관한 조사·연구에 관한 사무를 관장하게 하기 위하여 특허청장 소속하에 특허심판원을 둔다(특허법 제132조의2 제1항).

3. 특별행정심판 신설 등을 위한 협의의무 등

(1) 사안(事案)의 전문성과 특수성을 살리기 위하여 특히 필요한 경우 외에는 이 법에 따른 행정심판을 갈음하는 특별한 행정불복절차나 이 법에 따른 행정심판 절차에 대한 특례를 다른 법률로 정할 수 없다(행정심판법 제4조 제1항).

(2) 다른 법률에서 특별행정심판이나 이 법에 따른 행정심판 절차에 대한 특례를 정한 경우에도 그 법률에서 규정하지 아니한 사항에 관하여는 이 법에서 정하는 바에 따른다(제2항).

(3) 관계 행정기관의 장이 특별행정심판 또는 이 법에 따른 행정심판 절차에 대한 특례를 신설하거나 변경하는 법령을 제정·개정할 때에는 미리 중앙행정심판위원회와 협의하여야 한다(제3항).

> **예제** 다음 중 「행정심판법」에 따른 행정심판을 제기할 수 없는 경우만을 모두 고르면? (다툼이 있는 경우 판례에 의함)
>
> ㉠ 「공공기관의 정보공개에 관한 법률」상 정보공개와 관련한 공공기관의 비공개결정에 대하여 이의신청을 한 경우
> ㉡ 「공익사업을 위한 토지 등의 취득 및 보상에 관한 법률」상 토지수용위원회의 수용재결에 이의가 있어 중앙토지수용위원회에 이의를 신청한 경우
> ㉢ 「난민법」상 난민불인정결정에 대해 법무부장관에게 이의신청을 한 경우
> ㉣ 「민원 처리에 관한 법률」상 법정민원에 대한 행정기관의 장의 거부처분에 대해 그 행정기관의 장에게 이의신청을 한 경우
>
> ① ㉠, ㉡   ② ㉠, ㉣   ③ ㉡, ㉢   ④ ㉢, ㉣
>
> **정답** ③
>
> ㉡ (×) 중앙토지수용위원회의 제34조에 따른 재결에 이의가 있는 자는 중앙토지수용위원회에 이의를 신청할 수 있다(공익사업을 위한 토지 등의 취득 및 보상에 관한 법률 제83조 제1항). 여기서 재결은 수용재결을 말하므로 행정심판법에 따른 행정심판을 제기하는 것이 아니다.
> ㉢ (×) 제1항에 따른 이의신청을 한 경우에는 「행정심판법」에 따른 행정심판을 청구할 수 없다(난민법 제21조 제2항).

제2절 행정심판기관(행정심판위원회)

1. 의의

행정심판위원회는 '**행정청의 처분 또는 부작위에 대한 행정심판의 청구를 심리·재결**'하기 위한 **비상설 합의제 행정청**이다. 행정심판위원회는 원칙적으로 행정청에 소속되어 있지만 독자적으로 심리·재결할 수 있는 권한을 가진다. 그러므로 행정심판위원회의 심리·재결에 관하여 행정청은 지휘·감독할 수 없다.

2. 행정심판위원회의 유형

(1) 일반행정심판위원회

① **독립기관 등 소속 행정심판위원회** : ㉠ 감사원, 국가정보원장, 그 밖에 대통령령으로 정하는 대통령 소속기관의 장(예 대통령비서실장, 국가안보실장, 대통령경호처장, 방송통신위원회), ㉡ 국회사무총장·법원행정처장·헌법재판소사무처장 및 중앙선거관리위원회사무총장, ㉢ 국가인권위원회, 그 밖에 지위·성격의 독립성과 특수성 등이 인정되어 대통령령으로 정하는 행정청(예 고위공직자범죄수사처장)의 처분 또는 부작위에 대한 행정심판청구는 해당 행정청에 두는 행정심판위원회에서 심리·재결한다(행정심판법 제6조 제1항).

② **중앙행정심판위원회** : ㉠ 제1항에 따른 행정청 외의 국가행정기관의 장 또는 그 소속 행정청, ㉡ 특별시장·광역시장·특별자치시장·도지사·특별자치도지사(특별시·광역시·특별자치시·도 또는 특별자치도의 교육감을 포함) 또는 특별시·광역시·특별자치시·도·특별자치도의 의회(의장, 위원회의 위원장, 사무처장 등 의회 소속 모든 행정청을 포함), ㉢ 「지방자치법」에 따른 지방자치단체조합 등 관계 법률에 따라 국가·지방자치단체·공공법인 등이 공동으로 설립한 행정청(다만 제3항 제3호에 해당하는 행정청은 제외)의 처분 또는 부작위에 대한 행정심판청구는 「부패방지 및 국민권익위원회의 설치와 운영에 관한 법률」에 따른 국민권익위원회에 두는 중앙행정심판위원회에서 심리·재결한다(행정심판법 제6조 제2항).

③ **시·도행정심판위원회** : ㉠ 시·도 소속 행정청, ㉡ 시·도의 관할구역에 있는 시·군·자치구의 장, 소속 행정청 또는 시·군·자치구의 의회(의장, 위원회의 위원장, 사무국장, 사무과장 등 의회 소속 모든 행정청을 포함), ㉢ 시·도의 관할구역에 있는 둘 이상의 지방자치단체(시·군·자치구를 말함)·공공법인 등이 공동으로 설립한 행정청의 처분 또는 부작위에 대한 심판청구에 대하여는 시·도지사 소속으로 두는 행정심판위원회에서 심리·재결한다(행정심판법 제6조 제3항).

④ **직근 상급행정기관 소속 행정심판위원회** : 대통령령으로 정하는 국가행정기관[법무부 및 대검찰청 소속 특별지방행정기관(직근 상급행정기관이나 소관 감독행정기관이 중앙행정기관인 경우는 제외)] 소속 특별지방행정기관의 장의 처분 또는 부작위에 대한 심판청구에 대하여는 해당 행정청의 직근 상급행정기관에 두는 행정심판위원회에서 심리·재결한다(행정심판법 제6조 제4항).

(2) 특별행정심판위원회

개별법에 의해 설치되는 특별행정심판을 담당하는 특별행정심판위원회로는 중앙노동위원회, 소청심사위원회, 조세심판원, 중앙토지수용위원회, 특허심판원, 해양안전심판위원회 등이 있다.

3. 권한

심리·재결· 집행정지결정권	행정심판위원회의 권한으로 중심적인 것은 심판청구사건에 대하여 심리하고 재결하는 권한이다. 심리에는 요건심리와 본안심리가 있다. 그 밖에 사정재결을 할 수 있고, 집행정지결정권과 집행정지취소결정권을 갖는다.
심리권에 부수된 권한	① 증거조사권(행정심판법 제36조), ② 선정대표자선정권고권(제15조), ③ 청구인지위승계허가권(제16조 제5항), ④ 피청구인경정권(제17조 제2항), ⑤ 대리인선임허가권(제18조 제1항), ⑥ 심판참가허가권 및 요구권(제20조, 제21조), ⑦ 청구취지 또는 청구이유변경불허권(제29조), ⑧ 보정명령권(제32조 제1항) 등이 있다.
불합리한 법령 등의 시정조치요구권	중앙행정심판위원회는 심판청구를 심리·의결함에 있어서 처분 또는 부작위의 근거가 되는 명령 등(대통령령·총리령·부령·훈령·예규·고시·조례·규칙 등)이 법령에 근거가 없거나 상위법령에 위배되거나 국민에게 과도한 부담을 주는 등 현저하게 불합리하다고 인정되는 경우에는 관계행정기관에 대하여 당해 명령 등의 개정·폐지 등 적절한 시정조치를 요청할 수 있다(제59조 제1항). 제1항에 따른 요청을 받은 관계 행정기관은 정당한 사유가 없으면 이에 따라야 한다(제2항).
기속력 확보를 위한 직접처분권	당사자의 신청을 거부하거나 부작위로 방치한 처분의 이행을 명하는 재결이 있는 경우에는 행정청은 지체 없이 그 재결의 취지에 따라 다시 이전의 신청에 대한 처분을 하여야 한다. 이 경우 위원회는 당해 행정청이 처분을 하지 아니하는 때에는 당사자의 신청에 따라 기간을 정하여 서면으로 시정을 명하고 그 기간 내에 이행하지 아니하는 경우에는 당해 처분을 할 수 있다(제50조 제1항).(자세히는 후술)
권한의 위임	위원회의 권한중 경미한 사항은 국회규칙·대법원규칙·헌법재판소규칙·중앙선거관리위원회규칙 또는 대통령령이 정하는 바에 따라 위원장에게 위임할 수 있다(제61조).

제3절 행정심판의 당사자 및 관계인

01 행정심판의 당사자

1. 심판청구인

(1) 의의

심판청구인이란 **심판청구의 대상이 되는 처분등에 불복하여 심판청구를 제기하는 자**를 말한다. 청구인은 처분의 상대방 또는 제3자도 될 수 있고, 자연인 또는 법인이어야 한다. 법인 아닌 사단 또는 재단으로서 대표자 또는 관리인이 정하여져 있는 경우에는 그 사단이나 재단의 이름으로 심판청구를 할 수 있다(행정심판법 제14조). 법주체인 국가나 지방자치단체는 청구인능력이 있으나, 행정기관은 법주체가 아니므로 원칙상 청구인능력이 없다. 그러나 예외적으로 행정기관이 법령상 민간과 같은 사업수행자로서의 지위에 있는 경우에는 행정심판을 청구할 수 있는 경우도 있다.

(2) 청구인적격

① 행정심판을 청구할 수 있는 자는 취소심판의 경우에는 처분의 취소 또는 변경을 구할 법률상 이익이 있는 자이고(제13조 제1항 제1문), 무효등확인심판의 경우에는 처분의 효력유무 또는 존재여

부에 대한 확인을 구할 법률상 이익이 있는 자이며(제2항), 의무이행심판의 경우에는 행정청의 거부처분 또는 부작위에 대하여 일정한 처분을 구할 법률상 이익이 있는 자이다(제3항). '법률상 이익이 있는 자'의 의미는 항고소송의 경우와 동일하다(후술).
② 다만 처분의 효과가 기간의 경과, 처분의 집행 그 밖의 사유로 인하여 소멸된 뒤에도 그 처분의 취소로 인하여 회복되는 법률상 이익이 있는 자도 행정심판을 제기할 수 있다(제1항 제2문).

(3) 심판청구인지위의 보장

① 선정대표자
㉠ 여러 명의 청구인이 공동으로 심판청구를 하는 때에는 청구인중 3명 이하의 대표자를 선정할 수 있고, 청구인이 대표자를 선정하지 아니한 경우에 위원회가 필요하다고 인정할 때에는 청구인에게 대표자를 선정할 것을 권고할 수 있다(행정심판법 제15조 제1항·제2항).

㉡ 선정대표자는 각기 다른 청구인을 위하여 그 사건에 관한 모든 행위를 할 수 있다(제3항). 선정대표자가 선정된 때에는 다른 청구인들은 그 선정대표자를 통하여서만 그 사건에 관한 행위를 할 수 있다(제4항).

㉢ 대표자를 선정한 청구인들은 필요하다고 인정할 때에는 선정대표자를 해임하거나 변경할 수 있다. 이 경우 청구인들은 그 사실을 지체 없이 위원회에 서면으로 알려야 하고(제5항), 선정대표자가 그 자격을 잃은 때에는 청구인은 그 사실을 서면으로 위원회에 신고하여야 한다(제19조 제2항).

② 청구인의 지위승계
㉠ **당연승계** : 청구인이 사망한 때에는 상속인 그 밖에 법령에 따라 심판청구의 대상에 관계되는 권리나 이익을 승계한 자가 그 청구인의 지위를 승계하며(제16조 제1항), 법인과 법인 아닌 사단 또는 재단이 합병한 경우에는 합병후 존속하는 법인 등이나 또는 합병에 의하여 설립된 법인 등이 그 청구인의 지위를 승계한다(제2항).

㉡ **허가승계** : 심판청구의 대상과 관계되는 권리 또는 이익을 양수한 자는 위원회의 허가를 받아 청구인의 지위를 승계할 수 있다(제5항). 이 경우 위원회가 지위 승계를 허가하지 아니하면 신청인은 결정서 정본을 받은 날부터 7일 이내에 위원회에 이의신청을 할 수 있다(제8항).

③ 대리
㉠ **대리인** : 청구인은 법정대리인 외에 ㉠ 청구인의 배우자, 청구인 또는 배우자의 사촌 이내의 혈족, ㉡ 청구인인 법인 또는 법인 아닌 사단·재단의 소속 임직원, ㉢ 변호사, ㉣ 다른 법률에 따라 심판청구를 대리할 수 있는 자, ㉤ 그 밖에 위원회의 허가를 받은 자를 대리인으로 선임할 수 있다(제18조 제1항).

㉡ **국선대리인** : 청구인이 경제적 능력으로 인해 대리인을 선임할 수 없는 경우에는 위원회에 국선대리인을 선임하여 줄 것을 신청할 수 있다(제18조의2 제1항). 이 경우 위원회는 심판청구가 명백히 부적법하거나 이유 없는 경우 또는 권리의 남용이라고 인정되는 경우에는 국선대리인을 선정하지 아니할 수 있다(제2항).

2. 심판피청구인

(1) 피청구인적격

① 행정심판은 처분을 한 행정청(의무이행심판의 경우에는 청구인의 신청을 받은 행정청)을 피청구인으로 하여 청구하여야 한다. 다만 심판청구의 대상과 관계되는 권한이 다른 행정청에 승계된 경우에는 권한을 승계한 행정청을 피청구인으로 하여야 한다(제17조 제1항). 행정청은 국가나 지방자치단체의 기관이므로 원칙적으로 국가나 지방자치단체 등이 피청구인이 되어야 하지만, 심판절차진행의 편의와 적정한 분쟁해결을 위해 행정청을 피청구인으로 하였다.

② 피청구인은 그 소속 직원 또는 ㉠ 변호사, ㉡ 다른 법률에 따라 심판청구를 대리할 수 있는 자, ㉢ 그 밖에 위원회의 허가를 받은 자의 어느 하나에 해당하는 자를 대리인으로 선임할 수 있다(제18조 제2항).

(2) 피청구인의 경정

① 청구인이 피청구인을 잘못 지정한 때에는 위원회는 당사자의 신청 또는 직권에 의하여 결정으로써 피청구인을 경정할 수 있다(제17조 제2항). 이 경우 종전의 피청구인에 대한 심판청구는 취하되고 새로운 피청구인에 대한 심판청구가 처음에 심판청구를 한 때에 제기된 것으로 본다(제4항).

② 심판청구가 제기된 후에 권한이 다른 행정청에 승계된 때에는 당사자의 신청 또는 직권에 의하여 결정으로써 피청구인을 경정한다(제5항).

③ 당사자는 제2항 또는 제5항에 따른 위원회의 결정에 대하여 결정서 정본을 받은 날부터 7일 이내에 위원회에 이의신청을 할 수 있다(제6항).

02 행정심판 이해관계자의 참가제도

1. 심판참가의 의의

심판참가라 함은 현재 계속 중인 타인간의 행정심판에 심판결과에 대하여 이해관계가 있는 제3자 또는 행정청이 참가하는 것을 말한다. 특히 취소심판에 있어서는 제3자효 행정행위와 같이 처분의 상대방 이외에 제3자의 권익에도 영향을 미치는 경우가 많기 때문에 심판참가를 인정할 필요성이 크다. 심판참가에는 제3자의 심판참가와 행정청의 심판참가가 있다. 또한 심판참가는 이해관계인 또는 행정청의 신청에 의한 참가(제20조)와 위원회의 요구에 의한 참가(제21조)로 나눌 수도 있다.

2. 이해관계가 있는 제3자의 의미

'이해관계가 있는 제3자'란 당해 처분 자체에 대하여 이해관계가 있는 자뿐만 아니라 재결내용에 따라서 불이익을 받게 될 자(예 공매처분의 취소를 구하는 심판청구가 제기된 경우의 당해 공매신청의 매수자)도 포함된다. 그리고 '이해관계'라 함은 사실상, 경제상 또는 감정상의 이해관계가 아니라 법률상의 이해관계를 가리키며(대판 1997.12.26. 96다51714), 심판의 결과에 의해 권리 또는 이익을 박탈당할 우려가 있는 경우를 말한다.

> **관련판례**
>
> 심판참가의 요건
> 소송사건에서 당사자의 일방을 보조하기 위하여 보조참가를 하려면 당해 소송의 결과에 대하여 이해관계가 있어야 할 것인바, 여기에서 말하는 이해관계라 함은 <u>소송의 결과에 대하여 이해관계가 있어야 할 것인바, 여기에서 말하는 이해관계라 함은 사실상, 경제상 또는 감정상의 이해관계가 아니라 법률상의 이해관계</u>를 가리킨다(대판 1997.12.26. 96다51714).

3. 참가의 유형

(1) 신청에 의한 참가

① 심판결과에 대하여 이해관계가 있는 제3자 또는 행정청은 해당 심판청구에 대한 위원회나 소위원회의 의결이 있기 전까지 그 사건에 심판참가할 수 있다(제20조 제1항).

② 위원회는 기간을 정하여 당사자와 다른 참가인에게 제3자의 참가신청에 대한 의견을 제출하도록 할 수 있으며, 당사자와 다른 참가인이 그 기간에 의견을 제출하지 아니하면 의견이 없는 것으로 본다(제4항).

③ 위원회는 참가신청을 받으면 허가 여부를 결정하고, 지체 없이 신청인에게는 결정서 정본을, 당사자와 다른 참가인에게는 결정서 등본을 송달하여야 한다(제5항). 신청인은 송달을 받은 날부터 7일 이내에 위원회에 이의신청을 할 수 있다(제6항).

④ 이러한 참가제도는 이해관계자의 권익보호와 밀접한 관련을 맺는 제도이므로 이해관계자의 신청이 있는 경우에 특별한 사유가 없는 한 참가를 허가하여야 한다는 것이 학설의 일반적 태도이다.

(2) 요구에 의한 참가

① 위원회는 필요하다고 인정할 때에는 그 심판결과에 대하여 이해관계가 있는 제3자 또는 행정청에게 그 사건에 참가할 것을 요구할 수 있다(제21조 제1항).

② 이 때 그 요구를 받은 제3자 또는 행정청은 지체 없이 그 사건에 참가할 것인지 여부를 위원회에 통지하여야 한다(제2항).

4. 참가인의 지위

참가인은 행정심판 절차에서 당사자가 할 수 있는 심판절차상의 행위를 할 수 있다(제22조 제1항). 당사자가 위원회에 서류를 제출할 때에는 참가인의 수만큼 부본을 제출하여야 하고, 위원회가 당사자에게 통지를 하거나 서류를 송달할 때에는 참가인에게도 통지하거나 송달하여야 한다(제2항). 참가인의 대리인 선임과 대표자 자격 및 서류 제출에 관하여는 동법 제18조, 제19조 및 이 조 제2항을 준용한다(제3항).

제4절 행정심판의 청구

01 청구요건

1. 심판청구의 대상

(1) 개괄주의와 열기주의

① 행정심판사항의 규정방법에는 ㉠ 법률상 예외가 인정된 사항을 제외하고는 일반적으로 모든 사항에 대하여 행정심판을 인정하는 개괄주의, ㉡ 특정한 사항에 대해서만 행정심판을 인정하는 열기주의가 있다.

② 행정심판법은 '행정청의 처분 또는 부작위에 대하여는 다른 법률에 특별한 규정이 있는 경우 외에는 이 법에 따라 행정심판을 청구할 수 있다'(제3조 제1항)라고 하여 개괄주의를 채택하고 있다. 다만 대통령의 처분과 부작위는 다른 법률에 특별한 규정이 있는 경우를 제외하고는 행정심판을 제기할 수 없다(제2항).

(2) 행정청

행정심판의 대상은 「행정청」의 처분 또는 부작위이다.

① 행정청은 원래 **국가 또는 지방자치단체의 행정에 관한 의사를 결정하고 이를 외부에 표시할 수 있는 권한을 가진 행정기관**을 의미한다. 그런데 행정심판법상으로는 행정부에 속하지 않는 국회사무총장·법원행정처장·헌법재판소사무처장 역시 행정청에 해당된다.

② 행정청에는 법령 또는 자치법규에 따라 행정권한을 가지고 있거나 위탁을 받은 공공단체나 그 기관 또는 사인(私人)이 포함된다(제2조 4호).

③ 처분이나 부작위가 있은 뒤에 그 권한이 다른 행정청에 승계된 때에는 그 권한을 승계한 행정청이 처분청 또는 부작위청이 된다(제17조 제1항).

(3) 처분

① 행정심판법상 처분은 '**행정청이 행하는 구체적 사실에 관한 법집행으로서의 공권력의 행사 또는 그 거부와 그 밖에 이에 준하는 행정작용**'을 말한다(제2조 1호).

② 구체적 사실에 대한 법집행으로서의 공권력의 행사란 개별적·구체적 규율로서 외부적 효력을 갖는 법적 행위인 권력적 행정작용을 의미한다.

③ **거부처분**은 상대방의 처분의 발령 신청에 대하여 이를 거부하는 처분을 말한다. 거부처분에는 명시적 기각결정과 간주거부가 포함된다.

④ '**그 밖에 이에 준하는 행정작용**'에 관하여 일부의 견해는, 일정한 행정작용이 행정행위로서의 실체를 갖추지 않은 것이라고 할지라도 그에 대한 다른 실효적 구제수단이 없는 경우에는 당해 행정작용을 행정행위에 준하는 작용으로 보아 행정심판의 대상성을 인정할 수 있다고 한다. 이와 관련하여 문제되는 것이 이른바 형식적 행정행위의 개념이다.

(4) 부작위

부작위라 함은 '행정청이 당사자의 신청에 대하여 상당한 기간 내에 일정한 처분을 하여야 할 법률상 의무가 있는데도 처분을 하지 아니하는 것'을 말한다(제2조 제2호).

① **당사자의 신청** : 이때의 신청은 법령에서 명시적으로 인정하는 경우 뿐 아니라 법령의 해석상 특정인의 신청을 전제로 하고 있음이 인정되는 경우도 포함한다. 판례는 국민의 신청에 대한 부작위가 항고쟁송의 대상이 되기 위하여는 국민이 그 신청에 따른 행정행위를 해 줄 것을 요구할 수 있는 법규상 또는 조리상의 권리가 있어야 한다는 입장이다.

② **상당한 기간의 경과** : 상당한 기간이란 사회통념을 기준으로 당해 신청에 대한 처분을 하는 데에 행정청이 소요되는 것으로 판단되는 기간을 말한다. 실정법령에 사무처리기간의 규정을 둘 수도 있다.

③ **처분을 하여야 할 법률상 의무** : 당해 법령에서 처분의무를 명시하거나, 법령의 취지나 당해 처분의 성질에 비추어 처분의무가 존재해야 한다. 재량행위인 경우에도 재량이 영으로 수축되는 경우와 무하자재량행사청구권이 인정하는 경우에는 처분의무가 존재한다.

④ **처분의 부존재** : 행정청에 의한 인용처분도 거부처분도 존재하지 아니하여 처분으로 볼 수 있는 행정작용이 없는 경우를 말한다. 따라서 처분 간주규정이 있거나 외관을 갖는 무효처분인 경우는 이에 해당하지 않는다.

2. 심판청구방식

(1) 서면주의

심판청구는 서면으로 하여야 한다(제28조 제1항). 서면주의를 취한 것은 청구의 내용을 명백히 하여 법적 안정을 도모하려는 데에 있다. 다만 행정심판법은 전자정보처리조직을 통한 심판청구절차를 별도로 두고 있다(제52조).

(2) 기재사항

① 청구서면에는 청구인의 이름 및 주소, 피청구인인 행정청과 위원회, 심판청구의 대상이 되는 처분의 내용, 처분이 있음을 알게 된 날, 심판청구의 취지 및 이유, 피청구인의 고지의 유무 및 그 내용을 기재하여야 한다(제28조 제2항). 부작위에 대한 심판청구의 경우에는 청구인의 이름 및 주소, 피청구인인 행정청과 위원회, 심판청구의 취지 및 이유 외에 당해 부작위의 전제가 되는 신청의 내용과 날짜를 기재하여야 한다(제3항).

② 판례는 위법·부당한 행정처분으로 인하여 권리나 이익을 침해당한 자로부터 그 처분의 취소나 변경을 구하는 서면이 제출되었을 때에는 그 표제와 제출기관의 여하를 불문하고 이를 행정심판청구로 보아 제출자에게 이익이 되도록 해석하고 처리하여야 한다는 입장이다.

관련판례

불비된 사항이 있거나 취지가 불명확한 행정심판청구서의 처리방법
행정심판청구는 엄격한 형식을 요하지 않는 서면행위로 해석되므로, 위법·부당한 행정처분으로 인하여 권리나 이익을 침해당한 자로부터 그 처분의 취소나 변경을 구하는 서면이 제출되었을 때에는 그 표제와 제출기관의 여하를 불문하고 이를 행정소송법 제18조 소정의 행정심판청구로 보아야 하며, 심판청구인은 일반적으로 전문적 법률지식을 갖지 못하여 제출된 서면의 취지가 불명확한 경우가 적지 않을 것이나, 이러한 경우 행정청으로서는 그 서면을 가능한 한 제출자에게 이익이 되도록 해석하고 처리하여야 한다(대판 2007.6.1. 2005두11500).

'진정서'라는 제목의 서면 제출이 행정심판청구로 볼 수 있다고 한 사례
비록 제목이 '진정서'로 되어 있고, 재결청의 표시, 심판청구의 취지 및 이유, 처분을 한 행정청의 고지의 유무 및 그 내용 등 행정심판법 제19조 제2항 소정의 사항들을 구분하여 기재하고 있지 아니하여 행정심판청구서로서의 형식을 다 갖추고 있다고 볼 수는 없으나, 피청구인인 처분청과 청구인의 이름과 주소가 기재되어 있고, 청구인의 기명이 되어 있으며, 문서의 기재 내용에 의하여 심판청구의 대상이 되는 행정처분의 내용과 심판청구의 취지 및 이유, 처분이 있은 것을 안 날을 알 수 있는 경우, 위 문서에 기재되어 있지 않은 재결청, 처분을 한 행정청의 고지의 유무 등의 내용과 날인 등의 불비한 점은 보정이 가능하므로 위 문서를 행정처분에 대한 행정심판청구로 보는 것이 옳다(대판 2000.6.9. 98두2621).

3. 심판청구기간

(1) 의의

① 처분은 그 상대방뿐만 아니라 일반대중의 이해관계가 크기 때문에 행정법관계의 신속한 확정을 도모하기 위해서, 행정심판법은 행정심판청구기간을 법정화하였다. 불변기간을 경과하면 동 행정처분은 확정적인 것이 되어 관계인으로서는 더 이상 다툴 수 없다.
② 심판청구기간에 관한 문제는 취소심판청구와 거부처분에 대한 의무이행심판청구에만 해당된다.

(2) 원칙적인 심판청구기간

① 심판청구는 처분이 있음을 알게 된 날부터 90일 이내에 제기하여야 한다(제27조 제1항). 처분이 있었던 날로부터 180일을 경과하면 제기하지 못한다(제3항). 90일은 불변기간이나 180일은 불변기간이 아니다. 90일과 180일 중 어느 것이라도 먼저 경과하면 심판제기는 불가능하게 된다.
② 처분이 있음을 알게 된 날이란 통지·공고 기타의 방법으로 당해 처분이 있었다는 사실을 현실적으로 안 날을 뜻하는데, 서면으로 통지하는 경우에는 그 서면이 상대방에게 도달한 날, 공시송달의 경우에는 서면이 도달한 것으로 간주된 날을 의미한다. 처분이 있었던 날이란 대외적으로 표시되어 효력이 발생한 날을 뜻한다.
③ 행정심판기간이 경과하였는지 여부는 행정심판위원회의 직권조사사항이다.

'처분이 있음을 안 날'은 처분이 있었다는 사실을 현실적으로 안 날을 의미

행정심판법 제18조 제1항 소정의 심판청구기간 기산점인 '처분이 있음을 안 날'이라 함은 당사자가 통지·공고 기타의 방법에 의하여 당해 처분이 있었다는 사실을 현실적으로 안 날을 의미하고, 추상적으로 알 수 있었던 날을 의미하는 것은 아니라 할 것이며, 다만 처분을 기재한 서류가 당사자의 주소에 송달되는 등으로 사회통념상 처분이 있음을 당사자가 알 수 있는 상태에 놓여진 때에는 반증이 없는 한 그 처분이 있음을 알았다고 추정할 수는 있다(대판 1995.11.24. 95누11535).

아파트 경비원이 납부고지서를 수령한 날이 '부과처분이 있음을 안 날'은 아님

아파트 경비원이 관례에 따라 부재중인 납부의무자에게 배달되는 과징금부과처분의 납부고지서를 수령한 경우, 납부의무자가 아파트 경비원에게 우편물 등의 수령권한을 위임한 것으로 볼 수는 있을지언정, 과징금부과처분의 대상으로 된 사항에 관하여 납부의무자를 대신하여 처리할 권한까지 위임한 것으로 볼 수는 없고, 설사 위 경비원이 위 납부고지서를 수령한 때에 위 부과처분이 있음을 알았다고 하더라도 이로써 납부의무자 자신이 그 부과처분이 있음을 안 것과 동일하게 볼 수는 없다(대판 2002.8.27. 2002두3850).

고시 또는 공고에 의한 행정처분에 대한 행정심판 청구기간의 기산일

통상 고시 또는 공고에 의하여 행정처분을 하는 경우에는 그 처분의 상대방이 불특정 다수인이고, 그 처분의 효력이 불특정 다수인에게 일률적으로 적용되는 것이므로, 그에 대한 행정심판 청구기간도 그 행정처분에 이해관계를 갖는 자가 고시 또는 공고가 있었다는 사실을 현실적으로 알았는지 여부에 관계없이 고시가 효력을 발생하는 날인 고시 또는 공고가 있은 후 5일이 경과한 날에 행정처분이 있음을 알았다고 보아야 할 것이다(대판 2000.9.8. 99두11257).

제1차 처분이 재결청의 재결에 의해 취소된 후 동일한 사안에 대해 제2차 처분이 행해진 경우 제소기간 준수 여부의 판단기준이 되는 처분은 제2차 처분

행정심판에 있어서 재결청의 재결내용이 처분청에 취소를 명하는 것이 아니라 처분청의 처분을 스스로 취소하는 것일 때에는 그 재결에 형성력이 발생하여 당해 행정처분은 별도의 행정처분을 기다릴 것 없이 당연히 취소되어 소멸되는 것이어서 그 후 동일한 사안에 대해 처분청이 또다른 처분을 하였다면 이는 위 소멸된 처분과는 완전히 독립된 별개의 처분이라 할 것이고, 따라서 새로운 처분에 대한 제소기간 준수 여부도 그 새로운 처분을 기준으로 판단하여야 한다(대판 1994. 4.12. 93누1879).

거부처분 이후 동일한 내용의 신청에 대하여 다시 거절의 의사표시를 명백히 한 경우 행정심판의 제기기간 진행기준

거부처분은 행정청이 국민의 처분신청에 대하여 거절의 의사표시를 함으로써 성립되고, 그 이후 동일한 내용의 신청에 대하여 다시 거절의 의사표시를 명백히 한 경우에는 새로운 처분이 있은 것으로 보아야 할 것이며, 이 경우 행정심판 및 행정소송의 제기기간은 각 처분을 기준으로 진행된다(대판 1992.12.8. 92누7542).

(3) 예외적인 심판청구기간

① **90일에 대한 예외** : 청구인이 천재·지변·전쟁·사변 그 밖에 불가항력으로 인하여 처분이 있음을 알게 된 날부터 90일의 기간 내에 심판청구를 할 수 없었을 때에는 그 사유가 소멸한 날로부터 14일 이내(국외에서는 30일)에 심판청구를 제기할 수 있다(제27조 제2항). 90일은 불변기간이다. 다만 이러한 불가항력의 사유는 처분이 있음을 안 날부터 90일 이내, 있은 날로부터 180일 이내에 시작되어야 한다.

② **180일에 대한 예외** : 정당한 사유가 있으면 처분이 있은 날로부터 180일이 경과하여도 심판을 제기할 수 있다(제3항 단서). 정당한 사유란 반드시 천재지변 등 불가항력만을 의미하는 것은 아니고 180일 이내에 심판청구를 하지 못한 객관적 사유를 말한다. 정당한 사유 역시 처분이 있음을 안 날로부터 90일 이내, 있은 날로부터 180일 이내에 시작되어야 한다. 행정처분의 상대방이 아닌 제3자는 일반적으로 처분이 있는 것을 바로 알 수 있는 처지에 있지 아니하므로 처분이 있은 날로부터 180일이 경과하더라도 특별한 사유가 없는 한 구 행정심판법 제18조 제3항 단서 소정의 정당한 사유가 있는 것으로 보아 심판청구가 가능하다고 할 것이나, 그 제3자가 어떤 경위로든 행정처분이 있음을 알았거나 쉽게 알 수 있는 등 행정심판법 제18조 제1항 소정의 심판청구기간 내에 심판청구가 가능하였다는 사정이 있는 경우에는 그 때로부터 90일 이내에 행정심판을 청구하여야 한다(대판 1997.9.12. 96누14661).

③ **심판청구기간의 불고지 등의 경우** : 행정청이 심판청구기간을 처분이 있음을 알게 된 날로부터 **90일보다 긴 기간으로 잘못 알린 경우**에 그 잘못 알린 기간 내에 심판청구가 있으면 그 심판청구는 90일 이내에 제기된 것으로 본다(제27조 제5항). 또한 행정청이 **심판청구기간을 알리지 아니한 때**에는 처분이 있은 날부터 180일 이내에 심판청구를 할 수 있다(제6항).

④ **특별법상의 심판청구기간** : 개별법에서 행정심판청구기간에 관하여 특례를 둔 경우에는 행정심판법에 우선하여 적용된다(예 국가공무원법 제76조 제1항, 국세기본법 제55조 제5항).

⑤ **청구기간의 배제** : 무효등확인심판과 부작위에 대한 의무이행심판청구에는 심판청구의 기간제한이 없다(행정심판법 제27조 제7항).

4. 행정심판의 청구 절차

(1) 심판청구서의 제출

① 행정심판을 청구하려는 자는 심판청구서를 작성하여 피청구인이나 위원회에 제출하여야 한다. 이 경우 피청구인의 수만큼 심판청구서 부본을 함께 제출하여야 한다(제23조 제1항). 이렇게 선택적 청구를 허용한 것은 청구인의 편의를 도모하고 처분청으로부터 심판청구취소의 압력을 받을 우려를 방지하기 위한 것이다.

② 행정청이 제58조의 규정에 의한 고지를 하지 아니하거나 잘못 알려서 청구인이 심판청구서를 다른 행정기관에 제출한 때에는 당해 행정기관은 그 심판청구서를 지체 없이 정당한 권한 있는 행정청에 보내야 한다(제2항).

(2) 피청구인의 심판청구서 등의 접수·처리

① 피청구인이 심판청구서를 접수하거나 송부받으면 10일 이내에 심판청구서(제23조 제1항·제2항의

경우만 해당)와 답변서를 위원회에 보내야 한다. 다만, 청구인이 심판청구를 취하한 경우에는 그러하지 아니하다(제24조 제1항).

② 제1항에도 불구하고 심판청구가 그 내용이 특정되지 아니하는 등 명백히 부적법하다고 판단되는 경우에 피청구인은 답변서를 위원회에 보내지 아니할 수 있다. 이 경우 심판청구서를 접수하거나 송부받은 날부터 10일 이내에 그 사유를 위원회에 문서로 통보하여야 한다(제2항).

③ 제2항에도 불구하고 위원장이 심판청구에 대하여 답변서 제출을 요구하면 피청구인은 위원장으로부터 답변서 제출을 요구받은 날부터 10일 이내에 위원회에 답변서를 제출하여야 한다(제3항).

④ 피청구인은 처분의 상대방이 아닌 제3자가 심판청구를 한 경우에는 지체 없이 처분의 상대방에게 그 사실을 알려야 한다. 이 경우 심판청구서 사본을 함께 송달하여야 한다(제4항).

⑤ 피청구인이 제1항 본문에 따라 심판청구서를 보낼 때에는 심판청구서에 위원회가 표시되지 아니하였거나 잘못 표시된 경우에도 정당한 권한이 있는 위원회에 보내야 한다(제5항).

⑥ 피청구인은 제1항 본문 또는 제3항에 따라 답변서를 보낼 때에는 청구인의 수만큼 답변서 부본을 함께 보내되, 답변서에는 ㉠ 처분이나 부작위의 근거와 이유, ㉡ 심판청구의 취지와 이유에 대응하는 답변, ㉢ 제4항에 해당하는 경우에는 처분의 상대방의 이름·주소·연락처와 제4항의 의무 이행 여부를 명확하게 적어야 한다(제6항).

⑦ 제4항과 제5항의 경우에 피청구인은 송부 사실을 지체 없이 청구인에게 알려야 한다(제7항).

⑧ 중앙행정심판위원회에서 심리·재결하는 사건인 경우 피청구인은 제1항 또는 제3항에 따라 위원회에 심판청구서 또는 답변서를 보낼 때에는 소관 중앙행정기관의 장에게도 그 심판청구·답변의 내용을 알려야 한다(제8항).

(3) 피청구인의 직권취소등

① 제23조 제1항·제2항 또는 제26조 제1항에 따라 심판청구서를 받은 피청구인은 그 심판청구가 이유 있다고 인정하면 심판청구의 취지에 따라 직권으로 처분을 취소·변경하거나 확인을 하거나 신청에 따른 처분을 할 수 있다. 이 경우 서면으로 청구인에게 알려야 한다(제25조 제1항).

② 피청구인은 제1항에 따라 직권취소등을 하였을 때에는 청구인이 심판청구를 취하한 경우가 아니면 제24조 제1항 본문에 따라 심판청구서·답변서를 보내거나 같은 조 제3항에 따라 답변서를 보낼 때 직권취소등의 사실을 증명하는 서류를 위원회에 함께 제출하여야 한다(제2항).

(4) 위원회의 심판청구서 등의 접수·처리

① 위원회는 제23조 제1항에 따라 심판청구서를 받으면 지체 없이 피청구인에게 심판청구서 부본을 보내야 한다(제26조 제1항).

② 위원회는 제24조 제1항 본문 또는 제3항에 따라 피청구인으로부터 답변서가 제출된 경우 답변서 부본을 청구인에게 송달하여야 한다(제2항).

(5) 보정

① 위원회는 심판청구가 적법하지 아니하나 보정(補正)할 수 있다고 인정하면 기간을 정하여 청구인에게 보정할 것을 요구할 수 있다. 다만, 경미한 사항은 직권으로 보정할 수 있다(제32조 제1항).

② 청구인은 제1항의 요구를 받으면 서면으로 보정하여야 한다. 이 경우 다른 당사자의 수만큼 보정서

부본을 함께 제출하여야 한다(제2항).
③ 위원회는 제2항에 따라 제출된 보정서 부본을 지체 없이 다른 당사자에게 송달하여야 한다(제3항).
④ 제1항에 따른 보정을 한 경우에는 처음부터 적법하게 행정심판이 청구된 것으로 본다(제4항).
⑤ 제1항에 따른 보정기간은 제45조에 따른 재결 기간에 산입하지 아니한다(제5항).
⑥ 위원회는 청구인이 제1항에 따른 보정기간 내에 그 흠을 보정하지 아니한 경우에는 그 심판청구를 각하할 수 있다(제6항).

(6) 보정할 수 없는 심판청구의 각하

위원회는 심판청구서에 타인을 비방하거나 모욕하는 내용 등이 기재되어 청구 내용을 특정할 수 없고 그 흠을 보정할 수 없다고 인정되는 경우에는 제32조 제1항에 따른 보정요구 없이 그 심판청구를 각하할 수 있다(제32조의2 제1항).

02 심판청구의 변경 및 취하

1. 심판청구의 변경

(1) 일반 청구의 변경

심판청구의 변경이란 **심판청구의 계속 중에 청구인이 당초에 청구한 심판사항을 변경하는 것**을 말한다. 심판청구인은 청구의 기초에 변경이 없는 범위 안에서 청구의 취지나 이유를 변경할 수 있다(행정심판법 제29조 제1항). 이때에 청구의 기초에 변경이 없는 범위란 청구한 사건의 동일성을 깨뜨리지 않는 범위를 말한다.

(2) 처분변경으로 인한 청구의 변경

행정심판이 청구된 후에 피청구인이 새로운 처분을 하거나 심판청구의 대상인 처분을 변경한 경우(예 영업허가 취소처분을 20일간의 영업정치처분으로 변경)에는 청구인은 새로운 처분이나 변경된 처분에 맞추어 청구의 취지나 이유를 변경할 수 있다(제2항).

(3) 변경절차

청구의 변경은 서면으로 신청하여야 하고(제3항), 위원회는 그 부본을 당사자에게 송달하여야 한다(제4항). 위원회는 청구변경 신청에 대하여 허가할 것인지 여부를 결정하고, 지체 없이 신청인에게는 결정서 정본을, 당사자 및 참가인에게는 결정서 등본을 송달하여야 한다(제6항). 신청인은 송달을 받은 날부터 7일 이내에 위원회에 이의신청을 할 수 있다(제7항).

(4) 청구의 변경의 효력

청구의 변경결정이 있으면 처음 행정심판이 청구되었을 때부터 변경된 청구의 취지나 이유로 행정심판이 청구된 것으로 본다(제8항).

2. 심판청구의 취하

청구인·참가인은 심판청구에 대한 의결이 있을 때까지 서면으로 심판청구를 취하할 수 있다(제42조). 심판청구의 취하로 심판청구는 소급적으로 소멸된다.

03 집행부정지 원칙

1. 의의

심판청구가 있어도 그것이 처분의 효력이나 그 집행 또는 절차의 속행에 영향을 주지 아니한다(행정심판법 제30조 제1항). 이를 집행부정지의 원칙이라 부르는데, 행정소송법(제23조 제1항)과 마찬가지로 행정심판법이 이를 규정하고 있다.

2. 예외적 집행정지

사유	위원회는 처분이나 그 집행 또는 절차의 속행 때문에 중대한 손해가 생기는 것을 예방할 필요성이 긴급하다고 인정할 때에는 당사자의 신청 또는 직권에 의하여 처분의 효력이나 그 집행 또는 절차의 속행의 전부 또는 일부의 정지를 결정할 수 있다(제30조 제2항 본문).
불허	① 처분의 효력정지는 처분의 집행 또는 절차의 속행을 정지함으로써 그 목적을 달성할 수 있을 때에는 허용되지 아니하며(제30조 제2항 단서), ② 집행정지는 공공복리에 중대한 영향을 미칠 우려가 있을 때에는 허용되지 아니한다(제3항).
신청	집행정지 신청은 심판청구와 동시에 또는 심판청구에 대한 제7조 제6항 또는 제8조 제7항에 따른 위원회나 소위원회의 의결이 있기 전까지, 집행정지 결정의 취소신청은 심판청구에 대한 제7조 제6항 또는 제8조 제7항에 따른 위원회나 소위원회의 의결이 있기 전까지 신청의 취지와 원인을 적은 서면을 위원회에 제출하여야 한다(제5항).
직권결정	위원회의 심리·결정을 기다릴 경우 중대한 손해가 생길 우려가 있다고 인정되면 위원장은 직권으로 위원회의 심리·결정을 갈음하는 결정을 할 수 있다. 이 경우 위원장은 지체 없이 위원회에 그 사실을 보고하고 추인(追認)을 받아야 하며, 위원회의 추인을 받지 못하면 위원장은 집행정지 또는 집행정지 취소에 관한 결정을 취소하여야 한다(제6항).
송달	위원회는 집행정지 또는 집행정지의 취소에 관하여 심리·결정하면 지체 없이 당사자에게 결정서 정본을 송달하여야 한다(제7항).
취소	위원회는 집행정지를 결정한 후에 집행정지가 공공복리에 중대한 영향을 미치거나 그 정지사유가 없어진 경우에는 직권으로 또는 당사자의 신청에 의하여 집행정지 결정을 취소할 수 있다(제4항).

04 임시처분제도

1. 의의

(1) 행정심판위원회는 처분 또는 부작위가 위법·부당하다고 상당히 의심되는 경우로서 처분 또는 부작위 때문에 당사자가 받을 우려가 있는 중대한 불이익이나 당사자에게 생길 급박한 위험을 막기 위하여 임시지위를 정하여야 할 필요가 있는 경우에는 직권으로 또는 당사자의 신청에 의하여 임시처분을 결정할 수 있다(제31조 제1항).

(2) 임시처분은 행정소송에서의 임시의 지위를 정하는 가처분에 해당하는 것으로서 행정심판에 의한 권리구제의 실효성을 보장하기 위한 제도이다.

2. 임시처분의 요건 및 절차

적극적 요건	다음의 요건은 신청인이 주장·소명한다. ① 행정심판청구의 계속 : 명시적 규정은 없으나 행정쟁송에서의 가구제는 본안청구의 범위내에서만 인정되는 것으로 보아야 하므로 행정심판청구의 계속을 요한다고 보아야 한다. ② 처분 또는 부작위가 위법·부당하다고 상당히 의심되는 경우일 것 ③ 당사자가 받을 우려가 있는 중대한 불이익이나 당사자에게 생길 급박한 위험을 막을 필요가 있을 것
소극적 요건	행정심판법 제31조 제2항은 동법 제30조 제3항을 준용하고 있어, 임시처분도 공공복리에 중대한 영향을 미칠 우려가 있을 때에는 허용되지 아니한다.
보충성 요건	임시처분은 제30조 제2항에 따른 집행정지로 목적을 달성할 수 있는 경우에는 허용되지 아니한다. 실무상 거부처분이나 부작위에 대한 집행정지를 인정하고 있지 않으므로, 임시처분은 집행정지와의 관계에서 보충적 구제제도이다.
결정 및 취소	① 위원회는 직권으로 또는 당사자의 신청에 의하여 임시처분을 결정할 수 있다(제31조 제1항). ② 위원회는 임시처분을 결정한 후에 임시처분이 공공복리에 중대한 영향을 미치거나 그 사유가 없어진 경우에는 직권으로 또는 당사자의 신청에 의하여 임시처분 결정을 취소할 수 있다(제31조 제2항, 제30조 제4항). ③ 임시처분의 신청은 심판청구와 동시에 또는 심판청구에 대한 위원회나 소위원회의 의결이 있기 전까지, 임시처분 결정의 취소신청은 심판청구에 대한 위원회나 소위원회의 의결이 있기 전까지 신청의 취지와 원인을 적은 서면을 위원회에 제출하여야 한다. 다만, 심판청구서를 피청구인에게 제출한 경우로서 심판청구와 동시에 임시처분의 신청을 할 때에는 심판청구서 사본과 접수증명서를 함께 제출하여야 한다(제31조 제2항, 제30조 제5항). ④ 위원회의 심리·결정을 기다릴 경우 중대한 불이익이나 급박한 위험이 생길 우려가 있다고 인정되면 위원장은 직권으로 위원회의 심리·결정을 갈음하는 결정을 할 수 있다. 이 경우 위원장은 지체 없이 위원회에 그 사실을 보고하고 추인(追認)을 받아야 하며, 위원회의 추인을 받지 못하면 위원장은 임시처분 또는 임시처분 취소에 관한 결정을 취소하여야 한다(제31조 제2항, 제30조 제6항). ⑤ 위원회는 임시처분 또는 임시처분의 취소에 관하여 심리·결정하면 지체 없이 당사자에게 결정서 정본을 송달하여야 한다(제31조 제2항, 제30조 제7항).

예제 「행정심판법」의 규정 내용으로 옳지 않은 것은?   ▶ 23 소방승진

① 의무이행심판은 처분을 신청한 자로서 행정청의 거부 처분 또는 부작위에 대하여 일정한 처분을 구할 법률상 이익이 있는 자가 청구할 수 있다.
② 위원회는 필요하다고 인정하면 그 행정심판 결과에 이해관계가 있는 제3자나 행정청에 그 사건 심판에 참가할 것을 요구할 수 있다.
③ 위원회는 필요하다고 인정할 때에는 직권으로 증거조사를 할 수 있고, 당사자가 주장하지 아니한 사실에 대하여도 판단할 수 있다.
④ 청구인이 천재지변, 전쟁, 사변(事變), 그 밖의 불가항력으로 인하여 처분이 있음을 알게 된 날부터 90일 이내에 심판청구를 할 수 없었을 때에는 그 사유가 소멸한 날부터 14일 이내에 행정심판을 청구할 수 있다.

정답 ③

③ (×) 행정심판법 제39조(직권심리) 위원회는 필요하면 당사자가 주장하지 아니한 사실에 대하여도 심리할 수 있다. 〈비교〉 행정소송법 제26조(직권심리) 법원은 필요하다고 인정할 때에는 직권으로 증거조사를 할 수 있고, 당사자가 주장하지 아니한 사실에 대하여도 판단할 수 있다.
① (○) 동법 제13조 제3항   ② (○) 동법 제21조 제1항   ④ (○) 동법 제27조 제2항

예제 「행정심판법」에 대한 설명으로 옳지 않은 것은?

① 청구인이 피청구인을 잘못 지정한 경우에는 위원회는 직권으로 또는 당사자의 신청에 의하여 결정으로써 피청구인을 경정할 수 있다.
② 행정심판위원회는 심판청구의 대상이 되는 처분보다 청구인에게 불리한 재결을 할 수 있다.
③ 중앙행정심판위원회는 위법 또는 불합리한 명령 등의 시정조치를 관계 행정기관에 요청할 수 있다.
④ 법령의 규정에 따라 공고하거나 고시한 처분이 재결로써 취소되거나 변경되면 처분을 한 행정청은 지체 없이 그 처분이 취소 또는 변경되었다는 것을 공고하거나 고시하여야 한다.

정답 ②

② (×) 위원회는 심판청구의 대상이 되는 처분보다 청구인에게 불리한 재결을 하지 못한다(행정심판법 제47조 제2항).
① (○) 행정심판법 제17조 제2항   ③ (○) 동법 제59조 제1항   ④ (○) 동법 제49조 제5항

제5절 고지제도

01 개설

1. 의의

고지제도란 '행정청이 처분을 서면으로 하거나 이해관계인으로부터 요구가 있는 경우에 그 상대방이나 이해관계인에게 처분에 관하여 행정심판을 제기할 수 있는지의 여부, 제기하는 경우의 행정심판위원회·청구기간 등을 알려야 하는 제도'를 말한다(행정심판법 제58조). 이는 행정심판청구의 기회를 보장하고 행정의 신중·적정화를 도모하기 위한 제도로서, 개인의 권익보호에 기여한다.

고지제도에는 행정청의 의무적인 직권고지와 이해관계인의 신청에 의한 고지의 두 종류가 있다.

2. 법적 성질

(1) 고지는 행정청의 일정한 의사를 알리는 것이 아니라 기존법규의 내용을 구체적으로 알리는 **비권력적 사실행위**로서 그 자체로서는 아무런 법적 효과도 발생하지 않는다. 따라서 고지 그 자체는 행정쟁송의 대상이 되지 않는다. 다만 불고지 또는 오고지로 손해가 발생한 경우에는 국가배상청구를 할 수 있다.

(2) 행정심판법상의 고지에 관한 규정은 훈시규정이 아니라 강행규정이나 의무규정의 성질을 갖는다(다수설).

3. 입법례

(1) 외국의 입법례는 ① 행정절차법에서 규정하는 방법(예 오스트리아 행정절차법), ② 행정심판법에서 규정하는 방법(예 일본 행정불복심사법), ③ 행정법원법에서 규정하는 방법(예 독일 행정재판소법)이 있다.

(2) 우리 현행법상으로는 행정심판법 제58조, 행정절차법 제26조, 「공공기관의 정보공개에 관한 법률」 제11조에 규정되어 있다. 행정절차법상 고지는 행정심판 이외의 불복의 제기가능성도 고지하도록 되어 있으나, 고지의무 불이행시의 제재를 규정하고 있지 않은 점이 행정심판법(제27조)과 다른 점이다.

02 고지제도의 종류

1. 직권에 의한 고지

(1) 의의

행정청이 처분을 하는 경우에는 그 상대방에게 처분에 관하여 행정심판을 제기할 수 있는지의 여부, 제기하는 경우의 심판청구절차 및 청구기간을 알려야 한다(제58조 제1항).

(2) 고지의 주체와 상대방

① 고지의 주체는 국가나 지방자치단체의 행정청이다. 법령에 의하여 행정권한의 위임 또는 위탁을

받은 행정기관, 공공단체 및 그 기관 또는 사인도 포함된다(제2조 4호).
② 고지의 상대방은 당해 처분의 상대방을 의미한다. 제3자에 대한 통지는 행정청의 의무가 아니다. 그러나 실제 행정처분에는 복효적 행정행위가 많은바 당해 처분에 의하여 법적 이익이 침해되는 제3자에게도 고지하는 것이 바람직하다는 견해가 있다.

(3) 고지의 대상인 처분

① 행정심판법상의 심판청구의 대상이 되는 처분뿐만 아니라 특별법상 쟁송대상(예 각종의 이의신청·심사청구·심판청구)까지 포함한다(통설). 행정심판의 재결처분도 고지의 대상인 처분에 포함된다.
② 신청 내용 그대로 하는 처분의 경우에는 상대방이 다투지 않을 것이므로 고지가 불필요하다.

(4) 고지의 내용

고지사항은 ① 처분에 관하여 행정심판을 제기할 수 있는지의 여부, ② 심판청구절차, ③ 심판청구기간 기타 필요한 절차적 사항이다. 행정심판청구가 불필요한 경우에는 불필요하다는 사항, 행정심판이외의 불복을 할 수 있는지 여부까지 포함된다.

(5) 고지의 방법 및 시기

명문의 규정이 없으나, 처분시에 서면으로 하는 것이 원칙이다. 그리고 일반적 견해는 상당한 기간 내에 사후고지가 있는 경우에는 불고지의 하자가 치유된다고 본다.

2. 신청에 의한 고지

(1) 의의

이해관계인으로부터 당해 처분이 행정심판의 대상이 되는 처분인지의 여부와 행정심판의 대상이 되는 경우에 소관 위원회 및 청구기간에 관하여 알려줄 것을 요구받은 때에는 지체 없이 이를 알려야 한다(제58조 제2항). 이는 행정청이 처분을 서면으로 하지 않는 경우, 또는 행정청에 고지의무가 있음에도 고지하지 않은 경우에 의미를 갖는다.

(2) 고지의 신청권자

당해 처분의 이해관계인이다. 이때의 이해관계인은 당해 처분에 의하여 직접 자기의 법률상의 이익이 침해되었다고 주장하는 제3자나, 처분의 상대방으로서 고지를 받아야 함에도 불구하고 고지를 받지 못한 자도 포함된다.

(3) 고지의 내용

고지의 내용은 ① 당해 처분이 행정심판의 대상이 되는 처분인지의 여부, ② 위원회, ③ 청구기간 등이다.

(4) 고지의 방법 및 시기

고지의 방법에는 특별한 정함이 없으나, 이해관계인이 서면으로 요구한 경우에는 서면으로 알려야 한다(제58조 제2항 후단). 그리고 고지를 요구받은 행정청은 사회통념상 인정될 수 있는 범위내에서 '지체 없이'(제2항 본문) 고지하여야 한다.

03 불고지 및 오고지의 효과

1. 불고지의 효과

(1) 제출기관

행정청이 고지를 하지 아니하여서 청구인이 심판청구서를 다른 행정기관에 제출한 때에는 당해 행정기관은 그 심판청구서를 지체 없이 정당한 권한 있는 행정청에 송부하여야 하고(행정심판법 제23조 제2항), 지체 없이 그 사실을 청구인에게 통지하여야 한다(제3항). 이 경우에 심판청구기간을 계산함에 있어서는 최초의 행정기관에 제출된 때에 심판청구가 제기된 것으로 본다(제4항).

(2) 청구기간

행정청이 심판청구기간을 알리지 아니한 때에는 처분이 있었던 날로부터 180일 이내에 심판청구를 할 수 있다(제27조 제6항).

2. 오고지의 효과

(1) 제출기관

행정청이 잘못 알려서 청구인이 심판청구서를 다른 행정기관에 제출한 때에는 당해 행정기관은 그 심판청구서를 지체 없이 정당한 권한 있는 행정청에 송부하여야 한다(제23조 제2항).

(2) 청구기간

행정청이 심판청구기간을 '처분이 있음을 알게 된 날부터 90일'보다 긴 기간으로 잘못 알린 경우에 그 잘못 알린 기간 내에 심판청구가 있으면 그 심판청구는 적법한 기간 내에 제기된 것으로 본다(제27조 제5항).

3. 불고지·오고지와 처분의 효력

행정청이 자신의 고지의무를 이행하지 않거나 잘못된 고지를 하는 경우에, 당해 처분의 효력에는 영향을 미치지 않는다.

> **관련판례**
>
> 고지의무의 불이행과 면허취소처분의 하자유무
> 자동차운수사업법 제31조 등의 규정에 의한 사업면허의 취소 등의 처분에관한 규칙(교통부령) 제7조 제3항의 고지절차에 관한 규정은 행정처분의 상대방이 그 처분에 대한 행정심판의 절차를 밟는데 있어 편의를 제공하려는데 있으며 <u>처분청이 위 규정에 따른 고지의무를 이행하지 아니하였다고 하더라도 경우에 따라서는 행정심판의 제기기간이 연장될 수 있는 것에 그치고 이로 인하여 심판의 대상이 되는 행정처분에 어떤 하자가 수반된다고 할 수 없다</u>(대판 1987.11.24. 87누529).

> **예제** 「행정심판법」상의 고지제도에 관한 설명으로 옳은 것을 모두 고르면? (다툼이 있는 경우 판례에 따름)
>
> ㄱ. 직권에 의한 고지와 신청에 의한 고지가 있다.
> ㄴ. 고지는 불복제기의 가능성 여부 및 불복청구의 요건 등 불복청구에 필요한 사항을 알려주는 권력적 사실행위로서 처분성이 인정된다.
> ㄷ. 직권에 의하여 고지하는 경우 처분의 상대방에 대해서만 고지하면 된다.
> ㄹ. 불고지나 오고지는 처분 자체의 효력에 직접 영향을 미치지 않는다.
> ㅁ. 신청에 의하여 고지하는 경우 해당 처분이 행정심판의 대상이 되는 처분인지에 대하여 고지하여야 한다.
>
> ① ㄱ, ㄷ ② ㄱ, ㄷ, ㅁ
> ③ ㄱ, ㄹ, ㅁ ④ ㄱ, ㄷ, ㄹ, ㅁ

정답 ④

ㄱ (O) 행정청이 처분을 하는 경우에는 그 상대방에게 처분에 관하여 행정심판을 제기할 수 있는지의 여부, 제기하는 경우의 심판청구절차 및 청구기간을 알려야 한다(제58조 제1항). 이해관계인으로부터 당해 처분이 행정심판의 대상이 되는 처분인지의 여부와 행정심판의 대상이 되는 경우에 소관 위원회 및 청구기간에 관하여 알려줄 것을 요구받은 때에는 지체 없이 이를 알려야 한다(제58조 제2항).

ㄴ (X) 고지는 행정청의 일정한 의사를 알리는 것이 아니라 기존법규의 내용을 구체적으로 알리는 비권력적 사실행위로서 그 자체로서는 아무런 법적 효과도 발생하지 않는다. 따라서 고지 그 자체는 행정쟁송의 대상이 되지 않는다. 다만 불고지 또는 오고지로 손해가 발생한 경우에는 국가배상청구를 할 수 있다.

ㄷ (O) 제58조 제1항

ㄹ (O) 자동차운수사업법 제31조 등의 규정에 의한 사업면허의 취소 등의 처분에관한 규칙(교통부령) 제7조 제3항의 고지절차에 관한 규정은 행정처분의 상대방이 그 처분에 대한 행정심판의 절차를 밟는데 있어 편의를 제공하려는데 있으며 처분청이 위 규정에 따른 고지의무를 이행하지 아니하였다고 하더라도 경우에 따라서는 행정심판의 제기기간이 연장될 수 있는 것에 그치고 이로 인하여 심판의 대상이 되는 행정처분에 어떤 하자가 수반된다고 할 수 없다(대판 1987.11.24. 87누529).

ㅁ (O) 고지의 내용은 ⅰ) 당해 처분이 행정심판의 대상이 되는 처분인지의 여부, ⅱ) 위원회, ⅲ) 청구기간 등이다.

제6절 행정심판의 심리

01 심리절차의 준사법화

심리란 분쟁의 대상이 되고 있는 사실관계와 그에 관한 법률관계를 분명히 하기 위해 당사자나 관계자의 주장이나 반대주장을 듣고, 각종의 증거·자료를 수집·조사하는 일련의 절차를 의미한다. 행정심판법은 심리절차의 공정성을 보장하기 위하여 양 당사자의 대심구조를 취하고, 이들이 각각 공격·방어의 방법으로 의견진술과 증거 등을 제출하게 하고, 행정심판위원회가 제3자적 입장에서 심리를 진행함으로써 '심리절차의 사법화'를 지향하고 있다.

02 심리의 내용과 범위

1. 심리의 내용

(1) 요건심리

요건심리란 **행정심판의 제기요건을 구비하였는가에 관한 심리**를 말한다. 그 심리사항으로는 처분 또는 부작위의 존재여부, 필요한 절차의 경유 여부, 심판청구기간의 준수 여부, 심판청구기재사항의 구비 여부 등이다. 요건의 불비가 있어서 부적법한 경우, 보정가능한 것이면 보정을 명하거나 직권으로 보정하고 그렇지 않으면 각하심판을 한다. 요건심리는 본안재결 전까지는 언제라도 가능하다.

(2) 본안심리

본안심리란 **심판청구인의 청구가 옳은 것인지 그른 것인지에 관하여 심리**하는 것이다. 만약 청구인의 청구가 정당하다면 인용재결을, 그렇지 않다면 기각재결을 하게 된다.

2. 심리의 범위

(1) 불고불리 및 불이익변경금지

위원회는 심판청구의 대상이 되는 처분 또는 부작위 외의 사항에 대하여는 재결하지 못한다(행정심판법 제47조 제1항). 또한 위원회는 심판청구의 대상이 되는 처분보다 청구인에게 불리한 재결을 하지 못한다(제2항). 이들을 각각 불고불리원칙, 불이익변경금지원칙이라 한다. 불이익변경금지원칙은 원래의 부관보다 상대방에게 불이익을 주는 부관으로 변경할 수 없다는 데에도 미친다. 이 원칙들은 재결의 범위에 관하여 규정되어 있으나 심리에 있어서도 적용된다고 해석된다.

(2) 법률문제와 사실문제

행정심판청구의 대상인 처분이나 부작위에 관한 적법·위법의 판단인 법률문제와 사실문제를 심리할 수 있을 뿐만 아니라, 행정소송에서와 달리 재량행위에 있어서의 당·부당의 문제도 심리할 수 있다. 한편, 법령의 위헌·위법을 심사할 수 있는지에 관하여는 전술한 것처럼 논란이 있다.

03 심판절차의 구조와 원칙

1. 대심주의

행정심판은 심판청구인과 피청구인이 서로 대등한 입장에서 공격·방어를 하고 이를 바탕으로 심리를 진행하는 대심주의를 취한다. 대립되는 당사에게 공격·방어를 할 수 있는 대등한 지위가 보장되고 심판기관의 중립적인 지위가 보장되어야 한다.

2. 직권심리주의 가미

직권심리주의는 당사자주의에 대응한 것으로 심리의 진행을 심판위원회의 직권으로 함과 동시에, 심리에 필요한 자료를 당사자가 제출한 것만에 의존하지 않고 직권으로 수집·조사하는 제도이다. 위원회는 필요하다고 인정할 때에는 당사자가 주장하지 아니한 사실에 대하여도 심리할 수 있다(제39조 제1항)고 하여 직권심리주의를 가미하고 있다. 그러나 행정심판법은 직권심리주의의 자의성을 억제하기 위해 당사자의 절차적 권리로서 증거방법의 제출 및 증거조사의 신청권을 인정하고 있다(제34조 제1항·제36조 제1항).

3. 서면심리주의와 구술심리주의

행정심판의 심리는 구술심리 또는 서면심리로 한다. 즉 어느 방식을 취할 것인지는 행정심판위원회의 판단에 맡기고 있다. 다만 당사자가 구술심리를 신청한 때에는 서면심리만으로 결정할 수 있다고 인정되는 경우 외에는 구술심리를 하도록 하고 있어(제40조 제2항), 심판청구인이 자신의 주장을 행할 기회를 부여하고 있다.

4. 비공개주의

명문의 규정은 없으나, 다수설은 서면심리주의·직권심리주의를 취한 행정심판법의 전체적인 구조를 논거로 비공개주의가 원칙이라는 견해를 취한다. 행정심판법이 구술심리를 우선시키고 있다는 논거를 들어 공개심리주의가 원칙이라는 견해도 있다. 다만 행정심판법은 위원회에서 위원이 발언한 내용이나 그 밖에 공개되면 위원회의 심리·재결의 공정성을 해칠 우려가 있는 사항으로서 대통령령으로 정하는 사항은 공개하지 아니하는 것으로 하였다(제41조).

5. 처분권주의

행정심판도 청구인의 심판청구에 의해 **개시**되고, **심판대상**과 **범위**를 당사자가 결정하며, 청구인은 심판청구를 취하함으로써 심판절차를 **종료**시킬 수 있으므로 처분권주의에 입각하고 있다. 그러나 심판청구기간이 제한되어 있고, 청구인낙(피청구인이 청구인의 청구가 이유있다고 인정하는 일방적 의사표시)이 인정되지 않는 등 처분권주의가 많은 제한을 받고 있다.

04 당사자의 절차적 권리

1. 내용

위원 등의 기피신청권 (제10조 2항)	위원회 위원에게 심리·의결의 공정을 기대하기 어려운 사정이 있는 경우
보충서면제출권 (제33조 1항)	심판청구서·보정서·답변서 또는 참가신청서에서 주장한 사실을 보충하고 다른 당사자의 주장을 다시 반박하기 위하여 필요하다고 인정할 때
증거제출권 (제34조 1항)	심판청구서·보정서·답변서·보충서면 등에 덧붙여 그 주장을 뒷받침하는 증거서류 또는 증거물을 제출
증거조사신청권 (제36조 1항)	자기의 주장을 뒷받침하기 위하여 본인 또는 참고인의 신문, 증거자료의 제출요구 및 영치, 감정, 검증 등을 신청
구술심리신청권 (제40조 1항)	구술심리를 신청한 때에는 서면심리만으로 결정할 수 있다고 인정되는 경우 외에는 구술심리를 하여야 함

2. 현행법상의 문제점

피청구인인 행정청이 보유하고 있는 자료에 대한 제공요구권이나 자료열람청구권이 인정되고 있지 않아 대심주의원칙이 철저하게 보장되고 있지 아니하다.

05 심리의 병합과 분리, 심판참가, 조정

(1) 행정심판법은 행정심판사건에 대한 심리의 신속성과 경제성을 도모하기 위해 심리의 병합과 분리를 인정한다. 행정심판위원회는 필요하다고 인정할 때에는 관련되는 심판청구를 병합하여 심리하거나 병합된 관련청구를 분리하여 심리할 수 있다(제37조). 병합심리는 심리절차의 병합에 그치는 것이므로, 재결은 병합된 심판청구별로 각각 행하여야 한다.

(2) 심판결과에 대하여 이해관계가 있는 제3자 또는 행정청은 위원회의 허가를 받아 그 사건에 참가할 수 있고, 위원회가 필요하다고 판단할 때에는 그 심판결과에 대하여 이해관계가 있는 제3자 또는 행정청에게 그 사건에 참가할 것을 요구할 수도 있다(제20조, 제21조).

(3) 위원회는 당사자의 권리 및 권한의 범위에서 당사자의 동의를 받아 심판청구의 신속하고 공정한 해결을 위하여 조정을 할 수 있다. 다만, 그 조정이 공공복리에 적합하지 아니하거나 해당 처분의 성질에 반하는 경우에는 그러하지 아니하다(제43조의2 제1항). 조정은 당사자가 합의한 사항을 조정서에 기재한 후 당사자가 서명 또는 날인하고 위원회가 이를 확인함으로써 성립한다(제3항). 제3항에 따른 조정에 대하여는 제48조(재결의 송달과 효력 발생), 제49조(재결의 기속력 등), 제50조(위원회의 직접 처분), 제50조의2(위원회의 간접강제), 제51조(행정심판 재청구의 금지)의 규정을 준용한다(제43조의2 제4항).

제7절 행정심판의 재결

01 일반론

1. 의의

재결이라 함은 **행정심판의 청구에 대하여 행정심판위원회가 행하는 판단**을 말한다(행정심판법 제2조 3호). 재결은 행정법상 법률관계에 관한 분쟁에 관하여 행정심판위원회가 일정한 절차를 거쳐서 판단·확정하는 행위이므로 확인행위로서의 성질을 가지며, 판단의 작용이라는 점에서 판결과 성질이 비슷하므로 준사법행위의 성질을 갖는다. 따라서 재결에는 불가변력이 발생한다. 재결도 일종의 처분이므로 재결 자체에 고유한 위법이 있으면 취소소송의 대상이 된다(행정소송법 제19조 단서).

2. 재결기간

재결은 피청구인인 행정청 또는 위원회가 심판청구서를 받은 날부터 60일 이내에 하여야 한다. 다만 부득이한 사정이 있을 때에는 위원장이 직권으로 30일을 연장할 수 있다(행정심판법 제45조 제1항).

만약 재결기간을 연장한 때에는 재결기간이 끝나기 7일전까지 당사자에게 이를 알려야 한다(제2항).

3. 재결의 방식

(1) 재결은 서면으로 한다(제46조 제1항). 재결서에는 사건번호와 사건명, 당사자·대표자 또는 대리인의 이름과 주소, 주문, 청구의 취지, 이유, 재결한 날짜를 기재하고 기명날인하여야 한다(제2항). 재결서에 적는 이유에는 주문내용이 정당함을 인정할 수 있는 정도로 판단을 표시하여야 한다(제3항).

(2) 한편, 재결 역시 행정처분의 일종이므로 재결서에는 행정심판법이 정하는 바에 따라 불복방법에 관한 사항도 기재하여야 한다(제58조).

4. 재결의 범위

(1) 불고불리 및 불이익변경금지의 원칙

행정심판위원회는 심판청구의 대상이 되는 처분 또는 부작위외의 사항에 대하여는 재결하지 못한다(제47조 제1항, 예 과징금 부과처분과 영업정지처분을 받고 영업정지처분에만 불복한 경우 과징금 처분을 취소하지 못함). 그리고 심판청구의 대상이 되는 처분보다 청구인에게 불리한 재결을 하지 못한다(제2항, 예 3개월 영업정지처분에 불복한 경우 5개월의 영업정지처분 재결을 하지 못함).

(2) 재량문제에 대한 판단

행정심판은 행정소송과 달리 위법한 처분이나 부작위 뿐만 아니라 부당한 처분이나 부작위도 그 대상으로 하고 있으므로(제1조·제5조), 위원회는 재량의 일탈·남용과 같은 재량권 행사의 위법 여부뿐만 아니라 재량한계 내에서의 재량권 행사의 당부에 대해서도 판단할 수 있다.

5. 취소·변경의 공고

법령의 규정에 의하여 공고한 처분이 재결로써 취소 또는 변경된 때에는 처분을 행한 행정청은 지체 없이 그 처분이 취소 또는 변경되었음을 공고하여야 한다(제49조 제5항).

6. 재결의 송달 등

(1) 재결의 송달과 효력발생

① 위원회는 지체 없이 당사자에게 재결서의 정본을 송달하여야 한다. 이 경우 중앙행정심판위원회는 재결 결과를 소관 중앙행정기관의 장에게도 알려야 한다(제48조 제1항).
② 재결은 청구인에게 제1항 전단에 따라 송달되었을 때에 그 효력이 생긴다(제2항).
③ 위원회는 재결서의 등본을 지체 없이 참가인에게 송달하여야 한다(제3항).
④ 처분의 상대방이 아닌 제3자가 심판청구를 한 경우 위원회는 재결서의 등본을 지체 없이 피청구인을 거쳐 처분의 상대방에게 송달하여야 한다(제4항).

(2) 이해관계인에의 통지

법령의 규정에 의하여 처분의 상대방 외의 이해관계인에게 통지된 처분이 재결로써 취소되거나 변경된 때에는 처분을 행한 행정청은 지체 없이 그 이해관계인에게 그 처분이 취소 또는 변경되었음을 알려야 한다(제49조 제6항).

(3) 증거서류 등의 반환

위원회는 재결을 한 후 증거서류 등의 반환 신청을 받으면 신청인이 제출한 문서·장부·물건이나 그 밖의 증거자료의 원본을 지체 없이 제출자에게 반환하여야 한다(제55조).

02 재결의 종류

1. 각하재결(요건재결)

각하재결은 **심판청구가 요건불비의 부적법한 것인 때**(예 청구기간 경과, 청구인적격 없는 자에 의한 심판청구, 심판청구의 대상이 아닌 행위에 대한 심판청구)**에 본안에 대한 심리를 거절하는 재결**이다(제43조 제1항).

2. 기각재결

기각재결은 **심판청구가 이유 없다고 인정할 때에 청구를 배척하고 원처분을 지지하는 재결**을 말한다(제43조 제2항). 기각재결은 원처분을 적법·타당하다고 확인하는 데 그치는 것이므로, 처분청은 기각재결 후 정당한 이유가 있으면 원처분을 취소·변경할 수 있다.

3. 사정재결

(1) 의의

위원회는 **심판청구가 이유있다고 인정하는 경우에도 이를 인용하는 것이 현저히 공공복리에 위배된다고 인정하는 때에는 그 심판청구를 기각하는 재결**을 할 수 있는데(제44조 제1항), 이를 사정재결이라 한다. 예컨대 댐건설을 위한 하천점용허가처분에 대하여 어업권자로부터 취소심판이 제기된 경우에 처분의 위법성이 인정되어도 건설된 댐을 철거하는 것이 공공복리에 적합하지 않다고 판단하는 경우이다.

(2) 적용범위

사정재결은 취소심판·의무이행심판에만 인정되고, 무효등확인심판에는 적용되지 아니한다(제44조 제3항).

(3) 요건

사정재결은 심판청구를 인용하는 것이 현저히 공공복리에 적합하지 않다고 인정되는 경우이어야 한다. 사정재결은 공익보호를 위한 예외적인 것이므로, 인용재결에 따른 공익침해의 정도가 위법·부당한 처분의 유지에 따른 사익침해의 정도보다 현저하게 큰 경우에 한하여 인정되어야 한다.

(4) 위법·부당의 명시

위원회가 사정재결을 하는 경우 그 재결의 주문에서 그 처분 또는 부작위가 위법 또는 부당하다는 것을 구체적으로 밝혀야 한다(제44조 제1항 2문). 사정재결을 한다고 해서 처분의 위법·부당성이 없어지는 것이 아니기 때문이다. 동시에 원래의 처분에 대하여 행정소송을 제기하거나 국가배상청구소송을 제기하는 경우에 구제방법의 추구를 용이하게 하기 위함이다.

(5) 구제방법

위원회는 사정재결을 함에 있어서는 청구인에 대하여 상당한 구제방법을 취하거나, 피청구인에게 상당한 구제방법을 취할 것을 명할 수 있다(제2항). 여기서의 '명할 수 있다'라는 것에 대하여 통설은, 공익과 사익의 조정이라는 견지에서 '명하여야 한다'라는 취지로 해석하여야 한다고 본다.

4. 인용재결

(1) 의의

인용재결은 **심판청구가 이유 있다고 하여**(즉, 원처분이나 부작위가 위법·부당하다고 하여) **청구인의 청구취지를 받아들이는 내용의 재결**이다.

(2) 취소·변경재결

위원회는 취소심판의 청구가 이유가 있다고 인정하면 처분을 취소 또는 다른 처분으로 변경하거나 처분을 다른 처분으로 변경할 것을 피청구인에게 명한다(제43조 제3항). 따라서 취소·변경재결에는 **처분취소재결, 처분변경재결, 처분변경명령재결**이 포함된다. 앞의 두 재결은 형성적 재결이고, 뒤의 한 재결은 이행적 재결이다. 취소재결에는 전부취소재결과 일부취소재결이 있을 수 있다.

> 〈일부취소재결과 변경재결의 구별〉
> 1. 일부취소재결 : 분할가능한 처분에 대하여 그 일부의 효력을 상실시키는 재결(예 100만원의 과세처분 중 50만원을 초과하는 부분을 취소재결)
> 2. 변경재결 : 원래의 처분을 대신하여 다른 처분으로서의 변경을 의미하는 재결(예 면허취소처분을 3개월의 면허정지처분으로 변경)

(3) 무효등확인재결

위원회는 무효등확인심판의 청구가 이유있다고 인정할 때에는 처분의 효력 유무 또는 존재 여부를 확인한다(제43조 제4항). 따라서 여기에는 **처분무효확인재결 · 처분실효확인재결 · 처분유효확인재결 · 처분존재확인재결 · 처분부존재확인재결**이 포함된다.

(4) 의무이행재결

① 위원회는 의무이행심판의 청구가 이유있다고 인정하면 지체 없이 신청에 따른 처분을 하거나 이를 할 것을 명한다(제5항). 따라서 여기에는 **처분재결**과 **처분명령재결**이 포함된다. 이 경우의 처분재결은 형성적 성질을 갖는 이행재결이다.

② 신청에 따른 처분을 할 것을 명하는 재결은 청구인의 신청대로 처분을 할 것을 명하는 재결(기속행위의 경우)과 신청을 더 이상 방치하지 말고 지체 없이 일정한 처분(처분 또는 거부처분)을 하도록 명하는 재결(재량행위의 경우)이 있다.

> **예제** 「행정심판법」상 행정심판위원회가 취소심판의 청구가 이유가 있다고 인정하는 경우에 행할 수 있는 재결에 해당하지 않는 것은?
>
> ① 처분을 취소하는 재결
> ② 처분을 할 것을 명하는 재결
> ③ 처분을 다른 처분으로 변경하는 재결
> ④ 처분을 다른 처분으로 변경할 것을 명하는 재결
>
> **정답** ②
> 위원회는 취소심판의 청구가 이유가 있다고 인정하면 처분을 취소 또는 다른 처분으로 변경하거나 처분을 다른 처분으로 변경할 것을 피청구인에게 명한다(행정심판법 제43조 제3항).

03 재결의 효력

재결은 위원회가 청구인에게 재결서의 정본을 송달한 때에 그 효력이 생긴다(제48조 제2항). 행정심판법은 재결의 효력에 관하여 기속력(제49조)과 직접처분(제50조)에 관한 규정만을 두고 있다. 그런데 취소재결, 변경재결과 처분재결에는 형성력이 발생하며, 재결도 행정행위의 일종으로서 행정행위가 일반적으로 갖는 효력(예 공정력, 구성요건적 효력, 불가쟁력, 불가변력)이 인정된다.

1. 형성력

(1) 의의

재결의 형성력이란 **재결의 내용에 따라 새로운 법률관계의 발생이나 종래의 법률관계의 변경, 소멸을 가져오는 효력**을 말한다. 형성력에 의한 법률관계는 제3자에게 미치므로 형성력은 '대세적 효력'이다. 형성력이 인정되는 재결은 취소재결, 변경재결, 처분재결이다. 형성재결이 있으면 그 대상이 된 처분은 재결 자체에 의해 당연히 취소되어 소멸된다.

> **관련판례**
>
> **형성적 재결로써 별도의 행정처분 없이 당연히 취소되어 소멸**
> 행정심판법 제32조 제3항에 의하면 재결청은 취소심판의 청구가 이유 있다고 인정되는 때에는 처분을 취소 또는 변경하거나 처분청에게 취소 또는 변경할 것을 명한다고 규정하고 있으므로, 행정심판에 있어서 재결청의 재결 내용이 처분청의 취소를 명하는 것이 아니라 <u>처분청의 처분을 스스로 취소하는 것일 때에는</u> 그 재결의 형성력이 발생하여 당해 행정처분은 별도의 행정처분을 기다릴 것 없이 당연히 취소되어 소멸되는 것이다(대판 1997.5.30. 96누14678).
>
> **제1차 처분이 재결청의 재결에 의해 취소된 후 동일한 사안에 대해 제2차 처분이 행해진 경우 제소기간 준수 여부의 판단기준이 되는 처분**
> 행정심판법 제32조 제3항에 의하면 재결청은 취소심판의 청구가 이유 있다고 인정할 때에는 처분을 취소 변경하거나 처분청에게 취소 변경할 것을 명한다고 규정하고 있으므로 재결청의 재결내

용이 처분청에 취소를 명하는 것이 아니라 처분청의 처분을 스스로 취소하는 것일 때에는 그 재결에 형성력이 발생하여 당해 행정처분은 별도의 행정처분을 기다릴 것 없이 당연히 취소되어 소멸되는 것이라 할 것이어서 그 후 동일한 사안에 대해 처분청이 또다른 처분을 하였다면 이는 위 소멸된 처분과는 완전히 독립된 별개의 처분이라 할 것이고, 따라서 새로운 처분에 대한 제소기간 준수여부도 그 새로운 처분을 기준으로 판단하여야 할 것이다(대법원 1994.4.2. 93누1879).

(2) 재결 유형별 형성력의 내용
① **취소재결**: 원처분의 당해 부분의 효력은 동시에 소멸되고, 처음부터 존재하지 않은 것으로 된다.
② **변경재결**: 원처분은 효력을 상실하고, 새로운 처분은 즉시 효력이 발생하며, 그 효력 역시 소급효를 갖는다.
③ **처분재결**: 당해 재결은 장래에 향하여 즉시 효력을 발생한다.

2. 불가쟁력과 불가변력

(1) 불가쟁력
재결에 대하여는 다시 심판청구를 제기하지 못하며(제51조), 재결에 고유한 위법이 있는 경우에 한하여 행정소송의 제기가 가능하다(행정소송법 제19조 단서). 그러나 이 경우에도 **제소기간이 경과하면 누구든지 그 효력을 다툴 수 없는 효력**을 갖는바, 이를 불가쟁력이라 한다.

(2) 불가변력
재결이 일단 이루어진 경우에는, 오산·오기 기타 이와 유사한 형식상의 오류가 있는 경우를 제외하고는 **행정심판위원회 스스로 그 재결을 취소·변경할 수 없는 효력**이 발생하는데 이를 불가변력이라 한다. 재결은 일반행정행위와 달리 쟁송절차에 의해 이루어진 판단행위의 성질을 갖기 때문에 생기는 효력이다.

3. 기속력

(1) 의의
재결은 피청구인인 행정청과 그 밖의 관계행정청을 기속한다(행정심판법 제49조 제1항). 기속력이란 피청구인인 행정청과 그 밖의 관계행정청이 재결의 내용에 따라 행동해야 하는 실체법상의 의무를 발생시키는 효력을 말한다. 기속력은 인용재결에서 문제되고, 각하재결이나 기각재결에서는 문제되지 아니한다. 따라서 처분청은 기각재결을 받은 후에도 정당한 이유가 있으면 원처분을 취소·변경할 수 있다. 재결의 기속력은 소극적인 면과 적극적인 면에서 나타난다.

(2) 기속력의 내용
① **반복금지의무(소극적 의무)**
  ㉠ 재결은 당해 처분에 관하여 재결주문 및 그 전제가 된 요건사실의 인정과 판단에 대하여 처분청을 기속하므로, 당해 처분에 관하여 위법한 것으로 재결에서 판단된 사유와 기본적 사실관계에 있어 동일성이 인정되는 사유를 내세워 다시 동일한 내용의 처분을 하는 것은 허용되지 않는다.
  ㉡ 그러나 당초 처분과 동일한 사정 아래에서 동일한 내용의 처분을 반복하는 것이 아닌 이상,

재결에 적시된 위법사유를 시정·보완하여 한 새로운 처분은 기속력에 저촉되지 않는다.

> **관련판례**
>
> 기속력에 저촉되는 경우
> [1] 당초의 개별공시지가 결정처분을 취소하고 그것을 하향조정하라는 취지의 재결이 있은 후에도 처분청이 다시 당초 처분과 동일한 액수로 개별공시지가를 결정한 처분은 재결청의 재결에 위배되는 것으로서 위법하다(대판 1997.3.14. 95누18482).
>
> [2] 양도소득세 및 방위세부과처분이 국세청장에 대한 불복심사청구에 의하여 그 불복사유가 이유있다고 인정되어 취소되었음에도 처분청이 동일한 사실에 관하여 부과처분을 되풀이 한 것이라면 설령 그 부과처분이 감사원의 시정요구에 의한 것이라 하더라도 위법하다(대판 1986.5.27. 86누127).
>
> 행정처분 취소재결에 적시된 위법사유를 시정·보완하여 행한 새로운 처분이 재결의 기속력에 저촉되는지 여부(소극)
> 택지초과소유부담금 부과처분을 취소하는 재결이 있는 경우 당해 처분청은 재결의 취지에 반하지 아니하는 한, 즉 당초 처분과 동일한 사정 아래에서 동일한 내용의 처분을 반복하는 것이 아닌 이상, 그 <u>재결에 적시된 위법사유를 시정·보완하여 정당한 부담금을 산출한 다음 새로이 부담금을 부과할 수 있는 것</u>이고, 이러한 새로운 부과처분은 재결의 기속력에 저촉되지 아니한다(대판 1997.2.25. 96누14784,14791).

② **재처분의무(적극적 의무)**
  ㉠ **거부처분취소재결, 거부처분무효확인재결 등의 경우**: 재결에 의하여 취소되거나 무효 또는 부존재로 확인되는 처분이 당사자의 신청을 거부하는 것을 내용으로 하는 경우에는 그 처분을 한 행정청은 재결의 취지에 따라 다시 이전의 신청에 대한 처분을 하여야 한다(제49조 제2항).
  ㉡ **처분명령재결의 경우**: 당사자의 신청을 거부하거나 부작위로 방치한 처분의 이행을 명하는 재결이 있으면 행정청은 지체 없이 이전의 신청에 대하여 재결의 취지에 따라 처분을 하여야 한다(제3항). 이때에 기속행위의 경우에는 신청된 대로의 처분을, 재량행위의 경우는 다시 하자 없는 재량행위를 발령하는 것이 그 내용이 된다.
  ㉢ **절차위법의 경우**: 신청에 따른 처분이 절차의 위법 또는 부당을 이유로 재결로써 취소된 경우에도 재결의 취지에 따라 다시 처분을 하여야 한다(제4항).
  ㉣ **변경명령재결의 경우**: 명문규정은 없으나 기속력(제1항)에 따라 처분청은 당해처분을 변경해야 한다.

> **관련판례**
>
> 거부처분을 취소하는 재결의 효력 및 그 취지와 양립할 수 없는 다른 처분에 대한 취소를 구할 소익의 유무
> 당사자의 신청을 거부하는 처분을 취소하는 재결이 있는 경우에는 행정청은 그 재결의 취지에 따라 이전의 신청에 대한 처분을 하여야 하는 것이므로 행정청이 그 재결의 취지에 따른 처분을 하지 아니하고 그 처분과는 양립할 수 없는 다른 처분을 하는 것은 위법한 것이라 할 것이고 이 경우 그 재결의 신청인은 위법한 다른 처분의 취소를 소구할 이익이 있다(대법원 1988.12.13. 88누7880).

③ **원상회복의무**

법령에 명문규정은 없으나, 재결에 의하여 처분이 취소되거나 무효로 확인된 경우에는 행정청은 위법·부당으로 명시된 처분에 의해 야기된 상태를 제거하여야 한다(예 건물의 철거명령이 재결로써 취소되었다면, 그것을 근거로 한 계고처분 역시 취소되어야 함).

(3) **기속력의 효력 범위**

① **객관적 범위**

㉠ 기속력의 객관적 범위는 재결의 취지라고 할 수 있다. 기속력은 재결의 주문 및 재결이유 중 그 전제가 된 요건사실의 인정과 처분의 효력 판단에 한정되고, 재결의 결론과 직접 관련이 없는 방론이나 간접사실에 대한 판단에까지는 미치지 않는다.

㉡ 판례는 재결에서 판단된 사유와 기본적 사실관계의 동일성이 인정되는 사유에 대해서만 기속력이 미치며 기본적 사실관계가 동일하지 않은 사유라면 동일한 내용의 처분을 하더라도 재결의 기속력에 위반되지 않는다고 한다. 그리고 새로운 처분의 사유가 종전 처분의 처분사유와 기본적 사실관계에서 동일하지 않은 다른 사유에 해당하는 이상, 해당 처분사유가 종전 처분 당시 이미 존재하고 있었고 당사자가 이를 알고 있었다 하더라도 이를 내세워 새로이 처분을 하는 것은 재결의 기속력에 저촉되지 않는다.

㉢ 그리고 판례는 '기본적 사실관계의 동일 사유'인지 다른 사유인지는 확정판결에서 위법한 것으로 판단된 종전 처분사유와 기본적 사실관계에서 동일성이 인정되는지 여부에 따라 판단되어야 하고, 기본적 사실관계의 동일성 유무는 처분사유를 법률적으로 평가하기 이전의 구체적인 사실에 착안하여 그 기초인 사회적 사실관계가 기본적인 점에서 동일한지에 따라 결정된다고 한다(대판 2016.3.24. 2015두48235).

② **시간적 범위**

기속력은 취소재결의 경우 위법판단시인 처분시, 그리고 의무이행재결의 경우 재결시의 사실관계나 법을 전제로 하여 구속력을 갖는다. 따라서 취소재결의 경우 처분시 이후, 의무이행재결의 경우 재결시 이후 사실관계나 법이 변경되면 그 한도 내에서는 행정청은 기속력에 구속되지 않는다.

> **관련판례**
>
> 재결의 기속력의 범위
> 재결의 기속력은 재결의 주문 및 그 전제가 된 요건사실의 인정과 판단, 즉 처분 등의 구체적 위법사유에 관한 판단에만 미친다고 할 것이고, 종전 처분이 재결에 의하여 취소되었다 하더라도 종전 처분시와는 다른 사유를 들어서 처분을 하는 것은 기속력에 저촉되지 않는다고 할 것이며, 여기에서 동일 사유인지 다른 사유인지는 종전 처분에 관하여 위법한 것으로 재결에서 판단된 사유와 기본적 사실관계에 있어 동일성이 인정되는 사유인지 여부에 따라 판단되어야 한다(대판 2005.12.9. 2003두7705).
>
> 새로운 처분의 처분사유와 종전 처분에 관하여 위법한 것으로 재결에서 판단된 사유가 기본적 사실관계에 있어 동일성이 없으므로 새로운 처분이 종전 처분에 대한 재결의 기속력에 저촉되지 않는다고 한 사례
> 이 사건 종전 처분의 처분사유는 이 사건 사업이 주변의 환경, 풍치, 미관 등을 해할 우려가 있다는 것이고, 그에 대한 재결은 이 사건 사업이 환경, 풍치, 미관 등을 정한 1994. 7. 5. 고시와 군산시건축조례에 위반되지 않고, 환경·풍치·미관 등을 유지하여야 하는 공익보다는 이 사건 사업으로 인한 지역경제 승수효과와 도시서민들을 위한 임대주택 공급이라는 또 다른 공익과 재산권행사의 보장이라는 사익까지 더해 보면 결국 종전 처분은 비례의 원칙에 위배되어 재량권을 남용하였다는 것이므로 종전 처분에 대한 재결의 기속력은 그 주문과 재결에서 판단된 이와 같은 사유에 대해서만 생긴다고 할 것이고, 한편 이 사건 처분의 처분사유는 공단대로 및 교통여건상 예정 진입도로계획이 불합리하여 대체 진입도로를 확보하도록 한 보완요구를 이행하지 아니하였다는 것 등인 사실을 알 수 있는바, 그렇다면 이 사건 처분의 처분사유와 종전 처분에 관하여 위법한 것으로 재결에서 판단된 사유와는 기본적 사실관계에 있어 동일성이 없다고 할 것이므로 이 사건 처분이 종전 처분에 대한 재결의 기속력에 저촉되는 처분이라고 할 수 없다(대판 2005.12.9. 2003두7705).

(4) 이행재결의 기속력 확보수단으로서의 직접처분
  ① 의의
    ㉠ 위원회는 당사자의 신청을 거부하거나 부작위로 방치한 처분의 이행을 명하는 재결이 있었음에도 피청구인이 처분을 하지 아니하는 경우에는 당사자가 신청하면 기간을 정하여 서면으로 시정을 명하고 그 기간에 이행하지 아니하면 직접 처분을 할 수 있다. 다만 그 처분의 성질이나 그 밖의 불가피한 사유로 위원회가 직접 처분을 할 수 없는 경우에는 그러하지 아니하다(행정심판법 제50조 제1항).
    ㉡ 시정명령 등의 제도는 국민의 권익보호와 행정심판에 대한 신뢰성의 제고에 의미를 갖는다. 또한 이행재결의 기속력 확보수단으로서 행정소송에서처럼 간접강제 제도가 최근 도입되었다(후술).
    ㉢ 직접처분은 처분명령재결의 실효성을 확보하기 위한 행정심판작용이며 동시에 행정처분으로서의 성질을 갖는다.
  ② 인정범위
    직접청구는 처분청이 의무이행재결(처분명령재결)에 따른 처분을 하지 않는 모든 경우에 인정된

다. 이에 대하여 재처분사무가 자치사무인 경우에는 자치권을 보장할 필요가 있으므로 제외해야 한다는 견해가 있으나, 직접처분제도의 도입취지에 반한다는 비판이 가능하다.

③ **처분재결과의 차이점**
의무이행심판에 대하여 처분을 행하는 처분재결은 위원회가 처음부터 재결로써 처분을 행하는 것이고, 직접처분은 행정청이 행할 처분을 위원회가 직접 행하는 것이다.

④ **요건**
  ㉠ 처분명령재결이 있었을 것.
  ㉡ 위원회가 당사자의 신청에 따라 기간을 정하여 시정을 명하였을 것.
  ㉢ 당해 행정청이 그 기간 내에 시정명령을 이행하지 아니하였을 것. 그런데 당해 행정청이 어떠한 처분을 하였다면 그 처분이 재결의 내용에 따르지 아니하였다고 하더라도 재결청이 직접 처분을 할 수는 없다(대판 2002.7.23. 2000두9151).
  ㉣ 그 처분의 성질이나 그 밖의 불가피한 사유로 위원회가 직접 처분을 할 수 없는 경우에 해당하지 않을 것(제50조 제1항). '처분의 성질상 위원회가 직접처분을 할 수 없는 경우'로는 정보공개를 명하는 재결의 경우에 정보공개는 정보를 보유하는 기관만이 할 수 있다는 것을 들 수 있고, '그 밖의 불가피한 사유'로는 위원회 자신이 인적·물적 자원의 한계로 인하여 그러한 처분의 기초자료에 관한 조사를 충실히 행할 수 없는 경우를 들 수 있다. 그러나 처분이 재량행위인 경우로서 부관을 붙일 필요가 있다는 사유만으로 '위원회가 직접처분을 할 수 없는 그밖의 불가피한 사유'에 해당한다고 할 수 없다.

⑤ **조치사항**
위원회가 직접 처분을 한 때에는 그 사실을 당해 행정청에 통보하여야 하며, 그 통보를 받은 행정청은 위원회가 행한 처분을 당해 행정청이 행한 처분으로 보아 관계법령에 따라 관리·감독 등 필요한 조치를 하여야 한다(제50조 제2항).

⑥ **직접처분에 대한 불복**
  ㉠ 제3자의 불복 : 직접처분은 행정심판 작용이므로 행정심판의 대상은 되지 않는다. 그러나 직접처분은 원처분의 성질을 가지므로 직접처분으로 법률상 이익을 침해받은 제3자는 행정심판위원회를 피고로 하여 직접처분의 취소를 구하는 행정소송을 제기할 수 있다.
  ㉡ 지방자치단체의 불복 : 피청구인이 지방자치단체인 경우 자치사무에 관한 직접처분의 취소를 구할 원고적격이 있는가에 관하여 ⓐ 지방자치단체는 독립된 법주체이고 지방자치단체의 자치권도 주관적 공권이므로 자치권의 침해를 이유로 원고적격이 있다는 견해, ⓑ 직접처분은 실질상 행정심판작용이므로 지방자치단체의 불복을 부정하는 견해가 대립한다. 직접처분제도는 행정적 감독제도가 아니라 재결의 실효성을 확보하기 위해 인정되는 행정심판제도이므로 자치사무인 처분을 직접 처분하는 것이 자치권의 침해가 되지 않는다고 봄이 타당하다.

(5) **간접강제**

① **의의**
행정청에 부과되는 재처분의무의 이행을 확보하기 위해 종래 행정소송법에만 규정되었던 간접강제제도가 행정심판법에도 신설되었다(시행일 2017.10.19.). 행정심판 인용재결에 따른 행정청의 재처분 의무에도 불구하고 행정청이 인용재결에 따른 처분을 하지 아니하면 행정심판위원회는 당

사자의 신청에 의하여 결정으로 상당한 기간을 정하고, 행정청이 그 기간 내에 이행하지 아니하는 경우에는 지연기간에 따라 일정한 배상을 하도록 명하거나 즉시 배상을 할 것을 명할 수 있는 제도이다(제50조의2).

② 요건: 다음의 어느 하나에 해당하는 경우에 가능하다.
  ㉠ 재결에 의하여 취소되거나 무효 또는 부존재로 확인되는 처분이 당사자의 신청을 거부하는 것을 내용으로 하는 경우에는 그 처분을 한 행정청이 재결의 취지에 따라 다시 이전의 신청에 대한 처분을 하지 아니한 경우(제49조 제2항, 제50조의2)
  ㉡ 당사자의 신청을 거부하거나 부작위로 방치한 처분의 이행을 명하는 재결이 있음에도 행정청이 지체 없이 이전의 신청에 대하여 재결의 취지에 따라 처분을 하지 아니한 경우(제49조 제3항, 제50조의2)
  ㉢ 신청에 따른 처분이 절차의 위법 또는 부당을 이유로 재결로써 취소된 경우 그 처분을 한 행정청이 재결의 취지에 따라 다시 이전의 신청에 대한 처분을 하지 아니한 경우(제49조 제4항, 제50조의2)

③ 절차 및 효력
  ㉠ 위원회는 청구인의 신청에 의하여 결정으로 상당한 기간을 정하고 피청구인이 그 기간 내에 이행하지 아니하는 경우에는 그 지연기간에 따라 일정한 배상을 하도록 명하거나 즉시 배상을 할 것을 명할 수 있다(제50조의2 제1항).
  ㉡ 위원회는 사정의 변경이 있는 경우에는 당사자의 신청에 의하여 제1항에 따른 결정의 내용을 변경할 수 있다(제2항).
  ㉢ 위원회는 제1항 또는 제2항에 따른 결정을 하기 전에 신청 상대방의 의견을 들어야 한다(제3항).
  ㉣ 청구인은 제1항 또는 제2항에 따른 결정에 불복하는 경우 그 결정에 대하여 행정소송을 제기할 수 있다(제4항).
  ㉤ 제1항 또는 제2항에 따른 결정의 효력은 피청구인인 행정청이 소속된 국가·지방자치단체 또는 공공단체에 미치며, 결정서 정본은 제4항에 따른 소송제기와 관계없이 「민사집행법」에 따른 강제집행에 관하여는 집행권원과 같은 효력을 가진다. 이 경우 집행문은 위원장의 명에 따라 위원회가 소속된 행정청 소속 공무원이 부여한다(제5항).
  ㉥ 간접강제 결정에 기초한 강제집행에 관하여 이 법에 특별한 규정이 없는 사항에 대하여는 「민사집행법」의 규정을 준용한다. 다만, 「민사집행법」 제33조(집행문부여의 소), 제34조(집행문부여 등에 관한 이의신청), 제44조(청구에 관한 이의의 소) 및 제45조(집행문부여에 대한 이의의 소)에서 관할 법원은 피청구인의 소재지를 관할하는 행정법원으로 한다(제6항).

예제 행정심판의 재결의 기속력에 대한 설명으로 옳지 않은 것은? (다툼이 있는 경우 판례에 의함)
① 재결이 확정된 경우에는 처분의 기초가 된 사실관계나 법률적 판단이 확정되고 당사자들이나 법원은 이에 기속되어 모순되는 주장이나 판단을 할 수 없게 된다.
② 재결에 의하여 취소되거나 무효 또는 부존재로 확인되는 처분이 당사자의 신청을 거부하는 것을 내용으로 하는 경우에는 그 처분을 한 행정청은 재결의 취지에 따라 다시 이전의 신청에 대한 처분을 하여야 한다.
③ 재결의 기속력은 재결의 주문 및 그 전제가 된 요건사실의 인정과 판단에 대하여만 미친다.
④ 당사자의 신청을 받아들이지 않은 거부처분이 재결에서 취소된 경우, 그 재결의 취지에 따라 이전의 신청에 대하여 다시 어떠한 처분을 하여야 할지는 처분을 할 때의 법령과 사실을 기준으로 판단하여야 하므로, 행정청은 종전 거부처분 또는 재결 후에 발생한 새로운 사유를 내세워 다시 거부처분을 할 수 있다.

정답 ①
① (×) 재결에 판결에서와 같은 기판력이 인정되는 것은 아니어서 재결이 확정된 경우에도 처분의 기초가 된 사실관계나 법률적 판단이 확정되고 당사자들이나 법원이 이에 기속되어 모순되는 주장이나 판단을 할 수 없게 되는 것은 아니다(대판 2015.11.27. 2013다6759).
② (○) 행정심판법 제49조 제2항
③ (○) 대판 2005.12.9. 2003두7705 ④ (○) 대판 2017.10.31. 2015두45045

예제「행정심판법」상 간접강제 제도에 관한 설명으로 옳지 않은 것은? ▶ 23 소방간부
① 행정심판의 재결의 기속력에 따른 재처분의무를 이행하지 않은 경우에 재결의 실효성을 확보하기 위하여 행정청에 일정한 배상을 명령하는 제도이다.
② 행정심판위원회는 사정의 변경이 있는 경우에는 당사자의 신청에 의하여 간접강제결정의 내용을 변경할 수 있다.
③ 행정심판위원회는 청구인의 신청 또는 직권으로 간접강제를 결정할 수 있다.
④ 청구인은「행정심판법」상 간접강제에 관한 행정심판위원회의 결정에 불복하는 경우 그 결정에 대하여 행정소송을 제기할 수 있다.
⑤ 간접강제결정의 효력은 피청구인인 행정청이 소속된 국가·지방자치단체 또는 공공단체에 미치며, 결정서 정본은 간접강제결정에 불복하는 행정소송의 제기와 관계없이「민사집행법」에 따른 강제집행에 관하여는 집행권원과 같은 효력을 가진다.

정답 ③
③ (×) 청구인의 신청을 요한다(행정심판법 제50조의2 제1항).
① (○) 간접강제는 행정청에 부과되는 재처분의무의 이행을 확보하기 위해 마련된 제도이다.
② (○) 동법 제50조의2 제2항 ④ (○) 동법 제50조의2 제4항 ⑤ (○) 동법 제50조의2 제5항

04 재결에 대한 불복

1. 재심판청구의 금지

심판청구에 대한 재결이 있는 경우에는 당해 재결 및 동일한 처분 또는 부작위에 대하여 다시 심판청구를 제기할 수 없다(제51조). 따라서 재결에 불복이 있는 경우에는 행정소송에 의한다. 물론 개별법(예 국세기본법)에 다단계의 행정심판이 인정되는 경우에는 그에 의한다.

2. 재결에 대한 행정소송

원고는 기각재결 또는 일부인용재결의 경우 항고소송을 제기할 있다. 취소소송은 처분 등을 대상으로 함이 원칙이다. 다만 재결 자체에 고유한 위법이 있음을 이유로 하는 경우에는 재결 취소소송이 가능하다(행정소송법 제19조 단서). 예컨대 제3자효 행정행위에서 처분을 취소하는 인용재결로 인하여 비로소 권익침해를 당한 원처분의 상대방은 재결을 대상으로 행정소송을 제기할 수 있다(대판 1998. 4.24. 97누17131).

제2장 행정소송

제1절 행정소송의 의의와 한계

01 행정소송 개설

1. 행정소송의 의의

(1) 개념

행정소송이란 '행정법규의 적용과 관련하여 위법하게 권리가 침해된 자가 소송을 제기하고, 법원이 이에 대해 심리·판단하는 정식의 행정쟁송'을 말한다.

① 행정법상 법률관계의 분쟁에 관한 재판

행정소송은 행정법상 법률관계의 분쟁에 관한 재판작용이라는 점에서, 사법상의 법률관계에 관한 분쟁을 심판하는 민사소송과 구별된다.

② 법원을 심판기관으로 하는 재판

행정소송은 심판기관이 법원이라는 점에서 행정심판과 구별된다. 행정소송은 위법한 행정작용으로부터 개인의 권익구제를 주목으로 하고 있으며, 행정통제적인 기능은 오히려 부수적인 효과에 그치기 때문에, 그 심판기관은 행정기관과는 계통을 달리하는 법원이 된다.

③ 정식절차에 의한 재판

행정소송은 당사자로부터 독립한 지위에 있는 법원이 구두변론 등을 거쳐 행하는 정식쟁송이다. 정식절차의 요소로 ㉠ 대심구조, ㉡ 심리절차의 원칙적 공개, ㉢ 당사자의 구술변론권 보장, ㉣ 법정절차에 의한 증거조사, ㉤ 심판기관의 독립성 등이 있다.

(2) 유사제도와의 구별

① 행정심판과의 구별

행정소송은 당사자로부터 독립한 지위에 있는 법원이 구두변론 등을 거쳐 행하는 정식쟁송인 점에서, 행정청이 자기의 행위를 약식절차에 따라 행하는 행정심판과 다르다.

② 민사소송·형사소송과의 구별

행정소송은 행정사건을 대상으로 하는 소송으로서, 민사소송이 사법상 권리관계를 대상으로 하는 것과 구별된다. 그러나 구체적 사건에서 행정소송의 대상인지 민사소송의 대상인지 명확하지 않은 경우가 있다. 또한 행정소송은 국가형벌권의 존부·범위에 관한 소송인 형사소송과도 구별된다.

③ 헌법소송과의 구별

헌법소송사항으로서 헌법재판소의 심판대상은 헌법이 열거하고 있다(헌법 제111조 제1항). 위헌법률심판·헌법소원심판·위헌정당해산심판·탄핵심판·권한쟁의심판이 그것이다. 또한 헌법소송의 하나인 선거소송은 공직선거법이 별도로 규율하고 있다. 행정소송은 공법상 분쟁 중에서 이러한 헌법소송사항 이외의 것을 대상으로 한다.

(3) 행정소송의 기능

① 권리구제기능
행정작용이 위법하게 이루어짐으로써 개인의 권리(법률상 이익)가 침해받은 경우, 개인은 그러한 위법한 행정작용의 시정을 구하여 권리를 구제받을 수 있다. 행정소송의 가장 중심적인 기능이다. 행정소송이 대심구조를 기본으로 하고 공개변론을 통한 심리절차를 보장하는 것도 개인의 권리를 보호하는데 의의가 있다.

② 행정통제기능
법원은 행정사건에 대한 법적 판단을 통하여 행정의 합법성 및 합목적성을 보장함으로써 행정통제 기능을 수행한다. 이는 행정작용을 법에 종속시켜 법치주의를 실현하는 효과적인 방법이 된다. 행정소송의 이러한 기능 때문에 민사소송과 달리 실체적 진실발견에 중점을 둔 직권주의적 요소를 가미하고 있다.

2. 행정소송제도의 유형

(1) 행정법원형과 사법법원형(담당기관에 따른 분류)

① 행정법원형
제2차 세계대전 이전, 사법재판소의 지나친 관여로부터 행정권의 지위를 보장하기 위한 목적(특히 프랑스)에서 행정소송을 일반법원이 아닌 행정법원이 관할하던 유형이 있었다.

② 사법법원형
영미법계 국가에서는 전통적으로 「법의 지배의 원리」하에 행정재판소를 설치하지 않고 행정사건도 사법재판소의 관할하에 있었다. 그러나 20세기 중반이후에 각종의 행정위원회 또는 행정심판기관이 설치되고 행정에 관한 중요한 법률이 제정되어 점차 고유한 분야가 형성되어가고 있다.

③ 우리나라의 경우
우리의 행정소송제도는 기본적으로 사법국가형에 속하여 행정사건도 일반법원의 관할로 하고 있다. 행정소송법도 동법에 특별히 규정하고 있는 사항 이외에 대하여는 민사소송법의 규정을 준용하도록 하고 있다(제8조 제2항). 그러나 행정사건에는 민사소송과는 다른 특수한 소송절차(예 행정심판절차·단기제소기간·집행부정지원칙·직권심리제도·사정판결 등)를 인정하고 있다는 점에서 두 유형이 혼합된 제도로 평가된다.

(2) 소송의 내용 및 원인에 따른 분류
행정소송은 그 내용에 따라 주관적 소송과 객관적 소송으로 구분된다. 주관적 소송은 개인의 권리구제를 주된 내용으로 하는 소송으로서 항고소송과 당사자소송이 있다. 객관적 소송은 행정법규의 적정한 적용의 보장을 내용으로 하는 것으로서 민중소송과 기관소송이 있다.

02 행정소송의 한계

1. 사법권의 본질에서 오는 한계
(1) 의의

> **법원조직법 제2조(법원의 권한)** ① 법원은 헌법에 특별한 규정이 있는 경우를 제외한 일체의 법률상의 쟁송을 심판하고, 이 법과 다른 법률에 의하여 법원에 속하는 권한을 가진다.

행정소송도 사법작용으로서의 성질을 갖고 있으므로 법률적 쟁송에 관한 관할권을 갖는다. 그러나 학설·판례에 의하면 법률적 쟁송은 모든 법적 분쟁을 의미하는 것이 아니고 ① 구체적 사건성, ② 법적용상의 분쟁을 요소로 하는 것이어야 한다.

(2) 구체적 사건성에 따른 한계

① **반사적 이익** : 사법은 구체적인 법적 분쟁을 해결하여 국민의 권익을 구제해 주는 것을 목적으로 하므로 권리 또는 법적 이익이 침해된 경우에 한하여 행정소송이 가능하다. 행정소송법은 법률상 이익이 있는 경우에만 원고적격을 인정한다(제12조 등). 행정청에 법규상 부과되어 있는 처분의무가 순전히 공익적 견지에 의한 것일 경우에 그로 인하여 특정인이 받는 이른바 '반사적 이익'의 침해를 이유로 해서 행정소송을 제기할 수 없다.

② **훈시규정의 위반행위** : 행정법규 중에서 행정청에게 행정작용의 기준을 제시하는 의미만을 갖고 개인의 권리나 이익보호를 직접적인 목적으로 하지 않는 훈시규정 또는 방침규정의 위반행위는 행정청 내부에서 징계책임 등 문제가 발생하게 됨은 별론으로 하고, 행정소송의 대상이 되지 않는다.

③ **법령의 효력과 해석** : 구체적인 권리·이익의 침해와 무관하게, 법령의 일반적·추상적인 효력 내지 그 해석에 관한 분쟁은 행정소송의 대상이 되지 않는다. 위헌 또는 위법인 법령이 집행되어 국민의 권익이 현실적으로 침해된 경우에 당해 법령을 집행하여 행한 행정청의 처분을 다투고 이 경우에 그 전제문제로서 당해 법령의 위헌·위법을 다툴 수 있다(구체적 규범통제, 헌법 제107조 제2항). 그러나 법령 그 자체가 직접·구체적으로 국민의 권리·의무에 변동을 가져오는 것인 때(이른바 처분법규)에는 행정소송의 대상이 된다(대판 1996.9.20. 95누8003).

> **관련판례**
>
> **고시 자체의 무효확인을 구하는 청구가 행정소송의 대상이 되지 아니함**
> 행정소송의 대상이 될 수 있는 것은 구체적인 권리의무에 관한 분쟁이어야 하고 <u>일반적, 추상적인 법령이나 고시 자체로서 국민의 구체적인 권리의무에 직접적인 변동을 초래하는 것이 아닌 것은 그 대상이 될 수 없는 것</u>이므로 구체적인 권리의무에 관한 분쟁을 떠나서 고시 자체의 무효확인을 구하는 청구는 행정소송의 대상이 아닌 사항에 대한 것으로서 부적법하다(대판 1991.8.27. 91누1738).
>
> **조례가 항고소송의 대상이 되는 행정처분에 해당되기 위한 요건**
> 조례가 집행행위의 개입 없이도 그 자체로서 직접 국민의 구체적인 권리의무나 법적 이익에 영향을 미치는 등의 법률상 효과를 발생하는 경우 그 조례는 항고소송의 대상이 되는 행정처분에 해당한다(대판 1996.9.20. 95누8003).

④ **객관적 소송** : 개인의 권리보호보다는 오직 법규의 적정한 적용만을 목적으로 하는 객관적 소송은 법률적 쟁송에 해당하지 아니하므로, 법률에 특별한 규정이 있는 경우에만 허용된다. 행정소송법은 '민중소송 및 기관소송은 법률이 정한 경우에 법률에 정한 자에 한하여 제기할 수 있다'고 규정한다(제45조).

⑤ **단체소송**
  ㉠ **부진정한 단체소송** : 단체 스스로가 법으로 보호하는 자신의 이익을 보호받기 위하여 제기하는 소송을 말한다(예 사회단체의 등록거부처분에 대한 취소소송). 행정소송이 허용된다.
  ㉡ **진정한 단체소송** : 객관소송의 성격을 가지므로 특별한 법률규정이 있어야 허용된다. 여기에는 ⓐ 단체가 그의 구성원의 집단적 이익을 관철하기 위하여 단체의 이름으로 제기하는 이기적 단체소송(예 변호사회가 변호사 전체의 이익을 위해 특정 처분에 대하여 제기하는 소송), ⓑ 단체가 문화가치, 환경오염의 방지 등 공익추구를 목적으로 제기하는 소송인 이타적 소송이 있다.

> **관련판례**
>
> 사단법인 대한의사협회는 보건복지부 고시인 '건강보험요양급여행위 및 그 상대가치점수 개정'의 취소를 구할 원고적격이 없음
> 사단법인 대한의사협회는 의료법에 의하여 의사들을 회원으로 하여 설립된 사단법인으로서, 국민건강보험법상 요양급여행위, 요양급여비용의 청구 및 지급과 관련하여 직접적인 법률관계를 갖지 않고 있으므로, 보건복지부 고시인 '건강보험요양급여행위 및 그 상대가치점수 개정'으로 인하여 자신의 법률상 이익을 침해당하였다고 할 수 없다는 없으므로 위 고시의 취소를 구할 원고적격이 없다(대판 2006.5.25. 2003두11988).

⑥ **사실행위** : 행정소송은 법률적 쟁송의 문제에 관한 소송이므로 단순한 사실관계의 존부 등의 문제는 행정소송의 대상이 되지 아니한다(예 정부가 발행한 책자 등에서 독립운동가 등의 활동상을 잘못 기술하였다는 등의 이유로 그 사실관계의 확인을 구하는 것). 다만 권력적 사실행위의 경우에는 그 권력적 성질로 당사자간의 권리나 의무에 관한 분쟁의 존재를 인정할 수 있으므로 소송을 제기할 수 있다.

> **관련판례**
>
> 정부가 발행한 책자 등에서 독립운동가 등의 활동상을 잘못 기술하였다는 등의 이유로 그 사실관계의 확인을 구하는 청구가 항고소송의 대상이 되는지 여부(소극)
> 국가보훈처장 등이 발행한 책자 등에서 독립운동가 등의 활동상을 잘못 기술하였다는 등의 이유로 그 사실관계의 확인을 구하거나, 국가보훈처장의 서훈추천서의 행사, 불행사가 당연무효 또는 위법임의 확인을 구하는 청구는 과거의 역사적 사실관계의 존부나 공법상의 구체적인 법률관계가 아닌 사실관계에 관한 것들을 확인의 대상으로 하는 것이거나 행정청의 단순한 부작위를 대상으로 하는 것으로서 항고소송의 대상이 되지 아니하는 것이다(대판 1990.11.23. 90누3553).

(3) 법적용상의 한계

① **학술·예술상의 문제** : 순수한 학술 또는 예술적 차원에서의 논쟁 또는 우열성에 관한 다툼은, 법령의 적용에 의하여 해결될 수 있는 성질의 것이 아니므로 행정소송의 대상이 되지 않는다.

② **부당한 재량행위** : 재량권의 한계 내에서라면, 재량을 위반한 행위라 하더라도 원칙적으로 '부당'하며, 행정심판의 대상은 될 수 있지만 행정소송의 대상은 될 수 없다. 이는 행정의 제1차적 판단권은 존중되어야 함을 의미한다. 그러나 재량행위라 할지라도 그 재량권을 일탈·남용한 경우에는 위법한 처분이 되어 행정소송을 통한 사법적 구제가 가능하다(행정소송법 제27조).

> **관련판례**
>
> **검사임용신청자는 재량권의 한계 일탈이나 남용이 없는 적법한 응답을 요구할 권리가 있음**
> 검사의 임용에 있어서 임용권자가 임용여부에 관하여 어떠한 내용의 응답을 할 것인지는 임용권자의 자유재량에 속하므로 일단 임용거부라는 응답을 한 이상 설사 그 응답내용이 부당하다고 하여도 사법심사의 대상으로 삼을 수 없는 것이 원칙이나, 적어도 <u>재량권의 한계 일탈이나 남용이 없는 위법하지 않은 응답을 할 의무가 임용권자에게 있고 이에 대응하여 임용신청자로서도 재량권의 한계 일탈이나 남용이 없는 적법한 응답을 요구할 권리가 있다</u>고 할 것이며, 이러한 응답신청권에 기하여 재량권 남용의 위법한 거부처분에 대하여는 항고소송으로서 그 취소를 구할 수 있다(대판 1991.2.12. 90누5825).

③ **판단여지** : 법률요건에 불확정법개념이 사용되는 경우에 행정청에게 예외적으로 주어지는 인식의 권한인 판단여지는 사법심사의 대상이 되지 않는다. 그러나 ㉠ 판단기관이 부적법하게 구성되었거나, ㉡ 절차규정이 준수되지 않았거나, ㉢ 정당한 사실관계에서 출발하지 않았거나, ㉣ 일반적으로 타당한 판단기준(평등원칙, 비례성원칙)을 준수하지 않은 경우 등은 사법심사의 대상이 된다.

④ **특별권력관계 내부에서의 행위** : 전통적인 견해에 따르면 특별권력관계에서의 특별권력주체의 행위는 특별권력관계의 내부질서유지를 위한 행위로 사법심사의 대상에서 제외되는 것으로 보았다. 그러나 이러한 전통적 특별권력관계론은 헌법이나 법률에 근거가 없는 것으로서 오늘날 타당성이 인정될 수 없고, 법률상 이익에 관한 분쟁이기만 하면 사법심사의 대상이 된다는 것이 일반적인 견해이다.

> **관련판례**
>
> **학생에 대한 징계처분이 사법심사의 대상이라고 본 사례**
> 학생에 대한 징계권의 발동이나 징계의 양정이 징계권자의 교육적 재량에 맡겨져 있다 할지라도 법원이 심리한 결과 그 징계처분에 위법사유가 있다고 판단되는 경우에는 이를 취소할 수 있는 것이고, <u>징계처분이 교육적 재량행위라는 이유만으로 사법심사의 대상에서 당연히 제외되는 것은 아니다</u>(대판 1991.11.22. 91누2144).

2. 권력분립에서 오는 한계

(1) 통치행위

통치행위란 **고도의 정치성을 갖는 국가행위로서 성질상 사법심사의 대상이 되기에는 부적당한 행위**로서, 영국·독일·프랑스 등의 국가에서 판례를 통하여 정립된 관념이다. 통치행위가 재판통제에서 제외되는 근거에 관한 견해 중 사법자제설의 관점에서 보면 이들 행위에 대한 사법적 통제의 배제는 논리필연적인 것이 아니므로, 그 인정범위는 점차 축소될 수 있다. 한편, 국회의원의 징계처분은 일종의 통치행위로서 사법심사의 대상이 아니나(헌법 제64조 제3항), 지방의회의원의 징계처분(지방자치법 제86조 이하)은 행정소송의 대상이 되는 처분에 해당한다.

(2) 의무이행소송

① **의의** : 의무이행소송이란 **당사자의 일정한 행정행위의 신청에 대하여 행정청이 거부하거나 부작위로 대응한 경우, 행정청에 일정한 행정행위를 해 줄 것을 청구하는 내용의 행정소송**을 말한다. 오늘날의 복리국가하에서 국민생활이 국가의 적극적·수익적 행위에 크게 의존하고 있는데, 국가가 수익적 처분을 거부 또는 부작위하는 것에 대한 효과적인 대응수단이 된다.

② **인정여부**

소극설	㉠ 행정청의 1차적 판단권의 존중 및 권력분립원칙, ㉡ 행정소송법상 항고소송의 유형은 열거적·제한적이라는 점, ㉢ 행정소송법 제4조 제1호에서의 변경은 소극적 일부취소라는 점 등을 논거로 하여, 의무이행소송은 현행 행정소송법상 허용되지 않는다는 견해
적극설	㉠ 사법권의 본질은 법률적 판단을 통하여 행정의 적법성을 보장하고 개인의 권리를 보호함에 있다는 점, ㉡ 행정소송법상 항고소송의 유형은 예시적이라는 점, ㉢ 행정소송법 제4조 제1호의 변경의 의미에는 적극적 변경도 포함된다는 점 등을 논거로 의무이행소송이 허용된다는 견해
절충설	제한된 범위, 즉 ㉠ 행정청이 제1차적 판단권을 행사할 수 없을 정도로 처분요건이 일의적으로 정해져 있고, ㉡ 사전에 구제하지 않으면 회복할 수 없는 손해가 발생할 수 있으며, ㉢ 다른 구제방법이 없는 경우에만 인정된다는 견해
판례	일관되게 의무이행소송을 불허

> **관련판례**
>
> **행정소송법상 이행판결이나 형성판결을 구하는 소송은 불허**
> 현행 행정소송법상 행정청으로 하여금 일정한 행정처분을 하도록 명하는 이행판결을 구하는 소송이나 법원으로 하여금 행정청이 일정한 행정처분을 행한 것과 같은 효과가 있는 행정처분을 직접 행하도록 하는 형성판결을 구하는 소송은 허용되지 아니한다(대판 1997.9.30. 97누3200).
>
> **검사에 대한 압수물 환부이행청구소송이 허용되는지 여부**
> 검사에게 압수물 환부를 이행하라는 청구는 행정청의 부작위에 대하여 일정한 처분을 하도록 하는 의무이행소송으로 현행 행정소송법상 허용되지 아니한다(대판 1995.3.10. 94누14018).

③ **판결유형과 판단시점** : 의무이행판결로는 신청에 따라 특정한 내용의 처분을 하도록 하는 **특정처분명령판결**과 판결의 취지에 따라 일정한 처분을 하도록 하는 **일정처분명령판결**이 있다. 의무이행판결은 판결시의 법과 사실상태를 기초로 내려진다. 거부처분의 경우는 판결시설과 처분시설이 대립한다.

(3) 예방적 금지소송

① **의의** : 예방적 금지소송(또는 예방적 부작위소송)이란 **행정청이 특정한 행정행위나 그 밖의 행정작용을 하지 않을 것을 구하는 내용의 행정소송**을 말한다. 이 소송은 공권력에 의한 침해가 절박한 경우에 주로 문제되며 공권력의 행사에 대한 소극적 방어로서의 의미를 가진다. 우리 행정소송법에는 명문 규정이 없다.

② **인정여부**

소극설	㉠ 이를 인정할만한 어떠한 실정법 규정도 존재하지 않는다는 점, ㉡ 행정권에 대한 사법통제는 일단 행정작용이 행하여진 이후에만 가능하며, 행정작용이 있기 전에 행정권이 의도하고 있거나 계획중인 일정한 행위를 금지시키는 것은 사법권의 한계를 일탈한다는 점을 이유로 허용될 수 없다는 견해
적극설 (다수설)	㉠ 1설 : 우리의 실정법상 당사자소송은 이행소송을 포함하고 있는바 예방적 금지소송도 당사자소송의 한 형태로 인정될 수 있다는 견해 ㉡ 2설 : 예방적 금지소송을 행정청의 처분발동에 대한 부작위의무 및 그 권한이 없다는 확인의 판결을 구하는 확인소송으로 인정될 수 있다는 견해 ㉢ 3설 : ⓐ 처분이 이루어질 개연성이 있고 절박하며, ⓑ 처분요건이 일의적으로 정해져 있고, ⓒ 미리 구제하지 않으면 회복할 수 없는 손해가 발생할 우려가 있고, ⓓ 다른 구제방법이 없는 경우에는 국민의 권리구제를 위해서 허용된다는 견해
판례	실정법 규정이 존재하지 않는 한 불허된다는 입장(대판 2006.5.25. 2003두11988)

③ **허용요건** : 예방적 금지소송을 인정하는 견해는 다음과 같이 그 허용요건을 제시한다.

보충설	㉠ 취소소송과 집행정지에 의해서는 권리구제가 불가능하거나 회복하기 어려운 손해를 입을 우려가 있어야 하고(보충성 요건), ㉡ 행정청에게 1차적 판단권을 행사하게 할 것도 없을 정도로 일정한 내용의 처분이 예상되고 그 처분이 임박할 것(사건의 성숙성)
독립설	사건의 성숙성 요건만 갖추면 기존의 구제제도와 별도로 인정

> **관련판례**
>
> **행정소송법상 행정청의 부작위를 구하는 청구가 허용되는지 여부(소극)**
> 행정소송법상 행정청이 일정한 처분을 하지 못하도록 그 부작위를 구하는 청구는 허용되지 않는 부적법한 소송이라 할 것이므로, 피고 국민건강보험공단은 이 사건 고시를 적용하여 요양급여비용을 결정하여서는 아니된다는 내용의 원고들(대한의사협회 등)의 위 피고에 대한 이 사건 청구는 부적법하다 할 것이다(대판 2006.5.25. 2003두11988).
>
> **건축물의 준공처분을 하여서는 아니된다는 청구가 허용되는지 여부**
> 건축건물의 준공처분을 하여서는 아니된다는 내용의 부작위를 구하는 청구는 행정소송에서 허용되지 아니하는 것이므로 부적법하다(대판 1987.3.24. 86누182).

예제 행정소송의 한계에 관한 우리나라 대법원 판례의 태도로서 타당하지 아니한 것은?
① 공법상의 구체적 법률관계가 아닌 사실관계에 관한 것들을 확인의 대상으로 하는 것은 항고소송의 대상이 되지 않는다.
② 처분요건이 일의적으로 규정되어 행정청의 1차적 판단권이 행사될 여지가 없고, 손해가 급박하며, 다른 구제수단이 없는 경우에는 의무화소송이 예외적으로 인정된다.
③ 조례도 다른 행정행위를 기다릴 것 없이 그 자체로서 직접 국민의 권리침해의 효과를 발생케 하는 경우에는 행정소송의 대상이 된다.
④ 재량권을 남용한 위법한 처분이라고 주장하면서 취소를 구하는 경우에는 법원은 재량권 남용 여부를 심리하여 본안에 관한 판단으로서 청구의 인용 여부를 가려야 한다.

정답 ②
② (×) 의무화소송 인정여부에 대한 절충설(제한적 허용설)의 입장을 소개한 것이다. 판례는 인정 여부에 대해 소극설을 따른다(대판 1995.3.10. 94누14018).

제2절 행정소송의 종류

01 일반적 구분

1. 주관적 소송, 객관적 소송

주관적 소송	개인의 권리·이익의 구제를 주된 내용으로 하는 행정소송(예 항고소송, 당사자소송)
객관적 소송	행정법규의 적정한 적용의 보장을 내용으로 하는 행정소송(예 민중소송, 기관소송)

2. 형성의 소, 이행의 소, 확인의 소

형성의 소	행정법상의 법률관계를 변동(발생·변경·소멸)시키는 판결을 구하는 소송(예 취소소송)
이행의 소	원고가 피고에 대한 일정한 실체법상 이행청구권을 확정하고, 그에 의한 이행을 명령하는 판결을 구하는 소송(예 이행명령을 구하는 당사자소송)
확인의 소	특정한 권리 또는 법률관계의 존재·부존재의 확인을 구하는 소송(예 무효등확인소송, 부작위위법확인소송, 공법상의 법률관계의 존부확인을 구하는 당사자소송)

02 행정소송법상의 종류

항고소송	① 의의 : 행정청의 처분 등이나 부작위에 대하여 제기하는 소송(제3조 제1호)
	② 종류
	  ㉠ 취소소송 : 행정청의 위법한 처분등을 취소 또는 변경하는 소송
	  ㉡ 무효등확인소송 : 행정청의 처분등의 효력 유무 또는 존재여부를 확인하는 소송
	  ㉢ 부작위위법확인소송 : 행정청의 부작위가 위법하다는 것을 확인하는 소송

당사자소송	① 의의 : 행정청의 처분등을 원인으로 하는 법률관계에 관한 소송 그 밖에 공법상의 법률관계에 관한 소송으로서 그 법률관계의 한쪽 당사자를 피고로 하는 소송(제3조 제2호)
	② 종류
	  ㉠ 행정주체의 일정한 작위, 부작위, 수인을 구하는 이행소송
	  ㉡ 공법상의 법률관계의 존부를 다투는 확인소송

민중소송	① 의의 : 국가 또는 공공단체의 기관이 법률에 위반되는 행위를 한 때에 직접 자기의 법률상 이익과 관계없이 그 시정을 구하기 위하여 제기하는 소송(제3조 제3호) ② 종류 : 법률에 명시적인 규정이 있는 경우에 허용(예 선거소송, 국민투표무효소송)
기관소송	① 의의 : 국가 또는 공공단체의 기관상호간에 있어서의 권한의 존부 또는 그 행사에 관한 다툼이 있을 때에 이에 대하여 제기하는 소송(제3조 제4호) ② 제외 : 헌법재판소법 제2조의 규정에 의하여 헌법재판소의 관장사항으로 되는 소송

제3절 항고소송

항고소송은 **행정청에 의한 공권력의 행사 또는 불행사의 위법 여부를 다투는 소송**이다. 항고소송으로서는 취소소송, 무효등확인소송, 부작위위법확인소송 세 종류가 있다. 행정소송법은 취소소송을 중심으로 상세한 규정을 두고 있으며, 그 이외의 항고소송은 취소소송에 대한 규정을 준용하고 있다.

제1관 취소소송

01 취소소송의 의의

1. 개념

취소소송은 '**행정청의 위법한 처분 등을 취소 또는 변경하는 소송**'(행정소송법 제4조 제1호)을 말한다. 취소소송은 보통 취소원인의 하자 있는 처분이나 재결에 대해서 이루어진다. 그러나 판례는 행정행위의 무효선언을 구하는 의미의 취소소송도 인정하고 있다. 다만 이 경우에는 형식에 있어서 취소소송이므로 제소기간 등의 제한을 받는다(대판 1976.2.24. 75누128).

2. 성질

형성소송설 (통설)	일정한 법률관계를 성립시킨 행정처분의 위법을 다투어 당해 행정행위의 취소·변경을 통하여 법률관계를 변경 또는 소멸시키는 소송이라는 견해
확인소송설	사인에게는 실체법상 행정처분에 대한 형성권을 부여할 수 없고 단지 국가에 대한 위법처분취소청구권이 인정되는데 그치므로 행정행위의 위법성을 확인하는 소송이라는 견해
준형성소송설	행정행위의 위법성을 확인하는 확인적 성질과 행정행위의 효력을 다투는 형성적 성질을 아울러 가지는 특별한 성질을 갖는 소송으로 보는 견해
판례	형성소송설 입장. "위법한 처분에 의하여 발생한 위법상태를 배제하여 원상으로 회복시키고 그 처분으로 침해되거나 방해받은 권리와 이익을 보호구제하고자 하는 소송"(대판 1992.4.24. 91누11131).

3. 소송물

(1) 의의

소송물이란 특정한 소송에서 심판의 대상인 소송상의 청구를 말한다. 소송물은 특히 소의 병합, 소의 변경, 처분사유의 추가·변경 및 기판력의 범위에 있어서 중요한 의미를 갖는다. 취소소송의 소송물을 무엇으로 보는가에 대하여 학설상 다툼이 되고 있다.

(2) 학설

① **처분의 위법성일반으로 보는 견해**: 행정처분의 적법요건을 충족시키지 않은 모든 위법사유(위법성일반)가 소송물을 이루고 있는 것으로 보아야 한다는 견해이다(다수설, 판례). 취소소송에서 청구기각판결을 받은 경우에 다른 위법사유를 들어 동일한 처분에 대하여 새로운 취소소송을 제기하는 것이 허용되지 않는다. 이 견해에 대하여는 재판에서 다투어지지 않은 사항에 대하여도 기판력이 미치게 되어 기판력의 범위를 부당히 확대한다는 비판이 있다.

② **처분의 개개의 위법사유로 보는 견해**: 이 견해에 의하면 취소소송의 판결의 기판력은 개개의 위법사유에 한정된다. 따라서 청구기각판결의 경우에 원고는 후소(後訴)에서 전소(前訴)에서 주장한 것과 다른 위법사유를 주장할 수 있게 된다. 이 견해에 대하여는 분쟁의 일회적 해결을 기할 수 없다는 비판이 있다.

③ **위법한 처분으로 자신의 권리를 침해당하였다는 원고의 주장으로 보는 견해**: 소송물을 실체법적 내용과는 독립된 소송법적 관점에서 고찰하여, 원고가 주장하고 제시한 위법사유에 따라 소송물의 범위를 달리 파악하는 견해이다. 이 견해에 대하여는 권리침해는 원고적격의 문제이고, 본안판단에 관한 사항만을 대상으로 하는 소송물의 요소가 될 수 없다는 비판이 있다.

(3) 판례의 태도

판례는 처분의 위법성일반을 취소소송의 소송물로 본다. 또한 판례는 처분사유의 추가·변경과 관련하여 '처분의 동일성이 유지되는 범위 내에서 그 사유를 교환·변경할 수 있다'(대판 2002.10.11. 2001두1994)고 하여 기본적 사실관계의 동일성 여부를 소송물의 동일성 여부의 기준으로 보고 있다.

> **관련판례**
>
> **취소소송의 소송물은 처분의 위법성**
> 과세처분취소소송의 소송물은 그 <u>취소원인이 되는 위법성일반</u>이라고 할 것인 바, 원심이 이 사건 과세처분이 위법한 것이라고 판단한 이유는 위와 다를지언정 이 사건 과세처분이 위법한 것이라는 결론에 있어서는 마찬가지이므로 원심이 저지른 위에서 본바와 같은 위법은 판결의 결론에 영향을 미치지 않았다(대판 1989.4.11. 87누647).

02 취소소송의 재판관할

1. 심급관할

취소소송은 지방법원급인 행정법원을 제1심 법원으로 하며, 고등법원이 항소심을, 대법원이 상고심을 담당하는 3심제를 채택하고 있다. 다만 개별법에서 2심제를 규정하기도 한다(예 특허청의 심결에 대한 취소소송은 고등법원급에 해당하는 특허법원과 대법원, 독점규제 및 공정거래에 관한 법률 제55조는 서울고등법원과 대법원).

2. 토지관할

(1) 취소소송의 제1심 관할법원은 피고의 소재지를 관할하는 행정법원이다(행정소송법 제9조 제1항).

(2) 다만 중앙행정기관, 중앙행정기관의 부속기관과 합의제행정기관 또는 그 장, 국가의 사무를 위임 또는 위탁받은 공공단체 또는 그 장을 피고로 하여 취소소송을 제기하는 경우에는 대법원소재지를 관할하는 행정법원에 제기할 수 있다(제2항).

(3) 토지의 수용 기타 부동산 또는 특정의 장소에 관계되는 처분등에 대한 취소소송은 그 부동산 또는 장소의 소재지를 관할하는 행정법원에 이를 제기할 수 있다(제3항).

(4) 토지관할은 전속관할이 아닌 임의관할이므로 합의관할(민사소송법 제29조), 변론관할(제30조)이 적용될 수 있다.

3. 관할법원에의 이송

법원은 소송의 전부 또는 일부가 그 관할에 속하지 않는다고 인정할 경우에는 결정으로 관할법원에 이송한다(행정소송법 제8조 제2항, 민사소송법 제34조 제1항). 이 규정은 원고의 고의 또는 중대한 과실 없이 행정소송이 심급을 달리하는 법원에 잘못 제기된 경우에도 적용한다(행정소송법 제7조). 판례는 행정사건을 민사법원에 제기한 경우에도 관할이송이 적용되는 것으로 본다.

4. 사물관할

행정법원의 심판권은 판사 3명으로 구성된 합의부에서 행사한다. 다만, 행정법원의 경우 단독판사가 심판할 것으로 행정법원 합의부가 결정한 사건의 심판권은 단독판사가 행사한다(법원조직법 제7조 제3항).

5. 관할 위반의 효력

(1) 법원은 소송의 전부 또는 일부가 그 관할에 속하지 않는다고 인정할 경우에는 결정으로 관할법원에 이송한다(행정소송법 제8조 제2항, 민사소송법 제34조 제1항). 이 규정은 원고의 고의 또는 중대한 과실 없이 행정소송이 심급을 달리하는 법원에 잘못 제기된 경우에도 적용한다(행정소송법 제7조).

(2) 판례는 고의 또는 중과실 없이 행정소송으로 제기하여야 할 사건을 민사소송으로 잘못 제기하고 수소법원이 그 행정소송에 대한 관할도 동시에 가지고 있는 경우, 수소법원은 항고소송으로 소 변경을 하도록 하여 그 1심법원으로 심리·판단하여야 하며(대판 1999.11.26. 97다42250), 수소법원이 행정소송에 대한 관할을 가지고 있지 아니하면 관할 법원에 이송할 것(대판 1997.5.30. 95다28960)이라는 태도이다.

> **관련판례**
>
> 행정사건을 민사사건으로 오해하여 민사소송을 제기한 경우, 수소법원이 취하여야 할 조치
> 원고가 고의 또는 중대한 과실 없이 행정소송으로 제기하여야 할 사건을 민사소송으로 잘못 제기한 경우, 수소법원으로서는 만약 그 행정소송에 대한 관할도 동시에 가지고 있다면 이를 행정소송으로 심리·판단하여야 하고, 그 행정소송에 대한 관할을 가지고 있지 아니하다면 당해 소송이 이미 행정소송으로서의 전심절차 및 제소기간을 도과하였거나 행정소송의 대상이 되는 처분 등이 존재하지도 아니한 상태에 있는 등 행정소송으로서의 소송요건을 결하고 있음이 명백하여 행정소송으로 제기되었더라도 어차피 부적법하게 되는 경우가 아닌 이상 이를 부적법한 소라고 하여 각하할 것이 아니라 관할 법원에 이송하여야 한다(대판 1997.5.30. 95다28960).

6. 관련청구소송의 이송·병합

(1) 의의

① 서로 관련되는 수 개의 청구를 병합하여 하나의 소송절차에서 통일적으로 심판하는 것을 관련청구소송의 이송·병합이라고 한다. 이는 심리의 중복이나 재판의 모순·저촉을 피하고 당사자나 법원의 부담을 경감시키는데 그 의의가 있다.

② 관련청구소송의 이송·병합은 취소소송뿐 아니라 무효등확인소송과 부작위위법확인소송, 당사자소송에도 준용된다(제10조, 제38조, 제44조 제2항).

(2) 관련청구소송의 범위

① 당해 처분등과 관련되는 손해배상·부당이득·원상회복 등의 청구소송

> ㉠ 그 처분 등이 원인이 되어 발생한 청구(예 영업정지처분에 있어서 처분취소소송과 손해배상청구소송)
> ㉡ 그 처분 등의 취소를 선결문제로 하는 청구(예 과세처분에 있어서 과세처분취소소송과 부당이득반환청구권)

② 당해 처분등과 관련되는 취소소송

> ㉠ 당해 처분과 함께 하나의 절차를 구성하는 다른 처분의 취소를 구하는 소송(예 조세체납처분에 있어서의 압류처분과 공매처분)
> ㉡ 당해 처분에 관한 재결의 취소소송 또는 당해 재결의 대상인 처분의 취소소송
> ㉢ 당해 처분의 취소를 구하는 다른 자의 취소소송(예 일반처분에 대한 다수인이 각각 별개의 취소소송을 제기)

(3) 관련청구소송의 이송

① **의의**: 취소소송과 관련청구소송이 각각 다른 법원에 계속되고 있는 경우에 관련청구소송이 계속된 법원이 상당하다고 인정하는 때에는 당사자의 신청 또는 직권에 의하여 이를 취소소송이 계속된 법원으로 이송할 수 있다(행정소송법 제10조 제1항). 본 조항은 다른 항고소송, 당사자소송, 민중소송, 기관소송에도 준용된다(제38조·제44조·제46조).

② **이송의 요건**
  ㉠ **취소소송과 관련청구소송이 각각 다른 법원에 계속**: 예컨대 처분 등의 취소를 구하는 취소소송이 A법원에 계속중인 경우 당해 처분과 관계되는 손해배상청구소송이 B법원에 계속된 경우이다.
  ㉡ **이송의 상당성**: 관련청구소송이 계속된 법원이 당해 소송을 취소소송이 계속된 법원에 이송하여 병합심리하는 것이 상당하다고 인정하는 경우이다.
  ㉢ **당사자의 신청 또는 법원의 직권**: 당사자의 신청이나 법원의 직권으로 가능하다. 이 경우 이송 신청을 할 수 있는 자는 당해 관련청구소송의 원고·피고는 물론 참가인도 포함된다.

③ **이송의 효과**: 이송결정은 당해 관련청구소송을 이송받은 법원을 기속하며, 그 법원은 당해 소송을 다시 다른 법원에 이송하지 못한다(민사소송법 제38조). 이송결정이 확정되면 당해 소송은 처음부터 이송받은 법원에 계속된 것으로 본다(동법 제40조 제1항).

(4) 관련청구소송의 병합

① **의의**: 취소소송에는 사실심의 변론종결시까지 관련청구소송을 병합하거나 피고외의 자를 상대로 한 관련청구소송을 취소소송이 계속된 법원에 병합하여 제기할 수 있다(행정소송법 제10조 제2항).

② **병합의 유형**
  ㉠ **객관적 병합과 주관적 병합**
    ⓐ **객관적 병합**: 같은 원고가 같은 피고에 대하여 하나의 소송절차에서 수개의 청구를 하는 경우를 말한다(제10조 제2항 전단). 민사소송법상 수개의 청구가 동종의 소송절차에 의하는 경우에 한하여 인정되나, 행정소송법은 다른 종류의 소송절차(예 취소소송과 손해배상청구소송)에도 인정한다.
    ⓑ **주관적 병합**: 원·피고의 어느 일방 또는 쌍방의 당사자가 다수인 경우를 말한다. 취소소송의 원고는 취소소송의 상대방 이외의 자를 대상으로 한 관련청구소송을 취소소송과 병합하여 제소하거나 취소소송이 계속된 법원에 추가로 병합하여 제기할 수 있고, 수인의 원고가 처음부터 공동원고로서 관련청구를 병합제소할 수 있다(제10조 제2항 후단, 제15조).

ⓒ 단순병합, 선택적 병합, 예비적 병합
ⓐ **단순병합** : 원고가 여러 개의 청구를 병합하여 각 청구에 대하여 다른 청구와 관련 없이 무조건적으로 재판할 것을 구하는 모습의 병합이다.
ⓑ **선택적 병합** : 양립할 수 있는 여러 개의 청구를 병합하여 그 중 어느 하나라도 인용되면 원고가 만족하겠다는 모습의 병합이다.
ⓒ **예비적 병합** : 주위적 청구가 허용되지 아니하거나 이유 없는 경우를 대비하여 예비적 청구를 병합하여 제기하는 것도 가능하다(예 행정청을 피고로 하여 처분의 취소를 청구함과 동시에, 그것이 사정판결에 의하여 기각될 경우에 대비하여 국가를 피고로 하여 손해배상이나 원상회복을 청구하는 경우). 예비적 청구는 심판의 순서에 구속을 받으며, 예비적 청구가 취소소송이면 취소소송의 소송요건을 구비하여야 한다. 판례는 행정처분에 대한 무효확인과 취소청구는 서로 양립할 수 없는 청구로서 주위적·예비적 청구로서만 병합이 가능하고 선택적 청구로서의 병합이나 단순 병합은 허용되지 아니한다고 하였다(대판 1999.8.20. 97누6889).
ⓒ **후발적 병합, 원시적 병합**
관련청구소송의 병합에는 계속중인 취소소송 등에 관련청구소송을 병합하는 후발적 병합과 취소소송 등과 관련청구소송을 함께 제기하는 원시적 병합이 있다.
③ **병합의 요건**
㉠ **취소소송 등에 병합할 것** : 취소소송 등이 주된 소송이므로 관련청구소송을 취소소송 등에 병합하여야 한다. 취소소송 등 간의 병합은 어느 쪽에든지 병합할 수 있다.
㉡ **본체인 취소소송의 적법성** : 관련청구소송의 병합은 본래의 취소소송이 적법할 것을 요건으로 하는 것이므로, 본래의 취소소송이 부적법하여 각하되면 그에 병합된 청구도 소송요건을 흠결한 부적합한 것으로서 각하되어야 한다(대판 1997.3.14. 95누13708). 그런데 판례는 취소소송 등에 당사자소송을 병합청구한 경우 위 취소소송 등이 부적법하다면 법원은 청구의 기초에 변경이 없는 한 당초의 청구가 부적법하다는 이유로 병합된 청구까지 각하할 것이 아니라 병합청구 당시 유효한 소변경(소의 종류의 변경)청구가 있었던 것으로 받아들여 이를 허가함이 타당하다고 한다(대판 1992.12.24. 92누3335).
㉢ **관련청구소송의 적법성** : 관련청구소송 역시 전치절차, 제소기간의 준수 등 일반적 소송요건을 구비해야 한다.
㉣ **주된 취소소송이 사실심 계속중일 것(후발적 병합의 경우)** : 관련청구의 병합은 사실심의 변론종결 이전에 하여야 한다. 사실심 변론종결 이전이면 원시적 병합이든 추가적 병합이든 상관없다.

> **관련판례**
>
> 무효확인의 소를 제기하였다가 취소를 구하는 소를 추가적으로 병합한 경우의 제소기간
> 하자 있는 행정처분을 놓고 이를 무효로 볼 것인지 아니면 단순히 취소할 수 있는 처분으로 볼 것인지는 동일한 사실관계를 토대로 한 법률적 평가의 문제에 불과하고, 행정처분의 무효확인을 구하는 소에는 특단의 사정이 없는 한 그 취소를 구하는 취지도 포함되어 있다고 보아야 하는 점 등에 비추어 볼 때, 동일한 행정처분에 대하여 무효확인의 소를 제기하였다가 그 후 그 처분의 취소를 구하는 소를 추가적으로 병합한 경우, <u>주된 청구인 무효확인의 소가 적법한 제소기간 내에</u>

제기되었다면 추가로 병합된 취소청구의 소도 적법하게 제기된 것으로 봄이 상당하다(대판 2005.12.23. 2005두3554).

행정처분의 취소를 구하는 취소소송에 당해 처분의 취소를 선결문제로 하는 부당이득반환청구가 병합된 경우, 그 청구가 인용되려면 소송절차에서 당해 처분의 취소가 확정되어야 하는지 여부(소극)
취소소송에 병합할 수 있는 당해 처분과 관련되는 부당이득반환소송에는 당해 처분의 취소를 선결문제로 하는 부당이득반환청구가 포함되고, 이러한 부당이득반환청구가 인용되기 위해서는 그 소송절차에서 판결에 의해 당해 처분이 취소되면 충분하고 그 처분의 취소가 확정되어야 하는 것은 아니다(대판 2009.4.9. 2008두23153).

④ **병합요건의 조사**
병합요건은 법원의 직권조사사항이다. 병합요건이 충족되지 않은 경우 변론을 분리하여 별도의 소로 분리심판하여야 함이 원칙이다.

예제 취소소송의 제1심 관할법원에 대한 설명으로 옳지 않은 것은?
① 세종특별자치시에 위치한 해양수산부의 장관이 한 처분에 대한취소소송은 서울행정법원에 제기할 수 있다.
② 경상북도 김천시에 위치한 한국도로공사가 국토교통부장관의 국가사무의 위임을 받아 한 처분에 대한 취소소송은 서울행정법원에 제기할 수 없다.
③ 경기도 토지수용위원회가 수원시 소재 부동산을 수용하는 재결처분을 한 경우 이에 대한 취소소송은 수원지방법원본원에 제기할 수 있다.
④ 식품위생법에 따른 서울특별시 서초구청장의 음식점영업허가 취소처분에 대한 취소소송은 서울행정법원에 제기한다.

정답 ②
① (O), ② (X) 중앙행정기관, 중앙행정기관의 부속기관과 합의제행정기관 또는 그 장, 국가의 사무를 위임 또는 위탁받은 공공단체 또는 그 장에 해당하는 피고에 대하여 취소소송을 제기하는 경우에는 대법원소재지를 관할하는 행정법원에 제기할 수 있다(행정소송법 제9조 제2항). 따라서 ②의 사안에서 서울행정법원에 소를 제기할 수 있다.
③ (O) 토지의 수용 기타 부동산 또는 특정의 장소에 관계되는 처분등에 대한 취소소송은 그 부동산 또는 장소의 소재지를 관할하는 행정법원에 이를 제기할 수 있다(제9조 제3항).
④ (O) 취소소송의 제1심관할법원은 피고의 소재지를 관할하는 행정법원으로 한다(제9조 제1항).

03 취소소송의 당사자 등

1. 당사자의 지위

취소소송도 소송의 일종으로서 원고와 피고가 대립하는 대심구조를 취하여 구체적 사건을 다툰다는 점에서 민사소송과 본질은 같다. 그러나 행정소송의 원고는 자기의 권익을 주장하는 자이나 피고는 행정법규의 적법한 집행을 변호하는 자인 점에서, 원고와 피고간의 권리·이익에 관한 대립이 있는 민사소송과 다른 특징이 있다. 예컨대 행정청은 국가 또는 지방자치단체의 기관에 불과하지만 편의상 피고의 지위가 인정되는 점, 행정청은 자신의 이익이 아니라 공익을 위하여 소송에 임한다는 점 등의 특색이 있다.

2. 당사자능력과 당사자적격

(1) 당사자능력

당사자능력이란 **소송상 당사자(원고·피고·참가인)가 될 수 있는 일반적 능력**을 말한다. 민법 기타 법률에 의하여 권리능력을 가진 자(자연인·법인)는 당사자능력을 갖는다(행정소송법 제8조 제2항, 민사소송법 제51조). 공법인인 국가, 지방자치단체, 영조물법인, 공공조합도 당사자능력이 있다. 그리고 대표자 또는 관리인이 있는 법인이 아닌 사단 또는 재단에게도 당사자능력이 인정된다.

(2) 당사자적격

구체적 소송사건에서 원고나 피고로서 소송을 수행하고 본안판결을 받을 수 있는 능력(자격)을 의미한다. 소의 대상인 처분의 존재여부·위법여부의 확인 등에 관하여 법률상 대립하는 이해관계를 갖는 자에게 인정된다. 당사자적격을 권한적인 측면에서 볼 때에는 소송수행권이라고 한다. 판례에 따르면 당사자가 누구인가는 소장에 기재된 표시 및 청구의 내용과 원인 사실 등 소장의 전취지를 합리적으로 해석하여 확정한다.

> **관련판례**
>
> **도롱뇽의 당사자능력을 인정할 수 없음**
> 도롱뇽은 천성산 일원에 서식하고 있는 도롱뇽목 도롱뇽과에 속하는 양서류로서 자연물인 도롱뇽 또는 그를 포함한 자연 그 자체로서는 이 사건을 수행할 당사자능력을 인정할 수 없다(대판 2006.6.2. 2004마1148,1149).
>
> **국가의 당사자 능력이 인정된 사례**
> 관악구 보건소장이 서울대학교 보건진료소에 대해 한 직권폐업처분에 대한 무효등확인소송에서 법인격이 있는 국가에게 당사자능력을 인정하고 원고적격을 인정한 사례(서울행정법원 2009.6.5. 2009구합). ☞ 현재는 서울대학교가 법인이므로 이러한 사건에서 서울대학교에게 당사자능력이 있다.
>
> **지방자치단체는 건축물 소재지 관할 허가권자인 지방자치단체의 장을 상대로 건축협의취소의 취소를 구할 수 있음**
> 건축협의 취소는 상대방이 다른 지방자치단체 등 행정주체라 하더라도 '행정청이 행하는 구체적 사실에 관한 법집행으로서의 공권력 행사'(행정소송법 제2조 제1항 제1호)로서 처분에 해당한다고 볼 수 있고, <u>지방자치단체인 원고가 이를 다툴 실효적 해결 수단이 없는 이상, 원고는 건축물 소재지 관할 허가권자인 지방자치단체의 장을 상대로 항고소송을 통해 건축협의 취소의 취소를 구할 수 있다</u>(대판 2014.2.27. 2012두22980).

국가가 국토이용계획과 관련한 기관위임사무의 처리에 관하여 지방자치단체의 장을 상대로 취소소송을 제기할 수 없음

건설교통부장관은 지방자치단체의 장이 기관위임사무인 국토이용계획 사무를 처리함에 있어 자신과 의견이 다를 경우 행정협의조정위원회에 협의·조정 신청을 하여 그 협의·조정 결정에 따라 의견불일치를 해소할 수 있고, 법원에 의한 판결을 받지 않고서도 행정권한의 위임 및 위탁에 관한 규정이나 구 지방자치법에서 정하고 있는 지도·감독을 통하여 직접 지방자치단체의 장의 사무처리에 대하여 시정명령을 발하고 그 사무처리를 취소 또는 정지할 수 있으며, 지방자치단체의 장에게 기간을 정하여 직무이행명령을 하고 지방자치단체의 장이 이를 이행하지 아니할 때에는 직접 필요한 조치를 할 수도 있으므로, 국가가 국토이용계획과 관련한 지방자치단체의 장의 기관위임사무의 처리에 관하여 지방자치단체의 장을 상대로 취소소송을 제기하는 것은 허용되지 않는다(대판 2007.9.20. 2005두6935).

소방청장이 예외적으로 당사자능력과 원고적격을 가진다고 한 사례

국민권익위원회가 소방청장에게 인사와 관련하여 부당한 지시를 한 사실이 인정된다며 이를 취소할 것을 요구하기로 의결하고 그 내용을 통지하자 소방청장이 국민권익위원회 조치요구의 취소를 구하는 소송을 제기한 사안에서, 처분성이 인정되는 국민권익위원회의 조치요구에 불복하고자 하는 소방청장으로서는 조치요구의 취소를 구하는 항고소송을 제기하는 것이 유효·적절한 수단으로 볼 수 있으므로 소방청장은 예외적으로 당사자능력과 원고적격을 가진다(대판 2018.8.1. 2014두35379).

3. 원고적격

(1) **원고적격의 의의**

원고적격이란 **구체적인 처분에 대하여 누가 원고로서 취소소송을 제기하여 본안판결을 받을 자격**이 있는가의 문제를 말한다. 행정소송법 제12조는 「처분등의 취소를 구할 법률상 이익이 있는 자」가 취소소송을 제기할 수 있다고 규정하고 있다. 따라서 당사자가 아니더라도 처분 등의 취소를 구할 법률상 이익이 인정되는 자는 취소소송을 제기할 수 있다. 원고적격 구비여부는 법원의 직권 조사사항이며, 원고적격은 소송요건의 하나이므로 사실심변론종결시는 물론 상고심에서도 존속하여야 하고 이를 흠결하면 부적법한 소가 된다(대판 2007.4.12. 2004두7924).

(2) **법률상 이익의 주체**

① **자연인과 법인**: 법률상 이익이 있는 '자'에는 권리주체로서 자연인과 법인이 있다. 법인에는 공법인과 사법인이 있고, 지방자치단체도 이에 포함된다. 이 밖에 법인격 없는 단체도 대표자를 통해 단체의 이름으로 출소할 수 있다.

② **상대방과 제3자**: 처분의 상대방뿐만 아니라 법률상 이익이 침해된 제3자도 포함된다(예 경쟁자소송·경원자소송·이웃소송의 경우). 오늘날 행정소송의 원고적격은 종래 반사적 이익으로 논의되어 온 내용들이 점차 법률상 보호되는 이익으로 인정되는 추세에 있다.

> **관련판례**

행정처분의 직접 상대방이 아닌 제3자가 당해 행정처분의 취소나 무효확인을 구할 수 있는 요건으로서 '법률상 보호되는 이익'의 의미
행정처분의 직접 상대방이 아닌 자로서 그 처분에 의하여 자신의 환경상 이익이 침해받거나 침해받을 우려가 있다는 이유로 취소소송을 제기하는 제3자는, <u>자신의 환경상 이익이 그 처분의 근거 법규 또는 관련 법규에 의하여 개별적·직접적·구체적으로 보호되는 이익, 즉 법률상 보호되는 이익임을 입증하여야 원고적격이 인정된다</u>(대판 2006.12.22. 2006두14001).

제3자효를 수반하는 행정행위에 대한 행정심판청구의 인용재결에 대하여 제3자가 재결취소를 구할 소의 이익이 있는지 여부
제3자효를 수반하는 행정행위에 대한 행정심판청구에 있어서 그 <u>청구를 인용하는 내용의 재결로 인하여 비로소 권리이익을 침해받게 되는 자</u>(예컨대, 제3자가 행정심판청구인인 경우의 행정처분 상대방 또는 행정처분 상대방이 행정심판청구인인 경우의 제3자)는 재결의 당사자가 아니라고 하더라도 그 인용재결의 취소를 구하는 소를 제기할 수 있으나, 그 인용재결로 인하여 새로이 어떠한 권리이익도 침해받지 아니하는 자인 경우에는 그 재결의 취소를 구할 소의 이익이 없다(대판 1995.6.13. 94누15592).

조합설립추진위원회의 구성에 동의하지 아니한 정비구역 내의 토지 등 소유자는 조합설립추진위원회 설립승인처분의 취소를 구할 원고적격이 인정됨
도시 및 주거환경정비법 제13조 제1항 및 제2항의 입법 경위와 취지에 비추어 하나의 정비구역 안에서 복수의 조합설립추진위원회에 대한 승인은 허용되지 않는 점, 조합설립추진위원회가 조합을 설립할 경우 같은 법 제15조 제4항에 의하여 조합설립추진위원회가 행한 업무와 관련된 권리와 의무는 조합이 포괄승계하며, 주택재개발사업의 경우 정비구역 내의 토지 등 소유자는 같은 법 제19조 제1항에 의하여 당연히 그 조합원으로 되는 점 등에 비추어 보면, 조합설립추진위원회의 구성에 동의하지 아니한 정비구역 내의 토지 등 소유자도 <u>조합설립추진위원회 설립승인처분에 대하여 같은 법에 의하여 보호되는 직접적이고 구체적인 이익을 향유하므로 그 설립승인처분의 취소소송을 제기할 원고적격이 있다</u>(대판 2007.1.25. 2006두12289).

교원소청심사위원회의 결정에 대하여 행정소송을 제기할 수 있는 자
<u>학교의 장은 학교법인의 위임 등을 받아 교원에 대한 징계처분, 인사발령 등 각종 업무를 수행하는 등 독자적 기능을 수행하고 있어</u> 이러한 경우 하나의 활동단위로 특정될 수 있는 점까지 아울러 고려하여 보면, 교원소청심사위원회의 결정에 대하여 행정소송을 제기할 수 있는 자에는 교원지위 향상을 위한 특별법 제10조 제3항에서 명시하고 있는 교원, 사립학교법 제2조에 의한 학교법인, 사립학교 경영자뿐 아니라 소청심사의 피청구인이 된 학교의 장도 포함된다고 보는 것이 타당하다(대판 2011.6.24. 2008두9317).

③ **행정심판의 피청구인** : 판례는 인용재결이 있는 경우 피청구인인 행정청은 재결에 기속되어 재결의 취지에 따른 처분의무를 부담하게 되므로 이에 불복하여 행정소송을 제기할 수 없다는 입장이다 (대판 1998.5.8. 97누15432).

④ **행정주체가 아닌 행정기관**: 행정기관은 처분청의 경우 피고능력이 있지만, 권리능력이 없으므로 당사자능력이 없고 원칙상 항고소송을 제기할 원고적격이 인정되지 않는다. 그러나 대법원은 경기도선거관리위원회 위원장이 국민권익위원회를 상대로 불이익처분원상회복등요구처분취소를 구한 사건에서 원고적격을 인정한 예외적 사례가 있다.

> **관련판례**
>
> 국가기관의 당사자능력, 원고적격 및 법률상 이익을 인정한 사례
> 국가기관 일방의 조치요구에 불응한 상대방 국가기관(경기도 선거관리위원회 위원장)에 국민권익위원회법상의 제재규정과 같은 중대한 불이익을 직접적으로 규정한 다른 법령의 사례를 찾아보기 어려운 점, 그럼에도 원고가 국민권익위원회의 조치요구를 다툴 별다른 방법이 없는 점 등에 비추어 보면, 처분성이 인정되는 위 조치요구에 불복하고자 하는 원고로서는 조치요구의 취소를 구하는 항고소송을 제기하는 것이 유효·적절한 수단이므로 비록 원고가 국가기관이더라도 당사자능력 및 원고적격을 가진다(대판 2013.7.25. 2011두1214).

(3) 법률상 이익의 의의

행정소송법 제12조에서 규정하고 있는 법률상 이익이 무엇을 의미하는지에 대해서는 견해가 대립한다. 이러한 견해대립은 취소소송의 본질과 기능의 이해와 관련된다.

① **학설**
  ⊙ **권리구제설**: 이 견해는 취소소송의 본질이 위법한 처분으로 야기된 개인의 권리의 회복에 있다고 본다. 법률상 이익의 의미는 '권리'이다. 이에 대하여는 ⓐ 엄격한 의미의 권리가 침해된 자만 원고적격을 제기할 수 있다는 것은 재판을 받을 권리가 일반적으로 인정된 오늘날 부당하고, ⓑ 오늘날 권리와 법률상 보호된 이익을 동의어로 이해하므로 법률상 보호이익설과 동일하다는 지적이 있다.
  ⓛ **법률상 보호이익설**: 취소소송의 본질이 '법률이 개인을 보호하고 있는 이익을 구제하기 위한 수단'에 있다고 보며, 법률상 이익이란 '법률상 보호되는 이익' 즉, 처분의 근거법 내지 관계법이 보호하는 개인의 이익이라고 본다. 이에 대하여는 ⓐ 행정소송법상 문언에 가깝고, 보호이익의 범위가 전통적 의미의 권리개념보다 넓어져 다수설이 지지하나, ⓑ 항고소송의 주된 기능이 권리구제가 아니라 행정의 적법성을 보장하는 기능이라고 보는 입장으로부터 비판을 받는다.
  ⓒ **보호가치 있는 이익설**: 이 견해는 취소소송이란 '행정의 법적합성 통제를 바탕으로 한 구체적인 분쟁의 해결'에 그 본질이 있다고 보며, 법률상 이익이란 소송법적 관점에서 실질적으로 보호가치 있는 이익(법률상 보호되는 이익+사실상의 이익)이라고 한다. 이에 대하여는 ⓐ 권리구제를 지나치게 강조하여 법원이 실정법의 해석을 경시할 위험이 있고, ⓑ 원고적격의 객관적 기준이 없고 법원이 구체적인 사안에 따라 결정하는 점에 문제점이 지적된다.
  ⓔ **적법성보장설**: 행정행위의 적법성 보장 내지 행정통제가 취소소송의 본질이라고 보며, 법률상 이익이란 당해 처분을 다툼에 있어 가장 적합한 이해관계를 가진 자가 갖는 정당한 이익이라고 본다. 이에 대하여는 ⓐ 항고소송의 주된 기능이 권리구제에 있음을 간과했고, ⓑ 원고적격이

과도하게 확대되어 법원의 업무가 과중해진다는 비판이 있다.

② 판례
  ㉠ 판례는 기본적으로 법률상 보호이익설을 취하는 것으로 평가되고 있는데, 처분의 근거법규 및 관련법규(처분의 근거법규 및 관련법규의 입법취지 포함)에 의해 개별적으로 보호되는 직접적이고 구체적인 개인적 이익을 법률상 이익으로 보고 있다. 헌법상 기본권을 고려하는 판례도 등장하고 있다.
  ㉡ 법에 의해 보호되는 개인적 이익(사적 이익)이 있는 자만이 항고소송을 제기할 원고적격이 있고, 공익의 침해만으로는 인정되지 않는다. 판례는 이해관계인의 절차적 권리도 법률상 이익으로 본다.

> **관련판례**
>
> **납골당설치허가처분에 대한 관련 처분들의 근거 법규**
> 납골당설치허가처분의 허가조건을 성취하거나 그 처분의 목적을 달성하기 위하여는 산림형질변경허가와 환경영향평가가 반드시 필요하므로 그 근거 법규인 구 산림법과 구 환경영향평가법은 납골당설치허가처분에 대한 관련 처분들의 근거 법규이고, 그 환경영향평가대상지역 내 주민들은 위 처분의 무효확인이나 취소를 구할 원고적격이 있다(대판 2004.12.9. 2003두12073).
>
> **생태·자연도 1등급으로 지정되었던 지역을 2등급 또는 3등급으로 변경하는 내용의 생태·자연도 수정·보완을 고시한 경우, 인근 주민은 등급변경처분의 무효 확인을 구할 원고적격이 없음**
> 환경부장관이 생태·자연도 1등급으로 지정되었던 지역을 2등급 또는 3등급으로 변경하는 내용의 생태·자연도 수정·보완을 고시하자, 인근 주민 갑이 생태·자연도 등급변경처분의 무효 확인을 청구한 사안에서, 생태·자연도의 작성 및 등급변경의 근거가 되는 구 자연환경보전법 제34조 제1항 및 그 시행령 제27조 제1항, 제2항에 의하면, 생태·자연도는 토지이용 및 개발계획의 수립이나 시행에 활용하여 자연환경을 체계적으로 보전·관리하기 위한 것일 뿐, 1등급 권역의 인근 주민들이 가지는 생활상 이익을 직접적이고 구체적으로 보호하기 위한 것이 아님이 명백하고, 1등급 권역의 인근 주민들이 가지는 이익은 환경보호라는 공공의 이익이 달성됨에 따라 반사적으로 얻게 되는 이익에 불과하므로, 인근 주민에 불과한 갑은 생태·자연도 등급권역을 1등급에서 일부는 2등급으로, 일부는 3등급으로 변경한 결정의 무효 확인을 구할 원고적격이 없다고 본 원심판단을 수긍한 사례(대판 2014.2.21. 2011두29052).
>
> **제주 강정마을 해안변지역 일대가 절대보전지역으로 유지됨으로써 주민들이 가지는 주거 및 생활환경상 이익은 그 지역의 경관 등이 보호됨으로써 누리는 반사적 이익**
> 행정처분의 직접 상대방이 아닌 제3자라 하더라도 해당 행정처분으로 인하여 법률상 보호되는 이익을 침해당한 경우에는 그 처분의 무효확인 등을 구하는 행정소송을 제기하여 그 당부의 판단을 받을 자격이 있다 할 것이며, 여기에서 말하는 법률상 보호되는 이익이란 해당 처분의 근거 법규 및 관련 법규에 의하여 보호되는 개별적·직접적·구체적 이익이 있는 경우를 말하고, 공익보호의 결과로 국민 일반이 공통적으로 가지는 일반적·간접적·추상적 이익이 생기는 경우에는 법률상 보호되는 이익이 있다고 할 수 없다(대판 2012.7.5. 2011두13187,13194).

교육부장관의 학교법인 이사선임처분의 취소를 구하는 소송의 원고적격

교육부장관이 사학분쟁조정위원회의 심의를 거쳐 갑 대학교를 설치·운영하는 을 학교법인의 이사 8인과 임시이사 1인을 선임한 데 대하여 갑 대학교 교수협의회와 총학생회 등이 이사선임처분의 취소를 구하는 소송을 제기한 사안에서, 임시이사제도의 취지, 교직원·학생 등의 학교운영에 참여할 기회를 부여하기 위한 개방이사 제도에 관한 법령의 규정 내용과 입법 취지 등을 종합하여 보면, 구 사립학교법과 구 사립학교법 시행령 및 을 법인 정관 규정은 헌법 제31조 제4항에 정한 교육의 자주성과 대학의 자율성에 근거한 갑 대학교 교수협의회와 총학생회의 학교운영참여권을 구체화하여 이를 보호하고 있다고 해석되므로, 갑 대학교 교수협의회와 총학생회는 이사선임처분을 다툴 법률상 이익을 가지지만, 고등교육법령은 교육받을 권리나 학문의 자유를 실현하는 수단으로서 학생회와 교수회와는 달리 학교의 직원으로 구성된 노동조합의 성립을 예정하고 있지 아니하고, 노동조합은 근로자가 주체가 되어 자주적으로 단결하여 근로조건의 유지·개선 기타 근로자의 경제적·사회적 지위의 향상을 도모하기 위하여 조직된 단체인 점 등을 고려할 때, 학교의 직원으로 구성된 노동조합이 교육받을 권리나 학문의 자유를 실현하는 수단으로서 직접 기능한다고 볼 수는 없으므로, 개방이사에 관한 구 사립학교법과 구 사립학교법 시행령 및 을 법인 정관 규정이 학교직원들로 구성된 전국대학노동조합 을 대학교지부의 법률상 이익까지 보호하고 있는 것으로 해석할 수는 없다(대판 2015.7.23. 2012두19496).

재단법인 한국연구재단이 대학교 총장에게 사업협약을 해지하고 연구팀장에 대한 국가연구개발사업의 3년간 참여제한을 명하는 통보를 한 경우, 연구팀장은 협약 해지 통보의 효력을 다툴 법률상 이익이 있음

재단법인 한국연구재단이 갑 대학교 총장에게 연구개발비의 부당집행을 이유로 '해양생물유래 고부가식품·향장·한약 기초소재 개발 인력양성사업에 대한 2단계 두뇌한국(BK)21 사업' 협약을 해지하고 연구팀장 을에 대한 국가연구개발사업의 3년간 참여제한 등을 명하는 통보를 하자 을이 통보의 취소를 청구한 사안에서, 학술진흥 및 학자금대출 신용보증 등에 관한 법률 등의 입법 취지 및 규정 내용 등과 아울러 위 법 등 해석상 국가가 두뇌한국(BK)21 사업의 주관연구기관인 대학에 연구개발비를 출연하는 것은 '연구 중심 대학'의 육성은 물론 그와 별도로 대학에 소속된 연구인력의 역량 강화에도 목적이 있다고 보이는 점, 기본적으로 국가연구개발사업에 대한 연구개발비의 지원은 대학에 소속된 일정한 연구단위별로 신청한 연구개발과제에 대한 것이지, 그 소속 대학을 기준으로 한 것은 아닌 점 등 제반 사정에 비추어 보면, 을은 위 사업에 관한 협약의 해지 통보의 효력을 다툴 법률상 이익이 있다(대판 2014.12.11. 2012두28704).

제약회사는 보건복지부 고시인 약제급여·비급여목록 및 급여상한금액표의 취소를 구할 원고적격이 있음

제약회사가 자신이 공급하는 약제에 관하여 국민건강보험법, 같은 법 시행령, 국민건강보험 요양급여의 기준에 관한 규칙 등 약제상한금액고시의 근거 법령에 의하여 보호되는 직접적이고 구체적인 이익을 향유하는데, 보건복지부 고시인 약제급여·비급여목록 및 급여상한금액표로 인하여 자신이 제조·공급하는 약제의 상한금액이 인하됨에 따라 위와 같이 보호되는 법률상 이익이 침해 당할 경우, 제약회사는 위 고시의 취소를 구할 원고적격이 있다(대판 2006.9.22. 2005두2506).

재단법인 갑 수녀원의 원고적격을 부정한 사례
재단법인 갑 수녀원이, 매립목적을 택지조성에서 조선시설용지로 변경하는 내용의 공유수면매립목적 변경 승인처분으로 인하여 법률상 보호되는 환경상 이익을 침해받았다면서 행정청을 상대로 처분의 무효 확인을 구하는 소송을 제기한 사안에서, 공유수면매립목적 변경 승인처분으로 갑 수녀원에 소속된 수녀 등이 쾌적한 환경에서 생활할 수 있는 환경상 이익을 침해받는다고 하더라도 이를 가리켜 곧바로 갑 수녀원의 법률상 이익이 침해된다고 볼 수 없고, <u>자연인이 아닌 갑 수녀원은 쾌적한 환경에서 생활할 수 있는 이익을 향수할 수 있는 주체가 아니므로</u> 위 처분으로 위와 같은 생활상의 이익이 직접적으로 침해되는 관계에 있다고 볼 수도 없으며, 위 처분으로 환경에 영향을 주어 갑 수녀원이 운영하는 <u>쨈 공장에 직접적이고 구체적인 재산적 피해가 발생한다거나 갑 수녀원이 폐쇄되고 이전해야 하는 등의 피해를 받거나 받을 우려가 있다는 점 등에 관한 증명도 부족하다는 이유로</u>, 갑 수녀원에 처분의 무효 확인을 구할 원고적격이 없다(대판 2012.6.28. 2010두2005).

근거법률의 범위를 확대한 사례
조성면적 10만m^2 이상이어서 환경영향평가대상사업에 해당하는 당해 국립공원 집단시설지구개발사업에 관하여 당해 변경승인 및 허가처분을 함에 있어서는 반드시 자연공원법령 및 환경영향평가법령 소정의 환경영향평가를 거쳐서 그 환경영향평가의 협의내용을 사업계획에 반영시키도록 하여야 하는 것이니 만큼 자연공원법령뿐 아니라 환경영향평가법령도 당해 변경승인 및 허가처분에 직접적인 영향을 미치는 근거 법률이 된다(대판 1998.4.24. 97누3286).

헌법상 기본권에 직접 근거하여 법률상 이익을 인정한 경우
설사 국세청장의 지정행위의 근거규범인 이 사건 조항들이 단지 공익만을 추구할 뿐 청구인 개인의 이익을 보호하려는 것이 아니라는 이유로 청구인에게 취소소송을 제기할 법률상 이익을 부정한다고 하더라도, 국세청장의 지정행위는 행정청이 병마개 제조업자들 사이에 특혜에 따른 차별을 통하여 사경제 주체간의 경쟁조건에 영향을 미치고 이로써 기업의 경쟁의 자유를 제한하는 것임이 명백한 경우에는 국세청장의 지정행위로 말미암아 기업의 경쟁의 자유를 제한받게 된 자들은 적어도 보충적으로 기본권에 의한 보호가 필요하다. 따라서 일반법규에서 경쟁자를 보호하는 규정을 별도로 두고 있지 않은 경우에도 <u>기본권인 경쟁의 자유</u>가 바로 행정청의 지정행위의 취소를 구할 법률상의 이익이 된다 할 것이다(헌재 1998.4.30. 97헌마141).

지하상가의 임대인 또는 임차인에게는 인근의 횡단보도설치행위를 다툴 법률상 이익이 없음
횡단보도의 설치 또는 폐지로 인하여 지하상가의 임대인 또는 임차인이 누리는 인근 지하상가의 영업권 활성화와 같은 이익은 <u>도로교통법에 의하여 보호되는 직접적이고 구체적인 이익이라고 할 수 없으므로</u> 지하상가의 임대인 또는 임차인에게는 인근의 횡단보도설치행위를 다툴 법률상 이익이 없다(대판 2000.10.27. 98두8964).

(4) 법률상 이익의 '구체적 침해' 또는 '침해의 확실한 예견'
① 계쟁처분에 의해 법률상 이익이 현실적으로 침해된 경우(예 영업허가의 취소)뿐 아니라 침해의 발생이 확실히 예견되는 경우(예 공장 건축허가)에도 원고적격이 인정된다.

② 다만 법률상 이익에 대한 침해는 계쟁처분에 의해 직접 침해되었거나 침해될 것이어야 하며 그 침해가 간접적이어서는 안된다. 판례에 의하면 '법률상 이익'은 처분의 근거 법률에 의하여 보호되는 직접적이고 구체적인 이익이 있는 경우를 말하고 단지 간접적이거나 사실적, 경제적 이해관계를 가지는 데 불과한 경우는 여기에 포함되지 않는다(대판 2005.5.12. 2004두14229).

관련판례

법인의 주주가 당해 법인에 대한 행정처분의 취소를 구할 원고적격이 있는 경우
법인의 주주는 법인에 대한 행정처분에 관하여 사실상이나 간접적인 이해관계를 가질 뿐이어서 스스로 그 처분의 취소를 구할 원고적격이 없는 것이 원칙이라고 할 것이지만, 그 처분으로 인하여 법인이 더 이상 영업 전부를 행할 수 없게 되고, 영업에 대한 인·허가의 취소 등을 거쳐 해산·청산되는 절차 또한 처분 당시 이미 예정되어 있으며, 그 후속절차가 취소되더라도 그 처분의 효력이 유지되는 한 당해 법인이 종전에 행하던 영업을 다시 행할 수 없는 예외적인 경우에는 주주도 그 처분에 관하여 직접적이고 구체적인 법률상 이해관계를 가진다고 보아 그 효력을 다툴 원고적격이 있다. - 부실금융기관의 정비를 목적으로 은행의 영업 관련 자산 중 재산적 가치가 있는 자산 대부분과 부채 등이 타에 이전됨으로써 더 이상 그 영업 전부를 행할 수 없게 되고, 은행업무정지처분 등의 효력이 유지되는 한 은행이 종전에 행하던 영업을 다시 행할 수는 없는 경우, 은행의 주주에게 당해 은행의 업무정지처분 등을 다툴 원고적격이 인정된다고 한 사례(대판 2005.1.27. 2002두5313).

공장 설립으로 수질오염 등이 발생할 우려가 있는 주변 지역의 주민은 원고적격이 있음
김해시장이 소감천을 통해 낙동강에 합류하는 하천수 주변의 토지에 구 산업집적활성화 및 공장설립에 관한 법률 제13조에 따라 공장설립을 승인하는 처분을 한 사안에서, 상수원인 물금취수장이 소감천이 흘러 내려 낙동강 본류와 합류하는 지점 근처에 위치하고 있는 점, 수돗물은 수도관 등 급수시설에 의해 공급되는 것이어서 거주지역이 물금취수장으로부터 다소 떨어진 곳이라고 하더라도 수돗물의 수질악화 등으로 주민들이 갖게 되는 환경상 이익의 침해나 그 우려는 그 수돗물을 공급하는 취수시설이 입게 되는 수질오염 등의 피해나 그 우려와 동일하게 평가될 수 있는 점 등에 비추어, 공장설립으로 수질오염 등이 발생할 우려가 있는 물금취수장에서 취수된 물을 공급받는 부산광역시 또는 양산시에 거주하는 주민들도 위 처분의 근거 법규 및 관련 법규에 의하여 개별적·구체적·직접적으로 보호되는 환경상 이익, 즉 법률상 보호되는 이익이 침해되거나 침해될 우려가 있는 주민으로서 원고적격이 인정된다(대판 2010.4.15. 2007두16127).

행정처분의 근거 법규 등에 의하여 환경상 이익에 대한 침해 또는 침해 우려가 있는 것으로 사실상 추정되어 원고적격이 인정되는 사람의 범위
환경상 이익에 대한 침해 또는 침해 우려가 있는 것으로 사실상 추정되어 원고적격이 인정되는 사람에는 환경상 침해를 받으리라고 예상되는 영향권 내의 주민들을 비롯하여 그 영향권 내에서 농작물을 경작하는 등 현실적으로 환경상 이익을 향유하는 사람도 포함된다. 그러나 단지 그 영향권 내의 건물·토지를 소유하거나 환경상 이익을 일시적으로 향유하는 데 그치는 사람은 포함되지 않는다(대판 2009.9.24. 2009두2825).

(5) 구체적 검토

① 경쟁자소송(경업자소송)

㉠ 서로 **경쟁관계에 있는 자들 사이에서 특정인에게 주어지는 처분 또는 부작위가 타인에게는 법률상 불이익을 초래하는 경우에 그 타인이 자기의 법률상 이익의 침해를 이유로 수익을 받는 특정인에 대한 행위를 다투는 소송**을 말한다.

㉡ 판례는 일반적으로 경쟁자소송에서 그 타인(기존업자)이 영위하는 사업이 ⓐ 특허업인 경우는 원고적격을 인정하지만, ⓑ 허가업인 경우는 반사적 이익 내지 사실상 이익으로 보아서 원고적격을 인정하지 않는 경향이 있다. 다만 허가요건으로 거리제한 또는 영업허가구역 규정이 있고 당해 규정이 기존업자의 개인적 이익도 보호하고 있는 것으로 볼 수 있다면 기존업자에게 원고적격을 인정할 수 있다.

> **관련판례**
>
> **노선연장인가 처분에 대하여 당해 노선에 관한 기존의 자동차 운송사업자가 그 취소를 구할 소의 이익이 있음**
> 자동차 운수사업법 제6조 제1호에서 당해 사업계획이 당해 노선 또는 사업구역의 수송수요와 수송력 공급에 적합할 것을 면허의 기준으로 한 것은 주로 자동차 운수사업에 관한 질서를 확립하고 자동차운수의 종합적인 발달을 도모하여 공공복리의 증진을 목적으로 하고 있으며, 동시에, 한편으로는 업자간의 경쟁으로 인한 경영의 불합리를 미리 방지하는 것이 공공의 복리를 위하여 필요하므로 면허조건을 제한하여 기존업자의 경영의 합리화를 보호하자는 데도 그 목적이 있다 할 것이다. 따라서 이러한 기존업자의 이익은 단순한 사실상의 이익이 아니고, 법에 의하여 보호되는 이익이라고 해석된다. 원심이, 당해 노선에 관한 기존업자인 원고에게 본건 행정처분의 취소를 구할 법률상의 이익이 있다(대판 1974.4.9. 73누173).
>
> **기존의 고속형 시외버스운송사업자에게 직행형 시외버스운송사업자에 대한 사업계획변경인가처분의 취소를 구할 법률상의 이익이 있음**
> 일반적으로 면허나 인·허가 등의 수익적 행정처분의 근거가 되는 법률이 해당 업자들 사이의 과당경쟁으로 인한 경영의 불합리를 방지하는 것도 그 목적으로 하고 있는 경우, 다른 업자에 대한 면허나 인·허가 등의 수익적 행정처분에 대하여 미리 같은 종류의 면허나 인·허가 등의 수익적 행정처분을 받아 영업을 하고 있는 기존의 업자는 경업자에 대하여 이루어진 면허나 인·허가 등 행정처분의 상대방이 아니라 하더라도 당해 행정처분의 취소를 구할 당사자적격이 있다 - 기존의 고속형 시외버스운송사업자에게 직행형 시외버스운송사업자에 대한 사업계획변경인가처분의 취소를 구할 법률상의 이익을 인정한 사례(대판 2010.11.11. 2010두4179).
>
> **석탄가공업에 관한 허가의 성질**
> 석탄수급조정에 관한 임시조치법 소정의 석탄가공업에 관한 허가는 사업경영의 권리를 설정하는 형성적 행정행위가 아니라 질서유지와 공공복리를 위한 금지를 해제하는 명령적 행정행위여서 그 허가를 받은 자는 영업자유를 회복하는데 불과하고 독점적 영업권을 부여받은 것이 아니기 때문에 기존허가를 받은 원고들이 신규허가로 인하여 영업상 이익이 감소된다 하더라도 이는 원

고들의 반사적 이익을 침해하는 것에 지나지 아니하므로 원고들은 신규허가 처분에 대하여 행정소송을 제기할 법률상 이익이 없다(대판 1980.7.22. 80누33,34).

담배소매인의 거리제한에 따른 이익
[1] 담배 일반소매인의 지정기준으로서 일반소매인의 영업소 간에 일정한 거리제한을 두고 있는 것은 담배유통구조의 확립을 통하여 국민의 건강과 관련되고 국가 등의 주요 세원이 되는 담배산업 전반의 건전한 발전 도모 및 국민경제에의 이바지라는 공익목적을 달성하고자 함과 동시에 일반소매인 간의 과당경쟁으로 인한 불합리한 경영을 방지함으로써 일반소매인의 경영상 이익을 보호하는 데에도 그 목적이 있다고 보이므로, 일반소매인으로 지정되어 영업을 하고 있는 기존업자의 신규 일반소매인에 대한 이익은 단순한 사실상의 반사적 이익이 아니라 법률상 보호되는 이익이라고 해석함이 상당하다(대판 2008.3.27. 2007두23811).

[2] 일반소매인으로 지정되어 영업을 하고 있는 기존업자의 신규 구내소매인에 대한 이익은 법률상 보호되는 이익이 아니라 단순한 사실상의 반사적 이익이라고 해석함이 상당하므로, 기존 일반소매인은 신규 구내소매인 지정처분의 취소를 구할 원고적격이 없다(대판 2008.4.10. 2008두402).

경업자에 대한 행정처분이 경업자에게 불리한 내용인 경우, 기존의 업자가 행정처분의 무효확인 또는 취소를 구할 이익이 있는지 여부(원칙적 소극)
일반적으로 면허나 인허가 등의 수익적 행정처분의 근거가 되는 법률이 해당 업자들 사이의 과당경쟁으로 인한 경영의 불합리를 방지하는 것도 목적으로 하고 있는 경우, 다른 업자에 대한 면허나 인허가 등의 수익적 행정처분에 대하여 미리 같은 종류의 면허나 인허가 등의 수익적 행정처분을 받아 영업을 하고 있는 기존의 업자는 경업자에 대하여 이루어진 면허나 인허가 등 행정처분의 상대방이 아니라고 하더라도 당해 행정처분의 무효확인 또는 취소를 구할 이익이 있다. 그러나 경업자에 대한 행정처분이 경업자에게 불리한 내용이라면 그와 경쟁관계에 있는 기존의 업자에게는 특별한 사정이 없는 한 유리할 것이므로 기존의 업자가 그 행정처분의 무효확인 또는 취소를 구할 이익은 없다고 보아야 한다(대판 2020.4.9. 2019두49953).

인정	① 자동차운수사업법에 의하여 면허를 받은 기존업자의 경영상 이익(대판 1974.4.9. 73누173) ② 시외버스를 시내버스로 전환하는 처분을 하는 경우, 기존 시내버스업자의 이익(대판 1987.9.22. 85누985) ③ 화물자동차면허대수를 늘리는 보충인가처분을 하는 경우, 기존 화물자동차운송사업면허를 받아 영위하는 자의 이익(대판 1992.7.10. 91누9107) ④ 선박운항 사업면허 처분에 대한 기존업자의 이익(대판 1969.12.30. 69누106) ⑤ 먼저 하천부지점용허가를 받아 점용허가 기간중에 있는 자의 이익(대판 1993.10.8. 93누5017) ⑥ 담배 일반소매인으로 지정되어 영업을 하고 있는 기존업자의 신규업자에 대한 이익(대판 2008.3.27. 2007두23811) ⑦ 주류제조업의 면허를 얻은 자의 이익(대판 1989.12.22. 89누46) ⑧ 광업권설정허가처분과 그에 따른 광산 개발에 대한, 인근 토지나 건축물의 소유자와

	점유자 또는 이해관계인 및 주민들의 이익(대판 2008.9.11. 2006두7577) ⑨ 방송법에 의한 적법한 중계유선방송사업자의 이익(대판 2007.5.11. 2004다11162) ⑩ 적법한 약종상허가를 받아 허가지역내에서 약종상영업을 경영하고 있는 자의 이익(대판 1988.6.14. 87누873) ⑪ 구 오수·분뇨 및 축산폐수의 처리에 관한 법률상 기존업자의 이익(대판 2006.7.28. 2004두6716)
부정	① 석탄가공업허가를 받은 기존업자의 이익(대판 1980.7.22. 80누33) ② 숙박업구조변경허가에 대한 인근 여관 경영자들의 불이익(대판 1990.8.14. 89누7900) ③ 무역거래법상 수입제한조치로 인한 기존 수입업자의 이익(대판 1971.6.29, 69누91) ④ 한약조제시험을 통하여 한약조제권을 인정받은 약사들에 대한 기존 한의사들의 이익(대판 1998.3.10. 97누4289) ⑤ 허가받은 장의자동차운송사업구역에 위반하였음을 이유로 한 행정청의 과징금부과처분에 의하여 보호되는 동종업자의 영업이익(대판 1992.12.8. 91누13700) ⑥ 양곡가공업허가를 받은 기존업자의 이익(대판 1981.1.27. 79누433) ⑦ 유기장업허가를 받은 자의 영업상 이익(대판 1986.11.25. 84누147) ⑧ 공중목욕장 시행세칙에 반하여 공중목욕장 영업허가처분한 경우, 기존 공중목욕업자의 이익(대판 1963.8.31, 63누101) ⑨ 담배 일반소매인으로 지정되어 영업을 하고 있는 기존업자의 신규 구내소매인에 대한 이익(대판 2008.4.10. 2008두402)

② 경원자소송
  ㉠ 인·허가 등에 있어서 서로 법규상 또는 성질상 양립할 수 없는 출원을 제기한 자로서, 일방에 대한 허가가 타방에 대한 불허가로 귀결될 수밖에 없는 관계를 경원관계라 한다.
  ㉡ 일반적으로 각 경원자에 대한 인·허가 등이 배타적 관계에 있으므로 경원관계의 존재만으로 타인에 대한 인·허가 등을 취소할 법률상 이익을 갖는다고 본다. 판례도 취소판결이 확정되는 경우 판결의 직접적인 효과로 경원자에 대한 허가 등 처분이 취소되거나 효력이 소멸되는 것은 아니더라도 행정청은 취소판결의 기속력에 따라 판결에서 확인된 위법사유를 배제한 상태에서 취소판결의 원고와 경원자의 각 신청에 관하여 처분요건의 구비 여부와 우열을 다시 심사하여야 할 의무가 있으며, 재심사 결과 경원자에 대한 수익적 처분이 직권취소되고 취소판결의 원고에게 수익적 처분이 이루어질 가능성을 완전히 배제할 수는 없으므로, 특별한 사정이 없는 한 경원관계에서 허가 등 처분을 받지 못한 사람은 자신에 대한 거부처분의 취소를 구할 소의 이익이 있다고 본다(대판 2015.10.29. 2013두27517). 다만, 명백한 법적 장애로 인하여 원고 자신의 신청이 인용될 가능성이 처음부터 배제되어 있는 경우에는 당해 처분의 취소를 구할 정당한 이익이 없다(대판 2009.12.10. 2009두8359).
  ㉢ 경원관계에 있는 자는 자신에 대한 불허가처분의 취소를 구하거나 타인에 대한 허가처분의 취소를 구할 수 있고, 또한 양자를 관련청구소송으로 병합하여 제기할 수도 있다.

인정	① LNG충전소 허가처분에 있어서, 경원관계에 있는 제3자의 불이익(대판 1972.5.8. 91누13274) ② 기존의 농어촌버스운송사업계획변경신청을 인가하면 신규의 마을버스운송사업면허를 할 수 없게 되는 경우, 마을버스운송사업면허신청자의 불이익(대판 1999.10.12. 99두6026) ③ 동일 대상지역에 대한 공유수면매립면허나 도로점용허가 ④ 일정지역에 있어서의 업소개수제한규정이 있는 경우
부정	① 하천부지점용허가 신청중인 자가 관리청의 제3자에 대한 같은 점용허가처분의 취소를 구할 이익(대판 1986.7.22, 선고 86누97) ② 처분이 취소된다고 하더라도 허가 등 처분을 받지 못한 불이익이 회복된다고 볼 수 없는 경우

③ 이웃소송(隣人訴訟)
   ㉠ 의의 : 어떠한 시설의 허가처분이 이웃하는 주민에게는 불이익하게 되는 경우, 이로 인해 침해를 받는 인근주민이 그 침해를 다투는 소송을 말한다. 이웃소송은 특히 건축법·환경법분야에서 문제된다.
   ㉡ 근거법률의 범위 확대 : 이웃소송에 있어서 원고적격의 판단기준은 근거법률의 사익보호성 여부이다. 그러나 입법자가 근거법률을 불충분하게 규율한다든지 또는 아예 근거법률을 규정하지 않는 경우가 간혹 발생한다. 이에 대하여 대법원은 인근주민에게 원고적격이 있는지는 당해 허가처분의 근거법규 및 관계법규의 보호목적에 따라 결정된다고 하여 근거법률의 범위를 확대하였다. 즉, 당해 근거법규 및 관계법규가 공익뿐 아니라 인근주민의 사적 이익도 보호한다고 해석되는 경우에 인근주민에게 원고적격이 인정된다.
   ㉢ 환경상 이익을 고려한 판례의 태도
      ⓐ 판례는 환경영향평가 대상지역 안의 주민들이 대상사업과 관련하여 갖고 있는 환경상의 이익은 주민 개개인에 대하여 개별적으로 보호되는 직접적·구체적 이익이라고 하면서 당해 허가 또는 승인처분의 취소를 구할 원고적격을 인정하고 있다(대판 2006.3.16. 2006두330).
      ⓑ 한편, 환경영향평가 대상지역 밖의 주민이라 할지라도 환경상 이익에 대한 침해 또는 침해 우려가 있다는 점을 입증함으로써 원고적격을 인정받을 수 있다고 하였다.
      ⓒ 그러나 판례는 환경상 기본권이 구체적 권리가 아닌 경우에는 기본권에 근거하여 원고적격을 인정할 수 없다는 입장이다.

> **관련판례**
>
> 행정처분의 직접 상대방이 아닌 자로서 그 처분에 의하여 환경상 침해를 받으리라고 예상되는 영향권 범위 내의 주민 및 그 영향권 밖의 주민이 처분의 취소를 구할 원고적격을 인정받기 위한 요건 행정처분의 근거 법규 또는 관련 법규에 그 처분으로써 이루어지는 행위 등 사업으로 인하여 환경상 침해를 받으리라고 예상되는 영향권의 범위가 구체적으로 규정되어 있는 경우에는, 그 영향권 내의 주민들에 대하여는 당해 처분으로 인하여 직접적이고 중대한 환경피해를 입으리라고 예상

할 수 있고, 이와 같은 환경상의 이익은 주민 개개인에 대하여 개별적으로 보호되는 직접적·구체적 이익으로서 그들에 대하여는 특단의 사정이 없는 한 환경상 이익에 대한 침해 또는 침해 우려가 있는 것으로 사실상 추정되어 법률상 보호되는 이익으로 인정됨으로써 원고적격이 인정되며, 그 영향권 밖의 주민들은 당해 처분으로 인하여 그 처분 전과 비교하여 수인한도를 넘는 환경피해를 받거나 받을 우려가 있다는 자신의 환경상 이익에 대한 침해 또는 침해 우려가 있음을 증명하여야만 법률상 보호되는 이익으로 인정되어 원고적격이 인정된다(대판 2006.12.22. 2006두14001).

환경영향평가 대상지역 밖에 거주하는 주민에게 헌법상의 환경권 또는 환경정책기본법에 근거하여 공유수면매립면허처분과 농지개량사업 시행인가처분의 무효확인을 구할 원고적격이 없다고 한 사례
헌법 제35조 제1항에서 정하고 있는 환경권에 관한 규정만으로는 그 권리의 주체·대상·내용·행사방법 등이 구체적으로 정립되어 있다고 볼 수 없고, 환경정책기본법 제6조도 그 규정 내용 등에 비추어 국민에게 구체적인 권리를 부여한 것으로 볼 수 없다는 이유로, 환경영향평가 대상지역 밖에 거주하는 주민에게 헌법상의 환경권 또는 환경정책기본법에 근거하여 공유수면매립면허처분과 농지개량사업 시행인가처분의 무효확인을 구할 원고적격이 없다(대판 2006.3.16. 2006두330).

인정	① 원자로부지 사전승인처분의 취소를 구할 인근주민의 이익(대판 1998.9.4. 97누19588) ② 전원개발사업실시계획승인처분과 관련하여 환경영향평가지역내의 주민이 받게 되는 환경상 침해이익(대판 1998.4.24. 97누3286) ③ 환경영향평가대상지역 밖의 주민이라 할지라도 공유수면매립면허처분으로 인해 수인한도를 넘는 환경피해를 받거나 받을 우려가 있는 경우(대판 2006.12.22. 2006두14001) ④ 국립공원 집단시설지구개발사업의 시설물기본설계 변경승인처분 등과 관련하여 환경영향평가대상지역 안의 주민들이 갖고 있는 환경상의 이익(대판 2001.7.27. 99두2970) ⑤ 주거지역에 연탄공장 건축허가 처분을 하는 경우 인근주민의 이익(대판 1975.5.13. 73누96·97) ⑥ 폐기물소각시설의 부지경계선으로부터 300m 밖에 거주하는 주민들이 폐기물처리시설의 설치·운영으로 인하여 환경상 이익에 대한 침해 또는 침해우려가 있다는 것을 입증한 경우(대판 2005.3.11. 2003두13489) ⑦ 환경정책기본법령상 사전환경성검토협의 대상지역 내에 포함될 개연성이 충분하다고 보이는 주민들의 이익(대판 2006.12.22. 2006두14001) ⑧ LPG 자동차충전소 설치허가에 대한 인접거주 주민들의 이익(대판 1983.7.12. 83누59) ⑨ 도로의 용도폐지처분에 관하여 직접적인 이해관계를 가지는 사람의 이익(대판1992.9.22. 91누13212) ⑩ 도시계획시설인 공설화장장 설치에 대한 인근 주민들의 이익(대판 1995.9.26. 94누14544) ⑪ 문화재보호구역 내에 있는 토지소유자 등이 보호구역의 지정해제를 요구할 수 있는 이익(대판 2004.4.27. 2003두8821)
부정	① 건축물의 용도를 레스토랑(근린생활시설)에서 위락시설(유흥주점)로 변경하는 허가처분에 있어서 인근주민들의 이익(대판 1997.8.25. 97부558)

② 전원개발사업에 있어서, 환경영향평가대상지역 밖의 주민·일반국민·산악인·사진가·학자·환경보호단체 등의 환경상의 이익(대판 1998.9.22. 97누19571)
③ 부락민 등이 자신들의 농경지 등이 훼손 또는 풍수해를 입을 우려가 있다는 이유로 산림훼손허가 및 중소기업창업지원승인처분의 취소를 구할 소의 이익(대판 1991.12.13. 90누10360)
④ 일반적인 시민생활에 있어 도로를 이용만 하는 사람이 그 용도폐지를 다툴 이익(대판 1992.9.22. 91누13212)
⑤ 甲이 乙소유의 도로를 공로에 이르는 유일한 통로로 이용하였으나 甲소유의 대지에 연접하여 새로운 공로가 개설되어 그 쪽으로 출입문을 내어 바로 새로운 공로에 이를 수 있게 된 경우, 甲이 乙소유의 도로에 대한 도로폐지허가처분의 취소를 구할 법률상 이익(대판 1999.12.7. 97누12556)
⑥ 문화재의 지정이나 보호구역지정으로 일반국민 또는 주민이 문화재를 향유할 이익 - 주택건설사업계획승인처분을 다툴 법률상의 이익이 없다고 한 사례(대판 1992.9.22. 91누13212)
⑦ 구 문화재보호법상의 도지정문화재 지정처분으로 인하여 침해될 수 있는 특정 개인의 명예 내지 명예감정(대판 2001.9.28. 99두8565)
⑧ 상수원보호구역 변경처분에 대한 인근주민의 이익(대판 1995.9.26. 94누14544)
⑨ 콘크리트제조공장의 입지지정승인처분이 취소됨으로 인하여 그 공장설립예정지에 인접한 마을과 주위 토지 및 그 지상의 묘소가 분진, 소음, 수질오염 등의 해를 입을 우려에서 벗어나는 이익(대판 1995.2.28. 94누3964)
⑩ 점용허가를 받음이 없이 도로부지를 점유하여 온 자가 같은 도로부지의 점용허가처분에 대하여 다툴 이익(대판 1991.11.26. 91누1219).
⑪ 공유수면매립목적 변경 승인처분으로 갑 수녀원에 소속된 수녀 등이 쾌적한 환경에서 생활할 수 있는 환경상 이익을 침해받는다고 하더라도 곧바로 갑 수녀원의 법률상 이익이 침해된다고 볼 수 없음(대판 2012.6.28. 2010두2005)
⑫ 건물건축 과정에서 피해를 입은 인접주택 소유자는 신축건물에 대한 사용·검사처분의 취소를 구할 이익(대판 2007.4.26. 2006두18409)

④ 기타 원고적격 인정사례

- 도시 및 주거환경정비법상 조합설립추진위원회의 구성에 동의하지 아니한 정비구역 내의 토지 등 소유자가 조합설립추진위원회 설립승인처분의 취소를 구하는 경우(대판 2007.1.25. 2006두12289)
- 채석허가를 받은 자에 대한 관할 행정청의 채석허가 취소처분에 대하여 수허가자의 지위를 양수한 양수인이 그 취소처분의 취소를 구하는 경우(대판 2003.7.11. 2001두6289)
- 제약회사가 보건복지부 고시인 약제급여·비급여목록 및 급여상한금액표로 인하여 자신이 제조·공급하는 약제의 상한금액이 인하됨에 따라 위 고시의 취소를 구하는 경우(대판 2006.9.22. 2005두 2506).
- 해기사 또는 도선사 외의 자로서 해양사고의 원인에 관계있는 자가 해양안전심판원이 자신에 대하여 한 해양사고의 조사 및 심판에 관한 법률 제5조 제3항의 '시정 등 권고 재결'의 취소를 구하는 경우(대판 2006.10.26. 2004추58)

> - 구속된 피의자 또는 피고인의 타인과의 접견권(대판 1992.5.8. 91부8)
> - 학교법인의 임원취임승인신청 반려처분에 대하여, 임원으로 선임된 사람이 이를 다투는 경우(대판 2007.12.27. 2005두9651)
> - 회원제골프장의 기존 회원이 회원모집계획서에 대한 시·도지사의 검토결과통보의 취소를 구하는 경우(대판 2009.2.26. 2006두16243)

예제 「행정소송법」 제12조의 '법률상 이익'에 관한 설명으로 옳지 않은 것은? (다툼이 있으면 판례에 따름)

▶ 22 소방승진

① 아파트관리사무소 소장으로 근무하면서 관리사무소를 위하여 종합소득세의 신고·납부, 경정청구 등의 업무를 처리하였다는 사실만으로도, 위 소장에게 경정청구를 거부한 과세관청의 처분에 대해 취소를 구할 법률상의 이익이 있다고 보아야 한다.

② 지방법무사회의 사무원 채용승인 거부처분 또는 채용승인 취소처분에 대해서는 처분 상대방인 법무사뿐만 아니라 그 때문에 사무원이 될 수 없게 된 사람도 이를 다툴 원고적격이 인정되어야 한다.

③ 「신문 등의 진흥에 관한 법률」상 신문의 등록은 단순히 명칭 등을 공적 장부에 등재하여 일반에 공시(公示)하는 것에 그치는 것이 아니라 신문사업자에게 등록한 특정 명칭으로 신문을 발행할 수 있도록 하는 것이고, 이처럼 신문법상 등록에 따라 인정되는 신문사업자의 지위는 사법상 권리인 '특정 명칭의 사용권' 자체와는 구별된다.

④ 경업자에 대한 행정처분이 경업자에게 불리한 내용이라면 그와 경쟁관계에 있는 기존의 업자에게는 특별한 사정이 없는 한 유리할 것이므로 기존의 업자가 그 행정처분의 무효확인 또는 취소를 구할 이익은 없다고 보아야 한다.

정답 ①

① (×) 행정소송은 행정청의 당해 처분이 취소됨으로 인하여 법률상 직접적이고 구체적인 이익을 얻게 되는 사람만이 제기할 이익이 있고 사실상이나 간접적인 관계만을 가지는 데 지나지 않는 사람은 이를 제기할 이익이 없다. 아파트관리사무소 소장으로 근무하면서 관리사무소를 위하여 종합소득세의 신고·납부, 경정청구 등의 업무를 처리하였다는 것만으로는, 위 소장에게 경정청구를 거부한 과세관청의 처분에 대해 취소를 구할 법률상의 이익이 있다고 보기 어렵다(대판 2003.9.23. 2002두1267).

② (○) 대판 2020.4.9. 2015다34444   ③ (○) 대판 2019.8.30. 2018두47189

④ (○) 대판 2020.4.9. 2019두49953

3. 피고적격

(1) 원칙 : 처분청

① **의의** : 취소소송은 다른 법률에 특별한 규정이 없는 한 그 처분 등을 행한 행정청을 피고로 한다(행정소송법 제13조 제1항). 권리주체인 국가나 지방자치단체가 아니라 행정청을 피고로 한 이유는 행정소송수행의 편의를 위해서이다. 피고인 행정청은 그가 속한 행정주체를 대표하여 소송수행을 하며 판결의 효력인 기판력은 피고인 행정청이 속한 법주체인 행정주체에 미치게 된다. 피고가 잘못 지정된 경우에는 소송이 각하되나, 예외적으로 피고경정의 절차를 통하여 바로잡을 수 있다.

② 구체적 검토
- ㉠ 행정청에는 단독기관(예 장관)과 합의제기관(예 토지수용위원회·공정거래위원회·감사원)을 포함한다. 단, 법률이 달리 정하고 있으면 그에 따른다(예 노동위원회법 제27조는 중앙노동위원회의 처분에 대한 소는 중앙노동위원장을 피고로 한다고 규정).
- ㉡ 행정청에는 법령에 의하여 행정권한의 위임 또는 위탁을 받은 행정기관, 공공단체 및 그 기관 또는 사인이 포함된다(행정소송법 제2조 제2항). 공무수탁사인이 자신의 이름으로 처분한 경우에 공무수탁사인이 피고가 된다.
- ㉢ 국회나 법원의 기관도 행정청에 해당될 수 있다(예 국회사무처법 제4조에 의한 국회사무총장, 법원조직법 제70조에 의한 법원행정처장, 헌법재판소법 제17조에 의한 헌법재판소사무처장).
- ㉣ 지방의회는 의장에 대한 불신임의결, 의원에 대한 제명징계의결, 지방의회의장선거의 처분청이어서 피고가 된다(대판 1993.11.26. 93누7341; 1995.1.12. 94누2602). 그러나 조례에 대한 항고소송의 경우는 지방자치단체의 장(교육조례의 경우는 교육감)이 피고이다(대판 1996.9.20. 95누8003).
- ㉤ 재결이 항고소송의 대상이 되는 경우에는 재결을 한 행정심판위원회가 피고가 된다.

> **관련판례**
>
> **저작권 등록처분에 대한 무효확인소송에서 피고적격자(=저작권심의조정위원회) '문화관광부'**
> 문화관광부장관은 구 저작권법 제97조의3의 규정에 의하여 저작권 등록업무에 관한 권한을 저작권심의조정위원회에 위탁한다'고 규정하고 있으므로, '저작권심의조정위원회'가 저작권 등록업무의 처분청으로서 그 등록처분에 대한 무효확인소송에서 피고적격을 가진다(대판 2009.7.9. 2007두16608).
>
> **조례무효확인 소송의 피고적격은 공포권 있는 지방자치단체의 장**
> 조례가 집행행위의 개입 없이도 <u>그 자체로서 직접 국민의 구체적인 권리의무나 법적 이익에 영향을 미치는 등의 법률상 효과를 발생하는 경우</u> 그 조례는 항고소송의 대상이 되는 행정처분에 해당하고, 이러한 조례에 대한 무효확인소송을 제기함에 있어서 행정소송법 제38조 제1항, 제13조에 의하여 피고적격이 있는 처분 등을 행한 행정청은, 행정주체인 지방자치단체 또는 지방자치단체의 내부적 의결기관으로서 지방자치단체의 의사를 외부에 표시한 권한이 없는 지방의회가 아니라, 구 지방자치법 제19조 제2항, 제92조에 의하여 지방자치단체의 집행기관으로서 조례로서의 효력을 발생시키는 <u>공포권이 있는 지방자치단체의 장</u>(註: 여기서는 <u>교육감</u>)이다(대판 1996.9.20. 95누8003).

(2) 예외
① 권한의 위임(위탁)의 경우
- ㉠ 권한의 위임이 있으면 위임기관은 권한을 상실하며 수임기관이 처분권한을 갖게 되므로 그 수임기관이 처분청으로서 피고가 된다.
- ㉡ 권한의 위탁을 받은 공공단체 또는 사인도 그의 이름으로 처분을 한 경우에 피고가 된다.

> **관련판례**
>
> **권한이 위임된 경우 피고는 수임청**
> 에스에이치공사가 택지개발사업 시행자인 서울특별시장으로부터 이주대책 수립권한을 포함한 택지개발사업에 따른 권한을 위임 또는 위탁받은 경우, 이주대책 대상자들이 에스에이치공사 명의로 이루어진 이주대책에 관한 처분에 대한 취소소송을 제기함에 있어 정당한 피고는 에스에이치공사가 된다(대판 2007.8.23. 2005두3776).
>
> **성업공사(구 한국자산관리공사)가 한 공매처분에 대한 취소소송의 피고는 성업공사**
> 성업공사가 체납압류된 재산을 공매하는 것은 세무서장의 공매권한 위임에 의한 것으로 보아야 할 것이므로, 성업공사가 한 그 공매처분에 대한 취소 등의 항고소송을 제기함에 있어서는 수임청으로서 실제로 공매를 행한 성업공사를 피고로 하여야 하고, 위임청인 세무서장은 피고적격이 없다. 피고 지정을 잘못하여 피고적격이 없는 세무서장을 상대로 그 공매처분의 취소를 구하는 소송이 제기된 경우, 법원으로서는 석명권을 행사하여 피고를 성업공사로 경정하게 하여 소송을 진행하여야 한다(대판 1997.2.28. 96누1757).

② **내부위임이 있는 경우**
내부위임은 위임자 명의로 권한이 행사되기 때문에 위임 행정관청이 피고가 된다. 그런데 무권한자의 행위에 대한 항고소송상 피고적격과 관련하여 판례는 경우를 나누어서, 내부위임의 경우 위임기관의 명의로 처분했으면 위임기관이 피고가 되나, 위법하게 수임기관의 명의로 처분했으면 수임기관이 피고가 된다는 입장이다.

> **관련판례**
>
> **수임관청이 내부위임에 따라 위임관청의 이름으로 행한 처분의 취소나 무효확인을 구하는 소송의 피고적격(=위임관청)**
> 행정관청이 특정한 권한을 법률에 따라 다른 행정관청에 이관한 경우와 달리 내부적인 사무처리의 편의를 도모하기 위하여 그의 보조기관 또는 하급행정관청으로 하여금 그의 권한을 사실상 행하도록 하는 <u>내부위임의 경우에는 수임관청이 그 위임된 바에 따라 위임관청의 이름으로 권한을 행사하였다면 그 처분청은 위임관청</u>이므로 그 처분의 취소나 무효확인을 구하는 소송의 피고는 위임관청으로 삼아야 한다(대판 1991.10.8. 91누520).
>
> **시장으로부터 체납취득세에 대한 압류처분권한을 내부위임받은 구청장이 자신의 이름으로 한 압류처분은 위법무효의 처분**
> 체납취득세에 대한 압류처분권한은 도지사로부터 시장에게 권한위임된 것이고 시장으로부터 압류처분권한을 내부위임받은 데 불과한 구청장으로서는 시장 명의로 압류처분을 대행처리할 수 있을 뿐이고 자신의 명의로 이를 할 수 없다 할 것이므로 구청장이 자신의 명의로 한 압류처분은 권한 없는 자에 의하여 행하여진 <u>위법무효의 처분</u>이다(대판 1993.5.27. 93누6621).

상급행정청으로부터 내부위임을 받은 데 불과한 하급행정청이 권한없이 한 행정처분에 대한 행정소송의 피고적격(=하급행정청)

행정처분의 취소 또는 무효확인을 구하는 행정소송은 다른 법률에 특별한 규정이 없는 한 그 처분을 행한 행정청을 피고로 하여야 하며, 행정처분을 행할 적법한 권한 있는 상급행정청으로부터 내부위임을 받은데 불과한 하급행정청이 권한 없이 행정처분을 한 경우에도 실제로 그 처분을 행한 하급행정청을 피고로 하여야 할 것이지 그 처분을 행할 적법한 권한 있는 상급행정청을 피고로 할 것이 아니므로 부산직할시장의 산하기관인 부산직할시 금강공원 관리사업소장이 한 공단사용료 부과처분에 대하여 가사 위 사업소장이 부산직할시로부터 단순히 내부위임만을 받은 경우라 하더라도 이의 취소를 구하는 소송은 위 금강공원 관리사업소장을 피고로 하여야 한다(대판 1991.2.22. 90누5641).

③ **처분청과 통지한 자가 다른 경우** : 처분청과 통지한 자가 다른 경우에는 처분청이 피고가 된다(대판 1990.4.27. 90누233).

> **관련판례**
>
> 처분청과 통지한 자가 다른 경우에는 처분청이 피고
> 피고인 인천직할시 북구청장이 인천직할시장으로부터 환경보전법상의 위법시설에 대한 폐쇄 등 명령권한의 사무처리에 관한 내부위임을 받아, 원고들이 공동으로 경영하는 공장에서 같은법 제15조의 규정에 의한 허가를 받지 아니하고 배출시설을 설치하여 조업하고 있는 것을 적발하고, 인천직할시장 명의의 폐쇄명령서를 발부받아 '환경보전법 위반사업장 고발 및 폐쇄명령'이란 제목으로 위 폐쇄명령서를 첨부하여 위 무허가배출시설에 대한 폐쇄명령통지를 하였다면 위 폐쇄명령처분을 한 행정청은 어디까지나 인천직할시장이고, 피고는 인천직할시장의 위 폐쇄명령처분에 관한 사무처리를 대행하면서 이를 통지하였음에 지나지 않으므로 피고적격이 없다(대판 1990.4.27. 90누233).

④ **권한의 대리의 경우**
권한의 대리가 있는 경우에 피대리관청이 피고가 된다. 다만 대리권을 수여받은 행정청이 대리관계를 밝힘이 없이 자신의 명의로 행정처분을 한 경우에는 당해 처분행정청이 피고가 됨이 원칙이다(대결 2006.2.23. 2005부4). 그러나 이 경우에도 처분명의자가 피대리행정청 산하의 행정기관으로서 실제로 피대리 행정청으로부터 대리권한을 수여받아 피대리행정청을 대리한다는 의사로 행정처분을 하였고 처분명의자는 물론 그 상대방도 그 행정처분이 피대리행정청을 대리하여 한 것임을 알고서 이를 받아들인 예외적인 경우에는 피대리행정청이 피고이다(대결 2006.2.23. 2005부4)

⑤ **승계행정청 등**
㉠ 처분등이 있은 뒤에 그 처분등에 관계되는 권한이 다른 행정청에 승계된 때에는 이를 승계한 행정청을 피고로 한다(행정소송법 제13조 제1항 후단). 다만 취소소송이 제기된 후에 승계사유가 생긴 때에는 법원은 당사자의 신청 또는 직권에 의하여 피고를 경정한다(제14조 제6항).
㉡ 처분을 한 행정청이 없게 된 때에는 그 처분등에 관한 사무가 귀속되는 국가 또는 공공단체를

피고로 한다(제13조 제2항).

> **관련판례**
>
> 무효등확인소송에 준용되는 행정소송법 제13조 제1항 소정의 '그 처분 등에 관계되는 권한이 다른 행정청에 승계된 때'의 의미
> 행정소송법 제13조 제1항의 '그 처분 등에 관계되는 권한이 다른 행정청에 승계된 때'라고 함은 처분 등이 있은 뒤에 행정기구의 개혁, 행정주체의 합병·분리 등에 의하여 처분청의 당해 권한이 타 행정청에 승계된 경우뿐만 아니라 처분 등의 상대방인 사인의 지위나 주소의 변경 등에 의하여 변경 전의 처분 등에 관한 행정청의 관할이 이전된 경우 등을 말한다(대판 2000.11.14. 99두5481).

⑥ **다른 법률에 특별한 규정이 있는 경우**: 국가공무원법 등 각종 공무원법에서는 공무원에 대한 징계, 기타 본인의 의사에 반하는 불리한 처분이 대통령, 국회의장 또는 중앙선거관리위원장인 경우에는 특례를 인정하여, 처분청이 대통령인 경우에는 소속장관, 국회의장인 경우에는 국회규칙이 정하는 소속기관장, 중앙선거관리위원장인 경우에는 사무총장이 피고가 되도록 하였다(국가공무원법 제16조, 경찰공무원법 제28조, 소방공무원법 제25조). 대법원장, 헌법재판소장 또는 국회의장이 행한 처분에 대한 행정소송의 피고는 각각 법원행정처장, 헌법재판소사무처장 또는 국회사무총장으로 한다(법원조직법 제70조, 헌법재판소법 제17조, 국회사무처법 제4조).

예제 행정소송의 피고적격에 대한 설명으로 가장 옳지 않은 것은?
① 조례가 항고소송의 대상이 되는 경우 피고는 지방자치 단체의 의결기관으로서 조례를 제정한 지방의회이다.
② 대리권을 수여받은 데 불과하여 그 자신의 명의로는 행정 처분을 할 권한이 없는 행정청의 경우 대리관계를 밝힘이 없이 그 자신의 명의로 행정처분을 하였다면 그에 대하여는 처분 명의자인 당해 행정청이 항고소송의 피고가 되어야 하는 것이 원칙이다.
③ 취소소송은 다른 법률에 특별한 규정이 없는 한 그 처분 등을 행한 행정청을 피고로 하며, 당사자소송은 국가·공공 단체 그 밖의 권리주체를 피고로 한다.
④ 「국가공무원법」에 의한 처분, 기타 본인의 의사에 반한 불리한 처분이나 부작위에 관한 행정소송을 제기할 때에 대통령의 처분 또는 부작위의 경우에는 소속 장관을 피고로 한다.

정답 ①
① (×) 지방의회가 아니라 공포권이 있는 지방자치단체의 장이다(대판 1996.9.20. 95누8003).
② (○) 대결 2006.2.23. 2005부4
③ (○) 행정소송법 제13조, 제39조
④ (○) 국가공무원법 제16조 제2항

4. 공동소송

수인의 청구 또는 수인에 대한 청구가 처분등의 취소청구와 관련되는 청구인 경우에 한하여 그 수인은 공동소송인이 될 수 있다(행정소송법 제15조). 예컨대 처분청을 상대로 하는 취소소송과 그와 관련하여 국가를 상대로 하는 손해배상청구소송에 있어서 관계되는 수인의 원고 또는 피고는 공동소송인이 될 수 있다. 이는 일종의 주관적 병합의 제도이다. 행정소송법은 이에 관하여 자세한 규정을 두고 있지 아니하므로, 민사소송법의 관련규정이 행정소송법상 공동소송에 준용된다(민사소송법 제65조 등).

5. 당사자변경

(1) 소송승계

소송계속중에 원고의 사망, 법인의 합병 등으로 인하여 소송물인 권리 또는 법률관계에 변동이 생기게 되면 당사자적격이 제3자에게 이전하여 그가 이미 발전되어 온 구당사자의 소송상의 지위를 그대로 승계하는 것을 소송승계라 한다(민사소송법 제233조등). 예컨대 과세처분의 취소소송 계속중에 원고가 사망하면, 당사자적격이 상속인들에게 이전되어 상속인들이 소송을 승계하게 된다.

(2) 피고경정

① **의의** : 피고경정은 소송이 계속되는 경우 피고로 지정된 자를 다른 자로 변경하는 것을 말한다(제14조, 제21조). 행정소송에 있어서 권리주체가 아닌 행정청을 피고로 하고 있는바, 행정법규나 행정조직은 복잡하고 수시로 변경되기 때문에 피고를 잘못 지정하는 경우가 발생할 가능성이 큰 까닭에 마련된 제도이다.

② **피고경정이 허용되는 경우**

  ㉠ **피고를 잘못 지정한 때** : 당해 취소소송의 피고로 지정된 자가 행정소송법 제13조 또는 다른 법률의 특별한 규정에 의한 정당한 피고적격을 객관적으로 갖지 않은 경우이다. 여기에서 피고를 잘못 지정한지 여부는 취소소송을 제기할 때를 기준으로 한다. 피고를 잘못 지정한 것에 고의·과실이 있는지 여부는 불문한다.

  ㉡ **행정청의 권한변경이 있을 때** : 소를 제기한 후에 행정청의 권한변경 또는 행정조직상의 변경으로 권한이 다른 기관에 승계된 경우에는 당해 처분권한을 승계한 행정청으로 피고를 변경하고, 행정조직상의 개편으로 행정청이 없어지게 된 때에는 그 처분 등에 관한 사무가 귀속되는 국가나 공공단체로 피고를 변경한다(제13조 제1항 단서 및 제2항, 제14조 제6항).

  ㉢ **소의 변경이 있을 때** : 취소소송을 당사자소송으로 변경하거나, 당사자소송을 항고소송으로 변경하면 피고가 달라지기 때문에 피고의 경정이 필요하다. 법원이 소의 변경을 허가함으로써 피고를 달리하게 될 때에는 법원은 새로이 피고로 될 자의 의견을 들어야 한다(제21조 제2항).

조세소송에서 피고 지정이 잘못된 경우, 법원이 석명권을 행사하여 피고를 경정하게 하지 않고 바로 소를 각하한 것이 위법하다고 한 사례

원심은, 원고가 전주시 완산구청장으로부터 이 사건 주민세부과처분을 받았으면 그 부과처분의 취소를 구하는 소송은 그 처분청인 전주시 완산구청장을 상대로 제기하여야 하는데도 피고 적격이 없는 전주시장을 피고로 한 이 사건 소는 부적법하다고 하여 이를 각하하였다. 그런데 원고가 피고를 잘못 지정하였다면 원심으로서는 <u>당연히 석명권을 행사하여 원고로 하여금 피고를 처분청인 전주시 완산구청장으로 경정하게 하여 소송을 진행케 하였어야 할 것임에도 불구하고</u>, 이러한 조치를 취하지 아니한 채 피고의 지정이 잘못되었다는 이유로 피고 전주시장에 대한 이 사건 소를 각하한 원심판결에는 심리를 다하지 아니하여 판결 결과에 영향을 미친 위법이 있다(대판 2004.7.8. 2002두7852).

③ **요건**
  ㉠ 처음의 소송 자체가 적법해야 하고, 소송이 사실심 법원에 계속 중이어야 한다. 피고경정제도는 피고적격의 문제를 제외한다면 흠 없는 소와 관련한 원고의 불이익을 구제하기 위한 것이기 때문이다.
  ㉡ 피고로 삼아야 할 자를 잘못 지정하였어야 한다. 피고로 삼아야 할 자는 행정소송법 제13조 소정의 피고적격을 갖는 정당한 피고를 말한다.

④ **절차**
  ㉠ 피고경정은 원고의 신청에 의하며, 법원은 요건이 인정되면 피고경정허가결정을 한다(행정소송법 제14조 제1항).
  ㉡ 결정을 하면 법원은 정본을 새로운 피고에게 송달하여야 한다(제2항).
  ㉢ 피고경정신청을 각하하는 결정에 대하여는 즉시항고할 수 있다(제3항).

⑤ **효과**: 피고경정허가결정이 있은 때에는 새로운 피고에 대한 소송은 처음에 소를 제기한 때에 제기된 것으로 보며(제4항), 종전의 피고에 대한 소송은 취하된 것으로 본다(제5항). 따라서 허가결정 당시에 이미 제소기간이 경과하고 있는 경우에도 제소기간은 준수된 것으로 본다. 또한 변경 전의 소송자료는 당사자의 주장이 있게 되면 그 승계가 인정된다.

6. 소송참가

(1) 의의

① 소송참가는 소송 외의 제3자가 법률상의 지위를 보호하기 위하여 계속중인 타인간의 소송에 참가하는 것이다. 소송참가제도는 소송의 공정한 해결, 이해관계자의 이익의 보호 및 충분한 소송자료의 확보를 위한 것이다.
② 행정소송법은 취소소송에 대한 참가제도로서 소송의 결과에 의하여 그 권리가 침해되는 제3자가 계속중인 소송절차에 참가하는 제3자의 소송참가와, 피고 이외의 행정청이 소송절차에 참가하는 행정청의 소송참가의 두 가지를 규정하고 있다.

(2) 제3자의 소송참가

① **의의**
  ㉠ 법원은 소송의 결과에 따라 권리 또는 이익의 침해를 받을 제3자가 있는 경우에는 당사자 또는 제3자의 신청 또는 직권에 의하여 결정으로써 그 제3자를 소송에 참가시킬 수 있다(행정소송법 제16조 제1항). 제3자의 소송참가를 인정하는 것은 취소판결의 효력이 제3자에게도 미치기

때문에(제29조 제1항) 제3자에게도 소송에 있어 공격·방어방법을 제출할 기회를 제공하려는 것이다. 제3자의 소송참가가 인정되는 경우는 대체로 제3자효 행정행위에 대한 취소소송의 경우이다.
ⓒ 소송참가 규정은 무효등확인소송, 부작위위법확인소송, 당사자소송에 준용하고 있고, 민중소송 및 기관소송에는 그 성질에 반하지 않는 한 준용되는 것으로 하고 있다(제38조 제1항·제2항, 제38조, 제44조, 제46조 제1항).

② 참가의 요건
ⓐ **타인 간의 행정소송이 계속 중일 것** : 적법한 소송이 계속되어 있는 한 심급을 묻지 않는다. 상고심에서도 가능하다.
ⓑ **제3자가 참가인이 될 것** : 참가인은 소송당사자 이외의 제3자이어야 한다. 국가 또는 공공단체도 가능하나, 당사자능력이 없는 행정청은 행정소송법 제17조가 정한 행정청의 소송참가 규정에 의한 참가만이 가능하다.
ⓒ **소송의 결과로 권리 또는 이익을 침해받을 제3자일 것** : 참가인이 판결의 결론인 주문에 의하여 직접 권리이익을 침해받게 되는 경우를 말한다. 여기서 이익이란 법률상 이익을 말하고, 단순히 사실상의 이익이나 경제상의 이익은 포함되지 않는다.
   ⓐ **판결의 형성력에 의해 직접 권리나 이익을 침해받는 경우** : '소송의 결과에 따라 권리 또는 이익을 침해 받는다'라는 것은 일반적으로 취소판결의 형성력 그 자체에 의해 직접 권리 또는 이익을 침해당하는 경우를 말한다. 예를 들어 판례는 "임원취임승인취소처분이 취소되어 원고가 학교법인의 이사 및 이사장으로서의 지위를 회복하게 되면 학교법인으로서는 이사회의 구성원이나 대표자가 변경되는 관계에 있으므로 취소소송의 결과에 의하여 그 법률상의 지위가 결정되는 관계"(대판 2003.5.30, 2002두11073)라고 하였다.
   ⓑ **기속력에 따른 새로운 처분의 경우** : '소송의 결과에 따라 권리 또는 이익의 침해를 받는다'라는 것에는 판결의 행정청에 대한 기속력에 따른 행정청의 새로운 처분에 의해 권리 또는 이익의 침해를 받는 경우를 포함한다. 예를 들어 경원자소송에서 처분을 받지 못한 자가 본인에 대한 거부처분취소소송을 제기한 경우 소송의 결과(처분을 받지 못한 자가 승소한 경우 판결의 기속력에 따라 처분을 받았던 자의 처분이 취소될 수 있으므로)에 따라 처분을 받았던 자는 권리나 이익을 침해당할 수 있으므로 이러한 자는 소송에 참가할 수 있다.
ⓓ **당사자 중 누구에 대하여도 참가할 수 있음** : 소송의 결과에 따라 권리 또는 이익을 침해받을 제3자이기만 하면, 원고나 피고 중 누구를 위하여도 참가할 수 있다. 이 점에서 피고인 행정청만을 위하여 참가가 가능한 행정소송법 제17조의 참가(행정청의 소송참가)와 다르다.

> **관련판례**
>
> 행정소송법 제16조에 정한 제3자의 소송참가의 요건
> 행정소송법 제16조 소정의 제3자의 소송참가가 허용되기 위하여는 <u>당해 소송의 결과에 따라 제3자의 권리 또는 이익이 침해되어야 하고</u>, 이때의 이익은 법률상 이익을 말하며 단순한 사실상의 이익이나 경제상의 이익은 포함되지 않는데, 원고들이 참가를 구하는 제3자들은 원고들이 속한

관련 지방자치단체들로서 이 사건의 쟁점은 단순히 신설되는 항만을 어떻게 호칭하고 다른 항만과 구별하여 특정할 것인가의 문제에 불과할 뿐이고 그 항만에 부여되는 지리적 명칭에 따라 그 항만의 배후부지가 관련 자치단체의 관할구역에 편입되는 법적 효력이 생긴다거나 관련 자치단체인 참가인들이 그 지리적 명칭으로 인하여 권리관계나 법적 지위에 어떠한 영향을 받는다고 인정되지도 아니하므로 이 사건 소송의 결과에 의하여 위 제3자들의 법률상 이익이 침해된다고 할 수 없고, 따라서 원고들의 이 사건 제3자 소송참가신청은 부적법하다(대판 2008.5.29. 2007두23873).

③ **참가의 절차**
㉠ 제3자의 소송참가는 당사자 또는 제3자의 신청 또는 직권에 의한다.
㉡ 법원이 참가결정을 하고자 할 때에는 미리 당사자 및 제3자의 의견을 들어야 하고(제16조 제2항, 신청을 한 제3자는 그 신청을 각하한 결정에 대하여 즉시항고할 수 있다(제3항).
㉢ 제1심에서 소송참가 하지 않은 자라도 제2심에서 소송참가 할 수 있다.

④ **참가인의 지위**
㉠ 소송참가인에 대해서는 민사소송법 제67조의 규정이 준용되므로(제16조 제4항) 참가인은 피참가인과의 사이에 필수적 공동소송에 있어서의 공동소송인에 준하는 지위에 서게 되나, 당사자에 대하여 독자적인 청구를 하는 것이 아니므로 강학상 공동소송적 보조참가인의 지위와 유사한 것으로 보는 것이 통설이다. 그리고 판례는 민사소송과 달리 독립당사자참가는 허용되지 않는다고 한다(대판 1970.8.31. 70누70·71).
㉡ 참가인은 현실적으로 소송행위를 하였는지 여부에 관계없이 참가한 소송의 판결의 효력을 받는다. 참가인은 판결확정 후 행정소송법 제31조에 의한 재심의 소를 제기할 수 없다.

(3) 다른 행정청의 소송참가

① **의의**
법원은 다른 행정청을 소송에 참가시킬 필요가 있다고 인정할 때에는 당사자 또는 당해 행정청의 신청 또는 직권에 의하여 결정으로써 그 행정청을 소송에 참가시킬 수 있다(행정소송법 제17조 제1항). 다른 행정청의 참가제도를 둔 것은 취소판결의 효력이 다른 관계 행정청에게도 미치고(제30조 제1항), 처분청 또는 재결청 이외의 행정청이 중요한 공격·방어방법을 가지고 있는 경우에 이를 참여시켜 적정한 심리·재판을 도모하기 위함이다.

② **요건**
㉠ **타인 사이에 소송이 계속중일 것** : 소송이 어느 심급에 있는가는 불문한다.
㉡ **다른 행정청이 참가할 것** : 참가행정청은 피고행정청 이외의 행정청으로 다툼이 있는 처분에 관계있는 행정청을 말한다(**예** 구청장을 피고로 한 건축불허가처분취소소송에서 소방서장의 참가).
㉢ **법원이 참가시킬 필요가 있다고 인정할 것** : '참가시킬 필요가 있다고 인정할 때'란 법원이 판단할 문제이다. 여기서 필요성은 사건의 적정한 심리·재판을 실현하기 위한 것인지를 의미한다.

③ **절차**
㉠ 법원은 참가결정을 하고자 할 때에는 당사자 및 당해 행정청의 의견을 들어야 한다(제17조 제2항).

ⓒ 소송에 참가한 행정청에 대하여는 민사소송법 제76조의 규정을 준용한다(제3항).
ⓒ 다른 행정청은 피고인 행정청측에만 참가할 수 있고, 원고측에는 참가할 수 없다. 또한 법원의 결정에 대하여는 불복할 수 없다고 해석된다.

④ **소송참가인의 지위**
㉠ 참가행정청은 보조참가인에 준하는 지위에서 소송을 한다. 이에 따라 참가행정청은 소송정도에 따라서 공격·방어, 이의, 상소 기타 모든 소송행위를 할 수 있으나(민사소송법 제76조 제1항), 이러한 소송행위가 피참가인의 소송행위와 저촉되는 때에는 효력을 상실한다(제2항).
㉡ 참가인은 보조참가인에 준하는 지위에 있기 때문에 참가적 효력(참가인이 피참가인에 대한 관계에서 판결 후 판결내용이 부당하다고 주장할 수 없는 구속력)만 받고, 판결의 효력(기판력)은 받지 않는다.

7. 소송대리인

행정소송의 대리인에 관하여는 민사소송법상의 소송대리인에 관한 규정에 의한다. 다만 국가를 당사자 또는 참가인으로 하는 소송에 있어서는 법무부장관 등의 소송에의 관여가 인정된다(「국가를 당사자로 하는 소송에 관한 법률」 제2조·제3조).

예제 제3자의 소송참가에 대한 설명으로 옳지 않은 것은?

① 제3자의 소송참가에는 신청에 의한 경우와 직권에 의한 경우가 있다.
② 행정소송법은 제3자 보호를 위하여 제3자의 소송참가 외에 제3자의 재심청구를 인정하고 있다.
③ 취소소송의 제3자 소송참가에 관한 규정은 무효등확인소송, 부작위위법확인소송, 당사자소송에도 준용된다.
④ 제3자는 판결의 형성력에 의해 권리 또는 이익의 침해를 받을 자를 말하며, 판결의 기속력에 의해 권리 또는 이익의 침해를 받는 경우는 포함되지 않는다.

정답 ④

④ (×) 제3자는 소송의 결과에 따라 권리 또는 이익의 침해를 받게 될 자이어야 한다. 여기서 제3자란 당해 소송당사자 이외의 자를 말하며 국가·공공단체도 그에 포함될 수 있다. 그리고 이익이란 단순한 사실상 이익 내지 경제상의 이익이 아니라 법률상 이익을 의미한다. 소송의 결과에 따라 권리 또는 이익의 침해를 받는다라는 것은 판결의 형성력에 의해 권리 또는 이익을 박탈당하는 경우뿐만 아니라 판결의 행정청에 대한 기속력에 따른 행정청의 새로운 처분에 의해 권리 또는 이익의 침해를 받는 경우를 포함한다.
① (○) 법원은 소송의 결과에 따라 권리 또는 이익의 침해를 받을 제3자가 있는 경우에는 당사자 또는 제3자의 신청 또는 직권에 의하여 결정으로써 그 제3자를 소송에 참가시킬 수 있다(행정소송법 제16조 제1항).
② (○) 처분등을 취소하는 판결에 의하여 권리 또는 이익의 침해를 받은 제3자는 자기에게 책임없는 사유로 소송에 참가하지 못함으로써 판결의 결과에 영향을 미칠 공격 또는 방어방법을 제출하지 못한 때에는 이를 이유로 확정된 종국판결에 대하여 재심의 청구를 할 수 있다(행정소송법 제31조 제1항).
③ (○) 동법 제38조,제44조 제1항

04 협의의 소의 이익(권리보호의 필요)

1. 개설

(1) 의의

취소소송은 처분 등의 취소를 구할 자격(원고적격)을 가진 자가 소를 제기할 수 있다. 그러나 취소소송도 재판의 일종이므로 **분쟁을 재판에 의하여 해결할 만한 현실적 필요성**이 있어야 하는데, 이를 '협의의 소의 이익' 또는 '권리보호의 필요'라고 한다. "이익 없으면 소 없다"라는 법언이 이를 대변한다.

(2) 근거

'권리보호의 필요'가 소송요건이라는 명문의 규정은 없다. 그러나 유용성이 없는 과도한 재판청구를 금지하여 법원·행정청의 부담을 완화하고 원활한 행정작용을 위한 것으로서 신의성실의 원칙으로부터 나온다.

2. 행정소송법 제12조 2문의 해석

행정소송법 제12조 2문은 "처분 등의 효과가 기간의 경과, 처분 등의 집행 그 밖의 사유로 인하여 소멸된 뒤에도 그 처분 등의 취소로 인하여 회복되는 법률상 이익이 있는 자의 경우에는 또한 같다"라고 규정하고 있다. 이에 대하여 ① 제12조 1문처럼 원고적격에 관한 조항으로 보는 견해가 있으나, ② 1문은 취소소송의 원고적격을 규정하고 있고, 2문은 취소소송에서의 협의의 소익을 규정한 것이라고 보는 견해가 다수설이다.

3. 소의 이익의 유무의 일반적 판단기준

(1) 소의 이익에서의 법률상 이익

① 판례는 행정소송법 제12조 소정의 '법률상 이익'을 전문(원고적격)의 그것과 후문(협의의 소의 이익)의 그것을 구별하지 않고 모두 "당해 처분의 근거 법률에 의하여 보호되는 직접적이고 구체적인 이익과 관련된 것을 말하는 것이고 단지 간접적이거나 사실적·경제적 이해관계를 가지는 데 불과한 경우는 여기에 포함되지 않는다."라고 보고 있다(대결 2000.10.10. 2000무17).

② 다만, 다수설은 여기서의 '법률상 이익'은 취소를 통하여 구제되는 기본적인 법률상 이익뿐만 아니라 부수적 이익도 포함한다고 보는 점에서 원고적격에서의 법률상 이익보다 넓은 개념으로 보고 있다. 그리고 이 부수적 이익의 범위에 대하여 ㉠ 명예, 신용의 이익은 포함되지 않는다는 견해, ㉡ 명예, 신용의 이익도 경우에 따라서는 포함된다는 견해, ㉢ 경제적·정치적·사회적·문화적 이익도 포함된다는 견해(정당한 이익설)가 있다. 명예, 신용도 법(私法)에 의해 보호되는 이익이므로 부수적 이익에 포함되는 것으로 보는 것이 타당하다. 이에 대하여 판례는 원칙적으로 처분의 기간이 경과하여 소멸한 후에는 명예·신용 등의 인격적 이익을 회복하기 위한 소송을 허용하지 않는데(대판 1978.5.23. 78누72 - 자격정지처분사건), 예외적으로 인정한 사례도 있다(대판 1992.7.14. 91누4737 - 고등학교 퇴학처분사건).

③ 국가배상청구권의 행사를 위하여 필요한 경우에도 취소소송의 소의 이익을 인정하여야 한다는 견해가 있다. 그러나 판례는 "원고가 처분이 위법하다는 점에 대한 판결을 받아 피고에 대한 손해배

상청구소송에서 이를 원용할 수 있는 이익은 사실적·경제적 이익에 불과하여 소의 이익에 해당하지 않는다"고 하였다(대판 2002.1.11. 2000두2457).

(2) 소송을 통해 구제될 수 있는 현실적 이익
막연한 이익이나 추상적인 이익 또는 과거의 이익만으로는 소의 이익을 인정할 수 없다. 또한 보다 실효적인 구제수단이 있는 경우에도 소의 이익이 부정된다.

4. 구체적 사례에서의 소의 이익의 유무

(1) 원상회복이 불가능한 경우
예컨대 ① 건물의 철거명령에 대해 취소소송이 제기된 경우에도 당해 건물이 이미 철거되었거나, ② 집회불허가처분에 대하여 그 행사일자가 지난 후에는 각 처분의 취소를 구할 소익은 인정되지 않는다. 그러나 원상회복이 불가능한 경우에도 회복되는 부수적 이익이 있는 경우에는 소의 이익이 인정된다. 경우에 따라서는 사정판결(본안심리후 위법성을 확인하고 기각판결)에 의함이 타당한 사례도 있다.

> **관련판례**
>
> **건축법 소정의 이격거리를 두지 않고 건축물이 완료된 경우에 건축허가의 취소를 구할 법률상 이익이 없음**
> 건축허가가 건축법 소정의 이격거리를 두지 아니하고 건축물을 건축하도록 되어 있어 위법하다 하더라도 그 건축허가에 기하여 건축공사가 완료되었다면 그 건축허가를 받은 대지와 접한 대지의 소유자인 원고가 위 건축허가처분의 취소를 받아 이격거리를 확보할 단계는 지났으며 민사소송으로 위 건축물 등의 철거를 구하는 데 있어서도 위 처분의 취소가 필요한 것이 아니므로 원고로서는 위 처분의 취소를 구할 법률상의 이익이 없다(대판 1992.4.24. 91누11131).
>
> **계고처분에 기한 대집행의 실행이 사실행위로서 완료된 경우 소의 이익이 없음**
> 계고처분에 기한 대집행의 실행이 이미 사실행위로서 완료되었다면, 계고처분이나 대집행의 실행행위 자체의 무효확인 또는 취소를 구할 법률상 이익은 없다(대판 1995.7.28. 95누2623).
>
> **파면처분이 있은 후에 금고 이상의 형을 선고받아 당연퇴직된 경우, 소의 이익을 인정**
> 파면처분취소소송의 사실심변론종결전에 동원고가 허위공문서등작성 죄로 징역 8월에 2년간 집행유예의 형을 선고받아 확정되었다면 원고는 지방공무원법 제61조의 규정에 따라 위 판결이 확정된 날 당연퇴직되어 그 공무원의 신분을 상실하고, 당연퇴직이나 파면이 퇴직급여에 관한 불이익의 점에 있어 동일하다 하더라도 최소한도 이 사건 파면처분이 있은 때부터 위 법규정에 의한 당연퇴직일자까지의 기간에 있어서는 파면처분의 취소를 구하여 그로 인해 박탈당한 이익의 회복을 구할 소의 이익이 있다 할 것이다(대판 1985.6.25. 85누39).
>
> **지방의회 의원에 대한 제명의결 취소소송 계속중 의원의 임기가 만료된 사안에서, 제명의결의 취소를 구할 법률상 이익이 있다고 본 사례**
> 구 지방자치법은 지방의회 의원에게 지급하는 비용으로 의정활동비와 여비 외에 월정수당을 규정

하고 있는바, 이 규정의 입법연혁과 함께 특히 월정수당은 지방의회 의원의 직무활동에 대하여 매월 지급되는 것으로서, 지방의회 의원이 전문성을 가지고 의정활동에 전념할 수 있도록 하는 기틀을 마련하고자 하는 데에 그 입법 취지가 있다는 점을 고려해 보면, 지방의회 의원에게 지급되는 비용 중 적어도 월정수당은 지방의회 의원의 직무활동에 대한 대가로 지급되는 보수의 일종으로 봄이 상당하다. 따라서 원고가 이 사건 제명의결 취소소송 계속중 임기가 만료되어 제명의결의 취소로 지방의회 의원으로서의 지위를 회복할 수는 없다 할지라도, 그 취소로 인하여 최소한 <u>제명의결시부터 임기만료일까지의 기간에 대해 월정수당의 지급을 구할 수 있는 등 여전히 그 제명의결의 취소를 구할 법률상 이익은 남아 있다고 보아야 한다</u>(대판 2009.1.30. 2007두13487).

(2) 처분 후의 사정변경에 의하여 권익침해가 해소된 경우

예컨대 국가시험의 불합격처분 이후 새로 실시된 국가시험에 합격한 자들로서는 더 이상 불합격처분의 취소를 구할 법률상 이익이 없고(대판 1993.11.9, 93누6867), 처분의 무효확인소송 계속 중에 당해 처분이 취소된 경우에도 소의 이익을 상실한다. 그러나 처분 후에 사정변경이 있더라도 권리침해가 해소되지 않은 경우에는 소의 이익이 있다.

> **관련판례**
>
> **권익침해가 해소된 경우**
> [1] 위법한 행정처분의 취소를 구하는 소는 위법한 처분에 의하여 발생한 위법상태를 배제하여 원상으로 회복시키고, 그 처분으로 침해되거나 방해받은 권리와 이익을 보호·구제하고자 하는 소송이므로, 처분 후의 사정에 의하여 권리와 이익의 침해 등이 해소된 경우에는 그 처분의 취소를 구할 소의 이익이 없다 할 것이고, 설령 그 처분이 위법함을 이유로 손해배상청구를 할 예정이라고 하더라도 달리 볼 것이 아니다. <u>공익근무요원 소집해제신청을 거부한 후에 원고가 계속하여 공익근무요원으로 복무함에 따라 복무기간 만료를 이유로 소집해제처분을 한 경우</u>, 원고가 입게 되는 권리와 이익의 침해는 소집해제처분으로 해소되었으므로 위 거부처분의 취소를 구할 소의 이익이 없다(대판 2005.5.13. 2004두4369).
>
> [2] <u>절차상 또는 형식상 하자로 무효인 행정처분에 대하여 행정청이 적법한 절차 또는 형식을 갖추어 다시 동일한 행정처분을 하였다면</u>, 종전의 무효인 행정처분에 대한 무효확인 청구는 과거의 법률관계의 효력을 다투는 것에 불과하므로 무효확인을 구할 법률상 이익이 없다(대판 2010.4.29. 2009두16879).
>
> **사정변경에 의해서도 권익침해가 해소되지 않은 경우**
> [1] 고등학교졸업이 대학입학자격이나 학력인정으로서의 의미밖에 없다고 할 수 없으므로 <u>고등학교졸업학력검정고시에 합격하였다 하여 고등학교 학생으로서의 신분과 명예가 회복될 수 없는 것이니 퇴학처분을 받은 자로서는 퇴학처분의 위법을 주장하여 그 취소를 구할 소송상의 이익이 있다</u>(대판 1992.7.14. 91누4737).
>
> [2] 사업시행계획의 경우 그 인가처분의 유효를 전제로 분양공고 및 분양신청 절차, 분양신청을

하지 않은 조합원에 대한 수용절차, 관리처분계획의 수립 및 그에 대한 인가 등 후속 행위가 있었다면, 당초 사업시행계획이 무효로 확인되거나 취소될 경우 그것이 유효하게 존재하는 것을 전제로 이루어진 위와 같은 일련의 후속 행위 역시 소급하여 효력을 상실하게 되므로, 당초 사업시행계획을 실질적으로 변경하는 내용으로 새로운 사업시행계획이 수립되어 시장·군수로부터 인가를 받았다는 사정만으로 일률적으로 당초 사업시행계획의 무효확인을 구할 소의 이익이 소멸된다고 볼 수는 없고, 위와 같은 후속 행위로 토지 등 소유자의 권리·의무에 영향을 미칠 정도의 공법상의 법률관계를 형성시키는 외관이 만들어졌는지 또는 존속되고 있는지 등을 개별적으로 따져 보아야 한다(대판 2013.11.28. 2011두30199).

[3] 공무원이었던 원고가 파면처분을 받은 후 사면되었으나, 사면법의 규정에 의하면 징계처분에 의한 기성의 효과는 사면으로 인하여 변경되지 않는다고 되어 있고 이는 사면의 효과가 소급하지 않음을 의미하는 것이므로, 이와같은 일반사면이 있었다고 할지라도 파면처분으로 이미 상실된 원고의 공무원 지위가 회복될 수는 없는 것이니 원고로서는 이 사건 파면처분의 위법을 주장하여 그 취소를 구할 소송상 이익이 있다(대판 1983.2.8. 81누121).

(3) 처분의 효력이 소멸된 경우

① **원칙** : 처분 등이 소멸하면 권리보호의 필요는 없게 됨이 원칙이다. 예컨대 인·허가처분의 효력을 일정기간 정지하는 처분에 있어서 효력정지기간이 경과되면 그 처분이 외형상 잔존함으로 인하여 어떠한 법률상 이익이 침해되었다고 볼 만한 별다른 사정이 없는 한 그 처분의 취소를 구할 소의 이익이 없다(대판 2004.7.8. 2002두1946). 그러나 처분의 효력이 일부만 소멸한 경우에는 취소를 구할 소의 이익이 있다(**예** 금전부과처분을 감액하는 처분을 한 경우 감액되고 남은 부분에 대한 취소를 구할 소의 이익).

> **관련판례**
>
> **행정소송법 제18조 제2항에 의한 행정소송 제기 후 판결선고 전에 형성적 재결이 이루어진 경우의 소의 이익이 없음**
> 행정처분에 대하여 그 취소를 구하는 행정심판을 제기하는 한편, 그 처분의 집행으로 생길 중대한 손해를 예방하여야 할 긴급한 필요가 있는 때에 해당한다 하여 행정소송법 제18조 제2항 제2호에 의하여 행정심판의 재결을 거치지 아니하고 그 처분의 취소를 구하는 소를 제기하였는데, 판결선고 이전에 그 행정심판절차에서 '처분청의 당해 처분을 취소한다'는 형성적 재결이 이루어졌다면, 그 취소의 재결로써 당해 처분은 소급하여 그 효력을 잃게 되므로 더 이상 당해 처분의 효력을 다툴 법률상의 이익이 없게 된다(대판 1997.5.30. 96누18632).
>
> **공무원에 대하여 새로운 직위해제사유에 기한 직위해제처분을 한 경우, 그 이전 처분의 취소를 구할 소의 이익이 없음**
> 행정청이 공무원에 대하여 새로운 직위해제사유에 기한 직위해제처분을 한 경우 그 이전에 한 직위해제처분은 이를 묵시적으로 철회하였다고 봄이 상당하므로, 그 이전 처분의 취소를 구하는 부분은 존재하지 않는 행정처분을 대상으로 한 것으로서 그 소의 이익이 없어 부적법하다(대판

2003.10.10. 2003두5945).

파면처분 취소결정에 대한 취소소송 계속 중 파면에서 해임으로 변경한 경우에 파면에 대한 소송은 소의 이익이 없음
교원소청심사위원회의 파면처분 취소결정에 대한 취소소송 계속 중 학교법인이 교원에 대한 징계처분을 파면에서 해임으로 변경한 경우, 종전의 파면처분은 소급하여 실효되고 해임만 효력을 발생하므로, 소급하여 효력을 잃은 파면처분을 취소한다는 내용의 교원소청심사결정의 취소를 구하는 것은 법률상 이익이 없다(대판 2010.2.25. 2008두20765).

소송계속중 사정변경을 이유로 반려처분을 직권취소함과 동시에 신청을 재반려하는 내용의 재처분을 한 경우 당초의 반려처분의 취소를 구하는 소는 더 이상 소의 이익이 없음
행정청이 당초의 분뇨 등 관련영업 허가신청 반려처분의 취소를 구하는 소의 계속중, 사정변경을 이유로 위 반려처분을 직권취소함과 동시에 위 신청을 재반려하는 내용의 재처분을 한 경우, 당초의 반려처분의 취소를 구하는 소는 더 이상 소의 이익이 없게 되었다(대판 2006.9.28. 2004두5317).

② 예외
  ㉠ **위법한 처분이 반복될 위험성이 있는 경우** : 예컨대 소를 각하하면 무익한 처분과 소송이 반복될 가능성이 있는 경우에는 소의 이익이 있다(대판 2007.7.19, 2006두19297). 다만 반복의 위험은 추상적인 것이 아니라 구체적인 것이어야 한다.
  ㉡ **회복하여야 할 불가피한 이익이 있는 경우** : 예컨대 공장등록이 취소되었어도 위법한 취소처분이 없었으면 누렸을 세제상의 혜택이 있는 경우는 취소를 다툴 소의 이익이 있다(대판 2002.1.11, 2000두3306).
  ㉢ **가중적 제재처분이 따르는 경우** : 제재적 처분이 장래의 제재적 처분의 가중요건 또는 전제요건으로 되어 있는 경우에 소의 이익 인정여부가 문제된다. 예컨대 영업정지처분을 연 2회 이상 받고 그 합산기간이 8월 이상이면 허가취소사유라고 규정한 경우, 1차 영업정지처분의 효력이 소멸한 후에도 그 취소를 구할 소의 이익이 있는가이다.
    ⓐ **법적 구속력 있는 법령으로 규정되어 있는 경우** : 판례는 가중요건이 법률 또는 대통령령(시행령)에 규정된 경우에는 가중된 제재처분을 받을 불이익이 현실적이므로 그 불이익을 제거하기 위하여 정지기간이 지난 정지처분의 취소를 구할 이익을 인정한다. 다만 업무정지처분을 받았더라도 새로운 업무정지처분을 받음이 없이 일정기간이 경과하는 등으로 가중된 제재처분을 받을 우려가 없어졌다면 소의 이익을 부인한다(대판 2000.4.21, 98두10080).
    ⓑ **부령(시행규칙) 또는 지방자치단체의 규칙으로 규정되어 있는 경우** : 종전 판례는 가중요건이 부령에 정해진 경우 행정규칙에 불과하여 구속력이 없어서 가중적 제재처분을 받을 불이익은 직접적·구체적·현실적인 것이 아니라는 이유로 소의 이익을 부인하여 왔다. 그러나 변경된 판례는 부령이나 지방자치단체의 규칙으로 규정된 경우에도 후행처분의 위험은 구체적이고 현실적인 것이어서 취소를 구할 법률상 이익이 있는 것으로 본다.

학교법인 임원취임승인의 취소처분에 대한 취소소송 제기 후 새로운 임시이사가 선임된 경우, 위 취임승인 취소처분 및 임시이사선임처분의 취소를 구할 소의 이익이 있음
임시이사 선임처분에 대하여 취소를 구하는 소송의 계속중 임기만료 등의 사유로 새로운 임시이사들로 교체된 경우, 선행 임시이사 선임처분의 효과가 소멸하였다는 이유로 그 취소를 구할 법률상 이익이 없다고 보게 되면, 원래의 정식이사들로서는 계속중인 소를 취하하고 후행 임시이사 선임처분을 별개의 소로 다툴 수밖에 없게 되며, 그 별소 진행 도중 다시 임시이사가 교체되면 또 새로운 별소를 제기하여야 하는 등 무익한 처분과 소송이 반복될 가능성이 있으므로, 이러한 경우…(중략)…취임승인이 취소된 학교법인의 정식이사들로서는 그 취임승인취소처분 및 임시이사 선임처분에 대한 각 취소를 구할 법률상 이익이 있고, 나아가 선행 임시이사 선임처분의 취소를 구하는 소송 도중에 선행 임시이사가 후행 임시이사로 교체되었다고 하더라도 여전히 선행 임시이사 선임처분의 취소를 구할 법률상 이익이 있다(대판 2007.7.19. 2006두19297).

건축사업무정지명령의 정지기간이 지났으나, 그 명령이 전제가 되어 건축사사무소 등록이 취소된 경우 그 업무정지명령의 취소를 구할 소의 이익이 있음
연 2회이상 건축사의 업무정지명령을 받은 경우 그 정지기간이 통산하여 12월 이상이 된 때를 건축사사무소의 등록을 취소할 경우의 하나로 규정하고 있는 건축사법 제28조 제1항 제5호의 규정은 제재적인 행정처분의 법정가중요건을 규정해 놓은 것으로 보아야 하고, 원고가 변론재개 신청과 함께 이 사건 건축사업무정지명령이 전제가 되어 원고의 건축사사무소 등록이 취소되었음을 알 수 있는 소명자료까지 제출하고 있다면, 이 사건 건축사업무정지명령에서 정한 정지기간이 도과하였다고 하더라도 그 처분으로 인하여 원고에게는 건축사사무소등록취소라는 법률상의 이익이 침해되고 있다는 사정을 나타내 보인 것이라고 할 것이다(대판 1990.10.23. 90누3119).

업무정지처분 이후 일정 기간이 경과하여 실제로 가중된 제재처분을 받을 우려가 없게 된 경우, 업무정지기간이 경과한 후에 업무정지처분의 취소를 구할 법률상 이익이 없음
건축사법 제28조 제1항이 건축사 업무정지처분을 연 2회 이상 받고 그 정지기간이 통산하여 12월 이상이 될 경우에는 가중된 제재처분인 건축사사무소 등록취소처분을 받게 되도록 규정하여…(중략)…위 처분에서 정한 기간이 경과하였다 하더라도 위 처분을 그대로 방치하여 둠으로써 장래 건축사사무소 등록취소라는 가중된 제재처분을 받을 우려가 있어 건축사로서 업무를 행할 수 있는 법률상 지위에 대한 위험이나 불안을 제거하기 위하여 건축사 업무정지처분의 취소를 구할 이익이 있으나, 업무정지처분을 받은 후 새로운 업무정지처분을 받음이 없이 1년이 경과하여 실제로 가중된 제재처분을 받을 우려가 없어졌다면 위 처분에서 정한 정지기간이 경과한 이상 특별한 사정이 없는 한 그 처분의 취소를 구할 법률상 이익이 없다(대판 2000.4.21. 98두10080).

부령이나 규칙으로 정한 처분기준에 따른 제재적 행정처분이 제재기간의 경과로 인하여 그 효과가 소멸된 경우, 그 처분의 취소를 구할 법률상 이익이 있음
제재적 행정처분이 그 처분에서 정한 제재기간의 경과로 인하여 그 효과가 소멸되었으나, 부령인 시행규칙 또는 지방자치단체의 규칙의 형식으로 정한 처분기준에서 제재적 행정처분을 받은 것을 가중사유나 전제요건으로 삼아 장래의 제재적 행정처분을 하도록 정하고 있는 경우, 제재적 행정처분의 가중사유나 전제요건에 관한 규정이 법령이 아니라 규칙의 형식으로 되어 있다고 하더라도, 그러한 규칙이 법령에 근거를 두고 있는 이상 그 <u>법적 성질이 대외적·일반적 구속력을 갖는 법규명령인지 여부와는 상관없이, 관할 행정청이나 담당공무원은 이를 준수할 의무가 있으므로 이들이 그 규칙에 정해진 바에 따라 행정작용을 할 것이 당연히 예견되고</u>, 그 결과 행정작용의 상대방인 국민으로서는 그 규칙의 영향을 받을 수밖에 없다. 따라서 그러한 규칙이 정한 바에 따라 선행처분을 받은 상대방이 그 처분의 존재로 인하여 장래에 받을 불이익, 즉 후행처분의 위험은 구체적이고 현실적인 것이므로, 상대방에게는 선행처분의 취소소송을 통하여 그 불이익을 제거할 필요가 있다(대판 2006.6.22. 2003두1684).

(4) 기타

그 밖의 사유로 ① 당해 취소소송보다 실효적인(직접적인) 권리구제절차가 있는 경우, ② 원고가 추구하는 권리보호가 오로지 이론상으로만 의미 있는 경우(예 국가시험에 불합격처분을 받고 다음해 동일한 국가시험에 합격한 후 종전의 불합격처분의 취소를 구하는 소송을 제기), ③ 원고가 청구를 통해 피고에게 불필요한 손해를 끼치려는 의도와 같이 특별히 비난받을 목적을 추구하는 경우(예 원고의 소송이 오로지 행정청에게 압력을 행사하거나 불편을 끼치려는 것을 목적으로 하는 경우, 신의성실의 원칙을 위반하여 소권을 남용하는 경우)에는 소익이 인정되지 않는다.

> **관련판례**
>
> 재단법인의 정관변경 결의의 하자를 이유로 정관변경 인가처분의 취소·무효 확인을 소구할 수 있는지 여부(소극)
> 인가는 기본행위인 재단법인의 정관변경에 대한 법률상의 효력을 완성시키는 보충행위로서, 그 기본이 되는 정관변경 결의에 하자가 있을 때에는 그에 대한 인가가 있었다 하여도 기본행위인 정관변경 결의가 유효한 것으로 될 수 없으므로 기본행위인 정관변경 결의가 적법 유효하고 보충행위인 인가처분 자체에만 하자가 있다면 그 인가처분의 무효나 취소를 주장할 수 있지만, <u>인가처분에 하자가 없다면 기본행위에 하자가 있다 하더라도 따로 그 기본행위의 하자를 다투는 것은 별론으로 하고 기본행위의 무효를 내세워 바로 그에 대한 행정청의 인가처분의 취소 또는 무효확인을 소구할 법률상의 이익이 없다</u>(대판 1996.5.16. 95누4810).
>
> 앞의 판결에서 배척되어 법률상 받아들여질 수 없음이 명백한 이유를 들어 실질적으로 같은 내용의 선거소송을 거듭 제기하는 것이 허용되는지 여부(원칙적 소극)
> 재판청구권의 행사도 상대방의 보호 및 사법기능의 확보를 위하여 신의성실의 원칙에 의하여 제한될 수 있다. 선거관리위원회의 특정한 선거사무 집행 방식이 위법함을 들어 선거소송을 제기하는 경우, <u>이미 법원에서 특정한 선거사무 집행 방식이 위법하지 아니하다는 분명한 판단이 내려졌음에도 앞서 배척되어 법률상 받아들여질 수 없음이 명백한 이유를 들어 실질적으로 같은 내용의 선거소송을 거듭 제기하는 것은 상대방인 선거관리위원회의 업무를 방해하는 결과가 되고,</u> 나아가 사법자원을 불필요하게 소모시키는 결과로도 되므로, 그러한 제소는 특별한 사정이 없는

한 신의성실의 원칙을 위반하여 소권을 남용하는 것으로서 허용될 수 없다(대판 2016.11.24. 2016수64).

취소소송에서 패소한 후 민사소송에서의 소의 이익
노동위원회의 구제명령은 사용자에게 구제명령에 복종하여야 할 공법상 의무를 부담시킬 뿐 직접 근로자와 사용자 간의 사법상 법률관계를 발생 또는 변경시키는 것은 아니므로, 설령 근로자가 부당해고 구제신청을 기각한 재심판정의 취소를 구하는 행정소송을 제기하였다가 패소판결을 선고받아 그 판결이 확정되었다 하더라도, 이는 <u>재심판정이 적법하여 사용자가 구제명령에 따른 공법상 의무를 부담하지 않는다는 점을 확정하는 것일 뿐 해고가 유효하다거나 근로자와 사용자 간의 사법상 법률관계에 변동을 가져오는 것은 아니어서</u>, 근로자는 그와 별도로 민사소송을 제기하여 해고의 무효 확인을 구할 이익이 있다(대판 2011.3.24. 2010다21962).

〈협의의 소의 이익(권리보호의 필요) 관련 사례〉

| 소의 이익 인정 사례 | 1. 민법상의 법인에 있어 이사의 선임이 없는 경우 - 임기만료된 구이사로 하여금 법인의 업무를 수행케 함이 부적당하다고 인정될 특별한 사정이 없는 한 구이사는 신임이사가 선출될 때까지 종전의 직무를 수행할 수 있다(대판 1972.4.11. 72누86)
2. 집행정지 가처분으로 말미암아 그 행정처분(국유임산물 매수자격을 3년간 정지)이 정한 기간이 그 집행정지중에 이미 지나갔다 하여도 본건 자격정지처분의 당부에 대한 심판은 하여야 함(대판 1974.1.29. 73누202)
3. 기본행위는 적법유효하나 보충행위인 인가처분에만 하자가 있는 경우 그 인가처분의 취소나 무효확인소송을 다툴 이익(대판 2000.9.5. 99두1854)
4. 공장건물이 멸실되었어도 유효한 공장등록으로 인하여 공장등록에 관한 당해 법률이나 다른 법률에 의하여 보호되는 직접적·구체적 이익이 있는 경우 공장등록취소처분의 취소를 구할 이익(대판 2002.1.11. 2000두3306)
5. 서울대 불합격처분의 취소를 구하는 소송계속 중 당해연도의 입학시기가 지난 경우(대판 1990.8.28. 89누8255)
6. 도시계획시설사업의 시행자가 실시계획에서 정한 사업시행기간 내에 토지에 대한 수용재결 신청을 하였으나 그 신청을 기각하는 내용의 이의재결이 이루어져 그 취소를 구하던 중 사업시행기간이 경과한 경우, 이의재결의 취소를 구할 소의 이익 - 이의재결이 취소되면 도시계획시설사업 시행자의 신청에 따른 수용재결이 이루어질 수 있어 원상회복이 가능하므로(대판 2007.1.11. 2004두8538)
7. 도시개발사업의 공사 등이 완료되고 원상회복이 사회통념상 불가능하게 된 경우 도시개발사업의 시행에 따른 도시계획변경결정처분과 도시개발구역지정처분 및 도시개발사업 실시계획인가처분의 취소를 구할 이익 - 각 처분이 취소된다면 그것이 유효하게 존재하는 것을 전제로 하여 이루어진 토지수용이나 환지 등에 따른 각종의 처분이나 공공시설의 귀속 등에 관한 법적 효력이 영향 받게 됨(대판2005.9.9. 2003두5402,5419)
8. 부실금융기관에 대한 파산결정이 확정되고 이미 파산절차가 상당부분 진행되고 있는 경우에 금융감독위원회의 위 부실금융기관에 대한 영업인가의 취소처분에 대한 취소를 구할 소의 이익 - 강제화의 등의 방법으로 당해 부실금융기관이 영업활동을 재개할 가능성 |

	이 여전히 남아 있으므로(대판 2006.7.28. 2004두13219) 9. 중앙노동위원회의 중재재심결정 중 임금인상 부분은 그 유효기간이 경과된 뒤라도 그 취소를 구할 법률상 이익이 있음(대판 1997.12.26. 96누10669) 10. 채석불허가처분의 취소를 구하는 임야 임차인이 소송 도중 임야의 사용·수익권을 잃어 허가요건이 불비된 경우(대판 1996.10.29. 96누9621) 11. 고등학교에서 퇴학처분후 검정고시에 합격한 경우(대판 1992.7.14. 91누4737) 12. 현역병입영대상자가 입영한 후에 현역병입영통지처분의 취소를 구한 경우(대판 2003.12.26. 2003두1875) 13. 한국방송공사 사장에 대한 해임처분의 무효확인 또는 취소소송 계속 중 임기가 만료되었어도 해임처분일부터 임기만료일까지 기간에 대한 보수 지급을 구할 수 있는 경우(대판 2012.2.23. 2011두5001).
소의 이익 부정 사례	1. 임기만료된 지방의회 의원이 군의회를 상대로 한 의원제명처분의 취소를 구하는 경우(대판 1996.2.9. 95누14978) 2. 이미 경과한 회계연도의 감사업무제한처분의 취소를 구하는 경우(대판 2004.7.8. 2002두1946) 3. 영업정지의 기간이 경과한 후에 영업정지의 취소를 구한 경우(대판 1989.11.14. 89누4833) 4. 항소심판결 선고 후 개발부담금 감액경정처분이 이루어진 경우, 감액된 부분에 대한 개발부담금부과처분 취소청구(대판 2006.5.12. 2004두12698) 5. 중재재정 자체에 의하여 효력기간이 정하여져 있는 경우에 유효기간 경과 후 중재재정을 취소할 법률상 이익이 원칙적으로 없음(대판 1997.12.26. 96누10669) 6. 유효기간 만료 후 허가갱신신청을 거부한 투전기업소갱신허가불허처분에 대하여 효력정지를 구할 이익(대결 1993.2.10. 92두72) 7. 농수산물 지방도매시장의 도매시장법인으로 지정된 유효기간이 만료된 경우 그 지정처분의 취소를 구할 이익(대판 2002.7.26. 2000두7254) 8. 판결이유 중 명백한 계산상 착오가 있는 경우(대판 1993.4.23. 92누17297) 9. 현역병입영대상자로 병역처분을 받은 자가 그 취소소송 중 모병에 응하여 현역병으로 자진 입대한 경우(대판 1998.9.8. 98두9165) 10. 상등병에서 병장으로의 진급요건을 갖춘 자에 대하여 그 진급처분을 행하지 아니한 상태에서 예비역으로 편입하는 처분을 한 경우, 진급처분부작위위법을 이유로 예비역편입처분취소를 구할 소의 이익(대판 2000.5.16. 99두7111) 11. 토지를 수용당한 후 20년이 넘도록 수용재결의 실효를 주장하지 아니한 채 보상요구를 한 적도 없다가 수용보상금 중 극히 일부가 미지급되었음을 이유로 수용재결의 실효를 주장(대판 1993.5.24. 92다51433) 12. 기본행위에만 하자가 있고 인가는 적법한 경우 인가의 무효확인이나 취소청구는 불허(대판 2000.9.5. 99두1854) 13. 환지처분 공고 후 환지예정지지정처분의 취소를 구한 경우(대판 1990.9.25. 88누2557) 14. 원자로건설허가처분 후 원자로부지사전승인처분의 취소를 구한 경우(대판 1998.9.4. 97누19588)

15. 집회일자가 지난 후 집회신고불수리처분의 취소를 구한 경우(대판 1961.9.28, 4292행상50)
16. 치과의사국가시험 불합격처분 이후 새로 실시된 국가시험에 합격된 경우(대판 1993.11.9. 93누6867)
17. 사법시험 1차 시험불합격처분 이후에 새로이 실시된 1차시험에 합격한 경우(대판 1996.2.23. 95누2685)
18. 사법시험 제2차 시험 불합격처분 이후에 새로이 실시된 제2차와 제3차 시험에 합격한 사람이 불합격처분의 취소를 구할 법률상 이익(대판 2007.9.21. 2007두12057)
19. 건축허가에 따른 건축공사완료 후 준공검사를 받은 후 준공처분의 취소를 구한 경우(대판 1992.4.28. 91누13441)
20. 공유수면점용허가취소처분취소소송 중에 공유수면점용허가기간이 만료된 경우(대판 1985.5.28. 85누32)
21. 토석채취허가취소처분취소소송중에 토석채취허가기간이 만료된 경우(대판 1993.7.27. 93누3899)
22. 광업권취소처분취소소송중에 존속기간이 만료된 경우(대판 1995.7.11. 95누4568)
23. 이미 회사정리계획이 확정된 후 회사정리법상 동의절차의 하자가 있다는 사정만으로 회사정리계획의 효력을 다투는 경우(대판 2005.6.10. 2005다15482)
24. 철거처분 완료 후 대집행계고처분의 취소를 구한 경우(대판 1993.6.8. 93누6164)
25. 소음·진동배출시설에 대한 설치허가가 취소된 후 그 배출시설이 철거된 경우(대판 2002.1.11. 2000두2457)
26. 종국처분인 농지처분명령의 취소를 구하는 소를 제기하여 원고 패소의 판결이 확정된 경우, 그 전단계인 농지처분의무통지의 취소를 구하는 소(대판 2003.11.14. 2001두8742)
27. 공익근무요원소집처분의 취소를 구하는 소의 계속중 제2국민역 편입처분을 받은 경우(대판 2005.12.9. 2004두6563)
28. 공익근무요원 소집해제신청을 거부당한 자가 계속하여 공익근무요원으로 복무한 후 복무기간 만료를 이유로 소집해제처분을 받은 후에 계속하여 소집해제신청거부처분을 다툰 경우(대판 2005.5.13. 2004두4369)
29. 구 도시 및 주거환경정비법상 조합설립추진위원회 구성승인처분을 다투는 소송 계속 중에 조합설립인가처분이 이루어진 경우, 조합설립추진위원회 구성승인처분에 대하여 취소 또는 무효확인을 구한 경우(대판 2013.6.13. 2010두10488)

예제 취소소송의 원고적격 및 협의의 소의 이익에 관한 설명으로 옳지 않은 것은? (다툼이 있으면 판례에 따름)
▶ 22 소방승진

① 甲이 현역병 입영대상으로 병역처분을 받고 그 취소소송 중 모병에 응하여 현역병으로 자진입대한 경우, 甲은 현역병 입영처분의 취소를 구할 소의 이익은 없다.
② 운전기사 乙의 합승행위를 이유로 乙이 소속된 운수회사에 대하여 과징금부과처분이 있은 경우, 乙은 그 과징금부과처분의 취소를 구할 이익이 없다.
③ 행정청이 공무원 丙에 대하여 새로운 직위해제사유에 기한 직위해제처분을 한 경우에도 그 이전 직위해제처분은 여전히 존재하므로 丙은 이전 직위해제처분의 취소를 구할 소의 이익이 있다.
④ 丁은 고등학교에서 퇴학처분을 당한 후 고등학교졸업학력검정고시에 합격한 경우, 丁은 퇴학처분의 취소를 구할 소의 이익이 있다.

정답 ③

③ (×) 행정청이 공무원에 대하여 새로운 직위해제사유에 기한 직위해제처분을 한 경우 그 이전에 한 직위해제처분은 이를 묵시적으로 철회하였다고 봄이 상당하므로, 그 이전 처분의 취소를 구하는 부분은 존재하지 않는 행정처분을 대상으로 한 것으로서 그 소의 이익이 없어 부적법하다(대판 2003.10.10. 2003두5945).
① (○) 대판 1998.9.8. 98두9165
② (○) 대판 1994.4.12. 93누24247
④ (○) 대판 1992.7.14. 91누4737

05 취소소송의 대상

1. 개설

행정소송법은 취소소송의 대상을 처분등으로 명시하고 있다(제4조 제1호). 여기에서 처분등이란 '행정청이 행하는 구체적 사실에 관한 법집행으로서의 공권력의 행사 또는 그 거부와 그 밖에 이에 준하는 행정작용 및 행정심판에 대한 재결'을 말한다(제2조 제1항 제1호). 따라서 취소소송의 대상은 적극적인 공권력 행사, 소극적인 거부처분, 이에 준하는 행정작용 그리고 행정심판에 대한 재결이 된다.

2. 행정행위와 처분의 관계

(1) 문제점

위와 같이 행정소송법은 처분개념을 광의로 정의하고 있어 행정소송법상 처분개념이 실체법적 개념인 학문상의 행정행위개념과 동일한지에 대해 견해가 대립한다.

(2) 학설

① **일원설(실체법적 개념설)**
  ㉠ **의의** : 실체적 행정행위의 개념과 처분을 동일시하는 입장이다.
  ㉡ **논거** : 이 견해는 ⓐ 취소소송의 목적이 공정력을 가진 행정행위를 매개로 하여 생긴 위법상태를 제거하여 상대방의 권익을 구제하는데 있으므로 공정력을 가진 행정행위에 대하여만 처분성을

인정해야 하고, ⓑ 행위형식의 다양성을 인정하고 다양한 행위형식에 상응하는 소송유형을 통한 권리구제를 도모하는 것이 국민의 권리구제의 폭을 넓히는 것이 된다는 점, ⓒ 다양한 행정작용을 묶어 하나의 새로운 개념으로 구성하는 것이 타당하지 않은 점을 논거로 한다.

② 이원설(쟁송법적 개념설)
　㉠ 의의 : 행정쟁송법상 처분개념은 실체법상 행정행위 개념보다는 넓은 행정쟁송법상의 독자적인 개념으로 보는 견해이다.
　㉡ 논거 : 이 견해는 ⓐ 행정소송법상 처분개념의 정의규정의 문언 및 항고소송의 대상을 넓힘으로써 국민의 권리구제의 기회를 확대하려는 입법취지에 부응해야 하고, ⓑ 소송형식이 다양한 경우 국민이 소송형식을 선택하는데 어려움이 있으므로 항고소송의 대상을 넓히는 것이 바람직하며, ⓒ 행정소송법상 취소는 위법상태를 시정하는 것 또는 위법성을 확인하는 것이므로 사실행위의 취소도 가능하다고 본다.

(3) 판례

판례가 파악하는 처분관념은 기본적으로 ① 공권력발동으로서의 행위일 것, ② 그 자체가 국민에 대하여 권리설정 또는 의무의 부담을 명하거나 기타 법률상의 효과를 발생케 하는 것임을 요구하며, 처분의 해당 여부를 개별적으로 결정하여야 한다는 입장이다. 판례는 권력적 사실행위로 볼 수 있는 단수처분, 교도소재소자의 이송조치, 교도관 참여대상자의 지정행위를 처분으로 보았고, 비권력적 사실행위로서 국민의 권익에 사실상 지배력을 미치는 국가인권위원회의 성희롱결정 및 시정조치권고를 처분으로 보았으며, 그 자체로는 국민의 권리의무에 변동을 초래하지 않는 공시지가결정의 처분성을 인정하는 등 점차 처분관념을 확대해가고 있어 쟁송법적 개념설을 취하는 것으로 평가된다.

3. 취소소송의 대상인 처분의 개념요소

(1) 행정청의 구체적 사실에 관한 법집행으로서의 공권력의 행사와 그 거부

① **행정청의 행정작용**

처분은 행정청이 행하는 공권력행사이다. 행정청은 행정주체의 의사를 결정하여 외부에 표시할 수 있는 권한을 가진 기관을 말한다. 행정청에는 단독제기관 외에 합의제기관(예 노동위원회·토지수용위원회)도 포함된다. 국회나 법원의 기관이 행하는 실질적 의미의 행정에 속하는 구체적인 사실에 관한 법집행으로서의 공권력 행사도 처분에 해당한다.

행정청에는 법령에 의하여 행정권한의 위임 또는 위탁을 받은 행정기관, 공공단체 및 그 기관 또는 사인이 포함된다(행정소송법 제2조 제2항).

> **관련판례**
>
> 징병검사시의 신체등위판정은 행정처분이 아님
> 병역법상 신체등위판정은 행정청이라고 볼 수 없는 군의관이 하도록 되어 있으며, 그 자체만으로 바로 병역법상의 권리의무가 정하여지는 것이 아니라 그에 따라 <u>지방병무청장이 병역처분을 함으로써 비로소 병역의무의 종류가 정하여지는 것</u>이므로 항고소송의 대상이 되는 행정처분이라 보기 어렵다(대판 1993.8.27. 93누3356).

지방의회 의장에 대한 불신임의결은 행정처분의 일종
지방의회를 대표하고 의사를 정리하며 회의장 내의 질서를 유지하고 의회의 사무를 감독하며 위원회에 출석하여 발언할 수 있는 등의 직무권한을 가지는 지방의회 의장에 대한 불신임의결은 의장으로서의 권한을 박탈하는 행정처분의 일종으로서 항고소송의 대상이 된다(대결 1994.10.11. 94두23).

서울특별시학교안전공제회의 보상심사청구 기각결정은 항고소송의 대상인 행정처분이 아님
서울특별시학교안전공제회는 행정청 또는 그 소속기관이나 법령에 의하여 행정권한을 위임받은 공공단체가 아닐 뿐만 아니라, 학교안전공제보상심사청구를 기각한 결정을 을(사망한 학생의 아버지)의 권리·의무에 관계되는 사항에 관하여 직접 효력을 미치는 공권력의 발동으로서 하는 공법상의 행위로 볼 수도 없다는 이유로, 공제회가 한 보상심사청구 기각결정은 항고소송의 대상인 행정처분이 아니라고 본 원심판단을 정당하다고 한 사례(대판 2012.12.13. 2010두20874).

② 구체적 사실에 관한 법집행으로서의 행정작용

처분은 구체적 사실에 관한 공권력의 행사이다. 구체적 사실이란 관련자가 개별적이고 규율대상이 구체적인 것을 의미한다. 관련자가 일반적이고 규율사건이 구체적인 경우의 규율인 '일반처분' 역시 처분에 해당한다. 그러나 일반적·추상적 규범인 행정입법은 처분이 아니다(통설).

> **관련판례**
>
> **청소년유해매체물 결정·고시의 법적 성격은 행정처분**
> 청소년유해매체물 결정 및 고시처분은 당해 유해매체물의 소유자 등 특정인만을 대상으로 한 행정처분이 아니라 일반 불특정 다수인을 상대방으로 하여 일률적으로 표시의무, 포장의무, 청소년에 대한 판매·대여 등의 금지의무 등 각종 의무를 발생시키는 행정처분이다(대판 2007.6.14. 2004두619).
>
> **항정신병 치료제의 요양급여에 관한 보건복지부 고시는 항고소송의 대상이 되는 행정처분**
> 항정신병 치료제의 요양급여 인정기준에 관한 보건복지부 고시가 다른 집행행위의 매개 없이 그 자체로서 제약회사, 요양기관, 환자 및 국민건강보험공단 사이의 법률관계를 직접 규율한다는 이유로 항고소송의 대상이 되는 행정처분에 해당한다(대결 2003.10.9. 2003무23).
>
> **관할 행정청이 여객자동차운송사업자에 대한 면허 발급 이후 내린 감차명령은 처분에 해당**
> 관할 행정청은 면허 발급 이후에도 운송사업자의 동의하에 여객자동차운송사업의 질서 확립을 위하여 운송사업자가 준수할 의무를 정하고 이를 위반할 경우 감차명령을 할 수 있다는 내용의 면허 조건을 붙일 수 있고, 운송사업자가 조건을 위반하였다면 여객자동차법 제85조 제1항 제38호에 따라 감차명령을 할 수 있으며, 감차명령은 행정소송법 제2조 제1항 제1호가 정한 처분으로서 항고소송의 대상이 된다(대판 2016.11.24. 2016두45028).

상수도 과태료 부과처분은 행정소송의 대상이 되는 행정처분이 아님
「서울특별시 수도조례」 제44조 제4항, 「서울특별시 하수도사용조례」 제42조는 위 각 조례에 기한 과태료에 관하여 그 부과·징수 및 이의신청 등에 관한 사항을 <u>질서위반행위규제법</u>을 따른다고 규정하고 있다. 질서위반행위규제법 관련 규정은 행정청의 과태료 부과에 불복하는 당사자는 과태료 부과 통지를 받은 날부터 60일 이내에 해당 행정청에 서면으로 이의제기를 할 수 있고, 이의제기가 있는 경우에는 그 과태료 부과처분은 효력을 상실하며, 이의제기를 받은 행정청은 이의제기를 받은 날부터 14일 이내에 이에 대한 의견 및 증빙서류를 첨부하여 관할 법원에 통보하여야 하고, 그 통보를 받은 관할 법원은 이유를 붙인 결정으로써 과태료 재판을 하며, 당사자와 검사는 과태료 재판에 대하여 즉시항고를 할 수 있다고 규정하고 있다(대판 2012.10.11. 2011두19369).

③ **공권력 행사와 그 거부**
처분은 행정청의 공권력행사작용이다. 공권력행사란 공법에 근거하여 행정청이 상대방에 대하여 우월한 지위에서 일방적으로 행하는 일체의 행정작용을 의미한다. 따라서 공법상 계약·공법상 합동행위는 처분이 아니다. 공권력행사에는 실체적 행정행위가 전형적으로 해당하나, 권력적 사실행위도 여기에 포함되는 것으로 해석된다. 그리고 공권력행사의 거부는 실체적 행정행위의 거부 또는 권력적 사실행위의 거부로서 거부처분을 의미한다. 다만 행정소송법상 거부처분이 되기 위하여는 신청이 있어야 하고, 공권력 행사를 신청한 개인에게 당해 공권력 행사를 신청할 법규상 또는 조리상의 권리가 있어야 한다는 것이 판례의 입장이다.

(2) 그 밖에 이에 준하는 행정작용
'그 밖에 이에 준하는 행정작용'이라 함은 '행정청이 행하는 구체적 사실에 관한 법집행으로서의 공권력의 행사나 그 거부'에 준하는 행정작용으로서 항고소송에 의한 권리구제의 기회를 줄 필요가 있는 행정작용을 말한다. 따라서 비권력적 공행정작용이지만, 실질적으로 개인의 권익에 일방적인 영향(지배력)을 미치는 작용은 처분에 해당한다. 여기에는 권력적 성격을 갖는 행정지도(판례는 원칙상 행정지도의 처분성 부정), 처분적 성질을 갖는 처분적 명령, 구속적 행정계획 등이 포함된다. ⇨ 상세 내용은 후술

> **관련판례**
>
> **노동조합법 제16조에 따른 노동조합규약의 변경보완시정명령이 행정처분에 해당하는지 여부(적극)**
> 노동조합규약의 변경보완시정명령은 조합규약의 내용이 노동조합법에 위반된다고 보아 구체적 사실에 관한 법집행으로서 노동조합법 제16조 소정의 명령권을 발동하여 조합규약의 해당 조항을 지적된 법률조항에 위반되지 않도록 적절히 <u>변경보완할 것을 명하는 노동행정에 관한 행정관청의 의사를 조합에게 직접 표시한 것이므로 행정소송법 제2조 제1항에서 규정하고 있는 행정처분에 해당</u>된다(대판 1993.5.11. 91누10787).
>
> **세무조사결정이 항고소송의 대상이 되는 행정처분에 해당하는지 여부(적극)**
> 부과처분을 위한 과세관청의 질문조사권이 행해지는 세무조사결정이 있는 경우 납세의무자는 <u>세무공무원의 과세자료 수집을 위한 질문에 대답하고 검사를 수인하여야 할 법적 의무를 부담하</u>

게 되는 점, …(중략)… 납세의무자로 하여금 개개의 과태료 처분에 대하여 불복하거나 조사 종료 후의 과세처분에 대하여만 다툴 수 있도록 하는 것보다는 그에 앞서 <u>세무조사결정에 대하여 다툼으로써 분쟁을 조기에 근본적으로 해결할 수 있는 점</u> 등을 종합하면, 세무조사결정은 납세의무자의 권리·의무에 직접 영향을 미치는 공권력의 행사에 따른 행정작용으로서 항고소송의 대상이 된다(대판 2011.3.10. 2009두23617).

남녀차별금지및구제에관한법률상 국가인권위원회의 성희롱결정 및 시정조치권고가 행정소송의 대상이 되는 행정처분에 해당
남녀차별금지및구제에관한법률 제28조에 의하면, 국가인권위원회의 성희롱결정과 이에 따른 시정조치의 권고는 불가분의 일체로 행하여지는 것인데 국가인권위원회의 이러한 결정과 시정조치의 권고는 <u>성희롱 행위자로 결정된 자의 인격권에 영향을 미침과 동시에 공공기관의 장 또는 사용자에게 일정한 법률상의 의무를 부담시키는 것</u>이므로 국가인권위원회의 성희롱결정 및 시정조치권고는 행정소송의 대상이 되는 행정처분에 해당한다고 보지 않을 수 없다(대판 2005.7.8. 2005두487).

4. 취소소송의 대상으로서 '거부처분'

(1) 의의
거부처분이란 개인이 행정청에 대하여 일정한 처분을 신청한 경우 그 신청에 따른 처분을 거부하는 것을 말한다. 거부는 처분의 신청에 대한 거절의 의사표시라는 점에서 외관상 일정한 행정행위가 없는 부작위와 구별된다.

(2) 거부처분의 성립요건
① **공권력 행사의 거부** : 거부된 공권력 행사가 처분성을 가져야 한다. 즉 처분인 공권력 행사의 거부이어야 한다. 따라서 예컨대 국유 잡종재산의 대부신청의 거부는 처분이 아니다.

> **관련판례**
>
> 지방자치단체장이 국유 잡종재산 대부신청을 거부한 것이 행정처분인지 여부(소극)
> 지방자치단체장이 국유 잡종재산을 대부하여 달라는 신청을 거부한 것은 항고소송의 대상이 되는 행정처분이 아니므로 행정소송으로 그 취소를 구할 수 없다(대판 1998.9.22. 98두7602).

② **거부행위가 신청인의 권익에 직접적 영향을 미칠 것(=법적 행위일 것)** : '법적 행위'란 외부적 행위이며 국민의 권리나 법적 이익과 직접 관련되는 행위를 말한다. 판례도 "국민의 권리관계에 영향을 미치는 것"을 성립요건으로 보고 있다.

> **관련판례**

교육공무원법상 승진후보자 명부에 의한 승진심사 방식으로 행해지는 승진임용에서 승진후보자 명부에 포함되어 있던 후보자를 승진임용인사발령에서 제외하는 행위는 행정처분
교육공무원법령에 따르면 임용권자는 3배수의 범위 안에 들어간 후보자들을 대상으로 승진임용 여부를 심사하여야 하고, 이에 따라 승진후보자 명부에 포함된 후보자는 임용권자로부터 정당한 심사를 받게 될 것에 관한 절차적 기대를 하게 된다. 그런데 임용권자 등이 자의적인 이유로 승진후보자 명부에 포함된 후보자를 승진임용에서 제외하는 처분을 한 경우에, 이러한 승진임용제외처분을 항고소송의 대상이 되는 처분으로 보지 않는다면, 달리 이에 대하여는 불복하여 침해된 권리 또는 법률상 이익을 구제받을 방법이 없다. 따라서 교육공무원법상 승진후보자 명부에 의한 승진심사 방식으로 행해지는 승진임용에서 승진후보자 명부에 포함되어 있던 후보자를 승진임용인사발령에서 제외하는 행위는 불이익처분으로서 항고소송의 대상인 처분에 해당한다(대판 2018.3.27. 2015두47492).

행정청이 토지대장의 소유자명의변경신청을 거부한 행위는 행정처분이 아님
토지대장에 기재된 일정한 사항을 변경하는 행위는, 그것이 지목의 변경이나 정정 등과 같이 토지소유권 행사의 전제요건으로서 토지소유자의 실체적 권리관계에 영향을 미치는 사항에 관한 것이 아닌 한 행정사무집행의 편의와 사실증명의 자료로 삼기 위한 것일 뿐이어서, 그 소유자 명의가 변경된다고 하여도 이로 인하여 당해 토지에 대한 실체상의 권리관계에 변동을 가져올 수 없고 토지 소유권이 지적공부의 기재만에 의하여 증명되는 것도 아니다. 따라서 소관청이 토지대장상의 소유자명의변경신청을 거부한 행위는 이를 항고소송의 대상이 되는 행정처분이라고 할 수 없다(대판 2012.1.12. 2010두12354).

행정청이 건축물대장의 용도변경신청을 거부한 행위는 행정처분
구 건축법 제14조 제4항의 규정은 건축물의 소유자에게 건축물대장의 용도변경신청권을 부여한 것이고, 한편 건축물의 용도는 토지의 지목에 대응하는 것으로서 건물의 이용에 대한 공법상의 규제, 건축법상의 시정명령, 지방세 등의 과세대상 등 공법상 법률관계에 영향을 미치고, 건물소유자는 용도를 토대로 건물의 사용·수익·처분에 일정한 영향을 받게 된다. 이러한 점 등을 고려해 보면, 건축물대장의 용도는 건축물의 소유권을 제대로 행사하기 위한 전제요건으로서 건축물소유자의 실체적 권리관계에 밀접하게 관련되어 있으므로, 건축물대장 소관청의 용도변경신청 거부행위는 국민의 권리관계에 영향을 미치는 것으로서 항고소송의 대상이 되는 행정처분에 해당한다(대판 2009.1.30. 2007두7277).

국세환급결정이나 그 결정을 구하는 신청에 대한 환급거부결정 등은 행정처분이 아님
원천징수의무자가 원천납세의무자로부터 원천징수대상이 아닌 소득에 대하여 세액을 징수·납부하였거나 징수하여야 할 세액을 초과하여 징수·납부하였다면, 국가는 원천징수의무자로부터 이를 납부받는 순간 아무런 법률상의 원인 없이 부당이득한 것이 되고, 구 국세기본법 제51조 제1항, 제52조 등의 규정은 환급청구권이 확정된 국세환급금 및 가산금에 대한 내부적 사무처리절차로서 과세관청의 환급절차를 규정한 것일 뿐 그 규정에 의한 국세환급금(가산금 포함) 결정에 의하여 비로소 환급청구권이 확정되는 것이 아니므로, 국세환급결정이나 이 결정을 구하는 신청에 대한 환급거부결정 등은 납세의무자가 갖는 환급청구권의 존부나 범위에 구체적이고 직접적인 영향을 미치는 처분이 아니어서 항고소송의 대상이 되는 처분으로 볼 수 없다(대법원 2010. 2. 25. 2007두18284).

③ **거부의 의사표시**: 거부의 의사표시가 있어야 한다. 거부의 의사표시는 묵시적일 수도 있다. 법령상 일정한 기간이 지났음에도 가부간의 처분이 없는 경우 거부가 의제되는 경우도 있다.

(3) 거부처분의 성립에 신청권이 필요한지 여부

① **학설**

거부행위 요건설	신청권을 거부행위의 요건으로 보고, 신청권이 있는 자에게는 당연히 거부처분을 다툴 원고적격을 인정하는 견해이다. 그 논거는 ㉠ 신청권은 신청에 대한 응답의무에 대응하는 형식적 또는 절차적 권리이고, ㉡ 신청권이 없는 경우에는 본안심리를 함이 없이 각하판결을 할 수 있어 법원의 소송부담을 경감할 수 있다는 점을 들고 있다.
원고적격 문제설	신청권은 원고적격의 문제로 보아야 하며, 거부행위가 처분에 해당하는가의 여부는 행정소송법 제2조에서 정의한 '처분'에 해당하는가의 여부에 따라 판단해야 한다는 견해이다.
본안 문제설	신청권의 존재를 소송대상의 문제로 보면 행정소송법상의 처분개념을 부당하게 제한함으로써 국민의 권익구제의 길을 축소시키는 결과를 가져오고, 본안문제를 소송요건에서 판단하게 되는 문제가 있으므로 본안문제로 보자는 견해이다.

② **판례**

판례는 거부가 항고소송의 대상이 되는 행정처분에 해당되려면, "ⅰ) 그 신청한 행위가 공권력의 행사 또는 이에 준하는 행정작용이어야 한고, ⅱ) 그 거부행위가 신청인의 법률관계에 어떤 변동을 일으키는 것이어야 하며, ⅲ) 그 국민에게 그 행위발동을 요구할 법규상 또는 조리상의 신청권이 있어야 한다."(대판 2002.11.22. 2000두9229)고 하여 신청권을 거부처분취소소송의 소송요건(특히 거부행위요건설)으로 본다. 즉 법규상 또는 조리상 신청권이 없는 경우 거부행위의 처분성을 인정하지 않고, 부작위를 인정하지 않는다. 그리고 판례는 최근 국토이용계획변경승인거부처분취소판결(대판 2003.9.23. 2001두10936), 국공립대학 교수재임용거부처분취소판결(대판 2004.4.22. 2000두7755) 등에서 신청권의 범위를 점차 확대하고 있다. 그리고 여기에서 '신청인의 법률관계에 어떤 변동을 일으키는 것'이라는 의미는 신청인의 실체상의 권리관계에 직접적인 변동을 일으키는 것은 물론 그렇지 않다 하더라도 신청인이 실체상의 권리자로서 권리를 행사함에 중대한 지장을 초래하는 것도 포함한다고 해석된다(대판 2002.11.22. 2000두9229).

> **관련판례**
>
> 행정청의 거부행위가 항고소송의 대상이 되는 처분인지 여부를 판단할 때 신청권의 존재 여부를 넘어서 구체적으로 그 신청의 인용 여부까지 판단하여야 하는지 여부(소극)
>
> 거부처분의 처분성을 인정하기 위한 전제요건이 되는 신청권의 존부는 구체적 사건에서 신청인이 누구인가를 고려하지 않고 관계 법규의 해석에 의하여 일반 국민에게 그러한 신청권을 인정하고

있는가를 살펴 추상적으로 결정되는 것이고, 신청인이 그 신청에 따른 단순한 응답을 받을 권리를 넘어서 신청의 인용이라는 만족적 결과를 얻을 권리를 의미하는 것은 아니므로, 국민이 어떤 신청을 한 경우에 그 신청의 근거가 된 조항의 해석상 행정발동에 대한 개인의 신청권을 인정하고 있다고 보이면 그 거부행위는 항고소송의 대상이 되는 처분으로 보아야 하고, 구체적으로 그 신청이 인용될 수 있는가 하는 점은 본안에서 판단하여야 할 사항이다(대판 2009.9.10. 2007두20638).

피해자의 의사와 무관하게 주민등록번호가 유출된 경우에는 조리상 주민등록번호의 변경을 요구할 신청권을 인정

갑 등이 인터넷 포털사이트 등의 개인정보 유출사고로 자신들의 주민등록번호 등 개인정보가 불법 유출되자 이를 이유로 관할 구청장에게 주민등록번호를 변경해 줄 것을 신청하였으나 구청장이 '주민등록번호가 불법 유출된 경우 주민등록법상 변경이 허용되지 않는다'는 이유로 주민등록번호 변경을 거부하는 취지의 통지를 한 경우, 피해자의 의사와 무관하게 주민등록번호가 유출된 경우에는 조리상 주민등록번호의 변경을 요구할 신청권을 인정함이 타당하고, 구청장의 주민등록번호 변경신청 거부행위는 항고소송의 대상이 되는 행정처분에 해당한다(대판 2017.6.15. 2013두2945).

문화재보호구역 내 토지 소유자의 문화재보호구역 지정해제 신청에 대한 행정청의 거부행위는 항고소송의 대상이 되는 행정처분

문화재보호법은 문화재를 보존하여 이를 활용함으로써 국민의 문화적 생활의 향상을 도모함과 아울러 인류문화의 발전에 기여함을 목적으로 하면서도, 문화재보호구역의 지정에 따른 재산권행사의 제한을 줄이기 위하여, 행정청에게 보호구역을 지정한 경우에 일정한 기간마다 적정성 여부를 검토할 의무를 부과하고, 그 검토사항 등에 관한 사항은 문화관광부령으로 정하도록 위임하였으며, 검토 결과 보호구역의 지정이 적정하지 아니하거나 기타 특별한 사유가 있는 때에는 보호구역의 지정을 해제하거나 그 범위를 조정하여야 한다고 규정하고 있는 점, 같은 법 제8조 제3항의 위임에 의한 같은법시행규칙 제3조의2 제1항은 그 적정성 여부의 검토에 있어서 당해 문화재의 보존 가치 외에도 보호구역의 지정이 재산권 행사에 미치는 영향 등을 고려하도록 규정하고 있는 점 등과 헌법상 개인의 재산권 보장의 취지에 비추어 보면, 문화재보호구역 내에 있는 토지소유자 등으로서는 위 보호구역의 지정해제를 요구할 수 있는 법규상 또는 조리상의 신청권이 있다고 할 것이고, 이러한 신청에 대한 거부행위는 항고소송의 대상이 되는 행정처분에 해당한다(대판 2004.4.27. 2003두8821).

문화재구역 내 토지 소유자 갑이 문화재청장에게 구 공익사업을 위한 토지 등의 취득 및 보상에 관한 법률 제30조 제1항에 의한 재결신청 청구를 하였으나, 문화재청장은 위 법 제30조 제2항에 따른 관할 토지수용위원회에 대한 재결신청 의무를 부담하지 않는다는 이유로 거부 회신을 받은 경우, 위 회신은 항고소송의 대상이 되는 거부처분에 해당하지 아니함

문화재청장이 토지조서 및 물건조서를 작성하는 등 위 토지에 대하여 구 토지보상법에 따른 수용절차를 개시한 바 없으므로, 갑에게 문화재청장으로 하여금 관할 토지수용위원회에 재결을 신청할 것을 청구할 법규상의 신청권이 인정된다고 할 수 없다(대판 2014.7.10. 2012두22966).

납세의무자의 세법에 근거하지 않은 경정청구에 대한 과세관청의 거부 회신을 항고소송의 대상이 되는 거부처분으로 볼 수 있는지 여부(소극)

국세기본법 또는 개별 세법에 경정청구권을 인정하는 명문의 규정이 없는 이상 조리에 의한 경정청구권을 인정할 수 없으므로, 납부의무자의 세법에 근거하지 아니한 경정청구에 대하여 과세관청이 이를 거부하는 회신을 하였다고 하더라도 이를 가리켜 항고소송의 대상이 되는 거부처분으로 볼 수 없다(대판 2010.2.25. 2007두18284).

구 국토이용관리법상의 국토이용계획변경신청에 대한 거부행위가 항고소송의 대상이 되는 행정처분에 해당하기 위한 요건

구 국토이용관리법상 주민이 국토이용계획의 변경에 대하여 신청을 할 수 있다는 규정이 없을 뿐만 아니라, 국토건설종합계획의 효율적인 추진과 국토이용질서를 확립하기 위한 국토이용계획은 장기성, 종합성이 요구되는 행정계획이어서 원칙적으로는 그 계획이 일단 확정된 후에 어떤 사정의 변동이 있다고 하여 그러한 사유만으로는 지역주민이나 일반 이해관계인에게 일일이 그 계획의 변경을 신청할 권리를 인정하여 줄 수는 없을 것이지만, 장래 일정한 기간 내에 관계 법령이 규정하는 시설 등을 갖추어 일정한 행정처분을 구하는 신청을 할 수 있는 법률상 지위에 있는 자의 국토이용계획변경신청을 거부하는 것이 실질적으로 당해 행정처분 자체를 거부하는 결과가 되는 경우에는 예외적으로 그 신청인에게 국토이용계획변경을 신청할 권리가 인정된다고 봄이 상당하므로, 이러한 신청에 대한 거부행위는 항고소송의 대상이 되는 행정처분에 해당한다(대판 2003.9.23. 2001두10936).

〈거부처분의 처분성 관련 사례〉

| 처분성 인정 | 1. 행정재산의 사용·수익에 대한 허가신청을 거부(대판 1998.2.27. 97누1105)
2. 지적 소관청의 토지분할신청 거부(대판 1993.3.23. 91누8968)
3. 지적공부 소관청의 지목변경신청 반려(대판 2004.4.22. 2003두9015)
4. 지적등록사항 정정신청 반려(헌재 1999.6.24. 97헌마315)
5. 지적도등본교부신청거부(대판 1992.5.26. 91누5952)
6. 건축주명의변경 신고거부처분(대판 1992.3.31. 91누4911)
7. 사회단체등록신청 반려(대판 1989.12.26. 87누308)
8. 학력인정 학교형태의 평생교육시설의 설치자 명의변경 신청에 대한 행정청의 거부(대판 2003.4.11. 2001두9929)
9. 의료보호법상 진료기관의 보호비용 청구에 대하여 보호기관이 심사 결과 지급을 거부(대판 1999.11.26. 97다42250)
10. 실용신안권이 특허청장의 직권에 의하여 불법 또는 착오로 소멸등록된 경우에 특허청장에 대하여 한 실용신안권의 회복등록 신청을 거부(대판 2002.11.22. 2000두9229)
11. 주민등록법상 전입신고 미수리처분(대판 2002.7.9. 2002두1748)
12. 건축계획심의신청에 대한 반려(대판 2007.10.11. 2007두1316)
13. 근로기준법상 평균임금정정신청 거부(대판 2002.10.25. 2000두9717)
14. 반복된 거부처분의 각 처분(대판 2002.3.29. 2000두6084)
15. 구속피고인에 대한 교도소장의 접견허가거부(대판 1992.5.8. 91누7552) |

	16. 국세징수법에 따른 담보권자의 매각대금배분 신청을 거부(대판 1992.12.22. 92누7580) 17. 방송위원회의 종합유선방송사업승인 거부처분(대판 2005.1.14. 2003두13045) 18. 문화재보호구역 내 토지 소유자의 문화재보호구역 지정해제 신청에 대한 행정청의 거부(대판 2004.4.27. 2003두8821) 19. 상이등급 재분류 신청에 대한 지방보훈지청장의 거부(대판 1998.4.28. 97누13023) 20. 원인사유가 해소된 이후에 공사중지명령 해제신청을 했으나 거부(대판 1997.12.26. 96누17745) 21. 수리를 요하는 신고의 수리거부(대판 1992.3.31. 91누4911; 1993.6.8. 91누11544) 22. 행정청이 건축물대장의 용도변경신청을 거부한 행위(대판 2009.1.30. 2007두7277) 23. 군수가 도시관리계획 구역 내 토지 등을 소유하고 있는 주민의 납골시설에 관한 도시관리계획의 입안제안을 반려한 처분(대판 2010.7.22. 2010두5745) 24. 상수원 수질보전을 위하여 필요한 지역 내 토지의 매수신청에 대한 거부(대판 2009.9.10.) 25. 허가권자인 지방자치단체의 장이 국가에 대하여 한 건축협의 거부행위(대판 2014.3.13. 2013두15934).
처분성 부정	1. 지적측량성과도 등재사항에 대한 정정신청 거부(대판 1993.12.14. 93누555) 2. 건축물관리대장의 등재사항 정정신청거부(대판 1998.2.24. 96누5612) 3. 전통사찰의 등록말소신청 거부(대판 1999.9.3. 97누13641) 4. 과거에 법률에 의하여 당연퇴직된 공무원의 복직 또는 재임용신청에 대한 행정청의 거부 - 당연퇴직의 효과가 계속하여 존재한다는 것을 알려주는 일종의 안내에 불과(대판 2006.3.10. 2005두562) 5. 산림 복구설계승인 및 복구준공통보에 대한 이해관계인의 취소신청을 거부(대판 2006.6.30. 2004두701) 6. 행정청이 인접 토지 소유자의 장애물 철거 요구를 거부(대판 1996.1.23. 95누1378) 7. 세법에 근거하지 아니한 납세의무자의 경정청구에 대한 과세관청의 거부회신(대판 2006.5.12. 2003두7651) 8. 국·공유 잡종재산의 매각·대부 요청에 대한 거부(대판 1983.9.13. 83누240; 1998.9.22. 98두7602) 9. 종교단체가 납골탑 설치신고를 함에 있어 관리사무실, 유족편의시설 등과 같은 부대시설에 관한 사항을 신고한 데 대하여 행정청이 그 신고를 일괄 반려 - 납골탑 설치신고의 신고대상이 되지 아니함(대판 2005.2.25. 2004두4031) 10. 문화재 지정처분으로 인하여 선조의 명예감정이 손상되었다는 이유로 한 지정해제신청의 거부(대판 2001.9.28. 99두8565) 11. 제3자에 대한 건축허가와 준공검사의 취소 및 제3자 소유의 건축물에 대한 철거명령을 요구한 것에 대한 거부(대판 1999.12.7. 97누17568 12. 기부채납 부동산의 사용허가기간 연장신청 거부(대판 1994.1.25. 93누7365) 13. 건축허가및준공검사취소 등에 대한 거부(대판 1999.12.7. 97누17568) 14. 전통사찰의 등록말소신청의 거부(대판 1999.9.3. 97누13641) 15. 석탄산업합리화사업단의 재행위로금 지급거부(대판 1999.1.26. 98두12598) 16. 자족적 신고의 수리거부(대결 1993.7.6. 93마635)

예제 신청에 대한 거부처분에 관한 설명으로 옳은 것은? (다툼이 있으면 판례에 따름)

① 거부처분이 성립되려면 신청인에게 그 행위발동을 요구할 법규상 또는 조리상 신청권이 있어야 한다.
② 거부처분에 대하여는 행정소송법상 집행정지를 구할 이익이 있어 집행정지가 허용된다.
③ 거부처분의 취소판결의 취지에 따라 행정청이 처분을 하지 않는 경우, 당사자는 수소법원에 직접강제를 신청할 수 있다.
④ 거부처분은 당사자의 권익을 제한하는 처분에 해당하므로 원칙적으로 행정절차법상 사전통지의 대상이 된다.

정답 ①

① (○) 대판 2000.2.25. 99두11455
② (×) 신청에 대한 거부처분의 효력을 정지하더라도 거부처분이 없었던 것과 같은 상태 즉 거부처분이 있기 전의 신청시의 상태로 되돌아가는 데에 불과하고 행정청에게 신청에 따른 처분을 하여야 할 의무가 생기는 것이 아니므로, 거부처분의 효력정지는 그 거부처분으로 인하여 신청인에게 생길 손해를 방지하는 데에 아무런 소용이 없어 그 효력정지를 구할 이익이 없다(대판 1992.2.13. 91두47).
③ (×) 직접강제가 아니라 간접강제이다(행정소송법 제34조 참고).
④ (×) 신청에 따른 처분이 이루어지지 아니한 경우에는 아직 당사자에게 권익이 부과되지 아니하였으므로 특별한 사정이 없는 한 신청에 대한 거부처분이라고 하더라도 직접 당사자의 권익을 제한하는 것은 아니어서 신청에 대한 거부처분을 여기에서 말하는 '당사자의 권익을 제한하는 처분'에 해당한다고 할 수 없는 것이어서 처분의 사전통지대상이 된다고 할 수 없다(대판 2003.11.28. 2003두674).

5. 그 밖에 이에 준하는 행정작용

(1) 사실행위

① **권력적 사실행위와 비권력적 사실행위**
  ㉠ 수인하명을 내포하는 공권력행사(예 전염병환자의 격리수용·공공시설의 설치)는 처분에 해당한다. 대법원은 재산압류처분(대판 1969.4.29. 69누12), 공매처분(대판 1984.9.25. 84누201), 단수처분(대판 1979.12.28. 79누218) 등에 대하여 처분성을 인정한다.
  ㉡ 판례는 주의·권고·호의적 중재·조정·희망의 표시·알선·지도 등과 같은 사실행위는 처분성을 인정하지 않는다. 다만 국가인권위원회의 성희롱결정 및 시정조치권고처럼 예외적으로 처분으로 본 사례도 있다(대판 2005.7.8. 2005두487).
  ㉢ 헌법재판소는 권력적 사실행위를 행정소송법상의 처분으로 보면서도 보충성원칙에 대한 예외에 해당하는 경우 헌법소원의 대상이 된다고 보고 있다.

② **관념의 통지 등 단순한 사실행위**
기존의 권리의무관계를 단순히 확인, 통지하는 사실행위는 처분이 아니다.

> **관련판례**

수형자의 서신을 교도소장이 검열하는 행위는 권력적 사실행위로서 행정소송의 대상
수형자의 서신을 교도소장이 검열하는 행위는 이른바 권력적 사실행위로서 행정심판이나 행정소송의 대상이 되는 <u>행정처분으로 볼 수 있으나, 위 검열행위가 이미 완료되어 행정심판이나 행정소송을 제기하더라도 소의 이익이 부정될 수 밖에 없으므로</u> 헌법소원심판을 청구하는 외에 다른 효과적인 구제방법이 있다고 보기 어렵기 때문에 보충성의 원칙에 대한 예외에 해당한다(헌재 1998.8.27. 96헌마398).

교도소장이 수형자를 '접견내용 녹음·녹화 및 접견 시 교도관 참여대상자'로 지정한 것의 처분성
피고가 위와 같은 지정행위를 함으로써 원고의 접견 시마다 사생활의 비밀 등 권리에 제한을 가하는 교도관의 참여, 접견내용의 청취·기록·녹음·녹화가 이루어졌으므로 이는 <u>피고가 그 우월적 지위에서 수형자인 원고에게 일방적으로 강제하는 성격을 가진 공권력적 사실행위의 성격을 갖고 있는 점, 위 지정행위는 그 효과가 일회적인 것이 아니라 이 사건 제1심판결이 선고된 이후인 2013. 2. 13.까지 오랜 기간 동안 지속되어 왔으며, 원고로 하여금 이를 수인할 것을 강제하는 성격도 아울러 가지고 있는 점, 위와 같이 계속성을 갖는 공권력적 사실행위를 취소할 경우 장래에 이루어질지도 모르는 기본권의 침해로부터 수형자들의 기본적 권리를 구제할 실익이 있는 것으로 보이는 점</u> 등을 종합하면, 위와 같은 지정행위는 수형자의 구체적 권리의무에 직접적 변동을 초래하는 행정청의 공법상 행위로서 항고소송의 대상이 되는 '처분'에 해당한다(대판 2014.2.13. 2013두20899).

당연퇴직처분은 행정소송의 대상인 행정처분이 아님
국가공무원법 제69조에 의하면 공무원이 제33조 각 호의 1에 해당할 때에는 당연히 퇴직한다고 규정하고 있으므로, 국가공무원법상 당연퇴직은 결격사유가 있을 때 법률상 당연히 퇴직하는 것이지 공무원관계를 소멸시키기 위한 별도의 행정처분을 요하는 것이 아니며, <u>당연퇴직의 인사발령은 법률상 당연히 발생하는 퇴직사유를 공적으로 확인하여 알려주는 이른바 관념의 통지에 불과하고 공무원의 신분을 상실시키는 새로운 형성적 행위가 아니므로</u> 행정소송의 대상이 되는 독립한 행정처분이라고 할 수 없다(대판 1995.11.14. 95누2036).

공원관리청이 행한 경계측량 및 표지의 설치는 행정처분이 아님
건설부장관이 행한 국립공원지정처분은 그 결정 및 첨부된 도면의 공고로써 그 경계가 확정되는 것이고, 시장이 행한 경계측량 및 표지의 설치 등은 <u>공원관리청이 공원구역의 효율적인 보호, 관리를 위하여 이미 확정된 경계를 인식, 파악하는 사실상의 행위로 봄이 상당하며</u>, 위와 같은 사실상의 행위를 가리켜 공권력행사로서의 행정처분의 일부라고 볼 수 없고, 이로 인하여 건설부장관이 행한 공원지정처분이나 그 경계에 변동을 가져온다고 할 수 없다(대판 1992.10.13. 92누2325).

공무원연금관리공단이 공무원연금법령의 개정 사실과 퇴직연금 수급자가 퇴직연금 중 일부 금액의 지급정지 대상자가 되었다는 사실을 통보한 것은 처분이 아님
공무원연금관리공단의 인정에 의하여 퇴직연금을 지급받아 오던 중 공무원연금법령의 개정 등으로 퇴직연금 중 일부 금액의 지급이 정지된 경우에는 <u>당연히 개정된 법령에 따라 퇴직연금이</u>

확정되는 것이지 구 공무원연금법 제26조 제1항에 정해진 공무원연금관리공단의 퇴직연금 결정과 통지에 의하여 비로소 그 금액이 확정되는 것이 아니므로, 공무원연금관리공단이 퇴직연금 중 일부 금액에 대하여 지급거부의 의사표시를 하였다고 하더라도 그 의사표시는 퇴직연금 청구권을 형성·확정하는 행정처분이 아니라 공법상의 법률관계의 한쪽 당사자로서 그 지급의무의 존부 및 범위에 관하여 나름대로의 사실상·법률상 의견을 밝힌 것에 불과하다고 할 것이어서, 이를 행정처분이라고 볼 수는 없고, 그리고 이러한 미지급 퇴직연금에 대한 지급청구권은 공법상 권리로서 그 지급을 구하는 소송은 공법상의 법률관계에 관한 소송인 공법상 당사자소송에 해당한다(대판 2004.12.24. 2003두15195).

(2) 명령, 행정규칙, 고시, 조례

① 판례는 일반적·추상적 명령 그 자체로서는 국민의 구체적인 권리의무에 직접적인 변동을 초래하는 것이 아니어서 행정소송법상의 처분이 아니고, 행정청의 내부적 지시·지침인 행정규칙 그 자체에 대하여도 직접 행정쟁송을 제기할 수 없다고 한다. 그러나 처분적 명령과 처분성이 있는 법규명령의 효력이 있는 행정규칙은 항고소송의 대상이 된다.

② 고시가 일반적·추상적 성격을 가질 때에는 법규명령 또는 행정규칙에 해당할 것이지만, 다른 집행행위의 매개 없이 그 자체로서 직접 국민의 구체적인 권리의무나 법률관계를 규율하는 성격을 가질 때에는 행정처분에 해당한다.

> **관련판례**
>
> **대학입시기본계획 내의 내신성적산정지침은 항고소송의 대상인 행정처분성을 갖지 아니함**
> 교육부장관이 내신성적 산정기준의 통일을 기하기 위해 대학입시기본계획의 내용에서 내신성적 산정기준에 관한 시행지침을 마련하여 시·도 교육감에서 통보한 것은 행정조직 내부에서 내신성적 평가에 관한 내부적 심사기준을 시달한 것에 불과하며, 각 고등학교에서 위 지침에 일률적으로 기속되어 내신성적을 산정할 수밖에 없고 또 대학에서도 이를 그대로 내신성적으로 인정하여 입학생을 선발할 수밖에 없는 관계로 장차 일부 수험생들이 위 지침으로 인해 어떤 불이익을 입을 개연성이 없지는 아니하나, 그러한 사정만으로서 위 지침에 의하여 곧바로 개별적이고 구체적인 권리의 침해를 받은 것으로는 도저히 인정할 수 없으므로, 그것만으로는 현실적으로 특정인의 구체적인 권리의무에 직접적으로 변동을 초래케 하는 것은 아니라 할 것이어서 내신성적 산정지침을 항고소송의 대상이 되는 행정처분으로 볼 수 없다(대판 1994.9.10. 94두33).
>
> **약제급여·비급여목록 및 급여상한금액표(고시)는 항고소송의 대상이 되는 행정처분**
> 보건복지부 고시인 약제급여·비급여목록 및 급여상한금액표는 다른 집행행위의 매개 없이 그 자체로서 국민건강보험가입자, 국민건강보험공단, 요양기관 등의 법률관계를 직접 규율하는 성격을 가지므로 항고소송의 대상이 되는 행정처분에 해당한다(대판 2006.9.22. 2005두2506).

③ 일반적으로 조례는 행정입법의 하나인 만큼 원칙적으로 국민의 권리의무에 관하여 개별적·구체적으로 규율하는 것이 아니고, 장래에 불특정 다수인에게 반복적으로 적용될 수 있는 일반적·추상적

규범이어서 행정청의 특정인에 대한 행정처분이 있기 전의 조례 그 자체는 항고소송의 대상이 되는 행정처분이 아니다. 그러나 조례 중에는 별도의 집행행위 없이도 국민에 대하여 직접적이고 구체적인 법적 효과를 미치는 경우가 있는바, 이를 처분적 조례라 한다. 이러한 처분적 조례는 비록 형식은 행정입법 형식이나 그 실질이 행정처분성을 갖고 있으므로 항고소송의 대상이 된다(대판 1996. 9.20. 95누8003).

(3) 의회의 의결

의회의 의결은 국가 또는 지방공공단체의 내부적 의사결정에 불과하므로 행정처분이 아니다. 그러나 집행기관의 행정조치를 기다리지 않고 직접 그것에 의해서 사인의 법률상 지위에 영향을 미치는 경우(예 지방의회의원의 제명징계의결, 지방의회 의장선거)는 취소소송의 대상이 된다. 그러나 의회의 자율권에 위임되어 있는 사항(예 의원에 대한 출석정지의 징계의결)은 취소소송의 대상이 아니다.

(4) 행정계획

종래 행정계획은 단순한 청사진에 불과한 것으로 처분성을 인정하지 아니하였다. 그러나 오늘날 판례는 행정계획의 공고에 의하여 직접 권리제한의 효과가 생기는 구속적 계획의 경우는 처분성을 인정한다(예 상업지역 또는 주거지역으로의 지정).

> **관련판례**
>
> **고시된 도시계획결정은 행정소송의 대상이 됨**
> 도시계획법 제12조 소정의 고시된 도시계획결정은 특정 개인의 권리 내지 법률상의 이익을 개별적이고 구체적으로 규제하는 효과를 가져오게 하는 행정청의 처분이라 할 것이고, 이는 행정소송의 대상이 된다(대판 1982.3.9. 80누105).
>
> **도지사가 도 내 특정시를 공공기관이 이전할 혁신도시 최종입지로 선정한 행위는 항고소송의 대상이 되는 행정처분이 아님**
> 이 사건 지침에는 공공기관의 지방이전을 위한 정부 등의 조치와 공공기관이 이전할 혁신도시 입지 선정을 위한 사항 등을 규정하고 있을 뿐 혁신도시입지 후보지에 관련된 지역 주민 등의 권리의무에 직접 영향을 미치는 규정을 두고 있지 않으므로, 피고가 원주시를 혁신도시 최종입지로 선정한 행위는 항고소송의 대상이 되는 행정처분으로 볼 수 없다(대판 2007.11.15. 2007두10198).
>
> **주택재건축정비사업조합이 수립한 사업시행계획이 인가·고시를 통해 확정되면 행정처분에 해당**
> 재건축정비사업조합이 행정주체의 지위에서 위 법에 기초하여 수립한 사업시행계획은 인가·고시를 통해 확정되면 이해관계인에 대한 구속적 행정계획으로서 독립된 행정처분에 해당하고, 이와 같은 사업시행계획안에 대한 조합 총회결의는 그 행정처분에 이르는 절차적 요건 중 하나에 불과한 것으로서, 그 계획이 확정된 후에는 항고소송의 방법으로 계획의 취소 또는 무효확인을 구할 수 있을 뿐, 절차적 요건에 불과한 총회결의 부분만을 대상으로 그 효력 유무를 다투는 확인의 소를 제기하는 것은 허용되지 아니한다(대결 2009.11.2. 2009마596).

(5) 부관

부관만을 다툴 수 있는가의 문제가 있는데, 판례는 부담 이외에는 반드시 부관부행정행위 전체의 취소를 구하는 소를 제기해야 한다고 본다. 반면 주된 행정행위에 부가하여 작위, 부작위, 수인, 급부의무를 부과하는 부담은 그 자체로 독립된 처분의 성격을 갖기 때문에, 주된 행정행위와 독립하여 취소소송의 제기가 가능하다.

(6) 준법률행위적 행정행위

판례는 가옥대장·토지대장·임야대장 등 공부에의 등재행위나 정정행위, 직위해제된 자에 대한 당연퇴직의 발령과 같은 통지, 행정 각 부처의 장 등이 일반국민의 소관법령의 해석에 관한 질의에 대하여 하는 회신 등은 직접 국민의 권리 또는 법적 지위에 영향이 없다는 이유로 처분성을 부정해왔다. 그러나 최근 판례는 지적공부의 지목변경신청거부행위의 처분성을 인정하여 점차 처분의 범위를 확대하고 있다.

> **관련판례**
>
> **지적공부 소관청의 지목변경신청 반려행위가 항고소송의 대상이 되는 행정처분에 해당함**
> 구 지적법 제20조, 제38조 제2항의 규정은 토지소유자에게 지목변경신청권과 지목정정신청권을 부여한 것이고, 한편 지목은 토지에 대한 공법상의 규제, 개발부담금의 부과대상, 지방세의 과세대상, 공시지가의 산정, 손실보상가액의 산정 등 토지행정의 기초로서 공법상의 법률관계에 영향을 미치고, 토지소유자는 지목을 토대로 토지의 사용·수익·처분에 일정한 제한을 받게 되는 점 등을 고려하면, 지목은 토지소유권을 제대로 행사하기 위한 전제요건으로서 토지소유자의 실체적 권리관계에 밀접하게 관련되어 있으므로 지적공부 소관청의 지목변경신청 반려행위는 국민의 권리관계에 영향을 미치는 것으로서 항고소송의 대상이 되는 행정처분에 해당한다(대판 2004.4.22. 2003두9015).
>
> **건축물에 관한 건축물대장을 직권말소한 행위는 항고소송의 대상이 되는 행정처분**
> 건축물대장은 건축물에 대한 공법상의 규제, 지방세의 과세대상, 손실보상가액의 산정 등 건축행정의 기초자료로서 공법상의 법률관계에 영향을 미칠 뿐만 아니라, 건축물에 관한 소유권보존등기 또는 소유권이전등기를 신청하려면 이를 등기소에 제출하여야 하는 점 등을 종합해 보면, 건축물대장은 건축물의 소유권을 제대로 행사하기 위한 전제요건으로서 건축물 소유자의 실체적 권리관계에 밀접하게 관련되어 있으므로, 이러한 건축물대장을 직권말소한 행위는 국민의 권리관계에 영향을 미치는 것으로서 항고소송의 대상이 되는 행정처분에 해당한다(대판 2010.5.27. 2008두22655).

(7) 신고의 수리거부행위

수리를 요하지 아니하는 신고(자체완성적 신고)의 거부는 행정소송법상 처분성이 문제되지 않아 취소소송으로 다툴 수 없다. 그러나 수리를 요하는 신고(행정요건적 신고)의 거부는 행정소송법상 처분개념에 해당하므로 상대방은 항고소송을 제기할 수 있다.

> **관련판례**

노동조합 설립신고에 대하여 실질적으로 심사할 수 있는지 여부(적극)
노동조합 및 노동관계조정법(이하 '노동조합법'이라 한다)이 행정관청으로 하여금 설립신고를 한 단체에 대하여 같은 법 제2조 제4호 각 목에 해당하는지를 심사하도록 한 취지가 노동조합으로서의 실질적 요건을 갖추지 못한 노동조합의 난립을 방지함으로써 근로자의 자주적이고 민주적인 단결권 행사를 보장하려는 데 있는 점을 고려하면, <u>행정관청은 해당 단체가 노동조합법 제2조 제4호 각 목에 해당하는지 여부를 실질적으로 심사할 수 있다</u>(대판 2014.4.10. 2011두6998).

영업자 지위승계신고의 성질
구 식품위생법 제25조 제1항, 제3항에 의하여 영업양도에 따른 지위승계신고를 수리하는 허가관청의 행위는, 단순히 양도·양수인 사이에 이미 발생한 사법상의 사업양도의 법률효과에 의하여 양수인이 그 영업을 승계하였다는 사실의 신고를 접수하는 행위에 그치는 것이 아니라, 실질에 있어서 <u>양도자의 사업허가를 취소함과 아울러 양수자에게 적법히 사업을 할 수 있는 권리를 설정하여 주는 행위로서 사업허가자의 변경이라는 법률효과를 발생시키는 행위라고 할것이고</u>…행정청이 구 식품위생법 규정에 의하여 영업자지위승계신고를 수리하는 처분은 종전의 영업자의 권익을 제한하는 처분이라 할 것이고 따라서 종전의 영업자는 그 처분에 대하여 직접 그 상대가 되는 자에 해당한다고 봄이 상당하므로, 행정청으로서는 위 신고를 수리하는 처분을 함에 있어서 행정절차법 규정 소정의 당사자에 해당하는 종전의 영업자에 대하여 위 규정 소정의 행정절차를 실시하고 처분을 하여야 한다(대판 2001.2.9. 2000도2050).

체육시설업신고수리거부처분이 항고소송의 대상이 되는 행정처분인지 여부(적극)
<u>행정청이 구체적인 사실에 관한 법집행으로서 공권력을 행사할 의무가 있는데도 그 공권력의 행사를 거부함으로써 국민의 권리 또는 이익을 침해한 때에는 그 처분 등을 대상으로 취소소송을 제기할 수 있다. 체육시설업신고수리거부처분은 항고소송의 대상이 되는 행정처분이다</u>(대판 1996. 2.27. 94누6062).

(8) 사법(私法)행위

행정청의 일방적 결정이 처분인지 사법행위인지가 다투어지는 경우가 많다. 이는 전술한 공법관계와 사법관계의 구별문제이다. 판례는 사법행위, 예컨대 전화가입계약, 국유임야 대부행위, 입찰보증금의 국고귀속조치, 고궁안내원들의 근무관계 등은 국가가 사경제주체로서 행하는 행위라고 하여 처분성을 부인한다. 판례는 국유재산법상의 매매계약은 사법상 계약이므로 행정처분으로 볼 수 없다고 판시하면서도(대판 1969.12.26, 69누134), 동법에 따른 변상금부과처분과 사용료부과처분은 관리청이 공권력을 가진 우월적 지위에서 행한 것으로서 행정소송의 대상이 되는 처분이라고 하였다(대판 1998. 2.27., 97누1105).

관련판례

한국마사회의 조교사 및 기수 면허 부여 또는 취소는 행정처분이 아님
한국마사회가 조교사 또는 기수의 면허를 부여하거나 취소하는 것은 경마를 독점적으로 개최할 수 있는 지위에서 우수한 능력을 갖추었다고 인정되는 사람에게 경마에서의 일정한 기능과 역할을 수행할 수 있는 자격을 부여하거나 이를 박탈하는 것에 지나지 아니하므로, 이는 국가 기타 행정기관으로부터 위탁받은 행정권한의 행사가 아니라 일반 사법상의 법률관계에서 이루어지는 단체 내부에서의 징계 내지 제재처분이다(대판 2008.1.31. 2005두8269).

(9) 내부적 행위

① **사무처리절차** : 행정기관의 결정이 그 내부적 사무처리절차에 그치는 경우에는 처분성이 부정된다(◎ 국세환급금결정). 그러나 처분에 앞선 위원회의 결정이 때로는 항고소송의 대상이 되는 경우가 있으며, 처분의 준비행위 또는 기초가 되는 행위라고 하더라도 국민의 권익에 직접 영향을 미치고 국민의 권리구제를 위하여 이를 다투도록 할 필요가 있는 경우(◎ 세무조사결정)에는 처분성을 인정하여야 한다.

② **다른 행정청의 동의** : 다른 행정청의 동의를 얻어야 하는 행정행위에서 다른 행정청의 동의가 행정행위의 성립에 중요한 요소일지라도 그 자체의 처분성은 부인된다.

③ **행정기관 상호간 행위** : 행정조직법상 행정기관 상호간의 행위는 원칙상 처분이 아니다.

관련판례

운전면허 행정처분처리대장상 벌점의 배점은 행정처분이 아님
운전면허 행정처분처리대장상 벌점의 배점은 도로교통법규 위반행위를 단속하는 기관이 도로교통법시행규칙 별표 16의 정하는 바에 의하여 도로교통법규 위반의 경중, 피해의 정도 등에 따라 배정하는 점수를 말하는 것으로 자동차운전면허의 취소, 정지처분의 기초자료로 제공하기 위한 것이고 그 배점 자체만으로는 아직 국민에 대하여 구체적으로 어떤 권리를 제한하거나 의무를 명하는 등 법률적 규제를 하는 효과를 발생하는 요건을 갖춘 것이 아니어서 그 무효확인 또는 취소를 구하는 소송의 대상이 되는 행정처분이라고 할 수 없다(대판 1994.8.12. 94누2190).

감사원의 징계 요구와 재심의결정은 항고소송의 대상이 되는 행정처분이 아님
갑 시장이 감사원으로부터 감사원법 제32조에 따라 을에 대하여 징계의 종류를 정직으로 정한 징계 요구를 받게 되자 감사원에 징계 요구에 대한 재심의를 청구하였고, 감사원이 재심의청구를 기각하자 을이 감사원의 징계 요구와 그에 대한 재심의결정의 취소를 구하고 갑 시장이 감사원의 재심의결정 취소를 구하는 소를 제기한 경우, 감사원의 징계 요구와 재심의결정이 항고소송의 대상이 되는 행정처분이라고 할 수 없고, 갑 시장이 제기한 소송이 기관소송으로서 감사원법 제40조 제2항에 따라 허용된다고 볼 수 없다(대판 2016.12.27. 2014두5637).

친일반민족 행위자재산조사위원회의 재산조사개시결정은 항고소송의 대상
친일반민족행위자재산조사위원회의 재산조사개시결정이 있는 경우 조사대상자는 위 위원회의 보전처분 신청을 통하여 재산권행사에 실질적인 제한을 받게 되고, 위 위원회의 자료제출요구나 출석요구 등의 조사행위에 응하여야 하는 법적 의무를 부담하게 되는 점, '친일반민족행위자 재산의 국가귀속에 관한 특별법'에서 인정된 재산조사결정에 대한 이의신청절차만으로는 조사대상자에 대한 권리구제 방법으로 충분치 아니한 점, 조사대상자로 하여금 개개의 과태료 처분에 대하여 불복하거나 조사 종료 후의 국가귀속결정에 대하여만 다툴 수 있도록 하는 것보다는 그에 앞서 재산조사개시결정에 대하여 다툼으로써 분쟁을 조기에 근본적으로 해결할 수 있는 점 등을 종합하면, 친일반민족행위자재산조사위원회의 재산조사개시결정은 조사대상자의 권리·의무에 직접 영향을 미치는 독립된 행정처분으로서 항고소송의 대상이 된다고 봄이 상당하다(대판 2009. 10.15. 2009두6513).

다른 행정청의 동의가 행정행위의 성립에 요소인 경우 부동의는 거부처분이 아님
건축허가권자가 건축불허가처분을 하면서 그 처분사유로 건축불허가 사유뿐만 아니라 구 소방법 제8조 제1항에 따른 소방서장의 건축부동의 사유를 들고 있다고 하여 그 건축불허가처분 외에 별개로 건축부동의처분이 존재하는 것이 아니므로, 그 건축불허가처분을 받은 사람은 그 건축불허가처분에 관한 쟁송에서 건축법상의 건축불허가 사유뿐만 아니라 소방서장의 부동의 사유에 관하여도 다툴 수 있다(대판 2004.10.15. 2003두6573).

상급행정청이나 타행정청의 지시나 통보, 권한의 위임이나 위탁은 항고소송의 대상이 되는 행정처분이 아님
항고소송은 원칙적으로 소송의 대상인 행정처분 등을 외부적으로 그의 명의로 행한 행정청을 피고로 하여야 하는 것으로서, 그 행정처분을 하게 된 연유가 상급행정청이나 타행정청의 지시나 통보에 의한 것이라 하여 다르지 않고, 권한의 위임이나 위탁을 받아 수임행정청이 자신의 명의로 한 처분에 관하여도 마찬가지이다. 그리고 위와 같은 지시나 통보, 권한의 위임이나 위탁은 행정기관 내부의 문제일 뿐 국민의 권리의무에 직접 영향을 미치는 것이 아니어서 항고소송의 대상이 되는 행정처분에 해당하지 않는다(대판 2013.2.28. 2012두22904).

공정거래위원회의 고발조치·의결은 항고소송의 대상이 되는 행정처분이 아님
이른바 고발은 수사의 단서에 불과할 뿐 그 자체 국민의 권리의무에 어떤 영향을 미치는 것이 아니고, 특히 독점규제및공정거래에관한법률 제71조는 공정거래위원회의 고발을 위 법률위반죄의 소추요건으로 규정하고 있어 공정거래위원회의 고발조치는 사직 당국에 대하여 형벌권 행사를 요구하는 행정기관 상호간의 행위에 불과하여 항고소송의 대상이 되는 행정처분이라 할 수 없으며, 더욱이 공정거래위원회의 고발 의결은 행정청 내부의 의사결정에 불과할 뿐 최종적인 처분은 아닌 것이므로 이 역시 항고소송의 대상이 되는 행정처분이 되지 못한다(대판 1995.5.12. 94누13794).

(10) 경고

단순히 위험상황을 알리는 경고(예 위험표지판)는 규율적 성격을 갖지 않는 단순한 사실행위이지만, 반복 또는 계속되는 개인의 위법행위에 대하여 제재에 앞서 행하는 사전경고(예 대집행에 대한 계고, 징계에 대한 경고)는 일방적인 공권력행사로서 규율적 성격을 갖는 처분에 해당한다. 판례는 경고가 상대방의 권리의무에 직접 영향을 미치는지 여부에 따라 처분성을 판단하고 있다.

> **관련판례**
>
> **공무원이 소속 장관으로부터 받은 서면에 의한 경고는 처분이 아니라고 한 사례**
> 공무원이 소속 장관으로부터 받은 "직상급자와 다투고 폭언하는 행위 등에 대하여 엄중 경고하니 차후 이러한 사례가 없도록 각별히 유념하기 바람"이라는 내용의 서면에 의한 경고가 공무원의 신분에 영향을 미치는 국가공무원법상의 징계의 종류에 해당하지 아니하고, 근무충실에 관한 권고행위 내지 지도행위로서 그 때문에 공무원으로서의 신분에 불이익을 초래하는 법률상의 효과가 발생하는 것도 아니므로, 경고가 국가공무원법상의 징계처분이나 행정소송의 대상이 되는 행정처분이라고 할 수 없어 그 취소를 구할 법률상의 이익이 없다(대판 1991.11.12. 91누2700).
>
> **행정규칙에 의한 불문경고가 행정처분에 해당한다고 한 사례**
> 어떠한 처분의 근거나 법적인 효과가 행정규칙에 규정되어 있다고 하더라도, 그 처분이 행정규칙의 내부적 구속력에 의하여 상대방에게 권리의 설정 또는 의무의 부담을 명하거나 기타 법적인 효과를 발생하게 하는 등으로 그 상대방의 권리 의무에 직접 영향을 미치는 행위라면, 이 경우에도 항고소송의 대상이 되는 행정처분에 해당한다. 행정규칙에 의한 '불문경고조치'가 비록 법률상의 징계처분은 아니지만 위 처분을 받지 아니하였다면 차후 다른 징계처분이나 경고를 받게 될 경우 징계감경사유로 사용될 수 있었던 표창공적의 사용가능성을 소멸시키는 효과와 1년 동안 인사기록카드에 등재됨으로써 그 동안은 장관표창이나 도지사표창 대상자에서 제외시키는 효과 등이 있으므로 항고소송의 대상이 되는 행정처분에 해당한다(대판 2002.7.26. 2001두3532).

(11) 반복된 행위
① 침해적 행정처분이 내려진 후에 내려진 동일한 내용의 반복된 침해적 행정처분은 처분이 아니다. 판례는 동일한 내용의 독촉이 반복된 경우에는 최초의 독촉만이 항고소송의 대상이 되는 행정처분이고 그 후의 독촉은 민법상 최고에 불과하다고 한다(대판 1997.7.13. 97누119).
② 그러나 거부처분 이후 동일한 내용의 신청에 대하여 다시 거절의 의사표시를 명백히 한 경우에는 새로운 처분이 있는 것으로 본다(대판 1992.10.27. 92누1643). 이 경우 행정심판 및 행정소송의 제기기간은 각 처분을 기준으로 진행된다(대판 1992.12.8. 92누7542).

> **관련판례**
>
> **공익근무요원 소집통지를 한 후 소집대상자의 원에 의하여 또는 직권으로 그 기일을 연기한 다음 다시 한 공익근무요원 소집통지는 독립된 행정처분이 아님**
> 지방병무청장이 보충역 편입처분을 받은 자에 대하여 복무기관을 정하여 공익근무요원 소집통지를 한 이상 그것으로써 공익근무요원으로서의 복무를 명하는 병역법상의 공익근무요원 소집처분이 있었다고 할 것이고, 그 후 지방병무청장이 공익근무요원 소집대상자의 원에 의하여 또는 직권으로 그 기일을 연기한 다음 다시 공익근무요원 소집통지를 하였다고 하더라도 이는 최초의 공익

근무요원 소집통지에 관하여 다시 의무이행기일을 정하여 알려주는 연기통지에 불과한 것이므로, 이는 항고소송의 대상이 되는 독립한 행정처분으로 볼 수 없다(대판 2005.10.28. 2003두14550).

절차상 하자로 인하여 무효인 행정처분이 있은 후 절차를 다시 갖추어 동일한 처분을 한 경우 종전의 처분과는 무관한 새로운 행정처분
절차상 또는 형식상 하자로 인하여 무효인 행정처분이 있은 후 행정청이 관계 법령에서 정한 절차 또는 형식을 갖추어 다시 동일한 행정처분을 하였다면 당해 행정처분은 종전의 무효인 행정처분과 관계없이 새로운 행정처분이라고 보아야 한다.…(중략)…이 사건 처분은 새로운 국방·군사시설사업 실시계획 승인처분으로서의 요건을 갖춘 새로운 처분일 뿐, 종전처분과 동일성을 유지하되 종전처분의 내용을 일부 수정하거나 새로운 사항을 추가하는 것에 불과한 종전처분의 변경처분이 아니므로, 비록 종전처분에 하자가 있더라도 이 사건 처분이 관계 법령에 규정된 절차를 거쳐 그 요건을 구비한 이상 적법하다(대판 2014.3.13. 2012두1006).

(12) 경정처분

① 판례는 과세처분에 있어서 ㉠ 증액경정처분의 경우 당초처분은 증액결정처분에 흡수되어 증액경정처분만이 소송의 대상이 되고, ㉡ 감액경정처분의 경우는 당초처분의 일부 효력을 취소하는 처분으로, 소송의 대상은 감액되고 남아 있는 당초의 처분이라는 입장이다.
② 적극적 변경처분의 경우(예 허가취소처분을 영업정지처분으로 변경)에는 ㉠ 당초처분을 대체하는 새로운 처분이 있는 것으로 보고 변경처분(영업정지처분)을 대상으로 취소소송을 제기해야 한다는 견해, ㉡ 실질적으로 일부취소로 보고 후속처분에 의해 당초부터 유리하게 변경되어 존속하는 감경된 처분(영업정지처분)이 대상이라는 견해가 있다. 그 논의의 실익은 불복제기기간의 기산점이 달라지는 데 있다(㉡에 의하면 허가취소처분을 안 날로부터 기산).
③ 적극적 변경처분 가운데 당초처분과 동일한 요건과 절차가 요구되지 않는 경미한 사항에 대한 변경처분처럼 분리가능한 일부변경처분의 경우에는 당초처분과 일부변경처분 모두 항고소송의 대상이 될 수 있다.

관련판례

증액경정처분의 경우 당초처분은 증액결정처분에 흡수되어 증액경정처분만이 소송의 대상이 됨
[1] 증액경정처분이 있는 경우 당초 신고나 결정은 증액경정처분에 흡수됨으로써 독립된 존재가치를 잃게 된다고 보아야 할 것이므로, 원칙적으로는 당초 신고나 결정에 대한 불복기간의 경과 여부 등에 관계없이 증액경정처분만이 항고소송의 심판대상이 되고, 납세의무자는 그 항고소송에서 당초 신고나 결정에 대한 위법사유도 함께 주장할 수 있다(대판 2009.5.14. 2006두17390).

[2] 과세처분이 있은 후에 증액경정처분이 있는 경우 당초 과세처분은 경정처분에 흡수되어 독립적인 존재가치를 상실하므로 전심절차의 경유여부도 그 경정처분을 기준으로 판단하여야 하는 것이 원칙이다(대판 2000.9.22. 98두18510).

감액경정결정을 한 경우 항고소송의 대상은 경정처분으로 인하여 감액되고 남아 있는 당초의 처분
과세표준과 세액을 감액하는 경정처분은 당초 부과처분과 별개 독립의 과세처분이 아니라 그 실질은 당초 부과처분의 변경이고, 그에 의하여 세액의 일부취소라는 납세자에게 유리한 효과를 가져오는 처분이라 할 것이므로 그 경정결정으로도 아직 취소되지 않고 남아 있는 부분이 위법하다 하여 다투는 경우 항고소송의 대상은 당초의 부과처분 중 경정결정에 의하여 취소되지 않고 남은 부분이고, 경정결정이 항고소송의 대상이 되는 것은 아니다(대판 1993.11.9. 93누9989).

당초의 과세처분에 존재하고 있다고 주장되는 위법사유가 증액경정처분에도 존재하고 있어 당초의 과세처분이 위법하다고 판단되면 증액경정처분도 위법하다고 하지 않을 수 없는 경우 소송의 대상 및 제소기간 준수 여부의 판단 기준
납세자가 이와 같은 과정을 거쳐 행정소송을 제기하면서 당초의 과세처분의 취소를 구하는 것으로 청구취지를 기재하였다 하더라도, 이는 잘못된 판단에 따라 소송의 대상에 관한 청구취지를 잘못 기재한 것이라 할 것이고, 그 제소에 이른 경위나 증액경정처분의 성질 등에 비추어 납세자의 진정한 의사는 증액경정처분에 흡수됨으로써 이미 독립된 존재가치를 상실한 당초의 과세처분이 아니라 증액경정처분 자체의 취소를 구하는 데에 있다고 보아야 할 것이다. 따라서 납세자는 그 소송계속 중에 청구취지를 변경하는 형식으로 증액경정처분의 취소를 구하는 것으로 청구취지를 바로잡을 수 있는 것이고, 이때 제소기간의 준수 여부는 형식적인 청구취지의 변경 시가 아니라 증액경정처분에 대한 불복의 의사가 담긴 당초의 소 제기 시를 기준으로 판단하여야 한다(대판 2013.2.14. 2011두25005).

기존의 행정처분을 변경하는 내용의 행정처분이 뒤따르는 경우, 후속처분이 종전처분을 완전히 대체하는 것이거나 주요 부분을 실질적으로 변경하는 내용인 경우에는 특별한 사정이 없는 한 종전처분은 효력을 상실하고 후속처분만이 항고소송의 대상이 되지만, 후속처분의 내용이 종전처분의 유효를 전제로 내용 중 일부만을 추가·철회·변경하는 것이고 추가·철회·변경된 부분이 내용과 성질상 나머지 부분과 불가분적인 것이 아닌 경우에는, 후속처분에도 불구하고 종전처분이 여전히 항고소송의 대상이 됨
영업제한 시간을 오전 0시부터 오전 8시까지로 정하고 매월 둘째 주와 넷째 주 일요일을 의무휴업일로 지정하는 내용의 처분을 한 사실, 위 처분의 취소를 구하는 소송이 이 사건 원심에 계속 중이던 2014. 8. 25. 위 피고는 위 원고들을 상대로 영업시간 제한 부분의 시간을 '오전 0시부터 오전 10시'까지로 변경하되, 의무휴업일은 종전과 동일하게 유지하는 내용의 처분을 한 사실…(중략)…2014. 8. 25.자 처분으로 종전처분이 소멸하였다고 볼 수는 없고,…(중략)…2014. 8. 25.자 처분에 따라 종전처분이 소멸하여 그 효력을 다툴 법률상 이익이 없게 되었다는 취지의 피고의 주장은 이유 없다(대판 2015.11.19. 2015두295).

재개발조합설립 인가신청에 대한 행정청의 조합설립인가처분 후 구 도시 및 주거환경정비법 시행령 제27조 각 호에서 정한 경미한 사항의 변경에 대하여 행정청이 변경인가처분을 한 경우, 당초의 조합설립인가처분은 변경인가처분에 흡수되는지 여부(소극)
재개발조합설립 인가신청에 대한 행정청의 조합설립인가처분은 법령상 일정한 요건을 갖출 경우 주택재개발사업의 추진위원회에게 행정주체로서의 지위를 부여하는 일종의 설권적 처분의 성격을 가지고 있는데, 구 도시 및 주거환경정비법 제16조 제1항은 조합설립인가처분의 내용을 변경하는 변경인가처분을 할 때에는 조합설립인가처분과 동일한 요건과 절차를 거칠 것을 요구하고

있다. 그런데 조합설립인가처분과 동일한 요건과 절차가 요구되지 않는 구 도시 및 주거환경정비법 시행령 제27조 각 호에서 정하는 경미한 사항의 변경에 대하여 행정청이 조합설립의 변경인가라는 형식으로 처분을 하였다고 하더라도 그 성질은 당초의 조합설립인가처분과는 별개로 위 조항에서 정한 경미한 사항의 변경에 대한 신고를 수리하는 의미에 불과한 것으로 보아야 한다. 따라서 경미한 사항의 변경에 대한 신고를 수리하는 의미에 불과한 변경인가처분에 설권적 처분인 조합설립인가처분이 흡수된다고 볼 것은 아니다(대판 2010.12.9. 2009두4555).

(13) 교원징계의 경우

판례는 ① 사립학교 교원의 경우에는 교원징계재심위원회(현 교원소청심사위원회)의 결정이 원처분으로서 소의 대상이 되고, ② 국공립학교교원의 경우에는 재심결정이 아니라 원처분이 소의 대상이라고 본다.

> **관련판례**
>
> **사립학교 교원이 학교법인의 해임처분에 대하여 교원지위향상을위한특별법에 따라 교육부 내의 교원징계재심위원회에 재심청구를 한 경우 재심위원회의 결정이 행정소송의 대상**
> 사립학교 교원에 대한 해임처분에 대한 구제방법으로 학교법인을 상대로 한 민사소송 이외 교원지위향상을위한특별법 제7 내지 10조에 따라 교육부 내에 설치된 교원징계재심위원회에 재심청구를 하고 교원징계재심위원회의 결정에 불복하여 행정소송을 제기하는 방법도 있으나, 이 경우에도 행정소송의 대상이 되는 행정처분은 교원징계재심위원회의 결정이지 학교법인의 해임처분이 행정처분으로 의제되는 것이 아니며 또한 교원징계재심위원회의 결정을 이에 대한 행정심판으로서의 재결에 해당되는 것으로 볼 수는 없다(대판 1993.2.12. 92누13707).
>
> **국공립학교교원의 경우에는 재심결정이 아니라 원처분이 소의 대상**
> 국공립학교교원에 대한 징계 등 불리한 처분은 행정처분이므로 국공립학교교원이 징계 등 불리한 처분에 대하여 불복이 있으면 교원징계재심위원회에 재심청구를 하고 위 재심위원회의 재심결정에 불복이 있으면 항고소송으로 이를 다투어야 할 것인데, 이 경우 그 소송의 대상이 되는 처분은 원칙적으로 원처분청의 처분이고, 원처분이 정당한 것으로 인정되어 재심청구를 기각한 재결에 대한 항고소송은 원처분의 하자를 이유로 주장할 수는 없고 그 재결 자체에 고유한 주체·절차·형식 또는 내용상의 위법이 있는 경우에 한한다(대판 1994.2.8. 93누17874).

(14) 행정소송 이외의 특별불복절차가 마련된 처분

통고처분, 검사의 불기소처분 또는 공소제기, 형집행정지취소처분, 비송사건절차법에 의해 부과되는 과태료부과처분 등은 다른 불복절차에서 다투도록 규정되어 있으므로 항고소송의 대상이 되는 처분이 아니다.

〈처분에 관한 사례〉

1. 처분성을 인정한 사례

(1) 행정입법
- 직접 국민의 권리훼손 기타 이익침해의 효과를 발생케 하는 대통령령(대판 1953.8.19. 53누37)
- 직접 국민의 구체적인 권리의무나 법적 이익에 영향을 미치는 조례 - 두밀분교조례, 부천시담배자동판매기설치금지조례(대판 1996.9.20. 95누8003; 헌재 1995.4.20. 92헌마264)
- 보건복지부 고시인 '약제급여·비급여목록 및 급여상한금액표'(대판 2006.9.22. 2005두2506)
- 구 청소년보호법에 따른 청소년유해매체물 결정 및 고시처분(대판 2007.6.14. 2004두619) ☞ 일반처분에 해당
- 법무사법시행규칙(헌재 1990.10.15. 89헌마178)

(2) 행정계획·개발행정
- 구 도시계획법상 도시계획결정(대판 1982.3.9. 80누105)
- 구 도시재개발법상 재개발조합에 대한 조합원의 자격확인·관리처분계획(대판 2002.12.10. 2001두6333)
- 택지개발예정지구의 지정(대판 1996.3.22. 95누10075)
- 국토의 계획 및 이용에 관한 법률상 토지거래허가구역의 지정(대판 2006.12.22. 2006두12883)
- 토지수용법, 도시계획법 등 관계 법령의 규정에 의한 사업인정(대판 1995.12.5. 95누4889)
- 표준지공시지가(대판 1994.3.8. 93누10828)와 개별공시지가(대판 1993.1.15. 92누12407)
- 장래 일정한 기간 내에 관계 법령이 규정하는 시설 등을 갖추어 일정한 행정처분을 구하는 신청을 할 수 있는 법률상 지위에 있는 자의 국토이용계획변경신청을 거부하는 것이 실질적으로 당해 행정처분 자체를 거부하는 결과가 되는 경우(대판 2003.9.23. 2001두10936)
- 도시계획구역 내 토지 소유자의 도시계획입안 신청에 대한 도시계획 입안권자의 거부행위(대판 2004.4.28. 2003두1806)
- 지방자치단체가, 주택공급에관한규칙 제15조 제1항 제5호에 해당함을 사유로 특별분양을 신청한 자에게 입주권 부여를 거부한 행위(대판 1992.1.21. 91누2649)
- 대한주택공사가 시행한 택지개발사업 및 이에 따른 이주대책에 관한 처분(대판 1992.11.27. 92누3618)

(3) 권력적 사실행위
- 단수처분(대판 1979.12.28. 79누218)
- 미결수용중 다른 교도소로 이송하는 조치(대결 1992.8.7. 92두30)
- 체납처분에 기한 압류처분(대판 2003.5.16. 2002두3669)
- 교도소장이 수형자 갑을 '접견내용 녹음·녹화 및 접견 시 교도관 참여대상자'로 지정한 행위(대판 2014.2.13. 2013두20899)

(4) 근무관계
- 농지개량조합 임직원의 근무관계(대판 1998.10.9. 97누1198)
- 서울교육대학장의 학생에 대한 퇴학처분(대판 1991.11.22. 91누2144)
- 사립학교 교원이 학교법인의 해임처분에 대하여 교원지위향상을위한특별법에 따라 교육부 내의 교원징계심의위원회에 재심청구를 한 경우 재심위원회의 결정(대판 1993.2.12. 92누13707)
- 처분법률인 구 국가보위입법회의법 부칙 제4항 후단에 근거한 면직처분(대판 1991.6.28. 90누9346)

- 지방의회 의장에 대한 불신임의결(대판 1995.1.12. 94누2602)
- 지방자치단체에 근무하는 청원경찰에 대한 징계(대판 1993.7.13. 92다47564)
- 국·공립학교교원에 대한 징계(대판 1994.2.8. 93누17874)

(5) 중간처분·내부행위
- 근로기준법상 평균임금결정(대판 2002.10.25. 2000두9717)
- 공무원연금법상 재직기간합산처분(대판 2002.11.8. 2001두7965)
- 공무원연금관리공단의 급여에 관한 결정(대판 1996.12.6. 96누6417)
- 정부 간 항공노선의 개설에 관한 잠정협정 및 비밀양해각서와 건설교통부 내부지침에 의한 항공노선에 대한 운수권배분처분(대판 2004.11.26. 2003두10251,10268)
- 감사원의 재심의 판정(대판 1984.4.10. 84누91)
- 징발재산정리에관한특별조치법에 의한 국방부장관의 징발재산 매수결정(대판 1991.10.22. 91다26690)
- 폐기물관리법상의 폐기물처리업의 허가 전의 사업계획서에 대한 적정·부적정통보(대판 1998.4.28. 97누21086)
- 금융감독위원회의 부실금융기관에 대한 계약이전결정(대판 2002.4.12. 2001다38807)
- '민주화운동관련자 명예회복 및 보상 심의위원회'의 보상금 등의 지급 대상자에 관한 결정(대판 2008.4.17. 2005두16185)
- 지방노동위원회가 노동쟁의에 대하여 한 중재회부결정(대판 1995.9.15. 95누6724)
- 과세관청의 원천징수의무자에 대한 소득금액변동통지(대판 2006.4.20. 2002두1878)
- 산업재해보상보험법상 장해등급결정(대판 1995.2.14. 94누12982)
- 원자력법 제11조 제3항 소정의 부지사전승인(대판 1998.9.4. 97누19588)
- 종합소득세 부과처분을 위한 과세관청의 세무조사결정(대판 2011.3.10. 2009두23617)

(6) 행정행위의 부관
- 부담인 부관(대판 1994.1.25. 93누13537)

(7) 공무원 임용
- 국·공립대학 교원의 임용권자가 임용기간이 만료된 조교수에 대하여 재임용을 거부하는 취지로 한 임용기간 만료의 통지(대판 2004.4.22. 2000두7735)
- 검사지원자 중 한정된 수의 임용대상자에 대한 임용결정 - 임용대상에서 제외한 자에 대한 임용거부의 의사표시를 포함한 것임(대판 1991.2.12. 90누5825)
- 대학의 상근강사로서 근무를 마친 자가 정규교원에 임용하여 줄 것을 요청하는 내용의 탄원서에 대하여 학장이 민원서류 처리 결과통보의 형식으로 인사위원회에서 임용동의가 부결되어 임용하지 못한다는 설명을 담은 서신을 보낸 경우(대판 1990.9.25. 89누4758)
- 대학교원의 신규채용에 있어서 유일한 면접심사 대상자로 선정된 임용지원자에 대한 교원신규채용 중단조치(대판 2004.6.11. 2001두7053)

(8) 확인·공증
- 도로구역 결정 또는 변경결정(대판 2008.6.12. 2007두1767)
- 지적등록사항 정정신청을 반려한 행위(헌재 1999.6.24. 97헌마315)
- 지적 소관청의 토지분할신청 거부(대판 1993.3.23. 91누8968)

- 지적공부 소관청이 토지대장을 직권으로 말소한 행위(대판 2013.10.24. 2011두13286)
- 구 상표법상 특허청장의 상표사용권설정등록행위(대판 1991.8.13. 90누9414)
- 의료유사업자 자격증 갱신발급행위(대판 1977.5.24. 76누295)
- 친일반민족행위자재산조사위원회의 국가귀속결정(대판 2008.11.13. 2008두13491)

(9) 통지·통보
- 구 농지법상 농지처분의무통지(대판 2003.11.14. 2001두8742)
- 대집행의 계고(대판 1966.10.31. 66누25)
- 대집행영장에 의한 통지(서울고법 1991.11.15. 91구4746)
- 퇴직연금이 잘못 지급되어 급여가 과오급된 경우 과다하게 지급된 급여의 환수를 위한 행정청의 환수통지(대판 2009.5.14. 2007두16202)
- 교통안전공단이 교통안전분담금 납부의무자에 한 분담금 납부통지(대판 2000.9.8. 2000다12716)

(10) 시정권고·경고
- 구 남녀차별금지및구제에관한법률에 따른 국가인권위원회의 성희롱결정과 이에 따른 시정조치의 권고(대판 2005.7.8. 2005두487)
- 은행법 등에 따른 금융기관의 임원에 대한 금융감독원장의 문책경고(대판 2005.2.17. 2003두14765)
- 행정규칙에 의한 '불문경고조치'(대판 2002.7.26. 2001두3532)

(11) 국·공유재산, 공물
- 행정재산의 사용허가 및 허가의 취소(대판 2001.6.15. 99두509)
- 국유재산의 관리청이 행정재산의 사용·수익을 허가한 다음 그 사용·수익하는 자에 대하여 하는 사용료 부과처분(대판 1996.2.13. 95누11023)
- 행정재산 무단점유자에 대한 변상금부과처분(대판 1988.2.23. 87누1046)
- 하천구역내 자연석 채취허가 및 채취료징수(대판 1994.1.11. 92다29528)
- 감사원법상 소속장관의 변상명령(대판 1994.12.2. 93누623)
- 하천법 및 공유수면관리법에 의한 점용료 부과처분(대판 2004.10.15. 2002다68485)

(12) 조세경정처분
- 증액경정처분시 당초처분이 아닌 증액경정처분(대판 2004.2.13. 2002두9971)
- 감액경정처분시 경정처분으로 인하여 감액되고 남아 있는 당초의 처분(대판 1991.9.13. 91누391)

(13) 기타
- 문화재관리법하의 지방문화재에 대한 보호구역 지정처분(대판 1993.6.29. 91누6986)
- 주류제조면허 상속에 따른 면허변경처분(대판 1984.2.14. 82누370)
- 외교관 자녀 등의 입학고사 특별전형에 관한 대학교총장의 처분(대판 1990.8.28. 89누8255)
- 선거관리위원회의 주민소환투표청구 수리결정(수원지법 2007.11.21. 2007구합9571)

2. 처분성을 부정한 사례

(1) 행정입법
- 내신성적 산정기준에 관한 시행지침(대판 1994.9.10. 94두33)
- 시행규칙(부령)(대판 1987.3.24. 86누656)

- 인사지침인 행정규칙(대판 2002.7.26. 2001두3532)
- 서울특별시 자치구의 '철거민에대한국민주택특별공급지침' 및 그 지침에 의한 주택공급신청을 거부한 행위(대판 1997.3.14. 96누19079)
- 의료기관의 명칭표시판에 진료과목을 함께 표시하는 경우 글자 크기를 제한하고 있는 구 의료법 시행규칙(대판 2007.4.12. 2005두15168)
- 행정입법부작위(대판 1992.5.28. 91누11261)

(2) 행정계획·개발행정
- 구 도시계획법상 도시기본계획(대판 2002.10.11. 2000두8226)
- 도시개발법상 환지계획(대판 1999.8.20. 97누6889)
- 하수도법상 하수도정비기본계획(대판 2002.5.17. 2001두10578)
- 농어촌도로기본계획(대판 2000.9.5. 99두974)
- 국토이용관리법에 의한 건설교통부장관의 기준지가고시(대판 1979.4.24. 78누242)
- 1996학년도 대학입시기본계획 중 전국의 대학에 대하여 대학별고사에서 국·영·수 위주의 필답고사 실시에 신중을 기하여 줄 것을 권고하는 부분(헌재 1997.07.16. 97헌마70)
- 교육개혁위원회가 발표한 신교육체제 수립을 위한 교육개혁방안(헌재 1997.07.16. 97헌마70)
- 임야의 국토이용계획상의 용도지역을 사설묘지를 설치할 수 있는 용도지역으로 변경하는 것을 허가하여 달라는 토지소유자의 신청을 행정청이 거부한 행위(대판 1995.4.28. 95누627)
- 재개발 사업지구 내 토지 등의 소유자의 재개발사업계획 변경신청에 대한 불허통지(대판1999.8.24. 97누7004)
- 서울특별시의 시영아파트에 대한 분양불허의 의사표시(대판 1993.5.11. 93누2247)
- 시장·군수 또는 자치구의 구청장이 더 이상 연장허가를 받을 수 없는 어업권의 유효기간이 만료되는 수면을 어장이용개발계획에서 반영하지 않은 것(대판 2007.10.26. 2005두7853)

(3) 비권력적 행위
- 행정권내부에 있어서의 알선, 권유, 사실상의 통지행위(대판 2002.5.17. 2001두10578)
- 세무당국이 소외 회사에 대하여 원고와의 주류 거래를 일정기간 중지하여 줄 것을 요청한 행위(대판 1980.10.27. 80누395)
- 영업시간의 준수촉구(대판 1982.12.28. 82누366)
- 구 건축법 제69조 제2항에 의한 단전요청(대판 1996.3.22. 96누433)
- 한국전력공사가 전기공급의 적법 여부를 조회한 데 대한 관할 구청장의 회신(대판 1995.11.21. 95누9099)
- 감사원의 시정요구(대판 1977.6.28. 76누294)
- 국가보훈처장의 서훈추천서의 행사·불행사(대판 1990.11.23. 90누3553)
- 공무원에 대한 단순 서면경고(대판 1991.11.12. 91누2700)
- 해양수산부장관의 항만 명칭결정(대판 2008.5.29. 2007두23873)
- 지적측량성과검사(대판 1997.3.28. 96누19000)
- 택시운송사업자에 대한 사업용자동차의 증차배정 – 증차를 수반하는 자동차운송사업계획의 변경인가신청을 권유하는 내용을 결정 통보한 것에 지나지 않음(대판 1993.9.24. 93누11999)
- 공원관리청이 행한 경계측량 및 표지의 설치(대판 1992.10.13. 92누2325)

(4) 근무관계
- 서울특별시지하철공사 임직원에 대한 징계처분(대판 1989.9.12. 89누2103)
- 한국조폐공사의 직원에 대한 징계처분(대판 1978.4.25. 78다414)
- 공무원및사립학교교직원의료보험관리공단 직원의 근무관계(대판 1993.11.23. 93누15212)
- 사립학교 교원에 대한 학교법인의 해임처분(대판 1993.2.12. 92누13707)

(5) 중간처분·내부행위
- 법인세 과세표준결정(대판 1996.9.24. 95누12842)
- 어업권면허에 선행하는 우선순위결정(대판 1995.1.20. 94누6529)
- 국가보훈처 보훈심사위원회의 회의(대판 1989.1.24. 88누3314)
- 국가유공자의 부상여부 및 정도를 판정하기 위한 신체검사판정(대판 1993.5.11. 91누9206)
- 상이등급 재분류(변경) 과정 중에 있는 보훈병원장의 상이등급재분류판정(대판 1998.4.28. 97누13023)
- 국세징수법상 가산금 또는 중가산금의 고지(대판 2005.6.10. 2005다15482)
- 금융감독위원회의 파산신청(대판 2006.7.28. 2004두13219)
- 혁신도시 최종입지 선정행위(대판 2007.11.15. 2007두10198)
- 성업공사가 부동산을 공매하기로 한 결정(대판 1998.6.26. 96누12030)
- 교육공무원법상 총, 학장의 교수 등 임용제청이나 그 철회(대판 1989.6.27. 88누9640)
- 추첨방식에 의하여 운수사업 면허대상자를 선정하는 경우에 있어서 추첨 자체 - 행정처분이 되는 것은 당첨된 신청인을 상대로 한 면허처분임(대판 1993.5.11. 92누15987)
- 전파주관청인 정보통신부장관이 국제공용자원인 위성궤도 및 주파수를 우리나라 자원으로 확보하기 위하여 국제전기통신연합의 전파규칙에 따라 국제전기통신연합에 대하여 하는 위성망국제등록신청(대판 2007.4.12. 2004두7924)
- 택지개발촉진법상 택지개발사업 시행자의 택지공급방법결정행위(대판 1993.7.13. 93누36)
- 토지구획정리사업법 제7조 제1항에 정한 건설부장관의 구획정리사업 시행명령(대판 1996.12.23. 95누17700)
- 운전면허 행정처분처리대장상 벌점의 배점(대판 1994.8.12. 94누2190)
- 징계위원회의 결정(대판 1983.2.8. 81누35)
- 경제기획원장관의 정부투자기관에 대한 예산편성지침통보(대판 1993.9.14. 93누9163)
- 지방공무원법상의 고충심사결정(대판 1987.12.8. 87누657)
- 경찰공무원시험승진후보자명부에 등재된 자가 승진임용되기 전에 감봉 이상의 징계처분을 받은 경우, 임용권자가 당해인을 시험승진후보자명부에서 삭제한 행위(대판197.11.14. 97누7325)
- 군의관의 신체등위판정(대판 1993.8.27. 93누3356)
- 지방경찰청장의 권한위임을 받은 경찰서장이 하는 기존 횡단보도의 존치결정(대판 2000.10.24. 99두1144)
- 공정거래위원회의 고발조치(대판 1995.5.12. 94누13794)

(6) 행정행위의 부관
- 부담 이외의 부관(대판 2001.6.15. 99두509; 1991.12.13. 90누8503)

(7) 공무원 임용
- 교육공무원법 제12조에 따라 특별채용대상자의 자격을 갖춘 자의 임용신청 거부행위(대판 2005.4. 15. 2004두11626)
- 국공립 대학교원 임용신청에 대한 거부행위(대판 2003.10.23. 2002두12489)
- 사립대학에서 공립대학으로 설립자변경에 따라 새로운 설립자가 된 지방자치단체장의 종전 교원들에 대한 임용약정과 감독관청의 교원의 신분보장에 관한 보완지시가 있기 이전에 임용기간이 만료된 교원의 임용신청 거부행위(대판 1997.10.10. 96누4046)

(8) 확인·공증
- 공업배치및공장설립에관한법률 제9조에 의한 공장입지기준확인 - 어느 토지 위에 공장설립이 가능한지 여부를 손쉽게 확인할 수 있도록 편의를 도모하기 위하여 마련된 절차에 불과(대판 2003.2.11. 2002두10735)
- 지적공부의 기재사항인 지적도의 경계를 정정해 달라는 지적정리 요청을 거부하는 내용의 회신(대판 2002.4.26. 2000두7612)
- 건축물관리대장의 등재사항 정정신청거부(대판 1998.2.24. 96누5612)
- 무허가건물을 무허가건물관리대장에서 삭제(대판 2009.3.12. 2008두11525)
- 토지대장 등재행위(대판 1980.2.26. 79누439)
- 토지대장상의 소유자명의변경신청을 거부(대판 2012.1.12. 2010두12354)
- 자동차운전면허대장 등재행위(대판 1991.9.24. 91누1400)

(9) 통지·통보
- 행정대집행법상 2차, 3차 계고처분(대판 1994.10.28. 94누5144)
- 국세징수법상 2차 독촉(대판 1999.7.13. 97누119)
- 지방병무청장이 복무기관을 정하여 공익근무요원 소집통지를 한 후 소집대상자의 원에 의하여 또는 직권으로 그 기일을 연기한 다음 다시 한 공익근무요원 소집통지(대판 2005.10.28. 2003두14550)
- 소득의 귀속자에 대한 소득금액변동통지(대판 2014.7.24. 2011두14227).
- 정년퇴직 발령(대판 1983.2.8. 81누263)
- 당연퇴직사유에 따른 퇴직발령(대판 1995.2.10. 94누148)
- 당연퇴직된 이후 오랜 시간이 경과한 이후 당연퇴직의 내용과 상반되는 처분을 해줄 것을 구하는 신청에 대한 행정청의 거부행위 - 당연퇴직의 효과가 법률상 계속하여 존재하는 사실을 알려주는 일종의 안내에 불과(헌재 2003.10.30. 2002헌가24)
- 자동차대여사업 등록실효 통지(대판 1996.6.14. 96누3661)
- 개별토지가격합동조사지침상 개별공시지가 경정결정신청에 대한 행정청의 정정불가 결정 통지(대판 2002.2.5. 2000두5043)
- 한국전력공사가 정부투자기관회계규정에 의하여 행한 입찰참가자격을 제한하는 내용의 부정당업자 제재처분 - 사법상의 효력을 가지는 통지행위(대결 1999.11.26. 99부3)
- 청원에 대한 심사처리결과의 통지(대판 1990.5.25. 90누1458)
- 성업공사의 공매결정 통지(대판 1998.6.26. 96누12030)
- 요양기관 지정취소에 갈음하는 금전대체부담금 납부안내(대판 1993.12.10. 93누12619)
- 공무원연금관리공단이 공무원연금법령의 개정사실과 퇴직연금 수급자가 퇴직연금 중 일부 금액의

지급정지대상자가 되었다는 사실을 통보한 경우(대판 2004.7.8. 2004두244) ☞ 미지급된 퇴직연금의 지급을 구하는 당사자소송을 제기해야 함

(10) 통치행위
- 대통령의 계엄선포행위(대판 1997.4.17. 96도3376)
- 신행정수도건설이나 수도이전의 문제를 국민투표에 붙일지 여부에 관한 대통령의 의사결정(헌재 2004.10.21. 2004헌마554)

(11) 기타
- 구 건축법상 과태료부과처분(대판 1995.7.28. 95누2623)
- 통고처분(대판 1980.10.14. 80누380)
- 검사의 공소제기(대판 2000.3.28. 99두11264)

예제 다음 설명 중 옳지 않은 것은? (다툼이 있으면 판례에 따름) ▶ 22 소방승진

① 주한 미군에 근무하면서 특수업무를 수행하는 한국인 군무원에 대한 주한 미군 측의 고용해제 통보 후 국방부 장관이 행한 직권면직의 인사발령은 항고소송의 대상이 되는 행정처분이다.

② 예방접종과 장애 등 사이의 인과관계는 반드시 의학적·자연과학적으로 명백히 증명되어야 하는 것은 아니고, 간접적 사실관계 등 제반 사정을 고려할 때 인과관계가 있다고 추단되는 경우에는 증명이 있다고 보아야 한다.

③ 수익적 행정행위 신청에 대한 거부처분은 당사자의 신청에 대하여 관할 행정청이 거절하는 의사를 대외적으로 명백히 표시함으로써 성립되고, 거부처분이 있은 후 당사자가 다시 신청을 한 경우에는 신청의 제목 여하에 불구하고 그 내용이 새로운 신청을 하는 취지라면 관할 행정청이 이를 다시 거절하는 것은 새로운 거부처분으로 봄이 원칙이다.

④ 「감염병의 예방 및 관리에 관한 법률」 제71조에 의한 예방접종 피해에 대한 국가의 보상책임은 무과실책임이지만 질병, 장애 또는 사망이 예방접종으로 발생하였다는 점이 인정되어야 한다.

정답 ①

① (×) 일반군속이기는 하지만 다른 군속과는 달리 정원이 별도로 관리되고 임용 즉시 휴직한 후 주한미군측에 파견되어 북한의 음성통신을 영어로 번역·전사하는 특수업무를 수행하면서 주한미군측으로부터 보수를 지급받는 번역사로 당초 임기 3년의 군속으로 기한부 임용되었다가 군속제도가 군무원제도로 개편된 후 주한미군측 고용기간을 임기로 하는 기한부 임용을 받은 것으로 간주되었는데 주한미군측의 고용해제 통보가 있었다면, 위 번역사들은 군무원관계를 소멸시키기 위한 임면권자의 별도 행정처분을 요하지 아니하고 임기만료로 당연퇴직하였으며, 국방부장관 등이 위 번역사들에 대하여 한 위 직권면직의 인사발령은 그 문언상의 표현에도 불구하고 법률상 당연히 발생된 퇴직의 사유 및 시기를 공적으로 확인하여 알려주는 관념의 통지에 불과할 뿐 군무원의 신분을 상실시키는 새로운 형성적 행위가 아니므로 항고소송의 대상이 되는 행정처분이라고 할 수 없다(대판 1997.10.24. 97누1686).

② (○), ③ (○), ④ (○) 대판 2019.4.3. 2017두52764

예제 판례에서 항고소송의 대상으로 인정된 것만을 있는 대로 고른 것은? ▶ 22 소방승진

ㄱ. 운전면허 행정처분처리대장상의 벌점의 배점
ㄴ. 병역기피자의 인적 사항 등의 공개 결정
ㄷ. 국가인권위원회의 성희롱결정 및 시정조치권고
ㄹ. 「국가공무원법」상 결격사유에 근거한 당연퇴직의 인사발령통보

① ㄱ　　　② ㄴ, ㄷ　　　③ ㄷ, ㄹ　　　④ ㄱ, ㄴ, ㄷ, ㄹ

정답 ②

ㄱ (×) 운전면허 행정처분처리대장상 벌점의 배점은 도로교통법규 위반행위를 단속하는 기관이 도로교통법시행 규칙 별표 16의 정하는 바에 의하여 도로교통법규 위반의 경중, 피해의 정도 등에 따라 배정하는 점수를 말하는 것으로 자동차운전면허의 취소, 정지처분의 기초자료로 제공하기 위한 것이고 그 배점 자체만으로는 아직 국민에 대하여 구체적으로 어떤 권리를 제한하거나 의무를 명하는 등 법률적 규제를 하는 효과를 발생하는 요건을 갖춘 것이 아니어서 그 무효확인 또는 취소를 구하는 소송의 대상이 되는 행정처분이라고 할 수 없다(대판 1994.8.12. 94누2190).

ㄹ (×) 국가공무원법 제69조에 의하면 공무원이 제33조 각 호의 1에 해당할 때에는 당연히 퇴직한다고 규정하고 있으므로, 국가공무원법상 당연퇴직은 결격사유가 있을 때 법률상 당연히 퇴직하는 것이지 공무원관계를 소멸시키기 위한 별도의 행정처분을 요하는 것이 아니며, 당연퇴직의 인사발령은 법률상 당연히 발생하는 퇴직사유를 공적으로 확인하여 알려주는 이른바 관념의 통지에 불과하고 공무원의 신분을 상실시키는 새로운 형성적 행위가 아니므로 행정소송의 대상이 되는 독립한 행정처분이라고 할 수 없다(대판 1995.11.14. 95누2036).

ㄴ (○) 대판 2019.6.27. 2018두49130
ㄷ (○) 대판 2005.7.8. 2005두487

6. 재결소송

(1) 의의

행정소송법은 재결도 처분과 함께 취소소송의 대상이 될 수 있다고 규정하고 있다(행정소송법 제2조·제4조). 행정심판법에서의 재결이란 '**행정심판의 청구에 대하여 제5조에 따른 행정심판위원회가 행하는 판단**'을 말한다(행정심판법 제2조 제1항 제3호). 그런데 행정소송의 대상인 재결은 행정심판법상의 재결 이외에도 토지수용위원회의 이의재결과 같은 개별법률상의 재결도 포함된다.

(2) 원처분중심주의

취소소송은 원칙적으로 원처분을 대상으로 하며, 재결은 예외적으로만 취소소송의 대상이 될 수 있다. 재결취소소송의 경우에는 재결 자체에 고유한 위법이 있음을 이유로 하는 경우에 한한다(행정소송법 제19조 단서). 이를 원처분중심주의라고 한다.

(3) 재결소송의 필요성

원처분중심주의의 예외로서 재결소송을 인정한 것은 원처분을 다툴 필요가 없거나 다툴 수 없었던 자라도 재결로 인하여 비로소 불이익을 받게 되는 경우에 권리보호의 길을 보장하기 위한 것이다. 예컨대, 공장건축허가신청을 거부한 단계에서는 이웃주민이 그 거부처분을 다툴 필요가 없으나, 허가

신청자가 거부처분취소재결을 청구하여 거부처분의 취소가 있게 되면, 이웃주민을 그 단계에서 비로소 다툴 필요성이 생긴다.

(4) 재결 자체의 고유한 위법

① 의의

재결도 하나의 행정처분이므로 주체·절차·형식·내용상의 위법이 있으면 다툴 수 있다. 예컨대 ㉠ 권한이 없는 행정심판위원회에 의한 재결의 경우 또는 행정심판위원회의 구성상 하자가 있는 경우(주체면), ㉡ 행정심판법상의 심판절차를 준수하지 않은 경우(절차면), ㉢ 서면에 의하지 아니한 재결이나 재결서에 주요기재 사항이 누락된 경우, 재결서에 기명날인을 하지 아니한 경우 등(형식면), ㉣ 위법하게 인용재결을 한 경우(내용면)이다.

② 구체적 검토

각하재결	행정심판청구가 부적법하지 않음에도 부적법각하한 경우(대판 2001.7.27. 99두2970)
기각재결	㉠ 원처분이 정당하다고 지지하는 기각재결은 원칙적으로 재결 자체의 내용상 위법을 인정할 수 없어 항고소송의 대상이 될 수 없음 ㉡ 그러나 심판청구의 대상이 되지 아니한 사항에 대하여 한 재결이나, 불이익변경금지원칙에 위반한 재결은 그 취소를 구할 수 있고, 사정재결에 대하여는 원처분을 취소하더라도 현저히 공공복리에 적합하지 않은 것이 아니라는 등의 이유를 들어 재결취소의 소 등을 제기할 수 있음. 기각재결이 재결에 고유한 하자로 인하여 취소된 경우에 행정심판기관은 다시 재결을 하여야 함.
인용재결	㉠ 부적법한 인용재결이 있는 경우 : 행정심판의 제기요건을 결여하였음에도 불구하고 각하하지 않고 인용재결을 한 경우. 예 행정처분이 아닌 '관념의 통지'를 대상으로 한 재결(대판 1993.8.24. 92누1865). ㉡ 제3자효 행정행위에 대한 인용재결이 있는 경우 : 제3자가 행정심판청구인인 경우의 행정처분 상대방이나, 행정처분 상대방이 행정심판청구인인 경우의 제3자는 그 인용재결을 다툴 필요가 있음 ☞ 이렇게 행정소송법 제19조 단서에 따라 재결 자체의 고유한 위법을 다투는 것으로 보는 견해와 달리, 인용재결이 실질적으로 상대방에게는 최초의 처분으로서의 성질을 갖게 되므로 제19조 본문에 의하여 다툴 수 있다는 견해도 있음 ㉢ 일부인용재결·수정재결의 경우 : 예 공무원에 대한 파면처분이 소청절차에서 정직으로 감경된 경우, 정직처분으로 수정된 원처분과 재결 중 어느 것에 대하여 다투어야 하는지 ⇒ 판례·통설은, 수정된 원처분을 다투어야 하고 재결에 대해서 다툴 수는 없다고 함. ㉣ 형성재결의 경우 : 형성재결은 행정청의 별도의 처분이 없이 직접 재결의 형성력에 의해 취소 또는 변경되기 때문에 취소재결 그 자체가 소의 대상(대판 1997.12.23. 96누10911) ㉤ 이행재결의 경우 : 이행재결의 경우에 재결에 따른 행정청의 처분이 있게 되므로 이행재결과 처분 중 어느 것이 항고소송의 대상이 되는지에 대하여 견해가 대립. 판례는 양자 모두 독자적인 항고소송의 대상이 된다는 입장(대판 1993.9.28. 92누15093)

> **관련판례**

제3자효를 수반하는 행정행위에 대한 행정심판청구에 있어서 그 청구를 인용하는 내용의 재결로 인하여 비로소 권리이익을 침해받게 되는 자가 그 인용재결에 대하여 취소를 구하는 경우, 그 인용재결이 항고소송의 대상이 됨
이른바 복효적 행정행위, 특히 제3자효를 수반하는 행정행위에 대한 행정심판청구에 있어서 그 청구를 인용하는 내용의 재결로 인하여 비로소 권리이익을 침해받게 되는 자는 그 인용재결에 대하여 다툴 필요가 있고, 그 인용재결은 원처분과 내용을 달리하는 것이므로 그 인용재결의 취소를 구하는 것은 원처분에는 없는 재결에 고유한 하자를 주장하는 셈이어서 당연히 항고소송의 대상이 된다. 행정청이 골프장 사업계획승인을 얻은 자의 사업시설 착공계획서를 수리한 것에 대하여 인근 주민들이 그 수리처분의 취소를 구하는 행정심판을 청구하자 재결청이 그 청구를 인용하여 수리처분을 취소하는 형성적 재결을 한 경우, 그 수리처분 취소 심판청구는 행정심판의 대상이 되지 아니하여 부적법 각하하여야 함에도 위 재결은 그 청구를 인용하여 수리처분을 취소하였으므로 재결 자체에 고유한 하자가 있다(대판 2001.5.29. 99두10292).

어업면허취소처분에 대한 면허권자의 행정심판청구를 인용한 재결에 대하여 제3자가 재결취소를 구할 소의 이익이 없다고 본 사례
처분상대방이 아닌 제3자가 당초의 양식어업면허처분에 대하여는 아무런 불복조치를 취하지 않고 있다가 도지사가 그 어업면허를 취소하여 처분상대방인 면허권자가 그 어업면허취소처분의 취소를 구하는 행정심판을 제기하고 이에 재결기관인 수산청장이 그 심판청구를 인용하는 재결을 하자 비로소 그 제3자가 행정소송으로 그 인용재결을 다투고 있는 경우, 수산청장의 그 인용재결은 도지사의 어업면허취소로 인하여 상실된 면허권자의 어업면허권을 회복하여 주는 것에 불과할 뿐 인용재결로 인하여 제3자의 권리이익이 새로이 침해받는 것은 없고, 가사 그 인용재결로 인하여 그 면허권자의 어업면허가 회복됨으로써 그 제3자에 대하여 사실상 당초의 어업면허에 따른 효과와 같은 결과를 초래한다고 하더라도 이는 간접적이거나 사실적·경제적인 이해관계에 불과하므로, 그 제3자는 인용재결의 취소를 구할 소의 이익이 없다고 본 사례(대판 1995.6.13. 94누15592).

소청결정이 재량권남용 또는 일탈로서 위법하다는 주장은 소청결정 취소사유가 되지 아니함
항고소송은 원칙적으로 당해 처분을 대상으로 하나, 당해 처분에 대한 재결 자체에 고유한 주체, 절차, 형식 또는 내용상의 위법이 있는 경우에 한하여 그 재결을 대상으로 할 수 있다고 해석되므로, 징계혐의자에 대한 감봉 1월의 징계처분을 견책으로 변경한 소청결정 중 그를 견책에 처한 조치는 재량권의 남용 또는 일탈로서 위법하다는 사유는 소청결정 자체에 고유한 위법을 주장하는 것으로 볼 수 없어 소청결정의 취소사유가 될 수 없다(대판1993.8.24. 93누5673).

③ **행정소송법 제19조 단서에 반하여 제기된 취소소송의 처리**
재결 자체에 고유한 위법이 없는 경우에도 재결에 대한 취소소송을 제기한 경우에 소송상 처리에 대하여 ㉠ 행정소송법 제19조 단서를 소극적 소송요건으로 보아 각하판결을 해야 한다는 견해, ㉡ 재결 자체의 고유한 위법 여부는 본안판단사항으로 보아 기각판결을 해야 한다는 견해가 대립한다. 판례는 행정소송법이 "재결 자체에 고유한 위법이 있음을 이유로 하는 경우"에 한하여 행정심

판의 재결도 취소소송의 대상으로 삼을 수 있도록 규정하고 있으므로 재결취소소송의 경우 재결 자체에 고유한 위법이 있는지 여부를 심리할 것이고, 재결 자체에 고유한 위법이 없는 경우에는 원처분의 당부와는 상관없이 당해 재결취소소송은 이를 기각하여야 한다(대판 1994.1.25. 93누16901)고 하여 기각판결설을 취한다.

(5) 원처분주의에 대한 예외(재결주의)

① **재결주의** : 개별법률에서 예외적으로 재결주의를 규정하고 있는 경우가 있는데, 이 경우에는 재결주의에 의해 원처분이 아니라 재결이 항고소송의 대상이 된다.

② **입법정책의 문제** : 원처분주의를 채택할 것인가 재결주의를 채택할 것인가는 입법정책의 문제이다. 원처분주의는 법치행정 원칙의 실효성확보와 행정소송의 행정통제적 기능에 비추어 타당하다. 다만 행정심판기관이 처분청 자신 또는 처분청보다 큰 전문성과 권위를 갖고 있어 재결이 행정내부의 최종적 결정이라고 여겨지는 경우에는 재결주의도 타당하다.

③ **재결주의의 사례** : 개별법률에서 원처분중심주의의 예외로서 재결주의를 채택하는 경우도 있다. 그 예로서, 감사원의 변상판정에 대한 재심의 판정(감사원법 제36조·제40조), 중앙노동위원회의 재심판정(노동위원회법 제27조 제1항), 특허심판원의 심결(특허법 제186조·제189조) 등에 대하여 각각 행정소송을 제기할 수 있다.

④ **재결주의에서의 심리 및 판결** : 재결주의를 채택한 경우, 행정소송법 제19조 단서와 같은 제한이 없으므로 재결취소소송에서 재결 고유의 위법뿐만 아니라 원처분의 위법도 주장할 수 있다(대판 2001.1.19. 98두17852). 그러나 원처분이 당연무효인 경우에는 재결취소의 소뿐만 아니라 원처분무효확인소송도 제기할 수 있다(대판 1993.1.19. 91누8050). 재결주의에서의 기각재결의 취소는 원처분의 취소를 가져오고, 인용재결(취고재결)의 취소는 원처분의 소급적 부활을 가져온다.

(6) 일부취소와 적극적 변경재결의 경우 항고소송의 대상

① **문제의 소재**

기각재결의 당부를 다투고자 하는 경우 현행 행정소송법이 원처분주의를 취하고 있으므로 원칙상 원처분을 대상으로 다투어야 한다. 그런데 일부취소재결(예 6개월의 영업정지처분이 행정심판의 재결에서 3개월의 영업정지처분으로 감경된 경우)이나 적극적 변경재결(예 공무원에 대한 파면처분이 소청심사절차에서 해임으로 감경된 경우)이 내려진 경우, 당사자가 여전히 불복하려 한다면 어느 행위(재결인지 원처분인지)를 소송의 대상으로 해야 하는지 문제된다.

② **일부취소재결(일부인용재결)의 경우 항고소송의 대상**

일부취소재결의 경우 일부 취소되고 남은 원처분을 취소소송의 대상으로 하여야 한다는 것이 판례 및 학설의 일반적 견해이다. 앞의 예에서 남은 원처분인 3개월의 영업정지처분이 소송의 대상이다.

③ **적극적 변경재결(수정재결)의 경우 항고소송의 대상**

변경된 원처분이 대상이라는 견해와 적극적 변경재결이 대상이 된다는 견해가 대립한다. 판례는 적극적 변경재결로 인하여 감경되고 남은 원처분을 상대로 원처분청을 피고로 하여 소송을 제기하여야 한다고 보고 있다.

> **관련판례**
>
> **변경재결에 대한 취소소송을 인정하지 않은 사례**
> 징계혐의자에 대한 감봉 1월의 징계처분을 견책으로 변경한 소청결정 중 그를 견책에 처한 조치는 재량권의 남용 또는 일탈로서 위법하다는 사유는 소청결정 자체에 고유한 위법을 주장하는 것으로 볼 수 없다고 하면서 당해 변경재결에 대한 취소소송을 인정하지 않은 사례(대판 1993.8.24. 93누5673)
>
> **적극적 변경재결로 인하여 감경되고 남은 원처분을 대상적격으로 본 사례**
> [1] 해임처분을 소청심사위원회가 정직 2월로 변경한 경우 원처분청을 상대로 정직 2월의 처분에 대한 취소소송을 제기한 사건에서 본안판단을 한 사례(대판 1997.11.14. 97누7325)
> [2] 감봉 3월의 징계처분을 소청심사위원회가 감봉 1월로 감경한 경우 원처분청을 피고로 감봉 1월의 처분에 대하여 취소소송을 제기한 사건에서 본안판단을 한 사례(서울고법 1998.5.14. 97구36479)

④ **적극적 변경명령재결에 따른 변경처분의 경우 항고소송의 대상**

위원회의 변경명령재결(3개월의 영업정지처분을 2개월의 영업정지처분에 갈음하는 과징금부과처분으로 변경하라는 재결)에 따라 변경처분이 행해진 경우, 변경처분(원처분의 변경행위)과 변경된 원처분(원처분의 변경행위 후 남게 되는 부분) 중 어느 행위가 항고소송의 대상인지 문제된다. 판례는 적극적 변경명령재결에 따라 변경처분이 행해진 경우에 다투고자 하려면 변경되고 남은 원처분을 취소소송의 대상으로 하여야 한다고 본다. 예컨대 행정청이 산업재해보상보험법에 의한 보험급여 수급자에 대하여 부당이득 징수결정을 한 후 징수결정의 하자를 이유로 징수금 액수를 감액한 사례에서 감액처분에 의하여 취소되지 않고 남은 부분이 소송의 대상이라고 하였다(대판 2012.9.27. 2011두27247).

> **관련판례**
>
> **행정청이 식품위생법령에 따라 영업자에게 행정제재처분을 한 후 당초 처분을 영업자에게 유리하게 변경하는 처분을 한 경우, 취소소송의 대상 및 제소기간 판단 기준이 되는 처분(=당초 처분)**
> 행정청이 식품위생법령에 따라 영업자에게 행정제재처분을 한 후 그 처분을 영업자에게 유리하게 변경하는 처분을 한 경우, <u>변경처분에 의하여 당초 처분은 소멸하는 것이 아니고 당초부터 유리하게 변경된 내용의 처분으로 존재하는</u> 것이므로, 변경처분에 의하여 유리하게 변경된 내용의 행정제재가 위법하다 하여 그 취소를 구하는 경우 그 취소소송의 대상은 변경된 내용의 당초 처분이지 변경처분은 아니고, 제소기간의 준수 여부도 변경처분이 아닌 변경된 내용의 당초 처분을 기준으로 판단하여야 한다(대판 2007.4.27. 2004두9302).

> **예제** 행정심판재결이 취소소송의 대상이 되는 경우에 해당하지 않는 것은?
> ① 인근주민이 체육시설 사업계획승인처분의 취소를 구하는 행정심판을 제기하였는데 인용재결이 내려지자, 그 승인처분의 상대방이 취소소송을 제기하는 경우
> ② 자기완결적 신고의 수리에 해당하는 골프장 사업시설 착공계획서 수리에 대하여 인근주민이 취소심판을 제기하였는데 인용재결이 내려지자, 해당 착공계획서를 제출한 사업자가 취소소송을 제기하는 경우
> ③ 적법한 행정심판을 청구하였는데 각하재결이 내려지자, 해당 행정심판청구인이 취소소송을 제기하는 경우
> ④ 3개월 영업정지처분을 받은 영업자가 해당 처분의 취소를 구하는 행정심판을 제기하여 3개월의 영업정지처분을 2개월의 영업정지처분에 갈음하는 과징금부과처분으로 변경하라는 일부기각(일부인용)의 이행재결이 내려지자, 그 영업자가 취소소송을 제기하는 경우
>
> **정답** ④
> ④ (×) 이 사건 후속 변경처분에 의하여 유리하게 변경된 내용의 행정제재인 과징금부과가 위법하다 하여 그 취소를 구하는 이 사건 소송에 있어서 위 청구취지는 이 사건 후속 변경처분에 의하여 당초부터 유리하게 변경되어 존속하는 2002. 12. 26.자 과징금부과처분의 취소를 구하고 있는 것으로 보아야 할 것이다(대판 2007.4.27. 2004두9302).

06 취소소송의 제기

1. 소송제기의 요건

유효한 취소소송이 제기되기 위해서는 일정한 소송요건을 갖추어야 한다. 취소소송은 ① 처분 등이 존재하고, ② 관할권 있는 법원에, ③ 원고가 피고를 상대로, ④ 일정 기간 내에, ⑤ 소장을 제출하여야 하고, ⑥ 일정한 경우에는 행정심판전치를 거쳐야 하고, ⑦ 처분 등의 취소 또는 변경을 구할 이익이 있어야 한다. 소송요건이 충족된 소송을 적법한 소송이라 하고 이 경우 법원은 본안심리로 넘어간다. 소송요건의 심사는 본안심리 전에만 하는 것은 아니며 본안심리 중에도 소송요건의 결여가 판명되면 소를 부적법각하하여야 한다. 이하에서는 앞에서 언급하지 않은 사항을 중심으로 설명하기로 한다.

2. 소장

소장에 대하여는 민사소송법의 규정에 의한다(행정소송법 제8조 제2항, 민사사송법 제249조 이하). 소장에는 당사자·법정대리인·청구의 취지 및 원인을 기재하여야 한다.

3. 제소기간

(1) 의의

① **개념** : 제소기간이란 처분의 상대방등이 소송을 제기할 수 있는 기간이다. 취소소송에서 제소기간은 행정의 안정성과 국민의 권리구제를 조화하는 선에서 결정하여야 하며 입법정책에 속하는 문제이다.

② 적용범위
  ㉠ 무효등확인소송을 제기하는 경우에는 제소기간에 제한이 없다. 그러나 판례는, 행정처분의 당연무효를 선언하는 의미에서 그 취소를 구하는 행정소송을 제기하는 경우에는 제소기간의 준수 등 취소소송의 제소요건을 갖추어야 한다는 입장이다(대판 1993.3.12. 92누11039).
  ㉡ 부작위위법확인의 소는 부작위상태가 계속되는 한 그 위법의 확인을 구할 이익이 있다. 행정소송법 제38조 제2항은 부작위위법확인소송에 취소소송의 제소기간에 관한 행정소송법 제20조를 준용하고 있는데, 부작위위법확인소송의 특성상 행정심판을 거친 경우에만 적용된다고 봄이 타당하다.
  ㉢ 제소기간의 요건은 처분의 상대방이 소송을 제기하는 경우는 물론이고, 법률상 이익이 침해된 제3자가 소송을 제기하는 경우에도 적용된다.

(2) 처분이 있음을 안 날부터 90일
① 행정심판을 거치지 않은 경우
  취소소송은 처분 등이 있음을 안 날부터 90일이내에 제기하여야 한다(행정소송법 제20조 제1항). 처분 등이 있음을 안 날이란 통지·공고 기타의 방법에 의하여 당해 처분이 있었다는 사실을 현실적으로 안 날을 의미한다. 처분의 통지가 상대방에게 도달한 때 그 처분이 있었음을 알았다고 추정되므로, 당사자는 통지가 도달한 때 통지를 볼 수 없었다는 반증을 제기할 수 있다(대판 1999.12.28, 99두9742). 판례는 고시 또는 공고에 의한 행정처분의 경우, 고시 또는 공고의 효력발생일에 그 처분이 있음을 알았던 것으로 보아 기산해야 한다고 본다.

> **관련판례**
>
> **특정인에 대한 행정처분을 주소불명 등의 이유로 송달할 수 없어 관보 등에 공고한 경우, 상대방이 '그 처분이 있음을 안 날'은 처분사실을 현실적으로 안 날을 의미**
> 행정소송법 제20조 제1항 소정의 제소기간 기산점인 '처분이 있음을 안 날'이라 함은 당사자가 통지, 공고 기타의 방법에 의하여 당해 처분이 있었다는 사실을 현실적으로 안 날을 의미하는바, 특정인에 대한 행정처분을 주소불명 등의 이유로 송달할 수 없어 관보·공보·게시판·일간신문 등에 공고한 경우에는, 공고가 효력을 발생하는 날에 상대방이 그 행정처분이 있음을 알았다고 볼 수는 없고, 상대방이 당해 처분이 있었다는 사실을 현실적으로 안 날에 그 처분이 있음을 알았다고 보아야 한다(대판 2006.4.28. 2005두14851).
>
> **고시 또는 공고에 의한 행정처분의 경우, '처분이 있음을 안 날'은 고시 또는 공고의 효력발생일**
> 통상 고시 또는 공고에 의하여 행정처분을 하는 경우에는 그 처분의 상대방이 불특정 다수인이고, 그 처분의 효력이 불특정 다수인에게 일률적으로 적용되는 것이므로, 그에 대한 행정심판청구기간도 그 행정처분에 이해관계를 갖는 자가 고시 또는 공고가 있었다는 사실을 현실적으로 알았는지 여부에 관계없이 고시가 효력을 발생하는 날인 고시 또는 공고가 있은 후 5일이 경과한 날에 행정처분이 있음을 알았다고 보아야 할 것이다(대판 2000.9.8. 99두11257).

처분 당시에는 취소소송의 제기가 법제상 허용되지 않아 소송을 제기할 수 없다가 위헌결정으로 인하여 비로소 취소소송을 제기할 수 있게 된 경우 제소기간의 기산점

행정소송법 제20조가 제소기간을 규정하면서 '처분 등이 있은 날' 또는 '처분 등이 있음을 안 날'을 각 제소기간의 기산점으로 삼은 것은 그때 비로소 적법한 취소소송을 제기할 객관적 또는 주관적 여지가 발생하기 때문이므로, 처분 당시에는 취소소송의 제기가 법제상 허용되지 않아 소송을 제기할 수 없다가 위헌결정으로 인하여 비로소 취소소송을 제기할 수 있게 된 경우, <u>객관적으로는 '위헌결정이 있은 날', 주관적으로는 '위헌결정이 있음을 안 날' 비로소 취소소송을 제기할 수 있게 되어 이때를 제소기간의 기산점으로 삼아야 한다</u> - 교원만이 교원소청심사위원회의 결정에 대하여 소송을 제기할 수 있도록 하였던 구 교원지위향상을 위한 특별법 규정의 위헌결정 관련(대판 2008.2.1. 2007두20997).

행정청이 행정제재처분을 한 후 당초 처분을 영업자에게 유리하게 변경하는 처분을 한 경우, 취소소송의 대상 및 제소기간 판단 기준은 당초 처분

행정청이 식품위생법령에 따라 영업자에게 행정제재처분을 한 후 그 처분을 영업자에게 유리하게 변경하는 처분을 한 경우, <u>변경처분에 의하여 당초 처분은 소멸하는 것이 아니고 당초부터 유리하게 변경된 내용의 처분으로 존재하는 것이므로,</u> 변경처분에 의하여 유리하게 변경된 내용의 행정제재가 위법하다 하여 그 취소를 구하는 경우 그 취소소송의 대상은 변경된 내용의 당초 처분이지 변경처분은 아니고, 제소기간의 준수 여부도 변경처분이 아닌 변경된 내용의 당초 처분을 기준으로 판단하여야 한다(대판 2007.4.27. 2004두9302).

② 행정심판을 거친 경우

행정소송법 제18조 제1항 단서(다른 법률에 당해 처분에 대한 행정심판의 재결을 거치지 아니하면 취소소송을 제기할 수 없다는 규정이 있는 때)에 의한 경우와 그 밖에 행정심판청구를 할 수 있는 경우 또는 행정청이 행정심판청구를 할 수 있다고 잘못 알린 경우에는, 재결서의 정본을 송달받은 날부터 90일을 기산한다(제20조 제1항 단서). 그러나 판례는 행정심판제기기간을 넘긴 것을 이유로 한 각하재결이 있은 후 취소소송을 제기하는 경우에는 행정소송법 제20조 제1항 단서가 적용되지 않는다고 한다.

> **관련판례**
>
> **행정소송법 제20조 제1항에서 말하는 '행정심판'의 의미**
> 이처럼 취소소송의 제소기간을 제한함으로써 처분 등을 둘러싼 법률관계의 안정과 신속한 확정을 도모하려는 입법 취지에 비추어 볼 때, 여기서 말하는 '행정심판'은 <u>행정심판법에 따른 일반행정심판과 이에 대한 특례로서 다른 법률에서 사안의 전문성과 특수성을 살리기 위하여 특히 필요하여 일반행정심판을 갈음하는 특별한 행정불복절차를 정한 경우의 특별행정심판(행정심판법 제4조)을 뜻한다</u>(대판 2014.4.24. 2013두10809).
>
> 행정소송법 제20조 제1항의 취지 및 이미 제소기간이 지나 불가쟁력이 발생한 후에 행정청이 행정심판청구를 할 수 있다고 잘못 알린 경우, 그 안내에 따라 청구된 행정심판 재결서 정본을 송달받은 날부터

다시 취소소송의 제소기간이 기산되는지 여부(소극)

행정소송법 제20조 제1항의 취지는 불가쟁력이 발생하지 않아 적법하게 불복청구를 할 수 있었던 처분 상대방에 대하여 행정청이 법령상 행정심판청구가 허용되지 않음에도 행정심판청구를 할 수 있다고 잘못 알린 경우에, 잘못된 안내를 신뢰하여 부적법한 행정심판을 거치느라 본래 제소기간 내에 취소소송을 제기하지 못한 자를 구제하려는 데에 있다. 이와 달리 이미 <u>제소기간이 지남으로써 불가쟁력이 발생하여 불복청구를 할 수 없었던 경우라면 그 이후에 행정청이 행정심판청구를 할 수 있다고 잘못 알렸다고 하더라도 그 때문에 처분 상대방이 적법한 제소기간 내에 취소소송을 제기할 수 있는 기회를 상실하게 된 것은 아니므로 이러한 경우에 잘못된 안내에 따라 청구된 행정심판 재결서 정본을 송달받은 날부터 다시 취소소송의 제소기간이 기산되는 것은 아니다.</u> 불가쟁력이 발생하여 더 이상 불복청구를 할 수 없는 처분에 대하여 행정청의 잘못된 안내가 있었다고 하여 처분 상대방의 불복청구 권리가 새로이 생겨나거나 부활한다고 볼 수는 없기 때문이다(대판 2012.9.27. 2011두27247).

행정처분이 있음을 안 날부터 90일을 넘겨 행정심판을 청구하였다가 부적법하다는 이유로 각하재결을 받은 후 재결서를 송달받은 날부터 90일 내에 원래의 처분에 대하여 취소소송을 제기한 경우, 취소소송의 제소기간을 준수한 것으로 볼 수 없음

행정소송법 제18조 제1항, 제20조 제1항, 구 행정심판법 제18조 제1항을 종합해 보면, 행정처분이 있음을 알고 처분에 대하여 곧바로 취소소송을 제기하는 방법을 선택한 때에는 처분이 있음을 안 날부터 90일 이내에 취소소송을 제기하여야 하고, 행정심판을 청구하는 방법을 선택한 때에는 <u>처분이 있음을 안 날부터 90일 이내에 행정심판을 청구하고 행정심판의 재결서를 송달받은 날부터 90일 이내에 취소소송을 제기하여야 한다. 따라서 처분이 있음을 안 날부터 90일 이내에 행정심판을 청구하지도 않고 취소소송을 제기하지도 않은 경우에는 그 후 제기된 취소소송은 제소기간을 경과한 것으로서 부적법하고,</u> 처분이 있음을 안 날부터 90일을 넘겨 청구한 부적법한 행정심판청구에 대한 재결이 있은 후 재결서를 송달받은 날부터 90일 이내에 원래의 처분에 대하여 취소소송을 제기하였다고 하여 취소소송이 다시 제소기간을 준수한 것으로 되는 것은 아니다(대판 2011.11.24. 2011두18786).

③ 불변기간

상기의 90일의 기간은 불변기간으로 한다(제20조 제3항). 따라서 법원은 이 기간을 늘이거나 줄일 수 없다. 다만 주소 또는 거소가 멀리 떨어진 곳에 있는 사람을 위하여 부가기간을 정할 수 있고(민사소송법 제172조 제2항), 당사자가 책임질 수 없는 사유로 말미암아 불변기간을 지킬 수 없었던 경우에는 그 사유가 없어진 날부터 2주 이내에 게을리 한 소송행위를 보완할 수 있다(동법 제173조 제1항). 그러나 국외에서 소송행위를 추완하는 경우에는 그 기간은 30일로 한다(행정소송법 제5조).

④ 불고지·오고지의 경우

행정소송법은 행정소송의 제기에 관한 고지의무 및 불고지·오고지의 효과에 대한 규정이 없다. 행정심판청구기간에 관한 행정심판법 제18조 제5항의 규정이 행정소송 제기에도 당연히 적용되지 아니한다.

> **관련판례**
>
> 행정심판청구기간에 관한 행정심판법 제18조 제5항의 규정이 행정소송 제기에도 당연히 적용되는지 여부(소극)
> 행정청이 법정 심판청구기간보다 긴 기간으로 잘못 알린 경우에 그 잘못 알린 기간 내에 심판청구가 있으면 그 심판청구는 법정 심판청구기간 내에 제기된 것으로 본다는 취지의 행정심판법 제18조 제5항의 규정은 행정심판 제기에 관하여 적용되는 규정이지, 행정소송 제기에도 당연히 적용되는 규정이라고 할 수는 없다. …(중략)… 당사자가 행정처분시나 그 이후 행정청으로부터 행정심판 제기기간에 관하여 법정 심판청구기간보다 긴 기간으로 잘못 통지받아 행정소송법상 법정제소기간을 도과하였다고 하더라도, 그것이 당사자가 책임질 수 없는 사유로 인한 것이라고 할 수는 없다(대판 2001.5.8. 2000두6916).

(3) 처분이 있은 날부터 1년

① 행정심판을 거치지 않은 경우
취소소송은 처분 등이 있은 날부터 1년을 경과하면 이를 제기하지 못한다(제20조 제2항 1문). 처분 등이 있은 날이란 상대방 있는 행정행위의 경우에는 특별한 규정이 없는 한 의사표시의 일반적 법리에 따라 그 행정처분이 상대방에게 도달되어 효력을 발생한 날을 의미한다(대판 1990.7.13., 90누2284).

② 행정심판을 거친 경우
재결이 있은 날부터 역시 1년이다(제20조 제2항 본문).

③ 정당한 사유가 있는 경우
정당한 사유가 있는 경우 1년의 기간이 경과하여도 제소할 수 있다(제2항 단서). 여기서 정당한 사유란 제소기간경과의 원인 등 여러 사정을 종합하여 지연된 제소를 허용하는 것이 사회통념상 상당하다고 할 수 있는가에 의하여 판단하여야 한다. 행정처분의 직접 상대방이 아닌 제3자는 일반적으로 처분이 있는 것을 바로 알 수 없는 처지에 있으므로, 그 기간 내에 처분이 있은 것을 알았거나 쉽게 알 수 있었기 때문에 소송을 제기할 수 있었다고 볼 만한 특별한 사정이 없는 한, '정당한 사유'가 있는 경우에 해당한다(대판 1992.7.28. 91누12844).

> **관련판례**
>
> 제소기간을 준수하지 못한 것에 대한 정당한 사유가 될 수 없다고 한 사례
> 인터넷 웹사이트에 대하여 구 청소년보호법에 따른 청소년유해매체물 결정·고시처분을 한 사안에서, 위 결정은 이해관계인이 고시가 있었음을 알았는지 여부에 관계없이 관보에 고시됨으로써 효력이 발생하고, 그가 위 결정을 통지받지 못하였다는 것이 제소기간을 준수하지 못한 것에 대한 정당한 사유가 될 수 없다(대판 2007.6.14. 2004두619).

(4) '안 날'과 '있은 날'의 관계

처분이 있음을 안 날과 처분이 있은 날 중 어느 하나의 기간이 경과하면 제소기간은 종료한다(대판 1964.9.8, 63누196).

(5) 이의신청을 거쳐 취소소송을 제기하는 경우

이의신청에 대한 결과를 통지받은 후 행정심판 또는 행정소송을 제기하려는 자는 그 결과를 통지받은 날부터 90일 이내에 행정심판 또는 행정소송을 제기할 수 있다(행정기본법 제36조 제4항).

(6) 소 제기기간 준수 여부 판단의 기준시점

① **원칙** : 소 제기기간 준수 여부는 원칙상 소제기시를 기준으로 하는데, 다음과 같은 특수한 경우가 문제된다.

② **소의 변경이 있는 경우**
  ㉠ 소의 종류의 변경의 경우, 새로운 소에 대한 제소기간의 준수는 처음의 소가 제기된 때를 기준으로 하여야 한다(행정소송법 제21조 제4항).
  ㉡ 청구취지를 변경하여 구 소가 취하되고 새로운 소가 제기된 것으로 변경되었을 때에 새로운 소에 대한 제소기간의 준수는 원칙적으로 소의 변경이 있은 때를 기준으로 한다(대판 2004.11. 25. 2004두7023). 그런데 선행처분의 취소를 구하는 소가 그 후속처분의 취소를 구하는 소로 교환적으로 변경되었다가 다시 선행처분의 취소를 구하는 소로 변경된 경우 후속처분의 취소를 구하는 소에 선행처분의 취소를 구하는 취지가 그대로 남아 있었던 것으로 볼 수 있다면 선행처분의 취소를 구하는 소의 제소기간은 최초의 소가 제기된 때를 기준으로 정한다(대판 2013.7.11. 2011두27544).

③ **소의 추가적 병합의 경우**
  소의 추가적 병합의 경우 제소기간 준수 여부의 판단 기준시점은 그 청구취지의 추가·변경신청이 있은 때이다. 그런데 동일한 행정처분에 대하여 무효확인의 소를 제기하였다가 그 후 그 처분의 취소를 구하는 소를 추가적으로 병합한 경우, 주된 청구인 무효확인의 소가 적법한 제소기간 내에 제기되었다면 추가로 병합된 취소청구의 소도 적법하게 제기된 것으로 볼 수 있다(대판 2005.12.23, 2005두3554).

> **관련판례**
>
> 소제기 기간의 준수 여부는 각 그 청구취지의 추가·변경신청이 있은 때를 기준으로 개별적으로 판단한 사례
> 공익근무요원복무중단처분, 현역병입영대상편입처분 및 현역병입영통지처분은 보충역편입처분취소처분을 전제로 한 것이기는 하나 각각 단계적으로 별개의 법률효과를 발생시키는 독립된 행정처분으로서 하나의 소송물로 평가할 수 없고, 보충역편입처분취소처분의 효력을 다투는 소에 공익근무요원복무중단처분, 현역병입영대상편입처분 및 현역병입영통지처분을 다투는 소도 포함되어 있다고 볼 수는 없다고 할 것이므로, 공익근무요원복무중단처분, 현역병입영대상편입처분 및 현역병입영통지처분의 취소를 구하는 소의 제소기간의 준수 여부는 각 그 청구취지의 추가·변경신

청이 있은 때를 기준으로 개별적으로 살펴야 할 것이지, 최초에 보충역편입처분취소처분의 취소를 구하는 소가 제기된 때를 기준으로 할 것은 아니라고 할 것이다(대판 2004.12.10. 2003두12257).

처분에 대하여 불복의 소를 제기하였다가 청구취지를 추가하는 경우, 추가된 청구취지에 대한 제소기간 준수 여부를 판단하는 기준시점

청구취지를 추가하는 경우, 청구취지가 추가된 때에 새로운 소를 제기한 것으로 보므로, 추가된 청구취지에 대한 제소기간 준수 등은 원칙적으로 청구취지의 추가·변경 신청이 있는 때를 기준으로 판단하여야 한다. 그러나 <u>선행 처분의 취소를 구하는 소를 제기하였다가 이후 후행 처분의 취소를 구하는 청구취지를 추가한 경우에도, 선행 처분이 종국적 처분을 예정하고 있는 일종의 잠정적 처분으로서 후행 처분이 있을 경우 선행 처분은 후행 처분에 흡수되어 소멸되는 관계에 있고, 당초 선행 처분에 존재한다고 주장되는 위법사유가 후행 처분에도 마찬가지로 존재할 수 있는 관계여서 선행 처분의 취소를 구하는 소에 후행 처분의 취소를 구하는 취지도 포함되어 있다고 볼 수 있다면, 후행 처분의 취소를 구하는 소의 제소기간은 선행 처분의 취소를 구하는 최초의 소가 제기된 때를 기준으로 정하여야 한다</u>(대판 2018.11.15. 2016두48737).

(7) 특별법의 경우

개별법에서 제소기간을 30일(예 토지보상법)이나 60일(예 보안관찰법)로 정하고 있으면 개별법이 행정소송법에 우선하여 적용된다.

예제 항고소송의 제소기간에 대한 설명으로 옳지 않은 것은?

① 취소소송은 처분등이 있음을 안 날로부터 90일이내에 제기하여한 하는데, 이 90일의 기간은 불변기간이다.
② 법원은 취소소송의 제소기간을 확장하거나 단축할 수 없으나 주소 또는 거소가 멀리 떨어진 곳에 있는 자를 위하여 부가기간을 정할 수 있다.
③ 행정청이 행정심판청구를 할 수 있다고 잘못 알려 행정심판청구를 한 경우 취소소송의 제소기간은 행정심판재결서 정본을 송달받은 날부터 기산한다.
④ 부작위위법확인소송은 행정심판 등 전심절차를 거친 경우에도 제소기간의 제한을 받지 않는다는 것이 판례의 입장이다.

정답 ④

④ (×) 부작위에 대해서도 행정심판으로서 의무이행심판을 제기할 수 있으므로 이러한 경우에는 행정심판의 재결서의 정본을 송달받은 날로부터 90일 이내에 소송을 제기하여야 한다.
① (○) 행정소송법 제20조 제1항, 제3항
② (○) 민사소송법 제172조 제2항 준용
③ (○) 행정소송법 제18조 제1항 단서(다른 법률에 당해 처분에 대한 행정심판의 재결을 거치지 아니하면 취소소송을 제기할 수 없다는 규정이 있는 때)에 의한 경우와 그 밖에 행정심판청구를 할 수 있는 경우 또는 행정청이 행정심판청구를 할 수 있다고 잘못 알린 경우에는, 재결서의 정본을 송달받은 날부터 90일을 기산한다(제20조 제1항).

4. 행정심판의 전치

(1) 임의적 행정심판전치(원칙)

취소소송은 법령의 규정에 의하여 당해 처분에 대한 행정심판을 제기할 수 있는 경우에도 이를 거치지 아니하고 제기할 수 있다(행정소송법 제18조 제1항 본문). 따라서 행정처분으로 인하여 권익을 침해받은 경우 행정심판을 거치고 행정소송을 제기할 수도 있고, 바로 행정소송을 제기할 수도 있다.

(2) 필요적 행정심판전치(예외)

① **의의** : 다른 법률에 당해 처분에 대한 행정심판의 재결을 거치지 아니하면 취소소송을 제기할 수 없다는 규정이 있는 때에는 행정심판의 재결을 거쳐야만 제소할 수 있다(제18조 제1항 단서). '다른 법률'로는 소청에 관해 규정하는 국가공무원법 제16조와 지방공무원법 제20조의2, 심사청구·심판청구를 규정하는 국세기본법 제56조와 관세법 제120조, 그리고 행정심판을 규정하는 도로교통법 제142조 등이 있다.

② **필요적 행정심판전치의 예외** : 행정심판의 전치가 필요적인 경우라 하여도 이를 강행하는 것이 국민의 권익을 침해하는 경과가 되는 경우에는 필요적 심판전치의 예외를 인정할 필요가 있으므로 행정소송법이 예외규정을 두고 있다.

㉠ **심판제기는 하되 재결을 요하지 않는 경우**(제18조 제2항)

> 1. 행정심판청구가 있은 날로부터 60일이 지나도 재결이 없는 때
>   ※ 60일이 경과하였다는 요건은 행정소송을 제기한 날 충족되어야 하지만, 행정소송의 제기시에 이 요건이 충족되지 않았다 하더라도 소송의 변론종결시까지 이 요건이 충족되면 흠이 치유된다(대판 1986. 7.8. 86누215).
> 2. 처분의 집행 또는 절차의 속행으로 생길 중대한 손해를 예방하여야 할 긴급한 필요가 있는 때
> 3. 법령의 규정에 의한 행정심판기관이 의결 또는 재결을 하지 못할 사유가 있는 때
>   예 행정심판위원회가 구성되어 있지 않거나 과반수 이상의 결원이 있고 단시일 안에 보충될 가망성이 없는 경우
> 4. 그 밖의 정당한 사유가 있는 때
>   ※ 시기 기타 사유로 인하여 행정심판을 거칠 경우에는 그 청구의 목적을 달성치 못하겠거나 또는 현저히 그 목적을 달성키 곤란한 경우(대판 1953.4.15, 4285행상11)

㉡ **행정심판제기조차 요하지 않는 경우**(제18조 제3항)

> 1. 동종사건에 관하여 이미 행정심판의 기각재결이 있은 때
>   예 동일한 행정처분에 의하여 여러 사람이 동일한 의무를 부담하는 경우 그 중 한 사람이 행정심판을 제기하여 기각판결을 받은 경우(대판 1988.2.23. 87누704)
> 2. 서로 내용상 관련되는 처분 또는 같은 목적을 위하여 단계적으로 진행되는 처분중 어느 하나가 이미 행정심판의 재결을 거친 때
>   예 국세의 납세고지처분과 국세징수법상의 가산금 징수처분
> 3. 행정청이 사실심의 변론종결후 소송의 대상인 처분을 변경하여 당해 변경된 처분에 관하여 소를 제기하는 때
>   ※ 취지: 행정청에 의한 처분변경이 사실심 변론종결 후에 행하여진 때에는 당해 소송은 이미 그 대상이 없어진 것이 되나, 원고로서는 소의 변경을 할 수 없어 별소의 제기를 불가피하게 하여 지나친 부담이 됨

4. 처분을 행한 행정청이 행정심판을 거칠 필요가 없다고 잘못 알린 때
    ※ 취지: 행정에 대한 신뢰보호, 고지의 실효성 확보

관련판례

행정소송법 제18조 제3항 제1호에서 행정심판의 제기 없이도 행정소송을 제기할 수 있는 경우로 규정하고 있는 "동종사건"의 의미
행정소송법 제18조 제3항 제1호에서 행정심판의 제기 없이도 행정소송을 제기할 수 있는 경우로 규정하고 있는 '동종사건에 관하여 이미 행정심판의 기각재결이 있은 때'에 있어서의 '동종사건'이라 함은 당해 사건은 물론 당해 사건과 기본적인 점에서 동질성이 인정되는 사건을 가리킨다. 순차로 진료를 거부한 의사들에 대한 각 의사면허자격정지사건이 진료를 요구한 환자가 동일인이라는 것뿐 진료를 요구받은 시간과 장소, 조처내용 및 다른 병원으로 전원하게 된 상황 등이 전혀 달라서 위 '가'항의 '동종사건'이 아니다(대판 1992.11.24. 92누8972).

가산금 및 중가산금 징수처분에 대한 행정소송을 제기함에 있어서 별도로 전심절차를 거치지 않아도 되는 경우
국세징수법 제21조, 제22조 규정에 따른 가산금 및 중가산금 징수처분은 국세의 납세고지처분과 별개의 행정처분이라고 볼 수 있다 하더라도, 위 국세채권의 내용이 구체적으로 확정된 후에 비로소 발생되는 징수권의 행사이므로 국세의 납세고지처분에 대하여 적법한 전심절차를 거친 이상 가산금 및 중가산금 징수처분에 대하여 따로이 전심절차를 거치지 않았다 하더라도 행정소송으로 이를 다툴 수 있다(대판 1986.7.22. 85누297).

제기기간을 도과한 행정심판청구의 부적법을 간과한 채 행정청이 실질적 재결을 한 경우 행정소송의 전치요건을 충족하지 아니한 것임
행정처분의 취소를 구하는 항고소송의 전심절차인 행정심판청구가 기간도과로 인하여 부적법한 경우에는 행정소송 역시 전치의 요건을 충족치 못한 것이 되어 부적법 각하를 면치 못하는 것이고, 이 점은 행정청이 행정심판의 제기기간을 도과한 부적법한 심판에 대하여 그 부적법을 간과한 채 실질적 재결을 하였다 하더라도 달라지는 것이 아니다(대판 1991.6.25. 90누8091).

동일인의 동일내용의 신청에 대한 2개의 행정처분이 있는 경우에 그 중 1개의 행정처분에 대한 전심절차가 행해진 경우에 다른 행정처분에 대한 행정소송을 제기하기 위하여 별도의 전심절차를 밟아야 하는지 여부
원고가 농지의보전및이용에관한법률에 의한 농지 일시전용 허가신청을 하였으나 도지사가 농촌근대화촉진법의 관점에서 이를 불허하자 원고가 소원을 제기하여 그 취소처분의 재결을 받은 후 다시 그 허가신청을 하였으나 도지사가 이번에는 농지의보전및이용에관한법률에 의한 관점에서 불허가하였다면 위 2개의 행정처분은 각 그 내용을 달리하는 것이고 후행정처분이 선행정처분의 필연적 결과로서 행해졌거나 기타 양 행정처분이 상호 일련의 상관관계가 있다고 할 수 없으므로 후의 행정처분에 대하여 행정소송을 제기하려면 선 행정처분에 대한 소원과는 별도의 전치절차를 밟아야 한다(대판 1981.1.27. 80누447). ☞ 동일한 내용의 처분이라도 처분사유가 다르면 다른 처분이라는 취지

(3) 적용범위

이러한 행정소송법 제18조의 규정은 취소소송·부작위위법확인소송에는 적용되나, 무효등확인소송과 당사자소송에는 적용이 없다(제38조·제44조). 즉, 개별법에 행정심판전치주의를 규정하는 경우에도 무효등확인소송의 경우는 행정심판을 거치지 않고 제기할 수 있다.

예제 필요적 행정심판전치주의가 적용되는 경우에 관한 설명으로 옳지 않은 것은? (다툼이 있는 경우에는 판례에 의함)

① 행정심판의 전치 여부는 법원이 직권으로 조사하여야 한다.
② 무효인 처분에 대하여 취소소송을 제기하는 경우에도 행정심판전치 요건을 구비하여야 한다.
③ 제기기간을 도과한 부적법한 심판청구이더라도 재결기관이 본안재결을 한 경우에는 행정심판전치의 요건을 충족한 것으로 본다.
④ 행정심판전치 요건은 소 제기시에 갖추지 못하였더라도 사실심변론종결시까지 구비하면 충족된 것으로 본다.

정답 ③

③ (×) 행정처분의 취소를 구하는 항고소송의 전심절차인 행정심판청구가 기간도과로 인하여 부적법한 경우에는 행정소송 역시 전치의 요건을 충족치 못한 것이 되어 부적법 각하를 면치 못하는 것이고, 이 점은 행정청이 행정심판의 제기기간을 도과한 부적법한 심판에 대하여 그 부적법을 간과한 채 실질적 재결을 하였다 하더라도 달라지는 것이 아니다(대판 1991.6.25. 90누8091).

---

5. 소의 변경

(1) 소의 변경의 의의

① 소송의 계속 후 당사자, 청구의 취지, 청구의 변경 등 전부 또는 일부를 변경하는 것을 소의 변경이라 한다. 소의 변경이 있어도 당초의 소에 의하여 개시된 소송절차가 유지되며 소송자료가 승계된다.

② 일반적으로 소의 변경에는 종래의 청구를 철회하고 새로운 청구를 하는 교환적 변경과, 종래의 청구는 그대로 두고 새로운 청구를 추가하는 추가적 변경이 있다. 행정소송법상 소의 변경에는 소의 종류의 변경, 처분변경 등으로 인한 소의 변경이 규정되어 있다.

(2) 소의 종류의 변경

① 의의

법원은 취소소송을 당해 처분등에 관계되는 사무가 귀속하는 국가 또는 공공단체에 대한 당사자소송 또는 취소소송외의 항고소송으로 변경하는 것이 상당하다고 인정할 때에는 청구의 기초에 변경이 없는 한 사실심의 변론종결시까지 원고의 신청에 의하여 결정으로써 소의 변경을 허가할 수 있다(제21조 제1항). 이는 행정소송법상 소의 종류가 다양하므로 소의 종류를 잘못 선택할 가능성이 있는바, 소송경제와 원고의 권리보호의 관점에서 인정된다. 소의 종류의 변경에 관한 규정(제21조)은 무효등확인소송이나 부작위위법확인소송을 취소소송 또는 당사자소송으로 변경하는 경우와, 당사자소송을 항고소송으로 변경하는 경우에 준용한다(제37조·제42조).

② 요건
  ㉠ 변경되는 취소소송이 계속중이어야 한다.
  ㉡ 사실심변론종결시까지 원고의 신청이 있어야 한다.
  ㉢ 청구의 기초에 변경이 없어야 한다. 이것은 취소소송 등에 의하여 구제받으려고 하는 원고의 권리·이익의 동일성의 유지를 의미한다.
  ㉣ 변경신청에 상당한 이유가 있어야 한다.

③ 효과
  피고의 변경이 있는 경우 새로운 피고에 대한 소송은 처음부터 소를 제기한 때에 제기된 것으로 보며, 아울러 종전의 피고에 대한 소송은 취하된 것으로 본다(제21조 제4항, 제14조 제4항·제5항).

(3) 처분변경으로 인한 소의 변경

① 의의
  법원은 행정청이 소송의 대상인 처분을 소가 제기된 후 변경한 때에는 원고의 신청에 의하여 결정으로써 청구의 취지 또는 원인의 변경을 허가할 수 있다(제22조 제1항). 예컨대 파면처분의 취소소송의 계속 중에 행정청이 파면처분을 정직처분으로 변경한 경우가 이에 해당한다. 이것은 소의 각하나 새로운 소의 제기라는 절차의 반복을 피하여 간편하고 신속하게 원고의 권익구제를 확보하기 위한 것이다. 제22조 규정은 무효등확인소송과 당사자소송에 준용된다(제38조, 제44조).

② 요건
  ㉠ **처분의 변경이 있을 것** : 행정청이 소송의 대상인 처분을 소가 제기된 후 변경하였어야 한다. 처분의 변경은 처분청이나 상급감독청의 직권에 의해 행해지거나 취소소송의 계속 중 행정심판의 재결에 의해 소송의 대상인 처분이 일부취소되거나 적극적으로 변경됨으로써 행해질 수 있다.
  ㉡ **처분의 변경이 있음을 안 날로부터 60일 이내일 것** : 원고는 처분의 변경이 있음을 안 날로부터 60일 이내에 소의 변경을 신청하여야 한다(제2항).
  ㉢ **기타 요건** : 구소(舊訴)가 계속중이고 사실심변론종결 전이어야 하고, 변경되는 신소가 적법하여야 한다. 이에 대한 법원의 허가결정이 있어야 한다.

③ 효과
  변경되는 청구는 제18조 제1항 단서의 규정에 의한 요건을 갖춘 것으로 본다(제3항). 즉 필요적 행정심판전치의 대상이 되더라도 행정심판을 거칠 필요가 없다.

6. 처분사유의 사후변경(추가·변경)

(1) 의의

처분사유의 사후변경이란 **소송의 계속중에 그 대상처분의 사유를 추가하거나 잘못 제시된 사실상·법률상 근거를 변경하는 것**을 말한다. 예컨대 A가 건축허가를 신청하였으나 용도구역제 부적합을 이유로 거부되자 A가 거부처분의 취소소송을 제기하였는데, 소송절차에서 피고행정청이 소방기본법상 화재예방관련규정의 위반으로 변경하는 경우가 이에 해당한다.

(2) 허용 가능성

① 문제점 : 행정소송의 계속 중에 처분의 근거변경을 허용할 것인가의 문제에 관하여 현행법은 규정

이 없으므로 견해가 대립한다.
② 학설

긍정설	① 의의 : 처분사유의 사후변경을 부정하더라도 행정청은 새로운 사유로 새로운 처분을 할 수 있으므로 처분사유의 사후변경을 부정할 실익이 없다는 견해. 취소소송의 소송물을 행정처분의 위법성일반으로 보는 견해. ② 비판 : 실질적 법치주의 및 상대방의 신뢰보호 관점에서 문제점
부정설	① 의의 : 소송당사자의 공격·방어권의 보장이라는 측면에서 원칙적으로 허용되지 않는다는 견해. 취소소송의 소송물을 그 처분사유에서 특정된 처분의 위법성으로 보는 견해. ② 비판 : 처분의 내용이 동일함에도 불구하고 수회에 걸쳐 재판이 반복되어 소송경제에 반하고, 원활한 행정운영에 문제가 됨
제한적 긍정설 (다수설)	처분의 상대방의 보호와 소송경제의 요청을 고려할 때, 계쟁처분의 본질을 해하지 않음과 동시에 소송당사자의 공격·방어권을 침해하지 않은 범위 내에서만 인정된다는 견해

③ **판례** : 당초에 삼은 처분의 근거사유와 기본적 사실관계의 동일성이 인정되는 범위 내에서만 인정한다(제한적 긍정설). 그리고 판례는 기본적 사실관계의 동일성은 시간적·장소적 근접성, 행위의 태양·결과 등의 제반사정을 종합적으로 고려하여 개별사안에 따라 판단하여야 한다고 한다.

④ **기본적 사실관계의 동일성**
  ㉠ 근거 : 처분사유의 추가·변경을 기본적 사실관계에 있어서의 동일성이 유지되는 한도 내에서만 인정하는 것은 이유제시제도의 취지 및 행정처분의 상대방인 국민에 대한 신뢰보호 및 행정처분 상대방의 방어권 보장을 위함이다(대판 2003.12.11. 2001두8827).
  ㉡ 판단기준 : 이는 처분사유를 법률적으로 평가하기 이전의 구체적인 사실에 착안하여 그 기초가 되는 사회적 사실관계가 기본적인 면에서 동일한지 여부에 따라 판단한다(대판 1988.1.19. 87누603).
  ㉢ 법적 근거의 변경 : 처분의 법적 근거가 변경됨으로써 처분의 사실관계가 변경되고, 사실관계의 기본적 동일성이 인정되지 않는 경우에는 처분의 법적 근거의 변경이 인정되지 않는다(대판 2001.3.23. 99두6392). 반대로 처분의 사실관계에 변경이 없는 한 적용법령만을 추가하거나 변경하는 것은 가능하고 법원은 추가·변경된 법령에 기초하여 처분의 적법 여부를 판단할 수 있다(대판 2008.2.28. 2007두13791).

기본적 사실관계가 동일하다고 한 사례
[1] 토지형질변경 불허가처분의 당초의 처분사유인 국립공원에 인접한 미개발지의 합리적인 이용대책 수립시까지 그 허가를 유보한다는 사유와 그 처분의 취소소송에서 추가하여 주장한 처분사유인 국립공원 주변의 환경·풍치·미관 등을 크게 손상시킬 우려가 있으므로 공공목적상 원형 유지의 필요가 있는 곳으로서 형질변경허가 금지 대상이라는 사유는 기본적 사실관계에 있어서 동일성이 인정된다(대판 2001.9.28. 2000두8684).
[2] 주택신축을 위한 산림형질변경허가신청에 대하여 행정청이 거부처분을 하면서 당초 거부처분의

근거로 삼은 준농림지역에서의 행위제한이라는 사유와 나중에 거부처분의 근거로 추가한 자연경관 및 생태계의 교란, 국토 및 자연의 유지와 환경보전 등 중대한 공익상의 필요라는 사유는 기본적 사실관계에 있어서 동일성이 인정된다(대판 2004.11.26. 2004두4482).

[3] 행정청이 폐기물처리사업계획 부적정 통보처분을 하면서 그 처분사유로 사업예정지에 폐기물처리시설을 설치할 경우 인근 농지의 농업경영과 농어촌 생활유지에 피해를 줄 것이 예상되어 농지법에 의한 농지전용이 불가능하다는 사유 등을 내세웠다가, 위 행정처분의 취소소송에서 사업예정지에 폐기물처리시설을 설치할 경우 인근 주민의 생활이나 주변 농업활동에 피해를 줄 것이 예상되어 폐기물처리시설 부지로 적절하지 않다는 사유를 주장한 경우에, 두 처분사유는 모두 인근 주민의 생활이나 주변 농업활동의 피해를 문제삼는 것이어서 기본적 사실관계가 동일하므로, 행정청은 위 행정처분의 취소소송에서 후자의 처분사유를 추가로 주장할 수 있다(대판 2006.6.30. 2005두364).

[4] 외국인 갑이 법무부장관에게 귀화신청을 하였으나 법무부장관이 심사를 거쳐 '품행 미단정'을 불허사유로 국적법상의 요건을 갖추지 못하였다며 신청을 받아들이지 않는 처분을 하였는데, 법무부장관이 갑을 '품행 미단정'이라고 판단한 이유에 대하여 제1심 변론절차에서 자동차관리법위반죄로 기소유예를 받은 전력 등을 고려하였다고 주장하였다가 원심 변론절차에서 불법 체류한 전력이 있다는 추가적인 사정까지 고려하였다고 주장한 사안에서, 법무부장관이 처분 당시 갑의 전력 등을 고려하여 갑이 구 국적법 제5조 제3호의 '품행단정' 요건을 갖추지 못하였다고 판단하여 처분을 하였고, 그 처분서에 처분사유로 '품행 미단정'이라고 기재하였으므로, '품행 미단정'이라는 판단 결과를 위 처분의 처분사유로 보아야 하는데, 법무부장관이 원심에서 추가로 제시한 불법 체류 전력 등의 제반 사정은 불허가처분의 처분사유 자체가 아니라 그 근거가 되는 기초 사실 내지 평가요소에 지나지 않으므로, 법무부장관이 이러한 사정을 추가로 주장할 수 있다 – 귀화신청인이 국적법 제5조 각호에서 정한 귀화요건을 갖추지 못한 경우 법무부장관은 귀화 허부에 관한 재량권을 행사할 여지 없이 귀화불허처분을 하여야 한다(대판 2018.12.13. 2016두31616).

[5] 피고가 이 사건 건축허가 신청에 대하여 이 사건 공유수면이 포락지로서 현 상태로는 건축부지로 이용이 불가하여 건축허가신청을 반려한 취지는 피고가 모든 건축허가기준에 따라 검토한 결과 그 허가기준에 맞지 아니하여 반려한다는 것으로 이해되므로, 피고가 이 사건에서 구 공유수면관리법 제5조 제2항과 같은법 시행령 제5조 제1항에 따라 허가될 수 있는 건축물에 해당하지 아니한다는 것으로 처분사유를 추가하는 것은 그 처분의 사유를 구체적으로 표시하는 것이지 당초의 처분사유와 기본적 사실관계와 동일성이 없는 별개의 또는 새로운 처분사유를 추가하거나 변경하는 것이라고 할 수는 없다(대판 2004.5.28. 2002두5016).

기본적 사실관계가 동일하지 않다고 한 사례
[1] 이 사건 토지가 제1종 일반주거지역으로 지정된 것은 이 사건 처분 이후에 새로이 발생한 사정으로 당초 처분사유와 기본적 사실관계의 동일성이 있다고 보기 어려워, 피고가 이를 이 사건 처분의 적법 여부를 판단하는 근거로 주장하는 것은 단지 당초 처분사유(46필지 전체를 개발하지 아니한 채 이 사건 토지만을 개발하는 것은 도시미관과 지역여건을 고려하지 아니한 불합리한 계획으로 지역의 균형개발을 저해한다 등)를 보완하는 간접사실을 부가하여 주장하는 데 불과하

다고 할 수는 없고 새로운 처분사유의 주장에 해당하여 허용될 수 없다고 할 것이므로, 원심이 이 사건 토지가 제1종 일반주거지역으로 지정된 사실까지 이 사건 처분의 적법 여부를 판단함에 있어서 처분사유를 보완하는 사정으로 고려한 것은 일단 잘못된 것이라고 하겠다(대판 2005.4.15. 2004두10883).

[2] 입찰참가자격을 제한시킨 당초의 처분 사유인 정당한 이유 없이 계약을 이행하지 않은 사실과 항고소송에서 새로 주장한 계약의 이행과 관련하여 관계 공무원에게 뇌물을 준 사실은 기본적 사실관계의 동일성이 없다(대판 1999.3.9. 98두18565).

[3] 행정처분의 취소를 구하는 항고소송에서 처분청은 당초 처분의 근거로 삼은 사유와 기본적 사실관계가 동일성이 있다고 인정되는 한도 내에서만 다른 사유를 추가 또는 변경할 수 있고, 이러한 기본적 사실관계의 동일성 유무는 처분사유를 법률적으로 평가하기 이전의 구체적 사실에 착안하여 그 기초인 사회적 사실관계가 기본적인 점에서 동일한지에 따라 결정되므로, 추가 또는 변경된 사유가 처분 당시에 이미 존재하고 있었다거나 당사자가 그 사실을 알고 있었다고 하여 당초의 처분사유와 동일성이 있다고 할 수 없다(대판 2011.11.24. 2009두19021).

[4] 구청위생과 직원인 원고가 이 사건 당구장이 정화구역외인 것처럼 허위표시를 함으로써 정화위원회의심의를 면제하여 허가처분하였다는 당초의 징계사유와 정부문서규정에 위반하여 이미 결제된 당구장허가처분서류의 도면에 상사의 결제를 받음이 없이 거리표시를 기입하였다는 원심인정의 비위사실과는 기본적 사실관계가 동일하지 않다(대판 1983.10.25. 83누396).

법적 근거를 변경한 경우
[1] 행정처분의 취소를 구하는 항고소송에서 처분청은 당초 처분의 근거로 삼은 사유와 기본적 사실관계가 동일성이 있다고 인정되는 한도 내에서는 다른 사유를 추가하거나 변경할 수도 있으나, 기본적 사실관계가 동일하다는 것은 처분사유를 법률적으로 평가하기 이전의 구체적인 사실에 착안하여 그 기초적인 사회적 사실관계가 기본적인 점에서 동일한 것을 말하며, 처분청이 처분 당시에 적시한 구체적 사실을 변경하지 아니하는 범위 내에서 단지 그 처분의 근거 법령만을 추가·변경하거나 당초의 처분사유를 구체적으로 표시하는 것에 불과한 경우에는 새로운 처분사유를 추가하거나 변경하는 것이라고 볼 수 없다(대판 2008.2.28. 2007두13791,13807).

[2] 다른 법령에 의하여 금지·처벌되는 명칭이 제호에 사용되어 있다는 주장은 당초 처분시에 불법단체인 전국교직원노동조합의 약칭(전교조)이 제호에 사용되었다고 적시한 것과 비교하여 볼 때 당초에 적시한 구체적 사실을 변경하지 아니한 채 단순히 근거 법조만을 추가·변경한 주장으로서 이를 새로운 처분사유의 추가·변경이라고 할 수 없다(대판 1998.4.24. 96누13286).

[3] 의료보험요양기관 지정취소처분의 당초의 처분사유인 구 의료보험법 제33조 제1항이 정하는 본인부담금 수납대장을 비치하지 아니한 사실과 항고소송에서 새로 주장한 처분사유인 같은 법 제33조 제2항이 정하는 보건복지부장관의 관계서류 제출명령에 위반하였다는 사실은 기본적 사실관계의 동일성이 없다(대판 2001.3.23. 99두6392).

[4] 행정청이 점용허가를 받지 않고 도로를 점용한 사람에 대하여 도로법 제94조에 의한 변상금 부과처분을 하였다가, 처분에 대한 취소소송이 제기된 후 해당 도로가 도로법 적용을 받는 도로에

해당하지 않을 경우를 대비하여 처분의 근거 법령을 구 국유재산법 제51조와 그 시행령 등으로 변경하여 주장한 사안에서, 위와 같이 근거 법령을 변경하는 것은 종전 도로법 제94조에 의한 변상금 부과처분과 동일성을 인정할 수 없는 별개의 처분을 하는 것과 다름 없어 허용될 수 없다(대판 2011.5.26. 2010두28106).

[5] 지입제 운영행위에 대하여 자동차운송사업면허를 취소한 행정처분에 있어서 당초의 취소근거로 삼은 자동차운수사업법 제26조(명의의 유용금지)를 위반하였다는 사유와 직영으로 운영하도록 한 면허조건(부관)을 위반하였다는 사유는 기본적 사실관계에 있어서 동일하다(대판 1992.10.9. 92누213).

(3) 허용의 한계

① **소송물의 범위 내** : 심판범위는 소송물에 한정되므로 처분사유의 추가·변경은 취소소송의 소송물의 범위 내에서만 가능하다. 즉, 처분사유의 추가·변경은 처분의 동일성이 유지되는 한도 내에서 인정된다.

② **원고의 방어권 보호** : 처분사유의 사후변경은 행정행위의 적법성의 확보를 위한 것이지 원고의 권리를 침해하기 위한 것은 아니므로, 원고의 권리방어가 침해되지 않아야 한다.

③ **추가·변경사유의 기준시** : 위법판단의 기준시에 관하여 처분시설을 취하는 경우 추가사유나 변경사유는 처분시에 객관적으로 존재하던 사유이어야 하고, 처분 후에 발생한 사실관계나 법률관계는 제외된다. 처분 후에 사실관계나 법률관계가 변경되면 처분청은 사정변경을 이유로 계쟁처분을 직권취소하고, 원고는 처분변경으로 인한 소변경을 신청할 수 있다.

④ **허용기한** : 처분사유의 추가·변경은 사실심 변론종결시까지만 허용된다(대판 1999.8.20. 98두 17043).

〈처분사유의 추가·변경 관련사례〉

| 인정 사례 | 1. 과세관청은 처분에서 인정한 과세표준 또는 세액의 정당성을 뒷받침할 수 있는 새로운 자료를 제출하거나 그 사유를 교환·변경할 수 있음(대판 1999.2.9. 98두16675)
2. 택시지입제 경영에 대하여, 명의이용금지 위반의 기본적 사실관계는 변경하지 아니한채 법률상 근거를 변경(대판 2005.3.10. 2002두9258)
3. 자동차운전면허가 취소되었음을 이유로 개인택시운송사업면허취소처분을 하면서, 면허취소사유의 법령적용의 오류를 정정(대판 1988.1.19. 87누603)
4. 허가기준에 맞지 않아 허가신청을 반려한다는 사유와, 이격거리 기준위배라는 사유(대판 1989.7.25. 88누11926)
5. 정보공개거부처분사유인 검찰보존사무규칙 제20조 소정의 신청권자에 해당하지 아니한다는 사유와, 구 정보공개법 제7조 제1항 6호의 사유(대판 2003.12.11. 2003두8395)
6. 산림형질변경허가신청 거부처분에서, 준농림지역에서의 행위제한이라는 사유와 자연경관 및 생태계의 교란, 국토 및 자연의 유지와 환경보전 등 중대한 공익상 필요라는 사유(대판 2004.11.26. 2004두4482)
7. 석유판매업허가신청에 대하여, 도시계획법 제4조 및 토지형질변경등 행위허가기준 등에 관 |

한 규칙에 의거한 행위제한이라는 사유와, 토지형질변경허가의 요건을 갖추지 못하였다는 사유 및 도심의 환경보전의 공익상 필요라는 사유(대판 1999.4.23. 97누14378)
8. 자동차운수사업법 제26조을 위반하였다는 사유와 직영으로 운영하도록 한 면허조건을 위반하였다는 사유(대판 1992.10.9. 92누213)
9. 다른 법령에 의하여 금지·처벌되는 명칭이 제호에 사용되어 있다는 주장과, 당초 처분시에 불법단체인 전국교직원노동조합의 약칭(전교조)이 제호에 사용되었다는 주장(대판 1998.4.24. 96누13286)
10. 국립공원에 인접한 미개발지의 합리적인 이용대책 수립시까지 그 허가를 유보한다는 사유와, 국립공원 주변의 환경·풍치·미관 등을 크게 손상시킬 우려가 있으므로 공공목적상 원형유지의 필요가 있는 곳으로서 형질변경허가가 금지 대상이라는 사유(대판 2001.9.28. 2000두8684)
11. 과세관청이 당초 처분사유로 양도 건물의 주택용도 이외 부분의 면적이 주택용도 부분의 면적보다 크다는 사유를 내세워 양도소득세가 비과세되는 구 소득세법 제5조 제6호 (자)목 소정의 '1세대 1주택'의 요건을 갖추지 못하였다고 주장하다가 소송중 양도인이 위 건물의 양도 당시 다른 주택 1채를 더 소유하고 있어 위 요건을 갖추지 못하였다고 주장하는 것(대판 2002.10.11. 2001두1994).

| 부정 사례 | 1. 충전소 설치예정지로부터 80미터에 위치한 인근주민의 동의가 없다는 사유와, 인근도로가 낭떠러지에 접한 S자 커브의 언덕길로 되어 있어 교통사고로 인한 충전소 폭발의 위험이 있다는 사유(대판 1992.5.8. 91누13274)
2. 1종 일반주거지역으로 지정되었다는 사유와, 46필지 전체를 개발하지 아니한 채 이 사건 토지만을 개발하는 것은 지역의 균형개발을 저해한다는 사유(대판 2005.4.15. 2004두10883)
3. 입찰참가자격제한에서, 정당한 이유 없이 계약을 이행하지 않았다는 사유와, 관계 공무원에게 뇌물을 주었다는 사유(대판 1999.3.9. 98두18565)
4. 온천으로서의 이용가치, 기존의 도시계획 및 공공사업에의 지장이라는 사유와, 규정온도가 미달되어 온천에 해당하지 않는다는 사유(대판 1992.11.24. 92누3052)
5. 이주대책대상자 선정신청에 대하여, 사업지구 내 가옥 소유자가 아니라는 이유와, 소정의 실시기간을 모두 도과하여 실기한 이주대책신청이라는 이유(대판 1999.8.20. 98두17043)
6. 석유판매업허가신청에 대하여, 관할 군부대장의 동의를 얻지 못하였다는 사유와, 탄약창에 근접한 지점에 있다는 사유(대판 1991.11.8. 91누70)
7. 정보공개법 제7조 제1항 제5호의 사유와 같은 항 제4호 및 제6호의 사유(대판 2003.12.11. 2001두8827)
8. 건축신고와 관련된 행정심판이 계속 중이라는 사유와, 토지형질변경행위를 하였다거나 하천구역으로 지정될 예정이라는 사유(대판 2009.2.12. 2007두17359)
9. 의료보험요양기관 지정취소처분에서, 본인부담금 수납대장을 비치하지 아니한 사실과, 보건복지부장관의 관계서류 제출명령에 위반하였다는 사실(대판 2001.3.23. 99두6392)
10. 당구장이 정회구역 외인 것처럼 허위표시를 함으로써 허가처분하였다는 징계사유와, 허가처분서류의 도면에 상사의 결재를 받음 없이 거리표시를 기입하였다는 징계사유(대판 1983.10.25. 83누396)
11. 광구가 도시계획지구 등에 해당하여 채굴함이 공익을 해한다는 사유와, 이미 소외인들에 |

의하여 광업권설정등록이 필하여져 있어서 광업법 규정상 새로운 광업권 설정을 허가할 수 없다는 사유(대판 1987.7.21. 85누694)
12. 무자료 주류판매 및 위장거래 항목을 근거로 한 이유와 무면허판매업자에 대한 주류판매(대판 1996.9.6. 96누7427)
13. 이미 이축신청권을 포기해 놓고 다른 사람으로 하여금 개발제한구역 안에서 건물을 신축할 수 있도록 하기 위하여 이축신청을 하였다는 사유와, 이축신청지가 이축을 허가받을 수 있는 범위 내의 토지에 해당하지 않는다는 사유(대판 2004.2.13. 2001두4030)

예제 취소소송에서의 처분사유의 추가변경에 대한 설명으로 옳은 것은? (다툼이 있는 경우 판례에 의함)
① 처분청은 원고의 권리방어가 침해되지 않는 한도 내에서 당해 취소소송의 대법원 확정판결이 있기 전까지 처분사유의 추가·변경을 할 수 있다.
② 처분사유의 추가·변경이 인정되기 위한 요건으로서의 기본적 사실관계의 동일성 유무는, 처분사유를 법률적으로 평가하기 이전의 구체적인 사실에 착안하여 그 기초적인 사회적 사실관계가 기본적인 점에서 동일한지 여부에 따라 결정된다.
③ 추가 또는 변경된 사유가 당초의 처분시 그 사유를 명기하지 않았을 뿐 처분시에 이미 존재하고 있었고 당사자도 그 사실을 알고 있었다면 당초의 처분사유와 동일성이 인정된다.
④ 처분사유의 추가·변경이 절차적 위법성을 치유하는 것인데 반해, 처분이유의 사후제시는 처분의 실체법상의 적법성을 확보하기 위한 것이다.

정답 ②
① (×) 행정청은 행정처분 이후는 물론 소송 도중이라도 사실심 변론종결시까지 처분의 동일성이 유지되는 범위 내에서 처분사유를 추가·변경할 수 있다(대판 2001.10.30. 2000두5616).
② (○), ③ (×) 행정처분의 취소를 구하는 항고소송에서, 처분청은 당초 처분의 근거로 삼은 사유와 기본적 사실관계가 동일성이 있다고 인정되는 한도 내에서만 다른 사유를 추가 혹은 변경할 수 있고, 여기서 기본적 사실관계의 동일성 유무는 처분사유를 법률적으로 평가하기 이전의 구체적인 사실에 착안하여 그 기초인 사회적 사실관계가 기본적인 점에서 동일한지 여부에 따라 결정되며, 추가 또는 변경된 사유가 처분 당시에 그 사유를 명기하지 않았을 뿐 이미 존재하고 있었고 당사자도 그 사실을 알고 있었다 하여 당초의 처분사유와 동일성이 있는 것이라고 할 수는 없다(대판 2009.11.26. 2009두15586).
④ (×) 처분이유의 사후제시는 절차의 하자에 관한 문제로서 행정작용법상의 문제이나, 처분사유의 추가·변경은 계쟁처분의 실체법상 적법성의 주장에 관한 소송법상 문제이다.

7. 취소소송에 있어서의 가구제

(1) 개설

① **의의** : 행정소송에 있어서 가구제는 **본안판결의 실효성을 확보하기 위하여 분쟁 있는 행정작용이나 공법상의 권리관계에 관하여 잠정적인 효력관계나 지위를 정함으로써 본안판결이 확정될 때까지 잠정적으로 권리구제를 도모하는 제도이다.**

② **인정이유** : 행정소송도 판결로써 확정되기까지는 상당히 오랜 시일이 걸리므로, 판결이 있기까지 기다려서는 승소하여도 권리보호의 목적을 달성할 수 없을 수도 있다. 따라서 판결이 있기 전에

일시적인 조치를 취하여 잠정적으로 권리를 보호하여야 할 필요가 있다.
③ **문제점** : 가구제의 광범위한 인정은 오히려 행정목적의 실현에 역효과를 가져올 수 있고 소송의 남용을 가져올 수 있다.

(2) 집행정지제도
① **집행부정지의 원칙** : 행정소송법은 '**취소소송의 제기는 처분등의 효력이나 그 집행 또는 절차의 속행에 영향을 주지 아니한다**'고 하여 집행부정지 원칙을 채택하고 있다(제23조 제1항).
② **예외적 집행정지** : 그러나 행정소송법은 '**취소소송이 제기된 경우에 처분등이나 그 집행 또는 절차의 속행으로 인하여 생길 회복하기 어려운 손해를 예방하기 위하여 긴급한 필요가 있다고 인정할 때에는 본안이 계속되고 있는 법원은 당사자의 신청 또는 직권에 의하여 처분등의 효력이나 그 집행 또는 절차의 속행의 전부 또는 일부의 정지를 결정할 수 있다**'고 하여 집행정지의 길을 열어두었다(제2항).
③ **제도의 의미** : 국민의 권리보호를 우선적인 정책적 목적으로 보는 입장에서는 집행정지를 원칙으로 하게 되나(독일), 행정적인 이해관계를 우선으로 하는 입장에서는 집행부정지를 원칙으로 하게 된다. 우리나라가 집행부정지원칙을 택하면서 집행정지의 예외를 인정한 것은 소의 남용을 예방하면서도 개인의 권리보호의 확보라는 요청을 조화시키기 위한 것이다. 따라서 집행정지신청에도 법률상 이익이 있어야 한다.

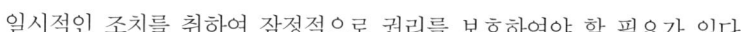

행정처분에 대한 효력정지신청을 구할 수 있는 요건으로서의 법률상 이익의 의미
행정처분에 대한 효력정지신청을 구함에 있어서도 이를 구할 법률상 이익이 있어야 하는바, 이 경우 법률상 이익이라 함은 <u>그 행정처분으로 인하여 발생하거나 확대되는 손해가 당해 처분의 근거 법률에 의하여 보호되는 직접적이고 구체적인 이익</u>과 관련된 것을 말하는 것이고 단지 간접적이거나 사실적·경제적 이해관계를 가지는 데 불과한 경우는 여기에 포함되지 않는다. 경쟁 항공회사에 대한 국제항공노선면허처분으로 인하여 노선의 점유율이 감소됨으로써 경쟁력과 대내외적 신뢰도가 상대적으로 감소되고 연계노선망개발이나 타항공사와의 전략적 제휴의 기회를 얻지 못하게 되는 손해를 입게 되었다고 하더라도 위 <u>노선에 관한 노선면허를 받지 못하고 있는 한 그러한 손해는 법률상 보호되는 권리나 이익침해로 인한 손해라고는 볼 수 없으므로</u> 처분의 효력정지를 구할 법률상 이익이 될 수 없다(대결 2000.10.10. 2000무17).

④ **집행정지의 요건**
㉠ **본안이 계속중일 것** : 집행정지신청은 본안의 소제기 후 또는 동시에 제기되어야 한다. 또한 본안소송의 제기 자체는 적법한 것이어야 하며(대판 1999.11.26. 99부3), 본안소송의 요건은 집행정지의 신청에 대한 결정전에 갖추어지면 된다. 집행정지는 본안판결을 받기까지 원고의 권익을 잠정적으로 보전함을 목적으로 하는 것이므로 본안에 관한 다툼이 없는 한 집행정지는 의미를 가질 수 없기 때문이다.

> **관련판례**
>
> **행정사건의 본안소송을 취하하면 행정처분집행정지결정은 효력소멸**
> 행정처분의 집행정지는 행정처분집행 부정지의 원칙에 대한 예외로서 인정되는 일시적인 응급처분이라 할 것이므로 집행정지결정을 하려면 이에 대한 본안소송이 법원에 제기되어 계속중임을 요건으로 하는 것이므로 집행정지결정을 한 후에라도 본안소송이 취하되어 소송이 계속하지 아니한 것으로 되면 집행정지결정은 당연히 그 효력이 소멸되는 것이고 <u>별도의 취소조치를 필요로 하는 것이 아니다</u>(대판 1975.11.11. 75누97).

ⓒ 처분 등이 존재할 것
  ⓐ **처분의 의미** : 집행정지의 대상은 '처분 등의 효력·처분의 집행 또는 절차의 속행'이다. 집행정지의 문제는 주로 처분 등이 당사자의 권익침해를 가져올 우려가 있는 부담적 행정작용에서 발생한다. 제3자효 있는 행위, 재결도 당연히 처분 등에 해당한다.
  ⓑ **처분의 소멸 등** : 처분의 효력이 발생하기 전이나 효력이 소멸되어 버린 경우, 그리고 부작위에는 집행정지의 문제가 생기지 않는다. 그러나 무효인 처분은 처분의 외형이 존재하므로 집행정지의 대상으로 하였다(제38조 제1항).
  ⓒ **거부처분의 경우** : 거부처분에 대한 집행정지의 가능성에 대하여는 논란이 있다. 판례는 예컨대, 교도소장이 접견을 불허한 처분에 대하여 효력정지를 한다 하여도 그 처분이 없었던 것과 같은 상태를 만드는 것에 지나지 아니하는 것이고 그 이상으로 행정청에 대하여 어떠한 처분을 명하는 등 적극적인 상태를 만들어 내는 경우를 포함하지 아니하는 것이므로 효력을 정지할 필요성이 없다면서 부정하는 입장이다(대결 1991.5.2. 91두15).
  ⓓ **처분의 일부** : 처분이 가분적인 경우에는 처분의 일부에 대한 집행정지가 가능하다(예 압류재산의 일부에 대한 압류의 집행정지).
  ⓔ **제3자효 행정행위** : 학설은 행정소송법 제29조 제2항이 집행정지결정의 제3자효를 인정하고 있음에 비추어 제3자효 행정행위에 대한 집행정지도 가능하다고 본다. 하급심이 새만금사업에 대한 주민의 집행정지신청을 받아들여 이를 인정한바 있다(서울행정 2003.7.15. 2003마1142). 제3자효 행정행위의 집행정지결정에 있어서는 공익과 사익뿐만 아니라 사익상호간의 이익형량도 아울러 행해져야 한다.
ⓒ **회복하기 어려운 손해를 예방하기 위한 것일 것** : 집행정지는 사후의 조치를 통해서는 회복하기 어려운 손해발생의 우려가 있는 경우에만 예외적으로 인정된다. 판례는 회복하기 어려운 손해를 특별한 사정이 없는 한 금전으로 보상할 수 없는 손해로 이해하고, 금전배상이 가능하더라도 금전배상만으로는 받아들이기 어려운 경우의 유형·무형의 손해도 포함하는 것으로 이해한다(대판 1998.3.10. 97두63). 따라서 손해의 규모는 고려요인이 아니다. 판례는 과징금납부명령과 같은 금전납부로 인한 손해도 회복하기 어려운 손해에 해당하는 것으로 보기도 한다(대결 2001.10.10. 2001무29). '회복하기 어려운 손해'의 소명책임은 신청인에게 있다(대판 1999.12.20. 99무42).

유흥접객영업허가의 취소처분으로 5,000여만원의 시설비를 회수하지 못하게 된다면 생계까지 위협받게 되는 결과가 초래될 수 있다는 등의 사정

<u>'회복하기 어려운 손해'</u>라 함은 특별한 사정이 없는 한 금전으로 보상할 수 없는 손해로서 이는 금전보상이 불능인 경우 뿐만 아니라 금전보상으로는 사회관념상 행정처분을 받은 당사자가 참고 견딜 수 없거나 또는 참고 견디기가 현저히 곤란한 경우의 유형, 무형의 손해를 일컫는다고 할 것인바, 유흥접객영업허가의 취소처분으로 5,000여만원의 시설비를 회수하지 못하게 된다면 생계까지 위협받게 되는 결과가 초래될 수 있다는 등의 사정은 위 처분의 존속으로 당사자에게 금전으로 보상할 수 없는 손해가 생길 우려가 있는 경우라고 볼 수 없다(대결 1991.3.2. 91두1).

현역병입영처분의 효력이 정지되지 아니한 채 본안소송이 진행된다면 특례보충역으로 방위산업체에 종사하던 신청인은 입영하여 다시 현역병으로 복무하지 않을 수 없는 경우 '회복하기 어려운 손해'에 해당

현역병입영처분취소의 본안소송에서 신청인이 승소판결을 받을 경우에는 신청인이 특례보충역으로 해당 전문분야에서 2개월 남짓만 더 종사하여 5년의 의무종사기간을 마침으로써 구 병역법 제46조 제1항에 의하여 방위소집복무를 마친 것으로 볼 것이나, 만일 위 처분의 효력이 정지되지 아니한 채 본안소송이 진행된다면 <u>신청인은 입영하여 다시 현역병으로 복무하지 않을 수 없는</u> 결과 병역의무를 중복하여 이행하는 셈이 되어 불이익을 입게 되고 상당한 정신적 고통을 받게 될 것임은 짐작하기 어렵지 아니하며 이와 같은 손해는 쉽게 금전으로 보상할 수 있는 성질의 것이 아니어서 사회관념상 위 '가'항의 '회복하기 어려운 손해'에 해당된다(대결 1992.4.29. 92두7).

과징금납부명령의 처분이 사업자의 자금사정이나 경영전반에 미치는 파급효과가 매우 중대한 경우 '회복하기 어려운 손해'에 해당

사업여건의 악화 및 막대한 부채비율로 인하여 외부자금의 신규차입이 사실상 중단된 상황에서 <u>285억 원 규모의 과징금을 납부하기 위하여 무리하게 외부자금을 신규차입하게 되면 주거래은 행과의 재무구조개선약정을 지키지 못하게 되어 사업자가 중대한 경영상의 위기를 맞게 될 것으 로 보이는 경우</u>, 그 과징금납부명령의 처분으로 인한 손해는 효력정지 내지 집행정지의 적극적 요건인 '회복하기 어려운 손해'에 해당한다(대결 2001.10.10. 2001무29).

주택개량재개발사업 공사중지명령에 대하여, 회복하기 어려운 손해발생을 인정

(주택개량재개발사안에서) 관할 행정청이 당해 주택건설공사에 대한 공사중지명령을 발한 사안에서, 만약 위 공사중지명령의 효력이 정지되지 아니한 채 그 처분의 취소를 구하는 본안소송이 진행된다면, 그 처분의 상대방인 조합, 조합원들, 일반분양자들 및 시공회사들이 서로간의 계약 관계로부터 파생되는 법률적 분쟁에 휘말리게 되어 막대한 손실을 입게 될 우려가 있고, 주택이 준공되기를 기다리면서 <u>잠정적으로 다른 곳에서 거주하고 있는 조합원들이 입는 타격 또한 적지 아니하며</u> 그와 같은 손해는 쉽사리 금전으로 회복할 수 있는 것이 아니어서 사회관념상 회복하기 어려운 손해에 해당한다(대결 1997.2.26. 97두3).

2G PCS 사업폐지 승인처분시 이동통신 서비스 이용자의 손해는 '회복하기 어려운 손해'가 아님

방송통신위원회가 개인휴대통신 서비스 부문의 기간통신사업자인 갑 주식회사의 신청으로 2G

PCS 사업폐지 승인처분을 하자, 갑 회사와 이용계약을 체결하여 2G 이동통신 서비스를 이용하던 을 등이 위 처분의 효력정지를 구한 사안에서, 을 등에게 위 처분으로 인한 '회복하기 어려운 손해'가 인정되지 않는다(대판 2012.2.1. 2012무2).

ⓔ **긴급한 필요가 있을 것** : 회복하기 어려운 손해가 발생할 가능성이 절박하여 본안판결까지 기다릴 수 없는 긴급한 필요가 있어야 한다. 따라서 긴급한 필요의 여부는 회복하기 어려운 손해발생의 가능성과 연계하여 판단하게 된다.

> **관련판례**
>
> '긴급한 필요'가 있는지 여부에 관한 판단 기준
> '처분 등이나 그 집행 또는 절차의 속행으로 인하여 생길 회복하기 어려운 손해를 예방하기 위하여 긴급한 필요'가 있는지 여부는 처분의 성질과 태양 및 내용, 처분상대방이 입는 손해의 성질·내용 및 정도, 원상회복·금전배상의 방법 및 난이 등은 물론 본안청구의 승소가능성의 정도 등을 종합적으로 고려하여 구체적·개별적으로 판단하여야 한다(대결 2004.5.12. 2003무41).
>
> 과세처분에 의한 손해는 '긴급한 필요' 사유에 해당하지 아니함
> 과세처분에 의하여 입은 손해는 배상청구가 가능하므로 그 처분을 정지함에 회복할 수 없는 손해를 피하기 위하여 긴급한 사유가 있는 경우에 해당하지 아니한다(대결 1971.1.28. 70두7).

ⓜ **공공복리에 중대한 영향을 미칠 우려가 없을 것** : 집행정지가 위의 요건을 갖추어도 공공복리에 중대한 영향을 미칠 우려가 있을 때에는 허용되지 아니한다. 여기서는 비례의 원칙을 적용하여 집행정지가 공공복리에 미치는 영향과 처분의 집행부정지를 통하여 신청인이 입는 손해를 비교 형량하여 판단한다.

> **관련판례**
>
> '공공복리에 중대한 영향을 미칠 우려'의 의미 및 그 주장·소명책임의 소재
> 행정소송법 제23조 제3항에서 집행정지의 요건으로 규정하고 있는 '공공복리에 중대한 영향을 미칠 우려'가 없을 것이라고 할 때의 '공공복리'는 그 처분의 집행과 관련된 구체적이고도 개별적인 공익을 말하는 것으로서 이러한 집행정지의 소극적 요건에 대한 주장·소명책임은 행정청에게 있다(대결 1999.12.20. 99무42).

ⓗ **본안청구의 이유 없음이 명백하지 아니할 것** : 본안에서 패소할 것이 확실한 경우에도 집행정지를 허용할 것인지에 대하여 현행법에 명문의 규정이 없는데, 학설은 집행정지의 요건에 포함되지 않는다는 견해와 포함된다는 견해가 대립한다. 판례는 이를 집행정지의 요건에 포함시켜 신청의 본안청구가 이유없음이 명백할 때에는 행정처분의 효력정지를 명할 수 없다고 한다. 본안에서 승소할 가망이 전혀 없는 경우까지도 집행정지신청을 인용하는 것은 집행정지제도의 취지에 반한다는 것이 이유이다.

⑤ 집행정지의 절차와 불복
  ㉠ 집행정지결정의 관할법원은 본안이 계속된 법원이다(행정소송법 제23조 제2항). 판례는 상고심도 포함된다고 한다.
  ㉡ 정지결정절차는 당사자의 <u>신청</u>이나 법원의 <u>직권</u>에 의해 개시된다(제2항).
  ㉢ 집행정지의 결정을 신청함에 있어서는 그 이유에 대한 소명이 있어야 한다(제4항).
    ※ '이유의 소명'은 행정심판에서의 집행정지 요건은 아니다.
  ㉣ 정지는 결정의 재판에 의한다(제2항). 집행정지에 관한 결정은 변론을 거치지 않고 할 수 있으나 당사자를 심문할 수 있다(민사소송법 제134조).
⑥ 집행정지의 내용 : 집행정지결정에는 처분등의 효력이나 그 집행 또는 절차의 속행의 <u>전부</u> 또는 <u>일부</u>의 정지가 있다.
  ㉠ 처분의 효력정지 : 이는 처분의 내용에 따르는 효력(구속력·공정력·존속력)이 정지되어 당사자에 대한 효과에 있어서 당해 처분이 잠정적으로 존재하지 않는 상태가 된다. 다만 처분의 효력정지는 처분등의 집행 또는 절차의 속행을 정지함으로써 목적을 달성할 수 있는 경우에는 허용되지 아니한다(제23조 제2항 단서).
  ㉡ 처분의 집행정지 : 이는 처분내용의 강제적인 실현을 위한 공권력행사의 정지를 의미한다. 예컨대 강제퇴거명령서에 따른 강제퇴거집행의 정지의 경우가 이에 해당한다.
  ㉢ 절차의 속행정지 : 이는 단계적으로 발전하는 법률관계에서 선행 처분의 효력을 유지하면서 후속절차를 잠정적으로 정지하게 하는 것을 말한다. 예컨대 체납처분절차에서 압류의 효력을 다투는 경우에 매각을 정지시키는 것이 이에 해당한다.
⑦ 집행정지결정의 효과

형성력	㉠ 처분 등의 효력정지는 행정처분이 없었던 것과 같은 상태를 실현하는 것이므로 그 범위 안에서 형성력을 가짐 ㉡ 제3자효 행정행위의 집행정지결정 또는 집행정지결정의 취소결정은 제3자에 대하여도 효력발생(행정소송법 제29조 제2항)
기속력	당해 사건에 관하여 당사자인 행정청과 그 밖의 관계행정청을 기속(제23조 제6항, 제30조 제1항)하며, 기속력에 위반하는 행정처분은 당연무효
시간적 효력	㉠ 집행정지기간은 법원이 그 시기(始期)와 종기(終期)를 자유롭게 정할 수 있음 ㉡ 장래에 향하여 효력을 갖고 결정의 주문에 정해진 시기까지 존속. 그 주문에 특별한 정함이 없으면 본안판결이 확정될 때까지 효력이 존속(대결 1962.3.9. 62두1)

⑧ 집행정지결정의 취소 : 집행정지의 결정이 확정된 후 집행정지가 공공복리에 중대한 영향을 미치거나 그 정지사유가 없어진 때에는 당사자의 신청 또는 직권에 의하여 결정으로써 집행정지의 결정을 취소할 수 있다(제24조 제1항).
⑨ 집행정지결정 등 결정에의 불복 : 집행정지결정이나 집행정지신청기각의 결정 또는 집행정지결정의 취소결정에 대하여는 즉시항고할 수 있다. 다만, 그러한 즉시항고는 그 즉시항고의 대상인 결정의 집행을 정지하지 않는다(제23조 제5항, 제24조 제2항).

(3) 가처분제도
  ① 의의 : 가처분이란 '금전 이외의 특정한 급부를 목적으로 하는 청구권의 집행보전을 도모하거나 다

툼이 있는 권리관계에 관하여 잠정적으로 임시의 지위를 정하는 것을 목적으로 하는 가구제도'이다. 행정소송법에는 가처분제도가 없고 집행정지규정만 있는데, 집행정지는 소극적 형성력만 있고 적극적으로 수익적 처분을 행정청에 명하거나 명령한 것과 동일한 상태를 창출하는 기능이 없으므로, 행정소송에 가처분을 인정할 것인지의 논의가 있다.

② 항고소송에서의 가처분의 인정가능성

소극설	㉠ 행정처분의 위법 여부에 대한 판단에 앞서서 명문의 규정 없이 행정처분에 대한 가처분을 인정하는 것은 사법권의 범위를 벗어나는 것이고, ㉡ 행정소송법상 집행정지제도는 가처분제도에 관한 민사소송법의 특칙이며, ㉢ 의무이행소송이나 예방적 부작위소송을 인정하지 아니하므로 가처분의 본안소송이 있을 수 없다는 점
적극설	㉠ 이를 인정함으로써 사법권에 의한 실효성 있는 권리구제가 이루어진다는 점, ㉡ 행정소송법상 가처분제도를 배제하는 특별한 규정이 없으므로 법 제8조 제2항에 의거 민사소송법상 가처분의 규정을 준용할 수 있다는 점, ㉢ 거부처분취소소송을 임시의 지위를 정하는 가처분의 본안소송으로 볼 수 있는 점
절충설	원칙적으로 가처분규정을 준용할 수 없으나 집행정지제도를 통하여 권리구제가 되지 않는 경우에는 가처분제도가 인정된다고 보는 견해
판례	민사소송법상의 보전처분은 민사판결절차에 의하여 보호받을 수 있는 권리에 관한 것이므로, <u>민사소송법상의 가처분으로써 행정청의 어떠한 행정행위의 금지를 구하는 것은 허용될 수 없다</u>(대결 1992.7.6. 92마54)고 하여 소극적

③ **당사자소송에서의 가처분의 인정가능성** : 학설의 일반적 견해는, 공법상 당사자소송에서는 항고소송에서 가처분 인정의 소극적 논거가 되는 집행정지 제도가 없으며, 당사자소송이 민사소송과 유사하다는 점에서 민사집행법상의 가처분이 준용될 수 있다고 한다.

예제 「행정소송법」에 따른 집행정지에 대한 설명으로 옳지 않은 것은? (다툼이 있는 경우 판례에 의함)
① 처분의 효력정지결정을 하려면 그 효력정지를 구하는 당해 행정처분에 대한 본안소송이 법원에 제기되어 계속중임을 요건으로 한다.
② 거부처분의 효력정지는 그 거부처분으로 인하여 신청인에게 생길 손해를 방지하는 데 필요하므로 신청인에게는 그 효력정지를 구할 이익이 있다.
③ 처분의 효력정지는 처분의 집행 또는 절차의 속행을 정지함으로써 목적을 달성할 수 있는 경우에는 허용되지 아니한다.
④ 신청인의 본안청구의 이유 없음이 명백할 때는 집행정지가 인정되지 않는다.

정답 ②

② (×) 신청에 대한 거부처분의 효력을 정지하더라도 거부처분이 없었던 것과 같은 상태 즉 거부처분이 있기 전의 신청시의 상태로 되돌아가는 데에 불과하고 행정청에게 신청에 따른 처분을 하여야 할 의무가 생기는 것이 아니므로, 거부처분의 효력정지는 그 거부처분으로 인하여 신청인에게 생길 손해를 방지하는 데에 아무런 소용이 없어 그 효력정지를 구할 이익이 없다(대결 1992.2.13. 91두47).
① (○) 행정처분의 효력정지는 당해 행정처분에 대한 본안소송이 법원에 제기되어 계속중임을 요건으로 한다.
③ (○) 행정소송법 제23조 제2항 ④ (○) 대결 1992.6.8. 92두14

07 취소소송의 심리

1. 의의

소송의 심리란 **법원이 소에 대한 판결을 하기 위하여, 그 기초가 될 소송자료를 수집하는 절차**를 말한다. 행정소송의 심리는 민사소송처럼 변론주의가 심리의 기본이 되지만, 행정소송은 민사소송과 달리 그 결과가 공익에 광범위한 영향을 미치므로 직권심리주의를 가미하고 있다(행정소송법 제26조).

2. 심리의 내용

(1) 요건심리

① 요건심리(要件審理)는 **당해 소가 소송요건을 갖춘 적법한 것인지의 여부를 심리하는 것**이다. 소송요건으로는 관할권, 제소기간, 원고적격, 피고적격, 소의 이익, 전심절차, 중복소송이 아닐 것, 기판력에 반하지 않을 것 등이 있다. 요건심리의 결과 소송요건을 갖추지 않은 것으로 인정될 때에는 당해 소는 부적법한 소가 되고 각하판결이 내려진다. 소송요건은 피고의 항변을 기다릴 필요가 없는 법원의 직권조사사항이다.

② 소송요건의 존부를 판정하는 시기는 소송제기시이나 변론종결시까지 보완하면 치유된다. 또한 소송요건은 사실심변론종결시는 물론 상고심에서도 존속하여야 한다(대판 2007.4.12. 2004두7924).

(2) 본안심리

본안심리(本案審理)는 요건심리의 결과 소송요건이 구비된 경우 그 **소에 대한 청구를 인용할 것인지 또는 기각할 것인지에 대하여 실체적으로 심사하는 것**이다. 본안심리가 행정소송의 심리의 본체를 이루므로, 아래에서 설명하는 심리의 범위 및 절차는 주로 본안심리와 관련된다.

3. 심리의 범위

(1) 사실문제·법률문제

사실문제란 어떤 사실 내지 사실관계가 법률요건에 해당되는지의 판단이고, 법률문제란 어떠한 행정작용이 행정의 법률적합성의 원칙에 부합하는가의 판단이다. 법원은 사실문제·법률문제 및 처분의 실체면·절차면 모두에 관하여 심사권을 갖는다.

(2) 재량문제

재량문제는 법원의 심리의 대상이 되지 않는 것이 원칙이다. 그러나 재량권의 일탈이나 남용 등 재량하자는 행정행위의 위법사유이므로 심리의 대상이 된다. 행정소송법은 행정청의 재량에 속하는 처분이라도 재량권의 한계를 넘거나 그 남용이 있는 때에는 법원은 이를 취소할 수 있다고 규정한다(행정소송법 제27조). 학설과 판례는 대체로, 부당한 재량행사의 경우에도 각하가 아니라 기각되어야 한다는 경향을 보인다.

(3) 불고불리의 원칙과 그 예외

법원은 소제기가 없는 사건에 대하여는 재판할 수 없고, 소제기가 있는 사건에 대하여도 당사자의 청구의 범위를 넘어서 심리하거나 재판할 수 없음이 원칙이다. 예컨대 원고의 청구취지, 즉 청구범위·액수 등은 모두 원고가 청구하는 한도를 초월하여 판결할 수 없다(대판 1987.11.10. 86누491). 그러나 행정소송법은 법원이 필요하다고 인정할 때에는 직권으로 증거조사를 할 수 있고 당사자가 주장하지 아니한 사실에 대하여도 판단할 수 있게 하였는바(제26조), 동 규정의 해석상 논의가 있다(후술).

4. 심리에 관한 일반원칙

(1) 처분권주의

① **당사자 특히 원고의 의사에 의하여 소송절차의 개시, 심판의 대상 및 절차의 종료를 결정토록 하는 것**을 처분권주의라 한다. 이는 법원이 직권으로 결정하는 직권주의와 대립된다. 처분권주의는 사인의 권리보호에 기여한다.

② 처분권주의는 원고에 의한 소송의 제기·소의 변경·소의 취하 등에서 나타난다. 그러나 민사소송과 달리 청구의 인낙이나 화해는 허용되지 않는다(다수설).

(2) 변론주의

변론주의란 **판결에 기초가 되는 사실과 증거의 수집·제출을 당사자의 책임으로 하는 원칙**을 말한다. 직권탐지주의와 대비되는 개념이다. 행정소송의 심리에 있어서도 변론주의가 원칙이 되는 것은 물론이다. 다만 행정소송법은 행정소송의 공익적 측면을 고려하여 법원의 직권에 의한 증거조사 및 직권탐지를 보충적으로 인정하고 있다.

(3) 공개심리주의

공개심리주의란 **재판절차는 공개적으로 진행되어야 한다는 원칙**을 말한다(헌법 제109조 1문). 공개주의는 법원에 대한 국민의 통제를 강화시키고 판결의 객관성을 강화해준다. 그러나 예외적으로 일정한 경우에는 비공개도 인정된다.

(4) 구술심리주의

구술심리주의란 **당사자 및 법원의 소송행위, 특히 변론 및 증거조사를 구술로 하는 원칙**으로서 서면심리주의에 대응한다. 현행법은 구술심리주의를 원칙으로 하면서 서면심리주의로써 그 결점을 보완하고 있다(이시윤). 구술심리주의는 사건의 진상파악이 쉽고 재판이 신속하게 진행된다는 장점이 있다. 다만 당사자는 구두변론을 포기할 수도 있다.

5. 행정소송의 심리의 특수한 절차

(1) 직권심리주의

① **의의** : 직권심리주의는 소송의 주도권을 법원에 부여함을 뜻한다. 행정소송법은 취소소송의 심리에 있어서 변론주의를 기본으로 하면서도, 행정소송의 공익적 성격을 고려해 '법원은 필요하다고 인정할 때에는 직권으로 증거조사를 할 수 있고, 당사자가 주장하지 아니한 사실에 대하여도 판단할 수 있다'고 규정하고 있다(제26조). 이 특례규정의 해석과 관련하여 견해가 대립한다.

② 변론주의와의 관계

변론주의보충설 (다수설)	㉠ 의의 : 당사자가 주장한 사실에 대해 당사자의 입증활동이 불충분하여 법원이 심증을 얻기 어려운 경우에 직권으로 증거조사가 가능하다는 규정으로 이해 ㉡ 효과 : 당사자가 주장하지 않은 사실은 심판의 대상으로 삼을 수 없음
직권탐지주의설	㉠ 의의 : 당사자가 주장하지 아니한 사실에 대해서도 직권탐지가 가능하며 당사자의 증거신청에 의하지 않고 직권으로 증거조사가 가능하다는 견해 ㉡ 논거 : 행정소송법 제26조 후단의 "당사자가 주장하지 아니한 사실에 대하여 판단할 수 있다"는 규정
판례	㉠ 변론주의보충설의 입장에 서 있으나, 민사소송에서보다는 더 넓게 직권증거조사를 인정하고 있는 것으로 평가됨 ㉡ 다만 "행정소송법 제26조가 규정하는 바는 행정소송의 특수성에서 연유하는 당사자주의, 변론주의에 대한 일부 예외규정일 뿐 법원이 아무런 제한 없이 당사자가 주장하지 아니한 사실을 판단할 수 있는 것은 아니고, 기록상 현출되어 있는 사항에 관하여서만 직권으로 증거조사를 하고 이를 기초로 하여 판단할 수 있을 따름이다."(대결 1994.4.26. 92누17402) 라고 제한적으로 해석 ㉢ 그리고 행정소송에 있어서 직권주의가 가미되었다고 하여서 당사자주의와 변론주의를 기본 구조로 하는 이상 주장입증책임이 전도된 것이라고 할 수 없고(대판 1981.6.23. 80누510), 기본적 사실관계의 동일성이 없는 사실을 직권으로 심사하는 것은 직권심사주의의 한계를 벗어난 것으로서 위법하다(대판 2013.8.22. 2011두265890)는 입장

> **관련판례**

행정소송법이 허용하는 직권심사주의의 한계를 벗어난 것으로서 위법하다고 본 사례
[1] 국가유공자 인정 요건, 즉 공무수행으로 상이를 입었다는 점이나 그로 인한 신체장애의 정도가 법령에 정한 등급 이상에 해당한다는 점은 국가유공자 등록신청인이 증명할 책임이 있지만, 그 상이가 '불가피한 사유 없이 본인의 과실이나 본인의 과실이 경합된 사유로 입은 것'이라는 사정, 즉 지원대상자 요건에 해당한다는 사정은 국가유공자 등록신청에 대하여 지원대상자로 등록하는 처분을 하는 처분청이 증명책임을 진다고 보아야 한다. 이러한 점과 더불어 공무수행으로 상이를 입었는지 여부와 그 상이가 불가피한 사유 없이 본인의 과실이나 본인의 과실이 경합된 사유로 입은 것인지 여부는 처분의 상대방의 입장에서 볼 때 방어권 행사의 대상과 방법이 서로 다른 별개의 사실이고, 그에 대한 방어권을 어떻게 행사하는지 등에 따라 국가유공자에 해당하는지 지원대상자에 해당하는지에 관한 판단이 달라져 법령상 서로 다른 처우를 받을 수 있는 점 등을 종합해 보면, <u>같은 국가유공자 비해당결정이라도 그 사유가 공무수행과 상이 사이에 인과관계가 없다는 것과 본인 과실이 경합되어 있어 지원대상자에 해당할 뿐이라는 것은 기본적 사실관계의 동일성이 없다고 보아야 한다. 따라서 처분청이 공무수행과 사이에 인과관계가 없다는 이유로 국가유공자 비해당결정을 한 데 대하여 법원이 그 인과관계의 존재는 인정하면서 직권으로 본인 과실이 경합된 사유가 있다는 이유로 그 처분이 정당하다고 판단하는 것은 행정소송법이 허용하는 직권심사주의의 한계를 벗어난 것으로서 위법하다</u>(대판 2013.8.22. 2011두26589).
[2] 명의신탁등기 과징금과 장기미등기 과징금은 위반행위의 태양, 부과 요건, 근거 조항을 달리하

므로, 각 과징금 부과처분의 사유는 상호 간에 기본적 사실관계의 동일성이 있다고 할 수 없다. 그러므로 그중 어느 하나의 처분사유에 의한 과징금 부과처분에 대하여 당해 처분사유가 아닌 다른 처분사유가 존재한다는 이유로 적법하다고 판단하는 것은 특별한 사정이 없는 한 행정소송법상 직권심사주의의 한계를 넘는 것으로서 허용될 수 없다(대판 2017.5.17. 2016두53050).

(2) 행정심판기록 제출명령

법원은 당사자의 신청이 있는 때에는 결정으로써 재결을 행한 행정청에 대하여 행정심판에 관한 기록의 제출을 명할 수 있고(행정소송법 제25조 제1항), 제출명령을 받은 행정청은 지체 없이 당해 행정심판에 관한 기록을 법원에 제출하여야 한다(제2항). 행정심판에 관한 기록이란 당해 사건과 관련하여 행정심판위원회에 제출된 일체의 서류(심판청구서·답변서·보충서면·재결서·회의록·증거자료)를 의미한다.

6. 주장책임과 입증책임

(1) 주장책임

① **의의** : 주장책임이란 '분쟁의 중요한 사실관계를 주장하지 않음으로 인하여 일방당사자가 받는 불이익부담'을 말한다. 주장책임은 변론주의에서 문제된다. 변론주의하에서 당사자는 자기에게 유리한 주요 사실을 주장하지 않으면 법원이 설령 그 사실의 존재에 대하여 심증을 얻은 경우라도 마치 그 사실을 없는 것으로 취급하여 당사자 일방이 불이익을 받게 된다. 주장책임은 당사자에게 공격·방어의 목표를 명시하고, 불의의 위험을 방지하는 기능을 수행한다.

② **직권심리주의와 주장책임자** : 대법원은 행정소송법 제26조(직권심리)가 변론주의에 대한 예외를 규정한 것에 불과하다고 보고, 원고가 처분의 위법된 구체적인 사실을 먼저 주장하여야 한다는 입장이다. 그러나 기록상 자료가 나타나 있음에도 당사자가 주장하지 아니하였다는 이유로 판단하지 아니한 것은 위법하다(대판 1992.2.28. 91누6597).

③ **주장의 범위**

㉠ **행정심판과 행정소송에서 주장의 부합성 여부** : 행정소송과 행정심판에서 한 주장은 전혀 별개의 것이 아닌 한 반드시 일치하여야 하는 것은 아니고, 기본적인 점에서 서로 부합되는 것이면 족하다(대판 1988.2.9. 87누903).

㉡ **주장의 내용** : 주장책임은 주요사실에 대하여만 인정되며 간접사실과 보조사실은 주장책임의 대상이 되지 않는다. 그리고 어느 당사자든지 변론에서 주장하였으면 되고 반드시 주장책임을 지는 당사자가 주장하여야 하는 것은 아니다.

㉢ **주장책임의 분배** : 이에 대하여 ⓐ 주요사실에 대한 입증책임을 지는 자가 주장책임도 부담한다는 견해, ⓑ 취소소송의 특수성을 고려하여 주장책임 분배의 문제와 입증책임 분배는 별도로 결정되어야 한다는 견해가 있다. 판례는 행정처분의 취소를 구하는 자가 위법사유에 해당하는 구체적 사실을 먼저 주장하여야 한다는 입장이다.

> **관련판례**
>
> 전심절차에서 주장하지 않은 공격방어방법의 행정소송절차에서의 주장가부
> 전심절차에서의 주장과 행정소송에서의 주장이 전혀 별개의 것이 아닌 한 그 주장이 반드시 일치하여야 하는 것은 아니고 당사자는 전심절차에서 미처 주장하지 아니한 사유를 공격방어방법으로 제출할 수 있다고 하겠으므로 전심절차에서 증여사실에 기초하여 주식가액의 평가방법이 위법하다고 주장하다가 행정소송에 이르러 증여사실 자체를 부인하는 등 공격방어 방법을 변경하였다 하여 이를 금반언의 원칙 또는 신의성실의 원칙에 반한다고 할 수 없다(대판 1988.2.9. 87누903).
>
> 행정소송에서의 주장책임
> 행정소송에 있어서 특단의 사정이 있는 경우를 제외하면 당해 행정처분의 적법성에 관하여는 당해 처분청이 이를 주장·입증하여야 할 것이나, 행정소송에 있어서 직권주의가 가미되어 있다고 하여도 여전히 당사자주의, 변론주의를 그 기본 구조로 하는 이상 행정처분의 위법을 들어 그 취소를 청구함에 있어서는 직권조사사항을 제외하고는 그 위법된 구체적인 사실을 먼저 주장하여야 한다(대판 2000.5.30. 98두20162).

(2) 입증책임
　① 의의 : 입증책임은 '소송상 일정한 사실의 존부가 확정되지 않은 경우에 불리한 법적 판단을 받게 되는 일방당사자의 부담'을 말한다. 입증책임은 변론주의하에서 특히 중요한 의미를 가지나, 진위불명의 상태가 예견되는 한 직권심리주의하에서도 문제가 된다. 그런데 행정법상 입증책임의 분배에 관한 원칙적 규정이 없어 견해가 대립한다.
　② 학설

	내용	비판
원고책임설	행정행위에는 공정력이 있어 처분의 적법성이 추정되므로 처분의 위법사유에 관하여 원고에게 입증책임이 있다는 견해	행정행위의 공정력은 행정소송 이전의 단계에서만 인정되는 효력이고, 그것도 적법성 추정이 아니라 절차상·사실상의 활용에 불과
피고책임설	법치행정의 원리상 국가행위의 적법성은 국가가 담보해야 하므로 행위의 적법성의 입증책임은 피고인 국가에 놓인다는 견해	법치행정의 원리가 바로 원고의 입증책임을 면책한다고 볼 수 없음
법률요건분류설 (입증책임분배설)	행정행위의 공정력은 입증책임의 문제와 직접 관계가 없으며, 당사자는 각각 자기에게 유리한 요건사실의 존재에 대하여 입증책임을 부담한다는 입장(다수설·판례)	대등당사자의 이해조정 및 재판규범으로서의 성격을 가진 민사실체법과 공익과 사익의 조정 및 행정기관의 행위규범적 성격을 가진 행정실체법을 동일하게 논할 수 없음
행정법 독자분배설	행정소송의 특수성을 감안하여 사안의 성질, 당사자간의 공평, 증거와의 거리, 입증의 난이, 금반언, 경험칙의 개연성 등에 의하여 구체적 사안에 따라 입증책임을 결정한다는 견해(즉, 국민의 권리나 의무를 제한하는 것은 행정청이 적법성의 입증책	기준들이 지극히 추상이며, 그 내용에 있어 입증책임분배설과 실질적으로 차이가 없음

	임을, 권리·이익의 확장은 원고가 입증책임을, 재량일탈이나 남용은 원고가 입증책임을 부담)

③ **판례의 기본입장** : 판례는 행정소송에서의 입증책임도 원칙적으로 민사소송의 일반원칙에 따라 당사자간에 분배되어야 한다고 보면서도, 항고소송의 특성도 고려하여야 한다는 입장이다.

> **관련판례**
>
> **항고소송에 있어서 행정처분의 적법성에 관한 입증책임 및 법인세부과처분의 위법사유에 대한 입증책임**
> 민사소송법의 규정이 준용되는 행정소송에 있어서 입증책임은 원칙적으로 민사소송의 일반원칙에 따라 당사자간에 분배되고 항고소송의 경우에는 그 특성에 따라 당해 처분의 적법을 주장하는 피고에게 그 적법사유에 대한 입증책임이 있다 할 것인바 피고가 주장하는 당해 처분의 적법성이 합리적으로 수긍할 수 있는 일응의 입증이 있는 경우에는 그 처분은 정당하다 할 것이며 이와 상반되는 주장과 입증은 그 상대방인 원고에게 그 책임이 돌아간다고 할 것이다. 주주가지급금계정, 받을 어음계정, 대여금계정, 미결산금계정에 계상된 금액에 대하여 세무조사당시 근거와 증빙을 제시하지 못하였고 부사장이 사채이자를 변태기장한 것이라는 확인서까지 제출한 사실이 입증된 이상 그와 반대되는 부과처분의 위법사유는 원고에게 입증책임이 있다(대판 1984.7.24. 84누124).
>
> **일방 배우자 명의의 예금이 인출되어 타방 배우자 명의의 예금계좌로 입금되는 경우 증여되었다는 사실의 증명책임(=과세관청)**
> 부부 사이에서 일방 배우자 명의의 예금이 인출되어 타방 배우자 명의의 예금계좌로 입금되는 경우에는 증여 외에도 단순한 공동생활의 편의, 일방 배우자 자금의 위탁 관리, 가족을 위한 생활비 지급 등 여러 원인이 있을 수 있으므로, 그와 같은 예금의 인출 및 입금 사실이 밝혀졌다는 사정만으로는 경험칙에 비추어 해당 예금이 타방 배우자에게 증여되었다는 과세요건사실이 추정된다고 할 수 없다(대판 2015.9.10. 2015두41937).
>
> **명의신탁에 있어서 조세회피목적이 없었다는 점에 관한 증명책임의 소재(=명의자)**
> 구 상속세 및 증여세법 제45조의2 제1항은 재산의 실제소유자가 조세회피목적으로 명의만 다른 사람 앞으로 해두는 명의신탁행위를 효과적으로 방지하여 조세정의를 실현하는 데 취지가 있으므로, 명의신탁행위가 조세회피목적이 아닌 다른 목적에서 이루어졌음이 인정되고 그에 부수하여 사소한 조세경감이 생기는 것에 불과하다면 그러한 명의신탁행위에 조세회피목적이 있었다고 보아 증여로 의제할 수 없다. 그러나 위와 같은 입법 취지에 비추어 볼 때 명의신탁의 목적에 조세회피목적이 포함되어 있지 않은 경우에만 증여로 의제할 수 없다고 보아야 하므로, 다른 목적과 아울러 조세회피의 목적도 있었다고 인정되는 경우에는 여전히 증여로 의제된다고 보아야 한다. 이때 조세회피의 목적이 없었다는 점에 관한 증명책임은 이를 주장하는 명의자에게 있다(대판 2017.2.21. 2011두10232).

친일반민족행위자의 재산 취득 사례

친일반민족행위자가 사정을 통해 취득한 토지의 경우 그 사정의 기초가 된 옛 법률관계 혹은 사실상의 소유권이 러·일전쟁 개전 전부터 이미 존재하였다는 점에 관하여 상당한 개연성을 수긍케 하는 사정이 인정된다면 친일반민족행위자 재산의 국가귀속에 관한 특별법 제2조 제2호 후문(추정조항)은 그 전제사실에 관한 법관의 확신이 더 이상 유지되지 아니하여 적용될 수 없고, 이 경우 해당 토지의 취득과 친일행위 사이의 대가관계는 피고가 증명하여야 한다고 봄이 상당하다(대판 2013.3.28. 2009두11454).

④ 구체적 검토
  ㉠ **소송요건** : 소송요건(예 처분의 존재, 제소기간의 준수)은 직권조사사항이지만 존부가 불분명한 경우에는 원고가 불이익을 받게 되므로 원고에게 입증책임이 있다.
  ㉡ **개인적 공권의 존재** : 원고가 법률상 그러한 개인적 공권의 성립을 가져오는 사실관계의 존재에 대한 입증책임을 부담한다.
  ㉢ **권한행사규정의 요건사실** : 행정청이 원칙적으로 행정처분의 적법성에 관하여 입증책임을 진다(대판 1001.1.16. 99두8107). 즉 행정의 법률에의 구속의 원리상 행정청이 침해규범의 사실상·법상의 요건이 존재함을 입증해야 한다. 예컨대 허가의 경우 허가발령의 일반적 요건을 구비하였다는 것이나, 과세의 경우 과세요건을 구비하였다는 것, 처분절차의 적법성 및 송달사실은 피고가 입증책임을 진다. 다만 경험칙상 요건사실이 추정되는 경우 상대방이 경험칙 적용의 대상이 되지 아니하는 사정을 입증해야 한다(대판 1992.7.10. 92누6761).
  ㉣ **권한행사장애규정의 요건사실** : 예컨대 허가발령을 저지하는 요건(예 허가기준 미달)이나, 과세대상이 된 토지가 비과세 혹은 면제대상이라는 점, 그리고 재량권의 일탈·남용이 있다는 점은 원고에게 입증책임이 있다. 재량행위의 근거규정과 재량의 한계를 확정하는 행정법 일반원리는 원칙과 예외의 관계에 있고, 후자는 일종의 권한장애규정이라고 할 수 있으므로 이러한 행정법 일반원리의 위반을 인정하는 데 필요한 사실은 원고가 입증하여야 한다.
  ㉤ **소송유형별 검토**
    ⓐ **부담적 처분의 취소소송** : 행정행위가 근거하고 있는 법규범의 요건사실의 존재에 대한 입증책임은 피고인 행정청이 진다.
    ⓑ **거부처분취소소송** : 원고가 신청한 처분의 발급에 대한 권리를 근거지우는 법규범의 요건사실의 존재에 대한 입증책임을 지고, 피고는 권리장애적 요건사실의 존재에 대한 입증책임을 진다.
    ⓒ **무효등확인소송** : 하자의 중대성·명백성, 즉 당해 행정행위의 무효사유에 대한 입증책임은 원고가 진다(대판 2000.3.23. 99두11851).
    ⓓ **부작위위법확인소송** : 부작위의 존재(신청사실 및 신청권의 존재, 처분이 없는 사실의 존재)는 부작위를 주장하는 원고에게 입증책임이 있고, 상당한 기간이 경과하였음에도 신청에 따른 처분을 하지 못한 것을 정당화하는 사유에 대하여는 행정청이 주장·입증책임을 진다. 다만, 일정한 처분을 하여야 할 법률상의 의무의 존부 및 상당한 기간의 판단은 법률판단 영역이므로 입증책임의 대상이 되지 아니한다.

7. 법관의 석명권

(1) 재판장은 소송관계를 분명하게 하기 위하여 당사자에게 사실상 또는 법률상 사항에 대하여 질문할 수 있고, 증명을 하도록 촉구할 수 있다(민사소송법 제136조). 일반적 견해는 이러한 석명이 재량을 넘어 법관의 의무의 성질을 갖는다고 본다.

(2) 다만 법원의 석명권은 당사자의 진술에 모순, 흠결이 있거나 애매하여 그 진술의 취지를 알 수 없을 때 이를 보완하여 명료하게 하거나 입증책임 있는 당사자에게 입증을 촉구하기 위하여 행사하는 것이지 그 정도를 넘어 당사자에게 새로운 청구를 할 것을 권유하는 것은 석명권을 한계를 넘어선다(대판 1992.3.10. 91누6030).

예제 항고소송에 대한 설명으로 옳은 것은? (다툼이 있는 경우 판례에 의함)
① 취소소송의 소송물을 처분의 위법성 일반으로 보게 되면, 어떠한 처분에 대한 청구기각의 확정판결이 있는 경우에도 후에 제기되는 취소소송에서 그 처분의 위법성을 주장할 수 있다.
② 소송에 있어서 처분권주의는 사적자치에 근거를 둔 법질서에 뿌리를 두고 있으므로 취소소송에는 적용되지 않는다.
③ 취소소송의 심리에 있어서 주장책임은 직권탐지주의를 보충적으로 인정하고 있는 한도 내에서 그 의미가 완화된다.
④ 부작위위법확인소송에서 사인의 신청권의 존재여부는 부작위의 성립과 관련하므로 원고적격의 문제와는 관련이 없다.

정답 ③
① (×) 취소소송의 소송물을 처분의 위법성 일반으로 보는 경우(다수설), 전소에서 청구기각판결이 있으면 처분이 적법하다는 것에 대해 기판력이 발생하므로 후소에서 처분의 위법성을 주장할 수 없게 된다.
② (×) 처분권주의란 절차의 개시, 심판의 대상, 절차의 종결에 관하여 당사자가 결정권을 가지는 원칙을 말하며, 행정소송에서도 처분권주의가 적용된다.
③ (○) 주장책임은 변론주의하에서 문제되므로 우리나라 행정소송에서처럼 직권탐지주의가 가미된 경우에는 주장책임의 정도가 완화되어 적용된다고 할 수 있다.
④ (×) 당사자가 행정청에 대하여 어떠한 행정행위를 하여 줄 것을 신청하지 아니하거나 그러한 신청을 하였더라도 당사자가 행정청에 대하여 그러한 행정행위를 하여 줄 것을 요구할 수 있는 법규상 또는 조리상의 권리를 갖고 있지 아니하든지 또는 행정청이 당사자의 신청에 대하여 거부처분을 한 경우에는 원고적격이 없거나 항고소송의 대상인 위법한 부작위가 있다고 볼 수 없어 그 부작위위법확인의 소는 부적법하다(대판 1995.9.15. 95누7345).

예제 ▶ 행정소송의 심리에 대한 설명으로 옳지 않은 것은? (다툼이 있는 경우 판례에 의함)
① 소송요건의 존부는 사실심 변론종결시를 기준으로 판단한다.
② 「행정소송법」은 법원이 직권으로 관계행정청에 자료제출을 요구할 수 있음을 규정하고 있다.
③ 법원은 소송제기가 없는 사건에 대하여 심리·재판할 수 없다.
④ 법원은 행정소송에서 기록상 자료가 나타나 있다면 당사자가 주장하지 않았더라도 판단할 수 있다.

정답 ②

② (×) 법원은 당사자의 신청이 있는 때에는 결정으로써 재결을 행한 행정청에 대하여 행정심판에 관한 기록의 제출을 명할 수 있다(행정소송법 제25조 제1항). 이와 같이 행정심판기록의 제출명령 제도는 규정하고 있으나 일반적으로 관계행정청에 자료제출을 요구할 수 있다는 규정은 없다.

08 취소소송의 판결

1. 판결의 의의

취소소송의 판결이란 **법원이 구체적인 취소소송사건에 대하여 원칙적으로 변론을 거쳐 그에 대한 법적 판단을 선언하는 행위**를 말한다.

2. 위법판단의 기준시

(1) 문제상황

처분은 그 당시의 사실상태 및 법률상태를 기초로 하여 행해지게 된다. 그런데, 처분 등이 이루어진 뒤에 당해 처분 등의 근거가 된 법령이 개정·폐지되거나 법령상의 처분요건인 사실상태에 변동이 있는 경우, 어느 시점의 법률상태 및 사실상태를 기준으로 처분의 위법성을 판단할 것인가의 문제가 있다.

> **행정기본법 제14조(법 적용의 기준)** ② 당사자의 신청에 따른 처분은 법령등에 특별한 규정이 있거나 처분 당시의 법령등을 적용하기 곤란한 특별한 사정이 있는 경우를 제외하고는 처분 당시의 법령등에 따른다.
> ③ 법령등을 위반한 행위의 성립과 이에 대한 제재처분은 법령등에 특별한 규정이 있는 경우를 제외하고는 법령등을 위반한 행위 당시의 법령등에 따른다. 다만, 법령등을 위반한 행위 후 법령등의 변경에 의하여 그 행위가 법령등을 위반한 행위에 해당하지 아니하거나 제재처분 기준이 가벼워진 경우로서 해당 법령등에 특별한 규정이 없는 경우에는 변경된 법령등을 적용한다.

(2) 학설과 판례

처분시설 (다수설)	① 논거 : ㉠ 법원은 객관적 입장에서 처분 등의 위법 여부를 사후심사할 수 있을 뿐이라는 점, ㉡ 원고는 처분 당시의 사실관계 및 법령상태에서 소송물을 특정할 수밖에 없는데 처분 후의 사정을 고려한다는 것은 이 소송물의 동일성과 모순된다는 점 ② 효과 : 적법한 행정행위가 법적·사실적 상황의 변경으로 인하여 위법하게 되더라도 기각판결을 내려야 함(예 퇴거명령에 대하여 취소소송을 제기한 불법체류외국인이 그 사이에 한국여자와 결혼하여 국적을 취득하였어도 기각판결)

	③ 비판 : 소송경제 및 권리보호의 효율성의 관점에서 문제점
판결시설	① 논거 : ㉠ 항고소송은 구체적인 행정처분이 법규에 대하여 적합한가의 여부를 판단의 대상으로 하는데, 이 경우의 법규는 판결시의 법규라야 한다는 점, ㉡ 취소소송의 본질은 행정청의 제1차적 판단을 매개로 하여 발생하는 위법상태의 배제에 있다는 점 ② 비판 : ㉠ 적법하게 발급된 처분이 후에 위법하게 될 수 있거나 또는 위법하게 발급된 처분이 후에 적법하게 되는 것은 행정의 적법성통제를 목적으로 하는 취소소송의 본질에 반하고, ㉡ 판결의 지연에 따라 불균형한 결과가 초래될 수 있음
절충설	행정청의 제1차적 판단권의 존중이라는 측면에서 원칙적으로 처분시설이 타당하나, 예외적으로 계속효 있는 행위(예 영업허가의 취소, 교통표지판의 설치)의 경우에는 판결시설이 타당하다는 입장 ※ 거부처분취소소송의 경우에도 실질적으로 의무이행소송과 유사한 성격을 가지므로 판결시설이 타당하다는 견해 있음(정하중)
판례	원칙적으로 처분시설을 취함

관련판례

행정처분의 위법 여부 판단의 기준시점은 처분시

[1] 행정소송에서 행정처분의 위법 여부는 행정처분이 행하여졌을 때의 법령과 사실상태를 기준으로 하여 판단하여야 하고, 처분 후 법령의 개폐나 사실상태의 변동에 의하여 영향을 받지는 않는다(대판 2007.5.11. 2007두1811).

[2] 난민 인정 거부처분의 취소를 구하는 취소소송에서도 그 거부처분을 한 후 국적국의 정치적 상황이 변화하였다고 하여 처분의 적법 여부가 달라지는 것은 아니다(대판 2008.7.24. 2007두3930).

[3] 행정청이 수익적 행정처분을 하면서 부가한 부담의 위법 여부는 처분 당시 법령을 기준으로 판단하여야 하고, 부담이 처분 당시 법령을 기준으로 적법하다면 처분 후 부담의 전제가 된 주된 행정처분의 근거 법령이 개정됨으로써 행정청이 더 이상 부관을 붙일 수 없게 되었다 하더라도 곧바로 위법하게 되거나 그 효력이 소멸하게 되는 것은 아니다. 따라서 행정처분의 상대방이 수익적 행정처분을 얻기 위하여 행정청과 사이에 행정처분에 부가할 부담에 관한 협약을 체결하고 행정청이 수익적 행정처분을 하면서 협약상의 의무를 부담으로 부가하였으나 부담의 전제가 된 주된 행정처분의 근거 법령이 개정됨으로써 행정청이 더 이상 부관을 붙일 수 없게 된 경우에도 곧바로 협약의 효력이 소멸하는 것은 아니다(대판 2009.2.12. 2005다65500).

[4] 소관 행정청이 허가신청을 수리하고도 정당한 이유 없이 처리를 늦추어 그 사이에 법령 및 허가기준이 변경된 것이 아닌 한 변경된 법령 및 허가기준에 따라서 한 불허가처분은 위법하다고 할 수 없다(대판 2005.7.29. 2003두3550).

[5] 공정거래위원회의 과징금 납부명령 등이 재량권 일탈·남용으로 위법한지는 다른 특별한 사정이 없는 한 과징금 납부명령 등이 행하여진 '의결일' 당시의 사실상태를 기준으로 판단하여야 한다(대판 2015.5.28. 2015두36256).

행정처분의 위법 여부를 판단하는 기준 시점이 처분시라는 의미

[1] 행정처분의 위법 여부를 판단하는 기준 시점에 대하여 판결시가 아니라 처분시라고 하는 의미는 행정처분이 있을 때의 법령과 사실상태를 기준으로 하여 위법 여부를 판단할 것이며 처분 후 법령의 개폐나 사실상태의 변동에 영향을 받지 않는다는 뜻이지 처분 당시 존재하였던 자료나 행정청에 제출되었던 자료만으로 위법 여부를 판단한다는 의미는 아니므로 처분 당시의 사실상태 등에 대한 입증은 사실심 변론종결 당시까지 할 수 있고, 법원은 행정처분 당시 행정청이 알고 있었던 자료뿐만 아니라 사실심 변론종결 당시까지 제출된 모든 자료를 종합하여 처분 당시 존재하였던 객관적 사실을 확정하고 그 사실에 기초하여 처분의 위법 여부를 판단할 수 있다(대판 1995.11.10. 95누8461).

[2] 과세처분취소소송의 소송물은 과세관청이 결정한 세액의 객관적 존부이므로, 과세관청으로서는 소송 도중 사실심 변론종결시까지 당해 처분에서 인정한 과세표준 또는 세액의 정당성을 뒷받침할 수 있는 새로운 자료를 제출하거나 처분의 동일성이 유지되는 범위 내에서 그 사유를 교환·변경할 수 있는 것이고, 반드시 처분 당시의 자료만에 의하여 처분의 적법 여부를 판단하여야 하거나 처분 당시의 처분사유만을 주장할 수 있는 것은 아니다(대판 2014.5.16. 2013두21076).

3. 판결의 종류

(1) 종국판결·중간판결

종국판결은 당해 소송의 전부나 일부를 그 심급으로서 종료시키는 판결이고, 중간판결은 소송진행중에 생긴 쟁점을 해결하기 위하여 내리는 확인적 성질의 판결을 말한다(예 소송의 대상인 사건이 행정사건이 아니라는 피고의 항변을 이유 없다고 하는 판결은 중간판결).

(2) 전부판결·일부판결

전부판결은 동일소송절차로 심판되는 사건의 전부를 동시에 종료시키는 판결이고, 일부판결은 동일한 소송절차로 계속되어 있는 사건의 일부를 다른 부분으로부터 분리하여 종료시키는 종국판결이다. 일부판결을 한 후에 잔여부분에 대하여 하는 판결을 잔부(殘部)판결이라고 한다.

(3) 소송판결(각하판결)·본안판결

소송판결은 당해 소가 소송요건을 결여하고 있는 경우에 이를 부적법한 소로서 각하하는 판결을 말하고, 본안판결은 소송에 의한 청구의 당부에 대한 판결로서 본안심리의 결과 청구의 전부 또는 일부를 인용하거나 기각함을 내용으로 하는 판결이다.

(4) 인용판결

① 의의 : 원고의 청구가 이유 있다고 하여 그 전부 또는 일부를 받아들이는 판결을 말한다. 취소소송의 인용판결은 위법한 처분 등의 '취소 또는 변경'을 내용으로 하는 판결이다(행정소송법 제4조 제1호).
② 종류 : 취소소송의 인용판결에는 '처분 또는 재결의 취소판결', '무효선언의 의미의 취소판결', '처분 또는 재결의 변경판결' 등이 포함된다. '무효선언의 의미의 취소판결'의 형식은 취소판결이나 그 실질은 처분의 무효를 확인하는 효과만을 가진다.
③ 행정소송법 제4조 제1호의 '변경'의 의미 : 여기서 변경의 의미에 관하여는, 원처분을 새 처분으로

대체시키는 적극적 형성판결로 이해하는 입장과, 권력분립의 관점에서 이를 일부취소의 의미로 보는 소극적 입장이 대립하고 있으나, 소극설이 통설·판례이다.

(5) 기각판결

본안심리 결과, **원고의 취소청구가 이유 없다고 판단되는 경우** 기각판결을 내린다. 즉, 계쟁처분이 적법하거나 위법하지 않고 단순한 부당에 그친 경우, 또는 취소소송이 제기된 이후에 소의 대상이나 소의 이익이 소멸한 경우 기각판결을 내린다. 예외적으로 처분이 위법하더라도 공익적 견지에서 원고의 청구를 기각하는 경우가 있는바, 아래의 사정판결이 이에 해당한다.

(6) 사정판결

① **의의** : 원고의 청구가 이유 있다고 인정하는 경우에도 **처분등을 취소하는 것이 현저히 공공복리에 적합하지 아니하다고 인정하는 때에는 법원은 원고의 청구를 기각**할 수 있는데(행정소송법 제28조 제1항 본문), 이를 사정판결이라 한다. 이는 사익의 보호가 결과적으로 공익에 중대한 침해를 가져올 경우 사회전체의 공익을 우선시킴으로써 이를 시정하려는데 그 취지가 있다(대판 2006.9.22. 2005두2506). 그러나 사정판결이 처분을 적법하게 만드는 것은 아니다.

② **문제점** : 대법원은 사정판결제도가 법치행정에 반하는 위헌적인 제도가 아니라고 하나(대판 2009. 12.10. 2009두8359), 사정판결은 위법한 처분 등을 그대로 유지하는 것이므로 법치행정의 원리와 재판을 통한 개인의 권익보장이라는 헌법이념에 충실하지 못한다는 비판이 가능하다(이상규). 따라서 사정판결은 극히 엄격한 요건 아래 불가피한 경우에만 허용되어야 하고, 아울러 원고에게 가해지는 침해에 대한 구제책이 확보되어야 한다.

③ **요건**

㉠ **청구가 이유 있다고 인정될 것** : 쟁송의 대상인 처분이 위법하고, 그 위법한 처분 등에 의하여 원고의 법률상 이익이 침해된 경우이어야 한다.

㉡ **처분 등의 취소가 현저히 공공복리에 적합하지 아니할 것** : 즉 원고의 청구를 기각하는 것만이 공공복리 실현을 위한 해결책이어야 한다. 판례는 "위법·부당한 행정처분을 취소·변경하여야 할 필요와 그 취소·변경으로 인하여 발생할 수 있는 공공복리에 반하는 사태 등을 비교·교량하여 그 적용 여부를 판단하여야 한다"고 하여 개별적 사건에 있어서 구체적으로 판단한다.

> **관련판례**
>
> 사정판결을 인정한 경우
> [1] 환지예정지지정처분의 기초가 된 가격평가의 내용이 일응 적정한 것으로 보일 뿐만 아니라 환지계획으로 인한 환지예정지지정처분을 받은 이해관계인들 중 원고를 제외하고는 아무도 위 처분에 관하여 불복하지 않고 있으므로 원고에 대한 환지예정지지정처분을 위법하다 하여 이를 취소하고 새로운 환지예정지를 지정하기 위하여 환지계획을 변경할 경우 위 처분에 불복하지 않고 기왕의 처분에 의하여 이미 사실관계를 형성하여 온 다수의 다른 이해관계인들에 대한 환지예정지지정처분까지도 변경되어 기존의 사실관계가 뒤엎어지고 새로운 사실관계가 형성되어 혼란이 생길 수도 있게 되는 반면 위 처분으로 원고는 이렇다 할 손해를 입었다고 볼 만한 사정도

엿보이지 않고 가사 손해를 입었다 할지라도 청산금보상 등으로 전보될 수 있는 점 등에 비추어 보면 위 처분이 토지평가협의회의 심의를 거치지 아니하고 결정된 토지 등의 가격평가에 터잡은 것으로 그 절차에 하자가 있다는 사유만으로 이를 취소하는 것은 현저히 공공복리에 적합하지 아니하다(대판 1992.2.14. 90누9032).

[2] 법학전문대학원이 장기간의 논의 끝에 사법개혁의 일환으로 출범하여 2009년 3월초 일제히 개원한 점, 전남대 법학전문대학원도 120명의 입학생을 받아들여 교육을 하고 있는데 인가처분이 취소되면 그 입학생들이 피해를 입을 수 있는 점, 법학전문대학원의 인가 취소가 이어지면 우수한 법조인의 양성을 목적으로 하는 법학전문대학원 제도 자체의 운영에 큰 차질을 빚을 수 있는 점, 법학전문대학원의 설치인가 심사기준의 설정과 각 평가에 있어 법 제13조에 저촉되지 않는 점, 교수위원이 제15차 회의에 관여하지 않았다고 하더라도 그 소속대학의 평가점수에 비추어 동일한 결론에 이르렀을 것으로 보여, 전남대에 대한 이 사건 인가처분을 취소하고 다시 심의하는 것은 무익한 절차의 반복에 그칠 것으로 보이는 점 등을 종합하면, 전남대에 대한 이 사건 인가처분이 법 제13조에 위배되었음을 이유로 취소하는 것은 현저히 공공복리에 적합하지 아니하다(대판 2009.12.10. 2009두8359).

[3] 재개발조합설립 및 사업시행인가처분이 처분 당시 법정요건인 토지 및 건축물 소유자 총수의 각 3분의 2 이상의 동의를 얻지 못하여 위법하나, 그 후 90% 이상의 소유자가 재개발사업의 속행을 바라고 있어 재개발사업의 공익목적에 비추어 그 처분을 취소하는 것은 현저히 공공복리에 적합하지 아니하다(대판 1995.7.28. 95누4629).

사정판결을 부정한 경우
[1] 관리처분계획의 수정을 위한 조합원총회의 재결의를 위하여 시간과 비용이 많이 소요된다는 등의 사정만으로는 재결의를 거치지 않음으로써 위법한 관리처분계획을 취소하는 것이 현저히 공공복리에 적합하지 아니하다고 볼 수 없다(대판 2001.10.12. 2000두4279).

[2] 징계면직된 검사의 복직이 검찰조직의 안정과 인화를 저해할 우려가 있다는 등의 사정은 검찰 내부에서 조정·극복하여야 할 문제일 뿐이고 준사법기관인 검사에 대한 위법한 면직처분의 취소 필요성을 부정할 만큼 현저히 공공복리에 반하는 사유라고 볼 수 없다(대판 2001.8.24. 2000두7704).

[3] 시외버스 운송사업계획 변경인가처분(경북북부지역~부산)의 취소로 인하여 연장노선 이용 승객들의 불편이 예상되지만 그러한 불편은 피고가 취할 수 있는 여러 대응조치 등으로 일시적 현상에 그칠 것으로 예상되는 점에서 사정판결의 요건을 갖추지 못하고 있다(대판 1991.5.28. 90누1359).

[4] 이 사건 처분의 취소로 인하여 부산 해운대구를 영업구역으로 하여 생활폐기물을 수집·운반하여 온 기존의 동종업체에게 경쟁상대를 추가시킴으로써 일시적인 공급시설의 과잉현상이 나타나 어느 정도의 손해가 발생한 것임은 예상되지만, 그 이상으로 소론과 같이 업체의 난립 및 과당경쟁으로 기존 청소질서가 파괴되어 청소에 관한 안정적이고 효율적인 책임행정의 이행이 불가능하게 된다고는 보이지 아니하므로 이 사건 처분을 취소하는 것이 현저히 공공의 복리에 적합하지 않은 경우에 해당한다고는 할 수 없다(대판 1998.5.8. 98두4061).

ⓒ **피고인 행정기관의 신청 여부** : 사정판결을 구하는 피고의 신청이 있어야 하며, 사정판결의 필요성에 대한 주장·입증의 책임은 사정판결의 예외성에 비추어 피고인 행정청이 부담한다. 그러나 판례는 '법원이 사정판결을 할 필요가 있다고 인정하는 때에는 당사자의 명백한 주장이 없는 경우에도 기록에 나타난 사실을 기초로 하여 직권으로 사정판결을 할 수 있다'고 한다(대판 2001.1.19. 99두9674).

④ **판단시점** : 사정판결의 대상이 되는 처분의 위법여부는 처분시를 기준으로 판단하나, 사정판결의 필요성은 판결시점(변론종결시)을 기준으로 판단한다. 사정판결은 처분시부터 위법하였으나 사후 변경된 사정을 고려하는 제도이기 때문이다.

⑤ **적용범위**
  ㉠ 사정판결은 취소소송에서만 인정되고 당사자소송이나 부작위위법확인소송에는 준용되고 있지 않다.
  ㉡ 그런데 무효등확인소송에서도 인정되는지의 여부에 대해서는 ⓐ 준용한다는 규정이 없기 때문에 부정하는 견해(통설), ⓑ 무효인 처분을 기초로 한 기성사실의 원상회복이 현저히 공공복리에 반하는 경우에는 예외적으로 무효인 처분에도 사정판결을 할 필요가 있다는 견해가 있다. 판례는 당연무효의 행정처분을 소송목적물로 하는 행정소송에서는 존치시킬 효력이 있는 행정행위가 없기 때문에 행정소송법 제28조 소정의 사정판결을 할 수 없다(대판 1996.3.22. 95누5509)는 입장이다.

⑥ **원고의 보호**
  ㉠ 법원이 사정판결을 함에 있어서는 미리 원고가 그로 인하여 입게 될 손해의 정도와 배상방법 그 밖의 사정을 조사하여야 한다(행정소송법 제28조 제2항).
  ㉡ 원고는 피고인 행정청이 속하는 국가 또는 공공단체를 상대로 손해배상, 제해시설의 설치 그 밖에 적당한 구제방법의 청구를 당해 취소소송 등이 계속된 법원에 병합하여 제기할 수 있다(제3항).
  ㉢ 이 경우 법원은 그 판결의 주문에서 그 처분 등이 위법함을 명시하여야 한다(제1항). 그 위법성에 대하여 기판력이 발생한다. 이는 처분의 위법성을 이유로 하여 그에 따른 손해배상청구를 하게 한다든가, 당해 처분 등의 존재를 전제로 한 행정청의 후속처분을 저지하기 위하여 당해 처분이 위법한 것임을 법적으로 확정할 필요가 있다는 데 의의가 있다.
  ㉣ 원고의 청구가 이유있음에도 불구하고 그 청구를 기각하는 것이므로, 소송비용은 일반적인 경우와 달리 피고가 부담한다.
  ㉤ 사정판결도 일반 기각판결과 성질상 다를 것이 없으므로, 원고가 사정판결에 불복하면 상소할 수 있다.

(7) **일부위법과 일부취소판결**

  ① **문제 상황**

  취소소송의 인용판결은 위법한 처분 등의 '취소 또는 변경'을 내용으로 하는 판결이다(행정소송법 제4조 제1호). 여기서 '변경'의 의미에 관하여는, 원처분을 새 처분으로 대체시키는 적극적 형성판결로 이해하는 입장과, 권력분립의 관점에서 이를 일부취소의 의미로 보는 소극적 입장이 대립하고 있으나, 소극설이 통설·판례이다. 그런데 '취소'와 관련하여 처분의 일부만이 위법한 경우에 위법한 부분만의 취소가 가능한지가 문제된다.
② 일부취소의 가능성
  ㉠ 일부취소의 인정기준 : 처분의 일부취소의 가능성은 일부취소의 대상이 되는 부분의 분리취소 가능성에 따른다고 보는 것이 일반적이다. 이에 따르면 일부취소되는 부분이 분리가능하고, 당사자가 제출한 자료만으로 일부취소되는 부분을 명확히 확정할 수 있는 경우에 일부취소가 가능하다.
  ㉡ 일부취소가 가능한 경우 : 처분의 일부취소판결은 일반적으로 인정된다(예 과징금처분과 영업정지처분 중 과징금처분만 일부취소).
  ㉢ 일부취소가 불가능한 경우 : 처분의 성질상 일부취소가 허용되지 않는 경우도 있다(예 불가분처분, 재량처분). 금전부과처분에서 적법하게 부과될 부과금액을 산출할 수 없는 경우에는 그 금전부과처분이 기속행위일지라도 일부취소가 인정되지 않는다(대판 2004.7.22, 2002두868).
③ 판례의 태도
판례는 외형상 하나의 행정처분이라 하더라도 가분성이 있거나 그 처분대상의 일부가 특정될 수 있다면 그 일부만의 취소도 가능하고 그 일부의 취소는 당해 취소부분에 관하여 효력이 생긴다고 한다(대판 1995.11.16. 95누8850). 그러나 재량행위인 경우 처분청의 재량권을 존중할 필요가 있거나, 기속행위인 금전부과처분일지라도 적법한 부과금액을 산출할 수 없는 경우 등은 일부취소를 인정하지 않는다.

> **관련판례**
>
> **일부취소를 인정한 사례**
>
> [1] 과세관청이 세율을 잘못 적용하여 그 부과처분의 적부가 다투어지는 소송절차에서 법원이 바른 세율을 찾아내어 이를 적용한 결과 과세관청이 부과한 산출세액 보다 많은 세금을 인정하였더라도, <u>납세자가 취소를 구하는 부과처분 중 정당한 세액을 초과하는 위법의 부과부분</u>이 있는 경우에는 그 부과처분은 정당하게 인정된 과세표준과 세액을 초과하는 범위에서만 위법하여 취소의 대상이 된다(대판 1989.8.8, 88누6139).
>
> [2] <u>개발부담금부과처분</u> 취소소송에 있어 당사자가 제출한 자료에 의하여 적법하게 부과될 정당한 부과금액이 산출할 수 없을 경우에는 부과처분 전부를 취소할 수밖에 없으나, 그렇지 않은 경우에는 그 <u>정당한 금액을 초과하는 부분만 취소</u>하여야 한다(대판 2004.7.22, 2002두868).
>
> [3] 법원이 행정청의 정보공개거부처분의 위법 여부를 심리한 결과 <u>공개를 거부한 정보에 비공개대상정보에 해당하는 부분과 공개가 가능한 부분이 혼합되어 있고 공개청구의 취지에 어긋나지 아니하는 범위 안에서 두 부분을 분리할 수 있음을 인정할 수 있을 때에는</u>, 위 정보 중 공개가 가능한 부분을 특정하고 판결의 주문에 행정청의 위 거부처분 중 공개가 가능한 정보에 관한 부분만을 취소한다고 표시하여야 한다(대판 2003.3.11. 2001두6425).
>
> [4] <u>제1종 보통, 대형 및 특수 면허</u>를 가지고 있는 자가 레이카크레인을 음주운전한 행위는 제1종 특수면허의 취소사유에 해당될 뿐 제1종 보통 및 대형 면허의 취소사유는 아니므로, 3종의 면허를

모두 취소한 처분 중 제1종 보통 및 대형 면허에 대한 부분은 이를 이유로 취소하면 될 것이나, 제1종 특수면허에 대한 부분은 원고가 재량권의 일탈·남용하여 위법하다는 주장을 하고 있음에도, 원심이 그 점에 대하여 심리·판단하지 아니한 채 처분 전체를 취소한 조치는 위법하다고 하여 원심판결 중 제1종 특수면허에 대한 부분을 파기환송한 사례(대판 1995.11.16. 95누8850).

[5] 공정거래위원회가 사업자에 대하여 행한 법위반사실공표명령은 비록 하나의 조항으로 이루어진 것이라고 하여도 그 대상이 된 사업자의 광고행위와 표시행위로 인한 각 법위반사실은 별개로 특정될 수 있어 위 각 법위반사실에 대한 독립적인 공표명령이 경합된 것으로 보아야 할 것이므로, 이 중 표시행위에 대한 법위반사실이 인정되지 아니하는 경우에 그 부분에 대한 공표명령의 효력만을 취소할 수 있을 뿐, 공표명령 전부를 취소할 수 있는 것은 아니다(대판 2000.12.12. 99두12243).

일부취소를 부정한 사례
[1] 과세처분 취소소송에서 정당한 세액이 산출되지 않는 경우 과세처분 전부를 취소해야 하고, 이 경우 법원이 직권으로 정당한 세액을 계산할 의무를 지는 것은 아니다(대판 2015.9.10. 2015두622).

[2] 영업정지처분이 재량권 남용에 해당한다고 판단될 때에는 위법한 처분으로서 그 처분의 취소를 명할 수 있을 따름이고 재량권의 한계내에서 어느 정도가 적정한 영업정지기간인가를 가리는 일은 사법심사의 범위를 벗어나는 것이다(대판 1982.6.22. 81누375).

[3] 자동차운수사업면허조건 등을 위반한 사업자에 대하여 행정청이 행정제재수단으로 사업 정지를 명할 것인지, 과징금을 부과할 것인지, 과징금을 부과키로 한다면 그 금액은 얼마로 할 것인지에 관하여 재량권이 부여되었다 할 것이므로 과징금부과처분이 법이 정한 한도액을 초과하여 위법할 경우 법원으로서는 그 전부를 취소할 수밖에 없고, 그 한도액을 초과한 부분이나 법원이 적정하다고 인정되는 부분을 초과한 부분만을 취소할 수 없다(금 1,000,000원을 부과한 당해 처분 중 금 100,000원을 초과하는 부분은 재량권 일탈·남용으로 위법하다며 그 일부분만을 취소한 원심판결을 파기한 사례)(대판 1998.4.10. 98두2270).

[4] 수개의 위반행위에 대하여 하나의 과징금납부명령을 하였으나 수개의 위반행위 중 일부의 위반행위만이 위법하지만, 소송상 그 일부의 위반행위를 기초로 한 과징금액을 산정할 수 있는 자료가 없는 경우에는 하나의 과징금납부명령 전부를 취소할 수밖에 없다(대판 2004.10.14. 2001두2881).

[5] 제1종 보통 운전면허와 제1종 대형 운전면허의 소지자가 제1종 보통 운전면허로 운전할 수 있는 승합차를 음주운전하다가 적발되어 두 종류의 운전면허를 모두 취소당한 사안에서,…(중략)… 당해 처분 중 제1종 대형 운전면허의 취소가 재량권을 일탈한 것으로 본다면 상대방은 그 운전면허로 다시 승용 및 승합자동차를 운전할 수 있게 되어 주취운전에도 불구하고 아무런 불이익을 받지 않게 되어 현저히 형평을 잃은 결과가 초래된다는 이유로, 이와 달리 제1종 대형 운전면허 부분에 대한 운전면허취소처분이 재량권의 한계를 넘는 위법한 처분이라고 본 원심판결을 파기한 사례(대판 1997.3.11. 96누15176).

수 개의 처분사유 중 일부가 적법하지 않은 경우
행정처분에 있어 수 개의 처분사유 중 일부가 적법하지 않다고 하더라도 다른 처분사유로써 그 처분의 정당성이 인정되는 경우에는 그 처분을 위법하다고 할 수 없다(대판 2013.10.24. 2013두963)

여러 개의 위반행위 중 일부 위반행위에 대한 과징금 부과만 위법한 경우
공정거래위원회가 위반행위에 대한 과징금을 부과하면서 여러 개의 위반행위에 대하여 외형상 하나의 과징금 납부명령을 하였으나 여러 개의 위반행위 중 일부의 위반행위에 대한 과징금 부과만이 위법하고 <u>소송상 그 일부의 위반행위를 기초로 한 과징금액을 산정할 수 있는 자료가 있는 경우에는, 하나의 과징금 납부명령일지라도 그 일부의 위반행위에 대한 과징금액에 해당하는 부분만을 취소하여야 한다</u>(대판 2019.1.31. 2013두14726).

> **예제** 사정판결에 대한 설명으로 옳지 않은 것은? (다툼이 있는 경우 판례에 의함)
> ① 사정판결은 본안심리 결과 원고의 청구가 이유 있다고 인정됨에도 불구하고 처분을 취소하는 것이 현저히 공공복리에 적합하지 아니하다고 인정하는 때 원고의 청구를 기각하는 판결을 말한다.
> ② 사정판결은 항고소송 중 취소소송 및 무효등확인소송에서 인정되는 판결의 종류이다.
> ③ 법원이 사정판결을 함에 있어서는 미리 원고가 그로 인하여 입게 될 손해의 정도와 배상방법 그 밖의 사정을 조사하여야 한다.
> ④ 원고는 피고인 행정청이 속하는 국가 또는 공공단체를 상대로 손해배상, 제해시설의 설치 그 밖에 적당한 구제방법의 청구를 당해 취소소송등이 계속된 법원에 병합하여 제기할 수 있다.
>
> **정답** ②
> ② (×) 당연무효의 행정처분을 소송목적물로 하는 행정소송에서는 존치시킬 효력이 있는 행정행위가 없기 때문에 행정소송법 제28조 소정의 사정판결을 할 수 없다(대판 1996.3.22. 95누5509)
> ① (○) 행정소송법 제28조 제1항 ③ (○) 동법 제28조 제2항 ④ (○) 동법 제28조 제3항

4. 판결의 효력

(1) 자박력(自縛力)

법원이 판결을 선고하면 **선고법원 자신도 그 내용을 취소 · 변경할 수 없는 구속**을 받는데, 이를 자박력이라고 한다. 불가변력이라고도 한다. 이를 인정하는 이유는 재판으로서 외부에 표현된 이상 자유로운 변경의 인정은 법적 안정성을 해치고 재판의 신용에 악영향을 주기 때문이다. 그러나 일정한 사유(예 판결에 잘못 기재하거나 잘못 계산한 경우, 명백한 오류가 존재하는 경우)에 해당하는 때에는 이 효력이 배제될 수 있다.

(2) 형식적 확정력(形式的 確定力)

상소의 포기, 모든 심급을 거친 경우 혹은 상소제기기간의 경과 등으로 인해 **판결에 불복하는 자가**

동일한 소송절차 내에서 더 이상 상소로써 다툴 수 없게 되는데, 이 경우에 갖는 판결의 구속력을 말한다. 판결은 형식적으로 확정되어야 기판력 내지 형성력이 생기게 된다. 다만 형식적 확정력의 재심의 소에 의해 배제될 수 있다.

(3) 실질적 확정력 또는 기판력(實質的 確定力 또는 旣判力)
① 의의 : 판결이 **형식적 확정력을 갖게 되면 그 후의 절차(후소)에서 동일한 사항(동일한 소송물)**이 문제되는 경우에도 당사자와 이들의 승계인은 기존 판결에 반하는 주장을 할 수 없고 법원도 종전의 **법률적 판단에 모순·저촉되는 판단을 할 수 없는 구속력**을 말한다. 기판력은 인용판결과 기각판결 모두에 발생하며, 각하판결은 소가 부적법하다는 판단에 기판력이 생긴다.
② 인정근거 : 소송절차의 무용한 반복을 방지하고, 선후 모순된 재판의 출현을 방지함으로써 법적 안정성을 도모하고자 하는 취지이다. 행정소송법에는 명시적 규정이 없으나, 민사소송법 제216조와 제218조가 준용된다.
③ 기판력의 작용면(作用面) : 기판력은 다음과 같은 경우에 작용하여 후소에서 전소의 판단과 다른 주장을 하는 것을 허용하지 않는다.
   ㉠ **소송물의 동일** : 전소와 같은 소송물에 대해 제소하는 경우(예 동일한 처분에 대하여 내용상 위법을 이유로 취소소송을 제기하여 기각당한 후 절차의 하자를 이유로 다시 취소소송을 제기)
   ㉡ **선결관계** : 전소의 주문에서 판단된 기판력 있는 법률관계가 후소의 선결문제로 된 때(예 처분에 대한 취소판결 후 동 처분으로 인한 손해에 대해 국가배상청구소송을 제기, 처분에 대한 무효확인판결 또는 기각판결 후 부당이득반환청구소송을 제기)
   ㉢ **모순관계** : 후소가 기판력에 의하여 확정된 법률관계와 정면으로 모순되는 반대관계를 소송물로 한 때(예 취소소송을 제기하여 기각당한 후 무효확인소송을 제기)
④ 효력범위

주관적 효력범위	㉠ 당해 소송의 당사자 및 당사자와 동일시할 수 있는 자(예 승계인)에게만 미친다. 제3자에게는 미치지 않는 것이 원칙이다. 다만 행정소송법 제16조에 의한 참가인은 필수적 공동소송의 공동소송인에 준하는 지위를 가지므로 그에게는 기판력이 미친다는 견해가 있다(류지태, 정하중). ㉡ 피고는 처분청이므로 취소소송에 있어서의 기판력은 처분이 귀속하는 국가 또는 공공단체에 미친다(대판 1998.7.24. 98다10854).
객관적 효력범위	㉠ 판결주문에 나타난 판단에만 미치고 판결이유에서 제시된 그 전제가 되는 법률관계에는 미치지 아니한다(대판 2000.2.25. 99다55472). ☞ 판례·다수설처럼 취소소송의 소송물을 위법성 일반이라고 본다면, 기판력은 인용판결의 경우 당해 처분이 위법하다는 점에 미치고, 기각판결의 경우 당해 처분이 적법하다는 점에 미친다. ㉡ 기판력은 해당 처분에 한하여 미치므로 동일한 처분이 아닌 새로운 처분에 대하여는 미치지 않는다(비교 : 기속력은 새로운 처분에도 미침). ☞ 취소판결이 확정된 후 행정청이 위법사유를 보완하여 다시 새로운 처분을 한 경우에, 새로운 처분은 종전의 처분과는 다른 별개의 처분이라 할 것이므로, 종전처분에 대한 취소판결의 기판력은 새로운 처분에 미치지 아니한다(대판 1985.11.11. 85누213).
시간적 효력범위	사실심변론의 종결시를 표준으로 하여 발생한다. 따라서 처분청은 당해 사건의 사실심변론 종결시 이전에 주장할 수 있었던 사유를 내세워 확정판결과 저촉되는 처분을 할 수 없다. ☞ 그러나 변론종결 후 사실관계·법률관계의 변화가 있으면 행정청은 새로운 사유에 근거하여 동일한 처분을 할 수 있다(대판 1997.2.11. 96누13057).

⑤ 국가배상청구소송과의 관계
  ㉠ 문제점 : 취소소송의 기판력이 그 후에 제기된 국가배상청구소송에 미치는지 여부가 문제된다. 이는 취소소송의 소송물을 무엇으로 볼 것인지, 그리고 취소소송에 있어서 처분의 위법성과 국가배상사건에 있어서 선결문제로서의 처분의 위법성(법령위법성)이 동일한 개념인지의 여부와 관련이 있다.
  ㉡ 취소소송의 소송물을 처분의 위법성 일반으로 보는 견해
    ⓐ 긍정설 : 양자의 위법개념이 동일하다는 협의의 행위위법성설에 의하면 취소판결 및 기각판결의 기판력은 국가배상소송에 미친다. 청구인용판결의 경우에는 국가배상청구소송 수소법원은 처분의 위법성을 인정하여야 하고, 청구기각판결의 경우에는 후소(국가배상소송)에서 그 처분의 위법성을 주장할 수 없게 된다.
    ⓑ 부정설 : 양자의 위법개념이 다르다는 상대적 위법성설 또는 결과위법설에 의하면 취소판결의 기판력은 국가배상청구소송에 미치지 않는다고 보게 된다.
    ⓒ 인용판결·기각판결 구별설 : 국가배상법상 위법 개념이 항고소송의 경우보다 넓다는 견해에 따라 항고소송에서 청구인용판결의 기판력은 국가배상청구소송에 영향을 미치지만, 청구기각판결의 기판력은 미치지 않는다고 보는 견해이다.
    ⓓ 판례 : 판례는 "국가배상책임에 있어 법령을 위반하였다 함은 엄격한 의미의 법령 위반뿐 아니라 인권존중, 권력남용금지, 신의성실과 같이 공무원으로서 마땅히 지켜야 할 준칙이나 규범을 지키지 아니하고 위반한 경우를 포함하여 널리 그 행위가 객관적인 정당성을 결여하고 있음을 뜻하는 것"(대판 2008.6.12. 2007다64365)이라고 하여 국가배상법상 위법 개념이 취소소송의 경우보다 넓다는 입장이다. 그리고 "행정처분이 후에 항고소송에서 취소되었다고 할지라도 그 기판력에 의하여 당해 행정처분이 곧바로 공무원의 고의 또는 과실로 인한 것으로서 불법행위를 구성한다고 단정할 수는 없다"(대판 2000.5.12. 99다70600)고 하는바, 기판력에 관한 판례의 입장이 부정설이라는 평가와 입장이 분명하지 않다는 평가가 있다.
  ㉢ 처분의 위법사유마다 취소소송의 소송물이 다르다고 보는 견해
    취소소송의 판결의 기판력은 개개의 위법사유에 한정된다. 따라서 취소소송에서 기각판결을 받은 경우에도 다른 위법사유를 들어 취소소송을 제기할 수 있게 된다.
⑥ 무효확인소송과의 관계
  ㉠ 전소인 취소소송에서 기각판결이 확정되면 취소소송의 대상인 처분이 위법하지 않다는 점에 기판력이 발생하므로 후소인 무효확인소송에도 전소의 기판력이 미쳐서 다시 처분의 무효확인을 구할 수 없다(대판 1996.6.25. 95누1880).
  ㉡ 전소인 무효확인소송에서 기각판결이 확정되어도 이는 처분이 무효가 아니라는 점에만 기판력이 생기므로(즉, 처분이 위법하나 하자가 중대·명백하지 않아 기각된 경우도 있으므로), 처분의 위법을 주장하면서 취소소송이나 국가배상청구소송을 제기할 수 있다.

> **관련판례**
>
> 과세처분 취소소송에서 청구가 기각된 확정판결의 기판력이 과세처분 무효확인소송에 미침
> 과세처분이란 당해 과세요건의 충족으로 객관적, 추상적으로 이미 성립하고 있는 조세채권을 구체적으로 현실화하여 확정하는 절차이고, 과세처분의 취소소송은 위와 같은 과세처분의 실체적, 절차적 위법을 그 취소원인으로 하는 것으로서 그 심리의 대상은 과세관청의 과세처분에 의하여 인정된 조세채무인 과세표준 및 세액의 객관적 존부 즉 당해 과세처분의 적부가 심리의 대상이 되는 것이며, 과세처분취소 청구를 기각하는 판결이 확정되면 그 처분이 적법하다는 점에 관하여 기판력이 생기고 그 후 원고가 다시 이를 무효라 하여 그 무효확인을 소구할 수는 없는 것이어서, 과세처분의 취소소송에서 청구가 기각된 확정판결의 기판력은 그 과세처분의 무효확인을 구하는 소송에도 미친다(대판 1996.6.25. 95누1880).

(4) 형성력(形成力)

① **의의** : **판결의 취지에 따라 법률관계의 발생·변경·소멸을 가져오는 효력**을 말한다. 계쟁처분 또는 재결의 취소판결이 확정되면 당해 처분 또는 재결은 처분청의 취소를 기다릴 것 없이 당연히 처분시에 소급하여 그 효력이 상실된다. 형성력은 인용판결에 인정되는 효력이고 기각판결에는 인정되지 않는다.

② **형성효** : 취소판결은 계쟁처분의 효력을 상실(배제)시키는 효력을 갖는다.

③ **소급효** : 취소판결의 취소의 효과는 처분시에 소급한다. 예컨대 해임처분을 받은 공무원은 그 취소판결이 확정되면 소급하여 공무원의 신분을 회복하게 된다. 소급효과 미치는 결과 취소된 처분을 전제로 형성된 법률관계는 모두 효력을 상실한다.

④ **취소판결의 제3자효(대세효)**

　㉠ **인정여부** : 취소판결의 형성력이 제3자에게도 미치는지 문제되어 왔다. 현행 행정소송법은 '처분등을 취소하는 확정판결은 제3자에 대하여도 효력이 있다'고 하여 제3자에 대한 형성력을 명시하였다(제29조 제1항). 예컨대 경원자 소송에서 불허가 등을 받은 자가 제기한 소송에서의 판결의 효력은 허가등의 처분을 받았던 자에게도 미친다. 다만 행정소송법은 소외의 제3자에게 형성력이 미치는 결과 발생되는 불합리를 시정하기 위해 제3자의 소송참가제도(제16조), 재심청구제도(제31조)를 규정하고 있다.

　㉡ **제3자의 범위**

　　ⓐ **처분의 취소에 직접적인 이해관계가 있는 제3자** : 판결의 효력을 받는 제3자임이 명백하다. 예컨대 환지계획변경처분으로 원고명의의 소유권이전등기가 경료되었으나 그 후 위 변경처분으로 인하여 불이익을 입게 된 소외인이 동 처분의 취소를 구하는 행정소송을 제기하여 승소판결을 받아 이를 근거로 원고명의의 소유권이전등기의 말소청구소송을 제기하여 동 소외인 승소판결이 확정됨에 따라 원고가 그 소유권상실의 손해를 입게 된 경우가 이에 해당한다(대판 1986.8.19. 83다카2022).

　　ⓑ **일반처분의 취소판결에서의 제3자** : 예컨대 부당한 공과금인상처분에 대한 취소소송에서 원고가 아니지만 그와 동일한 처분의 대상이 된 제3자들에 대하여는 상대적 형성력설(제3자의 재판을 받을 권리를 중시하여 소송에 참가한 제3자에게만 형성력이 미친다는 견해)과 절대

적 형성력설(행정법관계의 획일적 규율을 중시하여 일반 제3자에게도 형성력이 미친다는 견해)의 대립이 있다.
ⓒ **제3자효의 준용** : 취소판결의 제3자효규정은 집행정지결정 및 그 취소결정, 무효등확인소송, 부작위법확인소송에도 적용된다(제29조 제2항, 제38조).

(5) 기속력(羈束力)

① 의의
처분등을 취소하는 확정판결은 그 사건에 관하여 당사자인 행정청과 그 밖의 관계행정청을 기속한다(제30조 제1항). 기속력이란 소송당사자인 행정청과 그 밖의 관계행정청이 판결의 내용에 따라 행동해야 하는 실체법상의 의무를 발생시키는 효력을 말한다. 현행 행정소송법은 취소판결에 대하여 기속력 있음을 규정하고 무효등확인소송과 부작위법확인소송 및 당사자소송에 이를 준용하고 있다(제30조·제38조·제44조).

② 법적 성질
기속력을 기판력과 동일한 효력이라고 보는 기판력설이 있으나, 기속력은 당사자인 행정청과 그 밖의 관계 행정청에 미치지만 기판력은 당사자와 후소의 법원에 미친다는 점에서 기속력은 판결의 실효성을 담보하기 위하여 인정된 특수한 효력이라고 보는 견해가 타당하고 통설이다.

③ 기속력의 내용
㉠ **반복금지효**(소극적 관점에서의 기속력)
ⓐ 의의 : 취소판결이 확정되면 당사자인 행정청은 물론이고 그 밖의 관계 행정청(예 재결취소소송에서 원처분청)도 확정판결에 저촉되는 처분을 할 수 없다. 반복금지효는 인용판결이 확정된 경우에만 인정되는 것이며, 기각판결의 경우에는 인정되지 않는다. 따라서 청구기각 판결이 있더라도 행정청이 당해 처분을 직권으로 취소하는 것은 기속력과 관계가 없다.
ⓑ 세부 고찰
- 동일 사실관계에서 동일 당사자에 대하여 동일한 내용을 갖는 처분을 하는 것은 기속력에 반한다.
- 처분의 기본적 사실관계가 동일하다면 적용법규정을 달리하거나 처분사유를 변경하여 동일한 내용의 처분을 하는 것은 기속력에 반한다.
- 기속력은 판결의 주문과 이유에서 적시된 위법사유에 미치므로 처분시에 존재한 다른 사유를 들어 동일한 내용의 처분을 하더라도 기속력에 반하지 않는다(예 A행정법규 위반을 이유로 한 허가취소처분이 취소판결에 의해 취소되었더라도 행정청은 B행정법규 위반을 이유로 당해 허가를 취소할 수 있다).
- 처분시 이후의 사유를 내세워 새로이 처분을 하는 경우도 허용된다(위법판단 처분시설).
- 처분이 절차나 형식상의 하자를 이유로 취소된 후 처분청이 위법사유를 보완한 후 동일한 내용의 처분을 하더라도 반복금지에 위반되지 않는 재처분에 해당한다.
- 판결의 이유에서 제시된 위법사유를 다시 반복하는 것은 동일한 처분이 아닌 경우에도 동일한 과오를 반복하는 것으로서 기속력에 반한다(예 A법규 위반사실이 없는 것을 이유로 허가취소처분이 취소된 경우에 다시 A법규 위반을 이유로 영업정지처분을 내리는 것은 기속력에 반한다).

> **관련판례**
>
> 동일 사유인지 다른 사유인지의 판단 기준
> 재결의 기속력은 재결의 주문 및 그 전제가 된 요건사실의 인정과 판단, 즉 처분 등의 구체적 위법사유에 관한 판단에만 미친다고 할 것이고, 종전 처분이 재결에 의하여 취소되었다 하더라도 종전 처분시와는 다른 사유를 들어서 처분을 하는 것은 기속력에 저촉되지 않는다고 할 것이며, 여기에서 동일 사유인지 다른 사유인지는 <u>종전 처분에 관하여 위법한 것으로 재결에서 판단된 사유와 기본적 사실관계에 있어 동일성이 인정되는 사유인지 여부에 따라 판단되어야 한다</u>(대판 2005.12.9. 2003두7705).
>
> 파면처분이 재량권의 범위를 벗어난 위법한 것이라는 판결이 확정된 후 다시 징계절차를 거쳐 해임처분을 한 것은 확정판결의 기속력에 저촉되지 아니함
> 원고의 비위에 대하여 징계처분중 가장 무거운 파면에 처한 것이 재량권의 범위를 벗어난 위법한 처분이라하여 위 파면처분을 취소하는 판결이 확정되었다 하더라도 위 확정판결은 <u>징계의 종류중 가장 무거운 파면을 선택한 것이 징계양정에 있어서 재량권의 범위를 벗어난 위법한 처분이라고 판단한 것이고 공무원의 신분을 박탈하는 징계처분을 선택한 것이 재량권 남용이라고 판단한 것은 아니므로,</u> 위 파면처분이 취소된 후에 다시 징계위원회의 의결을 거쳐 원고를 파면보다 가벼운 해임에 처한 이 사건 처분이 위 확정판결의 기판력(기속력)에 저촉된다고 볼 수는 없다(대판 1985.4.9. 84누747).

ⓒ **재처분의무**(적극적 관점에서의 기속력)
  ⓐ **의의** : 재처분의무란 행정청의 거부처분이 판결에 의해 취소된 경우에 행정청이 판결의 취지에 따른 처분을 하여야 함을 의미한다. 이는 행정청이 확정판결을 무시하고 그에 따르는 행동을 하지 않을 우려가 있기 때문에 규정한 것이다. 행정소송법은 신청에 따른 처분이 절차상의 위법을 이유로 취소된 경우에도 재처분의무를 부과한다.
  ⓑ **거부처분이 취소된 경우**
    - 판결에 의하여 취소되는 처분이 당사자의 신청을 거부하는 것을 내용으로 하는 경우에는 그 처분을 행한 행정청은 판결의 취지에 따라 다시 이전의 신청에 대한 처분을 하여야 한다(제30조 제2항). 기속행위 또는 재량이 영으로 수축된 경우는 당사자의 신청에 따른 처분을 하여야 하고, 재량행위의 경우는 재량의 하자없이 재처분을 하면 된다.
    - 사실심변론종결 이후에 발생한 새로운 사유(법령의 변경 또는 사실상황의 변경)를 근거로 다시 이전의 신청에 대한 거부처분을 할 수 있다.
    - 거부처분사유가 달라지면 거부처분의 동일성이 달라진다는 견해(판례 태도)를 취하면, 거부처분 이전에 존재하던 사유 중 처분사유와 다른 사유(기본적 사실관계에 동일성이 없는 사유)를 근거로 다시 거부처분을 하는 것이 가능하다. 반면 거부처분의 경우에는 거부사유가 변경되어도 처분은 동일하다는 견해를 취하면, 거부처분사유의 추가·변경이 항상 가능하고 거부처분취소판결이 난 경우에는 거부처분시 이전에 존재하던 다른 처분사유를 들어 다시 거부처분을 하는 것은 동일한 처분을 반복하는 것으로서 기속력에 반한다.

ⓒ 절차위법이 이유인 경우
- 신청에 따른 처분이 절차의 위법을 이유로 취소되는 경우에 그 처분을 한 행정청은 판결의 취지에 따라 재처분하여야 한다(제30조 제3항). 이는 주로 신청이 받아들여짐으로 불이익을 받는 제3자에 의한 소제기에서 취소판결이 있는 경우에 문제된다.
- 행정청은 판결의 취지에 따른 적법한 절차에 의하여 신청에 대한 가부간의 처분을 다시 한다. 여기서 '절차의 위법'이란 협의의 절차의 위법뿐만 아니라 권한·형식의 위법을 포함하여 널리 실체법상의 위법에 대응하는 의미이다(통설).

관련판례

거부처분 취소의 확정판결을 받은 행정청이 거부처분 후에 법령이 개정·시행된 경우, 새로운 사유로 내세워 다시 거부처분을 한 경우도 행정소송법 제30조 제2항 소정의 재처분에 해당

건축불허가처분을 취소하는 판결이 확정된 후 국토이용관리법시행령이 준농림지역 안에서의 행위제한에 관하여 지방자치단체의 조례로써 일정 지역에서 숙박업을 영위하기 위한 시설의 설치를 제한할 수 있도록 개정된 경우, 당해 지방자치 단체장이 위 처분 후에 개정된 신법령에서 정한 사유를 들어 새로운 거부처분을 한 것이 행정소송법 제30조 제2항 소정의 확정판결의 취지에 따라 이전의 신청에 대한 처분을 한 경우에 해당한다(대결 1998.1.7. 97두22).

확정된 거부처분취소 판결의 취지에 따라 재처분을 할 의무가 있는 행정청이 종전 처분 후 발생한 '새로운 사유'를 내세워 다시 거부처분을 할 수 있음

고양시장이 갑 주식회사의 공동주택 건립을 위한 주택건설사업계획승인 신청에 대하여 미디어밸리 조성을 위한 시가화예정 지역이라는 이유로 거부하자, 갑 회사가 거부처분의 취소를 구하는 소송을 제기하여 승소판결을 받았고 위 판결이 그대로 확정되었는데, 이후 고양시장이 해당 토지 일대가 개발행위허가 제한지역으로 지정되었다는 이유로 다시 거부하는 처분을 한 사안에서, 재거부처분은 종전 거부처분 후 해당 토지 일대가 개발행위허가 제한지역으로 지정되었다는 새로운 사실을 사유로 하는 것으로, 이는 종전 거부처분 사유와 내용상 기초가 되는 구체적인 사실관계가 달라 기본적 사실관계가 동일하다고 볼 수 없으므로, 행정소송법 제30조 제2항에서 정한 재처분에 해당하고 종전 거부처분을 취소한 확정판결의 기속력에 반하는 것은 아니다(대판 2011. 10.27. 2011두14401).

종전 확정판결의 판단대상에서 제외된 부분을 행정청이 새로운 처분사유로 삼은 것은 확정판결의 기속력에 저촉되지 아니함

기히 원고의 승소로 확정된 판결은 원고 출원의 광구 내에서의 불석채굴이 공익을 해한다는 이유로 한 피고의 불허가처분에 대하여 그것이 공익을 해한다고는 보기 어렵다는 이유로 이를 취소한 내용으로서 이 소송과정에서 피고가 원고 출원의 위 불석광은 광업권이 기히 설정된 고령토광과 동일광상에 부존하고 있어 불허가대상이라는 주장도 하였으나 이 주장 부분은 처분사유로 볼 수 없다는 점이 확정되어 판결의 판단대상에서 제외되었다면, 피고가 그 후 새로이 행한 처분의 적법성과 관련하여 다시 위 주장을 하더라도 위 확정판결의 기판력에 저촉된다고 할 수 없다(*처분은 기속력에 반하지 않는다는 의미)(대판 1991.8.9. 90누7326).

징계처분을 받은 사립학교 교원의 소청심사청구에 대하여 교원소청심사위원회가 징계사유 자체가 인정되지 않는다는 이유로 징계처분을 취소하는 결정을 하고, 그에 대하여 학교법인 등이 제기한 행정소송 절차에서 심리한 결과 징계사유 중 일부 사유는 인정된다고 판단되는 경우, 법원이 내려야 할 판결의 내용 및 소청심사위원회의 재처분 의무

피고(소청심사위원회)는 이 사건 징계사유 전부가 인정되지 않는다는 이유로 원고(학교법인)의 징계처분(이 사건 해임)을 취소하는 이 사건 처분을 하였는데, 법원에서 그 징계사유 중 일부가 인정된다고 하여 피고의 이 사건 처분을 취소한 경우, 그 판결이 그대로 확정되면 <u>피고로서는 원래의 소청심사청구에 대하여 다시 판단하되 확정판결의 취지에 따라 징계사유의 일부가 인정된다는 전제에서 원래의 징계처분을 취소하거나 적정한 양정을 하는 변경처분 등을 하여야 할 것이다</u>(대판 2013.7.25. 2012두12297).

ⓒ **결과제거의무**(원상회복의무)

행정소송법에 명문규정은 없으나, 취소소송에 있어 인용판결이 있게 되면 행정청은 위법처분으로 야기된 상태를 제거하여야 할 의무를 부담한다. 예컨대 과세처분이 취소되면 행정청은 압류재산을 반환해야 한다. 행정청이 이러한 의무를 이행하지 않는 경우에는 이른바 공법상 결과제거청구권을 행사하여 압류재산의 반환을 청구할 수 있다.

④ **기속력의 효력범위**

㉠ **주관적 효력범위**

당사자인 행정청뿐만 아니라 그 밖의 관계행정청(취소된 처분과 관련이 있는 모든 행정청)에도 미친다.

㉡ **객관적 효력범위**

ⓐ 판결주문 및 그 전제가 된 요건사실의 인정과 효력의 판단에만 미친다(대판 2005.12.9, 2003두7705). 따라서 판결의 결론과는 직접 관련 없는 방론(放論)이나 간접사실의 판단에는 미치지 아니한다. 기판력은 판결의 주문에 포함된 것에 한하나, 기속력은 판결에 설시된 개개의 위법사유를 포함한다.

ⓑ 기속력은 원칙상 처분에 명시된 처분사유에 한정되므로, 행정청은 다른 처분사유(기본적 사실관계의 동일성이 없는 사유)를 내세워 동일한 내용의 처분을 할 수 있다.

㉢ **시간적 효력범위**

처분의 위법 여부의 판단시점은 처분시이기 때문에 기속력은 처분 당시까지 존재하던 사유에 대하여만 미치고 그 이후에 생긴 사유에는 미치지 아니한다. 따라서 거부처분 이후에 법령이나 사실상태가 변경된 경우 기본적 사실관계에 동일성이 없는 한 행정청은 동일한 내용의 처분을 다시 할 수 있다.

⑤ **기속력 위반의 효과**

㉠ 판례는 확정판결의 당사자인 처분행정청이 그 행정소송의 사실심 변론종결 이전의 사유를 내세워 다시 확정판결과 저촉되는 행정처분을 하는 것은 허용되지 않는 것으로서 이러한 행정처분은 그 하자가 중대하고도 명백한 것이어서 당연무효라고 한다(대판 1990.12.11. 90누3560). 즉 판례는 기속력 위반의 효과를 무효로 보고 있다.

ⓒ 행정청이 취소판결에 따른 재처분을 하지 아니할 경우 신청인이 손해의 발생을 입증한다면 국가배상법 제2조에 의한 손해배상을 청구할 수 있다.

(6) 간접강제

① **의의** : 행정소송법은 거부처분취소판결의 확정시에 행정청에 부과되는 재처분의무의 이행을 확보하기 위해 간접강제제도를 도입하고 있다. 즉, 행정청이 거부처분의 취소판결의 취지에 따라 처분을 하지 아니하는 때에는 제1심 수소법원은 당사자의 신청에 의하여 결정으로써 상당한 기간을 정하고 행정청이 그 기간내에 이행하지 아니하는 때에는 그 지연기간에 따라 일정한 배상을 할 것을 명하거나 즉시 손해배상을 할 것을 명할 수 있다(법 제34조 제1항). 이를 간접강제결정이라고 한다. 간접강제의 방식을 둔 것은 행정청의 재처분의무가 비대체적 작위의무이기 때문이다.

② **요건** : 처분청이 거부처분의 취소판결의 취지에 따른 재처분을 하지 않았어야 한다. 여기에는 재처분을 하였더라도 확정판결의 기속력에 반하여 당연무효인 경우도 포함된다.

> **관련판례**
>
> **거부처분취소판결의 간접강제신청에 필요한 요건**
> 거부처분에 대한 취소의 확정판결이 있음에도 행정청이 <u>아무런 재처분을 하지 아니하거나</u>, 재처분을 하였다 하더라도 그것이 종전 <u>거부처분에 대한 취소의 확정판결의 기속력에 반하는 등으로 당연무효라면</u> 이는 아무런 재처분을 하지 아니한 때와 마찬가지라 할 것이므로 이러한 경우에는 행정소송법 제30조 제2항, 제34조 제1항 등에 의한 간접강제신청에 필요한 요건을 갖춘 것으로 보아야 한다(대결 2002.12.11. 2002무22).

③ **절차**
ⓐ 행정청이 제30조 제2항의 규정에 의한 처분을 하지 아니하는 때에는 제1심수소법원은 당사자의 신청에 의하여 결정으로써 상당한 기간을 정하고 행정청이 그 기간 내에 이행하지 아니하는 때에는 그 지연기간에 따라 일정한 배상을 할 것을 명하거나 즉시 손해배상을 할 것을 명할 수 있다(제34조 제1항).
ⓑ 이 경우 제33조를 준용하여 배상명령의 효력이 피고인 행정청이 소속하는 국가 또는 공공단체에도 미치게 하였으며, 민사집행법 제262조를 준용하여 행정청을 심문하도록 하고 있다(제34조 제2항).

④ **배상금의 성질과 배상금의 추심** : 간접강제결정에 기한 배상금은 거부처분취소판결이 확정된 경우 그 처분을 행한 행정청으로 하여금 확정판결의 취지에 따른 재처분의무의 이행을 확실히 담보하기 위한 것이다. 판례는 따라서 특별한 사정이 없는 한 간접강제결정에서 정한 의무이행기한이 경과한 후에라도 확정판결의 취지에 따른 재처분의 이행이 있으면 배상금을 추심함으로써 심리적 강제를 꾀할 목적이 상실되어 처분상대방이 더 이상 배상금을 추심하는 것은 허용되지 않는다고 한다(대판 2010.12.23. 2009다37725).

예제 항고소송에서 수소법원의 판결에 대한 설명으로 옳지 않은 것은? (다툼이 있는 경우 판례에 의함)

① 행정처분의 취소를 구하는 소에서, 비록 행정처분의 위법을 이유로 취소판결을 받더라도 처분에 의하여 발생한 위법상태를 원상회복시키는 것이 불가능한 경우에는 원칙적으로 취소를 구할 법률상 이익이 없으므로, 수소법원은 소를 각하하여야 한다.
② 해임처분 취소소송 계속 중 임기가 만료되어 해임처분의 취소로 지위를 회복할 수는 없다고 할지라도, 그 취소로 해임처분일부터 임기만료일까지 기간에 대한 보수 지급을 구할 수 있는 경우에는 해임처분의 취소를 구할 법률상 이익이 있으므로, 수소법원은 본안에 대하여 판단하여야 한다.
③ 관할청이 「농지법」상의 이행강제금 부과처분을 하면서 재결청에 행정심판을 청구하거나 관할 행정법원에 행정소송을 할 수 있다고 잘못 안내한 경우 행정법원의 항고소송 재판관할이 생긴다.
④ 「행정소송법」 제19조에서 말하는 '재결 자체에 고유한 위법'이란 원처분에는 없고 재결에만 있는 재결청의 권한 또는 구성의 위법, 재결의 절차나 형식의 위법, 내용의 위법 등을 뜻한다.

정답 ③

③ (×) 관할청이 이행강제금 부과처분을 하면서 재결청에 행정심판을 청구하거나 관할 행정법원에 행정소송을 할 수 있다고 잘못 안내하거나 관할 행정심판위원회가 각하재결이 아닌 기각재결을 하면서 관할 법원에 행정소송을 할 수 있다고 잘못 안내하였다고 하더라도, 그러한 잘못된 안내로 행정법원의 항고소송 재판관할이 생긴다고 볼 수도 없다(대판 2019.4.11. 2018두42955).
① (○) 대판 2020.2.27. 2018두67152
② (○) 대판 2012.2.23. 2011두5001
④ (○) 재결주의에서 '재결 자체의 고유한 위법'이란 원처분에는 하자가 없고, 재결 자체에만 하자가 있는 경우를 말한다.

예제 행정소송상 판결의 기판력에 관한 설명으로 옳지 않은 것은? (다툼이 있는 경우에는 판례에 의함)

① 행정소송법은 기판력에 관하여 명시적으로 규정하고 있지 않다.
② 기판력은 당해 소송의 당사자 및 당사자와 동일시할 수 있는 자에게도 미친다.
③ 과세처분의 취소소송에서 청구가 기각된 확정판결의 기판력은 그 과세처분이 무효확인을 구하는 소송에도 미친다.
④ 처분취소판결의 기판력은 피고인 행정청이 속하는 국가 또는 공공단체에는 미치지 않는다.

정답 ④

④ (×) 피고는 처분청이므로 취소소송에 있어서의 기판력은 처분이 귀속하는 국가 또는 공공단체에 미친다(대판 1998.7.24. 98다10854).

> **예제** 항고소송에서 판결의 기속력에 대한 설명으로 옳지 않은 것은?
>
> ① 기속력은 일단 판결이 확정된 때에는 동일한 사항이 다시 소송상 문제되었을 때 당사자와 법원은 이에 저촉되는 주장이나 판단을 할 수 없는 효력을 의미한다.
> ② 현행 행정소송법은 취소판결에 대하여 기속력 있음을 규정하고 무효등확인소송과 부작위위법확인소송 및 당사자소송에 이를 준용하고 있다.
> ③ 기속력은 취소판결 등의 실효성을 도모하기 위하여 인정된 효력이므로, 판결주문 및 그 전제가 된 요건사실의 인정과 효력의 판단에만 미친다.
> ④ 취소판결이 확정된 후에 그 기속력에 위반하여 같은 사유에 의한 동일한 내용의 처분은 그 하자가 중대하고도 명백하여 당연무효이다.
>
> **정답** ①
>
> ① (×) 기속력이 아니라 기판력에 대한 설명이다.
> ② (○) 행정소송법 제30조, 제38조, 제44조 참조.
> ③ (○) 행정소송법 제30조 제1항에 의하여 인정되는 취소소송에서 처분 등을 취소하는 확정판결의 기속력은 주로 판결의 실효성 확보를 위하여 인정되는 효력으로서 판결의 주문뿐만 아니라 그 전제가 되는 처분 등의 구체적 위법사유에 관한 이유 중의 판단에 대하여도 인정된다(대판 2001.3.23. 99두5238).
> ④ (○) 취소판결에 반하는 행정청의 처분은 위법한 행위로서 하자가 중대하고 명백하다고 볼 수 있어 무효이다(대판 1982.5.11. 80누104).

09 취소소송의 종료

1. 판결에 의한 취소소송의 종료

취소소송은 보통의 민사소송과 마찬가지로 법원의 종국판결에 의하여 종료한다. 이때의 종국판결은 소송판결과 본안판결을 모두 포함한다. 종국판결은 상고권의 포기·상소기간의 경과·상고기각·상고법원의 종국판결에 의하여 확정된다.

2. 판결에 의하지 아니한 취소소송의 종료

(1) 당사자의 행위에 의한 종료

① **소의 취하** : 소의 취하는 **원고가 소에 의한 심판청구의 전부 또는 일부를 철회하는 취지의 법원에 대한 일방적인 의사표시**이다. 취소소송은 행정의 적법성확보를 그 목적의 하나로 하기 때문에 인정여부가 문제되지만, 취소소송도 처분권주의가 지배하므로 이를 부인할 이유가 없다. 피고가 본안에 대하여 준비서면을 제출하거나 준비절차에서 진술하거나 변론을 한 후에는 소의 취하에 피고의 동의를 얻어야 한다(민사소송법 제266조 제2항). 또한 소의 취하는 서면으로 함이 원칙이나, 변론 또는 준비절차에서 구술로써 할 수도 있다(제3항).

② **청구의 포기·인낙**

㉠ **의의** : 청구의 포기는 **원고가 자기의 소송상 청구가 이유없음을 자인하는 법원에 대한 일방적 의사표시**이며, 청구의 인낙은 **피고가 원고의 소송상 청구가 이유있음을 자인하는 법원에 대한 일방적인 의사표시**이다. 청구의 포기나 인낙은 조서에 기재함으로써 확정판결과 동일한 효력이

생긴다.
ⓒ **허용여부**: 취소소송에 있어서 청구의 포기·인낙에 관한 민사소송법상의 규정이 준용될 수 있는지 다툼이 있다.

다수설	ⓐ 의의 : 명문의 규정이 없는 한 부정해야 한다는 견해 ⓑ 논거 : ⅰ) 행정소송의 대상인 처분 등은 사적자치가 인정되는 사법행위와 달리 당사자간의 타협에 의할 수 없다는 점, ⅱ) 행정소송사건의 심리는 직권탐지주의를 가미하므로 민사소송사건과는 다르다는 점, ⅲ) 취소소송의 확정판결은 제3자에게도 효력을 가진다는 점
소수설	ⓐ 청구의 포기 : 소송경제 측면에서 전면적으로 긍정 ⓑ 청구의 인락 : ⅰ) 기속행위의 경우는 법률규정에 의하여 그 법적 효력이 발생되기 때문에 부정하나, ⅱ) 재량행위의 경우는 행정청이 소송도중에 원고의 주장이 이유가 있고 행정목적달성에 지장이 없다고 인정하는 경우에는 긍정

③ **소송상 화해**
ⓘ **의의** : 소송상 화해는 **소송계속중 당사자 쌍방이 소송물인 권리관계의 주장을 서로 양보하여 소송을 종료시키기로 하는 합의**를 말한다. 화해조서는 확정판결과 같은 효력이 있다(민사소송법 제220조).
ⓒ **허용여부**

다수설	ⓐ 의의 : 명문의 규정이 없는 한 부정해야 한다는 견해 ⓑ 논거 : ⅰ) 행정기관은 사인과 합의에 의한 처분을 할 수 없고, ⅱ) 대상이 재량행위이더라도 그 재량권은 소송물에 관한 처분권과 다른 것이며, ⅲ) 행정소송에는 직권심리주의가 적용되며, ⅳ) 행정소송의 확정판결은 대세적 효력을 갖는다는 점
소수설	ⓐ 제1설 : 재량행위의 경우는 강행법규와 행정법의 일반원칙에 반하지 않는 한 긍정하나, 기속행위는 부정하는 견해 ⓑ 제2설(제한적 긍정설) : 법치행정, 법적 안정성 등에 해가 되지 않도록 일정한 요건 하에서 긍정하는 견해(요건 : ⅰ) 그 소송물과 직접 관련있는 사항에 대해서만 인정, ⅱ) 원고에게는 자신에게 속한 권리·의무일 것, 피고인 행정청에게는 그에 관한 결정권한이 있을 것, ⅲ) 사실상태 또는 법적상태가 불명확해야 할 것, ⅳ) 화해의 내용이 적법할 것, ⅴ) 법원의 화해권고안에 따라 이루어져야 할 것, ⅵ) 제3자의 권리에 영향을 미치는 경우에는 관계인의 동의가 필요)

(2) **기타의 종료사유**

취소소송은 당사자의 행위에 의한 종료 외에도 일정한 사유에 의하여 종료한다. 즉, 성질상 승계가 불허되는 소송에 있어서 원고가 사망한 경우에 그 소송은 종료한다. 그러나 피고인 행정청이 없게 된 때에는 그 처분 등에 관한 사무가 귀속하는 국가나 공공단체가 피고가 되기 때문에(제13조 제2항), 소송이 종료하지 않는다.

10 취소소송의 불복

1. 항소와 상고

행정법원의 제1심 판결에 대하여 고등법원에 항소할 수 있고, 항소심의 종국판결에 대하여 대법원에 상고할 수 있다. 행정소송은 삼심제를 취하고 있다. 상고에 관하여는 상고심절차에관한특례법에 의하여 심리를 하지 아니하고 판결로 상고를 기각하는 심리불속행판결이 가능하다(동법 제2조).

2. 항고와 재항고

행정법원의 결정·명령에 대하여 고등법원에 항고할 수 있고, 고등법원의 결정·명령에 대하여 대법원에 재항고할 수 있으며, 법률에 규정이 있는 경우 민사소송법에 따른 즉시항고를 할 수 있다.

3. 재심

(1) 재심의 의의

확정된 종국판결에 일정한 사유(예 판결의 증거가 된 문서나 물건이 위조되거나 변조된 것인 때, 판결에 영향을 미친 중요한 사항에 관하여 판단을 누락한 때)**가 있어서 판결법원에 이의 재심사를 구하는 것**을 재심이라 한다(민사소송법 제451조 제1항). 취소소송의 판결에 대하여도 민사소송법을 준용하여 일반적인 재심청구가 가능하다. 행정소송법은 이에 더하여 제3자에 의한 재심청구를 규정하고 있다.

(2) 제3자에 의한 재심청구

① **의의** : 처분등을 취소하는 판결에 의하여 권리 또는 이익의 침해를 받은 제3자는 자기에게 책임없는 사유로 소송에 참가하지 못함으로써 판결의 결과에 영향을 미칠 공격 또는 방어방법을 제출하지 못한 때에는 이를 이유로 확정된 종국판결에 대하여 재심의 청구를 할 수 있다(행정소송법 제31조 제1항).

② **인정이유** : 취소소송의 확정판결은 제3자에 대하여도 효력이 있는데(제29조 제1항), 제3자가 귀책사유 없이 소송에 참가하지 못한 경우에는 판결이 확정된 뒤에도 제3자로 하여금 당해 확정판결로 인한 권익의 침해를 주장할 수 있도록 하기 위한 것이다.

③ **재심청구의 당사자** : 재심원고는 취소소송의 확정판결에 의하여 '권리 또는 이익의 침해를 받은 제3자'이며, 재심피고는 확정판결에 나타난 원고와 피고가 함께 공동피고가 된다. '권리 또는 이익의 침해를 받은 제3자'란 당해 판결의 형성력이 미침으로써 그 판결주문에 따라 직접 자신의 권리나 이익이 침해되는 소송당사자 이외의 제3자이다.

④ **재심사유**

㉠ **자기에게 책임없는 사유로 소송에 참가하지 못한 경우**

여기서 '자기에게 책임없는 사유로 소송에 참가하지 못한 경우'란 당해 취소소송의 계속을 알지 못하였거나, 알았다고 하더라도 특별한 사정으로 인하여 당해 소송에 참가할 수 없었다고 일반통념으로 인정되는 경우를 말한다고 보는 것이 판례이다. 즉 "행정소송법 제31조 제1항에 의하여 제3자가 재심을 청구하는 소를 제기하는 경우에 갖추어야 할 요건의 하나인 '자기에게 책임없는 사유'의 유무는 사회통념에 비추어 제3자가 당해 소송에 참가를 할 수 없었던 데에 자기에게 귀책시킬 만한 사유가 없었는지의 여부에 의하여 사안에 따라 결정되어야 하고, 제3자가 종전 소송의 계속을 알지 못한 경우에 그것이 통상인으로서 일반적 주의를 다하였어도 알기 어려웠다는 것과 소송의 계속을 알고 있었던 경우에는 당해 소송에 참가를 할 수 없었던 특별한 사정이 있을 것을 필요로 한다."(대판 1995.9.15. 95누6762)는 것이다. 위와 같은 사유에 대한 입증책임은 재심청구인에게 있다는 것이 판례이다.

ⓒ 소송에 참가하지 못함으로써 판결의 결과에 영향을 미칠 공격 또는 방어방법을 제출하지 못하였을 것

즉 제3자가 공격 또는 방어방법을 종전의 소송에서 제출하였다면 그에게 유리하게 판결의 결과가 변경되었을 것이라고 인정되어야 하며 그러한 공격 또는 방어방법을 제출할 기회를 얻지 못하였어야 한다. 따라서 종전의 소송에서 공격방어 방법이 이미 제출되어 판단을 받은 경우나 종전의 소송에서 제출되었더라도 판결의 결과에 영향을 미칠 수 없었으리라고 인정되는 경우에는 재심이 허용될 수 없다.

⑤ **재심청구기간** : 재심청구는 확정판결이 있음을 안 날로부터 30일이내, 판결이 확정된 날로부터 1년이내에 제기하여야 한다. 동 기간은 불변기간이다(제21조 제2항·제3항).

4. 판결에 대한 헌법소원

헌법 제107조 제2항과 원칙적으로 헌법소원심판의 대상에서 법원의 재판을 제외하고 있는 헌법재판소법 제68조 제1항의 취지에 따르면, 판결에 대한 헌법소원은 원칙적으로 부인된다. 그러나 헌법재판소는 판결과 원행정처분의 취소를 구하는 헌법소원을 예외적으로 인정하고 있다.

5. 위헌·위법판결의 공고

행정소송에 대한 대법원판결에 의하여 명령·규칙이 헌법 또는 법률에 위반된다는 것이 확정된 경우에는 대법원은 지체 없이 그 사유를 행정안전부장관에게 통보하여야 하고(제6조 제1항), 통보를 받은 행정안전부장관은 지체 없이 이를 관보에 게재하여야 한다(제2항). 이는 판결의 내용을 관계 행정청이나 이해관계인에게 알려서 향후 관계 행정청은 위헌·위법으로 판단된 명령·규칙을 적용하지 않도록 하고, 이해관계인은 행정청이 그러한 명령·규칙을 적용하는 경우 위헌·위법을 주장할 수 있도록 하기 위한 것이다.

6. 소송비용

소송의 비용은 소송비용부담의 원칙에 따라 패소자가 부담하며, 원고의 청구가 일부 인용된 판결의 경우에는 각 소송당사자가 분담한다(민사소송법 제98조·제101조). 다만 취소청구가 행정소송법 제28조의 규정에 의하여 기각(사정판결)되거나 행정청이 처분 등을 취소 또는 변경함으로 인하여 청구가 각하 또는 기각된 경우에는 소송비용은 피고의 부담이 된다(행정소송법 제32조). 소송비용에 관한 재판이 확정된 때에는 피고 또는 참가인이었던 행정청이 소속하는 국가 또는 공공단체에 그 효력을 미친다(제33조).

제2관 무효등확인소송

01 개설

1. 의의 및 필요성

무효등 확인소송이란 **행정청의 처분등의 효력 유무 또는 존재여부를 확인하는 소송**을 말한다(행정소송법 제4조 제2호). 무효등의 행위라도 외형상 행정처분이 존재하고 행정청에 의하여 집행될 가능이 있는바, 무효인 처분의 상대방이나 이해관계인은 재판에 의하여 그 처분의 무효임을 공적으로 확인받을 필요가 있다.

2. 종류

무효등확인소송에는 처분등의 유효확인소송, 처분등의 무효확인소송, 처분등의 존재확인소송, 처분등의 부존재확인소송, 처분등의 실효확인소송 등이 있다. 판례는 무효인 처분의 무효확인을 취소소송의 형식으로도 제기할 수 있고, 무효등확인소송에는 취소를 구하는 취지까지도 포함된 것으로 새긴다(대판 1987.4.28. 86누887).

3. 성질

무효등확인소송은 본래 확인판결에 속한다. 그러나 무효확인판결의 효력은 취소판결의 경우와 같이 제3자에게도 미치는 까닭에 형성판결과 유사한 기능을 갖게 되고, 현행법도 이를 형성판결인 취소소송과 함께 항고소송의 일종으로 규정하고 있다.

4. 적용법규

무효등확인소송은 집행정지 규정을 비롯해 취소소송에 관한 행정소송법상의 규정을 거의 대부분 준용하나, 예외적 행정심판전치주의(제18조), 제소기간(제20조), 사정판결(제28조), 간접강제(제34조)에 관한 규정은 준용되지 않는다. 그러나 취소소송을 통하여 무효인 처분을 다투어 무효선언을 구하는 경우에는 행정심판전치주의나 제소기간의 제한규정이 적용된다.

02 주요 소송요건

1. 재판관할

제1심 관할은 피고의 소재지를 관할하는 행정법원이 된다. 다만 중앙행정기관 또는 그 장이 피고인 경우의 관할법원은 대법원소재지의 행정법원으로 한다(제9조·제38조). 무효등확인소송이 관할권이 없는 법원에 잘못 제기된 경우에는 원고의 고의나 과실로 인한 경우가 아니면, 결정으로 정당한 관할법원에 이송하여야 하고(제38조 제1항·제8조 제2항), 관련청구의 이송에 관한 규정이 준용된다(제10조·제38조 제1항).

2. 처분등

무효등확인소송의 대상은 법률관계가 아니라, 취소소송의 경우와 같이 처분등이다. 무효확인소송의 대상인 처분은 외관상으로는 존재하여야 한다. 한편 재결무효등확인소송의 경우에는 재결 자체에 고유한 위법이 있음을 이유로 하는 경우에 한한다(제38조 제1항, 제19조).

3. 원고적격

무효등확인소송은 처분등의 효력유무 또는 존재 여부의 확인을 구할 법률상 이익이 있는 자가 제기할 수 있다(제35조). 법률상 이익이 있는 자의 의미는 취소소송에서 살펴본 바와 같다. 예컨대 개인은 건축허가에 대한 무효등확인소송을 단순히 도시미관이 침해되고 있다는 이유로 제기하여서는 안되며, 자신의 재산권 또는 일조권 등 법에 의하여 직접적이고 구체적으로 보호되는 이익이 침해되는 경우에만 제기할 수 있다. 한편, 공동소송도 인정된다(제15조·제38조 제1항).

> **관련판례**
>
> **행정소송법 제35조 소정의 '법률상 이익'의 의미**
> 항고소송인 무효등확인소송에 있어서 소의 이익이 인정되기 위하여는 행정소송법 제35조 소정의 '법률상의 이익'이 있어야 하는바, 그 법률상의 이익은 <u>당해 처분의 근거 법률에 의하여 보호되는 직접적이고 구체적인 이익이 있는 경우</u>를 말하고 간접적이거나 사실적, 경제적 이해관계를 가지는 데 불과한 경우는 여기에 해당되지 아니한다. <u>인감증명행위는</u> 인감증명청이 적법한 신청이 있는 경우에 인감대장에 이미 신고된 인감을 기준으로 출원자의 현재 사용하는 인감을 증명하는 것으로서 구체적인 사실을 증명하는 것일 뿐, 나아가 출원자에게 어떠한 권리가 부여되거나 변동 또는 상실되는 효력을 발생하는 것이 아니고, 인감증명의 무효확인을 받아들인다 하더라도 이로써 이미 침해된 당사자의 권리가 회복되거나 또는 곧바로 이와 관련된 새로운 권리가 발생하는 것도 아니므로 <u>무효확인을 구할 법률상 이익이 없어 부적법하다</u>(대판 2001.7.10. 2000두2136).
>
> **폐기물소각시설 입지지역 주변 주민에의 원고적격 인정**
> 폐기물소각시설의 부지경계선으로부터 300m 밖에 거주하는 주민들도 위와 같은 소각시설 설치 사업으로 인하여 사업 시행 전과 비교하여 수인한도를 넘는 환경피해를 받거나 받을 우려가 있음에도 폐기물처리시설 설치기관이 주변영향지역으로 지정·고시하지 않는 경우 같은 법 제17조 제3항 제2호 단서 규정에 따라 당해 폐기물처리시설의 설치·운영으로 인하여 환경상 이익에 대한 침해 또는 침해우려가 있다는 것을 입증함으로써 그 처분의 무효확인을 구할 원고적격을 인정받을 수 있다(대판 2005.3.11. 2003두13489).

4. 무효등확인소송의 보충성 문제

(1) 문제점

행정소송법 제35조의 '확인을 구할 법률상 이익'의 의미와 관련하여 종래 무효등확인소송에서도 민사소송에서의 '확인의 이익'이 필요한지, 그리고 무효등확인소송이 보충적으로 적용되는 것인지가 문제되어 왔다.

(2) 학설

즉시확정이익설 (필요설)	무효확인소송에도 민사소송에서의 확인의 이익, 즉 현존하는 불안이나 위험을 제거하기 위하여 확인판결을 받는 것이 유효·적절한 때와 같은 즉시확정의 법률상 이익이 필요하다는 견해 ☞ 확인소송은 보다 실효적인 구제수단(예 처분의 무효를 전제로 한 이행소송)이 가능하면 인정되지 않음.
법적이익보호설 (불요설)	민사소송에서의 확인의 이익보다는 넓은 개념으로 보아서, 행정소송의 무효판결 자체로도 판결의 실효성 확보가 가능하므로 무효확인소송을 보충적인 성질로 이해하지 않는 견해

(3) 판례

종래 대법원은 '민사소송에 의한 부당이득반환청구의 소로써 직접 그 위법상태의 제거를 구할 수 있는 길이 열려 있는 이상 과세처분의 무효확인의 소는 분쟁해결에 직접적이고도 유효적절한 해결방법이라 할 수 없어 확인을 구할 법률상 이익이 없다'(대판 1991.9.10. 91누3840)라고 하여 즉시확정이익설의 입장이었다. 그러나 이후 대법원은 행정처분의 근거법률에 의해 보호되는 직접적이고 구체적인 이익이 있는 경우 이와 별도로 무효확인소송의 보충성을 요구하지 않는 것으로 변경하였다.

> **관련판례**
>
> 행정소송법 제35조에 규정된 '무효확인을 구할 법률상이익'이 있는지를 판단할 때 행정처분의 무효를 전제로 한 이행소송 등과 같은 직접적인 구제수단이 있는지를 따질 필요가 없음
>
> 행정소송은 행정청의 위법한 처분 등을 취소·변경하거나 그 효력 유무 또는 존재 여부를 확인함으로써 국민의 권리 또는 이익의 침해를 구제하고, 공법상의 권리관계 또는 법 적용에 관한 다툼을 적정하게 해결함을 목적으로 하는 것이므로, 대등한 주체 사이의 사법상 생활관계에 관한 분쟁을 심판대상으로 하는 <u>민사소송과는 그 목적, 취지 및 기능 등을 달리한다</u>. 또한 행정소송법 제4조에서는 무효확인소송을 항고소송의 일종으로 규정하고 있고, 행정소송법 제38조 제1항에서는 처분 등을 취소하는 확정판결의 기속력 및 행정청의 재처분 의무에 관한 행정소송법 제30조를 <u>무효확인소송에도 준용하고 있으므로 무효확인판결 자체만으로도 실효성을 확보할 수 있다</u>. 그리고 무효확인소송의 보충성을 규정하고 있는 <u>외국의 일부 입법례와는 달리 우리나라 행정소송법에는 명문의 규정이 없어</u> 이로 인한 명시적 제한이 존재하지 않는다. 이와 같은 사정을 비롯하여 행정에 대한 사법통제, 권익구제의 확대와 같은 행정소송의 기능 등을 종합하여 보면, 행정처분의 근거법률에 의하여 보호되는 직접적이고 구체적인 이익이 있는 경우에는 행정소송법 제35조에 규정된 '무효확인을 구할 법률상 이익'이 있다고 보아야 하고, 이와 별도로 무효확인소송의 보충성이 요구되는 것은 아니므로 <u>행정처분의 무효를 전제로 한 이행소송 등과 같은 직접적인 구제수단이 있는지 여부를 따질 필요가 없다</u>고 해석함이 상당하다(대판 2008.3.20. 2007두6342).

5. 피고적격

무효등확인소송은 취소소송과 마찬가지로 처분 등을 행한 행정청을 피고로 한다(행정소송법 제13조·제38조).

03 무효등확인소송의 심리

1. 심리의 범위 등

무효확인소송에서는 처분의 위법 여부와 무효 여부가 심판의 대상이 된다. 무효확인청구에는 취소의 청구가 포함되어 있다고 보는 판례의 입장에 따르면 계쟁처분의 취소 여부도 심리의 대상이 된다. 그 밖에 심리의 내용·범위 및 방법 등이 취소소송의 경우와 특별히 다른 것이 없다. 행정심판기록제출 명령제도(제23조), 직권심리주의(제26조) 등이 준용되고 있다(제38조 제1항). 위법성판단의 기준시점도 취소소송의 경우처럼 처분시설이 통설이다.

2. 주장책임과 입증책임

(1) **주장책임**

무효등확인소송에 있어서도 취소소송과 마찬가지로 주요사실은 당사자가 주장하지 않으면 판결의 기초로 삼을 수 없다.

(2) **입증책임**

취소소송과 동일하다는 견해	위법의 중대·명백성은 법해석 내지 경험칙에 의하여 판단될 사항으로 입증책임의 문제와는 직접 관계가 없다는 이유로 취소소송의 경우와 마찬가지로 입증책임을 분배해야 한다는 견해
원고입증책임설	무효등확인소송에서 하자의 중대·명백성은 취소소송에서는 인정되지 않는 특별한 사유에 해당한다고 보아 취소소송의 경우와 달리 원고가 무효원인사실에 대한 입증책임을 진다는 견해
판례	"행정처분의 당연무효를 주장하여 그 무효확인을 구하는 행정소송에 있어서는 원고에게 그 행정처분이 무효인 사유를 주장·입증할 책임이 있다"(대판 2000.3.23. 99두11851)고 하여 원고입증책임설을 취함

3. 선결문제

(1) 예컨대 민사소송(예 조세부과처분이 무효임을 전제로 한 과오납세금 반환청구소송)에서 나타나게 되는 처분(예 조세부과처분)의 효력 유무 또는 존재여부에 관한 다툼을 선결문제라고 한다.

(2) 행정소송법은 제11조에서, 처분등의 효력 유무 또는 존재 여부가 민사소송의 선결문제로 되어 당해 민사소송의 수소법원이 이를 심리·판단하는 경우에는 행정청의 소송참가(행정소송법 제17조), 행정심판기록의 제출명령(제25조), 직권심리(제26조), 소송비용에 관한 재판의 효력(제33조)의 규정을 준용토록 하였다. 이에 따라 본안이 민사에 관한 것이라도 선결문제가 행정사건인 경우에는 본안의 수소법원에서 선결문제의 해결을 항고소송에 준하여 다루게 된다. ⇨ 선결문제에 관한 상세한 내용은 제2편, 제2장, 제6절의 행정행위의 효력에서 설명함

04 무효등확인소송의 판결

1. 판결의 종류

취소소송에 있어서 판결의 종류와 같다(각하판결, 기각판결, 인용판결). 다만 무효등확인소송에 있어서는 사정판결에 관한 규정이 준용되어 있지 않아, 다수설과 판례는 사정판결이 인정되지 않는다는 입장이다. 그러나 무효선언을 구하는 취소소송의 경우에는 사정판결이 인정된다고 해석된다(김철용).

2. 판결의 효력

(1) 기속력 등

무효등확인소송의 판결에도 기속력이 발생하고(제30조), 제3자에 대하여도 효력(제29조)이 있다(제38조 제1항).

(2) 기판력

무효확인소송의 기판력은 ① 인용판결의 경우에는 당해 처분이 위법하다는 점과 당해 처분이 무효라는 점에 대하여 미치고, ② 기각판결의 경우에는 당해 처분이 무효가 아니라는 점에 미친다. 따라서 기각판결이 난 경우에도 취소소송의 요건이 갖추어진 경우는 취소소송을 제기할 수 있고, 국가배상청구소송도 제기할 수 있다.

3. 간접강제 허부

행정소송법 제38조 제1항이 무효확인 판결에 관하여 취소판결에 관한 규정을 준용함에 있어서 같은 법 제30조 제2항(재처분의무)을 준용한다고 규정하면서도 같은 법 제34조(간접강제)는 이를 준용한다는 규정을 두지 않고 있으므로 간접강제는 허용되지 않는다(대결 1998.12.24. 98무37). 가령 건축허가반려처분에 대한 무효등확인소송을 제기할 경우 법원은 단순히 처분의 효력 유·무만을 확인하고 청구인용판결이 있어도 실질적으로 처분청에 대한 강제력이 없다는 것이 한계이다. 따라서 의무이행소송의 도입이 주장되고 있다.

4. 무효등확인소송의 불복

무효등확인소송의 불복도 취소소송의 불복과 다르지 않다. 행정소송법은 무효등확인소송에도 제3자에 의한 재심청구를 준용하고 있다(제38조 제1항·제31조).

예제 취소소송과 무효등확인소송에 관한 설명으로 옳지 않은 것은? (다툼이 있는 경우 판례에 의함)

▶ 23 소방승진

① 취소소송과 무효등확인소송은 서로 양립할 수 없으므로 단순 병합이나 선택적 병합은 불가능하고, 주위적, 예비적 병합만 가능하다.
② 취소소송에 대한 기각판결이 내려진 경우, 후소인 무효등확인소송에도 영향을 미친다.
③ 일반적으로 행정처분의 무효확인을 구하는 소에는 취소를 구하는 취지도 포함된다고 보아야 한다.
④ 과세처분 이후 처분의 근거 규정에 대하여 위헌결정이 내려지고 난 뒤, 조세채권의 집행을 위한 체납처분의 근거 규정에 대하여는 따로 위헌결정이 내려진 바 없다면 제소기간 내에 취소소송으로 다투어야 한다.

정답 ④

④ (×) 조세 부과의 근거가 되었던 법률규정이 위헌으로 선언된 경우, 비록 그에 기한 과세처분이 위헌결정 전에 이루어졌고, 과세처분에 대한 제소기간이 이미 경과하여 조세채권이 확정되었으며, 조세채권의 집행을 위한 체납처분의 근거규정 자체에 대하여는 따로 위헌결정이 내려진 바 없다고 하더라도, 위와 같은 위헌결정 이후에 조세채권의 집행을 위한 새로운 체납처분에 착수하거나 이를 속행하는 것은 더 이상 허용되지 않고, 나아가 이러한 위헌결정의 효력에 위배하여 이루어진 체납처분은 그 사유만으로 하자가 중대하고 객관적으로 명백하여 당연무효라고 보아야 한다(대판 2012.2.16. 2010두10907).
① (○) 대판 1999.8.20. 97누6889
② (○) 전소인 취소소송에서 기각판결이 확정되면 취소소송의 대상인 처분이 위법하지 않다는 점에 기판력이 발생하므로 후소인 무효확인소송에도 전소의 기판력이 미쳐서 다시 처분의 무효확인을 구할 수 없다(대판 1996.6.25. 95누1880).
③ (○) 대판 1994.12.23. 94누477

예제 무효등확인소송에 대한 설명으로 옳지 않은 것은?

① 행정처분의 당연무효를 주장하여 그 무효확인을 구하는 행정소송에 있어서는 행정청이 입증책임을 진다는 것이 판례의 입장이다.
② 사정판결에 관한 행정소송법 규정은 무효등확인소송에는 준용되지 않는다.
③ 취소소송에서 인정되는 집행정지에 관한 행정소송법 규정은 무효등확인소송에 대하여도 준용된다.
④ 행정처분의 근거 법률에 의하여 보호되는 직접적이고 구체적인 이익이 있는 경우에는 행정소송법 제35조에 규정된 '무효확인을 구할 법률상 이익'이 있다고 보아야 하고, 이와 별도로 무효확인소송의 보충성이 요구되는 것은 아니라는 것이 판례의 입장이다.

정답 ①

① (×) 판례는 "행정처분의 당연무효를 주장하여 그 무효확인을 구하는 행정소송에 있어서는 원고에게 그 행정처분이 무효인 사유를 주장·입증할 책임이 있다"(대판 2000.3.23. 99두11851)고 하여 원고입증책임설을 취한다.

갑은 단순위법인 취소사유가 있는 A처분에 대하여 「행정소송법」상 무효확인소송을 제기하였다. 이에 대한 설명으로 옳은 것은? (다툼이 있는 경우 판례에 의함)

① 무효확인소송에 A처분의 취소를 구하는 취지도 포함되어 있고 무효확인소송이 행정소송법상 취소소송의 적법요건을 갖추었다 하더라도, 법원은 A처분에 대한 취소판결을 할 수 없다.

② 무효확인소송이 행정소송법상 취소소송의 적법한 제소기간 안에 제기되었더라도, 적법한 제소기간 이후에는 A처분의 취소를 구하는 소를 추가적·예비적으로 병합하여 제기할 수 없다.

③ 갑이 무효확인소송의 제기 전에 이미 A처분의 위법을 이유로 국가배상청구소송을 제기하였다면, 무효확인소송의 수소법원은 갑의 무효확인소송을 국가배상청구소송이 계속된 법원으로 이송·병합할 수 있다.

④ 갑이 무효확인소송의 제기 당시에 원고적격을 갖추었더라도 상고심 중에 원고적격을 상실하면 그 소는 부적법한 것이 된다.

정답 ④

① (×), ② (×) 행정처분의 무효확인을 구하는 소에는 특단의 사정이 없는 한 그 취소를 구하는 취지도 포함되어 있다고 보아야 하는 점 등에 비추어 볼 때, 동일한 행정처분에 대하여 무효확인의 소를 제기하였다가 그 후 그 처분의 취소를 구하는 소를 추가적으로 병합한 경우, 주된 청구인 무효확인의 소가 적법한 제소기간 내에 제기되었다면 추가로 병합된 취소청구의 소도 적법하게 제기된 것으로 봄이 상당하다(대판 2005.12.23. 2005두3554).

③ (×) 관련청구소송이 계속된 법원이 상당하다고 인정하는 때에는 당사자의 신청 또는 직권에 의하여 이를 취소소송이 계속된 법원으로 이송할 수 있다(행정소송법 제10조 제1항, 제38조).

④ (○) 원고적격은 소송요건이므로 상고심 중에도 유지되어야 한다.

제3관 부작위위법확인소송

01 개설

1. 의의

(1) 개념

부작위위법확인소송은 '**행정청의 부작위가 위법하다는 것을 확인하는 소송**'을 말한다(행정소송법 제4조 제3호). 즉 행정청이 당사자의 신청에 대해 상당한 기간 내에 일정한 처분을 해야 할 법률상의 의무가 있음에도 불구하고 이를 행하지 않은 경우, 그 부작위가 위법함의 확인을 구하는 소송이다.

(2) 제도적 의미

부작위위법확인의 소는 행정청이 당사자의 법규상 또는 조리상의 권리에 기한 신청에 대하여 상당한 기간 내에 그 신청을 인용하는 적극적 처분 또는 각하하거나 기각하는 등의 소극적 처분을 하여야 할 법률상의 응답의무가 있음에도 불구하고 이를 하지 아니하는 경우에 그 부작위가 위법하다는 것을 확인함으로써 행정청의 응답을 신속하게 하여 부작위 또는 무응답이라고 하는 소극적인 위법상태를 제거하는 것을 목적으로 하는 제도이다(대판 1992.6.9. 91누11278).

2. 성질

부작위위법확인소송은 부작위위법의 확인을 구하는 확인의 소이며 그 판결은 확인판결이다. 부작위위법확인소송의 판결은 행정청의 특정한 부작위의 위법여부를 확인하는 데 그치고, 적극적으로 행정청에 대하여 일정한 처분을 할 의무를 직접 명하지는 않는다. 한편 부작위의 개념은 공권력의 행사로써 처분할 의무의 존재를 전제로 한다는 점에서 공권력발동에 관한 소송이므로 취소소송이나 무효등확인소송과 마찬가지로 항고소송에 속한다(행정소송법 제4조).

3. 적용법규

취소소송에 관한 대부분의 규정이 준용되나, 부작위위법확인소송은 적극적인 처분이 없기 때문에 제소기간제한(제20조 제2항), 처분변경으로 인한 소의 변경(제22조), 집행정지결정(제23조·제24조), 사정판결(제28조) 등은 준용되지 않는다.

4. 문제점

현행법은 부작위위법확인이 아닌 작위의무확인청구나 적극적인 의무이행소송을 인정하지 않는다. 그러므로 행정소송법은 부작위위법확인소송에 대하여 그 판결의 기속력으로서 재처분의무와 간접강제를 인정함으로써 실효성확보를 위한 제도를 강구하고 있다.

02 주요 소송요건

1. 부작위의 존재

(1) 부작위의 의의

부작위란 '**행정청이 당사자의 신청에 대하여 상당한 기간 내에 일정한 처분을 하여야 할 법률상 의무가 있음에도 불구하고 이를 하지 아니하는 것**'을 말한다(제2조 제1항 제2호). 부작위는 '재량권의 불행사'와 다른데, 재량권의 불행사는 행정청이 자신에게 부여된 재량권을 고려가능한 모든 관점을 고려하여 행사한 것이 아닌 경우를 말한다.

(2) 부작위의 성립요건

① **당사자의 처분의 신청**: 부작위가 성립하기 위해서는 당사자가 처분의 신청을 적법하게 해야 한다(신청의 적법성은 본안의 문제라는 견해 있음). 신청은 법령에 근거한 신청을 의미하는 것으로서, 법령이 당사자가 행정청에 대하여 일정한 신청을 할 수 있음을 명문으로 규정한 경우뿐만 아니라, 법령의 해석상 당해 규정이 특정인의 신청을 전제로 하는 것이라고 인정되는 경우도 포함된다. 판례는 부작위가 성립하기 위하여는 법규상 또는 조리상의 신청권이 있어야 한다고 하며 신청권이 없는 경우 부작위가 있다고 할 수 없고 원고적격도 없다고 한다(대판 2000.2.25. 99두11455). 이에 대하여 부작위의 성립에 있어 신청권을 요건으로 하지 않고 본안의 문제나 원고적격의 문제로 보는 견해가 있는바, 신청권을 요구하는 명문의 규정이 없음에도 신청권의 존부를 부작위개념요소로 보는 것은 부작위의 개념을 해석상 제한하는 것으로서 사인의 권리보호 확대의 이념에 반하는 것이라고 한다.

② **상당한 기간의 경과**: 상당한 기간이란 사회통념상 당해 신청에 대한 처분을 하는데 필요한 것으로 인정되는 기간을 말한다. 상당한 기간의 판단에는 처분의 성질·내용 등이 고려되나, 업무의 폭주·인력의 미비 같은 사정은 고려되지 않는다.

③ **일정한 처분을 할 법률상 의무의 존재**: 일정한 처분이란 행정소송법 제2조 제1항 제1호 소정의 처분을 말한다. 그리고 법률상 의무에는 명문의 규정에 의해 인정되는 경우뿐만 아니라 법령의 해석상 인정되는 경우도 포함된다.

④ **행정청이 아무런 처분도 하지 않았을 것**: 행정청이 인용처분을 하거나 거부처분을 하였다면 부작위라 할 수 없다. 법령이 일정한 상태에서 부작위를 거부처분으로 보는 규정을 둔 경우에는 부작위에 해당하지 않으므로 거부처분에 대하여 취소소송을 제기하여야 한다. 부작위위법확인소송계속 중 거부처분이 있게 되면 부작위위법확인소송의 소의 이익은 상실되고 원고는 거부처분취소소송으로 소의 변경을 신청할 수 있다. 그리고 거부처분이 있었는지 아니면 부작위인지 애매한 경우에는 거부처분취소소송과 부작위위법확인소송 중 한 소송을 주위적 청구로 하고 다른 소송을 예비적 청구로 제기할 수 있다.

> **관련판례**

부작위위법확인소송의 대상
부작위위법확인소송의 대상이 되는 행정청의 부작위라 함은 <u>행정청이 당사자의 신청에 대하여 상당한 기간 내에 일정한 처분을 할 법률상 의무가 있음에도 불구하고 이를 하지 아니하는 것을</u> 말하고, 이 소송은 처분의 신청을 한 자가 제기하는 것이므로 이를 통하여 원고가 구하는 행정청의 응답행위는 행정소송법 제2조 제1항 제1호 소정의 처분에 관한 것이라야 한다(대판 1991.11.8. 90누9391).

부작위위법확인의 소의 요건
부작위위법확인의 소에 있어 당사자가 행정청에 대하여 어떠한 행정행위를 하여 줄 것을 요구할 <u>수 있는 법규상 또는 조리상 권리를 갖고 있지 아니한 경우에는 원고적격이 없거나 항고소송의 대상인 위법한 부작위가 있다고 볼 수 없어</u> 그 부작위위법확인의 소는 부적법하다(대판 1999.12.7. 97누17568).

행정청이 행한 공사중지명령의 상대방이 그 명령 이후에 그 원인사유가 소멸하였음을 들어 행정청에 대하여 공사중지명령의 철회를 신청하였으나 행정청이 이에 대하여 아무런 응답을 하지 않고 있는 경우, 그러한 행정청의 부작위의 위법 여부(적극)
행정청이 행한 공사중지명령의 상대방은 그 명령 이후에 그 원인사유가 소멸하였음을 들어 행정청에게 공사중지명령의 철회를 요구할 수 있는 조리상의 신청권이 있다 할 것이고, 상대방으로부터 그 신청을 받은 행정청으로서는 상당한 기간 내에 그 신청을 인용하는 적극적 처분을 하거나 각하 또는 기각하는 등의 소극적 처분을 하여야 할 법률상의 응답의무가 있다고 할 것이며, 행정청이 상대방의 신청에 대하여 아무런 적극적 또는 소극적 처분을 하지 않고 있는 이상 행정청의 부작위는 그 자체로 위법하다고 할 것이고, 구체적으로 그 신청이 인용될 수 있는지 여부는 소극적 처분에 대한 항고소송의 본안에서 판단하여야 할 사항이라고 할 것이다(대판 2005.4.14. 2003두7590)

다수의 검사 임용신청자 중 일부만을 검사로 임용하는 결정을 함에 있어 그 임용여부의 응답을 해줄 의무가 있는지 여부(적극)
검사의 임용 여부는 임용권자의 자유재량에 속하는 사항이나, 임용권자가 동일한 검사신규임용의 기회에 원고를 비롯한 다수의 검사 지원자들로부터 임용 신청을 받아 전형을 거쳐 자체에서 정한 임용기준에 따라 이들 일부만을 선정하여 검사로 임용하는 경우에 있어서 <u>법령상 검사임용 신청 및 그 처리의 제도에 관한 명문 규정이 없다고 하여도 조리상 임용권자는 임용신청자들에게 전형의 결과인 임용 여부의 응답을 해줄 의무가 있다고 할 것이며</u>, 응답할 것인지 여부 조차도 임용권자의 편의재량사항이라고는 할 수 없다(대판 1991.2.12. 90누5825).

인사위원회의 심의를 거쳐 3급 승진대상자로 결정된 사실이 대내외에 공표된 4급 공무원으로부터 소청심사를 통한 승진임용신청을 받은 행정청이 그에 대하여 적극적 또는 소극적 처분을 하지 않는 경우, 그러한 행정청의 부작위가 위법한 것인지 여부(적극)
4급 공무원이 당해 지방자치단체 인사위원회의 심의를 거쳐 3급 승진대상자로 결정되고 임용권자가 그 사실을 대내외에 공표까지 하였다면, 그 공무원은 승진임용에 관한 법률상 이익을 가진 자로서 임용권자에 대하여 3급 승진임용을 신청할 조리상의 권리가 있고, 이러한 공무원으로부터 소청심사청구를 통해 승진임용신청을 받은 행정청으로서는 상당한 기간 내에 그 신청을 인용하는 적극적 처분을 하거나 각하 또는 기각하는 등의 소극적 처분을 하여야 할 법률상의 응답의무가 있다. 그럼에도, 행정청이 위와 같은 권리자의 신청에 대해 아무런 적극적 또는 소극적 처분을 하지 않고 있다면 그러한 행정청의 부작위는 그 자체로 위법하다(대판 2009.7.23. 2008두10560).

2. 원고적격

(1) 부작위 위법확인소송은 처분의 신청을 한 자로서 부작위 위법의 확인을 구할 법률상 이익이 있는 자만이 제기할 수 있는데(제36조), 여기서 '신청을 한 자'의 의미가 문제된다. 이에 관하여 ① 처분을 신청한 자 모두가 해당한다는 견해, ② 법규상·조리상 응답신청권이 있는 자만을 의미한다는 견해가 대립한다. 판례는 원고에게 신청권이 있어야 한다는 입장이다(대판 1995.9.15. 95누7345).

(2) 제3자라 하여도 법률상 이익이 있는 경우에는 역시 원고적격이 인정된다.

> **관련판례**
>
> 부작위위법확인소송에 있어서의 원고적격
> 원고의 주장 자체에 의하더라도 이 사건 건축관계의 당사자도 아닌 원고가 그 구성원들의 시장영업에 장애가 있다는 사실을 들어 그 인근에 있는 건물의 빈터에 설치된 위법 가설건물을 피고가 방치 한 것이 위법인지의 여부를 확인하여 달라는 것이어서 그것만으로는 피고의 위 방치행위로 인하여 원고가 직접적이고 구체적인 불이익을 받았다고 볼 수 없을 뿐만 아니라 위 가설건물에 대한 철거등 시정명령의 근거법률인 건축법 제5조, 제7조의3, 제42조 등의 규정에 의하더라도 원고의 구성원들에게 돌아가는 영업상의 이익을 위 규정들에 의하여 보호되는 법률상의 이익이라고는 할 수 없는 것이다(대판 1989.5.23. 88누8135).

3. 소의 이익

소제기의 전후를 통하여 판결시까지 행정청이 그 신청에 대하여 적극 또는 소극의 처분을 함으로써 부작위상태가 해소된 때에는 소의 이익을 상실하게 된다(대판 1990.9.25. 89누4758). 당사자의 신청이 있은 이후 당사자에게 생긴 사정의 변화로 인하여 위 부작위가 위법하다는 확인을 받는다고 하더라도 종국적으로 침해되거나 방해받은 권리와 이익을 보호·구제받는 것이 불가능하게 되었다면 그 부작위가 위법하다는 확인을 구할 이익은 없다(대판 2002.6.28. 2000두4750).

4. 행정심판전치주의

부작위위법확인소송도 행정소송법 제18조의 행정심판전치주의 규정이 적용된다(제38조 제2항). 따라서 개별법률에서 예외적 행정심판전치주의를 규정하고 있는 경우에는 의무이행심판을 거쳐 부작위위법확인소송을 제기하여야 한다.

5. 제소기간

(1) 부작위위법확인의 소는 부작위상태가 계속되는 한 그 위법의 확인을 구할 이익이 있다고 보아야 하므로 원칙적으로 제소기간의 제한을 받지 않으나, 행정소송법 제38조 제2항이 제소기간을 규정한 같은 법 제20조를 부작위위법확인소송에 준용하고 있으므로, 행정심판 등 전심절차를 거친 경우에는 재결서의 정본을 송달받은 날로부터 90일 이내에 제기하여야 한다(대판 2009.7.23. 2008두10560).

(2) 행정심판을 거치지 않는 경우에는 다툼의 대상인 처분이 없다는 점에서, 제20조 제2항의 제소기간 제한에 관한 규정('처분이 있은날'로부터 1년 이내)은 준용되지 않는다. 그러나 행정법관계의 신속한 안정이라는 점을 고려할 때, 제소기간에 대한 입법적 보완이 필요하다는 견해가 있다.

(3) 당사자가 동일한 신청에 대하여 부작위위법확인의 소를 제기하였으나 그 후 소극적 처분이 있다고 보아 처분취소소송으로 소를 교환적으로 변경한 후 여기에 부작위위법확인의 소를 추가적으로 병합한 경우 최초의 부작위위법확인의 소가 적법한 제소기간 내에 제기된 이상 그 후 처분취소소송으로의 교환적 변경과 처분취소소송에의 추가적 변경 등의 과정을 거쳤다고 하더라도 여전히 제소기간을 준수한 것으로 봄이 상당하다(대판 2009.7.23. 2008두10560).

03 부작위위법확인소송의 심리

1. 심리의 범위

(1) 문제 상황

행정소송법은 제4조 제3호에서 부작위위법확인소송을 '행정청의 부작위가 위법하다는 것을 확인하는 소송'이라고 정의하고 있어 부작위위법확인소송에 있어서 법원은 행정청의 부작위의 위법성만을 심리해야 하는지 아니면 당사자가 신청한 처분의 실체적인 내용도 심리할 수 있는지 문제된다. 그리고 이는 부작위위법확인소송에서 인용판결의 기속력으로서의 재처분의무가 행정청의 응답의무인가 아니면 신청에 따른 특정한 내용의 처분의무인가의 문제와도 관련된다.

(2) 학설

실체적 심리설 (적극설)	① 의의 : 부작위의 위법 여부뿐 아니라 신청의 실체적인 내용도 이유 있는지를 심리하여 행정청의 처리방향까지 제시하여야 한다는 견해 ② 논거 : ㉠ 행정소송법상 부작위의 정의규정에서 '일정한 처분을 할 법률상 의무'는 '신청에 따른 처분을 하여 줄 의무'라는 점, ㉡ 부작위위법확인소송이 의무이행소송과 같은 기능을 수행하도록 함으로써 국민의 권리구제에 기여, ㉢ 무용한 소송의 반복을 피할 수 있다는 점 ③ 기속의 의미(실체적 특정처분의무설) : 기속행위의 경우에는 행정청이 해당처분을 하여야 할 의무가 있음에도 불구하고 이를 행하지 않는 부작위가 위법하다고 판시하여 판결의 기속력에 따라 신청에 따른 처분을 하도록 해야 하고, 재량행위의 경우에는 재량하자로 인한 부작위의 위법성이 인정될 경우에는 이를 적시하여 판결의 기속력에 따라 재량하자가 없는 처분을 하도록 해야 함
절차적 심리설	① 의의 : 법원의 심판대상은 부작위의 위법 여부를 확인하는데 그칠 뿐 행정청이 할 처분의 내용까지 심리판단할 수 없다는 견해 ☞ 피고 패소 후 거부처분도 가능

(소극설) (다수설)	② 논거 : ㉠ 행정소송법상 부작위의 정의규정에서 '일정한 처분을 할 법률상 의무'는 신청에 대한 응답의 무라는 점, ㉡ 의무이행소송을 도입하지 않고 부작위위법확인소송만을 도입한 입법취지에 비추어 실체적 심리설은 타당하지 않은 점 ③ 기속력의 의미(형식적 응답의무설) : 부작위위법확인소송의 소송물은 부작위의 위법이므로 판결의 기속력은 행정청에게 응답의무가 있다는 점에만 미침 ④ 비판 : 처분의 발급여부 및 발급될 처분의 내용을 전적으로 행정청의 재량에 맡기는 입장으로서 이는 국민의 권리보호에 역행

(3) 판례

판례는 절차적 심리설의 입장을 취한다.

> **관련판례**
>
> 부작위위법확인의 소의 제도의 취지
> 부작위위법확인의 소는 행정청이 국민의 법규상 또는 조리상의 권리에 기한 신청에 대하여 상당한 기간 내에 그 신청을 인용하는 적극적 처분을 하거나 또는 각하 내지 기각하는 등의 소극적 처분을 하여야 할 법률상의 응답의무가 있음에도 불구하고 이를 하지 아니하는 경우 판결시를 기준으로 그 부작위의 위법함을 확인함으로써 행정청의 응답을 신속하게 하여 <u>부작위 내지 무응답이라고 하는 소극적인 위법상태를 제거하는 것을 목적으로 하는 것</u>이고, 나아가 당해 판결의 구속력에 의하여 행정청에게 처분등을 하게 하고, 다시 당해 처분등에 대하여 불복이 있는 때에는 그 처분등을 다투게 함으로써 최종적으로는 국민의 권리이익을 보호하려는 제도이다(대판 1992.7.28. 91누7361).

2. 위법판단의 기준시

취소소송이나 무효등확인소송과는 달리 위법성판단의 기준시점을 판결시(사실심의 구두변론종결시)로 보는 것이 타당하다(통설·판례). 부작위위법확인소송은 판결시에 있어 부작위의 위법성이 확인대상으로 문제되는 것이고, 사실심의 변론종결시까지 작위의무가 이행되는 한, 위법성이 없다고 보아야 하기 때문이다.

3. 입증책임

일정한 처분을 신청한 사실 및 상당한 기간이 경과하였다는 것은 원고가, 상당한 기간이 경과하게 된 것을 정당화할 만한 특별한 사유의 존재에 대해서는 피고인 행정청이 입증책임을 부담한다.

04 부작위위법확인소송의 판결

1. 판결의 종류

기본적으로 취소소송의 경우와 같다(각하판결, 기각판결, 인용판결). 다만 취소소송의 경우와 달리 사정판결의 문제가 생기지 않는다. 인용판결은 절차적 심리설에 의하면 부작위 상태가 계속되는 경우에, 실체적 심리설에 의하면 신청에 따른 처분의무가 있는 경우에 내린다.

2. 판결의 효력

부작위위법확인판결에는 취소판결의 제3자효(제29조), 기속력(제30조), 간접강제(제34조)에 관한 규정이 준용된다(제38조 제2항). 전술한 바와 같이 부작위위법확인판결의 기속력으로서의 재처분의무는 ① 행정청의 응답의무라고 보는 견해(다수설), ② 당초 신청된 특정한 처분을 뜻하는 것으로 보는 견해가 있다. 판례는 응답의무설을 취한다(대판 1992.6.9. 91누11278).

3. 부작위위법확인소송의 불복

행정소송법은 부작위위법확인소송에도 제3자에 의한 재심청구를 준용하는 규정을 두고 있다(제31조·제38조 제2항).

예제 「행정소송법」상 취소소송의 규정이 무효확인소송에는 준용되나 부작위위법확인소송에는 준용되지 않는 것은?

① 제3자에 의한 재심청구
② 관련청구소송의 이송 및 병합
③ 처분변경으로 인한 소의 변경
④ 거부처분취소판결의 간접강제

정답 ③

1. 무효등확인소송의 적용법규
   무효등확인소송은 집행정지 규정을 비롯해 취소소송에 관한 행정소송법상의 규정을 거의 대부분 준용하나, 예외적 행정심판전치주의(제18조), 제소기간(제20조), 사정판결(제28조)]에 관한 규정은 준용되지 않는다. 그러나 취소소송을 통하여 무효인 처분을 다투어 무효선언을 구하는 경우에는 행정심판전치주의나 제소기간의 제한규정이 적용된다.
2. 부작위위법확인소송의 적용법규
   취소소송에 관한 대부분의 규정이 준용되나, 부작위위법확인소송은 적극적인 처분이 없기 때문에 제소기간제한(제20조 제2항), 처분변경으로 인한 소의 변경(제22조), 집행정지결정(제23조·제24조), 사정판결(제28조) 등은 준용되지 않는다.

예제 부작위위법확인소송에 관한 설명으로 옳지 않은 것은?

① 부작위란 행정청이 당사자의 신청에 대하여 상당한 기간 내에 일정한 처분을 하여야 할 법률상 의무가 있음에도 불구하고 이를 하지 아니하는 것을 말한다.
② 부작위위법확인소송을 당사자소송으로 변경할 수 있다.
③ 판례의 태도에 비추어 볼 때 부작위위법확인소송에서 인용판결(확인판결)이 확정되면 이전의 신청에 대한 거부처분을 할 수 없다.
④ 제3자 보호를 위하여 제3자의 소송참가와 재심청구가 인정된다.

정답 ③

③ (×) 판례는 절차적 심리설을 취하여 행정청은 인용이든 거부이든 어떠한 처분만 하면 된다고 한다(대판 1990.9.25. 89누4758).

예제 부작위위법확인소송에 관한 설명으로 옳지 않은 것은? (다툼이 있는 경우 판례에 의함)
▶ 22 소방간부

① 조례를 통하여 노동운동이 허용되는 사실상의 노무에 종사하는 공무원의 구체적 범위를 규정하지 않고 있는 것에 대하여 부작위위법확인의 소를 제기하였으나 상고심 계속 중에 정년퇴직한 경우에 소의 이익은 인정되지 않는다.
② 행정청이 당사자의 신청에 대하여 거부처분을 한 경우에는 부작위위법확인소송의 원고적격이 없거나 위 항고소송의 대상인 위법한 부작위가 있다고 볼 수 없어 그 부작위위법확인의 소는 부적법하다.
③ 부작위위법확인소송에 대해서도 행정심판과 취소소송의 관계를 준용하여 임의적 전치가 원칙이며, 다른 법률이 정한 경우에만 예외적으로 행정심판전치주의가 적용된다.
④ 신청에 대하여 처분을 하여야 할 법률상 의무란 처분요건이 충족된 경우에 상대방의 신청에 따라 처분을 하여야만 하는 기속행위에만 인정되고, 처분의 가부, 선택 여부가 행정청의 재량에 달려 있는 재량행위에는 인정되지 않는다.
⑤ 국회의원에게는 대통령 및 외교통상부장관의 특임공관장에 대한 인사권 행사 등과 관련하여 대사의 직을 계속 보유하게 하여서는 아니된다는 요구를 할 수 있는 법규상 또는 조리상 신청권이 인정되지 않는다.

정답 ④

④ (×) 일정한 처분을 할 법률상 의무란 명문의 규정에 의해 인정되는 경우뿐만 아니라 법령의 해석상 인정되는 경우도 포함된다. 그리고 재량행위일지라도 재량권이 0으로 수축될 경우 일정한 처분을 할 법률상 의무가 인정된다.
① (○) 대판 2002.6.28. 2000두4750
② (○) 대판 2000.2.25. 99두11455
③ (○) 개별법이 필요적 행정심판전치주의를 규정할 경우 부작위위법확인소송을 제기하려면 의무이행심판을 거쳐야 한다.
⑤ (○) 국회의원에게는 대통령 및 외교통상부장관의 특임공관장에 대한 인사권 행사 등과 관련하여 대사의 직을 계속 보유하게 하여서는 아니된다는 요구를 할 수 있는 법규상 신청권이 있다고 할 수 없고, 그 밖에 조리상으로도 그와 같은 신청권이 있다고 보여지지 아니한다(대판 2000.2.25. 99두11455).

제4절 당사자소송

01 개설

1. 의의

당사자소송이란 ① 행정청의 처분등을 원인으로 하는 법률관계에 관한 소송, ② 그 밖에 공법상의 법률관계에 관한 소송으로서 그 법률관계의 한쪽 당사자를 피고로 하는 소송이다(행정소송법 제3조 제2호). 당사자소송은 형식적 당사자소송과 실질적 당사자소송으로 구분된다. 실질적 당사자소송은 본래적 의미의 당사자소송을 말하며, 형식적 당사자소송은 당사자소송의 형식을 차용한 항고소송의 성격을 갖는 것으로 파악된다. 다수설은 '행정청의 처분등을 원인으로 하는 법률관계에 관한 소송' 중에 형식적 당사자소송이 포함되어 있다고 본다.

2. 당사자소송의 특성

(1) 항고소송, 민사소송과의 구별

① **당사자소송과 항고소송의 관계**: 당사자소송은 기본적으로 대등한 당사자간 소송이라는 점에서 처분등을 통해 표현된 행정청의 공권력행사자로서의 우월적 지위가 전제되어 있는 항고소송과 구별된다. 그런데 행정법관계에서 국민의 권익구제 수단으로 항고소송을 제기하여야 할지 당사자소송을 제기하여야 할지 애매한 경우가 많아서 그 구분 기준이 문제된다. 판례에 따르면 항고소송과 당사자소송 중 어느 쪽에 의하여야 하는지를 구분하는 기준들로는, 구체적인 급부청구권이 법령의 규정에 의해서 바로 발생하는 것인지(당사자소송) 아니면 행정청의 인용결정에 의하여 비로소 발생하는 것인지(항고소송), 행정심판전치주의와 불복기간 등의 면에서 항고소송 쪽이 당사자에게 특히 불리한 것이 아닌지, 보다 직접적인 권리구제수단이 무엇인지 여부 등이라고 할 수 있다.

② **당사자소송과 민사소송의 관계**: 당사자소송은 공법상 법률관계에 관한 분쟁을 해결하기 위한 것이라는 점에서 사법상 분쟁해결수단인 민사소송과도 구별된다. 그런데 당사자소송과 민사소송은 양자 모두 당사자의 대등한 존재를 전제로 하고, 공권력 행사 자체를 다투는 것이 아니라는 점에서는 동일하다. 당사자소송과 민사소송의 구별기준에 관하여는 ㉠ 소송물을 기준으로 그것이 공법상의 권리이면 행정사건이고, 사법상의 권리이면 민사사건이라는 견해, ㉡ 소송물의 전제가 되는 법률관계를 기준으로 양자를 구분하는 견해의 대립이 있다. 전자의 견해에 의하면 공무원의 지위확인소송 등은 행정사건이고, 소유권확인이나 부당이득반환청구사건은 민사사건이 된다. 후자의 견해에 따르면 동일한 소유권확인소송이라도 행정처분의 무효 등을 원인으로 하면 행정사건이고 매매계약의 무효를 원인으로 할 때는 민사사건이 된다.

(2) '포괄소송'으로서의 당사자소송

당사자소송은 처분등·부작위 이외에 공법상 법률관계 일반을 대상으로 하고 있다는 점에서 포괄소송으로서의 특성을 갖는다. 따라서 경우에 따라 이행소송이나 확인소송 등 다양한 소송유형을 내용으로 할 수 있다는 점에서 광범위한 활용가능성을 지닌다는 점, 그리고 행정작용의 비중이 침해행정으로부터 급부, 계획, 조성행정으로 변화하고 있는 상황에서 행위형식이 다양해지면 질수록 당사자소송의 비중도 증대될 것이라는 전망이 있다.

3. 실질적 당사자소송

(1) 의의

실질적 당사자소송은 **대등당사자 사이의 공법상의 권리관계에 관한 소송으로서 본래 의미의 당사자소송**이 이에 해당한다. 소송의 대상은 공권력 행사·불행사 그 자체가 아니라 그러한 행사로 인해 형성되는 법률관계 그 자체이다. 행정소송법 제3조 2호에서 일반적으로 인정하고 있으므로 당사자소송의 인정을 위해 개별법의 근거가 필요하지 않다. 여기에는 아래 두 유형이 있다.

(2) 유형

① **처분 등을 원인으로 하는 법률관계에 관한 소송** : 행정청의 처분 등에 의하여 발생·변경·소멸된 공법상의 법률관계에 관한 소송이다. 이에는 과세처분의 무효를 전제로 이미 납부한 세금의 반환을 구하는 소송, 적법한 처분을 원인으로 하는 행정상 손실보상청구소송, 공무원의 불법행위로 인한 국가배상청구소송 등이 있다. 그러나 판례는 이러한 소송을 민사소송으로 다루어 왔다(하천법상의 손실보상청구소송은 당사자소송에 의함; 2006.5.18. 2004다6207).

② **기타 공법상 법률관계에 관한 소송** : 처분등을 원인으로 하지 않는 공법이 규율하는 법률관계를 말한다. 이에는 ㉠ 공법상의 지위·신분 등의 확인소송(예 국가유공자의 지위확인을 구하는 소송, 도시재개발조합의 조합원의 자격인정여부에 대한 소송, 납세의무부존재확인소송), ㉡ 공법상의 금전지급청구소송(예 공무원의 보수미지급시 지급청구, 각종 사회보장관계법률의 급부청구소송), ㉢ 공법상 계약에 관한 소송(예 계약에 의한 전문직공무원에 대한 해지통고무효확인소송), ㉣ 공법상 결과제거청구소송 등이 있다.

(3) 구체적 사례

① 항고소송사건인지 당사자소송사건인지가 다투어진 사례

- 광주광역시문화예술회관장의 시립합창단원의 재위촉거부(대판 2001.12.11, 2001두7794) ☞ 공법상 당사자소송
- 전문직공무원 채용계약의 해지에 대한 불복(대판 1993.9.14, 92누4611) ☞ 공법상 당사자소송
- 광주민주화운동관련 보상청구(대판 1992.12.24, 92누3335) ☞ 공법상 당사자소송
- '민주화운동관련자 명예회복 및 보상 등에 관한 법률' 관련 보상청구(대판 2008.4.17, 2005두16185) ☞ 항고소송
- 미지급퇴직연금 지급청구(대판 2004.7.8, 2004두244) ☞ 공법상 당사자소송
- 국방부장관의 퇴직연금지급거부 또는 청구 중 일부만의 인정(대판 2003.9.5, 2002두3522) ☞ 항고소송
- 공무원연금관리공단의 급여에 관한 결정(대판 1996.12.6, 96누6417) ☞ 항고소송
- 의료보호비 지급거부(대판 1999.11.26, 97다42250) ☞ 항고소송
- '1980년해직공무원보상 등에 관한 특별조치법' 상 보상청구 ☞ 항고소송

- 하천법상 토지수용위원회의 보상재결에 관한 다툼 ☞ 항고소송
- 구 '특수임무수행자 보상에 관한 법률'상 보상심의위원회의 기각결정에 대한 소송(2008.12.11, 2008두6554) ☞ 항고소송
- 친일반민족행위자재산조사위원회의 재산조사개시결정(대판 2009.10.15, 2009두6513) ☞ 항고소송

② 당사자소송사건인지 민사소송사건인지가 다투어진 사례

- 석탄가격안정지원금 청구소송(대판 1997.5.30, 96다28960) ☞ 공법상 당사자소송
- 조세부과처분의 당연무효를 전제로 한 세금반환청구(대판 1995.4.28, 94다55019) ☞ 민사소송
- 구 토지수용법 제75조의2(현행 토지보상법 제85조 제2항)의 보상금증감청구소송(대판 1991.11.26, 91누285) ☞ 공법상 당사자소송
- 하천구역 편입 토지 손실보상청구권의 확인을 구하는 소송(대판 2006.5.18, 2004다6207) ☞ 공법상 당사자소송
- 공무원의 지위확인소송(대판 1998.10.23, 98두12932) ☞ 공법상 당사자소송
- 연금수혜대상자 확인(대판 1991.1.25, 90누3041) ☞ 공법상 당사자소송
- 훈장종류 확인(대한 1990.10.23, 90누4440) ☞ 공법상 당사자소송
- 수신료 징수권한 여부를 다투는 소송(대판 2008.7.24, 2007다25261) ☞ 공법상 당사자소송
- 주택재건축정비사업조합 조합총회결의 무효확인소송(대판 2009.9.17, 2007다2428) ☞ 공법상 당사자소송
- 재개발조합의 조합장 또는 조합임원의 지위를 다투는 소송(대판 2009.9.24, 자2009마168,169) ☞ 민사소송
- 재개발조합을 상대로 조합원자격유무에 관한 확인을 구하는 소송(대판 1996.2.15, 94다31235) ☞ 공법상 당사자소송

관련판례

당사자소송으로 본 사례

[1] 납세의무부존재확인의 소는 공법상의 법률관계 그 자체를 다투는 소송으로서 당사자소송이라 할 것이므로 행정소송법 제3조 제2호, 제39조에 의하여 그 법률관계의 한쪽 당사자인 국가·공공단체 그 밖의 권리주체가 피고적격을 가진다(대판 2000.9.8. 99두2765).

[2] 국가의 훈기부상 화랑무공훈장을 수여받은 것으로 기재되어 있는 원고가 태극무공훈장을 수여받은 자임을 확인하라는 이 소 청구는, 이러한 확인을 구하는 취지가 국가유공자로서의 보상 등 예우를 받는 데에 필요한 훈격을 확인받기 위한 것이더라도, 항고소송이 아니라 공법상의 법률관계에 관한 당사자소송에 속하는 것이므로 행정소송법 제30조의 규정에 의하여 국가를 피고로 하여야 할 것이다(대판 1990.10.23. 90누4440).

[3] 광주민주화운동관련자보상등에관한법률에 의거하여 관련자 및 유족들이 갖게 되는 보상 등에 관한 권리는 헌법 제23조 제3항에 따른 재산권침해에 대한 손실보상청구나 국가배상법에 따른 손해배상청구와는 그 성질을 달리하는 것으로서 법률이 특별히 인정하고 있는 공법상의 권리라고

하여야 할 것이므로 그에 관한 소송은 행정소송법 제3조 제2호 소정의 당사자소송에 의하여야 할 것이며 보상금 등의 지급에 관한 법률관계의 주체는 대한민국이다(대판 1992.12.24. 92누3335).

[4] 현행 실정법이 지방전문직공무원 채용계약 해지의 의사표시를 일반공무원에 대한 징계처분과는 달리 항고소송의 대상이 되는 처분 등의 성격을 가진 것으로 인정하지 아니하고, 지방전문직공무원규정 제7조 각호의 1에 해당하는 사유가 있을 때 지방자치단체가 채용계약관계의 한쪽 당사자로서 대등한 지위에서 행하는 의사표시로 취급하고 있는 것으로 이해되므로, 지방전문직공무원 채용계약 해지의 의사표시에 대하여는 대등한 당사자간의 소송형식인 공법상 당사자소송으로 그 의사표시의 무효확인을 청구할 수 있다(대판 1993.9.14. 92누4611).

[5] 서울특별시립무용단원의 공연 등 활동은 지방문화 및 예술을 진흥시키고자 하는 서울특별시의 공공적 업무수행의 일환으로 이루어진다고 해석될 뿐 아니라, 단원으로 위촉되기 위하여는 일정한 능력요건과 자격요건을 요하고, 계속적인 재위촉이 사실상 보장되며, 공무원연금법에 따른 연금을 지급받고, 단원의 복무규율이 정해져 있으며, 정년제가 인정되고, 일정한 해촉사유가 있는 경우에만 해촉되는 등 서울특별시립무용단원이 가지는 지위가 공무원과 유사한 것이라면, 서울특별시립무용단 단원의 위촉은 공법상의 계약이라고 할 것이고, 따라서 그 단원의 해촉에 대하여는 공법상의 당사자소송으로 그 무효확인을 청구할 수 있다(대판 1995.12.22. 95누4636).

[6] 도시 및 주거환경정비법(이하 '도시정비법'이라 한다)상 행정주체인 주택재건축정비사업조합을 상대로 관리처분계획안에 대한 조합 총회결의의 효력을 다투는 소송은 행정처분에 이르는 절차적 요건의 존부나 효력 유무에 관한 소송으로서 소송결과에 따라 행정처분의 위법 여부에 직접 영향을 미치는 공법상 법률관계에 관한 것이므로, 이는 행정소송법상 당사자소송에 해당한다. 그리고 이러한 당사자소송에 대하여는 행정소송법 제23조 제2항의 집행정지에 관한 규정이 준용되지 아니하므로(행정소송법 제44조 제1항 참조), 이를 본안으로 하는 가처분에 대하여는 행정소송법 제8조 제2항에 따라 민사집행법상 가처분에 관한 규정이 준용되어야 한다(대결 2015.8.21. 2015무26).

[7] 지방소방공무원의 초과근무수당 지급청구권은 법령의 규정에 의하여 직접 그 존부나 범위가 정하여지고 법령에 규정된 수당의 지급요건에 해당하는 경우에는 곧바로 발생한다고 할 것이므로, 지방소방공무원이 자신이 소속된 지방자치단체를 상대로 초과근무수당의 지급을 구하는 청구에 관한 소송은 행정소송법 제3조 제2호에 규정된 당사자소송의 절차에 따라야 한다(대판 2013.3.28. 2012다102629).

[8] 지방자치단체가 보조금 지급결정을 하면서 일정 기한 내에 보조금을 반환하도록 하는 교부조건을 부가한 사안에서, 보조사업자의 지방자치단체에 대한 보조금 반환의무는 행정처분인 위 보조금 지급결정에 부가된 부관상 의무이고, 이러한 부관상 의무는 보조사업자가 지방자치단체에 부담하는 공법상 의무이므로, 보조사업자에 대한 지방자치단체의 보조금반환청구는 공법상 권리관계의 일방 당사자를 상대로 하여 공법상 의무이행을 구하는 청구로서 행정소송법 제3조 제2호에 규정한 당사자소송의 대상이다(대판 2011.6.9. 2011다2951).

[9] 공무원연금관리공단의 인정에 의하여 퇴직연금을 지급받아 오던 중 공무원연금법령의 개정 등으로 퇴직연금 중 일부 금액의 지급이 정지된 경우에는 당연히 개정된 법령에 따라 퇴직연금이

확정되는 것이지 구 공무원연금법 제26조 제1항에 정해진 공무원연금관리공단의 퇴직연금 결정과 통지에 의하여 비로소 그 금액이 확정되는 것이 아니므로, 공무원연금관리공단이 퇴직연금 중 일부 금액에 대하여 지급거부의 의사표시를 하였다고 하더라도 그 의사표시는 퇴직연금 청구권을 형성·확정하는 행정처분이 아니라 공법상의 법률관계의 한쪽 당사자로서 그 지급의무의 존부 및 범위에 관하여 나름대로의 사실상·법률상 의견을 밝힌 것에 불과하다고 할 것이어서, 이를 행정처분이라고 볼 수는 없고, 그리고 이러한 미지급 퇴직연금에 대한 지급청구권은 공법상 권리로서 그 지급을 구하는 소송은 공법상의 법률관계에 관한 소송인 공법상 당사자소송에 해당한다(대판 2004.12.24. 2003두15195).

[10] 주거이전비는 당해 공익사업 시행지구 안에 거주하는 세입자들의 조기이주를 장려하여 사업추진을 원활하게 하려는 정책적인 목적과 주거이전으로 인하여 특별한 어려움을 겪게 될 세입자들을 대상으로 하는 사회보장적인 차원에서 지급되는 금원의 성격을 가지므로, 적법하게 시행된 공익사업으로 인하여 이주하게 된 주거용 건축물 세입자의 주거이전비 보상청구권은 공법상의 권리이고, 따라서 그 보상을 둘러싼 쟁송은 민사소송이 아니라 공법상의 법률관계를 대상으로 하는 행정소송에 의하여야 한다(대판 2008.5.29. 2007다8129).

[11] 석탄가격안정지원금은 석탄의 수요 감소와 열악한 사업환경 등으로 점차 경영이 어려워지고 있는 석탄광업의 안정 및 육성을 위하여 국가정책적 차원에서 지급하는 지원비의 성격을 갖는 것이고, 석탄광업자가 석탄산업합리화사업단에 대하여 가지는 이와 같은 지원금지급청구권은 석탄사업법령에 의하여 정책적으로 당연히 부여되는 공법상의 권리이므로, 석탄광업자가 석탄산업합리화사업단을 상대로 석탄산업법령 및 석탄가격안정지원금 지급요령에 의하여 지원금의 지급을 구하는 소송은 공법상의 법률관계에 관한 소송인 공법상의 당사자소송에 해당한다(대판 1997.5.30. 95다28960).

[12] 재개발조합을 상대로 한 쟁송에 있어서 강제가입제를 특색으로 한 조합원의 자격 인정 여부에 관하여 다툼이 있는 경우에는 그 단계에서는 아직 조합의 어떠한 처분 등이 개입될 여지는 없으므로 공법상의 당사자소송에 의하여 그 조합원 자격의 확인을 구할 수 있다(대판 1996.2.15, 94다31235).

[13] 석탄산업법 제39조의3 제1항 제4호, 제4항 및 같은법시행령 제41조 제4항 제5호의 각 규정에 의하여 폐광대책비의 일종으로 폐광된 광산에서 업무상 재해를 입은 근로자에게 지급하는 재해위로금은, 국내의 석탄수급상황을 감안하여 채탄을 계속하는 것이 국민경제의 균형발전을 위하여 바람직하지 못하다고 판단되는 경제성이 없는 석탄광산을 폐광함에 있어서 그 광산에서 입은 재해로 인하여 전업 등에 특별한 어려움을 겪게 될 퇴직근로자를 대상으로 사회보장적인 차원에서 통상적인 재해보상금에 추가하여 지급하는 위로금의 성격을 갖는 것이고, 이러한 재해위로금에 대한 지급청구권은 공법상의 권리로서 그 지급을 구하는 소송은 공법상의 법률관계에 관한 소송인 공법상 당사자소송에 해당한다(대판 1999.1.26. 98두12598).

[14] 행정주체인 재건축조합을 상대로 관리처분계획안에 대한 조합 총회결의의 효력 등을 다투는 소송은 행정처분에 이르는 절차적 요건의 존부나 효력 유무에 관한 소송으로서 그 소송결과에 따라 행정처분의 위법 여부에 직접 영향을 미치는 공법상 법률관계에 관한 것이므로, 이는 행정소송

법상의 당사자소송에 해당한다(대판 2009.9.17, 2007다2428). ☞ 주택재건축정비사업조합의 관리처분계획에 대하여 그 관리처분계획안에 대한 총회결의의 무효확인을 구하는 소가 관할을 위반하여 민사소송으로 제기된 후에 관할 행정청의 인가·고시가 있었던 경우 따로 총회결의의 무효확인만을 구할 수는 없게 되었으나, 이송 후 행정법원의 허가를 얻어 관리처분계획에 대한 취소소송 등으로 변경될 수 있음을 고려하면, 그와 같은 사정만으로 이송 후 그 소가 부적법하게 되어 각하될 것이 명백한 경우에 해당한다고 보기 어려우므로, 위 소는 관할법원인 행정법원으로 이송함이 상당하다고 한 사례

[15] 수신료의 법적 성격, 피고 보조참가인의 수신료 강제징수권의 내용등에 비추어 보면 수신료 부과행위는 공권력의 행사에 해당하므로, 피고가 피고 보조참가인으로부터 수신료의 징수업무를 위탁받아 자신의 고유업무와 관련된 고지행위와 결합하여 수신료를 징수할 권한이 있는지 여부를 다투는 이 사건 쟁송은 민사소송이 아니라 공법상의 법률관계를 대상으로 하는 것으로서 행정소송법 제3조 제2호에 규정된 당사자소송에 의하여야 한다고 봄이 상당하다(대판 2008.7.24., 2007다25261).

4. 형식적 당사자소송

(1) 의의

이는 '실질적으로는 행정청의 처분 등을 다투는 소송이면서 형식적으로 당사자소송으로 제기하는 것' 또는 '행정청의 처분 등에 의해 형성된 법률관계의 내용을 다투며 그 법률관계의 주체를 당사자로 하는 소송'으로 이해되고 있다. 항고소송에서와 같이 행정청을 피고로 하지 않고, 당해 처분 등을 원인으로 하는 법률관계의 한쪽 당사자를 피고로 하여 제기한다.

(2) 필요성

분쟁의 대상이 되는 사항이 처분청의 관여가 별다른 의미가 없는 재산상의 문제인 경우에는 실질적인 이해관계자를 소송당사자로 하는 것이 신속한 권리구제를 도모한다. 또한 항고소송의 결과(예 취소판결)에 따른 처분청의 새로운 처분(예 새로운 보상액 결정)을 기다리고 또 이에 불복하도록 하는 것은 무용한 소송의 반복을 가져온다.

(3) 일반적 인정 여부

형식적 당사자소송이 법률상 명문의 규정이 없는 경우에도 인정할 수 있는가의 문제이다.
① 부정설 : ㉠ 이를 인정하는 개별법의 규정이 없는 경우에는 원고적격·피고적격·제소기간 등의 소송요건이 불분명하게 된다는 점, ㉡ 원인이 되는 처분을 그대로 둔 채 당해 처분 등의 결과로서 형성된 법률관계에 관하여 소송을 제기하여 그에 대하여 법원이 심리·판단하는 것은 행정행위의 공정력과 구성요건적 효력에 반할 수 있다는 점을 논거로 한다.
② 긍정설 : ㉠ 행정소송법 제3조 제2호의 규정(행정청의 처분등을 원인으로 하는 법률관계에 관한 소송 그 밖에 공법상의 법률관계에 관한 소송으로서 그 법률관계의 한쪽 당사자를 피고로 하는 소송)에 형식적 당사자소송이 당연히 포함된다는 점, ㉡ 공정력도 행정행위에 본질적으로 내재하는 것이 아니고 실정법에 의해 인정된다는 전제하에 당사자소송을 일반적으로 인정하더라도 그것

이 곧 공정력에 반하는 것이 아니라는 점(법원의 판결은 재결에 우선하므로)을 논거로 한다.
③ **검토**: 처분에 대한 불복은 항고소송에 의하는 것이 원칙인 점, 개별규정이 없는 경우에는 원고적격·피고적격·제소기간 등의 소송요건이 불분명하게 된다는 점에서 부정설이 타당하다.

(4) 실정법상의 예

「공익사업을 위한 토지 등의 취득 및 보상에 관한 법률」 동법 제85조 제2항은 토지수용재결에 대한 행정소송이 보상금증감소송인 경우에 ① 원고가 토지소유자 또는 관계인인 때에는 사업시행자를, ② 원고가 사업시행자인 때에는 토지소유자 또는 관계인을 각각 피고로 하여 소송을 제기하도록 함으로써 당해 소송은 형식적 당사자소송이다. 구 토지수용법은 피고에 재결청을 포함시키고 있었으므로, 이 소송형태에 대하여 학설·판례상 여러 견해가 대립하였다. 토지보상법은 재결청을 피고에서 제외시킴으로써 형식적 당사자소송임을 명확히 하였다.

5. 주요 소송요건

(1) 관할법원

당사자소송의 관할법원은 취소소송의 경우와 같다. 다만, 국가 또는 공공단체가 피고인 경우에는 관계행정청의 소재지를 피고의 소재지로 본다(제40조). 여기에서 '관계행정청'이라 함은 형식적 당사자소송의 경우에는 당해 법률관계의 원인이 되는 처분을 한 행정청을 말하고, 실질적 당사자소송에서는 당해 공법상 법률관계에 대하여 직접적인 관계가 있는 행정청을 말한다.

(2) 원고적격 및 소의 이익

항고소송과 달리 소송당사자가 대등한 지위에 있게 되므로 행정소송법에 특별한 규정이 없다. 따라서 민사소송법의 규정이 준용되어(행정소송법 제8조 제2항) 특정의 소송사건에서 정당한 당사자로서 소송을 수행하고 본안판결을 받기에 적합한 자격을 가진 자가 당사자적격이 있고, 당사자적격자 가운데 실제 자기의 이름으로 권리보호를 요구하는 사람이 원고가 된다. 소의 이익 역시 민사소송법이 준용된다. 따라서 공법상 법률관계의 확인을 구하는 당사자소송의 경우, 즉 공법상 당사자소송인 확인소송의 경우에는 항고소송인 무효확인소송에서와 달리 확인의 이익이 요구된다(판례).

> **관련판례**
>
> 지방자치단체 계약직공무원이 채용계약 해지 등의 불이익을 받은 후 그 계약기간이 만료된 때에는 그 채용계약 해지의사표시의 무효확인청구부분은 확인의 이익이 없다고 한 사례
>
> 지방자치단체와 채용계약에 의하여 채용된 계약직공무원이 그 계약기간 만료 이전에 채용계약 해지 등의 불이익을 받은 후 그 계약기간이 만료된 때에는 그 채용계약 해지의 의사표시가 무효라고 하더라도, 지방공무원법이나 지방계약직공무원규정 등에서 계약기간이 만료되는 계약직공무원에 대한 재계약의무를 부여하는 근거 규정이 없으므로 계약기간의 만료로 당연히 계약직공무원의 신분을 상실하고 계약직공무원의 신분을 회복할 수 없는 것이므로, 그 <u>해지의사표시의 무효확인청구는 과거의 법률관계의 확인청구에 지나지 않는다</u> 할 것이고, 한편 과거의 법률관계라 할지라도 현재의 권리 또는 법률상 지위에 영향을 미치고 있고 현재의 권리 또는 법률상 지위에 대한 위험이나 불안을 제거하기 위하여 그 법률관계에 관한 확인판결을 받는 것이 유효 적절한 수단이

라고 인정될 때에는 그 법률관계의 확인소송은 즉시확정의 이익이 있다고 보아야 할 것이나, 계약직공무원에 대한 채용계약이 해지된 경우에는 공무원 등으로 임용되는 데에 있어서 법령상의 아무런 제약사유가 되지 않을 뿐만 아니라, 계약기간 만료 전에 채용계약이 해지된 전력이 있는 사람이 공무원 등으로 임용되는 데에 있어서 그러한 전력이 없는 사람보다 사실상 불이익한 장애사유로 작용한다고 하더라도 그것만으로는 법률상의 이익이 침해되었다고 볼 수는 없으므로 그 무효확인을 구할 이익이 없다(대판 2002.11.26. 2002두1496).

(3) 피고적격

행정청이 피고가 되는 취소소송과 달리, 당사자소송에서는 국가·공공단체 그 밖의 권리주체가 피고로 된다(제39조). 여기에서 '그 밖의 권리주체'라 함은 공권력을 수여받은 행정주체인 사인, 즉 공무수탁사인을 의미한다.

> **관련판례**
>
> 재향군인회장과 국방부장관을 피고로 하여 제기한 공법상의 권리관계의 확인을 구하는 당사자소송의 적부(소극)
> 공법상의 권리관계의 확인(영관생계보조기금권리자확인)을 구하는 당사자소송은 그 권리주체인 국가 또는 공공단체 등을 피고로 하여야 하므로 그 권리주체가 아닌 재향군인회장과 국방부장관을 피고로 하여 제기한 소는 부적법하다(대판 1991.1.25. 90누3041).
>
> 잔여지 수용청구를 받아들이지 않은 토지수용위원회의 재결에 대하여 토지소유자가 불복하여 제기하는 소송의 성질 및 그 상대방
> 구 '공익사업을 위한 토지 등의 취득 및 보상에 관한 법률' 제74조 제1항에 규정되어 있는 잔여지 수용청구권은 손실보상의 일환으로 토지소유자에게 부여되는 권리로서 그 요건을 구비한 때에는 잔여지를 수용하는 토지수용위원회의 재결이 없더라도 그 청구에 의하여 수용의 효과가 발생하는 형성권적 성질을 가지므로, 잔여지 수용청구를 받아들이지 않은 토지수용위원회의 재결에 대하여 토지소유자가 불복하여 제기하는 소송은 위 법 제85조 제2항에 규정되어 있는 '보상금의 증감에 관한 소송'에 해당하여 사업시행자를 피고로 하여야 한다(대판 2010.8.19. 2008두822).

(4) 제소기간

당사자소송에는 취소소송의 제소기간에 관한 규정이 준용되지 않으나, 법령에 제소기간이 정해져 있으면 그에 의한다. 그 경우 기간은 불변기간으로 한다(행정소송법 제41조). 법령에 제소기간이 정해져 있지 아니하면 공법상 권리가 시효 등에 의해 소멸되지 않은 한 당사자소송을 제기할 수 있다.

6. 소제기의 효과

(1) 준용규정

취소소송에 관한 소의 변경(제21조), 피고경정(제14조), 공동소송(제15조), 소송참가(제16조)의 규정이 당사자소송에도 준용된다(행정소송법 제44조). 그러나 집행정지에 관한 규정(제23조·제24조)은 준용되지 않는다.

(2) 가처분 인정 여부

당사자소송에 대하여는 행정소송법 제23조 제2항의 집행정지에 관한 규정이 준용되지 아니하므로, 이를 본안으로 하는 가처분에 대하여는 행정소송법 제8조 제2항에 따라 민사집행법상 가처분에 관한 규정이 준용되어야 한다(대판 2015.8.21, 자2015무26).

5. 당사자소송의 심리

취소소송에서의 직권심리주의(제26조), 행정심판기록의 제출명령에 관한 규정이 당사자소송에도 준용된다(제44조). 그 밖에 행정소송에 관한 처분권주의, 변론주의, 구술심리주의, 직접심리주의, 쌍방심문주의 등도 적용된다.

7. 당사자소송의 판결

(1) 판결의 종류와 효력

① 판결의 종류는 기본적으로 취소소송의 경우와 같다(각하판결, 기각판결, 인용판결). 인용판결에는 당사자소송의 종류에 따라 확인판결(예 공무원지위를 확인하는 판결), 이행판결(예 공법상 금전급부의무의 이행을 명하는 판결)이 있다. 사정판결 제도는 없다.

② 당사자소송의 판결도 자박력·확정력·기속력을 갖는다. 그러나 처분이나 부작위를 대상으로 하는 것이 아니므로 취소판결에서 인정되는 효력 중 판결의 제3자효(제29조), 재처분의무(제30조 제2항·제3항), 간접강제(제34조) 등은 당사자소송에는 적용이 없다.

(2) 가집행선고

행정소송법 제8조 제2항에 의하면 행정소송에도 민사소송법의 규정이 일반적으로 준용되므로 법원으로서는 공법상 당사자소송에서 재산권의 청구를 인용하는 판결을 하는 경우 가집행선고를 할 수 있다(대판 2000.11.28. 99두3416).

> **예제** 당사자소송에 해당하지 않는 것은? (다툼이 있는 경우 판례에 의함)
> ① 국가를 상대로 하는 납세의무자의 부가가치세 환급세액 지급청구소송
> ② 「국가를 당사자로 하는 계약에 관한 법률」에 따른 입찰보증금 국고귀속조치의 취소를 구하는 소송
> ③ 공무원 퇴직자가 미지급 퇴직연금에 대한 지급을 구하는 소송
> ④ 지방자치단체가 보조금 지급결정을 하면서 일정 기한 내에 보조금을 반환하도록 하는 교부조건을 부가한 경우, 보조금을 교부받은 사업자에 대한 지방자치단체의 보조금반환청구소송
>
> **정답** ②
> ② (×) 입찰보증금의 국고귀속조치는 국가가 사법상의 재산권의 주체로서 행위하는 것이지 공권력을 행사하는 것이거나 공권력작용과 일체성을 가진 것이 아니다(대판 1983.12.27. 81누366). ☞ 민사소송의 대상

예제 행정법관계에 관한 설명으로 옳은 것만을 있는 대로 고른 것은? (다툼이 있으면 판례에 따름)

▶ 22 소방승진

> ㄱ. 군인연금법령상 급여를 받으려고 하는 사람이 국방부장관 등에게 급여지급을 청구하였으나 이를 거부한 경우, 곧바로 국가를 상대로 한 당사자소송으로 급여의 지급을 청구할 수 있다.
> ㄴ. 「공익사업을 위한 토지 등의 취득 및 보상에 관한 법률」상 환매권의 존부에 관한 확인을 구하는 소송 및 환매금액의 증감을 구하는 소송은 민사소송이다.
> ㄷ. 「도시 및 주거환경정비법」상 주택재건축정비사업조합을 상대로 관리처분계획안에 대한 조합 총회결의의 효력에 대하여는 민사소송으로 다투어야 한다.
> ㄹ. 지방소방공무원이 소속 지방자치단체를 상대로 초과근무수당의 지급을 구하는 소송을 제기하는 경우 당사자소송의 절차에 따라야 한다.

① ㄱ, ㄴ   ② ㄴ, ㄹ   ③ ㄷ, ㄹ   ④ ㄱ, ㄷ, ㄹ

정답 ②

ㄱ (×) 국방부장관 등이 하는 급여지급결정은 단순히 급여수급 대상자를 확인·결정하는 것에 그치는 것이 아니라 구체적인 급여수급액을 확인·결정하는 것까지 포함한다. 구 군인연금법령상 급여를 받으려고 하는 사람은 우선 관계 법령에 따라 국방부장관 등에게 급여지급을 청구하여 국방부장관 등이 이를 거부하거나 일부 금액만 인정하는 급여지급결정을 하는 경우 그 결정을 대상으로 항고소송을 제기하는 등으로 구체적 권리를 인정받은 다음 비로소 당사자소송으로 그 급여의 지급을 구해야 한다(대판 2021.12.16. 2019두45944).

ㄴ (○) 대판 2013.2.28. 2010두22368

ㄷ (×) 도시 및 주거환경정비법에 따른 주택재건축정비사업조합은 관할 행정청의 감독 아래 위 법상의 주택재건축사업을 시행하는 공법인(위 법 제18조)으로서, 그 목적 범위 내에서 법령이 정하는 바에 따라 일정한 행정작용을 행하는 행정주체의 지위를 갖는다. 따라서 행정주체인 재건축조합을 상대로 관리처분계획안에 대한 조합 총회결의의 효력 등을 다투는 소송은 행정처분에 이르는 절차적 요건의 존부나 효력 유무에 관한 소송으로서 그 소송결과에 따라 행정처분의 위법 여부에 직접 영향을 미치는 공법상 법률관계에 관한 것이므로, 이는 행정소송법상의 당사자소송에 해당하고, 재건축조합을 상대로 사업시행계획안에 대한 조합 총회결의의 효력 등을 다투는 소송 또한 행정소송법상의 당사자소송에 해당한다(대판 2009.10.15. 2008다93001).

ㄹ (○) 대판 2013.3.28. 2012다102629

예제 납세의무부존재확인소송의 법적 성질로 옳은 것은?

① 항고소송   ② 공법상 당사자소송   ③ 객관소송   ④ 형성소송

정답 ②

대등당사자 사이의 공법상의 권리관계에 관한 당사자소송이다.

예제 「행정소송법」의 규정 내용으로 옳지 않은 것은? ▶ 23 소방승진

① 법원은 당사자의 신청이 있는 때에는 결정으로써 재결을 행한 행정청에 대하여 행정심판에 관한 기록의 제출을 명하여야 한다.
② 원고는 피고인 행정청이 속하는 국가 또는 공공단체를 상대로 손해배상, 제해시설의 설치 그 밖에 적당한 구제 방법의 청구를 당해 취소소송등이 계속된 법원에 병합하여 제기할 수 있다.
③ 민중소송 또는 기관소송으로서 처분등의 효력 유무 또는 존재 여부나 부작위의 위법의 확인을 구하는 소송에는 그 성질에 반하지 아니하는 한 각각 무효등확인 소송 또는 부작위위법확인소송에 관한 규정을 준용 한다.
④ 처분등을 취소하는 판결에 의하여 권리 또는 이익의 침해를 받은 제3자는 자기에게 책임없는 사유로 소송에 참가하지 못함으로써 판결의 결과에 영향을 미칠 공격 또는 방어방법을 제출하지 못한 때에는 이를 이유로 확정된 종국판결에 대하여 재심의 청구를 할 수 있다.

정답 ①

① (✕) 행정소송법 제25조(행정심판기록의 제출명령) ① 법원은 당사자의 신청이 있는 때에는 결정으로써 재결을 행한 행정청에 대하여 행정심판에 관한 기록의 제출을 명할 수 있다.
② (○) 동법 제28조 제2항
③ (○) 동법 제46조 제2항
④ (○) 동법 제31조 제1항

제5절 객관적 소송

01 객관적 소송의 의의

(1) 행정소송은 본래 위법한 행정작용에 의하여 개인의 권리·이익이 침해된 경우에 개인의 권익을 보호함을 목적으로 하는 소송이다. 그러나 때로는 **공익적 견지에서 행정법규의 적정한 적용, 즉 객관적인 행정작용의 적법성을 보장하기 위한 소송**을 허용하고 있는 경우가 있는데 이를 객관적 소송이라 한다.

(2) 객관적 소송은 법률이 정한 경우에 법률에 정한 자에 한하여 제기할 수 있다(행정소송법 제45조). 따라서 우리 행정소송의 일반원칙인 개괄주의와 달리 열거주의를 취한다.

(3) 객관적 소송은 법률이 정한 경우에 허용되므로 통상 소의 이익이 문제되지 않는다. 다만, 예컨대 당선인이 사퇴하거나 사망한 때에는 당선무효확인소송을 제기할 소의 이익이 없다.

> **관련판례**
>
> 법령의 무효확인을 구하는 것이 법률이 정하지 않은 민중소송이어서 부적법
> [1] 국유재산법시행규칙 제58조 제1항이 국유재산법시행령 제58조 제2항에 위반하여 무효이므로 그 확인을 구한다는 소는 행정소송법 제3조 제3호에 규정한 민중소송이고 이는 동법 제45조에 의하여 법률이 정하는 경우에 한하여 제기할 수 있다(대판 1987.3.24. 86누656).
>
> [2] 행정청의 고시 일부조항이 상위법규인 법률, 시행규칙 및 헌법 등에 반하여 무효이므로 그 확인을 구한다는 소송은 행정소송법 제3조 제3호가 규정하고 있는 민중소송이고 이는 같은 법 제45조에 의하여 법률이 정한 경우에 법률에 정한 자에 한하여 제기할 수 있다(대판 1991.8.27. 91누1738).
>
> 행정청이 한 여론조사의 무효확인을 구하는 소송의 적부
> 행정소송법 제45조는 민중소송 및 기관소송은 법률이 정한 경우에 법률이 정한 자에 한하여 제기할 수 있다고 규정하고 있고, 행정청이 주민의 여론을 조사한 행위에 대하여는 법상 소로서 그 시정을 구할 수 있는 아무런 규정이 없으며, 행정소송법 제46조는 법률에서 민중소송을 허용하고 있는 경우에 그 재판절차를 규정한 것에 불과하므로, 원심이 여론조사의 무효확인을 구하는 소송을 각하한 것은 정당하다(대판 1996.1.23. 95누12736).

02 객관적 소송의 종류

1. 민중소송

(1) 의의

민중소송이란 **국가 또는 공공단체의 기관이 법률에 위반되는 행위를 한 때에 직접 자기의 법률상 이익과 관계없이 그 시정을 구하기 위하여 제기하는 소송**을 말한다(행정소송법 제3조 제3호). 민중소송은 행정법규의 잘못된 적용을 시정하고 일반공공의 이익을 보호하기 위해 일반국민이나 주민이 제기하는 소송이다.

(2) 민중소송의 예

여기에는 ① 공직선거법상 선거소송·당선소송(제222조, 제223조), ② 국민투표법상 국민투표무효소송(제92조), ③ 주민투표법상 주민투표소송(제25조), ④ 지방자치법상 주민소송(제17조) 등이 있다.

2. 기관소송

(1) 의의

① 기관소송의 개념 : 기관소송은 **국가 또는 공공단체의 기관상호간에 있어서의 권한의 존부 또는 그 행사에 관한 다툼이 있을 때 이에 대하여 제기하는 소송**이다(행정소송법 제3조 제4호). 다만, 헌법재판소법 제2조의 규정에 의하여 헌법재판소의 관장사항으로 되는 소송은 제외한다(제4호 단서).

② 기관소송의 범위에 관한 견해대립
  ㉠ 다수설 : 기관소송은 단일의 법주체내부에서 행정기관상호간의 권한분쟁에 관한 소송으로 본다. 행정소송법상 개념정의에 충실한 해석이다.
  ㉠ 반대설 : 상이한 행정주체 상호간, 상이한 법주체에 속하는 기관간의 소송 등도 행정법 차원의 것이면 기관소송으로 보자는 견해이다(이광윤, 박균성).
③ 기관소송의 필요성 : 행정주체 내에 기관 상호간의 권한을 둘러싼 분쟁을 해결할 수 있는 적당한 기관이 없거나 제3자에 의한 공정한 해결을 할 필요가 있는 경우가 많다.
④ 기관소송 확대론 : 현행법상 인정되는 기관소송의 예가 극히 드문데, 공공단체에 의한 행정수행의 확대와 지방자치의 활성화에 따라 기관소송의 필요성이 증가함을 고려하여 기관소송법정주의를 폐지하여 적극적으로 확대할 것을 주장하는 견해도 있다.

(2) 구별 제도
  ① 권한쟁의심판과의 구별 : 기관소송은 행정소송으로서, 공법상의 '법인 내부'에서의 권한의 존부 또는 그 행사에 관한 다툼(국가기관 상호간, 지방자치단체의 기관 상호간의 법적 분쟁)을 대상으로 한다. 반면 권한쟁의심판은 헌법재판으로서, 공법상의 '법인 상호간'의 권한의 존부 또는 범위에 관한 다툼(국가기관과 지방자치단체 상호간, 지방자치단체 상호간의 법적 분쟁)을 대상으로 한다. 다만 현행 헌법재판소법은 본래적 의미의 기관소송에 해당하는 대상의 일부(헌법 제111조 제1항 4호와 헌법재판소법 제62조에 의한 국가기관 상호간의 법적 분쟁)를 권한쟁의심판으로 규정하고 있다.
  ② 주관쟁의결정과의 구별 : 기관소송은 행정소송이라는 점에서, 소송이 아니라 행정주체의 내부적인 해결인 주관쟁의결정과 구별된다.

(3) 기관소송의 예
  ① 이견(異見)이 없는 예 : 지방자치법상 지방자치단체장의 지방의회의 재의결에 대한 무효확인소송(제107조 제1항)
  ② 논란이 있는 예 : ㉠ 주무부장관이나 시·도지사의 이행명령에 대한 지방자치단체장의 소송(지방자치법 제170조 제3항, 제172조 제3항), ㉡ 행정안전부장관 또는 시·도지사의 지방의회의 재의결에 대한 소송(제172조 제4항·제7항), ㉢ 지방교육자치에 관한 법률상 교육감의 시·도의회 또는 교육위원회의 재의결에 대한 소송(제28조)

03 객관적 소송의 주요 소송요건

1. 재판관할

객관소송의 재판관할에 관해서는 개별법이 정하는 바에 따른다. 현행법상으로는 대법원이 제1심이며 종심으로 되어 있는 경우가 많고, 고등법원과 대법원의 2심제로 되어 있는 경우도 있다.

2. 원고적격과 피고적격

객관소송은 "법률에 정한 자에 한하여" 제기할 수 있다(행정소송법 제45조). 그러나 객관소송에 있어서 원고는 자신의 법률상 이익의 침해와 관계없이 소송을 제기할 수 있다는 점에서 주관적 소송과 다르다. 피고적격 역시 개별법률에서 정한 바에 따른다.

04 준용규정

객관적 소송에 적용될 법규는 각 개별법률이 정하는 것이 일반적이다. 그러나 개별법에 특별한 규정이 없는 경우는 ① 처분 등의 취소를 구하는 소송에는 그 성질에 반하지 않는 한 취소소송에 관한 규정을 준용하고, ② 처분 등의 효력 유무 또는 존재 여부나 부작위위법확인을 구하는 소송에는 그 성질에 반하지 않는 한 각각 무효등확인소송 또는 부작위위법확인소송에 관한 규정을 준용하며, ③ 위 ①과 ②에 해당하지 않는 소송에는 그 성질에 반하지 아니하는 한 당사자소송에 관한 규정을 준용한다(행정소송법 제46조).

memo.

제7편 행정조직법

제1장 　행정조직법 일반론
제2장 　국가행정조직법
제3장 　자치행정조직법
제4장 　공무원법

제1장 행정조직법 일반론

제1절 행정조직의 의의

1. 행정주체와 행정조직

(1) 행정주체는 **행정권의 권한·의무 및 책임의 주체**(행정작용의 효과의 귀속주체)인 국가·지방자치단체 기타 공공단체를 말한다.

(2) 행정주체는 그 임무를 수행하기 위하여 일정한 기관을 구성하여 활동하게 되는데, 이들 다수기관의 체계적 기구를 행정조직이라 한다. 즉 행정조직이란 **여러 행정기관으로 구성되는 계통적 조직**을 말한다.

2. 행정조직법적 관계와 법치행정원칙

(1) 행정조직법적 관계와 법률우위원칙

행정조직법관계에 대하여 법률의 규정이 존재하는 경우에는 행정기관은 이에 반하여 권한행사를 할 수 없다.

(2) 행정조직법적 관계와 법률유보원칙

행정조직에 관하여도 그 본질적인 것은 법률로써 먼저 규율하여야 한다는 원리가 적용된다. 우리 헌법은 행정조직에 관하여 법률로써 정하도록 하고 있다(제96조·제100조·제118조 제2항).

제2절 행정기관

01 개설

1. 행정기관의 의의

행정주체의 행정사무담당자를 행정객체에 대하여 행정사무를 수행하는 지위에서 보아 지칭할 때, 이를 행정기관이라 한다. 원래 행정권을 행사하는 자는 행정주체이나, 행정주체가 행정과제를 수행함에 있어서 그를 대신하여 활동해 줄 조직을 필요로 하는데 이 조직을 이루는 것이 행정기관이다.

2. 행정기관의 법인격성

행정기관은 권한을 갖는 것이지 주관적인 권리를 갖는 것이 아니므로 인격성이 인정될 수 없다(통설). 실정법은 행정청을 법률관계의 일방당사자로 규정하는 경우가 있는데(예 행정소송법 제13조 제1항),

이 경우에도 행정청의 소송행위의 법적 효과의 귀속주체는 당해 행정청이 아니라 국가나 지방자치단체이므로 행정기관의 법인격을 갖는다고 할 수 없다.

02 행정기관의 구성방식과 종류

1. 행정기관의 구성방식

결정방식	독임제	1인의 우두머리 공무원이 결정을 내리고 책임을 지는 제도
	합의제	기관구성자가 다수인이며 그 다수인의 등가치적인 의사의 합의에 의해 결정을 내리고 구성원 전원이 책임을 지는 제도
자격요건	전무직제	일정한 자격·능력을 갖춘 자를 기관구성자로 선임하는 제도
	명예직제	자격·능력과는 무관하게 기관 구성자를 선임하는 제도
선임방식	임명제	기관 구성자의 선임이 일정기관의 일방적인 임명행위로 이루어지는 제도
	선거제	기관 구성자의 선임이 국민(주민) 또는 그 대표에 의해 이루어지는 제도

2. 행정기관의 종류

(1) 행정관청

법상 주어진 권한의 범위 내에서 행정주체의 행정에 관한 의사를 결정하고 이를 외부에 대하여 표시하는 권한을 가진 행정기관이다(예 각부장관, 지방자치단체의 장, 공정거래위원회 등). 실정법상으로는 행정청·행정기관·행정기관의 장 등으로 부르기도 한다.

(2) 보조기관

행정조직의 내부기관으로 행정청의 권한행사를 보조하는 것을 임무로 하는 행정기관을 말한다(예 각부의 차관·차장, 국장·과장, 지방자치단체의 부지사·부시장·과장 등). 보조기관도 행정관청으로부터 위임된 권한을 행사하는 경우에는 그 한도에서 행정관청의 지위를 가진다.

(3) 보좌기관

보조기관 가운데 특히 정책의 기획, 계획의 입안 및 연구·조사 등을 통하여 참모적 기능을 담당하는 기관을 말한다(예 차관보, 담당관, 행정조정실).

(4) 자문기관

행정청의 자문신청에 따라 또는 자발적으로 행정청에 대하여 의견을 제시함을 임무로 하는 행정기관이다. 자문기관은 보통 위원회·심의회 등의 명칭을 갖는다. 자문기관은 헌법에 직접 규정된 것(예 국가안전보장회의, 민주평화통일자문회의, 국민경제자문회의 등) 또는 법률에 직접 규정된 것(예 사회보장심의위원회 등)을 제외하고는 대통령령으로 당해 행정청에 둘 수 있게 되어 있다. 자문기관의 의견은 행정청의 의사를 구속하지 않지만, 법률상 자문절차가 규정되어 있는 경우에 이를 거치지 않으면 절차상 하자 있는 행위가 된다.

(5) 의결기관

행정에 관한 의사를 결정할 수 있는 권한을 가지는 합의제 행정기관이다(예 행정심판위원회, 징계위원회). 의결기관은 행정주체의 의사를 결정함에 그치고 원칙적으로 이를 외부에 표시할 권한은 없다는 점에서 행정청과 구별된다(다만 행정심판위원회는 직접 재결할 수 있도록 개정되었다).

(6) 집행기관

행정청의 명을 받아 행정청이 발한 의사를 집행하여 행정상 필요한 상태를 실현하는 기관을 말한다(예 경찰공무원, 세무공무원).

(7) 감독기관

행정기관의 사무처리를 감시·검사하는 기관이다(예 감사원).

(8) 현업기관(공기업기관)

공익사업을 경영하고 관리하는 기관이다(예 체신관서, 국립병원).

(9) 부속기관

행정권의 직접적인 행사를 임무로 하는 기관에 부속하여 그 기관을 지원하는 기관이다(예 교육훈련기관, 시험연구기관, 의료기관, 문화기관, 제조기관).

예제 행정기관 중 합의제 행정기관 혹은 위원회에 관한 설명으로 옳지 않은 것은?

① 중앙행정기관인 위원회의 설치와 직무범위는 법률로 정한다.
② 지방자치단체는 그 소관 사무의 범위에서 조례로 위원회 등의 자문기관을 설치·운영할 수 있다.
③ 의결권만을 갖는 의결기관인 위원회는 결정된 의사의 대외적 표시권한을 갖지 못한다.
④ 헌법에 따라 설치되는 위원회에 대하여는 행정기관 소속 위원회의 설치·운영에 관한 법률을 적용한다.

정답 ④

④ (×) 「헌법」에 따라 설치되는 위원회 및 「정부조직법」 제2조 제2항에 따라 다른 법률에 의하여 중앙행정기관으로 설치되는 위원회에 대하여는 이 법을 적용하지 아니한다. 다만, 중앙행정기관으로 설치되는 위원회 내에 위원회를 설치·운영하는 경우에는 그러하지 아니하다(행정기관 소속 위원회의 설치·운영에 관한 법률 제3조 제2항).
① (○) 정부조직법 제2조 제1항
② (○) 지방자치법 제130조 제1항
③ (○) 의사의 대외적 표시권한을 갖는 행정청과 구별된다.

> **예제** 행정기관에 관한 설명으로 옳지 않은 것은? (다툼이 있으면 판례에 따름)
> ① 법령에 따라 행정권한을 위탁받은 사인은 행정청이 될 수 없다.
> ② 행정에 관한 의사를 결정하여 표시하는 국가 또는 지방자치단체의 기관은 행정청이다.
> ③ 지방자치단체는 그 소관 사무의 일부를 독립하여 수행할 필요가 있으면 법령이나 그 지방자치단체의 조례로 정하는 바에 따라 합의제행정기관을 설치할 수 있다.
> ④ 정부조직법은 합의제행정기관의 설치에 관한 법적 근거를 두고 있다.
>
> **정답** ①
> ① (×) 이 법을 적용함에 있어서 행정청에는 법령에 의하여 행정권한의 위임 또는 위탁을 받은 행정기관, 공공단체 및 그 기관 또는 사인이 포함된다(행정소송법 제2조 제2항).
> ② (○) 행정청은 행정주체의 행정에 관한 의사를 결정하고 이를 외부에 표시할 수 있는 권한을 가진 행정기관을 의미한다.
> ③ (○) 지방자치법 제129조 제1항
> ④ (○) 정부조직법 제5조

제3절 행정관청

01 행정관청의 의의

1. 개념

전통적으로 행정관청은 "그의 권한의 범위 내에서 행정주체의 행정에 관한 의사 또는 판단을 결정하고 이를 외부에 표시하는 기관"을 말한다.

2. 종류

행정관청은 ① 기관구성원의 수에 따라 단독관청(독임제관청)과 합의제관청, ② 지역적 관할범위에 따라 중앙관청(예 국세청장)과 지방관청(예 서울지방국세청장), ③ 사물적 관할범위에 따라 보통관청(예 기획재정부장관)과 특별관청(예 세무서장), ④ 감독권에 따라 상급관청과 하급관청, ⑤ 정부조직법상의 중앙행정관청으로 부·처·청의 장과 위원회 등의 합의제행정기관이 있다.

02 행정관청의 권한

1. 권한의 의의

행정관청의 권한이란 **행정관청이 국가를 위하여, 그리고 국가의 행위로써 유효하게 사무를 처리할 수 있는 능력 또는 사무의 범위**를 의미한다. 실정법으로는 직무범위·직무권한 등의 용어가 사용되고 있다.

2. 권한의 행사의 방식

행정관청은 원칙적으로 자기에게 주어진 권한을 자기 스스로 법이 정한 바에 따라 행사한다. 그러나 예외적으로 다른 기관으로 하여금 권한을 대행하게 하는 경우도 있다. 이에는 권한의 위임과 대리가 있다.

03 권한의 대리와 위임(권한행사의 예외적 방식)

1. 권한의 대리

(1) 대리의 의의

① 대리의 개념 : 일정한 사유에 의거하여 행정관청이 자신의 권한의 전부 또는 일부를 타기관으로 하여금 행사하게 하는 경우로서, 이 때 그 다른 기관인 대리관청은 피대리관청을 위한 것임을 표시하고 자기의 이름으로 행위하되, 그 행위의 효과는 직접 피대리관청에 나타나는 제도를 행정관청의 대리라고 한다.

② 구별개념

  ㉠ 위임·위양 : 권한의 위임은 권한이 법률상 이전되는 것이 아니라 위임입법에 따라 실질적으로 이전되는 것이다. 권한의 위양은 권한 자체가 법률상 이전되는 것, 즉 수권규범의 변경이 있는 것이다. 그러나 대리의 경우에는 실질적으로나 법률적으로 권한의 이전이 없다.

〈대리와 위임의 비교〉

대리	위임
권한의 귀속 자체를 변경함이 아님	권한의 일부가 다른 행정기관으로 이전됨
임의대리는 법적 근거를 요하지 않음	법령상의 권한분배를 변경하는 것이므로 법적 근거 필요
대리자는 피대리관청의 보조기관인 것이 보통임	수임자는 하급관청인 것이 보통임
피대리관청을 위한 것임을 표시하고 대리관청의 이름으로 행위	수임기관의 명의로 권한을 행사
항고소송에서의 피고는 피대리관청	항고소송에서의 피고는 수임청

  ㉡ 대표 : 대표자의 행위는 바로 국가 또는 지방자치단체의 행위가 된다는 점에서 대리행위가 아니다. 국가를 당사자 또는 참가인으로 하는 소송에서 법무부장관이 국가를 대표하는 것이 그 예이다.
  ㉢ 대결 : 행정관청구성자의 출장·휴가 등 일시부재시에 행정조직내부적으로 사실상 이루어지는 권한의 대리행사이다. 대결은 후열을 받는다.
  ㉣ 위임전결 : 행정기관구성자의 부재와 관계 없이, 행정청이 보조기관 또는 하급기관에 소관사무의 처리를 위임하면서도 그 업무에 대한 대외적인 권한행사를 행정청 자신의 이름으로 하는 경우이다.

(2) 임의대리

① 의의 : 피대리관청의 대리권부여의 수권행위에 의해 이루어지는 대리행위이다.「수권대리」또는「위임대리」라고도 한다. 수권행위는 상대방의 동의를 요하지 않는 일방적 행위이다.

② **법적근거** : 대리는 권한의 일시적 대리행사의 문제로서 권한의 이전을 발생하지 않으므로 반드시 법적 근거를 요하는 것은 아니다(다수설). 그러나 권한의 대리로도 법이 정한 권한분배에 변경을 가져오므로 법의 명시적 근거를 요한다는 견해도 있다.

③ **대리권의 범위** : 대리권의 범위는 수권행위에서 정해진다. 그러나 ㉠ 법령이 특정의 행위를 특정기관만이 하도록 규정하거나 성질상 그러한 행위는 수권의 대상이 될 수 없고(예 총리령·부령), ㉡ 수권은 권한의 일부에 대해서만 인정될 수 있으며 권한전부에 대한 대리는 허용되지 않는다.

④ **대리행위의 효과** : 대리관청의 행위는 피대리관청의 행위로 귀속된다. 권한초과의 경우에는 민법상 표현대리의 규정(제126조)이 유추적용될 수 있다.

⑤ **대리관청과 피대리관청의 지위** : 대리관청은 피대리관청의 권한을 자기의 책임하에 자기의 이름으로 행사한다. 피대리관청은 대리관청의 선임·지휘·감독권을 행사할 수 있고 또한 그에 대해 책임을 부담한다.

⑥ **복대리** : 임의대리에서는 신뢰관계가 기초가 되므로 복대리는 원칙적으로 허용되지 않는다.

⑦ **종료** : 수권행위의 철회, 수권행위에서 정한 기한의 경과, 조건의 성취 등으로 종료된다.

(3) 법정대리

① **의의** : 법정사실이 발생하는 경우에 직접 법령의 규정에 의거하여 이루어지는 대리를 말한다.

② **근거** : 법정대리의 근거가 되는 법령으로는 헌법 제71조(대통령권한대행), 정부조직법 제7조 제2항(차관의 행정기관장 대행), 제22조(국무총리직무대행), 지방자치법 제124조(부단체장의 단체장 대행) 등 개별규정 이외에 일반법으로 직무대리규정이 있다.

③ **종류**

㉠ **협의의 법정대리** : 법정사실이 발생하면 법상 당연히 특정한 자에게 대리권이 부여되어 대리관계가 성립되는 경우이다(예 헌법 제71조·정부조직법 제7조 제2항).

㉡ **지정대리** : 법정사실의 발생시에 일정한 자가 대리자를 지정함으로써 대리관계가 발생하는 경우이다. 국무총리의 유고시에 대통령이 지명하는 국무위원이 국무총리를 대리하게 되는 경우가 그 예이다(예 정부조직법 제22조).

헌법 제71조 대통령이 궐위되거나 사고로 인하여 직무를 수행할 수 없을 때에는 국무총리, 법률이 정한 국무위원의 순서로 그 권한을 대리한다.

정부조직법 제22조(국무총리의 직무대행) 국무총리가 사고로 직무를 수행할 수 없는 경우에는 부총리가 그 직무를 대행하고, 국무총리와 부총리가 모두 사고로 직무를 수행할 수 없는 경우에는 대통령의 지명이 있으면 그 지명을 받은 국무위원이, 지명이 없는 경우에는 제26조 제1항에 규정된 순서에 따른 국무위원이 그 직무를 대행한다.

④ **대리권의 범위와 효과** : 대리관청의 행위는 당연히 피대리관청의 행위로서 효과가 발생한다. 또한 협의의 법정대리와 지정대리 모두 대리권은 피대리관청의 권한의 전부에 미친다.

⑤ **대리관청과 피대리관청의 지위** : 대리관청은 피대리관청의 권한을 자기의 책임하에 행사한다. 그러나 피대리관청은 대리관청의 선임·지휘·감독에 책임을 지지 않는다. 법정대리는 신뢰관계가 아니라 법령에 의하여 강제된 것이기 때문이다.

ⓖ **기타** : 법정대리에서는 복대리가 가능하다. 그리고 법정대리의 발생원인이 소멸되면 당연히 대리관계는 소멸된다.

2. 권한의 위임

(1) 권한의 위임의 의의

① **개념** : 권한의 위임이란 **행정관청이 그의 권한의 일부를 다른 행정기관에 실질적으로 이전하여, 그 다른 기관(수임기관)의 권한으로 행사하게 하는 것**을 말한다. 지휘·감독관계에 있는 자 사이의 이전과 대등관계에 있는 자 사이의 이전을 구분하여, 전자의 경우를 좁은 의미의 위임이라 하고, 후자의 경우를 위탁이라고 한다.

② **구별개념**

㉠ **권한의 대리** : 권한의 위임은 권한의 이전의 문제라는 점에서 행정청의 권한을 단지 대행할 뿐인 권한의 대리와 구별된다.

㉡ **내부위임**

ⓐ **의의** : 권한의 위임은 수임기관이 자신의 명의와 책임으로 위임기관의 권한을 행사하는 것이나, 내부위임은 행정조직 내부에서 수임자가 위임자의 권한을 <u>위임자의 명의로</u> 사실상 행사하는 것이다.

ⓑ **종류** : 내부위임에는 위임전결과 대결이 있다. 위임전결은 행정청이 내부적으로 행정청의 보조기관 등에게 일정한 경미한 사항의 결정권을 위임하여 보조기관 등이 사실상 그 권한을 행사하는 것을 의미하며, 대결이란 기관구성자의 일시부재시에 보조기관이 사실상 권한을 대리하는 것이다.

ⓒ **권한의 위임과의 구별**

권한의 위임	내부위임
법률의 근거를 요함 (∵법정권한의 실질적 변경)	법률의 근거 불요
수임기관이 자신의 이름으로 권한을 행사	수임기관이 위임기관의 명의로 권한을 행사
수임기관이 행정쟁송의 피고	수임기관이 자신의 명의로 처분을 하는 경우에는 수임기관이 피고(위임기관 원칙)

㉢ **권한의 이양** : 권한의 위임은 권한·의무와 책임이 수임기관에 이전되나 권한 자체는 법률상 위임기관에 유보되어 있는 반면, 권한의 이양은 권한 자체가 확정적으로 다를 기관에 이전된다.

㉣ **민사상 위임** : 위임받은 사항을 수임자가 자기의 명의·책임으로 수행하는 것은 같으나 민사상 위임이 사법상의 계약관계인 반면, 권한의 위임은 법률의 규정·행정행위 등에 의해 설정되는 공법상의 제도인 점에서 구별된다.

(2) 권한의 위임의 법적 근거

권한의 위임은 법률에서 정한 권한분배가 대외적으로 변경되고, 이로 인해 법적 지위가 상이한 수임자로 하여금 새로운 책임과 의무를 부담시키므로 반드시 법적 근거를 요한다. 위임의 근거법령으로는 정부조직법 제6조, 「행정권한의 위임 및 위탁에 관한 규정」, 지방자치법 제115조·제117조 등이 있다.

문제는 개별법에 특별한 규정이 없는 경우, 정부조직법 제6조 제1항과 행정권한의 위임 및 위탁에 관한 규정 제3조 또는 제4조가 위임 또는 재위임의 일반적 근거가 될 수 있는가 하는 것이다.

> **정부조직법 제6조(권한의 위임 또는 위탁)** ① 행정기관은 법령으로 정하는 바에 따라 그 소관사무의 일부를 보조기관 또는 하급행정기관에 위임하거나 다른 행정기관·지방자치단체 또는 그 기관에 위탁 또는 위임할 수 있다. 이 경우 위임 또는 위탁을 받은 기관은 특히 필요한 경우에는 법령으로 정하는 바에 따라 위임 또는 위탁을 받은 사무의 일부를 보조기관 또는 하급행정기관에 재위임할 수 있다.
> ② 보조기관은 제1항에 따라 위임받은 사항에 대하여는 그 범위에서 행정기관으로서 그 사무를 수행한다.
>
> **행정권한의 위임 및 위탁에 관한 규정 제3조(위임 및 위탁의 기준)** ① 행정기관의 장은 허가·인가·등록 등 민원에 관한 사무, 정책의 구체화에 따른 집행사무 및 일상적으로 반복되는 사무로서 그가 직접 시행하여야 할 사무를 제외한 일부 권한(이하 "행정권한"이라 한다)을 그 보조기관 또는 하급행정기관의 장, 다른 행정기관의 장, 지방자치단체의 장에게 위임 및 위탁한다.
>
> **제4조(재위임)** 특별시장·광역시장·특별자치시장·도지사 또는 특별자치도지사(특별시·광역시·특별자치시·도 또는 특별자치도의 교육감을 포함한다. 이하 같다)나 시장·군수 또는 구청장(자치구의 구청장을 말한다. 이하 같다)은 행정의 능률향상과 주민의 편의를 위하여 필요하다고 인정될 때에는 수임사무의 일부를 그 위임기관의 장의 승인을 받아 규칙으로 정하는 바에 따라 시장·군수·구청장(교육장을 포함한다) 또는 읍·면·동장, 그 밖의 소속기관의 장에게 다시 위임할 수 있다.

(3) 위임의 범위와 한계

① **일부위임** : 권한의 위임은 권한의 일부의 위임을 의미하는 것이지 권한의 전부의 위임을 의미하는 것은 아니다. 권한의 전부위임은 권한획정의 본질을 형해화시키는 것이기 때문이다.

② **재위임**

㉠ 위임 또는 위탁을 받은 기관은 특히 필요한 경우에는 법령으로 정하는 바에 따라 위임 또는 위탁을 받은 사무의 일부를 보조기관 또는 하급행정기관에 재위임할 수 있다(정부조직법 제6조 제1항 후단). 또한 「행정권한의 위임 및 위탁에 관한 규정」 제4조에 따라 행정의 능률향상과 주민의 편의를 위하여 필요하다고 인정되는 때에는 수임사무의 일부를 재위임할 수 있다고 본다.

㉡ 지방자치단체의 장이 위임받거나 위탁받은 사무의 일부를 다시 위임하거나 위탁하려면 미리 그 사무를 위임하거나 위탁한 기관의 장의 승인을 받아야 한다(지방자치법 제117조 제4항). 따라서 위임기관의 장의 승인 없이 이루어진 재위임은 무권한 행위로서 무효 또는 취소의 사유가 된다.

(4) 위임의 효과

① **권한의 이전** : 위임청은 당해 위임사항을 처리할 수 있는 권한을 잃게 되고, 수임청은 자기의 명의·책임·권한으로 사무를 수행한다. 행정쟁송법상으로 수임청이 피청구인 또는 피고가 된다.

② **위임기관의 권한 등** : 위임기관은 위임한 권한을 스스로 행사할 수 없으나, 수임기관의 수임사무의 처리에 대하여 지휘·감독하고, 그 처리가 위법 또는 부당하다고 인정할 때에는 이를 취소하거나 중지시킬 수 있다.

행정권한의 위임 및 위탁에 관한 규정 제3조(위임 및 위탁의 기준 등) ③ 행정기관의 장은 행정권한을 위임 및 위탁할 때에는 위임 및 위탁하기 전에 단순한 사무인 경우를 제외하고는 수임 및 수탁기관에 대하여 수임 및 수탁사무 처리에 필요한 교육을 하여야 하며, 수임 및 수탁사무의 처리지침을 시달하여야 한다.

제6조(지휘·감독) 위임 및 위탁기관은 수임 및 수탁기관의 수임 및 수탁사무 처리에 대하여 지휘·감독하고, 그 처리가 위법하거나 부당하다고 인정될 때에는 이를 취소하거나 정지시킬 수 있다.

제7조(사전승인 등의 제한) 수임 및 수탁사무의 처리에 관하여 위임 및 위탁기관은 수임 및 수탁기관에 대하여 사전승인을 받거나 협의를 할 것을 요구할 수 없다.

제8조(책임의 소재 및 명의 표시) ① 수임 및 수탁사무의 처리에 관한 책임은 수임 및 수탁기관에 있으며, 위임 및 위탁기관의 장은 그에 대한 감독책임을 진다.

제9조(권한의 위임 및 위탁에 따른 감사) 위임 및 위탁기관은 위임 및 위탁사무 처리의 적정성을 확보하기 위하여 필요한 경우에는 수임 및 수탁기관의 수임 및 수탁사무 처리 상황을 수시로 감사할 수 있다.

③ **비용부담**: 행정기관의 장은 행정권한을 위임 및 위탁하고자 하는 때에는 위임 및 위탁하기전에 수임기관의 수임능력여부를 점검하고 필요한 인력 및 예산을 이관하도록 하여야 한다(「행정권한의 위임 및 위탁에 관한 규정」 제3조 제2항). 지방자치단체는 자치사무 수행에 필요한 경비와 위임된 사무에 필요한 경비를 지출할 의무를 진다. 다만, 국가사무나 지방자치단체사무를 위임할 때에는 사무를 위임한 국가나 지방자치단체에서 그 경비를 부담하여야 한다(지방자치법 제158조).

(5) 위임의 종료

권한의 위임은 법령 또는 위임관청의 의사표시에 의한 위임의 해제, 위임근거의 소멸, 조건의 성취, 기한의 경과 등으로 종료된다. 위임된 권한은 위임의 종료로 당연히 위임청에 회복된다.

> **예제** 헌법 제71조는 대통령이 궐위 또는 사고로 직무를 수행할 수 없는 때에는 국무총리, 법률이 정하는 국무위원의 순서로 권한을 대행한다고 규정하고 있다. 이러한 유형의 권한대리를 무엇이라 하는가?
> ① 임의대리 ② 지정대리
> ③ 서리 ④ 협의의 법정대리

정답 ④

법정대리에는 협의의 법정대리와 지정대리가 있다. 협의의 법정대리는 법정사실이 발생하면 법상 당연히 특정한 자에게 대리권이 부여되어 대리관계가 성립되는 경우이다. 대통령 유고시 국무총리가 권한을 대행하는 것이 그 예이다. 지정대리는 법정사실의 발생시에 일정한 자가 대리자를 지정함으로써 대리관계가 발생하는 경우이다. 국무총리의 유고시에 대통령이 지명하는 국무위원이 국무총리를 대리하게 되는 경우가 그 예이다.

예제 행정청의 권한에 관한 설명으로 옳지 않은 것은? (다툼이 있는 경우 판례에 의함) ▶ 23 소방승진

① 대리기관이 대리관계를 표시하고 피대리 행정청을 대리하여 행정처분을 한 경우, 행정처분에 대한 항고소송의 피고적격은 피대리 행정청에 있다.
② 행정권한의 위임은 행정관청이 법률에 따라 특정한 권한을 다른 행정관청에 이전하여 수임관청의 권한으로 행사하도록 하는 것이어서 권한의 법적인 귀속을 변경하는 것이므로 법률이 허용하고 있는 경우에 한하여 인정된다.
③ 도지사 등은 「정부조직법」과 「행정권한의 위임 및 위탁에 관한 규정」에 정한 바에 의하여 위임기관의 장의 승인이 있으면 그 규칙이 정하는 바에 의하여 그 수임된 권한을 시장, 군수 등 소속 기관의 장에게 다시 위임할 수 있다.
④ 행정청의 권한의 위임이 있는 경우 위임청은 그 사무를 처리할 권한을 상실하고 그 사항은 수임청의 권한으로 되므로 처분을 위임청의 명의로 하였더라도 항고소송 피고적격은 수임청에게 있다.

정답 ④

④ (×) 행정관청이 특정한 권한을 법률에 따라 다른 행정관청에 이관한 경우와 달리 내부적인 사무처리의 편의를 도모하기 위하여 그의 보조기관 또는 하급행정관청으로 하여금 그의 권한을 사실상 행하도록 하는 내부위임의 경우에는 수임관청이 그 위임된 바에 따라 위임관청의 이름으로 권한을 행사하였다면 그 처분청은 위임관청이므로 그 처분의 취소나 무효확인을 구하는 소송의 피고는 위임관청으로 삼아야 한다(대판 1991.10.8. 91누520).
① (○) 대판 2018.10.25. 2018두43095
② (○) 권한의 위임은 법률에서 정한 권한분배가 대외적으로 변경되고, 이로 인해 법적 지위가 상이한 수임자로 하여금 새로운 책임과 의무를 부담시키므로 반드시 법적 근거를 요한다.
③ (○) 행정권한의 위임 및 위탁에 관한 규정 제4조

예제 행정청의 권한의 위임에 관한 설명으로 가장 옳지 않은 것은?

① 위임기관은 수임기관의 수임사무처리에 대하여 지휘·감독하고, 그 처리가 위법 또는 부당하다고 인정되는 때에는 이를 취소하거나 정지시킬 수 있다.
② 행정권한의 위임을 받은 자는 특히 필요한 때, 법령이 정하는 바에 의하여 위임받은 사무의 일부를 보조기관 또는 하급행정기관 등에 재위임할 수 있다.
③ 행정권한의 위임이 있는 경우에는 수임관청이 자기의 이름으로 그 권한행사를 할 수 있다.
④ 행정권한의 위임 또는 위탁이 있을 때 취소소송에서의 피고는 위임청이 된다.

정답 ④

④ (×) 권한의 위임이 있으면 위임기관은 권한을 상실하며 수임기관이 처분권한을 갖게 되므로 그 수임기관이 처분청으로서 피고가 된다.
① (○) 행정권한의 위임 및 위탁에 관한 규정 제6조
② (○) 동규정 제4조
③ (○) 수임 및 수탁사무에 관한 권한을 행사할 때에는 수임 및 수탁기관의 명의로 하여야 한다(동규정 제8조).

> **예제** 행정권한의 위임 등에 관한 설명으로 옳지 않은 것은? (다툼이 있으면 판례에 따름)
> ① 행정기관은 위임을 받은 사무의 전부 또는 일부를 보조기관 또는 하급행정기관에 재위임할 수 없다.
> ② 행정권한의 내부위임은 법률이 위임을 허용하고 있지 아니한 경우에도 행정관청의 내부적인 사무처리의 편의를 도모하기 위하여 그의 보조기관 또는 하급행정기관으로 하여금 그의 권한을 사실상 행사하게 하는 것이다.
> ③ 위임기관은 수임기관의 수임사무 처리에 대하여 지휘·감독하고, 그 처리가 위법하거나 부당하다고 인정될 때에는 이를 취소하거나 정지시킬 수 있다.
> ④ 수임사무의 처리에 관하여 위임기관은 수임기관에 대하여 사전승인을 받거나 협의를 할 것을 요구할 수 없다.
>
> **정답** ①
> ① (×) 행정기관은 법령으로 정하는 바에 따라 그 소관사무의 일부를 보조기관 또는 하급행정기관에 위임하거나 다른 행정기관·지방자치단체 또는 그 기관에 위탁 또는 위임할 수 있다. 이 경우 위임 또는 위탁을 받은 기관은 특히 필요한 경우에는 법령으로 정하는 바에 따라 위임 또는 위탁을 받은 사무의 일부를 보조기관 또는 하급행정기관에 재위임할 수 있다(정부조직법 제6조 제1항).
> ② (○) 대판 1992.4.24. 91누5792
> ③ (○) 행정권한의 위임 및 위탁에 관한 규정 제6조
> ④ (○) 동규정 제7조

04 행정관청 상호간의 관계

1. 상·하관청간의 관계

(1) 권한의 감독

① **감독의 의의** : 권한의 감독이란 "**상급관청이 하급관청의 권한행사를 지휘하며, 그 합목적성과 적법성을 보장하기 위하여 행사하는 통제적 작용**"을 말한다. 행정조직은 이와 같이 권한행사의 감독을 통하여 상명하복의 기관계층제를 형성한다는 점에서 입법조직이나 사법조직과 다르다.

② **감독의 근거** : 감독권 발동에는 그에 관한 개별적인 법적 근거가 필요 없으나, 상급관청이 하급관청에 대해 일반적으로 감독권을 갖는다는 감독권 자체에 대한 법적 근거는 필요하다(정부조직법 제7조·제11조, 지방자치법 제180조·제185조 등).

(2) 권한감독의 방법

① **감시권** : 상급관청이 하급관청의 권한행사의 상황을 파악하기 위하여 사무를 감사하거나, 하급관청으로 하여금 사무처리의 내용을 보고하게 하는 권한을 말한다. 감시권 발동에는 개별적인 법적 근거가 필요없다. 그러나 보고와 사무감사는 대통령령인 행정감사규정에 의하여 일정한 제한을 받는다.

② **훈령권**

㉠ 의의 : 훈령이란 "**상급관청이 하급관청의 권한행사를 지휘하기 위하여 발하는 명령**"을 말하며,

훈령을 발할 수 있는 권한이 훈령권이다. 훈령은 예방적 수단이나 교정적 감독수단으로 활용되는데 전자가 일반적이다.

〈훈령과 직무명령의 구별〉

훈령	직무명령
상급관청의 하급관청에 대한 명령	상급공무원의 하급공무원에 대한 명령
기관구성자의 변경에도 불구하고 효력 유지	특정 상·하 공무원의 지위상실로 효력 소멸
직무명령으로서의 성질도 가짐	훈령으로서의 성질을 당연히 갖는 것이 아님

ⓛ **근거** : 훈령권은 감독권의 당연한 작용이므로 특별한 법적 근거를 요하지 않는다.

ⓒ **법적 성질** : 훈령은 행정조직 내부관계에서 상급관청이 하급관청에 대하여 발하는 명령에 그치고, 일반국민을 구속하는 것은 아니다(통설·판례). 통설에 따르면 훈령위반은 위법이 아니며, 훈령 위반자에게는 징계책임이 부과될 수 있을 뿐이다. 그러나 훈령위반의 행정행위가 평등원칙이나 자기구속의 원칙에 위반되는 경우에는 행정법의 일반원칙의 위반으로 위법이 될 수 있다.

ⓔ **종류**

협의의 훈령	하급관청에 대하여 상당히 장기간에 걸쳐 하급관청의 권한행사를 일반적으로 지시하기 위하여 발하는 명령
지시	하급관청에 대하여 개별적·구체적으로 발하는 명령
예규	하급관청에 대하여 반복적인 행정사무의 기준을 제시하기 위하여 발하는 명령
일일명령	당직·출장·특근·휴가 등의 일일업무에 관하여 발하는 명령

ⓜ **요건**

ⓐ **형식적 요건** : 훈령의 주체는 훈령권 있는 상급관청이어야 하고, 훈령의 상대방은 훈령권 있는 관청의 지휘를 받을 수 있는 관청이어야 하며, 훈령사항은 하급관청의 권한에 속하는 사항으로서 직무상 하급관청의 독립적인 권한에 속하는 사항이 아니어야 한다.

ⓑ **실질적 요건** : 훈령사항은 적법·타당하며, 가능하고 명백하여야 한다.

ⓗ **하자 있는 훈령에 대한 복종의무** : 하급관청이 위의 훈령의 요건을 심사하여, 하자 있는 훈령에 대해서는 이를 따르지 않아도 되는 것인지 문제된다. 판례는 명백한 위법 내지 불법한 훈령에 대해서는 복종의무를 인정할 수 없다는 입장이다(대판 1988.2.23. 87도2358)..

ⓐ **효과** : 요건에 부합하는 훈령이 발해지면 하급관청은 훈령에 구속되고 훈령에 복종해야 한다. 만약 복종하지 않으면 징계의 문제가 따른다. 그러나 불복종시 상급관청이 하급관청의 권한을 대집행할 수는 없다.

ⓞ **형식** : 훈령은 특별한 형식을 요하지 않고 구두나 문서 등이 가능하다. 사무관리규정에는 일정한 형식·절차상의 제한을 가하기도 한다. 그리고 훈령은 관보로 공포하는 것이 일반적이지만, 공포하지 않을 때도 있다.

ⓩ **경합** : 내용이 서로 모순되는 둘 이상의 훈령이 경합하는 경우, 주관상급행정청의 훈령에 따라야 한다. 훈령행정청이 모두 주관상급관청이라면 직근상급관청의 훈령에 따라야 한다.

③ 인가권

하급관청이 일정한 권한을 행사함에 있어 상급관청으로부터 미리 승인을 받게 하는 것을 말한다. 보통은 예방적 감독수단으로서 이루어진다. 인가권은 법령에서 명시적으로 규정될 수도 있고, 상급관청이 필요하다고 판단할 때 하급관청에 인가받을 것을 지시하는 경우도 있는데, 전자의 경우 인가는 행위의 유효요건이 된다. 인가가 법령에 근거한 것인 때에 인가를 거치지 않고 한 행위는 위법·무효가 된다.

④ 취소권·정지권

상급관청이 하급관청의 위법·부당한 행위를 취소하거나 정지하는 권한이다. 사후적·교정적 감독수단이다. 취소나 정지는 상급관청의 직권에 의할 수도 있고, 당사자의 신청에 의할 수도 있다. 법제상 명문으로 이를 규정하는 경우도 있다(정부조직법 제11조 제2항, 지방자치법 제188조).

정부조직법 제11조 ② 대통령은 국무총리와 중앙행정기관의 장의 명령이나 처분이 위법 또는 부당하다고 인정하면 이를 중지 또는 취소할 수 있다.

⑤ 주관쟁의결정권

㉠ 하급관청 사이에 권한의 분쟁이 있는 경우, 상급관청이 그 분쟁을 해결하고 결정하는 권한을 말한다. 주관쟁의에는 서로 권한이 있다는 적극적 권한쟁의와 서로 권한이 없다는 소극적 권한쟁의가 있다

㉡ 행정관청간의 권한에 대한 다툼이 있는 경우 공통의 상급관청이 없는 때에는 각각의 상급관청의 협의에 의하여 결정되고(행정절차법 제6조 제2항), 협의가 이루어지지 않을 때에는 행정각부간의 주관쟁의가 되어 국무회의의 심의를 거쳐 대통령이 결정한다(헌법 제89조 제10호).

2. 대등관청간의 관계

(1) 권한의 상호존중관계

대등관청간에 있어서 행정관청은 다른 관청의 권한을 존중하고 침범하지 못한다. 또한 행정관청이 그 권한 내에서 한 행위는 비록 흠이 있더라도 그것이 무효가 아닌 한 구성요건적 효력(공정력)이 인정되어 다른 관청도 이에 영향을 받는다. 그리고 관청 사이에 그 주관권한에 관하여 분쟁이 있는 경우, 주관쟁의에 의해 이를 해결하고 결정한다.

(2) 권한의 상호협력관계

① 협의

㉠ 하나의 사항이 둘 이상의 행정관청의 권한에 관련되면, 그 사항은 관련 있는 관청간의 협의에 따라 결정되고 처리된다. 관련의 형태로는 ⓐ 둘 이상의 행정청이 공동주관청으로서 협의하는 경우와 ⓑ 주관관청이 관계행정청과 협의하는 경우(「국토계획 및 이용에 관한 법률」 제24조)가 있다.

㉡ 협의 없이 이루어지면 위 ⓐ의 경우는 언제나 무효가 되고, ⓑ의 경우는 협의의 중요성에 따라 무효 또는 취소할 수 있는 행위로 보아야 할 것이다. 판례는 관계행정청과의 협의를 거치지 않고 권한을 행사하였다 하더라도 그러한 권한행사가 당연무효는 아니라고 한다(대판 1995.11. 7. 95누9730).

② **사무위탁** : 사무위탁이란 대등한 관청 사이에서 이루어지는 권한의 위임을 말한다. 사무위탁은 법령의 근거를 요하고, 위탁을 받은 관청은 위탁을 거부할 수 없다.
③ **행정응원**
  ㉠ **협의의 행정응원** : 재해·사변 기타 비상시에 처하여 다른 행정청의 청구나 자발적으로 이루어지는 **행정응원**을 말한다. 현행법상으로는 경찰응원(경찰직무응원법 제1조), 소방응원(소방기본법 제11조) 등이 있다.
  ㉡ **평시응원** : 광의의 행정응원에 속하는 것으로서, 직무수행의 필요상 한 관청이 다른 관청에 대해 인적·물적 협력을 요구하는 바가 있을 때 이루어지는 행정응원이다(예 장부·서류의 제출, 의견·의사의 제출, 파견근무).
  ㉢ **법적 근거** : 행정응원은 일반법으로 행정절차법이 있으나(제8조), 개별법령에서도 행정응원규정이 나타나고 있으며, 법적 근거가 없어도 일반적으로 가능하다.

예제 행정조직에 관한 설명으로 옳지 않은 것은?
① 주관쟁의결정권이란 하급관청 사이에 권한의 분쟁이 있는 경우, 상급관청이 그 분쟁을 해결하고 결정하는 권한을 말한다.
② 공무원이 대외적 구속력이 없는 훈령에 위반한 경우에도 위법은 아니며 징계책임이 부과될 수 있을 뿐이다.
③ 상급관청은 직권에 의해 하급관청의 위법·부당한 행위의 취소를 명할 수 있다.
④ 징계위원회 같은 의결기관으로서의 위원회는 의결권은 물론이고 정해진 의사를 대외적으로 표시할 권한을 갖는다.

정답 ④
④ (×) 의결기관은 행정에 관한 의사를 결정할 수 있는 권한을 가지는 합의제 행정기관이다(예 행정심판위원회, 징계위원회). 의결기관은 행정주체의 의사를 결정함에 그치고 원칙적으로 이를 외부에 표시할 권한은 없다는 점에서 행정청과 구별된다(다만 행정심판위원회는 직접 재결하여 표시 가능).

예제 상급행정관청의 훈령에 관한 설명으로 옳지 않은 것은?
① 법령의 구체적 근거가 없이도 직권으로 발할 수 있다.
② 훈령은 조문 형식으로 발령되므로 재판기준이 된다.
③ 훈령은 직무명령의 성질도 가지나 직무명령은 훈령의 성질을 가질 수 없다.
④ 관보에 게재하여 공포하는 것이 효력발생의 요건은 아니다.

정답 ①
② (×) 훈령은 일반국민을 구속하는 것이 아니며 재판기준도 아니다.

예제 **행정관청 간의 관계에 관한 설명으로 옳은 것은?** (다툼이 있으면 판례에 따름)
① 상급관청의 훈령권에는 법령상 근거가 요구된다.
② 상급관청의 하급관청에 대한 감시권에는 개별적인 법령상 근거를 요한다.
③ 하급행정관청의 권한행사에 대한 상급행정관청의 내부적인 승인·인가는 행정처분이 아니다.
④ '동의'를 의미하는 관계기관의 '협의' 의견은 주무관청을 구속하지 않는다.

정답 ③
① (×) 훈령이란 "상급관청이 하급관청의 권한행사를 지휘하기 위하여 발하는 명령"을 말하며, 훈령을 발할 수 있는 권한이 훈령권이다. 훈령권은 감독권의 당연한 작용이므로 특별한 법적 근거를 요하지 않는다.
② (×) 상급관청이 하급관청의 권한행사의 상황을 파악하기 위하여 사무를 감사하거나, 하급관청으로 하여금 사무처리의 내용을 보고하게 하는 권한을 감시권이라 한다. 감시권 발동에는 개별적인 법적 근거가 필요없다. 그러나 보고와 사무감사는 대통령령인 행정감사규정에 의하여 일정한 제한을 받는다.
③ (○) 대판 1997.9.26. 97누8540
④ (×) 관계기관의 '협의' 의견은 주무관청을 구속하지 않으나, 그 협의가 '동의'를 의미하면 '협의' 의견에 구속된다.

제2장 국가행정조직법

제1절 국가의 중앙행정조직

01 대통령

(1) 대통령은 외국에 대하여 국가를 대표하는 국가원수이며 정부의 수반이다(헌법 제68조). 대통령의 임기는 5년 단임이고(헌법 제70조), 국민에 의해 직선되며(헌법 제67조), 그 궐위 또는 유고시에는 국무총리, 법정 국무위원의 순으로 권한을 대행한다(헌법 제71조).

(2) 대통령은 ① **국가원수로서의 지위**, ② **행정권의 수반으로서의 지위**, ③ **국민의 대표자로서 주권행사기관으로서의 지위**(헌법개정안제안권·국민투표회부권·위헌정당해산제소권), ④ **국가수호자로서의 지위**(국가의 독립·영토보전·계속성의 유지) 등을 보유한다.

02 대통령 직속의 중앙행정기관

1. 감사원

(1) 감사원은 국가의 세입세출의 결산, 국가 및 법률에 정한 단체의 회계검사와 행정기관 및 공무원의 직무에 관한 감찰을 하는 기관이다(헌법 제97조). 감사원은 대통령에 소속하되 직무에 관하여는 독립의 지위를 가진다(감사원법 제2조 제1항).

(2) 감사원의 권한으로는 ① 국가기관·지방자치단체 기타 감사원법에 규정된 단체 등의 결산 및 회계검사권, ② 공무원의 직무감찰권, ③ 감사 결과에 따르는 시정 또는 개선 등의 요구권, ④ 변상판정권, ⑤ 징계요구권, ⑥ 회계관계법령의 제정·개폐에 관한 의견질술권, ⑦ 심사청구에 대한 결정권, ⑧ 감사원규칙 제정권, ⑨ 심사청구에 대한 결정권(이에 불복하는 경우에는 직접 행정소송을 제기 가능) 등이 있다.

2. 기타 직속기관 등

(1) 대통령의 기타 직속기관으로 국가정보원과 방송통신위원회가 있으며, 보좌기관으로 대통령비서실, 국가안보실, 대통령경호처가 있다. 대통령소속위원회로는 개인정보보호위원회, 자치분권위원회, 경제사회노동위원회, 국가건축정책위원회, 국가지식재산위원회, 청년위원회, 규제개혁위원회 등이 있다.

(2) 자문기관으로는 국가안전보장회의, 국민경제자문회의, 국가과학기술자문회의, 민주평화통일자문회의, 국가균형발전위원회 등 다수가 있다.

03 국무회의

(1) 헌법은 정부의 권한에 속하는 중요한 정책에 대한 심의기관으로 국무회의를 두고 있다(제88조 제1항). 국무회의의 법적 지위에 관하여는 ① 의결기관설, ② 자문기관설, ③ 심의기관설의 다툼이 있는데, 대통령이 그 결정에 구속되지 않는다는 점과 중요정책은 반드시 그 심의를 거쳐야 한다는 점에서 심의기관으로 보는 견해가 통설이다.

(2) 헌법 제89조는 1호~17호로 국무회의의 심의사항을 규정하고 있다.

04 국무총리

(1) 국무총리는 ① 행정에 관한 최종적 결정권을 가진 대통령을 보좌하고, ② 대통령의 명을 받아 행정각부를 통할하고(헌법 제86조 제2항), ③ 국무회의의 부의장이 되며(헌법 제88조 제3항), ④ 대통령의 궐위·유고시에 1차적으로 그 직무를 대행하고(헌법 제71조), ⑤ 국무위원·행정각부장관의 임명제청권(헌법 제87조·제94조)과 국무위원의 해임건의권을 가진다.

(2) 국무총리는 행정각부의 상급관청으로서 대통령의 명을 받아 각 중앙행정기관의 장을 지휘감독하며 중앙행정기관의 장의 명령이나 처분이 위법 또는 부당하다고 인정할 때에는 대통령의 승인을 얻어 이를 중지 또는 취소할 수 있다(정부조직법 제16조).

(3) 국무총리 직속 독임제 중앙행정기관으로는 법제처, 국가보훈처, 식품의약품안전처가 있고, 합의제 중앙행정기관으로는 공정거래위원회, 금융위원회, 국민권익위원회, 원자력안전위원회 등이 있으며, 보좌기관으로 국무조정실, 국무총리비서실이 있다.

(4) 국무총리가 특별히 위임하는 사무를 수행하기 위하여 부총리 2명을 둔다. 부총리는 기획재정부장관과 교육부장관이 각각 겸임한다.

05 행정각부

(1) 행정각부란 **대통령 및 그의 명을 받는 국무총리의 통할하에 국무회의의 심의를 거친 정부의 정책과 정부의 권한에 속하는 사무를 부문별로 집행하는 중앙행정관청**을 말한다. 행정각부는 헌법에 의해 설치가 예정되고 있는 기관이다(헌법 제96조).

(2) 행정각부에 장관 1명과 차관 1명을 두되, 장관은 국무위원으로 보하고, 차관은 정무직으로 한다. 다만, 기획재정부·과학기술정보통신부·외교부·문화체육관광부·산업통상자원부·보건복지부·국토교통부에는 차관 2명을 둔다(정부조직법 제26조 제2항).

〈행정각부의 외청(外廳)〉

	외청
기획재정부	국세청, 관세청, 조달청, 통계청
외교부	재외동포청
법무부	검찰청
국방부	병무청, 방위사업청
행정안전부	경찰청, 소방청
문화체육관광부	문화재청
농림축산식품부	농촌진흥청, 산림청
산업통상자원부	특허청
보건복지부	질병관리청
환경부	기상청
해양수산부	해양경찰청

06 합의제행정기관

1. 의의

(1) 합의제행정기관이란 **기관구성자가 다수인이고, 그 다수인의 등가치적인 의사의 합치에 의하여 결정을 내리고, 그 구성원이 그 결정에 책임을 지는 행정기관**을 의미한다.

(2) 행정기관에는 그 소관사무의 일부를 독립하여 수행할 필요가 있는 때에는 법률로 정하는 바에 따라 행정위원회 등 합의제행정기관을 둘 수 있다(정부조직법 제5조).

2. 합의제행정기관의 특징

정부조직법상 합의제행정기관은 ① 대통령령이 아닌 법률에 의해 설치될 수 있다는 점(이는 부속기관이 대통령령으로 가능한 점과 다름), ② 합의제기관인 점, ③ 의사기관으로서의 행정기관인 점, ④ 소관사무의 일부를 처리한다는 점, ⑤ 직무를 독립하여 수행한다는 점을 특징으로 한다.

3. 행정위원회

우리나라에서 위원회의 명칭을 가진 행정기관은 대부분 자문기관이며, 그 밖에 합의제행정기관(예 공정거래위원회·소청심사위원회·조세심판원·특별배상심의회·중앙노동위원회·중앙토지수용위원회)·의결기관(예 징계위원회·도시계획위원회)의 성격을 갖는다. 의결기관으로서의 위원회는 의결권만을 가질뿐 결정된 의사를 대외적으로 표시할 권한을 갖지 못한 기관을 말한다.

제2절 국가의 지방행정조직

1. 보통지방행정기관

(1) 개념

어느 특정한 중앙행정기관에 소속되지 않고, **중앙관청의 직할로 되어 있는 사무와 특별지방행정기관의 권한에 속하는 사무를 제외**하고는 널리 당해 구역에서 시행되는 모든 국가행정사무를 일반적으로 관장하는 지방행정기관을 말한다.

(2) 지방자치단체의 집행기관

우리나라에서는 보통지방행정기관을 따로 설치하지 않고, 국가의 행정사무 중 지역에서 집행되어야 할 사무는 지방자치단체의 집행기관 시·도지사, 시장·군수·자치구청장 등에게 위임하여 처리하고 있다(지방자치법 제115조). 이들 시·도지사, 시장 등은 지방자치단체의 기관이나, 국가사무를 위임받아 처리하는 한도 내에서 국가의 보통지방행정기관의 지위에도 서게 되어 이중적 지위를 갖게 된다.

2. 특별지방행정기관

(1) 개념

특정한 중앙행정기관에 소속되어 그의 소관사무의 일부를 관장하는 지방행정기관을 말한다. 중앙행정기관에는 소관사무를 수행하기 위하여 필요한 때에는 특히 법률로 정한 경우를 제외하고는 대통령령으로 정하는 바에 따라 지방행정기관을 둘 수 있다(정부조직법 제3조 제1항).

(2) 종류

특별지방행정기관으로는 지방보훈청, 지방국세청·세무서·세관, 지방조달청, 출입국관리사무소, 지방산림관리청, 지방국토관리청, 지방병무청 등이 있다. 다만 업무의 관련성이나 지역적인 특수성에 따라 통합하여 수행함이 효율적이라고 인정되는 경우에는 대통령령으로 정하는 바에 따라 관련되는 다른 중앙행정기관의 소관사무를 통합하여 수행할 수 있다(정부조직법 제3조 제2항).

제3절 간접국가행정조직

01 의의

국가의 행정은 반드시 그 스스로의 기관에 의하여 수행되어야 하는 것은 아니다. 경우에 따라서는 국가로부터 독립한 단체(법인)를 설립하여 그로 하여금 수행하게 하는 경우도 있는데, 이러한 단체를 공공단체라 하고, **공공단체를 통해 수행되는 국가행정**을 간접국가행정이라 한다.

02 종류

간접국가행정조직으로는 지방자치단체, 공법상 사단(공공조합), 공법상 재단, 공법상 영조물법인이 있다.

※ 간접국가행정조직의 상세한 내용은 본서의 제1편, 제4장(행정상 법률관계), 제2절(행정법관계의 당사자) 참고

예제 행정각부와 그 외청(外廳)을 잘못 연결한 것은?
① 외교부 - 재외동포청
② 보건복지가족부 - 질병관리청
③ 행정안전부 - 경찰청
④ 기획재정부 - 특허청

정답 ④
④ (×) 기획재정부 소속하의 외청으로 국세청·관세청·조달청·통계청이 있다. 특허청은 산업통상자원부 소속의 외청이다.

예제 정부조직법상 국무총리 소속 행정기관에 해당하는 것은?
① 특허청   ② 통계청
③ 국세청   ④ 식품의약품안전처

정답 ④
④ (○) 정부조직법 제22조의3(인사혁신처) ① 공무원의 인사·윤리·복무 및 연금에 관한 사무를 관장하기 위하여 국무총리 소속으로 인사혁신처를 둔다.
제23조(법제처) ① 국무회의에 상정될 법령안·조약안과 총리령안 및 부령안의 심사와 그 밖에 법제에 관한 사무를 전문적으로 관장하기 위하여 국무총리 소속으로 법제처를 둔다.
제25조(식품의약품안전처) ① 식품 및 의약품의 안전에 관한 사무를 관장하기 위하여 국무총리 소속으로 식품의약품안전처를 둔다.
① (×) 특허청은 산업통상자원부장관 소속
② (×), ③ (×) 국세청, 통계청, 관세청, 조달청은 기획재정부장관 소속

제3장 자치행정조직법

제1절 개설

01 지방자치의 의의

국가가 일정한 독립된 법인(공공단체)의 존재를 인정하고, 그로 하여금 행정을 하게 하는 경우를 「자치행정」이라 한다. 이 중 국가 내의 일정한 구역(지역)에서 이루어지는 경우를 「지방자치행정」 또는 「지방자치」라고 한다. 통상적으로 자치행정이라 하면 지방자치를 말한다. 지방자치는 민주주의와 지방분권주의를 기초로 하여 역사적으로 성립한 제도적 관념이다.

02 지방자치제도의 헌법적 보장

1. 제도보장

헌법 제117조 제1항은 "지방자치단체는 주민의 복리에 관한 사무를 처리하고 재산을 관리하며, 법령의 범위 안에서 자치에 관한 규정을 제정할 수 있다."고 함으로써 지방자치행정을 기본권이 아닌 객관적인 제도로서 보장한다. 헌법상의 제도적 보장으로 규정된 헌법질서 내에서는 입법권자가 제도를 구체적으로 형성하는 것은 가능하지만 제도를 폐지하는 것은 허용될 수 없다.

2. 권리주체성의 보장

지방자치단체는 국가의 영토 내의 일정한 지역 및 그 지역주민으로 구성되어 일정한 통치권을 행사하는 공법인이다. 헌법상 지방자치단체는 당해 지역에서 '주민의 복리에 관한 사무를 처리하고 재산을 관리'하는 독자적인 행위주체임을 인정한다.

03 지방자치의 법원

(1) 헌법은 지방자치법의 최고의 법원이다. 현행헌법 제117조와 제118조는 지방자치를 헌법상의 제도로서 보장함과 동시에 지방자치제도의 기본원칙과 기본적인 사항에 대하여 규율하고 있다.

(2) 법률로서는 지방자치에 관한 일반법인 지방자치법 이외에 지방재정법·지방세기본법·지방교부세법·국세와 지방세의 조정에 관한법률·지방공무원법·주민투표법 등 다수의 개별법이 지방자치에 관한 개별적인 영역들을 규율하고 있다.

(3) 국제법이나 법규명령이 지방자치행정에 관한 사항을 포함하고 있을 때에는 그 범위에서 지방자치의

법원이 된다. 자치법규(조례·규칙) 역시 법원이다. 그리고 불문법원으로서 관습법과 조리도 지방자치의 법원으로서의 의미를 갖는다.

04 지방자치단체의 종류 및 관할구역

1. 보통지방자치단체

(1) 유형

보통지방자치단체란 그 조직과 수행사무가 일반적으로 보편적인 지방자치단체를 말한다. 여기에는 기초지방자치단체와 광역지방자치단체가 있다.

광역 지방자치단체	• 종류 : 특별시·광역시·도·특별자치시 및 특별자치도 • 정부의 직할 아래에 둠(지방자치법 제3조 제2항)
기초 지방자치단체	• 종류 : 시·군·자치구 • 시는 도 또는 특별자치도의 관할 구역 안에, 군은 광역시·도 또는 특별자치도의 관할 구역 안에 두며, 자치구는 특별시와 광역시의 관할 구역 안에 둠 • 자치구는 특별시와 광역시의 관할 구역 안의 구만을 말하며, 자치구의 자치권의 범위는 법령으로 정하는 바에 따라 시·군과 다르게 할 수 있음

(2) 양자의 관계

양자는 모두 독립의 법인이므로 법령에서 특별한 정함이 없는 한 상하관계·감독관계가 없다. 다만 시·도와 시·군 및 자치구는 사무를 처리할 때 서로 경합하지 아니하도록 하여야 하며, 사무가 서로 경합하면 시·군 및 자치구에서 먼저 처리한다(지방자치법 제11조). 지방자치법은 직무대행자지정권(제110조), 분쟁조정권(제165조), 사무위탁권(제168조), 위임사무처리감독권(제185조), 지방자치단체조합설립승인권(제176조), 자치사무감사권(제190조), 지방의회의결재의요구권(제192조) 등을 두고 있다.

(3) 서울특별시, 세종특별자치시, 제주특별자치도, 대도시 등의 행정특례

지방자치법 제197조(특례의 인정) ① 서울특별시의 지위·조직 및 운영에 대해서는 수도로서의 특수성을 고려하여 법률로 정하는 바에 따라 특례를 둘 수 있다.
② 세종특별자치시와 제주특별자치도의 지위·조직 및 행정·재정 등의 운영에 대해서는 행정체제의 특수성을 고려하여 법률로 정하는 바에 따라 특례를 둘 수 있다.

제198조(대도시 등에 대한 특례 인정) ① 서울특별시·광역시 및 특별자치시를 제외한 인구 50만 이상 대도시의 행정, 재정 운영 및 국가의 지도·감독에 대해서는 그 특성을 고려하여 관계 법률로 정하는 바에 따라 특례를 둘 수 있다.
② 제1항에도 불구하고 서울특별시·광역시 및 특별자치시를 제외한 다음 각 호의 어느 하나에 해당하는 대도시 및 시·군·구의 행정, 재정 운영 및 국가의 지도·감독에 대해서는 그 특성을 고려하여 관계 법률로 정하는 바에 따라 추가로 특례를 둘 수 있다.
1. 인구 100만 이상 대도시(이하 "특례시"라 한다)

2. 실질적인 행정수요, 국가균형발전 및 지방소멸위기 등을 고려하여 대통령령으로 정하는 기준과 절차에 따라 행정안전부장관이 지정하는 시·군·구

2. 특별지방자치단체

(1) 의의

특정한 목적을 수행하기 위하여 필요한 경우에 설치되는 지방자치단체를 말한다(지방자치법 제2조 제3항). 특별지방자치단체의 설치·운영에 관하여 필요한 사항은 대통령령으로 정한다(제2조 제4항). 특별지방자치단체로는 지방자치법 제2조 제4항에 의해 대통령령으로 정해지는 것과 지방자치단체조합(제159조)이 있다.

(2) 특별지방자치단체의 설치

지방자치법 제199조(설치) ① 2개 이상의 지방자치단체가 공동으로 특정한 목적을 위하여 광역적으로 사무를 처리할 필요가 있을 때에는 특별지방자치단체를 설치할 수 있다. 이 경우 특별지방자치단체를 구성하는 지방자치단체(이하 "구성 지방자치단체"라 한다)는 상호 협의에 따른 규약을 정하여 구성 지방자치단체의 지방의회 의결을 거쳐 행정안전부장관의 승인을 받아야 한다.
② 행정안전부장관은 제1항 후단에 따라 규약에 대하여 승인하는 경우 관계 중앙행정기관의 장 또는 시·도지사에게 그 사실을 알려야 한다.
③ 특별지방자치단체는 법인으로 한다.
④ 특별지방자치단체를 설치하기 위하여 국가 또는 시·도 사무의 위임이 필요할 때에는 구성 지방자치단체의 장이 관계 중앙행정기관의 장 또는 시·도지사에게 그 사무의 위임을 요청할 수 있다.
⑤ 행정안전부장관이 국가 또는 시·도 사무의 위임이 포함된 규약에 대하여 승인할 때에는 사전에 관계 중앙행정기관의 장 또는 시·도지사와 협의하여야 한다.
⑥ 구성 지방자치단체의 장이 제1항 후단에 따라 행정안전부장관의 승인을 받았을 때에는 규약의 내용을 지체 없이 고시하여야 한다. 이 경우 구성 지방자치단체의 장이 시장·군수 및 자치구의 구청장일 때에는 그 승인사항을 시·도지사에게 알려야 한다.

제200조(설치 권고 등) 행정안전부장관은 공익상 필요하다고 인정할 때에는 관계 지방자치단체에 대하여 특별지방자치단체의 설치, 해산 또는 규약 변경을 권고할 수 있다. 이 경우 행정안전부장관의 권고가 국가 또는 시·도 사무의 위임을 포함하고 있을 때에는 사전에 관계 중앙행정기관의 장 또는 시·도지사와 협의하여야 한다.

제201조(구역) 특별지방자치단체의 구역은 구성 지방자치단체의 구역을 합한 것으로 한다. 다만, 특별지방자치단체의 사무가 구성 지방자치단체 구역의 일부에만 관계되는 등 특별한 사정이 있을 때에는 해당 지방자치단체 구역의 일부만을 구역으로 할 수 있다.

3. 지방자치단체의 관할구역

(1) 지방자치단체의 명칭과 구역

지방자치법 제5조(지방자치단체의 명칭과 구역) ① 지방자치단체의 명칭과 구역은 종전과 같이 하고, 명칭과 구역을 바꾸거나 지방자치단체를 폐지하거나 설치하거나 나누거나 합칠 때에는 법률로 정한다.
② 제1항에도 불구하고 지방자치단체의 구역변경 중 관할 구역 경계변경(이하 "경계변경"이라 한다)과 지방자치단체의 한자 명칭의 변경은 대통령령으로 정한다. 이 경우 경계변경의 절차는 제6조에서 정한 절차에 따른다.
③ 다음 각 호의 어느 하나에 해당할 때에는 관계 지방의회의 의견을 들어야 한다. 다만, 「주민투표법」 제8조에 따라 주민투표를 한 경우에는 그러하지 아니하다.
1. 지방자치단체를 폐지하거나 설치하거나 나누거나 합칠 때
2. 지방자치단체의 구역을 변경할 때(경계변경을 할 때는 제외한다)
3. 지방자치단체의 명칭을 변경할 때(한자 명칭을 변경할 때를 포함한다)
④ 제1항 및 제2항에도 불구하고 다음 각 호의 지역이 속할 지방자치단체는 제5항부터 제8항까지의 규정에 따라 행정안전부장관이 결정한다.
1. 「공유수면 관리 및 매립에 관한 법률」에 따른 매립지
2. 「공간정보의 구축 및 관리 등에 관한 법률」 제2조 제19호의 지적공부(이하 "지적공부"라 한다)에 등록이 누락된 토지

(2) 지방자치단체의 관할 구역 경계변경 등

지방자치법 제6조(지방자치단체의 관할 구역 경계변경 등) ① 지방자치단체의 장은 관할 구역과 생활권과의 불일치 등으로 인하여 주민생활에 불편이 큰 경우 등 대통령령으로 정하는 사유가 있는 경우에는 행정안전부장관에게 경계변경이 필요한 지역 등을 명시하여 경계변경에 대한 조정을 신청할 수 있다. 이 경우 지방자치단체의 장은 지방의회 재적의원 과반수의 출석과 출석의원 3분의 2 이상의 동의를 받아야 한다.
② 관계 중앙행정기관의 장 또는 둘 이상의 지방자치단체에 걸친 개발사업 등의 시행자는 대통령령으로 정하는 바에 따라 관계 지방자치단체의 장에게 제1항에 따른 경계변경에 대한 조정을 신청하여 줄 것을 요구할 수 있다.

(3) 자치구가 아닌 구와 읍·면·동 등의 명칭과 구역

지방자치법 제7조(자치구가 아닌 구와 읍·면·동 등의 명칭과 구역) ① 자치구가 아닌 구와 읍·면·동의 명칭과 구역은 종전과 같이 하고, 자치구가 아닌 구와 읍·면·동을 폐지하거나 설치하거나 나누거나 합칠 때에는 행정안전부장관의 승인을 받아 그 지방자치단체의 조례로 정한다. 다만, 명칭과 구역의 변경은 그 지방자치단체의 조례로 정하고, 그 결과를 특별시장·광역시장·도지사에게 보고하여야 한다.
② 리의 구역은 자연 촌락을 기준으로 하되, 그 명칭과 구역은 종전과 같이 하고, 명칭과 구역을 변경하거나 리를 폐지하거나 설치하거나 나누거나 합칠 때에는 그 지방자치단체의 조례로 정한다.

제2절 지방자치단체의 주민

01 주민의 권리

1. 공적재산·공적시설이용권

(1) 주민은 법령으로 정하는 바에 따라 소속 지방자치단체의 재산과 공공시설을 이용할 권리를 가진다(지방자치법 제13조 제1항). 예컨대 공립도서관·시민회관의 이용권이 이에 해당한다.

(2) 지방자치단체의 재산 및 공공시설이 이용권의 대상이다. 재산이란 현금 외의 모든 재산적 가치가 있는 물건 및 권리를 말하고(지방자치법 제159조 제1항), 공공시설이란 지방자치단체가 주민의 복지를 증진하기 위하여 설치하는 시설을 말한다(제161조 제1항). 재산과 공공시설의 개념을 같은 것으로 보는 견해도 있다. 공공시설에는 생존배려적 목적을 위해 설치·운영되는 계속적인 모든 급부수단으로 주민의 이용에 제공되는 공물·영조물·공기업 기타 급부를 제공하는 시설(예 학교·극장·상하수도시설·박물관·양로원)이 포함된다.

2. 균등한 행정혜택을 받을 권리

주민은 법령으로 정하는 바에 따라 소속 지방자치단체로부터 균등하게 행정의 혜택을 받을 권리를 가진다(지방자치법 제13조 제1항). 여기서의 행정의 혜택이란 공적재산·공공시설의 이용을 제외한 그 밖의 일체의 행정서비스의 혜택을 의미한다.

3. 선거권·피선거권

(1) 선거에 참여할 권리

국민인 주민은 법령으로 정하는 바에 따라 그 지방자치단체에서 실시하는 지방의회의원과 지방자치단체의 장의 선거에 참여할 권리를 가진다(지방자치법 제13조 제2항). 이는 지방자치단체의 기관과 그의 의사결정에 민주적 정당성을 부여하는 의미가 있다.

(2) 선거권

18세 이상의 국민으로서 선거인명부작성기준일 현재 당해 지방자치단체의 관할 구역 안에 주민등록이 되어 있는 자와, 출입국관리법 제10조(체류자격)의 규정에 따른 영주의 체류자격 취득일 후 3년이 경과한 18세 이상의 외국인으로서 선거인명부작성기준일 현재 출입국관리법 제34조(외국인등록표 등의 작성 및 관리)의 규정에 따라 당해 지방자치단체의 외국인등록대장에 등재된 자는 그 구역에서 선거하는 지방자치단체의 의회의원 및 장의 선거권이 있다(공직선거법 제15조 제2항).

(3) 피선거권

선거일 현재 계속하여 60일 이상(공무로 외국에 파견되어 선거일전 60일후에 귀국한 자는 선거인명부작성기준일부터 계속하여 선거일까지) 당해 지방자치단체의 관할구역안에 주민등록이 되어 있는 주민으로서 18세 이상의 국민은 그 지방의회의원 및 지방자치단체의 장의 피선거권이 있다. 이 경우

60일의 기간은 그 지방자치단체의 설치·폐지·분할·합병 또는 구역변경에 의하여 중단되지 아니한다(공직선거법 제16조 제3항).

4. 주민투표권

(1) 의의

지방자치단체의 장은 주민에게 과도한 부담을 주거나 중대한 영향을 미치는 지방자치단체의 주요 결정사항 등에 대하여 주민투표에 부칠 수 있다(지방자치법 제18조 제1항). 이는 지방행정의 결정과정에 주민참여의 길을 제도적으로 열어놓았다는 점에서 큰 의의가 있다. 주민투표의 대상·발의자·발의요건, 그 밖에 투표절차 등에 관한 사항은 따로 법률로 정한다(제2항). 그 법률로 주민투표법이 제정되어 있다.

(2) 주민투표권자

18세 이상의 주민 중 투표인명부 작성기준일 현재 ① 그 지방자치단체의 관할 구역에 주민등록이 되어 있는 사람 또는 「재외동포의 출입국과 법적 지위에 관한 법률」 제6조에 따라 국내거소신고가 되어 있는 재외국민, ② 출입국관리 관계 법령에 따라 대한민국에 계속 거주할 수 있는 자격(체류자격변경허가 또는 체류기간연장허가를 통하여 계속 거주할 수 있는 경우를 포함한다)을 갖춘 외국인으로서 지방자치단체의 조례로 정한 사람은 주민투표권이 있다(주민투표법 제5조 제1항).

(3) 주민투표의 대상

① **투표대상** : 주민에게 과도한 부담을 주거나 중대한 영향을 미치는 지방자치단체의 주요결정사항(주민투표법 제7조 제1항)

② **제외대상** : ㉠ 법령에 위반되거나 재판중인 사항, ㉡ 국가 또는 다른 지방자치단체의 권한 또는 사무에 속하는 사항, ㉢ 지방자치단체의 예산·회계·계약 및 재산관리에 관한 사항과 지방세·사용료·수수료·분담금 등 각종 공과금의 부과 또는 감면에 관한 사항, ㉣ 행정기구의 설치·변경에 관한 사항과 공무원의 인사·정원 등 신분과 보수에 관한 사항, ㉤ 다른 법률에 의하여 주민대표가 직접 의사결정주체로서 참여할 수 있는 공공시설의 설치에 관한 사항(다만 제9조 제5항의 규정에 의하여 지방의회가 주민투표의 실시를 청구하는 경우는 예외), ㉥ 동일한 사항(그 사항과 취지가 동일한 경우를 포함함)에 대하여 주민투표가 실시된 후 2년이 경과되지 아니한 사항(제2항)

(4) 주민투표의 실시요구

중앙행정기관의 장은 지방자치단체를 폐지하거나 설치하거나 나누거나 합치는 경우 또는 지방자치단체의 구역을 변경하거나 주요시설을 설치하는 등 국가정책의 수립에 관하여 주민의 의견을 듣기 위하여 필요하다고 인정하는 때에는 주민투표의 실시구역을 정하여 관계 지방자치단체의 장에게 주민투표의 실시를 요구할 수 있다. 이 경우 중앙행정기관의 장은 미리 행정안전부장관과 협의하여야 한다(주민투표법 제8조 제1항).

(5) 주민투표의 실시요건

지방자치단체의 장은 주민 또는 지방의회의 청구에 의하거나 직권에 의하여 주민투표를 실시할 수 있다(제9조 제1항).

① **주민** : 주민투표청구권자 총수의 20분의 1 이상 5분의 1 이하의 범위 안에서 지방자치단체의 조례로 정하는 수 이상의 서명으로 그 지방자치단체의 장에게 주민투표의 실시를 청구할 수 있다(제2항).
② **지방의회** : 재적의원 과반수의 출석과 출석의원 3분의 2 이상의 찬성으로 그 지방자치단체의 장에게 주민투표의 실시를 청구할 수 있다(제5항).
③ **지방자치단체장의 직권** : 그 지방의회 재적의원 과반수의 출석과 출석의원 과반수의 동의를 얻어야 한다(제6항).

(6) 주민투표의 형식 및 결과의 확정

① **형식** : 특정한 사항에 대하여 찬성 또는 반대의 의사표시를 하거나 두 가지 사항중 하나를 선택하는 형식으로 실시하여야 한다(제15조).
② **확정** : 결과는 주민투표권자 총수의 4분의 1 이상의 투표와 유효투표수 과반수의 득표로 확정된다(제24조 제1항).
③ **결과의 효력(법적구속력)** : 지방자치단체의 장 및 지방의회는 주민투표결과 확정된 내용대로 행정·재정상의 필요한 조치를 하여야 한다(제24조 제5항). 지방자치단체의 장 및 지방의회는 주민투표결과 확정된 사항에 대하여 2년 이내에는 이를 변경하거나 새로운 결정을 할 수 없다. 다만 찬성과 반대 양자를 모두 수용하지 아니하거나 양자택일의 대상이 되는 사항 모두를 선택하지 아니하기로 확정된 때에는 그러하지 아니하다(제24조 제6항). 이와 같이 주민투표의 결과에 법적 구속력이 부여되어 있다. 그런데 동법 제8조 제4항은 중앙행정기관의 요구에 의한 주민투표의 경우에는 위 제24조 제5항과 제6항의 규정을 적용배제하고 있으므로 주민투표의 결과는 법적 구속력이 없고 정치적 구속력만 있다.

(7) 주민투표쟁송

① 주민투표의 효력에 관하여 이의가 있는 주민투표권자는 주민투표권자 총수의 100분의 1 이상의 서명으로 제24조제3항에 따라 주민투표결과가 공표된 날부터 14일 이내에 관할선거관리위원회 위원장을 피소청인으로 하여 시·군·구의 경우에는 시·도선거관리위원회에, 시·도의 경우에는 중앙선거관리위원회에 소청할 수 있다(제25조 제1항).
② 소청인은 제1항에 따른 소청에 대한 결정에 불복하려는 경우 관할선거관리위원회위원장을 피고로 하여 그 결정서를 받은 날(결정서를 받지 못한 때에는 결정기간이 종료된 날을 말한다)부터 10일 이내에 시·도의 경우에는 대법원에, 시·군·구의 경우에는 관할 고등법원에 소를 제기할 수 있다(제2항).

5. 조례제정개폐청구권

(1) 의의

주민은 해당 지방자치단체의 장에게 조례를 제정하거나 개정하거나 폐지할 것을 청구할 수 있다(지방자치법 제19조 제1항). 이 제도는 지방의회가 조례제정이나 개폐를 해태하는 것을 시정함으로써 주민의 지방자치행정에 대한 실질적 참여를 도모한다는 점과 청원권의 집단적인 행사라는 의미가 있다.

(2) 청구권자

18세 이상의 주민으로서 다음 각 호의 어느 하나에 해당하는 사람(「공직선거법」 제18조에 따른 선거권이 없는 사람은 제외한다. 이하 "청구권자"라 한다)은 해당 지방자치단체의 의회에 조례를 제정하거나 개정 또는 폐지할 것을 청구할 수 있다(주민조례발안에 관한 법률 제2조).
1. 해당 지방자치단체의 관할 구역에 주민등록이 되어 있는 사람
2. 「출입국관리법」 제10조에 따른 영주(永住)할 수 있는 체류자격 취득일 후 3년이 지난 외국인으로서 같은 법 제34조에 따라 해당 지방자치단체의 외국인등록대장에 올라 있는 사람

(3) 청구의 대상

지방의회의 조례제정권이 미치는 모든 사항(자치사무와 단체위임사무에 속하는 사항)이 대상이 된다. 다만 ① 법령을 위반하는 사항, ② 지방세·사용료·수수료·부담금의 부과·징수 또는 감면에 관한 사항, ③ 행정기구를 설치하거나 변경하는 것에 관한 사항이나 공공시설의 설치를 반대하는 사항은 제외한다(제4조).

(4) 주민청구조례안의 심사 절차

지방의회는 제12조제1항에 따라 주민청구조례안이 수리된 날부터 1년 이내에 주민청구조례안을 의결하여야 한다. 다만, 필요한 경우에는 본회의 의결로 1년 이내의 범위에서 한 차례만 그 기간을 연장할 수 있다(제13조 제1항). 지방의회는 심사 안건으로 부쳐진 주민청구조례안을 의결하기 전에 대표자를 회의에 참석시켜 그 청구의 취지(대표자와의 질의·답변을 포함한다)를 들을 수 있다(제2항). 「지방자치법」 제79조 단서에도 불구하고 주민청구조례안은 제12조 제1항에 따라 주민청구조례안을 수리한 당시의 지방의회의원의 임기가 끝나더라도 다음 지방의회의원의 임기까지는 의결되지 못한 것 때문에 폐기되지 아니한다(제3항).

> **관련판례**
>
> 주민이 지방의회 본회의 또는 위원회의 안건 심의중 참고인 등의 자격이 아닌 방청인으로서 안건에 관하여 발언하는 것이 허용되지 아니함
> 지방자치법상의 의회대표제하에서 의회의원과 주민은 엄연히 다른 지위를 지니는 것으로서 의원과는 달리 정치적, 법적으로 아무런 책임을 지지 아니하는 주민이 본회의 또는 위원회의 안건 심의중 안건에 관하여 발언한다는 것은 선거제도를 통한 대표제원리에 정면으로 위반되는 것으로서 허용될 수 없고, 다만 간접민주제를 보완하기 위하여 의회대표제의 본질을 해하지 않고 의회의 기능수행을 저해하지 아니하는 범위 내에서 주민이 의회의 기능수행에 참여하는 것 - 예컨대 공청회에서 발언하거나 본회의, 위원회에서 참고인, 증인, 청원인의 자격으로 발언하는 것 - 은 허용된다(대판 1993.2.26. 92추109).

6. 감사청구권

(1) 의의
지방자치단체의 18세 이상의 주민은 시·도에서는 주무부장관에게, 시·군 및 자치구에서는 시·도지사에게 그 지방자치단체와 그 장의 권한에 속하는 사무의 처리가 법령에 위반되거나 공익을 현저히 해친다고 인정되면 감사를 청구할 수 있다(지방자치법 제21조 제1항). 이 제도는 주민의 지방자치행정에의 참여를 도모하고, 주민을 통한 지방행정의 통제기능을 확보하기 위함이다.

(2) 청구권자 및 상대방
시·도는 300명, 제198조에 따른 인구 50만 이상 대도시는 200명, 그 밖의 시·군 및 자치구는 150명을 넘지 아니하는 범위에서 그 지방자치단체의 조례로 정하는 18세 이상의 주민 수 이상이 청구권자가 된다(제21조 제1항). 시·도에서는 주무부장관에게, 시·군 및 자치구에서는 시·도지사에게 청구할 수 있다.

(3) 청구의 대상
그 지방자치단체와 그 장의 권한에 속하는 사무의 처리가 법령에 위반되거나 공익을 현저히 해친다고 인정되는 사항이다. 여기에는 기관위임사무도 포함된다. 다만 ① 수사나 재판에 관여하게 되는 사항, ② 개인의 사생활을 침해할 우려가 있는 사항, ③ 다른 기관에서 감사하였거나 감사 중인 사항(다른 기관에서 감사한 사항이라도 새로운 사항이 발견되거나 중요 사항이 감사에서 누락된 경우와 제22조 제1항에 따라 주민소송의 대상이 되는 경우에는 예외), ④ 동일한 사항에 대하여 제22조 제2항 각 호의 어느 하나에 해당하는 소송이 진행 중이거나 그 판결이 확정된 사항은 제외된다(제21조 제2항). 한편 사무처리가 있었던 날이나 끝난 날부터 3년이 지나면 제기할 수 없다(제3항).

(4) 감사의 절차
① **감사의 실시** : 주무부장관이나 시·도지사는 감사청구를 수리한 날부터 60일 이내에 감사청구된 사항에 대하여 감사를 끝내야 하며, 감사결과를 청구인의 대표자와 해당 지방자치단체의 장에게 서면으로 알리고, 공표하여야 한다. 다만 그 기간에 감사를 끝내기가 어려운 정당한 사유가 있으면 그 기간을 연장할 수 있다(제21조 제9항).
② **중복감사의 방지** : 주무부장관이나 시·도지사는 주민이 감사를 청구한 사항이 다른 기관에서 이미 감사한 사항이거나 감사 중인 사항이면 그 기관에서 실시한 감사결과 또는 감사 중인 사실과 감사가 끝난 후 그 결과를 알리겠다는 사실을 청구인의 대표자와 해당 기관에 알려야 한다(제10항).
③ **의견제출제도** : 주무부장관이나 시·도지사는 주민 감사청구를 처리(각하 포함)할 때 청구인의 대표자에게 반드시 증거 제출 및 의견 진술의 기회를 주어야 한다(제11항).

(5) 감사결과의 이행
주무부장관이나 시·도지사는 제9항에 따른 감사결과에 따라 기간을 정하여 해당 지방자치단체의 장에게 필요한 조치를 요구할 수 있다. 이 경우 그 지방자치단체의 장은 이를 성실히 이행하여야 하고 그 조치결과를 지방의회와 주무부장관 또는 시·도지사에게 보고하여야 한다(제12항). 주민의 감사청구에 의한 감사결과를 지방자치단체장이 이행하지 아니한 경우 부분적으로 다음과 같이 주민소송제도가 활용된다.

7. 주민소송권

(1) 의의

① 주민소송은 지방자치단체의 재정사항에 대하여 감사청구한 주민이 감사를 해태하거나 감사결과 및 그에 따른 이행조치에 불복이 있는 경우 감사결과와 관련한 위법한 행위나 해태사실에 대하여 당해 지방자치단체의 장을 상대로 소송을 제기하는 제도이다(지방자치법 제22조 제1항). 주민소송제도는 주민의 감사청구를 실질화하여 주민의 직접참여에 의한 지방행정의 공정성과 투명성을 강화하는 기능을 갖는다.

② 주민소송은 공익목적을 가지고 제기되는 소송으로서 민중소송이며 구체적인 권익의 침해 없이도 제기되고 적법성 통제를 목적으로 하는 소송으로서 객관소송이다.

③ 소송은 「민사소송 등 인지법」 제2조 제4항에 따른 소정의 비재산권을 목적으로 하는 소송으로 본다(제16항).

(2) 소의 대상

지방자치법 제21조 제1항에 따라 감사청구한 사항 중 「공금의 지출에 관한 사항, 재산의 취득·관리·처분에 관한 사항, 해당 지방자치단체를 당사자로 하는 매매·임차·도급 계약이나 그 밖의 계약의 체결·이행에 관한 사항 또는 지방세·사용료·수수료·과태료 등 공금의 부과·징수를 게을리한 사항」과 관련이 있는 위법한 행위나 업무를 게을리 한 사실이 주민소송의 대상이 된다(제22조 제1항).

(3) 소송의 당사자와 이해관계자

① **원고와 피고** : 지방자치법 제21조에 제1항에 따라 공금의 지출에 관한 사항 등을 감사청구한 주민이 원고가 된다. 따라서 감사청구와 달리 주민 1인에 의한 제소도 가능하다. 그러나 제2항 각 호의 소송이 진행 중이면 다른 주민은 같은 사항에 대하여 별도의 소송을 제기할 수 없다(제21조 제5항). 소송의 계속(繫屬) 중에 소송을 제기한 주민이 사망하거나 제16조에 따른 주민의 자격을 잃으면 소송절차는 중단된다. 소송대리인이 있는 경우에도 또한 같다(제6항). 해당 지방자치단체의 장이 피고가 된다. 비위를 저지른 공무원이 피고가 아니다.

② **이해관계자** : 해당 지방자치단체의 장은 제2항 제1호부터 제3호까지의 규정에 따른 소송이 제기된 경우 그 소송 결과에 따라 권리나 이익의 침해를 받을 제3자가 있으면 그 제3자에 대하여, 제2항 제4호에 따른 소송이 제기된 경우 그 직원, 지방의회의원 또는 상대방에 대하여 소송고지를 하여 줄 것을 법원에 신청하여야 한다(제10항). 국가, 상급 지방자치단체 및 감사청구에 연서한 다른 주민과 제10항에 따라 소송고지를 받은 자는 법원에서 계속 중인 소송에 참가할 수 있다(제13항).

(4) 소송제기요건

주민소송의 대상이 되는 감사청구사항에 대하여 ① 주무부장관이나 시·도지사가 감사청구를 수리한 날부터 60일이 지나도 감사를 끝내지 아니한 경우, ② 감사결과 또는 그에 따른 조치요구에 불복하는 경우, ③ 주무부장관이나 시·도지사의 조치요구를 지방자치단체의 장이 이행하지 아니한 경우, ④ 감독청의 조치요구에 따른 지방자치단체의 장의 이행 조치에 불복하는 경우에 제기할 수 있다(제1항).

(5) 주민소송의 유형

주민소송의 유형은 ① 해당 행위를 계속하면 회복하기 어려운 손해를 발생시킬 우려가 있는 경우에는 그 행위의 전부나 일부를 중지할 것을 요구하는 소송, ② 행정처분인 해당 행위의 취소 또는 변경을 요구하거나 그 행위의 효력 유무 또는 존재 여부의 확인을 요구하는 소송, ③ 게을리한 사실의 위법 확인을 요구하는 소송, ④ 해당 지방자치단체의 장 및 직원, 지방의회의원, 해당 행위와 관련이 있는 상대방에게 손해배상청구 또는 부당이득반환청구를 할 것을 요구하는 소송이 있다(지방자치법 제22조 제2항).

(6) 제소기간, 관할법원 등

① 제1호의 경우는 해당 60일이 끝난 날부터, 제2호의 경우는 해당 감사결과나 조치요구내용에 대한 통지를 받은 날부터, 제3호의 경우는 해당 조치를 요구할 때에 지정한 처리기간이 끝난 날부터, 제4호의 경우는 해당 이행 조치결과에 대한 통지를 받은 날부터 각각 90일 이내에 제기하여야 한다(제4항).
② 제2항에 따른 소송은 해당 지방자치단체의 사무소 소재지를 관할하는 행정법원(행정법원이 설치되지 아니한 지역에서는 행정법원의 권한에 속하는 사건을 관할하는 지방법원본원을 말한다)의 관할로 한다(제9항).
③ 당사자는 법원의 허가를 받지 아니하고는 소의 취하, 소송의 화해 또는 청구의 포기를 할 수 없다. 이 경우 법원은 허가하기 전에 감사청구에 연서한 다른 주민에게 이를 알려야 하며, 알린 때부터 1개월 이내에 허가 여부를 결정하여야 한다(제14항).

(7) 실비의 보상

소송을 제기한 주민은 승소(일부 승소를 포함)한 경우 그 지방자치단체에 대하여 변호사 보수 등의 소송비용, 감사청구절차의 진행 등을 위하여 사용된 여비, 그 밖에 실제로 든 비용을 보상할 것을 청구할 수 있다(제17항).

(8) 손해배상금 등의 지불청구

① 지방자치단체의 장은 제22조 제2항 제4호 본문에 따른 소송에 대하여 손해배상청구나 부당이득반환청구를 명하는 판결이 확정되면 그 판결이 확정된 날부터 60일 이내를 기한으로 하여 당사자에게 그 판결에 따라 결정된 손해배상금이나 부당이득반환금의 지불을 청구하여야 한다. 다만 손해배상금이나 부당이득반환금을 지불하여야 할 당사자가 지방자치단체의 장이면 지방의회 의장이 지불을 청구하여야 한다(제23조 제1항).
② 지방자치단체는 제1항에 따라 지불청구를 받은 자가 같은 항의 기한 내에 손해배상금이나 부당이득반환금을 지불하지 아니하면 손해배상·부당이득반환의 청구를 목적으로 하는 소송을 제기하여야 한다. 이 경우 그 소송의 상대방이 지방자치단체의 장이면 그 지방의회 의장이 그 지방자치단체를 대표한다(제2항).

8. 주민소환권

(1) 의의

주민은 그 지방자치단체의 장 및 지방의회의원(비례대표 지방의회의원은 제외)을 소환할 권리를 가진다(지방자치법 제25조 제1항). 주민소환의 투표 청구권자·청구요건·절차 및 효력 등에 관하여는 「주민소환에 관한 법률」이 제정되어 있다. 이 제도는 지방행정에 관한 주민의 직접참여의 확대와 지방행정의 민주성·책임성의 제고를 목적으로 한다(제1조).

(2) 투표권자와 대상자

① **투표권자** : 주민소환투표인명부 작성기준일 현재 ㉠ 19세 이상의 주민으로서 당해 지방자치단체 관할구역에 주민등록이 되어 있는 자, ㉡ 19세 이상의 외국인으로서 출입국관리법 제10조의 규정에 따른 영주의 체류자격 취득일 후 3년이 경과한 자 중 같은 법 제34조의 규정에 따라 당해 지방자치단체 관할구역의 외국인등록대장에 등재된 자(제3조)

② **투표의 청구권자의 수** : ㉠ 특별시장·광역시장·도지사는 당해 지방자치단체의 주민소환투표청구권자 총수의 100분의 10 이상, ㉡ 시장·군수·자치구의 구청장은 당해 지방자치단체의 주민소환투표청구권자 총수의 100분의 15 이상, ㉢ 지역선거구시·도의회의원 및 지역선거구자치구·시·군의회의원은 당해 지방의회의원의 선거구 안의 주민소환투표청구권자 총수의 100분의 20 이상 주민(제7조 제1항)

③ **투표의 대상자** : 당해 지방자치단체의 장 및 지방의회의원(비례대표 제외)을 대상으로 한다. 현행법은 국회의원에 대한 소환제도가 마련되어 있지 않다.

(3) 주민소환투표의 청구 등

① **청구제한기간** : 선출직 지방공직자의 임기개시일부터 1년이 경과하지 아니한 때, 선출직 지방공직자의 임기만료일부터 1년 미만일 때, 해당 선출직 지방공직자에 대한 주민소환투표를 실시한 날부터 1년 이내인 때에는 주민소환투표의 실시를 청구할 수 없다(제8조).

② **서명요청 활동** : 주민소환투표청구인대표자와 서면에 의하여 소환청구인대표자로부터 서명요청권을 위임받은 자는 대통령령이 정하는 서명요청 활동기간 동안 주민소환투표의 청구사유가 기재되고 관할선거관리위원회가 검인하여 교부한 주민소환투표청구인서명부를 사용하여 주민소환투표청구권자에게 서명할 것을 요청할 수 있다(제9조). 다만 제10조는 서명요청활동의 제한에 관하여 여러 규정을 두고 있다.

(4) 주민소환투표의 실시 등

① **주민소환투표의 발의** : 관할선거관리위원회는 주민소환투표청구가 적법하다고 인정하는 경우에는 지체 없이 그 요지를 공표하고, 소환청구인대표자 및 해당 선출직 지방공직자에게 그 사실을 통지하여야 한다(제12조 제1항). 관할선거관리위원회는 주민소환투표일과 주민소환투표안(소환청구서 요지를 포함)을 공고하여 주민소환투표를 발의하여야 한다(제2항).

② **주민소환투표의 실시** : 주민소환투표일은 제12조 제2항의 규정에 의한 공고일부터 20일 이상 30일 이하의 범위 안에서 관할선거관리위원회가 정한다(제13조 제1항).

③ **소명기회의 보장** : 관할선거관리위원회는 주민소환투표청구가 적법하다고 인정하는 때에는 지체

없이 주민소환투표대상자에게 서면으로 소명할 것을 요청하여야 하며(제14조 제1항), 주민소환투표대상자는 그 요청을 받은 날부터 20일 이내에 소명요지와 소명서를 제출하고(제2항), 주민소환투표일과 주민소환투표안을 공고하는 때에는 소명요지를 함께 공고하여야 한다(제3항).

④ **주민소환투표의 형식** : 주민소환투표는 찬성 또는 반대를 선택하는 형식으로 실시한다(제15조).

⑤ **주민소환투표운동**

㉠ "주민소환투표운동"이란 주민소환투표에 부쳐지거나 부쳐질 사항에 관하여 찬성 또는 반대하는 행위를 말한다. 다만 ⓐ 주민소환투표에 부쳐지거나 부쳐질 사항에 관한 단순한 의견개진 및 의사표시, ⓑ 주민소환투표운동에 관한 준비행위는 주민소환투표운동으로 보지 아니한다(제17조 제1항).

㉡ 주민소환투표운동은 주민소환투표 공고일의 다음날부터 투표일 전일까지 할 수 있다(제18조 제1항). 공직선거법 제60조 제1항 각 호의 어느 하나에 해당하는 자는 주민소환투표운동을 할 수 없다. 다만 당해 주민소환투표대상자는 그러하지 아니하다(제18조 제3항).

(5) 주민소환투표의 효력

① **권한행사의 정지 및 권한대행** : 주민소환투표대상자는 관할선거관리위원회가 주민소환투표안을 공고한 때부터 주민소환투표결과를 공표할 때까지 그 권한행사가 정지된다(제21조 제1항). 지방자치단체의 장의 권한이 정지된 경우에는 부지사·부시장·부군수·부구청장 등이 지방자치법 제111조 제4항·제5항의 규정을 준용하여 그 권한을 대행한다(제2항). 권한행사가 정지된 지방의회의원은 그 정지기간 동안 공직선거법 제111조의 규정에 의한 의정활동보고를 할 수 없다. 다만 인터넷에 의정활동보고서를 게재할 수는 있다(제3항).

② **주민소환투표결과의 확정** : 주민소환은 주민소환투표권자 총수의 3분의 1 이상의 투표와 유효투표 총수 과반수의 찬성으로 확정된다(제22조 제1항). 전체 주민소환투표자의 수가 주민소환투표권자 총수의 3분의 1에 미달하는 때에는 개표를 하지 아니한다(제2항).

③ **주민소환투표의 효력** : 주민소환이 확정된 때에는 주민소환투표대상자는 그 결과가 공표된 시점부터 그 직을 상실한다(제23조 제1항). 제1항의 규정에 의하여 그 직을 상실한 자는 그로 인하여 실시하는 이 법 또는 공직선거법에 의한 해당 보궐선거에 후보자로 등록할 수 없다(제2항).

(6) 주민소환투표쟁송

① **주민소환투표소청** : 주민소환투표의 효력에 관하여 이의가 있는 해당 주민소환투표대상자 또는 주민소환투표권자는 제22조 제3항의 규정에 의하여 주민소환투표결과가 공표된 날부터 14일 이내에 관할선거관리위원회 위원장을 피소청인으로 하여 지역구시·도의원, 지역구자치구·시·군의원 또는 시장·군수·자치구의 구청장을 대상으로 한 주민소환투표에 있어서는 특별시·광역시·도선거관리위원회에, 시·도지사를 대상으로 한 주민소환투표에 있어서는 중앙선거관리위원회에 소청할 수 있다(제24조 제1항).

② **주민소환투표소송** : 소청에 대한 결정에 관하여 불복이 있는 소청인은 관할선거관리위원회 위원장을 피고로 하여 그 결정서를 받은 날부터 10일 이내에 지역구시·도의원, 지역구자치구·시·군의원 또는 시장·군수·자치구의 구청장을 대상으로 한 주민소환투표에 있어서는 그 선거구를 관할하는 고등법원에, 시·도지사를 대상으로 한 주민소환투표에 있어서는 대법원에 소를 제기할 수 있다(제2항).

(7) 주민소환투표관리경비

주민소환투표사무의 관리에 필요한 비용은 당해 지방자치단체가 부담하되, 소환청구인대표자 및 주민소환투표대상자가 주민소환투표운동을 위하여 지출한 비용은 각자 부담한다(제26조 제1항).

9. 청원권

주민은 지방의회에 청원할 수 있다. 지방의회에 청원을 하려는 자는 지방의회의원의 소개를 받아 청원서를 제출하여야 한다(지방자치법 제85조 제1항). 다만 재판에 간섭하거나 법령에 위배되는 내용의 청원은 수리하지 아니한다(제86조).

예제 주민참여제도에 관한 설명으로 옳지 않은 것은?

① 주민은 그 지방자치단체의 장과 비례대표 지방의회의원이 아닌 지방의회의원을 소환할 권리를 가진다.
② 법정주민소송으로는 중지청구소송, 취소소송 및 무효등확인소송, 태만사실의 위법확인소송, 손해배상청구 등의 이행소송이 있다.
③ 주민소송에 대하여 부당이득반환청구를 명하는 판결에도 불구하고 기한 내에 해당 당사자가 부당이득반환금을 지불하지 아니하는 때에는 지방자치단체의 장은 지방세 체납처분의 예에 따라 이를 징수할 수 있다.
④ 주민소환투표대상자는 주민소환투표안을 공고한 때부터 주민소환투표결과를 공표할 때까지 권한행사가 정지된다.

정답 ③

③ (×) 지방자치단체는 지불청구를 받은 자가 같은 항의 기한 내에 손해배상금이나 부당이득반환금을 지불하지 아니하면 손해배상·부당이득반환의 청구를 목적으로 하는 소송을 제기하여야 한다(지방자치법 제22조 제2항). 지방세 체납처분의 예에 따라 징수하는 경우는 지방자치단체의 직원이 변상책임을 져야 하는 경우에 마련되어 있다(동법 제24조 참조).

예제 다음 중 '주민소환에 관한 법률'의 내용으로 옳지 않은 것은?

① 외국인도 영주 체류자격 취득일 후 3년이 경과하면 주민소환투표권이 있다.
② 주민소환투표대상자는 주민소환투표결과가 공표될 때까지 그 권한을 행사한다.
③ 취임 후 1년 이내, 잔여임기 1년 이내인 때에는 소환청구를 할 수 없다.
④ 해임요건은 주민소환투표권자 총수의 3분의 1 이상 투표와 유효투표총수 과반수의 찬성이다.

정답 ②

② (×) 주민소환투표대상자는 관할선거관리위원회가 주민소환투표안을 공고한 때부터 주민소환투표결과를 공표할 때까지 그 권한행사가 정지된다(주민소환에 관한 법률 제21조 제1항).

| 예제 | 지방자치법상 주민에 대한 설명으로 옳지 않은 것은? (다툼이 있는 경우 판례에 의함) |

① 주민감사청구의 상대방은 시·도에서는 행정안전부장관, 시·군 및 자치구에서는 시·도지사이다.
② 지방세·사용료·수수료·부담금의 부과·징수 또는 감면에 관한 사항은 주민의 조례제정개폐청구 대상에서 제외된다.
③ 지방자치법은 주민이 지방자치단체로부터 행정적 혜택을 균등하게 받을 수 있는 권리를 규정하고 있지만, 위 규정에 의하여 주민에게 지방자치단체에 대한 구체적 권리가 발생하는 것은 아니다.
④ 지방자치단체의 자치사무라도 당해 지방자치단체에 내부적인 효과만을 발생시키는 것이 아니라 그 사무로 인하여 다른 지방자치단체의 주민의 보호할 만한 가치가 있는 이익을 침해하는 경우에는 지방자치법상 분쟁조정 대상이 될 수 있다.

| 정답 | ① |

① (×) 시·도의 경우에는 주무부장관에게, 시·군 및 자치구의 경우에는 시·도지사에게 감사를 청구할 수 있다(지방자치법 제21조 제1항).
② (○) 법령을 위반하는 사항, 지방세·사용료·수수료·부담금을 부과·징수 또는 감면하는 사항, 행정기구를 설치하거나 변경하는 사항, 공공시설의 설치를 반대하는 사항은 주민조례청구 대상에서 제외한다(주민조례발안에 관한 법률 제4조).
③ (○) 대판 2008.6.12. 2007추42
④ (○) 대판 2016.7.22. 2012추121

02 주민의 의무

1. 비용분담의무

주민은 법령으로 정하는 바에 따라 소속지방자치단체의 비용을 분담하는 의무를 진다(지방자치법 제27조). 여기서의 비용에는 지방세의 부과, 공공시설의 사용료, 수수료, 분담금 등이 있다.

2. 이용제공강제·이용강제의무

이용제공강제 (연결강제)	지방자치단체구역 내의 토지는 공적 필요를 위해 공적 사용에 제공하도록 강제될 수 있음 (예) 상하수도시설)
이용강제	주민이 일정한 시설을 이용하도록 강제되기도 함 (예) 사설 화장장이 없는 지역에서 공설화장장의 이용)

3. 과태료납부의무

조례위반행위에 대하여 주민은 조례에 의하여 1천만원 이하의 과태료를 납부할 의무가 있다(지방자치법 제34조 제1항). 제1항에 따른 과태료는 해당 지방자치단체의 장이나 그 관할 구역의 지방자치단체의 장이 부과·징수한다(제2항).

제3절 지방자치단체의 자치입법권

01 의의

자치입법권이란 **지방자치단체가 자치권에 근거하여 자치업무에 관하여 필요한 규정을 제정할 수 있는 권한**을 말한다. 헌법 제117조 제1항은 지방자치단체가 "법령의 범위 안에서 자치에 관한 규정을 제정할 수 있다"고 규정하여 지방자치단체의 자치입법권을 보장하고 있다. 이에 따라 지방자치법은 자치법규로서 조례와 규칙을 인정하고(제28조·제29조), 「지방교육자치에 관한 법률」은 교육규칙을 인정하고 있다(제25조).

02 조례제정권

1. 조례제정권의 한계

(1) 법률우위의 원칙

① 의의 : 헌법 제117조 제1항은 "법령의 범위 안에서 자치에 관한 규정을 제정할 수 있다"고 하며, 지방자치법 제28조도 "지방자치단체는 법령의 범위 안에서 그 사무에 관하여 조례를 제정할 수 있다"고 하므로 법률의 우위의 원칙은 조례에도 당연히 적용된다. 법률의 우위의 원칙에 반하는 조례는 무효이다.

② 조례제정의 규율대상이 되는 사무(사항적 한계) : 지방자치법 제28조 본문의 "지방자치단체의 사무"라 함은 지방자치단체의 관할구역의 자치사무(고유사무)와 법령에 의하여 자치단체에 속하는 사무(단체위임사무)를 의미한다. 따라서 본래 국가사무를 지방자치단체의 장이 국가의 일선행정관청으로서 처리하는 기관위임사무에 관한 사항은 법률의 위임이 없는 한 조례로써 규율할 수 없다.

③ 조례와 법률과의 관계

㉠ 조례규율 대상에 관하여 법령상 규정이 없는 경우 : 이 경우에는 지방자치법 제22조 단서의 법률유보의 원칙에 반하지 않는 한 조례로써 규정할 수 있다.

㉡ 조례규율 대상에 관하여 법령상 규정이 있는 경우

ⓐ **법률선점이론** : 법률선점이론이란 법률로 규율하는 영역에 대하여 조례가 다시 동일한 목적으로 규율하는 것은 법률이 이미 선점한 영역을 침해하는 것이므로 법률에서 특별한 위임이 없는 한 허용되지 않는다는 이론을 말한다. 이 경우 법률과 동일한 사항을 규율하더라도 ⅰ) 규율목적이 다르고 조례의 규정이 국가법령의 입법목적을 저해하지 않거나 ⅱ) 조례의 규율사항이 국가의 법령과 다른 경우(추가조례)에는 법률선점이론에 반하지 않으나, 법령이 정하고 있는 기준을 초과하여 국민의 권익을 제한하는 조례(침익초과조례)는 법률선점이론에 반하여 위법한 조례라고 한다.

ⓑ **법률선점이론의 완화(수정법률선점이론)** : 새로운 견해는 법률과 조례의 관계를 헌법에 근거한 주민의 기본권보장에서 재조명하여, 국가법령이 정한 사항이라도 특별히 합리성이 인

정되는 조례는 초과조례라도 합법성을 인정하려 한다. 국가의 법률은 전국적으로 최소한의 규제기준을 정하고 각 지방자치단체가 지방의 실정에 맞게 별도로 규율하려는 취지라면 조례제정이 허용된다고 한다. 이러한 견해는 환경규제분야나 지방자치의 고유사무 등과 관련된 분야에서는 조례로써 규율함이 헌법상 지방자치의 본질에 더 부합함을 논거로 한다.

④ **기타 법률우위원칙에 관련된 판례**: 대법원은 일련의 판례를 통하여 단체장과 지방의회간에 새로운 통제수단을 신설하는 것에 한계가 있음을 판시하고 있으며, 조례는 지방자치법·지방재정법·지방공무원법 등 개별법령에도 위반되어서는 아니됨을 밝히고 있다.

> **관련판례**

단체장과 지방의회간의 관계

[1] 당해 지방자치단체의 주민을 상대로 한 모든 행정기관의 행정처분에 대한 행정심판청구를 지원하는 것을 내용으로 하는 조례안은 지방자치단체의 사무에 관한 조례제정권의 한계를 벗어난 것일 뿐 아니라, 가사 그 조례안이 당해 지방자치단체의 행정처분에 대한 행정심판청구만을 지원한다는 의미로 이해한다고 하더라도, 그 지원 여부를 결정하기 위한 전제로서 당해 행정처분의 정당성 여부를 지방의회에서 판단하도록 규정하고 있다면 이는 결국 지방의회가 스스로 행정처분의 정당성 판단을 함으로써 자치단체의 장을 견제하려는 것으로서 이는 법률에 규정이 없는 새로운 견제장치를 만드는 것이 되어 지방자치단체의 장의 고유권한을 침해하는 것이 되어 효력이 없다(대판 1997.3.28. 96추60).

[2] 집행기관의 고유권한에 속하는 인사권의 행사에 있어서도 지방의회는 견제의 범위 내에서 소극적·사후적으로 개입할 수 있을 뿐 사전에 적극적으로 개입하는 것은 허용되지 아니하고, 또 집행기관을 비판·감시·견제하기 위한 의결권·승인권·동의권 등의 권한도 지방자치법상 의결기관인 지방의회에 있는 것이지 의원 개인에게 있는 것이 아니므로, 지방의회가 재의결한 조례안에서 구청장이 주민자치위원회 위원을 위촉함에 있어 동장과 당해 지역 구의원 개인과의 사전 협의 절차가 필요한 것으로 규정함으로써 지방의회 의원 개인이 구청장의 고유권한인 인사권 행사에 사전 관여할 수 있도록 규정하고 있는 것 또한 지방자치법상 허용되지 아니하는 것이다(대판 2000.11.10. 2000추36).

[3] 지방자치단체가 그 자치사무에 관하여 조례로 제정할 수 있다고 하더라도 상위 법령에 위배될 수는 없고, 특별한 규정이 없는 한 지방자치법이 규정하고 있는 지방자치단체의 집행기관과 지방의회의 고유권한에 관하여는 조례로 이를 침해할 수 없고, 나아가 지방의회가 지방자치단체장의 고유권한이 아닌 사항에 대하여도 그 사무집행에 관한 집행권을 본질적으로 침해하는 것은 지방자치법의 관련 규정에 위반되어 허용될 수 없다(다만 조례가 인천시장의 가스공급규정의 승인이나 변경 요구 전에 시의회에 보고하고 의견을 청취하도록 규정하였다고 하여 지방자치단체장의 집행권을 본질적으로 침해한 것이라고 할 수 없다고 하였다)(대판 2001.11.27. 2001추57).

헌법 및 개별법령에 위반한 조례

[1] 지방의회에서의 사무감사·조사를 위한 증인의 동행명령장제도도 증인의 신체의 자유를 억압하여 일정 장소로 인치하는 것으로서 헌법 제12조 제3항의 "체포 또는 구속"에 준하는 사태로

보아야 하고, 거기에 현행범 체포와 같이 사후에 영장을 발부받지 아니하면 목적을 달성할 수 없는 긴박성이 있다고 인정할 수는 없으므로, 헌법 제12조 제3항에 의하여 법관이 발부한 영장의 제시가 있어야 함에도 불구하고 동행명령장을 법관이 아닌 지방의회 의장이 발부하고 이에 기하여 증인의 신체의 자유를 침해하여 증인을 일정 장소에 인치하도록 규정된 조례안은 <u>영장주의원칙</u>을 규정한 헌법 제12조 제3항에 위반된 것이다(대판 1995.6.30. 93추83).

[2] 지방자치법 제32조는 우리나라의 지방재정 상태와 지방의회의 의원정수 및 지방의회의 조직(대의회제)을 고려하여 지방의회의원을 명예직으로 한다고 규정하고 있는바, <u>지방의회의원에 대하여 유급 보좌관을 두는 것</u>은 지방의회의원을 명예직으로 한다고 한 위 규정에 위반되고, 나아가 조례로써 지방의회의원에 유급보좌관을 둘 경우에는 지방의회의원에 대하여 같은 법이 예정하고 있지 않는 전혀 새로운 항목의 비용을 변칙적으로 지출하는 것이고, 이는 결국 법령의 범위 안에서 그 사무에 관하여 조례를 제정하도록 한 같은 법 제15조의 규정에 위반된다(대판 1996.12.10. 96추121). ※ 현행법상 명예직제 규정은 삭제됨.

(2) 법률유보의 원칙

① **지방자치법 제28조 단서 규정** : 헌법 117조 제1항은 지방자치단체의 자치입법권을 보장하면서, 지방자치법 제28조 단서는 "다만 주민의 권리 제한 또는 의무 부과에 관한 사항이나 벌칙을 정할 때에는 법률의 위임이 있어야 한다"라고 규정하고 있다.

> **관련판례**
>
> **지방자치법 제15조(현행 제28조) 단서는 합헌**
> 지방자치법 제15조는 원칙적으로 헌법 제117조 제1항의 규정과 같이 지방자치단체의 자치입법권을 보장하면서, 그 단서에서 국민의 권리제한·의무부과에 관한 사항을 규정하는 조례의 중대성에 비추어 입법정책적 고려에서 법률의 위임을 요구한다고 규정하고 있는바, 이는 <u>기본권 제한에 대하여 법률유보원칙을 선언한 헌법 제37조 제2항의 취지에 부합</u>하므로 조례제정에 있어서 위와 같은 경우에 법률의 위임근거를 요구하는 것이 위헌성이 있다고 할 수 없다(대판 1995.5.12. 94추28).
>
> **담배자동판매기의 설치제한과 철거를 규정한 조례의 제정을 위해서는 법률위임이 요구됨**
> 이 사건 조례들은 담배소매업을 영위하는 주민들에게 자판기 설치를 제한하는 것을 내용으로 하고 있으므로 <u>주민의 직업선택의 자유 특히 직업수행의 자유를 제한</u>하는 것이 되어 지방자치법 제15조 단서 소정의 주민의 권리의무에 관한 사항을 규율하는 조례라고 할 수 있으므로 지방자치단체가 이러한 조례를 제정함에 있어서는 법률의 위임을 필요로 한다(헌재 1995.4.20. 92헌마264·279병합).
>
> **임산부가 탑승한 자동차에 대한 배려와 이용편의를 제공하는 내용의 조례안**
> 어느 <u>조례의 규정이 상위법에 저촉되는지가 명백하지 아니하는 경우에는 상위법과 조례의 다른 규정들과 그 입법 취지, 연혁 등을 종합적으로 살펴 상위법에 합치된다는 해석도 가능한 경우라</u>

면 그 규정을 상위법 위반으로 무효라고 선언하여서는 안 된다…(중략)…임산부가 탑승한 자동차에 대한 배려와 이용편의를 제공하는 내용의 '서울특별시 서초구 임산부전용주차구역 설치 및 운영에 관한 조례안'에 대하여 법령에 위배된다는 등의 이유로 구청장이 재의를 요구하였으나 구의회가 그대로 재의결한 사안에서, 위 조례안이 일반 주민이 설치·관리하는 주차장에 대하여 <u>임산부전용주차구역의 설치의무를 부과하거나 주민의 권리제한에 관한 사항을 정한 것으로 볼 수 없다</u>고 한 사례(대판 2016.12.29. 2013추579).

② **포괄적 위임** : 지방자치법 제28조 단서는 조례제정에도 침해유보의 원칙이 적용됨을 의미하고 있으나, 판례는 "법률의 위임"이 반드시 구체적인 위임만을 뜻하는 것이 아니고 포괄적인 위임도 가능하다는 입장이다(헌재 1995.4.20. 92헌마264,279병합).

③ **조례에 의한 벌칙제정** : 지방자치단체는 조례를 위반한 행위에 대하여 조례로써 1천만원 이하의 과태료를 정할 수 있다(지방자치법 제34조). 다만 판례는 조례위반에 형벌을 가할 수 있도록 규정한 조례안 규정들은 위법하다고 본다(대판1995.6.30. 93추113).

(3) 광역자치단체 조례의 우위의 원칙

시·군 및 자치구의 조례나 규칙은 시·도의 조례나 규칙을 위반하여서는 아니 된다(지방자치법 제30조). 이는 시·도의 조례나 규칙이 시·군 및 자치구의 조례나 규칙의 상위의 입법형식이라는 것을 의미한다.

2. 조례 제정절차

(1) 조례안 발의 및 제출

① 지방의회에서 의결할 의안은 지방자치단체의 장이나 조례로 정하는 수 이상의 지방의회의원의 찬성으로 발의한다(제76조 제1항).
② 위원회는 그 직무에 속하는 사항에 관하여 의안을 제출할 수 있다(제2항).
③ 제1항 및 제2항의 의안은 그 안을 갖추어 지방의회의 의장에게 제출하여야 한다(제3항).

(2) 조례안 예고

지방의회는 심사대상인 조례안에 대하여 5일 이상의 기간을 정하여 그 취지, 주요 내용, 전문을 공보나 인터넷 홈페이지 등에 게재하는 방법으로 예고할 수 있다(제77조 제1항).

(3) 조례안 심의·의결

지방의회는 조례의 제정·개정 및 폐지 사항을 의결한다(제47조 제1항 제1호).

(4) 조례안 이송 및 공포·확정

① 조례안이 지방의회에서 의결되면 지방의회의 의장은 의결된 날부터 5일 이내에 그 지방자치단체의 장에게 이송하여야 한다(제1항).
② 지방자치단체의 장은 제1항의 조례안을 이송받으면 20일 이내에 공포하여야 한다(제2항).
③ 지방자치단체의 장이 제2항의 기간에 공포하지 아니하거나 재의 요구를 하지 아니하더라도 그 조례안은 조례로서 확정된다(제5항).

(5) 조례안에 대한 지방자치단체장의 재의 요구

① 지방자치단체의 장은 이송받은 조례안에 대하여 이의가 있으면 제2항의 기간에 이유를 붙여 지방의회로 환부(還付)하고, 재의(再議)를 요구할 수 있다. 이 경우 지방자치단체의 장은 조례안의 일부에 대하여 또는 조례안을 수정하여 재의를 요구할 수 없다(제3항).

② 지방의회는 제3항에 따라 재의 요구를 받으면 조례안을 재의에 부치고 재적의원 과반수의 출석과 출석의원 3분의 2 이상의 찬성으로 전(前)과 같은 의결을 하면 그 조례안은 조례로서 확정된다(제4항).

(6) 조례안의 효력 발생

① 지방자치단체의 장은 제4항 또는 제5항에 따라 확정된 조례를 지체 없이 공포하여야 한다. 이 경우 제5항에 따라 조례가 확정된 후 또는 제4항에 따라 확정된 조례가 지방자치단체의 장에게 이송된 후 5일 이내에 지방자치단체의 장이 공포하지 아니하면 지방의회의 의장이 공포한다(제6항).

② 제2항 및 제6항 전단에 따라 지방자치단체의 장이 조례를 공포하였을 때에는 즉시 해당 지방의회의 의장에게 통지하여야 하며, 제6항 후단에 따라 지방의회의 의장이 조례를 공포하였을 때에는 그 사실을 즉시 해당 지방자치단체의 장에게 통지하여야 한다(제7항).

③ 조례와 규칙은 특별한 규정이 없으면 공포한 날부터 20일이 지나면 효력을 발생한다(제8항).

3. 조례의 하자

(1) 위법한 조례의 효력

행정행위의 위법성의 정도는 무효가 아닌 경우도 있으나, 법규범인 조례의 적법요건의 일부나 전부가 준수되지 아니하면 그 조례는 하자가 있는 것이 되며 하자 있는 조례는 무효이다. 그러나 절차상 하자 있는 조례에 근거하여 법률관계가 형성되는 경우에는 법적 안정성의 견지에서 일정기간 경과 후에는 더 이상 다투지 못하게 하는 방안의 검토가 필요하다는 견해도 있다.

(2) 일부무효인 조례안의 효력

의결내용이 일부만 위법인 경우에도 의결전부의 효력이 부인되는가에 대해 전부무효설(다수설·판례)과 일부무효설이 대립한다. 특히 일부무효설은 ① 조례제정절차의 무용한 반복을 피하고, ② 만일 법원에 의한 일부만의 효력배제가 조례의 전체적인 의미를 변질시켰다고 판단하는 경우에는 지방의회가 조례의 개정을 할 수 있다는 점을 논거로 한다.

4. 조례에 대한 통제

(1) 지방자치단체의 장에 의한 통제

① **지방자치법 제32조에 따른 통제** : 지방자치단체의 장은 이송받은 「조례안」에 대하여 이의가 있으면 20일 이내에 이유를 붙여 지방의회로 환부하고, 재의를 요구할 수 있다. 이 경우 지방자치단체의 장은 조례안의 일부에 대하여 또는 조례안을 수정하여 재의를 요구할 수 없다(지방자치법 제32조 제3항). 재의요구를 받은 지방의회가 재의에 부쳐 재적의원 과반수의 출석과 출석의원 3분의 2 이상의 찬성으로 전과 같은 의결을 하면 그 조례안은 조례로서 확정된다(제4항).

② **지방자치법 제120조에 따른 통제**
㉠ 지방자치단체의 장은 지방의회의 의결이 월권이거나 법령에 위반되거나 공익을 현저히 해친다

고 인정되면 그 의결사항을 이송받은 날부터 20일 이내에 이유를 붙여 재의를 요구할 수 있다(제120조 제1항).

ⓒ 제1항의 요구에 대하여 재의한 결과 재적의원 과반수의 출석과 출석의원 3분의 2 이상의 찬성으로 전과 같은 의결을 하면 그 의결사항은 확정된다(제2항).

ⓒ 지방자치단체의 장은 제2항에 따라 재의결된 사항이 법령에 위반된다고 인정되면 대법원에 소(訴)를 제기할 수 있다. 이 경우에는 제192조 제4항을 준용한다.

(2) 감독청에 의한 통제

① 지방의회의 의결이 법령에 위반되거나 공익을 현저히 해친다고 판단되면 시·도에 대해서는 주무부장관이, 시·군 및 자치구에 대해서는 시·도지사가 해당 지방자치단체의 장에게 재의를 요구하게 할 수 있고, 재의 요구 지시를 받은 지방자치단체의 장은 의결사항을 이송받은 날부터 20일 이내에 지방의회에 이유를 붙여 재의를 요구하여야 한다(제192조 제1항).

② 시·군 및 자치구의회의 의결이 법령에 위반된다고 판단됨에도 불구하고 시·도지사가 제1항에 따라 재의를 요구하게 하지 아니한 경우 주무부장관이 직접 시장·군수 및 자치구의 구청장에게 재의를 요구하게 할 수 있고, 재의 요구 지시를 받은 시장·군수 및 자치구의 구청장은 의결사항을 이송받은 날부터 20일 이내에 지방의회에 이유를 붙여 재의를 요구하여야 한다(제2항).

③ 제1항 또는 제2항의 요구에 대하여 재의한 결과 재적의원 과반수의 출석과 출석의원 3분의 2 이상의 찬성으로 전과 같은 의결을 하면 그 의결사항은 확정된다(제3항).

④ 지방자치단체의 장은 제3항에 따라 재의결된 사항이 법령에 위반된다고 판단되면 재의결된 날부터 20일 이내에 대법원에 소를 제기할 수 있다. 이 경우 필요하다고 인정되면 그 의결의 집행을 정지하게 하는 집행정지결정을 신청할 수 있다(제4항).

⑤ 주무부장관이나 시·도지사는 재의결된 사항이 법령에 위반된다고 판단됨에도 불구하고 해당 지방자치단체의 장이 소를 제기하지 아니하면 시·도에 대해서는 주무부장관이, 시·군 및 자치구에 대해서는 시·도지사(제2항에 따라 주무부장관이 직접 재의 요구 지시를 한 경우에는 주무부장관을 말한다. 이하 이 조에서 같다)가 그 지방자치단체의 장에게 제소를 지시하거나 직접 제소 및 집행정지결정을 신청할 수 있다(제5항).

⑥ 제5항에 따른 제소의 지시는 제4항의 기간이 지난 날부터 7일 이내에 하고, 해당 지방자치단체의 장은 제소 지시를 받은 날부터 7일 이내에 제소하여야 한다(제6항).

⑦ 주무부장관이나 시·도지사는 제6항의 기간이 지난 날부터 7일 이내에 제5항에 따른 직접 제소 및 집행정지결정을 신청할 수 있다(제7항).

⑧ 제1항 또는 제2항에 따라 지방의회의 의결이 법령에 위반된다고 판단되어 주무부장관이나 시·도지사로부터 재의 요구 지시를 받은 해당 지방자치단체의 장이 재의를 요구하지 아니하는 경우(법령에 위반되는 지방의회의 의결사항이 조례안인 경우로서 재의 요구 지시를 받기 전에 그 조례안을 공포한 경우를 포함한다)에는 주무부장관이나 시·도지사는 제1항 또는 제2항에 따른 기간이 지난 날부터 7일 이내에 대법원에 직접 제소 및 집행정지 결정을 신청할 수 있다(제8항).

⑨ 제1항 또는 제2항에 따른 지방의회의 의결이나 제3항에 따라 재의결된 사항이 둘 이상의 부처와 관련되거나 주무부장관이 불분명하면 행정안전부장관이 재의 요구 또는 제소를 지시하거나 직접 제소 및 집행정지 결정을 신청할 수 있다(제9항).

(3) 법원에 의한 통제

현행법상 구체적 분쟁을 매개하지 않고 조례의 위법 여부의 심사를 청구할 수 있는 추상적 규범통제가 인정되지 않으므로, 주민은 특정조례에 근거하여 발해진 처분을 행정소송상 취소나 무효 등을 주장함으로써 조례의 효과를 다툴 수 있다(헌법 제107조 제2항). 조례 그 자체가 직접 주민의 법률상 이익을 침해한다면, 즉 처분적 조례인 경우에는 항고소송의 대상이 된다는 것이 판례이다.

(4) 헌법소원

조례에 의하여 직접 기본권을 침해받은 자로서 다른 구제방법이 없는 경우에는 조례에 대하여 헌법소원을 제기할 수 있다(헌재 1994.12.29. 92헌마216).

(5) 기타

조례에 대하여 주민이 직접 통제를 가하는 방법은 없으나, 주민은 조례에 대하여 청원할 수 있고(지방자치법 제73조) 조례제정개폐청구권에 의한 통제도 가능하다(제13조).

예제 조례에 대한 설명으로 옳지 않은 것은? (다툼이 있는 경우 판례에 의함)

① 조례가 법률 등 상위법령에 위배되면 비록 그 조례를 무효라고 선언한 대법원의 판결이 선고되지 않았더라도 그 조례에 근거한 행정처분은 당연무효가 된다.
② 시(市)세의 과세 또는 면제에 관한 조례가 납세의무자에게 불리하게 개정된 경우에 있어서 개정 조례 부칙에서 종전의 규정을 개정 조례 시행 후에도 계속 적용한다는 경과규정을 두지 아니한 이상, 다른 특별한 사정이 없는 한 법률불소급의 원칙상 개정 전후의 조례 중에서 납세의무가 성립한 당시에 시행되는 조례를 적용하여야 할 것이다.
③ 조례안 재의결 내용 전부가 아니라 일부가 법령에 위반되어 위법한 경우에도 대법원은 재의결 전부의 효력을 부인하여야 한다.
④ 법률이 주민의 권리의무에 관한 사항에 관하여 구체적으로 범위를 정하지 않은 채 조례로 정하도록 포괄적으로 위임한 경우에도 지방자치단체는 법령에 위반되지 않는 범위 내에서 주민의 권리의무에 관한 사항을 조례로 제정할 수 있다.

정답 ①

① (×) 일반적으로 조례가 법률 등 상위법령에 위배된다는 사정은 그 조례의 규정을 위법하여 무효라고 선언한 대법원의 판결이 선고되지 아니한 상태에서는 그 조례 규정의 위법 여부가 해석상 다툼의 여지가 없을 정도로 명백하였다고 인정되지 아니하는 이상 객관적으로 명백한 것이라 할 수 없으므로, 이러한 조례에 근거한 행정처분의 하자는 취소사유에 해당할 뿐 무효사유가 된다고 볼 수는 없다(대판 2009.10.29. 2007두26285).
② (○) 대판 1999.9.3. 98두15788
③ (○) 대판 1992.7.28. 92추31
④ (○) 대판 1991.8.27. 90누6613

03 규칙제정권

1. 의의

규칙은 **지방자치단체의 장이 법령이나 조례가 위임한 범위에서 그 권한에 속하는 사무에 관하여 제정하는 법**이다(지방자치법 제28조). 규칙에는 지방자치단체의 장이 법령 또는 조례가 위임한 범위 안에서 그 권한에 속하는 사무에 관하여 발하는 위임규칙과 법령의 위임없이 법령이나 조례를 시행하기 위하여 직권으로 제정하는 직권규칙이 있다.

2. 규칙제정사항

교육·학예에 관한 사무를 제외하고는 지방자치단체의 장의 권한에 속하는 모든 사무에 관한 사무, 즉 자치사무·단체위임사무·기관위임사무의 전부에 미칠 수 있다. 특히 기관위임사무의 경우에는 조례가 아니라 규칙으로 정하여야 한다. 규칙은 ① 지방자치단체장의 전권(全權)에 속하는 자치사무, ② 법령에서 특별히 위임한 사항, ③ 기관위임사무에 관한 사항, ④ 조례의 위임이 있는 경우 또는 조례의 시행에 필요한 사항에 대하여 제정될 수 있다.

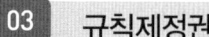

시·도지사가 국가위임사무를 재위임하는 방법
도시재개발법에 의한 사업시행변경인가, 관리처분계획인가 및 각 고시에 관한 사무는 국가사무로서 지방자치단체의 장에게 위임된 이른바 기관위임사무에 해당하므로, 시·도지사가 지방자치단체의 조례에 의하여 이를 구청장 등에게 재위임할 수는 없고, 정부조직법 제5조 제1항 및 이에 기한 행정권한의위임및위탁에관한규정 제4조에 의하여 위임기관의 장의 승인을 얻은 후 지방자치단체의 장이 제정한 <u>규칙</u>이 정하는 바에 따라 재위임하는 것만이 가능하다(대판 1995.11.14. 94누13572).

3. 한계

조례와 달리 규칙에 대하여는 벌칙을 위임하고 있지 아니하므로(제28조), 규칙으로 벌칙을 정할 수 없다. 위임규칙의 경우에는 법령이나 조례의 개별·구체적인 위임이 있어야 한다. 포괄적 위임이 가능한 조례와는 이 점에서 구별된다. 규칙은 법령과 조례에 위반할 수 없으며, 시·군 및 자치구의 규칙은 시·도의 조례나 규칙에 위반할 수 없다.

제4절 지방자치단체의 사무

01 개설

지방자치단체의 사무는 일반적으로 고유사무와 위임사무로, 후자는 다시 단체위임사무와 기관위임사무로 구분된다. 우리 헌법 제117조 제1항에서는 "지방자치단체는 주민의 복리에 관한 사무를 처리한다"고 규정하여 지방자치단체의 사무에 관한 포괄적 규정을 두고 있고, 지방자치법은 "지방자치단체는 관할 구역의 자치사무와 법령에 따라 지방자치단체에 속하는 사무를 처리한다"(제13조 제1항)고 규정하여 자치사무와 위임사무를 구별하고 있다. 여기서 '법령에 따라 지방자치단체에 속하는 사무'는 단체위임사무를 의미한다. 국가의 기관위임사무를 처리하는 지방자치단체의 장은 그 한도 안에서 국가기관의 지위에서 국가사무를 처리하기 때문이다.

02 자치사무

1. 자치사무의 의의

(1) 자치사무는 "지방자치단체가 자신의 고유한 업무로서 자기책임하에 처리하는 사무"를 말한다. 고유사무라고도 한다. 자치사무는 지방자치단체에 존재의미를 부여한다.

(2) 자치사무와 기관위임사무의 구분은 입법자가 법률에서 정한 바에 따라야 한다. 다만 구분이 불분명한 경우에는 법령의 규정형식과 취지, 사무의 성질이 전국적으로 통일적인 처리가 요구되는지 여부, 경비부담과 최종적인 책임귀속의 주체 등을 고려하여야 한다. 보충적으로 지방자치법 제13조(지방자치단체의 사무범위)와 제15조(국가사무의 처리제한)가 기준이 될 수 있다.

2. 자치사무의 내용

지방자치법 제13조 제1항은 "지방자치단체는 관할 구역의 자치사무와 법령에 따라 지방자치단체에 속하는 사무를 처리한다"고 규정하고, 제2항에서 이를 구체적으로 규정하고 있다. 그런데 제2항에 규정된 사항은 예시적인 것이며 동 조항에 예시된 사무는 자치사무뿐 아니라 위임사무도 포함하는 것으로 해석된다. 따라서 지방자치법 제13조 제2항에서 규정되고 있는 사무라도 개별 법령에서 국가의 사무로 규정하고 있다면 국가의 사무가 된다.

〈자치사무의 예시〉(지방자치법 제9조 제1항)
1. 지방자치단체의 구역, 조직, 행정관리 등에 관한 사무(제1호)
2. 주민의 복지증진에 관한 사무(제2호)
3. 농림·상공업 등 산업 진흥에 관한 사무(제3호)
4. 지역개발과 주민의 생활환경시설의 설치·관리에 관한 사무(제4호)
5. 교육·체육·문화·예술의 진흥에 관한 사무(제5호)
6. 지역민방위 및 소방에 관한 사무(제6호)

03 단체위임사무

1. 단체위임사무의 의의

단체위임사무는 **국가나 다른 자치단체가 법령에 의하여 그의 사무를 지방자치단체에 위임한 사무**를 말한다. 일반적으로 위임사무란 단체위임사무를 말한다. 단체위임사무는 성질상 위임자인 국가 또는 광역지방자치단체의 사무이다.

2. 단체위임사무의 예

단체위임사무의 예는 그리 많지 않다. 국세징수의 시·군·자치구에 대한 위임, 도세징수사무의 시·군위임, 국가의 국가하천 점용료·사용료의 징수를 시·도에 위임하는 것, 시·군이 다른 시·군에 의무교육학령아동의 일부에 대한 교육사무를 위탁하는 것 등이 그 예이다.

3. 단체위임할 수 없는 국가사무

지방자치법 제15조는 국가사무 중 보다 기본적인 것, 전국적인 것, 광역적인 것 등은 지방자치단체가 처리할 수 없는 사무로 규정하고 있다. 따라서 동 조항에 규정된 사무는 국가가 직접 자신의 기관에 의해 처리하거나 지방자치단체의 기관을 이용하여 기관위임사무로서만 처리할 수 있다. 다만 법률에 이와 다른 규정이 있는 경우에는 국가사무를 처리할 수 있다(동조 단서).

〈국가사무의 처리제한〉(지방자치법 제15조)
1. 외교, 국방, 사법(司法), 국세 등 국가의 존립에 필요한 사무
2. 물가정책, 금융정책, 수출입정책 등 전국적으로 통일적 처리를 요하는 사무
3. 농산물·임산물·축산물·수산물 및 양곡의 수급조절과 수출입 등 전국적 규모의 사무
4. 국가종합경제개발계획, 국가하천, 국유림, 국토종합개발계획, 지정항만, 고속국도·일반국도, 국립공원 등 전국적 규모나 이와 비슷한 규모의 사무
5. 근로기준, 측량단위 등 전국적으로 기준을 통일하고 조정하여야 할 필요가 있는 사무
6. 우편, 철도 등 전국적 규모나 이와 비슷한 규모의 사무
7. 고도의 기술을 요하는 검사·시험·연구, 항공관리, 기상행정, 원자력개발 등 지방자치단체의 기술과 재정능력으로 감당하기 어려운 사무

04 기관위임사무

1. 기관위임사무의 의의

기관위임사무는 **국가나 다른 자치단체로부터 지방자치단체의 기관에게 위임된 사무**를 말한다. 기관위임이란 동일한 행정주체 내부에서 다른 행정기관에 위임하는 것이 아니라, 다른 행정주체의 행정기관에 위임하는 경우를 말한다. 기관위임사무의 예는 많이 있다(예 국회의원선거법에 따른 국회의원선거 준비사무, 국도유지·수선의무, 경찰사무, 각종의 인허가사무, 지적사무).

2. 법적 근거

시·도와 시·군 및 자치구에서 시행하는 국가사무는 법령에 다른 규정이 없으면 시·도지사와 시장·군수 및 자치구의 구청장에게 위임하여 행한다(지방자치법 제115조). 지방자치단체의 장은 조례나 규칙으로 정하는 바에 따라 그 권한에 속하는 사무의 일부를 관할 지방자치단체나 공공단체 또는 그 기관(사업소·출장소를 포함한다)에 위임하거나 위탁할 수 있다(제117조 제2항).

3. 지방의회의 관여 여부

기관위임사무에 대해서는 원칙적으로 지방의회가 관여할 수 없다. 다만 지방자치법 제49조 제3항의 예외가 있다. 기관위임사무에는 조례가 활용될 수 없으나 규칙은 가능하다. 다만 법령이 기관위임사무를 조례로 규정하도록 하였다면 가능하다.

> **지방자치법 제49조** ③ 지방자치단체 및 그 장이 위임받아 처리하는 국가사무와 시·도의 사무에 대하여 국회와 시·도의회가 직접 감사하기로 한 사무 외에는 그 감사를 각각 해당 시·도의회와 시·군 및 자치구의회가 할 수 있다. 이 경우 국회와 시·도의회는 그 감사결과에 대하여 그 지방의회에 필요한 자료를 요구할 수 있다.

05 사무배분의 기준

지방자치법 제11조는 ① 시·도와 시·군·자치구간의 사무배분기준, ② 사무불경합의 원칙("국가와 지방자치단체간 또는 지방자치단체 상호간의 사무를 주민의 편익증진, 집행의 효과 등을 고려하여 서로 중복되지 아니하도록 배분하여야 한다"), ③ 보충성의 원칙("지역주민생활과 밀접한 관련이 있는 사무는 원칙적으로 시·군 및 자치구의 사무로"), ④ 사무의 포괄적 배분의 원칙("지방자치단체가 그 사무를 자기의 책임 하에 종합적으로 처리할 수 있도록 관련 사무를 포괄적으로 배분하여야") 등을 자세히 규정하고 있다.

> **예제** 지방자치단체의 자치사무에 관한 설명으로 가장 타당성이 없는 것은?
> ① 자치사무의 수행에 필요한 비용은 원칙적으로 스스로 부담하여야 한다.
> ② 자치사무에 대해서는 지방의회가 관여할 수 있다.
> ③ 감독청은 위법뿐만 아니라 부당한 행위에 대해서도 서류·장부 또는 회계를 감사할 수 있다.
> ④ 자치사무 수행과 관련하여 발생한 손해에 대해서는 당해 지방자치단체가 배상책임을 진다.
>
> **정답** ③
> ③ (×) 행정안전부장관이나 사도지사는 지방자치단체의 자치사무에 관하여 보고를 받거나 서류·장부 또는 회계를 감사할 수 있다. 이 경우 감사는 법령위반사항에 대하여만 실시한다(지방자치법 제190조).

> **예제** 「지방자치법」의 내용에 대한 설명으로 옳은 것만을 모두 고른 것은? (다툼이 있는 경우 판례에 의함)
>
> ㄱ. 「지방자치법」에 따른 자치사무에 관한 명령이나 처분에 대한 취소 또는 정지의 적용대상은 항고소송의 대상이 되는 행정처분에 제한되지 않는다.
> ㄴ. 이행강제금의 부과·징수를 게을리한 행위는 주민소송의 대상이 되는 공금의 부과·징수를 게을리한 사항에 해당한다.
> ㄷ. 행정안전부장관의 지방자치단체 또는 지방자치단체의 장 상호 간 분쟁에 대한 조정결정은 항고소송의 대상이 된다.
> ㄹ. 교육감의 교육청 소속 국가공무원인 교사에 대한 징계사무는 자치사무에 해당한다.
>
> ① ㄱ
> ② ㄱ, ㄴ
> ③ ㄴ, ㄷ
> ④ ㄱ, ㄴ, ㄷ, ㄹ

정답 ②

ㄱ (O) 대판 2017.3.30. 2016추5087
ㄴ (O) 대판 2015.9.10. 2013두16746
ㄷ (X) 행정자치부장관이나 시·도지사의 분쟁조정결정에 대하여는 후속의 이행명령을 기다려 대법원에 이행명령을 다투는 소를 제기한 후 그 사건에서 이행의무의 존부와 관련하여 분쟁조정결정의 위법까지 함께 다투는 것이 가능할 뿐이다(대판 2015.9.24. 2014추613).
ㄹ (X) 교육공무원 징계사무의 성격, 그 권한의 위임에 관한 교육공무원법령의 규정 형식과 내용 등에 비추어 보면, 국가공무원인 교사에 대한 징계는 국가사무이고, 그 일부인 징계의결요구 역시 국가사무에 해당한다고 보는 것이 타당하다. 따라서 교육감이 담당 교육청 소속 국가공무원인 교사에 대하여 하는 징계의결요구 사무는 국가위임사무라고 보아야 한다(대판 2013.6.27. 2009추206).

제5절 지방자치단체 상호간의 관계

01 협력관계

1. 행정협의회에 의한 공동처리

2개 이상의 지방자치단체에 관련된 사무의 일부를 공동으로 처리하기 위하여 관계 지방자치단체간에 행정협의회를 구성할 수 있다(지방자치법 제169조 제1항). 행정협의회는 지방자치단체조합과는 달리 독립된 단체는 아니고, 관계 지방자치단체의 공공기관으로서의 성격을 가진다.

2. 지방자치단체조합에 의한 공동처리

2개 이상의 지방자치단체가 하나 또는 둘 이상의 사무를 공동으로 처리할 필요가 있을 때에는 규약을 정하여 그 지방의회의 의결을 거쳐 시·도는 행정안전부장관의, 시·군 및 자치구는 시·도지사의 승인을 받아 지방자치단체조합을 설립할 수 있다(제176조). 지방자치단체조합은 법인의 지위를 갖는 점에서 행정협의회와 구별되고, 구성원이 주민이 아니라 지방자치단체인 점에서 특별지방자치단체라 한다.

3. 지방자치단체의 장 등의 협의체의 설립

지방자치단체의 장이나 지방의회의 의장은 상호 간의 교류와 협력을 증진하고, 공동의 문제를 협의하기 위하여 각각 전국적 협의체를 설립할 수 있다(제182조 제1항). 그리고 전국적인 각 협의체가 모두 참가하는 지방자치단체 연합체를 설립할 수 있다(제2항). 협의체나 연합체는 지방자치에 직접적인 영향을 미치는 법령 등에 관한 의견을 행정안전부장관에게 제출할 수 있으며, 행정안전부장관은 제출된 의견을 관계 중앙행정기관의 장에게 통보하여야 한다(제4항).

02 분쟁의 조정

지방자치법 제165조(지방자치단체 상호 간의 분쟁조정) ① 지방자치단체 상호 간 또는 지방자치단체의 장 상호 간에 사무를 처리할 때 의견이 달라 다툼(이하 "분쟁"이라 한다)이 생기면 다른 법률에 특별한 규정이 없으면 행정안전부장관이나 시·도지사가 당사자의 신청을 받아 조정할 수 있다. 다만, 그 분쟁이 공익을 현저히 해쳐 조속한 조정이 필요하다고 인정되면 당사자의 신청이 없어도 직권으로 조정할 수 있다.
② 제1항 단서에 따라 행정안전부장관이나 시·도지사가 분쟁을 조정하는 경우에는 그 취지를 미리 당사자에게 알려야 한다.
③ 행정안전부장관이나 시·도지사가 제1항의 분쟁을 조정하려는 경우에는 관계 중앙행정기관의 장과의 협의를 거쳐 제166조에 따른 지방자치단체중앙분쟁조정위원회나 지방자치단체지방분쟁조정위원회의 의결에 따라 조정을 결정하여야 한다.
④ 행정안전부장관이나 시·도지사는 제3항에 따라 조정을 결정하면 서면으로 지체 없이 관계 지방자치단체의 장에게 통보하여야 하며, 통보를 받은 지방자치단체의 장은 그 조정 결정 사항을 이행하여야 한다.

제166조(지방자치단체중앙분쟁조정위원회 등의 설치와 구성 등) ① 제165조제1항에 따른 분쟁의 조정과 제173조제1항에 따른 협의사항의 조정에 필요한 사항을 심의·의결하기 위하여 행정안전부에 지방자치단체중앙분쟁조정위원회(이하 "중앙분쟁조정위원회"라 한다)를, 시·도에 지방자치단체지방분쟁조정위원회(이하 "지방분쟁조정위원회"라 한다)를 둔다.

제167조(분쟁조정위원회의 운영 등) ① 분쟁조정위원회는 위원장을 포함한 위원 7명 이상의 출석으로 개의하고, 출석위원 3분의 2 이상의 찬성으로 의결한다.
② 분쟁조정위원회의 위원장은 분쟁의 조정과 관련하여 필요하다고 인정하면 관계 공무원, 지방자치단체조합의 직원 또는 관계 전문가를 출석시켜 의견을 듣거나 관계 기관이나 단체에 대하여 자료 및 의견 제출 등을 요구할 수 있다. 이 경우 분쟁의 당사자에게는 의견을 진술할 기회를 주어야 한다.

제6절 지방자치단체에 대한 국가의 관여

01 입법적 관여

국회는 법률의 제정·개정을 통해 지방자치단체의 조직과 운영 및 활동의 규범적 기초를 형성한다. 입법적 통제는 지방자치단체의 의사형성의 전제를 제공한다는 의미에서 사전적 통제의 의미를 갖고, 법률에 의한 지방자치단체의 권한의 보장의 성질도 갖는다. 국회는 그 외에 예산안의 의결, 국정감사 등에 의하여도 지방자치단체를 통제할 수 있다.

02 사법적 관여

1. 행정소송

법원은 재판을 통하여 지방자치단체의 권한행사의 적법성 여부를 가리는 작용을 한다. 법원에 의한 통제로서 행정소송에는 항고소송·당사자소송·기관소송·민중소송이 있다.

2. 헌법소송

(1) 국가기관 상호간, 국가기관과 지방자치단체간 및 지방자치단체 상호간에 권한의 존부 또는 범위에 관하여 다툼이 있을 때에는 당해 국가기관 또는 지방자치단체는 헌법재판소에 **권한쟁의심판**을 청구할 수 있다(헌법재판소법 제61조 제1항). 헌법재판소의 권한쟁의심판의 결정은 모든 국가기관과 지방자치단체를 기속한다(제67조 제1항).

(2) 공권력의 행사 또는 불행사로 인하여 헌법상 보장된 기본권을 침해받은 자는 법원의 재판을 제외하고는 헌법재판소에 **헌법소원심판**을 청구할 수 있다. 다만 다른 법률에 구제절차가 있는 경우에는 그 절차를 모두 거친 후가 아니면 청구할 수 없다(제68조 제1항). 그러나 현행법상 지방자치단체가 헌법소원을 제기하는 것은 허용되지 않는다.

03 행정적 관여

1. 감독방법

(1) 명령·처분의 시정명령 및 취소·정지

① 의의

㉠ 지방자치단체의 사무에 관한 그 장의 명령이나 처분이 법령에 위반되거나 현저히 부당하여 공익을 해친다고 인정되면 시·도에 대하여는 주무부장관이, 시·군 및 자치구에 대하여는 시·도지사가 기간을 정하여 서면으로 시정할 것을 명하고, 그 기간에 이행하지 아니하면 이를 취소하거나 정지할 수 있다(지방자치법 제188조 제1항).

ⓒ 주무부장관은 지방자치단체의 사무에 관한 시장·군수 및 자치구의 구청장의 명령이나 처분이 법령에 위반되거나 현저히 부당하여 공익을 해침에도 불구하고 시·도지사가 제1항에 따른 시정명령을 하지 아니하면 시·도지사에게 기간을 정하여 시정명령을 하도록 명할 수 있다(제2항). 주무부장관은 시·도지사가 제2항에 따른 기간에 시정명령을 하지 아니하면 제2항에 따른 기간이 지난 날부터 7일 이내에 직접 시장·군수 및 자치구의 구청장에게 기간을 정하여 서면으로 시정할 것을 명하고, 그 기간에 이행하지 아니하면 주무부장관이 시장·군수 및 자치구의 구청장의 명령이나 처분을 취소하거나 정지할 수 있다(제3항).

② **대상** : 시정명령의 대상은 자치사무와 단체위임사무이다. 명령이란 일반추상적인 법규정립행위를 뜻하고, 처분이란 개별구체적인 행위를 뜻한다.

③ **행사요건** : 감독청의 시정명령은 ⓐ 지방자치단체의 명령이나 처분이 자치사무의 경우 위법하여야 하며, 위임사무인 경우에는 위법·부당한 경우이어야 하고, ⓑ 권한 있는 감독이 서면으로 하며, ⓒ 시정명령은 이행하기 적합한 상당한 기간을 부여해야 한다.

④ **효과** : 지방자치단체는 시정명령을 받은 명령 또는 처분을 시정할 법적 의무를 부담한다. 지방자치단체의 장이 시정명령을 받고 기간 내에 이행하지 않을 경우, 감독청이 지방자치단체의 장의 명령이나 처분을 취소하거나 정지할 수 있다.

⑤ **지방자치단체장의 제소** : 지방자치단체의 장은 자치사무에 관한 명령이나 처분의 취소 또는 정지에 대하여 이의가 있으면 그 취소처분 또는 정지처분을 통보받은 날부터 15일 이내에 대법원에 소를 제기할 수 있다(지방자치법 제188조 제6항). 시정명령이나 취소·정지의 법적 성질은 행정행위로 볼 것이므로 본 조항에 따른 소송은 항고소송의 한 특수한 경우에 해당한다.

(2) 직무이행명령

① **의의** : 지방자치단체의 장이 법령의 규정에 따라 그 의무에 속하는 국가위임사무나 시·도위임사무의 관리와 집행을 명백히 게을리하고 있다고 인정되면 시·도에 대하여는 주무부장관이, 시·군 및 자치구에 대하여는 시·도지사가 기간을 정하여 서면으로 이행할 사항을 명령할 수 있다(제189조 제1항).

② **명령의 대상** : 직무이행명령의 대상은 기관위임사무이다. 그 사무의 내용에는 법규정립행위뿐만 아니라 개별·구체적인 행위도 포함되며 사실행위도 포함된다.

③ **명령의 사유와 형식** : 지방자치단체장이 기관위임사무의 관리 및 집행을 명백히 게을리하는 것이다. 따라서 부당한 직무집행행위에 대해서는 불허된다. 시정명령의 형식은 서면으로 하여야 하고 그 서면에는 기간을 정하여야 한다.

④ **대집행 등** : 주무부장관이나 시·도지사는 해당 지방자치단체의 장이 직무이행명령에서 정한 기간에 이행명령을 이행하지 아니하면 그 지방자치단체의 비용부담으로 대집행하거나 행정상·재정상 필요한 조치를 할 수 있다(제189조 제2항).

⑤ **지방자치단체장의 불복제소** : 지방자치단체의 장은 직무이행명령에 이의가 있으면 이행명령서를 접수한 날부터 15일 이내에 대법원에 소를 제기할 수 있다. 이 경우 지방자치단체의 장은 이행명령의 집행을 정지하게 하는 집행정지결정을 신청할 수 있다(제6항).

(3) 명령·지시·지정 등

① 지방의회의 의결이 법령에 위반되거나 공익을 현저히 해친다고 판단되면 시·도에 대하여는 주무부장관이, 시·군 및 자치구에 대하여는 시·도지사가 재의를 요구하게 할 수 있고, 재의결된 사항이 다시 법령에 위반되는 것으로 판단될 때에는 대법원에 제소를 지시할 수 있다(제172조 제1항·제4항).
② 시·군 및 자치구의회의 의결이 법령에 위반된다고 판단됨에도 불구하고 시·도지사가 제1항에 따라 재의를 요구하게 하지 아니한 경우 주무부장관이 직접 시장·군수 및 자치구의 구청장에게 재의를 요구하게 할 수 있고, 재의 요구 지시를 받은 시장·군수 및 자치구의 구청장은 의결사항을 이송받은 날부터 20일 이내에 지방의회에 이유를 붙여 재의를 요구하여야 한다(제2항).

(4) 사무회계감사

행정안전부장관이나 시·도지사는 지방자치단체의 자치사무에 관하여 보고를 받거나 서류·장부 또는 회계를 감사할 수 있다. 이 경우 감사는 법령위반사항에 대하여만 실시한다(제190조 제1항). 감사원도 지방자치단체의 회계를 검사하고 직무를 감찰할 수 있다(감사원법 제22조·제24조). 주무부장관, 행정안전부장관 또는 시·도지사는 이미 감사원 감사 등이 실시된 사안에 대하여는 새로운 사실이 발견되거나 중요한 사항이 누락된 경우 등 대통령령으로 정하는 경우를 제외하고는 감사대상에서 제외하고 종전의 감사결과를 활용하여야 한다(지방자치법 제191조).

(5) 승인유보제도

지방자치단체의 어떠한 행위에 감독청의 승인·동의·확인 등을 요구하는 것을 말한다(예 지방자치단체조합의 설립시 국가나 광역자치단체의 승인). 승인에는 사전적·사후적 승인이 있을 수 있으나, 원칙적으로 사전적 통제수단이다.

(6) 징계처분 등

감사원은 지방공무원의 비위를 감찰하여 징계처분 또는 문책 등을 요구(감사원법 제32조)하고, 변상책임 유무를 판정(제31조)한다.

2. 협력과 조정

(1) 중앙지방협력회의의 설치

국가와 지방자치단체 간의 협력을 도모하고 지방자치 발전과 지역 간 균형발전에 관련되는 중요 정책을 심의하기 위하여 중앙지방협력회의를 둔다(제186조 제1항). 중앙지방협력회의의 구성과 운영에 관한 사항은 따로 법률로 정한다(제2항).

(2) 행정협의조정위원회

중앙행정기관의 장과 지방자치단체의 장이 사무를 처리할 때 의견을 달리하는 경우 이를 협의·조정하기 위하여 국무총리 소속으로 행정협의조정위원회를 둔다(제187조 제1항). 행정협의조정위원회는 위원장 1명을 포함하여 13명 이내의 위원으로 구성한다(제2항).

예제 A장관을 주무부장관으로 하는 국가사무인 X사무가 법령에 의해 B지방자치단체의 장에게 위임되었다. X사무의 처리에 관한 설명으로 옳은 것은? (다툼이 있으면 판례에 따름)

① A장관은 X사무의 처리에 관하여 시정명령을 발한 경우 B지방자치단체의 장을 감독할 수 있다.
② A장관이 X사무의 처리에 관하여 시정명령을 발한 경우 B지방자치단체의 장은 이에 대해 대법원에 제소할 수 있다.
③ B지방자치단체의 장이 X사무를 처리하면서 불법행위를 하여 국가배상책임이 성립하는 경우 B지방자치단체도 배상책임이 있다.
④ A장관이 X사무의 해태를 이유로 직무이행명령을 발한 경우 B지방자치단체의 장은 이에 대해 대법원에 제소할 수 없다.

정답 ③

① (×) 지방자치단체의 사무에 관한 그 장의 명령이나 처분이 법령에 위반되거나 현저히 부당하여 공익을 해친다고 인정되면 시·도에 대하여는 주무부장관이, 시·군 및 자치구에 대하여는 시·도지사가 기간을 정하여 서면으로 시정할 것을 명하고, 그 기간에 이행하지 아니하면 이를 취소하거나 정지할 수 있다(지방자치법 제188조 제1항). 여기에서 시정명령의 대상은 자치사무와 단체위임사무이다(다수설).

② (×) 지방자치법 제169조 제2항은 '시·군 및 자치구의 자치사무에 관한 지방자치단체의 장의 명령이나 처분에 대하여 시·도지사가 행한 취소 또는 정지'에 대하여 해당 지방자치단체의 장이 대법원에 소를 제기할 수 있다고 규정하고 있을 뿐 '시·도지사가 지방자치법 제169조 제1항에 따라 시·군 및 자치구에 대하여 행한 시정명령'에 대하여도 대법원에 소를 제기할 수 있다고 규정하고 있지 않으므로, 이러한 시정명령의 취소를 구하는 소송은 허용되지 않는다(대판 2017.10.12. 2016추5148).

③ (○) 지방자치단체의 장이 기관위임된 국가행정사무를 처리하는 경우, 그 지방자치단체가 같은 법 제6조 제1항 소정의 비용부담자로서 배상책임을 진다(대판 1994.12.9. 94다38137).

④ (×) 지방자치단체의 장은 제1항 또는 제4항에 따른 이행명령에 이의가 있으면 이행명령서를 접수한 날부터 15일 이내에 대법원에 소를 제기할 수 있다(지방자치법 제189조 제6항).

제4장 공무원법

제1절 개설

01 공무원의 종류

1. 국가공무원과 지방공무원

선임주체에 따른 분류로서 국가공무원은 **국가에 의해 임명되는 공무원**, 지방공무원은 **지방자치단체에 의해 임명되는 공무원**을 말한다. 국가공무원은 국가공무원법의 적용을 받고, 지방공무원은 지방공무원법의 적용을 받는다. 국가공무원은 국가사무를 담당하는 것이 원칙이나 때로는 지방자치단체의 사무를 담당하기도 하고(지방자치단체에 배치된 국가공무원), 지방공무원이 국가사무를 담당할 때도 있다(국가위임사무).

2. 경력직공무원과 특수경력직공무원

(1) 경력직공무원

실적과 자격에 따라 임용되고 그 신분이 보장되며 평생 동안(근무기간을 정하여 임용하는 공무원의 경우에는 그 기간 동안을 말한다) 공무원으로 근무할 것이 예정되는 공무원을 말한다.

① 국가공무원법상 경력직공무원(제2조 제2항)

일반직공무원	기술·연구 또는 행정 일반에 대한 업무를 담당하는 공무원
특정직공무원	법관, 검사, 외무공무원, 경찰공무원, 소방공무원, 교육공무원, 군인, 군무원, 헌법재판소 헌법연구관, 국가정보원의 직원, 경호공무원과 특수 분야의 업무를 담당하는 공무원으로서 다른 법률에서 특정직공무원으로 지정하는 공무원

② 지방공무원법상 경력직공무원(제2조 제2항)

일반직공무원	기술·연구 또는 행정 일반에 대한 업무를 담당하는 공무원
특정직공무원	공립 대학 및 전문대학에 근무하는 교육공무원, 교육감 소속의 교육전문직원 및 자치경찰공무원과 그 밖에 특수 분야의 업무를 담당하는 공무원으로서 다른 법률에서 특정직공무원으로 지정하는 공무원

(2) 특수경력직공무원

특수경력직공무원이란 **경력직공무원 외의 공무원**을 말한다.

① 국가공무원법상 **특수경력직공무원**(제2조 제3항)

정무직공무원	가. 선거로 취임하거나 임명할 때 국회의 동의가 필요한 공무원 나. 고도의 정책결정 업무를 담당하거나 이러한 업무를 보조하는 공무원으로서 법률이나 대통령령(대통령비서실 및 국가안보실의 조직에 관한 대통령령만 해당한다)에서 정무직으로 지정하는 공무원
별정직공무원	비서관·비서 등 보좌업무 등을 수행하거나 특정한 업무 수행을 위하여 법령에서 별정직으로 지정하는 공무원

② 지방공무원법상 **특수경력직공무원**(제2조 제3항)

정무직공무원	가. 선거로 취임하거나 임명할 때 지방의회의 동의가 필요한 공무원 나. 고도의 정책결정 업무를 담당하거나 이러한 업무를 보조하는 공무원으로서 법률이나 대통령령(대통령비서실 및 국가안보실의 조직에 관한 대통령령만 해당한다)에서 정무직으로 지정하는 공무원
별정직공무원	비서관·비서 등 보좌업무 등을 수행하거나 특정한 업무 수행을 위하여 법령에서 별정직으로 지정하는 공무원

02 공무원의 기본권제한

(1) 공무원도 일반국민과 마찬가지로 모든 기본권이 보장된다. 그러나 헌법 제7조 제1항은 법률에 의하여 기본권이 제한될 수 있음을 예정하고 있다. 공무원의 기본권제한은 공무의 온전한 수행을 위하는 것이나, 국가적으로 필수불가결한 법익의 보호와 공무원 개인의 기본권보장의 조화에 그 한계가 있다.

(2) 공무원은 법률이 정한 바에 따라 정당가입이나 정치활동이 제한되며(헌법 제7조 제2항), 경찰 등 법률이 정하는 공무원은 국가배상에서 이중배상이 금지되며(제29조 제2항), 법률로 인정된 자를 제외하고는 노동조합결성·단체교섭 및 단체행동을 할 수 없다(제33조 제2항). 그리고 군인과 군무원은 일반법원이 아닌 군사법원의 재판을 받는다(제110조).

제2절 공무원법관계의 변동

01 공무원관계의 발생

1. 임명의 의의

임명(任命)이란 **특정인에게 공무원의 신분을 부여하여 공무원관계를 발생시키는 행위**를 말한다. 공무원관계의 발생원인에는 선거에 의하는 경우 또는 법률의 규정에 의하는 강제적 설정의 경우도 있으나 임명이 대표적이다.

* **임용(任用)** : 공무원관계를 발생·변경·소멸시키는 모든 행위, 즉 신규채용·승진임용·전직·전보·강임·직위해제·복직·면직행위를 모두 포함하는 개념이다. 그러나 좁은 의미에서는 임명의 의미로도 쓰인다.
* **보직(補職)** : 임명이 공무원신분의 설정행위인데 비하여, 보직은 일정한 직위를 부여하여 일정한 직무를 담당하도록 명하는 행위를 말한다.

2. 임명의 요건

(1) 능력요건

공무원법에서 정하는 결격사유에 해당되는 자는 공무원으로 임용될 수 없다. 그리고 그 결격사유는 공무원의 당연퇴직사유이기도 하다(단, '금고이상의 선고유예'는 뇌물죄, 횡령·배임죄만 해당). 이는 공무원에 대한 국민의 신뢰확보를 위한 것이다(대판 1997.7.8. 96누4275).

> **국가공무원법 제33조(결격사유)** 다음 각 호의 어느 하나에 해당하는 자는 공무원으로 임용될 수 없다
> 1. 피성년후견인
> 2. 파산선고를 받고 복권되지 아니한 자
> 3. 금고 이상의 실형을 선고받고 그 집행이 끝나거나(집행이 끝난 것으로 보는 경우를 포함한다) 집행이 면제된 날부터 5년이 지나지 아니한 자
> 4. 금고 이상의 형을 선고받고 그 집행유예 기간이 끝난 날부터 2년이 지나지 아니한 자
> 5. 금고 이상의 형의 선고유예를 받은 경우에 그 선고유예 기간 중에 있는 자
> 6. 법원의 판결 또는 다른 법률에 따라 자격이 상실되거나 정지된 자
> 6의2. 공무원으로 재직기간 중 직무와 관련하여 「형법」 제355조 및 제356조에 규정된 죄를 범한 자로서 300만원 이상의 벌금형을 선고받고 그 형이 확정된 후 2년이 지나지 아니한 자
> 6의3. 다음 각 목의 어느 하나에 해당하는 죄를 범한 사람으로서 100만원 이상의 벌금형을 선고받고 그 형이 확정된 후 3년이 지나지 아니한 사람
>   가. 「성폭력범죄의 처벌 등에 관한 특례법」 제2조에 따른 성폭력범죄
>   나. 「정보통신망 이용촉진 및 정보보호 등에 관한 법률」 제74조 제1항 제2호 및 제3호에 규정된 죄
>   다. 「스토킹범죄의 처벌 등에 관한 법률」 제2조 제2호에 따른 스토킹범죄
> 6의4. 미성년자에 대한 다음 각 목의 어느 하나에 해당하는 죄를 저질러 파면·해임되거나 형 또는 치료감호를 선고받아 그 형 또는 치료감호가 확정된 사람(집행유예를 선고받은 후 그 집행유예기간이 경과한 사람을 포함한다)
>   가. 「성폭력범죄의 처벌 등에 관한 특례법」 제2조에 따른 성폭력범죄
>   나. 「아동·청소년의 성보호에 관한 법률」 제2조제2호에 따른 아동·청소년대상 성범죄
> 7. 징계로 파면처분을 받은 때부터 5년이 지나지 아니한 자
> 8. 징계로 해임처분을 받은 때부터 3년이 지나지 아니한 자

관련판례

공무원임용결격사유가 있는지의 여부를 판단하는 기준이 되는 법률
국가공무원법에 규정되어 있는 공무원임용결격사유는 공무원으로 임용되기 위한 절대적인 소극

적 요건으로서 공무원관계는 국가공무원법 제38조, 공무원임용령 제11조의 규정에 의한 채용후보자 명부에 등록한 때가 아니라 국가의 임용이 있는 때에 설정되는 것이므로 공무원임용결격사유가 있는지의 여부는 <u>채용후보자 명부에 등록한 때가 아닌 임용당시에 시행되던 법률을 기준으로 하여 판단하여야</u> 한다(대판 1987.4.14. 86누459).

공무원임용결격자에 대한 임용행위를 취소함에 있어서 신의칙을 적용할 수 없고 취소권이 시효로 소멸하는 것도 아님
<u>국가가 공무원임용결격사유가 있는 자에 대하여 결격사유가 있는 것을 알지 못하고 공무원으로 임용하였다가</u> 사후에 결격사유가 있는 자임을 발견하고 공무원 임용행위를 취소하는 것은 당사자에게 원래의 임용행위가 당초부터 <u>당연무효</u>이었음을 통지하여 확인시켜 주는 행위에 지나지 아니하는 것이므로, 그러한 의미에서 당초의 임용처분을 취소함에 있어서는 신의칙 내지 신뢰의 원칙을 적용할 수 없고 또 그러한 의미의 취소권은 시효로 소멸하는 것도 아니다(대판 1987.4.14. 86누459).

(2) 성적요건

공무원의 임용은 능력요건을 갖춘 자 중에서도 시험성적·근무성적 기타 능력의 실증에 의하여 행한다(국가공무원법 제26조 본문). 경력직공무원의 채용은 공개경쟁시험에 의하나, 예외적으로 경력경쟁채용시험등에 의할 수 있다(국가공무원법 제28조).

(3) 결격사유자에 대한 임용의 효과

결격사유에 해당하는 자(능력요건결여자)에 대한 임용은 단순위법이 아니라 무효가 된다. 임용 당시 임용결격사유가 있었다면 비록 국가의 과실에 의하여 임용결격자임을 밝혀내지 못하였다 하더라도 그 임용행위는 당연무효라는 것이 판례의 입장이다. 재직중에 능력요건을 결여하게 되면 그 공무원은 당연히 퇴직하게 된다.

> **관련판례**
>
> **임용권자의 과실에 의한 임용결격자에 대한 경찰공무원 임용행위는 무효**
> 경찰공무원법에 규정되어 있는 경찰관임용 결격사유는 경찰관으로 임용되기 위한 절대적인 소극적 요건으로서 임용 당시 경찰관임용 결격사유가 있었다면 비록 임용권자의 <u>과실에 의하여 임용결격자임을 밝혀내지 못하였다 하더라도</u> 그 임용행위는 당연무효로 보아야 한다(대판 2005.7.28, 003두469).
>
> **당초 임용 당시 공무원 결격사유가 있었던 자를 그 후의 공무원 경력을 바탕으로 특별임용하였으나 특별임용 당시에는 공무원 결격사유가 없는 경우, 특별임용은 당연무효가 아님**
> 당초 임용 이래 공무원으로 근무하여 온 경력에 바탕을 두고 구 지방공무원법 제27조 제2항 제3호 등을 근거로 하여 특별임용 방식으로 임용이 이루어졌다면 이는 당초 임용과는 별도로 그 자체가 하나의 신규임용이라고 할 것이므로, 그 효력도 특별임용이 이루어질 당시를 기준으로 판단하여야 할 것인데, 당초 임용 당시에는 집행유예 기간중에 있었으나 특별임용 당시 이미 집행유예

기간 만료일로부터 2년이 경과하였다면 같은 법 제31조 제4호에서 정하는 공무원 결격사유에 해당할 수 없고, 다만 당초 임용과의 관계에서는 공무원 결격사유에 해당하여 당초 처분 이후 공무원으로 근무하였다고 하더라도 그것이 적법한 공무원 경력으로 되지 아니하는 점에서 특별임용의 효력에 영향을 미친다고 할 수 있으나, 위 특별임용의 하자는 결국 소정의 경력을 갖추지 못한 자에 대하여 특별임용시험의 방식으로 신규임용을 한 하자에 불과하여 <u>취소사유가 된다고 함은 별론으로 하고</u>, 그 하자가 중대·명백하여 특별임용이 당연무효로 된다고 할 수는 없다(대판 1998.10.23. 98두12932).

공무원 임용 결격사유가 소멸된 후 계속 근무하였다고 하더라도 묵시적 임용처분 내지 무효 행위를 추인하였다거나 새로운 임용을 한 것으로 볼 수 없음

경찰공무원으로 임용된 후 70일 만에 선고받은 형이 사면 등으로 실효되어 결격사유가 소멸된 후 <u>30년 3개월 동안 사실상 공무원으로 계속 근무를 하였다고 하더라도 그것만으로는 임용권자가 묵시적으로 새로운 임용처분을 한 것으로 볼 수 없고</u>, 임용 당시 결격자였다는 사실이 밝혀졌는데도 서울특별시 경찰국장이 일반사면령 등의 공포로 현재 결격사유에 해당하지 아니한다는 이유로 당연퇴직은 불가하다는 조치를 내려서 그 후 정년퇴직시까지 계속 사실상 근무하도록 한 것이 임용권자가 일반사면령의 시행으로 공무원자격을 구비한 후의 근무행위를 유효한 것으로 추인하였다거나 장래에 향하여 그를 공무원으로 새로 임용하는 효력이 있다고 볼 수 없을 뿐만 아니라, 1982. 당시 경장이었던 그의 임용권자는 당시 시행된 경찰공무원법 및 경찰공무원임용령의 규정상 서울특별시장이지 경찰국장이 아니었음이 분명하여, <u>무효인 임용행위를 임용권자가 추인하였다거나 장래에 향하여 공무원으로 임용하는 새로운 처분이 있었던 것으로 볼 수 없다</u>(대판 1996.2.27. 95누9617).

임용결격자는 공무원연금법상 퇴직급여의 대상이 아님

공무원연금법에 의한 퇴직급여 등은 적법한 공무원으로서의 신분을 취득하여 근무하다가 퇴직하는 경우에 지급되는 것이고, 임용 당시 공무원임용결격사유가 있었다면 그 임용행위는 당연무효이며, 당연무효인 임용행위에 의하여 공무원의 신분을 취득할 수는 없으므로 <u>임용결격자가 공무원으로 임용되어 사실상 근무하여 왔다고 하더라도 적법한 공무원으로서의 신분을 취득하지 못한 자로서는 공무원연금법 소정의 퇴직급여 등을 청구할 수 없고</u>, 또 당연퇴직사유에 해당되어 공무원으로서의 신분을 상실한 자가 그 이후 사실상 공무원으로 계속 근무하여 왔다고 하더라도 <u>당연퇴직 후의 사실상의 근무기간은 공무원연금법상의 재직기간에 합산될 수 없다</u>(대판 2003.5.16. 2001다61012).

임용행위가 당연무효이거나 취소된 공무원의 임용 시부터 퇴직 시까지의 사실상의 근로에 대하여 국가 또는 지방자치단체가 부당이득반환의무를 지는지 여부

임용행위가 당연무효이거나 취소된 공무원의 공무원 임용 시부터 퇴직 시까지의 사실상의 근로는 법률상 원인 없이 제공된 것으로서, <u>국가 및 지방자치단체는 이 사건 근로를 제공받아 이득을 얻은 반면 임용결격공무원 등은 이 사건 근로를 제공하는 손해를 입었다</u> 할 것이므로, 손해의 범위 내에서 국가 및 지방자치단체는 위 이득을 민법 제741조에 의한 부당이득으로 반환할 의무가 있다(대판 2017.5.11. 2012다200486).

3. 임명의 효력발생

공무원은 임용장 또는 임용통지서에 적힌 날짜에 임용된 것으로 본다(공무원임용령 제6조 제1항). 사망으로 인한 면직은 사망한 다음 날에 면직된 것으로 본다(제2항). 특별승진임용등에는 임용시기의 특례규정이 있다(제7조).

02 공무원관계의 변경

1. 상위직급에로의 변경(승진)

승진(昇進)은 동일 직렬 내의 상위직급에 임용되는 것이다.

1급~4급	능력과 경력 등을 고려하여 임용
5급	승진시험 또는 승진심사위원회의 심사를 거쳐 임용
6급 이하	필요하다고 인정하면 승진시험을 병용

2. 동위직급 또는 하위직급에로의 변경

전직(轉職)	직렬을 달리하는 임용을 말한다(예 행정사무관에서 외무사무관으로 임용)
전보(轉補)	동일한 직급 내에서 보직변경
복직(復職)	휴직 또는 직위해제 중에 있는 공무원을 원래의 직위에 복직시키는 임용행위
인사교류	인사혁신처장은 행정기관 상호간, 행정기관과 교육·연구기관 또는 공공기관 간에 인사교류가 필요하다고 인정하면 인사교류계획을 수립하고, 국무총리의 승인을 받아 이를 실시할 수 있음
전입(轉入)	국회, 법원, 헌법재판소, 선거관리위원회 및 행정부 상호 간에 다른 기관 소속 공무원을 전입하려는 때에는 시험을 거쳐 임용
강임(降任)	동일한 직렬 내에서 하위의 직급에 임명하거나, 하위직급이 없어 다른 직렬의 하위직급으로 임명하거나 고위공무원단에 속하는 일반직 공무원을 고위공무원단 직위가 아닌 하위 직위에 임명

3. 이중직위의 부여

겸임	직위와 직무 내용이 유사하고 담당 직무 수행에 지장이 없다고 인정하면 대통령령등으로 정하는 바에 따라 경력직공무원 상호 간에 겸임하게 할 수 있음
파견근무	국가적 사업의 수행 또는 그 업무 수행과 관련된 행정 지원이나 연수, 그 밖에 능력 개발 등을 위하여 필요하면 소속 공무원을 다른 국가기관·공공단체·정부투자기관·국내외의 교육기관·연구기관, 그 밖의 기관에 일정 기간 파견근무하게 할 수 있음

4. 무직위에로의 변경

(1) 휴직

① 휴직이란 **공무원의 신분을 보유하면서 직무담임을 일시적으로 해제하는 행위**를 말한다((국가공무원법 제71조).

직권휴직사유	의원휴직사유
1. 신체·정신상의 장애로 장기 요양이 필요할 때 2. 「병역법」에 따른 병역 복무를 마치기 위하여 징집 또는 소집된 때 3. 천재지변이나 전시·사변, 그 밖의 사유로 생사 또는 소재가 불명확하게 된 때 4. 그 밖에 법률의 규정에 따른 의무를 수행하기 위하여 직무를 이탈하게 된 때 5. 「공무원의 노동조합 설립 및 운영 등에 관한 법률」 제7조에 따라 노동조합 전임자로 종사하게 된 때	1. 국제기구, 외국 기관, 국내외의 대학·연구기관, 다른 국가기관 또는 대통령령으로 정하는 민간기업, 그 밖의 기관에 임시로 채용될 때 2. 국외 유학을 하게 된 때 3. 중앙인사관장기관의 장이 지정하는 연구기관이나 교육기관 등에서 연수하게 된 때 4. 만 8세 이하 또는 초등학교 2학년 이하의 자녀를 양육하기 위하여 필요하거나 여성공무원이 임신 또는 출산하게 된 때 ☞ 대통령령으로 정하는 특별한 사정이 없으면 휴직을 명하여야 한다. 5. 조부모, 부모(배우자의 부모를 포함한다), 배우자, 자녀 또는 손자녀를 부양하거나 돌보기 위하여 필요한 경우. 다만, 조부모나 손자녀의 돌봄을 위하여 휴직할 수 있는 경우는 본인 외에 돌볼 사람이 없는 등 대통령령등으로 정하는 요건을 갖춘 경우로 한정한다. 6. 외국에서 근무·유학 또는 연수하게 되는 배우자를 동반하게 된 때 7. 대통령령등으로 정하는 기간 동안 재직한 공무원이 직무 관련 연구과제 수행 또는 자기개발을 위하여 학습·연구 등을 하게 된 때

② 휴직중인 공무원은 공무원의 신분은 유지하나 직무에 종사하지 못한다. 휴직 중인 공무원은 신분은 보유하나 직무에 종사하지 못한다(제73조 제1항). 만약 휴직 기간 중 그 사유가 없어지면 30일 이내에 임용권자 또는 임용제청권자에게 신고하여야 하며, 임용권자는 지체 없이 복직을 명하여야 한다(제2항). 그리고 휴직 기간이 끝난 공무원이 30일 이내에 복귀 신고를 하면 당연히 복직된다(제3항).

(2) 직위해제

① 의의 : 직위해제란 **공무원에게 직무수행을 계속하게 할 수 없는 사유가 발생한 경우, 공무원의 신분은 보유하나 보직을 해제하여 직무담당을 하지 못하게 하는 것**을 말한다. 직위해제는 복직이 보장되지 않는다는 점에서 휴직과 구별되고, 휴직과 달리 본인에게 귀책사유가 있을 때에 행하는 것이므로 제재적인 성격을 갖는다.

② 성질 : 직위해제는 징계처분과는 법적 기초를 달리하므로 시효의 적용을 받지 않으며, 직위해제 후 동일한 사유로 징계나 직권면직처분을 하여도 일사부재리의 원칙에 반하지 않는다. 직위해제는 징계위원회의 동의·의결 등을 거칠 필요가 없다. 위법한 직위해제에 대하여는 항고소송으로 다툴 수 있다.

③ **직위해제의 사유**(국가공무원법 제73조의3 제1항)

1. 직무수행 능력이 부족하거나 근무성적이 극히 나쁜 자.
2. 파면·해임·강등 또는 정직에 해당하는 징계 의결이 요구 중인 자.
3. 형사 사건으로 기소된 자(약식명령이 청구된 자는 제외).
4. 고위공무원단에 속하는 일반직공무원으로서 제70조의2 제1항 제2호부터 제5호까지의 사유로 적격심사를 요구받은 자 등
5. 금품비위, 성범죄 등 대통령령으로 정하는 비위행위로 인하여 감사원 및 검찰·경찰 등 수사기관에서 조사나 수사 중인 자로서 비위의 정도가 중대하고 이로 인하여 정상적인 업무수행을 기대하기 현저히 어려운 자

> **관련판례**
>
> **국가공무원법상 직위해제처분과 징계처분**
> 직위해제는 일반적으로 공무원이 직무수행능력이 부족하거나 근무성적이 극히 불량한 경우, 공무원에 대한 징계절차가 진행중인 경우, 공무원이 형사사건으로 기소된 경우 등에 있어서 당해 공무원이 장래에 있어서 계속 직무를 담당하게 될 경우 예상되는 업무상의 장애 등을 예방하기 위하여 일시적으로 당해 공무원에게 직위를 부여하지 아니함으로써 직무에 종사하지 못하도록 하는 잠정적인 조치로서의 보직의 해제를 의미하므로 과거의 공무원의 비위행위에 대하여 기업질서 유지를 목적으로 행하여지는 징벌적 제재로서의 징계와는 그 성질이 다르다(대판 2003.10.10. 2003두5945).
>
> **동일사유로 직위해제처분하고 다시 감봉처분을 한 경우 일사부재리원칙 위반이 아님**
> 직위해제처분이 공무원에 대한 불이익한 처분이긴 하나 징계처분과 같은 성질의 처분이라 할 수 없으므로 동일한 사유로 직위해제 처분을 하고 다시 감봉처분을 하였다 하여 일사부재리원칙에 위배된다 할 수 없다(대판 1983.10.25. 83누184).
>
> **행정청이 공무원에 대하여 새로운 직위해제사유에 기한 직위해제처분을 한 경우, 그 이전 처분의 취소를 구할 소의 이익이 없음**
> 행정청이 공무원에 대하여 새로운 직위해제사유에 기한 직위해제처분을 한 경우 그 이전에 한 직위해제처분은 이를 묵시적으로 철회하였다고 봄이 상당하므로, 그 이전 처분의 취소를 구하는 부분은 존재하지 않는 행정처분을 대상으로 한 것으로서 그 소의 이익이 없어 부적법하다(대판 2003.10.10. 2003두5945).
>
> **국가공무원법상 직위해제처분에 처분의 사전통지 및 의견청취 등에 관한 행정절차법 규정이 적용되지 아니함**
> 국가공무원법상 직위해제처분은 구 행정절차법 제3조 제2항 제9호, 구 행정절차법 시행령 제2조 제3호에 의하여 당해 행정작용의 성질상 행정절차를 거치기 곤란하거나 불필요하다고 인정되는 사항 또는 행정절차에 준하는 절차를 거친 사항에 해당하므로, 처분의 사전통지 및 의견청취 등에 관한 행정절차법의 규정이 별도로 적용되지 않는다(대판 2014.5.16. 2012두26180).

동일사유로 직위해제 처분을 하고 다시 직권면직 처분한 경우 일사부재리원칙 위반 아님

직권면직처분과 이보다 앞서 행하여진 직위해제처분은 그 목적을 달리한 각 별개의 독립된 처분이라 할 것이므로 본건 직권면직처분이 직위해제처분을 사유로 하였다 하더라도 일사부재리원칙에 위배되지 않는다(대판 1983.10.25. 83누340).

직위해제처분의 하자가 직권면직처분에 승계되지 아니함

직위해제처분이 있은 후 면직처분이 된 경우 전자에 대하여 소청심사청구 등 불복을 함이 없고 그 처분이 당연무효인 경우도 아닌 이상 그 후의 면직처분에 대한 불복의 행사소송에서 전자의 취소사유를 들어 위법을 주장할 수 없다(대판 1970.1.27., 68누10).

03 공무원관계의 소멸

1. 당연퇴직

(1) 의의

당연퇴직이란 **일정한 사유의 발생으로 별도의 행위를 요하지 않고 당연히 공무원관계가 소멸하는 경우**이다. 따라서 퇴직발령은 퇴직의 유효요건이 아니라 퇴직된 사실을 알리는 관념의 통지에 불과하다(대판 1995.11.14. 95누2036).

(2) 당연퇴직 사유

① 국가공무원법 제69조 사유

> 1. 제33조 각 호(임용결격사유)의 어느 하나에 해당하는 경우. 다만, 제33조 제2호(파산선고를 받고 복권되지 아니한 자)는 파산선고를 받은 사람으로서「채무자 회생 및 파산에 관한 법률」에 따라 신청기한 내에 면책신청을 하지 아니하였거나 면책불허가 결정 또는 면책 취소가 확정된 경우만 해당하고, 제33조 제5호(금고 이상의 형의 선고유예를 받은 경우에 그 선고유예 기간 중에 있는 자)는「형법」제129조부터 제132조(뇌물죄)까지,「성폭력범죄의 처벌 등에 관한 특례법」제2조,「정보통신망 이용촉진 및 정보보호 등에 관한 법률」제74조 제1항 제2호·제3호,「스토킹범죄의 처벌 등에 관한 법률」제2조 제2호,「아동·청소년의 성보호에 관한 법률」제2조 제2호 및 직무와 관련하여「형법」제355조 또는 제356조에 규정된 죄(횡령·배임죄)를 범한 사람만 해당한다.
> ☞ [위헌결정, 2020헌가8, 2022.12.22.] 국가공무원법 제69조 제1호 중 제33조 제1호의 '피성년후견인'에 관한 부분
> 2. 임기제공무원의 근무기간이 만료된 경우

② **기타 사유** : 사망, 임기만료, 정년, 국적상실이 있다. 공무원의 정년은 다른 법률에 특별한 규정이 있는 경우를 제외하고는 60세로 한다(제74조 제1항). 공무원은 그 정년에 이른 날이 1월부터 6월 사이에 있으면 6월 30일에, 7월부터 12월 사이에 있으면 12월 31일에 각각 당연히 퇴직된다(제2항). 그 외에 특정직공무원에 적용되는 계급정년, 근속정년이 있다.

> **관련판례**
>
> 정년이 경과하여도 권리보호의 필요가 있다는 판례
> 국회해직공무원인 원고가 복직은 되었으나 원·피고 사이에 원고의 면직처분의 무효 여부에 관하여 다툼이 있고 원고가 면직으로 인한 퇴직기간을 재직기간으로 인정받지 못하고 있어 퇴직급여, 승진소요년수의 계산 및 호봉승급 등에 있어서 현재에도 계속하여 불이익한 대우를 받고 있다면 그 법률상의 지위의 불안, 위험을 제거할 필요가 있고 다른 소송수단(국가배상소송이나 민사소송)으로는 위와 같은 원고들의 권리 또는 법률상의 지위의 불안, 위험을 제거하기에 미흡하여 면직처분무효확인의 소가 필요하고도 적절한 것이므로 면직처분무효확인의 소는 확인의 이익이 있다고 할 것이다(대판 1991.6.28. 90누9346).

2. 면직

특별한 행위에 의하여 공무원관계가 소멸되는 경우를 면직이라 한다. 특별한 행위가 필요하다는 점에서 법정사유로 인한 당연퇴직과 다르다. 면직처분을 할 때에는 그 처분권자 또는 처분제청권자는 처분사유를 적은 설명서를 교부하여야 하되, 의원면직의 경우는 그러하지 아니하다(국가공무원법 제75조, 지방공무원법 제67조).

의원면직		공무원 자신의 사직의 의사표시에 의거하여 임용권자가 공무원관계를 종료시키는 행위
강제면직	징계면직	공무원법상 요구되는 의무를 위반한 경우 그에 대하여 가해지는 제재로서 당해 공무원의 신분을 박탈하는 행위
	직권면직	법정사유에 해당하는 경우에 임용권자가 직권으로 행하는 면직처분 • 직제와 정원의 개폐 또는 예산의 감소 등에 따라 폐직(廢職) 또는 과원(過員)이 되었을 때 • 휴직 기간이 끝나거나 휴직 사유가 소멸된 후에도 직무에 복귀하지 아니하거나 직무를 감당할 수 없을 때 • 대기 명령을 받은 자가 그 기간에 능력 또는 근무성적의 향상을 기대하기 어렵다고 인정된 때 • 전직시험에서 세 번 이상 불합격한 자로서 직무수행 능력이 부족하다고 인정된 때 • 병역판정검사·입영 또는 소집의 명령을 받고 정당한 사유 없이 이를 기피하거나 군복무를 위하여 휴직 중에 있는 자가 군복무 중 군무(軍務)를 이탈하였을 때 • 해당 직급·직위에서 직무를 수행하는데 필요한 자격증의 효력이 없어지거나 면허가 취소되어 담당 직무를 수행할 수 없게 된 때 • 고위공무원단에 속하는 공무원이 제70조의2에 따른 적격심사 결과 부적격 결정을 받은 때

공무원임용결격사유에 관한 판례의 내용으로 옳지 않은 것은?

① 공무원으로 임용된 후 70일 만에 형의 사면 등으로 결격사유가 소멸된 후 30년 3개월 동안 사실상 공무원으로 계속 근무하였더라도 임용권자가 묵시적으로 새로운 임용처분을 한 것으로 볼 수 없다.
② 퇴직한 공무원이 재임용되면서 종전 재직기간의 합산신청을 하는 경우, 이미 종전 재직기간에 산입된 현역병 복무기간을 따로 떼어내어 신청기간의 제한 없이 합산신청을 할 수는 없다.
③ 당연퇴직사유에 해당되어 공무원의 신분을 상실한 자가 그 이후 사실상 공무원으로 계속 근무하였더라도 당연퇴직 후의 사실상 근무기간은 공무원연금법상의 재직기간에 합산될 수 없다.
④ 당초 임용 당시 공무원 결격사유가 있었던 자를 그 후의 공무원 경력을 바탕으로 특별임용한 경우, 특별임용 당시에는 공무원 결격사유가 없었다 하더라도 위 특별임용은 당연무효이다.

정답 ④

④ (×) 당초 임용 이래 공무원으로 근무하여 온 경력에 바탕을 두고 구 지방공무원법 제27조 제2항 제3호 등을 근거로 하여 특별임용 방식으로 임용이 이루어졌다면 이는 당초 임용과는 별도로 그 자체가 하나의 신규임용이라고 할 것이므로, 그 효력도 특별임용이 이루어질 당시를 기준으로 판단하여야 할 것인데, 당초 임용 당시에는 집행유예 기간중에 있었으나 특별임용 당시 이미 집행유예 기간 만료일로부터 2년이 경과하였다면 같은 법 제31조 제4호에서 정하는 공무원 결격사유에 해당할 수 없고, 다만 당초 임용과의 관계에서는 공무원 결격사유에 해당하여 당초 처분 이후 공무원으로 근무하였다고 하더라도 그것이 적법한 공무원 경력으로 되지 아니하는 점에서 특별임용의 효력에 영향을 미친다고 할 수 있으나, 위 특별임용의 하자는 결국 소정의 경력을 갖추지 못한 자에 대하여 특별임용시험의 방식으로 신규임용을 한 하자에 불과하여 취소사유가 된다고 함은 별론으로 하고, 그 하자가 중대·명백하여 특별임용이 당연무효로 된다고 할 수는 없다(대판 1998.10.23. 98두12932).
① (○) 대판 1996.2.27. 95누9617
② (○) 대판 2002.11.8. 2001두7695
③ (○) 대판 2003.5.16. 2001다61012

제3절 공무원관계의 내용

01 신분상의 권리

1. 신분보유권

공무원은 법이 정한 사유와 절차에 따르지 않는 한 공무원의 신분을 박탈당하지 아니한다. 국가공무원법은 "공무원은 형의 선고, 징계처분 또는 이 법으로 정하는 사유에 따르지 아니하고는 본인의 의사에 반하여 휴직·강임 또는 면직을 당하지 아니한다"고 규정하고 있다(제68조). 경력직 공무원은 원칙적으로 이러한 신분보장을 받으나, 1급 공무원과 배정된 직무등급이 가장 높은 등급의 직위에 임용된 고위공무원단에 속하는 공무원(제68조 단서)과 시보임용중에 있는 공무원(제29조 제3항) 및 특수경력직공무원은 신분보장을 받지 못한다.

2. 직위보유권·직무집행권

공무원은 임용되면 자신에게 적합한 일정한 직위를 부여받을 권리와 자기에게 부여된 직위가 법이 정한 이유에 절차에 의하지 아니하고는 박탈당하지 아니할 직위보유권을 갖는다(국가공무원법 제32조의5).

3. 직명사용권·제복착용권

공무원은 직명(이사관·국장 등)을 사용하고, 군인·소방공무원·경찰공무원·세관공무원 등 복제가 있는 공무원은 제복을 착용할 권리가 있다.

4. 고충심사청구권(고충심사처리제도)

공무원은 인사·조직·처우 등 각종 직무 조건과 그 밖에 신상 문제와 관련한 고충에 대하여 상담을 신청하거나 심사를 청구할 수 있으며, 누구나 기관 내 성폭력 범죄 또는 성희롱 발생 사실을 알게 된 경우 이를 신고할 수 있다. 이 경우 상담 신청이나 심사 청구 또는 신고를 이유로 불이익한 처분이나 대우를 받지 아니한다(국가공무원법 제76조의2 제1항). 고충처리제도는 **공무원이 갖는 불만이라 어려움을 해소함으로써 근무의욕을 높여 직무에 보다 충실을 기하도록 하는 제도**이다. 법적 근거로는 국가공무원법 이외에도 지방공무원법 제67조의2, 소방공무원법 제27조, 경찰공무원법 제31조, 교육공무원법 제49조가 있다. 판례는 고충심사결정의 처분성을 부정한다(대판 1987.12.8. 87누657,87누658).

5. 노동조합설립·운영권

(1) 근로3권의 보장

공무원인 근로자는 법률이 정하는 자에 한하여 단결권·단체교섭권 및 단체행동권을 가진다(헌법 제33조 제2항). 국가공무원법 제2조 및 지방공무원법 제2조에서 규정하고 있는 공무원은 노동조합을 설립할 수 있다(공무원의 노동조합 설립 및 운영 등에 관한 법률 제2조·제5조).

(2) 노동조합의 설립

공무원이 노동조합을 설립하려는 경우에는 국회·법원·헌법재판소·선거관리위원회·행정부·특별시·광역시·특별자치시·도·특별자치도·시·군·구(자치구를 말한다) 및 특별시·광역시·특별자치시·도·특별자치도의 교육청을 최소 단위로 한다(제5조 제1항). 노동조합을 설립하고자 하는 자는 고용노동부장관에게 설립신고서를 제출하여야 한다(제2항).

(3) 가입범위

> **공무원의 노동조합 설립 및 운영 등에 관한 법률 제6조(가입 범위)** ① 노동조합에 가입할 수 있는 사람의 범위는 다음 각 호와 같다.
> 1. 일반직공무원
> 2. 특정직공무원 중 외무영사직렬·외교정보기술직렬 외무공무원, 소방공무원 및 교육공무원(다만, 교원은 제외한다)
> 3. 별정직공무원
> 4. 제1호부터 제3호까지의 어느 하나에 해당하는 공무원이었던 사람으로서 노동조합 규약으로 정하는 사람
>
> ② 제1항에도 불구하고 다음 각 호의 어느 하나에 해당하는 공무원은 노동조합에 가입할 수 없다.
> 1. 업무의 주된 내용이 다른 공무원에 대하여 지휘·감독권을 행사하거나 다른 공무원의 업무를 총괄하는 업무에 종사하는 공무원
> 2. 업무의 주된 내용이 인사·보수 또는 노동관계의 조정·감독 등 노동조합의 조합원 지위를 가지고 수행하기에 적절하지 아니한 업무에 종사하는 공무원
> 3. 교정·수사 등 공공의 안녕과 국가안전보장에 관한 업무에 종사하는 공무원

(4) 교섭 및 체결권한

노동조합의 대표자는 그 노동조합에 관한 사항 또는 조합원의 보수·복지, 그 밖의 근무조건에 관하여 국회사무총장·법원행정처장·헌법재판소사무처장·중앙선거관리위원회사무총장·인사혁신처장(행정부를 대표)·특별시장·광역시장·특별자치시장·도지사·특별자치도지사·시장·군수·구청장(자치구의 구청장) 또는 특별시·광역시·특별자치시·도·특별자치도의 교육감 중 어느 하나에 해당하는 사람(이하 "정부교섭대표")과 각각 교섭하고 단체협약을 체결할 권한을 가진다.

(5) 교섭의 절차

노동조합은 단체교섭을 위하여 노동조합의 대표자와 조합원으로 교섭위원을 구성하여야 한다(제9조 제1항). 노동조합의 대표자는 교섭하고자 하는 사항에 대하여 권한을 가진 정부교섭대표에게 서면으로 교섭을 요구하여야 한다(제2항). 정부교섭대표는 교섭을 요구받은 사실을 공고하여 관련된 노동조합이 교섭에 참여할 수 있도록 하여야 한다(제3항).

(6) 단체협약의 효력

체결된 단체협약의 내용중 법령·조례 또는 예산에 의하여 규정되는 내용과 법령 또는 조례에 의한 위임을 받아 규정되는 내용은 단체협약으로서의 효력을 가지지 아니한다(제10조 제1항).

(7) 정치활동과 쟁의행위의 금지

노동조합과 그 조합원은 정치활동을 하여서는 아니 되며(제4조), 파업, 태업 또는 그 밖에 업무의 정상적인 운영을 방해하는 어떠한 행위도 하여서는 아니 된다(제11조).

02 재산상의 권리

1. 보수청구권

공무원은 국가나 지방자치단체에 대하여 보수를 청구할 권리를 갖는다. 보수란 **봉급과 기타 각종 수당을 합산한 금액**을 말한다. 다만, 연봉제 적용대상 공무원은 연봉과 그 밖의 각종 수당을 합산한 금액을 말한다(공무원보수규정 제4조 제1호). 보수는 노동력에 대한 반대급부의 성격과 생활보장을 위한 생활자료의 성격을 모두 갖는다.

반대급부적 성격	• 공무원의 보수는 직무의 곤란성과 책임의 정도에 맞도록 계급별·직위별 또는 직무등급별로 정함(국가공무원법 제46조) • 결근한 자·휴직중인 자·직위해제중인 자에 대한 봉급 감액지급(공무원보수규정 제27조~제29조)
생활자료적 성격	• 공무원의 보수는 일반의 표준 생계비, 물가 수준, 그 밖의 사정을 고려하여 정함(국가공무원법 제46조) • 공무원에 대한 청렴의무·영리업무 및 겸직금지의무 부과

2. 연금청구권

(1) **공무원이 질병·부상·폐질·퇴직·사망 또는 재해를 입으면 본인이나 유족에게 법률로 정하는 바에 따라 적절한 급여를 지급**한다(국가공무원법 제77조 제1항·지방공무원법 제68조 제1항). 이를 구체화하기 위해 공무원연금법 및 동법시행령이 제정되어 있다. 연금은 적법하게 임용된 공무원에게만 지급된다.

(2) 연금은 퇴직공무원이나 공무원의 유족에 대한 사회보장제도라는 성질을 가지나, 연금의 급여를 위한 기금의 50%가 공무원이 납부한 기여금으로 조성되므로 봉급연불적인 성질도 갖는다.

> **관련판례**
>
> 임용 결격자가 공무원으로 임용되어 사실상 근무하여 온 경우, 공무원연금법 소정의 퇴직급여 등을 청구할 수 없음
>
> 공무원연금법에 의한 퇴직급여 등은 적법한 공무원으로서의 신분을 취득하여 근무하다가 퇴직하는 경우에 지급되는 것이고, 임용 당시 공무원 임용 결격사유가 있었다면 비록 국가의 과실에 의하여 임용 결격자임을 밝혀내지 못하였다고 하더라도 그 임용행위는 당연무효로 보아야 하고, 당연무효인 임용행위에 의하여 공무원의 신분을 취득할 수는 없으므로, 임용 결격자가 공무원으로 임용되어 사실상 근무하여 왔다고 하더라도 적법한 공무원으로서의 신분을 취득하지 못한 자로서는 공무원연금법 소정의 퇴직급여 등을 청구할 수 없으며, 임용 결격사유가 소멸된 후에 계속 근무하여 왔다고 하더라도 그 때부터 무효인 임용행위가 유효로 되어 적법한 공무원의 신분을

회복하고 퇴직급여 등을 청구할 수 있다고 볼 수 없다(대판 1998.1.23. 97누16985).

공무원연금관리공단의 급여결정에 대한 불복방법은 행정소송
구 공무원연금법 제26조 제1항, 제80조 제1항, 공무원연금법시행령 제19조의2의 각 규정을 종합하면, 같은 법 소정의 급여는 급여를 받을 권리를 가진 자가 당해 공무원이 소속하였던 기관장의 확인을 얻어 신청하는 바에 따라 공무원연금관리공단이 그 지급결정을 함으로써 그 구체적인 권리가 발생하는 것이므로, 공무원연금관리공단의 급여에 관한 결정은 국민의 권리에 직접 영향을 미치는 것이어서 행정처분에 해당하고, 공무원연금관리공단의 급여결정에 불복하는 자는 공무원연금급여재심위원회의 심사결정을 거쳐 공무원연금관리공단의 급여결정을 대상으로 행정소송을 제기하여야 한다(대판 1996.12.6. 96누6417).

03 공무원의 의무

1. 의의

헌법은 "공무원은 국민 전체에 대한 봉사자"라고 하면서 공무원의 근무상의 기본원칙을 천명하고 있다(제7조 제1항). 공무원의 의무는 공무원의 종류 또는 직무의 성질에 따라 내용이 다르고 각종 법령에서 개별적으로 규정하고 있는데, 국가공무원법과 지방공무원법은 경력직 공무원에 공통된 의무를 규정하고 있다.

2. 의무의 내용

(1) 선서의무

공무원은 취임할 때에 소속 기관장 앞에서 대통령령등(지방공무원의 경우는 조례)으로 정하는 바에 따라 선서하여야 한다(국가공무원법 제55조).

(2) 성실의무

모든 공무원은 법령을 준수하며 성실히 직무를 수행하여야 한다(국가공무원법 제56조). 공무원의 성실의무는 공무원에게 부과된 가장 기본적이고 중요한 의무이다. 이는 정치적·윤리적 의무에 불과한 것이 아니라 법적 의무로서의 성격을 갖는다.

> **관련판례**
>
> **공무원의 성실의무는 근무시간 외의 사업장 밖까지 미침**
> 국가공무원법상 공무원의 성실의무는 경우에 따라 근무시간 외에 근무지 밖에까지 미칠 수도 있다. 전국기관차협의회가 주도하는 집회 및 철도파업은 정당한 단체행동의 범위 내에 있는 것으로 보기 어렵고, 또한 그 집회가 적법한 절차를 거쳐 개최되었고 근무시간 외에 사업장 밖에서 개최되었다고 하더라도 철도의 정상적인 운행을 수행하여야 할 철도기관사로서의 성실의무는 철도의 정상운행에 지장을 초래할 가능성이 높은 집회에 참석하지 아니할 의무에까지도 미치므로, 철도기관사에 대하여 그 집회에 참석하지 못하도록 한 지방철도청장의 명령은 정당한 직무상 명령이

다(대판 1997.2.11. 96누2125).

노동조합 전임자인 공무원이 정당한 노동조합활동의 범위를 벗어난 행위를 한 경우 국가공무원법에 정한 성실의무, 복종의무, 직장이탈금지의무가 면제되지 아니함
공무원은 누구나 국가공무원법 제56조의 성실의무, 제57조의 복종의무, 제58조의 직장이탈금지의무가 있고, 공무원이 노동조합 전임자가 되어 근로제공의무가 면제된다고 하더라도 이는 노동조합 전임자로서 정당한 노동조합의 활동에 전념하는 것을 보장하기 위한 것에 그 의미가 있으므로, 노동조합 전임자인 공무원이라 하여도 정당한 노동조합활동의 범위를 벗어난 경우까지 국가공무원법에 정한 위 의무들이 전적으로 면제된다고 할 수는 없다(대판 2008.10.9. 2006두13626).

(3) 법령준수의무

모든 공무원은 법령을 준수하며 성실히 직무를 수행하여야 한다(국가공무원법 제56조). 법령이란 행정법의 법원이 되는 모든 법을 말하고 법규명령 외에 행정규칙도 포함된다. 법령위반은 위법행위 또는 불법행위로서, 취소·무효, 손해배상, 처벌, 징계 등의 사유가 된다.

(4) 복종의 의무

① **의의** : 공무원은 직무를 수행할 때 소속 상관의 직무상 명령에 복종하여야 한다(국가공무원법 제57조). 이는 계층적 조직체로서 행정조직의 원리상 필수적이다. 다만 직무의 성질상 독립성이 보장된 공무원에게는 인정될 수 없다.
② **소속상관** : 당해 공무원의 직무에 관하여 지휘·감독권을 가진 자를 말한다. 즉 신분상 소속상관이 아니라 직무상 소속상관을 의미한다. 소속상관은 행정관청일 수도 있고 보조기관일 수도 있다.
③ **직무명령** : 상관이 직무에 관하여 부하에게 발하는 명령을 말한다. 특별한 규정이 있는 경우 외에는 구술이나 문서의 어느 형식에 의해서도 가능하다. 이는 상관이 부하에 대하여 발하는 명령이라는 점에서 상급관청이 하급관청에 대하여 발하는 훈령과 구별된다.
④ **복종의무의 한계**

소극설	직무명령은 공권력의 행사로서 그에는 행정행위의 공정력과 같은 효력이 인정되므로, 직무명령에 중대·명백한 하자가 있어 무효로 인정되는 경우에는 직무명령도 적법성이 추정되어 수명자는 그에 대한 복종을 거부할 수 없다는 견해
적극설	공무원은 복종의무 이외에 법령준수의무도 있으므로 수명공무원은 그 적법성 여부를 심사하여 위법한 명령에 대한 복종을 거부할 수 있다는 견해
판례	중대하고 명백한 위법명령에는 하관의 복종의무가 미치지 아니함 (대판 1988.2.23. 87도2358)

(5) 직장이탈금지의무

공무원은 소속 상관의 허가 또는 정당한 사유가 없으면 직장을 이탈하지 못한다. 이 의무는 근무시간 중에 성립하는 것이 원칙이나, 시간외근무명령이 있는 경우에도 성립한다. 이 의무에 위배하면 형법상의 직무유기죄를 구성한다.

(6) 친절·공정의무

공무원은 국민 전체의 봉사자로서 친절하고 공정하게 직무를 수행하여야 한다(국가공무원법 제59조). 공무원의 친절·공정의무는 단순한 도덕상의 의무가 아니라 법적 의무이므로, 이에 위반하면 징계사유가 된다.

(7) 종교중립의무

공무원은 종교에 따른 차별 없이 직무를 수행하여야 하며, 소속 상관이 이에 위배되는 직무상 명령을 한 경우에는 이에 따르지 아니할 수 있다(국가공무원법 제59조의2).

(8) 비밀엄수의무

공무원은 재직 중은 물론 퇴직 후에도 직무상 알게 된 비밀을 엄수하여야 한다(국가공무원법 제60조). 비밀에는 자신이 처리하는 직무에 관한 비밀뿐만 아니라 직무와 관련하여 알게 된 비밀도 포함된다. 공무원의 비밀엄수의무로 인해 보호되는 이익은 특정한 개인의 이익이 아니라 국민 전체의 이익이다.

(9) 청렴의무

① **공무원법상의 청렴의무** : 공무원은 직무와 관련하여 직접적이든 간접적이든 사례·증여 또는 향응을 주거나 받을 수 없으며, 직무상의 관계가 있든 없든 그 소속 상관에게 증여하거나 소속 공무원으로부터 증여를 받아서는 아니 된다(국가공무원법 제61조·지방공무원법 제53조). 청렴의무의 위반은 징계사유가 되고, 경우에 따라서는 형법상 뇌물에 관한 죄를 구성할 수도 있다(형법 제129조~제135조).

② **공직자윤리법상의 청렴의무** : 공직자윤리법은 공직자의 재산등록의무(제3조 제1항, 제4조 제1항·제2항), 공직선거후보자 등의 재산공개의무(제10조의2 제1항·제2항), 선물신고의무(제15조 제1항), 취업금지의무(제17조 제1항, 제19조 제1항·제2항)를 규정하고 있다. 이 의무의 위반시 징계책임을 지고(제22조), 재산등록거부의 죄(제24조)·허위자료제출 등의 죄(제25조)·출석거부의 죄(제26조)·취업제한위반의 죄(제29조) 등의 형사책임을 진다.

(10) 영예제한

공무원이 외국 정부로부터 영예나 증여를 받을 경우에는 대통령의 허가를 받아야 한다(국가공무원법 제62조·지방공무원법 제54조).

(11) 품위유지의무

공무원은 직무의 내외를 불문하고 그 품위가 손상되는 행위를 하여서는 아니 된다(국가공무원법 제63조). 품위손상행위란 공직의 체면·위신에 영향을 미칠 수 있는 행위(예 축첩·도박·아편흡식·알콜중독)를 의미한다. 품위유지의무는 직무집행중뿐 아니라 직무집행과 관계없이도 존재하며, 이를 위반하면 징계사유가 된다.

(12) 영리업무 및 겸직금지의무

공무원은 공무 외에 영리를 목적으로 하는 업무에 종사하지 못하며 소속 기관장의 허가 없이 다른 직무를 겸할 수 없다(국가공무원법 제64조).

(13) 정치운동금지의무

공무원은 정치적 중립성을 견지하여야 하므로(헌법 제7조 제2항) 공무원에게는 정치운동이 금지된다. 그러나 대통령·국무총리·국무위원·국회의원·차관·처의 장, 정무차관 및 이들의 비서관 등 특수경력직 공무원에 대하여는 정치운동이 허용된다(국가공무원법 제3조 제3항). 정치운동이 금지되는 공무원은 정당이나 그 밖의 정치단체의 결성에 관여하거나 이에 가입할 수 없다(국가공무원법 제65조 제1항).

> **관련판례**
>
> **초·중등학교의 교육공무원이 정치단체의 결성에 관여하거나 이에 가입하는 행위를 금지한 것은 위헌**
> 초·중등학교의 교육공무원이 정치단체의 결성에 관여하거나 이에 가입하는 행위를 금지한 국가공무원법 제65조 제1항 중 '<u>국가공무원법 제2조 제2항 제2호의 교육공무원 가운데 초·중등교육법 제19조 제1항의 교원은 그 밖의 정치단체의 결성에 관여하거나 이에 가입할 수 없다.</u>' 부분은 <u>과잉금지원칙에 위배되어 청구인들의 정치적 표현의 자유 및 결사의 자유를 침해한다</u>(헌재 2020.4.23. 2018헌마551). ☞ '정당' 가입 금지 부문은 합헌

(14) 집단행위금지의무

공무원은 국민 전체의 이익을 위한 봉사자이므로 특정목적을 위한 다수인의 행위로써 공무의 본질을 해치지 않도록 집단행위가 금지된다. 공무원인 근로자는 법률이 정하는 자에 한하여 단결권·단체교섭권 및 단체행동권을 가진다(헌법 제33조 제2항). 공무원은 노동운동이나 그 밖에 공무 외의 일을 위한 집단 행위를 하여서는 아니 된다. 다만, 사실상 노무에 종사하는 공무원은 예외로 한다(국가공무원법 제66조 제1항).

(15) 병역사항의 신고의무

대통령, 국무총리, 국무위원, 국회의원, 국가정보원의 원장·차장 등 국가의 정무직 공무원, 지방자치단체의 장과 지방의회의원, 4급 이상의 일반직 국가공무원(고위공무원단에 속하는 일반직 공무원을 포함) 및 지방공무원과 이에 상당하는 보수를 받는 별정직 공무원 등 법률이 정한 공직자는 본인과 본인의 18세 이상인 직계비속의 병역사항을 신고하여야 한다(공직자 등의 병역사항 신고 및 공개에 관한 법률 제2조·제3조).

(16) 「부패방지 및 국민권익위원회의 설치와 운영에 관한 법률」상 의무

공직자는 법령을 준수하고 친절하고 공정하게 집무하여야 하며 일체의 부패행위와 품위를 손상하는 행위를 하여서는 아니 된다(제7조 세1항). 이에 따라 공직자가 준수하여야 할 행동강령으로 ① 직무관련자로부터의 향응·금품 등을 받는 행위의 금지·제한에 관한 사항, ② 직위를 이용한 인사관여·이권개입·알선·청탁행위의 금지·제한에 관한 사항, ③ 공정한 인사 등 건전한 공직풍토 조성을 위하여 공직자가 지켜야 할 사항, ④ 그 밖에 부패의 방지와 공직자의 직무의 청렴성 및 품위유지 등을 규정하도록 하였다(제2항).

> **예제** 국가공무원법상 공무원의 의무에 대한 설명으로 옳지 않은 것은? (다툼이 있는 경우 판례에 의함)
> ① 공무원의 성실의무는 경우에 따라 근무시간 외에 근무지 밖에까지 미칠 수도 있다.
> ② 공무원의 품위유지의무는 공무원이 직무의 내외를 불문하고, 국민의 수임자로서의 직책을 맡아 수행해 나가기에 손색이 없는 인품에 걸맞게 본인은 물론 공직사회에 대한 국민의 신뢰를 실추시킬 우려가 있는 행위를 하지 않아야 할 의무를 말한다.
> ③ 실제 여럿이 모이는 형태로 의사표현을 하는 것은 아니지만 발표문에 서명날인을 하는 등의 수단으로 여럿이 가담한 행위임을 표명하는 경우는 국가공무원법이 금지하는 '집단행위'에 해당한다.
> ④ 행정조직의 개선과 발전에 도움이 되고, 궁극적으로 행정청의 권한행사의 적정화에 기여하는 면이 있다면, 공무원이 외부에 자신의 상사 등을 비판하는 의견을 발표하는 행위는 공무원으로서의 체면이나 위신을 손상시키는 행위에 해당하지 아니한다.

정답 ④

④ (×) 국민들에게는 그 내용의 진위나 당부와는 상관없이 그 자체로 행정청 내부의 갈등으로 비춰져, 행정에 대한 국민의 신뢰를 실추시키는 요인으로 작용할 수 있고, 특히 발표 내용 중에 진위에 의심이 가는 부분이 있거나 표현이 개인적인 감정에 휩쓸려 지나치게 단정적이고 과장된 부분이 있는 경우에는…공무원으로서의 체면이나 위신을 손상시키는 행위에 해당한다(대판 2017.4.13. 2014두8469).
① (○) 대판 1997.2.11. 96누2125 ② (○) 대판 2017.11.9. 2017두47472
③ (○) 대판 2017.4.13. 2014두8469

04 공무원의 책임

1. 징계책임

(1) 징계의 의의

징계란 **공무원의 의무위반에 대하여 국가 또는 지방자치단체가 공무원관계의 질서유지를 위해 공무원법에 따라 당해 공무원에게 제재를 가하는 것**을 말한다. 그 제재로서의 벌을 징계벌이라 하고 그 벌을 받아야 할 책임을 징계책임이라 한다.

〈형벌과 징계벌의 비교〉

	형벌	징계벌
직접목적	국가와 일반사회공공의 질서유지	행정조직 내부의 질서유지
상대방	일반국민	공무원
대상	형법상의 의무위반	공무원법상의 의무위반
내용	신분적·재산적 이익은 물론 자유·생명까지도 박탈가능	공무원의 신분상의 이익의 일부 또는 전부를 박탈
고의·과실	요구됨	의무위반이라는 객관적 사실에 대한 제재이므로 불요
제재 시기	공무원의 퇴직 여하에 관련 없음	퇴직 후에는 문제되지 아니함
상관의 책임	문제되지 아니함	감독상의 책임 존재

> **관련판례**
>
> 관련 형사사건의 유죄확정 전에도 징계처분할 수 있음
> 공무원에게 징계사유가 인정되는 이상 관련된 형사사건이 아직 유죄로 확정되지 아니하였다고 하더라도 징계처분을 할 수 있다(대판 2001.11.9. 2001두4184).
>
> 징계처분 후 징계사유에 대한 형사사건에서 무죄가 확정된 경우 그 징계처분이 당연무효가 되는 것은 아님
> 징계처분 후 징계사유에 대한 형사사건으로 1심에서 유죄판결이 선고되었으나 그 후 항소심에서 무죄판결이 선고되고 이 판결이 대법원에서 확정되었다면 그 징계처분이 근거 없는 사실을 징계 사유로 삼은 것이 되어 위법하다고는 할 수 있으나 그 하자가 <u>객관적으로 명백하다고는 할 수 없으므로 징계처분이 당연무효가 되는 것은 아니다</u>(대판 1994.1.11. 93누14752).

(2) 징계의 원인

① **공무원법상 징계사유**(국가공무원법 제78조 제1항, 지방공무원법 제69조)

> 1. 동법 및 동법에 따른 명령을 위반한 경우
> 2. 직무상의 의무(다른 법령에서 공무원의 신분으로 인하여 부과된 의무를 포함)를 위반하거나 직무를 태만히 한 때
> 3. 직무의 내외를 불문하고 그 체면 또는 위신을 손상하는 행위를 한 때

② **징계원인과 징계요구**

㉠ 징계사유가 있을 때에는 공무원의 고의나 과실의 유무와 관계없이 징계할 수 있으며, 그 감독자도 감독의무를 태만히 한 경우에는 책임을 면하지 못한다. 임용 전의 특정한 행위로 인하여 임용 후에도 계속하여 공무원의 품위가 손상되는 경우에는 징계사유가 될 수 있다(대판 1990.5.22.89누7368).

㉡ 제1항의 징계 의결 요구는 5급 이상 공무원 및 고위공무원단에 속하는 일반직공무원은 소속 장관이, 6급 이하의 공무원은 소속 기관의 장 또는 소속 상급기관의 장이 한다. 다만, 국무총리·인사혁신처장 및 대통령령등으로 정하는 각급 기관의 장은 다른 기관 소속 공무원이 징계 사유가 있다고 인정하면 관계 공무원에 대하여 관할 징계위원회에 직접 징계를 요구할 수 있다(제4항). 징계유가 있는 때에는 징계권자는 반드시 징계의결의 요구를 하여야 하는 것으로 해석된다. 그러나 판례는 징계권자가 징계사유에 해당하는지 여부에 관하여 판단할 재량이 있다고 보고 있다.

㉢ 감사원은 국가공무원법과 그 밖의 법령에 규정된 징계 사유에 해당하거나 정당한 사유 없이 이 법에 따른 감사를 거부하거나 자료의 제출을 게을리한 공무원에 대하여 그 소속 장관 또는 임용권자에게 징계를 요구할 수 있다(감사원법 제32조 제1항).

(3) 징계의 종류

징계의 종류는 법에 따라 다르나. 국가공무원법상 일반직공무원에 대한 징계는 파면·해임·강등·정직·

감봉·견책으로 구분된다(국가공무원법 제79조). 파면과 해임은 당해 공무원을 공무원관계에서 배제하는 '배제징계'이고, 강등·정직·감봉·견책은 신분적 이익의 일부를 일시적으로 박탈하는 '교정징계'이다. 파면·해임·강등·정직은 중징계로, 감봉·견책은 경징계로 구분된다.

	신분상 불이익	재산상 불이익
파면	공무원의 신분을 박탈. 5년간 공무원 임용결격사유	재직기간에 따라 퇴직급여 1/2~1/4 감액. 퇴직수당 1/2 감액
해임	공무원의 신분을 박탈. 3년간 공무원 임용결격사유	재직기간에 따라 퇴직급여 1/4~1/8 감액. 퇴직수당 1/4 감액
강등	1계급 아래로 직급을 내리고(고위공무원단에 속하는 공무원은 3급으로 임용하고, 연구관 및 지도관은 연구사 및 지도사로 임용), 공무원신분은 보유하나 3개월간 직무정지. 18개월 동안 승진임용 또는 승급제한.	보수 전액 감액
정직	공무원신분 보유하나 일정기간(1월~3월) 직무정지. 18개월 동안 승진임용과 승급 제한	보수 전액 감액
감봉	공무원의 신분보유. 12개월 동안 승진임용과 승급 제한.	1개월 이상 3개월 이하의 기간 보수의 3분의1 감액
견책	전과에 대하여 훈계하고 회개하게 함. 6개월간 승진임용과 승급 제한.	

(4) 징계부가금

징계 의결을 요구하는 경우 그 징계 사유가 ① 금전, 물품, 부동산, 향응 또는 그 밖에 대통령령으로 정하는 재산상 이익을 취득하거나 제공한 경우, ②「국가재정법」에 따른 예산 및 기금, 「지방재정법」에 따른 예산, 「국고금 관리법」에 따른 국고금 등에 해당하는 것을 횡령, 배임, 절도, 사기 또는 유용한 경우에는 해당 징계 외에 취득하거나 제공한 금전 또는 재산상 이득(금전이 아닌 재산상 이득의 경우에는 금전으로 환산한 금액)의 5배 내의 징계부가금 부과 의결을 징계위원회에 요구하여야 한다(국가공무원법 제78조의2 제1항).

(5) 징계의 절차

① **징계의결의 요구**: 5급이상 공무원등(고위공무원단에 속하는 공무원을 포함)에 대해서는 소속 장관이, 6급이하 공무원등에 대해서는 해당 공무원의 소속 기관의 장 또는 소속 상급기관의 장이 관할 징계위원회에 징계의결등을 요구하여야 한다(공무원징계령 제7조 제1항).

② **감사원의 조사와의 관계 등**: 감사원에서 조사 중인 사건에 대하여는 조사개시 통보를 받은 날부터 징계 의결의 요구나 그 밖의 징계 절차를 진행하지 못한다(국가공무원법 제83조 제1항). 검찰·경찰, 그 밖의 수사기관에서 수사 중인 사건에 대하여는 수사개시 통보를 받은 날부터 징계 의결의 요구나 그 밖의 징계 절차를 진행하지 아니할 수 있다(제2항). 감사원과 검찰·경찰, 그 밖의 수사기관은 조사나 수사를 시작한 때와 이를 마친 때에는 10일 내에 소속 기관의 장에게 그 사실을 통보하여야 한다(제3항).

③ 시효

국가공무원법 제83조의2(징계 및 징계부가금 부과 사유의 시효) ① 징계의결등의 요구는 징계 등 사유가 발생한 날부터 다음 각 호의 구분에 따른 기간이 지나면 하지 못한다.
1. 징계 등 사유가 다음 각 목의 어느 하나에 해당하는 경우: <u>10년</u>
   가. 「성매매알선 등 행위의 처벌에 관한 법률」 제4조에 따른 금지행위
   나. 「성폭력범죄의 처벌 등에 관한 특례법」 제2조에 따른 성폭력범죄
   다. 「아동·청소년의 성보호에 관한 법률」 제2조 제2호에 따른 아동·청소년대상 성범죄
   라. 「양성평등기본법」 제3조 제2호에 따른 성희롱
2. 징계 등 사유가 제78조의2 제1항 각 호(징계부가금 대상)의 어느 하나에 해당하는 경우: <u>5년</u>
3. 그 밖의 징계 등 사유에 해당하는 경우: <u>3년</u>

② 제83조 제1항 및 제2항에 따라 징계 절차를 진행하지 못하여 제1항의 기간이 지나거나 그 남은 기간이 1개월 미만인 경우에는 제1항의 기간은 제83조 제3항에 따른 조사나 수사의 종료 통보를 받은 날부터 1개월이 지난 날에 끝나는 것으로 본다.
③ 징계위원회의 구성·징계의결등, 그 밖에 절차상의 흠이나 징계양정 및 징계부가금의 과다(過多)를 이유로 소청심사위원회 또는 법원에서 징계처분등의 무효 또는 취소의 결정이나 판결을 한 경우에는 제1항의 기간이 지나거나 그 남은 기간이 3개월 미만인 경우에도 그 결정 또는 판결이 확정된 날부터 3개월 이내에는 다시 징계의결등을 요구할 수 있다.

징계사유가 계속적으로 행하여진 일련의 행위인 경우에는 최종의 행위를 기준으로 하며(대판 1986.1.21. 85누841), 임용 전에 징계사유가 발생한 경우 징계시효의 기산점은 공무원으로 임용된 때이다(대판 1990.5.22. 89누7368).

④ **징계위원회의 심의**: 징계위원회가 징계사건을 심의할 때에는 반드시 징계혐의자를 출석시켜 진술의 기회를 주어야 하는바, 이 절차를 거치지 않은 징계의결은 무효이다(제81조 제3항).
⑤ **징계의 의결기한**: 징계위원회는 징계의결등 요구서를 접수한 날부터 30일(중앙징계위원회의 경우는 60일) 이내에 징계의결등을 해야 한다. 다만, 부득이한 사유가 있을 때에는 해당 징계위원회의 의결로 30일(중앙징계위원회의 경우는 60일)의 범위에서 그 기한을 연기할 수 있다(공무원징계령 제9조).

(6) 징계에 대한 불복

① **처분사유 설명서의 교부**: 공무원에 대하여 징계처분등을 할 때나 강임·휴직·직위해제 또는 면직처분을 할 때에는 그 처분권자 또는 처분제청권자는 처분사유를 적은 설명서를 교부하여야 한다. 다만, 본인의 원(願)에 따른 강임·휴직 또는 면직처분은 그러하지 아니하다(국가공무원법 제75조 제1항).
② **피해자에 대한 징계처분결과 통보**: 처분권자는 피해자가 요청하는 경우 ⅰ) 성폭력범죄, ⅱ) 성희롱, ⅲ) 직장에서의 지위나 관계 등의 우위를 이용하여 업무상 적정범위를 넘어 다른 공무원 등에게 부당한 행위를 하거나 신체적·정신적 고통을 주는 등의 행위로서 대통령령등으로 정하는 행위의 어느 하나에 해당하는 사유로 처분사유 설명서를 교부할 때에는 그 징계처분결과를 피해자에게 함께 통보하여야 한다(제75조 제2항).
③ 소청
   ㉠ **의의**: 소청이란 공무원의 징계처분 기타 그 의사에 반한 불리한 처분에 대한 불복신청을 말한다

(국가공무원법 제9조 제1항). 징계처분에 대한 소청은 처분사유설명서를 받은 날로부터 30일 이내에 청구하여야 한다(제76조 제1항).

ⓒ **소청심사위원회** : 소청사항의 심사는 소청심사위원회가 행한다. 행정기관 소속 공무원의 징계처분, 그 밖에 그 의사에 반하는 불리한 처분이나 부작위에 대한 소청을 심사·결정하게 하기 위하여 인사혁신처에 소청심사위원회를 두며(국가공무원법 제9조 제1항), 국회, 법원, 헌법재판소 및 선거관리위원회 소속 공무원의 소청에 관한 사항을 심사·결정하게 하기 위하여 국회사무처, 법원행정처, 헌법재판소사무처 및 중앙선거관리위원회사무처에 각각 해당 소청심사위원회를 둔다(제2항).

ⓒ **소청절차**
   ⓐ **소청심사위원회의 심사** : 소청심사위원회는 소청을 접수하면 지체 없이 심사하여야 한다(국가공무원법 제12조 제1항). 소청심사위원회는 필요하면 검증·감정, 그 밖의 사실조사를 하거나 증인을 소환하여 질문하거나 관계 서류를 제출하도록 명할 수 있다(제2항).
   ⓑ **소청인의 진술권** : 소청심사위원회가 소청 사건을 심사할 때에는 대통령령등으로 정하는 바에 따라 소청인 또는 대리인에게 진술 기회를 주어야 하며, 이러한 진술 기회를 주지 아니한 결정은 무효이다(제13조).
   ⓒ **결정** : 소청심사위원회는 제76조 제3항에 따른 임시결정을 한 경우 외에는 소청심사청구를 접수한 날부터 60일 이내에 이에 대한 결정을 하여야 한다. 다만 불가피하다고 인정되면 소청심사위원회의 의결로 30일을 연장할 수 있다(제76조 제5항). 결정에는 각하, 기각, 취소 또는 변경, 취소 또는 변경명령, 무효 또는 존재여부 확인, 의무이행결정이 있다(제6항).

ⓔ **결정의 효력** : 소청심사위원회의 결정은 처분 행정청을 기속한다(국가공무원법 제15조·지방공무원법 제20조). 소청심사위원회의 취소명령 또는 변경명령 결정은 그에 따른 징계나 그 밖의 처분이 있을 때까지는 종전에 행한 징계처분 또는 제78조의2에 따른 징계부가금 부과처분에 영향을 미치지 아니한다(제14조 제6항).

ⓜ **불이익변경금지의 원칙** : 소청인의 이익을 보호하고 소청의 권리를 보장하기 위하여, 소청심사위원회가 원징계처분에서 한 징계보다 중한 징계를 하는 결정을 하지 못하도록 하였다(국가공무원법 제14조 제8항).

> **관련판례**
>
> **여러 개의 징계사유 중 일부가 인정되지 않으나 인정되는 다른 일부 징계사유만으로도 당해 징계처분의 타당성을 인정하기에 충분한 경우**
> 원래의 징계처분에서 징계사유로 삼지 아니한 <u>징계사유를 재심절차에서 추가하는 것은</u> 추가된 징계사유에 대한 재심의 기회를 박탈하는 것으로 되어 특별한 사정이 없는 한 허용되지 아니하므로, 피고가 재심절차에서 위 금융거래정보 불법취득 사실을 징계사유로 추가한 것은 <u>잘못이라 할 것이다. 그러나 여러 개의 징계사유 중 일부가 인정되지 않으나 인정되는 다른 일부 징계사유만으로도 당해 징계처분의 타당성을 인정하기에 충분한 경우에는 그 징계처분을 그대로 유지하여도 위법하지 아니하다고 할 것이다</u>(대판 2007.12.28. 2006다33999).

④ 행정소송
  ㉠ 소청을 제기한 자는 소청위원회의 결정에 불복이 있는 때 행정소송을 제기할 수 있다. 행정소송의 대상은 원처분주의에 따라 원징계처분을 소송의 대상으로 하여야 하는데, 소청심사위원회의 결정에 고유한 위법이 있다면 소청심사위원회의 결정을 소송의 대상으로 할 수 있다.
  ㉡ 행정소송을 제기할 때에는 대통령의 처분 또는 부작위의 경우에는 소속 장관(대통령령으로 정하는 기관의 장을 포함)을, 중앙선거관리위원회위원장의 처분 또는 부작위의 경우에는 중앙선거관리위원회사무총장을 각각 피고로 한다(국가공무원법 제16조).
  ㉢ 이러한 행정소송은 소청심사위원회의 심사·결정을 거치지 아니하면 제기할 수 없다(국가공무원법 제16조 제2항·지방공무원법 제20조의2).

예제 「국가공무원법」에 대한 설명으로 옳지 않은 것은? (다툼이 있는 경우 판례에 의함)

① 징계의결 등을 요구한 기관의 장은 징계위원회의 의결이 가볍다고 인정하면 그 처분을 하기 전에 직근 상급기관이 없는 징계위원회의 의결에 대하여는 그 징계위원회에 심사나 재심사를 청구할 수 있다.
② 본인의 원(願)에 따른 강임·휴직 또는 면직처분의 경우에도 그 처분권자 또는 처분제청권자는 처분사유를 적은 설명서를 교부하여야 한다.
③ 징계 의결 요구는 5급 이상 공무원 및 고위공무원단에 속하는 일반직 공무원은 소속 장관이, 6급 이하의 공무원은 소속 기관의 장 또는 소속 상급기관의 장이 한다.
④ 징계의결의 요구는 징계 사유가 발생한 날부터 3년, 특히 금품 및 향응수수와 공금의 횡령·유용의 경우에는 5년이 지나면 하지 못한다.

정답 ②
② (×) 공무원에 대하여 징계처분 등을 할 때나 강임·휴직·직위해제 또는 면직처분을 할 때에는 그 처분권자 또는 처분제청권자는 처분사유를 적은 설명서를 교부하여야 한다. 다만, 본인의 원에 따른 강임·휴직 또는 면직처분은 그러하지 아니하다(국가공무원법 제75조).
① (○) 국가공무원법 제82조 제2항
③ (○) 동법 제78조 제4항
④ (○) 동법 제83조의2 제1항

예제 보수의 전액이 감액되는 징계의 유형끼리 짝지은 것은?
① 강등, 감봉   ② 강등, 정직   ③ 파면, 감봉   ④ 해임, 정직

정답 ②
강등과 정직은 보수의 전액이 감액되는 재산상 불이익을 받는다.

예제 공무원의 책임에 대한 설명으로 옳지 않은 것은? (다툼이 있는 경우 판례에 의함)
① 징계처분에 대한 행정소송은 소청심사위원회의 심사·결정을 거치지 아니하면 이를 제기할 수 없다.
② 수 개의 징계사유 중 그 일부가 인정되지 않는다 하더라도 인정되는 다른 일부 징계사유만으로도 당해 징계처분이 정당하다고 인정되는 경우에는 그 징계처분을 유지한다고 하여 위법하다 할 수 없다.
③ 행정규칙에 의한 '불문경고조치'는 차후 징계감경사유로 사용될 수 있었던 표창공적의 사용가능성을 소멸시키는 효과를 가지므로 항고소송의 대상이 되는 행정처분에 해당한다.
④ 공무원에게 징계사유가 인정되는 이상 관련 형사사건의 유죄확정 전에도 해당 공무원에 대하여 징계처분을 할 수 있지만 형사사건에서 무죄가 확정된 경우에는 동 징계처분은 당연무효가 된다.

정답 ④

④ (×) 징계처분 후 징계사유에 대한 형사사건으로 1심에서 유죄판결이 선고되었으나 그 후 항소심에서 무죄판결이 선고되고 이 판결이 대법원에서 확정되었다면 그 징계처분이 근거 없는 사실을 징계사유로 삼은 것이 되어 위법하다고는 할 수 있으나 그 하자가 객관적으로 명백하다고는 할 수 없으므로 징계처분이 당연무효가 되는 것은 아니다(대판 1994.1.11. 93누14752).
① (○) 소청심사는 고충처리절차와 달리 행정소송의 전심절차이다.
② (○) 대판 2007.12.28. 2006다33999
③ (○) 대판 2002.7.26. 2001두3532

예제 국가공무원법령상 공무원의 징계와 관련된 설명으로 옳은 것은?
① 수사기관에서 수사 중인 사건에 대하여는 수사개시의 통보를 받은 날로부터 징계절차를 진행하지 아니할 수 있다.
② 징계 중 파면, 해임, 강등을 중징계라 하고, 정직, 감봉, 견책을 경징계라 한다.
③ 금전의 수수행위에 대한 징계의결 등의 요구는 징계 등의 사유가 발생한 날부터 3년이 지나면 하지 못한다.
④ 징계처분에 대한 행정소송은 소청심사위원회의 심사·결정을 거치지 아니하고도 제기할 수 있다.

정답 ①

① (○) 검찰·경찰, 그 밖의 수사기관에서 수사 중인 사건에 대하여는 제3항에 따른 수사개시 통보를 받은 날부터 징계 의결의 요구나 그 밖의 징계 절차를 진행하지 아니할 수 있다(동법 제83조 제2항).
② (×) 정직도 중징계에 속한다.
③ (×) 금전, 물품, 부동산, 향응 또는 그 밖에 대통령령으로 정하는 재산상 이익을 취득하거나 제공한 경우의 징계시효는 5년이다(국가공무원법 제78조의2 제1항, 제83조의2 제1항 제2호). 그밖에 10년인 경우(성매매알선행위, 성폭력범죄, 아동·청소년대상 성범죄, 성희롱)가 있고, 그밖의 경우는 3년이다.
④ (×) 제75조에 따른 처분, 그 밖에 본인의 의사에 반한 불리한 처분이나 부작위에 관한 행정소송은 소청심사위원회의 심사·결정을 거치지 아니하면 제기할 수 없다(국가공무원법 제16조 제1항).

2. 변상책임

(1) 국가배상법에 의한 변상책임

공무원이 그 직무를 집행함에 고의 또는 중대한 과실로 법령에 위반하여 타인에게 손해를 주었을 경우에 국가 등은 그에 대한 배상책임을 지는데, 이때 당해 공무원은 국가 등의 구상권에 응하여 변상책임을 진다(국가배상법 제2조 제2항).

(2) 회계관계직원 등의 변상책임

① 회계관계직원은 고의 또는 중대한 과실로 법령 그 밖의 관계규정과 예산에 정하여진 바에 위반하여 국가·지방자치단체 그 밖에 감사원의 감사를 받는 단체 등의 재산에 대하여 손해를 끼친 때에는 변상의 책임이 있다(회계관계직원 등의 책임에 관한 법률 제4조 제1항).

② 현금 또는 물품을 출납·보관하는 자가 선량한 관리자로서의 주의를 게을리하여 그가 보관하는 현금 또는 물품이 망실되거나 훼손된 때에는 변상의 책임이 있다(제2항). 이 경우 회계관계직원은 스스로 사무를 집행하지 아니한 것을 이유로 그 책임을 면할 수 없다(제3항).

③ 감사원은 감사의 결과에 따라 회계관계직원 등의 변상책임의 유무 및 배상액을 심리·판정한다(감사원법 제31조). 감사원은 변상책임이 있다고 판정하였을 때에는 변상책임자·변상액 및 변상의 이유를 명백히 한 변상판정서를 소속장관·감독기관의 장 또는 당해 기관의 장에게 송부하고, 그 송부를 받은 소속장관 등은 변상판정서를 당해 변상책임자에 교부하여 감사원이 정한 기한내에 변상하게 하여야 한다(제31조 제2항·제3항).

3. 형사법상 책임

형사법상 책임이란 ① 공무원의 행정법상의 의무위반행위가 동시에 형법 등의 형사법에 위반하는 범죄가 되어, 공무원이 이 범죄에 대하여 부담하는 책임과, ② 공무원의 의무위반행위가 행정법령에 의하여 보장되는 법익을 침해하는 경우에 부담하는 행정형벌책임을 말한다.

제8편

특별행정작용법

제1장　**경찰행정법**
제2장　**급부행정법**
제3장　**공용부담법**
제4장　**토지행정법**
제5장　**재무행정법**
제6장　**환경행정법**

제1장 경찰행정법

제1절 개설

01 경찰의 의의

1. 형식적 의미의 경찰

형식적 의미의 경찰은 그 작용의 성질여하를 불문하고 제도적 의미의 경찰이 수행하는 모든 사무를 의미한다. 따라서 그 중에는 성질상 실질적 의미의 경찰작용으로 볼 수 없는 것들이 있다(예 치안정보의 수집, 범인의 체포).

2. 실질적 의미의 경찰

실질적 의미의 경찰은 "사회공공의 안녕과 질서를 유지하기 위하여 일반통치권에 의거하여 기본적으로는 국민에게 명령·강제하는 권력적 작용"을 말한다. 실질적 의미의 경찰은 제도적 의미의 경찰에 의해서만 수행되는 것이 아니고, 그 밖의 다른 행정기관에 의해서도 수행된다.

02 경찰의 종류

1. 목적에 의한 분류

행정경찰	① 사회공공의 안녕과 질서유지를 목적으로 하는 행정작용(예 위생경찰·산업경찰·조세경찰·산림경찰·관세경찰·도로경찰·건축경찰·어업경찰·공물경찰·소방경찰·해양경찰) ② 실질적 의미의 경찰에 해당
사법경찰	① 검사과 사법경찰직원에 의하여 재판목적을 위해 행해지는 형사사법권의 작용(체포·수사·구속집행…) ② 실질적 의미의 경찰개념에 속하지 않지만, 형식적 의미의 경찰에 포함됨

2. 일반성 유무에 의한 분류

보안경찰	① 다른 행정작용과 연계없이 그 자체가 독립하여 행해지는 경찰작용(예 풍속경찰·교통경찰·해양경찰·소방경찰) ② 보통경찰기관이 담당
협의의 행정경찰	① 행정영역별로 그 행정이 갖는 특별한 행정목적의 달성을 위한 경찰작용(예 위생경찰·건축경찰·산림경찰·어업경찰·보건경찰) ② 일반행정기관이 담당

3. 발동시점에 의한 분류

예방경찰	① 공공의 안녕과 질서유지를 위하여 위해발생 이전에 위험을 방지하기 위한 경찰작용 ② 주로 행정경찰의 내용에 국한됨
진압경찰	① 위해발생 이후 그러한 장해를 제거하기 위한 경찰작용 ② 행정경찰의 의미(예 장해된 질서에 의해 야기되는 다른 질서교란의 방지) 외에 사법경찰의 의미(예 범인의 체포)도 가짐

4. 권능이나 책임의 소재에 의한 분류

국가경찰	국가사무로서의 경찰사무를 수행하기 위해 국가가 설치·유지하는 경찰
자치체경찰	지방자치단체사무로서의 경찰사무를 수행하기 위해 지방자치단체가 설치·유지하는 경찰(예 각시도의 소방사무, 제주특별자치도의 자치경찰제)

제2절 경찰권의 근거

01 경찰행정과 법치국가원리

경찰행정은 국민에게 명령·강제 등을 하는 전형적인 침해행정이므로 행정의 법률적합성의 원칙에 따라 경찰작용에 있어서 당연히 법률상의 근거를 요한다. 이 경우의 법률은 단순한 임무규범(직무규범)이나 포괄적인·일반적인 수권(위임)규정이 아닌 구체적·개별적인 권한규정(작용법적 규정)이어야 한다.

02 경찰법상 개별적 수권조항(표준조치)

1. 표준조치의 의의

표준조치란 **일반 경찰법상의 개별수권규정에 의한 경찰권**을 의미한다. 경찰관 직무집행법 제3조 내지 제10조의4의 규정방식으로 전형적 경찰권행사들을 유형화한 것이다. 이러한 개별적 권한의 행사는 그 직무수행에 필요한 최소한도 내에서 이루어져야 하며 남용되어서는 아니 된다(경찰관 직무집행법 제1조 제2항).

2. 표준조치의 유형

(1) 불심검문

① **의의**: 거동이 수상한 자를 발견한 때에 정지시켜 조사하는 것을 불심검문이라고 한다. 경찰관 직무집행법 제3조는 불심검문의 방법으로 질문, 흉기소지여부조사 및 동행요구를 규정하고 있다. 범행 전후를 불문하고 적용된다.

② 질문
　㉠ 경찰관은 ⓐ 수상한 거동 기타 주위의 사정을 합리적으로 판단하여 어떠한 죄를 범하였거나 범하려 하고 있다고 의심할 만한 상당한 이유가 있는 자, ⓑ 이미 행하여진 범죄나 행하여지려고 하는 범죄행위에 관하여 그 사실을 안다고 인정되는 자를 정지시켜 질문할 수 있다(제3조 제1항).
　㉡ 경찰관은 질문을 할 경우 자신의 신분을 표시하는 증표를 제시하면서 소속과 성명을 밝히고 질문이나 동행의 목적과 이유를 설명하여야 한다(제4항). 질문을 받은 자는 형사소송에 관한 법률에 따르지 아니하고는 신체를 구속당하지 아니하며, 그 의사에 반하여 답변을 강요당하지 아니한다.(제7항).
　㉢ 질문을 위한 정지의 성질은 하명에 해당하는데, 이에 불응하는 경우 ⓐ 강제적으로 정지시킬 수 없다는 견해와 ⓑ 상대방의 의사를 제압하지 않는 정도의 물리력의 행사(길을 막아서는 행위, 팔을 붙잡는 행위)는 허용된다는 견해가 있다.

③ 흉기소지여부 조사 : 경찰관은 질문시에 흉기소지여부를 조사할 수 있다(제3항). 흉기소지여부조사는 당해인의 신체나 소지품에 대한 검색을 전제로 하므로 자유의 제한이어서 법률상 근거가 필요한데 본조가 그 근거조항이다. 흉기소지여부조사를 법관의 영장 없이 행할 수 있도록 하고 있는 본조의 문제점을 지적하는 견해도 있으나, 장래의 위험발생을 예방하기 위하여 행하여지며 시간적으로 급박한 경우에 행해지는 것이라는 점에서 영장을 요하지 않는다고 봄이 타당하다.

④ 임의동행
　㉠ 경찰관은 정지시킨 장소에서 질문을 하는 것이 그 사람에게 불리하거나 교통에 방해가 된다고 인정될 때에는 질문을 하기 위하여 가까운 경찰서·지구대·파출소 또는 출장소(지방해양경찰관서를 포함)로 동행할 것을 요구할 수 있다(제2항). 본조의 임의동행은 위험방지의 목적을 위한 경찰행정상 제도라는 점에서, 형사소송법상 수사목적의 임의동행과 목적을 달리한다.
　㉡ 경찰관의 동행요구가 있는 경우, 당해인은 경찰관의 동행요구를 거절할 수 있다(제2항). 임의동행인지 강제동행인지 여부는 동행한 자의 의사와 동행의 경위 등을 객관적으로 고려하여 판단한다.
　㉢ 경찰관은 동행한 사람의 가족이나 친지 등에게 동행한 경찰관의 신분, 동행 장소, 동행 목적과 이유를 알리거나 본인으로 하여금 즉시 연락할 수 있는 기회를 주어야 하며, 변호인의 도움을 받을 권리가 있음을 알려야 한다(제5항). 경찰관은 동행한 사람을 6시간을 초과하여 경찰관서에 머물게 할 수 없다(제6항).

(2) 보호조치
① 의의 : 경찰관은 수상한 거동 기타 주위의 사정을 합리적으로 판단하여 ㉠ 정신착란 또는 술취한 상태로 인하여 자기 또는 타인의 생명·신체와 재산에 위해를 미칠 우려가 있는 사람, ㉡ 자살을 기도하는 사람, ㉢ 미아·병자·부상자등으로서 적당한 보호자가 없으며 응급의 구호를 요한다고 인정되는 자(본인이 이를 거절하는 경우에는 제외)에 해당함이 명백하며 응급의 구호를 요한다고 믿을 만한 상당한 이유가 있는 자를 발견한 때에는 보건의료기관 또는 공공구호기관에 긴급구호를 요청하거나 경찰관서에 보호하는 등 적당한 조치를 할 수 있다(제4조 제1항). 긴급구호를 요청받은 보건의료기관이나 공공구호기관은 정당한 이유 없이 긴급구호를 거절할 수 없다(제2항).

② **성질** : 보호조치는 당해인에게 수인의무를 가져오므로 법적 행위이고 순수한 사실행위는 아니다. 임의보호조치는 비권력적 사실행위이고 강제보호조치는 대인적 즉시강제의 성질을 가진다.

③ **임시영치** : 구호대상자가 휴대하고 있는 무기·흉기 등 위험을 일으킬 수 있는 것으로 인정되는 물건을 경찰관서에 임시로 영치하여 놓을 수 있다(제3항). 임시영치는 영장 없이 이루어지는 강제처분이며 대물적 즉시강제의 성격을 갖는다. 임시영치는 10일을 초과할 수 없다(제7항).

④ **보호기간** : 구호대상자를 경찰관서에서 보호하는 기간은 24시간을 초과할 수 없다(제7항). 따라서 경찰관이 구속영장을 받음이 없이 24시간을 초과하여 경찰서 보호실에 유치하는 것은 영장주의에 위배되는 위법한 구금이다.

⑤ **사후조치** : 경찰관은 제1항의 조치를 하였을 때에는 지체 없이 구호대상자의 가족, 친지 또는 그 밖의 연고자에게 그 사실을 알려야 하며, 연고자가 발견되지 아니할 때에는 구호대상자를 적당한 공공보건의료기관이나 공공구호기관에 즉시 인계하여야 한다(제4항). 경찰관은 제4항에 따라 구호대상자를 공공보건의료기관이나 공공구호기관에 인계하였을 때에는 즉시 그 사실을 소속 경찰서장이나 해양경찰서장에게 보고하여야 한다(제5항). 보고를 받은 소속 경찰서장이나 해양경찰서장은 대통령령으로 정하는 바에 따라 구호대상자를 인계한 사실을 지체 없이 해당 공공보건의료기관 또는 공공구호기관의 장 및 그 감독행정청에 통보하여야 한다(제6항).

(3) 위험발생의 방지

① **의의** : 경찰관은 사람의 생명 또는 신체에 위해를 끼치거나 재산에 중대한 손해를 끼칠 우려가 있는 천재, 사변, 인공구조물의 파손이나 붕괴, 교통사고, 위험물의 폭발, 위험한 동물 등의 출현, 극도의 혼잡, 그 밖의 위험한 사태가 있을 때에는 ㉠ 그 장소에 모인 사람, 사물의 관리자, 그 밖의 관계인에게 필요한 경고를 하는 것, ㉡ 매우 긴급한 경우에는 위해를 입을 우려가 있는 사람을 필요한 한도에서 억류하거나 피난시키는 것, ㉢ 그 장소에 있는 사람, 사물의 관리자, 그 밖의 관계인에게 위해를 방지하기 위하여 필요하다고 인정되는 조치를 하게 하거나 직접 그 조치를 하는 것 등 조치를 할 수 있다(제5조 제1항). 또한 경찰관서의 장은 대간첩 작전의 수행이나 소요 사태의 진압을 위하여 필요하다고 인정되는 상당한 이유가 있을 때에는 대간첩 작전지역이나 경찰관서·무기고 등 국가중요시설에 대한 접근 또는 통행을 제한하거나 금지할 수 있다(제2항).

② **성질** : 동조는 "조치를 할 수 있다"고 하므로 일단 재량처분으로서의 성질을 가진다. 그러나 구체적 상황과의 관련에서 일정 조치를 취하는 것이 의무에 합당한 재량권행사로 인정되는 경우에는 그러한 권한의 불행사는 직무상 의무를 위반하는 것이 된다.

③ **절차** : 경찰관이 조치를 한 때에는 지체 없이 이를 소속경찰관서의 장에게 보고하여야 하며(제3항), 조치를 하거나 보고를 받은 경찰관서의 장은 관계기관의 협조를 구하는 등 적당한 조치를 하여야 한다(제4항).

(4) 범죄의 예방과 제지

경찰관은 범죄행위가 목전에 행하여지려고 하고 있다고 인정될 때에는 이를 예방하기 위하여 관계인에게 필요한 경고를 하고, 그 행위로 인하여 사람의 생명·신체에 위해를 끼치거나 재산에 중대한 손해를 끼칠 우려가 있는 긴급한 경우에는 그 행위를 제지할 수 있다(제6조).

> **관련판례**
>
> **경찰관 직무집행법 제6조에 따른 경찰관의 제지 조치가 적법한 직무집행으로 평가되기 위한 요건**
> 경찰관 직무집행법 제6조에 따른 경찰관의 제지 조치가 적법한 직무집행으로 평가되기 위해서는, 형사처벌의 대상이 되는 행위가 눈앞에서 막 이루어지려고 하는 것이 객관적으로 인정될 수 있는 상황이고, 그 행위를 당장 제지하지 않으면 곧 인명·신체에 위해를 미치거나 재산에 중대한 손해를 끼칠 우려가 있는 상황이어서, 직접 제지하는 방법 외에는 위와 같은 결과를 막을 수 없는 절박한 사태이어야 한다. 다만 경찰관의 제지 조치가 적법한지는 제지 조치 당시의 구체적 상황을 기초로 판단하여야 하고 사후적으로 순수한 객관적 기준에서 판단할 것은 아니다. 주거지에서 음악 소리를 크게 내거나 큰 소리로 떠들어 이웃을 시끄럽게 하는 행위는 경범죄 처벌법 제3조 제1항 제21호에서 경범죄로 정한 '인근소란 등'에 해당한다. 경찰관은 경찰관 직무집행법에 따라 경범죄에 해당하는 행위를 예방·진압·수사하고, 필요한 경우 제지할 수 있다(대판 2018.12.13. 2016도19417).

(5) 위험방지를 위한 출입

① 출입의 유형

㉠ **긴급출입(제7조 제1항에 따른 출입)** : 경찰관은 제5조(위험발생의 방지) 제1항·제2항 및 제6조(범죄의 예방과 제지)에 따른 위험한 사태가 발생하여 사람의 생명·신체 또는 재산에 대한 위해가 임박한 때에 그 위해를 방지하거나 피해자를 구조하기 위하여 부득이하다고 인정하면 합리적으로 판단하여 필요한 한도에서 다른 사람의 토지·건물·배 또는 차에 출입할 수 있다. 이를 일반출입이라고도 하는데, 대가택 즉시강제의 성질을 갖는다.

㉡ **예방출입(제7조 제2항에 따른 출입)** : 흥행장, 여관, 음식점, 역, 그 밖에 많은 사람이 출입하는 장소의 관리자나 그에 준하는 관계인은 경찰관이 범죄나 사람의 생명·신체·재산에 대한 위해를 예방하기 위하여 해당 장소의 영업시간이나 해당 장소가 일반인에게 공개된 시간에 그 장소에 출입하겠다고 요구하면 정당한 이유 없이 그 요구를 거절할 수 없다. 이 경우의 출입은 경찰조사의 성질을 갖는다. 경찰관은 대간첩작전수행에 필요한 때에도 위의 장소 안을 검색할 수 있다(제3항).

② **절차** : 경찰관이 필요한 장소에 출입할 때에는 그 신분을 표시하는 증표를 제시하여야 하며, 함부로 관계인의 정당한 업무를 방해하여서는 아니 된다(제4항).

(6) 사실의 확인 등

① **사실의 조회** : 경찰관서의 장은 직무 수행에 필요하다고 인정되는 상당한 이유가 있을 때에는 국가기관이나 공사(公私) 단체 등에 직무 수행에 관련된 사실을 조회할 수 있다. 다만, 긴급한 경우에는 소속 경찰관으로 하여금 현장에 나가 해당 기관 또는 단체의 장의 협조를 받아 그 사실을 확인하게 할 수 있다(경찰관 직무집행법 제8조 제1항). 이러한 사실조회는 형사소송법상 조회(제199조)와 성질을 달리한다.

② **출석요구** : 경찰관은 미아를 인수할 보호자의 여부, 유실물을 인수할 권리자의 여부 또는 사고로 인한 사상자를 확인하기 위하거나 행정처분을 위한 교통사고조사상의 사실을 확인하기 위하여 필요한 때에는 관계인에게 출석을 요하는 사유·일시 및 장소를 명확히 한 출석요구서에 의하여 경찰관서에 출석할 것을 요구할 수 있다(제8조 제2항). 이러한 출석요구에 불응시 강제할 수 있는 수단

이 없으므로, 출석의무를 부과하는 행정행위로 보기 어렵고 경찰법상 사실행위에 해당한다.

(7) 유치장
법률에서 정한 절차에 따라 체포·구속된 사람 또는 신체의 자유를 제한하는 판결이나 처분을 받은 사람을 수용하기 위하여 경찰서와 해양경찰서에 유치장을 둔다(제9조).

(8) 경찰장비의 사용 등
① **의의** : 경찰관은 직무수행 중 경찰장비를 사용할 수 있다. 다만, 사람의 생명이나 신체에 위해를 끼칠 수 있는 경찰장비를 사용할 때에는 필요한 안전교육과 안전검사를 받은 후 사용하여야 한다(제10조 제1항). 여기서 "경찰장비"란 무기, 경찰장구, 최루제와 그 발사장치, 살수차, 감식기구, 해안 감시기구, 통신기기, 차량·선박·항공기 등 경찰이 직무를 수행할 때 필요한 장치와 기구를 말한다(제2항). 경찰관은 경찰장비를 함부로 개조하거나 경찰장비에 임의의 장비를 부착하여 일반적인 사용법과 달리 사용함으로써 다른 사람의 생명·신체에 위해를 끼쳐서는 아니 된다(제3항).

② **경찰장구의 사용** : 경찰관은 현행범인인 경우와 사형·무기 또는 장기 3년 이상의 징역이나 금고에 해당하는 죄를 범한 범인의 체포·도주의 방지, 자기 또는 타인의 생명·신체에 대한 방호, 공무집행에 대한 항거의 제지를 위하여 필요하다고 인정되는 상당한 이유가 있을 때에는 그 사태를 합리적으로 판단하여 필요한 한도내에서 경찰장구(수갑·포승·경찰봉·방패등)를 사용할 수 있다(제10조의2).

③ **분사기·최루탄 사용** : 경찰관은 범인의 체포·도주의 방지 또는 불법집회·시위로 인하여 자기 또는 타인의 생명·신체와 재산 및 공공시설안전에 대한 현저한 위해의 발생을 억제하기 위하여 부득이한 경우 현장책임자의 판단으로 필요한 최소한의 범위안에서 분사기(총포·도검·화약류등 단속법의 규정에 의한 분사기와 최루등의 작용제) 또는 최루탄을 사용할 수 있다(제10조의3).

④ **무기의 사용**

> **경찰관 직무집행법 제10조의4(무기의 사용)** ① 경찰관은 범인의 체포, 범인의 도주 방지, 자신이나 다른 사람의 생명·신체의 방어 및 보호, 공무집행에 대한 항거의 제지를 위하여 필요하다고 인정되는 상당한 이유가 있을 때에는 그 사태를 합리적으로 판단하여 필요한 한도에서 무기를 사용할 수 있다. 다만, 다음 각 호의 어느 하나에 해당할 때를 제외하고는 사람에게 위해를 끼쳐서는 아니 된다.
> 1. 「형법」에 규정된 정당방위와 긴급피난에 해당할 때
> 2. 다음 각 목의 어느 하나에 해당하는 때에 그 행위를 방지하거나 그 행위자를 체포하기 위하여 무기를 사용하지 아니하고는 다른 수단이 없다고 인정되는 상당한 이유가 있을 때
>   가. 사형·무기 또는 장기 3년 이상의 징역이나 금고에 해당하는 죄를 범하거나 범하였다고 의심할 만한 충분한 이유가 있는 사람이 경찰관의 직무집행에 항거하거나 도주하려고 할 때
>   나. 체포·구속영장과 압수·수색영장을 집행하는 과정에서 경찰관의 직무집행에 항거하거나 도주하려고 할 때
>   다. 제3자가 가목 또는 나목에 해당하는 사람을 도주시키려고 경찰관에게 항거할 때
>   라. 범인이나 소요를 일으킨 사람이 무기·흉기 등 위험한 물건을 지니고 경찰관으로부터 3회 이상 물건을 버리라는 명령이나 항복하라는 명령을 받고도 따르지 아니하면서 계속 항거할 때
> 3. 대간첩 작전 수행 과정에서 무장간첩이 항복하라는 경찰관의 명령을 받고도 따르지 아니할 때
> ② 제1항에서 "무기"란 사람의 생명이나 신체에 위해를 끼칠 수 있도록 제작된 권총·소총·도검 등을 말한다.

③ 대간첩·대테러 작전 등 국가안전에 관련되는 작전을 수행할 때에는 개인화기(個人火器) 외에 공용화기(共用火器)를 사용할 수 있다.

⑤ **사용등록의 보관** : 제10조 제2항에 따른 살수차, 제10조의3에 따른 분사기, 최루탄 또는 제10조의4에 따른 무기를 사용하는 경우 그 책임자는 사용 일시·장소·대상, 현장책임자, 종류, 수량 등을 기록하여 보관하여야 한다(제11조).

관련판례

경찰관의 무기 사용이 경찰관 직무집행법 제10조의4에 정한 요건을 충족하는지 여부의 판단 기준
경찰관은 범인의 체포, 도주의 방지, 자기 또는 타인의 생명·신체에 대한 방호, 공무집행에 대한 항거의 억제를 위하여 무기를 사용할 수 있으나, 이 경우에도 무기는 목적 달성에 필요하다고 인정되는 상당한 이유가 있을 때 그 사태를 합리적으로 판단하여 필요한 한도 내에서 사용하여야 하는바(경찰관 직무집행법 제10조의4), 경찰관의 무기 사용이 이러한 요건을 충족하는지 여부는 <u>범죄의 종류, 죄질, 피해법익의 경중, 위해의 급박성, 저항의 강약, 범인과 경찰관의 수, 무기의 종류, 무기 사용의 태양, 주변의 상황 등을 고려하여 사회통념상 상당하다고 평가되는지 여부에 따라 판단하여야 하고,</u> 특히 사람에게 위해를 가할 위험성이 큰 <u>권총의 사용에 있어서는 그 요건을 더욱 엄격하게 판단하여야 한다</u>(대판 2008.2.1. 2006다6713).

예제

「경찰관 직무집행법」상 경찰작용에 대한 설명으로 가장 옳지 않은 것은?

① 「경찰관 직무집행법」상의 불심검문은 그 대상자에게 반드시 형사소송법상 체포나 구속에 이를 정도의 혐의가 있을 것을 요하는 것은 아니다.
② 행정경찰 목적의 경찰활동으로 행하여지는 「경찰관 직무집행법」상의 질문을 위한 동행요구에 있어서 그것이 「형사소송법」의 규율을 받는 수사로 이어지는 경우라면 「형사소송법」상의 임의수사의 원칙이 적용된다.
③ 「경찰관 직무집행법」 제6조에 따른 경찰관의 제지 조치가 적법한 직무집행으로 평가되기 위해서는, 형사처벌의 대상이 되는 행위가 행해질 개연성이 있는 것만으로도 충분하다.
④ 경찰관이 신분증을 제시하지 않고 「경찰관 직무집행법」상의 불심검문을 하였으나, 검문하는 사람이 경찰관이고 검문하는 이유가 범죄행위에 관한 것임을 상대방이 알고 있었다면 그 불심검문은 위법한 공무집행으로 볼 수 없다.

정답 ③

③ (×) 경찰관의 제지 조치가 적법한 직무집행으로 평가되기 위해서는, 형사처벌의 대상이 되는 행위가 눈앞에서 막 이루어지려고 하는 것이 객관적으로 인정될 수 있는 상황이고, 그 행위를 당장 제지하지 않으면 곧 인명·신체에 위해를 미치거나 재산에 중대한 손해를 끼칠 우려가 있는 상황이어서, 직접 제지하는 방법 외에는 위와 같은 결과를 막을 수 없는 절박한 사태이어야 한다. 다만 경찰관의 제지 조치가 적법한지는 제지 조치 당시의 구체적 상황을 기초로 판단하여야 하고 사후적으로 순수한 객관적 기준에서 판단할 것은 아니(대판 2018.12.13. 2016도19417).
① (○) 대판 2014.2.27. 2011도13999 ② (○) 대판 2006.7.6. 2005도6810
④ (○) 대판 2014.12.11. 2014도7976

예제 「경찰관직무집행법」상 경찰권 발동에 대한 설명으로 옳은 것은? (다툼이 있는 경우 판례에 의함)
① 야간에 집에서 음악을 크게 틀어 놓는 등 「경범죄처벌법」상 금지하는 인근소란행위에 해당하면서도 경찰관의 개문 요청을 거부하는 자를 집 밖으로 나오게 하기 위해 일시적으로 전기를 차단한 것은 「경찰관직무집행법」에 따른 적법한 직무집행으로 볼 수 있다.
② 임의동행의 형식으로 수사기관에 연행된 피내사자에게는 변호인 또는 변호인이 되려는 자와의 접견교통권이 인정되지 않는다.
③ 보호조치는 경찰관서에서 해야 하고 보건의료기관이나 공공구호기관에서는 할 수 없다.
④ 경찰관의 제지 조치가 적법한지 여부는 사후적으로 순수한 객관적 기준으로 판단할 것이지 제지 조치 당시의 구체적 상황을 기초로 판단할 것은 아니다.

정답 ①

① (○) 대판 2018.12.13. 2016도19417
② (×) 변호인의 조력을 받을 권리를 실질적으로 보장하기 위하여는 변호인과의 접견교통권의 인정이 당연한 전제가 되므로, 임의동행의 형식으로 수사기관에 연행된 피의자에게도 변호인 또는 변호인이 되려는 자와의 접견교통권은 당연히 인정된다고 보아야 하고, 임의동행의 형식으로 연행된 피내사자의 경우에도 이는 마찬가지이다(대결 1996.6.3. 96모18).
③ (×) 경찰관은 수상한 행동이나 그 밖의 주위 사정을 합리적으로 판단해 볼 때 다음 각 호의 어느 하나에 해당하는 것이 명백하고 응급구호가 필요하다고 믿을 만한 상당한 이유가 있는 사람을 발견하였을 때에는 보건의료기관이나 공공구호기관에 긴급구호를 요청하거나 경찰관서에 보호하는 등 적절한 조치를 할 수 있다(경찰관 직무집행법 제4조 제1항).
④ (×) 경찰관의 제지 조치가 적법한지 여부는 제지 조치 당시의 구체적 상황을 기초로 판단하여야 하고 사후적으로 순수한 객관적 기준에서 판단할 것은 아니다(대판 2013.6.13. 2012도9937).

03 일반조항(개괄조항)의 인정 여부

1. 일반조항의 의의

(1) 개념 및 필요성

① 경찰권 발동의 근거가 되는 개별적인 법률규정이 없는 경우, **경찰권발동의 일반적·보충적 근거로서 적용되는 일반경찰법상 개괄적인 조항**을 일반조항 또는 개괄조항이라고 한다.
② 이러한 개괄조항은 사회·과학·기술 등의 발전에 따른 위험발생상황의 다양성을 고려할 때 경찰의 영역에서 입법의 공백을 메우고, 국민의 기본권보호를 위한 최후의 보충적 근거법규로서 그 필요성이 인정된다.

(2) 보충성

일반조항은 개별적 수권조항이 없는 경우 보충적으로 적용된다. 그리고 일반조항은 남용의 우려 때문에 매우 제한된 범위, 즉 공공의 안녕이나 공적 질서를 위협하는 위험을 극복하기 위해서만 경찰작용의 근거로서 활용되고, 그 밖의 모든 위험의 극복에 근거가 되는 것은 아니다.

2. 일반조항에 의한 경찰권 행사의 요건

경찰법상 일반조항에 근거하여 경찰권이 발동되려면 ① 공공의 안전이나 공공의 질서에 대한 위험이 존재하거나 ② 이미 장해가 발생하였어야 한다. 그리고 이러한 요건이 충족된 경우에도 경찰권발동의 조리(일반법원칙)에 의한 한계에 따른 제한을 받는다.

3. 현행법상 인정가능성

(1) 학설

긍정설	경찰관 직무집행법 제2조 제7호('그 밖의 공공의 안녕과 질서유지')에 관한 규정을 현행법상 개괄적 수권조항으로 보아, 개별적인 근거 규정이 없을 때에는 이 조항에 의거하여 경찰권을 발동할 수 있다는 견해
부정설	경찰작용은 권력적 작용이므로 그 근거는 개별규정에 의하여야 하고, 포괄적·일반적인 개괄적 수권규정을 통한 경찰권 발동은 허용되지 않는다는 견해. 이에 따르면 경찰관 직무집행법 제2조는 임무규정(직무조항)이지 권능규정이 아니라고 봄.
입법필요설	현행법상 일반조항은 인정되고 있지 아니하지만, 개괄조항이 필요하므로 명시적인 입법조치가 필요하다는 견해

(2) 판례

경찰관 직무집행법 제2조 제7호를 개괄적 수권조항이라고 명시적으로 판시한 바는 없으나, 이를 인정한 것으로 해석되는 사례가 있다.

> **관련판례**
>
> **청원경찰관의 직무집행을 방해한 경우 공무집행방해죄의 성부**
> 청원경찰법 제3조는 청원경찰은 청원주와 배치된 기관, 시설 또는 사업장등의 구역을 관할하는 경찰서장의 감독을 받아 그 경비구역 내에 한하여 경찰관 직무집행법에 의한 직무를 행한다고 정하고 있고 한편 경찰관 직무집행법 제2조에 의하면 경찰관은 범죄의 예방, 진압 및 수사, 경비요인, 경호 및 대간첩작전 수행, 치안정보의 수집작성 및 배포, 교통의 단속과 위해의 방지, 기타 공공의 안녕과 질서유지등을 그 직무로 하고 있는 터이므로 경상남도 양산군 도시과 단속계 요원으로 근무하고 있는 청원경찰관인 공소외 김차성 및 이성주가 원심판시와 같이 1984.12.29 경상남도 양산군 장안면 에 있는 피고인의 집에서 피고인의 형 공소외 1이 허가없이 창고를 주택으로 개축하는 것을 단속한 것은 그들의 정당한 공무집행에 속한다고 할 것이므로 이를 폭력으로 방해한 피고인의 판시 소위를 공무집행방해죄로 다스린 원심조치는 정당하고 이에 소론과 같은 위법이 있다고 할 수 없다(대판 1986.1.28. 85도2448).

제3절 경찰권의 한계

01 의의

경찰관계법규는 대부분의 경우 추상적·개괄적 또는 불확정적으로 규정되어 있어서 그 해석·적용에 경찰기관의 판단여지 또는 재량이 인정되는 경우가 적지 않다. 그러나 법치행정의 원리상 경찰권은 법령이 정하는 범위 내에서 합목적으로 행사될 때 적법·타당한 것으로 인정된다.

02 한계의 내용

1. 경찰평등의 원칙

경찰권의 행사에 있어서 성별·종교·사회적 신분 등을 이유로 불합리하게 차별할 수 없다는 원칙을 말한다. 이는 헌법 제11조의 평등의 원칙이 경찰행정의 영역에 나타난 표현이다.

2. 경찰비례의 원칙

경찰비례원칙은 **사회공공의 안녕·질서유지를 위한 경찰작용은 그에 의하여 발생되는 공익목적과 그로 인하여 제한되는 개인의 자유·권리와의 사이에 적정한 비례관계가 형성되어야 한다는 원칙**이다. 비례 원칙은 행정법의 일반원칙의 하나로서 경찰법규상 규정의 유무를 불문하고 적용되는데, 경찰관 직무 집행법은 "이 법에 규정된 경찰관의 직권은 그 직무 수행에 필요한 최소한도에서 행사되어야 하며 남용되어서는 아니 된다"(제1조 제2항)고 하여 비례원칙을 명시적으로 규정하고 있다.

3. 경찰소극목적의 원칙

경찰권은 사회공공의 안녕·질서에 대한 위험의 방지·제거라는 소극목적을 위해서만 발동될 수 있고, 적극적인 공공복리의 증진을 위해서는 발동될 수 없다는 원칙이다. 다만 오늘날의 경찰작용이 적극적인 복리증진에도 관련되는 사례가 등장하고 있어서, 적극적인 규제작용과 소극적인 질서유지작용의 구분이 분명하지 않은 경우가 있다.

4. 경찰공공의 원칙

(1) 의의

경찰권은 사회공공의 안녕·질서를 유지하기 위해서만 발동될 수 있고, 그와 직접 관계가 없는 사생활·사주소 및 민사상의 법률관계에는 원칙적으로 관여할 수 없다는 원칙이다.

(2) 사생활불가침의 원칙

사회질서에 아무런 영향을 미치지 않은 개인의 사생활은 개인의 프라이버시에 속하는 것이므로 경찰이 간섭할 수 없다는 원칙이다. 다만 개인의 사생활이라 하여도 공공의 안녕이나 질서에 중대한 위험을 가져올 수 있는 상황(예 ① 음주행위가 난폭한 행위로 이어지는 경우, ② 전염병환자의 강제격리 및 치료, ③ 미성년자의 음주·끽연, ④ 공공장소에서 남녀간의 문란행위, ⑤ 부부싸움으로 인한 안온방해)에는 경찰의 개입이 가능하다.

(3) 사주소불가침의 원칙

경찰이 사인의 주소 내에서 일어나는 행위에 대해서는 관여할 수 없다는 원칙이다. 그러나 사주소라도 공개된 사주소의 경우(예 여관·음식점·흥행장·역)는 사주소로 보기가 곤란하고 경찰권발동의 대상이 된다. 또한 사주소 안의 행위라도 그것이 공공의 안녕이나 질서에 직접 중대한 장해를 가져오는 경우(예 지나친 소음·악취·음향의 발생, 외부에서 공공연히 관망할 수 있는 장소에서의 행위)는 경찰권발동의 대상이 된다.

(4) 민사관계불간섭의 원칙

개인의 민사상의 계약·사유재산권의 행사·친족권의 행사 등은 사법권에 의하여 보호되므로, 경찰권이 개입할 수 없다. 민사상의 분쟁은 대립되는 이해당사자간의 이해조정이 문제될 뿐, 그것이 직접 공공의 안녕이나 질서에 위해를 가하는 것은 아니기 때문이다. 그러나 민사상의 행위가 사회공공에 직접 위해를 가하게 되는 경우(예 미성년자에 대한 술·담배 판매, 암표 매매행위의 단속, 총포·도검·화약류의 거래행위)에는 그 범위 안에서 경찰권 발동의 대상이 된다.

제4절 경찰책임

01 개설

(1) 경찰책임은 경찰권 발동의 상대방이 누구인가에 관한 문제이다. 경찰책임이란 공공의 안녕이나 질서를 침해하여 장해를 발생시킨 경우에 장해의 근원과 결과를 제거해야 할 책임을 말하며, 경찰책임의 원칙이란 **경찰권은 경찰위반상태에 대한 책임이 있는 자에 대해서만 발동할 수 있다**는 것을 말한다.

(2) 다만 경찰책임을 지지 않은 자에 대하여도 긴급한 필요가 있는 경우 법규상의 근거에 기하여 경찰권이 발동될 수 있다(소방기본법 제24조·제25조).

02 경찰책임의 종류

1. 행위책임

(1) 의의

행위책임은 **행위자의 작위·부작위를 매개로 하여 경찰위반상태가 발생한 경우에 그에 대하여 지는 책임**이다. 이는 당해 행위가 공공의 질서에 대한 위해의 원인이 되고 있다는 사실에 기하여 지는 책임이다. 행위책임은 고의나 과실과 무관하며, 행위자가 성년인가 미성년인가, 또한 행위자가 자연인인가 법인인가 문제되지 않는다. 그리고 작위에 의한 장해의 경우 행위자의 행위의사는 요구되지 않는다(예 만취자의 행위).

(2) 인과관계
① 행위와 공공질서에의 위해 사이에 인과관계가 있어야 한다. 구체적인 경우에 양자의 인과관계를 결정하는 기준이 문제되는데, 이에 대하여 조건설, 상당인과관계설, 직접원인설 등이 제시되고 있다. 조건설은 책임의 귀속이 지나치게 확대된다는 점에서, 상당인관관계설은 고의·과실 등 주관적 요소가 경찰법에서는 의미가 없다는 점에서 문제점이 있다. 위험에 대하여 직접적으로 원인을 야기하는 행위를 한 자만이 책임을 진다는 **직접원인설**이 통설이고 타당하다.

> 〈경찰책임자로서의 목적적 원인제공자〉
> 1. 해당 사례 : 상업광고목적의 진열장 설치로 군중이 모여들어 교통에 방해를 가져오는 경우의 진열장 설치자
> 2. 비해당 사례 : 화가가 그림을 그리는 것을 보기 위하여 그 주위에 사람이 모인 결과 도로통행에 장해가 생긴 경우의 화가(화가는 자신의 주위에 군중을 모이게 할 것을 목적으로 한 것이 아님)

② 다만 간접적인 원인제공자라고 하여도, 객관적으로 볼 때 직접적으로 위험을 야기하는 '목적적 원인제공자'도 경찰상 책임을 부담할 수도 있다.

(3) 타인의 행위에 대한 책임
① 특정인에게 타인에 대한 감독의무가 있는 경우(예 아동·심신상실자의 보호자, 사용자)에 피감독자의 행위에 대하여 감독자가 책임을 지는 경우가 있다. 이 경우 감독자의 책임은 원인제공자로서의 책임이 아니라 원인제공자(예 아동, 근로자)의 책임과 병행하는 책임이다. 따라서 누구에게 경찰권을 발동한 것인가는 선택재량사항이다.
② 경찰법상 감독자의 책임에는 민사법상 일반불법행위의 경우와 달리 감경면책의 적용이 없다. 그리고 감독자의 책임은 피감독자의 책임에 대한 대위책임이 아니고, 그의 지배영역에서 발생하는 위험에 대해서 그가 책임을 져야 하는 자기책임이다. 따라서 타인의 행위에 대한 책임은 자신의 감독·지배권의 범위 내에서 인정되며 법률상 근거가 있어야 한다.

2. 상태책임

(1) 의의
상태책임은 **물건·동물의 소유자·점유자 기타 관리자가 그 지배범위에 속하는 물건·동물로 인하여 경찰위반상태가 발생한 경우에 지는 책임이다**(예 도로교통법상 교통장해물의 제거의무). 여기서의 물건은 동산·부동산을 가리지 않으며, 상태책임자의 고의·과실여부를 불문한다. 상태책임은 경찰상의 위험을 발생시킨 물건에 대한 사실상의 지배자가 우선적으로 지는바, 사실상의 지배상태가 적법하게 성립되었는지 여부는 문제되지 아니한다. 많은 경우 상태책임은 행위책임과 함께 나타난다.

(2) 인과관계
상태책임의 전제요건으로서 위험이란 ① 경찰위반상태에 놓인 물건이 위험·장해를 야기시킨 경우(예 차도상 주차), ② 그 물건 자체가 위험한 경우(예 사인이 폭발물을 보관)를 의미한다. 특히 ①의 경우는 그 물건의 상태와 위험발생의 개연성 사이에 인과관계가 있어야 하는데, 상태책임 역시 직접원인설에 따라 판단된다.

(3) 한계

소유권자나 기타 권리자들은 자신의 처분권이 법률상 또는 사실상 미치지 않은 범위에서는 상태책임이 없다(예 도난, 국가에 의한 압류의 경우).또한 ① 정당한 재산권을 행사하는 경우, ② 제3자에 의한 장해, ③ 자연재해, ④ 전쟁, ⑤ 대중 교통사고 등과 같은 경우는 상태책임이 제한될 수 있다. 그리고 사실상의 지배가 종료되거나 소유권 기타 권한이 소멸되는 경우에는 상태책임도 소멸한다.

> **관련판례**
>
> **토지의 청결유지의무를 다하지 못하여 환경상의 위해가 발생할 경우**
> 구 폐기물관리법 제7조 제2항은 토지나 건물의 소유자·점유자 또는 관리자는 그가 소유·점유 또는 관리하고 있는 토지나 건물의 청결을 유지하도록 노력하여야 하며, 특별자치시장, 특별자치도지사, 시장·군수·구청장이 정하는 계획에 따라 대청소를 하여야 한다고 규정하고 있고, 제8조 제3항은 토지소유자 등이 제7조 제2항에 따라 청결을 유지하지 아니하면 시장 등은 해당 지방자치단체의 조례에 따라 필요한 조치를 명할 수 있다고 규정하고 있다. 폐기물관리법 제8조 제3항에서 말하는 '필요한 조치'에는 토지소유자 등이 폐기물관리법 제7조 제2항에 따른 토지의 청결유지의무를 다하지 못하여 환경상의 위해가 발생할 경우 토지상에 적치 또는 방치된 폐기물의 제거를 명하는 조치도 포함된다고 해석하여야 한다(대판 2020.6.25. 2019두39048).

3. 책임자의 경합

(1) 의의

단일 경찰위반사실이 다수인의 행위 또는 다수인이 지배하는 물건의 상태에 기인하거나, 행위책임과 상태책임의 중복에 기인하는 경우 누구에게 경찰권을 발동한 것인가의 문제이다.

(2) 다수의 행위책임 또는 다수의 상태책임이 경합하는 경우

경찰기관의 적합한 재량권 행사에 따라 위험이나 장해를 가장 신속하고도 효과적으로 제거할 수 있는 위치에 있는 자에게 행해져야 한다. 1인만이 경찰책임을 부담한 경우에는 다른 경찰책임자와의 관계에서 비용상환청구 등에 의한 부담의 배분이 고려될 수 있다.

(3) 행위책임과 상태책임이 경합하는 경우

이 경우는 일반적으로 행위책임이 우선된다(예 A가 B의 자동차를 국도에 방치하고 달아난 경우에는 A의 행위책임이 우선). 그러나 행위책임자가 누구인지를 식별할 수 없거나 효율적인 위험방지를 위해서 상태책임자(위의 예에서 B)에게 경찰부담을 귀속시킬 수도 있다.

03 경찰책임의 승계

1. 의의

경찰책임자가 사망하거나 물건을 양도한 경우, 경찰책임이 상속인이나 양수인에게 승계되는지 문제된다. 승계가 인정된다면 피승계인에게 발해진 행정행위를 근거로 하여 승계인에게 집행할 수 있다는 데에 실익이 있다.

2. 행위책임의 승계

행위책임의 경우에는 법적 승계가 인정되지 않는다는 견해가 일반적이다. 행위책임은 위험을 야기한 행위자만이 문제되기 때문에 그 책임이 승계되는 경우는 법문에서 특별히 규정하고 있는 경우를 제외하고는 상정하기 어렵다는 것이 그 논거이다.

3. 상태책임의 승계

	의의	적용효과
승계부정설	공법상의 권리·의무는 일신전속적인 성격을 갖기 때문에 승계되지 않는다는 입장으로서 전통적 견해. 승계인의 책임은 상태책임자의 책임을 승계함으로써 성립하는 것이 아니라, 그가 권리를 취득함으로써 시원적으로 자기의 책임이 성립한다는 것을 논거로 함.	불법건축물의 승계인에 대하여는 새로이 철거명령을 하여야 함.
승계긍정설	현재의 다수설로서 상태책임은 물건의 상태와 관련된 책임이기 때문에 승계가 원칙적으로 허용된다는 입장. 상태책임을 구체화시키는 행위가 물적 행위라는 점과 절차경제를 논거로 함.	불법건축물의 승계인에게 별도의 철거명령 없이도 대집행 절차를 속행할 수 있음

04 경찰책임의 예외 – 경찰긴급권

1. 의의

경찰권은 원칙적으로 경찰책임자에게 발동되어야 하지만, 예외적으로 긴급한 필요가 있는 때에는 경찰책임이 없는 자에 대하여도 경찰권이 발동될 수 있다. 이를 「경찰긴급권」 또는 「경찰상 긴급상태」라고 한다.

2. 법적 근거

(1) 개별법에 명문의 규정이 있는 경우

경찰비책임자에 대한 경찰권 발동에 관해서는 몇몇의 단행법률에 근거가 있다(예 농어업재해대책법 제7조·소방기본법 제24조·경찰관 직무집행법 제5조 제1항 제3호).

> **농어업재해대책법 제7조(응급조치)** ①지방자치단체의 장은 재해가 발생하거나 발생할 우려가 있어 응급조치가 필요할 경우에는 당해 지역의 주민을 응급조치에 종사하게 할 수 있으며, 당해 지역안의 토지·가옥·시설 또는 물자를 사용 또는 수용하거나 이를 제거할 수 있다.

(2) 일반적 규정

개별법에 명문의 규정이 없는 경우 과연 어떠한 법적 근거에 의해 경찰권을 발동할 수 있을 것인지에 대해 견해가 대립한다. 이에는 ① 경범죄처벌법 제1조 제36호가 경찰상 긴급상태의 일반인 법적 근거로 기능한다는 견해, ② 경찰관 직무집행법 제2조 제5호의 개괄조항에 의해 발동할 수 있다는 견해,

③ 법치행정의 원리상 비책임자인 제3자에게 경찰권발동이 불가하다는 견해가 있다.

경범죄처벌법 제3조(경범죄의 종류) 다음 각호의 1에 해당하는 사람은 10만원 이하의 벌금, 구류 또는 과료의 형으로 벌한다.
29. (공무원 원조불응) 눈·비·바람·해일·지진등으로 인한 재해 또는 화재·교통사고·범죄 그 밖의 급작스러운 사고가 발생한 때에 그곳에 있으면서도 정당한 이유없이 관계공무원 또는 이를 돕는 사람의 현장출입에 관한 지시에 따르지 아니하거나 공무원이 도움을 청하여도 이에 응하지 아니한 사람

경찰관 직무집행법 제2조(직무의 범위) 경찰관은 다음 각호의 직무를 행한다.
5. 기타 공공의 안녕과 질서유지

3. 요건

비책임자에 대하여 경찰권을 발동하려면 ① 경찰상 위험이 이미 실현되었거나 급박한 위험이 존재해야 할 것, ② 장해자에 대한 처분을 통해서는 위험 내지 장해의 방지가 불가능 또는 무의미할 것, ③ 경찰 스스로 또는 경찰의 위임을 받은 기관이 그 위해를 제거할 수 없어 제3자의 조력이 불가피할 것, ④ 경찰상의 처분이 비장해자 자신에게 중대한 위험이나 침해를 가져오지 않을 것 등의 요건이 필요하다.

4. 결과제거와 보상

(1) 결과제거청구

경찰행정청은 경찰권발동의 요건이 더 이상 존재하지 않을 때에는 이를 중지하고 처분의 결과를 제거하여야 한다. 그럼에도 불구하고 중지하지 않을 때에는 당사자는 위법한 상태의 제거를 청구할 수 있다.

(2) 손실보상청구

경찰비책임자에 대한 경찰권 발동의 결과 손실이 발생한 경우, 그 희생은 특별한 희생으로 보기 때문에 당사자는 불이익의 보전을 청구할 수 있다(예 농어업재해대책법 제7조 제3항).

경찰관 직무집행법 제11조의2(손실보상) ① 국가는 경찰관의 적법한 직무집행으로 인하여 다음 각 호의 어느 하나에 해당하는 손실을 입은 자에 대하여 정당한 보상을 하여야 한다.
1. 손실발생의 원인에 대하여 책임이 없는 자가 재산상의 손실을 입은 경우(손실발생의 원인에 대하여 책임이 없는 자가 경찰관의 직무집행에 자발적으로 협조하거나 물건을 제공하여 재산상의 손실을 입은 경우를 포함한다)
2. 손실발생의 원인에 대하여 책임이 있는 자가 자신의 책임에 상응하는 정도를 초과하는 재산상의 손실을 입은 경우
② 제1항에 따른 보상을 청구할 수 있는 권리는 손실이 있음을 안 날부터 3년, 손실이 발생한 날부터 5년간 행사하지 아니하면 시효의 완성으로 소멸한다.
③ 제1항에 따른 손실보상신청 사건을 심의하기 위하여 손실보상심의위원회를 둔다.

예제 경찰권의 한계와 책임에 관한 다음의 기술 중 옳지 않은 것은?

① 경찰작용은 공공의 안녕과 질서유지에 대한 위험의 방지와 장해의 제거라는 소극적 목적을 위해서만 행사되어야 한다.
② 사회질서에 아무런 영향을 끼치지 않는 개인의 사생활에 대하여는 경찰권이 발동될 수는 없다.
③ 경찰권은 어떠한 경우라도 경찰책임이 없는 제3자에게 발동될 수 없으며 언제나 경찰책임자에게 발동되어야 한다.
④ 민사상의 법률관계라도 미성년자에 대한 술·담배판매와 같이 공공의 안녕과 질서에 영향을 미치는 경우에는 경찰권은 발동될 수 있다.

정답 ③

③ (×) 경찰권의 발동은 경찰위반사실에 대한 직접책임자에 대하여만 발동됨이 원칙이나, 예외적으로 경찰상의 긴급상태에 있는 경우에는 경찰비책임자에 대하여도 경찰권을 발동할 수 있다(예 해양경찰서장의 수난구호업무종사명령).

예제 경찰책임에 관한 설명으로 옳지 않은 것은?

① 행위능력이 없는 자도 경찰책임자가 될 수 있다.
② 경찰책임자에 대한 경찰권의 발동이 어려운 경우에는 예외적으로 경찰책임이 없는 자에게도 경찰권이 발동될 수 있다.
③ 물건에 대한 권원의 유무와 관계없이 물건을 현실적으로 지배하고 있는 자에게도 상태책임이 인정된다.
④ 타인을 감독하는 자가 타인의 행위에 대하여 지는 경찰책임은 자기책임이 아니라 타인의 책임을 대신하여 지는 것이다.

정답 ④

④ (×) 감독자(예 아동·심신상실자의 보호자, 사용자)의 책임은 피감독자의 책임에 대한 대위책임이 아니고, 그의 지배영역에서 발생하는 위험에 대해서 그가 책임을 져야 하는 자기책임이다. 따라서 타인의 행위에 대한 책임은 자신의 감독·지배권의 범위 내에서 인정되며 법률상 근거가 있어야 한다.

제2장 급부행정법

제1절 개설

01 급부행정의 의의

급부행정은 "배려적 활동에 의하여 사회구성원의 이익추구활동을 직접적으로 조장하여 주는 공행정작용"(Wolff) 또는 "**국민에 대한 수익적 활동**(공기업·공물 등을 통한 경제적·사회적·문화적 이익의 제공, 자금지원 등을 통한 경제조장, 사회보장·문화적 보호)**에 의하여 적극적으로 공공복리를 증진하는 내용의 모든 행정활동**" 등으로 정의되고 있다.

02 급부행정의 종류

공급행정	공업화·도시화된 현대사회에서 사회구성원이 필요로 하는 재화와 역무를 제공하기 위하여 사회기반시설을 설치하고 이를 관리하는 급부활동 예 교통·통신시설, 교육·문화시설, 보건시설, 전기·가스·수도의 공급시설
사회보장행정	사회구성원 모두가 건강하고 문화적인 생활을 할 수 있도록 배려하는 급부활동 예 사회보험(의료보험·산업재해보험·실업보험 등), 사회원호(전쟁원호·재해원호·폐질자에 대한 원호 등), 공적부조, 복지활동(아동·노동자 보호 등), 국민주택·임대주택의 건설, 문화의 보호·육성
조성행정	사회의 공익을 증진하기 위해 개인의 생활이나 기업의 구조를 개선시켜주는 활동 예 농업·중소기업의 보호육성을 위한 보조금의 지원, 개인의 장학을 위한 자금지원, 사회적·경제적·문화적 목적을 위한 조성조치

제2절 공물법

01 공물의 개념

전통적 견해는 공물을 "행정주체가 직접 행정목적(공공목적)에 제공한 개개의 유체물"로 정의한다. 그러나 최근의 새로운 견해는 공물의 개념에 무체물(예 대기·전류)과 집합물(예 시설물·강·바다) 등을 포함하여, 공물을 "**행정주체에 의하여 직접 공적 목적에 제공된 유체물과 무체물 및 물건의 집합체**"로 정의한다.

02 공물의 종류

1. **국유재산법상 분류**

   국유재산법은 용도에 따라 국유재산을 행정재산·일반재산으로 나누고 있고, 행정재산은 다시 **공용재산·공공용재산·기업용재산·보존용재산**으로 구분하고 있다(단, 일반재산은 공물이 아님).

2. **행정목적에 따른 분류**

공공용물	직접적으로 일반공중의 공동사용에 제공된 공물(예 도로, 광장, 공원, 하천, 제방). 국유재산법상의 공공용재산은 공공용물.
공용물	직접 행정주체 자신의 사용에 제공된 공물(예 청사, 관청의 집기, 국영철도시설). 국유재산법상의 공용재산은 공용물.
공적 보존물 (보존공물)	문화보전 등의 공적목적을 위하여 그 물건의 보존이 강제되는 공물(예 국보, 지정문화재, 산림법상의 보안림)

3. **성립과정에 따른 분류**

인공공물	행정주체가 그에 인공을 가하여 공공용에 제공함으로써 공물이 되는 물건(예 도로·공원)
자연공물	인위적 가공 없이 자연상태에서 이미 공공목적에 제공될 수 있는 실체를 가진 물건(예 하천·호소·해변)

4. **소유권자에 의한 분류**

   공물의 소유권자가 ① 국가인 경우는 **국유공물**, ② 지방자치단체인 경우는 **공유공물**, ③ 사인인 경우는 **사유공물**이라고 한다.

5. **사권의 목적이 될 수 있는지의 여부에 의한 분류**

   사권의 목적이 될 수 없는 물건은 대체로 자연공물의 범위와 일치하는바, 해면·하천·기타 공유수면이 그 예이다(단, 하천의 경우 소유권이전과 저당권설정 등은 가능. 하천법 제4조). 반면에 사권의 목적이 될 수 있는 물건은 대체로 인공공물의 범위와 일치하는데, 이 경우에도 사권의 설정·행사에는 공공목적에 필요한 한도 안에서 공법상 제한을 받는다.

6. **소유주체와 관리주체와의 관계에 의한 분류**

   공물은 관리주체와 소유주체가 다를 수 있는데 ① 관리주체와 소유주체가 일치하는 경우를 **자유(自有)공물**, ② 일치하지 않는 경우를 **타유(他有)공물**이라 한다. 타유공물의 예로는 국가가 사인의 건물을 임차하여 청사로 사용하는 경우가 있다.

7. **공물의 관리가 법정되어 있는지 여부에 의한 분류**

   공공용물에 한정된 분류방법으로서 ① 법령에 의하여 공물로서의 관리가 정해져 있는 **법정공물**(예 국가하천, 지방1·2급하천, 고속국도, 일반국도 등), ② 공물관리법이 적용되지 아니하는 **법정외공물**(예 소하천, 里道)로 나뉜다.

8. 예정공물

장래에 어떠한 물건들을 공적 목적에 제공할 것임을 정하는 의사표시를 하는 경우, 또는 공용지정은 있었으나 현실적으로 완전한 공용제공이 이루어지지 아니한 물건을 예정공물이라고 한다. 하천예정지(구 하천법 제11조), 공원예정지 등이 그 예이다.

03 공물의 성립

1. 공공용물의 성립

(1) 인공공물

인공공물의 성립에는 일반공중의 이용에 제공될 수 있는 구조(형체적 요건)와 일반공중의 목적에 제공하는 행정주체의 의사표시(의사적 요건)를 요한다.

① **형체적 요건** : 공공용물의 성립에는 물건의 설치와 그 물건의 실제 이용에의 제공이 필요하다. 이러한 형체적 요건을 갖추지 못한 물건을 공물로 지정하여도 예정공물에 지나지 않는다.

② **의사적 요건(공용개시·공용지정)** : 행정주체가 그것을 일반공중의 사용에 제공한다는 내용의 의사적 행위가 있어야 한다(예 도로법에 의한 도로구역의 결정고시).

> **관련판례**
>
> **인공적 공공용재산이 국유재산법상의 행정재산이 되려면 공용지정 되어야 함**
> 구 국유재산법 제2조에 의하면 행정재산이란 국가가 소유하는 재산으로서 직접 공용용(공공용재산) 또는 공용(공용재산)으로 사용 또는 사용하기로 결정한 재산을 칭한다고 규정되어 있어, 도로와 같은 인공적 공공용재산은 법령에 의하여 지정되거나 행정처분으로서 공공용으로 사용하기로 결정한 경우, 또는 행정재산으로 실제 사용하는 경우의 어느 하나에 해당하여야 행정재산으로 된다(대판 1994.9.13. 94다12579).
>
> **도시계획결정 및 지적승인의 고시만으로는 공용개시가 있었다고 볼 수 없음**
> 도로와 같은 인공적 공공용 재산은 법령에 의하여 지정되거나 행정처분으로 공공용으로 사용하기로 결정한 경우 또는 행정재산으로 실제 사용하는 경우의 어느 하나에 해당하여야 행정재산이 되는 것이며, 도로는 도로로서의 형태를 갖추어야 하고, 도로법에 따른 노선의 지정 또는 인정의 공고 및 도로구역의 결정·고시가 있는 때부터 또는 도시계획법 소정의 절차를 거쳐 도로를 설치하였을 때부터 공공물물로서 공용개시행위가 있는 것이며, 토지에 대하여 도로로서의 도시계획시설결정 및 지적승인만 있었을 뿐 그 도시계획사업이 실시되었거나 그 토지가 자연공로로 이용된 적이 없는 경우에는 도시계획결정 및 지적승인의 고시만으로는 아직 공용개시행위가 있었다고 할 수 없어 그 토지가 행정재산이 되었다고 할 수 없다(대판 2000.4.25. 2000다348).
>
> **토지의 지목이 도로이고 국유재산대장에 등재되어 있다는 사정만으로 그 토지가 도로로서 행정재산에 해당한다고 할 수 없음**
> 국유재산법상의 행정재산이란 국가가 소유하는 재산으로서 직접 공용, 공공용, 또는 기업용으로

사용하거나 사용하기로 결정한 재산을 말하는 것이고, 그 중 도로와 같은 인공적 공공용 재산은 법령에 의하여 지정되거나 행정처분으로써 공공용으로 사용하기로 결정한 경우, 또는 행정재산으로 실제로 사용하는 경우의 어느 하나에 해당하여야 비로소 행정재산이 되는 것인데, 특히 도로는 도로로서의 형태를 갖추고, 도로법에 따른 노선의 지정 또는 인정의 공고 및 도로구역 결정·고시를 한 때 또는 도시계획법 또는 도시재개발법 소정의 절차를 거쳐 도로를 설치하였을 때에 공공용물로서 공용개시행위가 있다고 할 것이므로, 토지의 지목이 도로이고 국유재산대장에 등재되어 있다는 사정만으로 바로 그 토지가 도로로서 행정재산에 해당한다고 할 수는 없다(대판 2000.2.25. 99다54332).

토지의 원소유자가 토지 일부를 도로부지로 무상 제공한 뒤 그 토지의 소유권을 경매 등에 의해 특정승계한 사람이, 토지 일부를 도로로 점유·관리하고 있는 지방자치단체를 상대로 부당이득반환을 구할 수 있는지 여부

토지의 원소유자가 토지 일부를 도로 부지로 무상 제공함으로써 이에 대한 독점적이고 배타적인 사용수익권을 포기하고 이에 따라 주민이 그 토지를 무상으로 통행하게 된 이후에 그 토지의 소유권을 경매, 매매, 대물변제 등에 의하여 특정승계한 자는 그와 같은 사용·수익의 제한이라는 부담이 있다는 사정을 용인하거나 적어도 그러한 사정이 있음을 알고서 그 토지의 소유권을 취득하였다고 보는 것이 타당하므로 도로로 제공된 토지 부분에 대하여 독점적이고 배타적인 사용수익권을 행사할 수 없다. 따라서 지방자치단체가 그 토지 일부를 도로로서 점유·관리하고 있다고 하더라도 특정승계인에게 어떠한 손해가 생긴다고 할 수 없으며 지방자치단체도 아무런 이익을 얻은 바가 없으므로 특정승계인은 부당이득반환청구를 할 수 없다(대판 2012.7.12. 2012다26411).

(2) 자연공물

자연공물의 경우 의사적 요소로서 행정기관의 공용지정이 필요한가에 대하여는 ① 자연공물은 자연적 상태로 당연히 공물의 성질을 취득하므로 공용지정이 불필요하다는 종래의 다수설과, ② 자연공물의 경우에도 법령에 의한 일반적인 행위의 형식으로 공물의 설정에 관한 의사표시가 있다고 보아야 한다는 최근의 견해가 대립한다.

관련판례

국유재산법상 행정재산의 범위
국유 하천부지는 자연의 상태 그대로 공공용에 제공될 수 있는 실체를 갖추고 있는 이른바 자연공물로서 별도의 공용개시행위가 없더라도 행정재산이 되고 그 후 본래의 용도에 공여되지 않는 상태에 놓여 있더라도 국유재산법령에 의한 용도폐지를 하지 않은 이상 당연히 잡종재산으로 된다고는 할 수 없으며, 농로나 구거와 같은 이른바 인공적 공공용 재산은 법령에 의하여 지정되거나 행정처분으로 공공용으로 사용하기로 결정한 경우, 또는 행정재산으로 실제 사용하는 경우의 어느 하나에 해당하면 행정재산이 된다(대판 2007.6.1. 2005도7523).

2. 공용물의 성립

공용물의 경우에는 일반공중의 사용에 제공되는 것은 아니므로 그 성립에는 특별한 의사표시를 요하지 않고 다만 사실상 사용할 수 있는 형태적 요소만 갖추면 공물로서 성립한다는 것이 통설의 입장이다. 다만 공용물의 경우에도 사법적용에 제한을 받으므로 명시적이거나 묵시적인 공용지정이 필요하다는 반대견해가 있다.

3. 공적 보존물의 성립

공적 보존물로 지정하는 특별한 법령의 규정 또는 의사표시와 형태적 요소를 갖추면 성립한다. 그러나 공적 보존물은 주로 문화적 목적으로 당해 물건을 보존하고자 하는 것이므로, 정당한 권원을 취득할 필요는 없고 법적 근거만 있으면 된다.

04 공물의 소멸

1. 공공용물의 소멸

(1) 인공공물의 소멸

① **공용폐지행위** : 공용폐지는 당해 물건에 대하여 공적 목적에 제공되는 공물로서의 지위를 상실시키는 권한 있는 행정기관의 의사표시이다. 형체적 요소가 멸실되지 않은 때에도 공용폐지행위로 인해 인공공물은 소멸한다. 공용폐지가 있게 되면 사권에 부과되었던 공법상의 제한은 해제(취소)되고 완전한 사권의 대상이 된다.

② **형체적 요소의 소멸** : 인공공물의 형체적 요소가 멸실된 경우에도 별도의 공용폐지행위를 요하는지에 관하여 다툼이 있다. 판례는 공용폐지행위가 필요하다는 입장이다.

> **관련판례**
>
> **행정재산이 본래의 용도로 사용되지 않는다는 사실만으로 공용폐지된 것으로 볼 수 없음**
> 오랫동안 도로로서 사용되지 않는 토지가 일부에 건물이 세워져 있으며 그 주위에 담이 둘러져 있어 사실상 대지화되어 있다고 하더라도 관리청의 적법한 의사표시에 의한 것이 아니라 그 인접 토지의 소유자들이 임의로 토지를 봉쇄하고 독점적으로 사용해 왔기 때문이라면, 관리청이 묵시적으로 토지의 도로로서의 용도를 폐지하였다고 볼 수는 없다(대판 1994.9.13. 94다12579).
>
> **무효인 매매계약을 가지고 적법한 공용폐지의 의사표시가 있었다고 볼 수 없음**
> 공용폐지의 의사표시는 명시적 의사표시뿐 아니라 묵시적 의사표시이어도 무방하나 적법한 의사표시이어야 하고, 행정재산이 본래의 용도에 제공되지 않는 상태에 놓여 있다는 사실만으로 관리청의 이에 대한 공용폐지의 의사표시가 있었다고 볼 수 없으며, 행정재산에 관하여 체결된 것이기 때문에 무효인 매매계약을 가지고 적법한 공용폐지의 의사표시가 있었다고 볼 수도 없다(대판 1996.5.28. 95다52383).

(2) 자연공물의 소멸

다수의 견해는 자연공물의 경우 공용폐지행위 없이 형체적 요소의 멸실만으로 공물로서의 성질이 상실된다고 본다. 그러나 행정행위나 법규에 의해서도 공용폐지가 가능하고 공용폐지행위는 명시적인 의사표시뿐 아니라 묵시적으로도 가능하다는 견해도 있다. 판례는 다수견해와 달리 공용폐지가 필요하다는 태도를 취한다.

> **관련판례**
>
> 공공용재산인 갯벌이 간척에 의하여 사실상 갯벌로서의 성질을 상실한 경우, 당연히 잡종재산이 되지 아니함
> 공유수면인 갯벌은 자연의 상태 그대로 공공용에 제공될 수 있는 실체를 갖추고 있는 이른바 자연공물로서 간척에 의하여 사실상 갯벌로서의 성질을 상실하였더라도 당시 시행되던 국유재산법령에 의한 용도폐지를 하지 않은 이상 당연히 잡종재산으로 된다고는 할 수 없다(대판 1995.11.14. 94다42877).
>
> 빈지가 성토 등을 통하여 사실상 빈지로서의 성질을 상실하였으나 용도폐지되지 않은 경우, 시효취득의 대상인 잡종재산이 되지 아니함
> 빈지는 만조수위선으로부터 지적공부에 등록된 지역까지의 사이를 말하는 것으로서 자연의 상태 그대로 공공용에 제공될 수 있는 실체를 갖추고 있는 이른바 자연공물이고, 성토 등을 통하여 사실상 빈지로서의 성질을 상실하였더라도 국유재산법령에 의한 용도폐지를 하지 않은 이상 당연히 시효취득의 대상인 잡종재산으로 된다고 할 수 없다(대판 1999.4.9. 98다34003).

2. 공용물의 소멸

별도의 공용폐지의 행위 없이 공용물의 형체적 요소의 소멸이나 행정주체의 사실상의 사용의 폐지만으로 공물로서의 성질을 상실한다는 것이 다수의 견해이다. 그러나 공용물의 경우에도 공용폐지행위가 필요하다는 견해도 있다. 판례도 묵시적이나마 공용폐지가 필요하다는 입장이다.

3. 공적 보존물의 소멸

행정주체의 지정해제행위에 의해 공물로서의 성질을 상실한다. 그런데 형체적 요소의 멸실 자체만으로 소멸원인이 되는가에 대하여는 ① 형체적 요소의 멸실은 보존공물의 당연소멸사유이며, 지정해제행위는 확인행위라는 긍정설, ② 지정해제의 사유가 될 뿐 당연소멸사유는 아니라는 부정설이 대립한다.

05 공물의 법적 특색

1. 공물상의 권리의 성질(공물법제)

공소유권설 (공소유권제)	공물의 공공성을 중시하여 공물은 공법의 적용을 받는 공소유권이 대상이 되고 사법(私法)의 적용을 배제한다는 입장. 이 견해에 따르면 공물에는 사권의 성립을 부인하게 됨.
사소유권설 (사소유권제)	공물도 본질적으로 사물(私物)과 같이 사법(私法)의 적용을 받고 사권의 대상이 되는 것이 원칙이나, 공용지정을 통해 정해지는 범위 안에서 사소유권의 행사가 제한을 받는다는 입장(예 도로법 제4조가 "도로를 구성하는 부지, 옹벽, 그 밖의 시설물에 대하여는 사권을 행사할 수 없다. 다만 소유권을 이전하거나 저당권을 설정하는 것은 그러하지 아니하다"고 규정하고, 하천법 제4조 제2항이 "하천을 구성하는 토지와 그 밖의 하천시설에 대하여는 사권을 행사할 수 없다. 다만 소유권을 이전하는 경우, 저당권을 설정하는 경우, 하천점용허가를 받아 그 허가받은 목적대로 사용하는 경우에는 그러하지 아니하다"라고 규정한 것)

2. 사법(私法)적용의 한계

(1) 융통성의 제한

공물은 공적 목적의 수행에 필요한 한도 안에서 사법상 거래(매매·증여·양도·지상권의 설정 등)의 대상에서 제외된다. 그 제한의 정도는 공물의 종류에 따라 달라진다.

> **관련판례**
>
> **하천구역으로 편입되어 국유로 된 토지는 사인 사이의 거래의 객체가 될 수 없음**
> 하천구역으로 편입되어 국유로 된 토지는 사인 사이의 거래의 객체가 될 수 없으므로 종전 소유자가 이 사건 제2 토지를 소외인에게 매도하였다고 하더라도 그와 같은 매매는 원시적으로 불능인 급부를 목적으로 하는 계약으로서 원칙적으로 무효이다(대판 2016.8.24. 2014두15580).
>
> **일반 공중의 통행에 공용되는 도로 부지의 소유자가 이를 점유·관리하는 지방자치단체를 상대로 도로의 철거, 점유 이전 또는 통행금지를 청구하는 것이 권리남용에 해당하는지 여부**
> 갑 지방자치단체가 을 사찰에 출입하는 유일한 통행로로서 사찰의 승려, 신도, 탐방객 및 인근 주민들이 이용하고 있던 도로를 농어촌도로 정비법 제2조 제1항의 농어촌도로로 지정하고 30년 이상 관리하고 있었는데, 위 도로가 있는 임야를 임의경매절차에서 매수한 병이 갑 지방자치단체를 상대로 도로의 철거 및 인도를 구한 사안에서, 위 도로는 아주 오래전에 자연발생적으로 형성되었고 갑 지방자치단체가 농어촌도로 정비법상 농어촌도로로 지정하고 30년 이상 관리하면서 일반 공중의 통행에 공용되는 도로, 즉 공로에 해당한다고 봄이 타당하고, 이러한 이용상황을 알면서도 임의경매절차에서 위 임야를 매수한 병이 갑 지방자치단체를 상대로 도로의 철거·인도를 구하는 것은 권리남용이라고 볼 여지가 크다고 한 사례(대판 2021.3.11. 2020다229239).

(2) 강제집행의 제한

융통성이 인정되는 사유공물인 경우에는 강제집행이 가능하다. 그러나 국유공물에 대해서는 사권설정이 인정되지 않으므로 강제집행의 대상이 될 수 없다. 공유공물에 대해서는 ① 일반적 견해는 논리상 공물을 압류하는 것은 공물의 목적에 반하므로 공물로서 제공되어 있는 공유공물은 강제집행의 대상이 될 수 없다고 하나(부정설), ② 공물이라는 이유만으로 당연히 강제집행의 대상에서 제외되는 아니고 공물의 목적 실현에 장애를 가져오지 않는 경우라면 압류의 대상이 될 수 있다는 견해도 있다(긍정설). 한편, 사유공물처럼 강제집행이 인정되는 경우에도 강제집행에 의한 소유권취득 이후에도 그 물건에 대한 공물로서의 제한은 여전히 존속한다.

(3) 시효취득의 제한

민법상 부동산과 동산은 각각 20년(등기부취득시효는 10년), 10년간 소유의 의사로 평온·공연하게 점유한 자가 소유권을 취득하는 시효취득규정을 두고 있는데, 이러한 시효취득규정이 공물에도 적용되는지 견해가 대립하는데, 판례는 명시적 또는 묵시적 공용폐지가 있어야 시효취득이 가능하다는 입장이다. 국유재산법은 "행정재산은 민법 제245조에도 불구하고 시효취득의 대상이 되지 아니한다"고 규정하고 있다(제7조).

(4) 공용수용의 제한

공물이 공용수용의 대상이 될 수 있는지에 대하여는 ① 공물은 행정목적에 제공되어 있으므로 공물을 수용에 의해 다른 행정목적에 제공하는 것은 공물 본래의 행정목적에 배치된다는 입장, ② 공물에 대한 공용수용을 원칙적으로 부정되나 현재의 용도보다 더 중요한 공익상의 필요를 위해서는 예외적으로 허용될 수 있다는 입장이 있다.

> **관련판례**
>
> 국가지정문화재에 대하여 관리단체로 지정된 지방자치단체의 장이 국가지정문화재나 그 보호구역에 있는 토지 등을 수용할 수 있는지 여부
> 문화재보호법은 지방자치단체 또는 지방자치단체의 장에게 시·도지정문화재뿐 아니라 국가지정문화재에 대하여도 일정한 권한 또는 책무를 부여하고 있고, 문화재보호법에 해당 문화재의 지정권자만이 토지 등을 수용할 수 있다는 등의 제한을 두고 있지 않으므로, <u>국가지정문화재에 대하여 관리단체로 지정된 지방자치단체의 장은 문화재보호법 제83조 제1항 및 토지보상법에 따라 국가지정문화재나 그 보호구역에 있는 토지 등을 수용할 수 있다</u>(대판 2019.2.28. 2017두71031).

06 공물의 관리

1. 공물관리권 의의

(1) 공물의 관리권은 **공물 본래의 목적달성을 위하여 공물 자체를 관리**(예 도로보수를 위한 통행금지, 하천에 제방축조)**할 권한**을 말한다.

(2) 공물관리권의 성질에 관하여 ㉠ 소유권 그 자체에 의한 작용에 불과하다는 **소유권설**, ㉡ 소유권주체와는 관계없이 공물주체의 공권적 권한에 속하는 **물권적 지배권설**(다수설)이 있다.

(3) 원칙적으로 공물주체인 국가나 지방자치단체가 공물관리권의 주체가 되나, 공물관리의 합리화를 도모하기 위해 법령규정에 따라 공물관리권을 사인에게 위임할 수 있다. 공물관리의 발동형식은 법정립작용(공물관리규칙)·구체적 처분(사용허가)·공법상 계약·사실행위(도로공사) 등으로 다양하게 나타난다.

2. 공물관리권의 내용

공물관리권의 내용은 공물에 관한 법령 또는 자치입법에 의해 정해지는데, 일반적으로 ① 공물의 범위결정(하천구역지정·도로구역지정), ② 공용부담(출입사용·장애물변경), ③ 공물의 유지·수선·보존(도로의 유지·개축·수선), ④ 공물목적에 대한 장해의 방지·제거(도로구조보전을 위한 차량운행 제한), ⑤ 사용료 및 변상금의 부과·징수(무단점용자에 대한 부과), ⑥ 일반에게의 사용허가·점용허가 등이 그 내용을 이룬다.

> **관련판례**
>
> 도로의 관리청이 도로부지에 대한 소유권을 취득하였는지 여부와는 관계없이 도로를 무단점용하는 자에 대하여 변상금을 부과할 수 있음
> 도로법의 제반 규정에 비추어 보면, 같은 법 제80조의2의 규정에 의한 변상금 부과권한은 적정한 도로관리를 위하여 <u>도로의 관리청에게 부여된 권한이라 할 것이지 도로부지의 소유권에 기한 권한이라고 할 수 없으므로</u>, 도로의 관리청은 도로부지에 대한 소유권을 취득하였는지 여부와는 관계없이 도로를 무단점용하는 자에 대하여 변상금을 부과할 수 있다(대판 2005.11.25. 2003두7194).

07 공물경찰

1. 의의

공물경찰이란 **경찰권의 주체가 일반경찰권에 의거하여, 공물 또는 그 사용관계에서 공공의 안녕과 질서에 대한 위해를 예방·제거하기 위하여 행하는 작용**을 말한다(예 도로교통상의 안전을 위하여 도로의 통행 및 사용을 일시적으로 금지하는 것).

2. 공물관리와 공물경찰의 구별

	공물관리	공물경찰
목적	공물 본래의 목적달성이라는 적극적 목적	공물의 안녕과 질서유지라는 소극적 목적
권력적 기초	공물주체가 공물에 대하여 가지는 물권적 지배권	일반경찰권
발동범위	일시적 사용허가뿐 아니라 공물의 계속적이고 독점적인 사용권 설정 가능	위해방지를 위해 상대적으로 금지되고 있는 행위를 일시적으로 허가
위반에 대한 제재수단	이용관계로부터 배제하는데 그침	행정벌이나 행정상 강제집행이 가능

3. 공물관리와 공물경찰과의 관계

공물에 하자가 생긴 경우에 그 하자가 사회일반의 공적 안전에 위해를 가져올 수 있는 경우에는 동일한 공물에 대하여 양자가 경합적으로 행사되는 경우가 있다. 예컨대 도로관리청이 도로의 구조를 보전하고 통행의 위험을 방지하기 위하여 차량의 통행을 제한하는 공물관리작용과, 경찰서장이 도로에서의 위험방지를 위해 통행을 제한·금지하는 공물경찰작용이 경합하는 경우이다. 이 경우 이들 작용은 상호 독립한 별개의 효력을 가지는 것이므로 상호의 권한을 존중해 주어야 한다. 또한 예컨대 고수부지에서의 정치집회와 같이 공공의 질서에 장해를 야기할 우려가 있는 공물의 사용시 공물관리자의 허가 외에 경찰허가도 아울러 얻어야 한다.

08 공물의 사용관계

1. 일반사용(자유사용)

(1) 공공용물의 일반사용

① 의의 : 일반사용은 **공물주체의 특별한 행위 없이 모든 사인이 자유롭게 공물을 사용하는 것**을 말한다(예 호숫가의 산책·도로상 통행). 공공용물은 일반공중의 사용에 제공함을 본래의 목적으로 하므로 누구든지 타인의 공공사용을 방해하지 않는 한도에서는 당연히 이를 자유로이 사용할 수 있다.

> **관련판례**
>
> **일반국민은 원칙적으로 도로용도폐지처분의 취소를 구할 법률상 이익이 없음**
> 일반적으로 도로는 국가나 지방자치단체가 직접 공중의 통행에 제공하는 것으로서 일반국민은 이를 자유로이 이용할 수 있는 것이기는 하나, 그렇다고 하여 그 이용관계로부터 당연히 그 도로에 관하여 특정한 권리나 법령에 의하여 보호되는 이익이 개인에게 부여되는 것이라고까지는 말할 수 없으므로, <u>일반적인 시민생활에 있어 도로를 이용만 하는 사람은 그 용도폐지를 다툴 법률상의 이익이 있다고 말할 수 없다</u>(대판 1992.9.22. 91누13212).
>
> **특별한 사정이 있으면 공물의 용도폐지에 대해 그 취소를 구할 법률상 이익을 인정할 수 있음**
> 공공용재산이라고 하여도 당해 공공용재산의 성질상 <u>특정개인의 생활에 개별성이 강한 직접적이고 구체적인 이익을 부여하고 있어서</u> 그에게 그로 인한 이익을 가지게 하는 것이 법률적인 관점으로도 이유가 있다고 인정되는 특별한 사정이 있는 경우에는 그와 같은 이익은 법률상 보호되어야 할 것이고, 따라서 도로의 용도폐지처분에 관하여 이러한 직접적인 이해관계를 가지는 사람이 그와 같은 이익을 현실적으로 침해당한 경우에는 그 취소를 구할 법률상의 이익이 있다(대판 1992.9.22. 91누13212).
>
> **공공용물에 대한 일반사용이 적법한 개발행위로 제한됨으로 인한 불이익을 손실보상의 대상이 되는 특별한 손실이라 할 수 없음**
> 일반 공중의 이용에 제공되는 공공용물에 대하여 특허 또는 허가를 받지 않고 하는 <u>일반사용은 다른 개인의 자유이용과 국가 또는 지방자치단체 등의 공공목적을 위한 개발 또는 관리·보존행</u>

위를 방해하지 않는 범위 내에서만 허용된다 할 것이므로, 공공용물에 관하여 적법한 개발행위 등이 이루어짐으로 말미암아 이에 대한 일정범위의 사람들의 일반사용이 종전에 비하여 제한받게 되었다 하더라도 특별한 사정이 없는 한 그로 인한 불이익은 손실보상의 대상이 되는 특별한 손실에 해당한다고 할 수 없다(대판 2002.2.26. 99다35300).

② **일반사용의 한계** : 공물의 일반사용도 그 본래의 목적 또는 공공질서의 범위 안에서 허용되는 것이므로, 법령 등에 의한 한계, 목적에 의한 한계에 의하여 제한될 수 있다. 또한 공물의 사용이 타인의 공동사용을 방해하거나 사회공공의 질서에 영향을 미치는 경우에는 경찰상 필요에 의해 일정한 제한·금지를 할 수 있다.

③ **사용료** : 공공용물의 일반사용은 사용료를 징수하지 않는 것이 원칙이나, 예외적으로 재정적 목적이나 관리상 필요에 의하여 법률·조례 등에 의해 사용료를 징수할 수 있다.

④ **인접주민의 강화된 일반사용권**

㉠ **의의**: 공물의 부근에 거주하는 인접주민은 일반에게 인정되지 아니하는 특별한 공권을 갖기도 한다. 이러한 공권을 '인접주민의 강화된 일반사용권(이용권)'이라 부른다. 공물의 인접주민은 재산권의 사회적 제약 내에서 일정한 불이익을 감수하는 등의 특별한 관계에 있기 때문이다.

㉡ **요건** : 인접주민의 강화된 이용권은 ⓐ 인접주민의 토지가 도로의 존재와 도로의 이용에 종속적일 때, ⓑ 공동사용을 영속적으로 배제하지 아니하는 범위 내에서 인정된다. 그 법적 성질을 일반사용권의 한 유형에 불과하다는 통설에 따르면 이용권은 허가를 요하는 것은 아니다.

㉢ **내용** : 타인의 사용을 방해하지 않는 범위 내에서 공동사용(**예** 사람의 통행이나 물건의 수송)을 능가하는 이용을 행정청의 허가 없이 누릴 수 있다. 예컨대 상점주인이 물건을 싣고 내리기 위해 일시적으로 도로 위에 물건을 적치하거나, 건물신축을 위한 도로상의 건축자재의 적치하는 것이 이에 해당한다.

㉣ **한계** : 그러나 도로 위에 자판기를 설치하는 것, 보도 위에 과일·야채장사를 위한 탁자를 설치하는 것 등은 강화된 이용권의 한계를 넘어서는 특별사용에 해당하는 것이다. 한편 인접주민은 도로의 일반이용자를 위한 공동사용에 제한을 받으며, 도로로부터 발생하는 소음 등에 대해서도 수인하여야 할 부담을 진다.

(2) 공용물의 일반사용

공용물의 경우는 공공용물과 달리 행정주체의 사용에 제공된 것이므로 일반사용이 원칙적으로 허용되지 않고, 예외적으로 공용물 본래의 목적에 방해받지 않는 한도 내에서 일반사용이 허용될 수 있다(**예** 학교부지의 일부를 통로로 사용).

2. 허가사용

(1) 공공용물의 허가사용

① **의의** : **공물사용이 타인의 공동사용을 방해하거나 사회공공의 안녕질서에 장해를 미칠 우려가 있는 때에는 그러한 사용을 일반적으로 제한하고, 특정한 경우에 그 제한을 해제(취소)하여 그 공물의 사용을 허용하는 것**을 공물의 허가사용 또는 특별사용이라고 한다. 말하자면 허가사용은 일반사용이 갖는 문제를 시정·보완하기 위한 것인데, 허가사용은 주로 일시적 사용을 의미한다.

② 유형
- ⑦ **공물관리권에 의한 허가사용** : 공물사용이 타인의 공동사용에 지장을 줄 염려가 있는 경우에 공동사용관계를 조정하기 위하여 공물관리청의 허가를 받아 사용하게 하는 것이다. 예컨대 국공립도서관의 대출허가에 따른 도서이용, 공유수면의 인수(引水)시에 허가를 받는 것, 하천법상의 죽목의 수송허가, 대학운동장이나 시립운동장에서 체육대회를 개최하는 것, 광장에서의 집회를 위한 공물사용허가 등이 이에 해당한다.
- ⓛ **공물경찰권에 의한 허가사용** : 공물사용이 공공질서에 대해 장해를 줄 우려가 있는 경우에 경찰상 과해진 금지를 특정한 조건하에 해제함으로써 사인이 공물을 사용하게 되는 것이다. 예컨대 도로교통법에 의한 위험방지목적의 도로통행금지처분을 예외적으로 해제하는 것이 이에 속한다.

③ **사용료와 부담** : 공물의 허가사용에 대하여 사용료를 부과·징수하거나 사용자에게 각종 의무와 부담을 부과하는 것이 일반적이다. 그러나 사용료징수를 허가사용의 본질적 요소라고 보기는 곤란하다. 사용료와 부담을 불이행하면 행정상 강제집행이 인정되며, 이에 불복하는 경우에는 행정쟁송을 제기할 수 있다.

(2) 공용물의 허가사용

공용물의 일반사용과 마찬가지로 공용물의 허가사용은 원칙적으로 인정되지 않는다. 그러나 공물의 본래 목적에 방해되지 않은 한도 내에서는 관리권에 의한 허가사용이 가능하다. 공용·공공용·기업용 재산은 그 용도나 목적에 장애가 되지 아니하는 범위에서, 보존용재산은 보존목적의 수행에 필요한 범위에서 사용허가를 할 수 있고(국유재산법 제30조), 그 사용허가기간을 5년 이내로 하고, 5년의 기간을 초과하지 않는 한도에서 갱신할 수 있음이 원칙이다(제35조).

3. 특허사용

(1) 의의

공물사용권의 특허란 **공물관리청이 그의 공물관리권에 의해 특별한 공물사용의 권리를 특정인에 대하여 설정하여 주는 것**을 말하고, 그 사용관계를 '공물의 특허사용'이라 한다. 예컨대 도로점용허가, 하천 유수·토지의 점용허가, 공유수면의 점용허가, 도로에 전신주설치 허가, 수도관·가스관 매설허가, 도로에 궤도부설을 위한 점용허가, 수력발전소용 댐건설 허가, 항만 일부의 점용허가, 도시공원에 매점설치를 위한 점용허가 등이 이에 속한다. 특허사용은 공물의 원래의 목적을 넘어 계속적으로 사용하는 권리를 새로이 창설하여 준다.

> **관련판례**
>
> **특별사용과 일반사용의 판단기준**
> 도로의 특별사용은 반드시 독점적, 배타적인 것이 아니라 그 사용목적에 따라서는 도로의 일반사용과 병존이 가능한 경우도 있고, 이러한 경우에는 도로점용부분이 동시에 일반공중의 교통에 공용되고 있다고 하여 도로점용이 아니라고 말할 수 없는 것이며, 한편 당해 도로의 점용을 위와 같은 특별사용으로 볼 것인지 아니면 일반사용으로 볼 것인지는 그 도로점용의 주된 용도와 기능이 무엇인지에 따라 가려져야 한다(대판 1995.2.14. 94누5830).

특별사용에 해당한다고 본 사례
지하 1층, 지상 17층의 상가아파트 건물(낙원상가)이 도로 상하의 공간에 설치되어 있고, 지상 1층 공간에는 일정 간격으로 지주가 배열되어 있으며, 그 사이로 형성된 터널형 공간 부분의 중앙으로 차도가 설치되어 있고, 양쪽에 주차장 및 옥외출입계단이 설치되어 있는 경우, 위 도로는 주로 위 건물의 사용을 위한 사람과 차량의 통행 및 주차 등을 위하여 사용되고 있고 지방자치단체장은 단지 건물 소유자의 독점적, 배타적 지배를 방해하지 않는 범위 내에서 일반의 차량통행, 보행 및 주차 등을 위하여 이를 사용하고 있음에 불과하므로, 건물 소유자가 도로를 특별사용하고 있다(대판 1998.9.22. 96누7342).

도로법 제40조의 도로점용의 의미 및 도로의 특별사용과 자유사용의 병존여부
도로법 제40조에 규정된 도로의 점용이라 함은 일반공중의 교통에 공용되는 도로에 대하여 이러한 일반사용과는 별도로 도로의 특정부분을 유형적, 고정적으로 특정한 목적을 위하여 사용하는 이른바 특별사용을 뜻하는 것이므로 허가 없이 도로를 점용하는 행위의 내용이 위와 같은 특별사용에 해당할 경우에 한하여 같은 법 제80조의2의 규정에 따라 도로점용료 상당의 부당이득금을 징수할 수 있는 것인바, 도로의 특별사용은 반드시 독점적, 배타적인 것이 아니라 그 사용목적에 따라서는 도로의 일반사용과 병존이 가능한 경우도 있고 이러한 경우에는 도로점용부분이 동시에 일반공중의 교통에 공용되고 있다고 하여 도로점용이 아니라고 할 수 없다(대판 1992.9.8. 91누8173).

(2) 특허사용허가의 성질

특허행위는 상대방의 신청에 의해 공물관리청이 특정한 공물사용권을 설정해 주는 것이므로 '동의를 요하는 쌍방적 행정행위'이다(통설). 또한 특허행위는 사인에게 특별한 공물의 사용권을 설정하는 형성적 행위이다. 그리고 특허사용이 사인에게 어느 정도 독점적 이익을 보호하고, 특허여부에 공익적 판단이 주요기준이 되는 점에서 공물관리청의 재량행위이다.

(3) 특허사용관계의 내용

① 공물사용권
  ㉠ **공권성**: 특허사용권은 공법에 의해 성립·취득하는 권리이므로 공권이다. 따라서 공익을 위해 각종 제한을 할 수 있고, 특허사용권이 침해되면 행정쟁송의 방법으로 다툴 수 있다. 다만 사인(私人)에 의한 침해에 대하여는 민사법상 구제수단을 행사할 수 있다(대판 1994.9.9. 94다4952).
  ㉡ **채권성·물권성**: 통설·판례는 특허사용권이 공물관리주체인 행정청에게 일정한 특별사용을 청구할 수 있는 채권이라고 한다. 그러나 일부 견해는 제3자와의 관계에서는 사법상의 재산권적 성질을 가지고, 제3자의 침해에 대한 방해배제청구권·원상회복청구권이 인정되는 점 등 일종의 물권적 성질을 가진다고 본다.
  ㉢ **재산권성**: 특허사용권이 공권이기는 하나 공물의 사용·수익이라고 하는 재산권적인 색채가 강한 것이어서 이전성을 갖는다. 따라서 제3자에 의한 공물사용권의 침해는 민법상 불법행위를 구성하므로 손해배상청구·방해배제청구 등을 할 수 있다.

② 공물사용권자의 의무
  ㉠ **사용료납부의무** : 특허사용은 사용자에게 권리를 설정하는 것이므로 사용자로부터 대가(사용료·점용료)를 징수할 수 있다(예 지방자치법 제153조). 그 체납에 대하여는 행정상 강제징수절차에 의하여 징수하는 것이 보통이다.
  ㉡ **제해시설의 설치 및 손실보상의무** : 특허사용으로 인하여 제3자나 공익에 대하여 침해를 가져오는 경우에는 공물사용권자가 그 장해의 예방 또는 제거에 필요한 시설을 설치할 의무가 있으며, 양자의 이해조정의 견지에서 새로이 사용권을 취득한 자에게 손실보상의무를 과하는 경우가 있다(예 하천법 제35조).

(4) 특허사용관계의 종료

공물의 특허사용은 공물의 소멸, 공물사용권의 포기, 특허기간의 경과, 해제조건의 성취, 종기의 도래, 특허의 철회 등의 사유로 종료된다.

4. 관습상 특별사용

관습상 특별사용이란 **공물의 사용권이 관습법으로 인정된 경우의 사용**을 의미한다. 예컨대 수산업법상 입어권, 하천의 용수권이 이에 해당한다.

5. 행정재산의 목적외사용

(1) 의의

사법상 계약 등을 통하여 공물을 사용하는 것을 '행정재산의 목적외사용' 또는 '사법상 사용'이라고 한다(예 시청사에 광고물 설치, 청사의 일부에 다과점·구내서점 등 영업허가). 이는 주로 공물주체가 재정상의 수입을 위하여 행정재산의 용도와 목적에 장애가 되지 아니하는 범위 내에서 특정인에게 특별한 사용을 허용하는 경우에 나타난다. 그러나 판례는 이러한 사용관계를 사법관계가 아닌 공법관계로 보아 행정행위의 성질을 갖는 것으로 파악하고 있다.

(2) 법적 근거

행정재산의 목적외사용에 대해서는 국유재산법이 일반적으로 적용된다. 그러나 행정재산 중에서도 하천·도로·공원·공유수면 등의 사용에 대하여는 각각 하천법·도로법·도시공원법·공유수면관리법 등에서 그 규정을 두고 있다.

> **관련판례**
>
> 행정재산의 사용·수익허가 및 사용·수익허가취소는 공법관계로서 강학상 특허
> 공유재산의 관리청이 행정재산의 사용·수익에 대한 허가는 순전히 사경제주체로서 행하는 사법상의 행위가 아니라 관리청이 공권력을 가진 우월적 지위에서 행하는 행정처분으로서 특정인에게 행정재산을 사용할 수 있는 권리를 설정하여 주는 강학상 특허에 해당한다(대판1998.2.27. 97누1105).

국유재산의 무단사용자에 대한 변상금부과처분은 행정처분
국유재산의 무단사용자가 국유재산법 제51조에 의한 변상금을 체납한 경우에는 관리청은 관할 세무서장 또는 지방자치단체장에게 위임하여 국세징수법의 체납처분에 관한 규정에 의하여 징수할 수 있도록 되어 있으므로, 국유재산법 제51조 제1항에 의한 변상금 부과처분을 근거로 한 변상금의 청구를 민사소송의 방법에 의할 수는 없다(대판 2000.11.24. 2000다28568).

구 지방재정법 제75조의 규정에 따라 기부채납받은 행정재산에 대한 공유재산 관리청의 사용·수익허가의 법적 성질은 행정처분
공유재산의 관리청이 하는 행정재산의 사용·수익에 대한 허가는 순전히 사경제주체로서 행하는 사법상의 행위가 아니라 관리청이 공권력을 가진 우월적 지위에서 행하는 행정처분이라고 보아야 할 것인바…그 행정재산이 구 지방재정법 제75조의 규정에 따라 기부채납받은 재산이라 하여 그에 대한 사용·수익허가의 성질이 달라진다고 할 수는 없다(대판 2001.6.15. 99두509).

(3) 국유재산의 목적외사용
※ 국유재산법이 규정하고 있는 '사용허가'의 상세한 내용은 본서 제8편, 제5장(재무행정법), 제4절 (회계)의 '부동산회계' 부분 참고

예제 공물에 대한 설명으로 옳지 않은 것은? (다툼이 있는 경우 판례에 의함)
① 자연 공공용물은 자연의 상태 그대로 일반 공중의 사용에 제공될 수 있는 실체를 갖추고 공용개시행위가 있으면 공물로 성립하며, 그 후 본래의 용도로 사용하지 않게 되면 별도의 폐지행위 없이 일반재산이 된다.
② 국가가 통제보호구역으로 지정된 사유지 위에 군사시설 등을 설치하여 그 부지 등으로 지속적·배타적으로 점유·사용하는 경우에 국가는 그 토지로 인하여 차임 상당의 이익을 얻고 이로 인하여 그 토지소유자에게 동액 상당의 손해를 주고 있다고 봄이 타당하므로 국가는 차임 상당의 이득을 부당이득금으로 반환하여야 할 의무가 있다.
③ 도로, 공원과 같은 인공적 공공용재산은 법령에 의하여 지정되거나 행정처분으로써 공공용으로 사용하기로 결정한 경우, 또는 행정재산으로 실제로 사용하는 경우의 어느 하나에 해당하면 행정재산이 된다.
④ 도로를 구성하는 부지, 옹벽, 그 밖의 시설물에 대해서는 사권(私權)을 행사할 수 없으나, 소유권을 이전하거나 저당권을 설정하는 경우에는 사권을 행사할 수 있다.

정답 ①
① (×) 국유 하천부지는 자연의 상태 그대로 공공용에 제공될 수 있는 실체를 갖추고 있는 이른바 자연공물로서 별도의 공용개시행위가 없더라도 행정재산이 되고 그 후 본래의 용도에 공여되지 않는 상태에 놓여 있더라도 국유재산법령에 의한 용도폐지를 하지 않은 이상 당연히 잡종재산(일반재산)으로 된다고는 할 수 없다(대판 2007.6.1. 2005도7523).
② (○) 대판 2008.2.1. 2007다8914
③ (○) 대판 2014.11.27. 2014두10769
④ (○) 도로법 제4조

예제 공물에 대한 설명으로 옳은 것은? (다툼이 있는 경우 판례에 의함)

① 행정재산은 공용폐지가 되지 아니하는 한 사법상 거래의 대상이 될 수 없으므로 관재당국이 이를 모르고 행정재산을 매각하였다 하더라도 그 매매를 당연무효라 할 수 없다.
② 행정재산이 본래의 용도에 제공되지 않는 상태에 놓여 있다는 사실만으로도 관리청의 이에 대한 공용폐지의 의사표시가 있었다고 볼 수 있다.
③ 하천의 점용허가권은 특허에 의한 공물사용권의 일종으로서 대세적 효력이 있는 물권이라 할 수 있다.
④ 구체적으로 공물을 사용하지 않고 있는 이상 그 공물의 인접주민이라는 사정만으로는 공물에 대한 고양된 일반사용권이 인정될 수 없다.

정답 ④

① (×) 행정재산은 공용폐지가 되지 아니하는 한 사법상 거래의 대상이 될 수 없으므로 시효취득의 대상이 되지 아니하고, 관재당국이 이를 모르고 행정재산을 매각하였다 하더라도 그 매매는 당연무효이다(대판 1996.5.28. 95다52383).
② (×) 행정재산에 대한 공용폐지의 의사표시는 명시적이든 묵시적이든 상관이 없으나 적법한 의사표시가 있어야 하고, 행정재산이 사실상 본래의 용도에 사용되지 않고 있다는 사실만으로 용도폐지의 의사표시가 있었다고 볼 수는 없다(대판 1997.3.14. 96다43508).
③ (×) 하천의 점용허가권은 특허에 의한 공물사용권의 일종으로서 하천의 관리주체에 대하여 일정한 특별사용을 청구할 수 있는 채권에 지나지 아니하고 대세적 효력이 있는 물권이라 할 수 없다(대판 2015.1.29. 2012두27404).
④ (○) 대판 2006.12.22. 2004다68311등

예제 도로에 대한 설명으로 옳은 것은? (다툼이 있는 경우 판례에 의함)

① 토지의 지목이 도로이고 국유재산대장에 등재되어 있다면 그 토지는 도로로서 행정재산에 해당한다.
② 일반적인 시민생활에 있어 도로를 이용만 하는 사람은 원칙적으로 도로의 용도폐지를 다툴 법률상의 이익이 있다.
③ 도로의 지하는 「도로법」상의 도로점용의 대상이 될 수 있다.
④ 집중호우로 제방도로가 유실되면서 보행자가 강물에 휩쓸려 익사한 경우, 사고 당일의 집중호우가 50년 빈도의 최대강우량에 해당한다면 불가항력에 기인한 것으로 볼 수 있다.

정답 ③

① (×) 도로는 도로로서의 형태를 갖추고, 도로법에 따른 노선의 지정 또는 인정의 공고 및 도로구역 결정·고시를 한 때 또는 도시계획법 또는 도시재개발법 소정의 절차를 거쳐 도로를 설치하였을 때에 공공용물로서 공용개시행위가 있다고 할 것이다(대판 2000.2.25. 99다54332).
② (×) 일반적인 시민생활에 있어 도로를 이용만 하는 사람은 그 용도폐지를 다툴 법률상의 이익이 있다고 말할 수 없지만,… 도로의 용도폐지처분에 관하여 이러한 직접적인 이해관계를 가지는 사람이 그와 같은 이익을 현실적으로 침해당한 경우에는 그 취소를 구할 법률상의 이익이 있다(대판 1992.9.22. 91누13212).
③ (○) 대판 1998.9.22. 96누7342
④ (×) 그러한 사실만으로 여름철 집중호우가 예상하기 어려운 정도의 기상이변에 해당한다고 보기는 어려운 점에 비추어 예상할 수 없는 불가항력에 기인한 것으로 볼 수 없다(대판 2000.5.26. 99다53247).

예제 공물과 관련한 판례의 내용으로 옳지 않은 것은?

① 도로법의 규정에 의한 도로점용은 특정한 목적을 위하여 사용하는 이른바 특별사용을 뜻하며, 이러한 도로점용허가의 법적 성질은 공물관리자의 재량행위이다.
② 도로는 일반국민이 이를 자유로이 이용할 수 있으므로, 일반적인 시민생활에 있어 도로를 이용만 하는 사람이라도 그 도로의 용도폐지를 다툴 법률상의 이익이 있다.
③ 점용허가를 받음이 없이 도로부지를 점유하여 온 자는 행정청이 제3자에 대하여 한 같은 도로부지의 점용허가처분으로 인하여 어떠한 불이익을 입게 되었다고 하더라도 위 처분의 취소를 구할 원고적격이 없다.
④ 비관리청이 조성 또는 설치한 항만시설의 경우, 총사업비의 범위 안에서 당해 비관리청이 항만시설을 무상사용하는 것은 공물의 특허사용에 해당한다.

정답 ②

② (×) 일반적으로 도로는 국가나 지방자치단체가 직접 공중의 통행에 제공하는 것으로서 일반국민은 이를 자유로이 이용할 수 있는 것이기는 하나, 그렇다고 하여 그 이용관계로부터 당연히 그 도로에 관하여 특정한 권리나 법령에 의하여 보호되는 이익이 개인에게 부여되는 것이라고까지는 말할 수 없으므로, 일반적인 시민생활에 있어 도로를 이용만 하는 사람은 그 용도폐지를 다툴 법률상의 이익이 있다고 말할 수 없다(대판 1992.9.22. 91누13212).
① (○) 대판 2002.10.25. 2002두5795
③ (○) 도로부지 위에 점용허가를 받음이 없이 무허가건물을 축조, 점유하여 온 원고가 행정청이 제3자에 대하여 한 같은 도로부지의 점용허가처분으로 인하여 어떠한 불이익을 입게 되었다고 하더라도 처분의 직접상대방이 아닌 제3자인 원고로서는 위 처분의 취소에 관하여 법률상으로 보호받아야 할 직접적이고 구체적인 이해관계가 있다고 할 수 없어 위 처분의 취소를 구할 원고적격이 없다(대판 1991.11.26. 91누1219).
④ (○) 비관리청은 항만법에 의하여 총사업비의 범위 안에서 당해 항만시설에 대하여 무상사용권을 취득할 수 있으므로, 이에 따라 비관리청이 당해 항만시설을 무상사용하는 것은 일반인에게 허용되지 아니하는 특별한 사용으로서, 이른바 공물의 특허사용에 해당한다(대판 2001.8.24. 2001두2485).

제3절 영조물법

01 개설

1. 영조물의 개념

영조물은 광의로는 **국가 등 행정주체가 그 목적을 달성하기 위하여 제공한 인적·물적 시설의 종합체**를 말하며, 협의로는 광의의 영조물 가운데 주로 정신적·문화적 또는 진료적 목적에 계속적으로 제공된 것만을 의미한다(예 국공립 도서관·연구기관·박물관·병원).

2. 구별개념

(1) 공기업과의 구별

양자는 모두 국가나 공공단체에 의해 설치·경영·관리된다는 점, 그 작용이 비권력적 행정작용이라는 점, 공적 목적을 위한 것이라는 점에서 유사하다. 그러나 다음의 차이점이 있다.

	영조물	공기업
목적	직접 공익실현을 목적으로 함 (정신적·문화적 사업)	공익실현 외에 영리추구도 함 (기업적·영리적 사업)
계속성	계속적 사업으로서 존재	계속적 사업 이외에 일시적 사업도 포함
주된 관심대상	인적·물적 종합시설	기업 그 자체
동태성	정적 개념	동적 개념

(2) 공공시설과의 구별

공공시설은 물적 시설의 집합체인 반면 영조물은 그 외 인적 시설도 포함하는 개념이다. 그러나 지방자치법이 공공시설의 개념에 공물·영조물·공기업의 물적 요소를 포함시키는 것처럼(제17조) 실정법상으로는 혼용되기도 한다.

3. 종류

영조물은 ① 관리주체에 따라 국영영조물(예 국립대학)과 공영영조물(예 사립대학), 특수법인영조물(예 서울대학교 병원), ② 이용의 강제성에 따라 임의사용영조물(예 국립도서관), 강제사용영조물(예 국공립초등학교), ③ 법인성 여부에 따라 법인영조물(예 한국은행)과 비법인영조물(예 법인 아닌 국립대학교), ④ 이용자의 인적 범위에 따라 공무원만이 이용가능한 공용영조물(예 국군통합병원), ⑤ 일반인도 이용가능한 공공용영조물(예 국립의료원) 등으로 나누어진다.

02 영조물의 이용관계

1. 의의

영조물의 이용을 둘러싸고 영조물주체와 영조물이용자간에 나타나는 법률관계를 영조물의 이용관계라 한다. 영조물주체와 영조물을 구성하는 인적 요소와의 관계는 이에 포함되지 않는다.

2. 성질

종래는 특별권력관계의 한 종류로 보아서 법률의 유보의 적용이 없고 사법심사의 대상이 되지 않는다고 하였다. 그러나 현재에는 여기에도 법치주의가 적용된다고 봄이 일반적이고, 사법적 성질을 갖는 경우에도 공법적 기속을 받는 것으로 본다.

3. 이용관계의 성립과 종료

(1) 이용관계의 성립

영조물 이용관계는 ① 영조물주체와 이용자간의 합의에 의해 성립하는 임의사용 영조물의 이용관계(예 국립병원의 이용), ② 행정권의 일방적인 행위인 행정행위에 의해 성립하는 강제사용 영조물의 이용관계(예 전염병자의 강제입원)가 있다. 후자는 이용강제라고 부르기도 한다.

(2) 이용관계의 종료

영조물 이용관계는 ① 이용목적의 달성(예 완치로 인한 국공립병원의 퇴원), ② 이용관계로부터의 임의탈퇴(예 국공립학교재학중 자퇴), ③ 영조물주체로부터의 배제(예 국공립도서관이용규칙 위반으로 인한 이용금지), ④ 영조물의 폐지(예 국공립병원의 폐쇄) 등으로 인해 종료한다.

4. 이용관계의 종류

통상의 이용	자유로운 이용이거나 또는 공법상 이용의무에 근거하는 이용. 모든 자가 이용할 수 있다는 의미에서 공개적인 이용의 경우(예 극장·병원)와 특정의 물적 또는 인적 특징을 통해 특별한 자에게만 이용되는 제한이용의 경우(예 학교·유치원)가 있음.
특별이용	영조물의 목적상 이용토록 정해진 인적범위에 속하지 않는 사람들이 사용하거나, 영조물을 본래의 목적과 상이하게 사용하는 경우(예 운하에서 선박용 비품의 판매)

5. 이용관계의 내용

(1) 이용자의 권리와 의무

① **이용자의 권리**: 영조물이용자는 법령과 영조물규칙에 의해 정해지는 내용에 따라 영조물을 이용할 수 있다. 이용자의 권리는 영조물 주체에 대한 채권으로서의 성질을 갖는다. 그리고 영조물주체의 처분으로 권리를 침해당한 자는 행정쟁송과 행정상 손해배상을 통하여 구제받을 수 있다.

② **이용자의 의무**: 이용자는 이용규칙이 정하는 바를 준수하여야 한다. 그리고 영조물 이용에 대한 대가로 이용료 납부의무를 부과하는 것이 일반적이다.

(2) 영조물주체의 권리와 의무

① **영조물주체의 권리** : 영조물주체는 영조물이용에 관한 조건을 설정하고(이용조건제정권), 이용료를 징수하며(이용대가징수권), 이용규칙위반자에게 제재를 가하는 권한(명령·징계권)을 갖는다.
② **영조물주체의 의무** : 법령과 자치법규가 정하는 바에 따라 영조물을 설치·유지·관리하고(유지·관리의무), 일반공중 등 이용자에게 평등하게 제공하여야 한다(이용제공의무·평등제공의무).

> **관련판례**
>
> 대학의 이용관계
>
> [1] 고등교육법 제11조 제1항, 대학 등록금에 관한 규칙 등에서 국립대학이 학생으로부터 받을 수 있는 수업료와 그 밖의 납부금은 국립대학이 학생에게 강의, 실습, 실험 등 교육활동을 실시하는 방법으로 대학의 목적에 부합하는 교육역무를 제공하고 이러한 교육역무에 필요한 교육시설 등을 이용하게 하는 것에 대한 대가, 즉 <u>영조물인 국립대학의 이용에 대한 사용료를 의미하는</u> 것이다(대판 2015.6.25. 2014다5531).
>
> [2] 대학이 법령과 학칙이 정하는 절차에 따라 법령의 범위 내에서 제정 또는 개정한 <u>학칙은 대학의 자치규범으로서 당연히 구속력을 갖는 점 등을 종합하여 보면, 총장 후보자 선정방식을 총장임용추천위원회에서의 선정(간선제)과 해당 대학 교원의 합의된 방식과 절차에 따른 선정(직선제) 중 어느 방법으로 할 것인지는 구 교육공무원법 제24조 제3항에 따라 해당 대학의 자율적 선택에 맡겨져 있어,</u> 해당 대학은 총장 후보자 선정방식을 학칙으로 정할 수 있고, 나아가 학칙에 규정되어 있는 기존의 총장 후보자 선정방식을 학칙의 개정을 통하여 변경할 수 있다(대판 2015.6.24. 2013두26408).

제4절 사회보장행정법

01 개설

1. 사회보장의 개념

"사회보장"이란 **출산, 양육, 실업, 노령, 장애, 질병, 빈곤 및 사망 등의 사회적 위험으로부터 모든 국민을 보호하고 국민 삶의 질을 향상시키는 데 필요한 소득·서비스를 보장하는 사회보험, 공공부조, 사회서비스**를 말한다(사회보장기본법 제3조 제1호). 그리고 "사회보장행정법"은 사회적 안정, 사회적 정의의 실현을 위하여 사회적 약자에 대한 보호와 사회보험을 내용으로 하는 행정법을 말한다. 그 급부방식으로는 사회보험·공적부조·사회복지서비스 중 국가 등 행정주체가 그 급부의 주체가 되는 것이면 여기에 포함된다.

2. 사회보장행정의 법원

(1) 법원의 종류

① 사회보장행정법의 최상위의 법원은 헌법이다. 헌법은 인간다운 생활을 할 권리(제34조 제1항)·사회보장과 사회복지(제2항)·노인과 청소년의 복지(제4항)·생활무능력자의 보호(제5항)·근로자의 보호(제32조) 등에 관하여 규정하고 있다.

② 사회보장행정법의 법원으로서 기본법률의 성격을 가지는 것으로 사회보장기본법이 있고, 그 밖에 사회복지사업법, 영유아보육법, 아동복지법, 모자보건법, 노인복지법, 장애인복지법, 한부모가족지원법, 국민기초생활보장법, 국민연금법, 국민건강보험법, 직업교육훈련촉진법 등 많은 법률이 있다.

(2) 사회보장기본법

사회보장에 관한 국민의 권리와 국가 및 지방자치단체의 책임을 정하고 사회보장제도에 관한 기본적인 사항을 규정함으로써 국민의 복지증진에 기여함을 목적으로 제정되었다(제1조). 이 법은 사회보장을 받을 권리, 사회보장심의회, 사회보장제도의 운영에 관하여 규정하고 있다.

3. 사회보장행정의 법형식

사회보장행정법의 영역에서 행정의 행위형식으로서 ① 일정한 법률사실로서 당연히 형성되는 경우(예 산업재해보상보험법에 의한 보험급여관계), ② 행정행위의 형식(예 국민기초생활보장법의 급여의 결정), ③ 계약에 의한 경우(예 곤궁한 자에 대한 금전대여), ④ 사실행위의 형식(예 각종 복지시설의 설치) 등이 도입되고 있다.

02 「사회보장기본법」의 주요 내용

1. 총칙

(1) 기본이념

사회보장은 모든 국민이 다양한 사회적 위험으로부터 벗어나 행복하고 인간다운 생활을 향유할 수 있도록 자립을 지원하며, 사회참여·자아실현에 필요한 제도와 여건을 조성하여 사회통합과 행복한 복지사회를 실현하는 것을 기본 이념으로 한다(사회보장기본법 제2조).

(2) 국가 및 지방자치단체의 책임

국가와 지방자치단체는 국가 발전수준에 부응하고 사회환경의 변화에 선제적으로 대응하며 지속가능한 사회보장제도를 확립하고 매년 이에 필요한 재원을 조달하여야 한다(제5조 제3항). 국가는 사회보장제도의 안정적인 운영을 위하여 중장기 사회보장 재정추계를 격년으로 실시하고 이를 공표하여야 한다(제4항).

(3) 국민의 책임

모든 국민은 자신의 능력을 최대한 발휘하여 자립·자활(자활)할 수 있도록 노력하여야 한다(제7조

제1항). 모든 국민은 경제적·사회적·문화적·정신적·신체적으로 보호가 필요하다고 인정되는 사람에게 지속적인 관심을 가지고 이들이 보다 나은 삶을 누릴 수 있는 사회환경 조성에 서로 협력하고 노력하여야 한다(제2항).

(4) 사회보장정책의 기본방향

① **평생사회안전망의 구축·운영** : 국가와 지방자치단체는 모든 국민이 생애 동안 삶의 질을 유지·증진할 수 있도록 평생사회안전망을 구축하여야 한다(제22조).
② **사회서비스 보장** : 국가와 지방자치단체는 모든 국민의 인간다운 생활과 자립, 사회참여, 자아실현 등을 지원하여 삶의 질이 향상될 수 있도록 사회서비스에 관한 시책을 마련하여야 한다(제23조).
③ **소득 보장** : 국가와 지방자치단체는 다양한 사회적 위험 하에서도 모든 국민들이 인간다운 생활을 할 수 있도록 소득을 보장하는 제도를 마련하여야 한다(제24조).

2. 사회보장수급권

(1) 사회보장급여의 수준

국가와 지방자치단체는 모든 국민이 건강하고 문화적인 생활을 유지할 수 있도록 사회보장급여의 수준 향상을 위하여 노력하여야 한다(제10조 제1항). 국가는 관계 법령에서 정하는 바에 따라 최저보장수준과 최저임금을 매년 공표하여야 한다(제2항). 국가와 지방자치단체는 제2항에 따른 최저보장수준과 최저임금 등을 고려하여 사회보장급여의 수준을 결정하여야 한다(제3항).

(2) 사회보장수급권의 보호

사회보장수급권은 관계법령이 정하는 바에 따라 타인에게 양도하거나 담보로 제공할 수 없으며, 이를 압류할 수 없다(제12조). 사회보장수급권은 관계법령이 따로 정하고 있는 경우 이외에는 제한되거나 정지될 수 없다(제13조 제1항). 그러나 사회보장수급권은 정당한 권한이 있는 기관에 서면으로 통지하여 이를 포기할 수 있다(제14조 제1항).

3. 사회보장위원회 등

(1) 위원회의 구성

사회보장에 관한 주요 시책을 심의·조정하기 위하여 국무총리 소속으로 사회보장위원회를 둔다(제20조 제1항). 위원장은 국무총리가 되고 부위원장은 기획재정부장관 및 보건복지부장관이 된다(제21조 제2항). 위원은 대통령령으로 정하는 관계 중앙행정기관의 장, 근로자를 대표하는 사람, 사용자를 대표하는 사람, 사회보장에 관한 학식과 경험이 풍부한 사람, 변호사 자격이 있는 사람으로 구성한다(제3항).

(2) 시책의 수립과 추진

보건복지부장관은 관계 중앙행정기관의 장과 협의하여 사회보장 증진을 위하여 사회보장에 관한 기본계획을 5년마다 수립하여야 한다(제16조 제1항). 보건복지부장관 및 관계 중앙행정기관의 장은 기본계획에 따라 사회보장과 관련된 소관 주요 시책의 시행계획을 매년 수립·시행하여야 한다(제18조 제1항). 특별시장·광역시장·특별자치시장·도지사 또는 특별자치도지사·시장·군수·구청장은 관계법령으로 정하는 바에 따라 사회보장에 관한 지역계획을 수립·시행하여야 한다(제19조 제1항).

4. 사회보장제도의 운영

(1) 운영원칙

① 국가와 지방자치단체가 사회보장제도를 운영할 때에는 이 제도를 필요로 하는 모든 국민에게 적용하여야 한다(제25조 제1항).
② 국가와 지방자치단체는 사회보장제도의 급여 수준과 비용 부담 등에서 형평성을 유지하여야 한다(제2항).
③ 국가와 지방자치단체는 사회보장제도의 정책 결정 및 시행 과정에 공익의 대표자 및 이해관계인 등을 참여시켜 이를 민주적으로 결정하고 시행하여야 한다(제3항).
④ 국가와 지방자치단체가 사회보장제도를 운영할 때에는 국민의 다양한 복지 욕구를 효율적으로 충족시키기 위하여 연계성과 전문성을 높여야 한다(제4항).
⑤ 사회보험은 국가의 책임으로 시행하고, 공공부조와 사회서비스는 국가와 지방자치단체의 책임으로 시행하는 것을 원칙으로 한다. 다만, 국가와 지방자치단체의 재정 형편 등을 고려하여 이를 협의·조정할 수 있다(제5항).

(2) 비용의 부담

사회보험에 소요되는 비용은 사용자·피용자 및 자영자가 부담하는 것을 원칙으로 하되 관계법령이 정하는 바에 따라 국가가 그 비용의 일부를 부담할 수 있다(제28조 제2항). 공공부조 및 관계법령이 정하는 일정소득수준이하의 국민에 대한 사회복지서비스에 소요되는 비용의 전부 또는 일부는 국가 및 지방자치단체가 이를 부담한다(제3항). 부담능력이 있는 국민에 대한 사회복지서비스에 소요되는 비용은 그 수익자가 부담함을 원칙으로 하되, 관계법령이 정하는 바에 따라 국가 및 지방자치단체가 그 비용의 일부를 부담할 수 있다(제4항).

(3) 사회보장급여의 관리

국가와 지방자치단체는 국민의 사회보장수급권의 보장 및 재정의 효율적 운용을 위하여 ① 사회보장수급권자 권리구제, ② 사회보장급여의 사각지대 발굴, ③ 사회보장급여의 부정·오류 관리, ④ 사회보장급여의 과오지급액의 환수 등 관리에 한 사회보장급여의 관리체계를 구축·운영하여야 한다(제30조).

(4) 사회보장정보시스템의 구축·운영

국가와 지방자치단체는 국민편익의 증진과 사회보장업무의 효율성 향상을 위하여 사회보장업무를 전자적으로 관리하도록 노력하여야 한다(제37조 제1항). 국가는 관계 중앙행정기관과 지방자치단체에서 시행하는 사회보장수급권자 선정 및 급여 관리 등에 관한 정보를 통합·연계하여 처리·기록 및 관리하는 시스템을 구축·운영할 수 있다(제2항).

(5) 정보의 공개와 비밀의 보장

국가와 지방자치단체는 국민편익의 증진과 사회보장업무의 효율성 향상을 위하여 사회보장업무를 전자적으로 관리하도록 노력하여야 한다(제37조 제1항). 국가 및 지방자치단체는 국민이 사회보장제도에 관하여 필요로 하는 정보를 관계법령이 정하는 바에 의하여 공개하고, 이를 홍보하여야 한다(제33조). 사회보장의 업무에 종사하는 자는 사회보장과 관련하여 알게 된 개인·법인 또는 단체의 비밀을 관계법령이 정하는 바에 의하여 보호하여야 한다(제38조 제1항).

(6) 사회보장에 관한 통지

국가와 지방자치단체는 사회보장 관계 법령에서 정하는 바에 따라 사회보장에 관한 사항을 해당 국민에게 알려야 한다(제36조).

(7) 권리구제

위법 또는 부당한 처분을 받거나 필요한 처분을 받지 못함으로써 권리 또는 이익을 침해받은 국민은 행정심판 또는 행정소송을 제기하여 그 처분의 취소 또는 변경 등을 청구할 수 있다(제39조).

03 사회보험제도

1. 개설

(1) 의의

사회보험은 **국가 등이 개입하여 보험방식으로 실업 · 질병 · 부상 · 폐질 · 사망 · 노령 등과 같은 사회적 위험으로부터 국민의 건강과 소득을 보장하는 제도**이다. 사회보험의 종류로는 국민연금제도, 국민건강보험제도, 산업재해보상보험제도, 고용보험제도 등이 있다.

(2) 민영보험과의 구별

	민영보험	사회보험
권리설정	위험의 분산과 공동부담, 자율적 가입과 계약에 의한 권리설정	강제가입(계약의 체결·해약의 자유 부정), 법에 의한 권리설정(수급자격·보험요율·급부내용 등이 법정화)
비용부담	직접 당사자 부담	국가와 사업주도 보험비용의 전부 또는 일부를 부담
원칙	급부와 반대급부의 균형원칙	급부와 반대급부의 균형원칙 비적용

(3) 공공부조와의 구별

	공공부조	사회보험
기초	경제적 기반이 없는 자들에 대한 보호장치	보험방식으로 사회적 위험에 공동대처
재원	세금으로 충당	보험대상자들이 부담하는 기여금
행정청의 개입	수급권·급부내용이 관계행정청의 판단에 따라 정해짐	계약의 내용이 법정화되어 있어 행정청의 판단이 개입되지 않음
급부방식	수급자의 생계능력·자활능력 등에 따라 개별적	일반국민을 대상으로 획일적 급부

2. 국민연금제도

(1) 의의

국민연금제도는 **국민의 노령, 장애 또는 사망에 대하여 연금급여를 실시함으로써 국민의 생활 안정과 복지 증진에 이바지하려는 제도**이다(국민연금법 제1조). 국민연금은 노령 또는 장애에 따른 노동능력의 상실, 부양의무자의 사망에 따른 유족의 부양상실에 의해 발생하는 소득상실에 대처할 수 있는 대체소득을 보장한다.

(2) 관장기관 등

국민연금사업은 보건복지부장관이 맡아 주관한다(제2조). 한편 보건복지부장관의 위탁을 받아 연금제도의 목적을 달성하기 위한 사업을 효율적으로 수행하기 위하여 국민연금공단을 설립하며(제24조), 이 공단은 법인으로 한다(제26조).

(3) 가입자

국내에 거주하는 국민으로서 18세 이상 60세 미만인 자는 국민연금 가입 대상이 된다. 다만, 「공무원연금법」, 「군인연금법」, 「사립학교교직원 연금법」 및 「별정우체국법」을 적용받는 공무원, 군인, 교직원 및 별정우체국 직원, 그 밖에 대통령령으로 정하는 자는 제외한다(제6조). 가입자는 사업장가입자, 지역가입자, 임의가입자 및 임의계속가입자로 구분한다(제7조).

(4) 급여

급여는 노령연금, 장애연금, 유족연금, 반환일시금으로 구성된다.

(5) 재정

급여 소요되는 비용은 보험자인 공단이 가입자 및 사용자로부터 가입기간 동안 매월 징수하는 연금보험료를 주된 재원으로 하는 국민연금기금이다(제88조). 또한 국가는 매년 공단이 국민연금사업을 관리·운영하는 데에 필요한 비용의 전부 또는 일부를 부담한다(제87조).

(6) 급여의 제한

가입자 또는 가입자였던 자가 고의로 질병·부상 또는 그 원인이 되는 사고를 일으켜 그로 인하여 장애를 입은 경우와, 가입자 또는 가입자였던 자가 고의나 중대한 과실로 요양 지시에 따르지 아니하거나 정당한 사유 없이 요양 지시에 따르지 아니하여 장애를 입는 등의 경우에는 장애연금이 지급되지 않거나 제한된다(제82조·제83조).

(7) 권리구제

① **심사청구**: 가입자의 자격, 기준소득월액, 연금보험료, 그 밖의 동법에 따른 징수금과 급여에 관한 공단의 처분에 이의가 있는 자는 공단에 심사청구를 할 수 있다(제108조 제1항). 심사청구는 그 처분이 있음을 안 날부터 90일 이내에 문서로 하여야 한다(제2항). 심사청구 사항을 심사하기 위하여 공단에 국민연금심사위원회를 둔다(제109조).

② **재심사청구**: 심사청구에 대한 결정에 불복하는 자는 그 결정통지를 받은 날부터 90일 이내에 국민연금재심사위원회(보건복지부 설치)에 재심사를 청구할 수 있다(제110조·제111조). 재심사위원회의 재심사는 행정소송법 제18조를 적용할 때 행정심판법에 따른 행정심판으로 본다(국민연금법 제112조).

예제 사회보장기본법상 사회보장제도에 대한 설명으로 옳지 않은 것은?

① '사회서비스'란 생애주기에 걸쳐 보편적으로 충족되어야 하는 기본욕구와 특정한 사회위험에 의하여 발생하는 특수욕구를 동시에 고려하여 소득·서비스를 보장하는 맞춤형 사회보장제도를 말한다.
② '사회보험'이란 국민에게 발생하는 사회적 위험을 보험의 방식으로 대처함으로써 국민의 건강과 소득을 보장하는 제도를 말한다.
③ '사회보장'이란 출산, 양육, 실업, 노령, 장애, 질병, 빈곤 및 사망 등의 사회적 위험으로부터 모든 국민을 보호하고 국민 삶의 질을 향상시키는 데 필요한 소득·서비스를 보장하는 사회보험, 공공부조, 사회서비스를 말한다.
④ 국가와 지방자치단체는 국가 발전수준에 부응하고 사회환경의 변화에 선제적으로 대응하며 지속가능한 사회보장제도를 확립하고 매년 이에 필요한 재원을 조달하여야 한다.

정답 ①

① (×) "사회서비스"란 국가·지방자치단체 및 민간부문의 도움이 필요한 모든 국민에게 복지, 보건의료, 교육, 고용, 주거, 문화, 환경 등의 분야에서 인간다운 생활을 보장하고 상담, 재활, 돌봄, 정보의 제공, 관련 시설의 이용, 역량 개발, 사회참여 지원 등을 통하여 국민의 삶의 질이 향상되도록 지원하는 제도를 말한다(사회보장기본법 제3조 제4호). 지문은 "평생사회안전망"의 정의이다.

3. 국민건강보험제도

(1) 의의

국민건강보험제도는 **국민의 질병·부상에 대한 예방·진단·치료·재활과 출산·사망 및 건강증진에 대하여 보험급여를 실시함으로써 국민보건을 향상시키고 사회보장을 증진하려는 제도이다**(국민건강보험법 제1조). 건강보험은 사회보험 중에서도 모든 국민의 일상적 생활위험인 질병·부상을 보험사고로 하는 질병보험에 해당한다는 점에서, 산업재해보상보험이 업무상 부상·질병을 보호대상으로 하는 점과 다르다.

(2) 관장기관 등

건강보험사업은 보건복지부장관이 관장한다(제2조). 한편 건강보험정책에 관한 주요사항을 심의·의결하기 위하여 보건복지부장관 소속하에 건강보험정책심의위원회를 둔다(제4조). 건강보험의 보험자는 국민건강보험공단으로 하며(제12조), 이 공단은 법인으로 한다(제14조).

(3) 가입자

가입자는 직장가입자 및 지역가입자로 구분한다(제6조 제1항). 모든 사업장의 근로자 및 사용자와 공무원 및 교직원은 직장가입자가 되나 ① 고용 기간이 1개월 미만인 일용근로자, ②「병역법」에 따른 현역병(지원에 의하지 아니하고 임용된 하사를 포함), 전환복무된 사람 및 군간부후보생, ③ 선거에 당선되어 취임하는 공무원으로서 매월 보수 또는 보수에 준하는 급료를 받지 아니하는 사람, ④ 그 밖에 사업장의 특성, 고용 형태 및 사업의 종류 등을 고려하여 대통령령으로 정하는 사업장의 근로자 및 사용자와 공무원 및 교직원을 제외한다(제2항). 지역가입자는 가입자중 직장가입자와 그 피부양자를 제외한 자를 말한다(제3항).

(4) 피부양자

피부양자는 직장가입자에 의하여 주로 생계를 유지하는 자로서 보수 또는 소득이 없는 자를 말하는데, 이러한 피부양자에는 ① 직장가입자의 배우자, ② 직장가입자의 직계존속(배우자의 직계존속을 포함), ③ 직장가입자의 직계비속(배우자의 직계비속을 포함)과 그 배우자, ④ 직장가입자의 형제·자매가 포함된다(제5조 제2항).

(5) 급여

급여의 종류로 ① 요양급여(가입자 및 피부양자의 질병·부상·출산 등에 대하여 실시하는 진찰·검사, 약제·치료재료의 지급, 처치·수술 기타의 치료, 예방·재활, 입원, 간호, 이송 등의 현물급여), ② 건강검진(가입자 및 피부양자에 대하여 질병의 조기발견과 그에 따른 요양급여를 하기 위한 것), ③ 부가급여(임신·출산 진료비, 장제비, 상병수당, 그 밖의 급여)가 있다.

(6) 보험료의 부담

직장가입자의 보수월액보험료는 직장가입자와 사업주(또는 국가·지방자치단체)가 각각 보험료액의 100분의 50씩 부담한다. 다만, 직장가입자가 교직원으로서 사립학교에 근무하는 교원이면 보험료액은 그 직장가입자가 100분의 50을, 사용자가 100분의 30을, 국가가 100분의 20을 각각 부담한다(제76조 제1항). 지역가입자의 보험료는 그 가입자가 속한 세대의 지역가입자 전원이 연대하여 부담한다(제3항).

(7) 급여의 제한

공단은 보험급여를 받을 수 있는 자가 ① 고의 또는 중대한 과실로 인한 범죄행위에 기인하거나 고의로 사고를 발생시킨 때, ② 고의 또는 중대한 과실로 공단이나 요양기관의 요양에 관한 지시에 따르지 아니한 때, ③ 고의 또는 중대한 과실로 보험급여의 확인에 필요한 문서 등의 제출을 거부하거나 질문 또는 진단을 기피한 때, ④ 업무상 또는 공무상 질병·부상·재해로 인하여 다른 법령에 의한 보험급여나 보상 또는 보상을 받게 되는 때에는 보험급여를 지급하지 아니한다(제53조 제1항).

(8) 권리구제

① **이의신청** : 가입자 및 피부양자의 자격·보험료등·보험급여 및 보험급여비용에 관한 공단의 처분에 이의가 있는 자는 공단에 이의신청을 할 수 있다. 그리고 요양급여비용 및 요양급여의 적정성에 대한 평가등에 관한 건강심사평가원의 처분에 이의가 있는 공단·요양기관 기타의 자는 건강심사평가원에 이의신청을 할 수 있다(제87조).
② **심판청구** : 이의신청에 대한 결정에 불복이 있는 자는 건강보험분쟁조정위원회(보건복지부 설치)에 심판청구를 할 수 있다(제88조).
③ **행정소송** : 공단 또는 심사평가원의 처분에 이의가 있는 자와 이의신청 또는 심판청구에 대한 결정에 불복이 있는 자는 행정소송법이 정하는 바에 의하여 행정소송을 제기할 수 있다(제90조).

4. 산업재해보상보험제도

(1) 의의

산업재해보상보험제도는 근로자의 업무상의 재해를 신속하고 공정하게 보상하고, 재해근로자의 재활 및 사회 복귀를 촉진하기 위하여 이에 필요한 보험시설을 설치·운영하고, 재해 예방과 그 밖에 근로자의 복지 증진을 위한 사업을 시행하여 근로자 보호에 이바지하는 것을 목적으로 하는 제도이다(산업재해보상보험법 제1조). 이 제도는 과실책임주의에 입각한 민사상의 손해배상제도나 근로기준법상 재해보상 규정만으로는 재해근로자에 대한 신속하고도 효과적인 보호에 미흡하기 때문에 고안된 제도이다.

(2) 관장기관 등

산업재해보상보험 사업은 고용노동부장관이 관장한다(제2조 제1항). 한편 국가는 회계연도마다 예산의 범위에서 보험사업의 사무 집행에 드는 비용을 일반회계에서 부담하여야 한다(제3조 제1항).

(3) 적용사업장·가입자

동법은 근로자를 사용하는 모든 사업 또는 사업장에 적용한다. 다만 위험률·규모 및 장소 등을 고려하여 대통령령으로 정하는 사업에 대하여는 이 법을 적용하지 아니한다(제6조).

(4) 보험급여의 수급권자

① **원칙**: 업무상 재해(업무상의 사유에 의해 부상·질병·장해 또는 사망)를 당한 근로자가 보험급여의 수급권자가 된다. 여기서의 근로자는 근로기준법상의 근로자를 말한다(제5조 제2호).

② **특례**: 동법은 ㉠ 보험가입자가 대한민국 밖의 지역에서 하는 사업에 근로시키기 위하여 파견하는 자, ㉡ 동법이 적용되는 사업에서 현장 실습을 하고 있는 학생 및 직업 훈련생 중 고용노동부장관이 정하는 현장실습생, ㉢ 대통령령으로 정하는 중·소기업 사업주, ㉣ 특수형태근로종사자, ㉤ 국민기초생활 보장법상 자활급여 수급자 중 고용노동부장관이 정하여 고시하는 사업에 종사하는 자에 대하여 각각 동법상 근로자로 보는 특례를 두고 있다(제122조~제126조).

(5) 급여

보험급여의 종류로는 ① 요양급여, ② 휴업급여, ③ 장해급여, ④ 간병급여, ⑤ 유족급여, ⑥ 상병(傷病)보상연금, ⑦ 장례비, ⑧ 직업재활급여가 있다(제36조 제1항). 동법은 제3장에서 그 인정기준을 자세히 정하고 있다.

(6) 재정

고용노동부장관은 보험사업, 산업재해 예방 사업에 필요한 재원을 확보하고, 보험급여에 충당하기 위하여 산업재해보상보험및예방기금을 설치한다(제95조 제1항). 기금은 보험료, 기금운용 수익금, 적립금, 기금의 결산상 잉여금, 정부 또는 정부 아닌 자의 출연금 및 기부금, 차입금, 그 밖의 수입금을 재원으로 하여 조성한다(제2항). 정부는 산업재해 예방 사업을 수행하기 위하여 회계연도마다 기금지출예산 총액의 100분의 3의 범위에서 제2항에 따른 정부의 출연금으로 세출예산에 계상하여야 한다(제3항).

(7) 급여의 제한

공단은 근로자가 ㉠ 정당한 사유 없이 요양에 관한 지시를 위반하여 부상·질병 또는 장해 상태를 악화시키거나 치유를 방해한 경우, ⓒ 장해보상연금 수급권자가 장해등급 재판정 전에 자해(自害) 등 고의로 장해 상태를 악화시킨 경우에는 보험급여의 전부 또는 일부를 지급하지 아니할 수 있다(제83조).

(8) 권리구제
① **심사청구** : 보험급여에 관한 공단의 결정에 불복하는 자는 공단에 심사 청구를 할 수 있다(제103조 제1항). 심사청구를 심의하기 위하여 공단에 관계 전문가 등으로 구성되는 산업재해보상보험심사위원회를 둔다(제104조).
② **재심사청구** : 심사청구에 대한 결정에 불복하는 자는 산업재해보상보험재심사위원회(고용노동부 설치)에 재심사 청구를 할 수 있다(제106조). 재심사청구에 대한 재결은 행정소송법 제18조를 적용할 때 행정심판에 대한 재결로 본다(제111조 제2항).

> **관련판례**
>
> 근로복지공단의 보험급여 지급결정의 법적 성질
> 산업재해보상보험법이 규정한 보험급여지급의 요건에 해당하여 보험급여를 받을 권리가 있는 자라고 할지라도 그 요건에 해당하는 것만으로 바로 구체적인 청구권이 발생하는 것이 아니라 근로복지공단의 인용결정에 의하여 비로소 구체적인 청구권이 발생한다고 할 것이고, 이 경우 근로복지공단이 보험급여를 지급하기로 하는 결정이나 그 지급을 거부하는 결정은 신청인에게 급여청구권이 있는지의 여부를 공권적으로 확정하는 준법률행위적 행정행위로서의 확인에 해당하여 행정처분이라 할 것인데, 보험급여에 관한 지급결정이 있었음에도 그 후에 근로복지공단이 보험급여의 지급을 거절한다면 이는 이미 결정된 보험급여의 이행이라는 사실행위를 하지 아니하는 것으로서 이에 대한 법적 구제는 당사자소송을 통하여 직접적으로 근로복지공단을 상대로 사실행위로서의 급여의 지급을 구하여야 하고, 이러한 사실행위의 불이행을 또다시 지급거부결정으로서의 성질을 갖는 행정처분으로 파악하여 항고소송(취소소송)의 대상으로 삼을 수는 없다(서울행법 2005.5.17. 2004구합38164).

예제 「산업재해보상보험법」에 대한 설명으로 옳지 않은 것은? (다툼이 있는 경우 판례에 의함)
① 유족급여의 지급거부에 대하여는 고용노동부장관을 피고로 하여 당사자소송을 제기하여야 한다.
② 사업주가 제공한 교통수단이나 그에 준하는 교통수단을 이용하는 등 사업주의 지배관리하에서 출퇴근하는 도중에 발생한 사고는 업무상 재해이다.
③ 근로복지공단은 보험사업을 효율적으로 수행하기 위하여 필요하면 질병관리청·국세청 및 지방자치단체 등 관계 행정기관이나 보험사업과 관련되는 기관·단체 등에 필요한 자료의 제공을 요청할 수 있다.
④ 국가는 회계연도마다 예산의 범위에서 보험사업의 사무 집행에 드는 비용을 일반회계에서 부담하여야 한다.

정답 ①

① (×) 산재법이 규정한 보험급여지급의 요건에 해당하여 보험급여를 받을 권리가 있는 자라고 할지라도 그 요건에 해당하는 것만으로 바로 구체적인 청구권이 발생하는 것이 아니라 근로복지공단의 인용결정에 의하여 비로소 구체적인 청구권이 발생한다고 할 것이고, 이 경우 근로복지공단이 보험급여를 지급하기로 하는 결정이나 그 지급을 거부하는 결정은 신청인에게 급여청구권이 있는지의 여부를 공권적으로 확정하는 준법률행위적 행정행위로서의 확인에 해당하여 행정처분이라 할 것이다(서울행법 2005.5.17. 2004구합 38164). ☞ 항고소송을 제기하여야 함
② (○) 산업재해보상보험법 제37조 제1항
③ (○) 동법 제31조 제1항
④ (○) 동법 제3조 제1항

5. 고용보험제도

(1) 의의

고용보험제도는 **고용보험의 시행을 통하여 실업의 예방, 고용의 촉진 및 근로자 등의 직업능력의 개발과 향상을 꾀하고, 국가의 직업지도와 직업소개 기능을 강화하며, 근로자 등이 실업한 경우에 생활에 필요한 급여를 실시하여 근로자 등의 생활안정과 구직 활동을 촉진함으로써 경제·사회 발전에 이바지하는 것을 목적으로 하는 제도**이다(고용보험법 제1조). 실직자에 대한 사후적인 생계보장이라는 전통적인 실업보험과 달리 실업예방, 재취업촉진 등 예방적·적극적인 성격의 사회보험제도이다.

(2) 적용대상

근로자를 사용하는 모든 사업 또는 사업장에 적용하되, 산업별 특성 및 규모 등을 고려하여 대통령령으로 정하는 사업에 대하여는 적용하지 아니한다(제8조). 그리고 소정 근로시간이 대통령령으로 정하는 시간 미만인 자,「국가공무원법」과「지방공무원법」에 따른 공무원(다만, 별정직공무원, 임기제공무원의 경우는 본인의 의사에 따라 가입 가능),「사립학교교직원 연금법」의 적용을 받는 사람 등은 제외된다(제10조).

(3) 관장기관 등

고용보험은 고용노동부장관이 관장한다(제3조). 동법에 따른 고용노동부장관의 권한은 대통령령으로 정하는 바에 따라 그 일부를 직업안정기관의 장에게 위임하거나 대통령령으로 정하는 자에게 위탁할 수 있다(제115조).

(4) 급여

고용보험법은 그 목적을 달성하기 위한 고용보험사업으로 고용안정·직업능력개발 사업, 실업급여, 육아휴직 급여 및 산전후휴가 급여 등을 실시한다(제4조).

(5) 재정

고용보험의 재정은 사업주와 피보험자인 근로자로부터 징수되는 보험료 및 이를 주된 재원으로 하는 고용보험기금이다. 국가는 매년 보험사업에 드는 비용의 일부를 일반회계에서 부담할 수 있다(제5조 제1항).

(6) 권리구제

피보험자격의 취득·상실에 대한 확인, 실업급여 및 육아휴직 급여와 산전후휴가 급여 등에 관한 처분에 이의가 있는 자는 고용보험심사관에게 심사를 청구할 수 있고, 그 결정에 이의가 있는 자는 고용보험심사위원회(고용노동부설치)에 재심사를 청구할 수 있다(제87조 제1항). 재심사의 청구에 대한 재결은 행정소송법 제18조를 적용할 경우 행정심판에 대한 재결로 본다(제104조 제1항).

04 공공부조

1. 의의

(1) 공공부조라 함은 **국가 및 지방자치단체의 책임하에 생활유지능력이 없거나 생활이 어려운 국민의 최저생활을 보장하고 자립을 지원하는 제도**를 말한다(사회보장기본법 제3조 제3호).

(2) 공공부조는 협의로 국민기초생활보장법과 의료급여법을 말하며, 광의로 재해구호법·「국가유공자등 예우 및 지원에 관한 법률」 등도 포함한다.

2. 기본원칙

보호신청의 원칙	보호가 직권에 의하지 않고 보호를 요하는 사람의 신청에 의해 개시된다는 원칙이다.
기초생활보장의 원칙	급여는 건강하고 문화적인 최저생활을 유지할 수 있는 것이어야 한다(국민기초생활보장법 제4조).
세대단위의 원칙	세대는 사실상의 주거와 생계를 같이 하는 사람들의 집합체를 말한다. 국민기초생활보장법은 원칙적으로 세대단위로 보호할 것을 규정하고 있다(제4조 제3항).
거택보호의 원칙	국민기초생활보장법은 생계급여를 수급자의 주거에서 행하는 것을 원칙으로 하고 있다(제10조 제1항).
금전부조의 원칙	생계급여는 금전을 지급함으로써 행하되, 이에 의할 수 없거나 이에 의하는 것이 적당하지 아니하다고 인정하는 경우에는 물품을 지급함으로써 행할 수 있다(제9조 제1항). 이는 요보호자에게 선택의 자유를 주고, 명예 보호·절차상의 간소화 등을 위한 것이다.
보충성의 원칙	공공부조는 수급자가 자신의 생활의 유지·향상을 위하여 최대한 노력하는 것을 전제로 이를 보충·발전시키는 것을 기본원칙으로 한다.
목적성의 원칙	피보호자가 보호를 필요로 하게 된 원인은 불문한다는 원칙이다. 따라서 게으름이나 방탕이 빈곤의 원인으로 된 경우에도 부조의 대상이 된다.

3. 국민기초생활보장법

(1) 의의

국민기초생활보장법은 생활이 어려운 사람에게 필요한 급여를 행하여 이들의 최저생활을 보장하고 자활을 조성하는 것을 목적으로 한다(제1조). 모든 국민은 인간다운 생활을 할 권리를 가진다. 따라서 생활유지의 능력이 없는 자에게는 국가가 이들의 최저생활을 보장하고 자활을 조성해 주어야 한다.

(2) 급여의 기본원칙

동법에 의한 급여는 수급자가 자신의 생활의 유지·향상을 위하여 그 소득·재산·근로능력등을 활용하여 최대한 노력하는 것을 전제로 이를 보충·발전시키는 것을 기본원칙으로 한다(제3조 제1항). 부양의무자의 부양과 다른 법령에 의한 보호는 동법에 의한 급여에 우선하여 행하여지는 것으로 하되, 다른 법령에 의한 보호의 수준이 이 법에서 정하는 수준에 이르지 아니하는 경우에는 나머지 부분에 관하여 동법에 의한 급여를 받을 권리를 잃지 아니한다(제2항).

(3) 급여의 기준 등

이 법에 따른 급여는 건강하고 문화적인 최저생활을 유지할 수 있는 것이어야 한다(제4조 제1항). 이 법에 따른 급여의 기준은 수급자의 연령, 가구 규모, 거주지역, 그 밖의 생활여건 등을 고려하여 급여의 종류별로 보건복지부장관이 정하거나 급여를 지급하는 중앙행정기관의 장이 보건복지부장관과 협의하여 정한다(제2항). 보장기관은 이 법에 따른 급여를 개별가구 단위로 실시하되, 특히 필요하다고 인정하는 경우에는 개인 단위로 실시할 수 있다(제3항). 지방자치단체인 보장기관은 해당 지방자치단체의 조례로 정하는 바에 따라 이 법에 따른 급여의 범위 및 수준을 초과하여 급여를 실시할 수 있다. 이 경우 해당 보장기관은 보건복지부장관 및 소관 중앙행정기관의 장에게 알려야 한다(제4항).

(4) 최저보장수준의 결정 등

보건복지부장관 또는 소관 중앙행정기관의 장은 급여의 종류별 수급자 선정기준 및 최저보장수준을 결정하여야 한다(제6조 제1항). 보건복지부장관 또는 소관 중앙행정기관의 장은 매년 8월 1일까지 중앙생활보장위원회의 심의·의결을 거쳐 다음 연도의 급여의 종류별 수급자 선정기준 및 최저보장수준을 공표하여야 한다(제2항).

(5) 기준 중위소득의 산정

기준 중위소득은 「통계법」 제27조에 따라 통계청이 공표하는 통계자료의 가구 경상소득(근로소득, 사업소득, 재산소득, 이전소득을 합산한 소득)의 중간값에 최근 가구소득 평균 증가율, 가구규모에 따른 소득수준의 차이 등을 반영하여 가구규모별로 산정한다(제6조의2).

(6) 보장기관

① **지방자치단체의 장**: 동법에 의한 급여는 수급권자 또는 수급자의 거주지를 관할하는 특별시·광역시·도지사와 시장·군수·구청장이 행한다. 다만 주거가 일정하지 아니한 경우에는 수급권자 또는 수급자가 실제 거주하는 지역을 관할하는 시장·군수·구청장이 행한다(제19조 제1항). 또한 보건복지부장관과 시·도지사는 수급자를 각각 국가 또는 당해 지방자치단체가 경영하는 보장시설에 입소하게 하거나 다른 보장시설에 위탁하여 급여를 행할 수 있다(제2항).

② **생활보장위원회**: 동법에 의한 생활보장사업의 기획·조사·실시등에 관한 사항을 심의·의결하기 위하여 보건복지부와 특별시·광역시·도 및 시·군·구(자치구를 말함)에 각각 생활보장위원회를 둔다(제20조 제1항).

(7) 급여의 절차

급여의 실시절차는 ① 급여의 신청, ② 신청에 의한 조사, ③ 조사의 결과보고, ④ 급여의 결정, ⑤ 급여의 실시 등의 순서로 이루어진다. 구 생활보호법에서는 직권주의를 원칙으로 하였으나, 현행법은 신청주의를 원칙으로 하고 직권주의를 보충적으로 활용하고 있다.

> **국민기초생활보장법 제21조(급여의 신청)** ② 사회복지 전담공무원은 이 법에 따른 급여를 필요로 하는 사람이 누락되지 아니하도록 하기 위하여 관할지역에 거주하는 수급권자에 대한 급여를 직권으로 신청할 수 있다. 이 경우 수급권자의 동의를 구하여야 하며 수급권자의 동의는 수급권자의 신청으로 볼 수 있다.

(8) 급여의 종류

국민기초생활보장법에 의한 급여는 생계급여, 주거급여, 의료급여, 교육급여, 해산급여, 장제급여, 자활급여로 구분된다.

(9) 급여의 제한

보장기관은 ① 수급자에 대한 급여의 전부 또는 일부가 필요 없게 된 때, ② 수급자가 급여의 전부 또는 일부를 거부한 때에는 급여의 전부 또는 일부를 중지하여야 한다(제30조 제1항). 자활에 필요한 사업에 참가할 것을 조건으로 생계급여를 지급받는 근로능력이 있는 수급자가 조건을 이행하지 않는 경우 조건을 이행할 때까지 수급자 본인의 생계급여의 전부 또는 일부를 지급하지 아니할 수 있다(제2항).

(10) 수급자의 권리와 의무

수급자에 대한 급여는 정당한 사유없이 이를 불리하게 변경할 수 없다(제34조). 수급자에게 지급된 수급품과 이를 받을 권리는 압류할 수 없으며, 수급자는 급여를 받을 권리를 타인에게 양도할 수 없다(제35조·제36조). 수급자는 거주지역·세대의 구성에 변동이 있거나 소득자산상황 등 수급요건에 해당하는 사항에 현저한 변동이 있는 때에는 지체 없이 관할보장기관에 이를 신고하여야 한다(제37조).

(11) 재정

급여실시비용, 기타 보장업무에 소요되는 비용 등 국민기초생활보장법상의 보장비용은 국가 및 지방자치단체가 부담한다. 동법은 이러한 보장비용의 부담방식에 관하여 제43조에 상세히 규정하고 있다.

(12) 권리구제

① **시·도지사에 대한 이의신청**: 수급자나 급여 또는 급여변경의 신청을 한 자는 그 결정의 통지를 받은 날부터 60일 이내에 시장·군수·구청장의 처분에 대하여 이의가 있는 경우에는 당해 보장기관을 거쳐 시·도지사에게 서면 또는 구두로 이의를 신청할 수 있다(제38조 제1항). 이의신청을 받은 시·도지사는 30일 이내에 필요한 심사를 하고 이의신청을 각하하거나 당해 처분을 변경 또는 취소하거나 기타 필요한 급여를 명하여야 한다(제39조 제1항).

② **보건복지부장관에 대한 이의신청**: 제39조의 규정에 의한 처분등에 대하여 이의가 있는 자는 그 처분등의 통지를 받은 날부터 60일 이내에 시·도지사를 거쳐 보건복지부장관에게 서면 또는 구두로 이의를 신청할 수 있다(제40조 제1항). 보건복지부장관은 이의신청서를 송부받은 때에는 30일 이내에 필요한 심사를 하고 이의신청을 각하하거나 당해 처분의 변경 또는 취소의 재결을 하여야 한다(제41조 제1항).

③ **행정소송** : 시·도지사 등의 처분등에 대하여는 위 이의신청절차를 거치지 않고 곧바로 행정소송을 제기하여 이를 다툴 수도 있다.

4. 의료급여법

(1) 의의

의료급여법은 생활이 어려운 사람에게 의료급여를 실시함으로써 국민보건의 향상과 사회복지의 증진에 이바지함을 목적으로 한다(제1조).

	의료급여	국민건강보험
제도적 성격	공공부조	사회보험
비용부담	국가 및 지방자치단체가 원칙적으로 그 비용을 부담	본인이 비용의 일부를 부담

(2) 수급권자

제3조(수급권자) ① 이 법에 따른 수급권자는 다음 각 호와 같다.
1. 「국민기초생활 보장법」에 따른 의료급여 수급자
2. 「재해구호법」에 따른 이재민으로서 보건복지부장관이 의료급여가 필요하다고 인정한 사람
3. 「의사상자 등 예우 및 지원에 관한 법률」에 따라 의료급여를 받는 사람
4. 「입양특례법」에 따라 국내에 입양된 18세 미만의 아동
5. 「독립유공자예우에 관한 법률」, 「국가유공자 등 예우 및 지원에 관한 법률」 및 「보훈보상대상자 지원에 관한 법률」의 적용을 받고 있는 사람과 그 가족으로서 국가보훈처장이 의료급여가 필요하다고 추천한 사람 중에서 보건복지부장관이 의료급여가 필요하다고 인정한 사람
6. 「무형문화재 보전 및 진흥에 관한 법률」에 따라 지정된 국가무형문화재의 보유자(명예보유자를 포함한다)와 그 가족으로서 문화재청장이 의료급여가 필요하다고 추천한 사람 중에서 보건복지부장관이 의료급여가 필요하다고 인정한 사람
7. 「북한이탈주민의 보호 및 정착지원에 관한 법률」의 적용을 받고 있는 사람과 그 가족으로서 보건복지부장관이 의료급여가 필요하다고 인정한 사람
8. 「5·18민주화운동 관련자 보상 등에 관한 법률」 제8조에 따라 보상금등을 받은 사람과 그 가족으로서 보건복지부장관이 의료급여가 필요하다고 인정한 사람
9. 「노숙인 등의 복지 및 자립지원에 관한 법률」에 따른 노숙인 등으로서 보건복지부장관이 의료급여가 필요하다고 인정한 사람
10. 그 밖에 생활유지 능력이 없거나 생활이 어려운 사람으로서 대통령령으로 정하는 사람

(3) 관장기관

의료급여에 관한 업무는 수급권자의 거주지를 관할하는 특별시장·광역시장·도지사와 시장·군수·구청장이 한다(제5조 제1항). 주거가 일정하지 아니한 수급권자에 대한 의료급여 업무는 그가 실제 거주하는 지역을 관할하는 시장·군수·구청장이 한다(제2항). 의료급여사업의 실시에 관한 사항을 심의하기 위하여 보건복지부, 시·도 및 시·군·구에 각각 의료급여심의위원회를 둔다(제6조 제1항).

(4) 의료급여의 내용

수급권자의 질병·부상·출산 등에 대한 의료급여의 내용은 ① 진찰·검사, ② 약제·치료재료의 지급, ③ 처치·수술과 그 밖의 치료, ④ 예방·재활, ⑤ 입원, ⑥ 간호, ⑦ 이송과 그 밖의 의료목적의 달성을 위한 조치이다(제7조 제1항).

(5) 재정

급여비용은 대통령령이 정하는 바에 따라 그 전부 또는 일부를 의료급여기금에서 부담하되, 의료급여기금에서 일부를 부담하는 경우 그 나머지의 비용은 본인이 부담한다(제10조). 시·도에 설치되는 의료급여기금은 ① 국고보조금, ② 지방자치단체의 출연금, ③ 상환받은 대불금(제21조), ④ 징수한 부당이득금(제23조), ⑤ 징수한 과징금(제29조), ⑥ 당해 기금의 결산상 잉여금 및 그 밖의 수입금의 재원으로 조성한다(제25조 제2항).

(6) 의료급여의 제한

의료급여는 ① 수급권자가 자신의 고의 또는 중대한 과실로 인한 범죄행위에 그 원인이 있거나 고의로 사고를 일으켜 의료급여가 필요하게 된 경우, ② 수급권자가 정당한 이유 없이 이 법의 규정이나 의료급여기관의 진료에 관한 지시에 따르지 아니한 경우에는 행하지 아니한다(제15조 제1항).

(7) 권리구제

수급권자의 자격, 의료급여 및 급여비용에 대한 시장·군수·구청장의 처분에 이의가 있는 자는 시장·군수·구청장에게 이의신청을 할 수 있다(제30조 제1항). 급여비용의 심사·조정에 관한 급여비용심사기관의 처분에 이의가 있는 의료급여기관은 급여비용심사기관에 이의신청을 할 수 있다(제2항). 제1항과 제2항의 이의신청은 처분이 있음을 안 날부터 90일 이내에 문서(전자문서를 포함한다)로 하여야 하며, 처분이 있은 날부터 180일이 지나면 제기하지 못한다(제3항).

제3장 공용부담법

제1절 개설

01 공용부담의 의의

1. 개념

공용부담은 **특정한 공익사업, 기타의 공익목적을 위하여 또는 특정물건의 효용을 확보하기 위하여 행정주체가 법규에 근거하여 강제적으로 사인에게 가하는 인적·물적 부담**을 말한다.

2. 법적 근거

(1) 공용부담을 부과하는 것은 당사자에게 재산권의 침해를 가져오는 것이기 때문에 반드시 법률에 근거가 있어야 한다. 헌법은 "공공필요에 의한 재산권의 수용·사용 또는 제한…은 법률로 정한다"(제23조 제3항)고 하여 이를 명시하고 있다.

(2) 공용부담과 관련 있는 법률로는 「공익사업을 위한 토지 등의 취득 및 보상에 관한 법률」·「국토의 계획 및 이용에 관한 법률」·도로법·하천법·산림법·전기사업법 등 많은 개별법이 있다.

02 공용부담의 종류

1. 인적 공용부담(인적 부담)

특정 공익사업의 수요를 충족시키기 위하여 특정인에게 작위·부작위 또는 급부의무를 과하는 것을 말한다. 인적 공용부담은 대인적 성질을 가지므로 원칙적으로 이전이 곤란하다. 여기에는 그 내용에 따라 부담금, 부역·현품, 노역·물품, 시설부담, 부작위부담이 있다.

2. 물적 공용부담(물적 부담)

특정 공익사업의 수요를 충족하거나 또는 특정 공익목적을 위하여 국민의 특정 재산권에 부착하여 강제적으로 부과되는 경제적 부담이다. 물적 공용부담은 재산권의 이전과 더불어 타인에게 이전된다. 여기에는 그 성질에 따라 공용제한, 공용수용, 공용환지, 공용환권이 있다.

제2절 인적 공용부담

01 의의

1. 개념

인적 공용부담은 **특정 공익사업의 수요를 충족시키기 위하여 법률에 의거하여 국민에게 과하여지는 작위·부작위·급부의 의무**를 말한다. 대인적 부담이라는 점에서 재산권을 대상으로 하는 물적 공용부담과 구분된다.

2. 종류

(1) 내용에 의한 분류

인적 공용부담은 내용에 따라 부담금, 부역·현품, 노역·물품, 시설부담, 부작위부담으로 구분된다. 이에 관하여는 후술한다.

(2) 부과방법에 의한 분류

개별부담	각 개인에 대하여 개별적으로 과하는 부담
연합부담	부담의무자인 개인의 연합체에 대하여 공동의 부담으로 과하는 부담(예 농업생산기반정비사업의 부담)

(3) 부담근거에 의한 분류

일반부담	일정 범위의 개인 일반(국민·지방자치단체 주민)에 대하여 그 능력에 따라 과하는 부담(예 구 지방자치법상 비상재해복구를 위한 부역·현품)
특별부담	특정 공익사업과 특별한 관계에 있는 자에게 과하는 부담(예 수익자부담·원인자부담·손상자부담)
우발부담	우연히 당해 사업의 수요를 충족시킬 수 있는 자에게 과하는 부담(예 수난구호법에 의한 수난구호업무 종사명령)

02 부담금

1. 의의

(1) 부담금이란 **특정 공익사업과 특별한 이해관계에 있는 자에 대하여 그 사업에 필요한 경비의 전부 또는 일부를 부담시키기 위하여 과하는 공법상의 금전급부의무**를 말한다. 분담금이라 부르기도 한다.

(2) 부담금관리기본법은 부담금을 "중앙행정기관의 장, 지방자치단체의 장, 행정권한을 위탁받은 공공단체 또는 법인의 장 등 법률에 의하여 금전적 부담의 부과권한이 부여된 자가 분담금, 부과금, 예치금, 기여금 그 밖의 명칭에 불구하고 재화 또는 용역의 제공과 관계없이 특정 공익사업과 관련하여 법률이 정하는 바에 따라 부과하는 조세외의 금전지급의무"로 정의하고 있다(제2조).

2. 법적 근거

(1) 부담금 설치의 근거

부담금은 사인에게 재산상의 침해를 가하는 것이므로 법률의 근거를 요한다. 부담금관리기본법 제3조는 "부담금은 별표에 규정된 법률의 규정에 의하지 아니하고는 이를 설치할 수 없다"고 명시하고 있다.

(2) 부과·강제징수의 근거

부담금은 공법상 금전채무이므로 불이행시에는 행정상 강제징수 할 수 있다. 부담금부과의 근거가 되는 법률에는 부담금의 부과 및 징수주체·설치목적·부과요건·산정기준·산정방법·부과요율 등이 구체적이고 명확하게 규정되어야 한다(부담금관리기본법 제4조).

3. 종류

수익자부담금	특정의 공익사업의 시행으로 인하여 특별한 수익을 받는 자가 그 수익의 범위 내에서 사업의 경비를 부담토록 하기 위하여 부과되는 부담금(예 지방자치법 제155조·하천법 제60조·항만법 제63조)
원인자부담금	당해 사업이 필요하게 된 원인을 조성한 자에 대하여 그 공사비용의 전부 또는 일부를 부과하는 부담금(예 도로법 제76조)
손괴자부담금 (손상자부담금)	특정의 공익사업에 손괴를 주는 사업이나 행위를 한 자에게 그 시설의 유지 또는 수선에 필요한 비용의 충당을 위하여 부과하는 부담금

03 노역·물품

1. 개념

노역·물품부담이란 **특정한 공익사업을 위하여 필요한 노역 또는 물품 그 자체를 급부할 의무**를 말한다. 노역·물품부담은 금전으로 대납되지 않는 점에서 부역·현품과 구별된다.

2. 법적 근거

노역·물품부담 역시 사인의 신체·재산에 침해를 가하는 것이므로 법률의 근거를 요한다. 노역·물품은 비상재해의 복구 기타 목전에 급박한 필요가 있는 경우에 달리 그 수요를 충족시킬 방법이 없을 때에만 인정된다. 노역·물품에 관한 일반법은 없고 단행법에서 가끔 나타난다(예 도로법 제83조).

3. 종류

노역부담	① 천재지변 등의 긴급한 경우에 법률에 근거하여 사인에게 노역을 제공하는 공용부담 ② 노역은 비대체적 작위의무이므로, 의무의 불이행시에 대집행의 방법이 적용될 수 없고 행정벌이나 강제금 등의 방법으로 강제
물품부담	① 긴급한 필요가 있는 경우 법률에 근거하여 물품을 제공하거나 타인에 의한 물품사용을 인정하는 부담 ② 물품부담의 불이행시 행정벌이 과해짐 ③ 우발부담·특별부담의 성질을 갖는 것이므로 그로 인한 특별한 손실은 보상되어야 함

04 부역·현품

1. 개념

부역·현품은 **특정한 공익사업의 수요를 충족시키기 위하여 노역 또는 물품과 그에 상당하는 금전을 선택하여 지급할 의무를 내용으로 하는 공법상의 부담**이다. 노역과 금전 중에서 선택적 납부의무가 부역이고, 물품과 금전 중에서 선택적 납부의무가 현품이다.

2. 법적 근거

부역·현품은 사인의 신체·재산에 대한 침해를 가져오는 것이므로 법률의 근거를 요한다. 구 지방자치법은 일반부담으로서 부역·현품을 규정하고 있었으나, 현행법상으로 부역·현품의 예를 찾기 어렵다. 실물경제의 유물이라 할 수 있어 오늘날의 화폐경제시대에는 적합하지 않기 때문이다.

05 시설부담

1. 개념

특정한 공익사업을 위하여 그 사업과 특별한 관계가 있는 자 또는 우연히 그 필요를 충족시킬 수 있는 지위에 있는 자에게 공사 등의 시설을 완성할 의무를 부과하는 공용부담이다. 이는 공법상의 의무이며 반드시 유상이 아닌 점에서 사법상의 도급과 구별된다. 그리고 시설부담은 시설의 공사 그 자체를 목적으로 하는 점에서, 부역·노역이 노력 그 자체의 제공을 목적으로 하는 것과 구별된다.

2. 법적 근거

시설부담은 사인의 자유와 재산을 침해하는 국가작용이므로 반드시 법률의 근거를 요한다. 일부 개별법에서 이를 규정하고 있다(예 도로법 제33조, 하천법 제29조).

3. 강제집행·손실보상

(1) 시설부담의 의무불이행에 대해서는 대체성이 있는 경우에는 대집행이 가능하나, 대체성이 없는 경우에는 행정벌이나 강제금으로써 이행을 확보하게 된다.

(2) 시설부담으로 인한 침해가 관계자에게 특별한 희생을 가져오면 그 손실은 보상되어야 한다.

06 부작위부담

1. 의의

(1) 부작위부담이란 **특정한 공익사업을 위하여 일정한 부작위의무를 과하는 인적 공용부담**을 말한다. 이는 경찰금지나 재정금지와 비슷하나, 특정한 사업을 원활히 시행하기 위하여 당해 공익사업에 지장을 가져올 우려가 있는 특정행위를 금지하는 것이다.

(2) 부작위부담도 법률의 근거를 요한다. 불이행의 경우에는 벌칙이 가해짐이 일반적이고 강제집행의 제재가 가해진다. 한편 부작위부담은 일반부담이 보통이므로 사인에게 특별한 희생을 가져오는 것이 아니어서 손실보상의 문제는 생기지 않는다.

2. 유형

부작위부담에는 ① 독점사업의 독점권확보를 위하여 사인에게 그러한 사업을 금지하는 경우(예 우편법 제2조), ② 사업 그 자체의 보호를 위하여 일정한 행위를 금하는 경우(예 우편물의 개봉금지)가 있다.

제3절 공용제한

01 개설

1. 공용제한의 의의

공용제한이란 **공적 시설이나 공적 사업을 위하여 국가 또는 지방자치단체 등이 사인의 재산권의 행사에 제한을 가하는 행정작용**을 말한다.

2. 공용제한의 근거

공용제한은 개인의 재산권의 침해를 가져오므로 반드시 법률의 근거가 있어야 한다(헌법 제23조 제3항). 그러나 공용제한에 관한 일반법은 없고 개별법에서 공용제한에 관한 규정을 발견할 수 있다(예 「국토의 계획 및 이용에 관한 법률」·도로법·철도법).

02 공용제한의 종류

1. 공물제한

(1) 개념

사유재산인 특정한 토지·물건이 공공목적을 위하여 필요한 경우 그 목적에 필요한 한도에서 그 소유권에 가하여지는 제한을 말한다.

(2) 제한되는 대상의 유형

사유공물	사유재산이 공용 또는 공공용에 제공되고 있기 때문에 그 소유권에 가하여지는 공법상의 제한 (예 사유토지가 도로의 부지로 사용되고 있기 때문에 사권행사가 제한되는 경우; 도로법 제3조)
공적 보존물	특정 물건의 존재가 공익상 필요하기 때문에 제한이 가하여지는 경우 (예 문화재의 수출·반출금지; 문화유산법 제39조)
공익기업물건	공익기업의 원활한 수행을 위하여 공익기업에 통용되고 있는 토지 기타 물건에 대하여 저당권설정을 제한하거나 기타 융통성을 제한하는 경우

2. 부담제한

(1) 개념

부담제한은 공물제한과 달리 **직접 공적 목적에 제공되어 있는 것이 아닌 개인의 재산권에 작위·부작위·수인의 의무를 부과하는 것**을 말한다. 일정물건이 사인의 완전한 지배권하에 놓이지만 행정주체가 공적 사업의 관리 또는 보호의 필요상 그 물건에 대하여 일정한 제한을 가하는 경우이다.

(2) 종류

① 내용에 따른 종류

작위부담	일정한 행위를 적극적으로 하도록 의무를 부과(예 접도구역 내에 토지나 물건의 소유자에게 재해방지시설을 할 의무를 부과)
부작위부담	공익사업에 유해한 행위를 금지(예 하천의 연안구역에 있는 토지에서는 공작물의 신설 금지)
수인부담	특정한 공익사업으로 인한 일정한 행위를 받아들일 의무를 부과(예 문화재발굴의 경우에 발굴을 수인할 의무, 철도건설사업을 위해 타인의 토지에 출입하는 경우 수인할 의무)

② 목적에 따른 종류

계획제한	행정계획에 따라 그 목적을 달성하기 위하여 재산권에 가해진 제한(예 국토의 계획 및 이용에 관한 법률 제79조 내지 제82조에 의한 도시계획제한)
사업제한	공익사업의 성공적인 수행을 위해 타인의 재산권에 가해진 제한(예 사업시행에 장해가 될 건축 등의 제한, 토지출입 등의 재산권침해시 수인의무)

3. 사용제한(공용사용)

(1) 개념

사용제한이란 공익사업을 위하여 사업주체가 타인의 토지 기타 재산권에 대하여 공법상의 사용권을 설정하고, 그 사용기간 중에 그를 방해하는 권리행사를 금지하는 것을 말한다. 사용제한은 특정한 재산권을 타인(사업주체)이 사용하는 것을 수인시키는 점에서 다른 공용제한과 다르다.

(2) 법적 근거

사용제한도 사인의 재산권의 침해를 가져오는 것이므로 법률의 근거를 요한다. 토지의 공용사용에 관한 일반법으로「공익사업을 위한 토지 등의 취득 및 보상에 관한 법률」이 있고, 그 밖의 개별법에서 규정하고 있다.

(3) 종류

① 일반적 사용

일시적 사용	공용사용이 일시적으로 이루어지는 경우(예 도로법 제81조 : 측량을 위해 타인의 토지에 일시적으로 출입)
계속적 사용	장기간에 걸쳐 공용사용이 이루어지는 경우(예 토지보상법상 절차에 의한 정식사용). 사인의 재산권에 대한 중대한 침해를 가져오므로 법적 근거를 요할 뿐 아니라 손실의 보상이 이루어져야 함.

② 예외적 사용

㉠ **천재·지변시 사용** : 천재·지변 그 밖의 사변으로 인하여 공공의 안전을 유지하기 위한 공익사업을 긴급히 시행할 필요가 있는 때에는 사업시행자는 대통령령이 정하는 바에 따라 특별자치도지사, 시장·군수 또는 구청장의 허가를 받아 즉시 타인의 토지를 사용할 수 있다(토지보상법 제38조 제1항 본문). 제1항에 의한 토지의 사용기간은 6월을 넘지 못한다(제3항).

㉡ **긴급사용** : 재결의 신청을 받은 토지수용위원회는 그 재결을 기다려서는 재해를 방지하기 곤란하거나 그 밖에 공공의 이익에 현저한 지장을 줄 우려가 있다고 인정하는 때에는 사업시행자의 신청에 의하여 대통령령이 정하는 바에 따라 담보를 제공하게 한 후 즉시 당해 토지의 사용을 허가할 수 있다(제39조 제1항). 제1항의 규정에 의한 토지의 사용기간은 6월을 넘지 못한다(제2항).

제4절 공용수용

01 의의

1. 개념

공용수용은 특정의 공익사업을 위하여 법률이 정하는 바에 의하여 타인의 재산권을 강제적으로 취득하는 것을 말한다. 공용징수라고도 한다.

2. 법적 근거

공용수용은 공익사업을 위하여 타인의 재산권을 강제적으로 취득하는 것이므로 당연히 법률상의 근거가 있어야 한다. 헌법은 "공공필요에 의한 재산권의 수용·사용·제한 및 그에 대한 보상은 법률로써 하되, 정당한 보상을 지급하여야 한다"(제23조 제3항)고 규정하고 있다. 이에 의거하여 일반법인 「공익사업을 위한 토지 등의 취득 및 보상에 관한 법률」 외에도 도로법·도시재개발법·하천법·광업법·「도시 및 주거환경정비법」·주택법 등 다수의 개별법률에 공용수용의 근거가 마련되어 있다.

3. 공용수용의 종류

공용수용의 종류로는 ① 수용하는 목적물에 따라 부동산수용·동산수용·무체재산권수용, ② 내용에 따라 토지수용(개인소유의 토지를 강제로 취득)·매수수용(일정시설을 일방적으로 매수)·재해수용(재해에 대처하기 위한 응급처분)으로 나눌 수 있다.

02 공용수용의 당사자

1. 공용수용의 주체(수용권자)

수용권자란 그 사업을 위하여 공용수용을 할 수 있는 공익사업의 주체를 말한다. 토지보상법은 공익사업의 주체를 사업시행자라고 하고 있다(제2조 제3호). 수용권자는 공익사업을 위하여 필요한 재산권의 취득 및 이와 관련되는 여러 가지 부수적인 권리를 가지는 동시에 의무를 부담한다.

2. 공용수용의 상대방(피수용자)

(1) **수용의 목적물인 재산권의 주체, 즉 수용할 토지·물건의 소유자와 그 토지·물건에 대하여 소유권 이외의 권리를 가진 관계인**(예 지상권자·지역권자·전세권자·저당권자·임차인 등)이다. 공법인이거나 사법인이거나를 불문하고 피수용자가 될 수 있고, 국가도 피수용자가 될 수 있다(예 지방자치단체가 국가의 잡종재산을 수용하여 공익사업에 경영). 다만 사업인정의 고시가 있은 후에 권리를 취득한 자는 기존의 권리를 승계한 자를 제외하고는 관계인에 포함되지 아니한다(토지보상법 제2조 제5호).

(2) 토지보상법에 의하여 행한 절차 그 밖의 행위는 토지소유자 및 관계인의 승계인에게도 그 효력이 미친다(제5조 제2항). 피수용자는 손실보상청구권 및 그 밖의 각종의 권리(예 재결신청권·수용청구권·환매권)를 가진다. 또한 대리인을 선임할 수 있다(제7조).

03 공용수용의 목적물

1. 목적물의 종류

(1) 공용수용의 기본적인 목적물은 토지수용의 경우에는 토지소유권이다. 토지보상법은 토지소유권 이외에도 ① 토지 및 이에 관한 소유권외의 권리, ② 토지와 함께 공익사업을 위하여 필요로 하는 입목, 건물 기타 토지에 정착한 물건 및 이에 관한 소유권외의 권리, ③ 광업권·어업권·양식업권 또는 물의 사용에 관한 권리, ④ 토지에 속한 흙·돌·모래 또는 자갈에 관한 권리의 수용에도 토지보상법이 준용됨을 규정하고 있다(제3조).

(2) 공용수용은 공익사업을 위하여 타인의 특정한 재산권을 강제적으로 취득하는 것이므로 그 목적물의 범위는 원칙적으로 사업을 위하여 필요한 최소한도에 그쳐야 한다(대판 1987.9.8. 87누395).

2. 목적물의 확장

(1) 전부수용(잔지수용)

동일한 소유자에게 속하는 일단의 토지의 일부가 협의에 의하여 매수되거나 수용됨으로 인하여 잔여지를 종래의 목적에 사용하는 것이 현저히 곤란할 때에는 해당 토지소유자는 사업시행자에게 잔여지를 매수하여 줄 것을 청구할 수 있으며, 사업인정 이후에는 관할 토지수용위원회에 수용을 청구할 수 있다. 이 경우 수용의 청구는 매수에 관한 협의가 성립되지 아니한 경우에만 할 수 있으며, 사업완료일까지 하여야 한다(토지보상법 제74조 제1항).

(2) 완전수용

사업인정고시가 있은 후 ① 토지를 사용하는 기간이 3년 이상인 때, ② 토지의 사용으로 인하여 토지의 형질이 변경되는 때, ③ 사용하고자 하는 토지에 그 토지소유자의 건축물이 있는 때에는 당해 토지소유자는 사업시행자에게 그 토지의 매수를 청구하거나 관할 토지수용위원회에 그 토지의 수용을 청구할 수 있다. 이 경우 관계인은 사업시행자 또는 관할 토지수용위원회에 그 권리의 존속을 청구할 수 있다(제72조).

(3) 이전수용

건축물·입목·공작물 기타 토지에 정착한 물건에 대하여는 이전에 필요한 비용으로 보상하여야 한다. 다만 ① 건축물등의 이전이 어렵거나 그 이전으로 인하여 건축물등을 종래의 목적대로 사용할 수 없게 된 경우, ② 건축물등의 이전비가 그 물건의 가격을 넘는 경우, ③ 사업시행자가 공익사업에 직접 사용할 목적으로 취득하는 경우에는 당해 물건의 가격으로 보상하여야 한다(제75조 제1항).

> **관련판례**
>
> 토지소유자의 토지수용청구를 받아들이지 않은 토지수용위원회의 재결에 대하여 토지소유자가 불복하여 제기하는 소송의 성질 및 그 상대방
> 수용청구권은 토지보상법 제74조 제1항이 정한 잔여지 수용청구권과 같이 손실보상의 일환으로 토지소유자에게 부여되는 권리로서 그 청구에 의하여 수용효과가 생기는 형성권의 성질을 지니므로, 토지소유자의 토지수용청구를 받아들이지 아니한 토지수용위원회의 재결에 대하여 토지소유자가 불복하여 제기하는 소송은 토지보상법 제85조 제2항에 규정되어 있는 '보상금의 증감에 관한 소송'에 해당하고, 피고는 토지수용위원회가 아니라 사업시행자로 하여야 한다(대판 2015. 4.9. 2014두46669).
>
> 잔여지 수용청구의 의사표시의 상대방(=관할 토지수용위원회)
> 잔여지 수용청구의 의사표시는 관할 토지수용위원회에 하여야 하는 것으로서, 관할 토지수용위원회가 사업시행자에게 잔여지 수용청구의 의사표시를 수령할 권한을 부여하였다고 인정할 만한 사정이 없는 한, 사업시행자에게 한 잔여지 매수청구의 의사표시를 관할 토지수용위원회에 한 잔여지 수용청구의 의사표시로 볼 수는 없다(대판 2010.8.19. 2008두822).

04 행정수용의 절차

1. 사업의 준비

사업시행자는 공익사업 수행에 필요한 준비를 하기 위하여 구체적인 수용절차에 들어가기 전에도 공익사업의 준비를 위하여 타인이 점유하는 토지에 출입하여 측량 또는 조사할 수 있고(토지보상법 제9조 제1항), 측량 또는 조사를 함에 있어서 부득이한 사유가 있는 경우에는 장해물의 제거 또는 토지의 시굴을 할 수 있다(제12조 제1항).

2. 사업인정

(1) 사업인정의 의의

사업의 인정은 토지보상법이 예정하고 있는 공익사업에 해당함을 인정하는 국가의 행위이다. 사업시행자는 토지보상법 제19조의 규정에 따라 토지등을 수용 또는 사용하고자 하는 때에는 대통령령이 정하는 바에 따라 국토교통부장관의 사업인정을 받아야 한다(제20조 제1항).

(2) 사업인정의 법적 성격

① **형성행위**: 사업인정은 토지소유자와 기업자 사이에 구체적인 권리·의무관계를 발생하게 하는 행정행위로서의 성격을 가지며 항고소송의 대상이 된다. 행정행위로서의 사업인정의 성질에 대하여는 ㉠ 공용수용을 할 수 있는 공익사업에의 해당 여부를 확인·판단하는 확인행위라고 보는 **확인행위설**과, ㉡ 일정한 절차를 거칠 것을 조건으로 하여 사업시행자에게 수용권을 발생시키므로 형성적 행정행위라고 보는 **형성행위설**(다수설·판례)이 있다.

② **재량행위** : 학설은 ㉠ 사업시행자가 사업인정에 필요한 요건을 충족하고 있다면 행정청은 사업인정을 하여야 한다는 **기속행위설**이 있으나, ㉡ 공용수용을 할 만한 공익성이 있는지의 여부를 구체적으로 판단해야 하므로 인정관청의 자유재량에 속하는 행위라는 **재량행위설**(다수설·판례)이 타당하고, 판례의 입장이기도 한다.

> **관련판례**
>
> 행정주체가 「공익사업을 위한 토지 등의 취득 및 보상에 관한 법률」의 규정에 의한 사업인정처분을 함에 있어서의 결정 기준
> 「공익사업을 위한 토지 등의 취득 및 보상에 관한 법률」의 규정에 의한 사업인정처분이라 함은 공익사업을 토지 등을 수용 또는 사용할 사업으로 결정하는 것으로서 단순한 확인행위가 아니라 형성행위이므로, 당해 사업이 외형상 토지 등을 수용 또는 사용할 수 있는 사업에 해당된다 하더라도 행정주체로서는 그 사업이 공용수용을 할 만한 공익성이 있는지의 여부와 공익성이 있는 경우에도 그 사업의 내용과 방법에 대하여 사업인정처분에 관련된 자들의 이익을 공익과 사익 간에서는 물론, 공익 상호간 및 사익 상호간에도 정당하게 비교·교량하여야 하고, 그 비교·교량은 비례의 원칙에 적합하도록 하여야 한다(대판 2005.4.29. 2004두14670).
>
> 사업시행자에게 해당 공익사업을 수행할 의사와 능력이 있어야 한다는 것이 사업인정의 한 요건인지 여부
> 공익사업을 수행하여 공익을 실현할 의사나 능력이 없는 자에게 타인의 재산권을 공권력적·강제적으로 박탈할 수 있는 수용권을 설정하여 줄 수는 없으므로, 사업시행자에게 해당 공익사업을 수행할 의사와 능력이 있어야 한다는 것도 사업인정의 한 요건이라고 보아야 한다(대판 2019.2.28. 2017두71031).

(3) 사업인정의 절차

① **의견청취** : 국토교통부장관은 사업인정을 하려면 관계 중앙행정기관의 장 및 특별시장·광역시장·도지사·특별자치도지사 및 제49조에 따른 중앙토지수용위원회와 협의하여야 하며, 대통령령으로 정하는 바에 따라 미리 사업인정에 이해관계가 있는 자의 의견을 들어야 한다(제21조).
② **통지·고시** : 국토교통부장관은 제20조에 따른 사업인정을 하였을 때에는 지체 없이 그 뜻을 사업시행자, 토지소유자 및 관계인, 관계 시·도지사에게 통지하고 사업시행자의 성명이나 명칭, 사업의 종류, 사업지역 및 수용하거나 사용할 토지의 세목을 관보에 고시하여야 한다(제22조 제1항). 사업인정의 사실을 통지받은 시·도지사(특별자치도지사를 제외)는 관계 시장·군수 및 구청장에게 이를 통지하여야 한다(제2항).

(4) 사업인정의 효과

기본적 효과	고시일로부터 사업인정의 효력이 발생(제22조 제3항). 사업인정의 고시로 수용의 목적물은 확정.
부수적 효과	① 사업인정의 고시가 있은 후에 권리를 취득한 자는 기존의 권리를 승계한 자를 제외하고는 관계인에 포함되지 아니함(제2조 제5호 단서). ② 사업인정고시가 있은 후에는 누구든지 고시된 토지에 대하여 사업에 지장을 초래할 우려가 있는 형질변경 등의 행위가 금지되고, 건축물의 건축·대수선, 공작물의 설치 또는 물건의 부가·증치를 하고자 하는 자는 특별자치도지사, 시장·군수 또는 구청장의 허가를 받아야 함(제25조 제1항·제2항). ③ 토지 등에 대한 조사권 발생(제27조).

(5) 사업인정의 구속력 및 하자의 승계

사업인정의 효력은 토지수용위원회를 구속하므로 토지수용위원회는 사업인정의 내용에 반하는 재결을 할 수 없다. 한편, 사업인정과 수용재결처분과의 관계에서 사업인정의 하자가 후행행위인 수용재결에 승계되는지 여부에 관하여는 부정설과 긍정설이 대립하는데, 부정설이 다수설과 판례의 입장이다(대판 1987.9.8. 87누395).

(6) 사업인정의 실효

① **재결신청의 해태로 인한 실효**: 사업시행자가 사업인정의 고시가 있은 날부터 1년 이내에 재결신청을 하지 아니한 때에는 사업인정고시가 있은 날부터 1년이 되는 날의 다음날에 사업인정은 그 효력을 상실한다(제23조 제1항).
② **사업의 폐지·변경에 의한 실효**: 사업인정고시가 있은 후 사업의 전부 또는 일부를 폐지하거나 변경함으로 인하여 토지등의 전부 또는 일부를 수용 또는 사용할 필요가 없게 된 때에는 사업시행자는 지체 없이 사업지역을 관할하는 시·도지사에게 신고하고, 토지소유자 및 관계인에게 이를 통지하여야 한다(제24조 제1항). 시·도지사는 제1항의 규정에 의한 신고가 있는 때에는 사업의 전부 또는 일부의 폐지나 변경이 있는 것을 관보에 고시하여야 하며(제2항), 고시가 있은 날부터 그 고시된 내용에 따라 사업인정의 전부 또는 일부는 그 효력을 상실한다(제6항).

3. 조서의 작성, 보상계획 및 보상액의 산정

(1) 토지조서·물건조서의 작성

사업시행자는 토지조서 및 물건조서를 작성하여 서명 또는 날인을 하고 토지소유자 및 관계인의 서명 또는 날인을 받아야 한다(제26조 제1항 제2문·제14조 제1항 본문). 조서를 작성하는 이유는 토지·물건의 상황에 대한 당사자 사이의 분쟁을 예방하고, 토지수용위원회에 있어서의 심리의 전제사실을 명확히 하고 심리를 신속하고 원활하게 하려는 데에 있다.

(2) 보상계획의 공고와 열람

사업시행자는 토지조서 및 물건조서를 작성한 때에는 공익사업의 개요, 토지조서 및 물건조서의 내용과 보상의 시기·방법 및 절차 등을 기재한 보상계획을 전국을 보급지역으로 하는 일간신문에 공고하고, 토지소유자 및 관계인에게 각각 통지하여야 하며, 제15조 제2항 단서에 따라 열람을 의뢰하는 사업시행자를 제외하고는 특별자치도지사, 시장·군수 또는 구청장에게도 통지하여야 한다(제26조 제1항 제2문·제15조 제1항 본문). 이의가 있는 토지소유자 또는 관계인은 제15조 제2항의 규정에 의한 열람기간 이내에 사업시행자에게 서면으로 이의를 제기할 수 있다(제26조 제1항 제2문·제15조 제3항).

(3) 보상액의 산정

사업시행자는 토지등에 대한 보상액을 산정하려는 경우에는 감정평가법인등 3인(시·도지사와 토지소유자가 모두 감정평가법인등을 추천하지 아니하거나 시·도지사 또는 토지소유자 어느 한쪽이 감정평가법인등을 추천하지 아니하는 경우에는 2인)을 선정하여 토지등의 평가를 의뢰하여야 한다. 다만, 사업시행자가 국토교통부령으로 정하는 기준에 따라 직접 보상액을 산정할 수 있을 때에는 그러하지 아니하다(제26조 제1항 제2문·제68조 제1항 본문).

4. 협의

(1) 의의

사업시행자는 토지등에 대한 보상에 관하여 토지소유자 및 관계인과 성실하게 협의하여야 하며, 협의의 절차 및 방법 등 협의에 관하여 필요한 사항은 대통령령으로 정한다(제26조 제1항 제2문·제16조). 협의절차는 의무적인 것으로, 협의절차를 거치지 않고 재결을 신청하는 것은 위법이 된다.

> **관련판례**
>
> **협의취득의 법적 성질**
> 공공사업의 시행자가 토지수용법에 의하여 그 사업에 필요한 토지를 취득하는 경우 그것이 협의에 의한 취득이고 토지수용법 제25조의2의 규정에 의한 협의 성립의 확인이 없는 이상, 그 취득행위는 어디까지나 사경제 주체로서 행하는 <u>사법상의 취득으로서 승계취득</u>한 것으로 보아야 할 것이고, 재결에 의한 취득과 같이 원시취득한 것으로 볼 수는 없다(대판1996.2.13. 95다3510).
>
> **토지수용위원회의 수용재결이 있은 후 다시 임의로 계약을 체결할 수 있는지 여부**
> <u>수용재결이 있은 후에 사법상 계약의 실질을 가지는 협의취득 절차를 금지해야 할 별다른 필요성을 찾기 어려운 점 등을 종합해 보면, 토지수용위원회의 수용재결이 있은 후라고 하더라도 토지소유자 등과 사업시행자가 다시 협의하여 토지 등의 취득이나 사용 및 그에 대한 보상에 관하여 임의로 계약을 체결할 수 있다고 보아야 한다</u>(대판 2017.4.13. 2016두64241).

(2) 협의의 효과

협의가 성립하면 공용수용절차는 종결되고 수용의 효과가 발생한다. 즉 사업시행자는 수용의 시기까지 보상금을 지급 또는 공탁하고(제40조 제1항), 피수용자는 그 시기까지 토지·물건을 사업시행자에게 인도 또는 이전한다(제43조). 따라서 사업시행자는 수용 개시일에 목적물에 관한 권리를 취득하며 피수용자는 그 권리를 상실한다.

(3) 협의성립의 확인

사업시행자와 토지소유자 및 관계인간에 협의가 성립된 때에는 사업시행자는 수용재결의 신청기간

이내에 당해 토지소유자 및 관계인의 동의를 얻어 대통령령이 정하는 바에 따라 관할 토지수용위원회에 협의성립의 확인을 신청할 수 있다(제29조 제1항). 위 규정에 의한 확인은 동법에 의한 재결로 보며, 사업시행자·토지소유자 및 관계인은 그 확인된 협의의 성립이나 내용을 다툴 수 없다(제4항).

5. 재결

(1) 재결의 의의

재결은 **협의의 불성립 또는 협의 불능시에 행하여지는 공용수용의 종국적 절차**이다. 재결은 보상금의 지급을 조건으로 하여 당사자 사이에서 수용과 보상의 권리·의무를 발생시키는 형성적 행정행위이다.

(2) 재결의 신청·재결신청의 청구

① **재결의 신청** : 협의가 성립되지 아니하거나 협의를 할 수 없는 때에는 사업시행자는 사업인정고시가 있은 날부터 1년 이내에 대통령령이 정하는 바에 따라 관할 토지수용위원회에 재결을 신청할 수 있다(제28조 제1항). 사업시행자가 제28조 제1항의 규정에 의한 재결신청을 하지 아니한 때에는 사업인정고시가 있은 날부터 1년이 되는 날의 다음날에 사업인정은 그 효력을 상실한다(제23조 제1항).

② **재결신청의 청구** : 사업인정고시가 있은 후 협의가 성립되지 아니한 때에는 토지소유자 및 관계인은 대통령령이 정하는 바에 따라 서면으로 사업시행자에게 재결의 신청을 할 것을 청구할 수 있다(제30조 제1항). 사업시행자는 재결신청의 청구를 받은 때에는 그 청구가 있은 날부터 60일 이내에 대통령령이 정하는 바에 따라 관할 토지수용위원회에 재결을 신청하여야 한다(제2항).

(3) 재결기관

① **설치** : 토지등의 수용과 사용에 관한 재결을 하기 위하여 국토교통부에 중앙토지수용위원회를, 특별시·광역시·도·특별자치도에 지방토지수용위원회를 둔다(제49조). 토지수용위원회는 그 소관사항에 관하여 재결이라는 형식의 행정처분을 하는 합의제 행정관청이다. 중앙토지수용위원회의 위원장은 국토교통부장관이고(제52조 제2항), 지방토지수용위원회의 위원장은 시·도지사이다(제53조 제2항).

② **관할**(제51조)

중앙토지수용위원회	㉠ 국가 또는 시·도가 사업시행자인 사업 ㉡ 수용 또는 사용할 토지가 2 이상의 시·도에 걸쳐 있는 사업의 재결에 관한 사항
지방토지수용위원회	그 외 사업의 재결에 관한 사항

③ **권한** : 토지수용위원회의 재결사항은 ㉠ 수용 또는 사용할 토지의 구역 및 사용방법, ㉡ 손실보상, ㉢ 수용 또는 사용의 개시일과 기간, ㉣ 그 밖에 이 법 및 다른 법률에서 규정한 사항이다(제50조 제1항). 토지수용위원회는 사업시행자·토지소유자 또는 관계인이 신청한 범위안에서 재결하여야 하되, ㉡의 손실보상에 있어서는 증액재결을 할 수 있다(제2항).

(4) 재결의 기한 및 방식

토지수용위원회는 심리를 개시한 날부터 14일 이내에 재결을 하여야 한다. 다만 특별한 사유가 있는 때에는 1차에 한하여 14일의 범위안에서 이를 연장할 수 있다(제35조). 토지수용위원회의 재결은 서면으로 한다(제34조 제1항). 재결서에는 주문 및 그 이유와 재결의 일자를 기재하고, 위원장 및 회의에 참석한 위원이 이에 기명날인한 후 그 정본을 사업시행자·토지소유자 및 관계인에게 송달하여야 한다(제2항).

(5) 재결의 효과

공용수용의 절차는 재결로써 종료되고 일정한 조건하에 수용의 효과가 발생한다. 즉, 사업시행자는 보상금지급을 조건으로 소유권을 원시취득하고, 피수용자는 수용목적물의 이전의무와 손실보상청구권, 환매권을 갖게 된다. 만일 피수용자가 의무를 이행하지 않는 경우에는 대집행청구권이 발생한다. 그러나 사업시행자가 보상금을 수용의 시기까지 지급하거나 공탁하지 않으면 재결의 효력은 상실된다(제42조 제1항).

6. 화해

토지수용위원회는 그 재결이 있기 전에는 그 위원 3인으로 구성되는 소위원회로 하여금 사업시행자·토지소유자 및 관계인에게 화해를 권고하도록 할 수 있다(제33조 제1항). 화해조서에 서명 또는 날인이 된 경우에는 당사자 간에 화해조서와 동일한 내용의 합의가 성립된 것으로 본다(제3항).

7. 재결에 대한 불복

(1) 이의신청

중앙토지수용위원회의 재결(수용재결)에 대하여 이의가 있는 자는 중앙토지수용위원회에 이의를 신청할 수 있다(제83조 제1항). 지방토지수용위원회의 재결(수용재결)에 대하여 이의가 있는 자는 당해 지방토지수용위원회를 거쳐 중앙토지수용위원회에 이의를 신청할 수 있다(제2항). 위의 이의신청은 재결서의 정본을 받은 날부터 30일 이내에 하여야 한다(동조 제3항). 판례는 이의신청절차에 행정심판법의 규정이 적용된다고 보고 있다(대판 1992.6.9. 92누565). 재결에 대한 이의신청은 사업의 진행 및 토지의 수용 또는 사용을 정지시키지 않는다(제88조).

(2) 이의신청에 대한 재결

① **재결의 종류**: 중앙토지수용위원회는 이의신청이 있는 경우 원처분인 수용재결이 위법 또는 부당하다고 인정하는 때에는 그 재결의 전부 또는 일부를 취소하거나 보상액을 변경할 수 있다(제84조 제1항). 보상금이 증액된 경우 사업시행자는 재결의 취소 또는 변경의 재결서 정본을 받은 날부터 30일 이내에 보상금을 받을 자에게 그 증액된 보상금을 지급하여야 한다(제2항 본문). 다만 보상금을 받을 자가 그 수령을 거부하거나 보상금을 수령할 수 없는 때, 사업시행자의 과실없이 보상금을 받을 자를 알 수 없는 때 등에는 이를 공탁할 수 있다(제2항 단서).

② **재결의 효력**: 제소기간 내에 소송이 제기되지 아니하거나 그 밖의 사유로 이의신청에 대한 재결이 확정된 때에는 민사소송법상의 확정판결이 있은 것으로 보며, 재결서 정본은 집행력 있는 판결의 정본과 동일한 효력을 가진다(제86조 제1항).

(3) 행정소송

① 항고소송

⊙ **제소기간**: 사업시행자·토지소유자 또는 관계인은 제34조의 규정에 의한 재결(원처분인 수용재결)에 대하여 불복이 있는 때에는 재결서를 받은 날부터 90일 이내에, 이의신청을 거친 때에는 이의신청에 대한 재결서를 받은 날부터 60일 이내에 각각 행정소송을 제기할 수 있다(제85조 제1항 제1문). 이러한 소송에는 행정심판법상 행정심판제기기간과 행정소송법상 제소기간의 규정은 적용되지 아니한다. 이러한 단기제소기간이 재판청구권을 침해한 것이라고 할 수 없다는 것이 판례의 태도이다.

⊙ **소의 대상**
  ⓐ 이의신청을 거치지 않고 항고소송을 제기하는 경우: 원처분인 수용재결이다.
  ⓑ 이의신청을 거쳐 항고소송을 제기하는 경우: 원처분(수용재결)인지 또는 이의신청에 대한 재결(이의재결)인지에 대해서는 종래 견해의 대립이 있었으나, 행정소송법이 취소소송의 대상에 대하여 원처분주의를 규정하고 있음에 비추어 이 경우에도 원처분인 수용재결이 소의 대상이다.

② 보상금증감청구소송

⊙ **관련규정**: 재결에 불복하여 제기하는 행정소송이 보상금의 증감에 관한 소송인 경우 당해 소송을 제기하는 자가 토지소유자 또는 관계인인 때에는 사업시행자를, 사업시행자인 때에는 토지소유자 또는 관계인을 각각 피고로 한다(제85조 제2항).

⊙ **소송의 성질**: 당해 법률관계의 실질적 당사자인 토지소유자와 사업시행자가 각각 원·피고로 되어 당해 법률관계를 다투도록 되어 있다는 점에서 당사자소송의 성격을 가진다. 그러나 한편 이 소송에서 다투고 있는 것은 수용재결(행정행위의 성질)의 일부라는 점에서 이 소송을 **형식적 당사자소송**이라 부르고 있다(통설).

05 공용수용의 효과

1. 사업시행자의 권리취득

사업시행자는 수용의 개시일에 토지나 물건의 소유권을 취득하며, 그 토지나 물건에 관한 다른 권리는 이와 동시에 소멸한다(제45조 제1항). 그러나 토지수용위원회의 재결로 인정된 권리는 이러한 경우에도 소멸되거나 그 행사가 정지되지 아니한다(제3항). 수용의 개시일은 토지수용위원회의 재결사항이다(제50조 제1항 제3호).

2. 위험부담

토지수용위원회의 재결이 있은 후 수용 또는 사용할 토지나 물건이 토지소유자 또는 관계인의 고의나 과실없이 멸실 또는 훼손된 경우 그로 인한 손실은 사업시행자의 부담으로 한다(제46조). 이때의 위험부담의 시기는 수용의 개시일이 아니라 재결시이다.

3. 토지·물건의 인도 등

(1) 인도·이전의무

토지소유자 및 관계인 그 밖에 토지소유자나 관계인에 포함되지 않는 자로서 수용 토지나 그 토지에 있는 물건에 관하여 권리를 가진 자는 수용의 개시일까지 당해 토지나 물건을 사업시행자에게 인도하거나 이전하여야 한다(제43조). 수용 또는 사용의 시기까지 보상금을 지급 또는 공탁하지 아니하면 그 재결은 효력을 상실하므로(제42조 제1항) 그에 따라 인도·이전의무도 소멸하게 된다.

(2) 대집행

토지보상법 또는 동법에 의한 처분으로 인한 의무를 이행하여야 할 자가 그 정하여진 기간 이내에 의무를 이행하지 아니하거나 완료하기 어려운 경우 또는 그로 하여금 그 의무를 이행하게 하는 것이 현저히 공익을 해한다고 인정되는 사유가 있는 경우에는 사업시행자는 시·도지사나 시장·군수 또는 구청장에게 행정대집행법이 정하는 바에 따라 대집행을 신청할 수 있다. 이 경우 신청을 받은 시·도지사나 시장·군수 또는 구청장은 정당한 사유가 없는 한 이에 응하여야 한다(제89조 제1항). 사업시행자가 국가 또는 지방자치단체인 경우에는 직접 대집행을 할 수 있다(제2항).

> **관련판례**
>
> 구 토지수용법상 피수용자 등이 기업자에 대하여 부담하는 수용대상 토지의 인도의무는 행정대집행법에 의한 대집행의 대상이 될 수 없음
> 피수용자 등이 기업자에 대하여 부담하는 수용대상 토지의 인도의무에 관한 구 토지수용법제63조, 제64조, 제77조 규정에서의 '인도'에는 명도도 포함되는 것으로 보아야 하고, 이러한 명도의무는 그것을 강제적으로 실현하면서 직접적인 실력행사가 필요한 것이지 <u>대체적 작위의무라고 볼 수 없으므로</u> 특별한 사정이 없는 한 행정대집행법에 의한 대집행의 대상이 될 수 있는 것이 아니다(대판 2005.8.19. 2004다2809).

06 환매권

1. 개념

환매권이란 **수용의 목적물인 토지가 공익사업의 폐지·변경 기타의 사유로 불필요하게 되거나 수용 후 오랫동안 그 공익사업에 현실적으로 이용되지 않은 경우에, 그 목적물의 피수용자가 일정한 요건하에 다시 매수하여 소유권을 회복할 수 있는 권리**이다.

2. 환매권의 법적 성질

(1) 공권성 여부

학설은 공권설과 사권설이 대립하고 있는데, 판례는 기본적으로 사권설을 취하고 있다.

> **관련판례**
>
> **환매권의 부인을 공권력의 행사라고 할 수 없음**
> 이 사건의 경우 피청구인이 설사 청구인들의 환매권 행사를 부인하는 어떤 의사표시를 하였다 하더라도, 이는 환매권의 발생 여부 또는 그 행사의 가부에 관한 사법관계의 다툼을 둘러싸고 사전에 피청구인의 의견을 밝히고, 그 다툼의 연장인 민사소송절차에서 상대방의 주장을 부인하는 것에 불과하므로, 그것을 가리켜 헌법소원심판의 대상이 되는 공권력의 행사라고 볼 수는 없다 (헌재 1994.02.24. 92헌마283).

(2) 형성권

환매는 환매기간 내에 환매의 요건이 발생하면 환매권자가 수령한 보상금의 상당금액을 사업시행자에게 지급하고 일방적으로 의사표시를 함으로써 사업시행자의 의사에 관계없이 성립하는 것이므로, 환매권은 형성권의 일종이다.

> **관련판례**
>
> **환매의 의사표시는 상대방에게 도달한 때 효력발생**
> 공공용지의취득및손실보상에관한특례법에 의한 절차에 따라 국가 등에 의하여 협의취득된 토지의 전부 또는 일부가 취득일로부터 10년 이내에 당해 공공사업의 폐지, 변경 기타의 사유로 인하여 필요 없게 되었을 때 취득 당시의 소유자 등에게 인정되는 같은 법 제9조 소정의 환매권은 당해 토지의 취득일로부터 10년 이내에 행사되어야 하고, 위 행사기간은 제척기간으로 보아야 할 것이며, 위 환매권은 재판상이든 재판 외이든 그 기간 내에 행사하면 되는 것이나, 환매권은 상대방에 대한 의사표시를 요하는 형성권의 일종으로서 환매의 의사표시가 상대방에게 도달한 때에 비로소 환매권 행사의 효력이 발생함이 원칙이다(대판 1999.4.9. 98다46945).

3. 환매의 요건

(1) 환매권자

환매권자는 협의취득일 또는 수용당시의 취득일 당시의 토지소유자 또는 그 포괄승계인(자연인의 상속인·합병 후의 새로운 법인)이다(토지보상법 제91조 제1항). 따라서 지상권자 등 다른 권리자는 환매권자가 아니다. 또한 이 권리는 양도될 수 없다.

(2) 환매의 목적물

환매의 목적물은 토지의 전부 또는 일부이다(제91조 제1항). 따라서 토지 이외의 물건(건물·입목·토석)이나 토지소유권 이외의 권리는 환매의 대상이 아니다.

(3) 환매권의 발생요건 및 행사기간

공익사업을 위한 토지 등의 취득 및 보상에 관한 법률 제91조(환매권) ① 공익사업의 폐지·변경 또는 그 밖의 사유로 취득한 토지의 전부 또는 일부가 필요 없게 된 경우 토지의 협의취득일 또는 수용의 개시일(이하 이 조에서 "취득일"이라 한다) 당시의 토지소유자 또는 그 포괄승계인(이하 "환매권자"라 한다)은 다음 각 호의 구분에 따른 날부터 10년 이내에 그 토지에 대하여 받은 보상금에 상당하는 금액을 사업시행자에게 지급하고 그 토지를 환매할 수 있다.
  1. 사업의 폐지·변경으로 취득한 토지의 전부 또는 일부가 필요 없게 된 경우: 관계 법률에 따라 사업이 폐지·변경된 날 또는 제24조에 따른 사업의 폐지·변경 고시가 있는 날
  2. 그 밖의 사유로 취득한 토지의 전부 또는 일부가 필요 없게 된 경우: 사업완료일
② 취득일부터 5년 이내에 취득한 토지의 전부를 해당 사업에 이용하지 아니하였을 때에는 제1항을 준용한다. 이 경우 환매권은 취득일부터 6년 이내에 행사하여야 한다.
③ 제74조 제1항에 따라 매수하거나 수용한 잔여지는 그 잔여지에 접한 일단의 토지가 필요 없게 된 경우가 아니면 환매할 수 없다.

(4) 환매가격

환매가격은 당해 토지에 대하여 지급받은 보상금에 상당한 금액이다(제91조 제1항). 그러나 토지의 가격이 취득일 당시에 비하여 현저히 변동된 경우 사업시행자 및 환매권자는 환매금액에 대하여 서로 협의하되, 협의가 성립되지 아니한 때에는 그 금액의 증감을 법원에 청구할 수 있다(제4항).

(5) 환매권의 대항력

환매권은 부동산등기법이 정하는 바에 의하여 공익사업에 필요한 토지의 협의취득 또는 수용의 등기가 된 때에는 이를 제3자에게 대항할 수 있다(제91조 제5항). 즉 등기되었을 때에는 환매의 목적물이 제3자에게 이전된 경우에도 환매권자는 제3자에 대하여 환매권을 행사할 수 있는 물권적 효력이 있다.

4. 환매권에 관한 쟁송

환매권에 관한 분쟁이 있는 경우에 소송을 제기할 수 있다. 이 경우의 소송의 형태는, 환매권을 사건으로 보면 민사소송의 대상이 되고, 공권으로 보면 행정소송의 대상이 된다. 판례는 구 토지수용법상 사업시행자가 환매권자를 상대로 하는 소송을 공법상의 당사자소송으로 다루었다(대판 2000.11.28. 99두3416).

5. 공익사업의 변환(환매권 행사의 제한)

(1) 의의

공익사업의 변환이란 **사업인정을 받아 공익사업에 필요한 토지를 협의취득 또는 수용한 후 토지를 다른 공익사업으로 변경된 경우, 별도의 협의취득 또는 수용 없이 당해 협의취득 또는 수용된 토지를 변경된 다른 공익사업에 이용하도록 하는 제도**를 말한다.

(2) 공익사업 변환의 요건

① **주체**: 수용주체가 국가·지방자치단체 또는 정부투자기관인 경우에 한한다. 그런데 판례는 공익사업의 변경 전과 변경 후의 사업주체가 동일하지 않은 경우에도 공익사업의 변환을 허용하고 있다

(대판 1994.1.25. 93다11760등). 그리고 변경된 공익사업의 시행자가 국가·지방자치단체 또는 일정한 공공기관일 필요까지는 없다(대판 2015.8.19. 2014다201391). 다만 그 토지가 변경된 사업의 사업시행자 아닌 제3자에게 처분된 경우에는 공익사업의 변환을 인정할 수 없다(대판 2010. 9.30. 2010다30782).

② **대상사업** : 변환되는 사업은 공익성의 정도가 높은 토지보상법 제4조 제1호 내지 제5호의 공익사업(국방·군사에 관한 사업 등)이어야 한다(제91조 제6항). 그 외의 사업의 경우에는 환매 후 협의취득 또는 수용절차를 다시 밟아야 한다.

제5절 공용환지·공용환권

01 개설

(1) 공용부담의 일종인 공용환지와 공용환권은 **행정계획에 따라 토지의 합리적인 이용을 증진하기 위하여 일정 지구 내의 토지의 구획 또는 형질을 변경하고, 권리자의 의사를 불문하고 토지 등의 소유권을 강제적으로 교환·분합하는 것**이다. 이에 따라 권리자는 종전의 토지·건물에 관한 권리를 상실하고, 그에 상당한 토지·건물에 관한 권리를 다른 곳에서 새로이 취득하게 된다.

(2) 현행법상 공용환지의 예로는 도시개발법상 도시개발사업, 농어촌정비법상 농업생산기반정비사업·생활환경정비사업이 있고, 공용환권의 예로는 「도시 및 주거환경정비법」의 도시정비사업이 있다.

02 공용환지

1. 의의

공용환지란 **토지의 효과적인 이용의 증대를 위하여 일정구역 안의 토지의 구획이나 형질을 변경한 후 권리자의 의사와 무관하게 토지에 대한 권리를 강제적으로 교환·분합하는 것**을 말한다(예 종전의 토지에 대한 권리를 도시개발사업 후에 새로운 토지에 대한 권리로 바꾸는 경우). 공용환지는 권리의 제한이나 수용을 목적으로 하는 것이 아니고, 종전의 토지에 있어서의 권리관계가 그대로 새로운 환지로 이전된다.

2. 도시개발법상 환지제도

(1) 도시개발사업의 의의

도시개발사업이란 **도시개발구역에서 주거, 상업, 산업, 유통, 정보통신, 생태, 문화, 보건 및 복지 등의 기능이 있는 단지 또는 시가지를 조성하기 위하여 시행하는 사업**을 말한다(도시개발법 제2조 제1항 제2호).

(2) 도시개발구역의 지정

계획적인 도시개발이 필요하다고 인정되는 때에는 ① 특별시장·광역시장·도지사·특별자치도지사, ② 지방자치법 제198조에 따른 서울특별시와 광역시를 제외한 인구 50만 이상의 대도시의 시장은 도시개발구역을 지정할 수 있다(제3조 제1항). 필요시 국토부장관도 지정할 수 있다(제3항).

(3) 시행자

법 제11조는 지정권자가 도시개발사업의 시행자로 지정할 수 있는 자로 국가나 지방자치단체, 대통령령으로 정하는 공공기관, 대통령령으로 정하는 정부출연기관, 「지방공기업법」에 따라 설립된 지방공사, 도시개발구역의 토지 소유자 등을 열거하고 있다.

(4) 환지계획

환지계획이란 **도시개발사업이 완료된 경우에 행할 환지처분의 계획**을 말한다. 환지처분의 내용은 이 환지계획에서 정하여진다. 환지계획에는 환지설계, 필지별 환지명세, 필지별·권리별로 청산대상 토지명세, 체비지·보류지의 명세 등을 정하여야 한다(제28조 제1항). 판례는 환지계획의 처분성을 부정한다(대판 1999.8.20. 97누6889).

(5) 환지예정지의 지정

① 의의 : 시행자는 도시개발사업의 시행을 위하여 필요하면 도시개발구역의 토지에 대하여 환지예정지를 지정할 수 있다. 이 경우 종전의 토지에 대한 임차권자등이 있으면 해당 환지예정지에 대하여 해당 권리의 목적인 토지 또는 그 부분을 아울러 지정하여야 한다(제35조 제1항).

② 환지예정지지정의 효과

㉠ 환지예정지가 지정되면 종전의 토지의 소유자와 임차권자등은 환지예정지지정의 효력발생일부터 환지처분이 공고되는 날까지 환지 예정지나 해당 부분에 대하여 종전과 같은 내용의 권리를 행사할 수 있으며 종전의 토지는 사용하거나 수익할 수 없다(제36조 제1항). 시행자는 해당 토지를 사용하거나 수익하는 데에 장애가 될 물건이 그 토지에 있거나 그 밖에 특별한 사유가 있으면 그 토지의 사용 또는 수익을 시작할 날을 따로 정할 수 있다(제2항).

㉡ 환지예정지가 지정되더라도 소유권에는 변동이 없으므로 종전의 토지소유자는 그 토지를 처분할 수 있다(대판 1963.5.15, 63누21). 따라서 지정받은 환지예정지는 처분할 수 없으므로 환지예정지를 목적으로 하는 매매계약은 그 환지예정지에 표현되는 종전의 토지매매라는 견해가 있고, 판례도 같은 입장이다(대판 1962.10.8, 62다56).

(6) 환지처분

① **환지처분의 성질** : 환지처분은 **종전의 토지에 대하여 소유권을 가진 자에게 종전의 토지에 갈음하여 환지계획에 정해진 토지를 할당하여 종국적으로 이를 귀속시키는 처분으로 형성적 행정행위의 성질**을 갖는다. 환지처분은 환지계획의 내용을 그대로 실현하는 작용이므로, 사업공사가 완료되기 전의 환지처분이나 환지계획에 의하지 않는 환지처분은 무효이다.

② **환지처분의 효과** : 환지 계획에서 정하여진 환지는 그 환지처분이 공고된 날의 다음 날부터 종전의 토지로 보며, 환지 계획에서 환지를 정하지 아니한 종전의 토지에 있던 권리는 그 환지처분이 공고

된 날이 끝나는 때에 소멸한다(제42조 제1항). 그러나 행정상 처분이나 재판상의 처분으로서 종전의 토지에 전속(專屬)하는 것에 관하여는 영향을 미치지 아니하며(제2항), 지역권도 종전의 토지에 그대로 존속한다(제3항).

03 공용환권

1. 공용환권의 의의

공용환권은 **도시재개발 등의 목적을 위해 일정한 절차를 거쳐서 특정의 토지와 건축시설에 대한 권리를 권리자의 의사와 무관하게 강제적으로 변환시키는 토지의 평면적·입체적 변환방식**을 말한다. 「도시 및 주거환경정비법」이 정비사업의 일환으로 이 제도를 채택하고 있다. 동법은 환권을 '분양'으로, 환지처분의 내용이 정해지는 환권계획을 '관리처분계획'으로 부르고 있다.

2. 정비사업의 종류

주거환경개선사업	도시저소득 주민이 집단거주하는 지역으로서 정비기반시설이 극히 열악하고 노후·불량건축물이 과도하게 밀집한 지역의 주거환경을 개선하거나 단독주택 및 다세대주택이 밀집한 지역에서 정비기반시설과 공동이용시설 확충을 통하여 주거환경을 보전·정비·개량하기 위한 사업
재개발사업	정비기반시설이 열악하고 노후·불량건축물이 밀집한 지역에서 주거환경을 개선하거나 상업지역·공업지역 등에서 도시기능의 회복 및 상권활성화 등을 위하여 도시환경을 개선하기 위한 사업
재건축사업	정비기반시설은 양호하나 노후·불량건축물에 해당하는 공동주택이 밀집한 지역에서 주거환경을 개선하기 위한 사업

3. 절차

(1) 기본계획의 수립 및 정비구역의 지정

① **도시 및 주거환경 정비 기본방침 수립**

국토교통부장관은 도시 및 주거환경을 개선하기 위하여 10년마다 기본방침을 수립하고, 5년마다 그 타당성을 검토하여 그 결과를 기본방침에 반영하여야 한다(제3조).

② **도시·주거환경정비기본계획의 수립**

기본계획은 정비계획의 바탕이 되는 행정계획의 일종이다. 특별시장·광역시장·특별자치시장·특별자치도지사 또는 시장은 기본계획을 10년 단위로 수립하여야 하며(제4조 제1항), 5년마다 그 타당성 여부를 검토하여 그 결과를 기본계획에 반영하여야 한다(제2항).

③ **정비구역의 지정**

특별시장·광역시장·특별자치시장·특별자치도지사·시장 또는 군수(광역시의 군수는 제외)는 기본계획에 적합한 범위에서 노후·불량건축물이 밀집하는 등 대통령령으로 정하는 요건에 해당하는 구역에 대하여 제16조에 따라 정비계획을 결정하여 정비구역을 지정(변경지정을 포함한다)할 수 있다(제8조 제1항).

(2) 공용환권의 시행절차

도시 및 주거환경정비법 제72조(분양공고 및 분양신청) ① 사업시행자는 제50조 제9항에 따른 사업시행계획인가의 고시가 있는 날(사업시행계획인가 이후 시공자를 선정한 경우에는 시공자와 계약을 체결한 날)부터 120일 이내에 다음 각 호의 사항을 토지등소유자에게 통지하고, 분양의 대상이 되는 대지 또는 건축물의 내역 등 대통령령으로 정하는 사항을 해당 지역에서 발간되는 일간신문에 공고하여야 한다. 다만, 토지등소유자 1인이 시행하는 재개발사업의 경우에는 그러하지 아니하다.
1. 분양대상자별 종전의 토지 또는 건축물의 명세 및 사업시행계획인가의 고시가 있는 날을 기준으로 한 가격
2.~4. 생략

제74조(관리처분계획의 인가 등) ① 사업시행자는 제72조에 따른 분양신청기간이 종료된 때에는 분양신청의 현황을 기초로 다음 각 호의 사항이 포함된 관리처분계획을 수립하여 시장·군수등의 인가를 받아야 하며, 관리처분계획을 변경·중지 또는 폐지하려는 경우에도 또한 같다. 다만, 대통령령으로 정하는 경미한 사항을 변경하려는 경우에는 시장·군수등에게 신고하여야 한다.
1. 분양설계
2. 분양대상자의 주소 및 성명
3.~9. 생략

제78조(관리처분계획의 공람 및 인가절차 등) ① 사업시행자는 제74조에 따른 관리처분계획인가를 신청하기 전에 관계 서류의 사본을 30일 이상 토지등소유자에게 공람하게 하고 의견을 들어야 한다. 다만, 제74조 제1항 각 호 외의 부분 단서에 따라 대통령령으로 정하는 경미한 사항을 변경하려는 경우에는 토지등소유자의 공람 및 의견청취 절차를 거치지 아니할 수 있다.
②~⑥ 생략

제79조(관리처분계획에 따른 처분 등) ① 정비사업의 시행으로 조성된 대지 및 건축물은 관리처분계획에 따라 처분 또는 관리하여야 한다.
② 사업시행자는 정비사업의 시행으로 건설된 건축물을 제74조에 따라 인가받은 관리처분계획에 따라 토지등소유자에게 공급하여야 한다.
③~⑧ 생략

제86조(이전고시 등) ① 사업시행자는 제83조 제3항 및 제4항에 따른 고시가 있는 때에는 지체 없이 대지확정측량을 하고 토지의 분할절차를 거쳐 관리처분계획에서 정한 사항을 분양받을 자에게 통지하고 대지 또는 건축물의 소유권을 이전하여야 한다. 다만, 정비사업의 효율적인 추진을 위하여 필요한 경우에는 해당 정비사업에 관한 공사가 전부 완료되기 전이라도 완공된 부분은 준공인가를 받아 대지 또는 건축물별로 분양받을 자에게 소유권을 이전할 수 있다.

제87조(대지 및 건축물에 대한 권리의 확정) ① 대지 또는 건축물을 분양받을 자에게 제86조 제2항에 따라 소유권을 이전한 경우 종전의 토지 또는 건축물에 설정된 지상권·전세권·저당권·임차권·가등기담보권·가압류 등 등기된 권리 및 「주택임대차보호법」 제3조 제1항의 요건을 갖춘 임차권은 소유권을 이전받은 대지 또는 건축물에 설정된 것으로 본다.
② 제1항에 따라 취득하는 대지 또는 건축물 중 토지등소유자에게 분양하는 대지 또는 건축물은 「도시개발법」 제40조에 따라 행하여진 환지로 본다.

제89조(청산금 등) ① 대지 또는 건축물을 분양받은 자가 종전에 소유하고 있던 토지 또는 건축물의 가격과 분양받은 대지 또는 건축물의 가격 사이에 차이가 있는 경우 사업시행자는 제86조 제2항에 따른 이전고시가 있은 후에 그 차액에 상당하는 금액을 분양받은 자로부터 징수하거나 분양받은 자에게 지급하여야 한다.

> **예제** 공익사업을 위한 토지 등의 취득 및 보상에 관한 법률 (이하 '토지보상법'이라 함)에 대한 설명으로 옳지 않은 것은? (다툼이 있는 경우 판례에 의함)
>
> ① 손실보상금에 관한 당사자 간의 합의가 성립하면, 그 합의내용이 토지보상법에서 정하는 손실보상 기준에 맞지 않는다고 하더라도 합의가 적법하게 취소되는 등의 특별한 사정이 없는 한 추가로 토지보상법상 기준에 따른 손실보상금 청구를 할 수 없다.
> ② 토지수용위원회의 수용재결이 있은 후라고 하더라도 토지 소유자와 사업시행자가 다시 협의하여 토지 등의 취득·사용 및 그에 대한 보상에 관하여 임의로 계약을 체결할 수 있다.
> ③ 하나의 수용재결에서 여러가지의 토지, 물건, 권리 또는 영업의 손실의 보상에 관하여 심리·판단이 이루어졌을 때, 피보상자는 재결 전부에 관하여 불복하여야 하고 여러 보상항목들 중 일부에 관해서만 개별적으로 불복할 수는 없다.
> ④ 사업인정고시가 된 후 사업시행자가 토지를 사용하는 기간이 3년 이상인 경우 토지소유자는 토지수용위원회에 토지의 수용을 청구할 수 있고, 토지수용위원회가 이를 받아들이지 않는 재결을 한 경우에는 사업시행자를 피고로 하여 토지보상법상 보상금의 증감에 관한 소송을 제기할 수 있다.

> **정답** ③
>
> ③ (×) 피보상자 또는 사업시행자가 반드시 재결 전부에 관하여 불복하여야 하는 것은 아니며, 여러 보상항목들 중 일부에 관해서만 불복하는 경우에는 그 부분에 관해서만 불복의 사유를 주장하여 행정소송을 제기할 수 있다(대판 2018.5.15. 2017두41221).
> ① (○) 대판 2013.8.22. 2012다3517 ② (○) 대판 2017.4.13. 2016두64241
> ④ (○) 토지보상법 제72조가 정한 수용청구권은 손실보상의 일환으로 토지소유자에게 부여되는 권리로서 그 청구에 의하여 수용효과가 생기는 형성권의 성질을 지니므로, 토지소유자의 토지수용청구를 받아들이지 아니한 토지수용위원회의 재결에 대하여 토지소유자가 불복하여 제기하는 소송은 토지보상법 제85조 제2항에 규정되어 있는 '보상금의 증감에 관한 소송'에 해당하고, 피고는 토지수용위원회가 아니라 사업시행자로 하여야 한다(대판 2015.4.9. 2014두466690).

예제 「공익사업을 위한 토지 등의 취득 및 보상에 관한 법률」상 이주대책에 대한 설명으로 옳지 않은 것은? (다툼이 있는 경우 판례에 의함)

① 사업시행자는 이주대책을 수립하려면 미리 관할 지방자치단체의 장과 협의하여야 한다.
② 이주대책의 수립의무자는 사업시행자이며, 법령에서 정한 일정한 경우 이주대책을 수립할 의무가 있다.
③ 주거용 건물의 거주자에 대하여는 주거이전에 필요한 비용 외에 가재도구 등 동산의 운반에 필요한 비용은 보상하지 않아도 된다.
④ 도시개발사업의 사업시행자가 이주대책기준을 정하여 이주대책대상자 가운데 이주대책을 수립·실시하여야 할 자를 선정하여 그들에게 공급할 택지 등을 정할 때는 재량권을 갖는다.

정답 ③

③ (×) 주거용 건물의 거주자에 대하여는 주거 이전에 필요한 비용과 가재도구 등 동산의 운반에 필요한 비용을 산정하여 보상하여야 한다(공익사업을 위한 토지 등의 취득 및 보상에 관한 법률 제78조 제5항).
① (○) 공익사업을 위한 토지 등의 취득 및 보상에 관한 법률 제78조 제2항
② (○) 사업시행자는 공익사업의 시행으로 인하여 주거용 건축물을 제공함에 따라 생활의 근거를 상실하게 되는 자를 위하여 대통령령으로 정하는 바에 따라 이주대책을 수립·실시하거나 이주정착금을 지급하여야 한다(공익사업을 위한 토지 등의 취득 및 보상에 관한 법률 제78조 제1항).
④ (○) 대판 2009.3.12. 2008두12610

예제 환매권에 관한 설명으로 옳지 않은 것은?

① 공익사업을 위한 토지취득 후 취득의 목적물인 토지 등이 공익사업에 이용되지 않을 때 원토지소유자가 보상금 상당금액을 지급하고 소유권을 다시 취득하는 권리이다.
② 환매권의 행사는 환매권자의 의사표시와 행정청의 동의에 의하여 이루어진다.
③ 환매권자는 취득일 당시의 토지소유자 또는 그 포괄승계인이다.
④ 환매권은 양도의 대상이 될 수 없다.

정답 ②

② (×) 환매권자의 일방적인 의사표시에 의해 사업시행자나 행정청의 의사와 관계없이 환매의 효과가 발생한다(형성권적 성질). 판례는 환매권 행사의 결과 사법상 매매계약의 효력이 발생한다고 본다(대판 1992.4.24. 92다4673).
③ (○) 따라서 지상권자나 기타 소유자가 아닌 다른 권리자는 환매권자가 될 수 없다.
④ (○) 특례법상의 환매권은 제3자에게 양도할 수 없고, 따라서 환매권의 양수인은 사업시행자로부터 직접 환매의 목적물을 환매할 수 없으며, 다만 환매권자가 사업시행자로부터 환매한 토지를 양도받을 수 있을 뿐이라고 할 것이다(대판 2001.5.29. 2001다11567).

제4장 토지행정법

제1절 개설

1. 토지행정법의 의의

토지행정법은 **국토의 보전과 균형 있는 개발 및 합리적인 토지이용의 질서** 등을 도모하기 위한 **토지행정작용을 규율하는 법체계**를 말한다. 이는 주로 토지의 소유·이용·개발·거래 등에 대한 공적 규율을 내용으로 한다. 토지행정법은 지역개발행정법, 생활공간정서행정법이라고도 한다.

2. 토지행정법의 법원

(1) 헌법적 근거

헌법 제23조의 '재산권의 보장' 및 '재산권행사의 공공복리적합의무' 규정과 제120조의 '국토의 균형 있는 개발과 이용을 위한 계획수립', 제122조의 '국토의 균형있는 이용·개발과 보전을 위한 제한과 의무의 부과' 규정이 토지행정법의 헌법적 근거가 된다.

(2) 법률적 근거

이를 구현하는 법률로는 국토에 관한 계획 및 정책의 수립·시행에 관한 기본적인 사항을 정한 「국토기본법」, 국토의 이용·개발 및 보전을 위한 계획의 수립 및 집행 등에 관한 사항을 정한 「국토의 계획 및 이용에 관한 법률」이 대표적이다. 그 밖에 「공익사업을 위한 토지 등의 취득 및 보상에 관한 법률」, 수도권정비계획법, 「도시 및 주거환경정비법」, 도시개발법, 택지개발촉진법 등이 있다.

제2절 토지행정의 개별적 내용

01 국토의 계획

1. 국토계획

'**국토계획**'이라 함은 **국토를 이용·개발 및 보전함에 있어서 미래의 경제적·사회적 변동에 대응하여 국토가 지향하여야 할 발전방향을 설정하고 이를 달성하기 위한 계획**이다(국토기본법 제6조 제1항).

국토종합계획	국토전역을 대상으로 하여 국토의 장기적인 발전방향을 제시하는 종합계획으로서 국토교통부장관이 수립
도종합계획	도 또는 특별자치도의 관할구역을 대상으로 하여 해당 지역의 장기적인 발전 방향을 제시하는 종합계획으로서 도지사가 수립

시군종합계획	특별시·광역시·특별자치시·시 또는 군(광역시의 군은 제외한다)의 관할구역을 대상으로 하여 해당 지역의 기본적인 공간구조와 장기 발전 방향을 제시하고, 토지이용, 교통, 환경, 안전, 산업, 정보통신, 보건, 후생, 문화 등에 관하여 수립하는 계획으로서 「국토의 계획 및 이용에 관한 법률」에 따라 수립되는 도시·군계획
지역계획	특정 지역을 대상으로 특별한 정책목적을 달성하기 위하여 수립하는 계획
부문별계획	국토 전역을 대상으로 하여 특정 부문에 대한 장기적인 발전 방향을 제시하는 계획

2. 광역도시계획

(1) 광역도시계획은 **광역계획권(인접한 2 이상의 특별시·광역시·특별자치시·특별자치도·시 또는 군의 관할구역의 전부 또는 일부를 포괄하는 지역)의 장기발전방향을 제시하는 계획**을 말한다(국토계획법 제2조 제1호). 광역도시계획의 수립은 그 성질상 도시계획안의 지침이 되는데 그치며, 사인에 대하여 법적 구속력을 갖지 않는다.

(2) 국토교통부장관 또는 도지사는 둘 이상의 특별시·광역시·특별자치시·특별자치도·시 또는 군의 공간구조 및 기능을 상호 연계시키고 환경을 보전하며 광역시설을 체계적으로 정비하기 위하여 필요한 경우에는 인접한 둘 이상의 특별시·광역시·특별자치시·특별자치도·시 또는 군의 관할 구역 전부 또는 일부를 대통령령으로 정하는 바에 따라 광역계획권으로 지정할 수 있다(제10조 제1항).

3. 도시·군기본계획

(1) 도시·군기본계획은 **특별시·광역시·특별자치시·특별자치도·시 또는 군의 관할 구역에 대하여 기본적인 공간구조와 장기발전방향을 제시하는 종합계획으로서 도시·군관리계획 수립의 지침이 되는 계획**을 말한다(국토계획법 제2조 제3호). 도시·군기본계획은 국민을 직접 구속하지 않으나, 도시·군관리계획수립의 지침이 되는 것으로서 도시계획을 입안하는 행정기관을 구속한다. 따라서 도시·군관리계획은 도시·군기본계획에 부합되어야 한다(제25조 제1항). 그러나 판례는 도시·군관리계획이 기본계획과 다른 내용을 가졌다는 사실만으로 당해 계획이 위법한 것이라 할 수 없다고 한다.

(2) 특별시장·광역시장·특별자치시장·특별자치도지사·시장 또는 군수는 관할 구역에 대하여 도시·군기본계획을 수립하여야 한다. 다만, 시 또는 군의 위치, 인구의 규모, 인구감소율 등을 고려하여 대통령령으로 정하는 시 또는 군은 도시·군기본계획을 수립하지 아니할 수 있다(제18조 제1항). 특별시장·광역시장·특별자치시장·특별자치도지사·시장 또는 군수는 지역여건상 필요하다고 인정되면 인접한 특별시·광역시·특별자치시·특별자치도·시 또는 군의 관할 구역 전부 또는 일부를 포함하여 도시·군기본계획을 수립할 수 있다(제2항).

4. 도시·군관리계획

(1) 도시·군관리계획은 **특별시·광역시·특별자치시·특별자치도·시 또는 군의 개발·정비 및 보전을 위하여 수립하는 토지 이용, 교통, 환경, 경관, 안전, 산업, 정보통신, 보건, 복지, 안보, 문화 등에 관한 계획**을 말한다(국토계획법 제2조 제4호). 도시·군관리계획은 도시·군기본계획을 집행하기 위한 구체적인 계획으로서 국민에 대하여 직접적으로 구속력을 가지는 행정계획이다. 이러한 도시·군관리계획(구 도시계획법상 '도시계획결정')은 행정쟁송법상의 처분의 성질을 갖는다.

(2) 특별시장·광역시장·특별자치시장·특별자치도지사·시장 또는 군수는 관할 구역에 대하여 도시·군관리 계획을 입안하여야 한다(제24조 제1항). 도시·군관리계획은 시·도지사가 직접 또는 시장·군수의 신청에 따라 결정한다.

5. 용도지역·용도지구·용도구역

(1) 용도지역

① 의의 : 국토계획법상 "용도지역"이라 함은 **토지의 이용 및 건축물의 용도·건폐율·용적률·높이 등을 제한함으로써 토지를 경제적·효율적으로 이용하고 공공복리의 증진을 도모하기 위하여 서로 중복되지 아니하게 도시·군관리계획으로 결정하는 지역**을 말한다(제2조 제15호).

② 용도지역의 유형(제6조)

도시지역	인구와 산업이 밀집되어 있거나 밀집이 예상되어 그 지역에 대하여 체계적인 개발·정비·관리·보전 등이 필요한 지역
관리지역	도시지역의 인구와 산업을 수용하기 위하여 도시지역에 준하여 체계적으로 관리하거나 농림업의 진흥, 자연환경 또는 산림의 보전을 위하여 농림지역 또는 자연환경보전지역에 준하여 관리할 필요가 있는 지역
농림지역	도시지역에 속하지 아니하는 「농지법」에 따른 농업진흥지역 또는 「산지관리법」에 따른 보전산지 등으로서 농림업을 진흥시키고 산림을 보전하기 위하여 필요한 지역
자연환경 보전지역	자연환경·수자원·해안·생태계·상수원 및 문화재의 보전과 수산자원의 보호·육성 등을 위하여 필요한 지역

(2) 용도지구

① 의의 : 국토계획법상 "용도지구"라 함은 **토지의 이용 및 건축물의 용도·건폐율·용적률·높이 등에 대한 용도지역의 제한을 강화 또는 완화하여 적용함으로써 용도지역의 기능을 증진시키고 미관·경관·안전 등을 도모하기 위하여 도시·군관리계획으로 결정하는 지역**을 말한다(제2조 제16호).

② 용도지구의 유형(제37조 제1항)

경관지구	경관의 보전·관리 및 형성을 위하여 필요한 지구
고도지구	쾌적한 환경 조성 및 토지의 효율적 이용을 위하여 건축물 높이의 최고한도를 규제할 필요가 있는 지구
방화지구	화재의 위험을 예방하기 위하여 필요한 지구
방재지구	풍수해, 산사태, 지반의 붕괴, 그 밖의 재해를 예방하기 위하여 필요한 지구
보호지구	문화재, 중요 시설물(항만, 공항 등 대통령령으로 정하는 시설물을 말한다) 및 문화적·생태적으로 보존가치가 큰 지역의 보호와 보존을 위하여 필요한 지구
취락지구	녹지지역·관리지역·농림지역·자연환경보전지역·개발제한구역 또는 도시자연공원구역의 취락을 정비하기 위한 지구
개발진흥지구	주거기능·상업기능·공업기능·유통물류기능·관광기능·휴양기능 등을 집중적으로 개발·정비할 필요가 있는 지구

특정용도제한지구	주거 및 교육 환경 보호나 청소년 보호 등의 목적으로 오염물질 배출시설, 청소년 유해시설 등 특정시설의 입지를 제한할 필요가 있는 지구
복합용도지구	지역의 토지이용 상황, 개발 수요 및 주변 여건 등을 고려하여 효율적이고 복합적인 토지이용을 도모하기 위하여 특정시설의 입지를 완화할 필요가 있는 지구

(3) 용도구역

① 의의 : 국토계획법상 "용도구역"은 **토지의 이용 및 건축물의 용도·건폐율·용적률·높이 등에 대한 용도지역 및 용도지구의 제한을 강화하거나 완화하여 따로 정함으로써 시가지의 무질서한 확산방지, 계획적이고 단계적인 토지이용의 도모, 토지이용의 종합적 조정·관리 등을 위하여 도시·군관리계획으로 결정하는 지역**을 말한다(제2조 제17호).

② 용도구역의 유형

개발제한구역	국토교통부장관은 도시의 무질서한 확산을 방지하고 도시주변의 자연환경을 보전하여 도시민의 건전한 생활환경을 확보하기 위하여 도시의 개발을 제한할 필요가 있거나 국방부장관의 요청이 있어 보안상 도시의 개발을 제한할 필요가 있다고 인정되면 개발제한구역의 지정 또는 변경을 도시·군관리계획으로 결정할 수 있다(제38조).
도시자연공원구역	시·도지사 또는 대도시 시장은 도시의 자연환경 및 경관을 보호하고 도시민에게 건전한 여가·휴식공간을 제공하기 위하여 도시지역 안에서 식생(植生)이 양호한 산지(山地)의 개발을 제한할 필요가 있다고 인정하면 도시자연공원구역의 지정 또는 변경을 도시·군관리계획으로 결정할 수 있다(제38조의2).
시가화조정구역	시·도지사는 직접 또는 관계 행정기관의 장의 요청을 받아 도시지역과 그 주변지역의 무질서한 시가화를 방지하고 계획적·단계적인 개발을 도모하기 위하여 대통령령으로 정하는 기간 동안 시가화를 유보할 필요가 있다고 인정되면 시가화조정구역의 지정 또는 변경을 도시·군관리계획으로 결정할 수 있다. 다만, 국가계획과 연계하여 시가화조정구역의 지정 또는 변경이 필요한 경우에는 국토교통부장관이 직접 시가화조정구역의 지정 또는 변경을 도시·군관리계획으로 결정할 수 있다(제39조).
수산자원보호구역	해양수산부장관은 직접 또는 관계 행정기관의 장의 요청을 받아 수산자원을 보호·육성하기 위하여 필요한 공유수면이나 그에 인접한 토지에 대한 수산자원보호구역의 지정 또는 변경을 도시·군관리계획으로 결정할 수 있다(제40조).
입지규제최소구역	도시·군관리계획의 결정권자는 도시지역에서 복합적인 토지이용을 증진시켜 도시 정비를 촉진하고 지역 거점을 육성할 필요가 있다고 인정되면 다음 각 호의 어느 하나에 해당하는 지역과 그 주변지역의 전부 또는 일부를 입지규제최소구역으로 지정할 수 있다(제40조의2). 1. 도시·군기본계획에 따른 도심·부도심 또는 생활권의 중심지역 2. 철도역사, 터미널, 항만, 공공청사, 문화시설 등의 기반시설 중 지역의 거점 역할을 수행하는 시설을 중심으로 주변지역을 집중적으로 정비할 필요가 있는 지역 3.~6. 생략

개발제한구역 중 일부 취락을 개발제한구역에서 해제하는 내용의 도시관리계획변경결정에 대하여, 개발제한구역 해제대상에서 누락된 토지의 소유자는 위 결정의 취소를 구할 법률상 이익이 없음

이 사건 토지는 이 사건 도시관리계획변경결정 전후를 통하여 개발제한구역으로 지정된 상태에 있으므로 이 사건 도시관리계획변경결정으로 인하여 그 소유자인 원고가 위 토지를 사용·수익·처분하는 데 새로운 공법상의 제한을 받거나 종전과 비교하여 더 불이익한 지위에 있게 되는 것은 아니다. 또한, 원고의 청구취지와 같이 이 사건 도시관리계획변경결정 중 중리취락 부분이 취소된다 하더라도 그 결과 이 사건 도시관리계획변경결정으로 개발제한구역에서 해제된 제3자 소유의 토지들이 종전과 같이 개발제한구역으로 남게 되는 결과가 될 뿐, 원고 소유의 이 사건 토지가 개발제한구역에서 해제되는 것도 아니다. 따라서 원고에게 제3자 소유의 토지에 관한 이 사건 도시관리계획변경결정의 취소를 구할 직접적이고 구체적인 이익이 있다고 할 수 없다(대판 2008.7.10. 2007두10242).

02 개발행위에 관한 규제

1. 개발행위허가제

(1) 개발행위허가제란 **국토계획법에서 정하는 일정한 개발행위에 대하여 사전에 관계행정청의 허가를 받도록 하는 제도**를 말한다. 종래 도시계획구역 안에서 소규모 난개발을 방지하기 위해 사전허가를 받도록 했으나, 2000년 개발행위허가제도로 전환하고 허가대상과 허가기준을 구체화하는 한편 도시지역만이 아니라 비도시지역으로까지 확대하였다.

(2) 허가의 대상이 되는 개발행위란 ① 건축물의 건축 또는 공작물의 설치, ② 토지의 형질변경(경작을 위한 토지의 형질변경을 제외), ③ 토석의 채취, ④ 토지분할(건축법 제57조의 규정에 의한 건축물이 있는 대지를 제외), ⑤ 녹지지역·관리지역 또는 자연환경보전지역안에 물건을 1월 이상 쌓아놓는 행위를 말한다. 다만 도시계획사업에 해당하는 경우에는 그러하지 제외된다(국토계획법 제56조 제1항).

2. 개발이익환수제

(1) 개발이익이란 **개발사업의 시행이나 토지이용계획의 변경, 그 밖에 사회적·경제적 요인에 따라 정상지가 상승분을 초과하여 개발사업을 시행하는 자나 토지 소유자에게 귀속되는 토지 가액의 증가분**을 말한다(「개발이익환수에 관한 법률」 제2조 제1호). 개발이익환수제는 **개발이익을 얻게 되는 당사자로부터 그 이익을 환수하는 제도**이다. 이러한 개발이익으로서 토지소유자가 받는 이익은 자신의 정당한 노력의 대가가 아닌 불로소득이라는 관념에 기초한 것이다.

(2) 개발이익을 환수하는 방법으로는 양도소득세·간주취득세·도시계획세·공동시설세·재산세 등의 과세적 방법과 개발부담금제·농지조성비·산지전용부담금 등 비과세적 방법이 있다.

03 토지거래허가제

1. 의의

토지거래허가제란 **토지의 투기적 거래로 인한 급격한 지가상승을 억제하기 위하여 지정한 허가구역 안에서의 토지 등의 거래계약에 대하여 시장·군수·구청장의 허가를 받도록 하는** 제도이다.

2. 허가구역의 지정

국토교통부장관 또는 시·도지사는 국토의 이용 및 관리에 관한 계획의 원활한 수립과 집행, 합리적인 토지 이용 등을 위하여 토지의 투기적인 거래가 성행하거나 지가(地價)가 급격히 상승하는 지역과 그러한 우려가 있는 지역으로서 대통령령으로 정하는 지역에 대해서 5년 이내의 기간을 정하여 토지거래계약에 관한 허가구역으로 지정할 수 있다(부동산 거래신고 등에 관한 법률 제10조 제1항). 허가구역의 지정은 허가구역의 지정을 공고한 날부터 5일후에 그 효력이 발생한다(제5항).

3. 성질

토지거래허가제의 성질에 대아여 허가설과 인가설의 대립이 있다. 대법원은 허가 구역 내에서도 토지거래의 자유가 인정되므로 이때의 허가는 법률행위의 효력을 완성시켜 주는 인가의 성질을 갖는다고 본다(대판 1991.12.24. 90다12243). 다만 토지거래허가구역의 지정은 처분에 해당한다고 본다(대판 2006.12.22. 2006두12883).

4. 허가의 효과

(1) 토지거래계약의 효력발생

토지거래계약허가를 받은 당사자는 적법하게 토지거래를 할 수 있다. 또한 허가는 토지거래계약의 효력발생요건이다. 즉, 허가를 받아야 하는 허가구역 안에 있는 토지에 대하여 허가를 받지 아니하고 체결한 토지거래계약은 그 효력을 발생하지 아니한다(제11조 제6항).

(2) 유동적 무효

판례는 위 (1)에서의 '허가를 받지 아니하고 체결한 계약'의 범위를, 처음부터 허가를 배제하거나 잠탈하는 경우로 새기고 있다. 판례는 토지거래계약은 허가를 받을 때까지는 거래의 효력이 발생하지 않으나, 일단 허가를 받으면 그 계약은 소급하여 유효한 계약이 되고 불허가된 때에는 무효가 되므로, 허가를 받기까지는 유동적 무효의 상태에 있다고 본다(대판 1995.4.28. 93다26397).

04 부동산 가격공시제

1. 개설

지가공시제는 「**부동산 가격공시에 관한 법률**」에 따라 토지의 적정가격을 평가·공시하는 제도이다. 지가공시제는 지가의 적정한 가격형성을 모모하고 토지시장에 관한 정보를 제공하는 한편 각종 과세를 현실화한다는 의미를 갖는다. 그 밖에 **주택가격 공시제도**가 있다.

2. 표준지공시지가

(1) 의의
표준지공시지가란 「부동산 가격공시에 관한 법률」의 규정에 의한 절차에 따라 국토교통부장관이 조사·평가하여 공시한 표준지의 단위면적당 가격을 말한다.

(2) 표준지공시지가의 성질
판례는 표준지로 선정된 토지의 공시지가에 대하여 불복하기 위하여는 지가공시및토지등의평가에관한법률 제8조 제1항 소정의 이의절차를 거쳐 처분청을 상대로 그 공시지가결정의 취소를 구하는 행정소송을 제기하여야 한다고 하여 표준지공시지가를 처분으로 보는 입장을 취한다(대판 1998.3.24. 96누6851).

(3) 표준지공시지가의 평가 및 공시
① **평가**: 국토교통부장관은 토지이용상황이나 주변환경 그 밖의 자연적·사회적 조건이 일반적으로 유사하다고 인정되는 일단의 토지 중에서 선정한 표준지에 대하여 매년 공시기준일 현재의 적정가격을 조사·평가해야 한다(제3조 제1항). 국토교통부장관이 표준지공시지가를 조사·평가할 때에는 업무실적, 신인도(信認度) 등을 고려하여 둘 이상의 「감정평가 및 감정평가사에 관한 법률」에 따른 감정평가법인등에게 이를 의뢰하여야 한다(제5항).
② **공시**: 국토교통부장관은 조사·평가한 표준지의 적정가격을 중앙부동산가격공시위원회의 심의를 거쳐 공시하여야 한다(제3조 제1항).

(4) 표준지공시지가의 효과
① 표준지공시지가는 토지시장에 지가정보를 제공하고 일반적인 토지거래의 지표가 되며, 국가·지방자치단체 등의 기관이 그 업무와 관련하여 지가를 산정하거나 감정평가업자가 개별적으로 토지를 감정평가하는 경우에 그 기준이 된다(제9조).
② 국가·지방자치단체, 「공공기관의 운영에 관한 법률」에 따른 공공기관 그 밖에 대통령령이 정하는 공공단체가 ㉠ 공공용지의 매수 및 토지의 수용·사용에 대한 보상, ㉡ 국·공유토지의 취득 또는 처분, ㉢ 그 밖에 대통령령이 정하는 토지가격 산정의 목적을 위하여 토지의 가격을 산정할 때에는 그 토지와 이용가치가 비슷하다고 인정되는 하나 또는 둘 이상의 표준지의 공시지가를 기준으로 하여 그 토지의 가격과 표준지공시지가가 균형을 유지하도록 하여야 한다. 다만, 필요하다고 인정할 때에는 산정된 지가를 목적에 따라 가감(加減) 조정하여 적용할 수 있다(제8조).

(5) 권리보호
① **이의신청**: 표준지공시지가에 대하여 이의가 있는 자는 표준지공시지가의 공시일부터 30일 이내에 서면으로 국토교통부장관에게 이의를 신청할 수 있다(제7조 제1항). 국토교통부장관은 제1항의 규정에 의한 이의신청기간이 만료된 날부터 30일 이내에 이의신청을 심사하여 그 결과를 신청인에게 서면으로 통지하여야 한다. 이 경우 국토교통부장관은 이의신청의 내용이 타당하다고 인정될 때에는 당해 표준지공시지가를 조정하여 다시 공시하여야 한다(제2항).

② 행정소송
- ㉠ **제소가능성** : 이의신청에 대한 건설교통부장관의 결정에 불복하는 자는 행정소송을 제기할 수 있다. 이 경우 원처분중심주의에 따라 표준지공시지가를 대상으로 항고소송을 제기하여야 하며, 피고는 국토교통부장관이 된다.
- ㉡ **하자의 승계** : 판례는 표준지공시지가를 조세부과처분의 취소를 구하는 소송에서 다툴 수 없다고 하고, 개별토지가격결정을 다투는 절차에서 표준지 공시지가를 다툴 수도 없다는 입장이다(대판 1996.12.6. 96누1832). 최근 수용보상금의 증액을 구하는 소송에서 선행처분으로서 그 수용대상 토지가격 산정의 기초가 된 비교표준지공시지가결정처분의 위법을 독립한 사유로 주장할 수 있다고 한 판례가 있다(대판 2008.8.21. 2007두13845).

3. 개별공시지가

(1) 의의

개별공시지가는 **각종 세금의 부과 등 특정 목적을 위한 지가산정에 사용하기 위하여 결정·고시한 개별 토지의 단위면적당 가격**을 말한다(제10조 제1항). 위에서 살펴본 표준지공시지가를 기준으로 국토교통부장관이 작성한 '토지가격비준표'에 의거하여 시장·군수·구청장이 매년 공시지가의 공시일 현재 관할구역 안의 개별토지의 단위면적당 가격을 결정·고시하게 된다.

(2) 개별공시지가의 성질

판례는 개별공시지가의 결정을 행정소송의 대상이 되는 행정처분으로 본다(대판 1993.1.15. 92누12407).

(3) 개별공시지가의 결정

시장·군수 또는 구청장은 시·군·구부동산가격공시위원회의 심의를 거쳐 매년 공시지가의 공시기준일 현재 관할 구역 안의 개별토지의 단위면적당 가격을 결정·공시하고, 이를 관계 행정기관 등에 제공하여야 한다(제10조 제1항). 제1항에도 불구하고 표준지로 선정된 토지, 조세 또는 부담금 등의 부과대상이 아닌 토지, 그 밖에 대통령령으로 정하는 토지에 대하여는 개별공시지가를 결정·공시하지 아니할 수 있다. 이 경우 표준지로 선정된 토지에 대하여는 해당 토지의 표준지공시지가를 개별공시지가로 본다(제2항). 시장·군수 또는 구청장이 개별공시지가를 결정·공시하는 경우에는 해당 토지와 유사한 이용가치를 지닌다고 인정되는 하나 또는 둘 이상의 표준지의 공시지가를 기준으로 토지가격비준표를 사용하여 지가를 산정하되, 해당 토지의 가격과 표준지공시지가가 균형을 유지하도록 하여야 한다(제4항).

(4) 권리보호

① **이의신청** : 개별공시지가에 대하여 이의가 있는 자는 개별공시지가의 결정·공시일부터 30일 이내에 서면으로 시장·군수 또는 구청장에게 이의를 신청할 수 있다(제11조 제1항). 시장·군수 또는 구청장은 이의신청기간이 만료된 날부터 30일 이내에 이의신청을 심사하여 그 결과를 신청인에게 서면으로 통지하여야 한다. 이 경우 시장·군수 또는 구청장은 이의신청의 내용이 타당하다고 인정될 때에는 당해 개별공시지가를 조정하여 다시 결정·공시하여야 한다(제2항).

② **행정소송**
㉠ **제소가능성** : 개별공시지가의 처분성을 인정하는 다수설과 판례에 의하면 이의신청에 불복하는 경우 행정소송을 제기할 수 있다. 이때에도 원처분중심주의가 적용된다.
㉡ **하자승계** : 판례는 개별공시지가의 위법을 '수인성의 원칙'에 근거하여 조세부과처분에 대한 소송에서 다툴 수 있다고 한다(대판 1994.1.25. 93누8542).

4. 주택가격공시제도

(1) 의의

「부동산 가격공시에 관한 법률」은 공시지가제도와 별도로 **단독주택 및 공동주택의 적정가격을 공시하는** 주택가격공시제도를 두고 있다. 이는 국가·지방자치단체 등의 기관이 과세 등 업무와 관련하여 주택가격을 산정하는 경우에 그 기준이 된다.

(2) 주요내용

① **단독주택가격의 결정·고시** : 국토교통부장관은 용도지역, 건물구조 등이 일반적으로 유사하다고 인정되는 일단의 단독주택 중에서 선정한 표준주택에 대하여 매년 공시기준일 현재의 적정가격을 조사·평가하고, 중앙부동산가격공시위원회의 심의를 거쳐 이를 공시하여야 한다(제17조 제1항). 시장·군수 또는 구청장은 시·군·구부동산가격공시위원회의 심의를 거쳐 매년 표준주택가격의 공시기준일 현재 관할구역 안의 개별주택의 가격을 결정·공시하고, 이를 관계행정기관 등에 제공하여야 한다(제2항).

② **공동주택가격의 결정·고시** : 국토교통부장관은 공동주택에 대하여 매년 공시기준일 현재의 적정가격을 조사·산정하여 중앙부동산가격공시위원회의 심의를 거쳐 공시하고, 이를 관계 행정기관 등에 제공하여야 한다(제18조 제1항). 국토교통부장관이 공동주택가격을 조사·산정하는 경우에는 인근 유사 공동주택의 거래가격·임대료 및 해당 공동주택과 유사한 이용가치를 지닌다고 인정되는 공동주택의 건설에 필요한 비용추정액, 인근지역 및 다른 지역과의 형평성·특수성, 공동주택가격 변동의 예측 가능성 등 제반사항을 종합적으로 참작하여야 한다(제5항).

③ **주택가격공시의 효력** : 표준주택가격은 국가·지방자치단체 등이 그 업무와 관련하여 개별주택가격을 산정하는 경우에 그 기준이 된다(제19조 제1항). 개별주택가격 및 공동주택가격은 주택시장의 가격정보를 제공하고, 국가·지방자치단체 등이 과세 등의 업무와 관련하여 주택의 가격을 산정하는 경우에 그 기준으로 활용될 수 있다(제2항).

제5장 재무행정법

제1절 개설

1. 재정의 개념과 종류

(1) 재정의 개념

재정이란 **국가 또는 지방자치단체가 그 존립과 활동에 필요한 재원을 취득하고 이를 관리**(관리·운용·지출)**하는 작용**을 말한다. 재정작용은 재력의 취득과 유지 그 자체를 직접적인 목적으로 하는 작용이므로, 국가나 지방자치단체가 금전적인 수입(수수료·부담금 등)이 발생하더라도 그것이 다른 목적의 부수적 결과로 인한 것이라면 재정작용에 속하지 아니한다.

(2) 재정의 종류

① 재정권력작용 · 재정관리작용

재정권력작용	재정목적 달성을 위해 국민이나 주민에 대하여 명령·강제하는 작용(예 징세·전매)
재정관리작용	재산의 관리와 수입·지출을 관리하는 비권력적인 작용(예 회계·재산관리)

② 국가재정 · 지방재정

국가재정	국가의 존립과 활동을 유지하기 위해 국가가 재력을 취득하고 이를 관리하는 작용
지방재정	지방자치단체의 존립과 활동을 위해 재력을 취득하고 이를 관리하는 작용

2. 재정법의 기본원리

(1) 재정의회주의

① **조세법률주의** : 조세법률주의란 조세의 부과는 반드시 법률이 정하는 바에 의하여야 한다는 원칙이다. 이는 "대표 없이 과세 없다"라는 사상에 기초한 것인데, 우리 헌법 제59조는 "조세의 종목과 세율은 법률로 정한다"고 규정하고 있다.

② **예산의결원칙** : 예산은 한 회계연도의 국가의 세입·세출에 관한 예정표로서 국민의 경제적 부담 또는 국민경제와 밀접한 관련이 있는 것이므로 민주적인 절차에 따라 심의를 거쳐 성립되어야 한다. 헌법과 지방자치법은 각각 국회와 지방의회의 심의·의결을 거치도록 하고 있다(헌법 제54조·제56조, 지방자치법 제142조).

③ **결산심사원칙** : 감사원은 세입·세출의 결산을 매년 검사하여 대통령과 차년도 국회에 그 결과를 보고하도록 하고 있어 예산의 집행도 국회의 감독하에 두고 있다(헌법 제99조). 지방자치단체의 결산승인도 지방의회의 의결사항이다(지방자치법 제150조).

(2) 엄정관리주의

① 엄정관리주의란 국가나 지방자치단체의 재산은 그 존립과 활동을 위하여 필요하고 모든 국민 또는 주민의 재산이므로, 이러한 재산이 망실·훼손되지 않도록 엄정하게 관리하여야 한다는 원칙이다.
② 법령의 규정에 의하여 계약이나 채권의 발생에 관한 행위를 하는 자가 채권의 내용을 정함에 있어서 다른 법령에 규정된 경우를 제외하고는 채권의 감면이나 이행기한의 연장에 관하여 규정할 수 없다(국가채권관리법 제33조 제1항). 또한 개별법이 국가의 재산은 법률에 의하지 아니하고는 교환·양도·대부·출자 등의 수단으로 사용할 수 없도록 하는 것도 이러한 원칙의 반영이다.

(3) 건전재정주의

건전재정주의란 국가나 지방자치단체의 재정이 수입과 지출간에 균형을 이루어 적자를 방지하여야 한다는 원칙이다.

① **기채금지원칙** : 국가의 세출은 국채·차입금(외국정부·국제협력기구 및 외국법인으로부터 도입되는 차입자금을 포함) 외의 세입을 그 재원으로 한다. 다만 부득이한 경우에는 국회의 의결을 얻은 금액의 범위 안에서 국채 또는 차입금으로써 충당할 수 있다(국가재정법 제18조).
② **감채원칙** : 감채원칙은 매회계년도에 있어서의 세입세출결산상 잉여금이 있을 때에는 100분의 30 이상을 세출예산에 구애되지 않고 국채의 원리금과 차입금을 우선적으로 상환해야 한다는 원칙을 말한다(국가재정법 제90조).

제2절 재정작용

01 재정권력작용

1. 재정하명

(1) 재정하명의 의의 및 종류

재정하명이란 **행정주체가 재정목적을 위하여 국민에 대하여 일정한 작위(예 장부기재), 부작위(예 전매물품의 임의제조금지), 급부(예 조세납부), 수인(예 장부검사의 수인하명)을 명하는 행정행위**이다.

(2) 재정하명의 형식

재정하명은 직접 법률의 규정에 의하는 경우(예 조세신고의무)와 법률의 규정에 의거한 행정행위의 형식으로 행하는 경우(예 조세부과처분)가 있다. 전자를 법규하명, 후자를 재정처분이라고 한다.

(3) 재정하명의 효과

재정하명이 행하여지면 하명을 받은 특정인에 대하여 하명의 내용을 이행할 공법상의 의무가 발생하는데, 그 의무를 불이행하면 강제집행이나 재정벌 부과의 효과가 발생한다.

(4) 하자 있는 재정하명에 대한 구제

재정하명에 하자가 있는 경우는 그 하자의 정도에 따라 무효 또는 취소할 수 있는 재정하명이 된다.

위법 또는 부당한 재정하명으로 인하여 권익이 침해된 자는 행정쟁송으로 다툴 수 있는데, 세법상의 위법·부당한 처분에 대하여는 특별한 심판절차가 마련되어 있다(후술). 또한 위법한 재정하명으로 손해를 받은 경우에는 행정상 손해배상 또는 부당이득반환청구의 방식에 의하여 구제받을 수 있다.

2. 재정허가

(1) 재정허가의 의의

재정허가는 **재정의 목적을 위해 명한 일반적 금지를 특정한 경우에 해제하여 적법하게 그 행위를 할 수 있도록 하는 행정행위**이다(예 주세법에 의한 주조업의 허가). 따라서 재정허가는 새로운 권리를 설정하여 주는 행위는 아니다.

(2) 재정허가의 형식

재정허가는 재정하명의 경우와는 달리 법규에 의한 허가는 존재하지 않고 법령에 의거한 행정처분에 의하여서만 행하여진다.

(3) 재정허가의 성질과 효과

허가를 요하는 행위가 본래 이를 자유로이 행할 수 있는 성질의 것인 때에는 그 재정허가가 기속행위이고, 그 행위가 국가의 전매권 등의 이유로 특별한 관계에 있는 자만이 할 수 있는 성질의 것인 때에는 그 재정허가는 재량행위라고 할 수 있다. 그리고 재정허가를 받아야 할 행위를 허가 없이 행하여도 그 행위가 당연무효로 되는 것이 아니고 강제집행이나 재정벌의 대상이 됨에 그친다.

3. 재정면제

재정면제란 **재정목적을 위하여 일반적으로 부과된 작위 또는 급부의무를 특정한 경우에 해제시키는 행위**이다. 재정허가와는 의무의 해제라는 점에서 동일하나 해제의 대상인 의무의 내용이 다르다.

4. 재정강제

(1) 재정강제의 의의

재정강제란 **재정상의 목적을 위하여 개인의 신체 또는 재산에 실력을 가하여 재정상 필요한 상태를 실현하는 작용**이다.

(2) 재정강제의 종류

재정강제에도 행정강제일반과 마찬가지로 ① 재정상 의무의 불이행이 있는 경우에 권한을 가진 행정기관이 의무자의 신체나 재산에 실력을 가하여 의무의 이행을 강제하거나 의무가 이행된 것과 같은 상태를 실현하는 작용인 **강제집행**, ② 재정상 의무를 명하여서는 목적을 달성하기 어려운 경우에 의무를 명하지 않고 직접 국민의 신체·재산에 실력을 가하여 재정목적을 달성하는 **즉시강제**가 있다.

5. 재정벌

(1) 재정벌의 의의

재정벌이란 **국가나 지방자치단체가 부과한 재정상의 의무를 위반한 경우에 대해 과해지는 제재로서의**

벌을 말한다. 재정벌을 가져오는 범죄를 재정범이라 부른다. 재정벌은 행정벌의 일종으로서 행정벌에 관한 법리는 재정벌에도 원칙적으로 그대로 적용된다.

(2) 종류

① 재정벌은 재정형벌과 재정질서벌로 구분된다. 재정형벌이 일반적이다.
② 재정범은 포탈범과 재정질서범으로 나누어진다. 전자는 사기 기타 부정행위로써 조세를 포탈하거나 전매권을 침해하여 부정한 이득을 보거나 보려는 경우에 성립하는 죄이며, 후자는 허위신고 등을 통해 재산상의 손해를 발생하게 할 우려가 있는 행위를 한 경우에 성립하는 죄이다.

02 재정관리작용

1. 의의

재정관리작용이란 **국가 또는 지방자치단체가 비권력적으로 그 재산 및 수입·지출을 관리하는 작용**이다. 재정관리작용은 그 성격이 사법상의 재산관리작용과 본질적으로 다른 것은 아니나, 그 적정·공정한 관리는 일반국민의 이해와 밀접한 관련을 가지므로 법령이 특별한 감독 내지 제한을 가하고 있다. 이와 관련된 법률로 국가재정법·국유재산법·물품관리법·지방자치법·지방재정법 등이 있다.

2. 종류

(1) 재산관리

재산관리는 국가 또는 지방자치단체가 소유하는 재산(국유재산·공유재산)을 관리하는 작용이다. 그 재산에는 채권·동산·부동산·무체재산권 등이 포함된다. 재산관리는 사경제작용인 것이 보통이므로 특별한 규율이 없는 경우 사법규정 또는 사법원리가 적용된다.

(2) 수입·지출관리

수입·지출관리란 국가나 지방자치단체의 예산·회계에 관한 작용으로서 사경제작용인 것이 원칙이다. 그러나 공익적 견지에서 특별한 법적 규율을 하는 경우도 있다.

제3절 조세

01 개설

1. 조세의 의의

조세란 국가 또는 지방자치단체가 그 경비에 충당할 수입을 취득하기 위한 목적으로 법률이 정한 과세요건에 해당되는 모든 자에게 부과하는 무상의 금전부담이다.

2. 조세의 종류

(1) 과세권에 따른 분류

국세	국가가 부과·징수하는 조세(예 소득세·상속세·부가가치세·주세·인지세·증권거래세·교육세·증권거래세·농어촌특별세·종합부동산세)
지방세	지방자치단체가 부과·징수하는 조세(예 재산세·취득세·면허세·담배소비세)

(2) 과세대상이 수입물품인가의 여부에 따른 분류

내국세	국내에 있는 과세물건에 대하여 부과하는 조세
관세	외국으로부터 수입되는 물건에 부과하는 조세

(3) 법률상 납세의무자와 실제상 부담자의 상이에 따른 분류

직접세	법률상 납세의무자와 실제상 조세부담자가 동일한 경우의 조세(예 상속세·법인세·소득세)
간접세	양자가 상이한 경우의 조세(예 주세·인지세·부가가치세·특별소비세)

(4) 과세물건의 차이에 따른 분류

인세	납세자의 거주지·소득 등에 부과되는 조세(예 주민세·소득세)
물세	물건의 소유·취득·제조·판매·수익 등의 경우에 그 물건에 대해 부과되는 조세(예 취득세·재산세)
행위세	물건이나 특정인에 대한 것이 아니라 사람의 행위에 부과되는 조세(예 등록세)

(5) 과세물건의 성질에 따른 분류

수익세	수익 또는 소득에 부과되는 조세(예 소득세·법인세)
재산세	재산소유의 사실에 대하여 부과하는 조세(예 재산세·종합부동산세)
소비세	특정한 소비 또는 금전지출에 의하여 표시되는 담세력을 과세물건으로 하는 조세(예 특별소비세·주세·전화세)
거래세	경제상의 거래에 의하여 추측되는 담세력을 과세물건으로 하는 조세(예 등록세·인지세)

(6) 징수되는 조세의 사용목적에 따른 분류

보통세	국가 또는 지방자치단체가 일반경비에 충당하기 위하여 부과하는 조세
목적세	특정한 목적(경비)에 충당하기 위하여 부과하는 조세(예 방위세·교육세)

(7) 과세의 시기에 따른 분류

정기세	일정한 시기를 정하여 정기적으로 부과하는 조세(예 소득세·법인세·부가가치세)
임시세	과세물건이 발생할 때마다 수시로 과세하는 조세(예 상속세·등록세·인지세)

(8) 적용되는 세율의 성질에 따른 분류

비례세	과세표준의 크기와는 관계없이 일정률의 같은 세율이 적용되는 조세(예 부가가치세·특별소비세·주세)
누진세	과세표준금액이 증가함에 따라 적용되는 세율도 높아지는 조세(예 소득세·상속세·증여세·법인세)

(9) 과세권의 발동방식에 따른 분류

신고납부	세액이 원칙적으로 납세자의 신고에 의하여 확정되는 조세(예 소득세·법인세·부가가치세)
부과납부	조세의 세액이 과세관청의 처분에 의하여 확정되는 조세(예 양도소득세·상속세·증여세)
인지납부	세액이 법률의 규정에 의하여 확정되고, 그 납부도 납세의무자의 인지첩부에 의하여 행해지는 조세(예 등록세·인지세)

3. 조세법률주의

(1) 의의

조세법률주의는 **조세의 부과·징수는 반드시 의회가 제정하는 법률에 따라야 하며, 행정부가 법률에 근거 없이 일방적이고 자의적으로 조세를 부과·징수할 수 없다는 원칙**을 말한다. 우리 헌법도 "모든 국민은 법률이 정하는 바에 의하여 납세의 의무를 진다"(헌법 제38조)고 하여 이 원칙을 명시하고 있다.

(2) 법률로 정할 사항

헌법은 "조세의 종목과 세율은 법률로 정한다"(제59조)고 하여 조세법률주의의 내용에 관하여 정하고 있다. 그러나 법률로 정하여야 할 사항은 조세의 종목과 세율뿐만 아니라 납세의무자·과세물건·과세요건과 조세의 부과·징수절차도 포함된다.

(3) 조세법률주의의 내용
① **명확성의 원칙** : 조세법률주의는 근대행정의 기본원리인 법치주의의 실현에 그 목적이 있고, 과세권의 발동을 통해서 국민은 재산권의 침해를 받게 되므로 법률생활의 안정성을 확보하기 위해 과세의 요건과 절차 등은 미리 법률로 명확히 정해져야 한다.
② **구체적 위임** : 과세요건·징수절차에 대하여는 일정한 한도에서 위임입법에 의한 규율도 허용되나, 그 경우 법률에 의한 위임은 구체적·개별적이어야 한다. 과세요건을 규정하는 세법의 규정은 명확하고 구체적인 것이어야 자의적 세무행정을 방지할 수 있다. 또한 구체적으로 범위를 정하여 위임받은 법규명령도 그의 수권의 범위를 넘어서면 위법으로 된다.

③ **엄격해석의 원칙**: 세법의 해석에 있어서 법률은 엄격하게 해석·적용되어야 하며 행정편의적인 확장해석이나 유추해석은 허용되지 아니한다. 그러나 법규 상호간의 해석을 통하여 그 의미를 명백히 하는 것은 허용된다.
④ **소급과세금지의 원칙**: 새로운 입법으로 과거에 소급하여 과세하거나 또는 이미 납세의무가 존재하는 경우에도 소급하여 중과세해서는 안된다는 원칙을 말한다. 소급과세금지의 원칙에서 '소급'이란 과세요건 완성 전의 사실이나 법률관계를 규율대상으로 하는 '진정소급'을 의미한다.
⑤ **영구세주의**: 우리나라의 조세행정은 조세법률주의를 취하는 경우에도 법률의 개폐가 없는 한 당해 법률에 의하여 계속하여 과세할 수 있는 것을 원칙으로 하는 영구세주의를 취하고 있다. 이에 비하여 매회계연도마다 의회의 의결을 얻은 예산법에 의하여 과세하는 방식을 1년세주의라고 한다.

(4) 조세법률주의의 예외

지방세기본법상의 특례	지방자치단체는 지방세의 세목, 과세대상, 과세표준, 세율, 그 밖에 부과·징수에 필요한 사항을 정할 때에는 지방세기본법 또는 지방세관계법에서 정하는 범위에서 조례로 정하여야 함(제5조)
관세에서의 특례	관세도 법률에 의함이 원칙이나 조약으로 협정세율을 정할 수 있도록 함(관세법 제43조의2)
긴급재정·경제명령	긴급재정·경제명령에 의하여 조세관련사항을 규정할 수도 있음(헌법 제76조). 그러나 국회의 승인을 얻지 못하면 효력을 상실.

02 조세의 부과처분(과세처분)

1. 의의

과세처분은 **과세물건에 대하여 과세표준과 세율을 적용하여 세액을 결정하고 이를 일정기일까지 납부하도록 납세의무자에게 명하는 과세관청의 행정행위**이다. 조세부과의 방법에는 ① 과세관청의 부과처분에 의하여 납세의무가 확정되는 부과세, ② 법령에서 납세의무가 명확하게 확정되어 있는 법정세(圓 인지세)가 있는데, 과세처분은 특히 ①의 경우에 문제된다.

2. 형식·성질

과세처분은 원칙적으로 납세고지서라 부르는 서면으로 한다. 고지서에는 과세연도·세목·세액·산출근거·납부기한·납부장소를 명기한다(국세징수법 제9조). 과세처분은 명령적 행위의 일종으로서 하명행위이다.

3. 부과기간

종래부터 있었던 국세징수권의 소멸시효에 관한 규정과 더불어, 국세기본법은 국세부과권의 제척기간(5·7·10·15년 등)에 관한 규정도 도입하였다(제26조의2). 규정된 기간이 만료된 날 후에는 과세할 수 없다. 조세부과권은 국가의 행정권이며 징수권과 같은 청구권이 아니므로 시효에 걸리지 않는 제척기간의 성질을 갖는다.

03 조세행정상의 권리구제

1. 과세전적부심사제

(1) 의의

이 제도는 **세무조사의 결과통지나 과세예고통지를 미리 하여 그에 이의가 있는 납세자로 하여금 과세의 적법심사를 청구할 수 있도록 함**으로써 권리구제의 실효성을 제고하기 위한 것이다.

(2) 절차

세무조사결과에 대한 서면통지, 기타 대통령령이 정하는 과세예고통지를 받은 자는 그 통지를 받은 날부터 30일이내에 당해세무서장 또는 지방국세청장에게 통지내용에 대한 적법성 여부에 관하여 심사를 청구할 수 있다(국세기본법 제81조의15 제1항).

2. 행정쟁송

(1) 행정심판

① **의의** : 조세의 부과징수에 관한 행정심판은 그 부과 또는 징수에 관한 처분의 위법 또는 부당을 이유로 행정기관에 그 취소·변경을 구하는 쟁송절차이다. 조세에 관한 행정심판에 대해서는 그 특수성을 고려하여 행정심판법의 적용이 배제되고(국세기본법 제56조 제1항), 국세기본법·관세법·지방세기본법이 적용된다.

② **일반국세에 대한 행정심판**

㉠ **이의신청** : 국세부과처분이 국세청장이 조사·결정 또는 처리하거나 하였어야 할 것인 경우를 제외하고는 그 처분에 대하여 심사청구 또는 심판청구에 앞서 이의신청을 할 수 있다(제55조 제3항). 따라서 이의신청은 임의적 절차이다. 이의신청은 불복의 사유를 갖추어 당해 처분을 하거나 하였어야 할 세무서장에게 하거나 세무서장을 거쳐 소관지방국세청장에게 하여야 한다(제66조 제1항 본문). 이의신청은 당해 처분이 있은 것을 안 날(처분의 통지를 받은 때에는 그 받은 날)부터 90일이내에 제기하여야 한다(제66조 제1항·제61조 제1항). 이의신청을 받은 세무서장과 지방국세청장은 각각 국세심사위원회의 심의를 거쳐 결정하여야 한다(제4항). 이의신청에 대한 결정은 심사청구를 받은 날부터 30일이내에 하여야 한다(제66조 제1항·제65조 제2항). 이의신청이 처분의 집행정지의 효력을 발생하지 않는다는 것은 일반 행정심판의 경우와 같다.

㉡ **심사청구** : 심사청구는 불복의 사유를 갖추어 당해 처분을 하거나 하였어야 할 세무서장을 거쳐 국세청장에게 하여야 한다(제62조 제1항). 심사청구는 당해 처분이 있은 것을 안 날(처분의 통지를 받은 때에는 그 받은 날)부터 90일이내에 제기하여야 한다(제61조 제1항). 심사청구가 있는 때에는 국세청장은 국세심사위원회의 심의를 거쳐(제64조 제1항), 심사청구를 받은 날부터 90일 이내에 이를 결정하여야 한다(제65조 제2항).

㉢ **심판청구** : 심판청구는 불복의 사유를 갖추어 그 처분을 하거나 하였어야 할 세무서장을 거쳐 조세심판원장에게 하여야 한다(제69조 제1항). 심판청구는 당해 처분이 있은 것을 안 날(처분의 통지를 받은 때에는 그 받은 날)부터 90일이내에 제기하여야 한다(제68조 제1항). 이의신청

을 거친 후 심판청구를 하고자 할 때에는 이의신청에 대한 결정의 통지를 받은 날부터 90일이내에 제기하여야 한다(제2항). 심판청구에 대한 결정을 하기 위하여 국무총리 소속으로 조세심판원을 둔다(제67조 제1항). 조세심판원장은 심판청구를 받으면 이에 관한 조사와 심리를 담당할 주심조세심판관 1명과 배석조세심판관 2명 이상을 지정하여 조세심판관회의를 구성하게 한다(제72조 제1항). 결정은 심판청구를 받은 날부터 90일 이내에 하여야 한다(제81조·제65조 제2항).

③ **관세에 대한 행정심판**: 관세의 경우에도 임의적 절차로서 이의신청절차가 있다. 그리고 행정심판으로서 심사청구와 심판청구가 있다.

④ **지방세에 대한 행정심판**
  ㉠ **이의신청**: 이의신청을 하려면 그 처분이 있은 것을 안 날(처분의 통지를 받았을 때에는 그 통지를 받은 날)부터 90일 이내에 대통령령으로 정하는 바에 따라 불복의 사유를 적어 특별시세·광역시세·도세의 경우에는 시·도지사에게, 특별자치시세·특별자치도세의 경우에는 특별자치시장·특별자치도지사에게, 시·군·구세의 경우에는 시장·군수·구청장에게 이의신청을 하여야 한다(지방세기본법 제90조).
  ㉡ **심판청구**: 이의신청을 거친 후에 심판청구를 할 때에는 이의신청에 대한 결정 통지를 받은 날부터 90일 이내에 조세심판원장에게 심판청구를 하여야 한다(제91조 제1항). 이의신청을 거치지 아니하고 바로 심판청구를 할 때에는 그 처분이 있은 것을 안 날(처분의 통지를 받았을 때에는 통지받은 날)부터 90일 이내에 조세심판원장에게 심판청구를 하여야 한다(제3항).

(2) 감사원에 대한 심사청구

조세 부과처분에 대해서도 감사원에 심사의 청구를 할 수 있다(감사원법 제43조 제1항). 이해관계인은 심사청구의 원인이 되는 행위가 있는 것을 안 날부터 90일, 그 행위가 있은 날부터 180일 이내에 심사의 청구를 하여야 한다(제44조 제1항). 감사원은 심리결과 심사청구의 이유가 있다고 인정할 때에는 관계기관의 장에 대하여 시정 기타의 필요한 조치를 요구하며 심사청구의 이유가 없다고 인정한 때에는 이를 기각한다(제46조 제2항). 즉 감사원은 세무서장 등에게 이를 시정할 것을 요구할 수 있을 뿐이므로 단순한 진정의 성격을 가지는 것이다. 그러나 감사원법은 심사청구를 거친 처분에 대하여는 행정소송을 제기할 수 있도록 규정하고 있다(제46조의2).

(3) 행정소송

조세에 관한 위의 행정심판에 불복하는 자는 행정소송을 제기할 수 있다. 다만 행정심판전치주의와 제소기간에 관하여 행정소송법과 다른 특별규정이 있다.

① **행정심판전치주의**

> **국세기본법 제56조(다른 법률과의 관계)** ② 제55조에 규정된 위법한 처분에 대한 행정소송은 「행정소송법」 제18조 제1항 본문, 제2항 및 제3항에도 불구하고 이 법에 따른 심사청구 또는 심판청구와 그에 대한 결정을 거치지 아니하면 제기할 수 없다. 다만, 심사청구 또는 심판청구에 대한 제65조 제1항 제3호 단서(제81조에서 준용하는 경우를 포함한다)의 재조사 결정에 따른 처분청의 처분에 대한 행정소송은 그러하지 아니하다.

> **지방세기본법 제98조(다른 법률과의 관계)** ③ 제89조에 규정된 위법한 처분에 대한 행정소송은「행정소송법」제18조 제1항 본문, 같은 조 제2항 및 제3항에도 불구하고 이 법에 따른 심판청구와 그에 대한 결정을 거치지 아니하면 제기할 수 없다. 다만, 심판청구에 대한 재조사 결정(제100조에 따라 심판청구에 관하여 준용하는「국세기본법」제65조 제1항 제3호 단서에 따른 재조사 결정을 말한다)에 따른 처분청의 처분에 대한 행정소송은 그러하지 아니하다.

② **제소기간** : 국세의 경우 행정소송은 행정소송법 제20조의 규정에 불구하고 심사청구 또는 심판청구에 대한 결정의 통지를 받은 날부터 90일이내에 제기하여야 한다. 다만 제65조 제2항 또는 제81조 단서의 규정에 의한 결정기간(90일)내에 결정의 통지를 받지 못한 경우에는 결정의 통지를 받기 전이라도 그 결정기간이 지난 날부터 행정소송을 제기할 수 있다(국세기본법 제56조 제3항). 지방세의 경우는 심판청구에 대한 결정의 통지를 받은 날부터 90일 이내에 제기하여야 한다(지방세기본법 제98조 제4항).

3. 과오납금반환청구

(1) **과오납금의 결정·처리 등**

세무서장은 납세의무자가 국세·가산금 또는 체납처분비로서 납부한 금액 중 과오납부한 금액이 있거나 세법에 의하여 환급하여야 할 환급세액(세법에 의하여 환급세액에서 공제하여야 할 세액이 있는 때에는 공제한 후의 잔여액을 말함)이 있는 때에는 즉시 그 오납액, 초과납부액 또는 환급세액을 국세환급금으로 결정하고(국세기본법 제51조 제1항), 그 과오납액을 다른 조세·가산금·체납처분비에 충당하고 잔여금은 납세자에게 환부하여야 한다(제2항·제3항).

(2) **과오납금반환청구소송**

과세관청이 과오납금을 환급하지 아니할 때에는 소송을 제기하여 그 반환을 청구할 수 있다. 이 경우 당해 소송의 성질에 대하여는 민사소송설과 공법상 당사자소송설이 대립한다. 종래 판례는 일률적으로 부당이득의 반환을 구하는 민사소송으로 환급을 청구할 수 있다는 입장이었으나(대판 1997.10.10. 97다26432), 부가가치세 환급세액 지급청구는 당사자소송의 절차에 따라야 하는 것으로 견해를 변경하였다(대판 2013.3.21. 2011다95564).

제4절 회계

01 개설

1. 회계의 의의

다수설은 회계를 **국가 또는 지방자치단체가 그 재산과 수입·지출을 관리하는 작용, 즉 재정관리작용**으로 파악한다. 반면 일부 견해는 재산관리부분을 회계의 개념에서 제외한다. 회계는 국가 재원의 취득을 위한 재정권력작용과는 달리 이미 취득한 재산의 운용·지출을 관리하기 위한 작용이다. 따라서 회계는 기본적으로 행정내부적인 작용이고 동시에 비권력적인 작용이다.

2. 회계의 종류

회계는 ① 그 관리주체에 따라 국가회계·지방자치단체회계로, ② 관리하는 재산의 종류에 따라 현금회계·채권회계·동산회계 및 부동산회계로, ③ 목적에 따라 일반회계·특별회계로 나눌 수 있다.

02 현금회계

1. 의의와 기본원칙

현금회계는 **국가 또는 지방자치단체의 현금수지에 관한 예산과 결산**을 말한다. 현금회계의 목적은 수입과 지출의 균형, 명확하고 합리적인 회계질서의 확립에 있다. 이러한 목적과 관련하여 현금회계에는 다음의 여러 원칙을 채택하고 있다.

(1) 총계예산주의(총액예산주의)

① **의의** : **세입과 세출은 모두 예산에 계상하여야 한다는 원칙**이다(국가재정법 제17조 제2항). 이 원칙은 수입·지출을 모두 예산에 표현함으로써 수지균형을 도모하고 예산을 통하여 국회 내지는 국민의 감독·비판을 용이하게 하려는 것이다. 반대개념은 순계예산주의이다.

② **예외** : 국가가 특정한 목적을 위하여 특정한 자금을 신축적으로 운용할 필요가 있을 때에 한하여 법률로써 설치하는 기금(제5조 제2항)이 있다.

(2) 통일국고주의(회계총괄의 원칙)

① **의의** : **국가의 수입은 종류 여하를 막론하고 반드시 국고에 납입하고, 모든 지출은 반드시 하나의 국고에서 지출하게 하는 원칙**을 말한다. 따라서 정부의 모든 기관의 장은 법률에 특별한 규정이 없는 한 그 소관에 속하는 수입을 국고에 납부하여야 하며 직접 사용하지 못한다(제7조).

② **예외** : 중앙관서의 장은 국가재정법 제53조 제1항의 규정에 따른 수입대체경비에 있어서는 그 수입이 확보되는 범위안에서 지출할 수 있다(국고금관리법 제8조 제1항). 외교부장관은 대통령령이 정하는 바에 의하여 재외공관의 장으로 하여금 당해 재외공관에 배정된 예산의 범위안에서 그 수입금 등을 직접 사용하게 할 수 있다(「재외공관수입금 등 직접사용에 관한 법률」 제2조).

(3) 단일예산주의(회계통일의 원칙)

① **의의** : **국가의 수지를 단일의 회계로 통일하여 계리(計理)하는 원칙**을 말한다. 따라서 모든 세입과 세출은 예산과 결산에 편입된다. 이 원칙은 국가재정의 내용을 전체적으로 명확히 하고, 재정의 부당한 팽창·문란을 방지하려는 데에 목적이 있다.

② **예외** : 이 원칙의 예외로 ㉠ 특정한 목적을 위하여 일반회계로부터 분리하여 독립적으로 경리하는 특별회계, ㉡ 일단 확정된 예산에 대한 추가경정예산이 있다.

(4) 성과주의예산제도

운영계획과 예산을 일치시켜 책임소재를 분명히 하고 예산을 효과적으로 사용하도록 하기 위한 것이다. 정부는 성과중심의 재정운용을 위하여 다음 각 호의 성과목표관리 및 성과평가를 내용으로 하는 재정사업의 성과관리를 시행한다(국가재정법 제85조의2 제1항).

(5) 기업회계의 원칙

「정부기업예산법」은 특별회계의 예산 및 회계에 관하여는 사업의 경영성과 및 재정상태를 명백히 하기 위하여 재산의 증감 및 변동을 그 발생의 사실에 따라 계리하도록 한다.

(6) 회계연도구분 및 독립의 원칙

① 의의 : 회계연도란 국가가 수지균형의 확보와 회계계리의 명확을 위하여 국가의 세입·세출을 시간적으로 구분하여 그 기간을 단위로 계리할 때의 그 단위기간을 말한다. 국가의 회계연도는 매년 1월 1일에 시작하여 12월 31일에 종료한다(국가재정법 제2조). 회계연도독립의 원칙이란 **각 회계연도의 경비를 당해 연도의 세입으로 충당하는 것**(제3조)을 말한다.

② 예외 : 세출예산 중 경비의 성질상 연도 내에 지출을 끝내지 못할 것이 예측되는 때에는 그 취지를 세입세출예산에 명시하여 미리 국회의 승인을 얻은 후 다음 연도에 이월하여 사용할 수 있는데(제24조 제1항) 이를 명시이월비라고 한다. 이 밖에도 계속비(제23조)·과년도지출(국고금관리법 제28조) 등이 이 원칙의 예외에 해당한다.

(7) 회계기관독립의 원칙

① 의의 : 회계상의 비위를 방지하고 공정을 확보하기 위하여 **수입·지출을 명하는 기관과 현금출납을 관장하는 기관을 상호 분리**시키는 것을 말한다. 수입징수관과 수입금출납공무원의 분리(국고금관리법 제13조), 재무관(중앙관서의 명을 받아 지출원인행위를 하는 자)·지출관(지출을 위하여 수표를 발행하는 자)·출납공무원의 분리(제27조) 등이 그것이다.

② 예외 : 정원의 과소로 인하여 동일인이 그 직무를 겸하여야 할 부득이한 사유가 있는 경우에는 수입징수관과 수입금출납공무원의 직무 및 지출관과 출납공무원의 직무를 각각 동일인이 겸하게 할 수 있다(동법시행령 제16조).

(8) 건전재정의 원칙

① 의의 : **국가의 세출은 국채·차입금**(외국정부·국제협력기구 및 외국법인으로부터 도입되는 차입자금을 포함) **외의 세입을 그 재원으로 한다**(국가재정법 제18조 본문). 이 원칙은 재정수지를 건전하게 유지하기 위하여 인정되는 원칙이다.

② 예외 : 부득이한 경우에는 국회의 의결을 얻은 금액의 범위 안에서 국채 또는 차입금으로써 충당할 수 있다(단서).

2. 예산

(1) 예산의 의의

예산이란 1회계연도에 있어서 국가의 세입·세출의 예정준칙(실질적 측면)으로서 헌법과 법률이 정하는 바에 따라 국회의 의결에 의하여 성립하는 하나의 국법행위형식(형식적 측면)을 말한다. 보통 예산이라 할 때는 형식적 의미로 사용된다.

(2) 예산의 종류

① **본예산과 추가경정예산** : 본예산은 1회계연도의 모든 세입·세출을 망라하여 편성된 예산을 말하며, 추가경정예산(헌법 제56조)은 본예산의 작성 후 새로운 사정으로 인해 본예산에 변경을 가하기

위해 작성되는 예산을 말한다. 추가경정예산 편성의 사유는 ㉠ 전쟁이나 대규모 자연재해가 발생한 경우, ㉡ 경기침체, 대량실업, 남북관계의 변화, 경제협력과 같은 대내·외 여건에 중대한 변화가 발생하였거나 발생할 우려가 있는 경우, ㉢ 법령에 따라 국가가 지급하여야 하는 지출이 발생하거나 증가하는 경우가 있다(국가재정법 제89조).

② **확정예산과 준예산** : 확정예산은 헌법과 법률이 정하는 바에 따라 회계연도 개시 30일 전까지 국회의 의결로써 정해지는 통상의 예산을 말하고, 준예산(헌법 제54조 제3항)이란 회계연도 개시일 전까지 예산안이 국회에서 심의·의결되지 않은 경우에 전년도예산에 준하여 집행하는 예산이다.

③ **일반회계예산과 특별회계예산** : 일반회계예산은 국가의 총수입과 총지출을 망라하여 편성한 예산이고, 특별회계예산(국가재정법 제4조 제3항)이란 국가에서 특정한 사업을 운영하고자 할 때, 특정한 자금을 보유하여 운용하고자 할 때, 특정한 세입으로 특정한 세출에 충당함으로써 일반회계와 구분하여 계리할 필요가 있을 때에 법률로써 설치하는 예산이다.

(3) 예산의 구성

① **예산총칙** : 예산총칙에는 세입세출예산·계속비·명시이월비 및 국고채무부담행위에 관한 총괄적 규정을 두는 외에 국채와 차입금의 한도액·재정증권의 발행과 일시차입금의 최고액 등을 규정하여야 한다.

② **세입세출예산** : 세입세출예산은 독립기관 및 중앙관서의 소관별로 구분한 후 소관 내에서 일반회계·특별회계로 구분한다(제21조 제2항). 세입예산은 제2항의 규정에 따른 구분에 따라 그 내용을 성질별로 관·항으로 구분하고, 세출예산은 제2항의 규정에 따른 구분에 따라 그 내용을 기능별·성질별 또는 기관별로 장·관·항으로 구분한다(제3항).

③ **계속비** : 완성에 수년도를 요하는 공사나 제조 및 연구개발사업은 그 경비의 총액과 연부액(年賦額)을 정하여 미리 국회의 의결을 얻은 범위 안에서 수년도에 걸쳐서 지출할 수 있다(제23조 제1항). 제1항의 규정에 따라 국가가 지출할 수 있는 연한은 그 회계연도부터 5년 이내로 한다. 다만, 사업규모 및 국가재원 여건을 고려하여 필요한 경우에는 예외적으로 10년 이내로 할 수 있다(제2항).

④ **명시이월비** : 세출예산 중 경비의 성질상 연도 내에 지출을 끝내지 못할 것이 예측되는 때에는 그 취지를 세입세출예산에 명시하여 미리 국회의 승인을 얻은 후 다음 연도에 이월하여 사용할 수 있다(제24조 제1항). 기획재정부장관은 필요하다고 인정하는 때에는 국회의 의결을 거쳐 제2항의 지출연한을 연장할 수 있다(제3항).

⑤ **국고채무부담행위** : 국가는 법률에 따른 것과 세출예산금액 또는 계속비의 총액의 범위 안의 것 외에 채무를 부담하는 행위를 하는 때에는 미리 예산으로써 국회의 의결을 얻어야 한다(제25조 제1항). 국가는 그 외에 재해복구를 위하여 필요한 때에는 회계연도마다 국회의 의결을 얻은 범위 안에서 채무를 부담하는 행위를 할 수 있다(제2항).

(4) 예산의 성립

① **예산안의 편성·제출** : 정부는 회계연도마다 예산안을 편성하여 회계연도 개시 90일전까지 국회에 제출하여야 한다(헌법 제54조 제2항). 정부의 예산편성안은 기획재정부장관이 관장한다(국가재정법 제29조·제30조). 예산안의 제출권은 정부에만 있고 국회에는 없으며, 정부의 예산안은 국무회의의 심의사항이다(헌법 제89조 제4호).

② **예산안의 심의·확정** : 정부가 제출안 예산안은 회계연도 개시 30일 전까지 국회의 의결로써 확정된다(헌법 제54조 제2항). 이것은 국민의 경제적 부담과 관계있는 예산의 성립을 국민의 대표기관의 의사에 의하도록 하려는 것이다.

③ **예산의 공포** : 예산이 국회에서 심의·확정되어 정부에 이송되면 대통령이 그 예산을 공포한다(「법령 등 공포에 관한 법률」제11조). 예산에 대한 국회의 의결에 대하여는 대통령이 거부권을 행사할 수 없다.

(5) 결산

결산으로써 국가의 현금회계는 종료된다. 결산은 정부의 적정한 예산집행의 통제에 있어 중요한 자료가 된다. 정부는 결산이 정부회계에 관한 기준에 따라 재정에 관한 유용하고 적정한 정보를 제공할 수 있도록 객관적인 자료와 증거에 따라 공정하게 이루어지게 하여야 한다(국가재정법 제56조).

(6) 회계상의 시효

금전의 급부를 목적으로 하는 국가의 권리 또는 국가에 대한 권리로서 금전의 급부를 목적으로 하는 것은 시효에 관하여 다른 법률에 규정이 없는 한 5년 동안 행사하지 아니하면 시효로 인하여 소멸한다(국가재정법 제96조 제1항·제2항). 이 경우 소멸시효의 중단·정지 그 밖의 사항에 관하여 다른 법률의 규정이 없는 때에는 민법의 규정을 적용한다(제3항). 법령의 규정에 따라 국가가 행하는 납입의 고지는 시효중단의 효력이 있다(제4항).

03 채권회계

채권회계란 **국가나 지방자치단체가 자기들의 채권을 보전·행사·내용변경 및 소멸 등을 행하는 채권의 관리작용**을 말한다. 국가의 채권회계에 관한 일반법으로 국가채권관리법이 있고, 지방자치단체의 채권에 관한 일반법으로 지방재정법이 있다. 기획재정부장관이 총괄기관이다.

04 동산회계

동산회계란 **국가나 지방자치단체가 자신의 재산 중에서 동산을 관리하는 작용**을 말한다. 동산회계에 관한 일반법으로 물품관리법이 있다. 동법의 적용을 받는 물품이란, 국가가 소유하는 동산과 국가가 사용하기 위하여 보관하는 동산을 말하되 ① 현금, ② 법령의 규정에 의하여 한국은행에 기탁하여야 할 유가증권, ③ 국유재산법의 적용을 받는 동산(예 국유의 선박·국유부동산의 동산)을 제외한다. 기획재정부장관이 총괄기관이며 각 중앙관서의 장이 관리기관이다.

05 부동산회계

1. 부동산회계의 의의

부동산회계는 **국가 또는 지방자치단체가 그 부동산을 취득·유지·보존·운용·처분하는 작용**을 말한다. 국가의 부동산회계에 관한 법원에는 일반법으로 국유재산법이 있고, 특별법으로 문화유산법·하천법·도로법·산림법·자연공원법·고속국도법·귀속재산처리법 등이 있다. 이하에서는 국유재산을 중심으로 살펴본다.

2. 국유재산의 종류

국유재산은 그 용도에 따라 행정재산과 일반재산으로 구분한다(국유재산법 제6조). 행정재산은 공물(公物), 일반재산은 사물(私物)의 성질을 갖는다.

행정재산	공용재산	국가가 직접 사무용·사업용 또는 공무원의 주거용(직무 수행을 위하여 필요한 경우로서 대통령령으로 정하는 경우로 한정한다)으로 사용하거나 대통령령으로 정하는 기한까지 사용하기로 결정한 재산
	공공용재산	국가가 직접 공공용으로 사용하거나 대통령령으로 정하는 기한까지 사용하기로 결정한 재산
	기업용재산	정부기업이 직접 사무용·사업용 또는 그 기업에 종사하는 직원의 주거용(직무 수행을 위하여 필요한 경우로서 대통령령으로 정하는 경우로 한정한다)으로 사용하거나 대통령령으로 정하는 기한까지 사용하기로 결정한 재산
	보존용재산	법령이나 그 밖의 필요에 따라 국가가 보존하는 재산
일반재산		행정재산 이외의 모든 국유재산

3. 국유재산의 관리·처분

(1) 관리처분의 기관

① **총괄기관**: 기획재정부장관은 국유재산에 관한 사무를 총괄하고 일반재산을 관리·처분한다(국유재산법 제8조 제1항). 총괄청은 일반재산을 보존용재산으로 전환하여 관리할 수 있다(제2항). 총괄청은 관리청등에 해당 국유재산의 관리상황에 관하여 보고하게 하거나 자료를 제출하게 할 수 있다(제21조 제1항). 관리청은 소관 행정재산 중 대통령령으로 정하는 유휴 행정재산 현황을 매년 1월 31일까지 총괄청에 보고하여야 한다(제2항). 총괄청은 관리청등의 재산 관리상황과 유휴 행정재산 현황을 감사하거나 그 밖에 필요한 조치를 할 수 있다(제3항). 총괄청은 관리청에 그 소관에 속하는 국유재산의 용도를 폐지하거나 변경할 것을 요구할 수 있으며 그 국유재산을 관리전환하게 하거나 총괄청에 인계하게 할 수 있다(제22조 제1항). 총괄청은 관리청이 정당한 사유 없이 제1항에 따른 용도폐지 등을 이행하지 아니하는 경우에는 직권으로 용도폐지 등을 할 수 있다(제3항).

② **관리청**: 「국가재정법」 제6조에 따른 중앙관서의 장은 그 소관에 속하는 행정재산과 「국가재정법」 제4조와 제5조에 따른 특별회계와 기금에 속하는 재산 등 일반재산을 관리·처분한다(국유재산법 제8조 제3항). 총괄청은 관리청이 없거나 분명하지 아니한 국유재산에 대하여 그 관리청을 지정한다(제24조).

(2) 행정재산
① **처분 등의 제한**: 행정재산은 처분하지 못한다. 다만 관리청은 ㉠ 공유 또는 사유재산과 교환하여 그 교환받은 재산을 행정재산으로 관리하려는 경우, ㉡ 직접 공용이나 공공용으로 사용하기 위하여 필요로 하는 지방자치단체에 양여하는 경우의 어느 하나에 해당하는 경우에는 관리계획에 따라 교환하거나 양여할 수 있다(제27조 제1항).
② **사용허가**
 ㉠ **허가의 범위**: 관리청은 ⓐ 공용·공공용·기업용 재산은 그 용도나 목적에 장애가 되지 아니하는 범위에서, ⓑ 보존용재산은 보존목적의 수행에 필요한 범위에서만 행정재산의 사용허가를 할 수 있다(제30조 제1항). 사용허가를 받은 자는 그 재산을 다른 사람에게 사용·수익하게 하여서는 아니 된다. 다만 기부를 받은 재산에 대하여 사용허가를 받은 자가 그 재산의 기부자이거나 그 상속인, 그 밖의 포괄승계인인 경우에는 관리청의 승인을 받아 다른 사람에게 사용·수익하게 할 수 있다(제2항). 관리청은 제2항 단서에 따른 사용·수익이 그 용도나 목적에 장애가 되거나 원상회복이 어렵다고 인정되면 승인하여서는 아니 된다(제3항).
 ㉡ **사용료**: 행정재산을 사용허가한 때에는 대통령령으로 정하는 요율과 산출방법에 따라 매년 사용료를 징수하나(제32조 제1항), 사용료가 면제되는 경우(예 행정재산을 직접 공용·공공용 또는 비영리 공익사업용으로 사용하려는 지방자치단체에 사용허가하는 경우)도 있다(제34조 제1항).
 ㉢ **허가기간**: 행정재산의 사용허가기간은 5년 이내로 한다. 다만 행정재산으로 할 목적으로 기부를 받은 재산에 대하여 기부자나 그 상속인, 그 밖의 포괄승계인에게 사용허가하는 경우에는 사용료의 총액이 기부를 받은 재산의 가액에 이르는 기간 이내로 한다(제35조 제1항). 제1항의 허가기간이 끝난 재산에 대하여 대통령령으로 정하는 경우를 제외하고는 5년을 초과하지 아니하는 범위에서 종전의 사용허가를 갱신할 수 있다. 다만 수의의 방법으로 사용허가를 할 수 있는 경우가 아니면 1회만 갱신할 수 있다(제2항). 제2항에 따라 갱신받으려는 자는 허가기간이 끝나기 1개월 전에 관리청에 신청하여야 한다(제3항).
 ㉣ **허가의 취소와 철회**: 관리청은 행정재산의 사용허가를 받은 자가 ⓐ 거짓 진술을 하거나 부실한 증명서류를 제시하거나 그 밖에 부정한 방법으로 사용허가를 받은 경우, ⓑ 사용허가 받은 재산을 제30조 제2항을 위반하여 다른 사람에게 사용·수익하게 한 경우, ⓒ 해당 재산의 보존을 게을리하였거나 그 사용목적을 위배한 경우, ⓓ 납부기한까지 사용료를 납부하지 아니하거나 제32조 제2항 후단에 따른 보증금 예치나 이행보증조치를 하지 아니한 경우, ⓔ 관리청의 승인 없이 사용허가를 받은 재산의 원래 상태를 변경한 경우의 어느 하나에 해당하면 그 허가를 취소하거나 철회할 수 있다(제36조 제1항). 관리청은 사용허가한 행정재산을 국가나 지방자치단체가 직접 공용이나 공공용으로 사용하기 위하여 필요하게 된 경우에는 그 허가를 철회할 수 있다(제2항).
 ㉤ **용도폐지**: 중앙관서의 장은 행정재산이 ⓐ 행정목적으로 사용되지 아니하게 된 경우, ⓑ 행정재산으로 사용하기로 결정한 날부터 5년이 지난 날까지 행정재산으로 사용되지 아니한 경우 ⓒ 제57조에 따라 개발하기 위하여 필요한 경우(예 국유재산관리기금의 재원으로 개발)에는 지체 없이 그 용도를 폐지하여야 한다(제40조).
 ㉥ **원상회복**: 사용허가를 받은 자는 허가기간이 끝나거나 제36조에 따라 사용허가가 취소 또는 철회된 경우에는 그 재산을 원래 상태대로 반환하여야 한다. 다만 관리청이 미리 상태의 변경을

승인한 경우에는 변경된 상태로 반환할 수 있다(제38조). 정당한 사유 없이 국유재산을 점유하거나 이에 시설물을 설치한 경우에는 「행정대집행법」을 준용하여 철거하거나 그 밖에 필요한 조치를 할 수 있다(제74조).

- ⓧ **변상금 부과** : 관리청등은 무단점유자에 대하여 대통령령으로 정하는 바에 따라 그 재산에 대한 사용료나 대부료의 100분의 120에 상당하는 변상금을 징수한다(동법 제72조 제1항). 제1항의 변상금은 무단점유를 하게 된 경위, 무단점유지의 용도 및 해당 무단점유자의 경제적 사정 등을 고려하여 대통령령으로 정하는 바에 따라 5년의 범위에서 징수를 미루거나 나누어 내게 할 수 있다(제2항).

> **관련판례**
>
> 국유재산의 무단점유자에 대한 변상금 부과·징수권과 민사상 부당이득반환청구권
> [1] 국유재산의 무단점유자에 대한 변상금 부과는 공권력을 가진 우월적 지위에서 행하는 행정처분이고, 그 부과처분에 의한 변상금 징수권은 공법상의 권리인 반면, 민사상 부당이득반환청구권은 국유재산의 소유자로서 가지는 사법상의 채권이다(대판 2014.7.16. 2011다76402).
>
> [2] 구 국유재산법 제51조 제1항, 제4항, 제5항에 의한 변상금 부과·징수권과 민사상 부당이득반환청구권은 동일한 금액 범위 내에서 경합하여 병존하게 되고, 민사상 부당이득반환청구권이 만족을 얻어 소멸하면 그 범위 내에서 변상금 부과·징수권도 소멸하는 관계에 있다(대판 2014.9.4. 2012두5688).
>
> [3] 국유재산법 제72조 제1항, 제73조 제2항에 의한 변상금 부과·징수권이 민사상 부당이득반환청구권과 법적 성질을 달리하는 별개의 권리인 이상 한국자산관리공사가 변상금 부과·징수권을 행사하였다 하더라도 이로써 민사상 부당이득반환청구권의 소멸시효가 중단된다고 할 수 없다(대판 2014.9.4. 2013다3576).

(3) 일반재산

① **처분** : 일반재산은 관리계획에 따라 관리·처분한다(제41조 제1항). 이러한 일반재산의 처분은 기본적으로 사경제주체의 지위에서 하는 행위이므로 행정소송상 처분에 해당하지 않는다(대판 1983.9.13. 83누240).

② **관리·처분 사무의 위임·위탁** : 총괄청은 대통령령으로 정하는 바에 따라 제8조 제1항에 따른 일반재산의 관리·처분에 관한 사무의 일부를 총괄청 소속 공무원, 관리청 또는 그 소속 공무원, 지방자치단체의 장 또는 그 소속 공무원에게 위임하거나 정부출자기업체, 금융기관, 투자매매업자·투자중개업자 또는 특별법에 따라 설립된 법인으로서 대통령령으로 정하는 자에게 위탁할 수 있다(제42조 제1항).

③ **계약의 방법** : 일반재산을 처분하는 계약을 체결할 경우에는 그 뜻을 공고하여 일반경쟁에 부쳐야 한다. 다만 계약의 목적·성질·규모 등을 고려하여 필요하다고 인정되면 대통령령으로 정하는 바에 따라 참가자의 자격을 제한하거나 참가자를 지명하여 경쟁에 부치거나 수의계약으로 할 수 있으며, 증권인 경우에는 대통령령으로 정하는 방법에 따를 수 있다(제43조 제1항).

④ **처분재산의 가격결정** : 일반재산의 처분가격은 대통령령으로 정하는 바에 따라 시가를 고려하여 결정한다(제44조).
⑤ **대부기간** : ㉠ 조림을 목적으로 하는 토지와 그 정착물은 20년, ㉡ 대부 받은 자의 비용으로 시설을 보수하는 건물은 10년, ㉢ 그 외의 토지와 그 정착물은 5년, ㉣ 그 밖의 재산은 1년 이내로 한다(제46조).
⑥ **매각·교환·양여** : 일반재산은 ㉠ 다른 법률에 따라 특정 사업을 위하여 불가피한 경우, ㉡ 문화시설·공원 등 공공사용을 목적으로 하여 대통령령으로 정하는 공익사업을 위하여 필요한 경우, ㉢ 특별회계나 기금 소관 재산으로 그 회계나 기금의 설치목적을 고려하여 대통령령으로 정한 경우, ㉣ 재산의 위치·규모·형태나 정책목적 등을 고려할 때 국가가 보존·관리하는 것이 적합하지 아니하거나 활용할 가치가 없는 경우에는 매각할 수 있다(제48조). 또한 교환(제54조)과 양여(제55조) 할 수 있는 근거규정을 두었다.
⑦ **개발** : 일반재산은 대통령령으로 정하는 바에 따라 부동산신탁을 취급하는 신탁업자에게 신탁하여 개발할 수 있다(제58조 제1항). 제42조 제1항과 제3항에 따라 관리·처분에 관한 사무를 위탁받은 자는 위탁받은 일반재산을 개발할 수 있다(제59조 제1항).

4. 국유재산의 시효취득

행정재산은 「민법」 제245조에도 불구하고 시효취득(時效取得)의 대상이 되지 아니한다(국유재산법 제7조 제2항). 즉 일반재산에 대하여는 시효취득이 가능하다.

예제 재무행정에 대한 설명으로 옳지 않은 것은? (다툼이 있는 경우 판례에 의함)

① 지방세기본법에 따르면, 지방자치단체의 장은 적절하고 공평한 과세의 실현을 위하여 필요한 최소한의 범위에서 세무조사를 하여야 하며, 다른 목적 등을 위하여 조사권을 남용해서는 아니 된다.
② 특별한 사정이 없는 한, 과세관청이 과세처분에 앞서 필수적으로 행하여야 할 과세예고 통지를 하지 아니함으로써 납세자에게 과세전적부심사의 기회를 부여하지 아니한 채 과세처분을 하였다면, 그 과세처분은 위법하다.
③ 하나의 납세고지서에 의하여 복수의 과세처분을 함께 하는 경우에는 과세처분별로 그 세액과 산출근거 등을 구분하여 기재함으로써 납세의무자가 각 과세처분의 내용을 알 수 있도록 해야 한다.
④ 지방국세청장이 조세범칙행위에 대하여 형사고발을 한 후에 동일한 조세범칙행위에 대하여 한 통고처분은 특별한 사정이 없는 한 위법하지만 무효는 아니다.

정답 ④

④ (×) 이는 법적 권한 소멸 후에 이루어진 것으로서 특별한 사정이 없는 한 효력이 없다(대판 2016.9.28. 2014도10748).
① (○) 지방세기본법 제80조 제1항
② (○) 대판 2016.4.15. 2015두52326
③ (○) 대판 2012.10.18. 2010두12347

예제 조세과오납환급소송에 관한 설명으로 가장 옳지 않은 것은?

① 조세의 과오납이 부당이득이 되기 위하여는 납세 또는 조세의 징수가 실체법적으로나 절차법적으로 전혀 법률상의 근거가 없거나 과세처분의 하자가 중대하고 명백하여 당연무효이어야하고, 과세처분의 하자가 단지 취소할 수 있는 정도에 불과할 때에는 과세관청이 이를 스스로 취소하거나 항고소송절차에 의하여 취소되지 않는 한 그로 인한 조세의 납부가 부당이득이 된다고 할 수 없다.
② 국세환급금결정이나 이 결정을 구하는 신청에 대한 환급거부결정 등은 납세의무자가 갖는 환급청구권의 존부나 범위에 구체적이고 직접적인 영향을 미치는 처분으로 항고소송의 대상이 되는 처분이다.
③ 이미 존재와 범위가 확정되어 있는 과오납부액은 납세자가 부당이득의 반환을 구하는 민사소송으로 환급을 청구할 수 있다.
④ 원천징수의 경우 국가 등에 대한 환급청구권자는 원천납세의무자가 아니라 원천징수의무자이다.

정답 ②

② (×) 국세환급금 결정이나 이 결정을 구하는 신청에 대한 환급거부결정 등은 납세의무자가 갖는 환급청구권의 존부나 범위에 구체적이고 직접적인 영향을 미치는 처분이 아니어서 항고소송의 대상이 되는 처분이라고 볼 수 없다(대판 2002.11.8. 2001두8780).
① (○) 대판 1994.11.11. 94다28000
③ (○) 대판 1995.4.28. 94다55019
④ (○) 대판 2002.11.8. 2001두8780

예제 국유재산법에 관한 설명으로 옳지 않은 것은? (다툼이 있으면 판례에 따름)

① 행정재산의 사용허가기간은 원칙상 5년 이내로 한다.
② 일반재산은 민법상 시효취득의 대상이 되지 아니한다.
③ 행정재산에는 사권을 설정하지 못한다.
④ 중앙관서의 장은 사용허가한 행정재산을 국가가 직접 공용으로 사용하기 위하여 필요하게 된 경우에는 사용허가를 철회할 수 있다.

정답 ②

② (×) 국유재산법은 "행정재산은 민법 제245조에도 불구하고 시효취득의 대상이 되지 아니한다"고 규정하고 있다(제7조). 따라서 일반재산은 시효취득이 대상이 된다.

제6장 환경행정법

제1절 개설

01 환경행정법의 법원

1. 헌법적 근거

헌법 제35조는 "모든 국민은 건강하고 쾌적한 환경에서 생활할 권리를 가지며, 국가와 국민은 환경보전을 위하여 노력하여야 한다"고 하여 환경권을 사회적 기본권으로 인정하고 동시에 국가와 국민의 환경보호의무를 규정하고 있다. 이러한 환경권에 의하여 직접 사법상의 구체적인 권리가 도출되는 것인가에 대한 논의가 있으나, 판례와 다수설은 주관적 방어권으로서의 측면보다는 소위 '기본권의 객관적 가치질서'로서 국가와 국민 모두가 적극적으로 보다 나은 환경을 유지·보전하기 위하여 노력해야 한다는 규범적 의무로서의 성격을 강조한다.

2. 법률적 근거

① 환경행정은 국가의 중요문제이므로 환경행정에 관한 기본적인 사항은 법률로 정해야 한다. 그리고 법치국가의 원리상 법률은 명확해야 한다. 그러나 기술적이고 탄력적인 환경행정의 특성상 명확성은 상당부분 과학기술수준에 의존될 수밖에 없다.
② 환경정책기본법이 환경행정법분야에 있어서 기본법으로서의 역할을 하고 있으며, 그 밖에 환경분야에 따라 「자연환경보전법」, 「물환경보전법」, 「해양오염방지법」, 「대기환경보전법」, 「습지보전법」, 「유해화학물질관리법」, 「폐기물관리법」, 「소음·진동규제법」, 「수질환경보전법」, 「오존층보호를 위한 특정물질의 제조규제 등에 관한 법률」등이 있다(**복수법주의**).

02 환경정책상 기본원칙

1. 사전대비의 원칙(사전배려의 원칙)

(1) 의의

사전대비의 원칙은 **사전에 적절한 수단을 도입하여 환경침해의 위험을 미리 예방함으로써 환경피해를 가능한 최소화해야 한다는 원칙**을 말한다. 환경정책기본법은 "국가 및 지방자치단체는 환경오염물질 및 환경오염원의 원천적인 감소를 통한 사전예방적 오염관리에 우선적인 노력을 기울여야 한다"(제8조 제1항)고 하여 이 원칙을 환경정책의 기본이념으로 삼고 있다.

(2) 구체화

사전대비원칙이 반영된 것으로 ① 개별법상의 각종 감독·신고·표시 의무제도, ② 환경관련시설 승인제도, ③ 환경영향평가제도, ④ 국가·지방자치단체의 환경보전계획의 수립·시행의무(환경정책기본법 제4조), ⑤ 새로운 과학기술의 사용으로 인한 환경위해의 예방 등이 있다.

2. 존속보호의 원칙(지속 가능한 개발의 원칙)

(1) 의의

존속보호의 원칙은 **환경의 현 상태가 더 이상 악화되지 않도록 보전·보호**한다는 것이다. "악화금지의 원칙"이라고도 한다. 사전대비의 원칙의 한 내용으로 보는 견해도 있다. 그러나 사전대비의 원칙은 미래지향적 성격임에 반해, 존속보호의 원칙은 현상유지를 도모하는 소극적 성질의 원칙이라는 점에서 구별된다.

(2) 구체화

국가 및 지방자치단체가 환경관계법령의 제정과 행정계획의 수립 및 사업의 집행시 환경악화의 예방 및 그 요인의 제거, 환경오염지역의 원상회복을 고려해야 한다(제13조 제1호·제2호).

3. 원인자책임의 원칙

(1) 의의

원인자책임의 원칙은 **환경위해를 야기한 자가 제1차적으로 그 환경오염의 방지·경감·제거의 책임과 비용을 져야 한다는 원칙**을 말한다. 그러나 환경소송의 특성상 원인확정이 곤란한 경우가 많으므로 그 경우에는 아래의 '공동부담의 원칙'으로 해결할 수밖에 없다.

(2) 구체화

자기의 행위 또는 사업활동으로 인하여 환경오염 또는 환경훼손의 원인을 야기한 자는 그 오염·훼손의 방지와 오염·훼손된 환경을 회복·복원할 책임을 지며, 환경오염 또는 환경훼손으로 인한 피해의 구제에 소요되는 비용을 부담함을 원칙으로 한다(제7조). 그 밖에 대기환경보전법 및 물환경보전법 상의 배출부과금제도, 환경개선비용부담법상의 환경개선부담금 등으로 구체화되고 있다.

4. 공동부담의 원칙

(1) 의의

공동부담의 원칙은 앞서의 **원인자책임의 원칙이 실제적인 이유로 관철될 수 없거나 비효과적일 때, 국가·공공단체·개인 등이 환경오염의 방지·제거를 위한 비용을 부담해야 한다는 원칙**을 말한다.

(2) 구체화

환경오염 또는 환경훼손의 원인자가 둘 이상인 경우에 어느 원인자에 의하여 피해가 발생한 것인지를 알 수 없을 때에는 각 원인자가 연대하여 배상하여야 한다(제31조 제2항).

5. 협력의 원칙(협동의 원칙)

(1) 의의

협력의 원칙이란 **환경보전을 위하여 국가와 사회가 협력하여야 한다는 원칙**을 말한다. 국가만이 단독으로 환경목적을 달성한다는 것은 불가능한 일이기 때문이다. 헌법 제35조 제1항은 "국가와 국민은 환경보전을 위하여 노력하여야 한다"고 하여 이를 천명하고 있다. 협력의 원칙은 특히 환경정책적인 의사결정절차에 있어서 사회의 여러 전문집단의 사전적인 참여를 통하여 환경문제의 해소를 위한 협력이 이루어져야 한다는 데에 의미가 있다.

(2) 구체화

환경정책기본법은 환경보전을 위하여 노력해야 할 국가·지방자치단체의 책무(제4조), 사업자의 책무(제5조), 국민의 권리·의무(제6조)를 규정하여 환경보전상의 합동원칙을 명시하고 있다. 또한 국가·지방자치단체는 국제협력을 통한 환경정보와 기술을 교류하고 지구환경의 감시·관측 및 보호에 관하여 상호 협력하는 등 국제적인 노력에 적극 참여할 것을 규정하고 있다(제27조). 그 밖에 「환경영향평가법」상의 각종 협의(제16조)·의견수렴(제4조) 등을 들 수 있다.

6. 기타

(1) 수익자(이용자)부담의 원칙

수익자부담의 원칙이란 환경개선으로 인하여 수익을 보는 자는 환경의 개선비용을 분담하여야 한다는 원칙을 말한다. 수질개선부담금이 구체화된 예이다.

(2) 정보공개 및 참여의 원칙

환경정책에 대한 국민·지역주민의 참여와 협력을 증대시키고 환경정보에 대한 국민의 접근을 보장해야 한다는 원칙을 말한다.

(3) 형평성의 원칙

국가와 지방자치단체는 지역 간, 계층 간, 집단 간에 환경 관련 재화와 서비스의 이용에 형평성이 유지되도록 고려한다(환경정책기본법 제2조 제2항).

제2절 환경행정의 수단

01 환경계획

1. 의의

사전에 환경을 배려하고 환경목표를 실현하기 위하여 여러 문제들을 종합적으로 조정하고 유기적으로 결합시키는 계획수단인 환경계획은 환경행정작용에 있어서 매우 중요한 역할을 수행한다. 원하는 환경의 보호·육성의 효과를 최대한 달성하기 위하여는 사전대비의 원칙에 의거, 예견가능한 수단과 목적을 결합시킬 수밖에 없기 때문이다.

2. 환경보전을 위한 종합적 환경계획

(1) 환경부장관은 관계중앙행정기관의 장과 협의하여 국가차원의 환경보전을 위한 종합계획(국가환경종합계획이라 함)을 20년마다 수립하여야 한다(환경정책기본법 제14조 제1항). 국가환경종합계획은 국무회의의 심의를 거쳐 확정하는데(제2항), 이 계획에는 ① 인구·산업·경제·토지 및 해양의 이용 등 환경변화 여건에 관한 사항, ② 환경오염원·환경오염도 및 오염물질 배출량의 예측과 환경오염 및 환경훼손으로 인한 환경질의 변화전망, ③ 환경의 현황 및 전망, ④ 환경정의 실현을 위한 목표설정과 이의 달성을 위한 대책, ⑤ 환경보전 목표의 설정과 이의 달성을 위한 단계별 대책 및 사업계획, ⑥ 사업의 시행에 드는 비용의 산정 및 재원 조달 방법, ⑦ 직전 종합계획에 대한 평가 등이 포함되어야 한다(제15조).

(2) 관계중앙행정기관의 장은 국가환경종합계획의 시행을 위하여 필요한 조치를 하여야 한다(제16조 제2항). 그러나 국민에 대한 직접적인 법적 효력은 없다고 할 것이다.

3. 환경보전을 위한 개별적 환경계획

(1) 영향권별 환경계획

환경부장관은 환경오염의 상황을 파악하고 그 방지대책을 강구하기 위하여 대기오염의 영향권별지역 및 수질오염의 수계별지역 및 생태계권역 등에 대한 환경의 영향권별관리를 하여야 한다(환경정책기본법 제39조 제1항). 지방자치단체의 장은 관할구역의 대기오염·수질오염 또는 생태계의 효과적인 관리를 위하여 지역의 실정에 따라 환경의 영향권별 관리를 할 수 있다(제2항).

(2) 분야별 환경계획

환경계획은 환경분야별로도 수립된다. 예컨대 자연환경보전법에서는 환경부장관으로 하여금 자연환경보전기본방향을 수립·시행하도록 하고(제6조), 생태계보전지역의 관리기본계획을 수립·시행하고(제18조·제19조), 자연유보지역의 종합계획 또는 방침을 수립하도록 하고 있다(제28조).

(3) 개발행정계획에 있어서의 환경보전

환경보전은 전국토 또는 그 일부 지역의 이용계획의 일부로서도 수행된다. 도시·군기본계획에는 환경의 보전 및 관리에 관한 사항, 공원·녹지에 관한 사항, 경관에 관한 사항 등의 정책방향이 포함되어야 한다(국토계획법 제19조). 또한 도시지역·농림지역·관리지역·자연환경보전지역의 지정을 도시계획으로 결정할 수 있고(제36조), 이러한 용도지역에 있어서는 그 효율적인 이용·관리를 위하여 국가는 그 개발·정비 및 보전에 필요한 조치를 취하여야 한다. 한편 개발제한구역은 도시의 무질서한 확산을 방지하기 위한 것이기는 하나, 실질적으로 도시주변의 녹지환경의 보전이라는 기능을 하고 있다.

02 환경기준의 설정

1. 의의

국가는 생태계 또는 인간의 건강에 미치는 영향 등을 고려하여 환경기준을 설정하여야 하며, 환경여건의 변화에 따라 그 적정성이 유지되도록 하여야 한다(환경정책기본법 제12조 제1항). 종래의 공해대책은 오염물질 발생원인에 대한 농도규제를 중심으로 실시되어 왔으나, 오늘날 개별적 오염물질의 발생뿐만 아니라 자연적 정화력을 넘어서는 오염물질배출의 문제, 그리고 오염물질의 사회적 총량의 증대현상에 대한 대책도 매우 중요한 문제가 되었다.

2. 환경기준의 종류

기술기준 (technology standard)	환경오염을 방지·제거하기 위한 기술과 관련(예 자동차의 배기가스를 줄이기 위한 엔진규격이나 정화필터의 부착장치에 관한 기준, 중간재의 성분·재질에 관한 기준)
성과기준 (performance standard)	피규제자가 궁극적으로 달성해야 할 목표만을 설정하고 그 달성방법은 기업이나 개인에게 맡기는 것(예 각종 배출기준, 수질오염에 관한 생물학적 산소요구량(BOD))

3. 배출허용기준

(1) 의의와 성질

환경기준을 달성하기 위한 가장 대표적인 수단으로서 배출허용기준이란 **배출시설에서의 오염물질의 배출을 규제하는 일정한 기준**을 의미한다. 이러한 배출허용기준은 배출오염물질의 최대 허용농도로서 ① 법적 구속력이 있는 규제기준이고, ② 사업장의 경영자 또는 관리자를 수범자로 한다.

(2) 효과

배출허용기준을 초과할 경우에 행정청은 배출시설의 개선명령을 발하거나(물환경보전법 제39조) 개선명령을 불이행하는 경우 조업정지명령을 발할 수도 있다(제40조). 또한 배출부과금을 부과할 수 있다(제41조).

4. 지역적 환경기준의 설정

특별시·광역시·도는 지역환경의 특수성을 고려하여 필요하다고 인정하는 때에는 당해 시·도의 조례로 정부의 환경기준보다 확대·강화된 별도의 환경기준을 설정할 수 있다(환경정책기본법 제12조 제3항). 따라서 개별법상의 배출허용기준은 전국적인 최저기준으로서의 성질을 가진 것으로 해석되며, 지방자치단체가 보다 엄격한 기준을 설정하는 것도 가능하다.

03 환경영향평가제도

1. 의의

환경영향평가란 **환경에 영향을 미치는 계획 또는 사업을 수립·시행할 때에 해당 계획과 사업이 환경에 미치는 영향을 미리 예측·평가하고 환경보전방안 등을 마련하는 제도**를 말한다. 환경영향평가는 친환경적이고 지속가능한 발전과 건강하고 쾌적한 국민생활을 도모함을 목적으로 한다(환경영향평가법 제1조).

2. 내용 및 절차

(1) 주체

환경영향평가서를 작성해야 하는 주체는 환경영향평가의 대상사업을 추진하는 사업자이다(제22조). 환경영향평가등을 하려는 자는 환경영향평가등의 평가서 초안 및 평가서, 사후환경영향조사서, 약식평가서를 작성할 때에는 등록을 한 환경영향평가업자에게 그 작성을 대행하게 할 수 있다(제53조 제1항).

(2) 대상사업(제22조 제1항)

> ① 도시의 개발사업, ② 산업입지 및 산업단지의 조성사업, ③ 에너지개발사업, ④ 항만의 건설사업, ⑤ 도로의 건설사업, ⑥ 수자원의 개발사업, ⑦ 철도(도시철도 포함), ⑧ 공항의 건설사업, ⑨ 하천의 이용 및 개발사업, ⑩ 개간 및 공유수면의 매립사업, ⑪ 관광단지의 개발사업, ⑫ 산지의 개발사업, ⑬ 특정 지역의 개발사업, ⑭ 체육시설의 설치사업, ⑮ 폐기물처리시설의 설치사업, ⑯ 국방·군사시설의 설치사업, ⑰ 토석·모래·자갈·광물 등의 채취사업, ⑱ 환경에 영향을 미치는 시설로서 대통령령으로 정하는 시설의 설치사업

그러나 ㉠「재난 및 안전관리기본법」제37조에 따른 응급조치를 위한 사업, ㉡ 국방부장관이 군사상의 기밀을 보호하거나 군사작전을 긴급히 수행하기 위하여 필요하다고 인정하여 환경부장관과 협의한 사업, ㉢ 국가정보원장이 국가안보를 위하여 필요하다고 인정하여 환경부장관과 협의한 사업에 대하여는 환경영향평가를 실시하지 아니한다(제23조).

(3) 주민 등의 의견수렴

사업자는 제24조에 따라 결정된 환경영향평가항목등에 따라 환경영향평가서 초안을 작성하여 주민 등의 의견을 수렴하여야 한다(제25조 제1항). 사업자는 제1항에 따른 주민 등의 의견 수렴 결과와 반영 여부를 대통령령으로 정하는 방법에 따라 공개하여야 한다(제3항).

(4) 환경영향평가서의 협의, 재협의, 변경협의 등

① **환경영향평가서의 작성 및 협의 요청**: 승인기관장등은 환경영향평가 대상사업에 대한 승인등을 하거나 환경영향평가 대상사업을 확정하기 전에 환경부장관에게 협의를 요청하여야 한다(제27조 제1항).

② **환경영향평가서의 검토**: 환경부장관은 협의를 요청받은 경우에는 주민의견 수렴 절차 등의 이행

여부 및 환경영향평가서의 내용 등을 검토하여야 한다(제28조 제1항). 환경부장관은 제1항에 따라 환경영향평가서를 검토할 때에 필요하면 관계 전문가의 의견을 듣거나 그에게 현지조사를 의뢰할 수 있고, 사업자 또는 승인기관의 장에게 관련 자료의 제출을 요청할 수 있다(제2항).

③ **협의 내용의 통보기간 등** : 환경부장관은 협의를 요청받은 날부터 대통령령으로 정하는 기간 이내에 승인기관장등에게 협의 내용을 통보하여야 한다(제29조 제1항). 협의 내용을 통보받은 승인기관의 장은 이를 지체 없이 사업자에게 통보하여야 한다(제3항).

④ **협의 내용의 반영 등** : 사업자나 승인기관의 장은 협의 내용을 통보받았을 때에는 그 내용을 해당 사업계획 등에 반영하기 위하여 필요한 조치를 하여야 한다(제30조 제1항). 승인기관장등은 사업계획 등에 대하여 승인등을 하거나 확정을 하였을 때에는 협의 내용의 반영 결과를 환경부장관에게 통보하여야 한다(제3항).

⑤ **재협의** : 승인기관장등은 협의한 사업계획 등을 변경하는 경우로서, 사업계획 등을 승인하거나 사업계획 등을 확정한 후 대통령령으로 정하는 기간 내에 사업을 착공하지 아니한 경우 등에는 환경부장관에게 재협의를 요청하여야 한다(제32조 제1항).

⑥ **변경협의** : 사업자는 협의한 사업계획 등을 변경하는 경우로서 제32조 제1항 각 호에 해당하지 아니하는 경우에는 사업계획 등의 변경에 따른 환경보전방안을 마련하여 이를 변경되는 사업계획 등에 반영하여야 한다(제33조 제1항).

⑦ **사전공사의 금지 등** : 사업자는 제27조부터 제29조까지 및 제31조부터 제33조까지의 규정에 따른 협의·재협의 또는 변경협의의 절차가 끝나기 전에 환경영향평가 대상사업의 공사를 하여서는 아니된다(제34조 제1항).

3. 환경영향평가와 주민의 원고적격

대법원은 환경영향평가제도에 의하여 보호되는 주민의 환경상의 이익을 행정소송법 제12조가 정하는 원고적격을 가져다주는 법률상 이익으로 보고 있다.

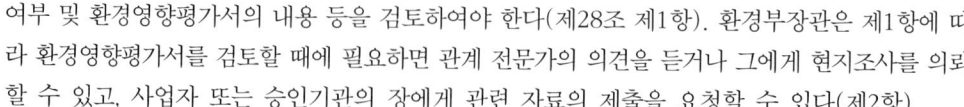

환경영향평가 대상지역 안의 주민에게 공유수면매립면허처분과 농지개량사업 시행인가처분의 무효확인을 구할 원고적격을 인정한 판례
공유수면매립면허처분과 농지개량사업 시행인가처분의 근거 법규 또는 관련 법규가 되는 구 공유수면매립법, 구 농촌근대화촉진법, 구 환경보전법, 구 환경보전법 시행령, 구 환경정책기본법, 구 환경정책기본법 시행령)의 각 관련 규정의 취지는, 공유수면매립과 농지개량사업시행으로 인하여 직접적이고 중대한 환경피해를 입으리라고 예상되는 환경영향평가 대상지역 안의 주민들이 전과 비교하여 수인한도를 넘는 환경침해를 받지 아니하고 쾌적한 환경에서 생활할 수 있는 개별적 이익까지도 이를 보호하려는 데에 있다고 할 것이므로, 위 주민들이 공유수면매립면허처분 등과 관련하여 갖고 있는 위와 같은 환경상의 이익은 <u>주민 개개인에 대하여 개별적으로 보호되는 직접적·구체적 이익으로서 그들에 대하여는 특단의 사정이 없는 한 환경상의 이익에 대한 침해 또는 침해우려가 있는 것으로 사실상 추정되어</u> 공유수면매립면허처분 등의 무효확인을 구할 원고적격이 인정된다(대판 2006.3.16. 2006두330).

환경영향평가 대상지역 밖의 주민에게 그 원고적격이 인정되기 위한 요건
환경영향평가 대상지역 밖의 주민이라 할지라도 공유수면매립면허처분 등으로 인하여 그 처분 전과 비교하여 수인한도를 넘는 환경피해를 받거나 받을 우려가 있는 경우에는, 공유수면매립면허처분 등으로 인하여 환경상 이익에 대한 침해 또는 침해우려가 있다는 것을 입증함으로써 그 처분 등의 무효확인을 구할 원고적격을 인정받을 수 있다(대판 2006.3.16. 2006두330).

4. 환경영향평가의 하자

(1) 절차상 하자

의견수렴절차를 거치지 않거나 환경부장관과의 협의가 없는 경우 등을 절차의 하자라고 한다. 절차의 하자는 두 가지 경우, 즉 ① 협의절차 등을 전혀 거치지 않은 경우와, ② 협의절차를 거쳤으나 환경부장관의 반대의견에도 불구하고 사업계획을 승인한 경우로 나눌 수 있다. 전자의 경우는 절차상의 하자 있는 위법한 처분이라고 할 것이나(대판 2006.6.30. 2005두14363), 후자의 경우는 그 이유만으로 위법하다고 할 수는 없다(대판 2001.7.27. 99두2970)는 것이 판례의 입장이다.

(2) 실체상 하자

실체상 하자란 당해 사업으로 인해 충분히 예상되는 환경피해방지를 위한 구체적인 대책 및 계획을 실시하지 않은 경우와 같이 평가서의 내용상 하자가 있는 경우를 말한다. 이 경우 판례는 내용상의 흠결 또는 부실의 정도에 따라 그 법적 효과를 달리 인정하고 있다. 즉 대법원은 ① 환경영향평가 대상사업임에도 그것을 거치지 않았다면 승인처분은 위법하나(절차상 하자), ② 일단 거쳤으면 내용이 다소 부실(실체상 하자)하더라도 그 부실의 정도가 환경영향평가를 하지 아니한 것과 다를 바 없는 정도인 경우에만 승인처분이 위법하다는 입장이다(대판 2006.3.16. 2006두330).

04 직접적 규제수단

1. 사전적 규제조치

(1) 신고제

관계인은 신고의무로 되어 있는 사실을 행정청에 통고함으로써 그 의무를 이행한 것으로 된다. 신고제는 환경에 대한 영향이 비교적 적은 사업·공사 등의 경우에 채택되고 있다(예 소음·진동규제법에 의한 특정공사의 사전신고).

(2) 인·허가제

환경보전의 관점에서 일정한 조건을 설정하고, 그러한 조건을 충족하는 경우에만 일정한 금지를 해제하여 환경의 질을 적정수준으로 보전하는 기능을 한다. 여기에는 ① 일정한 조건을 충족하면 일정한 금지를 해제하는 '예방적 통제허가'(예 배출시설의 설치허가)와, ② 원칙적으로 금지된 것을 재량행사로 예외적으로 금지를 취소하는 '예외적 승인'(예 하천법상 하천점용허가)의 두 가지가 있다.

2. 사후적 규제조치

(1) 배출규제조치

배출규제는 배출허용기준 등의 환경기준을 매개로 하여 상대방에게 일정한 작위·부작위·수인 등의 하명의무를 부과하고, 그 위반에 대해서 ① 개선명령발동, ② 배출방지시설의 정상운영을 위한 각종 필요조치 명령, ③ 조업정지명령, ④ 폐쇄조치 등을 하는 것을 말한다(예 대기환경보전법 제38조).

(2) 공급거부

공급거부는 행정법상의 의무위반에 대하여 행정상의 역무·재화(예 전기·수도)의 공급을 거부하는 내용의 행정제재수단이다. 그러나 공급거부는 다른 법상의 의무위반행위에 대하여 수도·전기 등의 공급을 거부하는 것으로, 수도법이나 전기사업법상의 의무위반과 무관하다는 점에서 부당결부금지원칙에 위반되는 문제점이 있다. 현재는 각종 환경법규에서 규정하고 있던 공급거부에 관한 조항들은 모두 삭제되었다.

(3) 행정벌

환경행정의 환경보전목적을 관철하기 위하여 징역·벌금과 같은 행정형벌과 과태료와 같은 행정질서벌을 부과할 수 있다. 또한 형사특별법으로서 「환경범죄의 단속에 관한 특별조치법」이 제정되어 환경오염 또는 환경훼손을 초래하는 행위에 대해 종합적으로 대응하고 있다.

05 간접적 유인수단

1. 배출부과금

배출부과금은 **일정한 환경기준을 초과하는 오염원의 배출량이나 그 잔류량에 대하여 과하여지는 부과금**으로서 환경오염방지를 그 목적으로 하는 것이다. 환경정책의 '원인자 책임원칙'이 반영된 제도이다.

2. 환경부담금(환경공과금)제도

환경공과금은 **환경유해적인 행위에 대하여 일정한 공과금을 부과함으로써 환경오염행위를 저지·억제하고자 하는 제재수단**이다. 예컨대 환경부장관이 경유를 연료로 사용하는 자동차의 소유자로부터 환경개선부담금을 부과·징수하는 것이 이에 해당한다(환경개선비용 부담법 제9조 제1항).

3. 수혜적 행정조치

국가 또는 지방자치단체는 사업자가 행하는 환경보전을 위한 시설의 설치·운영을 지원하기 위하여 필요한 세제상의 조치 기타 재정지원을 할 수 있다(환경정책기본법 제56조 제1항). 여기에는 보조금 지원과 같은 직접적 수단과 조세 감면과 같은 간접적인 수단이 있다.

제3절 환경분쟁과 권익구제

01 행정쟁송제도

1. 개설

환경행정과 관련하여 행정청의 작위(예 위법한 개선명령·위법한 배출시설의 허가) 또는 부작위(예 환경규제조치의 해태)로 인하여 개인의 권리가 침해된 경우에는 취소심판·취소소송, 의무이행심판, 부작위위법확인소송 등의 행정쟁송을 제기할 수 있다.

2. 제3자에 의한 행정쟁송

(1) 원고적격의 확대

① **문제의 소재** : 행정청의 처분 등을 직접적인 상대방이 아닌 제3자(예 인근주민)가 취소소송이나 취소심판을 통해 다투는 경우가 문제된다. 즉 ㉠ 인근주민이 갖는 환경상의 이익을 행정심판법과 행정소송법상의 '법률상의 이익'으로 볼 수 있는지의 여부, ㉡ 관계법령이 공익뿐만 아니라 제3자의 이익도 보호하는 규범인지의 여부가 문제된다.

② **학설과 판례** : 다수의 견해는 환경행정상 처분은 제3자효를 갖는 경우가 적지 않고, 제3자의 원고적격을 판단함에 있어서 처분의 직접 근거가 되는 법률뿐만 아니라 관련법규를 모두 고려하여 법적 이익을 확대해석해야 한다는 입장이다. 대법원은 1975.5.13 위법한 연탄공장의 허가로 생활상 이익이 침해되었다고 주장하며 제3자가 그 취소를 구한 사건의 판결을 전기로 하여, 최근에는 근거법률 외에 관련법률까지 고려하고, 관계규정의 이중적 성격(공익과 특정사익을 동시에 보호)을 인정하여 기존업자 또는 인근주민의 원고적격을 확대해나가는 추세이다.

(2) 환경권

① **문제의 소재** : 환경상 제3자의 이익을 보호하는 관계법령이 없거나 당해 근거법률이 오로지 공익만을 보호하고 있는 경우에, 환경상 침해를 받고 있는 제3자가 과연 원고적격의 근거법규로서 헌법상의 기본권을 직접 적용할 수 있는가의 문제이다.

② **견해의 대립**

긍정설	㉠ 헌법 제35조의 환경권은 적어도 소극적 방어권으로서는 실질적 권리성이 인정된다는 점 ㉡ 당해 처분의 근거법률에 의해 보호되는 이익은 개별실정법상의 보호이익 뿐만 아니라 헌법상 보호되는 이익도 포함한다는 점
부정설	㉠ 헌법상의 환경권은 개별법규상의 구체적인 권리로 볼 수 없다는 점 ㉡ 환경권은 전통적 방어권의 성격을 갖는 자유권적 기본권이 아닌 사회권적 기본권인 점 ㉢ 헌법의 보충성 원리에 비추어 관계법령을 헌법합치적으로 해석하여 제3자의 사익보호성을 이끌어내는 것이 보다 타당하다는 점

3. 행정개입청구권의 행사문제

(1) 의의

사업자가 환경법에서 금지하는 행위를 하거나 요구되는 행위를 하지 아니하는 경우 권한행정청은 법률에 따라 필요한 조치를 할 수 있다. 그런데 이러한 조치가 전혀 없는 경우, 제3자인 인근주민 등이 이러한 환경규제조치발동을 구하는 행정개입청구권을 갖는가의 문제가 발생한다.

(2) 인정여부

① 행정개입청구권이 인정되려면 ㉠ 행정청에게 법규상의 특정한 조치의무가 부과되어야 하고, ㉡ 그러한 법령의 규정이 공익보호뿐 아니라 사익까지도 보호하고 있을 것을 요한다.
② 행정청의 의무로 된 행위가 기속행위라면 주민은 당연히 특정행위의 발령청구권을 갖는다. 그러나 재량행위에 있어서도 당해 환경오염으로 인한 피해가 개인의 생명·신체에 대해 직접적인 위해를 가할 만큼 중대하다고 인정되는 경우에는 예외적으로 행정청의 환경조치에 대한 재량권 행사는 0으로 수축되어 기속행위의 경우와 동일한 것이 된다.

(3) 권리의 실현방법

권한행정청이 주민의 청구를 거부한다면 주민은 취소심판, 취소소송의 제기를 통해 다툴 수 있고, 행정청이 상당한 기간 부작위로 일관한다면 의무이행심판, 부작위위법확인소송을 제기할 수도 있다.

02 행정상 손해전보제도

1. 손해배상

(1) 의의

국가 또는 지방자치단체의 환경행정작용으로 인하여 손해를 받은 자는 국가배상법이 정하는 바에 따라 그 손해의 배상을 청구할 수 있다. 이 경우 아래와 같이 국가배상법 제5조보다는 제2조의 적용여부가 문제된다.

(2) 위법한 배출시설의 허가로 인한 피해에 대한 국가책임

위법한 배출시설의 허가는 국가배상법 제2조 제1항의 '직무'의 범위에 속한다. 다만 동조에 의한 국가의 배상책임을 인정하려면 공무원의 과실이 입증되어야 하는바, 입증이 곤란한 환경행정의 특성을 고려하여 「입증책임의 전환」이나 「과실관념의 객관화」을 적용함이 타당하다.

(3) 환경규제조치 등의 불행사·해태로 인한 국가책임

환경규제조치의 불행사나 해태 역시 국가배상법 제2조 제1항의 '직무'의 범위에 속한다. 이 경우에도 국가의 배상책임이 인정되려면 당해 부작위가 위법한 것이고, 작위의무를 부과하는 관계법령의 취지가 사익도 보호하기 위한 것이어야 한다. 그리고 재량행위일지라도 재량권이 0으로 수축되는 경우에는 그 불행사는 위법한 것이 된다.

2. 손실보상

국가나 지방자치단체가 환경행정의 영역에서 적법한 행위로 인하여 사인의 재산권에 특별한 희생을 가한다면 손실보상을 청구할 수 있다. 보상규정을 두고 있는 경우는 그 규정에 따라 보상이 가능하다. 특별법에 근거하여 특별한 지원이 주어지는 경우도 있다. 한편 보상규정을 두고 있지 아니한 경우에는 당해 제한이 보상을 요하는 '특별한 손실'에 해당하는지 여부를 검토해야 한다.

03 환경분쟁조정제도

1. 의의

환경분쟁조정제도는 환경오염피해로 인한 분쟁을 신속하게 해결하기 위한 제도이다. 국가 및 지방자치단체는 환경오염 또는 환경훼손으로 인한 분쟁 기타 환경관련 분쟁이 발생한 경우에 그 분쟁이 신속하고 공정하게 해결되도록 하기 위하여 필요한 시책을 강구하여야 한다(환경정책기본법 제29조). 이에 따라 환경분쟁조정법이 제정되었다.

2. 환경분쟁조정위원회

(1) 구성

환경분쟁사무를 관장하기 위하여 환경부에 중앙환경분쟁조정위원회(이하 "중앙조정위원회")를 설치하고, 특별시·광역시·특별자치시·도·특별자치도(이하 "시·도")에 지방환경분쟁조정위원회(이하 "지방조정위원회")를 설치한다(환경분쟁조정법 제4조). 중앙조정위원회는 위원장 1명을 포함한 30명 이내의 위원으로 구성하며, 그 중 상임위원은 3명 이내로 한다(제7조 제1항). 지방조정위원회는 위원장 1명을 포함한 20명 이내의 위원으로 구성하며, 그 중 상임위원은 1명을 둘 수 있다(제2항). 위원회 위원의 임기는 2년으로 하며, 연임할 수 있다(제3항).

(2) 관할범위

> **환경분쟁조정법 제6조(관할)** ① 중앙조정위원회는 분쟁 조정사무 중 다음 각 호의 사항을 관할한다.
> 1. 분쟁의 재정(제5호에 따른 재정은 제외한다) 및 중재
> 2. 국가나 지방자치단체를 당사자로 하는 분쟁의 조정
> 3. 둘 이상의 시·도의 관할 구역에 걸친 분쟁의 조정
> 4. 제30조(사회적으로 파급효과가 클 것으로 우려되는 분쟁)에 따른 직권조정(職權調停)
> 5. 제35조의3 제1호에 따른 원인재정(환경피해를 발생시키는 행위와 환경피해 사이의 인과관계 존재 여부를 결정하는 재정)과 제42조 제2항에 따라 원인재정 이후 신청된 분쟁의 조정
> 6. 그 밖에 대통령령으로 정하는 분쟁의 조정
> ② 지방조정위원회는 해당 시·도의 관할 구역에서 발생한 분쟁의 조정사무 중 제1항 제2호부터 제6호까지의 사무 외의 사무를 관할한다. 다만, 제1항 제1호의 경우에는 일조 방해, 통풍 방해, 조망 저해로 인한 분쟁은 제외한 것으로서 대통령령으로 정하는 분쟁의 재정 및 중재만 해당한다.

3. 분쟁조정절차

(1) 의의

동법은 분쟁조절 형식으로서 알선·조정·재정의 세 가지를 규정하고 있다. ① 알선은 비교적 간단한 분쟁사건에 대하여 알선위원이 당사자의 화해를 유도하는 절차이고, ② 조정은 알선으로 해결이 곤란한 분쟁사건에 대하여 조정위원회가 조정안을 작성·권고하게 되며, ③ 재정은 알선·조정으로도 해결이 곤란한 손해배상사건에 대해 재정위원회가 재판에 준하는 절차를 거쳐 이루어진다.

(2) 알선

위원회에 의한 알선은 3인 이내의 위원이 행한다(제27조 제1항). 알선위원은 당사자 쌍방이 주장하는 요점을 확인하여 사건이 공정하게 해결되도록 노력하여야 한다(제28조). 알선을 통해 당사자의 합의가 유도된 경우 합의서를 작성함으로써 합의가 성립된다. 알선위원은 알선으로써는 분쟁 해결의 가능성이 없다고 인정되는 때에는 알선을 중단할 수 있고(제29조 제1항), 알선중인 분쟁에 대하여 조정 또는 재정신청이 있는 때에는 당해 알선은 중단된 것으로 본다(제2항).

(3) 조정

조정은 당사자의 신청에 따라 개시되는 것이 원칙이나(제16조 제1항), 중앙조정위원회는 환경오염으로 인한 사람의 생명·신체에 대한 중대한 피해, 제2조 제2호의 환경시설의 설치 또는 관리와 관련된 다툼 등 사회적으로 파급효과가 클 것으로 우려되는 환경분쟁에 대하여는 당사자의 신청이 없는 경우에도 직권으로 조정절차를 개시할 수 있다(제30조 제1항). 조정은 3명의 위원으로 구성되는 위원회에서 행한다(제31조 제1항). 조정위원회는 분쟁의 해결을 위하여 조정안을 작성하고 30일 이상의 기간을 정하여 당사자에게 그 수락을 권고할 수 있으며, 조정은 당사자가 조정안을 수락하고 이를 조서에 기재함으로써 성립된다(제33조 제1항). 조정안의 수락권고가 있은 후 지정된 기간 내에 당사자로부터 수락한다는 뜻의 통지가 없는 때에는 당사자간의 조정은 종결된다(제35조 제2항).

(4) 재정

① **재정의 절차** : 재정은 당사자의 신청에 따라 개시된다(제16조 제1항). 재정은 통상 5명, 다수인의 생명·신체에 중대한 피해가 발생한 분쟁이나 사회적으로 파급효과가 클 것으로 우려되는 사건은 10명, 경미한 사건은 3인의 위원으로 구성되는 재정위원회에서 행한다(제36조). 재정이 신청된 사건에 대하여 소송이 진행중인 때에는 수소법원은 재정이 있을 때까지 소송절차를 중지할 수 있다(제45조 제1항). 재정위원회는 제1항의 규정에 의한 소송절차의 중지가 없는 경우에는 당해 사건의 재정절차를 중지하여야 한다(제2항). 재정위원회는 분쟁의 재정을 위하여 필요하다고 인정하는 때에는 당사자의 신청에 의하여 또는 직권으로 ㉠ 당사자 또는 참고인에 대한 출석의 요구·질문 및 진술청취, ㉡ 감정인의 출석 및 감정의 요구, ㉢ 사건과 관계있는 문서 또는 물건의 열람·복사·제출요구 및 유치, ㉣ 사건과 관계있는 장소의 출입·조사 등의 행위를 할 수 있다(제38조 제1항).

② **재정의 형식 및 효과** : 재정은 문서로써 행하여야 하며(제40조), 재정문서의 정본이 당사자에게 송달된 날부터 60일 이내에 당사자 쌍방 또는 일방으로부터 그 재정의 대상인 환경피해를 원인으로 하는 소송이 제기되지 아니하거나 그 소송이 철회된 때에는 해당 재정문서는 재판상 화해와 동일한 효력이 있다(제42조 제3항).

저자소개

박이준

약력
- 서울대학교 사회학과, 서울대학교 행정대학원 졸업
- 행정고시 합격

[현] 이패스소방사관 소방승진 행정법 강사
   이패스소방사관 소방승진 소방공무원법 강사
[전] 행정사무관(규제개혁, 對의회, 문화관광, 국무총리실 감사반 등)
   강남박문각 행정고시학원, 노량진 박문각고시학원, 종로공무원·경찰학원, 김재규 경찰학원, 로앤피로스쿨학원, 종로육서당 고시학원, 슈페리어법학원, 메가고시, 인천시공무원교육원, 인천대학교, 제주대학교 강사

주요저서
- 소방승진 행정법(이패스코리아)
- 소방승진 소방공무원법(이패스코리아)
- 합격완성 소방관계법규(이패스코리아)
- 행정절차론(이패스코리아)
- 경찰행정법, 경찰행정학(경찰공제회)
- 공무원행정법 기출문제집(이패스코리아)
- 행정쟁송법 기본서, 사례연습(이패스코리아)
- 사무관승진 헌법 기본서, 1500제(교컴)
- 7급 헌법 기출문제해설집(예응)
- 공기업 법학(이패스코리아)
- 국가정보원 NIAT(이패스코리아)
- 경비지도사 법학개론(이패스코리아) 등 다수

2024 소방승진 행정법

초판1판 1쇄 인쇄 | 2024년 1월 4일
초판1판 1쇄 발행 | 2024년 1월 18일

지 은 이 박이준
발 행 인 이재남
발 행 처 (주)이패스코리아
         서울시 영등포구 경인로 775 에이스하이테크시티 2동 1004호
전   화 02-511-4212 팩스 02-6345-6701
홈 페 이 지 www.kfs119.co.kr
이 메 일 kfs-119@daum.net
등 록 번 호 제318-2003-000119호(2003년 10월 15일)

※ 편저자와 협의하여 인지는 생략했습니다.
※ 이 책을 무단으로 전재 또는 복제하면 [저자권법] 제136조에 의해 5년 이하의 징역 또는 5천만원 이하의 벌금에 처해지거나 병과될 수 있습니다.
※ 파본은 구입처에서 교환해 드립니다.